PROF. DR. HANS BIEDERMANN
KNAURS LEXIKON DER SYMBOLE

PROF. DR. HANS BIEDERMANN

KNAURS LEXIKON DER SYMBOLE

Über 600 Abbildungen

Um die Begriffe aufzufinden,
die kein eigenes Stichwort bilden,
konsultieren Sie bitte das Stich-
wortverzeichnis am Ende des Buches.

Genehmigte Lizenzausgabe
für Weltbild Verlag GmbH, Augsburg 2000

Illustrationen: Sybille Biedermann
Umschlaggestaltung: Agentur ZERO, München
Gesamtherstellung: Offizin Andersen Nexö - ein Betrieb
der INTERDRUCK Graphischer Großbetrieb GmbH
Printed in Germany
ISBN 3-8289-4153-2

Vorwort

Wer gesprächsweise den Themenkreis »Symbolkunde« erwähnt, wird meist mit zwei verschiedenartigen Grundhaltungen konfrontiert. Einerseits wird die Meinung vertreten, Symbolik sei etwas völlig Fossiles und Antiquiertes, mit dem sich »heutzutage« kein vernünftiger Mensch mehr befassen könne; es gibt aber auch das andere Extrem: Symbolik, so heißt es, sei überhaupt der Schlüssel zum Verständnis der geistigen Welt. Der Mensch brauche Symbole, um sonst Unvorstellbares in den Bereich der Greifbarkeit hereinzuholen und sich zielführend damit auseinandersetzen zu können. Dabei ist »Greifbarkeit« auch schon wieder ein symbolischer Be-Griff, abgeleitet von der Hand, die abtasten will, um Gesehenes besser abschätzen zu können! Daß also Symbolisches bis in den Bereich der Alltagssprache, der Redensarten hineinreicht, ist leicht nachzuweisen. Es steckt aber auch in der bedrängenden Bilderflut der Industriewerbung, in den Parolen und Zeichen der Politik, in der Gleichnishaftigkeit der religiösen Geisteswelt, in den Ikonen und Chiffren der fremden und vorzeitlichen Kulturen, in Rechtsbräuchen und Kunstgegenständen, in Dichtungen und historischen Gestalten – überall dort, wo ein »Bedeutungsträger« etwas vermittelt, das über seine bloß banal-äußerliche Form hinausgeht. Der Ehering, das Kreuz, die Nationalfahne, die Lichter der Verkehrsampel, die rote Rose, die schwarze Trauerkleidung, die Kerze auf der festlichen Tafel – zahllose Dinge, Gesten, Gedankenbilder und Redewendungen verbinden Gedanken mit Sinnträgern. Es ist richtig, daß die zunehmende Abstraktion und Rationalisierung der Ideenwelt die einst fast uferlose Flut der Bilder auszutrocknen scheint. Freilich kommt auch die Computersprache nicht ohne Symbole aus; die Bildhaftigkeit früherer Gedankensysteme und intuitiver Strukturen weicht jedoch zusehends einer bloß konstruierten Ordnung, die nicht mehr unmittelbar anspricht, sondern erlernt werden muß. Hier soll versucht werden, einen Zugang zu den kulturgeschichtlich bedeutungsvollen Symbolbildern der Menschheit zu eröffnen.

Daß dies in dem vorgegebenen Rahmen nur näherungsweise zu erreichen ist, braucht wohl nicht besonders erklärt zu werden. Obgleich sich der Verfasser seit Jahren durch Vorlesungen und Vorträge, Bücher und Aufsätze mit einschlägigen Themen auseinandergesetzt hat, erscheint ihm das Basismaterial kaum eingrenzbar. Fast alles kann zum Symbol erklärt werden und würde eine Behandlung erfordern. Hier ist die Beschränkung auf Wichtiges (als wichtig Erscheinendes) unerläßlich, wobei die Auswahl notwendigerweise subjektiv bleiben muß. Dies ist besonders dort fühlbar, wo Symbolfiguren (historische oder sagenhafte Gestalten) erwähnt werden. Sherlock Holmes, Tarzan und E.T. sind auch Symbolfiguren – aber hier sollten doch in erster Linie jene zur Sprache kommen, die im Kulturleben tiefere Spuren hinterlassen haben.

Daß jeder Mensch seine eigene Mythologie besitzt und bestimmte – reale und mythische – Personen ins Symbolhafte überhöht, ist eine bekannte Tatsache; daher wird auf diesem Sektor der Leser am ehesten damit rechnen müssen, etwas Gesuchtes nicht zu finden. Im übrigen sollten jedoch die gewünschten Informationen geboten werden, und zwar aufgrund eines Basismaterials, das über »eurozentrische« Fragestellungen hinausgeht. Der reiche Symbolschatz fremder Kulturen wird hier so weit als vertretbar mitberücksichtigt, und zwar in erster Linie, um die Verbreitung allgemein-menschlicher Bilderwelten nachzuweisen. Die psychischen Grundlagen der verschiedenartigen Bilderwelten können wiederholt zur Sprache gebracht werden, daneben aber auch Erörterungen zu Themen einer ganzen Reihe wissenschaftlicher Randgebiete, die nicht immer mit dem Begriffsfeld der Symbolforschung in Zusammenhang gebracht werden. Der Leser sollte in Wort und Bild zu eigenem Nachforschen angeregt werden, zum Ergänzen des Gebotenen und zum Aufspüren einschlägiger Themen, die für ein tieferes Verständnis des kulturellen Lebens zweifellos wichtig und wertvoll sind.

Wer sich bereits selbst eingehend mit Symbolforschung befaßt hat, sieht sich seit Jahren mit einer großen Zahl von Grundlagenwerken und Einzelstudien konfrontiert, die jedoch in erster Linie bestimmte Themenschwerpunkte behandeln. Ein einführendes Übersichtswerk, das die große Bandbreite der Symbolik in Europa, Asien, Afrika und der Neuen Welt von der Urzeit bis zur Gegenwart behandelt und in Wort und Bild einen Einstieg in die faszinierende Thematik bietet, dabei die alten Quellen selbst zu Wort kommen läßt und mehr als eine bloße Skizze darstellt, scheint bisher noch nicht angeboten worden zu sein. Es ist das Bestreben des Verfassers, die ideengeschichtliche Problematik des Themas so darzustellen, daß der Leser nicht bloß eine Kollektion schwer nachvollziehbarer, krauser Gedankengänge und Assoziationen vor sich hat, sondern auch nach den Zielvorstellungen der intuitiv wie auch spekulativ vorgehenden Künstler und Denker früherer Epochen zu fragen beginnt.

Wer vom rein rational-naturwissenschaftlichen Standpunkt aus die mannigfachen Erscheinungsformen des alten Symboldenkens betrachtet, wird sich wiederholt amüsiert oder befremdet fragen, wie jene zum Teil absonderlich wirkenden Ideen zustande gekommen sein mögen. Unsere kalkulierende Vernunft wie auch unser wissenschaftlicher Denkstil sind seit langer Zeit andersartig vorgegangen als die Autoren des frühchristlichen »Physiologus«, des mittelalterlichen »Bestiarium« und der barocken Emblembücher. Dort wird nicht nach der rationalen Definition und Dokumentation gefragt, sondern nach einem tieferen, menschenbezogenen Sinn der Welt, die von Gott für seine Geschöpfe gestaltet wurde.

Wo Schriftquellen vorliegen, wie dies in allen Hochkulturen der Fall ist, können wir die Texte zu einer vielfach fremdartig wirkenden Bilderwelt heranziehen. In anderen Fällen ist der Symbolforscher auf Indizien und Analogieschlüsse angewiesen, die immerhin ein gewisses Ausmaß an Wahrscheinlichkeit beanspruchen müssen.
Die Erkenntnisse der modernen Tiefenpsychologie, die im Sinne von C. G. Jung das Vorhandensein eines allgemein vorhandenen Fundus von bildprägenden Formmotiven (Archetypen) annimmt, dient einerseits als Hilfsmittel beim »Lesen« der Symbolgedanken, kann aber andererseits auch von dem vielgestaltigen Basismaterial der Kulturgeschichte profitieren. Was Archäologie, Prähistorie, Ethnographie, Heraldik, Volkskunde, Religionswissenschaft und Mythologie an vielfältigem Symbolgut zusammentragen, kann dazu dienen, unser Wissen um Gemeinsamkeiten und Verschiedenheiten in den Denkstilen wesentlich zu erweitern.
Daß über viele in den einzelnen Stichworten angeschnittene Themen ganze Monographien verfaßt werden könnten (und daß manche davon auch schon existieren), ist jedem Kenner der Materie bekannt. Mehr als eine Basis für einschlägige Arbeiten, zum Teil aufgrund von wenig bekanntem Grundlagenmaterial erarbeitet, kann jedoch in dem vorgegebenen Rahmen nicht geboten werden. Das Buch wendet sich auch nicht vorwiegend an den rein wissenschaftlich vorgehenden Symbolforscher, sondern in erster Linie an einen breiteren Kreis von Menschen, die mehr über die Wege der Bilderlebnisse und übertragenen Bedeutungen erfahren wollen. Daß dabei die in der Theorie unterscheidbaren Kategorien von Symbol, Allegorie, Metapher, Attribut, Emblem und Zeichen in der Praxis nicht gut getrennt behandelt werden können, liegt in der Natur des Forschungsmaterials mit seinen vielfältigen Nuancen. Ebenso ist es nicht vermeidbar, daß auch Begriffe angesprochen werden, die sonst nur unter dem Aspekt des Religiös-Theologischen in Betracht gezogen werden. »Himmel« etwa ist jedoch auch ein Bild, das auf dem archetypischen Dualsystem »oben/unten« basiert, daher nicht allein ein theologischer Begriff, und in seiner Symbol-Dimension kann es hier besprochen werden.
Wichtig ist der Gesichtspunkt, daß viele der traditionellen Symbole nicht mit eindeutigen Aussagen erklärt werden können, sondern einen doppeldeutigen Aussagewert besitzen – nicht immer und überall ist der Drache der böse Feind oder steht das Herz für Liebe –, ja daß echte Symbole sogar auf verschiedenen Wissensstufen andersartige, aber immer relevante »Auskünfte erteilen«. Gelegentlich ergibt sich auch die Möglichkeit, die Ursachen zu ergründen, weshalb ein bestimmtes Symbol zu einer bestimmten Deutung hinführt und gerade auf diese Weise auf den Menschen bezogen werden soll, der immer egozentrisch und anthropomorph interpretiert: oder besser »theomorph«, also nach der Art und Weise, in der sich der Mensch mit dem von ihm verstandenen göttlichen Weltenplan auseinandersetzt. Er sieht sich von Sig-

nalen umgeben, die ihm die Möglichkeit geben, sich in diesen großen Heilsplan verständig einzuordnen. Wer sich vom heutigen Standpunkt aus abwertend mit der Bilderfreude früherer Epochen auseinandersetzt und nur Merkmale einer mangelhaften Logik und Naturerkenntnis registriert, geht an der verschiedenartigen Zielsetzung der Symbolgedanken vorbei.

Daß ein Themenkreis wie die Symbolforschung auch in polemische Auseinandersetzungen einbezogen werden kann, zeigt ein Abschnitt aus einem Anti-Freimaurerbuch (Friedrich Wichtl: Weltfreimaurerei), in dessen 12. Auflage – 1936 – R. Schneider sich darüber ausläßt, wie sehr die bewußte Symbolarbeit das Denken hemmt. Wer sich auf diese Art mit der Welt auseinandersetzt, heißt es da, ist nicht in der Lage, »dem Reichtum der Gedanken natürlichen und freien Raum zu lassen, immer wieder wird das Denken durch das zur zweiten Natur gewordene Brauchtum und durch die freimaurerischen Symbole unterbrochen. Vgl. hierüber in dem Buche der Nervenärztin Dr. M. Ludendorff, Induciertes Irresein durch Okkultlehren, den Abschnitt ›Künstliche Verblödung durch Symbolik‹.« Die erwähnte Autorin ist die zweite Gattin des Generals Erich Ludendorff, 1865–1937.

Eine völlig unverblödete »instrumentelle Vernunft« hat uns inzwischen inhumane Produkte aller Art und – so Adolf Holl, 1982 – auch »die Atombomben beschieden, und wir beginnen mißtrauisch zu werden. Noch einmal blättern wir im Traumbuch der Menschheit, suchen nach Chiffren, deren Bedeutung wir verlernt haben – nach Anleitungen zur Flucht vom Exerzierfeld der Leistungsgesellschaft, auf dem unsere Körper sich tummeln müssen. Unser Problem dabei ist, daß die Lebenswelten, in denen die Religion gedieh, für uns anachronistisch geworden sind, und damit auch die Riten von Reiternomaden, ritterlichen Kriegsherren, Ackerbauern, kleinstädtischen Handwerkern, wie sie in der dritten Welt noch lebendig sind und in den Zeremonien unserer eigenen christlichen Kirchen merkwürdig fortdauern.«

Ein »Traumbuch« aus den in früheren Epochen teils intuitiv erfahrenen, teils erklügelten Chiffren und Gleichnisbildern ist auch hier dem Leser unserer Zeit in die Hand gegeben. Ohne große Theoriedebatte sollen im Hinblick auf den Begriff der Symbole einige Sätze von Manfred Lurker wiedergegeben werden, die deutlich genug aussagen, worum es geht: »Die Bedeutung des Symbols liegt nicht in sich selbst, sondern weist über sich hinaus. Nach Goethe ist wahre Symbolik überall dort, ›wo das Besondere das Allgemeine repräsentiert, nicht als Traum oder Schatten, sondern als lebendig-augenblickliche Offenbarung des Unerforschlichen‹. Für den religiösen Menschen ist das Symbol ein konkretes Phänomen, in dem der Gedanke des Göttlichen und Absoluten in solcher Weise immanent wird, daß er zum deutlicheren Ausdruck gelangt als durch Worte ... Heilsgeschichtlich ist das Symbol Ausdruck für die nicht abgebrochene Verbindung zwischen dem Schöpfer und seiner

Schöpfung ... Wenn aus der Fülle des göttlichen Urbildes die Einzelbilder offenbar werden, dann sind diese im eigentlichen Sinn *sym-bolon*, Zusammenwurf, Zusammenschlag von Zeit und Ewigkeit ... Das Symbol ist Verhüllung und Offenbarung zugleich« (1987). All dies trifft freilich vorwiegend auf die uns geläufige religiöse Symbolik zu; behandelt sollen darüber hinaus auch Bilder und Zeichen werden, die auf Gedankenspielen und Abstraktionen basieren, ohne deshalb in hohe Sphären der Spiritualität hineinzureichen. Bei der Beschäftigung mit fremden Kulturen ist es ohnehin schwer, zwischen schlüssiger Erfahrung, Mythik und priesterlich-gelehrter Spekulation zu unterscheiden. Die schwierige Quellenlage verbietet es vielfach, in alte und exotische Geisteswelten so tief einzudringen, wie dies erforderlich wäre.

Im Anschluß an die früher erwähnte antisymbolische Polemik soll schließlich nicht geleugnet werden, daß manche Symbole den mit ihnen umgehenden Menschen in der Tat eine bestimmte Bahn einprägen, wobei sie sich auch lebensfeindlich auswirken können. Nicht nur im Aztekenreich haben Ritualsymbole wie »Opferblut, Herz, Sonne« zu grausamer Menschenvernichtung geführt, sondern in einer uns näheren Epoche auch andere wie »Fahne, Führer, Blut und Boden«. Daß jedoch unzählige alte Symbolgedanken zu den wertvollsten Besitztümern der Menschheit zählen und zu den großen Schöpfungen der Kulturgeschichte hingeführt haben – zu Pyramiden, Kathedralen, Tempeln, Symphonien, Dichtungen, Plastiken, Gemälden, sakralen Handlungen, Feiern, Tänzen –, ist gewiß nicht abzustreiten. Wir müssen uns damit abfinden, daß in den Tiefenschichten der Persönlichkeit verankerte Symbole die Macht haben, ein Eigenleben zu entfalten und durch eine Art von Rückkoppelungseffekt ihre Schöpfer zu beeinflussen. Die Verantwortung des Menschen, der sich dieser Tatsache bewußt ist, liegt darin, daß er die Möglichkeit hat, aus dem Symbolschatz der Geschichte auszuwählen, was rein und wertvoll ist.

»Die ›geheimen Verführer‹ der heutigen Wirtschaftswerbung«, schreibt Gerhart Wehr (1972), »die sich der Bildgewalt zu bemächtigen wissen, verstricken den in hohem Maße unbewußten, ›außengesteuerten‹ Massenmenschen noch mehr in Unfreiheit, indem sie sich durch Manipulation der Symbole bedienen und den Aufbau von Wunschbildern herbeiführen.« Wie bei den meisten der im vorliegenden Buch geschilderten Symbolbilder ist auch der Umgang mit den Symbolen in allgemeinem Sinn ambivalent; er kann den Zugang zu geistigen Schätzen aus vergangenen Epochen eröffnen und sie zum Leben erwecken, aber bei skrupellosem Umgang mit dieser Welt der Chiffren können diese den Menschen auch umschlingen, fesseln und unmündig machen, ihn zum bloß funktionierenden Roboter degradieren.

Abschließend noch einige praktische Hinweise. Da es nicht möglich ist, für jedes Detail die Quellennachweise anzuführen (die umfangreicher wären als der Text selbst), wird am Ende des Bandes eine nach Themenkreisen gegliederte Bibliographie mit Angaben über wichtige Quellenwerke geboten. Auch hier können Einzelstudien nur in Ausnahmefällen angeführt werden, doch sind Werke mit detaillierten Quellenverzeichnissen gekennzeichnet. Da nicht jeder Begriff ein eigenes Stichwort bildet, empfiehlt es sich, auch das Stichwortverzeichnis auf den letzten Seiten zu konsultieren, wo z.B. zu erfahren ist, daß »Hut« unter »Kopfbedeckungen« zu finden ist.

Im Text sind Hinweise auf andere Stichworte durch *Kursivdruck* hervorgehoben.

Eine Arbeit wie die vorliegende hätte nicht geleistet werden können, wären nicht in den letzten Jahrzehnten Nachdrucke alter Standardwerke mit wertvollem Basismaterial veröffentlicht worden. Stellvertretend für die Arbeit mehrerer Verlage sei hier jene der Akademischen Druck- und Verlagsanstalt (Graz) genannt, deren Reprints der Werke von Cartari, Hohberg, Boschius und deren Faksimile-Editionen alter Codices eine unerläßliche Voraussetzung für dieses Werk bildeten.

Schließlich danke ich nicht nur pflichtgemäß, sondern ehrlichen Herzens den vielen Mitmenschen, die mir bei der Abfassung des Lexikons behilflich waren und zum Teil schwer erreichbares Basismaterial beschafft haben: in erster Linie meiner Frau Sibylle, die auch für die Illustrationen verantwortlich war; Annette Zieger †, Braunschweig; Liselotte Kerkermeier, Freiburg i.Br.; Dr. Friedrich Waidacher, Graz; Edith Temmel, Graz; Erich Ackermann, Bruchenbrücken; Rektor Josef Fink, Graz; Ralph Tegtmeier, M.A., Bonn; Gerhard Riemann, Pentenried; Dr. Leonhard Eschenbach, Wien; Ingeborg Schwarz-Winklhofer, Graz; Kurt Edelsbrunner, Graz; Octavio Alvarez, Enfield/N.H., USA; Dr. Karl A. Wipf, Frauenfeld, Schweiz ... und vielen Freunden und Bekannten. Wenn dieses Buch anregenden Stoff zum Nachdenken bietet, ist dies auch ihr Verdienst.

Prof. Dr. Hans Biedermann

A

Abraham, biblischer Patriarch, der nach den Berichten im Alten Testament je nach chronologischem Ansatz um 1800 oder um 1400 v. Chr. lebte. Er war vermutlich ein Hirte und Sippenhaupt in der Gegend um Hebron, um dessen Gestalt sich viele Legenden ranken. Der Name 'Abram oder 'Ab-raham bedeutet »Der Vater ist erhaben« oder »Er ist erhaben im Hinblick auf den Vater«. Abraham gilt als Stammvater Israels, der durch seine Berufung und seinen Bundesschluß mit Gott Offenbarungs- und Heilsträger wurde, »der Fels, aus dem das Volk gehauen wurde« (Jesaja 51,1). »Die Lebenszahlen Abrahams – mit 75 Jahren die Einwanderung, mit 100 die Geburt des Verheißungssohnes, mit 175 der Tod – sind ideal und nicht chronologisch gewählt ... Hätte Abraham nicht geglaubt, wäre die Religionsgeschichte der Erde anders verlaufen ... Die Schlüsselstellung Abrahams realisiert ..., daß Gott seine Offenbarung nicht an jeden einzelnen gibt, sondern an einen Anfangenden, der sie an die Gemeinschaft weitergibt und somit Verantwortung für alle übernimmt« (Schilling bei J. B. Bauer 1959). Im Neuen Testament heißt es kommentierend, daß nicht die leibliche, sondern die geistige und sittliche Nachkommenschaft relevant ist, wie Johannes der Täufer predigt: »Denkt bloß nicht, daß ihr unter euch sagen sollt: Wir haben Abraham zum Vater. Ich sage euch: Gott vermag dem Abraham aus diesen Steinen Kinder zu erwecken!« (Matthäus 3,9) – gedeutet in dem Sinne, daß Gott nicht an das Volk Israel gebunden ist, sondern auch aus toten Steinen (den Heiden) Nachfolger schaffen kann. – Der islamischen Tradition zufolge sollte Abraham durch König *Nimrod* getötet werden, den eine Prophezeiung vor der Geburt eines Göttern und *Königen* überlegenen Kindes dieses Namens

Abraham: Opferung Isaaks, Fußbodenmosaik der Synagoge von Beth-Alpha, 6. Jh. n. Chr.

Abraham bei der Opferung Isaaks, Bibelillustration, 16. Jh.

gewarnt hatte. Abraham wurde durch den *Engel* Dschibril (Gabriel) gezeugt und von seiner Mutter in einer *Höhle* 15 Jahre hindurch verborgen, wobei ihn die Finger Allahs ernährten: Aus ihnen erhielt er *Wasser*, *Milch*, Dattelsaft und Dickmilch, bis er alt genug war, die Höhle zu verlassen und zur Erkenntnis des Schöpfers zu gelangen. Eine thematisch ähnliche Legende ist in den Sagen der Juden (E. bin Gorion 1980) enthalten.

Abrahams Schoß, Symbol für die Geborgenheit des auf Gott vertrauenden Menschen in der Obhut eines Patriarchen. Viele romanische und frühgotische Plastiken (Moissac, Reims, Notre-Dame de Paris usw.) zeigen den biblischen Ur*vater*, der auf seinen Knien ein Tuch hält, in dem die Seelen der gerechtfertigten Gläubigen wie kleine Kinder sitzen. Während »Schoß« üblicherweise mit Weiblichkeit und *Mutter*schoß assoziiert wird, hat das spätjüdische Vorstellungsbild von einem »Patriarchenschoß« des im *Paradies* mit besonderer Ehrfurcht behandelten und schon auf Erden mit reichem Besitz und großer Nachkommenschaft gesegneten Urvaters im Abendland besondere Aufmerksamkeit erregt. Abraham selbst wird in der mittelalterlichen Typologie, die im Alten Testament Ereignisse des Neuen symbolisch vorweggenommen sieht, auch sonst beachtet. Seine Bereitschaft, den Sohn Isaak zu opfern, um dem Wunsch Gottes zu entsprechen, wird als »Vor-Ahmung« des Opfers des Gottessohnes Jesus Christus betrachtet. Vgl. *Lazarus*.

Achat, bereits in der Antike ein beliebter Schmuckstein, dem je nach der Färbung eine Symbolverbindung zum *Mond* oder zum Planeten *Merkur* zugeschrieben wurde. In seinen Adern wollte der Mensch Gestalten aus der Götterlehre erkennen und schrieb dem Stein magische Wirkungen zu: Er sollte Unwetter abwenden, *Flüsse* am Überschwemmen der Ufer hindern, Wettkämpfer begünstigen und auf Frauen erotisch stimulierend wirken. Der frühchristliche Text »Physiologus« berichtet, daß *Perlen*fischer ein Stück Achat an eine Schnur binden und in das Meer sinken lassen. »Nun geht der Achat zu der Perle hin und weicht nicht.« Taucher können der Leine folgen und die Perle bergen. Diese symbolisiert Jesus Christus, aber »der Achat bedeutet den heiligen Johannes, denn er hat uns die geistliche Perle gezeigt mit den Worten: Siehe, dies ist das *Lamm* Gottes, das die Sünden der Welt trägt«. – Der mittelalterliche Naturforscher Lonicerus (Lonitzer) dachte an die bunte Äderung der Achate, wenn er schrieb, sie würden, zu Häupten von Schlafenden gelegt, sehr abwechslungsreiche Träume bescheren. Jean de Mandeville schrieb ihm die Fähigkeit zu, seinen Besitzer geistreich und redegewandt zu machen. Bei Pseudo-Albertus Magnus (1581) heißt es über den schwarzgeäderten Achat, er helfe dazu, Schaden zu überwinden, »und verleiht Kräffte dem Hertzen und macht einen gewaltigen Menschen, wolgefällig und lieb gehabt von jederman, auch frölich und hilfft (gegen) die widerwertigen Sachen«.

Achtheit, ein symbolisch-kosmologischer Begriff aus den Priesterschulen der altägyptischen Stadt Chemenu (heutiges Arabisch: Eschmunên), hellenistisch Hermopolis, der »Stadt der Acht«). Während andere religiöse Zentren den Begriff der *Neun*heit in den Vordergrund stellten, wurde hier

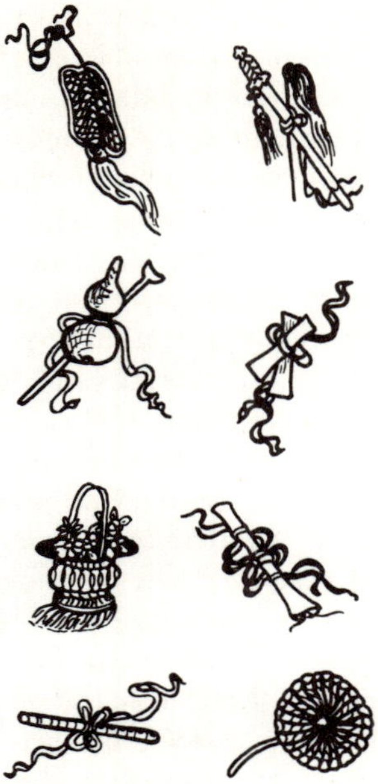

Acht Unsterbliche: Ihre traditionellen Symbole Fächer, Schwert, Flaschenkürbis, Kastagnetten, Blumenkörbchen, Bambus, Flöte, Blume

spekulativ-personifizierend die Schöpfung aus dem urzeitlichen Chaos in männlich-weiblichen *Dualsystemen* formuliert: Nun und Naunet waren das Ur*wasser* in männlicher und weiblicher Form, Huh und Hauhet der endlose Raum, Kuk und Kauket die Finsternis, Amûn und Amaunet das Verborgene (die Leere). Diese Achtheit brachte Lebewesen in Gestalt von *Fröschen* und *Schlangen* hervor, die im Urschlamm lebten. Aus diesen erhob sich der Urhügel, aus dem der *Sonnen*gott die erste *Lotos*blüte entstehen ließ. Diese »hermopolitanische Kosmologie« war deshalb bedeutsam, weil eine Gestalt daraus, Amûn, zum ägyptischen Reichsgott von Theben wurde.

Acht Unsterbliche kennt die chinesische traditionelle Symbolik, die auf *Inseln der Seligen* wohnen sollten. Chang-kuo-lao soll ursprünglich eine *Fledermaus* gewesen sein, die sich in einen Menschen verwandelte. Er trägt ein hohles *Bambus*rohr (ein Lärminstrument), oft auch eine *Phönixfeder* und den *Pfirsich* des langen Lebens; Chung-li-chüan war ein *Alchemist*, der Quecksilber und *Blei* in »gelbes und weißes *Silber*« verwandeln konnte, den »*Stein* der Weisen« besaß und durch die Luft wandeln konnte; Han-tsiang-tse konnte *Blumen* schnell wachsen lassen; sein Attribut ist die Flöte; Ho-hsien-ku ist eine Frau, die eine magische *Lotos*blüte trägt; Lan-ts'ai-ho wird manchmal als *Androgyn* aufgefaßt und trägt einen Korb mit Blüten oder Früchten, gelegentlich auch eine Flöte; Li-t'ieh-kuai trägt eine Krücke wie *Saturn* in der abendländischen *astrologischen* Bilderwelt. Sein Körper soll irrtümlich eingeäschert worden sein, während seine Seele umherwanderte, so daß er den Körper eines lahmen *Bettlers* annehmen mußte. Sein Attribut ist ein Flaschenkürbis, aus dem eine *Fledermaus* flattert. Lü-tung-pin trägt ein dämonentötendes *Schwert.* Von ihm wird erzählt, daß er anstelle einer Bezahlung in einem Gasthaus zwei *Kraniche* an die Wand malte, die viele Besucher anlockten, aber wegflogen, als die Schuld dadurch abgelöst war. Ts'ao-kuo-chiu, Schutzpatron der Schauspieler, trägt höfische Kleidung und hält meist zwei Klanghölzer (Kastagnetten) in der Hand. Diese »Pa-hsien« werden meist zusammen auf einer Terrasse dargestellt, wie sie eben den auf einem Kranich daherfliegenden Shou-hsing, den Gott der Langlebigkeit, begrüßen. Sie bilden ein beliebtes Sujet der taoistischen Ikonographie. Vgl. *Glücksgötter.* – Symbolik der Zahl 8: vgl. *Zahlen.*

Adam und Eva, das Stammelternpaar

Adam und Eva: Erschaffung der Eva. Sachsenchronik, 13. Jh.

der Menschheit in der biblischen Tradition, sind das in Europa bekannte Symbol eines Urpaares, das in den Mythen vieler Völker und Kulturen den Beginn der Menschheit markiert. Vielfach gehen in solchen Urzeitsagen mehrere verschiedene Versuche, den Göttern genehme Wesen zu schaffen, der Schöpfung des Stammelternpaares der heutigen Menschheit voraus. Das Motiv, daß in der ersten Zeit der Menschheit diese sich durch einen Fehler oder einen Frevel die Unsterblichkeit verscherzte, ist ebenfalls weit verbreitet. Im biblischen *Paradies*bericht besteht er in der Vermessenheit der Stammeltern, die das »Tabu« mißachteten und die verbotene Frucht (vgl. *Apfel*) vom *Baum* der Erkenntnis von Gut und Böse aßen, von einer *Schlange* dazu überredet. – Die Schöpfung aus *Erde* und Lehm erinnert an den altägyptischen Mythos, demzufolge der *widder*köpfige Gott Chnum alle Geschöpfe auf einer Töpferscheibe modellierte. – Die bekanntere Version der biblischen Schöpfungsgeschichte, derzufolge Gott nur den Adam aus Erde formte und belebte und später Eva aus Adams Seite (oder Rippe) machte, entspricht nicht voll der Passage in der Genesis 1,27, in der es nur heißt: »Als Mann und Frau schuf er sie.« In diesem Zusammenhang ist symbolkundlich entscheidend, daß das Stammelternpaar stellvertretend für die gesamte, von ihr abstammende Menschheit deren Entscheidungsfreiheit vorbildet und wegen der schuldhaften Abweichung vom Gottesplan der Erlösung bedarf. Für Origenes (185–254) symbolisiert Adam den Geist, Eva (Chawwah, Mutter der Lebenden) die Seele.

Bei Kreuzigungsszenen ist oft am Fuß des *Kreuzes* der Schädel Adams abgebildet, ähnlich der Aussage der Legende, daß das Kreuz aus dem Holz des Paradies*baumes* bestanden hätte. Der begrabene Erlöser zerbrach bei seinem »Abstieg in das Reich des Todes«, früher als »Abstieg zur *Hölle*« bezeichnet, die Kerkergitter der vor seiner Zeit in der Unterwelt Gefangenen und führte Adam und Eva zugleich mit seiner eigenen Auferstehung aus der Grabesnacht empor – so etwa die Aussage des apokryphen Nikodemus-Evangeliums und der »Legenda aurea«. – Das Motiv der Erschaffung Evas aus der Rippe Adams wird in mittelalterlich-jüdischen Legenden durch folgende Überlegung des Schöpfers motiviert: »Ich will sie nicht aus dem Haupt machen, damit sie ihr Haupt nicht zu hoch erhebe; nicht aus dem Auge, damit sie nicht überall hinspähe; auch nicht aus dem Ohr, damit sie nicht jedem Gehör schenke; nicht aus dem Mund, damit sie nicht zu viel rede; nicht aus dem Herzen, damit sie nicht zu hochfahrend werde; nicht aus der Hand, damit sie nicht überall hingreife; nicht aus dem Fuß, damit sie nicht überall hinwandere; sondern aus einem keuschen Körperteil, der auch dann bedeckt ist, wenn der Mensch nackt dasteht. Und bei jedem Teil, den der Herr formte, sprach er: Sei ein frommes Weib, sei ein züchtiges Weib.« Neuere Spekulationen über einen symbolischen Zusammenhang von *Mond*sichel und Rippe besitzen weniger Wahrscheinlichkeit als die Überlegung, daß die wechselnde Anzahl der »fliegenden Rippen« (Costae volantes) zu der Erklärung geführt hat, daß eine Rippe fehlen könne und dadurch an die Schaffung der Urmutter aus diesem Knochen erinnert.

Adler. Der »*König* der Vögel« ist bekannt als Symbol von himmelstürmender Macht und Wehrhaftigkeit, daher in erster Linie ein *heraldisches Symbol* vieler Wappen und Staatsembleme, aus Gründen symmetrischer Stilisierung auch oft mit zwei Köpfen (Doppeladler) ausgestattet. Antike Tierbücher schrieben ihm die Macht zu, ohne zu blinzeln, in die *Sonne* zu schauen und dem Menschen unzugängliche Himmelsregionen zu durchmessen. Ein altbabylonischer Text, leider nur fragmentarisch erhalten, berichtet von der *Himmel*fahrt des Königs Etana, den ein Adler in die Höhe trug. – Antiken Berichten zufolge herrschte bei der Bestattung eines Kaisers die Sitte, zugleich mit der Verbrennung der Leiche einen Adler auffliegen zu lassen, der die zu den Göttern eingehende Seele des Toten symbolisierte. Im syrischen Palmyra war der Adler dem Sonnengott geweiht. Es wurde ihm nachgesagt, sich wie der *Phönix* verjüngen zu können (u.a. durch dreimaliges Eintauchen im *Wasser* – daher auch Symbol der Taufe und auf Taufbecken dargestellt). Sein Höhenflug wurde als Parallele zur Himmelfahrt Christi aufgefaßt. Auch die Sonne sollte ihn verjüngen (»Der Adler, wan ihm nun die Federn fluglos werden, sich an der Sonnenflamm erjunget und verneut«, Hohberg 1675), Hinweis auf die segensreiche Wirkung des geistigen Lichtes.

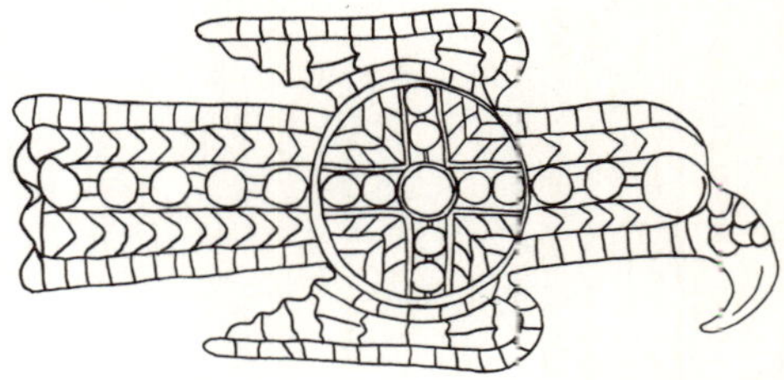

Adler: Ostgotische Adlerfibel, Goldzellenwerk. Cesena, ca. 500 n. Chr.

Als Töter von *Schlangen* und *Drachen* ist der Adler Symbol des Sieges des Lichtes über die dunklen Mächte; Adler mit *Schlangen* im Schnabel wurden in vielen Kulturen dargestellt, z.B. im Wappenbild von Mexiko. Auf gotischen Glasfenstern ist dargestellt, daß der Adler seine noch nicht flüggen Jungen zur Höhe trägt, um sie das Licht der Sonne schauen zu lehren. In der christlichen Ikonographie ist er als Symbol des *Evangelisten* Johannes, als Attribut des zum Himmel aufgefahrenen Propheten Elias und des auferstandenen Christus geläufig, wie ihm auch sonst nur positive Bedeutungen (Kraft, Erneuerung, Kontemplation, Scharfsichtigkeit, königliches Wesen) beigemessen wurden, was ihn in der Antike

Adler, sich in das Wasser stürzend. Bestiarium, Bibl. de l'Arsenal, Paris (11. Jh.)

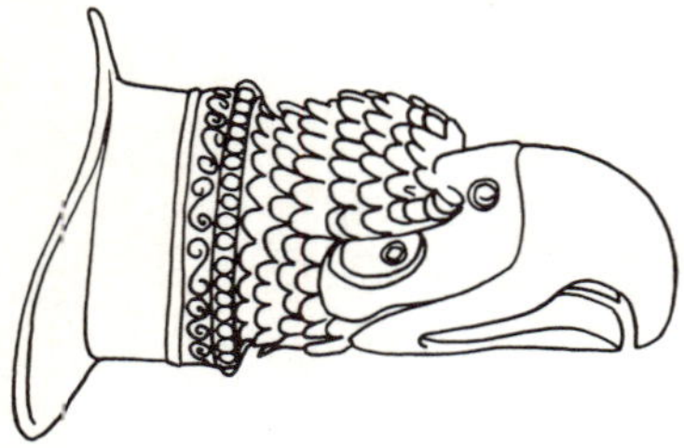

Adler: Altmexikanischer Lippenpflock, Gold, aztekisch

zum Attribut *Jupiters* machte. In christlicher Zeit wurde ihm die herrscherliche Tugend der Gerechtigkeit, aber auch die Sünde des Hochmuts zugeordnet, offenbar aufgrund seines in die Ferne gerichteten Blickes, der das Naheliegende zu ignorieren scheint. In der *freimaurerischen Symbolik* ist der Doppeladler Symbol des 33. Grades des schottischen Ritus, mit einer beide Häupter bedeckenden Krone und einem horizontal in den Fängen gehaltenen Schwert (Devise: Deus meumque ius, d.h. Gott und mein Recht).

»Quauhtli« (Adler) heißt das 15. der zwanzig Tageszeichen des aztekischen Kalendariums, ein Omen-Symbol, das kriegerische Eigenschaften der in diesem Zeichen Geborenen verheißt, ebenso

Adler: Holzschnitt bei Pseudo-Albertus Magnus, Frankfurt 1531

jedoch die Neigung zu Raub und Diebstahl. »Adler und Jaguare« hießen in der aztekischen Kriegergesellschaft zwei militärische »Orden« als Elitetruppen, die dadurch auf Erden das *Dualsystem* der himmlischen polaren Kräfte (*Sonne* und *Sterne*) verkörperten und einerseits den größten Vogel, andererseits das größte Landraubtier Mexikos als Symbole darstellten. Die Göttin Cihuacóatl (*Schlangen*frau) trug auch den Beinamen Quauh-Cihuatl, Adlerfrau, war mit einer Adlerfedernkrone geschmückt und galt als Führerin der im Kindbett verstorbenen Frauen (die Geburt eines Kindes wurde mit der Einbringung eines Gefangenen gleichgesetzt und wie eine Kriegstat bewertet). – Auch in Altchina war der Adler ein Symbol der Kraft und Stärke (ying, Adler, phonetisch gleichbedeutend mit »Held«). Ein auf einem Felsen sitzender Adler war Sinnbild des Einzelkämpfers, ein Adler auf einer *Kiefer* jenes der Langlebigkeit in ungebrochener Kraft. Der eine Schlange bekämpfende Adler geht auf den indischen Garuda zurück, was auch an das Wappenbild der Aztekenhauptstadt Tenochtitlán (heute Mexico City) erinnert. – Auch bei den zentralasiatischen Hunnen (Hsiung-nu) war der Adler ein herrscherliches Symbol.

In der europäischen Heraldik ist der Adler, zusammen mit dem Löwen, das häufigste Wappentier, jedoch immer naturfern-symmetrisch stilisiert. Die dem Adler nachgerühmten heroischen Eigenschaften führten dazu, daß ihn viele Herrscher als Wappentier führten, so deutsche Könige, die Herzöge von Bayern, Schlesien und Österreich, die Markgrafen von Brandenburg und die Könige von Polen; das Streben nach Symmetrie bei der flächenhaften Enface-Wiedergabe führte schon früh zur bildlichen Darstellung des zweiköpfigen

»Doppeladlers«, der schon im alten Orient zu beobachten ist und u.a. ab 1433 Wappenbild der römisch-deutschen Kaiser war. Nach der Auflösung des Reiches (1806) war er Symbol des Kaiserreiches Österreich (bis 1919), ebenso des zaristischen Rußlands (bis 1917), der serbischen Könige und – noch heute – Teil des albanischen Staatswappens. Der Ursprung der Zweiköpfigkeit wird spekulativ mit der Doppelfunktion »Römisch-deutscher Kaiser« und »deutscher König« in Verbindung gebracht. Einen dreiköpfigen Adler mit Köpfen auch auf den Flügelenden führte der Minnesänger Reinmar von Zweter als Wappentier. Der Heraldik-Historiker A.G. Böckler brachte 1688 das Wort »Adler« mit »Adel« in Verbindung und reimte: »Vom Kayser-Adler kommt der Teutsche Adel her; drum, wann der Adler nicht, dann auch kein Adel wär. Der Kayser-Adler ist des Adels bester Schutz, des Adlers Flügel-Schatt' ist nur des Adels Nutz.« An anderer Stelle schreibt Böckler: »Der Adler ist unter dem Feder-Vieh der König, welcher mit strengen Augen die Sonne ansehen kann, seines Fangs niemals verfehlet, sich verjünget, am höchsten fliegen kan, und wird von den Vogelschauern jederzeit für ein Zeichen künfftigen Siegs gehalten. Und weil Romulus auf dem Aventino am ersten einen Adler gesehen, so hat er solches für ein Glückszeichen gehalten, derowegen allezeit einen Adler anstatt eines Fahnens vor dem Kriegsheer vortragen lassen. Wie nun sechserley Arten des Adlers seynd, die sich alle von dem Raub nehren, so seynd doch nur die kleinsten und schlechtesten, welche ein Aas angreiffen. Der Adler ist nicht Kayserlicher Majestät Person, sondern des Römischen Reichs Wappen. Der Adler in einem güldenen Feld bezeichnet Gott den Herrn, dessen Stern

Adler als Sieger über den Satansdrachen. W.H. Frh. von Hohberg, 1675

klar scheinet, und der macht Ruhe, und von dem alle Furcht entspringet.«
In der psychologischen Symbolkunde wird der Adler als ein »mächtig geflügeltes Wesen in der himmlischen Bläue des Geistes« (Aeppli) aufgefaßt, weshalb Adlerträume positiv zu werten sind. Bedenkliche Aspekte werden dort gesehen, wo »Adlergedanken« sich auf das Inventar des Alltagslebens stürzen und der Ablauf des Lebens durch sie in Frage gestellt wird, ergriffen von der »verzehrenden Leidenschaft des Geistes«. Auch daher ist es verständlich, daß der Adler das Symboltier des am meisten im spirituellen Bereich angesiedelten Evangelisten (Johannes) geworden ist. Die oft unumgänglichen Kompromisse des praktischen Lebens sind unter diesem Zeichen nicht zu erwarten. – Mittelalterliche »Bestiarien« vergleichen den Adler mit dem Urvater *Adam.* Der »König aller Vögel« schwebt in den höchsten Höhen, läßt sich aber sofort jäh zur Erde herabfallen, wenn er irdische Speise erblickt.

Auch Adam schwebte ursprünglich in der Nähe des Himmels, erblickte aber dann die verbotene Speise, die ihn zur Erde niederzog. »Nach seinem unvergleichlichen Höhenflug nährte er sich wieder mit dem Fleisch körperlicher Lust und verlor jede geistige Erleuchtung« (Unterkircher).

Adonis, antik-mythologische Symbolgestalt für jugendlich-männliche Schönheit, stammt ursprünglich aus dem

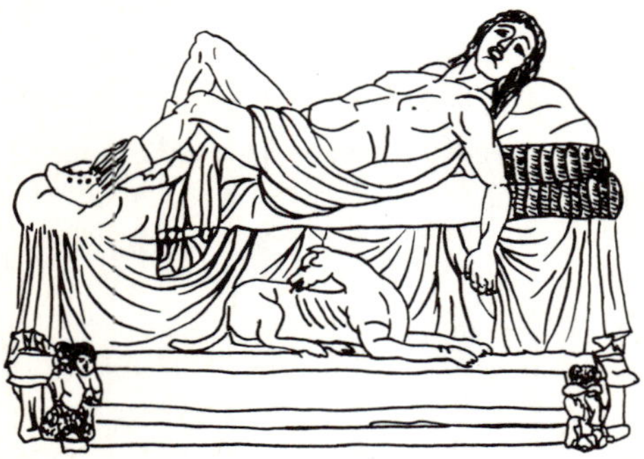

Adonis; Etruskischer Urnendeckel, Tuscania, ca. 190 v. Chr.

syrisch-phönikischen Bereich (Adon – »Herr«) und ist eine Gestalt von der Art der »sterbenden und auferstehenden Götter«, ein Dämon des sich jährlich erneuernden Wachstums. Als Geliebter der Aphrodite (lat. *Venus*) wurde er durch einen wütenden *Eber* getötet, nach einigen Traditionen durch den Gott Ares (lat. *Mars*), der Tiergestalt angenommen hatte. Aus dem *Blut* des Adonis wuchsen Anemonen oder Adonisröschen, seine Seele sank in den Hades (vgl. *Jenseits*). Die Liebesgöttin flehte Zeus an, daß Adonis nur einen Teil des Jahres in der Unterwelt verbringen müsse, im Frühling aber zu ihr zurückkehren dürfe. Diese Bitte wurde gewährt, und die Auferstehung der jugendlichen Natur wurde mit Festen, Liedern und der Anlage kleiner »Adonisgärtlein« gefeiert. Adonis ist die griechische Form des sumerischen Vegetationsgottes Dumuzi (aramäisch Tammuz), des Geliebten der Göttin Inanna. Der jährliche Vegetationszyklus wurde in vielen Religionen und Kulturen durch in die Unterwelt sinkende und aus ihr periodisch wieder auferstehende Gottheiten symbolisiert.

Affe. Verschiedene Affenarten aus Afrika und Südasien waren in der Antike bekannt (griech. pithekos, lat. simia) und wurden gelegentlich von Schaustellern dressiert zu »Theatervorführungen« gebraucht. »Affe« galt als Schimpfname, die Tiere waren Symbole für Bösartigkeit und häßliches Aussehen. Dennoch wurden Affen nicht selten als exotische Haustiere gehalten. Der Volksglaube wollte wissen, daß der Besitz eines Affen*auges* unsichtbar mache und Affenurin, an die Tür eines Feindes gestrichen, diesem den Haß der Mitmenschen beschere. – In Altägypten wurden Affen (Meerkatzen, vor allem aber Mantelpaviane) mit Ehrfurcht betrachtet; nubische Volksstämme mußten sie als Tribut abliefern, und es wurde den Affen nachgesagt, sie verstünden die menschliche Rede und seien gelehri-

Affe: Weißer Mantelpavian, Fresko im Tut-anch-amon-Grab, 18. Dynastie Altägyptens

Affe: Der teuflische Affe des »Tabaktrinkens«, London 1618

ger als mancher menschliche Schüler. Das Kreischen der Paviane in der Morgendämmerung wurde als Gebet der frommen Tiere zu dem sich über den Horizont erhebenden Sonnengott gedeutet. Thot (Tjehuti), der Gott der Weisheit, wurde zwar meist mit dem *Ibis*kopf dargestellt, aber auch als alter, weißer Mantelpavian, der hinter dem Schreiber wichtiger Texte sitzt und dessen Arbeit beaufsichtigt. – Auch im alten Indien war der Affe heilig, wie die Verehrung des Affengottes Hanuman zeigt, der im Epos Ramayana als mächtiger Helfer und Minister des Rama auftritt. Er ist das Symbol von Stärke, Treue und Aufopferung. Obwohl die indischen Bauern unter der Affenplage leiden, feiern sie gern das Fest Hanuman-Dschayanti, Hanumans Geburtstag. – Auch in China wurden dem Affen große Ehren zuteil. In Südchina und Tibet führen Familien ihre Herkunft stolz auf Affen-Ahnherren zurück, die Menschenfrauen entführt und mit ihnen Kinder gezeugt hätten. Berühmt ist der Affe Sun Wu-k'ung, der den buddhistischen Pilger Hsüan-tsang auf seiner Reise nach Indien begleitet und dabei neben großen Heldentaten auch viel Schabernack getrieben haben soll. Häufig dargestellt wurde der Affe mit einem »*Pfirsich* des langen Lebens« in den Händen. Wegen gleichlautender Silben bedeuten Bilder von Affen auf Föhren oder Affen zu Pferd den Wunsch nach hohem gesellschaftlichen Rang. Im chinesischen Tierkreis ist der Affe das neunte Zeichen. – Kalendersymbol ist der Affe auch in den altmexikanischen Kulturen, und zwar als Herr des 11. Tageszeichens (aztekisch Ozomatli, maya Ba'tz). Der Affe galt als Tanzgott, und unter seinem Zeichen Geborene sollten Gaukler, Spaßmacher, Tänzer oder Sänger werden. Der Affe hat in Altmexiko eine nicht ganz verständliche Symbolbeziehung zum Wind. Bei den im altmexikanischen Mythos geschilderten periodischen Weltuntergängen wurde die zweite Ära oder »Sonne«, Windsonne, durch verheerende Wirbelstürme beendigt. Die Menschen dieser Epoche wurden in Affen verwandelt.

In der christlichen Bilderwelt wird der Affe negativ gesehen, als Karikatur des Menschen und Symboltier für die Laster Eitelkeit (mit einem Spiegel in der Hand), Geiz und Unkeuschheit. Mit Ketten gefesselte Affen symbolisieren den überwundenen *Teufel.* Affen werden auch als Sinnbilder unflätiger, hemmungsloser Menschen dargestellt, auch gefesselt, wohl mit Hinblick auf den frühchristlichen »Physiologus«-Text. Dort wird der Affe als bösartig, aber auch als zur Nachahmung geneigt dargestellt. Sein Jäger tut so, als würde er sich Leim in die Augen reiben, und verbirgt sich; der Affe kommt vom Baum und verklebt sich »nachäffend« die Augen, so daß er leicht mit der Schlinge gefangen werden kann. »Auf diese Art jagt uns auch der große Jäger, der

Teufel. Er ... bringt den Leim der Sünde, blendet die Augen, macht des Menschen Geist blind und macht eine große Schlinge, und es verdirbt der Mensch an Leib und Seele.« – Tiefenpsychologisch wird der Affe als ein Anzeichen der Verunsicherung und des Zweifels an der eigenen Rolle gedeutet, ebenso als Symbol der Schamlosigkeit. In der Bildersprache des Traumes ist nach tiefenpsychologischer Interpretation der Affe jeder Art »das Menschähnliche, das doch nicht menschlich ist«, aber diese Stufe erreichen will; »wer von ihm träumt, nähert sich dieser Möglichkeit von einer verachteten Seite her« (Aeppli). – In den letzten Jahren werden gern asiatische Plastiken von drei Affen angeboten, die sich Mund, Augen und Ohren zuhalten. Die populäre Deutung, es sei am besten, nichts zu hören, zu sehen und zu reden, ist unzutreffend, da die Bedeutung »nichts Böses sehen, hören und sprechen« lautet. Ursprünglich soll es sich um Kundschafter gehandelt haben, die von den Göttern zu den Menschen gesandt wurden, um über ihre Taten Auskunft zu erhalten. Als Abwehrzauber gegen solche Ausspähung sollen die Affen blind, taub und stumm dargestellt worden sein. In Japan werden die drei Affen auch mit dem Gleichklang des Wortes »saru« erklärt, das sowohl »Affe« als auch »nicht tun« bedeutet und die bewußte Abkehr von bösem Tun symbolisieren soll.

Ägypten als Inbegriff der wohl ältesten Hochkultur der Menschheit wird vielfach als Symbol für alles Uralt-Geheimnisvolle angesehen. Die *Sphinx* oder die Pyramiden sind in den Augen vieler Menschen der Beweis dafür, daß Ägypten mit seinen Mumien, dem Totenbuch, den tiergestaltigen oder tierköpfigen Gottheiten eine Spiritualität verkörperte, die ungeahnte Weisheiten aus verschollenen Epochen beherrschte (vgl. *Atlantis*). Die Annahme, daß in älteren Zeitaltern die Menschheit der göttlichen Wahrheit näher war als später, spiegelt sich auch im Symbolbild des *»Goldenen Zeitalters«* in der Urzeit. In der Tat war jedoch in diesen Epochen der Lebenskampf meist härter als in jüngerer Zeit. – Zu bedenken ist, daß im Niltal der Schritt zur Bildung fester Staaten und Königreiche, zum Steinbau und zum Schriftbesitz bereits in einer Ära getan wurde, als die Kultur noch jungsteinzeitlich geprägt war und sehr altertümliche Züge (Tier-*Totem*-ideen) das Geistesleben beherrschten. Diese erscheinen dem Menschen der vom Typus her jüngeren Kulturen rätselhaft und unverständlich, was den Argwohn erweckt, dort würden erhabene Geheimnisse verhüllt. Da vieles an der ägyptischen Kultur über fast drei Jahrtausende unverändert »mumifiziert« blieb, bis in der Epoche des Hellenismus die Mittelmeerkulturen von ihr Notiz nahmen, mußte Ägypten für Griechen und Römer eine Heimstätte großer Geheimnisse werden. Herodot (485–425 v. Chr.) schreibt im 2. Buch seiner »Historien«: »Die Ägypter waren die ersten, welche die Länge des Jahres bestimmten und es in seine zwölf Abschnitte teilten. Die Sterne, sagten sie, hätten sie darauf gebracht. Ihre Berechnungsweise ist klüger als jene der Hellenen, wie mir scheint ... Auch daß ein Kreis von zwölf Göttern besonders benannt wird, geht nach ihrer Behauptung auf die Ägypter zurück, von welchen es die Hellenen übernommen hätten. Ebenso seien die Ägypter die ersten gewesen, die den Göttern Altäre, Bilder und Tempel errichtet und Figuren in Stein gemeißelt hätten ... Sie sind höchst gottesfürchtig, mehr als alle anderen Völker.« Die Rätselhaftigkeit der Kultur Ägyptens basiert in erster Linie auf der Altertümlichkeit des Geisteslebens dieses Raumes trotz seiner faszinierenden zivilisatorischen Errungenschaften. In neuerer Zeit war es üblich, vieles im weitesten Sinn »Rätselhafte« als »ägyptisch« zu bezeichnen – vom *Traum*buch bis zu Ideen der *alchemistischen Symbolik.* Dies wurde von Historikern nicht ernst genommen; es stellt sich jedoch bei näherer Betrachtung heraus, daß in der Tat manche Eigentümlichkeiten alter Religionen, Mysterienlehren und Symbole letztlich auf das alte Ägypten zurückgehen.

Ahasver(us), im biblischen Buch Esther der Perserkönig Xerxes I. (486–465 v. Chr.), »der von Indien bis Äthiopien als *König* über 127 Gerichtsbezirke herrschte«, in der Volkssage jedoch die Symbolgestalt des »Ewigen Juden«, der als Verkörperung seines zerstreuten Volkes ruhelos alle Länder der Erde durchwandern muß. Die christliche Schuldzuweisung für dieses Schicksal macht ihn zu einem Schuster aus Jerusalem, der einst dem seinen Kreuzweg beschreitenden Jesus gefühllos eine Ruhebank zum Ausruhen verweigerte, weshalb er zum ewigen Umherwandern bis zum Jüngsten Tag verdammt wurde. Wenn Holzfäller in Tirol mit der Axt in die glatte Fläche von Baumstümpfen Kreuze einschlugen, sollte dieser Brauch dem ruhelosen Wanderer einen Rastplatz schaffen (nach anderer Version auch den vom »Wilden Jäger« verfolgten »Holzweiblein«, weiblichen Naturgeistern des *Waldes*). Vgl. *Kain.*

Ahasver: Der »Ewige Jude«, Holzschnitt aus Caën, 1820

Ahorn. Der Ahorn in verschiedenen Arten hat sowohl in China wie in Kanada Symbolbedeutung. In China beruht sie darauf, daß der Name des Baumes (feng) mit dem Begriff »mit einem Würdenrang betrauen« gleichlautend ist. Wenn ein Affe, der ein verschnürtes Paket ergreift, auf einem Ahornbaum dargestellt wird, so ergibt dies das Lautbild »feng-hou«, in freier Deutung: Der Empfänger des Bildes möge mit dem Grafenrang ausgezeichnet werden. – Andererseits ist das Ahornblatt (Mapleleaf) seit dem 19. Jahrhundert nationales Symbol Kanadas. Es handelt sich um den Zuckerahorn, Acer saccharum, u. a. die Quelle des Ahornsirups. Drei rote Ahornblätter werden im Schildfuß des Staatswappens Kanadas dargestellt, und als Helmkleinod wird ein weiteres von einem *Löwen* gehalten. Auch die Flagge zeigt ein rotes Ahornblatt, und drei davon sind in den Wappen der Provinzen Ontario und Quebec zu sehen.

Ährenkleid Mariae, Kornährenzeichnung auf dem Gewand der Gottesmutter, wie sie im Mittelalter und der Renaissance oft auf Andachts- und Wallfahrtsbildern dargestellt wird. Diese Art

Ährenkleid Mariens auf einem Süddeutschen Blockdruck, ca. 1450 (Detail)

Akelei: Nach W. H. Frh. v. Hohberg, 1675

der Darstellung gemahnt an antike »Kornmütter«, etwa an Demeter (lat. Ceres), damit an sehr alte Wurzeln dieses Ausdrucks der Volksfrömmigkeit. Das Korn, das in die Erde gelegt (»begraben«) wird und scheinbar stirbt, im Frühling aber zum neuen Leben erwacht und reiche Frucht trägt, ist schon seit der Antike – etwa in den Mysterien von Eleusis – Symbol der Neugeburt nach der Grabesnacht, das Hoffnung einflößt und als Vorbild der Überwindung des Todes wirkt. Daß für die bäuerliche Bevölkerung auch unabhängig von dieser Symbolik in der Neuzeit das Ährenkleid-Bild die Bitte um Erntesegen verkörperte, ist leicht vorstellar.

Akazie, in der Symbolik oft mit der Robinie oder dem Mimosenbaum verwechselt, gilt vor allem wegen ihres harten und dauerhaften Holzes als ein Symbol der Überwindung des Todes. In diesem Sinn wird die Pflanze vor allem in der *freimaurerischen Symbolik* hochgeschätzt, und zwar nach der »Kunstlegende« vom ermordeten *Tempel*baumeister Hiram Abif (Churam Abî), der als Märtyrer des Meisterwortes von drei neidischen Baugesellen ermordet und unter einem Grabhügel bestattet wurde, der durch einen Akazienzweig gekennzeichnet worden war. Da der Getötete symbolisch in jedem neuen Meister fortlebt, deutet der Akazienzweig das den Tod überdauernde Grünen der Idee an. Freimaurerische Todesanzeigen werden mit diesem Symbol verziert, und dem Bestatteten werden die Zweige ins Grab gelegt. Die botanische Definition spielt dabei keine Rolle: »Der Akazienzweig, welcher auf dem Sarge liegt, ist ein Bild von dem Akazien- oder Distelzweige, welchen unsere Brüder auf die Spitze des Berges (d.h. Grabhügels) beym Haupte unseres würdigen Vaters einstekten ... dies sind die Lorbeer- und Palmzweige, welche er erhalten ...« (Baurnjöpel 1793).

Aktäon: Der sich in der Luna-Diana-Nachtwelt zum Hirschen wandelnde Aktäon, Merian-Kupfer im »Musaeum Hermeticum«, 1678

Akelei (botan. Aquilegia vulgaris). Sie soll in germanischer Zeit der Göttin Freya geweiht gewesen sein und wird auf mittelalterlichen Tafelbildern als Attribut der heiligen Maria dargestellt. Früher als Heilpflanze und Mittel gegen die »scharfe Galle der Geelsucht« geschätzt, diente sie als Sinnbild der Heilung von Geiz: »Also – wo Gottes Liecht des Menschen Herz entzündet, die Weltlieb und der Geiz nicht Platz darinnen findet« (Hohberg 1675).

Aktäon (griech. Aktaion), in der griechischen Mythik eine Symbolgestalt als Warnung für den Menschen, sich der Sphäre der Götter nicht ehrfurchtslos und neugierig zu nähern. Der durch den *Kentauren* Chiron erzogene Jäger Aktaion kam durch Zufall in die Nähe der Stelle, wo Artemis (lat. *Diana*) mit ihren Nymphen nahe der Stadt Orchomenos in einem *Fluß* badete. Statt sich in heiliger Scheu zurückzuziehen, beobachtete er das nicht für menschliche Augen bestimmte Schauspiel. Die erzürnte Jagdgöttin verwandelte ihn in einen *Hirsch*, der alsbald von seinen eigenen Jagdhunden zerrissen wurde: eine in vielen Gemälden mythologischen Charakters dargestellte Szene. Der Kern des Mythos mag die Opferung eines Menschen zu Ehren einer Jagd- und Nymphengöttin sein. Laut Plutarch soll noch im 1. Jahrhundert n. Chr. ein in Hirschleder gekleideter Mann am arkadischen *Berg* Lykaion gejagt und getötet worden sein.

Alant, der Korbblütler Inula helenium, war nicht nur als Heilkraut geschätzt. Die Sage erzählt, die schöne Helena habe sie in Händen gehalten, als Paris sie entführte (daher der Beiname). In der christlichen Symbolik wurde die Pflanze wegen ihrer Heilwirkung zum Sinnbild der Erlösung von der Krankheit der Sünde. »Der Alant widersteht dem Gifft, die krancke Brust / erleuchtert und erteilt dem Herzen Freud und Lust. Also wer Gotteswort und seine Kirche liebet, des Lebens Jammerthal durchwandel unbetrübet ...« (Hohberg 1675).

Alant: Nach W. H. Frh. v. Hohberg, 1675

Alchemistische Symbole: Die Verwesung (putrefactio) als Voraussetzung des Aufstiegs. Basilius Valentinus, Azoth, Paris 1659

Alchemistische Symbole: Androgyn, Pelikan, Löwe, Schlangen, Gold-Sonnenbaum. Rosarium philosophorum, Frankfurt 1550

Alchemistische Symbole: Kreis, Dreiecke, Hexagramm und Merkur-Gold, » Musaeum Hermeticum«, 1678

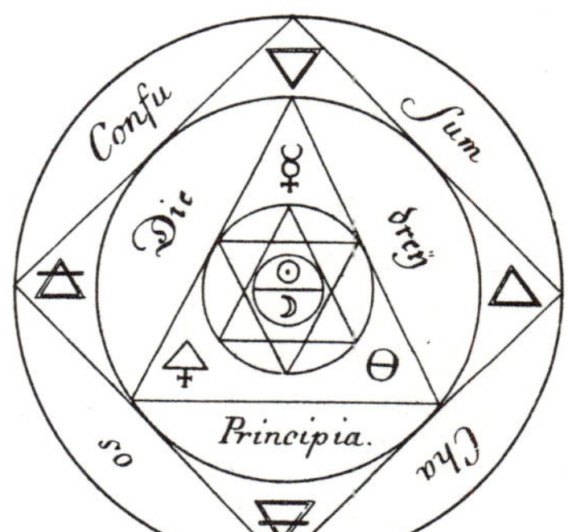

Alchemistische Symbole: Element- und Planetensymbole, Hexagramm und Kreis. »Trithemii güldenes Kleinod«, 1782

Alchemistische Symbole. Alchemie (Alchimie, Alchymie) ist keineswegs bloß »betrügerische Goldmacherkunst«, sondern eher eine außerkirchliche Seelenveredelungslehre, die sich wegen ihrer unorthodoxen Doktrinen einer Bilderwelt aus dem Fundus der Laboratorien bediente (wenn es auch Vertreter der Ideologie gab, die Edelmetalle zu synthetisieren hofften). Da vor Carl Gustav Jung (1875–1961) weitgehend nur der wissenschaftsgeschichtliche Aspekt beachtet und die Alchemie als »irrende Vor-Chemie« aufgefaßt wurde, konnte der ideologische Anteil kaum jemals die gebührende Beachtung finden. In erster Linie geht es um das Streben nach einer Ausbreitung des geistigen *Licht*reiches durch das systematische Zurückdrängen der als erdig, schwer und dunkel empfundenen Welt der Materie, etwa im Sinne der spätantiken Gnosis in ihrer mannigfachen Ausprägung durch verschiedene Sekten. Die symbolisch-allegorischen Bilder, wie sie in hochmittelalterlichen Handschriften und in gedruckten Kupferstichbüchern der Renaissance und des Barocks in verwirrender Vielfalt auftauchen, haben nicht das Ziel, Außenstehende zu informieren, sondern sollen dem eingeweihten Kenner des Lehrgebäudes Meditationshilfen bieten. Aus der Urmaterie (Materia prima) soll auf dem Weg über mehrere Läuterungsstufen der reine *Stein* der Weisen (Lapis philosophorum) herausgebildet werden, dessen Besitz es u.a. ermöglichen soll, aus unedlen Metallen *Gold* und *Silber* – die Metalle von *Sonne* und *Mond* – zu gewinnen und ein Universal-Heilmittel herzustellen. Viele Symbole verbinden diese Ideologie mit den Bildern des *Rosen*kreuzerbundes und des *Freimaurer*tums. Unter den wichtigsten alchemistischen Bildmotiven sind zu nennen: *Adler, Androgyn, Blei, Caduceus, Drachen, Einhorn, Gold, Hexagramm, Korallen, Kröten, Löwe, Mond, Pelikan, Pentagramm, Pfau, Phönix, Quintessenz, Saturn, Silber, Sonne, Sulphur und Mercurius, Taube* u.a.

Alexander der Große. Der Makedonierkönig Alexandros III. (356–323 v.Chr.) ist noch mehr im Orient als in Europa die Symbolfigur des kühnen Heerführers und Herrschers, der bis zu den Grenzen der Menschheit vorstößt. Der Eroberer Persiens und Besieger von Dareios III. (Alexandermosaik in Pompeji), der Gründer der Stadt Alexandria, der das Heiligtum des Zeus Ammon (Jupiter Ammon) bei Memphis besuchte und göttlicher Ehren zuteil wurde, der Löser des Gordischen *Knotens*, der bis zum Indus vordrang, beschäftigte die Phantasie der Mythographen des Orients und Okzidents. Im 2. Jahrhundert v.Chr. entstand in Griechenland der noch im Mittelalter populäre Alexanderroman, der dem Helden und seinen Streitern phantastische Heldentaten im Kampf gegen die *wilden Menschen* am Rand des zivilisierten Erdkreises zuschreibt; er wurde im mittelalterlichen Byzanz im »Alexanderlied« poetisch erweitert. Syrische Versionen des Romans wurden im persischen »Iskander-nameh« paraphrasiert. Der »Zweihörnige« (vgl. *Widder*), nach dem *Horn*-Attribut des »Zeus-Ammon«, im islamischen Arabien wie auch im innerasiatischen Uighuren-Gebiet »Sulkharnai« genannt, wird in legendären Dichtungen besungen: »Es lebte in uralten Zeiten im Osten / In der Stadt genannt Misir / Ein Mann namens Sulkharnai / Ein Alter von tausend Jahren erreichend ...« Erzählt wird, daß er die lange Brücke des Lebens überschritt, auf einen hohen Berg stieg und (wie der Held Gilgamesch der sumerischen Mythen) auf der Suche nach dem Geheimnis langen Lebens die Tiefen des Meeres durchforschte, den *Baum* des Lebens zum Grünen brachte und das Land der Finsternis durchzog. Auch soll er mit Hilfe eines von *Adlern* getragenen Korbes zum Himmel aufgestiegen sein. – Jüdische Sagen werfen ihm Hybris (frevelhafte Überheblichkeit) vor und

Alexander d. Große mit Widdergehörn. Münzprägung des Lysimachos

Aloë: Emblem-Kupfer von W. H. Frh. v. Hohberg, 1675

berichten davon, daß er die dem Menschen gesetzten Grenzen, die Vergänglichkeit, am Ende doch erfahren mußte (er starb an einem Fieberanfall unerwartet in *Babylon*). In den islamischen Sagen werden seine weiten Wege bis an die Grenzen der Ökumene zum Symbol für den Heros, der in der Ferne Großtaten vollbringt. Von Mohammed wird Alexander »zum Typos des frommen und gerechten Königs stilisiert. Die Frucht seines Wirkens besteht in der Bekehrung oder Bestrafung der Ungläubigen ... Seine Größe ist unverdientes Gnadengeschenk Allahs« (Beltz 1980). Hingegen ist in den »Gesta Romanorum« (ca. 1300) die Vergänglichkeit des Ruhmes Alexanders das Hauptthema: »Gestern bedrückte er die Erde, heute drückt sie ihn; gestern reichte für Alexander die ganze Welt nicht aus – heute sind drei oder vier Ellen Tuch genug für ihn.«

Aloë, ein Liliengewächs, wird in alten und neuen Symbolbüchern immer wieder als Agave bezeichnet, bzw. beide Pflanzennamen werden irrtümlich als Medikament gegen Hartleibigkeit verwendet und die Bitterkeit zum Symbol der Buße und des Leidens erklärt. Es diente auch als Balsamierungsmittel, da es gegen Verwesung schützen sollte. Da die langjährig wachsende Pflanze nur ein einziges Mal einen hohen Blütenstamm treibt, galt sie auch als Symbol der einmaligen jungfräulichen Mutterschaft Mariä. – Die Bitterkeit inspirierte Hohberg (1675) zu holprigen Symbolversen: »Zuwider ist dem Mund und thut der Gurgel weh / Jedoch gesund erhält die bitter Aloë. So, obschon der Creuzkelch uns widerwärtig scheinet, jedoch das Ende zeigt, daß es sey gut gemeinet.«

Alpha und Omega, der erste und der letzte Buchstabe des der Sage nach von den drei Schicksalsgöttinnen, den Moiren (*Parzen*), geschaffenen griechischen Alphabets, ein Symbol der hellenistischen Epoche für Gott als Anfang und Ende des Kosmos. Basis dieser Symbolik sind biblische Worte wie »Ich bin der Erste und ich bin der Letzte, es gibt keinen Gott außer mir« (Jesaia 44, 8).

Alpha und Omega an Anch-ähnlichem Kreuz im Giebelfeld des Rhodia-Grabsteins, Fayum, Ägypten, 6. Jh. n. Chr.

Alpha und Omega: Weltengott (Pantokrator) in Mandorla. Österr. Bauernkalender, 1913

Amazonen: Achilles und die sterbende Amazonenkönigin Penthesilea. Hellenistische Vasenmalerei (Detail)

Daß Buchstaben, Laute und Worte die Elemente der Schöpfung bilden, ist für das Weltbild der Spätantike charakteristisch, wobei den Buchstaben (den griechischen wie auch den hebräischen) auch *Zahl*wert zukam. Damit waren allen kosmogonischen Spekulationen die Tore geöffnet, die dann besonders in der jüdischen Esoterik (Kabbala) den Kern der »spekulativen Gnosis« bilden. In der Johannes-Apokalypse (1,8) bezeichnet sich der Schöpfer, der »Herr und Gott, der ist und war und der kommt«, selbst als das Alpha und Omega. Die beiden Buchstaben wurden gern bei der Schmückung von christlichen Gräbern verwendet, um anzudeuten, daß der Bestattete in Gott seinen Anfang und sein letztes Ziel gesehen hatte. Im Mittelalter schmücken Alpha und Omega häufig den Strahlenkranz des Weltenrichters links und rechts von seinem Haupt.

Amazonen, Name eines sagenhaften Volkes von Kriegerinnen, im neueren Sprachgebrauch das kollektive Symbol für aggressive Weiblichkeit. Die antike Sage erzählt von einem sarmatisch-kappadozischen Weibervolk am Fluß Thermodon, das angeblich mit Männern benachbarter Stämme nur zum Zweck der Fortpflanzung gelegentlich Gemeinschaft hatte, männliche Nachkommen verkrüppelte, zu Arbeitssklaven machte und auf schnellen *Pferden*, mit *Pfeil*, Bogen und *Doppelaxt* bewaffnet, große Kriegszüge unternahm. Auch im Westen Nordafrikas sollen, dem Geschichtsschreiber Diodorus Siculus zufolge, Amazonen beheimatet gewesen sein, die Eroberungzüge über Ägypten bis Kleinasien unternahmen. Die griechischen Sagen berichten, daß sie regelmäßig von männlichen Helden besiegt worden seien (von Herakles, Theseus, Bellerophon und Achilles) und für ihre Maßlosigkeit den Tod erleiden mußten. Eine reale Basis für diesen Mythus ist kaum auffindbar, obwohl in manchen alten Völkern die Beteiligung von Frauen am Kampf nicht ungewöhnlich war. Auch hatten solche Volksstämme oft *mutter*rechtliche Struktur, vererbten also den Namen und den Grundbesitz auf die mütterliche Linie. Dies führte offenbar durch märchenhafte Übersteigerung einer für die Griechen barbarisch und unnatürlich erscheinenden Gesellschaftsordnung zu dem Symbolbild einer männerhassenden, kriegslüsternen Weiblichkeit. – Der attische Redner Lysias (ca. 450–380 v. Chr.) schildert die Amazonen und ihr Schicksal so: »Oberherrinnen über viele Völkerschaften und durch ihre Taten Unterjocherinnen ihrer Nachbarn, hörten sie von dem großen Ansehen Griechenlands. Sie setzten sich nun wegen hohen Ruhmes und großer Hoffnungen mit streitbaren Völkern in Verbindung und unternahmen einen Kriegszug gegen Athen. Da sie es jedoch mit kampfestüchtigen Männern zu tun bekamen, so gestaltete sich ihr Mut nur solchermaßen, wie es ihrem Geschlecht entsprach. Hier starben sie, erlitten sie die Strafe für ihre Unbesonnenheit, vermittelten sie dieser unserer Stadt (Athen) unsterblichen Ruhm der Tapferkeit ... So haben denn jene, indem sie widerrechtlich Fremdes (Kriegsruhm) begehrten, das ihnen Zustehende mit Recht verloren.« Es handelt sich offenbar um einen athenischen Warnungsmythus vor zu großem weiblichem Einfluß im öffentlichen Leben, wie man ihn in Sparta zu sehen glaubte, wobei spärliche Fakten zu einer »Fantasy«-Vision blutdürstiger Kriegerinnen versponnen wurden. Vgl. *Walküren.*

Ameise, trotz ihrer Kleinheit symbolkundlich ein nicht unbedeutendes Insekt. Der frühchristliche »Physiologus«-Text weist auf den Spruch Salomonis hin »Gehe hin zur Ameise, du Fauler« (6,6) und macht die Ameise wie die *Biene* zum Symbol des Fleißes. Auch erwähnt er, daß körnertragende Ameisen nicht von ihren mit leeren Zangen einhergehenden Artgenossinnen angebettelt werden, sondern daß diese selbst Körner sammeln gehen, was ihre Klugheit zeige. Diese äußere sich auch dadurch, daß sie in ihrem Bau gespeicherte Samen anbeiße, um sie am Keimen zu hindern, und daß das Einbringen von Körnern die feuchten Winterstürme anzeige (Symbol kluger Voraussicht). Diese Unterscheidungsfähigkeit wird dem Menschen der christlichen Zeit als Beispiel vor Augen gehalten; sie sollten die Worte des Alten Testaments von dem Geist unterscheiden, damit dieser nicht vom Buchstaben ertötet werde. Sonst gehe es ihnen wie den Juden, die den Erlöser nicht erkannten und daher geistig verhungern müßten. Schließlich wird der Ameise noch nachgesagt, sie erkenne Gerste und Roggen am Geruch, sammle aber das echte Getreide und nicht das Viehfutter. »Fliehe daher auch du, Mensch, die tierische Nahrung und nimm das Getreide, das zum Aufbewahren weggelegt wird. Denn die Gerste ist vergleichbar mit der Lehre der Ketzer, das Getreide aber mit dem konsequenten Glauben an Christus.« – Im Gegensatz zu dieser hohen Bewertung im Abendland ist in Indien das dem Betrachter wirr erscheinende Hin- und Herlaufen der Ameisen Symbol für das ziellose irdische Getriebe der unerleuchteten Menschheit. – Bei verschiedenen exotischen Völkern ist das »emsige« Insekt Helfer der Schöpfergottheit bei der Erschaffung der Welt. In den altgriechischen Mythen heißen die ersten Bewohner Äginas »Myrmidonen«, Ameisen, weil sie den Boden mit ameisenhafter Geduld, mit Ausdauer und Fleiß bearbeiteten. Eine thessalische Legende führt den Pflugbau auf die Erfindung des wichtigen Bodenbebauungswerkzeugs durch eine Nymphe namens Myrmex, Ameise, zurück. Hier wurden die Ameisen als heilige Tiere verehrt.

Amethyst, ein beliebter Schmuckstein, eine blaßbläulich-violette Abart des Quarzes (vgl. *Edelsteine*), galt als Symbol von Bescheidenheit, Seelenfrieden und Frömmigkeit, wurde aber auch mit den Gaben der geistigen Heilkraft in Verbindung gebracht. In der Antike schrieb man ihm die Kraft zu, vor Trunkenheit zu schützen (griech. a-methysios, nicht berauscht), ebenso in neuerer Zeit. Eduard Mörike schrieb 1853 in der »Historie von der schönen Lau«, daß »er den schweren Dunst des Weins geschwinde aus dem Kopf vertreibt, ja schon von Anbeginn dawider tut, daß einen guten Zecher das Selige berühre; darum ihn auch weltliche und geistliche Herren sonst häufig pflegten am Finger zu tragen«. Seine *violette* »Bußfarbe« machte ihn zum geeigneten Material kostbarer Rosenkränze. Conrad von Megenberg schrieb dem Amethyst die Kraft zu, böse Gedanken zu vertreiben und »gute Vernunft« zu bringen (14. Jahrhundert). Die traditionellen »Steinbücher« setzen ihn mit dem Planeten *Saturn* in Verbindung und erwähnen seine angebliche Eigenschaft, vor Gift und bösem Zauber zu schützen. Neuere esoterische Lehren bezeichnen ihn als jenen Edelstein, der dem »Wassermann-Zeitalter« (engl. »age of aquarius«) – das in Kürze jenes der *Fische* ablösen soll – durch seine mystisch-kühlen Ausstrahlungen am besten entspricht. (vgl. *Sterne*)

Amor oder Cupido, griech. Eros, ist die antike Verkörperung der plötzlich aufkeimenden Liebe in ihrer heiter-neckischen Form. Er wird vorwiegend als nackter geflügelter Knabe mit *Pfeil* und Bogen dargestellt, der nicht nur Menschen, sondern auch Götter in das *Herz* schießt und sie dadurch zur Liebe verführt. Als Sohn des Kriegsgottes *Mars*

Amor: Amoretten als Personifikationen der Macht der Liebe. V. Cartari, 1647

(griech. Ares) und der *Venus* (griech. Aphrodite) stiftet er so viel Verwirrung, daß ihn seine Mutter oft einsperren oder durchprügeln muß. In hellenistischer Zeit wurde seine Gestalt häufig vervielfacht und zu ganzen Gruppen von Amoretten oder Eroten gestaltet, die etwa in der pompejanischen Wandmalerei, aber auch auf Keramik dargestellt wurden. Sie bilden die Vorbilder der Putten des Barock und des Rokoko, die in christianisierter Form zu kleinkindartigen *Engeln* umgebildet wurden. – In dem antiken Märchen von Amor und Psyche ist der Liebesgott hingegen ein schöner junger Mann, der seiner Geliebten zunächst viele Plagen, am Ende aber ideales Glück beschert (in den

Amor (Gustave Doré)

Anch: Göttin Hathor mit dem Henkelkreuz. Memphis, ca. 1500 v. Chr.

»Metamorphoses« des Apuleius von Madaura, 2. Jahrhundert n. Chr.). In der mittelalterlichen Novellensammlung der »Gesta Romanorum« (um 1300) wird der Liebesgott nach einer Statue mit vier *Flügeln* beschrieben; auf dem ersten sei zu lesen gewesen: »Die erste Liebe ist stark und von großer Kraft. Um des geliebten Wesens willen erträgt sie geduldig alle Drangsal und Not.« Auf dem zweiten: »Die wahre Liebe sucht nicht das Ihrige, sondern gibt all das Seinige hin.« Auf dem dritten: »Die wahre Liebe mildert Trübsal und Angst, und sie schreckt nicht vor ihnen zurück.« Auf dem vierten schließlich: »Die wahre Liebe birgt in sich das wahre Gesetz, das nie veraltet, sondern immer wieder jung wird.«

Anch (Ankh), das Henkel*kreuz,* lat. Crux ansata, ist ein wichtiges altägyptisches Symbolzeichen mit der Bedeutung »Leben«. Es kann als T-förmiges Tau-Kreuz mit einer oben angesetzten Schleife gedeutet werden, die als Haltegriff dient. Daran wird es von Göttern oder – im Fall der Sonnenreligion des Echnaton – von den lebensspendenden Strahlen der *Sonne* – dem Menschen entgegengehalten, jedoch auch isoliert auf Bildwerken dargestellt, die das Überleben des leiblichen Todes zum Gegenstand haben. In frühchristlich-koptischer Zeit wurde in Ägypten das Anch-Kreuz als Symbol für das ewige Leben verwendet, das dem Menschen durch den Opfertod des Erlösers geschenkt wurde. Wegen seiner an einen *Schlüssel* erinnernden Form wird es auch als »Lebens-« oder »Nilschlüssel« bezeichnet. In den letzten Jahren wurde es auch zum Emblem verschiedener esoterischer Gruppierungen.

Androgyn (griech.), das Mannweib, ein Zweigeschlechterwesen, wird oft mit dem Ausdruck Hermaphrodit bezeichnet, worunter jedoch eher ein intersexuelles Wesen zu verstehen wäre. Beide Ausdrücke werden in älteren symbolkundlichen Werken meist gleichsinnig gebraucht. Während der heutige Mensch in diesem Zusammenhang an geschlechtlich undeterminierte Zwitter

Androgyn: Das Zweigeschlechterwesen der alchemistischen Symbolik. M. Maier, Symbola, 1617

denkt, stand in den alten Kulturen die Vorstellung einer Gestalt im Vordergrund, die Männliches und Weibliches zugleich in sich barg wie Zeus als Allgott im orphischen Hymnus: »Zeus ist männlich, Zeus ist eine unsterbliche Frau . . .« Vielfach wird in alten Mythen ein Urwesen zu Beginn der Weltschöpfung vorgestellt, das erst später in seine beiden komplementären Hälften zertrennt wurde. Auch *Adam* soll, jüdischen Sagen zufolge, zunächst androgyn gewesen sein, ehe Eva aus ihm ausgesondert und verselbständigt wurde. Symbolkundlich haben wir es mit der Spekulation um den Themenkreis Dualität und Ganzheit zu tun, wobei die bipolare Spannung nicht immer nur im Sinne der Sexualität aufgefaßt wurde, sondern auch andere Gegensatzpaare bedeuten kann. In der Bilderwelt der Alchemie etwa verkörpert der Androgyn die beiden Urelemente *»Sulphur und Mercurius«* (wörtlich Schwefel und Quecksilber, im übertragenen Sinn Brennendes und Flüchtiges), die in der Urmaterie, dem Ausgangsstoff des »Großen Werkes«, rein dargestellt werden und nach Läuterung im »*Stein* der Weisen« die ideale Ganzheit auf höchster Stufe repräsentieren. Androgyne Gestalten als Symbole des Zusammenschlusses der Gegensätze (lat. coincidentia oppositorum) zu einer göttlich-autonomen Einheit, durch den Zusammenschluß der Gegensätze erreicht, treten in Göttergestalten Asiens (Shiva-Shakti) und der Südsee auf, teils vertikal aus Männer- und Frauenkörper zusammengesetzt, teils als Männer mit weiblichen Brüsten. In der Bilderwelt des Abendlandes finden wir gelegentlich Götter in Frauenkleidern oder *bärtige* Göttinnen und Heilige. Das Androgyn-Bild bedeutet immer die wiedergewonnene Ur-Einheit, die ursprüngliche Ganzheit des *mütter*lichen und *väter*lichen Reiches in göttlicher Vollkommenheit, die alle Spannungen auflöst. – Ovids »Metamorphosen« erzählen von Hermaphroditos, dessen Körper mit jenem der Quellnymphe Salmakis untrennbar verschmolzen wird, worauf jeder Mensch, der in der *Quelle* badet, ebenfalls zum »Hermaphroditen« werden muß.

Anker, in der Mittelmeer-Schiffahrt ein Gerät, dem schon in der Antike als Symbol der *Meeres*götter Bedeutung beigemessen wurde. Ein Anker versprach Halt und Sicherheit, wurde

Anker und Fisch: frühchristliches Katakombenmosaik, Sousse, Nordafrika

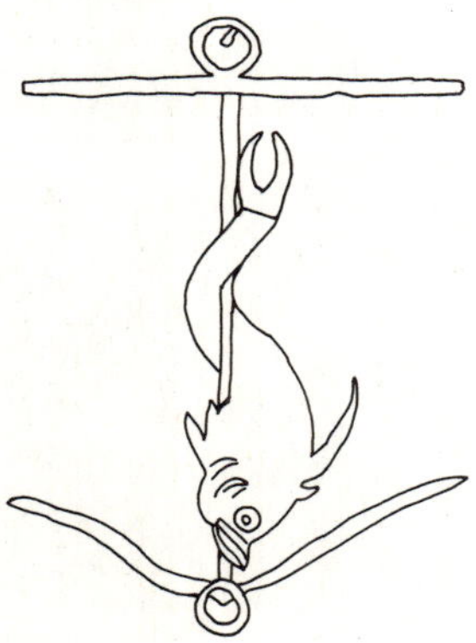

Anker: frühchristliche Gravierung in der römischen Priscilla-Katakombe, Rom

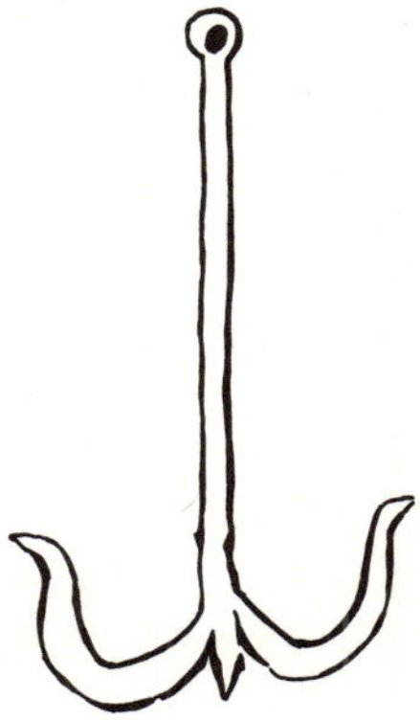

Anker in Kreuzform mit Ölzweigen, Fischen und Tauben. Frühchristliche Gemme

daher zum Bild des Vertrauens und der Zuversicht. In vorchristlichen Grabbildern zunächst als Berufsbezeichnung verwendet und Grabstätten von Schiffsleuten bezeichnend, wurde er in frühchristlicher Zeit durch seine *Kreuz*form ein getarntes Symbol der Erlösung (»Crux dissimulata«). Der Querbalken (»Schwammholz«) unter dem Ring zur Befestigung des Ankertaues legte die Kreuzgestalt nahe, die nur durch die unteren Teile des Ankers verhüllt wurde. In der christlichen Grabplastik wird der Anker oft durch ebenfalls symbolkräftige *Fische* oder *Delphine* flankiert. Als Attribut von Heiligen (Clemens von Rom, Nikolaus – Patron der Seeleute –, Placidus, Johann von Nepomuk u.a.) wird der Anker ebenso gebraucht wie in der Wappenkunst, in welcher er besonders Hafenstädte auszeichnet; ebenso das Wappen von Solingen, deren Schutzpatron, St. Clemens, als Märtyrer mit einem Anker am Hals im Meer ertränkt worden war. – Der Barockdichter W. F. v. Hohberg (1675) reimte: »Wann künftigs Ungestüm ein Schiffmann bald vermercket, den Ancker senckt er ein und hefftet sich damit. Also, wann eine Seel auff Gottes Trost sich stärcket, Creuz, Trübsall oder Angst sie kann bewegen nit.«

Antichrist, im heutigen Sprachgebrauch allegorische Bezeichnung für einen kirchen- und lebensfeindlichen Menschen oder eine Macht dieser Art. Die Verkörperung in Form des bösen Prinzips personaler Art, auch Widerchrist (bei Luther Endechrist) genannt, als Gegner Christi beim Endkampf vor dem Weltgericht, geht bereits auf alte dualistische Vorstellungen zurück, vgl. *Gog und Magog.* In der Essener-Sekte von Qumran am Toten Meer wurden Bücher über den Kampf der »Söhne des *Lichts*« gegen Belial (hebr. Belija'al, Bosheit) als Führer der Finsternis-Mächte geschrieben. Später wurden Christenverfolger (z.B. Kaiser Nero) oder Irrlehrer als Antichrist-Gestalten bezeichnet. Irenäus von Lyon (2. Jahrhundert n. Chr.) schreibt über den Antichrist, er werde mit großer Macht des *Teufels* kommen, die Götzenbilder (*Idole*) beseitigen und sich selbst als Gott anbeten lassen, wobei ihm zehn *Könige* die Macht geben würden, die Kirche zu verfolgen. Er werde seinen Sitz im Tempel von *Jerusalem* aufschlagen und drei Jahre und sechs Monate

Antichrist: Blockbuch »Des Entkrist Leben«, Straßburg, ca. 1480

herrschen, bis der Herr auf den *Wolken* erscheinen und ihn samt seinen Anhängern in den *Feuer*pfuhl werfen werde. Über seinen Namen wurde viel gerätselt, im Anschluß an die »666«-Prophezeiung in der Johannes-Apokalypse (vgl. *Zahlen*), und u.a. »Euanthes, Lateinos, Teitan« angeboten. Einer jüdischen Legende zufolge sei ein Antichrist namens Armillus durch die fleischliche Vereinigung heidnischer Bösewichter mit der marmornen Bildsäule einer schönen Jungfrau entstanden. Vom 13. Jahrhundert an wird nicht selten das Papsttum als eine Institution des Antichristen bezeichnet, und zwar von Reformatoren und Sektengründern. Kulturhistorisch interessant ist die undatierte, ohne Ortsangabe gedruckte Inkunabel »Des Entkrist Leben« (ca. 1480) und die »Chronica« von Sebastian Franck (1536). Auch in Volkssagen von der großen Schlacht der Endzeit (vgl. *Weltuntergang*) tritt der Antichrist als Führer der teuflischen Heerscharen nicht selten auf.

Antonius d. Gr. (der Einsiedler), Heiliger, 251–356 n.Chr., wegen seiner in vielen Gemälden dargestellten Versuchung durch das Dämonenheer des *Teufels* zur Symbolgestalt gewordene, erste historisch erfaßbare Persönlichkeit in der Geschichte des Mönchtums in der ägyptischen Wüste. Seiner Biographie zufolge zog er sich in eine *Höhle* zurück, um dort ein einsames Leben des Gebetes und der Meditation zu führen. Für den Teufel wurde diese gottgefällige Lebensweise zur Herausforderung, und er wollte ihn zunächst in Gestalt unwiderstehlich schöner Frauen, dann mit Hilfe dämonischer Plagegeister von seiner heiligen Lebensweise abbringen, doch ohne Erfolg. Noch im Alter von 90 Jahren zog Antonius in die Wüste,

Antonius d. Große: Der Wüstenheilige in W. Auers Heiligen-Legende, 1890

um einen 110 Jahre alten Eremiten namens Paulus aufzusuchen, wobei ihm ein *Wolf* den Weg zeigte. Antonius begrub in der Folge den gottselig Entschlafenen und starb später selbst als ein Vorbild des frommen Menschen, der jeglicher Versuchung die Stirn bietet. Sein Tag wird am 17. Januar gefeiert. Die um 1270 entstandene »Legenda aurea« des Jacobus de Voragine enthält zahlreiche Antonius-Legenden mit symbolhaften Zügen, so etwa: »Ein Bruder hatte sich von der Welt gekehrt, aber nicht gänzlich, sondern er behielt insgeheim einen Teil seines Gutes. Zu dem sprach St. Antonius: Geh hin und kaufe Fleisch. Und er ging hin und kaufte Fleisch; aber während er damit ging, fielen die *Hunde* über ihn her und bissen ihn. Da sprach zu ihm St. Antonius: Wer der Welt absagt und doch der Welt Gut will haben, der wird also von *Teufeln* angefochten und zerfleischt.« – Antonius d. Gr. (der Einsiedler) ist nicht zu verwechseln mit St. Antonius von Padua (1195–1231), von dem die Legende erzählt, er habe den *Fischen* gepredigt und ein *Esel* habe vor ihm das Knie gebeugt, als er ihm mit der geweihten Hostie in der Hand gegenübertrat. St. Antonius gilt daher auch als Patron der Tiere, während er im Volksglauben zuverlässig helfen soll, verlorene Gegenstände wiederzufinden, wenn er gläubigen Herzens angerufen wird.

Apfel, eine botanisch nicht immer klar definierbare Kernobstfrucht mit mannigfaltiger Symbolbedeutung. Wilde Holzäpfel wurden schon frühzeitig gesammelt, und großfrüchtige Kultursorten sind schon in der Jungsteinzeit in Mitteleuropa bekannt. Im antiken Mythos war der Rauschgott Dionysos Schöpfer des Apfels, den er der Liebesgöttin Aphrodite schenkte. Erotische Assoziationen vergleichen die Äpfel mit den Frauenbrüsten, das Kerngehäuse der entzweigeschnittenen Frucht mit der Vulva. Dadurch erhielt der Apfel auch einen teilweise zweideutigen Symbolgehalt. Die Göttin Eris verursachte durch einen goldenen Apfel (den sprichwörtlichen »Zankapfel«), den sie in die Götterversammlung warf, die Wahl des Prinzen Paris und bewirkte den Raub der Helena und den Trojanischen Krieg. Herakles mußte die Äpfel der Hesperiden unter großen Gefahren aus dem fernen Westen holen (vgl. *Inseln der Seligen*). Andererseits schenkte die Erdgöttin Gaia (Gäa) Hera einen Apfel als Symbol der Fruchtbarkeit anläßlich ihrer Vermählung mit Zeus. In Athen teilten und aßen Neuvermählte beim Betreten des Brautgemaches einen Apfel. Das Übersenden oder Zuwerfen von Äpfeln gehörte zum Liebeswerben. – Die altnordische Göttin Iduna hütete Äpfel, deren Genuß ewige Jugend

Apfel: Eva mit dem Apfel. Jüdische Buchmalerei, ca. 1350

verlieh. In der keltischen Religion war er Symbol des überlieferten Wissens.
Die chinesische Symbolik orientiert sich am Gleichklang der Worte für Apfel und Frieden (p'ing), doch ist auch das Wort für Krankheit (ping) ähnlich, weshalb man Kranken keine Äpfel schenken soll. Apfelblüten hingegen symbolisieren Frauenschönheit. – In Europa ist der Apfel des *Paradieses*, d.h. des *Baumes* der Erkenntnis von Gut und Böse, Symbol der Versuchung und der Erbsünde. In Bildern vom Sündenfall des Urelternpaares *(Adam und Eva)* hält eine *Schlange* den verführerischen Apfel im Maul, obwohl im Text nur von »Früchten« die Rede ist: Unser Apfel war im Orient nicht bekannt. Verschiedene Traditionen setzen die *Feige*, Quitte oder den *Granatapfel* an seine Stelle. Bilder von Christi Geburt zeigen das Jesuskind, das nach einem Apfel greift; es nimmt sinnbildhaft die Sünden der Welt auf sich, und Äpfel auf dem Weihnachtsbaum können in ähnlichem Sinn als Hinweise

auf die durch Christi Geburt ermöglichte Rückkehr in das Paradies gedeutet werden. Die verlockende Süße des Apfels war aber zunächst mit der Verlockung durch die Sünde assoziiert, auch im Sinne der Wortähnlichkeit lat. malus, malum (griech. melon) mit malum, das Schlechte, Böse, die Sünde. In barocken Kunstwerken hält daher nicht selten der Tod als Gerippe einen Apfel in der Hand: Der Preis der Ursünde ist der Tod.
Im profanen Bereich wirkt der Apfel durch seine fast vollkommene Kugelgestalt wie ein kosmisches Symbol, weshalb Kaiser und *Könige* neben dem Zepter einen die Welt repräsentierenden »Reichsapfel« in den Händen halten. In der Antike stellten auf einem Münzbild drei Kugeln die dem Kaiser Augustus bekannten Erdteile Asia, Africa und Europa dar, und der Reichsapfel war von einer Figur der Siegesgöttin (Nike, lat. Victoria) gekrönt. In der christlichen Epoche nahm ein *Kreuz* diese Stelle ein, weshalb auch das astronomische Symbol für »Erde« ein Kreis mit einem daraufgesetzten Kreuz ist. – In den Sagen der Inselkelten ist Avalon, das Apfelland, ein Symbol für überirdische Freuden. Der Mythologe R. v. Ranke-Graves faßt in diesem Sinn den Apfel als ein weitverbreitetes Symbol für Liebesfreude und Frühling auf: »Er ist der Paß zu den Elysischen Gefilden, den Apfelgärten, zu denen nur den Seelen der Helden Eintritt gewährt wird ... Ein Apfel ist die Gabe der drei Hesperiden an Herakles, und auch Evas, der »Mutter aller Lebenden«, an Adam. Schließlich trägt Nemesis, die Göttin des heiligen Haines, die in späteren Mythen ein Symbol der göttlichen Rache an stolzen Königen wurde, einen mit Äpfeln behängten Ast: ihre Gabe an den Helden. Alle Paradiese der neolithischen und der Bronzezeit waren Inseln von Fruchtgärten ...« – Bemerkenswert ist, daß selbst der ungenießbare Holzapfel in der Wappenkunst Verwendung fand: »Ein Holtz-Apffel ist streng und herb, dienet auch absonderlich, den *Wein* zu bewahren, daß er nicht kuhnicht wird. Also wird durch Strenge das Übel abgestrafft, hingegen die Tugend erhalten« (Böckler 1688).

Arbeit, ein Begriff der Alltagswelt, hat in der Ideenwelt und im Sprachgebrauch des *Freimaurer*tums einen bestimmten Symbolgehalt. Gemeint ist die Logenarbeit am großen Bau des »*Tempel* der allumfassenden Menschenliebe« oder »der Humanität«, nachdem der Meister die Kerze auf der »*Säule* der Weisheit« entzündet und die Worte gesprochen hat: »Weisheit leite den Bau«; der erste und der zweite Aufseher entzünden weitere Lichter und sprechen: »Stärke führe ihn aus« und »Schönheit vollende ihn«. Diese Logen- oder Tempelarbeit an einem idealen Bauwerk bringt (so A. Horneffer) Segen geistiger Art. »Er ist ein Mysterium und Anlaß geistiger Verbrüderung. Die kultische Betätigung befreit und erhebt wie die künstlerische Betätigung. Sie dient dem Gotte in uns und dadurch indirekt der Vergottung der Welt.«

Arche (von lat. arca – Kasten oder Koffer), das Fahrzeug, das dem biblischen Bericht zufolge den Urvater *Noah* und seine Familie sowie Tierpaare vor der *Sintflut* errettete. Die symbolische Deutung sieht in der Arche das Mittel zur Rettung des Gläubigen aus dem verschlingenden Meer der Gottlosigkeit durch die Taufe, durch eine Art von *Schiff*, das im Sturm der Welt nicht untergeht: »Die Arche ist die Kirche, Noah ist Christus, die Taube der Heilige Geist, der Ölzweig die Güte

Arche: Sie »versinkt nicht, sondern wird emporgehoben«. J. Boschius, 1702

Arma Christi: Christus im Baum der Erlösung, der die Leidenswerkzeuge trägt. Ulm, 1485

Gottes« (so Johannes Chrysostomus, um 360 n. Chr.). – In der freimaurerischen Symbolik nannte sich ein Zweig des Bundes »Royal Ark Mariners«, Matrosen der königlichen Arche, und in einer Instruktion für »Schwestern« des Bundes (Baurnjöpel 1793) wird ein Lehrbild der Arche so erklärt: Sie bedeute »das menschliche Herz, welches durch die Leidenschaften so herum getrieben wird, wie dieser Kasten durch die Sündfluth«. »Arcandisziplin« bedeutet das gleichsam in einem Kasten versperrte Geheimwissen, die dem Außenstehenden verborgene Tradition. – Die Bundeslade der Israeliten, auf ihren Wanderungen mitgetragen, wird auch als »Arche des Heiles« bezeichnet. – In der tiefenpsychologischen Symbolik ist die Arche, ähnlich wie das Haus, ein Bild des bergenden *Mutter*schoßes. Vgl. *Kiste.*

Arma Christi, Waffen Christi, wurden im Barock die Werkzeuge genannt, mit welchen der Heiland sein Leiden und seinen Kreuzestod erfuhr. Die Leidenswerkzeuge wurden als mächtige Waffen gegen die Sünde angesehen, die bei kontemplativer Betrachtung der Schmerzen Christi jeden Keim des Bösen in der Menschenseele ausrotten sollten. Solche »Waffen« waren neben dem *Kreuz* selbst *Hammer, Nägel* und Zange, Geißeln und Lanze, ein Stab mit einem Schwamm darauf, die Dornen*krone* und eine *Hand*, die dem gefolterten Jesus den Backenstreich versetzte. Solche »Arma Christi« bilden nicht nur die zur Betrachtung des Leidensweges Christi aneifernden Anhängsel von Rosenkränzen besonders des 18. Jahrhunderts, sondern sind auch auf Andachtskreuzen aus dieser Epoche angebracht, die dadurch zu zusammengesetzten Symbolen der Erlösungstat wurden.

Aronstab (botan. Arum maculatum), ein Knollengewächs mit auffallend »phallischem« Blütenkolben, daher im Volksmund mit Namen wie »Pfaffenpint« bezeichnet, diente mit seiner Knolle früher

Aronstab: aus »New Kreuterbuch« von L. Fuchs, 1543

als Heilmittel gegen Verschleimung und Magenleiden. Trotz seiner Blütenform war er im Mittelalter ein Mariensymbol, wohl wegen seines Namens, der an den biblischen Aaron erinnert. Marias Base Elisabeth stammte aus dem Hause Aaron. Auch wurde die Blüte als »lilienähnlich zum Himmel weisend« bezeichnet. Von der Knolle wurde angenommen, sie könne auch als Heilmittel gegen Schwermut verwendet werden und störende Körpersekrete »zum Auswurf bewegen«.

Asche. Das, was zurückbleibt, wenn das *Feuer* alles übrige verzehrt hat, enthält nach der Vorstellung in vielen alten Kulturen in konzentrierter Form die Kräfte des Verbrannten, ist aber andererseits auch Symbol der Vergänglichkeit aller irdischen Form. Als gereinigter und erkalteter Rückstand eines Brandes ist die Asche auch Sinnbild des Todes, staubähnlich zerfallende Materie. Bei Ritualen, die mit Tod und Neugeburt zu tun haben, etwa bei Reifefeiern schriftloser Völker, werden die Kandidaten vielfach mit Asche bestäubt, um ihnen ein »geisterhaftes« Aussehen zu verleihen. Die Asche markiert hier einen »Durchgangsritus« (rite de passage). Als Symbol des Todes, der Läuterung und der um die Vergänglichkeit des Erdenlebens kreisenden Gedanken ist sie im Kulturraum des Mittelmeeres bekannt. Ausdruck der Trauer war es bei Ägyptern und Griechen, das Haupt mit Asche zu bestreuen, sich in Asche zu setzen oder sich darin zu wälzen (ähnlich bei Arabern und Juden). Andererseits wurde der Asche rituell geopferter Tiere reinigende Kraft zugeschrieben (vielleicht infolge der Beobachtung, daß Aschenlauge säubert). Die Asche des Staatsmannes Solon wurde über die Insel Salamis verstreut, um diese dauernd an Athen zu binden. Hingegen wurde die Asche von »*Hexen*« oft in fließendes Wasser gestreut, um jede Erdenspur konsequent auszutilgen und ein gespenstisches Wiedererscheinen zu verhindern. – Asche ist nicht nur ein Symbol der Demut (»in Sack und Asche gehen«), der Trauer und Reue (»Aschen*kreuz*« auf der Stirn des gläubigen Katholiken am Aschermittwoch), sondern auch der Hoffnung auf neues Leben: Der *Phönix* wird durch Feuer geläutert und steht verjüngt aus der Asche auf. Rosenkreuzlerischen Lehren zufolge läßt sich das Erscheinungsbild von zu Asche verbrannten Blumen aus dieser staubähnlichen Materie rekonstruieren.

Äskulapstab, ein Stab, um den sich eine *Schlange* windet. Dieses Symbol ist noch heute Kennzeichen der Apotheken, in Erinnerung an den altgriechischen Heilgott Asklepios (lat. Aesculapius), ebenso Sinnbild des ärztlichen Berufes. Ursache ist in erster Linie die alljährliche Häutung der Schlange, was als Verjüngung aufgefaßt wurde. Schlangen (Äs-

Äskulapstab: Asklepios mit dem Schlangenstab, V. Cartari, 1647

Äskulapstab: Die eherne Schlange der Bibel. Emblem-Kupfer von W. H. Frh. v. Hohberg, 1675

kulapnattern) waren in den antiken Heilstätten, die besonders an Heilquellen angelegt wurden, heilige Tiere. Der *Stern*sage nach soll Zeus den Asklepios samt der Schlange als Sternbild Ophiuchos (Schlangenträger) in den Himmel versetzt haben. Die Tradition will wissen, daß während einer verheerenden Epidemie, die das alte Rom heimsuchte, die Römer den Heilgott in Gestalt einer riesigen Schlange vom griechischen Epidauros in ihre Stadt gebracht hätten, worauf die Seuche sofort erlosch. – Nicht mit dem Äskulapstab zu verwechseln ist der *Caduceus*, der von zwei Schlangen umringelte Heroldsstab des Gottes Hermes (Mercurius). – In neuerer Zeit wurde der Äskulapstab als Apothekersymbol zum Unterschied vom ärztlichen Abzeichen dadurch umgestaltet, daß an seinem oberen Ende eine Schale angedeutet wurde, aus der die Schlange trinkt. – Ein älterer Prototyp des Äskulapstabes ist ein ebenfalls von zwei Schlangen umwundener Stab des sumerisch-akkadischen Heil- und Unterweltgottes Ningizzida, der sonst von einer gehörnten Schlange begleitet dargestellt wurde und der persönliche Schutzgott des Königs Gudea von Lagasch (um 2100 v. Chr.) war. Eschmun (Jasumunu), ein phönizischer Heilgott, der auch in Karthago verehrt wurde, gilt als Erscheinungsform des Asklepios und wurde mit dem Schlangenstab dargestellt. Vgl. auch *Thyrsos*. – Der Orientalist A. Jirku brachte den Schlangenstab mit dem im 2. Buch Moses (7,9–13) erwähnten Zauberstab in Verbindung, der sich in eine Schlange verwandelt und mit dessen Hilfe Moses die »ägyptischen Plagen« über das Land des Pharaos herabruft, und ebenso mit der auf einem Pfahl in der Wüste aufgerichteten »ehernen Schlange«, die von Giftschlangen gebissene Menschen durch ihren Anblick heilt. –

Asphódelos, ein *Lilien*gewächs mit dunkelgrünen Blättern und blassen Blüten, wuchs der antiken Sage nach auch auf den Wiesen der Unterwelt und erfreute die Seelen der Toten. Die Pflanze war den Göttinnen Demeter und Persephone geweiht; ihre Knollen dienten, dem *Jenseits*mythus nach, als Speise der Verstorbenen im Hades, aber sie wurden in Notzeiten auch von Lebenden gegessen und sollten ein Heilmittel gegen Vergiftungen bilden. Die bleichen Blütentrauben dienten unter der lat. Bezeichnung »hastula regia« zum Schmuck von Götterbildern. In den Mittelmeerländern gilt der »Affodil« in alter Tradition noch heute als Symbol der Trauer, konnte nach antiker Vorstellung auch böse Geister vertreiben und wurde mit dem Planeten *Saturn* in Verbindung gebracht.

Astrologische Symbole der Planeten (bzw. der Metalle): Sonne (Gold), Mond (Silber), Mars (Eisen), Merkur (Quecksilber), Jupiter (Zinn), Venus (Kupfer) und Saturn (Blei)

Astrologische Symbole. Astrologie ist, allgemein gesehen, die analogistische oder Entsprechungslehre, die makrokosmische Vorgänge zu jenen der Menschenwelt in Beziehung setzt und die Beeinflussung oder Abhängigkeit des Menschen durch die Bewegung der Gestirne und durch den davon abhängigen Kalender zu definieren sucht. Sie ist dabei praktisch die einzige Ideologie auf para-logischer Basis, die seit der Epoche der frühen Kulturen immer wieder Beachtung gefunden hat und auch in der Gegenwart, trotz aller Ablehnungen durch Vertreter der empirischen Naturwissenschaft, mehr Anhänger besitzt als in allen früheren Zeitaltern. Schon frühzeitig wurden die um den Himmelspol kreisenden Fix*sterne* von den *Planeten* unterschieden, zu welchen auch *Sonne* und *Mond* gezählt wurden, woraus sich die »heilige« *Sieben*zahl ergab (mit *Merkur, Venus, Mars, Jupiter* und *Saturn*). Der Tierkreis wurde nicht nur im Abendland, sondern auch in China in 12 »Zeichen« eingeteilt, um dadurch u.a. eine Harmoniedoktrin in den Beziehungen zwischen der in ihnen geborenen Menschen definieren zu können. Auch die Kulturen Altmexikos beachteten Zeichen (meist Tiergestalten), um die Natur eines unter ihnen Geborenen dadurch zu charakterisieren; es handelt sich dabei jedoch um eine Reihe von 20 Tageszeichen, die in zyklischer Wiederholung wiederkehrten: *Krokodil, Wind*, Haus, *Eidechse, Schlange*, Tod, *Hirsch, Kaninchen, Wasser, Hund, Affe*, Gras oder »Gedrehtes«, Rohr, Jaguar, *Adler, Geier*, Erdbeben, Steinmesser, *Regen* und *Blume.* Vier davon (Haus, Kaninchen, Rohr und Steinmesser) konnten auch Jahressymbole werden.

Der Wunsch, kosmische Gesetze und die Möglichkeiten einer Harmonisierung von *»Himmel* und *Erde«* auszuloten, führte in vielen Kulturen zur Imagi-

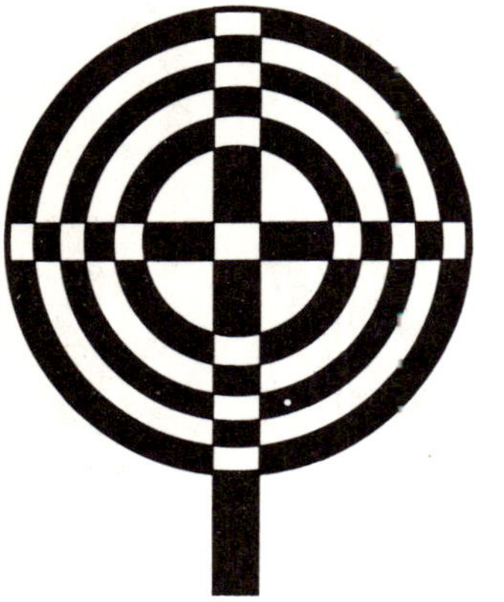

Atlantis: Das sog. »Atlantiskreuz« als Emblem esoterischer Forschungszirkel

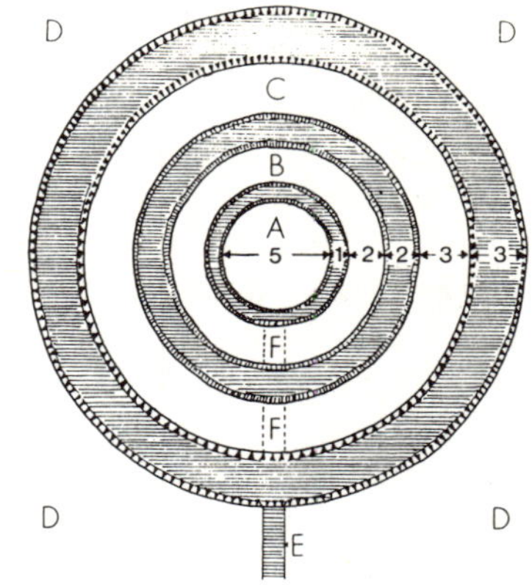

Atlantis: Plan der Königsstadt nach der Beschreibung Platons

nation von himmlischen Bildern, die der Mensch in seinem Umkreis zu realisieren trachtete. Die dabei entstandenen Bildtypen sind vielfach überaus eindringlich und ansprechend, so daß sie auch auf den Menschen des technischen Zeitalters ihre Wirkung selten verfehlten. In semasiologischer (zeichenkundlicher) Hinsicht ist interessant, daß in der gesamten »westlichen« Kultur die astrologischen Symbole für die Planeten und Tierkreiszeichen über viele Jahrhunderte hinweg praktisch unverändert in Verwendung stehen. – Die traditionelle Astrologie Chinas unterscheidet sich in vielen Ansätzen von der abendländischen. Es gibt dort 28 Mondstationen und 12 »Sternstationen«, welchen »12 Erdenzweige« entsprechen. Beide sind nicht mit dem Tierkreis identisch, der – wohl durch westliche Einflüsse – seit dem Mittelalter mit seiner eigenen Zwölfergliederung auch in China bekannt war (vgl. *Sterne*). Die Beobachtung von *fünf Elementen* im Zusammenhang mit den zwölf Sternstationen führte zu einem Sechziger-Zyklus, nach dessen Verlauf die ursprünglichen Kombinationen wiederkehrten. Horoskope wurden auch in China ausgearbeitet, und zwar in erster Linie, um bei den genau geplanten *Verheiratungen* eine möglichst große Harmonie zwischen den Partnern zu erzielen. Verstöße dagegen wurden im Sinne einer Analogie zwischen himmlischen und irdischen Störungen interpretiert. Komplizierte astrologische Systeme waren auch im indischen bzw. indonesischen Raum bekannt; sie wurden v.a. mit der kalendarisch-astrologischen Symbolik Altmexikos verglichen, um auf diese Weise eine kulturhistorische Beeinflussung der Neuen Welt aus dem asiatischen Raum in vorkolumbischer Zeit nachzuweisen.

Atlantis, nach zwei Dialogen des Philosophen Platon (427–347 v. Chr.) ein im westlichen Okeanos versunkenes Inselreich, dessen Königsstadt (Basileia) auf konzentrischen *Kreisen* von Land und *Wasser* erbaut war. Durch eine Flutkatastrophe soll dieses ursprünglich an eine Art *Paradies* gemahnende Land, von der Natur gesegnet und von weisen *Königen* regiert, bis seine Bewohner überheblich und lasterhaft wurden und die Götter den Untergang der Insel beschlossen, im

West*meer* versunken sein. Aristoteles (384–322 v.Chr.) hielt die Erzählung für eine bloße Fabel, doch haben seit der Antike zahllose Gelehrte versucht, einen faktischen Hintergrund des Mythos zu finden und den Standort des Inselreiches zu lokalisieren. Da Platon die erste Kunde von der großen Insel durch seinen Vorfahren Solon aus Unterägypten erhalten haben will, ist es denkbar, daß die altägyptische »mythische Geographie« von einem im fernen Westen liegenden Glücksland (*Inseln der Seligen*) die Basis der von Platon ausgestalteten und offenbar mit Erzählfreude durchkonstruierten mythischen Geschichte bildete. Die Motive von einem einst zugänglichen glücklichen Inselland, das durch menschliche Schuld verschwand, sowie von den Kreisringen der Königsstadt lassen an den Symbolcharakter des in unzähligen Büchern diskutierten platonischen Mythos denken, dessen Eindringlichkeit unleugbar ist. Seine Wurzel ist offenbar das weitverbreitete Bild von einem urzeitlichen *Goldenen Zeitalter*, das auch sonst in der Mythik der alten Kulturen große Bedeutung besitzt. – Als »Atlantis*kreuz*« wird eine Kombination von konzentrischen Kreisen und einer kreuzförmigen Struktur bezeichnet, die annähernd der Beschreibung des Anlageschemas der Atlantis-Königsstadt in Platons Atlantis-Schriften »Timaios« und »Kritias« entspricht. Esoterische Zirkel, die sich auf das geistige Erbe der mythischen Kultur des Inselreiches berufen, führen es als Emblem.

Atlas, heute die Bezeichnung eines geographischen Karten-Sammelwerkes, und zwar nach dem Titel und dem Frontispiz des Weltkartenwerkes von Mercator (1595). Viele künstlerische Darstellungen zeigen den Titanen, der

Atlas: Detail aus einer schwarzfigurigen Trinkschale, Hellas, ca. 540 v.Chr.

das Himmelsgewölbe oder den Erdglobus auf seinen Schultern trägt. Atlas ist in den verschiedenen griechischen Überlieferungen ein Bruder des *Prometheus*, ein König des westlichen Inselreiches *Atlantis*, daneben auch eine Personifikation der *Weltachse* oder einer *Stein*säule, die *Himmel* und *Erde* trennt. Ebenso wird er als Kenner des *Meeres* und seiner Tiefen beschrieben. Im hesiodischen Mythos war er der Verbündete des Kronos *(Saturn)* im Kampf gegen dessen Sohn Zeus (vgl. *Stein*); als das Heer der Titanen besiegt war, wurde Atlas dazu verurteilt, das Himmelsgewölbe auf seinen Schultern zu tragen. Dies erinnert an kleinasiatische Mythen vom Weltriesen Upelluri (vgl. *Fels*). In der Perseus-Sage war Atlas jedoch ein *König* von Mauretanien (heute Marokko), der dem Heros die gastliche Aufnahme verweigerte. Zur Strafe enthüllte Perseus vor ihm das Haupt der Medusa *(Gorgonen)*, worauf sich der König in ein gigantisches Felsengebirge verwandelte, das seitdem seinen Namen trägt. Der sagenhafte himmelhohe Berg im fernen Westen könnte der Vulkan Pico de Teide auf

Teneriffa (vgl. *Inseln der Seligen*) zum Vorbild gehabt haben.

Attila, als »Gottesgeißel« Symbolgestalt des exotischen Barbaren, der das Abendland bedroht. Der echte Name dieses Königs des Turkstammes der Hunnen, chinesisch Hsiung-nu, ist nicht bekannt; Attila ist die Verkleinerungsform von gotisch Attar, Vater, also »Väterchen« (nordisch Atli, im Nibelungenlied – vgl. *Siegfried* – Etzel). Der Hunnenkönig regierte seit 434 zusammen mit seinem Bruder Bleda und nach dessen Tod (445) allein seine Stammesgruppen und Hilfsvölker. Sein Herrschaftsgebiet reichte vom Kaukasus bis Ungarn, von wo aus er noch weiter nach Westen vorstieß. Bei seinem Einfall in Gallien trat ihm ein vom römischen Feldherrn Aëtius geführtes Heer aus Franken, Burgundern und Westgoten entgegen und besiegte ihn auf den Katalaunischen Feldern bei Troyes (451). Ein Einfall in Italien führte ihn bis vor die Tore Roms, doch zog er sich dann wieder in sein pannonisches Hauptquartier zurück, wo er 453 – in seiner Hochzeitsnacht mit der Germanin Ildiko (»Hildchen«) – starb. Sein Großreich löste sich bald auf, doch in Sagen und Epen lebt sein Andenken weiter. Auch ein verschnürter Husarenrock trug bis zum Ersten Weltkrieg seinen Namen.

Auge, das wichtigste Sinnesorgan des Menschen, in der Symbolik immer mit *Licht* und »geistiger Schaufähigkeit« verbunden, zugleich nach alter Ansicht nicht nur empfangendes Organ, sondern auch selbst »Kraftstrahlen« versendend und Sinnbild der spirituellen Ausdrucksfähigkeit. Böse Wesen oder solche mit großen magischen Kräften sollten Augen besitzen, deren Blick ver-

Auge: Drei »Augenidole«, Tell Brak, Vorderasien, Alabaster, ca. 3200 v. Chr.

steinert oder wehrlos macht. In der antiken Sage war dies bei der von Perseus mit Hilfe eines *Spiegels* getöteten Medusa (*Gorgonen*) der Fall, in der altirischen Heldensage beim König Balor des Fomorier-Volkes, dessen »böser Blick« auf dem Schlachtfeld wirksam werden konnte, wenn vier Männer sein Augenlid hochhoben. Die angebliche Ausstrahlung des »bösen Auges« (ital. malocchio) war das Motiv für die Herstellung zahlloser Amulette. – Symbolkundlich bedeutsamer ist jedoch der positive Ausdruckswert des Auges. In vielen Kulturen wird die *Sonne* als allsehendes Auge aufgefaßt, oder sie wird durch ein Auge symbolisiert, so etwa der jugendliche Sonnen-

Auge: Das Udjat-Auge, ein altägyptisches Amulett-Symbol

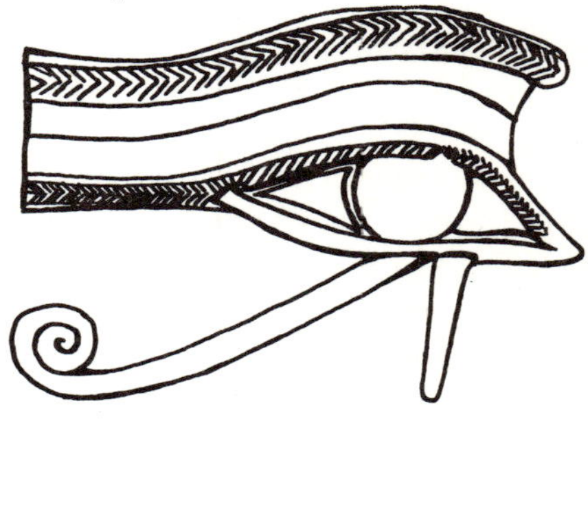

Auge: Dreiäugigkeit als Charakteristikum lamaistischer Übernatürlicher. Dämonengesicht aus einem tibetischen Maskenkostüm

gott *Ägyptens*, Hor (Horus), der sonst als *Falke* oder falkenköpfiger Mensch dargestellt wurde. Sein Auge in charakteristischer Stilisierung, das Udjat-(Udschat-)Auge, galt als machtvolles Amulett. – In der christlichen Ikonographie ist das Auge – inmitten von Sonnenstrahlen oder im *Dreieck* mit nach oben weisender Spitze – allbekanntes Symbol der göttlichen Allgegenwart bzw. der *Dreifaltigkeit.* Auch die höchsten *Engel*chöre (Cherubim, Seraphim) tragen zum Zeichen ihrer durchdringenden Weisheit Augen auf den *Flügeln.* Augenleiden wurden vielfach mit religiösem Brauchtum (Augensegen, Spenden von Augen-Votiven) oder mit Augenwaschungen in heiligen Quellen und *Brunnen* zu bekämpfen gesucht. Blindheit wurde dem Glück (der *Fortuna*) zugeschrieben, da es seine Geschenke wahllos verstreut; mit verbundenen Augen wurde die Justitia dargestellt, da Gerechtigkeit ohne »Ansehen der Person« geübt werden muß, aber auch die Gestalt der »Synagoge«, der Verkörperung des Judentums, welches »in seiner *Blindheit* Jesus nicht als den wahren Erlöser erkannte« (Verblendung – Blindheit im übertragenen Sinn). – Bei St. Hildegard von Bingen (1098–1179) ist das Auge ein Organ mit vielfacher Symbolbedeutung: »Die Augen, die so vieles erblicken, weisen auf die Gestirne am Firmament hin, die überall leuchten. Ihr *Weiß* versinnbildet die Reinheit des Äthers, ihre Klarheit deren Glanz, die Pupille die *Sterne* im Ätherraum. Ihr Saft zeigt den Saft, aus dem ebendieser Äther von den oberen Gewässern her durchnetzt wird, damit er nicht durch die höhere *Feuer*schicht (Feuerhimmel, Empyreum) geschädigt werde.« Jede Funktion der Augen hat ihre Entsprechung im Makrokosmos wie auch im Sittenleben. »Leuchtend klar erscheint auch das Erkennen, gleichsam als Weiß der Augen, im Menschen, und seine Einsicht funkelt in ihm gleich ihrer Strahlkraft, und die Vernunft leuchtet in seinem Wesen so wie die Pupille der Augen.«

In der *freimaurerischen Symbolik* ist das »Allsehende Auge« im *Dreieck* und

Auge: Das allsehende Auge Gottes. W. H. Frh. v. Hohberg, 1647

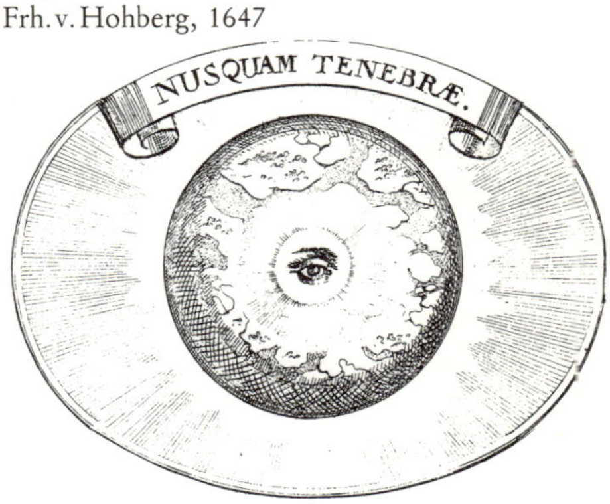

Gott das allsehend aug erstreckt sich aller orten
durch inn- u. eüssre welt, nichts sich verhehlen kan:
drum schau dich eben vor; damit du mögst antworten
und geben rechenschafft, was heimlich wird gethan.

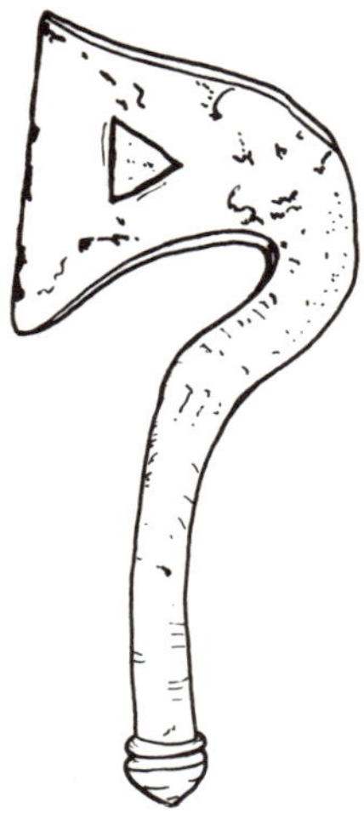

Axt: Bronze-Votivbeilchen, 7,7 cm hoch, Martigny (Schweiz), gallo-römisch

Axt: Vulcanus (Hephaistos) spaltet das Haupt des Jupiter (Zeus) als Geburtshelfer der Athene. Alchemistisches Emblem, M. Maier, Atalanta, 1618

Strahlenkranz, dem oben erwähnten Dreifaltigkeitssymbol entsprechend, in vielen Logen über dem Stuhl des Meisters angebracht und soll an die alle Geheimnisse durchdringende Weisheit und Wachsamkeit des Schöpfers, des »Großen Baumeisters aller Welten«, gemahnen; es wird gelegentlich auch »Auge der Vorsehung« genannt. In der tiefenpsychologischen Symbolik ist das Auge das Organ des Lichtes und der Bewußtheit, denn es erlaubt uns, die Welt wahrzunehmen, und gibt ihr damit Realität. »Augenträume haben mit diesem Akt der Erfassung des Da-Seins zu tun ... Augenleiden sind im Traume nicht selten. Sie haben natürlich mit der komplexhaft eingeschränkten psychischen Sehfähigkeit zu tun, mit der Unfähigkeit, in diesem Zustand das Leben richtig zu sehen ... Wenn das Bewußtsein in Gefahr ist, sich (in Todesnähe) aufzulösen, dann schauen viele Augen den Schwerkranken an« (E. Aeppli). Für den Psychoanalytiker ist das Auge als Traumbild (wie auch der Mund) häufig ein verhüllendes Symbol für das weibliche Genital. – Viel diskutiert wird die Herkunft der sinnbildhaften Darstellung eines dritten Auges in der indischen und lamaistischen Kunst, das als Zeichen der übernatürlichen Schaukraft und der Erleuchtung gedeutet wird. Ein Stirnauge besaßen fossile Reptilien des Erdmittelalters, und es ist bei der neuseeländischen Brückenechse (Tuatara, lat. Hatteria) noch heute als Rudiment zu beobachten. Ob aber die asiatische Ikonographie irgendwie mit der Stammesgeschichte der Organismen und ihren verkümmerten Organen zu tun hat, ob das runde einzelne Stirnauge des sagenhaften Kyklopen Polyphemos und Grimms Märchen von »Einäuglein, Zweiäuglein und Dreiäuglein« mit diesem Motiv zusammenhängen, ist ein wissenschaftlich nicht lösbares Problem.

Axt, seit der Jungsteinzeit ein wichtiges und daher auch symbolkräftiges Instrument für Kampf und Arbeit. Als Waffe der gegen feindliche Mächte kämpfen-

Axt als Attribut des Apostels Matthias und des hl. Wolfgang. W. Auers Heiligen-Legende, 1890

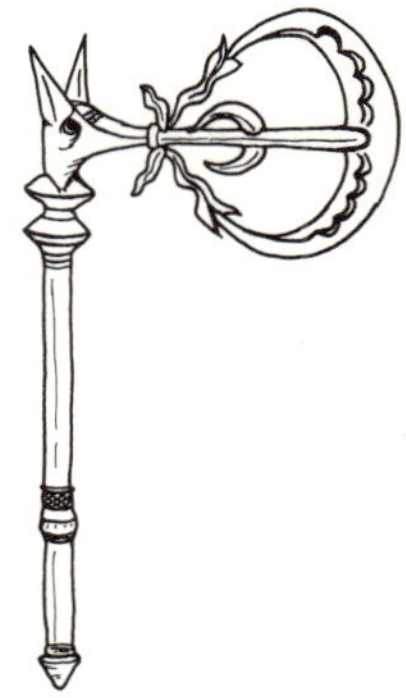

Axt: Prunkaxt als Insignie im Kult. Dahomey, Westafrika, 19. Jh.

den Himmels- und Donnergötter ist sie in alten Darstellungen, etwa auf Felsbildern, oft schwer vom *Hammer* (Streithammer) zu unterscheiden. Die Beobachtung, daß Axthiebe oft Funken sprühen lassen, führte dazu, daß Gewittergötter häufig mit dem *Blitz* und der Vernichtung von dämonischen Wesen (z.B. *Riesen*) in Verbindung gebracht wurden. In Afrika ist eine wegen ihrer Dekoration funktionslose Prunkaxt oft Symbol der Häuptlingswürde und allgemein der Exekutivgewalt. Da große Opfertiere in vielen metallzeitlichen Kulturen mit dem Beil getötet wurden, stellte dieses oft ein Symbolzeichen für das *Blut*opfer dar, auch ein Symbol der Gerichtsbarkeit, wie etwa in altrömischen Liktorenbündeln (*Fasces*). In christlicher Zeit wurde die Axt zum Symbol oder Attribut des Nährvaters St. Joseph (des Zimmermanns) und von St. Bonifatius, der damit die dem *Donner*gott Donar geweihte Eiche bei Geismar fällte. Die an die Wurzel eines Baumes gelegte Axt ist sonst Symbol des Weltgerichts. – Die altdeutsche Sitte des Beilwurfes zur Festsetzung von Bauplätzen oder Grenzen verbindet die Axt im Österreichischen besonders mit Legenden um den heiligen Wolfgang (»Wolfgangihackl«). – Mit dem Beil hingerichtete Märtyrer wie Barnabas, Matthäus, Matthias und Thomas Beckett werden oft mit diesem Gegenstand dargestellt. – Eine Sonderform ist die *Doppelaxt* (Labrys). Das sprichwörtliche *»Kriegsbeil«* der nordamerikanischen Indianer war ursprünglich eine Schädelbrecherkeule und wurde erst nach dem Kontakt mit den europäischen Kolonisten mit einer Axtklinge ausgestattet.

B

Babel, Turm von, Bezeichnung des Zikkurat-*Tempels* der Stadt *Babylon*, Etemenanki (Grundstein von Himmel und Erde), vielleicht auch eines 50 Meter hohen ähnlichen Bauwerkes in Borsippa (heute Birs Nimrud) südlich von Babylon, Heiligtum des Gottes Nabu oder Nebo, des babylonischen Gottes der Weisheit und der Schreibkunst. Borsippa war mit Babylon durch einen Kanal verbunden. Der biblische »Turmbau von Babel« symbolisiert die Hybris, die größenwahnsinnige Überheblichkeit des Menschen, der mit seinen irdischen Mitteln den Himmel stürmen will – in biblischer Sicht ein maßlos-verzweifelter Versuch der Menschheit, »die durch den Sündenfall zerbrochene Achse zwischen *Himmel* und *Erde* wiederherzustellen, notfalls gegen den Willen Gottes« (Lurker 1987); vgl. *Weltachse.* Eine jüdische Legende aus dem Talmud macht Menschenverachtung der Bauherren zur Ursache der göttlichen Strafe: Ein Bauarbeiter sei von dem himmelhohen Gerüst abgestürzt und habe den Tod gefunden, heißt es da, aber »die Baumeister sind ganz besessen von ihren Sorgen und dem Wunsch, das Werk schnell zu Ende zu führen, mit dem sie sich berühmt machen wollen. Darum achten sie kaum darauf, lassen nur die Leiche wegschaffen, ohne die Arbeit zu unterbrechen. Ein paar Tage später lockert sich ein Stein, und ein Mauerstück fällt zur Erde. Da jammern die Bauherren, denken an ihren Zeitplan und vielleicht an ihre Kosten. Der Stein, der sich löst, zählt für sie mehr als ein Arbeiter, der zu Tode fällt. Das ist einer der Gründe dafür, daß Gott sich entschließt, sie zu strafen« (R. Aron, 1973). – Der biblische Name Babel wird mit

Babel, Turm von: Rekonstruktion des Zikkurat-Baues nach dem Zustand im 6. Jh. v. Chr.

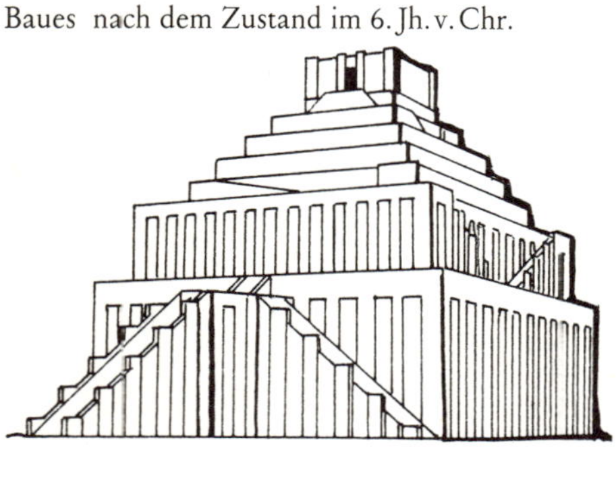

Babel, Turm von: Durch Zwietracht unvollendet. J. Boschius, 1702

Babel, Turm von: Der Babylonische Turm als Spiralbau. G. Doré (1832—1883)

der Wortwurzel »bll« (Verwirrung) verbunden, mit der Sage von der Entstehung der von einander verschiedenen Sprachen der Menschheit, durch die für alle Zeiten die Vermessenheit himmelstürmender Vorhaben verhindert werden sollte. Das Pfingstwunder, die Ausgießung des Heiligen Geistes (vgl. *Zunge*), ist Symbol der Fähigkeit des göttlich inspirierten Menschen, spontan fremde Sprachen zu beherrschen und die im Alten Testament vorgegebenen Grenzen zu überwinden. – Die *freimaurerische Symbolik* verbindet mit dem Turmbau zu Babel u.a. die auf die »Verwirrung« folgende Verbreitung der Baukunst über alle Länder der Erde. Eine Unterweisung maurerischer »Schwestern« (Baurnjöpel 1793) deutet den Hinweis auf den Turmbau moralisch als Sinnbild des Hochmutes der »Kinder der Erde, für welchen man sich nur dazumal sicher stellen kann, wenn man ihm ein vernünftig und aufrichtig Herz entgegen setzt«. Esperanto, die Welt(kunst)sprache, ist ein freimaurerischer Versuch, die Verwirrung der Sprachen zu überwinden; im Jahr 1905 wurde »Esperanto-Fremasona« gegründet, um die trennenden Sprachgrenzen rational vergessen zu lassen.

Babylon, eines der bedeutenden Kulturzentren des alten Orients, am Unterlauf des *Flusses* Euphrat gelegen. Der alte Name lautete Bab-ilu oder Bab-ili, *Pforte* des *Himmels* oder der Götter. In der Bibel ist von der »großen *Hure* Babylon« die Rede, weil Babylon die feindliche Macht darstellt, die unter König Nebukadnezar II. im Jahr 598 v.Chr. *Jerusalem* plündern ließ und den größten Teil seines Volkes in die »babylonische Gefangenschaft« führte, wo es bis zu seiner Rückkehr um die verlorene Heimat trauerte. Der König baute den Tempelbezirk Esagila mit dem *Stufenturm-Tempel* Etemenanki neu und diente damit in den Augen der Juden auf auffällige Weise der »Abgötterei«. Der Prophet Jesaja (14,13–14) legt dem stolzen babylonischen König die Worte in den Mund: »Ich will in den Himmel steigen und meinen Thron über die

Babylon, die Satansstadt, kämpft gegen die Stadt Gottes. Detail aus der Ausgabe Basel 1489 von Augustinus' »De civitate Dei«

Bacchus als trunkener Gott und sein Gefolge, V. Cartari ,1647

Sterne Gottes erhöhen, ich will mich setzen auf den Berg der Versammlung (den Weltenberg) im fernsten Norden. Ich will auffahren über die hohen Wolken und gleich sein dem Allerhöchsten.« Diese Hybris (maßlose Überheblichkeit) und die für die Juden schmachvolle Gefangenschaft dauerten bis zur Niederlage des babylonischen Königs Bel-schar-usur (Belsazar) durch die Perser, 550 v.Chr., wodurch das Exil der Juden ein Ende fand. Babylon aber blieb Symbol der verwerflichen Kulte: »Vom Wein ihrer Buhlerei wurden berauscht alle Bewohner der Erde.« In der Johannes–Apokalypse ist Babylon das Gegenbild zur heiligen Stadt *Jerusalem* und wird dargestellt durch ein in Scharlach und Purpur gekleidetes Weib, mit einem Becher voll Unrat und Greuel in der Hand, »trunken vom Blute der Heiligen und der Zeugen Jesu«. Hier ist Babylon freilich nur noch eine Tarnbezeichnung für die Hauptstadt der Alten Welt zur Zeit des Sehers, für Rom.

Bacchus, volkstümlich meist nur »Bachus« genannt, wandelte sich vom antiken Gott der rauschhaften Ekstase zu einem Symbol und einer Kennzeichenfigur von Weinstuben und Gasthäusern, zusammen mit einem »Biergott« Gambrinus, der keine antiken Vorbilder besitzt. Bakchos oder Dionysos war nach dem Mythus ein Sohn des Zeus, Schöpfer des *Wein*stockes und Sorgenlöser, der mit seinem Gefolge aus *Satyrn*, Silenen und Mänaden (rasende Frauen in Ekstase) durch die Länder zog. Seine Attribute waren *Wein*laub und Reben sowie der *Thyrsos*stab, und vitale Tiere wie *Böcke* und *Stiere* wurden an seiner Seite dargestellt. Mythen über seinen Tod in Gestalt des »Zagreus« und seine Neugeburt reihen ihn in die Ordnung der sterbenden und wieder auferstehenden Göttergestalten ein. Der Name Dionysos ist in der Form di-wo-no-so-jo bereits auf den Tontäfelchen der kretisch-mykenischen »Linear-B«-Schrift in vorklassischer Zeit dokumentiert. Die Namensform Bakchos, woraus sich der lat. Name Bacchus entwickelte, dürfte aus Lydien (Kleinasien) stammen. Vgl. *Blitz.*

Bad. Schon früh dienten Bäder nicht nur der körperlichen Reinigung, sondern »Reinheit« wurde auch als Symbol für das Freisein vom »Schmutz der Sünde« betrachtet, von dem das *Wasser* befreite. Berühmt ist z.B. das »Große Bad« der Induskulturstadt Mohenjo-Daro (um 2500 v.Chr.) mit den Ausmaßen 12 × 7 Meter, an jüngere indische Tempelteiche zur rituellen Reinigung erinnernd. Nächtliche Bäder aus ähnlichen Motiven waren auch in Altmexiko üblich. Häufiger noch waren in fast allen alten Kulturen rituelle Waschungen von Teilen des Körpers, so noch heute im Islam. In Altchina badeten Braut und Bräutigam vor der Eheschließung; an einem Tag des 12. Monats wurden in den Tempeln die

Bad: Der Stein der Weisen wird im Bade gezeugt und in der Luft geboren. Alchemistisches Symbolbild; M. Maier, Atalanta, 1618

Baldachin: schützt »vor Sonne und Regen«, J. Boschius, 1702

Buddha-Figuren gebadet, und Bäder bezeichneten jeden neuen Lebensabschnitt. – Im Verlauf der Mysterien von Eleusis war für die Kultteilnehmer ein Bad im Meer vorgesehen. Die Taufen durch Johannes den Täufer waren nicht ein bloßes Benetzen des Kopfes, sondern ein Eintauchen im Fluß: ein Ritus, dem sich auch Jesus unterzog. – Profan ist das Bad im Jung*brunnen* in der europäischen Kunst (besonders der Renaissance) ein Symbol der Neugeburt; im kirchlichen Bereich gilt das Sündenbekenntnis und die Lossprechung als Reinigungsbad der Seele, die auch durch Tränen der Reue von Befleckungen gesäubert wird. Das Martyrium gilt als »*Blut*taufe«. In der Bilderwelt der *Alchemie* wird die Auflösung der beiden Uressenzen *Sulphur und Mercurius* als »Bad« von *König* und *Königin* bezeichnet. – In der frühchristlichen Zeit erhielten die öffentlichen Bäder der römischen Kultur in den Augen der Bekehrten einen negativen Symbolgehalt als Stätten der Unzucht und Verweichlichung. – Die Badekultur des Mittelalters, die u. a. in den Vignetten der ältesten deutschen Prachthandschrift der Bibel, der »Wenzelsbibel« (Österr. Nationalbibliothek), angedeutet wird, fand durch die Ausbreitung der Geschlechtskrankheiten zu Beginn der Neuzeit ein jähes Ende. – Die Tiefenpsychologie sieht im Bild des Bades die Tendenz einer Rückkehr in den *Mutter*schoß.

Baldachin, als auf vier Stangen ruhendes Flachzelt bei Kirchenprozessionen *»Himmel«* genannt, ist von Würdeschirmen des Orients abzuleiten. In Altchina wird der Himmel mit einem Rundschirm über einem *Wagen* verglichen. Im Okzident eher quadratisch dem Schema der »Weltecken« angeglichen, soll er über hochgestellten Personen ein Schutzdach bilden, der in der Tat einer mikrokosmischen Himmelsdecke gleichgesetzt wurde. Baldachine überspannten *Throne* und Altäre, und architektonisch wurden sie auch innerhalb von Kirchenräumen über Altartisch und Tabernakel in Stein umgesetzt.

Ball: Kolonialzeitliche Zeichnung (Ch. Weiditz) eines mexikanischen Steißballspielers

Bambus: Detail einer chinesischen Tuschemalerei, 17. Jhr.

Auch Kanzeln wurden (aus akustischen Gründen?) von baldachinartigen Schalen, oft mit *Sternen* verziert, überwölbt, ebenso Gräber von Heiligen und Heiligenbilder. Bilder von Szenen aus den Evangelien zeichnen besonders wichtige Personen, etwa die hl. Maria, oft durch die Darstellung von Baldachinbauten aus.

Ball. *Spiele* mit einem Ball, der aus Kautschuk (Altmexiko), Leder, Wolle oder Stoff besteht, haben in vielen alten Kulturen kultisch-symbolische Bedeutung, und zwar in Verbindung mit dem *Sonnen*ball, der über den *Himmel* wandert. Ein tänzerisch zelebriertes Ballspiel am Hof des Phäakenkönigs wird in Homers Odyssee erwähnt (8, 374–380), wobei zwei Jünglinge den Ball aus roter Wolle »springend gradauf zu schleudern versuchten«.
Im kirchlichen Brauchtum galt der Ball bei Klosterspielen dann als Symbol Christi, der »auferstandenen Ostersonne«. Diese »Oster-Pilota« wurde in Auxerre (Frankreich) bis 1538 zelebriert, indem zu Gesang und Orgelklang Kleriker um das Bodenlabyrinth tanzten und einander dabei den Ball zuwarfen.

Bambus spielt in der ostasiatischen Kunst und Symbolik eine große Rolle; sein »leeres *Herz*« symbolisiert Bescheidenheit, seine immer*grüne* Unveränderlichkeit und Hagerkeit hohes Alter. In das *Feuer* gelegte Bambusstücke zerplatzen mit lautem Knall und vertreiben böse Dämonen. Ein Bambuszweig ist das Attribut der milden Kuan-yin, der Göttin der Barmherzigkeit. In der Tuschmalerei wird daher der Bambus (zusammen mit Chrysanthemen, Kiefern und Pflaumenblüten) gern dargestellt. Die Knoten wurden vielfach als Stufen auf dem Weg zur höheren Erkenntnis verstanden. – In Japan symbolisiert der sprossende Bambus ewige Jugend und unbändige Kraft.

Bär, ein symbolkundlich relativ wenig bedeutendes Tier, obwohl es dem Menschen schon seit seinen Anfängen wohlbekannt war, wie die Opferung von Höhlenbärenschädeln in der Epoche des Neandertalers beweist. In der Höhlenkunst der Eiszeit kommt der Bär bei weitem nicht so häufig vor wie etwa das Wildrind (*Stier*) und das Wild*pferd.* In der Mythik der Völker Nordasiens und des nördlichen Nordamerikas spielen Bären als in ihrer Gestalt menschenähnliche Wesen, die sich auch mit Menschenfrauen paaren können und menschliche Kinder zeugen, eine große Rolle (manche Sage von *wilden Menschen* dürften auf solche Bärenmythen zurückgehen), doch in den Hochkulturen wird ihre Bedeutung geringer; Bären sind im Umkreis städtischer Zentren auch nicht mehr zu beobachten. Immerhin wird die griechische Jagdgöttin Artemis gelegentlich mit Bären dargestellt, und die Priesterinnen der Artemis Brauroneia hießen »Bärinnen«. Die griechische *Stern*sage erzählt von der arkadischen Königstochter Kallisto (»die Schönste«, ursprünglich wohl eine lokale Waldgöttin), die als Dienerin der Artemis (lat. *Diana*) von Zeus geschwängert wurde, worauf ihre Herrin sie in eine Bärin verwandelte. Sie gebar einen wohlgestalteten Menschen, Arkas, der sich später von seiner bärengestaltigen Mutter bedroht fühlte. Um einen tödlichen Kampf zwischen Mutter und Kind zu verhindern, versetzte Zeus beide in den *Sternen*himmel. Die eifersüchtige Zeusgemahlin Hera verhinderte ein erfrischendes Bad der Bärin in den Meeresfluten, indem sie ihr einen Platz unter den Zirkumpolarsternen zuwies, die nie untergehen. Ihr Sohn Arkas ist als Sternbild »Bootes« verewigt.

In altnordischen Mythen wird Odin gelegentlich in einer Bärengestalt (Björn) erwähnt. »Berserker« sind Krieger, die Bärenfelle tragen und sich – vermutlich in einem Drogenrausch – tobsüchtig gebärden; sie wurden manchmal wie tiergestaltige Mischwesen aufgefaßt, ähnlich wie Wer*wölfe*. Bei den Kelten (Helvetern) war eine Göttin Artio Herrin des Wildes, und ihr Attribut war der Bär. – In der christlichen Symbolwelt wird nicht selten die Fabel erwähnt, daß die Bärin ungeformte Junge zur Welt

Bär: Begleittier der Göttin Artio. Gallo-römisch; Muri, Schweiz, ca. 200 n. Chr.

bringt, die sie erst durch Belecken in ihre spätere Gestalt bringt; ebenso ist der unwissende Mensch aufzufassen, der erst durch geistliches Wissen seine Bestimmung erfährt. Der Winterschlaf des Bären wird als Vorbild des menschlichen Greisenalters gedeutet, dem die Auferstehung folgt. Ansonsten stehen anekdotische Züge im Vordergrund, etwa in der Legende von St. Gallus, dem ein Bär hilfreich beigestanden haben soll, nachdem er ihn von einem in der Tatze steckenden Dorn befreit hatte. Er ist auch Attribut von Heiligen wie Columbanus, Ursinus und Sergius, mit einem Tragsat-

Bär: Das Attribut-Tier der Heiligen Columbanus und Gallus. W. Auers Heiligen-Legende, 1890

tel ausgestattet von Korbinian, Hubertus und Maximin von Trier. In der Wappenkunst wird der Bär vor allem in der Schweiz (Bern) und im süddeutschen Raum beachtet. – Als gefährliches Tier verkörpert er gelegentlich auch die Macht des Teufels. Der in der Bibel erwähnte Kampf des jugendlichen David mit einem Bären wird als Prototyp des Sieges Christi über die Mächte der Finsternis aufgefaßt. Dargestellt werden Bären auch als Rächer des kahlköpfigen Propheten Elisha; sie zerrissen Knaben, die ihn verspottet hatten (2. Könige, 2, 24).
In der psychologischen Symbolik, etwa in jener der Träume, wird der Bär als Verkörperung der gefährlichen Aspekte des Unbewußten interpretiert, und er repräsentiert nach C. G. Jung oft den negativen Aspekt der übergeordneten Persönlichkeit. Obwohl er gefährlich ist, fügt E. Aeppli hinzu, birgt er einen größeren, zu verwirklichenden Aspekt in sich und kann trotz seines grammatischen Geschlechts auch auf das »weiblich-*Erd*hafte« (warmes Fell, erd*braune* Farbe, gedrungener Leib, sorgfältige Aufzucht der Jungen) hinweisen. Vgl. *Totem.* – Im Gegensatz zu dieser Auffassung ist in Altchina der Bär (hsiung) ein maskulines Symbol, das Stärke verkörpert, während sein als weiblich empfundenes Gegenbild die *Schlange* sein sollte. Ein Bärentraum wurde als Vorzeichen der Geburt eines Sohnes interpretiert. In chinesischen Märchen spielt der Bär sonst die Rolle unseres »bösen Wolfes«. Der »russische Bär« wurde im modernen China als »Eisbär« charakterisiert.

Bart, Zeichen der reifen Männlichkeit. Helden, *Könige* und Götter, soweit sie nicht ausdrücklich als jugendlich gekennzeichnet werden sollten, wurden immer bärtig dargestellt. Die ägyptische

Bart: Werbebild für Schnurrbartpomade, 1911

Königin Hatschepsut wurde oft, um ihre Funktion anzudeuten, mit einem künstlichen Kinnbart dargestellt. Gelegentlich tragen Frauen eine bartförmige Tätowierung, so etwa bei dem nordjapanischen Urvolk der Ainu. In Altchina galt vor allem ein roter Bart als Signatur von Tapferkeit und Stärke. Obwohl die Chinesen von Natur aus wenig Bartwuchs haben, werden auf Bildern und auf der Bühne berühmte Männer immer bärtig dargestellt. Auch im vorkolumbischen Mittelamerika war Bartwuchs selten, wurde aber einzelnen Göttern zugeschrieben, so etwa Quetzalcóatl (Kukulcan bei den Maya, d. h. Gefiederte *Schlange*). Auch in den Kulturen des andinen Südamerika gibt es Tonfiguren von Göttern mit langen Kinnbärten, was gelegentlich als Hinweis auf vergessene Kontakte mit europiden Fremden gedeutet wurde. – In der Kunst der Antike wurden feindliche Kelten fast immer schnurrbärtig dargestellt. – Im minoischen Kreta wurden Männer bartlos dargestellt, doch in der homerischen Zeit wurde in erster Linie nur noch der Oberlippenbart abrasiert. In Rom war das Abrasieren des Bartes bis in die Zeit Kaiser Hadrians üblich und setzte sich mit Konstantin d. Gr. wieder durch. Im byzantinischen Bereich waren die Kaiser bartlos, während die Priester der Ostkirche Bärte trugen. Westliche Priester, die eine dezidiert männliche Rolle nicht manifestieren wollten, waren fast immer bartlos, im Gegensatz zu den Angehörigen mancher Orden und zu Einsiedlern, die das Rasieren als Zeichen von Eitelkeit ansahen. In der frühchristlichen Kunst wurde Christus (wie ein *Engel*) als bartloser Jüngling dargestellt. Die heute übliche Abbildungsweise mit langem Haupthaar und Kinnbart setzte sich erst später durch. – Eine »bärtige *Jungfrau*« der christlichen Legende ist die heilige Kummernus, auch Wilgefortis oder Liborada genannt. Ein Kruzifixusbild in Italien, Volto Santo in Lucca, zeigt Christus in langer byzantinischer Tracht. Er wurde daher von sprachunkundigen Italienpilgern für die Darstellung eines Mädchens gehalten, das sich weigerte, auf Befehl ihres Vaters einen heidnischen Mann zu heiraten. Auf ihr Gebet hin entstellte sie Gott durch Bartwuchs, worauf der wütende Vater sie kreuzigen ließ (»Kummernus« könnte eine Umbildung des byzantinischen Namens Komnenos sein). Sprichwörtlich ist im islamischen Raum der Schwur »beim Barte des Propheten«; ein Barthaar Mohammeds wird als Reliquie in der Stadt Srinagar verehrt. Daß Bart und Manneswürde (pars pro toto) auch im Abendland gleichgesetzt wurden, zeigen Redensarten wie der mittelalterliche Schwur »bei meinem Barte« (bei meiner Ehre), während das »Streiten um des Kaisers Bart« vermutlich »Streiten um den Geißenbart« heißen sollte, im Sinne der von Horaz erwähnten müßigen Frage, ob man einen *Ziegen*bart als Wolle bezeichnen dürfe oder nicht.

Basilisk (griech. für »kleiner *König*«), ist ein symbolträchtiges Fabelwesen aus

Basilisk: Nach W. H. Frh. v. Hohberg, 1697

der Welt der *Schlangen*, über das die hl. Hildegard von Bingen (1098–1179) schrieb: »Als sich die Kröte einst trächtig fühlte, sah sie ein Schlangen*ei*, setzte sich zum Brüten darauf, bis ihre (eigenen) Jungen zur Welt kamen. Diese starben; sie aber bebrütete das Schlangenei weiter, bis sich darin Leben regte, das alsbald von der Kraft der Paradiesesschlange beeinflußt wurde ... Das Junge zerbrach die Schale, schlüpfte aus, gab aber sogleich einen Hauch wie heftiges *Feuer* von sich ... (es) tötet alles, was ihm in den Weg kommt.« Andere Traditionen lassen das Ei von einem alten Hahn gelegt und von einer »giftigen« *Kröte* ausgebrütet sein. Wie der Basilisk König der Schlangen ist, so ist der *Teufel* König der Dämonen, heißt es bei St. Augustinus. In mittelalterlichen Tierbüchern erscheint der Basilisk als ge*krönte* Schlange, der ihre Untertanen huldigen. Er symbolisiert unter den Todsünden die Wollust (Luxuria) und wird zusammen mit *Löwe* und *Drache* von Christus bekämpft. Am Ende des 15. Jahrhunderts wurde die sich ausbreitende Syphilis (Lues) als Basiliskengift bezeichnet. In barocken Emblembüchern wird darauf hingewiesen, daß der Basilisk nur dadurch überwunden werden kann, daß mit Hilfe eines *Spie-*

gels sein »giftiger Blick« auf ihn selber zurückgeworfen wird: »Der böse Basilisk aus hellem Spiegel seuget / zu aignem Untergang selbst seiner augen Gifft; / Wer Bosheit anzuthun dem Nächsten ist geneiget / ist billig, daß ihn selbst sein Mörder-Anschlag trifft« (Hohberg 1675).

Baubo, eine weitgehend rätselhafte Gestalt der altgriechischen Symbolik und Mythik. Nach dem Kultmythus von Eleusis war sie eine Magd, die durch einen obszönen, den Unterleib entblößenden Bauchtanz die Göttin Demeter zum Lachen brachte und sie trotz der Trauer um die vom Unterweltsgott geraubte Tochter Persephone aufheiterte. Sie wird entweder als eine Figur dargestellt, deren Gesicht auf dem vergrößerten Unterkörper sitzt oder als »dea impudica« (schamlose Göttin), die auf einem Schwein reitet und die Schenkel auseinanderspreizt. So wird Baubo auch als »personifizierte Vulva« bezeichnet, als drastischer Ausdruck der weiblichen Sexualität, dem Phallusgott Priapos entsprechend, der die männliche Geschlechtlichkeit symbolisiert. Religionsgeschichtlich gesehen, dürfte Baubo zunächst eine kleinasiatische Göttin schreckhafter Natur gewesen sein, ein Nachtdämon, vielleicht mit ritueller Entblößung und rituellem Lachen bei bestimmten Ritualen verbunden, was in klassischer Zeit zu einer derb-komischen Szene im Rahmen des eleusinischen Mysterienmythus umgebaut wurde. Auch in der Blocksbergszene von Goethes *»Faust«* tritt »Frau Baubo« als Anführerin der *Hexen* auf. Vgl. *Bes.* – Interessant ist, daß es auch im altjapanischen Mythus eine Gestalt gibt, die jener der Baubo entspricht: die Göttin Ame-no-uzume. Sie lockte die *Sonnen*göttin Amaterasu aus der *Höhle* ins Freie, in der sich diese aus Groll über das Wüten des *Sturm*gottes verborgen hatte, indem sie einen obszönen Tanz aufführte, wodurch die Neugier der Sonne erweckt wurde und sie bald wieder die Erde erleuchtete (vgl. *Reis*).

Baubo: Terrakotta-Statuette aus Priëne, Kleinasien, 5.Jh.v.Chr.

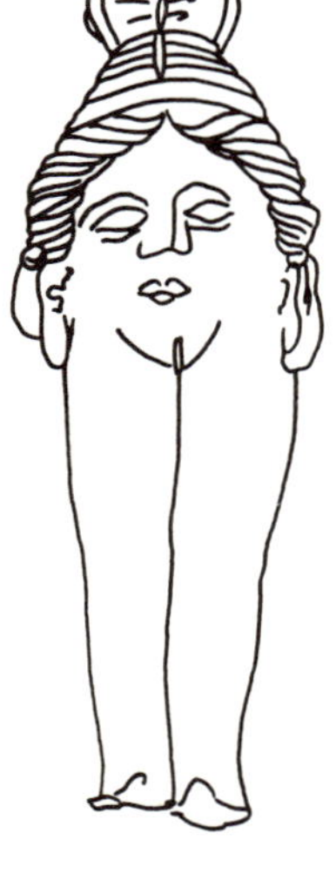

Baum (allgemein). Da er in der *Erde* wurzelt, seine Zweige aber zum *Himmel* weisen, ist er wie der Mensch selbst ein Abbild des »Wesens zweier Welten« und der zwischen *oben und unten* vermittelnden Schöpfung. Nicht nur wurden in vielen alten Kulturen bestimmte Bäume oder ein ganzer *Hain* als Wohnsitz von übernatürlichen Wesen (Göttern, Elementargeistern) verehrt, sondern der Baum wurde vielfach als *Weltachse* angesehen, um die der Kosmos gruppiert ist – etwa der Weltenbaum Yggdrasil bei den Nordgermanen oder der heilige Ceiba- oder Yaxché-Baum der yukatekischen Maya, der im Zentrum der Welt wächst und die *Himmels*schichten trägt, wobei in jeder der *vier* Weltgegenden je ein far-

Baum: Baumartige Zeichen und Schiffe, Felsbilder der Bronzezeit Schwedens

biger Baum dieser Art als Eckpfeiler des Firmamentes dient. Die Rolle tabuisierter Bäume im biblischen *Paradies* ist bekannt; für den Buddhisten ist der Pipalbaum (Ficus religiosa), unter dem Gautama Buddha die Erleuchtung erlangte, Symbol des »großen Erwachens«. Altägypten verehrte die Sykomore, aus der heraus die Göttin Hathor den Verstorbenen bzw. ihrem Seelenvogel (ba) stärkenden Trank und Nahrung reicht. Als Lebensbaum wurde der sumerische Vegetationsgott Dumuzi (Tammuz) verehrt. Altchina verehrte den *Pfirsich-* und den Maulbeerbaum, die keltischen Druiden die *Eiche*, die auch dem germanischen *Donner*gott und (bei den Griechen) dem Götterkönig Zeus als heilig zugeschrieben war. Heilige Bäume dieser Art gibt es – zum Teil real, zum Teil idealisiert und zum kosmischen Symbol überhöht – bei fast allen alten Völkern.

In der christlichen Ikonographie ist der Baum Symbol des gottgewollten Lebens, und sein Durchlaufen des Jahreszyklus weist auf Leben, Tod und Auferstehung hin, der unfruchtbare oder abgestorbene Baum hingegen auf den Sünder. Aus dem Holz des paradiesischen »Baumes der Erkenntnis« soll später das *Kreuz* Christi gezimmert worden sein, das für den Gläubigen nunmehr zum Baum des Lebens wurde. Vielfach wurde es mit Ästen und Blättern dargestellt oder mit dem Stammbaum der »Wurzel Jesse« verglichen. Baumsymbolik und Baumverehrung halten schließlich einen Rest von alter Naturreligion fest, in der Bäume nicht bloß Holzlieferanten, sondern beseelte und von elfenartigen Nymphen bewohnte Wesenheiten waren, zu welchen der Mensch eine Gefühlsbeziehung hatte. Bäume mit an ihrem Stamm angebrachten Heiligenbildern (»Waldandachten« in Österreich) weisen darauf ebenso hin wie der Weihnachtsbaum, der mitten im Winter als tröstliches Symbol des *Grünens* und der Neugeburt heute fast weltweit verbreitet ist.

Vor allem wurde Maria als »Lebensbaum« angesehen, gesegnet vom Heiligen Geist, der als Frucht der Welt den Erlöser schenkte. Alte dörfliche Heiligtümer und Wallfahrtsorte scheinen die Tradition alter »heiliger Bäume«, in die Mariensymbolik eingekleidet, der Neuzeit weiterzugeben: Maria-Dreieichen, Maria-Grün, Maria-Linden usw.; Bischof Ezzo von Bamberg besang das *Kreuz* als segensreichen Baum: »Da trug dein Ast eine himmlische Last. An dir

Baum der Planeten mit zwei Alchemisten. Aus »Azoth«, Basilius Valentinus, 1659

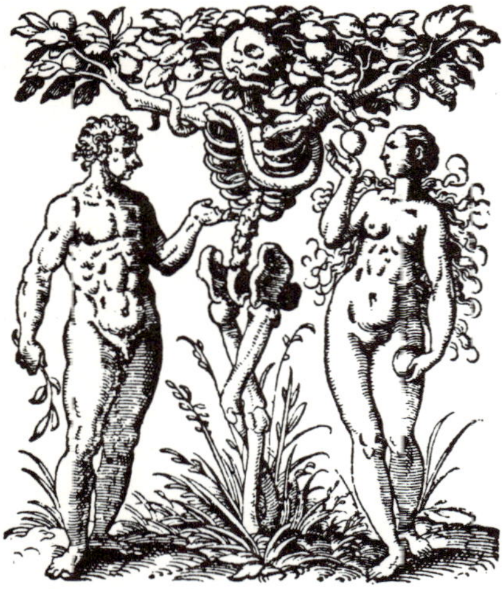

Baum: Der »Baum der Erkenntnis« im Paradies, als Todessymbol gestaltet. Buchsignet, Frankfurt 1531

floß das hohe Blut. Deine Frucht ist süß und gut.« Legenden von abgestorbenen Bäumen, Ästen oder Stäben, die als Zeichen göttlichen Gnadenerweises zu grünen begannen, sind im christlichen Abendland weit verbreitet. Das mit Astansätzen versehene »Baumkreuz« der mittelalterlichen Plastik steht mit dieser Auferstehungssymbolik in Zusammenhang, die der Baum durch seinen Laubfall und die Winterruhe vor dem neuen Austreiben nahelegt.

Eine jüdische Legende berichtet, daß Stamm*vater Abraham* überall, wo er hinkam, Bäume pflanzte, die jedoch nicht recht gedeihen wollten; bloß einer im Lande Kanaan wuchs rasch in die Höhe. Durch ihn konnte Abraham erfahren, ob jemand an den wahren Gott glaubte oder ein Götzendiener war. Über den Rechtgläubigen breitete der Baum seine Äste und barg ihn in seinem *Schatten*, über den Götzendiener jedoch nicht. In diesem Fall wandte er sich ab, verweigerte den *Schatten* und richtete seine Äste in die Höhe. Abraham aber wich nicht von diesem, sondern sorgte dafür, daß er den rechten Glauben annahm. »Dadurch, daß Adam vom Baume der Erkenntnis gegessen hatte, brachte er den Tod in die Welt. Als jedoch Abraham kam, machte er durch einen anderen Baum die Welt wieder heil.« Die Legende vom heilbringenden Baum dürfte auf die christliche Symbolik des Kreuzesbaumes zurückgehen, die in die Welt des Alten Testamentes transponiert wurde. Der frühchristliche »Physiologus«-Text berichtet vom indischen Baum »Peridexion«, dessen Früchte gern von den *Tauben* gefressen werden, während die *Schlange* sich ihm nicht nähern kann und seinen Schatten flieht. Er ist ein Hinweis auf den Erlöser, den »wahren Baum des Lebens«, von dessen Früchten die Gläubigen leben, während der *Teufel* ihm nicht nahen kann. Im mittelalterlichen »Bestiarium« heißt dieser Baum »Perindens«; er schützt die in seinem Schatten lebenden Tauben vor dem *Drachen*. »Die himmlische Frucht des Baumes ist die Weisheit des Heiligen Geistes, die der Mensch in den Sakramenten empfangen hat« (Unterkircher).

Ein Gegenbild zu den Bäumen des wiederhergestellten Paradieses ist in der islamischen Mythologie der Zaqqum-Baum, von dessen Blättern und Früchten nach dem endzeitlichen Gericht die verdammten Sünder und Frevler gespeist werden. »Dessen dornige Zweige und bittere Früchte werden aber wie geschmolzenes Erz in ihren Leibern sich blähen« (Beltz, 1980). Der Garten des neuen Paradieses ist voll von schattenspendenden Bäumen mit köstlichen Früchten, die den gerechtfertigten Gottesfürchtigen zur Verfügung stehen. – Ein anderer Baum der religiösen Tradition im Islam ist jener Weltenbaum, auf dessen Blättern die Namen aller Menschen verzeichnet stehen; jene, die nach Allahs Willen abfallen, hebt der Todes-

engel Israfil auf und holt dann die zum Sterben Bestimmten von der Erde; vgl. *Todessymbole, Feigen*baum.

Berg, ein weltweit verbreitetes Symbol der Gottesnähe. Er erhebt sich über die alltägliche Ebene der Menschheit und reicht in die Nähe des *Himmels*. Der von *Wolken* verhüllte Gipfel regt die Phantasie an, und vor allem Vulkane werden als unheimliche, ehrfurchtgebietende Verbindungsstellen zu einer übermenschlichen Welt angesehen. Heilige Berge oder solche göttlicher Offenbarung (Fujiyama, Elbrus, Sinai, Horeb, Tabor, Karmel, Garizim, Kailash, Olymp ...) wurden vielfach zu Symbolen der göttlichen Macht und in der bildenden Kunst als solche dargestellt. Auch der Kosmos wird vielfach in Gestalt eines terrassenförmig gestuften Berges vorgestellt, so etwa der Weltberg Meru in der indischen Kunst, und durch Stufenpyramiden wiedergegeben (z.B. Burubudur, Java). Götterberge in Form architektonischer Umsetzung waren auch die Zikkurat-Bauten Altmesopotamiens. Pilgerfahrten zu heiligen Bergen symbolisierten die schrittweise Loslösung von der Alltagsebene und das geistige Höhersteigen. So nennt etwa der spanische Mystiker Juan de la Cruz (1542–1591) seinen Weg zu Gott den »Aufstieg zum Berge Karmel«. – Bergwallfahrten sind weit verbreitet; in Kärnten etwa ist die anstrengende »Vierbergewallfahrt« üblich, in Japan ziehen alljährlich etwa 200000 Pilger zum Gipfel des Fuji-san (Fujiyama) oder opfern bei einem der zahllosen Shinto-Heiligtümer an seinem Fuß. Altmexiko kannte den Berg Tlaloc im Iztac-Cíhuatl-Massiv, auf dem ein Idol des gleichnamigen *Regen*gottes stand; auf sein Haupt wurden die Samen aller Feldfrüchte gelegt, um Fruchtbarkeit zu

Berg: Gottheit auf Berggipfeln, Detail eines akkadischen Siegels, ca. 2500 v. Chr.

bewirken. So ist der Berg einerseits dem Himmel näher als das umgebende Land, schon deshalb als Götterwohnplatz vorstellbar, andererseits sammeln sich an ihm häufig die Wolken, aus welchen der Regen herniederströmt. Berggipfel bieten sich als Symbole des »Erhobenseins« über die »Alltagsebene« an, und als ein Berg im hohen Norden unter dem Polarstern, um den die anderen *Sterne* kreisen, wird vielfach auch die *Weltachse* imaginiert. – Das altchinesische Weltbild kennt fünf heilige Berge im Sinne der Vier-Himmelsrichtungen-Orientierung (einschließlich dem Ort der Mitte). Besonders beachtet wurde das Kuenlun (K'un-lun)-Gebirge »mit *neun* Etagen«. Auf Darstellungen der Welt symbolisierten Berge mit Wolken das Festland, in dem *Yin und Yang* abwechselnd vorherrschten. Wolkenzinnen und Sternhimmelfriese krönten vielfach auch die Tempelpyramiden des vorkolumbischen Mexiko, die als künstliche Berge aufgefaßt wurden, auf welchen die Götter wohnten.

In der christlichen Ikonographie wird der Weltenrichter der Endzeit oft auf einem *Wolken*berg sitzend dargestellt. Alle anderen Berge sollten jedoch symbolisch abgetragen werden, was vielleicht auf eine bewußte Abkehr von heidnischen Bergkulten zu verstehen ist. Nicht verwunderlich ist es, daß nach der Missionierung Mitteleuropas alte Höhenheiligtümer als Sammelplätze böser Geister angesehen wurden; auf ihnen sollten die *Hexen* unter Vorsitz des *Teufels* blasphemische Rituale feiern (z.B. auf dem Blocksberg oder Brocken im Harz). Vielfach wurden jedoch auch, um vorchristliche Kulte abzulösen, auf Berggipfeln Kirchen oder Kapellen erbaut. Auch die Gipfelkreuze der Neuzeit sind Ausdruck des Gefühls der Gottnähe an solchen Orten. Vgl. *Höhle, Felsen, Omphalos, Wallfahrt, Stein.* – Der biblische heilige Berg par excellence ist

Berg: Moses empfängt die Gesetzestafeln auf dem Berg Sinai. Bibelillustration von H. Holbein d.J., 1530

der »Berg Sinai« während der Gottesoffenbarung an *Moses.* Dieser erhält den Befehl: »Ziehe um das Volk eine Grenze und sage: Hütet euch, auf den Berg zu steigen oder auch nur seinen Fuß zu berühren. Jeder, der den Berg berührt, soll mit dem Tode bestraft werden. Keine Hand soll den Berg berühren. Wer es aber tut, soll gesteinigt oder mit Pfeilen erschossen werden; ob Tier oder Mensch, niemand darf am Leben bleiben. Erst wenn das Horn (Schofar) ertönt, dürfen sie auf den Berg steigen.« In der Bibel besitzt auch der Hügel Zion im Gebiet der früheren Jebusiterstadt Jerusalem, die von den Israeliten erobert wurde, den Rang einer Heimstätte der Herrlichkeit Gottes. Nach dem Weltgericht »spricht der Herr: Mit großem Eifer trete ich ein für Zion ... ich kehre zurück nach Zion und wohne wieder in Jerusalem. Dann wird Jerusalem ›Stadt der Treue‹ heißen und der Berg des Herrn der Heere ›Heiliger Berg‹« (Zacharias 8,2–4). Für die Religionsgemeinschaft der *Samariter* nahm jedoch der Berg Garizim diese Stelle ein, eine bewaldete und an *Quellen* reiche Kuppe, mit dem *Paradies* verglichen. In der symbolischen Weltsicht ist für die Anhänger der beiden Gruppen der jeweils eigene Hügel »der Berg, auf dem des Herrn Haus steht, höher denn alle Berge« (Jesaias 2,2). – Im Mittelalter nahm in der Legende vom *Gral* der Berg Mont Sauvage (Montsalvatge) die Stelle des *burg*gekrönten Gottesberges ein.

Bernstein (griech. elektron, mineralog. Succinit), ein fossiles Harz von Nadelbäumen, die vor Jahrmillionen besonders im heutigen Ostseeraum gediehen, war schon in der Jungsteinzeit beliebtes Schmuckmaterial, das über lange Landwege (Bernsteinstraßen) in ferne Gegenden verhandelt wurde. Schon der griechische Naturphilosoph Thales von Milet (um 600 v. Chr.) kannte die Fähigkeit des »Elektron«, nach erhitzender Reibung leichte Gegenstände anzuziehen (davon unser Begriff »Elektrizität«). Diese Eigenschaft, seine Brennbarkeit und die gelbliche Farbe machten den Bernstein – im Mittelmeerraum ein »exotisches« Material – zum geschätzten Stoff, aus dem Schmuckstücke mit Amulettwirkung (gegen Gespenster und dämonische Wesen aller Art) hergestellt wurden, welchen gelegentlich noch heute die Kraft des Vertreibens von Kopfschmerzen und bösen Träumen zugeschrieben wird – gelten gelbliche, geschliffene Bernsteinstücke doch geradezu als »verfestigte *Sonnen*strahlen« (in der Antike als Tränen des Phaëton, des Sohnes des Helios). Die Astro-Symbolik ordnet den Bernstein dem *Planeten Merkur* zu. – Auch im alten China war importierter Bernstein bekannt, und (aufgrund der Einschlüsse) wußte man auch, daß er aus altem *Kiefern*harz entstand. Der chinesische Name (hu-po) bedeutet »*Tiger*seele«, im Zusammenhang mit dem Glauben, daß die Seele des kriegerischen Tieres bei dessen Tod in die Erde sinke und sich in Bernstein verwandle.

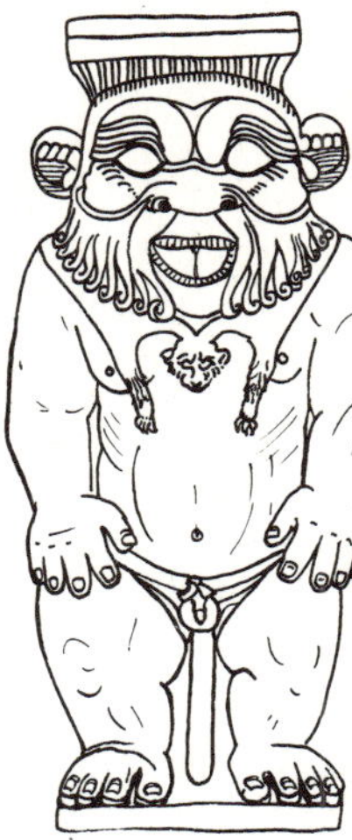
Bes: Ägyptischer Schutzdämon, ca. 500 v. Chr.

Bes, altägyptische groteske Dämonenfigur, die als Symbol des Schutzes vor dem bösen Blick, vor magischer Gefährdung und gefährlichen Tieren galt. Dargestellt wurde Bes als gedrungen-*zwerg*hafte Gestalt, mit fratzenhaftem Gesicht und spitzen Tierohren, häufig phallisch (mit erigiertem Glied) oder fellbekleidet. Daß diese Böses abwehrende Gestalt damit auch zum Freudenbringer bei Gelagen und zum Symbol der sexuellen Potenz wurde, ist leicht vorstellbar. Ab etwa 2000 v.Chr. gab es auch eine weibliche Parallelfigur, Beset genannt und etwa der griechischen *Baubo* entsprechend. Der groteske Anblick des Bes erregte Heiterkeit, doch wurde sein Bild auch auf den Nebengebäuden großer Tempel angebracht. Er sollte vor allem gebärende Frauen vor verderblichen Einflüssen aller Art schützen.
Im koptisch-christlichen Ägypten vor der Islamisierung wurde seine Präsenz an solchen »heidnischen« Orten als Realität empfunden, doch wurde Bes nun als spukhafte Gestalt empfunden, die den Menschen erschreckte und schädigte.

Besen, Gerät zum Auskehren (Reinigen) der Stuben, galt schon früh als zauberkräftig und symbolhaltig. Das Märchen vom Zauberlehrling, der einen Besen in einen Wasserträger verwandelt und erst von seinem Meister aus der Bedrängnis erlöst wird, geht bereits auf altägyptische Motive zurück und war in der Antike bekannt. *Pythagoras* verbot, altem Volksglauben folgend, über einen Besen zu steigen. Beim Seelenfest der Anthesterien kamen die *Schatten* der Verstorbenen zu Besuch in Häuser der Menschen und wurden bewirtet, nachher aber durch Ausfegen mit dem Besen wieder fortgescheucht. – In Altchina war es verpönt, in Sterbezimmern einen Besen stehenzulassen, denn der Tote könnte als langhaariges Gespenst wiederkehren. Auch Spieler scheuten sich vor dem Besen, der »das Spielglück wegfegen« könnte. Hingegen war die Göttin des klaren Wetters, in der Zeit des Neujahrsfestes verehrt, wegen ihres Wegkehrens der Regen*wolken* beliebt. – Im europäischen Volksglauben stand offenbar der Gedanke der Keimkraft im Vordergrund, die den Ruten des Besens entströmte. Diese Reiser sollten Unwet-

Besen als Flugwerkzeug der »Waldenser-Hexe«. Buchmalerei (Le Champuis des Dames), 1451

ter verscheuchen können, weshalb »Hexenbesen« auf Dachfirste gesteckt wurden. Andererseits war der Besen ein Symbol und Attribut der *Hexen* selbst, die auf ihm zu ihren sagenhaften *Berg*-Sabbaten flogen, nachdem sie sich mit der (vermutlich bewußtseinsverändernden) Hexensalbe eingerieben hatten. Der Besen zwischen den Beinen der nackten Hexen wird vielfach als phallisches Symbol aufgefaßt; freilich wurden auch Ofengabeln, Bänke oder andere Gegenstände des Hauses als »Luftreittiere« dargestellt. – Ein Besenfest des Wegfegens, Ochpaniztli, gab es auch in Altmexiko. Es war der alten Erdgöttin Teteo-innan geweiht und sollte Unheil und Krankheit vertreiben. – In der christlichen Bilderwelt ist der Besen Attribut der hl. Martha und der hl. Petronilla, die Schutzpatroninnen der Hausangestellten sind. – Sprichwörtliche Redensarten im Zusammenhang mit dem Besen sind u.a.: Jeder kehre vor seiner eigenen Tür; neue Besen kehren gut; mit eisernem Besen fegen usw.

Bettler, Symbolfigur für die unterste Stufe der traditionellen gesellschaftlichen Pyramide »Kaiser, König, Edelmann (vgl. *Ritter*), Bürger, Bauer, Bettelmann«. Wo es keinerlei »soziales Netz« gibt, ist der durch Unglück oder eigenes Verschulden besitzlose Mensch einerseits Idealbild des Weltverachtenden (so z.B. der hl. Alexios, ein syrischer Asket), andererseits der verachtete Paria, der nur dadurch nützlich wird, daß er dem Besitzenden Gelegenheit gibt, die Tugend der Mildtätigkeit auszuleben. Mehrere Heilige werden in Gesellschaft von Bettlern dargestellt, in erster Linie St. Martin, der seinen halben *Mantel* verschenkt, Elisabeth von Thüringen und Diego von Alcalá. Der sprichwörtliche »Bettelstab«, neben dem Bettelsack Attribut des Bettlers, war ursprünglich ein weißer Stock als Abzeichen des Landlosen, der seinen Grund räumen mußte, des Kriegsgefangenen oder der Kapitulation (wie später die weiße *Fahne*): In der Zeit der Bauernkriege bedeutete »mit einem weißen Stäblein ziehen«, sich auf Gnade und Ungnade ergeben. Bettler verstanden sich in der Neuzeit als eine Art von Zunft, die einander durch unauffällig angebrachte einfache Zeichen (Bettlerzinken) Informationen über die Aussichten, Almosen zu erlangen, übermittelten. – Das welt- und besitzverachtende Mönchtum des christlichen wie auch des buddhistischen Bereiches erhob die konsequente Abkehr vom bürgerlichen Leben zum Ideal. Angehörige von Bettelorden

Bettler: Wanderbettler als Wappenfigur (ca. 1340) und Siegelbild (ca. 1352)

Bettler vor dem Haus, Kupferstich von Ludwig Richter (1803—1884)

Bettler: Christus und die Armen. L. Cranach d. Ä., 1521

(Mendikanten) sollen sich nur durch freiwillige Spenden ernähren.

Biene. Nur wenige Tiere spielen in der Symbolik eine ähnlich große Rolle wie dieses staatenbildende Insekt. Schon in den ältesten Epochen der Menschheit wurde der Honig wilder Bienen gesammelt. Bereits früh wurde auch die Möglichkeit der Bienenhaltung entdeckt und damit ein großer Fortschritt bei der Sicherung des Lebensunterhaltes erzielt; *Honig* diente nicht nur zum Süßen und Vergären, sondern auch zur Herstellung von Heilmitteln, das Wachs zur Herstellung von Kerzen, später auch zum Metallguß in der »verlorenen Form« (à cire perdue), in Ägypten auch zum Mumifizieren von Leichen. Dort ist die Bienenzucht schon um 2600 v. Chr. belegt, und die Biene war hieroglyphisches Symbol des unterägyptischen Königtums. – In Indien, wo das Wildhonigsammeln ertragreich ist, machte die Bienenzucht keine Fortschritte, hingegen ist sie in China sehr alt. Da das Wort für Biene (feng) ähnlich dem für »Grafenwürde« klingt, liegt eine Ideenverbindung zur Karriereleiter nahe. Ansonsten war die Biene weniger Symbol des Fleißes als Bild des an Mädchenblüten naschenden jungen Verliebten. Auch in chinesischen Märchen helfen, wie in Europa, Bienen beim Herausfinden der richtigen Braut. – Im Abendland wird die Biene gern »Marien-« oder »Herrgottsvogel« genannt und gilt als Seelensymbol. Wer im Traum eine Biene sieht, hat den nahen Tod – die davonschwirrende Seele – vor Augen. Wenn aber eine Biene einem Toten in den Mund fliegt, wird er wieder lebendig. »Bienenweg« war die germanische Umschreibung der von Totenseelen erfüllten Luft. Im Mittelmeerraum herrschten vielfach kuriose Vorstellungen über das Leben der Bienen; sie galten als geschlechtslos, und es hieß, sie entstünden aus verwesenden Tierkörpern, hätten kein Blut und atmeten nicht. Vermenschlichende Vergleiche nannten die Bienen tapfer, keusch, fleißig, sauber, einträchtig im Staatsverband lebend und mit Kunstsinn begabt (»Vögel der Musen«). Eleusinische Priester und Priesterinnen hießen

»Bienen«. Da die Winterruhe der Bienen mit dem Tod gleichgesetzt wurde, galten sie auch als Auferstehungssinnbild.
Die christliche Bilderwelt konnte sich diese Vergleiche nicht entgehen lassen. Die Unermüdlichkeit der Biene bei der Arbeit für ihre Gemeinschaft galt als vorbildlich. St. Ambrosius verglich die Kirche mit dem Bienenkorb, die frommen Gemeindemitglieder mit den Bienen, die von allen Blüten nur das Beste sammelten und den Rauch der Hoffart scheuten. Die Vorstellung, Bienen lebten nur vom Duft der *Blumen*, machte sie zum Symbol der Reinheit und Enthaltsamkeit, für Bernhard von Clairvaux zum Sinnbild des Heiligen Geistes. Im profanen Bereich galt die Biene als königliches Symbol, da die *Königin* der Bienen lange als *König* angesehen wurde. Das französische *Lilien*wappen wird hypothetisch vom stilisierten Bild einer Biene abgeleitet. – Die Süße des Honigs wurde zum Symbol der »honigsüßen« Beredsamkeit von St. Ambrosius und St. Johannes Chrysostomus (»Goldmund«). Als Christus-Symbol diente ebenfalls die Süße des Honigs (Milde), jedoch in Verbindung mit dem scharfen Stachel beim Weltgericht. Die Vorstellung, auch aus der Antike übernommen, daß Bienen ihre Brut nicht selbst zeugen, sondern aus den von ihnen besuchten Blüten aufsammeln, machte die

Biene auf einer Münze aus dem antiken Ephesos, Symbol der Muttergöttin

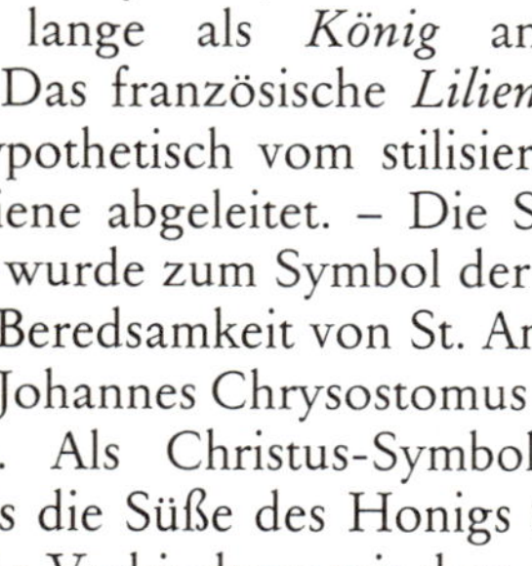

Biene: Emblem-Kupfer von W. H. Frh. v. Hohberg, 1675

Biene auch zum Symbol der Jungfrau Maria.
Mittelalterliche Tierbücher haben auch die »Kunstfertigkeit und Anmut des Wabengewebes beschrieben, die gleichmäßigen Sechsecke der Zellen, die sie (die Bienen) mit hartem Wachs begrenzen und mit Honig füllen, der aus dem Tau gerinnt, den sie von den Blüten bringen . . . Der Honig kommt in holder Gleichmäßigkeit ebenso Königen wie gewöhnlichen Menschen zugute. Er dient nicht bloß dem Genuß, sondern auch der Gesundheit, ist süß für den Gaumen und heilsam für Wunden. So ist eine Biene zwar arm an Kräften, dafür stark durch die Macht der Weisheit und die Liebe der Tugend« (Unterkircher). – »Die Bienlein emsig sind der Blumen Safft zu finden, daher voll Hönig wird ihr wächsern Königreich; also wo Einigkeit die Herzen kann verbinden, da blühet süße Frucht und Nutzbarkeit zugleich« (Hohberg 1675). – In der Wappenkunst tritt die Biene meist in mehrfacher Gestalt auf, so etwa im Wappen der kor-

sischen Familie Buonaparte, als Symbol von Ordnungssinn und Fleiß. Im alten Ägypten war der König von Unterägypten »Der zur Biene Gehörige«, wie die Binse Symbol des Königs von Oberägypten war.

Birne, eine schon in der Jungsteinzeit aus Wildformen herausgezüchtete Obstart. Sie wird bereits bei Homer erwähnt und war großen Göttinnen (Hera, Aphrodite/*Venus*, Pomona) geweiht. Aus Birnbaumholz waren, wie Pausanias berichtet, die Hera-Statuen in Tiryns und Mykenä geschnitzt. – In Altchina war die Birne (li) ein Symbol der Langlebigkeit, weil Birnbäume sehr alt werden können. Da das Wort für Trennung ebenfalls »li« lautet, sollten Liebende und Freunde keine Birnen zerschneiden und aufteilen. Die *weißen* Blüten des Birnbaumes sind einerseits ein Symbol der Trauer und Vergänglichkeit, andererseits auch der Schönheit. – Die sich nach unten verbreiternde Form der Birne erinnert an eine Frauenfigur mit breitem Becken, und wohl deshalb wird diesen Früchten in der tiefenpsychologischen Symbolik eine sexuelle Bedeutung zugeschrieben. – Eine reich ausgestaltete Allegorie verknüpfte um 1290 Hugo von Trimberg mit einem Birnbaum, dessen Früchte teilweise in *Dornen*, aber auch in das Wasser oder in grünes Gras fielen. Der Birnbaum ist dabei die Ur*mutter* Eva, die Früchte sind die von ihr abstammenden Menschen. Wer nicht in das *grüne* Gras der Reue fällt, kommt in den Todsünden um.

Birne: Ausschnitt aus einer Tafel im »Contrafeyten Kreuterbuch« von Brunfels, 1536

Blau ist unter den *Farben* jene, die meist als Symbol für alles Spirituelle angesehen wird. Im Gegensatz zum *Rot* wirkt sie »kühl« und stimmt die meisten Menschen nachdenklich. Tiefenpsychologen bringen es mit einer »seelischen Gelöstheit, einer milden, leichten und überlegenen Lebensgestaltung« in Verbindung. Es ist die *Himmels*farbe, in Altägypten mit dem Himmelsgott Amūn assoziiert. G. Heinz-Mohr nennt das Blau die »tiefste und am wenigsten materielle Farbe, das Medium der Wahrheit, die Transparenz der kommenden Leere: in der Luft, dem *Wasser*, dem *Kristall* und dem *Diamant*. Darum ist Blau die Farbe des Firmaments. Zeus und Jahwe stellen ihre Füße auf Azur.« Amulette in blauer Farbe sollen den »bösen Blick« neutralisieren. Der *Mantel* des nordgermanischen Gottes Odin ist blau wie jener der *Jungfrau* Maria, die poetisch auch als »blaue *Lilie*« angesprochen wurde. Vishnu im altindischen Mythus ist als Krishna blau gefärbt, der lehrende Jesus wird in blauem Gewand dargestellt. »Das Blau, Symbol der Wahrheit und der Ewigkeit Gottes (denn was wahr ist, ist ewig), wird immer das Zeichen der menschlichen Unsterblichkeit bleiben« (P. Portal). Altchina hatte dem Blau gegenüber eine zwiespältige Einstellung. Wesen mit blauem Gesicht sind in der traditionellen Kunst Dämonen und Gespenster oder der Literaturgott K'ui-hsing, der einst aus verletztem Ehrgeiz Selbstmord verübt hatte. Ursprünglich gab es kein eigenes chinesisches Wort für blau, sondern »ch'ing« bezeichnete alle Farbnuancen von Dunkelgrau über Blau bis Grün, ebenso den Weg des Gelehrten, der bei Lampenlicht den Studien obliegt. Das heutige Farbwort »lan« bedeutet eigentlich Indigo, die Farbe der einfachen Arbeitskleidung. Blaue *Blumen*, *Augen*, Bänder und Streifen galten als häßlich und unglückbringend, während in Europa die »blaue Blume der Romantik« geistigen Gedankenflug nahelegt. In China wurde das *Element* Holz mit dem Osten und der Farbe Blau zusammengeordnet. In Altmexiko wurde in den Bilderhandschriften mit einem hellen Blaugrün der *Türkis* und das *Wasser* wiedergegeben, aber in der Himmelsrichtungssymbolik hatte es keinen Raum.

In der mitteleuropäischen Volkssymbolik gilt das Blau als die Farbe der Treue, doch auch als des Geheimnisvollen (Märchen »Das blaue Licht«), der Täuschung und Unsicherheit (»blauer Dunst, ins Blaue hinein reden, die Fahrt ins Blaue«). Die Ideenverbindung »blau« und »betrunken« ist nicht leicht erklärbar und hängt vielleicht mit der bläulichen Verfärbung von Wangen und Nasen schwerer Alkoholiker zusammen. – In der politischen Symbolik wird das Blau den Liberalen (bzw. National-Liberalen) zugeordnet. Die »Blaue Maurerei« ist das traditionelle System der »Johannis-*Freimaurerei*« (vgl. *Rot*). – In der prähistorischen sowie in der Kunst der schriftlosen Völker wird Blau nur selten verwendet, da kaum geeignete Grundstoffe für seine Gewinnung zu finden waren. Beliebt sind blaugefärbte Stoffe in der westlichen Sahara und bei den südlich angrenzenden Ländern der Sahelzone, so etwa bei den ReGleibat-Nomaden der ehemals spanischen Westsahara, bei den Tuareg und in Mauretanien.

Blei galt in der Antike als zauberkräftiges Metall; die in Täfelchen aus Blei (Defixionstafeln) geritzten Verfluchungen mißliebiger Menschen sollten besonders wirksam sein. Auf der Brust getragene Bleiplättchen sollten vor Bezauberung, besonders vor dämonischem Liebeszauber, schützen. Im griechischen Heldenmythus diente Blei als Mittel zur Vernichtung des Ungeheuers Chimaira (*Chimäre*). Der Heros Bellerophon kreiste auf dem Rücken des *Flügel*pferdes *Pegasus*, das er mit Hilfe der Göttin Athene gezähmt hatte, über dem *feuer*speienden Ungetüm, beschoß es mit *Pfeilen* und schleuderte schließlich einen Bleiklumpen auf der Spitze seines Speeres in den Rachen des Wesens. Das Blei zerschmolz im Feueratem der Chimaira, floß in ihre Kehle und zerstörte ihre Eingeweide. – Blei galt als irdisches Gegenbild des Planeten *Saturn*, der als Greis mit Stelzfuß und Sense dargestellt wurde, mit den Qualitäten »kalt, feucht«. Die *Alchemie* betrachtete das Blei als dem *Gold* nahe

Blei: Das sichelähnliche astrologisch-alchemistische Symbolzeichen des Planeten Saturn

verwandt, und ihre Sagen berichten von geglückten »Transmutationen« von geschmolzenem Blei, das durch Einstreuen der Substanz »*Stein* der Weisen« in Gold verwandelt worden sein soll – ein Sinnbild der Läuterung des zunächst *erd*haft-materiellen Menschen zu einer »*sonnen*hafteren« Spiritualität. – Volkstümliche Redensarten (»etwas liegt bleischwer in den Knochen« oder »wie Blei im Magen«) und kirchliche Symbolsprache beachten das große Gewicht dieses Metalls (»Die Sünde lastet auf dem Menschen wie Blei«).

Blindheit ist einerseits Symbol der Unwissenheit und »Verblendung«, andererseits auch der Unparteilichkeit und des Ausgeliefertseins gegenüber dem Geschick, darüber hinaus auch der Verachtung der Außenwelt angesichts des »inneren *Lichtes*«. Aus diesem Grund wurden Propheten (Teiresias) und begnadete Dichter (Homer) in Altgriechenland blind dargestellt, wobei oft erwähnt wird, Blinde hätten den Göttern vorbehaltene Geheimnisse geschaut. Im alten Rom wurde *Amor* (Cupido) oft mit verbundenen *Augen* dargestellt, als Sinnbild der alle Vernunft mißachtenden irdischen Liebe. Wenn den Evangelien zufolge Jesus Blinde sehend machte, galt dies im Frühchristentum als Symbol der geistigen Erleuchtung durch die Heilslehre. Isidorus von Sevilla (570–636 n.Chr.) faßte den Sündenfall der Stammeltern als blindmachende Verfinsterung der Welt auf, die erst durch das Erscheinen Christi aufgehoben worden sei. Demzufolge wurde im Mittelalter die »Synagoge«, Personifikation des Judentums, mit verbundenen Augen dargestellt, da sie das *Licht* des Heiles zu sehen ablehnte. – Mit verbundenen Augen wurde auch die Glücksgöttin *Fortuna* dargestellt,

Blindheit: Gotische Plastik, Südportal des Straßburger Münsters (»Synagoge«)

ebenso Justitita, die Verkörperung der Gerechtigkeit, die »ohne Ansehen der Person« Entscheidungen abwägt *(Waage)*. – Beim Aufnahmeritual der *Freimaurer* spielt das Abnehmen der Augenbinde beim Eintritt in das »Licht« eine bedeutende Rolle als tiefempfundenes Sinnbild der Überwindung von Befangenheit im Nichtsehen höherer Werte. »Erst 1763 wurden in Hamburg die Augen der Suchenden verbunden. Goethe lehnte es ab, sich die Augen verbinden zu lassen, und versprach nur, sie während der Aufnahme nicht zu öffnen, was ihm bewilligt wurde« (Lennhoff-Posner).

Blitz. Die eindrucksvolle Entladung »himmlischer« Elektrizität, die *Feuer* und Vernichtung zur Erde bringt, ist in allen alten Kulturen Ausdruck und Symbol übernatürlicher Macht. Meist ist es der Himmelsgott oder Götter*könig*, der mit Hilfe von *Axt* oder *Hammer* feindliche Geschöpfe auf Erden vernichtet oder unbotmäßige Menschen straft. Wegen des himmlischen Ursprungs spielt der Blitz auch als Symbol der überirdischen Erleuchtung eine Rolle. In trockenen Gegenden, die von Gewitterregen abhängig waren, wurde der Blitz auch mit dem Fruchtbarma-

Blitz: Zeus/Jupiter schleudert Blitze auf die Titanen. V. Cartari, 1647

chen der Felder in Verbindung gebracht und als Symbol maskuliner Vitalität angesehen. Bei den Etruskern war die Blitzschau (Brontoskopie) ein wichtiger Orakelbehelf; Blitze im Osten galten als günstig, Westblitze als ungünstig, nordöstliche als Optimum; nordwestliche waren Unglückszeichen. Diese Deutungsweise wurde von römischen Orakelpriestern übernommen. Der Blitz war das Werk des Zeus Keraunos (lat. *Jupiter* Fulgur), wie auch des slawischen *Donner*gottes Perun (lettisch Perkons, litauisch Perkunas) oder in älteren Epochen des orientalischen Hadad. Vom Blitzschlag getötete Menschen galten vielfach als von der Gottheit Gezeichnete und mußten an Ort und Stelle begraben werden. – In christlicher Zeit ist der Blitz in der symbolischen Bilderwelt Ausdruck von Gottes unmittelbarer Gegenwart (Offenbarung der Gebote am *Berg* Sinai) oder seines Strafgerichtes (am Jüngsten Tag). In der Emblematik der Renaissance wird der Blitz zum warnenden Zeichen der für den Menschen unerforschlichen Vorsehung (»Was hilft der Festung Bau, Umschanzung, Wall und Graben / Wann Gott von obenher mit Strahlen zündet an. Der Wächter Sorg und Fleiß geringen Nachdruck haben / Nur Gottes Sorg allein kann Unglück verhüten«, Hohberg 1675).

Bei den nordamerikanischen Indianern stammt der Blitz von übernatürlichen »Donnervögeln«, auch dort wird der Blitz meist mit der uns geläufigen Zickzack-Zeichnung wiedergegeben. Bei den Azteken Mexikos war der Blitz durch den Gott Xolotl in Gestalt eines *Hundes* repräsentiert, der zugleich Totenbegleiter war. Der Blitz spaltet die *Erde* und macht dadurch für Götter und Menschen den Weg in die Unterwelt frei. Vgl. *Sturm*. – Im alten Peru der Inkazeit wurden Blitz und Donner mit dem gemeinsamen Namen Illapa bezeichnet, und diesen Namen gaben die Indianer auch der Donnerbüchse der spanischen Eroberer. Blitz und Donner wurden nach Garcilaso de la Vega (1539–1616) jedoch nicht göttlich verehrt, sondern für Diener der heiligen *Sonne* gehalten, die nicht im Himmel, sondern in der Luftregion wohnen. – In der tiefenpsychologischen Symbolik

Blitz: Vom Blitz getroffene Festung. Emblem-Kupfer von W. H. Frh. v. Hohberg, 1675

Blitz: Emblem-Kupfer von J. Boschius, 1702

wird der Blitz vorwiegend mit maskuliner Vitalität in Zusammenhang gebracht. Das von ihm entzündete »Feuer der Leidenschaft wie der Ideen-Ergriffenheit ist aber auch Flamme, in der man verbrennen kann ... Der Feuerstrahl kann aus heiterem und verdunkeltem Himmel mächtig treffen« (E. Aeppli).
In vielen Kulturen wird der Blitz auch als eine vom Himmel herunterstoßende *Schlange* angesehen. In Altmexiko ist hier – neben dem erwähnten Hund Xolotl – die »Obsidianschlange« Itzcóatl zu nennen, in der altfinnischen Mythologie eine »bunte Schlange«. Von ihr wird erzählt, daß sie in die *Meeres*tiefe fiel, wo sie der Lachs verschlang, und aus seinem Bauch holten die Menschen die glimmenden *Funken* des Himmels*feuers*. – Die alle Menschenkraft übersteigende Natur der himmlischen Götter wird durch den Mythus der griechischen Prinzessin Semele symbolisiert, in dem sich der Göttervater Zeus als zeugender Blitz manifestiert. »Als Zeus versprach, ihr jeden Wunsch zu erfüllen, bat sie ihn, er möge einmal so als Werber zu ihr kommen, wie er zu Hera gekommen sei. Zeus konnte sein Wort nicht rückgängig machen, und er kam auf einem Wagen, mit Wetterleuchten und Donnerschlägen, in ihr Gemach, und er schleuderte den Blitz. Der erschreckten Semele schwanden die Sinne; sie brachte ein Sechsmonatskind zur Welt, das Zeus dem (von ihm entfachten) Feuer entriß und in seinen Schenkel einnähte« (Apollodoros' Bibliothek, 26 f.); das Kind war der Rauschgott Dionysos, den Zeus zum Schutz vor seiner eifersüchtigen Gattin Hera in einen jungen *Bock* verwandelte; vgl. *Bacchus.*

Blume, Blüte – weltweit Symbole des jungen Lebens, wegen der *stern*artigen Struktur der Blumenkronblätter auch oft Symbole der *Sonne*, des Erdkreises oder der Mitte (z. B. die *Lotos*blume in Südostasien). Viele auffallende Blüten wurden nicht nur aus ästhetischen Gründen beachtet und verehrt, sondern auch wegen ihres Gehaltes an psychotropen (die Psyche beeinflussenden) Inhaltsstoffen. Gelegentlich werden Blüten nicht bloß als unschuldige Frühlingsboten aufgefaßt, sondern auch als Sinnbilder für »fleischliche Lust« und den gesamten Bereich der Erotik, etwa die Nicté-Blüte (Plumeria) bei den Maya oder die *Rose* im mittelalterlichen

Blume: Florale Embleme, J. Boschius, 1702

»Roman de la Rose«. Neutral gesehen, symbolisieren sie Lebenskraft und Lebensfreude, das Ende des Winters und den Sieg über den Tod. In der christlichen Symbolik ist der nach oben offene Blütenkelch Hinweis auf das Empfangen der Gaben Gottes, der kindlichen Freude an der Natur im *Paradies*, aber auch der Vergänglichkeit aller irdischen Schönheit, die erst in den Gärten des *Himmels* von Dauer sein kann. Damit hängt die alte Sitte zusammen, Gräber in *Gärten* anzulegen oder sie mit Blumen zu bepflanzen. Da die frühchristlichen Kirchen eng mit der Verehrung von Märtyrergräbern verbunden waren, wurden auch sie mit Blumen geschmückt. In der Bibel ist die Blüte Hinweis auf Gottgefälligkeit, wie die blühenden Stäbe Josephs und Aarons beweisen. Ein trockener Stock, der Blüten treibt, ist auch in manchen Sagen und Legenden Symbol des göttlichen Wohlgefallens und der Hoffnung. Der im Land um Salzburg geübte Brauch, »Prangstangen« mit Blumen zu umwinden, die dann bei Prozessionen umhergetragen werden, mag mit diesem Motiv ebenso zusammenhängen wie ganz allgemein mit der Freude am Blumenschmuck im Frühling; die zahllosen Blüten werden dabei mit der *Pfahl-* und *Baum*symbolik verbunden. – Die Blüten*farben* werden symbolkundlich viel beachtet (*weiß:* Unschuld, Reinheit, aber auch Tod; *rot*: Vitalität, Blut; *blau*: Geheimnis, innige Hingabe; *gelb*: Sonne, Wärme, Gold.

Im Taoismus ist die aus dem Scheitel wachsende geistige »goldene Blüte« das Symbol der höchsten mystischen Erleuchtung. – Im 20tägigen aztekischen Kalendarium wird das zwanzigste Zeichen »Blume« (xóchitl) genannt, Symbol des Kunst- und Geschmackvollen. Unter diesem Zeichen Geborene sollten für alle künstlerisch-handwerklichen Aktivitäten begabt sein, ebenso aber auch für die Zauberei. »Aufrechtstehende Blume« (Xochiquetzal) war der Name einer Göttin, die mit Sexualität und Fruchtbarkeit in Zusammenhang stand. Zu ihren Attributen gehörten ein Blumen*kranz* im Haar und ein Blumenstrauß in der Hand. »Blumenkriege« hießen die rituell begrenzten Kämpfe benachbarter aztekischer Reiche, die nur zu dem Zweck angesetzt wurden, um für die Menschenopferaltäre beider Parteien Gefangene zu gewinnen. Vgl. *Blut.* In der erhalten gebliebenen aztekischen Lyrik symbolisieren Blumen sowohl Lebensfreude als auch Vergänglichkeit: »Es sprossen und sprießen, es wachsen und leuchten die Blumen. Aus deinem Inneren brechen hervor die Blumengesänge . . . Wie eine Blume zur Sommerszeit – so erfrischt sich und blüht auf unser Herz. Unser Leib ist wie eine Blume, die erblüht und schnell verwelkt . . . Vergeht unablässig und blüht stets wieder auf, ihr Blumen, die ihr zittert und abfallt und zerstäubt . . .« Ähnlich heißt es in der Bibel: Der Mensch blüht »wie die Blume des Feldes. Fährt der Wind darüber, so ist sie dahin, und der Ort, auf dem sie stand, weiß von ihr nichts mehr« (Psalm 103,15–16). Die ökologische Gefährdung vieler Pflanzen in der Gegenwart hat dazu geführt, daß viele Wildblumen, besonders aber die »Ackerunkräuter«, fast ausgerottet wurden oder nur noch in Schutzgebieten anzutreffen sind, soweit nicht ihr endgültiger Verlust bereits jetzt zu beklagen ist. Die symbolische Aussage vieler Blütenpflanzen mag daher kommenden Generationen vielfach nur noch aus der historischen Literatur zugänglich sein, wenn im Sinne der Aussage des Psalmisten der Ort, auf dem die Blumen standen, nichts mehr von ihnen weiß.

Blumensprache. Im Biedermeier war es nicht ungewöhnlich, daß wohlhabende Bürger mit Hilfe von Blumengestecken diffizile Botschaften zum Ausdruck brachten. Diese Gepflogenheit hatte schon gegen Ende des 18. Jahrhunderts eine spielerische Blumensymbolik hervorgebracht und wurde ein Jahrhundert später, in der Gründerzeit, neu belebt. Im Jahr 1899 schrieb G. W. Gessmann, er wolle mit seinem Verzeichnis dazu beitragen, »diesen sinnigen Gebrauch besonders unserer schönen Damenwelt wieder in Erinnerung zu bringen«. Einige Proben dieser gezierten Pflanzensymbolik, die für heutige Leser eher komisch wirkt:

Aronstab – »Stürmt auch das Leben unerbittlich auf Dich ein, so verzage doch nicht! Das Bewußtsein, ewig gut und rein zu sein, wird Dich erheben.« Ackerklee – »Teile mir mit, wann ich Dich wiedersehen kann.« *Agave* – »Ich bleibe Dir trotz Deiner Schelmenhaftigkeit gut.« *Akazien*blüte (weiß) – »Die Dauer unserer Freundschaft wird mir durch Dein gutes Herz verbürgt.« Amaryllis (rot) – »Ich achte Dich aus tiefster Seele.« *Apfel*blüte – »Wird endlich die Rosenglut der Liebe Deine zarten Wangen röten?« *Asphodillus* – »Ich erwarte häufige und herzliche Briefe.« Aster (weiß) – »Deine wahre Freundschaft mildert meines Unglücks Qual.« Baumwollblüte – »Die Blüten unseres Bundes sind noch zart, darum pflege sie mit sorgfältiger Liebe.« Binse – »Lege diesen Korb zu den bereits früher erhaltenen.« Dahlie – »Mein Herz ist ewig bei Dir; die Heimat gibt das Herz, nicht der Körper.« *Distel* – »Des Lebens Poesie geht spurlos an Dir vorüber.« *Eichen*laub – »Die Krone der Sittsamkeit und Tugend.« Flieder – »Aus jeder Deiner Mienen und jedem Deiner Worte spricht die Schönheit Deiner Seele.« Haselnußblüte – »Du brauchst nichts zu fürchten, fromme Liebe steht unter Gottes Schutz.« Himmelschlüssel – »Der *Schlüssel* zu meinem *Himmel* liegt in Deinem engelreinen *Herzen.*« Hyazinthe (weiß) – »Mein Herz zieht mich zu Dir, blasse Schwärmerin.« Iris (blau) – »Deine geheuchelten Gefühle verwehen, daß keine Spur davon übrigbleibt.« Kapuzinerkresse – »Was werde ich leiden, wenn die Hoffnung, Dich zu sehen, nicht mehr den Geist mit froher Hoffnung erfüllet!« Kirschblüte – »Das Erröten bei Deiner Ankunft mag Dich die stille Neigung, die ich zu Dir fühle, erkennen lassen.« Klee (*vier*blättriger) – »Mir lächelt das Glück nur, wenn ich es mit Dir teilen kann.« Klette – »Meiner teilnehmenden Anhänglichkeit und sicheren Hilfeleistung kannst Du sicher sein.« Knoblauchblüte – »Was ich für Dich fühle, ist höchste Gleichgültigkeit.« Königskerze (gelb) – »Fasse Mut. Dir blüht noch das Glück.« *Korn*ähre – »Was Du forderst, kann nur die Zeit gewähren.« Kornrade – »Ich lebe nur für Dich.« Lavendel – »Die Erinnerung an Dich ist meine einzige stille Freude.« *Lilie* (weiß) – »Du bist unschuldig wie dies Symbol der Unschuld.« Lindenblüte – »Sinnenliebe schwindet gleich dem Nachttau, Seelenliebe besteht gleich dem goldnen Gestirn des Tages.« *Lorbeer*blatt – »Dir ziemt nicht der stolze Siegeskranz, sondern der bescheidene Kranz der Tugend.« Löwenmaul – »Dein mutwilliges Wesen wird sich einst bitter an Dir rächen.« Lupine – »Himmlische Reize und herrliche Blüten des Geistes fand ich mit solchen des Herzens bei Dir vereint.« Mimose – »Die große, schöne Seele, die Du umschließest, wird durch Deinen edlen, ernsten Stolz begründet.« Mohn – »Dein schläfrig-phlegmatisches Temperament kann keine bedeutenderen Regungen Deines

Herzens aufkommen lassen.« Myrthenreis – »Es bleibt stets grün, denn die Kränze, die treue Liebe flicht, verwelken nimmer.« *Narzisse (gelb)* – »Dein kokett-schwärmerisches Wesen gleicht dieser schönen Blüte, welche stolz sich erhebt, um das Köpfchen schmachtend zu senken.« *Nelke* (rot) – »Du kannst nicht länger widerstehen, wenn Du den Grad meiner Achtung und Liebe erkennen wirst.« *Nelke* (weiß) – »Du bist das Symbol innigster Freundschaft, denn Du veränderst die Farbe nicht eher, als bis der Tod Dich entblättert.« Oleander – »Bei Dir walten Neid und Glanz vor, weil Dir die Natur an Stelle eines warmen, fühlenden Herzens nur äußere Schönheit gegeben.« Päonie – »Dein Stolz ist unerträglich.« Passionsblume – »Dein arger Schmerz wird jenseits durch die Krone ewiger Glückseligkeit verklärt werden.« Pfefferminze – »Falsche Herzen, wie Deines eins ist, finde ich zur Genüge.« Reseda – »Wie diese Blüte ohne Farbenpracht still duftet, so besitzest Du beglückende Talente ohne äußerlichen Prunk.« Ringelblume – »So unendlich wie der goldige *Ring* dieser Blume ist meiner Liebe Lauterkeit.« *Rose* (gelb) – »Dieser Blume Farbe gemahnt mich an den neid'schen Blick Deiner Augen.« *Rose* (rot) – »Sie ist das Pfand der Liebe und Treue.« *Rose* (weiß) – »Ihre bleichen Blätter deuten Dir auf ewiger reiner Liebe Glück, denn es mangelt ihr an ird'scher Glut.« Rosenblatt (rotes) – »Ja!« Rosenblatt (weißes) – »Nein!« Rosenknospe (mit Dornen) – »Die hoffende Liebe mit den Zweifeln der Ungewißheit . . .« Sauerampferblüte – »Es ist mir unangenehm, mich stets von Dir verfolgt zu wissen.« Schafgarbe – »Bist du in der Tat so unwissend, wie Du Dir den Schein gibst?« Schneeball – »Und wenn Du Dich noch so gefühllos stellst, einmal erreicht Dich Amors Pfeil.« Schneeglöckchen – »Freue Dich der Gegenwart und Zukunft und gönne der Erinnerung an eine trübe Vergangenheit keinen Platz in Deinem Herzen.« Schnittlauchblüte – »Ich werde Deinen guten und herzlichen Rat befolgen.« Schwertlilie – »Du erfüllest mein Herz mit freudiger Hoffnung, um es darauf wieder in Zweifel zu stürzen.« Sonnenblume – »Sie wendet sich stets der *Sonne* zu. Was ihr das Sonnenlicht, ist Deine Liebe meinem Leben.« Taubnessel – »Kalt lassen mich die Verheißungen Deiner Liebe, taub sind Deine Versprechungen und Galanterien.« Tausendgüldenkraut – »Bitter ist es wie die ausgesprochene Wahrheit, aber ebenso heilkräftig.« Thymian – »Einheit der Seelen ist das höchste Gut.« Trauer*weide* – »Mein Herz erzittert in Erinnerung an Deine entschwundene Gegenwart.« Tulpe – »Du stumme Prachtgestalt! Wo ist Dein inn'rer Wert?« Türkenbund – »Werden Deine schelmischen, zündenden Blicke wohl noch viel Unheil anrichten?« *Veilchen* (Alpen-) – »Mit reinen Trieben acht' ich Dich über alles.« Vergißmeinnicht – »Drei Worte bringt des Wiedersehens Wunsch ans Licht: Vergiß mein nicht!« Waldröschen – »Wer für stilles Glück geschaffen ist, lebt nur verborgen beglückt.« Weide – »Die echte Freundschaft leiht uns ihren Arm, des Lebens Last zu ertragen.« *Wein*laub – »Mit Deiner wiederkehrenden Heiterkeit kannst Du mir meine Lebenslust zurückgeben.« Wickenblüte – »Beneidenswert ist jeder, dem der Himmel die Perle ›Freundesliebe‹ schenkte.« Wolfsmilch – »Du bist von so kaltem Wesen, daß man glauben könnte, Du besitzest ein Herz von Stein.« Zaunwinde – »So scharf und tief wie der Falkenblick der Liebe sieht kein Auge der Welt.« Zeitlose (Herbst-) – »Mein Herz ist in Liebe für Dich ent-

facht, und gerne folge ich dem himmlischen Gefühle.« Zwiebelblüte – »Du kannst Dir meine Liebe erwerben, wenn Du mir die zarte Achtung entgegenbringst, die ein edler Mann für ein weibliches Wesen fühlen muß . . .«
Eine andere Sammlung von Blumensprache-Sprüchen aus der Biedermeierzeit enthält u.a. folgende Sentenzen: Aprikosenzweig – »Engel deines Geschlechts, Dich bet' ich an!« Flieder – »Eilen wir zum Altare, ehe die Jugendzeit verstreicht!« Grünkohl – »Erkläre Dich näher, wenn ich Dich verstehen soll.« Holunder – »Du wirst immer kälter.« Kaiserkrone – »Liebenswürdigste Deines Geschlechts, als Göttin bet' ich Dich an!« Lavendel – »Du sprichst rätselhaft.« Mohn – »Warum bist Du so müde?« Moos – »Dein Eigensinn führt mich bis zur Verzweiflung.« *Narzisse* (weiß) – »Schrecklich! Willst Du mich ganz vernichten?« *Nelke* – »Glühende Sehnsucht durchbebt meinen Busen.« Pfefferminze – »Wer wird um Kleinigkeiten so viele Umstände machen?« *Rose* – »An Deinem Busen, du Blühende, laß mich ruhen!« Schneeglöckchen – »Reinheit des Herzens strahlt aus Deinen Blicken.« Tabakblüte – »Du weckst süß schlummernde Gefühle in mir.« Ulmenblatt – »Unsere Liebe muß noch ein Geheimnis bleiben.« Vergißmeinnicht – »Höre wohl, was dieses Blümchen flüstert.« *Wein*rebe – »Rücke mir näher und sei mir treu.« Zwiebel – »Du bist mir zuwider.« – Angesichts der verschiedenartigen Aussagen mancher Blumengrüße war es offenbar nötig, daß beide Partner über denselben Schlüssel verfügten. Nur dann konnten verstohlene Liebesbotschaften »durch die Blume« richtig übermittelt werden.

Blut spielt in Ritualen eine größere Rolle als in der Symbolik, ist aber auch hier bedeutsam als Inbegriff des Lebens. Es wird oft von Stoffen vertreten, die seine *Farbe* wiedergeben, etwa von Ocker, um fortwirkendes Leben zu symbolisieren. *Runen* wurden mit roter Farbe magisch belebt (alt-angelsächsisch teafor = Mennige, davon das Wort »Zauber«), um wirksam werden zu können, als ob sie bluterfüllt wären. Blut gilt vielfach als das göttliche Le-

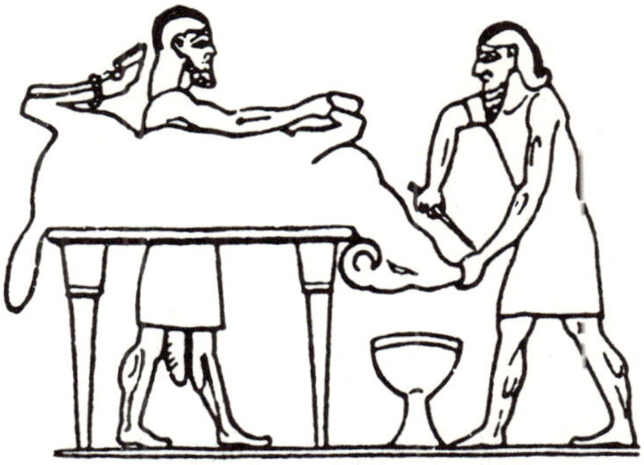

Blut: Assyrische Darstellung eines Blutopfers (Widderschlachtung). Ninive, ca. 680 v. Chr.

Blut: Einer pseudohistorischen Sage zufolge wurde der »Selige Knabe Andreas von Rinn« (Tirol) 1462 von Juden als Blutopfer geschlachtet. W. Auers Heiligen-Legende, 1890

benselement, das in den Menschenkörpern wirkt. Als solches war es in vielen Kulturen tabuiert und durfte nur nach besonderer Vorbereitung vergossen werden, etwa als Opferkult. Im »Blut sitzt die Lebenskraft des Fleisches. Dieses Blut habe ich euch gegeben, damit ihr auf dem Altar für euer Leben die Sühne vollzieht, denn das Blut ist es, das für ein Leben sühnt. Deshalb habe ich zu den Israeliten gesagt: Niemand unter euch darf Blut genießen« (3. Buch Moses 17,11–12). Immer wieder gilt das Blut als Träger magischer Kräfte und als alleinige Nahrung der Übernatürlichen und wird mit vielen irrationalen Anschauungen in Verbindung gebracht (vgl. *Dracula*). Worte wie »Blutschande, Blutrache, Blutsbrüderschaft, Blutstaufe« (des Märtyrers) zeigen dies ebenso wie umgangssprachliche Redewendungen (»Etwas liegt mir im Blut; Wiener Blut ...; heißblütig sein; kaltes Blut bewahren; blutdürstig sein; blutbefleckte Hände« etc.). Blut war nach der antiken Lehre von den Körpersäften und Temperamenten besonders der bestimmende Faktor in der Natur des »Sanguinikers« (sanguis – lat. Blut). In Hitlers Diktion bedeutete Blut soviel wie »Rasse«, Erbgut, genetische Information, wenn er etwa von der »Anerkennung des Blutes, also der rassenmäßigen Grundlage im allgemeinen« schrieb (»Die verlorene Blutsreinheit allein zerstört das innere Glück für immer, senkt den Menschen auf ewig nieder«, in »Mein Kampf«).

Bei vielen alten Völkern wurde Opferblut auch von den Teilnehmern am Ritual getrunken, um sie in einen ekstatischen Zustand zu versetzen. Im Mithras- und im Kybele-Kult wurden die Gläubigen mit dem Blut geopferter *Stiere* übergossen, deren Lebenskraft sie sich aneignen sollten. – Menstruationsblut ist nach der antiken Zeugungstheorie eine der beiden Komponenten, aus welchen (zusammen mit Sperma) neues Leben entsteht. Dennoch gilt es bei vielen Völkern als »unrein« und mit negativer Kraft geladen, weshalb menstruierende Frauen oft von der Gemeinschaft abgesondert wurden. Das »reine Blut« hingegen symbolisierte immer wieder ungebrochene Vitalität. Mittelalterlichen Sagen zufolge sollte es sogar die Kraft haben, den Aussatz (die Lepra) zu heilen, wenn ein Kranker darin badete. Altchinesische Sagen erzählen von gemalten *Drachen*, die davonflogen, wenn ihre *Augen* mit Blut nachgezeichnet wurden. In der magischen Tradition des Abendlandes gilt das Blut als ein »besonderer Saft«, mit der ganz persönlichen Aura des Spenders durchtränkt, weshalb etwa *Teufels*pakte mit Blut unterschrieben oder besiegelt werden mußten. Wenn hingegen in der Alchemie von »Blut« die Rede ist, so bezeichnet dies die flüssige (rötliche) Auflösung einer früher verfestigten Substanz.

In der christlichen Bilderwelt nimmt Christi Blut als eines der eucharistischen Sakramente eine zentrale Stellung ein (Fleisch und Blut – *Brot* und *Wein*), wobei symbolisch der mit *Wasser* vermischte Wein die Kirche bedeutet, die sich mit dem Wasser der Gläubigen untrennbar vereinigt und eine Einheit in Christo hervorbringt: Die Mitglieder der Kirche werden von der reinigenden und erlösenden Kraft des Heilandsblutes durchdrungen. Auf Kreuzigungsbildern fangen oft *Engel* dieses in Kelchen auf, welche ihrerseits mit dem sagenhaften *Gral* in Verbindung gebracht wurden. – Im Aztekenreich Altmexikos war Menschenblut das für die Stärkung der Sonne (die bei ihrem nächtlichen Weg durch die Unterwelt kraftlos geworden war) unerläßliche Mittel, das allein die kosmische Ordnung aufrechterhalten konnte. Daraus erklären sich die exzessiven Opferungen von Gefangenen, die im aztekischen Imperium den »*Blumen*tod« sterben mußten. – Das »blaue Blut« Adeliger soll dadurch zu erklären sein, daß Angehörige höherer Stände keine sonnengebräunte Haut hatten und ihre Adern bläulich durch die vornehme Blässe schimmerten. Die Übersetzung des spanischen »sangre azul« ist seit Beginn des 19. Jahrhunderts auch im deutschen Sprachraum üblich.

Bock (Ziegenbock), im Gegensatz zu seinem weiblichen Gegenstück, der *Ziege*, eine meist negativ gedeutete Tiersymbolfigur. Während vorchristliche Weltbilder seine Virilität beachten (Böcke ziehen den Wagen des germanischen *Donner*gottes Thor; der vedische *Feuer*gott Agni reitet auf einem Bock) oder eher karikaturistisch in Gestalt von Mischwesen (*Satyr*, Faunus) darstellen (vgl. *wilde Menschen*), die sich durch ungebändigte Lüsternheit auszeichnen, wird der Bock mit zunehmender Repression der Sexualität zum »stinkenden, unreinen, Befriedigung suchenden« Wesen, das beim Weltgericht die Rolle der zur ewigen Höllenstrafe Verdammten darstellt. Auch der *Teufel* hat in der Ikonographie die meisten Züge seiner Gestalt vom Bock übernommen. Der *Hexen*glaube des späten Mittelalters und der Neuzeit stellte oft Hexen dar, die von Böcken durch die Luft getragen wurden. Der Teufel residierte auf diesen Bildern meist in Bocksgestalt, wobei die Hexen sein Hinterteil küßten. Okkultistische Bücher bilden den mysteriösen »Götzen Baphomet« der angeblich ketzerischen Tempelritter in Bocksgestalt ab. Zu all diesen Zügen mag Herodots Bericht über den ägyptischen Sexualkult des Bocksgottes der

Bock: Holzschnitt im Werk des Pseudo-Albertus Magnus, 1531

Stadt Mendes und die biblische Sitte des »Sündenbockes« beigetragen haben, der als Träger aller sündhaften Unreinheit der Menschen in die Wüste gejagt wurde. Der heilige Bock von Mendes wird von griechischen Chronisten mit *Pan* identifiziert; ursprünglich dürfte es sich eher um einen *Widder* als um einen Ziegenbock gehandelt haben. Herodots Bericht über den kultischen Geschlechtsverkehr der Frauen dieser Stadt mit dem heiligen Tier ist wohl als verleumderische Fabel über die ägyptischen Tierkulte zu bewerten. – Im mittelalterlichen »Bestiarium« ist der Ziegenbock ein »geiles, stößiges Tier, immer gierig nach Paarung. Seiner Natur nach ist er so heiß, daß sein Blut *Diamanten* aufzulösen vermag, die sonst weder von *Feuer* noch von *Eisen* gebrochen werden können« (Unterkircher).

Bohne, als Kulturpflanze sicherlich so alt wie das Getreide, mit vielen Kultursorten ein wichtiges Nahrungsmittel in den Mittelmeerländern und in der Jungsteinzeit auch nördlich der Alpen. In Ägypten galten Bohnen wegen ihrer blähenden und angeblich aphrodisischen Wirkung vor allem bei Priestern als unrein, spielten aber eine Rolle bei den Griechen in Dionysos- und Apollo-Mysterien. *Pythagoras* verbot ihren Genuß, weil sie die Seelen Verstorbener beherbergen sollten. Für römische Priester war es verboten, Bohnen anzuschauen oder auch nur zu erwähnen, weil sich in ihren Blüten »Buchstaben der Trauer« befänden. Am Fest der Parentalia (13. Februar) durften die Geister der Verstorbenen die Menschenwelt besuchen, und *Hexen* nützten diese gespenstische Zeit aus, um unter Verwendung von schwarzen Bohnen »böse Zungen« zu binden. Ansonsten sind Bohnen wegen ihres reichen Samenertrages ein Symbol von Fruchtbarkeit und Reichtum, so etwa im japanischen Volksglauben. In europäischen Redensarten gelten Bohnen, die als Spielgeld verwendet wurden, sehr wenig (etwas ist »nicht die Bohne wert«, das heißt so viel wie nichts). Als Glückssymbol galt eine in einen Kuchen eingebackene Bohne für deren Finder, den »Bohnen*könig*« (oder es wurde angenommen, der Finder oder die Finderin würde sich zuerst verloben).

Braun ist keine Grundfarbe und spielt in der Symbolik der *Farben* keine bedeutende Rolle. Immerhin ist es die Farbe der lehmigen *Erde*, die nur in Altchina durch das *Gelb* (Löß) als Symbol der Mitte ersetzt wird. Für den Psychologen wirkt das schlichte Braun »warm, ruhig, mütterlich, den einfachen Tatsachen nah« (Aeppli), doch P. Portal (1847) betrachtete es als Mischung von Rot und Schwarz als ein »Symbol der unterirdischen Liebe«, als »höllische Tracht« und »dunkles *Feuer*« mit böser Bedeutung, indem er das *Rot* des altägyptischen Widersachers Sutech (Seth, Typhon) braun sah; in der Tat handelt es sich bei der von den Ägyptern verabscheuten Farbe um rötlichen Ocker. Im christlichen Raum ist das Braun die »Farbe des Erdbodens, des Herbstes, der Traurigkeit, . . . Symbol der Demut (humilitas von humus, Erde) und der Armut (»daher die braune Kutte mancher Bettelorden«, Heinz-Mohr). Es wird jedoch mit negativer Bedeutung auch mit dem Rauch des Feuers (*Sodom und Gomorrha*) und dem *Teufel* in Verbindung gebracht. In der politischen Symbolik stand es für den Nationalsozialismus des Deutschen Reiches (Braunhemden der SA) und nationalistischer Verbindungen ähnlicher Art.

Brille, vom mittelhochdeutschen berillus, den Halb*edelstein* Beryll bezeichnend, der zu Vergrößerungsgläsern verarbeitet wurde. (Linsenschliffkunst: ab ca. 1280). – In dem Emblembuch des Rosenkreuzers Michael Maier »Atalanta Fugiens« (1618) heißt es, die Natur sei dem suchenden Alchemisten wie »ein Führer, Stab, Bryllen und Lampen«. Seine *Augen*gläser (lat. perspicila) symbolisieren den geschärften Blick des gebildeten Suchers, der den *Fuß*spuren der *Blumen* und Früchte tragenden Natura folgt. Dieser geschärfte Blick kennzeichnet auch Plastiken und Gemälde der personifizierten *Tugend* Mäßigkeit (Temperantia), die zwischen Lebensnotwendigem und Völlerei unterscheiden kann, sowie Darstellungen des Kirchenlehrers St. Hieronymus (348–420 n. Chr.), der als Schutzpatron der Gelehrten gilt, obwohl solche Brillen zu seiner Lebenszeit noch nicht in Gebrauch waren. Alte volkstümliche Redensarten bezeichnen jedoch Scharlatane gelegentlich als Brillenverkäufer (Brillen verkaufen – täuschen, beschwindeln), wodurch auch bewirkt wird, daß manche Menschen bloß in der Lage sind, etwas »durch eine rosige Brille« (mit vorgefaßter positiver

Meinung) zu sehen; ähnlich Sebastian Franck, 1568: »Wer blitzblaue Brillen aufhat, dem erscheinen alle Dinge blitzblau.« In niederdeutscher Mundart ist die Redensart »Ich lass' mir keine Brillen verkaufen« (ich lasse mich nicht betrügen) erhalten geblieben: »Ik laat mi keen Brillen verkoopen.«

Brot ist bei allen Völkern mit der Kenntnis des Anbaues von Körnerfrüchten und des Backens das wichtigste Nahrungsmittel (lediglich bei den Ureinwohnern der Kanarischen Inseln wurde Getreide nicht gebacken, sondern zu einem »Gofio«-Brei verarbeitet). In Altägypten waren etwa 40 Arten von Brot und Gebäck bekannt, und die Totenopferformeln sprechen von »Brot und Bier« als Grundnahrung im Jenseits. Im alten Orient wurde Brot nicht geschnitten, sondern gebrochen, und das »Brotbrechen« im übertragenen Sinn bedeutete »gemeinsam essen«, ein Mahl einnehmen. Dieses Mahl wurde bald auch im spirituellen Sinn als sakrale Handlung verstanden, und die zwölf Schaubrote im *Tempel* des Alten Testaments sind Sinnbilder der geistigen Nahrung. Im Neuen Testament ist beim Wunder der Brotvermehrung von 12 Körben mit *Fischen* und 12 Körben mit Broten die Rede. Da der Mensch nicht vom (materiellen) Brot allein lebt, wird das »Brot des Lebens« der Eucharistie zur Seelenspeise, zusammen mit dem *Wein*. Für Missionare, die Völker mit andersartiger Nahrungsbasis besuchten, war es oft schwer, das sakramentale Symbol sprachlich wiederzugeben (in China ist die Basis in erster Linie Reis, in Altamerika Mais; bei den Inuit oder Eskimo mußte einst vom »täglichen Seehundspeck« gepredigt werden). – Den Werdegang des Brotes mit dem Mähen, Dreschen, Backen des verarbei-

Brot: Das Kneten der Brote, phönizische Tonstatuette, Achzib, ca. 1000 v. Chr.

teten Getreides, aus dem das geweihte Brot zubereitet wurde, verglich der Symboliker mit dem mühevollen Menschenleben, dessen Ziel die Weihe im *Himmel* sein sollte. Die wundersam vom Himmel gefallene Manna-Speise beim Zug der Israeliten durch die Wüste wurde als Vorbild des eucharistischen Brotes verstanden.
Im Volksbrauchtum wurde jedes frisch angeschnittene Brot mit einem Kreuzzeichen gesegnet. Zahllose Redensarten illustrieren den Symbolsinn des Brotes: Das bittere Brot der Verbannung essen; jemandem Brot anbieten, aber Steine geben usw. Verkehrt auf dem Tisch liegendes Brot galt als Unglückssymbol, auf dem »der *Teufel* reitet«, bei dessen Anblick »die *Engel* weinen« und Streit zu erwarten ist, weil die richtige Ordnung in ihr Gegenteil verkehrt wurde. – In der Traumsymbolik der Tiefenpsychologie hat das Brot nur positive Bedeutung. E. Aeppli weist darauf hin, daß für uns Brot als allgemeine Speise »das Gewöhnlichste und gleichzeitig ein Geheiligtes« sei: »Der Weg vom Weizenkorn, das in die dunkle Ackerfurche gesenkt wird, vom zart ergrünenden Feld, vom golden wogenden Ährenmeer über die Arbeit

des Schnitters, des Dreschers, der Prozeß des Mahlens, des Aussiebens, der Teigzubereitung, des Durchganges durch die Glut des Ofens und dann endlich die gemeinsame Verteilung am Familientisch – jede Station des Werdens dieser Speise ist symbolträchtig und macht Aussage, auf den Menschen bezogen, über den Weg der menschlichen Kultur.« Es ist evident, daß mit dem Seßhaftwerden des jungsteinzeitlichen Menschen, dem Roden des *Waldes* und der Kultivierung der Feldfrüchte die aneignende Lebensweise an Bedeutung verlor (Jagd und Fischfang) und die produzierende begann. Nun schuf der Mensch seine eigene Welt und die Kulturlandschaft, und die Möglichkeiten der Vorratsschaffung gaben ihm die Möglichkeiten vermehrter Freizeit und vermehrte Chancen zur spekulativen Gedankenarbeit. Die Grenzenlosigkeit einer nomadischen Lebensweise mußte der Eingrenzung, dem Definieren des kultivierten Lebensraumes und der bewußt wahrgenommenen Struktur des überschaubaren Mikrokosmos weichen. Das in ihm erarbeitete Brot bedeutet Lebensspeise, und »alle lebenswichtigen Werte, die uns nähren, können im *Traum* als Brot in unsere Hände gelegt werden. Wer dieses Brot erhält, hat einen positiven Wert erhalten, den zu vergeuden ihm nicht erlaubt ist« (Aeppli).

Brücke, ein Symbol des Überganges, etwa über jenes Wasser, das Diesseits und *Jenseits* trennt. Sie ersetzt den Fährmann, der in ähnlichen Weltbildern die Seelen übersetzt. In der nordischen Mythik erzittert sie, wenn ein nicht Gestorbener sie überquert, und sie wird von einem Wächter behütet, der bei Annäherung feindlicher Scharen ins Horn stößt. Der Brückenschlag zwischen der Alltagswelt und der anderen ist ein so bedeutendes Erlebnis, daß es eines Brückenbauers (pontifex, lat. Priester) bedarf, um beide Bereiche zur Kommunikation zu veranlassen. Beim Bau von Brücken mit ihrem tiefen symbolischen Sinn mußten Bauopfer gebracht werden: Im alten Rom warfen die vestalischen *Jungfrauen* Binsenpuppen von der alten Brücke in den Tiber, wenn eine neue Brücke in Angriff genommen wurde. – Der *Regenbogen* und die *Milch*straße am Firmament wurden als Brücken zwischen den Daseinsbereichen angesehen. Der Islam kennt das Symbolbild der Brücke in das *Himmels*land, die so schmal ist wie die Schneide eines *Schwertes.* Wer nicht sündenlos ist, stürzt in die Tiefe (ähnliche Motive erscheinen in nordamerikanischen Indianermärchen, wo ein schmaler Holzbalken die Brücke bildet). – In der altchinesischen Bilderwelt ist die Brücke zur Jenseitswelt ebenfalls sehr schmal, und Sünder stürzen in eine schmutzige Flut von *Blut* und Eiter. Eine Baumstammbrücke muß auch der Pilger Hsüan-tsang überqueren, der die buddhistischen Lehrschriften aus Indien holt (vgl. *Affe*). Ein Brückengott schützt Übergänge über Flüsse vor krankheitsbringenden Dämonen. – In der Religion des Parsismus muß der Verstorbene die Cinvat-Brücke überschreiten, die so schmal ist wie ein *Haar.* Ungerechte stürzen von ihr in die *Hölle.* – Brücken verbinden nicht nur, sondern stellen im symbolischen Sinn auch die Situation des Überganges in eine neue Daseinsform dar, die nur bei genau festgelegten Übergangsriten (rites de passage) sinnvoll bewältigt werden kann. Redewendungen wie »alle Brücken hinter sich abbrechen, einen Brückenschlag suchen, jemandem goldene Brücken bauen« und *Esels*brücke (d.h. ein auch trotz Dumm-

Brunnen: Christus und die Samariterin am Brunnen. Detail aus dem Psalterium, 1493

heit begehbarer Weg) stellen die mit dem Wort verbundene Symbolik deutlich genug dar. – In der *Heraldik* kommen Brücken bei »redenden« Städtewappen vor (z.B.: Innsbruck, mit einer Schiffsbrücke).

Brunnen, oft zugleich *Quellen*, sind im Sinne des alten Weltbildes Zugangsschächte zu der unteren Welt (Frau-Holle-Märchen) oder zu den »*Wassern* der Tiefe«, die geheimnisvolle Kräfte bergen. Der Stadtmensch der Gegenwart kann sich die Bedeutsamkeit eines lauteren Brunnens für dörfliche Gemeinschaften in früheren Epochen kaum vergegenwärtigen. Im Islam ist der *quadratisch* ausgemauerte Brunnen Sinnbild des *Paradieses.* Frühchristliche Darstellungen zeigen den Quellbrunnen dieses Gartens, aus dem die *vier Flüsse* entspringen. Das lebensspendende Element *Wasser* tritt hier an das Tageslicht, und es wird mit der Taufe und dem der Seitenwunde des Gekreuzigten entspringenden *Blut*wasser in symbolische Verbindung gebracht. Oft wurde die neutestamentliche Brunnenszene »Jesus im Gespräch mit der *Samariterin*« dargestellt. – Der Glaube an die heilende Kraft von aus der Erde kommendem Wasser wurzelt in antiken und sogar vorgeschichtlichen Quellenkulten. Das Christentum griff solche Traditionen gern auf, und es entstanden *Wallfahrts*orte um solche mit Wunderlegenden in Zusammenhang gebrachte Wasserstellen. Sie wurden mit der Jungfrau Maria in Verbindung gebracht und oft vor allem mit der Heilung von *Augen*leiden verbunden (im Sinne der Ideenverbindung Wasserspiegel/Auge als *Spiegel* der Seele). Auf profanem Gebiet berichteten Sagen vom »Jungbrunnen«, der alten Menschen zu neuer Jugend verhelfen sollte (auch bei Indianerstämmen im Südosten der heutigen USA: Bimini). Bei den Maya von Yucatán waren Brunnenschächte im Karstgestein (Tzenotes) heilige Stätten, die mit Opfern bedacht wurden. – In Märchen und Träumen erscheinen, wie die Tiefenpsychologie erkannt hat, Brunnen oft als Orte des Vordringens in die unbekannten Welten des Unbewußten, des Verborgenen und dem Alltagsleben Unzugänglichen, im Zusammenhang mit den Symbolvorstellungen des reinigenden *Bades*, des Trinkens aus den Lebensquellen und der Stillung des Durstes nach höherer Erkenntnis. – Gegenbild ist der »Brunnen des Abgrundes« in der Johannes-Apokalypse (9,3), aus dem Feuer und Schwefel quillt und in dem der besiegte *Teufel* für »tausend Jahre« eingeschlossen wird. – In der altchinesischen Literatur wird »Brunnen« mit Erotik und dem »Freudenfest des himmlischen Liebespaares« am 7. Tag des 7. Mondmonats in Verbindung gebracht.

Buch, Symbol der Hochkultur und

Buch: Bücherschrank mit den vier Evangelien. Mosaik im Grabmal der Galla Placidia, Ravenna, 5. Jh.

Hochreligion, als Gefäß der geoffenbarten Weisheit als »heiliges Buch« bezeichnet. In noch stärkerem Ausmaß als das Christentum ist der Islam eine »Buchreligion«; der fromme Moslim ist zum oftmaligen Lesen und Abschreiben des Koran (Qur'an, eigentlich »Vortrag«) verpflichtet. Er erkennt jedoch auch Angehörige der Buchreligionen (Offenbarungsreligionen) Judentum und Christentum an, sobald sie unter islamischer Herrschaft bereit sind, eine Art »Schutzgebühr« zu leisten – so etwa die mozarabischen Christen im maurischen Spanien. Im Christentum wurden zunächst Codices (Bücher aus zusammengeleimten Blättern) von Schriftrollen (volumina) unterschieden, die oft in der Hand der Apostel dargestellt werden, wenn Christus sie ihnen als Sinnbild der Lehrtradition übergibt. Die vier *Evangelisten* werden jedoch mit ihren Symboltieren meist als Buchschreiber im heutigen Sinn dargestellt. Der Weltenrichter (Pantokrator) wird oft mit einem Buch in der Hand dargestellt, in dem alle Taten der Menschen verzeichnet sind und das mit *Alpha und Omega* bezeichnet ist. Als »Buch mit *sieben Siegeln*« gilt die Johannes-Apokalypse (Geheime Offenbarung), deren Siegel nur durch inspiriert Wissende zu lösen sind. Darstellungen von Mariä Verkündigung zeigen die heilige *Jungfrau*, während sie die Bibel liest oder aufschlägt (an der Textstelle Jesaias 7, 14: »Siehe, eine junge Frau ist schwanger«). Das Verschlucken des Offenbarungsbuches durch den Seher Johannes ist ein urtümlich wirkendes Symbol des »Verinnerlichens« einer göttlichen Botschaft. Gelehrte Heilige werden oft mit Büchern dargestellt (außer den Evangelisten u.a. Bernhard von Clairvaux, Antonius von Padua, Dominikus, Thomas von Aquin, Katharina von Alexandria), ebenso Bilder der *Sibyllen* (mit Buchrollen), der allegorischen Darstellungen der Astronomie und des Glaubens.

Die jüdische Mystik ist so sehr auf das Buch fixiert, daß selbst *Adam*, der erste Mensch, bereits mit einem solchen konfrontiert wird. Im »Buch Rasiel« (Sepher Razielis) aus dem 13. Jahrhundert erscheint dem aus dem *Paradies* vertriebenen Ur*vater* der *Engel* Rasiel und teilt ihm mit: »Ich bin erschienen, um dir Einblick zu geben in reine Lehren und große Weisheit und dich mit den Worten dieses heiligen Buches vertraut zu machen ...

Buch: Detail aus der Darstellung eines Buchschreiber-Mönches mit Schreibfeder und Tintenhorn, ca. 1170

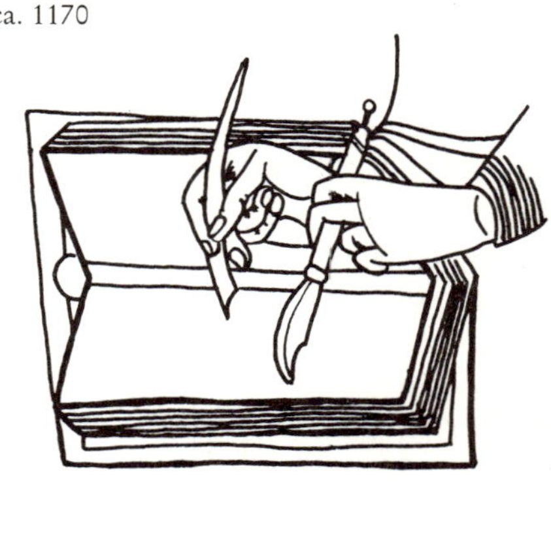

Buch als Symbol einer der »Acht Kostbarkeiten« Chinas

Adam, fasse Mut, sei nicht ängstlich und fürchte dich nicht, nimm dieses Buch aus meiner Hand und gehe behutsam damit um, denn aus ihm wirst du Wissen und Erkenntnis schöpfen und es jedem mitteilen, der dessen würdig und dem es beschieden ist ... Adam bewahrte es in Heiligkeit und Reinheit.« Übermittlung von höherem Wissen war offenbar nur mit Hilfe eines aus höheren Sphären stammenden Buches denkbar. – In Altchina war das Buch (shu) das Attribut von Gelehrten. Wenn kleine Kinder unter mehreren vor ihnen liegenden Gegenständen (*Silber*, Geld, Banane etc.) ein Buch auswählten und danach griffen, sollte ihnen die Gelehrtenlaufbahn sicher sein. Besonders geachtet waren die vier Bücher des Meisters Kung (»Konfuzius«) und die »fünf klassischen Bücher« (vgl. *I-Ching*). Bücherverbrennungen soll es wiederholt gegeben haben, als Geste des »Tabula-rasa«-Machens mit als überflüssig betrachteten Traditionen, so etwa im Jahr 213 v. Chr. unter der Ägide des Kanzlers von Ch'in. Erlaubt war nur der Besitz der Reichsannalen und von Büchern über das praktische Leben. – Auch Altmexiko kannte »heilige Bücher«, von welchen einige erhalten geblieben sind (u. a. Codex Borgia, Codex Laud, Codex Vindobonensis mexicanus 1); der vierte Aztekenkönig, Itzcóatl (1427–1440) hatte eine Bücherverbrennung angeordnet, um durch Austilgen der Traditionen anderer Stämme und Stadtstaaten den Ruhm von Tenochtitlán allein strahlen zu lassen. Weitere Traditionsvernichtungen fanden in der Zeit der christlichen Mission statt, so etwa unter Bischof Juan de Zumárraga in Tezcuco oder unter Diego de Landa in Yucatán, der 1562 in der Stadt Maní zahlreiche Maya-Codices verbrennen ließ.

Im *Freimaurer*tum liegt auf dem Altartisch der Loge als eines der »großen Lichter« das »Buch des heiligen Gesetzes«, die Bibel, neben dem Gesetzbuch der Großloge (die anderen beiden »Großen Lichter« sind *Winkelmaß* und *Zirkel*). – In der Wappenkunst spielt das aufgeschlagene Buch eine Rolle auf Wappen von Universitätsstädten und in Richentals Chronik der Stadt Konstanz. Auch der Markus*löwe* (Venedig) hält ein Buch in den Tatzen (das Markusevangelium). Die Stadt Bochum führt als »redendes« Wappenbild ein Buch. – Bedeutsam ist das Buch in visionären Erlebnissen, auch in solchen von Analphabeten wie der hl. Johanna von Orléans (Jeanne d'Arc, 1412–1431), die ihre Erfahrung in Gegensatz zu dem theologischen Buchwissen stellte: »Mein Herr hat ein Buch, worin kein Kleriker je gelesen hat, wie vollkommen er auch immer in seinem Klerikertum sei.« Auch

Buch: Freimaurerisches Emblem-Johannesevangelium mit Zirkel und Winkel, um 1830

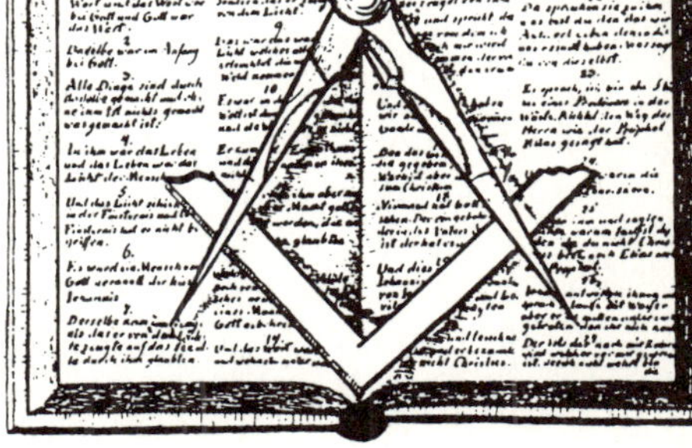

Burg: Festung am Strand, von Wogen bestürmt und verteidigt. J. Boschius, 1702

Burg: Burg Segeberg in Holstein. Braun-Hogenberg, 1617

Paracelsus zog das »Lesen im Buch der Natur« dem theoretischen Studium vor. Heute hat das Buch als Symbol, etwa in Träumen, positive Grundbedeutung. »Natur und Geist erscheinen dem Unbewußten als Großmächte des Lebens. Als Behälter des Geistes erscheint besonders häufig das Buch. Hie und da ist es uralt, groß, von eindrücklicher Schrift: es ist das Buch des Lebens« (Aeppli). – Im Christentum trägt die Bibel den Namen »Buch der Bücher«, von der Mehrzahl »Biblia« des griech. biblion, Buch. Dieses Wort leitet sich seinerseits vom Namen der phönizischen Stadt Byblos ab, dem bedeutendsten antiken Handelsplatz für Papyrus, dem Beschreibstoff dieser Epoche.

Buchsbaum (griech. pyxos, lat. buxus), als immergrünes Gehölz in der Antike zusammen mit Zypresse und Eibe oft als Schmuck von Friedhöfen gepflanzt, war deshalb den Gottheiten der Unterwelt und der Muttergöttin Kybele heilig. Das Buchsbaumholz wurde gern zu Holzkästchen (pyxis, von pyxos) und zu Götterstandbildern (zur Verehrung des Apollon von Olympia) verarbeitet, in der Neuzeit zum Meister*hammer* der *Freimaurer.* Das lederige Laub des Buchsbaums ist immer*grün* und wird als Symbol der Dauerhaftigkeit gern mit Palmkätzchen in Palmsonntagssträußen des Alpenlandes geweiht und das Jahr über aufbewahrt. – Die Dose oder »Büchse« aus Buchsbaumholz, zylinderförmig gestaltet, war zunächst der Arzneimittelbehälter; später gab sie den Namen auch der Handfeuerwaffe mit ihrem zylindrischen Lauf sowie der Buchse (Steckdose).

Burg. Die Betrachtung einer Festung im symbolischen Sinn ist ein speziell abendländisches Phänomen (»Ein feste Burg ist unser Gott«, Luther). Bereits im Alten Testament gibt es diesen Vergleich: »Der Herr ist meine Hilfe und meine Burg, mein Schutz und mein Erretter« (Psalm 144, 2). Aufgrund der durch Kriege und Einfälle aller Art unsicheren Lage in Palästina ist es verständlich, daß der Mensch sich eine sichere Zuflucht ersehnte und sie im Gottvertrauen fand. Auch der christliche Glaube soll, so Johannes Chrysostomus, wie ein Bauwerk mit Mauern und

Türmen gegen die Nachstellungen des *Teufels* schützen. Gelegentlich wird auch das »himmlische Jerusalem« als Vorbild einer Burg ausgemalt, die schon jetzt den Gläubigen schützt (Kirchenlied »Ein Haus voll Glorie schauet ... gar herrlich ist's bekränzet mit starker Türme Wehr« usw.). Als Antithese konnte auch das Höllenreich visionär mit einer Satansburg ausgestattet werden, die von innerem oder sie umgebendem *Feuer* glüht. – Echte religiöse Burgen auf *Bergen*, dem europäischen Vorstellungsbild real entsprechend, sind die Klosterfestungen im Himalaja, etwa der berühmte Potala in Lhasa, Tibet. Übrigens wurden in der Zeit der Türkeneinfälle im Südosten Mitteleuropas viele Kirchen mit Mauern umgeben und zu Wehrkirchen umgestaltet, wodurch das traditionelle Symbol der Gottesburg zeitweilig Wirklichkeit wurde. – In der *Heraldik* wird die »Burg« nicht selten als Wappenbild in stark vereinfachter Form in Vorderansicht mit Türmen und Tor wiedergegeben, etwa um die starke Befestigung von Städten zu dokumentieren.

Busen: Trankopfergefäß, Muttergottheit mit durchbohrten Brüsten als Ausgußöffnungen. Mochlos auf Kreta, ca. 2000 v. Chr.

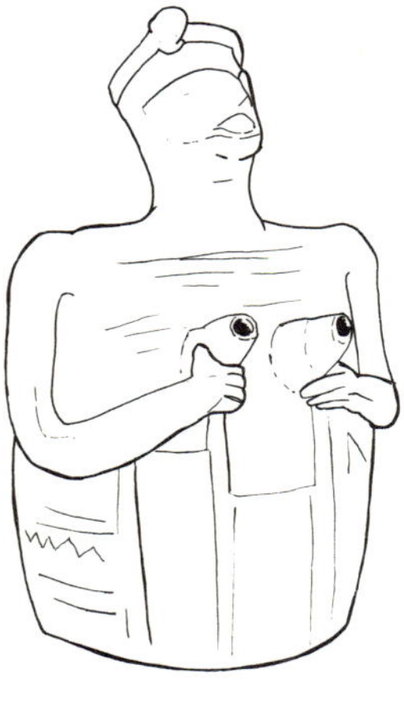

Busen: Die weibliche Brust wird in der kirchlichen Bilderwelt ohne jeglichen erotischen Hintersinn dargestellt, etwa auf Bildern der »Maria lactans«, der das Jesuskind säugenden Gottes*mutter*. Auch St. Bernhard von Clairvaux (1090–1153) wurde in einer Vision durch spirituelle *Milch* aus der Brust Mariens gestärkt, eine Gabe, die auch auf die Masse der Gläubigen aufgeteilt werden konnte oder die Armen Seelen im Purgatorium (*Fegefeuer*) erquickte. Selten wurde dargestellt, daß Maria vor ihrem Sohn die Brüste entblößte, die ihn gesäugt haben, um ihn im Gericht milde zu stimmen, während er selbst Gott*vater* die Wunden seiner Passion darbietet: so in Weltgerichtsbildern des 15. bis 17. Jahrhunderts. – Abgeschnittene Brüste auf einer Schale sind das Attribut grausam gefolterter Märtyrerinnen, so etwa der hl. Agathe, die 251 auf Sizilien für ihren Glauben starb. – In der Antike hatte die Mutterbrust bei der bekannten Darstellung der *Diana* von Ephesos Bedeutung, der »Artemis polymastos« (der Vielbrüstigen), die als Allmutter die Menschheit nährte; Macrobius spricht

Busen: Uni (Juno) adoptiert Hercle (Herakles) durch die Darbietung der Mutterbrust. Etruskische Spiegelgravierung, 4. Jh. v. Chr.

von ihr als »Natura« mit den vielen Brüsten. Die in den letzten Jahren geäußerte Hypothese, bei den traubenartigen Brüsten der ephesischen Artemis handle es sich um die Hoden geopferter *Stiere*, hat angesichts der antiken Auffassung der nährenden Urmutter wenig Wahrscheinlichkeit. – Die altchinesische Symbolik schenkte der weiblichen Brust wenig Beachtung, doch wird eine stark entwickelte, busenartig geformte Männerbrust als glückbringendes Symbol bezeichnet. Wen-wang, der die Chou-Dynastie begründete, soll sogar durch *vier* Brüste ausgezeichnet gewesen sein. Vgl. *Caritas.*

Caduceus, Merkurstab, griechisch Karykeion oder Kerykeion, Symbol des Gottes *Merkur* (griech. Hermes), des Herolds der Götter. Er besteht aus einem Zauber- oder Heroldstab, um den sich symmetrisch zwei *Schlangen* mit einander zugewandten Köpfen ringeln (vgl. *Äskulapstab*). Gelegentlich ist der Caduceus an der Spitze mit einem *Flügel*paar ausgestattet. An Stelle der Schlangen soll der Botenstab ursprünglich bloß mit flatternden Bändern verziert gewesen sein. Die symbolkundliche Spekulation sieht im psychoanalytischen Sinn im Merkurstab auch einen Phallus (vgl. *Lingam*), an dem sich zwei Schlangen paaren. In der Tat ist zoologisch ein Paarungsritual mancher Schlangenarten bekannt, in dessen Verlauf sich die beiden Tiere wie im Tanz teilweise aufrichten (etwa Kobras). In der modernen Symbolik ist der Caduceus Symbol für den Ideenkomplex »Handel und Verkehr«. In der Bilderwelt der *Alchemie* werden die beiden Schlangen als Sinnbild der im Gleichgewicht befindlichen Grundstoffe *Sulphur und Mercurius* gedeutet, d.h. als ein *Dualsystem* der Prinzipien der Flüchtigkeit und des Brennenden, wobei Mercurius auch durch den Gott Merkur selbst dargestellt wurde. – Außer Hermes wurde auch *Iris*, die Göttin der Morgenröte, mit dem Caduceus dargestellt, da sie gleich einem Herold der *Sonne* vorausging. – Die antike Mythe, die den Merkurstab erklärt, wird von G.S.Böckler (1688) so zusammengefaßt: Das Symbol rühre daher, daß Mercurius von Apollo einen Stab erhalten habe. Als er damit nach Arkadien kam, »fand er zwo Schlangen, so sich miteinander bissen; warff er die Ruthe dazwischen, da wurden sie wieder eins, dahero die Ruthe oder Stab obigen Namen als ein Friedens-Zeichen bekommen, welches nichts anders bedeutet, dann daß das Gifft des Kriegs durch friedliche gute Worte gestellet und abgenommen wird. Andere vergleichen den Stab der Dialectic, welche mit verwirrten Köpffen, was recht oder nicht recht ist, will entscheidet haben.«

Caduceus und Füllhörner, Embleme des Handelserfolges; V. Cartari, 1675

Caritas, Symbolgestalt der fürsorgenden Nächstenliebe, eine der drei personifizierten christlichen *Tugenden* (zusammen mit dem Glauben, lat. fides, und spes, der Hoffnung). Sie wird als schöne Frau inmitten einer Kinderschar

Chaos: Das Chaos der Elemente zu Beginn der Weltschöpfung. R. Fludd, Utriusque Cosmi Historia, 1617

dargestellt. Auch das Bild von Pera, einer römischen Jungfrau, wird als »Caritas humana« bezeichnet. Sie soll ihren greisen Vater Cimon an der Brust genährt haben, um ihn vor dem Verschmachten im Kerker zu retten.

Casanova, im heutigen Sprachgebrauch Symbolfigur des eitlen und lebenshungrigen Frauenverführers, dem die Fähigkeit abgeht, eine erfüllende Dauerverbindung einzugehen und der nach ständig neuen erotischen Abenteuern sucht. Giacomo Girolamo Casanova, Chevalier de Seingalt, 1725–1798, war ein vielseitig gebildeter »galanter« Hochstapler und Scharlatan, der sich alchemistischer und kabbalistischer Kenntnisse rühmte, diplomatische Fähigkeiten besaß und den meisten seiner Zeitgenossen an Einfallsreichtum und Intelligenz überlegen war. In seinen Memoiren, in deutscher Fassung in Berlin 1964–67 ungekürzt erschienen, sticht neben der Erwähnung von flüchtigen Verbindungen mit etwa 200 Frauen die Schilderung seiner Flucht aus den angeblich ausbruchssicheren Bleikammern der venezianischen Inquisition hervor, in welchen er wegen der Abfassung gottloser Schriften hätte eine fünfjährige Strafe absitzen sollen. Seine letzten Lebensjahre verbrachte Casanova als Bibliothekar im böhmischen Schloß Dux, wo er auch seine Memoiren schrieb.

Chaos. Da die christliche Auffassung einer Schöpfung allein durch das Gotteswort aus dem Nichts unanschaulich ist, wird sie symbolkundlich meist durch den Begriff einer Ordnung eines urzeitlichen Gemenges der Elemente ersetzt, des »tohu wa bohu« der Bibel, woraus dann der sinnhaft geordnete Kosmos entsteht (lat. Devise »ordo ab chao« des schottischen Ritus des *Freimaurer*tums). Bildlich dargestellt wird der chaotische Zustand der noch nicht vom Schöpfergeist erfaßten Urmaterie oft durch Wirbel von Nebeln, Gewässern und *Feuer*strömen, so etwa in den Werken des Rosenkreuzers Robert Fludd (1574–1637). Andere Mythensysteme setzen an diese Stelle einen uferlos schäumenden Ozean oder, wie die Nordgermanen, den »gähnenden Abgrund« Ginnungagap. In der Bilderwelt der *Alchemie* ist Chaos eine der Bezeichnungen für die noch unveredelte »Materia prima«. Aus dem Wort Chaos soll der Alchemist J.B. van Helmont (1579–1644) den Begriff »Gas« abgeleitet haben. Als abstraktes Symbol steht das Wort Chaos für alles Ungeordnete und der Kultur Entgegengesetzte, etwa für einen Rückfall in die Zustände vor dem zielgerichtet Ordnenden des Schöpfers.

Chimäre (griech. Chimaira), im heutigen Sprachgebrauch nur noch Symbol von Fabelei und Gerücht (»es ist alles Chimäre«), in der Antike ein schon von Homer erwähntes Mischwesen aus

Chimäre: Etruskische Bronzeplastik, 4. Jh. v. Chr.

Löwe, Ziege und *Schlange*, wobei jede dieser Tiergestalten bei der etruskischen »Chimaira von Arezzo« auch mit einem eigenen Kopf ausgestattet ist. Die Chimaira wird als Tochter der Echidna, eines Schlangenweibes, und des Unterweltungeheuers Typhon bezeichnet; ihr Bruder war der *Höllen*hund Kerberos (Zerberus). Ihre *Dreigestalt* wird auch als Symbol des dreigeteilten Jahres aufgefaßt, wobei der Löwe den Frühling, die Ziege den Sommer und die Schlange den Winter darstellt (R. v. Ranke-Graves). In der Sage wurde dieses Wesen durch den auf seinem *Flügel*pferd *Pegasus* reitenden Heros Bellerophon getötet, der damit ein vorchristlicher Prototyp von *Drachen*tötern wie St. Georg und St. Michael wurde. Chimären sind gelegentlich in mittelalterlichen Mosaiken und Kapitellen als

Chimäre: Holzschnitt aus der Renaissance-Mythologie des V. Cartari, 1647

Chrismon, das Monogramm Chi-Rho (Chr.)

Verkörperungen satanischer Mächte dargestellt. In der Antike war das furchterregende Wesen Wappentier mehrerer Städte wie Korinth und Kyzikos. Die rationalistische Deutung machte das Dreifachwesen zum Inbegriff der Gefahren von Land und Meer, vor allem aber zum Symbol der vulkanischen Gewalten des Erdinneren.

Chrismon, das Monogramm aus den griechischen Anfangsbuchstaben von Christos, X (Chi) und P (Rho), ein Buchstabensymbol für das Christentum seit der Zeit von Konstantin d. Gr. und häufig auf Kirchen*fahnen* dargestellt, oft von einem *Kreis* oder *Sieges*kranz umgeben. Auf dem *Labarum*, der Kreuzfahne, soll das Zeichen den Sieg Konstantins über Maxentius im Jahr 312 n. Chr. begleitet haben, nach der Weissagung an Konstantin »In hoc signo vinces« (Unter diesem Zeichen wirst du siegen), doch war es nachweis-

Chrismon: Frühchristliche Katakomben-Wandmalerei mit Tauben und Ölzweigen

bar schon früher in Gebrauch. Es bezeichnet den Sieg des Christentums über den Erdkreis oder den Sieg des Erlösers über die Herrschaft der Sünde. Gelegentlich wird das Chi-Rho in einem dreifachen Kreis (Hinweis auf die *Dreifaltigkeit*) dargestellt und mit den Buchstaben *Alpha und Omega* an den Seiten kombiniert. Im Kreis wirkt das Christusmonogramm als *rad*förmiges *Sonnen*symbol, was den triumphalen Charakter des Zeichens verstärkt.

Christophorus: Holzschnitt-Blockdruck, Buxheim, 1531

Christophorus, eine personifizierte Heiligenlegende; eine historisch faßbare Persönlichkeit steht nicht dahinter, doch wurde der imaginäre Heilige schon im 5. Jahrhundert verehrt und gilt als einer der »14 Nothelfer«. Die Legende macht ihn zu einem *Riesen* namens Offero oder Reprobus aus dem wilden Volksstamm der Kynokephalen (*Hunde*köpfe), der seine Dienste nur dem Stärksten anbieten wollte. Ein *König* und der *Teufel* erwiesen sich jedoch als furchtsam, das Jesuskind blieb übrig. Der Riese sollte es über einen *Fluß* tragen (Sinnbild des Überganges, vgl. *Jenseits*), und das Kind wurde so schwer, daß es den Riesen unter das *Wasser* drückte und ihn dabei Christophorus, Christusträger, taufte. Er soll unter Kaiser Decius den Märtyrertod gestorben sein, sein Tag war der 25. Juli. Christophorus wurde als Riese mit einem *grünenden* Stab oder Pfahl in der Hand (Symbol der Rechtfertigung durch die göttliche Gnade) und dem Jesuskind auf der Schulter dargestellt, das das Sinnbild der Welt als Reichs*apfel* hält. Christophorus-Fresken im Inneren von Kirchen wurden mit dem Volksglauben erklärt, daß jeder, der dieses Bild anschaut, an diesem Tag nicht stirbt (was zum häufigen Kirchenbesuch ermunterte). Christophorus galt daher als Beschützer vor plötzlichem Tod, daher in der Neuzeit als »Patron der Autofahrer«. – Ikonographische Prototypen könnten spätägyptische Darstellungen des *hunde*köpfigen Anubis mit dem Horusknaben sein oder Bilder des Herakles mit dem kindlichen Eros auf der Schulter. Der imaginäre Heilige gilt als Sinnbild des Gläubigen, der Christus bekennend durch die Welt trägt und dadurch seine Seele rettet. Die »Legenda aurea« des Jacobus de Voragine (um 1270) berichtet über ihn: »Er trug Christum auf viererlei Weise: auf seinen Schultern, als er ihn über das Wasser brachte; in seinem Leib durch die Kasteiung, die er sich antat; in seinem Geist durch seine innige Andacht; in seinem Munde durch sein Bekenntnis und seine Predigt.« – In jüdischen und islamischen Legenden nimmt der Erzvater *Abraham*, der nur dem höchsten Herrn dienen will und so zur Erkenntnis Gottes gelangt, in dieser Hinsicht die Christophorus-Rolle ein; vgl. *Sterne*.

Chronos, personifiziertes Symbol der Zeit, oft nicht von dem Gott Kronos (lat. *Saturn*) unterschieden; Saturnus wurde daher oft mit Symbolen der Vergänglichkeit dargestellt, die eigentlich

Chronos als Engelwesen. St. Hawes, The Pastyme of Pleasure, 1509

dem Chronos zukommen: Stundenglas (Sanduhr) und Sense. Der seine Kinder verschlingende Kronos wurde zum Symbol der Zeit, die schafft und wieder zerstört. In den alten Mysterienreligionen war Chronos ein Urgott des Kosmos, auch Aión genannt – der aus der *Dunkelheit* hervorgegangene Urheber der Welt, der aus dem Äther das silberne Ur-*Ei* schafft. Figuren des Zeithüters Chronos sind auf vielen Uhren des Barocks dargestellt. Die Flüchtigkeit der verrinnenden Zeit wird oft durch seine *Flügel* angedeutet, ihre grausame Unausweichlichkeit durch die Kronos-*Sichel*, mit welcher er (in der Theogonie des Hesiod) den Urgott Uranos entmannt hatte, wobei damals aus den in die Erde gesickerten *Bluts*tropfen die Furien (griech. *Erinnyen*) entstanden.

Chrysantheme, in Ostasien eine hochgeschätzte Blume, in Japan kaiserliches Emblem, in China Symbol des Herbstes, wie die Blüte der *Pflaume* Symbol des Frühlings ist. Ihr Name (chü) hat den gleichen Lautwert wie »warten, verweilen« und regt zur Besinnung an, was auch in der Lyrik zur Sprache kommt (»Im Scheine meiner kleinen Lampe seid ihr ganz bleich geworden, ihr gelben Chrysanthemen« oder »In später Pracht erblühn die Chrysanthemen«). Chrysanthemen-Blütenmotive zierten häufig Prunkgewänder. Wortspiele aufgrund der gleichen oder ähnlichen Lautwerte der betreffenden Silben können rebusartig Glückwünsche ausdrücken, etwa *Kiefer* und Chrysantheme: »Mögest du lange leben«, oder Neun, Wachtel und Chrysantheme: »Neun Generationen mögen friedlich mitsammen leben.« – Eine europäische Wildpflanzenform, der Rainfarn (Chrysanthemum vulgare), wurde früher als Wurmmittel in der Volksmedizin verwendet, wird aber heute nur noch als Gartenzierpflanze gezogen. Sein deutscher Name rührt von den Blättern her, die an das Kraut mancher Farne erinnern.

D

Dachs. In symbolkundlicher Hinsicht zeichnet sich das Tier dadurch aus, daß er in einem dunklen Bau haust (»lichtscheu« ist) und in diesem »von seinem eigenen Speck lebt«. Dies machte ihn zu einem Lastersymbol, und zwar versinnbildlichte er wie auch der Maulwurf das Laster des Geizes. Volkstümliche Redensarten des deutschen Sprachraumes behandeln ihn besser und sprechen vom »Schlafen wie ein Dachs« oder von seiner Schlauheit. Respektlose junge Burschen werden als Frechdachse bezeichnet. – Der Name »Dachs« ist keltischen Ursprungs. Das Fett des Tieres wurde bereits in der Antike heilkundlich verwendet.

Danaidenfaß, sprichwörtlich gewordenes Symbol einer unerfüllbaren Aufgabe als eine Art von Höllenstrafe. Die Danaiden, Töchter von Danaos, des Königs von Argos, hatten ihre Ehegatten ermordet. In der Unterwelt mußten sie zur Strafe mit löcherigen Krügen Wasser in ein Faß ohne Boden schöpfen. Vgl. Jenseits.

Daphne, symbolhaft wirkende Gestalt der griechischen Mythologie, Verkörperung der männerabweisenden ewigen *Jungfrau*. Der Sage nach hatte der Liebesgott Eros (Amor) den Apoll mit einem *gold*enen *Pfeil* getroffen, worauf Apoll sich rasend in die Nymphe Daphne verliebte. Sie jedoch wurde von einem Pfeil mit einer Spitze aus *Blei* getroffen, und dessen Kälte bewirkte, daß sie jeden männlichen Annäherungsversuch abwies. Apollon verfolgte sie voll Verlangen, während sie durch die Wälder floh und die Erdgöttin Gäa anflehte, ihr zu helfen. Während der Gott sie umarmen wollte, verwandelte sie sich in einen Lorbeerbaum (griech. Daphne – *Lorbeer*). Der enttäuschte Gott konnte nur noch einen Zweig abbrechen und ihn als *Kranz* auf dem Haupt tragen. Seit dieser Zeit ist der Lorbeer dem Apoll heilig. – In der alchemistischen Allegorik ist die Verwandlung der Daphne ein Vorbild der allgemeinen Veränderungsmöglichkeiten im natürlichen Bereich.

Daphnis, Symbolfigur für die verderbliche Seite der Liebe, die durch Verweigerung tragisch endet. Daphnis soll als

Daphne im Augenblick der Verwandlung, von Apollo bedrängt. V. Cartari, 1647

David mit der Harfe, jüdische Buchmalerei aus Italien, ca. 1460

Schüler seines Halbbruders, des Naturgottes *Pan*, die Rohrflöte (Syrinx) gespielt haben und wegen seiner Schönheit von allen Nymphen geliebt worden sein. Einer davon schwor er ewige Treue, brach jedoch diesen Eid bald und wurde bestraft, indem ihn die Nymphe ins *Wasser* zog und ertränkte. Eine andere Version berichtet, daß die Liebesgöttin Aphrodite (lat. *Venus*) ihn mit so unstillbarer Liebe erfüllt habe, daß er daran starb.

David, nicht nur eine Persönlichkeit der jüdischen Geschichte, sondern auch eine berühmte Symbolfigur der Kunst. Er lebte im 10. Jahrhundert v. Chr., war Waffenträger und Harfenspieler des Königs Saul und wurde später selbst *König* von Juda und Israel, wobei er Jerusalem eroberte und es zum Mittelpunkt seines Reiches machte. Sein Sieg über den *Riesen* Goliath macht ihn zum typologischen Vor-Bild Christi, der den Satan überwand, und sein Harfenspiel zum Prototyp des königlichen Musikers, dessen Darstellungen gelegentlich an jene des antiken *Orpheus* gemahnen. Dazu kommt die inspirierte Dichtkunst seiner in der Bibel enthaltenen Psalmen, die im Mittelalter das am meisten gelesene und in Handschriften kopierte biblische Buch waren. Als Prophet der Kreuzigung (»Leiden und Herrlichkeit des Gerechten« mit den Worten »Mein Gott, mein Gott, warum hast Du mich verlassen?«) wird David gelegentlich auf Kreuzigungsbildern mitdargestellt. »Aus dem Hause Davids« sollte der Messias kommen, und das Christentum hat den Glauben an den »Davidssohn« Jesus zum Zentralpunkt der Religion gemacht.

Delphin. Das kluge und dem Menschen zugetane *Meeres*säugetier erregte schon früh Aufmerksamkeit im Mittelmeerraum. Ein Delphin soll den griechischen Sänger Arion gerettet und nach einem Schiffbruch an das Ufer getragen haben. Einer Sage nach nahm Apoll die Gestalt eines Delphins an, um Kreter nach Delphi zu tragen, wo sie seinen Tempel bauten. Der Name »Apollon Delphinios« (Herr der Delphine) mag bedeuten, daß Apollon in den minoischen Gebieten mit einem Delphin-Symbol verehrt wurde. Unklar ist, ob sich der Name Delphi davon ableiten läßt. Ansonsten war der Delphin Attribut des

Delphin auf einer altgriechischen Statermünze, Lindon, 560—520 v. Chr.

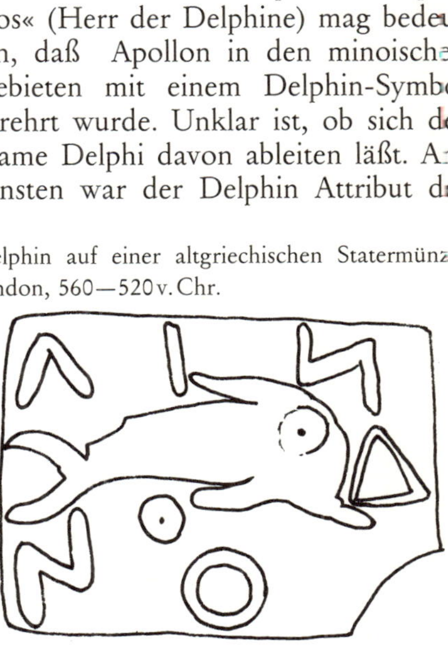

Delphin: Knabe auf dem Delphin in der Auffassung der Renaissance. V. Cartari, 1647

Meeresgottes Poseidon, und einer soll die Ehe zwischen dem Seegott und seiner Gemahlin Amphitrite gestiftet haben. Da Poseidon auch durch das *Pferd* als Attribut in Erinnerung gebracht wurde (*Meeres*wogen wurden mit Seepferden verglichen; Poseidon soll das erste Pferd aus einem *Fels* erschaffen und sich gelegentlich selbst in einen Hengst verwandelt haben), wurden auf Pferderennbahnen Delphinfiguren angebracht, um die Zahl der zurückgelegten Runden anzuzeigen. Der Rauschgott Dionysos soll Seeräuber in Delphine verwandelt haben. Die aus dem Meer geborene Aphrodite (*Venus*) wird ebenfalls häufig mit Delphinen dargestellt. – In der Grabkunst der Etrusker tragen häufig Delphine die Seelen der Toten zu den *Inseln der Seligen;* erst in der Spätzeit setzt sich eine düstere *Jenseits*vorstellung von der Art des Hades durch. – In der Wappenkunst wird der Delphin als beschupptes »Meerschwein« dargestellt, z.B. im Wappen der Dauphiné. Die Thronfolger von Frankreich führten Delphine im persönlichen Wappen (und wurden »Dauphins« genannt). Die Anmerkung »ad usum delphini« (für den Gebrauch der Kronprinzen) in Büchern bedeutet, daß es sich um »jugendfreie«, von »unsittlichen« Details gereinigte Ausgaben handelt.

Diamant, der »edelste der Edelsteine«, auch »Regina gemmarum« genannt, hat symbolkundlich die Signatur der Vollkommenheit, Reinheit und Unverletzlichkeit. Im Buddhismus ist ein Diamant*thron* als »Sitz der Erleuchtung« bekannt, und ein Diamant-*Donner*keil zerschmettert die irdischen Leidenschaften. In der abendländischen Antike gebrauchte Platon das Bild einer diamantenen *Weltachse.* Der Diamant machte dem Volksglauben zufolge unsichtbar, kann Gespenster verscheuchen und Frauengunst erwerben. Der »Adamas« oder »Adamant« kann nach dem spätantik-frühchristlichen »Physiologus« weder geschnitzt noch von *Eisen* geschnitten werden, doch weicht seine sonst unnachgiebige Härte in der Hitze von *Bocks*blut, und er werde nur in der Nacht im Orient gefunden. Er sei deshalb ein Sinnbild des Erlösers Jesus Christus, weil dieser in einer Nacht im Orient geboren wurde, und alle Mächte der Welt hätten ihn vergeblich zu schädigen versucht, nach dem Wort des Propheten Amos (7,8–9): »Siehe, ich werde legen einen Diamanten mitten in mein Volk Israel, und es werden zerstört werden die Altäre des Gelächters.« Christus aber sei nur durch (sein eigenes) warmes *Blut* erweicht worden. Das griechische »adamas« bedeutet »unbezwinglich«. In der traditionellen *Edelstein*symbolik entspricht der Diamant (wie auch der Berg*kristall*) der *Sonne.* Hildegard von Bingen (1098–1179) schrieb: »Der Teufel ist diesem Stein feindlich gesonnen, weil er des Teufels Kraft widersteht; deshalb verabscheut ihn der Teufel bei Tag und Nacht.« Der Renaissance-Botaniker Lonitzer (Lonicerus) hielt ihn für wirksam wider Krieg, Hader, Gift und Anfechtungen der Phantasie und des bösen Geistes. Auch das alchemistische

Diana mit der Mondsichel. V. Cartari, 1647

Symbolbild des »Steins der Weisen« mag durch derartige Edelsteinmythen beeinflußt worden sein. Dem Diamant werden nur positive Eigenschaften zugeschrieben: wie etwa als Symbol von *Licht* und Leben, von Beständigkeit in Liebe und Leid, von unbeugsamer Aufrichtigkeit und höchster Reinheit. Naturgemäß war der Diamant auch als Kronjuwel und als Talisman immer hochgeschätzt. Diamantzepter: vgl. *Donner.*

Diana, seit der Renaissance in Europa modische lateinische Bezeichnung der Jagdgöttin, griech. Artemis, die jedoch in dieser Zeit nur noch allegorisch-symbolischen Ausdruckswert hatte. Statuen der Diana mit der *Mond*sichel im Haar, Bogen und *Pfeilen* in der Hand und von Jagd*hunden* begleitet, schmückten vor allem die barocken Gartenanlagen. Dabei wird gelegentlich auch die antike Sagenszene dargestellt, in der *Aktäon*, der die keusche Diana beim Baden beobachtet hatte, in einen *Hirsch* verwandelt und von seinen eigenen Jagdhunden zerrissen wurde. Die Mondsichel geht darauf zurück, daß die altitalische Göttin Diana ursprünglich als Mondgöttin verehrt wurde und erst später die Mythen um die griechische Artemis, die Herrin der Tiere (Potnia theron), auf sie übertragen wurden. – Nicht nur als allegorische Gartenplastik, sondern auch als mythische Persönlichkeit des italienischen Untergrund-Volksglaubens scheint Diana weitergelebt zu haben. Der amerikanische Mythenforscher Charles G. Leland (1824–1903) berichtete in seinem 1899 erschienenen Buch »Arcadia« über einen Kult der »*Hexen*« (streghe), die Diana verehrten und als große Göttin anriefen: »Diana! Diana! Diana! Königin aller Zauberinnen und der dunklen Nacht, der Sterne und des Mondes und alles Schicksals und des Glückes! Du, die du Ebbe und Flut beherrschest, die du des Nachts auf das Meer scheinst, dein Licht auf das Wasser werfend! Du, die du Gebieterin des Meeres bist in deinem Boot wie ein Halbmond . . .« (so in einem Hymnus aus einer Sage, in welcher »Melambo« – Melampus – seine Mutter anregt, für ihn um die Kunst zu bitten, die Sprache der *Schlangen* zu verstehen).

Dickbauchbuddha. Heute werden in zahllosen Ostasien-Läden Porzellanfi-

Dickbauchbuddha: Hotei, japanische Porzellanfigur, 19. Jh.

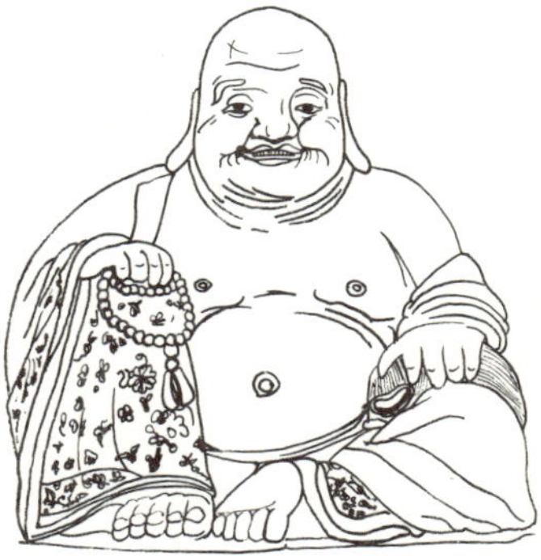

Distel, Emblem-Kupfer von W. H. Frh.v. Hohberg, 1675

gürchen eines fröhlich grinsenden glatzköpfigen Mannes mit entblößtem Oberleib angeboten. Es handelt sich um den chinesischen Mi-lo fo, d.h. eigentlich um eine spätere Buddha-Verkörperung, indisch Maitreya, die künftigen Zeitaltern Erlösung von den Leiden des Daseins bringen soll. Diese spirituelle Idee prägte sich in China offenbar anders aus, als es in Indien vorstellbar gewesen wäre. In der Zeit um 1000 n.Chr. wurde der Mi-lo fo in ganz Ostasien beliebt, als ein Symbol des unbeschwerten Frohsinns, mit einem gefüllten Gabensack in der Hand und oft von spielenden Kindern umgeben. Unglück und Elend der realen Welt sollten durch dieses freundliche Gegenbild überwunden werden und der Aussicht auf eine rein irdische Glückseligkeit Platz machen. – In Japan wird er »Hotei« genannt und soll als Hausgott Frieden und Wohlstand bringen, auch im Kreis der »sieben *Glücksgötter*«.

Distel, ein Gewächs, das heute bloß mit »Kratzbürstigkeit« in Verbindung gebracht wird. In früheren Zeiten waren verschiedene Distelarten wegen der aus ihnen bereiteten Heilmittel und auch wegen andersartig empfundener Symbolik höher geschätzt. In der Antike hieß es, die Distel könne böse Vorzeichen zunichte machen und dämonische Mächte vertreiben. Obwohl sie sonst nur *Esel* fressen, kann sie auch Menschenspeise werden; wenn eine schwangere Frau sie verzehrt, wird sie einen Knaben gebären. Die »Centum capita« genannte Art erregt unwiderstehliche Liebe beim anderen Geschlecht (eine Äußerung, die Pythagoras zugeschrieben wird). – Da abgeschnittene Disteln ihre Form nicht verlieren, dienen sie als Sinnbilder für Standhaftigkeit und langes Leben (China). – Im christlichen Abendland erinnerte die Stachelpflanze an die Leiden Christi und der Märtyrer, besonders die Kardendistel (»je mehr Leid ihnen zugefügt wird, desto höher wachsen sie empor«). Die *weiß*gefleckte Mariendistel erinnerte an die Mutter*milch* Mariä und galt als Heilmittel. Märtyrerbilder sind oft von Distelranken umrahmt. – Die Benediktendistel (Cnicus benedictus) ist eine alte Heilpflanze, die als »Kardobenedictenkraut« bei inneren Leiden angewendet wurde. Über sie dichtete W.H. von Hohberg 1675 erbaulich-symbolische Knittelverse: »Der Cardobenedict ist bitter; in dem Mund unangenehm, dabey dem Magen doch gesund. Also des Höchsten Wort hart in den Ohren klinget, jedoch der Seelen Heil und Leben mit sich bringet.« Vgl. *Blumensprache.*

Djed-Pfeiler, ein rätselhafter Symbolgegenstand des alten Ägyptens, auch als »Fetisch« bezeichnet, dessen Sinn mit »Stabilität« oder »Dauer« wiedergegeben wird. Es handelt sich um einen *Pfahl* oder eine *Säule* mit verbreitertem Fuß

Djed-Pfeiler, gekrönt und königlich personifiziert (Krummstab und Geißel). Ägyptisches Amulett

Donner: Donnervogel, dem »Doppeladler« ähnlich stilisiert; Malerei der Haida, Nordwestküste Nordamerikas

und vier Querbrettern am oberen Ende, die in Etagen angeordnet sind. Ägyptologen sprechen von einem großteils entästeten Baum, von einem mit Kerben versehenen Stamm oder von einem Pfeiler, an den in mehreren Stockwerken Getreidegarben gebunden wurden. Auch von gestaffelt zusammengebundenen Papyrusschilfgarben wurde gesprochen. Das Symbol scheint aus Memphis (ägyptisch Men-nefer-Pepi) zu stammen und mit dem Kult des Osiris (Usirê) in Verbindung zu stehen. Der Djed-Pfeiler wurde als »Rückgrat des Osiris« bezeichnet, und das Kultfest des »Aufrichtens des Djed« wurde vom *König* zelebriert, so etwa zu Beginn der königlichen Jubiläumsfeiern »Heb-sed«. Djed-Plastiken wurden als Amulette verwendet und Toten zum Schutz vor jenseitigen Gefahren mitgegeben.

Donner, in vielen alten Kulturen eine machtvolle Lautäußerung himmlischer Wesen – meist der Götter –, welchen auch die Entstehung des *Blitzes* zugeschrieben wird. Das himmlische Grollen wird als Manifestation der Macht von *oben* verstanden, so auch als Gottesstimme in der Bibel (*Hiob* 37, 2–5: »Hört aufmerksam auf das Dröhnen seiner Stimme und das Grollen, das aus seinem Mund hervorgeht. Unter dem ganzen Himmel läßt er es los, und sein Blitz reicht bis an die Säume der Erde. Hinter ihm her brüllt der Donner, er dröhnt mit erhabener Stimme und hält sie nicht zurück ...«) Oft wird der Donner als Ausdruck göttlichen Zornes über eine Störung der kosmischen Ordnung verstanden, bei den Indianern Nordamerikas als Flügelschlag der Donnervögel, bei den Germanen als Geräusch des *Hammers* Mjölnir (d.h. Zermalmer) gedeutet, den der Donnergott Thor auf die *Riesen* schleudert. Alt-china erlebte den Donner in verschiedener Gestalt (als »Lachen des *Himmels*«,

Donner: Vadschra, »Donnerkeil«. Lamaistisches Ritualgerät, Tibet

als übernatürlichen Trommelwirbel, als Äußerung eines *rot*haarigen Himmelsdämons oder als Rollen des *Wagens*, den die Seelen Verstorbener über den Himmel ziehen). Himmlische Donnergötter werden gelegentlich einbeinig gedacht (Tezcatlipoca, aztekisch; Hurakán, maya-quiché, davon »hurricane«). In Mitteleuropa werden fossile Reste von Weichtieren, Belemniten, als »Donnerkeile« angesehen, in manchen Gegenden auch jungsteinzeitliche Lochäxte, die der Hausvater unter dem Dachfirst als Schutz vor Unwetterschaden aufbewahrt. – Vielfach ist der *Donner-*, *Blitz-* und Wettergott zugleich oberster Himmelsherr, etwa Zeus Keraunos in Altgriechenland oder Perun bei slawischen Völkern, dessen Symbol die Keule ist. – Als »Donnerkeil« wird ein Symbol- und Ritualgegenstand in Indien und Tibet bezeichnet (ind. Vajra, tibet. Dorje), auch als »*Diamant*zepter« bekannt und im tantrischen Buddhismus gebraucht, um »die Unwissenheit zu

Don Quixote und Sancho Pansa (Gustave Doré)

zerspalten und die Erkenntnis zu befreien« (ursprünglich Waffe des vedischen Himmelsgottes Indra, womit er die Wolken zerteilte und das *Regen*wasser daraus erlöste). In der japanischen Ikonographie wird der Donnergott als rotbemalte Figur des Gottes Raijin wiedergegeben, der mit einem Kranz von acht tamburinartigen Trommeln umgeben ist. Allgemein gilt der Donner als eindrucksvolle und real erfahrbare Machtäußerung der *Himmels*region, die den Menschen teils bedroht, teils auch vor feindlichen Wesenheiten beschützt. Vgl. *Sturm.*

Don Quixote de la Mancha (auch Don Quichotte, Don Quijote), Symbolgestalt des rührend-heroischen, weltfremden Romantikers, der Traum und harte Realität verwechselt und deshalb »gegen Windmühlen kämpft«. Die Figur wurde von Miguel de Cervantes Saavedra (1547–1616) im Zuge einer Parodie auf schwülstige Ritterromane erfunden, hat jedoch dabei gewissermaßen ein Eigenleben entwickelt und den ursprünglichen programmatischen Rahmen gesprengt. Der erste Teil (1605) nimmt bereits alle Eigenheiten des realitätsflüchtigen »Ritters von der traurigen Gestalt« vorweg, der in einer Art von personifiziertem *Dualsystem* von seinem »grobmateriellen« Knappen Sancho Pansa begleitet wird. Die heillos auseinanderlaufenden Dialoge der beiden Gestalten nehmen geradezu die Situation neuzeitlicher Komikerpaare vorweg, wobei jedoch der tragische Unterton im Lebensweg des »irrenden Ritters« auf seiner »Queste« nach würdigen Abenteuern erhalten bleibt. Im zweiten Band (1615) führt der Autor seinen Helden in die dürre Realität zurück und läßt ihn ein gottgefälliges Leben beenden. Cervantes war offenbar bestrebt, die senti-

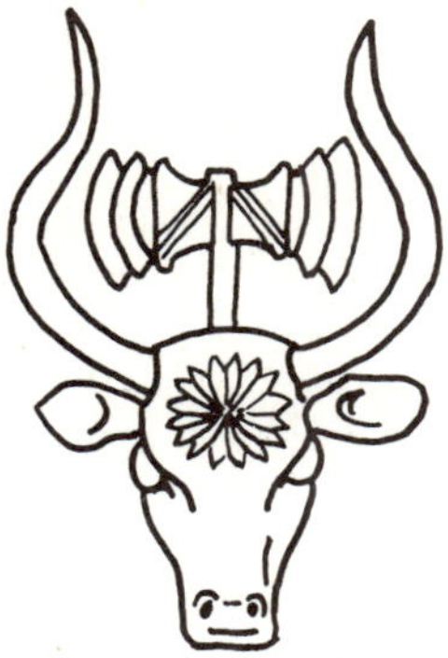

Doppelaxt auf Stierkopf (Bukranion). Mykenisches Griechenland

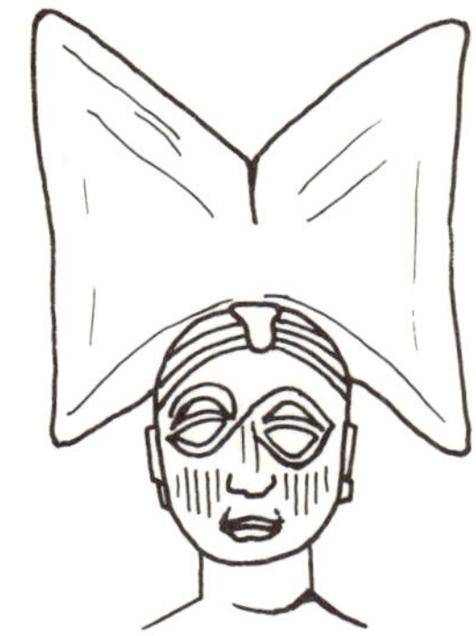

Doppelaxt: Kopfende der Shango-Tanzkeulen in Doppelaxtform. Joruba, Westafrika

mental übersteigerte »Schönseligkeit« zu ironisieren, da er selbst das abenteuerlich-großherzige Element liebte und die schalen Ritterromane seiner Zeit ablehnte. So ist der sprichwörtlich gewordene Don Quixote »ein Protest gegen die falsche Poesie der Literatur im Namen der echten Poesie des Lebens . . . Wer mit Cervantes lacht und fühlt, hat ihn schon verstanden, gleichviel, ob er ihn als ein Kinderbuch, als eine Unterhaltungsschrift, als Rüge und Belehrung oder als eine hohe und tiefe Dichtung auf sich wirken läßt« (Karl Vossler).

Doppelaxt, griech. (nach einem vorgriechischen Wort) labrys genannt, ein Beil mit beiderseits des Schaftes symmetrisch angebrachten Schneiden. Als Handwerkszeug verwendeten sie die Zimmerleute, als Kriegswaffe (bei Homer) die Gegner der Hellenen. Sie hatte besondere Bedeutung als Kultsymbol, ursprünglich wohl als geschliffene Stein*axt* und nach R.v. Ranke-Graves zunächst der Titanin Rhea zugeordnet, später von den olympischen Göttern usurpiert und als *Donner*keil dem Zeus zugeschrieben. Vorher hatte sie große Bedeutung im Kult des minoischen Kreta, wobei die Spekulation über die beiden halb*mond*förmig geschweiften Schneiden sie als lunares Symbol und auch als Hinweis auf die »Zweischneidigkeit« jeglicher Macht erscheinen läßt. Doppelaxtzeichen wurden, vielleicht als Hinweis auf den göttlichen Schutz von Gebäuden, in die Steinquadern altkretischer Paläste eingeritzt. Die Waffe selbst dürfte in Kleinasien beheimatet gewesen sein und wird oft in der Hand der sagenhaften *Amazonen* dargestellt. Die neuere Frauenliteratur bringt die Labrys mit den *Mond*phasen und dem Matriarchat, der *Mütter*herrschaft, in Verbindung. Sie war später Werkzeug für die Opferung von Tieren, und in der Römerzeit trug sie als Attribut der Soldatengott »*Jupiter* Dolichenus«. Der etruskische Totengott Charun trägt ein ähnliches Insignium, das jedoch eher als *Hammer* anzusprechen ist. Westafrikanische Zeremonialkeulen der Joruba, bei Tänzen zu Ehren des Donnergottes Shango getragen, erinnern formal ebenfalls an die Labrys der alten Kulte des östlichen Mittelmeerraumes. Dies gilt auch für das Kultgerät des *Blitz*- und Donnergottes Xangô im afrobrasilianischen Candomblé-Ritual, die hölzerne Doppelaxt »Oxé«, wobei die Jorubakulte in abge-

Dornbusch — er bleibt im Feuer unversehrt. J. Boschius, 1702

Drachen: Der siebenköpfige Drache der Apokalypse mit der großen Hure Babylon. Hans Burgkmair, 1523

wandelter Gestalt in der Neuen Welt fortleben (E. Kasper 1988).

Dornbusch, früher auch kurz »Dorn« genannt (vgl. das Schwankmärchen »Der Jude im Dorn«). Die an dorniges Gesträuch anknüpfende Symbolik und Typologie wird von der Bibelstelle im 2. Buch Moses (2,3) bestimmt: »Und der Engel des Herrn erschien ihm in einer feurigen Flamme aus dem Dornbusch. Und er sah, daß der Busch im Feuer brannte und doch nicht verzehrt wurde ... da rief Gott ihn aus dem Busch« und berief ihn zum Führer seines Volkes. Geistiges Feuer verbrennt nicht, und die hl. Maria konnte *Mutter* werden und doch unversehrte *Jungfrau* bleiben. Altarbilder aus dem 15. und 16. Jahrhundert zeigen daher gelegentlich Maria mit dem Jesuskind im brennenden Dornbusch. – Dornenranken sind sonst in erster Linie Symbole für das Leiden Jesu Christi unter der Dornen*krone*. – Dornen spielten in Altmexiko bei grausamen Selbstkasteiungen eine Rolle; so wurden etwa mit Dornen besteckte Schnüre durch die durchbohrte Zunge gezogen (Agavenstachelseile). – Alte europäische Redensarten sind bildhafte Illustrationen der naheliegenden Assoziationen: »In den Dorn fallen« (in einen sündhaften Lebenswandel geraten, von Hugo von Trimberg); »jemandem ein Dorn im Auge sein«, »auf Dornen statt auf *Rosen* gebettet sein« usw.

Drachen bilden in der Bilderwelt vieler Völker wichtiges Grundlagenmaterial von großer Symbolkraft. Sie sind durchwegs reptilartig gestaltet, gelegentlich an geflügelte Krokodile oder Riesen*schlangen* gemahnend. Der Hinweis auf einst real existierende »Drachen«, die Dinosaurier des Erdmittelalters, ist deshalb zunächst wenig ergiebig, weil diese nie Zeitgenossen des Menschen waren, der erst etwa 100 Jahrmillionen nach ihrem Aussterben die Erde betrat. Die

Drachen: Das altmexikanische Kalendersymboltier »Cipactli« mit Steinmesserschwanz

Theorie des Forschers E. Dacqué (vgl. *Riesen*) nahm daher eine über die eigentliche Menschenwelt in größere Tiefen hinabreichende Urerinnerung an, die das Bild des Dinosauriers konserviert haben soll. In den Schöpfungsmythen sind Drachen meist gewalttätige Urwesen, die von den Göttern überwunden werden müssen. Später nehmen Heroen und Ahnherren von Adelsgeschlechtern die Rolle von Drachentötern an (Überwindung der ungebändigten Naturwelt durch den geistig hochstehenden Menschen). Die Besiegung des Drachenwesens ist in Märchen und Sagen oft Prüfungsaufgabe des Helden, der dadurch einen Schatz erringt oder eine gefangene Königstochter erlöst. Der Drache ist in diesem Sinne Symbol der wilden Tierhaftigkeit, die durch disziplinierte Kraft überwunden werden muß. Die christliche Symbolik sieht den Drachen als Verkörperung des Teuflischen oder des Satans Luzifer, den der Erz*engel* Michael besiegt und in den *Höllen*pfuhl hinabstürzt. Drachen sind daher oft mit dem Element *Feuer* verbunden und feuerspeiend dargestellt, wenn sie nicht allgemein als Ausgeburten des vorzeitlichen *Chaos* empfunden werden, das erst durch gebändigte Geistes- und Körperkraft vernichtet werden konnte.

Drache des Teufels, Emblem-Kupferstich, W. H. Frh. v. Hohberg, 1675

Im Gegensatz zu dieser abendländischen Auffassung wird der Drache in Ostasien meist als Glückssymbol aufgefaßt, das den Trank der Unsterblichkeit hervorzubringen vermag. Er repräsentiert die Uressenz Yang (*Yin und Yang*) des chinesischen Weltbildes, also Zeugung, Fruchtbarkeit und Aktivität, und wird dadurch oft zum Dekormotiv mit dämonenabwehrender Funktion. In vielen Sagen und Märchen spielen Drachen

Drachen, Kinderbuchillustration von Franz Pocci, 1846

eine dominierende Rolle, und in der bildenden Kunst und im Kunstgewerbe bilden sie ein Hauptmotiv. Die Anzahl der Drachen auf den Brokatgewändern der Generäle Altchinas war genau reglementiert, und *neun* Drachen durfte nur das kaiserliche Gewand aufweisen. Seit der Han-Dynastie (206 v.–220 n. Chr.) gilt der blaugrüne Drache (lung) als Symbol des Kaisers, als Patron des fünften Zeichens des chinesischen Tierkreises und als Symbol des Ostens, des Sonnenaufganges und des Frühlings*regens*; der *weiße* Drachen hingegen regiert den Westen und den Tod. Im Winter, sagt die Volkstradition, wohnen die Drachen unter der Erde, kommen aber im zweiten Monat empor und verursachen dabei den *Donner* und die ersten *Regen*fälle. Vielfach werden am zweiten Tag des zweiten Monats Drachenfeste mit Feuerwerken veranstaltet. In der dekorativen Kunst werden häufig zwei Drachen dargestellt, die mit einer *Perle* (dem Donner*ball*) spielen, wodurch sie den befruchtenden Regen herbeiholen. Auch in Japan verkörpert der Drache den Regengott; Bronzedrachen dienen daher in Tempelbezirken oft als Wasserspeier von Brunnen.
Hingegen ist in Afrika und der Neuen Welt keine ausgesprochene Drachensymbolik nachweisbar. Altmexiko kannte dafür eine ausgeprägte Sinnbildhaftigkeit mythischer *Schlangen* und des Alligators (vgl. *Krokodil*).

Dracula, die typische Verkörperung des »untoten« Vampirs, des *blut*saugenden Gruselmonsters der osteuropäischen Folklore, ist nur zum Teil eine literarische Phantasiegestalt des irischen Schriftstellers Bram Stoker (das inzwischen oftmals verfilmte Buch erschien erstmalig 1897). Vorbild der Blutsauger-Sage ist der historische siebenbürgische Türkenkämpfer Vlad Tepes, »Dracul« genannt, der wegen seiner Grausamkeit im Kampf gegen die Türken und im Umgang mit seinen Untergebenen berüchtigt war. Sein Schloß wurde 1462 durch Sultan Mehmed den Eroberer zerstört, Vlad Tepes – »der Pfähler« – jedoch lebt in der Volkstradition Rumäniens fort. Die Erinnerung vermengte sich mit dem Sagenmotiv, demzufolge manche Begrabene in die Welt der Lebenden zurückkehren und ihnen das Lebenselixier *Blut* aus den Adern saugen, wodurch diese ebenfalls zu Vampiren werden. Bereits 1745 wird in einem Lexikon (J. H. Zedler) die Meinung vertreten, diese Vorstellung sei so zu erklären: »Es habe unter denen Leuten eine ansteckende Krankheit grassiret, wodurch die Menschen plötzlich dahin gerissen worden. Weil aber solche Kranckheit auch ihre Phantasie verwirret, oder der Alp sich dabey ge-

Dreieck: Konstruktion des Pythagoras-Dreiecks durch ägyptische Seilspanner und Anwendung für die geometrische Lehre

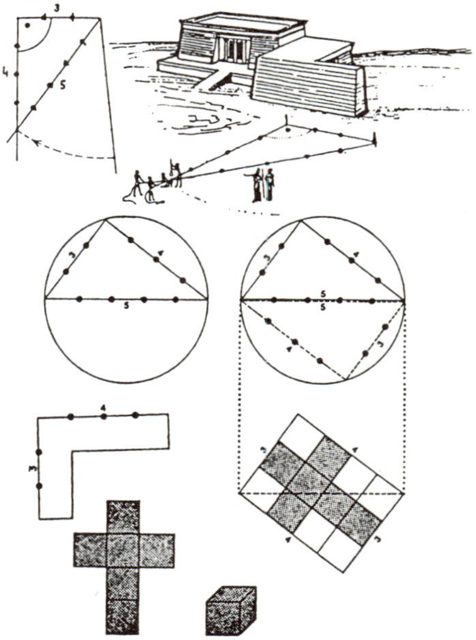

funden, so sind sie auf die Einbildung gerathen, als würden sie von den Verstorbenen gedrückt, und ihnen das Blut ausgesogen.«

Dreieck, eines der einfachsten geometrischen Symbolzeichen; es basiert auf der ersten Möglichkeit, mit geraden Linien eine Fläche zu umschließen und eine Figur zu bilden. Daher muß nicht jedes Dreieck unbedingt symbolischen Aussagewert haben. Steinsetzungen aus in Dreiecksform eingelegten Platten kommen schon in der alten steinzeitlichen Fundstätte von Lepenski Vir an der Donau vor (im 7. Jahrtausend v. Chr.), dreieckige Knochenritzungen sind noch älter. Deutungen bieten sich in mannigfacher Form an. In erster Linie wird das »weibliche Schamdreieck« erwähnt, das mit der Spitze nach unten weist und gelegentlich, von dieser ausgehend, eine vertikale Linie aufweist. In jüngeren Kulturen kommen Dreiecke als Dekorformen auf Keramik nicht selten vor, wobei die traditionelle Deutung solche mit der Spitze nach unten als »*Wasser*symbole« (Richtung des fallenden Tropfens), solche mit der Spitze nach oben als »*Feuer*symbole« (Richtung der Flamme) bezeichnet. Ineinander geschoben bilden beide ein geschlossenes *Dualsystem*, den *sechs*zakkigen *Stern* (Sigillum Salomonis, *Hexagramm*). Auch bei ritualmagischen Beschwörungen ist gelegentlich dem magischen *Kreis* ein Dreieck eingezeichnet. Das Dreieckzeichen kann auch verhüllend als Dreiblatt (dreiblättriges Kleeblatt) angedeutet werden, das als maskulines Symbol gilt. Im System der Pythagoreer gilt der griech. Buchstabe Delta mit seiner Dreiecksform als Symbol der kosmischen Geburt, ähnlich wie im Hinduismus als Zeichen der weiblichen lebensspendenden Göttin Durga. – In frühchristlicher Epoche wandten die Manichäer das Dreieck als Sinnbild der *Dreifaltigkeit* an, weshalb es St. Augustinus (354–430 n. Chr.) in dieser Aussage ablehnte. Es konnte sich später dennoch als Trinitätssymbol (Hand, Haupt und Namen Gottes, ergänzt durch ein *Auge*) durchsetzen, als Zeichen für *Vater*, Sohn und Hl. Geist; dieses »Auge Gottes« im Dreieck wurde vor allem im Barock vielfach angewendet, und in der *freimaurerischen Symbolik* ist es als »allsehendes Auge« mit neunfachen Strahlen ebenso Sinnbild der Gottheit. Die jüdische Kabbala erwähnt in ihrem »Buch Sohar« (Glanz) den Satz: »Am Himmel bilden die beiden Augen Gottes und seine Stirne ein Dreieck, und ihr Gegenschein bildet ein Dreieck in den Wassern.« In vorchristlicher Zeit hatte der Philosoph Xenokrates (339–314 v. Chr.) das gleichseitige Dreieck als »göttlich«, das gleichschenkelige als »dämonisch« und das ungleichseitige als »menschlich« (unvollkommen) betrachtet.

Dreieck: Das Symbolzeichen »Hrungnirs Herz« aus drei verflochtenen Dreiecken. Wikingerzeitlich, Gotland

Die Faszination der *Zahlen*harmonik in der Gestalt der Proportionen des rechtwinkligen Dreiecks durch *Pythagoras* (6. Jahrh. v. Chr.) schildert A. Koestler (1963) so: »Zwischen der Länge der Seiten eines rechtwinkeligen Dreiecks besteht keine augenfällige Beziehung; errichten wir aber über jeder Seite ein

Dreifaltigkeit: Die Trinität Körper, Seele und Geist in der alchemistischen Symbolik. Rosarium philosophorum, 1550

Dreifaltigkeit, bäuerliches Tafelbild. Tirol, ca. 1600

Quadrat, so entspricht der Flächeninhalt der beiden kleineren Quadrate genau dem Flächeninhalt des größeren Quadrats. Wenn so wunderbar angeordnete, dem menschlichen Auge bisher verborgene Gesetze durch Versenkung in die Zahlenbildungen entdeckt werden konnten, bestand da nicht berechtigte Hoffnung, daß alle Geheimnisse des Universums durch die Zahlenbildung bald offenbar werden würden?« In Anbetracht dieser Symbolgedanken befaßt sich auch das *Freimaurer*tum gern mit dem rechtwinkligen pythagoreischen Dreieck mit den Seitenlängen 3, 4 und 5, das auf den Lehrteppichen mit den Quadraten über den Katheten und der Hypotenuse abgebildet und kurz als »*Pythagoras*« bezeichnet wird. Als »47. Problem des Euklid« ist es Symbol des »Meisters vom Stuhl« und Abzeichen des Altmeisters.

In Altchina ist das Dreieck ein »weibliches Symbol«, spielt aber in der Spekulation keine große Rolle. Im tibetischen Tantrismus ist die *Hexagramm*-Kombination der beiden gleichseitigen Dreiecke die »Durchdringung der Weiblichkeit mit männlichem Feuer«. – In altmexikanischen Bilderhandschriften ist ein Dreiecksymbol, das einem großen A ähnelt, Signatur des Begriffes »Jahr«. – In der abendländischen Kunst wurden Dreieck-Kompositionsschemata offenbar häufig in der Architektur wie auch in der Malerei angewendet, und zwar besonders dort, wo trinitarische Themen (*Dreifaltigkeit*) angesprochen wurden.

Dreifaltigkeit, Trinität (lat. trinitas) Gottes, ein symbolkundlich wichtiges theologisches Konzept, nicht mit *Dreigestaltigkeit* zu verwechseln. Es handelt sich um das Dogma der göttlichen Einheit in drei persönlichen Ausprägungen – Gott *Vater*, Sohn (Jesus Christus) und Heiliger Geist, in der Zeit der Auseinandersetzung mit dem Arianismus (325 n. Chr. Konzil von Nicäa) formuliert. Im Abendland führte es zu der Häresie des »Tritheismus« (des »Dreigottglaubens«), vertreten durch Roscelin von Compiègne, der 1092 deshalb verurteilt wurde. In der bildenden Kunst war die Dreifaltigkeit zunächst durch drei nebeneinander sitzende Personen dargestellt worden, doch wurde die Abbildung des Heiligen Geistes als Mensch nach dem 10. Jahrhundert verboten. Er wurde durch die Gestalt der *Taube* ersetzt, oder die Trinität wurde, antiken Prototypen folgend, als ein Körper mit einem dreigesichtigen Kopf oder durch ein Haupt mit drei ineinander übergehenden Gesichtern vergegenwärtigt. Auch das mit der Spitze nach oben weisende *Dreieck* mit dem »*Auge* Gottes« ist ein Dreifaltigkeitssymbol. – Im Sinne der tiefenpsychologischen Schule von C. G. Jung ist die Dreiheit ein maskulines Symbol, das durch das Dogma von der leiblichen Himmelfahrt Mariae (1. Nov. 1950) zu einer *Vier*heit als Archetypus der Ganzheit und Vollendung (vgl. *Quadrat*) aufgewertet wurde. – Andere traditionelle Symbole der Dreifaltigkeit sind u. a. drei einander schneidende *Kreise,* drei von einem Kreis umschlossene Kreisbögen, das dreiblättrige Kleeblatt, das Tau-*Kreuz* mit drei gleich langen Armen, das Y-förmige Gabelkreuz, drei Reben auf einem *Wein*stock, eine *Waage* mit drei Gewichtsteinen, drei *Hasen* mit Ohren, die ein Dreieck bilden, drei *Fische, Löwen* oder *Adler* mit einem gemeinsamen Kopf. Als »Gnadenstuhl« wird das Bild von Gottvater als *bärtiger* Mann bezeichnet, der das Kreuz mit Christus in den Armen hält, während der Heilige Geist in Taubengestalt darüber schwebt. Die *Vier*heit (Quaternität) unter Einschluß Mariens, oft als Krönung der Muttergottes verstanden, wurde ab der Mitte des 15. Jahrhunderts in der sakralen Kunst häufig dargestellt. – Die alte Darstellung des dreigesichtigen Gottes wurde 1628 durch Papst Urban VIII. verboten und als ketzerisch bezeichnet, ist aber in der mittelalterlichen Plastik vielfach erhalten. Ursache für diese Verpöntheit ist die protestantische Verspottung derartiger Bilder als »katholischer Zerberus«.

Dreifaltigkeit, symbolisiert durch Sonne mit Nebensonnen, gleichseitiges Dreieck und dreifarbigen Regenbogen. J. Boschius, 1702

Dreigestalt oder Triadenbildung bei weiblichen mythischen Symbolgestalten ist ein eigenartiger Charakterzug an-

Dreigestalt, dreigesichtiger Gott, gallo-römisch. Reims

Dreigestalt: Die Sirenen. V. Cartari, 1647

tiker Ideenwelt. Der Wunsch, mächtige Wesen vor allem aus der weiblichen Sphäre als Triaden sehen zu können, ist hier mächtiger ausgeprägt als bei Götterdreiheiten in männlicher Gestalt. Dies gilt für die *Grazien, Horen, Parzen, Gorgonen* und Graien ebenso wie für die *Erinnyen* oder Eumeniden. Auch die *Neun*heit der *Musen* läßt auf eine Dreierstruktur schließen. Neuere Mythologen versuchten, auch die Nacht- und

Dreigestalt in der hinduistischen Ikonographie; Brahma, Vishnu und Shiva am Lingam. Ca. 500 n. Chr.

Zaubergöttin Hekate als Dreigestalt (Mädchen, Frau, Greisin) zu interpretieren, was sich jedoch aus den antiken Quellen nicht unbedingt ableiten läßt; vgl. *Spindel.* In der Römerzeit des südlichen Mitteleuropa werden vielfach drei *Mütter* (Matres, Matronae, Matrae) verehrt; der Kult derartiger weiblicher Dreiheiten setzte sich im Alpenraum als Verehrung legendärer heiliger Frauen fort, der »drei Bethen« mit Namen wie »Ainbeth, Wilbeth und Warbeth« (oder Katharina, Barbara und Lucia; viele Varianten). Möglicherweise hat die Symbolik der weiblichen Dreiheit auch die Vorstellung von den wie die Parzen den Schicksalsfaden spinnenden *Nornen* bei den Nordgermanen beeinflußt. – Auf ein Konzept der Dreigestaltigkeit weist die indische Trimūrti hin, eine gemeinsame Darstellung von Brahma, Shiva und Vishnu, die vielfach mit der christlichen Dreifaltigkeit verglichen wurde. Ihre ideengeschichtliche Wurzel ist jedoch der Versuch indischer Theologen, die historisch gewachsene Kluft zwischen Verehrern des Shiva und des Vishnu zu überbrücken. Abstrakter formuliert ist die buddhistische Auffassung der Erkenntnis (Bodhi) als Trikāya (Dreikörper), zusammengesetzt aus

Dreizack und Fische: Fußbodenmosaik, Haus der Fische, Ostia, 4. Jh. n. Chr.

Dualsysteme: Aztekisches Symbol für »Krieg«, zwei verschlungene Ströme aus Feuer und Wasser (atltlachinolli)

Dharmakāya (wahres Sein), Nirmānakāya (geschichtliche Gestaltung, Gautama Buddha) und Samboghakāya, dem segensreichen Wirken der Gemeinde. Davon abgeleitet ist das Symbolbild der »drei Juwelen« (Triratna): Gesetz, Buddha und Gemeinde, im Jainismus gedeutet als rechtes Handeln, rechter Glaube und rechtes Erkennen. – In der *alchemistischen* Bilderwelt wird vielfach in drei Gestalten (oft getarnt durch Symbole der *Dreifaltigkeit*) die Teilung der Welt in Corpus, Anima und Spiritus (Körper, Seele, Geist; auch Sal, *Sulphur und Mercurius*) dargestellt. Vgl. *Schwarz.*

Dreizack, ein Fischspeer mit drei Spitzen mit Widerhaken, ist Symbol und Attribut des *Meeres*gottes Poseidon (lat. Neptun). Als Fischereigerät wird er gelegentlich auch auf Wappen dargestellt, so etwa in der Nationalflagge von Barbados. – In der indischen religiösen Symbolik weist der Dreizack auf den Gott Shiva hin, d.h. auf dessen drei Aspekte (Schöpfung, Sein, Zerstörung) oder auf seine Vergangenheit, Gegenwart und Zukunft. Das Dreizack-Zeichen wird von Shiva-Verehrern als sichtbares Symbol auf die Stirn gemalt.

Auch der altindische Feuergott Agni (wurzelverwandt mit lat. ignis, *Feuer*), der auf einem *Widder* reitet, hält einen Dreizack in der Hand.

Dualsysteme sind symbolische Strukturen, die ihre Aussagekraft aus der Spannung zwischen zwei Komponenten beziehen, wobei jede einzelne dieser Komponenten für sich weniger »kraftgeladen« wäre. Schon für die eiszeitliche Höhlenmalerei (vgl. *Pferd*) wurde ein dualistisches Programm angenommen. Gegensatzpaare aller Art können für derartige bipolare Ordnungen den Anlaß bilden:
Tag/*Nacht*, Mann/Weib, Leben/Tod, Tier/Mensch, in Altchina *Yin/Yang* (d.h. etwa Fruchtbarkeit/Aktivität), *Himmel/Erde*, Gott/*Teufel*, *oben/unten*, Reinheit/Sünde, *Sonne/Mond*, in der Alchemie *Sulphur/Mercurius* (d.h. Brennendes/Flüchtiges). Die Ordnung der Welt in immer neue Dualsysteme hat offenbar »archetypischen« Charakter und ist weltweit verbreitet. Es ist nicht klar, worauf diese Tendenz zur Ordnung in Gegensatzpaare zurückzuführen ist. Denkbar ist, daß das Erlebnis der Ich-Person gegenüber der Außenwelt schon zu Beginn der menschlichen

Dualsysteme: Alchemistisches Emblem der Vereinigung der Pole »Männlich-Weiblich« zu höherer Einheit. M. Maier, Atalanta, 1618

Stammesgeschichte die Einteilung des Kosmos in einander gegenüberstehende Gegensatzpaare begründete. Diskutabel ist hingegen der häufigere Ansatz, die Gegensätzlichkeit der Geschlechter als Auslöserreiz anzusehen. – In vielen schriftlosen Kulturen ist die Gesellschaft in zwei komplementäre Hälften geteilt, die religiös motiviert werden. Frühe Hochkulturen kennen das Phänomen des Doppel*königtums*. In der Neuzeit

Dualsysteme: Sonne und Mond, alchemistische Symbole der Polarität. Michael Maier, Symbola, 1617

stehen einander im politischen Leben meist zwei große Parteien gegenüber, die Weltpolitik registriert die Rivalität von zwei großen Machtblöcken. Religionen mit Absolutheitsanspruch teilen die Menschheit in Glaubensbrüder und »Heiden«, Ungläubige. Diese Weltsicht von These (die Ich-Person einschließend) und Antithese bringt Dynamik mit sich und dürfte wegen ihrer tiefen Verwurzelung durch keine ideale Synthese auflösbar sein. In der Bilderwelt sind solche Gegensatzbilder u.a. durch *Adler/Schlange* oder *Drache*/Drachentöter repräsentiert. Vgl. *Achtheit, Hochzeit.*

Dunkelheit, im Sinne eines *Dualsystems* das komplementär-entgegengesetzte Symbol des *Lichtes,* ist zunächst Symbol des uranfänglichen *Chaos,* das vom Schöpfer noch nicht durch seinen Lichtstrahl zerrissen wurde. In diesem Sinne ist die Finsternis in erster Linie Sinnbild der Gott- und Lichtferne, der dunklen Unterwelt des *Jenseits* und der Feinde der Klarheit und Erleuchtung (verkörpert z.B. durch Ahriman in Altpersien). Im christlichen Bereich wird der *Teufel* als »Fürst der Finsternis« bezeichnet, und Verfinsterungen der *Sonne* werden nicht nur hier (»ägyptische Finsternis«, 2. Buch Mosis 10, 21; Dunkelheit bei Kreuzestod Christi, Matthäus 27, 45), sondern u.a. auch im Peru der Inkazeit als drohende Manifestationen gedeutet. In der Johannes-Apokalypse zeigt Finsternis das bevorstehende Weltenende an (vgl. *Weltuntergang*). Im Gegensatz zu dieser leichtverständlichen Sinnbildlichkeit kann das Dunkel jedoch auch zum Ausdruck des mit den Augen nicht erfaßbaren Unaussprechlich-Letzten werden, das der Mystiker nicht mehr vom überhellen Licht unterscheiden kann. Juan de la Cruz (Johannes vom Kreuz, 1542–1591) sprach von der »dunklen, die Nacht erleuchtenden *Wolke*« in einem paradoxen Bild, das das Zusammenfließen der Gegensätze im Urgrund des Seins in Worte zu fassen sucht: »Wunderbar ist, daß sie – dunkel, wie sie war – die Nacht erleuchtete. Dies deutet an, daß der Glaube, der eine dunkle und finstere Wolke ist für die Seele und zugleich Nacht – denn in Anwesenheit des Glaubens ist die Seele ihres natürlichen Lichtes beraubt und erblindet –, mit seiner Finsternis leuchtet und der Finsternis der Seele Licht spendet.« – Dieser Versuch, unaussprechliche mystische Erfahrungen auf dem Weg über paradoxe (paradox erscheinende) Sätze auszudrücken, findet auch im Zusammenhang mit der *freimaurerischen* Lichtsymbolik ihren Ausdruck: »Der Urgegensatz von Licht und Finsternis ... erfüllt das ganze menschliche Dasein. Diesen Widerspruch und damit das quälendste Lebensrätsel glaubt der Mysterienbund ganz gelöst zu haben: Licht und Finsternis sind eins. Leben ist zugleich Tod, Finsternis ist zugleich Licht! Durch die ganze Mysteriensymbolik zieht sich das Bestreben, diese dem Verstand unfaßbare Einsetzung bildlich zu verwirklichen und dem Menschen erlebbar und erfahrbar zu machen; Kampf und Vermählung von Licht und Finsternis, von Leben und Tod künden die Symbole« (Lennhoff-Posner). Daher hat jeder »Suchende« eine einsame Zeit der Besinnung in der »Dunklen Kammer« zu absolvieren und vor Symbolen der Vergänglichkeit (Totenkopf, *Sanduhr*, Bibel) über seinen Wunsch zu meditieren, ehe ihm nach der Aufnahmezeremonie das »Licht« gegeben wird. »Gruselige« Symbolgegenstände aus Riten des 18. Jahrhunderts sind heute nicht mehr üblich.

Eber: »Die Zähne sind gefürchtet«, J. Boschius, 1702

Eber. Im Gegensatz zum *Schwein*, das als Symboltier in erster Linie in der Gestalt des weiblichen Hausschweins erscheint, hat die wilde Stammform (Sus scrofa) in der männlichen Gestalt des Ebers oder Keilers vorwiegend positiven Symbolgehalt. Als angriffslustiges Tier, das ungestüm durch das Unterholz bricht, ist es das Sinnbild der unerschrockenen Kriegerschar. Bei den Germanen war wie die Göttin Freya auch ihr Bruder Freyr mit dem Eber verbunden. Es hieß, er reite gern auf einem goldborstigen Eber (Gullinbursti). Krieger trugen oft Helme in Eberkopfform, während im mykenischen Griechenland Helme mit eng aneinandergereihten Eberzähnen überzogen waren. Im historischen Altgriechenland galt der Eber als das gefährliche Jagdwild des Herakles und als Töter von *Adonis* und Attys, aber auch als Attribut der Göttin Demeter und der Heroine Atalante, im Alt-Rom des Kriegsgottes *Mars*. Der Wildeber als Sinnbild für unbeugsamen Kampfesmut und Wildheit verursachte die Bildung vieler Personal- und Ortsnamen mit »Eber«; das symbolisiert in der Wappenkunst »die Deutung eines unverzagten und wolgewaffneten Soldatens, welcher sich mit Dapfferkeit in dem Streit den Feinden ritterlich widersetzet, und keines Weges zu fliehen gedencket« (Böckler 1688). In der christlichen Ikonographie ist der Eber gelegentlich erstaunlicherweise auch ein Symbol Christi, und zwar wegen der irrigen Ableitung des Wortes von Ibri, dem Stammvater der (H)Ebräer (Ibrim). Vorwiegend symbolisiert er aber ungezügelte Wildheit und das Walten teuflischer Mächte, etwa grausamer Herrscher. Positive Symbolbedeutung erfuhr der Eber dann, wenn er bei frommen

Eber, kleine Bronzefigur, La-Tène-zeitlich. Prag-Sarka

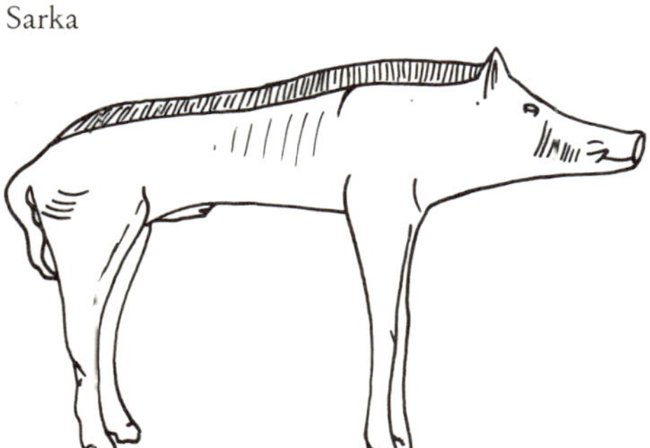

Einsiedlern im *Wald* Schutz vor Jägern suchte, wodurch er Attribut von St. Columban und St. Aemilianus wurde. Ein wichtiges »heiliges Tier« war der Eber bei den Kelten, auch hier als Symbol von Kampfesmut und Stärke. Ebergestalten dienten als Helmzier und Schildschmuck; Eberfleisch wurde den Toten als Wegzehrung mit ins Grab gelegt, um bei der Reise in das *Jenseits*land Kraft zu spenden. Eberplastiken aus Stein (Euffigneix) und Bronze (Neuvy-en-Sullias, Frankreich) bezeugen die große Bedeutung dieses Tiersymbols im alten Westeuropa.

Edelsteine und Halbedelsteine besitzen wegen ihrer Schönheit nicht nur Schmuckfunktion, sondern beeinflussen auch die Phantasie durch ihre *Farben* und anderen Charakteristika. Es handelt sich um schleifbare Mineralien höheren Härtegrades, zum Teil auch (dem Sprachgebrauch nach) um organische Materialien wie *Korallen* und *Bernstein*, die zwar in erster Linie als Talismane und Amulette Bedeutung haben, aber auch als Symbole dienen können. Poliert und glänzend gemacht, können sie als *Spiegel* wirken. Die in zahllosen Varianten auftretende Jade ist in China Symbol der Vielfalt und Unendlichkeit, und ihre Dauerhaftigkeit sollte die Verwesung bestatteter Leichen verhindern. In aller Welt wurden edle Steine, die erst durch die Bearbeitung ihre Schönheit zeigen, zu Symbolen der einer Veredelung bedürftigen Menschheit selbst, während klar ausgebildete *Kristalle* wie der Bergkristall vollendete Tugend darstellten. Die christliche Ikonographie deutete ihn als Mariensymbol, da er zwar nicht selbst leuchtet, aber zu glänzen beginnt, wenn ihn der Strahl des göttlichen Lichtes trifft. Juwelen symbolisieren in den asiatischen Religionen die Schätze der richtigen Glaubenslehren. Der *»Stein der Weisen«* der *Alchemie* ist entweder ein mythischer Edelstein oder ein behauener Baustein im Sinne der Bauhüttenspekulation. Vielfach wurden Edelsteine – vor allem Kristalle – als spiegelnde Meditationshilfen verwendet und sollten auch heilende Wirkung ausüben können. »Steinbücher« aus früheren Jahrhunderten behandeln die magischen Entsprechungen zwischen Planeten, Menschentypen und »Kraftsteinen«, die verschiedenste Wirkungen entfalten sollten. In der Symbolik haben neben dem erwähnten Bergkristall vor allem *Diamant, Amethyst, Rubin, Jade, Türkis, Saphir* und *Smaragd* Bedeutung. In der Apokalypse (Geheimen Offenbarung) des Johannes (vgl. *Höhle*) ist das »himmlische *Jerusalem*« der verheißenen Endzeit aus verschiedenfarbigen Edelsteinen erbaut, die gewissermaßen die reinen, funkelnden Wasser der Paradies*esquellen* in dauerhafter Form zurückbringen. – Mit zwölf Edelsteinen war das Brustschild des jüdischen Hohenpriesters geschmückt, und zwar mit Rubin, Chrysolith, Beryll, Türkis, Lapislazuli, Jaspis, Hyazinth, Achat, Amethyst, Tarsis, Karneol und Nephrit. In diese Steine sollte der Name eines jeden der zwölf Stämme Israels eingraviert sein.

Edelsteine in Joh. Sporers »Büchlein... von der Kraft, welche an den edlen Steinen sind«, ca. 1495

In der *astrologischen Symbolik* werden in ähnlicher Form den zwölf Zeichen des Tierkreises (vgl. *Sterne*) Edelsteine zugeordnet und symbolisieren als »Monatssteine« die Kräfte der einzelnen Zeichen. Basis für diese Analogiesysteme waren in erster Linie die »Steinbücher« (Lithika) der Antike, etwa die von Theophrastos, Orpheus, Damigeron Latinus, Aëtios und Psellos. Die Zuordnung der Schmucksteine zu den einzelnen Zodiakalzeichen ist nicht in allen Quellen einheitlich gegeben. Meist wird die Reihe der Glückssymbolsteine folgendermaßen genannt: *Widder* – Blutstein; *Stier – Smaragd; Zwillinge* – bunte Steine; *Krebs* – Adular; *Löwe – Rubin* oder *Diamant; Jungfrau* – Beryll; *Waage* – Achat; *Skorpion – Amethyst; Schütze* – Türkis; *Steinbock* – Onyx; *Wassermann – Bernstein; Fische – Korallen.* Auch die einzelnen *Planeten* werden mit ihren speziellen Kräften durch Edelsteine symbolisiert, aus denen Schmuckstücke gemacht werden, die jene Personen tragen, die sich mit den betreffenden Himmelskörpern besonders verbunden fühlen; die am häufigsten genannte Analogiereihe lautet: *Sonne – Diamant,* Berg*kristall,* helle Varianten von Zirkon, Turmalin und Rauchtopas; *Mond* – Perlen, Adular, Achat; *Mars – Rubin,* Granat, *Koralle,* Karneol; *Merkur* – Beryll, Tigerauge, Topas, Achat, *Bernstein,* Zirkon; *Jupiter* – Smaragd, *grüner Türkis,* Jade, Serpentin, Malachit; *Venus* – Lapislazuli, *Saphir,* Aquamarin; *Saturn* – Amethyst, dunkle Varianten von Onyx und *Saphir.*

Edelsteine: Opal, aus dem Hortus Sanitatis, 1499

Die Zwölfzahl der Stämme Israels, der Apostel und der Tierkreiszeichen führte häufig zu symbolkundlichen Spekulationen und Analogiesystemen; die *Kreuze* der Ostkirche waren häufig mit zwölf verschiedenen kleinen (Hinweis auf die Apostel) und einem großen Edelstein im Zentrum (Christus) geschmückt, der mit der Sonne verglichen wurde. – In dem frühchristlich-gnostischen »Hymnus von der Seele« (vgl. *Perle*) ist das königliche Gewand, das der in das Himmelreich heimgekehrten erleuchteten Seele geschenkt wird, so geschildert: »Es blinkte von Achaten/Rubinen, Demantscheint/Beryllen und Onyxen/von Perlen, schimmernd rein. Des höchsten Königs Bildnis/trug es zu seiner Zier/das glänzte schillernd mitten/in bläulichem Saphir . . .« Die hl. Hildegard von Bingen (1098–1179) läßt am Ende der Zeiten den Sohn zu Gottvater sprechen: Die Welt sollte nicht vergehen, »bis Du Meinen Leib mit all seinen Gliedern . . . voll von Edelsteinen erblickest, vollendet in all jenen, die . . . Dich verehren: so wie die Edelsteine auffunkeln in Tugendkraft.« In ihrem Naturkundebuch (»Liber subtilitatum«) schreibt sie den Edelsteinen übernatürliche Kraft und eine symbolkundlich interessante Entstehungsgeschichte zu: »Vor den Edelsteinen schreckt der Teufel zurück; er haßt und verachtet sie, weil sie ihn daran erinnern, daß ihr Glanz schon erschien, ehe er in seiner Pracht herabstürzte (vgl. *Gral*) . . . und weil einige Edelsteine in dem Feuer entstanden, in welchem er gestraft wird . . .

Die Edelsteine entstehen im Osten und in den besonders heißen Zonen. Von der Sonne haben dort die Berge Hitze wie Feuer, und die Flüsse wallen immer ... Wo das Wasser die brennend heißen Berge berührt, werfen sie Schaum aus (der dann erstarrt und abfällt). Je nach der Temperatur beim Trocknen erhalten sie ihre Farben und ihre Kräfte ... Die Berge, an denen auf diese Art viele große Edelsteine entstehen, sind hell wie das Tageslicht. So entstehen die Edelsteine aus Wasser und Feuer. Deshalb enthalten sie auch Hitze, Feuchtigkeit und viele Kräfte und taugen zu vielerlei Gutem, Anständigem und Nützlichem ... Es gibt (aber) noch andere Steine; sie entstehen nicht auf diesen Bergen und nicht in der beschriebenen Weise, sondern aus irgendwelchen anderen wertlosen Dingen. Mit ihnen kann – je nach ihrer Natur – mit Gottes Einverständnis Gutes und Böses bewirkt werden.« Der Kundige soll dafür sorgen, daß alle zu Gottes Ehre, zum Segen und als Heilmittel verwendet werden. Vgl. *Grün.*

Efeu (botan. Hedera helix), eine Gift- und Heilpflanze mit mannigfacher Symbolaussage. Als Gewächs mit immer*grünem* Blattwerk legte sie den Gedanken an Unsterblichkeit nahe, doch galt sie in anderem Zusammenhang auch als dämonisch. Die *Thyrsos*stäbe des Ekstasegottes Dionysos waren nicht nur mit *Wein*laub, sondern auch mit Efeuranken umwickelt. Ihre Wirkung wurde als kühlend und zu tiefen Gedanken anregend beschrieben, wodurch die Hitze des *Weines* ausgeglichen werden sollte. Auch Thalia, die Muse der heiteren Dichtkunst, wurde mit einem Efeu*kranz* dargestellt. Wegen des Anschmiegens und Festklammerns der Ranken wurde der Efeu auch ein Symbol der

Efeu, »nicht aus eigener Kraft emporgerankt«. W. H. Frh. v. Hohberg, 1675

treuen Liebe und der Freundschaft. Die Vitalkraft der Pflanze machte sie überdies zum Sinnbild verstohlener Lebensfreude, zum Schmuck von *Satyrn* und Silenen, während sie auch im ägyptischen Kult des auferstehenden Osiris eine Rolle spielte. Efeu*kränze* sollten bei Trinkgelagen die Stirn kühlen. Da sich Efeuranken an tote Bäume klammern und grünend fortleben, erhoben christliche Symboliker des Mittelalters den Efeu zum Sinnbild des Fortlebens der Seele über den Tod des Leibes hinaus. Der fromme Spruch Hohbergs (1675) über die allegorische Bedeutung der Pflanze lautet: »Der Epheu sich hoch auff an einer Eychen windet, abreissen kann ihn nicht des Windes Ungestümm. Wann Gottes Beystand sich bey einem Menschen findet, so kommt er bald empor; kein Unglück schadet ihm.«

Ei, vom Symbolgehalt her durch verschiedene Eigenschaften ausgezeichnet: Es ist meist weiß, zerbrechlich, aus ihm kommt neues Leben, seine Form erinnert an die der Testikeln (Hoden). Die Entstehung der Welt aus einem Ur-Ei ist nicht nur als orphische Schöpfungsmythe bekannt (die schwarzgeflügelte *Nacht,* vom *Wind* umworben, gebar ein

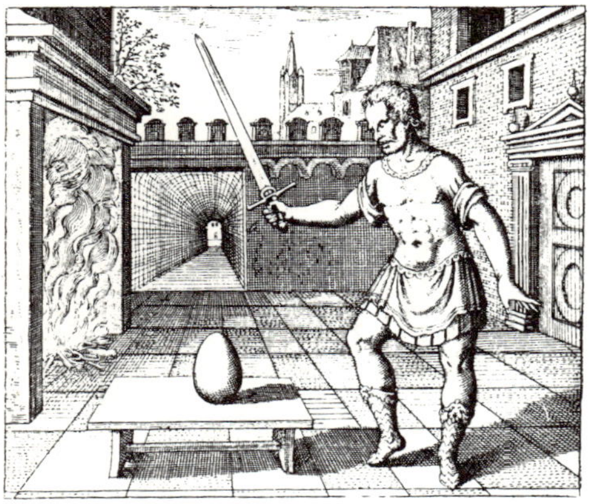

Ei: Alchemistisches Symbolbild. Zerlegung des »philosophischen Eies« der Urmaterie mit Feuer und Schwert. M. Maier, Atalanta, 1618

Ei, aus dem Eros oder Phanes schlüpfte; vgl. *Chronos*), sondern kommt auch in polynesischen, japanischen, peruanischen, indischen, phönizischen, chinesischen, finnischen und slawischen Ursprungsmythen vor. Auch viele Heroen sollen nicht geboren, sondern aus Eiern geschlüpft sein, etwa ein Urkönig von Südkorea oder die Dioskuren Kastor und Pollux (das Ei stammte von Leda, die Zeus als *Schwan* geschwängert hatte). Die im Ei schlummernde Keimkraft wurde mit Vitalenergie assoziiert, weshalb es im Heilzauber und in Fruchtbarkeitskulten eine Rolle spielte und auch als für die Reise in das Jenseits stärkende Speise als Grabbeigabe Verwendung fand. Auch *Sonne* und *Mond* wurden mehrfach mit goldenen bzw. silbernen himmlischen Eiern assoziiert. Allgemein wird das Ei als Symbol eines uranfänglichen Keimes gesehen, aus dem später die Welt hervorging. Als Sinnbild der von einer Schale umschlossenen Ganzheit steht es für die vom Beginn an vorgeplante Schöpfung. Im christlichen Bereich gibt es den Vergleich des aus dem Grab auferstehenden Christus mit dem Küken, das aus der Schale schlüpft; die *weiße Farbe* der Schale symbolisiert Reinheit und Vollkommenheit. In der *alchemistischen* Bilderwelt ist das »philosophische Ei« die später zum *Stein* der Weisen sich wandelnde Urmaterie, die bereits keimhaft alle Anlagen zur Reifung in sich trägt, wobei der Dotter auf das erhoffte *Gold* hinweist. – Viele symbolhaft begründete Bräuche haben das Ei zum Gegenstand, etwa das Frühlingssymbol des Ostereies als Zeichen der erwachenden fruchtbaren Natur, aber auch in Verbindung mit dem erwähnten Auferstehungsvergleich. In der Volksmagie werden gelegentlich Eier unter bestimmten Riten vergraben, wobei auch ihre Zerbrechlichkeit eine Rolle spielt (feindliche Mächte sollten sich hüten, seine Zerstörung zu verursachen, und Zurückhaltung üben). Im österreichischen Volksbrauchtum spielt das am Gründonnerstag gelegte und dann geweihte »Antlaßei«, das vergraben wird, als Unheilabwender eine Rolle. Es kann auch über das Hausdach geworfen und an der Stelle des Auftreffens vergraben werden, um das Haus vor *Blitz*schlag zu schützen.

Eibe, Taxus, ein Baum mit immer*grünen* Nadeln, der mehrere Jahrhunderte alt werden kann und daher in der Antike als ein Symbol der Unsterblichkeit galt. Wohl Ausdruck der Hoffnung auf ein Überdauern des persönlichen Todes, wurde der Baum seit Menschengedenken auf Friedhöfen angepflanzt, zusammen mit anderen dauerhaften und immergrünen Gewächsen. Die Giftigkeit der Samen, die das herzlähmende Alkaloid Taxin enthalten, war bereits in alter Zeit bekannt, und die gefürchteten keltischen Krieger vergifteten ihre Speerspitzen mit Eibensaft. Ungiftig ist hingegen der süße Samenmantel, der von Vögeln gefressen wird, die zur Ver-

Eiche: Mönch beim Fällen einer Eiche. Französische Buchmalerei ca. 1120

Eichhörnchen: Holzschnitt im Werk des Pseudo-Albertus Magnus, 1531

breitung der Pflanze beitragen. Das Eibenholz ist harzfrei und unbegrenzt widerstandsfähig und diente als Material zur Herstellung von Bögen und Statuen. Noch in neuerer Zeit wurden in Südosteuropa Kindern *Kreuz*chen aus Eibenholz als Amulette gegen dämonische Einflüsse gegeben.

Eiche, unter den *Bäumen* ein Gewächs von hoher Symbolkraft, wegen der Härte des Holzes vielfach ein Symbol der Unsterblichkeit oder Dauerhaftigkeit. Da nach noch heute bekannter Redensart die Eiche oft vom *Blitz* getroffen wurde (»Von den Eichen sollst du weichen«, wenn Gewitter droht), war sie in der Antike dem Blitz- und Himmelsgott Zeus/*Jupiter* geweiht, der im Rauschen der Eichenblätter im *Hain* von Dodona seinen Willen kundtat. In Alt-Rom war ein von einem Wald*könig* regierter Eichenhain am Nemi-See dem *Jupiter* heilig, und Eichenlaubkränze waren Würdezeichen der altitalischen Regenten. Auch bei keltischen Druiden standen die Eichen, auf welchen *Misteln* wuchsen, in hohem Ansehen, ebenso bei den Germanen, wo sie oft den Thingplatz beschatteten und dem *Donner*gott Thor/Donar geweiht waren, ähnlich wie bei den Litauern dem Perkunas. Einen Eichengott (Kashima-no kami) kannte auch das alte Japan. – Antiker Volksglaube erlebte die Eichen als von Dryaden (Baumelfen, von griech. drys = Eiche) bewohnte Lebewesen. Eichenblättern wurde die Eigenschaft zugeschrieben, den *Löwen* festzubannen, Eichenholzasche sollte den Getreiderost vernichten und ein Eichen*pfahl* im Misthaufen *Schlangen* verscheuchen. – In der Romantik war die Eiche Symbol der unerschütterlichen Kraft (»Treu und unerschütterlich wie die deutschen Eichen« ...), weshalb das »Eichenlaub« auch in der NS-Zeit Ordensattribut wurde. – Die Eichel wurde von den Druiden vor dem Weissagen gegessen, war aber sonst männliches Sexualsymbol (glans penis; bei Oswald Crollius 1629: „Die Eychel zeygt und bildet den Kopff der Mannlichen Ruthen vor«) und wird daher auch als Amulett getragen, wie sie auch als Farbe im deutschen Kartenspiel figuriert.

Eichhörnchen wurden einst mit Argwohn betrachtet. In der nordgermanischen Mythik war vom Eichhörnchen

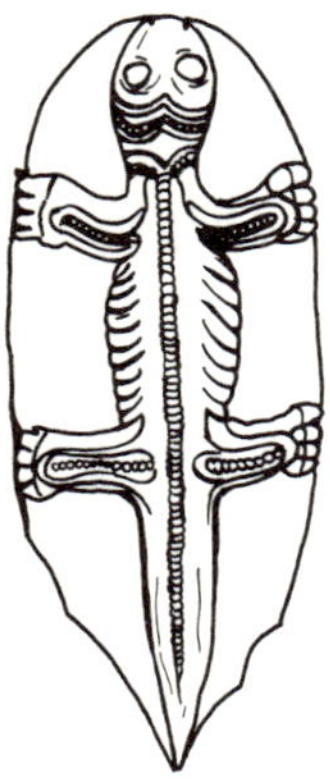

Eidechse: Maori-Schnitzerei von einem Türpfosten des Dorfes Ohinemutu, Neuseeland

Ratatöskr (»Rattenzahn«) die Rede, das ständig am Stamm des *Weltbaumes* Yggdrasil auf- und ablief und zwischen dem *Adler* auf dessen Spitze und dem Lindwurm Nidhöggr Zwietracht säte, indem es dem jeweils anderen erzählte, was der Widerpart über ihn gesprochen hatte. Auch mit dem feurigen Loki wurde das Eichhörnchen in Verbindung gebracht und konsequenterweise in christlicher Zeit dann mit dem *Teufel,* den man in dem rötlichen, hastig dahinhuschenden und schwer faßbaren Tier verkörpert sah. Sein Name ist nicht von dem der Eiche abzuleiten, sondern von einer Wortwurzel »aig-«, die etwa »sich heftig bewegen« bedeutet.

Eidechse. Der frühchristliche »Physiologus«-Text berichtet, daß sie, wenn sie alt wird und ihre *Augen* erloschen sind, in eine Mauerspalte kriecht, die nach Osten zu liegt. Wenn die *Sonne* aufgeht, »werden ihre Augen geöffnet und sie werden gesund. In dieser Weise suche auch du, o Mensch, wenn ... die Augen deines Herzens trübe werden, die aufgehende Sonne der Gerechtigkeit, unseren Herrn Jesus Christus, und er wird die Augen deines Herzens öffnen.« Als ein »winterschlafendes« Tier wurde sie zum Symbol des Todes mit späterer Auferstehung, doch wird auch auf Münzen dargestellt, daß sie vom Sonnengott (Apollon sauroktonos) getötet wird. Auf römischen Münzen wurde sie der Heilgöttin Salus zugeordnet, vermutlich wegen der Regenerationsfähigkeit bei Verlust des Schwanzes; im Traumbuch des Artemidoros galt sie als Hinweis auf »verächtliche Gesinnung«. In christlicher Zeit wurde die positive Wertung übernommen (Wiedergeburt, Verjüngung durch Häutung, Sehnsucht nach dem – geistigen – *Licht*) und das Tier auf Leuchtern, Weihrauchfässern usw. dargestellt. Ähnlich wie die *Biene* konnte eine Eidechse auch die Seele verkörpern und in dieser Gestalt aus dem Mund Schlafender schlüpfen, die nach der Rückkehr des Tierchens über dessen Erlebnisse Bescheid wußten. Ihr Name wird von einer Wurzel »agi-« abgeleitet, verbunden mit »dechse« (*Spindel*), wobei der erste Teil mit lat. ophis (Schlange) verwandt ist, so daß auf die Bedeutung »spindelartige Schlange« rückgeschlossen werden kann. Durch eine mißverstandene Worttrennung entstand das Wort »Echse« für Kriechtiere.

Einhorn (lat. unicornus), ein in der antiken und mittelalterlichen Symbolik wichtiges Fabeltier, meist dargestellt wie ein *weißer,* paarhufiger und pferdemähniger *Hirsch* mit einem schraubenförmig gedrehten *Horn* auf der Stirn. Den Ursprung dürften die Schriften des griechischen Historikers Ktesias (um 400 v. Chr.) bilden, der von einem Wildtier mit einem heilkräftigen Horn berichtet, was vermutlich auf mißverstandene Beschreibungen des indischen Panzernashorns zurückgeht. Auch können Rinderzüchter operativ »Einhorn-*Stiere*« herstellen, indem sie beim Kalb die

Hornansatzstellen der Stirnhaut übereinanderziehen und gemeinsam heilen und wachsen lassen. Das Horn des Nashorns wurde als Potenzmittel geschätzt und hat offenbar phallische Bedeutung. Die abendländische Ikonographie läßt das Horn jedoch der Stirn des Tieres entspringen, dem Sitz des Geistes, und spiritualisiert damit das ursprüngliche Sexualsymbol. Das Einhorn wird im Gegenteil Symbol von Reinheit und Stärke, und mittelalterliche Miniaturen und Tapisserien zeigen, daß es nur mit Hilfe einer reinen *Jungfrau* gefangen werden kann, in deren Schoß es sich vertrauensvoll flüchtet, worauf es dann von den Jägern gefangen wird und den Tod erleiden muß. Dies wird als Symbol der Empfängnis Jesu Christi durch die Jungfrau Maria aufgefaßt, ebenso des späteren Kreuzestodes des Erlösers. Der Verkündigungs*engel* Gabriel wird gelegentlich als Jäger dargestellt, der das »kostbare Einhorn« der Jungfrau zutreibt, unterstützt von Jagd*hunden,* die »Glaube, Liebe und Hoffnung« heißen oder nach den Kardinaltugenden Wahrheit, Gerechtigkeit, Frieden und Barmherzigkeit benannt sind. Dabei sitzt Maria im verschlossenen *Garten* (lat. hortus conclusus) oder in einem Rosenhag (z.B. auf Tapisserien im Musée Cluny, Paris). Die christliche Symboldeutung des Einhorns geht auf antike Sagen und auf frühchristliche Erbauungstexte zurück, die später in den mittelalterlichen Tierbüchern (Bestiarien) ausgeschmückt dargestellt wurden. Oft ist von der angeblich giftvernichtenden Heilkraft des Unicornus-Hornes die Rede, das auch in pulverisiertem Zustand Wunden zum raschen Verheilen bringen sollte. Solche Hörner (in Wahrheit Stoßzähne des nordatlantischen Meeressäugetieres Narwal, Monodon monodon, aus den Gewässern um Island und Grönland importiert) wurden als »Einghürn« nicht nur in den Kuriositätenkabinetten der Renaissance, sondern auch in Apotheken gezeigt. Im frühchristlichen »Physiologus« wird die gifttötende Wirkung dieses Hornes so beschrieben: Ehe andere Tiere zur Tränke kommen, »zieht die Schlange aus und speit ihr Gift ins Wasser. Die Tiere aber, die wissen, daß im Wasser Gift ist, wagen nicht zu trinken. Sie warten auf das Einhorn. Dieses kommt, geht sogleich in den See hinein und schlägt mit seinem Horn ein Kreuz. Dies läßt die Wirkung des Giftes verschwinden. Erst nachdem das Einhorn getrunken hat, trinken auch alle anderen Tiere.« Hier kommt

Einhorn in der altchinesischen Version, Ky-lin. Steinrelief, ca. 100 v. Chr.

Einhorn, von einem »Wildmann« geritten. Alte Spielkarte (»Vogel-Unter«) des Meisters E.S.

Vnicornis ein Einhorn.

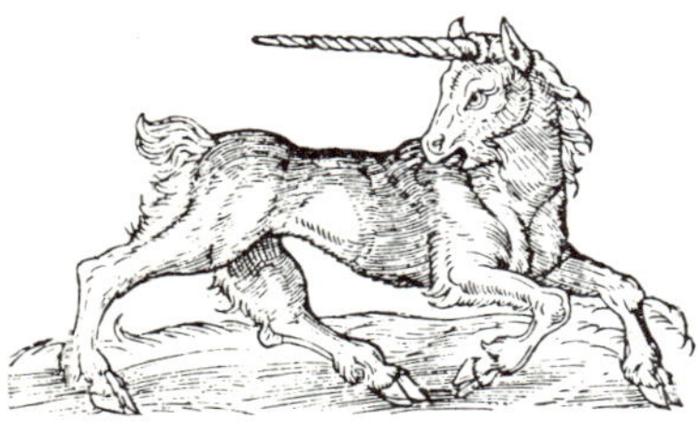

Vnicornis ein Einhorn/ist bei vns ein frembd vnbekandt thier / zimlicher grösse/doch gegē seiner treflichen stercke zu rechnen/nit groß von leib/ von farben gelbfarb wie buxbaumen holtz/hat gespalten kloen/ wonet im gebirg vñ hohen wildtnussen/hat vornen an der stirn ein sehr lang scharpff horn/welches es an den felsen vnd steinen scherpffet,

Einhorn aus der »Historia animalium« von C. Gesner, Zürich, 1551

sicherlich der Glaube an die Wunderkraft des Rhinozeroshornes in legendärer Umbildung zum Ausdruck. Übrigens nimmt in der mittelalterlichen Novellensammlung »Gesta Romanorum« der *Elefant* jene Rolle ein, die sonst dem Einhorn zugeschrieben wird; es heißt dort, daß ein König einen solchen zu erlegen wünschte und zwei schönen Jungfrauen befahl, nackt in den Wald zu gehen und dort süße Lieder zu singen; der Elefant schlief im Schoß der einen ein und wurde von der anderen mit dem *Schwert* getötet, und der König färbte einen Mantel in seinem *Blut.* Fraglich ist, welches Tier mit dem in der Bibel erwähnten »re'em« gemeint ist. Obwohl es sich wahrscheinlich um einen wilden Büffel*stier* handelt, wird dieser Name in Übersetzungen mit »Einhorn« wiedergegeben (griech. monoceros), so etwa in Psalm 22,22: »Dem Löwenrachen entreiße mich, errette mich vor den Hörnern der Einhörner.« Das chinesische Einhorn (ky-lin, ch'ilin) gleicht dem in Europa beschriebenen nur wenig. Es wird am ehesten mit einem hirschähnlichen, beschuppten Tier mit Ochsenschwanz und einem fellbedeckten Horn auf der Stirn verglichen. Als Symbol steht es für Milde, Glück und Segen, vor allem Kindersegen (»Söhne«). An die im Okzident bekannte Gruppe Einhorn-*Jungfrau* erinnert in China die Darstellung der milden Göttin Kuan-yin, auf einem liegenden Einhorn thronend. – In der *alchemistischen* Bilderwelt symbolisiert das Einhorn die Uressenz Mercurius, die mit dem *Löwen Sulphur* zu einer höheren Einheit verbunden werden soll. – In der *Heraldik* wird das Einhorn als paarhufiges, bärtiges *Pferd* mit gedrehtem Horn auf der Stirn dargestellt und spielt nur selten als Wappenbild (z.B. Bludenz, Vorarlberg), hingegen häufig als Schildhalter – zusammen mit dem Löwen – eine Rolle, so etwa beim Staatswappen von Großbritannien.

Einsiedler, Eremit – Symbolfigur des weltabgewandten Menschen, der durch seine asketische Isolation vom Getriebe der Welt auch besondere Begabungen der Vision und der Segenswirkung auf Ratsuchende erlangen kann. Es handelt sich im engeren Sinn um Vertreter einer religiösen Lebensweise, die auf Kommunikationsverzicht aufgebaut ist und »Alleinsein mit Gott« anstrebt. Als monastische Lebensform (Mönch, lat. monacus von griech. mónos – allein) war das Einsiedlertum zunächst bei christlich-ägyptischen »Anachoreten« üblich, die in der Wüste in Felshöhlen hausten (vgl. *Antonius*), während in Mitteleuropa die Eremiten ihre Klausen im *Wald* bauten. In Sagen und Legenden ist oft von der Wunderkraft die Rede, die solche Einsiedler durch weltabgewandtes Leben im Gebet erwarben. Nicht nur im christlichen Bereich, sondern auch in den Religionen des indischen Raumes sind »Waldeinsiedler« bekannt, die abgeschieden von der lärmenden Welt in der Einsamkeit meditieren und Erleuchtung anstreben. Auch

Einsiedler: Indischer Walderemit. Österr. Bauernkalender, 1911

Gautama Buddha verbrachte längere Zeit seines Lebens in solcher Losgelöstheit vom Weltgetriebe, ehe er seine Lehrtätigkeit begann.

Eis wird naturgemäß mit Kälte und dem hohen Norden in Verbindung gebracht, mit der Heimat der »Reif*riesen*« in der nordischen Kosmologie. Aus schmelzendem Eis entstand in dieser Weltentstehungslehre die Ur*kuh* Aud(h)um(b)la, die aus ihm ein männliches Vorzeitwesen, Buri, herausleckte. – In den südlichen Weltbildern spielt Eis natürlich keine Rolle. Im Mittelalter wurde es von den Alpen nach Italien transportiert und Menschen mit »warmer Konstitution« zur Milderung der inneren Hitze empfohlen. – In China wird Eis (ping) mit kindlicher Pietät in Verbindung gebracht; einer moralischen Erzählung zufolge setzte sich das Kind einer kranken Mutter, die sich einen Karpfen wünschte, im Winter auf das Eis eines gefrorenes Flusses, bis dieses schmolz und der *Fisch* heraussprang. Was über dem Eis liegt, gilt als männlich (Yang), das Wasser darunter als weiblich (*Yin*). »Gesprungenes Eis« ist die Metapher für eheliche Freuden im Alter. – Ähnliche Wortbildungen sind im deutschen Sprachraum bekannt, etwa »zwischen zwei Parteien ist das Eis gebrochen«. Andererseits ist das Eis auch trügerisch, wenn jemand »aufs Glatteis geht« oder »der *Esel* auf dem Eis tanzen« will, wenn es ihm zu gut geht. Wer dem »Eis einer einzigen Nacht vertraut« oder »sich auf dünnes Eis wagt«, ist sträflich unvorsichtig, während »etwas auf Eis legen« einen Aufschub bedeutet. Das »*Herz* aus Eis« gehört mitleidlosen und unbarmherzigen Menschen.

Eisen, in der Kulturgeschichte der Menschheit ein noch junges Gebrauchsmetall, repräsentiert in den Mythen von den Weltzeitaltern die letzte Stufe einer Entwicklung, die einst mit dem *goldenen Zeitalter* begonnen haben soll. Es ist dem Kriegsgott *Mars* (griech. Ares) zugeordnet, und der rötliche Rost erinnert an die *Blut*farbe. In der Antike galt es als ein Metall, das Dämonen und böse Geister fürchten, weshalb vielfach *Ringe* und Amulette aus Eisen getragen wurden. Noch im 7. Jahrhundert n. Chr. mußte durch die Kirche verboten werden, eiserne Ringe oder Armreifen aus abergläubischen Motiven zu tragen. Der Glaube an die Wirksamkeit des Hufeisens ist auf die unheilabwehrende Wirkung des Metalles selbst, auf seine *mond*ähnliche Form und auf den Kontakt mit dem Symboltier *Pferd* zurückzuführen. Zauber*kreise* zum Schutz vor Dämonen werden seit der Antike mit einer eisernen Spitze in den Boden geritzt. Viele Heilkräuter durften nicht mit eisernen Grabwerkzeugen

Elefant: Mammut, eiszeitliche Felsgravierung in der Grotte Les Comberelles, Frankreich

Elefant: Siegelstempel der Induskultur, ca. 2000 v. Chr.

aus dem Boden geholt werden, damit sie ihre Wirkung behielten. Einen Hinweis auf die übernatürlichen Eigenschaften des Eisens erblickten die antiken Völker in seiner Magnetisierbarkeit. Vom Magneteisenstein (Siderites) wurde angenommen, er könne auch Krankheiten an sich ziehen und »Sympathie« hervorrufen, auch Eheleute aneinander binden. Als »ansteckend« im magisch-symbolischen Sinn wurde auch der Rost angesehen, der Pflanzen vergiften sollte. – In Altchina war Eisen ein Sinnbild der Stärke und Gerechtigkeit, von dem angenommen wurde, daß es feindselige Wasser*drachen* in ihre Schranken weise. Eisenfiguren wurden daher an *Fluß*ufern und in Dämmen vergraben.

Eldorado, im allgemeinen Sprachgebrauch ein symbolischer Ort größter Fülle und maximalen Reichtums an begehrten Dingen, die keineswegs mit Kostbarkeiten im üblichen Sinn zusammenhängen müssen (etwa »Ein wahres Eldorado für Pilzsucher«). Ursprünglich bezog sich der Begriff jedoch auf eine Person, und spanisch »el dorado« bedeutete »der Vergoldete«. Gemeint war ein Kazike des alten Chibcha-Reiches im heutigen Kolumbien, den die spanischen Eroberer wegen des sagenhaften *Gold*reichtums seines Landes zu ergreifen suchten. Der König eines indianischen Reiches pflegte an einem Festtag auf einem Floß, am ganzen Körper mit Goldstaub bepudert, auf die Lagune von Guatavita hinauszufahren und dann im *Wasser* das Edelmetall als Opfer abzuwaschen, indem er untertauchte. Nach der Eroberung des Landes durch die Konquistadoren stellte sich heraus, daß der Goldreichtum nicht so groß war, wie die Spanier angenommen hatten.

Elefant, ein positiv aufgefaßtes Symboltier, das in Asien als königliches Reittier gezähmt und wegen seiner Klugheit hochgeschätzt wurde. Ein *weißer* Elefant kündigte die Geburt des Gautama Buddha an und ist auch das »Vahan«-Symbol des Bodhisattva, des Erlösers aus irdischer Verstrickung. Im Hinduismus trägt Ganesha, Gott der Schreibkunst und der Weisheit im allgemeinen, einen Elefantenkopf (mit nur einem Stoßzahn) und ist Anführer des Gefolges des Gottes Shiva. Im alten China war der Elefant das Symbol für Stärke und Klugheit, ähnlich wie in der abendländischen Antike, wo dieses exo-

Elefant: Der elefantenköpfige indische Weisheitsgott Ganesha (Kult-Bronzeplastik)

Elefant stürzt mit angesägtem Baum. W.H. Frh.v.Hohberg, 1647

tische Tier wegen seiner Intelligenz als Attribut des Gottes *Merkur* galt. Wegen seiner Langlebigkeit galt es überdies als Symbol der Überwindung des Todes. In der christlichen Bilderwelt des spätantiken »Physiologus« und in mittelalterlichen Tierbüchern wird die Keuschheit des Elefanten gerühmt, der seine Zeugungsbereitschaft nur durch den Genuß der *Mandragora*-Wurzel aktivieren kann. Dort wird erzählt, daß das Elefantenweibchen seine Jungen im Sumpf zur Welt bringt, während das Männchen es vor der feindlichen *Schlange* beschützt. Wenn der Elefant sich dabei an einen angesägten Baum lehnt, können ihn auch zwölf andere nicht aufrichten, sondern erst der kleine Elefant hebt ihn von unten mit dem Rüssel hoch. Die symbolische Deutung: *Adam und Eva* kannten im Paradies noch keine Geschlechtlichkeit und wurden erst durch den Genuß des *Apfels* (der Mandragora-Frucht) reif zum »Erkennen« des Partners. Dann gebar Eva den Kain »auf den verruchten Wassern«. Das Gesetz kann den gefallenen Adam nicht aufrichten, auch nicht der Chor der Propheten, sondern erst Christus, der »geistliche und heilige Elefant«. Die Fabel von der Steifbeinigkeit des Elefanten, in der Antike auch dem Elch zugeschrieben, wird noch im barocken Emblembuch Hohbergs (1675) poetisch verarbeitet: »Der thöricht Elephant an einen Baum sich lehnet/der halb ist abgesägt, samt ihm zu Boden fällt. Also wann mancher sich am sichersten seyn wähnet/zu Grunde spöttlich geht, wann er vertraut der Welt.« Im »Physiologus« wird weiter berichtet, daß der von einer blutsaugenden Schlange bedrängte und geschwächte Elefant zusammenbricht und im Tode auch die Feindin zerquetscht. »Sieh zu, o Mensch, daß dich die Schlange nie findet ... und aus dir den rechten Glauben heraussaugt, so daß du schließlich mit ihr zugrunde gehst« und beim Weltgericht hören mußt: »Weicht von mir, ihr Verdammten, in das ewige *Feuer,* das dem *Teufel* und seinen Engeln bereitet ist!« Schließlich wird die positive Deutung des Elefanten noch dadurch verstärkt, daß von der dämonenabwehrenden Wirkung verbrannter Haare oder Knochen des Elefanten berichtet wird.

Die »Keuschheit« des Elefanten, der angeblich nur im *Wasser* (im verborgenen) Junge zeugt, wird in Altchina gelobt. In Europa gehörte er mit dem *Einhorn* zu den fremdartigen Tieren, die nur gelegentlich in Tierfabeln eine Rolle spielen. Auf *Paradies*bildern wird er häufiger dargestellt, und nach der Zeit der Kreuzzüge tritt er sogar als Wappentier auf (Grafen von Helfenstein; Schildhalter im Wappen von Oxford). Ein Elefantenorden wurde 1464 in Dänemark gegründet. – Ein weißer Elefant war bis 1910 Wappentier des Königreichs Siam (Thailand). – Die tiefenpsychologische Symboldeutung faßt den Elefanten wegen seines Rüssels als »phallisches Wesen« auf, zugleich aber auch als Verkörperung »altersgrauer« ererbter Weisheit und unaggressiv in sich ruhender Stärke. Er repräsentiert in Träumen »*erd*hafte Wirklichkeit« für Menschen, deren Realitätsbezug nicht klar genug ausgeprägt ist, ebenso eine »Großaussage« über die Mächtigkeit des Lebens. Ähnlich bewertet wurde das Symboltier Hsiang (Elefant) in China. »Auf einem Elefanten reiten«, wie oft die Helden der Sage es taten, bedeutet wegen der Lautähnlichkeit in der chinesischen Sprache »Glück«.

Elemente: Das Viererschema in Verbindung mit der Jahresteilung. Augsburg, 1472

Elemente. Sie sind nicht nur Ordnungsprinzipien der traditionellen Weltbilder, nicht mit dem modernen Elementbegriff aus Chemie und Physik zusammenhängend, sondern auch Symbole der Orientierung und vieler ineinander verschränkter Entsprechungssysteme. So werden sie immer wieder mit den Himmelsrichtungen und Farben in Verbindung gebracht. Gemeinsam ist die Zusammenordnung von Begriffen, die im heutigen Denkstil aus verschiedenen Bereichen stammen. Die Antike unterschied die beiden Urqualitäten (Stoicheia) des Aktiven und des Passiven (was an die ostasiatische Dualitätsordnung nach *Yin und Yang* erinnert), aus welchen einerseits die Urqualitäten »Trocken« und »Feucht« (aktiv) und »Kalt« und »Warm« (passiv) hervorgehen. Aus ihrer Kombination ergeben sich die eigentlichen Elemente: »Trocken« und »Kalt« bildet die *Erde,* »Trocken« und »Warm« das *Feuer,* »Feucht« und »Warm« die *Luft* und »Feucht« und »Kalt« das *Wasser.* Von hier gehen zahlreiche Analogiereihen aus. Das Element Erde steht mit dem Herbst, der *schwarzen* Galle, der Milz und der *Blei*farbe in Korrespondenz, woraus sich das »Temperament« des Melancholikers ergibt; der Luft entspricht der Frühling, das *Blut,* das *Herz,* glänzende *Farben* und das Temperament des Sanguinikers; Wasser regiert den Winter, den Körpersaft Schleim, das Gehirn, die *weiße* Farbe und den Phlegmatiker; das Feuer schließlich den Sommer, die *gelbe* Galle, die Leber und den Choleriker, der die »Feuerfarbe« repräsentiert. Die alten Heiltheorien, bis in die Neuzeit hinein lebendig, hatten die Harmonisierung dieser Komponenten im Menschen zum Ziel, um keiner von ihnen die absolute Vorherrschaft zum Schaden der Ausgewogenheit zu gestatten. Interessant ist die symbolische Gleichsetzung der »vier Elemente« mit geometrischen Körpern in Platons

»Timaios«, wo es heißt: »Der Erde wollen wir die Gestalt des Würfels zuweisen, denn sie ist das unbeweglichste und bildsamste Element . . . dem Wasser hingegen geben wir von den übrigen Gestalten die am schwersten bewegliche (den Ikosaeder), dem Feuer die am leichtesten bewegliche (den Tetraeder) und der Luft die mittlere (den Oktaeder); den kleinsten jener Elementarkörper teilen wir dem Feuer zu, den größten dem Wasser, den mittleren wieder der Luft; den spitzigsten endlich dem Feuer, jenen zweiten Ranges der Luft und jenen dritten Ranges dem Wasser.« Der Dodekaeder symbolisierte das Weltganze. In der komplizierten Bilderwelt der *Alchemie* wurde einem *Dualsystem* der beiden Urprinzipien *Sulphur und Mercurius* die größte Aufmerksamkeit geschenkt, um durch Manipulation ihrer Anteile und ihrer Konzentration nach »fix« und »volatil« (flüchtig) die »*Sonnen*haftigkeit« von *Gold* zu erlangen. Als drittes dieser »philosophischen Elemente« wurde durch Paracelsus (1493–1541) »Sal« (wörtlich *Salz*) hinzugefügt, um die »Greiflichkeit« zum Ausdruck zu bringen. Erst der Fortschritt der Naturwissenschaft führte zu der Erkenntnis, daß diese symbolische Natursicht sich nicht mit den chemisch-physikalischen Fakten in Einklang bringen läßt und ausschließlich theoretisch-philosophische Bedeutung besitzt.

Bemerkenswert ist im Vergleich dazu das ostasiatische Weltbild, in Altchina ausgearbeitet, das von den Urprinzipien *Yin und Yang* ausgeht und nicht vier, sondern *fünf* Himmelsrichtungen (mit Einschluß des Ortes »Mitte«) kennt. Die Elemente sind hier Wasser, Holz, Feuer, Erde und Metall; die Luft wird nicht berücksichtigt. Ein alter Merkvers besagt: »Wasser erzeugt Holz; zerstört jedoch

Elemente: Der Mensch im Kreuzungspunkt der vier Elemente. H. Weiditz in der »Historia naturalis« des Plinius, Frankfurt, 1587

Feuer; Feuer erzeugt Erde, zerstört jedoch Metall; Metall erzeugt Wasser, zerstört jedoch Holz; Holz erzeugt Feuer, zerstört jedoch Erde; Erde erzeugt Metall, zerstört jedoch Wasser.« Im »Buch der Urkunden« wird erläutert: »In der Natur des Wassers liegt es, zu befeuchten und abwärts zu fließen; in jener des Feuers, zu lodern und nach oben zu schlagen; in jener des Holzes, gebogen oder geradegerichtet zu werden; in jener des Metalls, gehorsam zu sein und sich formen zu lassen; in jener der Erde, bestellt und abgeerntet zu werden.« Dem Holz entspricht der Osten und die Farbe *Blau,* dem Feuer der Süden und das Rot, dem Metall der Westen und das Weiß, der Erde die Mitte und das Gelb. So bilden die Elemente (wu-hsing) auch

Elemente: Entsprechungen im antiken und mittelalterlichen Weltbild (Vier-Säfte-Lehre)

Passive Stoicheia		Aktive Stoicheia	
TROCKEN	FEUCHT	KALT	WARM

Elemente:	ERDE	LUFT	WASSER	FEUER
Jahreszeiten:	Herbst	Frühling	Winter	Sommer
alchemist. Symbol	🜃	🜁	🜄	🜂
Körpersäfte:	Schwarze Galle	Blut	Schleim	Gelbe Galle
Temperamente:	Melancholiker	Sanguiniker	Phlegmatiker	Choleriker
Hauptorgane:	Milz	Herz	Hirn	Leber

hier die Richtschnur zur symbolischen Ordnung der Welt mit den fünf bekannten *Planeten,* Geschmacksrichtungen (salzig, bitter, sauer, scharf, süß), Tierordnungen (Behaarte, Befiederte, Beschuppte, Gepanzerte, Nackte) und Hauptorganen des Menschen. Außer dieser Fünferordnung wurde eine Achterordnung zur gedanklichen Systematisierung des Kosmos eingesetzt (vgl. *Acht Unsterbliche, I-Ching*). – Gnostischer Symbolmythos über die Regenten der vier Elemente: vgl. *Kain.* – Der Sanskrit-Sammelname der Elemente lautet Tattwa; Erde – Prithivi; Wasser – Apas; Feuer – Tejas; Luft – Vayu; Äther – Akasha. Meditative Reisen in diese »elementaren Schwingungszustände des Kosmos« im Anschluß an Yoga- und Tantra-Lehren werden in der modernen Esoterik zusammen mit theosophischen Bildsymbolen (Erde – gelbes *Quadrat;* Wasser – *silberne* liegende *Mond*sichel; Feuer – rotes *Dreieck* mit nach oben gerichteter Spitze; Luft – hellblaue Scheibe; Äther – *violette* Eiform) zu einem System der »Tattwa-Therapie« (Tegtmeier 1986) ausgewertet.

Elster, früher auch Eggster oder »Hätz«, gilt in Mitteleuropa als Symboltier der Geschwätzigkeit und Dieberei (Redensarten »geschwätzig wie eine Elster, eine zänkische Elster, die diebische Elster« usw.). Schon in Ovids »Metamorphosen« wird eine Frau in eine Elster verwandelt. Während der schwarzweiß befiederte Vogel bei uns negativ bewertet wird, gilt er in China (hsi) als Glückssymbol (hsi-ch'iao, Freudenelster). Ihr Schrei soll gute Nachrichten oder erfreuliche Gäste ankündigen. Ein Text aus dem 5. Jahrhundert n. Chr. erzählt, daß in alter Zeit Mann und Frau bei einer vorübergehenden Trennung einen *Spiegel* in zwei

Engel: Johannes der Täufer, nach der ikonographischen Tradition der Ostkirche als Engel dargestellt

Teile brachen. Bei Ehebruch verwandelte sich der Spiegelteil des Sünders in eine Elster und kündete dem betrogenen Partner die Missetat an. Daher wurden Bronzespiegel oft mit eingeritzten Elsterbildern versehen. Außerdem verkörperte die Elster das Urprinzip Yang (*Yin und Yang*) und stand als Glücksvogel dem *Raben* gegenüber. Bilder mit zwölf Elstern bedeuteten ebenso viele gute Wünsche, solche mit Elstern, *Bambus* und Pflaume oder mit zwei Elstern eheliche Liebesfreuden (besonders auf Hochzeitswünschen dargestellt).

Engel. Da die »Angelologie« eher zur Theologie als zur Symbolforschung gehört, müssen hier einige Andeutungen genügen. Die im Alten Testament der Bibel erwähnten Maleachim, die Boten Gottes, erhielten den griech. Namen angeloi (lat. angeli), wobei sie zunächst als Personifikationen des Gotteswillens, später als Angehörige eines *Himmels*heeres und Hofstaates betrach-

Engel: Sechsflügeliger Seraph auf einem der Räder (Ophanim). A. N. Didron, Christian Iconography, 1866

tet und in mehrere Klassen oder Hierarchien eingeteilt wurden (Cherubim, Seraphim, Throni, Dominationes, Principatus, Potestates, Virtutes, Archangeli, Angeli). Dieser himmlische Dienststellenplan geht auf Dionysios Aeropagita (um 500 n. Chr.) zurück, der damit die Grundlage für die symbolische Kugelschalenstruktur des mittelalterlichen Weltbildes schuf und sie theologisch begründete. Danach sind Cherubim und Seraphim für die Erstbewegung (Primum mobile) und die Sphäre der Fix*sterne* verantwortlich, Throni für jene des *Saturn,* Dominationes für *Jupiter,* Principatus für *Mars,* Potestates für die *Sonne,* Virtutes für die *Venus,* Archangeli für *Merkur* und die Angeli für den *Mond,* den erdnächsten Himmelskörper. Auch etwas andere Reihungen werden in den Texten und schematischen kosmologischen Darstellungen des Mittelalters erwähnt. – Altorientalische Bildwerke von geflügelten Menschengestalten als Verkörperungen von Genien und übernatürlichen Wesen beeinflußten die christliche Darstellung der Engel als *Flügel*wesen, die in der frühchristlichen Kunst lange vermieden worden war (wohl um Verwechslungen mit Personifikationen wie Nike/Victoria, Gloria und Agatha Tychē, das »gute Geschick« des Kaisers, zu verhindern). Um das 4. Jahrhundert setzen Engelbilder mit Heiligenschein *(Nimbus)* und Flügeln ein, von weißgekleideten Jünglingen, die in den Händen Botenstäbe, *Lilien, Palm*zweige, Flammen*schwerter* (zur Bekämpfung des *Teufels*), Rauchfässer, *Fahnen* oder *Posaunen* (zur Verkündigung des Weltgerichts) tragen. Im Mittelalter und der Frührenaissance werden die Engel zunehmend *androgyn* oder mädchenhaft dargestellt. Ebenso setzt sich bereits im 12. Jahrhundert die symbolhafte Darstellung von Engeln als geflügelte Köpfe (Ausdruck der »Nichtleiblichkeit«) und als Kinder (»Unschuld«) durch, die dann durch die Engelputten des Barock ihren endgültigen idyllischen Ausdruck findet. – Oft dargestellt werden Cherubim mit Flam-

Engel: Michael, der Kämpfer gegen den luziferischen Drachen. W. Auers Heiligen-Legende, 1890

men*schwertern* als Hüter des verschlossenen *Paradieses* und Seraphim als Diener am *Thron* Gottes, der Erzengel Gabriel bei Mariae Verkündigung, Michael als Kämpfer gegen den *Drachen* Luzifer und Uriel am leeren Grab Jesu Christi, schließlich die Engel an der Jakobs*leiter* und im Barock als Wegweiser der im Fege*feuer* (Purgatorium) geläuterten Seelen, die empor zum Himmel schweben. Im 19. Jahrhundert erfuhr die Darstellung des persönlichen Schutzengels (vor allem von Kindern) einen starken Aufschwung. Vgl. *Buch* (Rasiel), *Todessymbole.*

Ente, ein Wasservogel und Haustier mit geringerer Symbolbedeutung als die *Gans.* Enten in der Wildform waren zunächst Jagdtiere, wurden in Ägypten schon um 1500 v. Chr. domestiziert und in der bildenden Kunst oft dargestellt. Manche Zusammenhänge der Bildszenen, auch in der orientalischen Kunst, lassen erotische Anspielungen unbekannter Art erahnen, wie dies auch in der hellenistischen Kunst angenommen wird (Eros – vgl. *Amor* – mit Ente, Mädchen mit Ente). – In Gallien war die Ente das heilige Tier des Volksstammes der Sequaner und ihrer Göttin Sequana (des Seine-Flusses). – In China war der Name der Ente (ya) in manchen Gegenden verpönt, da es zum Teil »Penis«, zum Teil »Homosexueller« bedeutete. Eine »Enten-*Ei*-Sekte« soll ihren Mitgliedern eine streng vegetarische Lebensweise und den Genuß von Enteneiern auferlegt haben, wurde jedoch wegen angeblicher Ausschweifungen im Kult verboten. – Der barocke Emblemversdichter Hohberg (1675) faßte das Untertauchen der Enten ins Auge: »Die Ändten sihstu offt im Wasser sich einducken, jedoch sie wiederum empor sich allzeit schwingt. Also so offt ein Strom die Frommen will verzucken, so offt sie Gottes Güt aus ihrem Unglück bringt.« – Eine positive Symbolbedeutung hat in Ostasien die hübsche Mandarinente, Yüan-yang, die immer in Paaren lebt und als Sinnbild einer guten Ehe dient. Solche Entenfigürchen aus Porzellan werden gern Ehepaaren geschenkt, und Mandarinenten-Motive zieren Vorhänge und Decken von Ehebetten.

Ente: Emblem-Kupfer, W. H. Frh. v. Hohberg, 1647

Eos, die griechische Personifikation der Morgenröte (lat. Aurora), bei Homer »die *rosen*fingrige Göttin«, wurde auch Hemera (Tag) genannt, wenn sie morgens vor dem Wagen ihres Bruders Helios (*Sonne*) voraneilte und vom Morgenstern (*Venus*) begleitet wurde. Sie lief mit der Sonne über den Himmel und verließ sie im fernen Westen des erdumspannenden Okeanos als Hespera (Abend). Es heißt, daß sie mit dem Titanen Astraios vermählt war und ihm die *Sterne* und *Winde* gebar, doch infolge einer Verwünschung der Liebesgöttin Aphrodite auch zahlreiche Liebesverhältnisse einging, so etwa mit dem Jäger Orion (vgl. *Skorpion*). Mit Tithonos, dem Bruder des Trojanerkönigs Priamos, hatte sie einen Sohn namens Memnon, der im Trojanischen Krieg von Achilles getötet wurde. Aus Trauer darüber vergoß Eos Tränen, die seitdem als *Tau* auf die Erde fallen. Vgl. *Zikade*.

Erde: Der widderköpfige Gott Chum formt Menschen aus Tonerde auf der Töpferscheibe. Ägyptisches Relief

Erde ist in der klassischen Tradition eines der »vier *Elemente*«, zugleich ein mit vielen symbolischen Ideen überfrachteter Begriff (»Heimaterde, auf fruchtbare Erde fallen, jemanden unter die Erde bringen, Armeen aus der Erde stampfen« etc.). In vielen alten Weltbildern ist die Erde von einer *Mutter*göttin verkörpert (griech. Gaia, lat. Tellus, germanisch Nerthus, polynesisch Papa), seltener von einem Erd-Mann (äygptisch Geb). »Heil dir, Erde, der Menschen Mutter, sei du wachsend in des Gottes Umarmung, erfülle dich mit Frucht, den Menschen zu Nutze« (Aischylos, 525–456 v.Chr.). Die »heilige *Hochzeit*« (Hieros gamos) zwischen *Himmel* und Erde ist Gegenstand vieler archaischer Mythen und Riten, besonders in Fruchtbarkeitskulten und in den Mysterien der Göttin Demeter. Im altchinesischen Weltbild ist die Erde ein *Quadrat*, verglichen mit einem viereckigen *Wagen*kasten, der Himmel ein *kreis*förmiger *Baldachin*schirm darüber. Himmel und Erde (t'ien-ti) bedeuten den gesamten Kosmos. Vielfach stehen an den Eckpunkten der Erde *vier* Pfeiler oder *Bäume*, von übernatürlichen Hütern beschützt, so etwa bei den Maya in Yucatán vier Ceiba- oder Kapokbäume (Yaxché, Ceiba pentandra), und in der heiligen Mitte eine *Weltenachse* (axis mundi) oder ein Welten*baum*; die vier Weltgegenden (bzw. *fünf*, wobei die Mitte als eigener heiliger Ort genannt wird) werden mit bestimmten *Farben* in Verbindung gebracht. Wenn die Erde bebt, wird dies immer als eine Äußerung göttlicher oder menschenfeindlicher Kräfte verstanden, welche die kosmische Ordnung gefährden und beschwichtigt werden müssen. Die erwünschte Beständigkeit und Unerschütterlichkeit des Erdbodens wird auch in den symbolischen Werten der Begriffe *Stein* und *Fels* zum Ausdruck gebracht. Die Struktur des *Tempels* gibt vielfach den idealen Bau der Erde in architektonischer Umsetzung wieder.

In der antiken Analogielehre entspricht dem Element Erde der Melancholiker, die »*schwarze* Galle«, die Jahreszeit Herbst und das Organ Milz (englisch spleen!), in Altchina hingegen die Mitte, die Zahl Zwei, die Farbe *Gelb*, das Haustier Rind und der süße Geschmack. – St. Hildegard von Bingen (1098–1179) bringt in ihrem Werk »De operatione Dei« eine eigene Symbolik zum Ausdruck: »Die lebendige Erde ist die Kirche. Sie gebiert mit der Lehre der Apostel die Frucht der Gerechtigkeit, wie diese es im Anfang ihren Jüngern verkündigt haben. Gleichsam ein Kraut der grünenden Lebensfrische des rechten Glaubens sollten sie sein, ein Kraut, das sie im Samen der Worte Gottes empfangen haben. Und fruchtbringende Bäume sollten sie nach Gottes Gesetz sein, so daß in ihren Samen weder Unzucht noch Ehebruch eindringe, daß sie vielmehr im rechten Zeugen Kinder auf die Welt schickten.« – In der Antike wurde die »heilige Göttin Tellus, die Hervorbringerin der Naturdinge«, auch mit einem *Füllhorn* in der Hand dargestellt und – im mehrmals kopierten Text »Medicina antiqua« – angefleht, Heilkräuter mit den darin enthaltenen Kräften für die leidende Menschheit hervorzubringen. Im Mittelalter wurde der »heidnische« Text, der mit »Dea sancta Tellus« beginnt, in »Deo sancto« (dem heiligen Gott) korrigiert, ohne ihn sonst abzuändern.

Erde als Baustoff der Ureltern spielt in der islamischen Tradition eine große Rolle. Danach sandte Allah seine Engel aus, um Erde in sieben verschiedenen *Farben* zu holen. Diese weigerte sich aber zunächst, etwas von ihrer Materie herzugeben, bis endlich der Todes*engel* den Auftrag erfüllte und die farbigen Erden raubte. Nach dem Tod der Menschen sollte die Erde ihren Anteil zurückerhalten. Allah schuf nun *Adam*, und aus ihm gingen die verschiedenen Menschenrassen hervor: *Weiße, Schwarze, Braune, Gelbe, Grüne* (die olivfarbenen Inder), Halbschwarze (Nubier) und *Rote* (die Völker der »Wilden«). – In den mittelalterlichen Texten heißt der Baustoff *Adams* »Limus«, was mit Lehm oder »Leim« übersetzt wurde. Bei Hildegard von Bingen heißt es, die lehmig-wässerige Erde sei durch das *Feuer* der Seele zu Fleisch und *Blut* »gekocht« worden. Lehmige Erde ist bekanntlich in vielen Weltschöpfungsmythen der Grundstoff bei der Schaffung des Menschen durch Gottheiten, so etwa in Altägypten Material des *widder*köpfigen Gottes Chnum, im babylonischen Gilgamesch-Epos der Göttin Aruru, die den ersten Menschen nach jungsteinzeitlicher Töpferart aus diesem Stoff formte.

Erinnyen (Furien), V. Cartari, 1647

Erinnyen, auch Erinyen (so etwa in Schillers Ballade »Die Kraniche des Ibykus«, sonst bekannter unter der lat. Bezeichnung Furien). Rachegöttinnen, das Streben des Menschen nach Vergeltung sonst ungesühnter Übeltaten verkörpernd. Diese drei dunklen, mächtigen Schützerinnen der Ordnung (vgl. *Dreigestalt*) sollen aus dem *Blut* des Gottes Uranos entstanden sein; sie tragen die griech. Namen Al(l)ekto (die nie Ablassende), Tisiphone (die den Mord Rächende) und Megaira (die Neiderin) und werden mit *Fackeln* und Geißeln in den Händen, mit *Schlangen*haaren auf dem Kopf dargestellt, als rastlose Verfolgerinnen von Blutschuld und Frevel gegen Verwandte, etwa Eltern. Gelegentlich wurden sie für personifizierte Verfluchungen gehalten, doch schützten sie zugleich die sittlichrechtliche Ordnung und wurden daher auch – begütigend oder ehrfürchtig? – Eumeniden (die Freundlichen) oder Semnai Theai (ehrwürdige Göttinnen) genannt. An manchen Orten war ihre Verehrung mit jener der drei *Grazien* als Gegenbilder verbunden.

Esel, eines der Tiere, die symbolkundlich sehr zwiespältig gedeutet werden. In Altägypten wurde er meist mit dem Mörder des Osiris, Seth (Sutech), in Verbindung gebracht, und der Eselshieroglyphe ein Messer in die Schulter gezeichnet, um das unheilvolle Zeichen magisch unschädlich zu machen. In Griechenland wurde der Gott Dionysos auf einem Esel reitend dargestellt, die Römer sahen in ihm einen Hinweis auf den Fruchtbarkeitsgott Priapus und stellten ihn auch in das Gefolge der Göttin Ceres. Andererseits wurde er in Erzählungen und Fabeln als lächerliches Wesen hingestellt, und ein Ritzbild vom Palatin verspottet die Christen als »Anbeter eines gekreuzigten Esels« (Mannes mit Eselskopf). In der Bibel ist vom weissagenden Esel Bileams (4. Buch Mosis 22) die Rede, der den Willen Gottes eher erkennt als der Mensch; Jesus zieht auf einer Eselin reitend in Jerusalem ein. Das bekannte Bild der Weihnachtsszene mit *Ochse* und Esel an der Krippe des Christuskindes ist einem apokryphen (kirchlich nicht anerkannten) Pseudo-Matthäus-Evangelium entnommen. Es wurde später so gedeutet, als sollte der Esel die Heiden, der Ochse die Juden symbolisieren. Der Auffassung, den Esel als Inbegriff der Demut und Sanftheit zu sehen, steht die andere gegenüber, derzufolge er Dummheit, Faulheit und störrisches Wesen in Verbindung mit hemmungsloser Geilheit repräsentiert. Esel und *Bock* werden in der romanischen Plastik als Symbole von Trägheit und Unzucht dargestellt.

Esel: Eselsköpfige Dämonenwesen. Freskomalerei, Mykenä, ca. 1500 v. Chr.

»Dummheit« ist im Mittelalter auch die mangelnde Glaubensbereitschaft, weshalb der Apostel Thomas, der Zweifler an der Auferstehung Christi, und das Judentum (die »Synagoge«) zusammen mit Eseln dargestellt wurden. Andererseits illustrieren Bilder die Szene, in der ein Esel vor der geweihten Hostie niederkniet, die St. Antonius von Padua trägt, und die damit den die Heiligkeit erkennenden Esel Bileams aus dem Alten Testament neuerlich ins Gedächtnis ruft. – Im frühchristlichen »Physiologus« heißt es vom Wildesel, daß das Vatertier männlichen Fohlen die Geschlechtsteile abbeiße, um sie zu Eunuchen zu machen, wovon die Perser die Kastration gelernt hätten; daran wird die Lehre gehängt, daß es besser sei, in Askese »geistliche Kinder zu zeugen«, denn der »neue Same« sei jener der Askese, »die freiwillige Enthaltung und Selbstbeherrschung«. – Aus dem Mittelalter ist der Rechtsbrauch bekannt, daß verurteilte Ehebrecher gezwungen waren, öffentlich auf einem Esel zu reiten.

Eule, in Europa als Symboltier der Göttin Pallas Athene geläufig (»Eulen nach Athen tragen« – etwas Überflüssiges tun). Ihr Symbolgehalt ist ambiva-

Eule auf einem rotfigurigen attischen Skyphos-Gefäß, ca. 470 v. Chr.

lent. Eulen (und das von ihr nicht genau unterschiedene Käuzchen) scheinen dem Menschen wie mit einem weise abwartenden, in sich gekehrten Blick ausgestattet, nachdenklich und grüblerisch, überdies mit der Fähigkeit begabt, im Dunkel zu sehen. »Die Eulen haben auch wegen ihrer Natur absonderliche Bedeutung, vornehmlich weil sie meistenstheils zu Nacht ihre Wachtzeit halten; werden derowegen den wachsamen Soldaten, und anderen, so dem Studiren obliegen, zugeeignet« (Böckler 1688). Hier wird auch ein außereuropäisches Symbolbeispiel erwähnt: »Der Tartar-Cham führet eine schwartze Nachteul in einem güldenen Schild, weilen der erste Tartarische Kayser, Changis-Cham, sein Leben vermittels eines solchen Vogels errettet.« – Als ein Symbol der das Dunkel durchschauenden Gelehrsamkeit und des Wissens ist der Vogel häufig auf Signets wissenschaftlicher Verlage und Buchhandlungen zu sehen, da auch die Göttin Athene/Minerva als Verkörperung der Weisheit gilt. Kauz und Eule spielen hingegen im Volksglauben eine negative Rolle. Und zwar wegen ihrer nächtlichen (»*licht*scheuen«) Lebensweise, ihrer Ungeselligkeit, ihres lautlosen Fluges und ihrer klagenden Stimme (»Totenvogel, Leichenhuhn«). Damit repräsentieren sie die Abkehr vom geistigen Licht, bei positiver Auffassung hingegen Jesus Christus in der »Nacht des Leidens und Todes«. – Der Barockdichter Hohberg (1675) spricht von der Angriffslust der Tagvögel beim Anblick des Nachttieres: »Das Käuzlein, wann es wird erblickt von dem Geflügel/es angefallen wird mit Stechen und Geschrey. Wann einmal öffnen kann die Welt der Kirchen Riegel/sie diese stürmen will mit Mord und Tyranney.« – Im Judentum wurde der weibliche Nachtdämon Lilith in Gesellschaft des Nachtvogels Eule imaginiert, im Hin-

Eule: Käuzchen, von Vögeln attackiert. W. H. Frh. v. Hohberg, 1675

Eule als Seelentier in aufklappbarem Holzherzen beim Maskendrama der Tsimshian-Indianer, NW-Küste Nordamerikas

duismus gilt dieser als Reittier der schrecklichen dunklen Göttin Durga in ihrer Erscheinungsform »Camunda«; bei den yukatekischen Maya trägt der Totengott Hunhau oft einen Eulenkopf. – In China ist die Eule das negative Gegenstück des *Phönix* und kündigt Unheil an, wohl wegen ihrer großen, starren »Dämonenaugen« und aufgrund der Fabel, derzufolge junge Eulen erst dann fliegen lernten, wenn sie pietätlos ihren Eltern die Augen ausgehackt hätten. Hingegen hatte der Vogel einst in der Zeit der Shang-Dynastie offenbar eine positive Bedeutung, da viele Bronzegefäße seine Gestalt zeigen. – In der voraztekischen Kultur Altmexikos (Teotihuacán) war die Eule dem Regengott heilig, doch bei den Azteken symbolisierte sie ein dämonisches Nachtwesen und ein böses Omen. All diese Doppeldeutigkeiten könnten das Sprichwort illustrieren: »Was dem einen sin Ul, ist dem andern sin Nachtigall.«

Eulenspiegel, niederdeutsch Ulenspegel, soll eine historische Persönlichkeit aus dem Braunschweiger Land (Schöppenstedt) gewesen und 1350 in Mölln begraben worden sein. Er wurde zur Hauptperson eines beliebten Volksbuches, das seine *Narren*streiche als Ausdruck bäuerlich-grobianischer Pfiffigkeit zum Gegenstand hatte und damit auch das kleinstädtisch-selbstbewußte Zunftwesen seiner Zeit zum Ziel seines Witzes machte, indem sein Held u. a. bildlich gemeinte Anweisungen wörtlich ausführte. Till, Dyl, Tyll, Tile (vgl. *Tell*) war ein häufiger bäuerlicher Vorname, während »Ulenspegel« (davon das französische »espiègle«, Schalk) offenbar ein Spitzname ist und sich von »ulen« (wischen, fegen) und *Spiegel* (weidmännisch für Hinterteil) ableitet, also etwa »Hinterwischer« bedeuten mag. Der

Eulenspiegel: Titelseite der ersten bekannten Druckausgabe des Volksbuches, Straßburg, 1515

erste niederdeutsche Druck des Schwankbuches erschien 1478 in Lübeck, der erste hochdeutsche 1515 in Straßburg. »Eulenspiegeleien« oder »Eulenspiegelpossen« sind sprichwörtlich geworden; seine Gestalt wurde in vielen Balladen, Romanen, Lustspielen und Tondichtungen (Richard Strauß, Rezniček) zum dankbaren Thema. In Ch. de Costers »Thyl Ulenspiegel und Lamme Goedzak« ist der Held ein Rebell gegen die spanische Unterdrükkung der Niederlande. – Die entsprechende echte Eulenspiegel-Rolle des lustigen Schabernacktreibers ging im späteren Volksschauspiel und im Puppenspiel auf den Hanswurst oder »Kasperl« über, der sich mit Witz und Pfiffigkeit gegen überlegene Kräfte durchsetzt und das Publikum zum Lachen bringt. In der Commedia dell'Arte wurde diese Rolle vom Arlecchino (Harlekin) übernommen.

Evangelisten: Symbole der Evangelisten Johannes und Lukas. Schmuckplatte des Calixtus-Baptisteriums, Cividale (ca. 770 n. Chr.)

Evangelisten: Symbole der Evangelisten Matthäus und Markus. Schmuckplatte des Calixtus-Baptisteriums, Cividale

Evangelisten-Symbole. In der Vision des Propheten Hesekiel (Ezechiel) heißt es: »Ich sah – ein *Sturm*wind kam vom Norden, eine große *Wolke* mit flackerndem *Feuer,* umgeben von einem hellen Schein. Aus dem Feuer strahlte es wie glänzendes *Gold.* Mitten darin erschien etwas wie *vier* Lebewesen ... Jedes der Lebewesen hatte vier Gesichter und vier *Flügel* ... sie glänzten wie glatte und spiegelnde Bronze ... Und ihre Gesichter sahen so aus: ein Menschengesicht (nach vorn), ein *Löwen*gesicht (nach rechts), ein *Stier*gesicht (nach links) und ein *Adler*gesicht (nach hinten).« Diese *Vier*gestalt (Tetramorph) ist zweifellos durch die altorientalische Vorstellung der vier Welteckenhüter oder Himmelsträger an den vier Seiten des Firmaments beeinflußt, die ihrerseits auf den *Stern*symbolen des Tierkreises beruht. Ähnlich heißt es in der Johannes-Apokalypse, daß vier Lebewesen den *Thron* Gottes umstehen: »Das erste glich einem Löwen, das zweite einem Jungstier, das dritte hat ein Gesicht wie ein Mensch, das vierte war gleich einem fliegenden Adler« (4,7–9). Es handelt sich offenbar um die Verbildlichung der vier Zodiakalzeichen des »fixen« oder »festen Kreuzes«, die heute aus den Zeichen Stier, Löwe, Skorpion und Wassermann (den mittleren Zeichen aus jeder der vier Jahreszeichen) bestehen. Den Skorpion ersetzt der Adler, den Wassermann der Mensch. Wurden zunächst die vier Evangelisten mit den vier Cherubim, den Thron*engeln* Gottes, in Verbindung gebracht, so setzte sich ab dem 5. Jahrhundert die Identifikation mit dem »Tetramorph« durch, offensichtlich unter dem Einfluß astrologischer Doktrinen. Der Kirchenlehrer Hieronymus (348–420 n. Chr.) motiviert dies so: Der Evangelist Matthäus hat den (geflügelten) Menschen zum Symbol, weil sein Bericht mit der Menschwerdung Christi beginnt; Markus gehört zum Löwen, weil sein Evangelium die »Stimme des Rufenden in der

Anch: Das Lebenssymbol mit der Sonnenscheibe.
Totenbuch des ägyptischen Schreibers Ani, ca. 1300 v. Chr.

Baum: Der Baum als Symbol des Menschenlebens.
Concordantiae Caritatis des Ulrich von Lilienfeld, ca. 1350.

Donner: Der japanische Donnergott Raijin, von einem Trommelkranz umgeben. Toshogu, Nikko. 17. Jahrhundert.

Fluß: Die Nymphe Oinone am Ufer. Ovid, Heroiden. Schule von Rouen, ca. 1500.

Evangelisten: Lukas als Maler mit dem Stier. H. Schedels Weltchronik, 1493

Wüste« – Johannes des Täufers – zum Anfang hat; Lukas gehört zum Opfertier Stier, weil bei ihm am Beginn vom Priester Zacharias die Rede ist; Johannes schließlich hat den Adler zum Symbol, denn bei ihm ist der Geistesflug zu den höchsten Himmelsregionen am augenfälligsten. Irenaeus von Lyon (um 180 n.Chr.) hatte bereits früher die Evangelisten nach ihren idealen Eigenschaften mit der Viergestalt verglichen, ohne sie einzeln zu charakterisieren, sondern nur im Hinblick auf die vierfache Wirkung der Frohbotschaft: Der Löwe drückt königliche Tatkraft aus, das Stierkalb den Opferdienst, der Mensch die Menschwerdung, der Adler den göttlichen Hauch (Pneuma), der die Kirche durchdringt. Den vier Evangelisten wurden bald die vier großen Propheten des Alten Testaments (Jesaias, Jeremias, Hesekiel und Daniel) und die vier Kirchenlehrer oder Kirchenväter Augustinus, Ambrosius, Hieronymus und Gregor d.Gr. gegenübergestellt. »Zweifellos geht gerade die Wahl der Majestät, Kraft, Einsicht und Beweglichkeit in besonderer Weise verkörpernden Lebewesen auf sehr alte Motive und prähistorische Traditionen zurück. Alt ist auch ihre Beziehung auf die vier Kardinaltugenden Weisheit, Tapferkeit, Besonnenheit, Gerechtigkeit« (G.Heinz-Mohr). – Die bildliche Darstellung der Evangelisten in Gestalt von vier mit der römischen Toga bekleideten Philosophen, mit *Buch* und Lesepult, wird im frühen Mittelalter häufig von ihren Symbolgestalten begleitet. In den Texten werden ihre Botschaften auch mit den vier *Flüssen* des *Paradieses* verglichen. Von den Tiergestalten wurde besonders der »Markuslöwe« bekannt, der das Wappentier der Republik Venedig (bis 1797) bzw. der Stadt Venedig ist. Er hält mit der rechten Pranke ein geöffnetes Buch mit der Inschrift »Pax tibi Marce evangelista meus« (Friede sei mit dir, Markus, mein Evangelist). Dieser Markuslöwe ziert auch heute die Marine- und die Handelsflagge Italiens.

F

Fackel, im symbolischen Sinn und in Zeremonien mehr als ein bloßer *Licht*spender. Sie zeichnet sich durch stark flackerndes *Feuer* aus, das die Umgebung in wechselndem Licht gleichsam belebt, und wird daher oft bei Manifestationen eingesetzt, bei Umzügen des Ku-Klux-Klan ebenso wie bei politischen Aufmärschen. Fackeln spielen in vielen Mysterienkulten eine Rolle und wurden u.a. im Mithras-Ritual zur Symbolisierung von Leben und Tod gebraucht: Neben dem *stier*tötenden Sonnengott Mithras stehen die Genien Cautes (Leben, *Licht*) mit erhobener und Cautopates (Tod, *Dunkelheit*) mit gesenkter Fackel. Die verlöschte Fackel als Symbol des Todes ist, etwa in den Händen von allegorischen Amoretten, oft auf alten Grabsteinen zu sehen. Sieben Fackeln, in der Johannes-Apokalypse erwähnt, werden als Symbole der sieben göttlichen Kräfte oder Geister gedeutet (Apok. 4,5). Eine Fackel ist das Attribut von Märtyrern, die mit ihr gepeinigt wurden (Theodotus, Eutropia u.a.), und ein *Hund* mit einer Fackel im Maul begleitet auf Bildern den hl. Dominikus, den Gründer des Dominikanerordens (wortspielerisch übersetzt mit »domini canes«, d.h. Hunde des Herrn). Im barocken Emblembuch Hohbergs (1675) leuchtet die Fackel der göttlichen Weisheit: »Wann bey stockfinstrer Nacht ein Wandersmann muß reisen, und eine Fackel scheint, wie fröhlich wird er drob: So pflegt sich Gottes Liecht den Frommen auch zu weisen, wann sie in Dunckelheit erdulden schwere Prob.« – Die scheinbare Lebendigkeit der großen Flamme auf der Fackel machte diese zum Symbol des Wachgerufenwerdens (Zeitschriftentitel »Die Fackel«, herausgegeben von Karl Kraus) wie auch bei Stafettenläufen mit einer fast sakral aufgefaßten Leuchte, die freilich meist zu einer Art von tragbarer Laterne umgestaltet wurde. – Das Zeitwort »fackeln«, nur noch bekannt in der Redewendung »nicht lange fackeln«, geht auf das mittelhochdeutsche »vackeln« zurück, d.h. unstetschwankend brennen wie die Flamme der Fackel, also zaudern und unschlüssig sein.

Fackel: Emblem-Kupferstich, W.H.Frh.v.Hohberg, 1675

Fahnen: Lindauer Fahnenträger (vgl. »Linde«). Jakob Köbel, 1545

Fahnen: Ritter mit Löwenbanner vor einem Stadttor. Lirer Chronik, 1486

Fahnen und andere Arten von Feldzeichen waren zunächst in erster Linie strategische Hilfsmittel, um auch aus der Ferne die Bewegung einzelner Truppenkolonnen besser überblicken zu können. Erst später wurde ihnen die Würde von Symbolen für die Ehre der sie bezeichnenden militärischen Abteilungen zugeschrieben. Während die römischen Feldzeichen (Signa) aus Holz und Metall bestanden und häufig von einem Adler bekrönt waren (die Inschrift S.P.Q.R. bedeutet Senatus Populusque Romanum, d.h. Senat und Volk von Rom), kam die heute übliche Form der Fahne aus Stange und Tuch im Orient auf und wurde als leichter tragbare Reiterstandarte von Griechen und Römern übernommen. Etwa im 9. Jahrhundert war diese Form im ganzen Abendland bekannt. Auch in Ostasien gab es Fahnen mit Symbolzeichen. Dschingis-Khan führte zuerst eine weiße Fahne, die später mit einem schwarzen *Mond* ausgestattet wurde. *Gelbe* Fahnen waren die Feldzeichen chinesischer Kaiser, in neuerer Zeit mit einem *Drachen* und einer *roten Sonne* oder *Perle* verziert. Im Aztekenreich Altmexikos waren mit Federgirlanden verzierte Feldzeichen üblich. – In Europa symbolisieren die wehenden Fahnen den Aufbruch zum Sieg, und alle Symbole der *Heraldik* (Wappenkunst) kommen auf ihnen zur Geltung. Bertholets Wörterbuch der Religionen bezeichnet die Fahne als einen »aus Stange und Gewebe bestehenden Fetisch, besonders im Militärwesen und Souveränitätsritual als Sieges- und Hoheitspalladium verwendet, aber auch als Göttersymbol und -attribut, später zum rein politisch-militärischen Symbol abgesunken«. – In der christlichen Ikonographie wird der auferstandene Christus oft mit einer Siegesfahne dargestellt (*Labarum*), auch als *Lamm* (Osterlamm), das die Mächte der Finsternis überwunden hat; in ähnlicher Weise der Erz*engel* Michael, Sieger über den aufrührerischen Luzifer, sowie kriegerische Heilige (Jeanne d'Arc, die *Jungfrau von Orléans;* der Ritter Georg, der *Drachen*töter; Herzog Leopold der Heilige; Johannes Capistranus, Predi-

Fahnen: Lamaistische Tempelfahne (Dhavaja). Tibet

ger gegen die Türkengefahr in Wien u.a.). Die wissenschaftliche Beschäftigung mit Fahnen, Bannern, Standarten usw. heißt »Vexillologie« (lat. vexilla = Fahne).

Falke, ein Raub*vogel,* der symbolkundlich eine ähnliche Rolle spielt wie der *Adler* in Gebirgsgegenden. Noch heute wird er (vor allem in den arabischen Ländern) für die Beizjagd eingesetzt, und zwar nur aus sportlichen Gründen, seit das Gewehr es erlaubt, Niederwild aus größerer Distanz zu erjagen. In Altägypten galt der Falke (in erster Linie

Falke: Detail eines Reliefs mit dem falkenköpfigen Gott Hor (Horus). Abydos, ca. 1290 v. Chr.

der Wanderfalke) als Königssymbol, da sein Anblick »die Vögel lähmt wie das Angesicht des Pharao dessen Feinde«. In erster Linie war dieser Raubvogel Erscheinungsbild des Horus (Hor), des großen Himmelsgottes, wohl wegen des hohen Fluges des Falken. Horus wurde als Falke oder als falkenköpfige Menschengestalt dargestellt. In Falkenform wurde auch der Sonnengott Ruê (mit der *Sonnen*scheibe auf dem Haupt) abgebildet, ebenso Month mit der Doppelfederkrone, der Totengott Sokar (als mumifizierter Falke) und Hariêse mit der Krone Ober- und Unterägyptens. Die auffallende Federfleckenzeichnung unter den Augen des Vogels vergrößert optisch dessen Ausdrucksblick, weshalb das »alles sehende Udschat-*Auge*« zum Symbol für weite Sicht und Unverletzlichkeit sowie zu einem geschätzten Amulett wurde. – Im Abendland ist der Jagdfalke Attribut mancher Heiliger (etwa des Jagdpatrons St. Hubertus), seltener als Jäger des »immer lüsternen« *Hasen* Symbol der Überwindung der Sinnlichkeit. Bei den Nordgermanen konnte Odin in Falkengestalt über die Erde fliegen, aber auch der trickreiche Loki verwandelte sich wiederholt in diesen schnellen Vogel. – Eine negative Symbolbedeutung wird dem Falken in mittelalterlichen Tierbüchern beigelegt. In weichem Flug, heißt es dort, flattert er um Fleischmärkte, um Abfälle zu rauben, ein Bild des Menschen, der sich nur um seinen Bauch sorgt. »Furchtsam ist der Falke größeren Vögeln gegenüber, dafür lauert er den wehrlosen Küken auf, um sie zu rauben. So machen sich auch die Weichlinge an zarte junge Menschen heran und verführen sie zu lasterhaften Sitten« (Unterkircher). – In jüngster Zeit bezeichnet der »Falke« auch den Vertreter eines harten (außen)politischen Kurses im

Gegensatz zur »*Taube*«, die zum Symboltier der Friedensbewegung wurde.

Fama, eine allegorisch-symbolische Gestalt der altrömischen Dichtung, auf die griechische Göttin Pheme (Hesiod) zurückgehend. Sie verkörpert das unkontrollierbare Gerücht, den (vorzugsweise schlechten) Ruf eines Menschen und wird von Ovid als Botin von Wahrheit und Lüge zugleich beschrieben, die nicht unterscheidbar sind. Vergil beschreibt die Fama als grausiges Wesen mit zahlreichen unaufhörlich schwatzenden Mäulern und *Zungen.* In der bildenden Kunst wird sie mit *Flügeln* dargestellt, die für die rasche Verbreitung der Gerüchte sorgen, und mit einer *Posaune,* mit der sie Wahres und Falsches »ausposaunt«.

Farbsymbolik ist ein so umfangreiches Gebiet, daß sie hier nur andeutend erwähnt werden kann. Unbestreitbar haben Farben ihren eigenen Ausdruckswert und können die Psyche unmittelbar beeinflussen, wie sich aus den neueren Versuchen zur Herausbildung einer Chromotherapie zur positiven Beschäftigung mit psychischen Störungen und psychosomatischen Leiden erweist. Zu berücksichtigen ist, daß Farben nicht von jedem Menschen gleichmäßig emotionell eingestuft und affektiv besetzt werden, sondern daß es Unterschiede in bevorzugten bzw. abgelehnten Farbwerten gibt, was im Lüscher-Farbtest zu diagnostischen Zwecken ausgenützt wird. Dabei werden 23 Testfarben nach den angenehmsten und unangenehmsten Nuancen ausgewählt. Die psychologische Deutung der »Farbpyramide« nach Pfister-Heiß ordnet z.B. der *blauen* Farbe eine mäßigende Ausdruckswirkung zu, im Zusammenhang mit der Meisterung des Affekt- und Trieblebens. *Rot* ist hingegen eine affektive Farbe und steht mit der Fähigkeit in Zusammenhang, äußere Reize unmittelbar aufnehmen und entladen zu können. Die Mischfarbe Orange (für die es kein eigenes altes Wort gibt) steht für Leistungs- und Geltungsstreben, das *Braun* für die positive Auseinandersetzung mit der »Mutter *Erde*«.
Trotz individueller Unterschiede in der Bewertung der Farben haben die alten Kulturen konventionell bestimmte Arten der Farbsymbolik herausgearbeitet, und zwar meist in Zusammenhang mit dem grundlegenden Bestreben, sich in der Welt der Vielfalt zurechtzufinden und Ordnungsprinzipien einzuführen. So wurden die Grundfarben vielfach mit den Himmelsrichtungen und den *Elementen* in Zusammenhang gebracht und einem *Kreuz-* oder Quadratschema eingeschrieben. Die Volkssprache hat ihr eigenes Verständnis der Farbsymbolik gefunden: *Grün* ist die Hoffnung, *Blau* ist die Treue, *Gelb* die Eifersucht, *Rot* die Liebe, *Weiß* die Unschuld, und *Schwarz* ist der Tod. Die Bilderwelt der *Alchemie* hat eine besondere Farbsymbolik entwickelt, derzufolge etwa Grün ein scharfes Lösungsmittel, Rot und Weiß hingegen das *Dualsystem* der Urprinzipien *Sulphur und Mercurius* bedeuten. Bei den alten Maya Mittelamerikas wurden die Himmelsrichtungen in der Reihenfolge Ost, Nord, West und Süd mit Rot, Weiß, Schwarz und Gelb in Verbindung gebracht, während in Altchina Ost, Süd, West, Nord und Mitte zugleich die Farben Blau, Rot, Weiß, Schwarz und Gelb bedeuteten. Stellen im Verständnis der europäischen Farbsymbolik rote *Rosen* den Ausdruck der feurigen Liebe dar, so galt in Altägypten alles Rote (Ockerfarbene) für bedrohlich und schädlich.
In der Heraldik gilt zunächst die Auffas-

Fasan, seinen Kopf versteckend. W.H. Frh.v.Hohberg, 1647

sung, daß alle Farben gleichwertig sind, doch bildete sich in der Renaissance eine komplizierte Symbolik der Wappenfarben heraus, etwa im Zusammenhang mit den *Planeten:* Gelb *(Gold) – Sonne;* Weiß *(Silber) – Mond;* Rot – *Mars,* Eisen; Blau – *Jupiter,* Zinn; Schwarz – *Saturn,* Blei; Grün – *Venus,* Kupfer; Purpur – *Merkur,* Quecksilber. Nach Böckler 1688 bedeutet Gold oder Gelb Tugend, Verstand, Ansehen und Hoheit; Weiß oder Silber Reinheit, Unschuld, Freude; Rot »brennende Tugend-Begierde« und ein »gottergebenes Hertz, welches bereit ist, für das Wort Gottes sein Blut zu vergießen«; Blau Beständigkeit, Treue, Wissenschaft und »hertzliche Andacht gegen Gott«; Schwarz »Traurigkeit, Demut, Unglück und Gefahr«; Grün Freiheit, Schönheit, Fröhlichkeit, Gesundheit, Hoffnung und Milde; Purpur oder Violett »königliche Tracht«; Orange, die »Pommerantzenfarbe«, unbeständigen und eigenen Ruhm; Hautfarbe »Unbeständigkeit und Wanckelmuth«. Dazu kommen alle möglichen phantastischen Symbolaussagen der Farbkombinationen: Blau zu Gold – Freudigkeit oder Belustigung; Blau zu Rot – Unhöflichkeit; Schwarz zu Gold – Ehre und langes Leben; Schwarz zu Blau – Friedfertigkeit; Grün zu Gold – Halsstarrigkeit; Grün zu Blau – beständige Freude; Rot zu Silber – Verlangen, sich zu rächen; Rot zu Grün – Kühnheit der Jugend usw.; derartige Spekulationen waren jedoch im Mittelalter der *Heraldik* fremd und bildeten sich erst heraus, als die Wappenkunst nichts mehr mit dem *Ritter*tum im alten Sinn zu tun hatte. – Übrigens ist zu berücksichtigen, daß die Farbenwahl auch mit der Verfügbarkeit der Farbstoffe zu tun hatte. In der prähistorischen Felsmalerei etwa kommt echtes Blau überhaupt nicht vor, da dafür kein geeigneter Grundstoff vorhanden war.

Fasan. In der abendländischen Symbolik spielt er nur insofern eine Rolle, als er in phantastisch überhöhter Form zum *Phönix* geworden sein dürfte, was vor allem für den *Gold*fasan gilt (dessen Kot nach antikem Volksglauben Kraft verleihen sollte). Bedeutsam ist er hingegen in China, wo er als laut flügelschlagender Vogel mit dem *Donner* und dem Urprinzip Yang *(Yin und Yang)* in Verbindung gebracht wird. Er soll sich jedoch auch in eine Auster oder eine *Schlange* verwandeln können und damit Yin verkörpern. Obwohl der Fasan zu den zwölf Insignien des Kaisers gehörte und die Kaiserin symbolisierte, wird ihm allgemein eine eher negative Rolle zugewiesen. Sein Schrei kann Überflutung oder Unsittlichkeit und Verführung bedeuten, und in Sagen treten Fasane nicht selten als Verkörperungen übernatürlichen Unheils auf. Der Goldfasan war in China Insignium eines hohen Zivilbeamten, in Europa unter dem deutschen NS-Regime Spitzname eines Trägers des »Goldenen Parteiabzeichens«. – Hohbergs barockes Emblembuch (1675) schreibt dem Fasan jene Verhaltensweise zu, die in neuerer Zeit

Fasces: »Furcht trägt zur Ehre bei«. J. Boschius, 1702

Faust in der Studierstube. Kupferstich von A. Matham (Ausschnitt), 1642

dem *Strauß* zugewiesen wird: »Der thörichte Fasan, wenn er das Haubt verstecket/sich glaubt unsichtbar ganz, und wird gefangen so./Auch meint die tolle Welt, ihr Laster sey verdekket/doch kann sie finden Gott: er weiß Wann, Wie und Wo.«

Fasces oder Liktorenbündel waren ein Symbol altrömischer Amtsgewalt, das in der Neuzeit zum *politischen Symbol* wurde. Die Liktoren waren Diener höherer Magistratsbeamter und einiger Priester, die diesen bei öffentlichen Auftritten ein mit Lederriemen umschnürtes Rutenbündel vorantrugen. Sechs Liktoren gingen vor dem Prätor her, zwölf vor dem Konsul. Inmitten des Rutenbündels steckte als Symbol der Amtsgewalt ein Richtbeil (*Axt*), jedoch nicht innerhalb der Stadt Rom, da dort das Volk die höchste Instanz für Todesurteile war. Die Fasces sind ursprünglich ein etruskisches Symbol, das Beil war bei den Etruskern eine *Doppelaxt*. – Der italienische Faschismus (früher im deutschen Sprachraum »Fascismus« geschrieben) leitet seinen Namen von den Fasces ab, wobei die Bündelung der Stäbe oder Ruten die konzentrierte Macht der ständischen Ordnung und die Axtklinge die absolute Autorität symbolisieren sollte.

Faust, Dr. Johannes (oder Georg, bei Goethe Heinrich), Symbolfigur des rastlosen Erforschers der Letzten Dinge, der auch vor der Hölle nicht zurückscheut. Die historische Gestalt – vermutlich ein wandernder »Zauberer« und Astrologe, ca. 1480–1540 – bleibt historisch nicht exakt erfaßbar. Während die Gestalt bei Goethe im genannten Sinn idealisiert wird, stellte sie früher, etwa im Volksbuch »Historia von Dr. Johann Fausten, dem weitbeschreyten Zauberer und Schwartzkünstler« (Frankfurt a.M. 1587), die Figur des Teufelsbündlers dar; der Hilfsgeist Mephistopheles (Mephostophiles), ein *Teufel* in zeitweiligem Dienst des Menschen, soll dem Vaganten in Staufen im

Feder: Aztekischer Krieger mit Speer und federgekrönter Rückendevise. Codex Mendoza

Fegefeuer in Auers Heiligen-Legende (1890), zum Allerseelenfest am 2. November

Breisgau den Hals umgedreht und seine Seele in die *Hölle* entführt haben. In dieser Sage manifestiert sich das Mißtrauen des Volkes gegen den Gelehrten, aber auch gegen den Scharlatan, der unverständliche *Bücher* in fremden Sprachen mit sich trägt und ein angenehmes Leben führt, ohne adelig zu sein oder manuelle Arbeit zu leisten. Die nächstliegende Erklärung für den einfachen Mann war, daß dies nur mit dem Teufel zugehen könne, der am Ende die ihm verschriebene Seele hole. Zahllose Sagen, Beschwörungsbücher und Dichtungen befassen sich mit der zeitlosen Symbolgestalt des Teufelsbündlers, der ursprünglich ein Zeitgenosse des Paracelsus (1493–1541) und ein landfahrender Außenseiter der okkulten Künste gewesen sein dürfte.

Feder, mit dem symbolkundlich hervorstechenden Charakteristikum der Leichtigkeit, die nach alter Vorstellung den *Vogel* wie von selbst in die Luft erhebt (Federkleider verleihen in vielen Sagen Flugfähigkeit), wird vor allem in Altägypten (*Strauß*) als Symbol von Maat, der Göttin der Gerechtigkeit und gesetzmäßigen Weltordnung, stark beachtet. Maat trägt eine einzelne Straußenfeder auf dem Kopf, und diese wird beim Totengericht gegen das Herz des Verstorbenen aufgewogen. Er ist nur dann gerechtfertigt, wenn Schuld sein *Herz* nicht schwerer gemacht hat als die Maat-Feder: Es muß »maati« (im Sinne der Maat) sein, wenn der Tote zum Osiris werden soll. Vier Federn zierten den Kopfschmuck des Gottes Anhuret (Onuris), einer Kriegergestalt aus der oberägyptischen Stadt This oder Thinis. Auch die dämonenvertreibende Beset (vgl. *Bes*) wurde mit einer Feder*krone* dargestellt. – Eine große Rolle spielten Federn in den Kulturen Altmexikos, wo sie zu aufgeklebten Mosaiken auf Schilden, zu *Kronen* und *mantel*artigen Umhängen und Standarten verarbeitet wurden. Der vieldeutige Gott und Heros Quetzalcóatl wurde als eine mit den *grün*schillernden Federn des Quetzalvogels bedeckte *Schlange* (aztekisch cóatl) dargestellt. Solche Federn bildeten auch die Prunkinsignien mexikanischer Könige. – In den Kopfputzkronen der nordamerikanischen Prärieindianer hatte ursprünglich jede Feder einen besonderen symbolischen Erinnerungswert an Kriegstaten ihres Trägers. – Unsere Redensart »sich mit fremden Federn schmücken« geht auf eine antike Tierfabel zurück, in der sich ein *Rabe* mit *Pfauen*federn herausputzte. Im Märchen von der »Frau Holle« symbolisieren die aus dem Bettzeug herausgeschüttelten Federn die vom *Himmel* fallenden Schneeflocken. »Federn in den Wind blasen« bedeutet »etwas Sinnloses tun«. Vgl. *Flügel, Pfeil.*

Fegefeuer (lat. purgatorium), nach katholischer Lehre ein Zustand der Läuterung im *Jenseits,* in dem die Seelen Verstorbener, die in der »Gotteshuld« stehen, aber den Zustand der Reinheit im Augenblick des Todes nicht erreicht haben, ihre Vorbereitung für den Zustand des *Himmels* erfahren. Der Gedanke einer Läuterung kommt bereits im Dialog »Gorgias« des Platon (427–347 v. Chr.) zum Ausdruck, wird bei den Kirchenvätern Tertullian, Ambrosius und Augustinus aus den kanonischen Schriften abgeleitet und hat sich um die Mitte des 2. Jahrhunderts n. Chr. so weit gefestigt, daß in Grabinschriften Fürbitten für die Seelen verstorbener Gläubigen üblich sind. Symbol dieser Läuterung (eines metallurgischen Begriffes!) ist das *Feuer,* das *höllen*ähnlich, aber zeitlich begrenzt gesehen wird. Ikonographisch wird oft dargestellt, daß die menschengestaltigen Seelen der Toten mit flehender Gebärde in den Flammen stehen und zum Zeitpunkt der abgebüßten Strafe für läßliche Vergehen von *Engeln* empfangen und zum

Feige: Feigenblattmotiv auf einer altgriechischen Münze (Statēr) aus Kamiros, ca. 550 v. Chr.

Himmel emporgetragen werden. Mit diesen »armen Seelen« fühlt sich die katholische Kirche in einer übernatürlichen Schicksalsgemeinschaft verbunden. Vgl. *Licht, Wasser, Feuer, Höhle.* Zahlreiche legendäre Erzählungen über die »armen Seelen« im Fegefeuer sind in der »Legenda aurea« des Jacobus de Voragine (um 1270) in dem Abschnitt über das Allerseelenfest (»Von aller gläubigen Seelen Gedächtnis«) enthalten, der über die mannigfachen, zum Teil symbolkundlich aufschlußreichen Jenseitsvorstellungen des Mittelalters Auskunft gibt.

Feige, mediterraner Frucht*baum.* Dieser wird häufig in Paradiesszenen dargestellt; dem Urelternpaar *Adam und Eva* wird dabei eine Minimalbekleidung aus Feigenblättern zugewiesen. Feigen und *Wein*trauben werden in der Antike oft als Attribute des Rauschgottes Dionysos genannt, ebenso mit dem phallischen Gott Priapos, was eine erotische Assoziation nahelegt. In der mittelalterlichen Worterklärung wurde »peccare« (sündigen) mit dem hebräischen Wort pag (Feige) in Zusammenhang gebracht (vgl. *Fica-Geste,* als »Neidfeige« bezeichnet). Nach gnostischer und islamischer Tradition sind die beiden tabu-

Feige: Emblem-Kupfer von W. H. Frh. v. Hohberg, 1675

sierten Bäume des Paradiesgartens der *Ölbaum* und der Feigenbaum. In der christlichen Symbolik ist oft der »vertrocknete Feigenbaum« dargestellt, er symbolisiert die den Messias Jesus Christus nicht anerkennende Synagoge (das Judentum) oder die Irrlehre. Der fruchttragende Feigenbaum ist hingegen in der Bibel, etwa bei den Propheten, neben Ölbaum und *Wein*stock ein Element des sorglosen Lebens im Messiasbereich (*Paradies*). Fromme Symbolverse schmiedete der Barockdichter Hohberg (1675): »Der süsse Faigenbaum mit angenehmer Frucht/erfreut; drum wird er offt von Kindern heimgesucht./Auch also Gottes Gnad uns billig soll anlocken,/daß wir die Gnadenfrücht in unser Herz abpflocken.« – Im Buddhismus ist der Bodhi- oder Feigenbaum ein Symbol der Erleuchtung, denn unter ihm gelangte im Jahr 528 v. Chr. Siddharta Gautama (Buddha) zur tiefinnerlichen Erkenntnis von der Natur und Aufhebung des irdischen Leidens.

Felsen und *Stein*blöcke gelten wegen ihrer Dauerhaftigkeit meist als Symbole des Unverrückbaren, Bleibenden und Festen, damit auch als göttliche Zeichen. Dies gilt besonders dann, wenn sie sich durch auffallende Formen auszeichnen; sie werden dann vielfach als Sitze bestimmter übernatürlicher oder als versteinerte (zur Strafe für Vergehen in Stein verwandelte) Menschen aufgefaßt. In Altchina sind Felsen auf Rollbildern Symbole der Langlebigkeit und des Urelements Yang (im Gegensatz zu *Yin* durch *Wasser*fälle repräsentiert). In manchen Gegenden wurden dort Steine um *Regen* gebeten und zur Erzielung desselben geschlagen. Schalensteine dienten oft dem Fruchtbarkeitszauber. – Bei den Juden galt der Felsblock im Boden des Allerheiligsten des Tempels von Jerusalem als Ort der Weltschöpfung und Mittelpunkt des Erdkreises (vgl. *Omphalos*). Die Götter und Heroen vieler Kulturen wurden als Felsen geboren, etwa Mithras. – Im Christentum ist das durch Moses aus einem Felsen gewonnene Wasser (während des Auszugs der Juden aus Ägypten) Symbol des Taufwassers und des lebenspendenden Wassers des Glaubens. Der Apostel Simon Petrus (Petros, griech. Fels) ist Symbolfigur für den unverrückbaren Grund, auf dem die Kirche Gottes erbaut ist. – Steinblöcke sind Elemente der Baukunst und wurden im Nordwesten Europas schon um 4800 v. Chr. zu monumentalen Megalith-(Großstein-)Bauten zusammengefügt. Auch hier mag die Eigenschaft der Dauerhaftigkeit den Begriff des für immer Bleibenden nahegelegt haben. Steinsäulen (*Menhire*), oft als Phallus-

Felsen: Der aus dem Felsen geborene Lichtgott Mithras. Relief, Rom

symbole gedeutet, waren wohl eher erhöhte Sitze für Ahnenseelen in der Nachbarschaft der Steingräber.

In der *freimaurerischen Symbolik* steht der »rauhe« (unbearbeitete) Stein für den Lehrling, der erst der bearbeitenden Ausbildung bedarf, der »behauene« daher für deren Absolvierung. Während der rohe Fels symbolisch für die noch unausgeprägten Fähigkeiten des Menschen stehen kann, ist dessen Verfeinerung durch mannigfache Veredelungsriten

Felsen von W. H. Frh. v. Hohberg, 1675

versinnbildlicht (vgl. *Stein der Weisen, Edelsteine*). – Felsige Gipfel von *Bergen* wurden in Höhenritualen vieler Kulturen besonders beachtet, ebenso auffallende Felsnadeln (z. B. der Fels Idafe bei den Ureinwohnern der Kanaren-Insel La Palma vor der spanischen Eroberung). – Bestimmte Steine galten auch als kraftgeladen (»heiße Steine« in der Bretagne) und vermittelten Vitalität, so z. B. wenn sich unfruchtbare Frauen daraufsetzten (so auch im alten China). Vgl. *Höhle.* – Die Fels-Symbolik ist im alten Testament der Bibel reich belegt, so etwa im Psalm 31,3: »Sei mir ein schützender Fels, eine feste *Burg,* die mich rettet. Denn du bist mein Fels und meine Burg ...« oder im Dankgebet *Davids:* »Herr, meine Felsenburg, mein Retter, mein Gott, mein Fels, bei dem ich mich berge ...« (2. Buch Samuel 22,2 f.). – Eine große Bedeutung besaß der Gedanke an den Fels als Urbild der Gottheit bei den Hurritern und Hethitern, wo der alte Göttervater Kumarbi von einem Felsen den Dioritsäulen-Sohn Ullikummi bekommt. Dieser bedroht die Herrschaft des neuen Himmelsherren, des Gewittergottes Teschup, bis er mit einer *kupfernen Sichel* von seinem Standplatz auf der Schulter des Weltriesen Upelluri abgeschnitten und so besiegt wird. – Im Peru der Inkazeit nannten die Indianer »huaca« (heilig, geheimnisvoll) jene »sehr hohen Berge, die die anderen überragen wie hohe Türme die gewöhnlichen Häuser ... und beinahe so steil aufragen wie eine Wand« (Garcilaso de la Vega, 1539–1616). An solchen Felstürmen wurden Opfergaben deponiert; nach der spanischen Missionierung des Inkareiches wurden an derartigen Stellen *Kreuze* aufgerichtet.

Fenster, in der Symbolik Öffnungen zum Einlassen des übernatürlichen

Fenster: Drei Fenster des Tempels liegen in der freimaurerischen Symbolik im Osten, Süden und Westen

Lichts. Daher sind die Fenster sakraler Bauten, etwa der großen Kathedralen des Mittelalters, seit der Zeit nach der ersten Jahrtausendwende mit eindrucksvoller Farbverglasung ausgestattet (z.B. in Reims, Chartres, Ste-Chapelle de Paris), um die kommende Pracht des »himmlischen *Jerusalem*« anzudeuten. Das von außen bzw. *oben* hereinfallende Licht entspricht dem Gottesgeist, während das Fenster selbst auch als Mariensymbol gilt (es leuchtet nicht aus sich selber, sondern erst durch das göttliche Licht). Die Fassungen der »Vitrailles« wurden oft nach den Grundsätzen der *Zahlensymbolik* gestaltet, etwa *drei*fach *(Dreifaltigkeit)* oder *vier*fach (Evangelisten) gegliedert oder auch als Rosetten gestaltet (auch *sieben*fach geteilt). Hinsichtlich der Symbolik der *Farben* sticht besonders das leuchtende *Blau* hervor, das im Freien leider durch Umweltschäden stark gefährdet ist. – In der *freimaurerischen Symbolik* hatte der Tempel *Salomos* in Jerusalem kein Fenster nach Norden, weil von dort her die *Sonne* keine Strahlen wirft. Auf älteren Lehrteppichen (Tapis) sind die drei Fenster nach den übrigen Himmelsrichtungen abgebildet; sie werden in einer Verräterschrift von S. Prichard (1730 u.ö.) als »feste Lichter« (im Gegensatz zu den »beweglichen«) bezeichnet.

Feuer, das scheinbar lebende *Element*, das verzehrt, wärmt und leuchtet, aber auch Schmerz und Tod bringen kann, ist symbolkundlich ambivalent besetzt. Vielfach ist es heiliges Symbol des häuslichen Herdes (vgl. die feuerhütenden vestalischen *Jungfrauen* in Alt-Rom), symbolisiert Inspiration und den Heiligen Geist, der in Gestalt von Flammen*zungen* beim ersten Pfingstfest die Apostel begeisterte, und das Entzünden des neuen Feuers zu Jahresbeginn war ein sakraler Akt (Altmexiko). Andererseits hat es auch den negativen Aspekt des Höllenfeuers, der vernichtenden Feuersbrunst und der Zerstörung durch das Himmelsfeuer des *Blitzes* wie auch des vulkanischen Feuers aus dem Erdinneren. Zu bedenken ist, daß in den Anfängen der Menschheit vor Jahrmillionen die »Zähmung« des Feuers den Beginn der Kultur markierte und daß es »feuerlose wilde Urmenschen«, von welchen vorwissenschaftliche Abstammungslehren fabelten, nicht gibt. Als einziges aller »Elemente« kann der Mensch das Feuer selbst erzeugen, so daß es für ihn die Signatur seiner Ähnlichkeit mit den Göttern trägt. Viele Mythen (Altgriechenland, Polynesien) beschrieben es auch als ursprüngliches Eigentum der Götter, das erst durch Raub in den Besitz der Menschheit kam. So kann das Feuer die Eigenschaft der »reinigenden Flamme« haben, die Böses vernichtet und auch die Leiblichkeit von *Hexen* und anderen dämonisierten Wesen aufzulösen hat, das im *»Fegefeuer«* der katholischen Glaubenslehre die Sündenmakel tilgt und im Parsismus (Zoroasters oder Zarathustras Glaubenslehre) als heilig gilt. Die assyrischen Beschwörungstexte, unter den Namen

Feuer: Zwei Dominikaner werden als Satanisten verbrannt. Holzschnitt, Genf 1549

Feuer: Rituelle Feuerbohrung in Altmexiko. Codex Nuttall

»Maqlu«- und »Schurpu«-Serien bekannt, bestehen weitgehend aus Sprüchen zur Auslöschung von Schadenzauber durch Feuer: »Koche, koche, brenne, brenne! Böser und Schlimmer, tritt nicht ein, geh weg! ... Ich feßle euch, ich binde euch, ich übergebe euch dem Gila, der versengt, verbrennt, fesselt, die Zauberinnen packt ... Wie dieses Ziegenfell zerpflückt und ins Feuer geworfen wird, die lodernde Flamme es verzehrt ..., so werde der Fluch, der Bann, die Pein, die Qual, die Krankheit, der Schmerz, die Sünde, die Übeltat, der Frevel, das Vergehen, das Leiden, das in meinem Leibe sitzt, wie dieses Ziegenfell zerpflückt! Heute verzehre sie die lodernde Flamme ...« Sowohl »Maqlu« wie auch »Schurpu« wird mit »Verbrennen« übersetzt, und der Glaube an die zaubervernichtende Wirkung des Feuers tritt hier ganz klar zutage.

Die in mehreren Erdteilen nachweisbare Sitte des Feuerlaufes (griech. Pyrobasia), in deren Verlauf glühende Kohlen mit bloßen Füßen unverletzt betreten werden, war ursprünglich wohl ein Reinigungsritual im Frühjahr, wie noch in neuerer Zeit in Tibet (am 15. Tag des ersten Monats). Meist gilt das Feuer als »männliches« Element (im Gegenatz zum »weiblichen« *Wasser*) und als Sinnbild für Vitalenergie, Herz, Zeugungskraft, Erleuchtung, *Sonne* (vgl. *Phönix*). Die *Jungfrau* Ocrisia soll durch einen Feuer*funken* befruchtet worden und Mutter des Königs Servius Tullius geworden sein. Beschwörungsformeln behandelten das Feuer wie ein übernatürliches Wesen. Das altrömische Hirtenfest der Parilia am 21. April hatte als Höhepunkt das Springen über ein reinigendes Strohfeuer; dem altgriechischen Mythos zufolge beabsichtigte die Göttin Demeter, den Heros Demophoon von den Erdenschlacken zu reinigen und ihn unsterblich zu machen, indem sie ihn in ein Herdfeuer legte. Geisteskranke oder Sühnebedürftige wurden mit Fackeln umschritten. Der in antiken Städten immer gegenwärtige gefährliche Aspekt des Feuers sollte durch die magisch-symbolische Geste des Ausgießens von Wasser unschädlich gemacht werden, sobald jemand das Wort »ignis« (Feuer) aussprach.

Allgemein sind die Feuergötter oder die mit diesem »Element« in Verbindung gebrachten übernatürlichen Wesen wegen der zweideutigen Natur des Brandes ihrem Wesen nach »Trickster«, welchen der Mensch nie recht trauen kann – so etwa der germanische Loki. Die den-

Feuer: Das Brandopfer des Propheten Elias vor den Baalspriestern. Bibelillustration von H. Holbein d. J., 1530

Fica-Geste: Amulettanhänger aus Bergkristall in Goldfassung. Süddeutsch, ca. 1680

noch vorherrschende Wertschätzung der »lebenden Flamme«, vor allem nach ihrer Zähmung durch die Errungenschaften der Zivilisation, wird durch antikisierende Sitten wie *Fackel*züge und Sonnwendfeuer ebenso bewiesen wie durch den Brauch, auch bei vorhandener elektrischer Beleuchtung auf Speisetischen zum Schmuck Kerzen zu entzünden. Auch im Kirchenbrauchtum spielen Kerzen am Altar, bei Taufe, Kommunion etc. eine wichtige symbolische Rolle als Träger des geistigen *Lichtes.* Vgl. *Dornbusch, Salamander.* – In der psychologischen Symbolkunde wird auf die enge Beziehung zwischen dem Feuer und dem Herd (der Mitte des Hauses und der Familie), dem Bereiten der Speisen und dem Schmelzen der Metalle hingewiesen sowie auf die im poetischen Bild angesprochene »Glut des *Herzens*«. »Wo man im Traum sich einem großen Feuer nähert, wer Feuerschein am Himmel heraufziehen sieht, der ist in der Nähe göttlicher Gewalten« (Aeppli); jedoch »das Feuer der Leidenschaft wie der Ideen-Ergriffenheit ist auch Flamme, in der man verbrennen kann«. Vgl. *Ofen.*

Fica-Geste, eine symbolische Gebärde, die den bösen Blick (*Auge*) abwehren und überhaupt gegen feindselige Wesen und Kräfte schützen sollte. Dabei wird bei geschlossener Faust der Daumen zwischen Zeige- und Mittelfinger durchgesteckt, was als »obszöne Geste« und Symbol des Sexualaktes gedeutet wird (vgl. *Lingam, Yoni*). Der Glaube an die Abwehrwirkung mag mit der Überlegung zusammenhängen, daß Dämonen als Geistwesen geschlechtslos seien und daher sexuelle Anspielungen aller Art scheuten (dies mag auch die Vergesellschaftung von Genitalbildern, *Pentagrammen* und christlichen Symbolen auf alpinen Felsritzbildern erklären). Die »Neidfeige«, ein Amulett aus roten *Korallen*stücken, ist noch heute in vielen Gegenden ein beliebtes Amulett, das u.a. an Uhrketten und Halsbändern getragen wird. – In mittelalterlichen Bildern der Passion Christi wird dargestellt, daß mißgünstige Beobachter des Leidensweges des Erlösers ihn durch Zeigen der Feigengeste verspotten.

Fische bevölkern die *Wasser*flut, die tiefenpsychologisch als Symbol des Unbewußten aufgefaßt wird, und sind daher Verkörperungen »lebender« Inhalte aus der Tiefenschicht der Persönlichkeit,

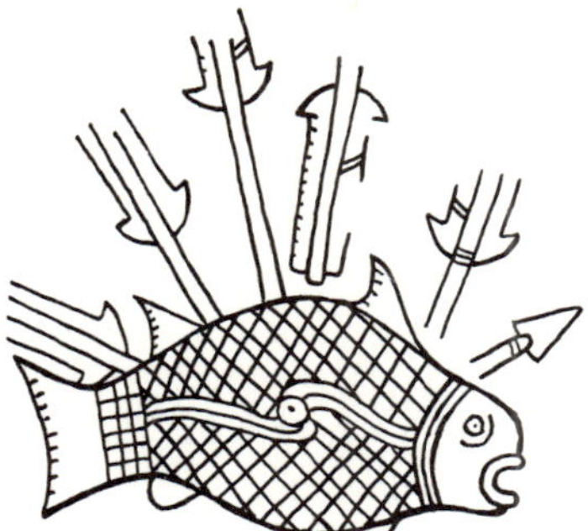

Fische: Von Pfeilen getroffener Fisch, Muschelschalengravierung der Spiro-Mound-Kultur, Oklahoma, USA

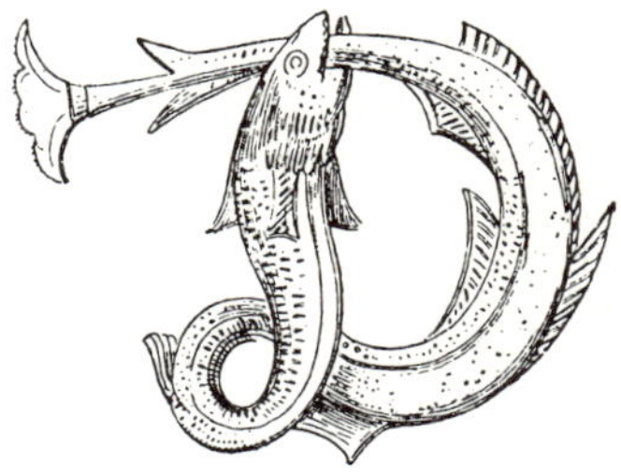

Fische: Als »Uroboros« gestalteter Fisch, Initiale D im Missale Gelonense der Bibliothèque nationale, Paris, Ende des 8. Jh.

die mit Fruchtbarkeit und den lebenspendenden Kräften der inneren »*Mütter*welten« zu tun haben. In vielen alten Religionen werden Fische mit den Göttinnen der Liebe und der fruchtbaren Natur in Verbindung gebracht. Zugleich ist der Fisch aber auch »kaltblütig«, symbolisch »nicht von den hitzigen Leidenschaften beherrscht«, und wird deshalb auch zum Gegenstand sakraler Mahlzeiten und Opfer. In der Neuzeit wird das Fischsymbol, griech. »Ichthys«, als Akrostichon, d.h. aus Anfangsbuchstaben zusammengesetztes Wort der theologischen Begriffe *I*esous *Ch*ristos *Th*eou *Y*ios *S*oter, übersetzt »Jesus Christus, Gottes Sohn, Erlöser« aufgefaßt, und zwar als geheimes Erkennungszeichen der Christen inmitten der feindselig gesinnten Heiden. Tatsache ist, daß das Fischsymbol im frühchristlichen Bereich bis zum Ende des 4. Jahrhunderts oft auftaucht, doch ist die obige Erklärung nicht die einzige. Das *Bad* im Taufbecken (piscina, wörtlich Fischteich) und das Gleichnis von den Aposteln als Menschenfischer (vgl. *Ring*) mögen in erster Linie dazu beigetragen haben; der Fisch war in den Mittelmeerkulturen außerdem ein Glückssymbol, wie noch heute im Jahreswechselbrauchtum. Eine weitere Deutung geht von den astrologischen Bedingtheiten des »Fische-Zeitalters« aus. Die »coniunctio aurea«, die Konjunktion der Planeten *Jupiter* und *Saturn,* fand im Jahr 7 v. Chr. (dem vermutlich echten Geburtsjahr Christi) dreimal im Tierkreiszeichen der Fische statt, der Frühlingspunkt lag ebenfalls in diesem Zeichen. Jesus wurde als erste Verkörperung des Weltzeitalters der Fische gedeutet. Die Neubekehrten wurden als pisciculi (Fischlein) angesprochen, im Anschluß an den Ichthys (so bei Tertullian, 150–230 n. Chr.), und der Fisch selbst wurde, zusammen mit *Brot,* als Symbol des Gottesmahles angesehen. Die christliche Spekulation wies auch darauf hin, daß bei der urzeitlichen *Sintflut* die Fische nicht vom Fluch Gottes betroffen waren und Christen durch das Taufbad ihnen gleich wurden. In der mittelalterlichen Kunst wird ein »Trinakria« genannter legendärer Fischer mit drei Leibern und einem gemeinsamen Kopf als Symbol der *Dreifaltigkeit* interpretiert. Fische als Attribute von Heiligen sind nicht selten, etwa von St. Brandanus und Maclovius, den Seefahrern, dann auch von Petrus, Andreas, Elisabeth von Thüringen und

St. Antonius von Padua, der den Fischen gepredigt haben soll. In der biblischen Typologie, die Inhalte des Neuen Testaments im Alten angedeutet sieht, gehört der große Fisch, der den Propheten Jonas verschluckt und wieder ausspeit, zum Symbol des begrabenen, aber wiederauferstehenden Christus.

In Altägypten wurden Fische zwar vom Volk gegessen, waren aber für geweihte Personen (Könige, Priester) verboten. Als schweigende Bewohner der Tiefe wirkten sie vielfach unheimlich und wurden mit negativen Mythen in Verbindung gebracht (etwa als Fresser des Phallus des von Seth getöteten Gottes Osiris). Dennoch galten einzelne Fischarten auch als göttlich und heilig, so etwa der Aal dem Gott von Heliopolis und der Barsch der Göttin Neith. Hier zeigt sich die zwiespältige Haltung des Menschen seinen psychischen Tiefenschichten und deren Inhalten gegenüber, die – ähnlich wie die *Schlange* – sowohl positiv als auch negativ bewertet werden können. Sagenhafte Fischmonstren in alten Tierbüchern illustrieren deutlich sowohl Faszination wie auch Furcht vor den Bewohnern der Tiefe. In altindischen Mythen wird erzählt, daß der Gott Vishnu bei der großen Flut in Fischgestalt den Stammvater der Menschheit, Manu, errettet habe. In Altchina war der Fisch (yü) ein Symbol für Glück und Überfluß; Fisch und Wasser zusammen galten als Metapher für sexuelle Freuden. – In Japan gehört der Fisch (Sakama) zu den Grundnahrungsmitteln des Volkes und wird entweder roh (Sashimi), gekocht oder in Öl gebraten gegessen. Zusätzlich gelten manche Fische auch als traditionelle Symbole, so etwa der Karpfen, der Gegenströmungen und Wasserfälle überwinden kann, als Inbegriff von Mut, Stärke und Ausdauer. Beim »Knabenfest« am 5. Mai werden vor dem Haus Karpfenbanner (Koinobori) an Stangen befestigt, zusätzlich für jeden hier wohnenden Knaben ein seidener Fisch dieser Art. – In der alchemistischen Bilderwelt stellen zwei Fische in einem Fluß die Uressenzen *Sulphur und Mercurius* in aufgelöster Form dar. – Für die Psychoanalyse ist der Fisch als Traumsymbol ein verhülltes Bild des Penis, der auch in der türkischen Umgangssprache als »einäugiger Fisch« bezeichnet wird. – In der astrologischen Symbolik ist das Tierkreiszeichen der Fische (vgl. *Sterne*) das letzte des Zodiakus, dem auch die Herrschaft über das gegenwärtige, nach Ansicht mancher Astrologen bald zu Ende gehende »Weltzeitalter« (vgl. *Wasserwesen*) zugewiesen wird. Als Eigenschaften der »Fische-Geborenen« werden etwa ein Streben nach Brüderlichkeit und Frieden, Vollkommenheit, Aufmerksamkeit und geduldigem Forschen bis zum Erfolg sowie »muntere Fruchtbarkeit« genannt.

Der Tiefenpsychologe E. Aeppli weist darauf hin, daß der Fisch als stummer Kaltblütler wegen seiner Fähigkeit, sich im Element des Wassers flink fortzubewegen, bewundert und beneidet wird. Sein Fleisch gilt nicht als echtes Tierfleisch und darf auch in der Fastenzeit genossen werden. Das Wunder der *Brot*vermehrung (Lukas 9,16) schließt auch Fische als Nahrungsmittel ein. »Mit dem Fischwesen in sich zusammenkommen heißt, im ganzen gesehen, mit den Kaltblütler-Urformen menschlicher Existenz, mit einer sehr tiefen Seelenschicht zusammentreffen ... Deshalb wird der, welcher eine tiefgreifende Wandlung durchzumachen hat, wie einst der legendäre Prophet Jonas von seinem Unbewußten, vom großen Fisch mit dem Walfischrachen, für einige Zeit verschlungen. Als ein Gewandelter wird er an die helle Küste eines neuen Bewußtseins ausgeworfen werden.« – Erwähnenswert ist die Tatsache, daß Fische in Unkenntnis ihrer Lebensweise in der Antike, etwa durch Aristoteles, für eingeschlechtlich gehalten wurden, was ihre Rolle in der Symbolik dieser »kaltblütigen« Wasserwesen sicherlich beeinflußte. In der frühchristlichen Wandmalerei in den römischen Katakomben ist der Fisch das Symbol der Eucharistie, und bei Darstellungen des »letzten Abendmahls« ist er bis in das frühe Mittelalter neben *Brot* und *Wein*kelch auf dem Speisetisch dargestellt. Der Fischerring (Annulus piscatoris) des Papstes geht auf die Evangelienstelle vom »reichen Fischfang« (Lukas 5,4 ff.) des Apostels Petrus zurück.

Fledermaus, ein Tier mit vielfältiger Symbolbedeutung, deren »Zwitternatur« (geflügeltes Säugetier) in vielen Kulturen Aufmerksamkeit erregte. Im Abendland gilt sie als unheimliches Wesen, das sich angeblich in den *Haaren* des Menschen verfängt. Berichte über *blut*saugende Vampirfledermäuse in Südamerika haben dazu beigetragen, auch in Europa die harmlosen, stechmückenvertilgenden Fledermäuse als furchterregende Wesen zu betrachten. Der *Teufel* als gefallener *Engel* wird in der Kunst mit Fledermausflügeln ausgestattet, da er wie das Tier das Licht scheut. Auch dämonische Wesen aller Art werden mit diesem Attribut dargestellt, etwa der personifizierte Neid (Invidia), der sich nicht offen bei Tag zu zeigen wagt. Bei Bildern des *Hexen*sabbats fehlen Fledermäuse fast nie. – In anderen Kulturen hat die Fledermaus einen besseren Ruf. Bei den Maya Mittelamerikas wird sie unter dem Namen Z'otz besonders von den

Fledermaus: Fünf Fledermäuse mit dem traditionellen Symbol für »langes Leben« als Glückssymbol, China

Zotzil-Stämmen als Schutzgott verehrt. Im Mythus der Quiché-Maya tritt freilich eine »kopfabschneidende Fledermaus« als Unterwelttier auf. – In Altchina galt die Fledermaus als Glückssymbol, in erster Linie wegen des Gleichklanges ihres Namens (fu) mit »Glück«. *Fünf* Fledermäuse bedeuten ebenso viele Glücksgüter, nämlich hohes Alter, Reichtum, Gesundheit, Tugendliebe und natürlichen Tod. Häufig wurden freundliche Magier dargestellt, die aus einem Krug fünf Fledermäuse herausflattern lassen. Als besonders segensreich galten *rote* Fledermäuse, deren Farbe dämonische Mächte abschrecken sollte. – In afrikanischen Mythen gilt die Fledermaus zum Teil als besonders klug, weil sie beim Flug nirgends anstößt.

In der Antike war die Fledermaus das

Fledermaus: Altchinesisches Symbol für »doppeltes Glück«

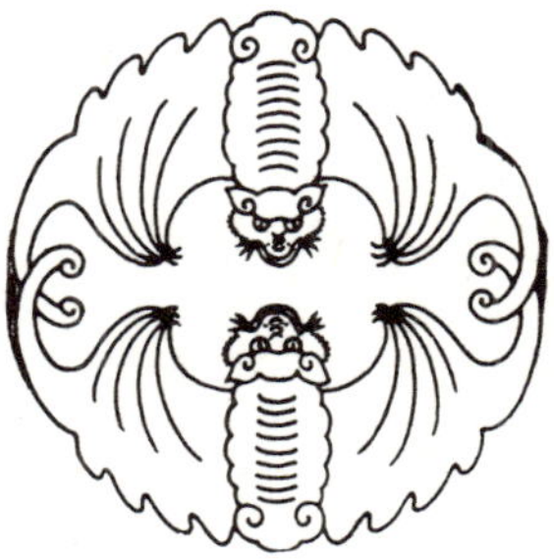

Fledermaus: Maya-Fledermausgott. Acanceh, nördliches Yucatán

Fledermaus: Maya-Gefäßmalerei des Fledermauswesens »Z'otz«, Chamá, Alta Vera Paz

Symbol der Wachsamkeit, und ihr Auge sollte vor Schläfrigkeit schützen. Andererseits wurden schon damals, wie es noch heute in manchen ländlichen Gegenden üblich ist, Fledermäuse zum Schutz vor Nachtdämonen und bösem Zauber an Türen genagelt. Fledermausblutstropfen unter dem Kopfkissen einer Frau sollten ihr Kindersegen bescheren. Auch gegen *Ameisen*plage, Raupen, *Heuschrecken* und *Schlangenbiß* galt die Fledermaus als Quelle für Sympathiemittel. In griechischen Sagen und Fabeln wird sie als klug, aber furchtsam geschildert. Fledermaus (lat. vespertilio, griech. nykteris) war auch eine scherzhafte Bezeichnung für menschliche Nachtschwärmer. Flatternd und piepsend wie Fledermäuse werden in der Odyssee die Seelen der Toten in der Unterwelt beschrieben. – Einen positiven Aspekt können auch die mittelalterlichen Bestiarien der Fledermaus abgewinnen, wenn es dort heißt, »wo die Fledermäuse sich zu längerem Aufenthalt entschließen, halten sie sich aneinander fest und bilden ganze Trauben – eine Art von gegenseitigem Liebesdienst, wie man ihn nur selten bei Menschen finden kann« (Unterkircher). Diese anerkennende Einstellung dem geräuschlosen Flattertier gegenüber hat sich jedoch, im Gegensatz zu anderen Bewertungen aus alten symbolisch-zoologischen Büchern früherer Jahrhunderte, im Volksglauben nicht durchgesetzt. Auch St. Hildegard von Bingen (1098–1179) schrieb, daß die von ihr zu den Vögeln gezählte Fledermaus »besonders in der Zeit fliegt, in der – weil die Menschen ruhen – die Geister unterwegs sind«, und sie nennt ein wenig tierfreundliches Rezept: »Wenn jemand an Gelbsucht leidet, soll er die Fledermaus so vorsichtig aufspießen, daß sie am Leben bleibt, und sie dann mit ihrem Rücken auf den seinen binden. Gleich darauf soll er sie sich auf den Magen binden, bis sie stirbt.« Es war offenbar daran gedacht, daß das Tier die Krankheit aus dem Körper des Patienten heraus- und an sich ziehen könne.

Fliege (griech. myia, lat. musca). Fliegen aller Arten sind als Symboltiere negativ gesehene Wesen, die jedoch oft durch Riten beschwichtigt werden sollten. Der im 2. Buch der Könige (1,2) erwähnte Ba'al-zebul oder Beel-zebub, »der Gott von Ekron«, ist eine syrische Gottheit, die mit der Beherrschung der Fliegenschwärme in Verbindung gebracht wird wie in Griechenland »Zeus Apomyios« oder »Myiodes, Myiagyros«. Teilweise herrschte die Vorstellung von dämonischer Macht, die sich in den unausrottbaren Fliegen verkörpere. Ihre Abbil-

Fliegen: Beel-zebub, der Fliegendämon. Collin de Plancy, Dictionnaire infernal, 1863

dung auf antiken Gemmen sollte vor dem »bösen Blick« (*Auge*) schützen. Ihr griechischer Name bezeichnete symbolisch einen Parasiten; im Vergleich zu unserer Redensart »aus einer Mücke einen *Elefanten* machen« war bei Lukian (120–180 n.Chr.) von der Fliege statt von der Mücke die Rede. In der altpersischen Mythologie schlich sich das *licht*feindliche Prinzip Ahriman in Gestalt einer Fliege in die Welt ein. Fliegenschwärme künden bei Jesajas 7,18 Unheil an: Es »wird der Herr den Fliegen an den Mündungen des Nils in Ägypten pfeifen«. Fliegen sind vorwiegend Symbole teuflicher Gestalten und Dämonenschwärme, die auch den Wüsteneremiten St. Makarios peinigten.

Fliegender Holländer, eine Symbolfigur des ewig ruhelosen Menschen auf dem *Meer*, vergleichbar dem *Ahasver* zu Lande, besonders durch die Oper Richard Wagners (1843) berühmt geworden. Der »Seespuk« eines Geister*schiffes*, dessen Auftauchen Unglück für alle ankündigt, die es sichten, wurde mit den langwierigen Bemühungen zur Überwindung des Kaps der Guten Hoffnung (1497) in Verbindung gebracht. Ein Kapitän van der Decken soll den frevelhaften Schwur getan haben, in alle Ewigkeit von diesem Versuch nie abzulassen, und seine Pistole auf das *Stern*bild des »Südkreuzes« abgeschossen haben; seit dieser Zeit muß er – der zu Beginn des vorigen Jahrhunderts populär gewordenen Sage zufolge – auf ewig durch die Meere kreuzen. Auch mit dem Kapitän Barent Fokke, der einen schwarzen *Hund* mit sich führte, seine Seele dem *Teufel* verschrieben hatte und nun für alle Zeit im Südatlantik zwischen Kap Hoorn und dem Kap der Guten Hoffnung umherfahren muß, ohne jemals einen Hafen anzulaufen, wird die Sage von dem ruhelosen Gespensterschiff in Verbindung gebracht.

Flora, heute symbolischer Sammelname der gesamten Pflanzenwelt, war in Alt-Rom die Schutzherrin der Blüten und *Blumen* und wurde mit einem *Füllhorn* dargestellt, aus dem sie Blüten über die Erde streute. Ursprünglich eine Göttin der italischen Osker und Sabiner, wurde ihr zu Ehren später in Rom das Fest der Floralia gefeiert, das vom 28. April bis Anfang Mai währte (und damit zeitlich der »Walpurgisnacht« und den Maifeiern entspricht). Bei diesem Frühlingsfest spielten die *Hetären* eine große Rolle, und Flora selbst wurde auch »meretrix« (käufliches Mädchen) genannt. Die Lockerung der Sitten sollte offenbar eine wachstumsfördernde »Vor-Ahnungswirkung« für die gesamte Natur ausüben und läßt sich als agrarisches Ritual deuten, das später zum bloßen Volksfest wurde. – »Fauna«, Sammelname der Tierwelt, geht auf das weibliche Gegenstück des Naturgottes Faunus (griech. *Pan*) zurück. – Der Dichtung des Ovid (43 v.–17 n.Chr.) zufolge war Flora im *Goldenen Zeitalter* eine Nymphe namens Chloris, die *Grünende*, doch Zephyrus, der West*wind*, entführte sie und machte sie zu seiner Gemahlin. Sein Hochzeitsgeschenk war der

Flügel: Der Gott Assur als Pfeilschütze in geflügelter Sonne. Assyrisch, ca. 890 v. Chr.

Flügel: Aus dem ägyptischen Symbol der geflügelten Sonnenscheibe abgeleitetes Bild des Gottes Ahura Mazda

ewige Frühling, wodurch sie zur Göttin der jungen Natur zu Jahresbeginn wurde. Auch soll sie der Göttin Juno eine Wunderblume geschenkt haben, mit deren Hilfe diese ohne Mitwirkung des *Jupiter* Mutter wurde und den Gott *Mars* gebar.

Flügel zeichnen nicht nur die *Engel* im christlichen Bereich aus, sondern auch Genien und dämonische Wesen, Feen und Luftgeister in den frühen Kulturen der Alten Welt. Diese teilweise Annahme der *Vogel*gestalt drückt die Zugehörigkeit zur Region des *Himmels* aus, das Erhobensein über die Menschenwelt durch die Leichtigkeit der *Feder.* Symbolkundlich soll damit nicht eine im physischen Sinn »flugfähige« Gestalt konstruiert, sondern die Körperlichkeit durch die Signatur des Sicherheben-Könnens über die Erdenschwere aufgewertet werden. Besonders reich mit Flügeln ausgestattet hat daher die Vorstellung die Cherubim, die Angehörigen der höchsten Engelsklasse. Sie werden von Hesekiel mit vier Gesichtern und vier Flügeln geschildert (Tetrapteryx), wobei sie auf Rädern stehen, die mit *Augen-Sternen* bedeckt sind, wodurch sie den lebenden *Thron*wagen Gottes bilden. In der Johannes-Apokalypse werden sie als Wesen mit *sechs* Flügeln beschrieben; in der Buchkunst des Mittelalters wechselt die Flügelzahl. – Auch antike Personifikationen werden oft geflügelt dargestellt, so etwa *Chronos* und die Siegesgöttin Nike (lat. Victoria), ebenso die Göttin des flüchtigen Glückes, *Fortuna.* In der mittelalterlichen Kunst der Ostkirche wird Johannes der Täufer, der Vorläufer Christi, mit Flügeln dargestellt, im Abendland der »Doctor angelicus«, Thomas von Aquino, seltener St. Vinzenz Ferrer, wegen seiner engelsgleichen Nächstenliebe. Den *Teufeln* werden nicht die leichten Flügel des Vogels zugebilligt, sondern die ledrigen

Flügel: Der Dämon Pazuzu. Kleine assyrische Bronzefigur, ca. 800 v. Chr.

Flügel: »Einer allein genügt nicht«. J. Boschius, 1702

Schwingen der *Fledermaus.* In der Romantik werden elfenartige Wesen oft mit den Flügeln von Libellen und *Schmetterlingen* gezeichnet. – Vgl. auch *Ikarus, Amor.* Im Dialog »Phaidros« des Platon (427–347 v.Chr.) heißt es über das Gefieder, das die Flügel umkleidet, es habe die Kraft, »das Schwere emporzuheben und hinaufzuführen, (dorthin,) wo das Geschlecht der Götter wohnt. Es hat auch weitgehenden Anteil bekommen an der Leiblichkeit des Göttlichen.« Auch Symbol-Fabeltiere werden mit Flügeln ausgestattet, wenn Leichtigkeit und »*Himmels*nähe« ausgedrückt werden sollen *(Pegasus).* Vgl. *Feder.* In der Wappenkunst bedeuten Flügel, »daß man sich durch löbliche Thaten wolle empor schwingen, oder schon dardurch erhaben worden seye« (Böckler 1675).

Fluß, Strom. An den großen Strömen entstanden um 3000 v.Chr. die großen Kulturen der Alten Welt. Was Hoangho, Ganges, Indus, Euphrat-Tigris und Nil als Leitlinien für die Menschheitsgeschichte bedeuten, wurde kulturhistorisch bisher noch nie vergleichend und zusammenfassend dargestellt (in der Neuen Welt ist dieses Phänomen nicht zu beobachten). Symbolkundlich ist der Fluß jenes *Wasser,* das nicht wie das Meer statisch wirkt, sondern durch sein Strömen und seine Überschwemmungen die Dynamik und die Zeiteinteilung nachhaltig beeinflußt. Die altjüdische *Paradies*-Tradition sieht das umgebende Land nach *vier* Himmelsrichtungen gegliedert: Pison (Indus?), Gihon (Ganges?), Hiddekel (Tigris) und Euphrat. Auch die Abgrenzung des Lebensbereiches zum *Jenseits* wurde vielfach durch einen Fluß vorgestellt, ebenso der die Ökumene umrundende Okeanos als ein die Erdscheibe umgebender Strom an der Grenze. Oft wird die Quelle der jeweils bedeutenden Flüsse im überirdischen Bereich gesucht; so etwa der Nil, ägyptisch »Jotru«, in einer Höhle, die Hauptflüsse Asiens (Brahmaputra, Ganges, Indus und Oxus) am Welten*berg* Meru. In Altchina wird der Zähmung der Flußgötter durch den mythischen Urkaiser Yü große Bedeutung beigemessen, und zur Besänftigung dieser Naturwesen wurden einst Menschenopfer dargebracht. In den Flüssen sollten *Drachen*könige leben, die Opfergaben erwarteten

Fluß: Zwei Flüsse (Euphrat und Tigris?) in der Landschaft. Gravierung auf einem Silbergefäß, Maikop in Kaukasien, ca. 1800 v.Chr.

Fluß: Flußgott Tiber, nach Cartari, 1647

(Symbole und Personifikationen der Gefahr, die durch Überflutungen und Stromschnellen entsteht), und ertrunkene Menschen wurden als gefährliche Wesen angesehen, die sich unter Badenden Stellvertreter suchten, um selbst für eine neue Wiedergeburt freizuwerden. – Aus dem antiken Hellas sind Namen von Flußgöttern (Acheloos, Skamandros, Kephissos u.a.) bekannt, welchen verschiedene Opfergaben dargebracht wurden *(Stiere, Pferde, Haar*locken,

Fluß: Moses wird von der Tochter des Pharao aus dem Nil geborgen. G. Doré (1832-1883)

Schafe). Solche Flußgötter wurden meist als tiermenschliche Mischwesen dargestellt, etwa als Menschen mit Stierkopf oder als *Kentauren* (Nessos). In Alt-Rom wurde der Tiber als »Tiberinus pater« verehrt und als *Vater* aller Flüsse angesehen. – In christlicher Zeit wurden die Paradiesflüsse oft auf Taufbecken symbolisch angedeutet und das Taufwasser mit jenem des Jordan verglichen, in dem Jesus von Johannes getauft wurde. Den Paradiesströmen wurden im Anklang an die griechische Mythik vier *Höllen*flüsse gegenübergestellt: Acheron, Kokytos, Styx und Phlegeton oder Pyriphlegeton (Feuerstrom).

Durchaus lebendig ist in Indien die Verehrung des Ganges, dessen Wasser alle menschlichen Verfehlungen auszutilgen imstande sein soll (»Wie das Feuer Brennholz verzehrt, so verzehrt Gangā die Sünden«), wie vor allem in Benares beobachtet werden kann. Der Ganges wird als ein direkt vom *Himmel* herabkommender Strom aufgefaßt, von Brahma gesandt, der sowohl die *Asche* Verstorbener als auch die Körper Lebender von jedem Sündenmakel reinigt, nachdem ihn der Gott Shiva aufgefangen und in sein Flußbett geleitet hatte. Auch die Pilgerfahrt zu den *Quellen* des heiligen Stromes gilt als höchst verdienstvoll für die Tilgung eines belasteten Karmas (Summe der menschlichen Taten, deren Konsequenz die kommenden Wiedergeburten bildet). – In der Wappenkunst bedeuten Flüsse und Wellen, so Böckler 1688, »daß der Vater eines solchen adelichen Herkommens entweder in seines Herrn Dienste große Reisen über Meer verrichtet oder über einen Fluß am ersten gesetzt, den Feind anzugreifen oder nachzujagen, oder daß er zu Wasser eine löbliche That gethan. Gleichwie nun das stehts bewegliche Wasser keine Fäulung noch todten

Fortuna: Die Glücksgöttin auf der geflügelten Kugel. Cartari, 1647

Leichnam leiden will, sondern denselbigen mit unruhigen Wellen auswirfft: also können hochgestirnte Geister nicht müßig seyn und diejenigen wol vertragen, welche ihnen mit faulem Geschwätz überlästig sind. Das helle Wasser reiniget von allem Unflat gleich einem getreuen Freund, welcher nicht nur die Fehler weiset, sondern auch die Mittel lehret, sich solcher zu entschütten.«

Fortuna, symbolische Personifikation des Glückes. Ursprünglich eine Frauen- und Orakelgöttin, wurde sie später mit der griechischen Tychē gleichgesetzt und zur Verkörperung des wechselhaften Glückes der Menschheit gemacht. Oft wurde sie mit Steuerruder und *Füllhorn* (cornu copiae) in der Hand dargestellt, auf einer Kugel oder einem Rad stehend, mit einem Segel oder mit *Flügeln* vom wechselnden Wind hin- und hergetrieben. Im Christentum wurde die willkürliche Glücksgöttin teils als Ausdruck der unerforschlichen Vorsehung Gottes aufgefaßt, teils jedoch als Widerspruch gegen die untrüglichen *Tugenden* (etwa constantia, Beständigkeit) negativ bewertet. – In Ostasien (Japan, China) wird »Glück« durch den *Dickbauchbuddha* und die sieben *Glücksgötter* symbolisiert und beschworen.

Freimaurerische Symbole gehören zu jenen Bereichen der Symbolik, die in unserer Zeit ihre ganz bewußt ausgearbeitete und zu Ritualen ausgestaltete Rolle in größerem Ausmaß unvermindert ausleben. Dem gezielten Umgang mit Symbolen wird im Freimaurertum seit dem offiziellen Gründungsjahr (1717) zentrale Bedeutung beigemessen, um ethische Ziele leichter erreichen zu können. »In der Symbolik entfaltet die Freimaurerei ebenso ihr innerstes Wesen wie die Kirche in ihrer Dogmatik«, schreibt A. Wolfstieg (1922), »in ihr pulsiert das wahre innige Leben der Königlichen Kunst.« Der erwähnte Autor schließt daran einige Zitate aus der älteren einschlägigen Literatur an, so etwa: »Die Symbolik der Arbeit ist nicht bloß Fixierung von neuen Seeleneinheiten, sondern an sich Erkenntnis . . . (aber) die Symbole der inneren Erfahrung müssen von jedem aufs neue wieder entdeckt werden . . . (um) denjenigen, der sie verstehen will, an dieselbe Stimmungs-, Gesinnungs- und Ideenwelt zu gewöhnen, in der jene Symbole zuerst entstanden sind« (P. Wageler). »Symbol ist die Überwindung und Gewinnung der toten Materie durch das Gemüt des Menschen in das lebendige Leben, die Ausschaltung des bloßen wissenschaftlichen Begriffes durch das künstlerische Sinnbild, die Ersetzung des (bloßen) Verstandes durch das Gefühl für die Lebensgestaltung, das Andiestellesetzen der inneren Wertung für bloßes äußeres Werten des Nutzens einer Sache« (Gans). »Bloßen Ersatz dessen, was die schriftliche Aufzeich-

Freimaurer-Symbole: Aufnahme in den Meistergrad. Nouveau catéchisme des Francs-Maçons, 1749

nung der Geschäfte sichert, kann man in den Symbolen nicht sehen; warum hätten sie sonst lange Jahrhunderte neben geschriebenen Urkunden fortbestanden?« (Grimm, »Deutsche Rechtsaltertümer«). In symbolfreudigen Zeiten war der Drang unbezwingbar, »Geistiges sinnlich wahrnehmbar zu machen und das reale Leben in eine bedeutungsvolle Bildlichkeit umzuschaffen« (Gustav Freytag). »Die Baumeister der Kirchen schwelgten im Symbolismus der tiefsten Art. Die Pyramiden waren Wunder der geometrischen Wissenschaft. Geometrie war die Dienerin des Symbolismus. Symbolismus, das kann gesagt werden, ist spekulative Geometrie« (A. Pike).

August Wolfstieg (1859–1922) schließt an diese und andere Literaturzitate im Sinne der freimaurerischen Grundauffassung folgende Sätze: »Ein Symbol entsteht überall da, wo man einer realen Tatsache, einer Zahl, einem Wort, einem Zeichen, einer Pflanze, einem Bild oder Bauwerk usw., kurz einem Dinge eine tiefere Bedeutung unterlegt, als es in seinem einfachen Bestehen wirklich besitzt – diese Dinge und ihre Formen also mehr würdigt und höher bewertet, als ihnen eigentlich zukommt, dem rein äußerlichen Dinge eine tiefere geistige oder moralische Bedeutung unterlegt und es so zum Bilde von sonst nicht darstellbaren geistigen Vorgängen macht. Das Symbol ist also genau das Umgekehrte von einer Allegorie, welche die sinnliche Verkörperung einer gefaßten allgemeinen Idee durch die Darstellung eines einzelnen Vorganges bildet; ... die Allegorie sucht, von einer allgemeinen Wahrheit ausgehend, nach einem sinnlichen Ausdrucke für einen bereits vorgefaßten Gedankengang durch die Darstellung eines einzelnen Geschehnisses und ist für den Beschauer zwingend ... das Symbol will dagegen einen einzelnen Begriff, eine einzelne Empfindung ... ins Allgemeingültige erheben, indem man an eine bereits vorhandene Sache als deren Träger und Abbild dauernd anknüpft, um durch deren Bild jetzt und künftig einen bestimmten Gedankengang, eine allgemeine Wahrheit oder eine Mahnung für den Beschauer ein für allemal in das Bewußtsein zu rufen. Das Sinnbild läßt also dem Beschauenden Raum für allerlei Vorstellungen und Deutungen.« Wolfstieg fügt hinzu, was G. F. Creuzer in seiner »Symbolik und Mythologie der alten Völker« (1810–12) formuliert hatte: »Nur das Wichtigste sollte mit der Würde des Symbols bekleidet werden ... Es sagt alles, was dieser Gattung (Religiöses, Künstlerisches) eigentümlich ist: das Momentane, das Totale, das Notwendige, das Unergründliche, und erhebt sie auf die höchste Stufe. Durch dieses einzige Wort ist die Erscheinung des Göttlichen und die Verklärung des irdischen Bildes bezeichnet ... Beim Symbol steigt der Begriff selbst in die Körperwelt, und im Bilde sehen wir ihn selbst und unmittelbar.« Dieser Hochschätzung der Symbolik im Freimaurertum steht dessen Abwertung – zusammen mit jener des Bundes selbst verbunden – durch Mathilde Ludendorff (»künstliche Verblödung durch Symbolik«) in groteskem Gegensatz gegenüber. – Freimaurerische Symbole werden u.a. im Rahmen folgender Stichworte erwähnt: *Arbeit, Arche, Dreieck, Dunkelheit, Hammer, Handschuh, Hexagramm, Kelle, Kette, Licht, Pentagramm, Pythagoras, Reißbrett, Säulen, Schlußstein, Senkblei, Stein, Stufen, Tempel, Winkelmaß, Zirkel.*

Frosch, obwohl ein kleines Tier, symbolkundlich ein recht interessantes Wesen. In Altägypten war er wegen seiner Fruchtbarkeit und wohl auch wegen seines auffälligen Gestaltwandels vom *Ei* über die Kaulquappe zum vierbeinigen, entfernt menschenähnlich anmutenden Wesen ein Symbol des entstehenden und sich immer wieder erneuernden Lebens. Nicht selten wurden die Urgötter der *Achtheit,* aus dem Schlamm entstanden, froschköpfig dargestellt. Die Geburtsgöttin Heket (Hiqet), gütige Helferin der Volksreligion, wurde als Frosch gesehen. – In Altchina herrschte die Ansicht vor, Froschlaich falle mit dem *Tau* vom Himmel, und er hieß daher statt »wa« häufig metaphorisch »t'ien-chi«, Himmelshuhn, wobei ein mythischer Zusammenhang mit dem *Mond* im Vordergrund stehen dürfte. Ein alter Text sagt, daß eine der beiden Seelen des Menschen Froschgestalt habe. Dichtern und *Kaisern* wird die Macht nachgerühmt, durch ein bloßes Verbot die Frösche an ihrem ruhestörenden Quaken zu hindern. – In der eu-

Frosch: Holzschnitt im Werk des Pseudo-Albertus Magnus, Frankfurt, 1531

ropäischen Antike ist die Verwandlung der mißgünstigen lykischen Bauern in Frösche bekannt, die einer dürstenden Göttin das Trinkwasser trüben wollten, indem sie hineinsprangen und es trübe machten. In der Volksmagie spielte der Frosch eine so große Rolle, daß Plinius bemerkte: Wenn es nach den Magiern ginge, wären Frösche für die Welt bedeutsamer als alle Gesetze. So sollte etwa eine Frosch*zunge,* einer schlafenden Frau auf das *Herz* gelegt, diese zum wahrheitsgemäßen Beantworten aller Fragen veranlassen. – Im christlichen Bildverständnis spielt die »ägyptische Plage« der massenhaft auftretenden Frösche eine Rolle (2. Buch Mosis 8,2–14), und diese negative Deutung wird in der Johannes-Apokalypse (16,13) wiederholt. Die Kirchenväter spielten auf das Leben im Schlamm und das laute Quaken der Frösche an und deuteten sie als Symbole des *Teufels* oder der ketzerischen Irrlehrer. Im koptischen Ägypten hingegen wirkte das ältere positive Bild des Frosches nach, weshalb er als Sinnbild der Auferstehung auf Öllampen dargestellt wurde. In Europa ist er Attribut von St.

Hervé und des hl. Pirmin von Reichenau, der der Legende nach wie chinesische Herrscher und Dichter durch ein bloßes Gebot die quakenden Frösche seiner von Sumpfland umgebenden Insel zum Schweigen bringen konnte. vgl. *Kröte.*

Der Tiefenpsychologe Aeppli erwähnt, daß der Frosch als Land-Wasser-Tier zwar manchen Menschen Widerwillen einflößt, als Traumsymbol jedoch positive Bedeutung besitzt. Seine Entwicklung bis zum fertigen Tier, »dazu das Menschenähnliche seiner Schwimmhändchen, haben diese Tiere zu einem Gleichnis einer niederen Stufe seelischer Wandlung gemacht. Deshalb kann im Märchen (vom ›Froschkönig‹) aus dem Frosch ein Prinz, aus dem Verachteten ein Ansehnliches werden. Im Frosch wird mehr das Lebendige, in der Kröte mehr das Schwere erlebt. Diese ist ein ausgesprochen weiblich-mütterliches Traumtier.« Die Psychoanalyse im Sinne von Sigmund Freud sieht in dem glitschigen Frosch, der in das Bettchen der Prinzessin hereingenommen werden will, hingegen ein kaum verhülltes Symbol des männlichen Sexualorgans, das erst in seiner Akzeptanz in der Partnerschaft seine Wandlung zum »vollkommenen Menschen« erleben darf. – Als Träger einer religiösen Aussage erscheint der Frosch in den medial empfangenen Aussagen des steirischen Visionärs Jakob Lorber (1800–1864), der vom »Herrn und Heiland« folgende Botschaft empfangen haben will: »Der Frosch quakt die meiste Zeit des Tages in seiner Freude über das empfundene Leben in seiner Pfütze und lobt Mich dadurch in seiner quakenden Freude für den Besitz des Lebens.« Er könnte daher den Menschen als »lehrender Apostel« dienen.

Fuchs als Gänsedieb. W. H. Frh. v. Hohberg, 1647

Fuchs, in vielen Volkstraditionen (»Reineke«) das Tiersymbol bösartiger Schlauheit und Hinterlist. Seine rötliche Fellfarbe erinnert an *Feuer,* was ihn (wie auch den Luchs und sogar das *Eichhörnchen*) in das Gefolge des *Teufels* einreiht: vgl. den Ausdruck »fuchsteufelswild«. Im alten Rom galt er als Feuerdämon. Am Fest der Göttin Ceres wurden zur Abwehr des Getreidebrandes Füchse mit brennenden *Fackeln* an den Schwänzen durch die Felder gejagt. Als Mittel gegen Verzauberung wurde ein mit Fuchs*blut* bestrichener See*stern* an die Tür genagelt. Füchse galten (wie in Altchina) als besonders wollüstige Tiere, weshalb zerriebene Fuchshoden in *Wein* als unfehlbarer Liebestrank galten und ein Fuchsschwanz, am Arm getragen, sexuell aufreizend wirken sollte. Bei den Germanen war der Fuchs Symboltier des trickreichen Gottes Loki (diese »Trickster«-Rolle nimmt bei den nordamerikanischen Indianern der Koyote ein). – Eine große Rolle spielen Füchse als Symbole der Erotik und Verführungskunst in Ostasien; im alten

China herrschte die Ansicht, daß Füchse (hu-li) tausend Jahre alt und dann, mit *neun* Schwänzen ausgestattet, besondere Fähigkeiten zur sinnlichen Verführung entwickeln könnten. Auf Füchsen reiten Gespenster; Fuchsfrauen wechseln nie die Kleider, doch bleiben diese immer sauber. Sie sind unglaublich verführerisch und können durch hemmungslose erotische Ansprüche ihnen verfallene Männer die Lebenskraft rauben.

In Altjapan heißen die Fuchsgeister, die sich in Menschen verwandeln können, also eigentlich »Wer-Füchse« sind, Koki-Teno. Sie können mit ihrer Kunst der Sinnenverblendung Menschen in die Irre führen und verderben; sie spielen in japanischen Sagen die Rolle von *Hexen* (die jedoch auch in anderen Gestalten auftreten können), und es ist geboten, sie zu verbrennen und ihre *Asche* in *Flüsse* zu streuen. Der Fuchs spielt jedoch keine konsequent negative Rolle. Ein *weißer* Fuchs ist Reittier des *Reis*gottes Inari, und neben den *Torii* seiner Heiligtümer stehen oft Fuchsfiguren aus Holz oder Stein, die eine heilige Schriftrolle oder den Schlüssel des Paradieses im Maul tragen. Das Ende der Fuchsschwänze trägt auch nicht selten das »Glücksjuwel«-Symbol. – *Stern*schnuppen werden »Himmelsfüchse« genannt.

Allgemein überwiegen negative Symbolbedeutungen des Fuchses. Auf Dürers Bild »Maria mit den vielen Tieren« ist ein angebundener Fuchs zu sehen, offenbar in Erinnerung seiner »teuflischen« Assoziationen. Gelegentlich ist er jedoch auch Attribut von Heiligen, so etwa von St. Bonifatius und Saint-Genou, obwohl er im biblischen Sprachgebrauch Hinterlist und Bosheit verkörpert. Die alte Redensart vom Fuchs, der den *Gänsen* predigt, bezeichnet listige Eigennützigkeit; in Oberösterreich war »Fuchs«

Fuchs: Kinderbuchillustration von F. Pocci, 1847

gleichbedeutend mit »*Teufel*« (»Hol's der Fuchs«), und in Oberschlesien hieß es bei aufziehendem Gewitter: »Der Fuchs braut.« Bei Grimmelshausen (Simplicissimus) war »fuchsschwänzen« gleichbedeutend mit »heuchlerisch schmeicheln«. Die negative Bewertung von »Meister Reineke« kommt auch in den mittelalterlichen »Bestiarien« zum Ausdruck, wenn es etwa heißt, er sei ein trug- und listenreiches Tier. »Wenn er hungrig ist und nichts zum Fressen findet, wühlt er sich so in rötliche Erde, so daß er wie mit Blut befleckt aussieht, wirft sich nieder und hält die Luft an. Die Vögel sehen, wie er (scheinbar) blutig daliegt und die Zunge heraushängen läßt und glauben, er sei tot. Sie lassen sich auf ihm nieder, und der Fuchs kann sie fangen und fressen. So verhält sich auch der Teufel: Den Lebenden gegenüber stellt er sich tot, bis er sie in seinen Rachen bekommt und verschlingen kann« (Unterkircher). »Der Fuchs in den Wappen-Schilden oder bey den Wappen insgemein hat die Deutung der arglistigen Klugheit, und haben gemeiniglich diejenigen, so dergleichen in ihren Wappen führen, den Namen mit der That« (Böckler 1688).

Füllhorn (lat. cornu copiae). Attribut der *Flora*, ebenso Glücksgöttin *Fortuna*, zugleich Symbol für unerschöpfliche

Gaben, die dem Menschen ohne sein direktes Zutun geschenkt werden: eine Art Trinkhorn, aus dem ohne Ende Früchte und andere labende Gaben quellen. Im griechischen Mythus gehört es der *Ziege* Amaltheia, einer tiergestaltigen Nymphe, die in einer Höhle auf der Insel Kreta den noch hilflosen Zeus säugte und mit allen lebensnotwendigen Dingen ausstattete. Herakles, der mit dem *stier*gestaltigen *Fluß*gott Acheloos kämpfte und ihm ein Horn abbrach, gab dieses dem Unterlegenen großmütig zurück und wurde dafür mit der Gegengabe des Amaltheia-Füllhornes entschädigt. – Hörner als Opfergefäße für Libationen (Trank- oder Flüssigkeitsopfer) werden bereits durch prähistorische Darstellungen – etwa der »*Venus* von Laussel« – nachgewiesen.

Fünf, unter den *Zahlen* ein wichtiges Ordnungsprinzip, das sich im *Pentagramm,* dem »Drudenfuß«, äußert. In ihn ist der Mensch mit Kopf, Armen und Beinen aufrecht einzuschreiben, wenn eine Spitze nach oben zeigt (das verkehrte wird als »*schwarz*magisches Zeichen« angesprochen). Der Pentateuch, die fünf Bücher *Mosis,* bilden die »Thora« im Alten Testament. Jesus speiste mit fünf *Broten* 4000 Menschen, und seiner fünf Wundmale wird durch ebenso viele *Kreuze* in den Altarsteinen gedacht. Die »fünf Sinne des Menschen« sah der mittelalterliche Symboliker in den fünf *Blumen*kronblättern vieler Blüten vergegenwärtigt. – In Altchina war die Fünf (wu) mit den ebenso vielen Weltrichtungen (die Mitte eingeschlossen) eine heilige Zahl, der fünf Grundfarben, Töne, Sitten, Gewürze, Tierarten (Behaarte, Gefiederte, Schalentiere, Beschuppte, Nackte), menschliche Beziehungen und die »fünf Klassiker« entsprachen: das Buch der

Fünf: Fünfblättrige Blüte (Pflaumenblüte) als Glückssymbol (der »Fünf Glücksgötter«)

Urkunden, das Buch der Lieder, das Buch der Wandlungen (*I-Ching*), das Buch der Riten und das Buch der Zeremonien. Weiters wurden nach den Himmelsrichtungen fünf *Elemente* genannt (Holz, *Feuer, Erde,* Metall, *Wasser*), welchen die *Farben* zugeordnet waren. Fünf Glücksgüter sind Reichtum, Langlebigkeit, Frieden, Tugend und Gesundheit, fünf moralische Eigenschaften Humanität, Pflichtgefühl, Weisheit, Verläßlichkeit und gutes Zeremonialverhalten; fünf reine Dinge sind der *Mond,* das *Wasser,* die *Kiefer,* der *Bambus* und die *Pflaume.* Genannt werden überdies fünf Adelsränge, Getreidearten, Strafen und mythische Herrscher der Vorzeit. Diese Strukturierung dürfte im 4. Jahrhundert ausgearbeitet und in der Han-Dynastie (206 v.–220 n. Chr.) mit dem klassischen Konfuzianismus verbunden worden sein. – Die japanische Tradition kennt fünf *Glücksgötter.*

Funken sind symbolkundlich echte *Licht*partikel, die hochschweben und im dualistischen Sinn sich aus dem Reich der niederen Materie in höhere Regionen begeben *(oben/unten).* Das *Dualsystem* Geist/Materie, wie es in der orphischen Mysterienreligion, bei den Pythagoreern, den jüdischen Essenern und anderen Gruppen mit gnostischen Tendenzen offenbar wird, geht davon aus, daß feinste Teile des göttlichen Geistes oder subtilen Äthers in den Menschen begraben sind und als entkörperte Seelen das *Licht*reich erreichen, wenn sie sich von den Schlacken der »Sklaverei des Fleisches« befreit haben. Der chassidische Mystiker Rabbi Samuel, Raw Schmelke von Mikulov (Nikolsburg), gest. 1778, formulierte die dualistische Lehre so: »Alle Seelen sind Funken des Göttlichen. Wenn irgendein Funke in Sumpf und Schlamm versunken ist, wird es uns um diesen Funken nicht leid sein? Werden wir ihm nicht helfen, sich zu befreien, damit er wieder in seinem vollen Glanz aufleuchten kann? Ist er doch ein Teil Gottes selbst . . .« (G. Langer 1983).

Fuß: Eingemeißelte »Fußspur«, Wandstein des Großsteingrabes Petit Mont, Bretagne. Bronzezeitlich

Fuß (Fußspur), schon in vorgeschichtlichen Epochen viel beachtete und in Form von Felsbildern und plastischen Gestaltungen manifestierte Symbolform für die Anwesenheit von Menschen und vor allem übernatürlichen Wesen. Fährtensucher aller Zeiten und Kulturen haben dem Fußabdruck Beachtung geschenkt. Da der Fuß der *Erde* unmittelbar benachbart ist, herrschte vielfach der Glaube, er würde dem betretenen Boden persönliche Kräfte und Ausstrahlungen übertragen. Landnahme wurde häufig einfach dadurch manifestiert, daß auf den Boden der Fuß des Entdeckers gesetzt wurde; ähnlich wurde auf besiegte Feinde der Fuß gestellt, um deren Unterwerfung symbolisch zu manifestieren. Das »Aufstehen mit dem linken Fuß« galt schon in der Antike als unglückliches Omen für den folgenden Tag. Untergebene und Sklaven mußten als Zeichen der Demut die Füße ihrer Herren küssen. Andererseits galt Lösen der Schuhriemen und Betreten heiliger Stätten (2. Buch Mosis 3,5) mit bloßen Füßen als Akt der Ehrfurcht. Der Gründonnerstagsbrauch der »Fußwaschung« in der katholischen Kirche ist ein sinnbildlicher Ausdruck der Demut, nach dem Vorbild Jesu, der seinen Jüngern nach der orientalischen Sitte der Gastfreundschaft die Füße gewaschen hatte. Die Barfüßigkeit von Mönchsorden (unbeschuhte Karmeliter) ist Ausdruck der freiwillig gewählten Armut. – Dämonischen Wesen wurden oft unmenschlich gestaltete, etwa verkehrt angesetzte Füße zugeschrieben, ebenso Gänse- oder Entenfüße (so etwa bestimmten *Wasser*geistern und *Zwergen*). Berühmt ist in diesem Zusammenhang der *Bocks-* oder *Pferde*fuß des *Teufels,* der als Zerrbild einstiger Schönheit nur hinkend gehen kann.

Im Volksglauben Altchinas, des buddhistischen Raumes, aber auch im islamischen und christlichen Bereich werden oft natürlich entstandene Höhlungen in *Stein* als Fußspuren von Göttern, Heroen, Propheten und Heiligen verehrt. Die Mutter des Begründers der Chou-Dynastie soll durch Betreten einer göttlichen Fußspur auf übernatürliche Weise geschwängert worden sein. – Im Jahr 1740 wurde auf dem Rosenstein in

Schwaben eine »Fußspur Gottes« gesprengt, um ihre »abergläubische Verehrung« (besonders durch Fußkranke) zu verhindern. In ähnlicher Weise werden an vielen Orten Mitteleuropas Fußstapfen von Heiligen, *Riesen,* Teufeln und *Hexen* gezeigt, meist Auswitterungserscheinungen auf Steinplatten, die annähernd Fußabdrücken ähneln. Der Ausdruck »in jemandes Fußstapfen treten« bedeutet die Absicht der geistigen Nachfolge (vgl. Römerbrief 4,12): Man will dem Vorbild, das diese Spur hinterlassen hat, folgen. – Eine moderne Manifestation spielerischer Art, die auf die archaische Verehrung der Fußspuren großer Vorbilder zurückgeht, ist die Hollywood-Sitte, auf dem Sunset-Strip in Los Angeles die Fußspuren gefeierter Schauspieler zu bewundern und in sie hineinzutreten. – Für die Psychoanalyse ist der Frauenfuß ein durch frühkindliche Wahrnehmungen so erlebter Ersatz für den »fehlenden Penis« des weiblichen Geschlechtes, wodurch die absonderliche sexuelle Abweichung des männlichen »Fuß- und Schuhfetischismus« erklärt werden soll. – In der christlichen Symbolik wird die Hauptsünde des Zornes (Ira) gelegentlich dadurch dargestellt, daß eine Edelfrau einen Diener mit Füßen tritt; der Fußtritt ist auch sonst Ausdruck extremer Verachtung des Getretenen. Vgl. *Hand, Pantoffel.*

Gans, als Symboltier wie eine kleinere Version des Schwanes wirkend, häufig dem weiblichen und häuslichen Lebensbereich zugeordnet. Graugans und Saatgans wurden in der Antike mit Schlingen gefangen. Die Zähmung der Hausgans erfolgte schon früh in Ägypten. Sie diente bald auch in Griechenland als Opfertier, ebenso als Lieferantin von wohlfeilem Fleisch und von Daunen. In Rom wurde sie gemästet, ihre Leber galt als Delikatesse. Ihre Wachsamkeit erwies sich beim Versuch der Gallier, das Kapitol zu erstürmen, als Segen für die Römer. Vom Gänsefleisch wurde angenommen, es erhöhe die Liebeslust, und Gänsegalle galt als Potenzmittel. Das Tier wurde der *Venus* (Aphrodite) und dem *Mars* (wohl wegen der Episode mit den kapitolinischen Gänsen), dem *Amor* (Eros) und dem phallischen Fruchtbarkeitsgott Priapus zugeordnet. – Der Flug der Wildgänse faszinierte die Schamanen sibirischer Stämme, die sich im Trancezustand mit diesen Vögeln in den Luftraum emporgehoben fühlten und ihren Schrei nachahmten (der auch zum Bild der in den Lüften dahinziehenden »Wilden Jagd« beigetragen haben soll). – Da die Hausgans im Winter die bürgerlich-bäuerliche Festtafel bereicherte, wurde ihre kulinarische Bedeutung auch in Legenden eingewoben – in erster Linie in jene von St. Martin, der sich aus Bescheidenheit

Gans: Ägyptische Wandmalerei aus dem Alten Reich (4. Dynastie, Medum)

wehrte, sich zum Bischof weihen zu lassen, und sich im Gänsestall verbarg, wobei ihn das aufgeregte Geschnatter der Tiere jedoch bald verriet; das Essen der Martinsgans wird als »Rache« an den Haustieren erklärt. Die »Geschwätzigkeit« des Vogels machte ihn zum Symbol redefreudiger alter Menschen. Im mittelalterlichen »Bestiarium« bilden die Gänse wachsame Menschen nach, wobei die grauen Wildgänse jenen Frommen gleichen, die sich abgeschieden vom Getriebe der Welt aufhalten und das graue Bußkleid tragen. »Die Hausgänse hingegen zeigen auch weiße oder bunte Färbung und ähneln den Menschen in den Städten, die bunt gekleidet sind. Mit ihrem lauten Geschrei auf den Dorfgassen sind sie wie Menschen, die sich bei ihrem gemeinsamen Leben dem Geschwätz und verleumderischen Reden hingeben« (Unterkircher). – In Sagen, Märchen und volkstümlichen Redensarten spielt die Gans oft eine Rolle. Das in manchen Gegenden sprichwörtliche »Beschlagen der Gänse« (Unnützes tun) mag mit dem Durchlochen der Schwimmhäute zur Besitzer-Markierung (Irland) oder mit der Gepflogenheit zu tun haben, die Füße von Gänsen, die über weite Strekken getrieben werden sollten, zu deren Schonung in Pech zu tauchen, wie dies in Wales üblich war. Dort mußten die Gänse daher nicht, wie in unserem Kinderlied, »barfuß gehen«.

Garten. Der Weg vom ungezähmten *Wald* über den heiligen *Hain* führt zum Garten, d.h. zu einem künstlich angelegten und gepflegten Stück Natur, das in der traditionellen Symbolik positiv besetzt ist. Der »Garten des *Paradieses*« weist auf den Schöpfer hin, der die ersten Menschen in einen umhegten und gefahrfreien Ort stellte. In der *alchemistischen* Bilderwelt stellt ein Garten dieser Art ein Gefilde dar, das nur unter Überwindung großer Mühen und Schwierigkeiten durch eine schmale *Pforte* betreten werden kann. Kreuzgänge mittelalterlicher Klöster umschlossen idyllische Gärten, die als Abbild des verlorenen Paradieses aufgefaßt wurden. In ältere Epochen weist das Symbolbild der »Gärten der Hesperiden« als Inbegriff eines seligen *Jenseits,* worin goldene *Äpfel* wuchsen (*Insel der Seligen*). – In der christlichen Ikonographie ist der umhegte Garten ein Sinnbild der Jungfräulichkeit im allgemeinen und der *Jungfrau* Maria im besonderen (»Maria im *Rosen*hag«). Die Gartenarchitektur der Renaissance und besonders des Barocks wird vielfach als endgültiger Ausdruck der Kultivierung des Lebens aufgefaßt, die im »französischen Garten« kulminiert. Im Gegensatz dazu ist der »englische Garten« ein Rückgriff auf die von Menschenhand noch nicht gezähmte Natur, der dem romantischen Lebensgefühl eher entspricht.

Besonders hochgezüchtet ist die japanische Gartenarchitektur mit ihrem bewußten Streben nach einer Harmonisie-

Garten in barocker Gestaltung. J. Boschius, 1702

rung der Elemente, wie sie sich auch in der Tradition des *Blumen*steckens (Ikebana) äußert. Ihr Ursprung ist die chinesische Gartensymbolik, in der Naturobjekte wie Stein, Baum, Berg, Teich und Insel als sichtbarer Ausdruck göttlicher Wesenheiten gelten. Der große Kaisergarten in Chang'an aus der Han-Zeit (ca. 50 v. Chr.) symbolisierte das ganze Reich und enthielt theoretisch jede Pflanze und jedes Lebewesen, das dort zu finden war. Hauptmotive waren eine zentrale *Wasser*fläche inmitten von *Felsen*ufern als Sinnbild des *Meeres* mit den umgrenzenden *Bergen* (*fünf* Hügel symbolisierten die Himmelsrichtungsberge des taostischen Weltbildes). Leerer und erfüllter Raum im Garten mußten in harmonischem Verhältnis stehen, als Reflexion der Grundprinzipien *Yin und Yang,* um das kosmische Gleichgewicht in die Menschenwelt hereinzuholen. Kiefern, *Bambus*haine und kleine *Flüsse* verliehen dem Garten ab dem 4. Jahrhundert n. Chr. ein naturhaft-idyllisches Gepräge. Bald fand auch die stufenartig gegliederte Pagode Eingang in den Garten, ebenso ein großer *Stein*block als Abbild des Weltberges Meru. Flache und

gedrungene Steine galten als »weiblich«, kegelförmige als »männlich«. Die noch heute lebendige Tradition der chinesischen Gartensymbolik animiert nicht nur zum Umherwandern, sondern auch zu meditativen Gedanken über die Harmonie von »ruhigen« und »bewegten« Bereichen. Das Frühlingsfest der *Pfirsich*blüte wurde besonders dadurch gefeiert, daß man Schälchen mit *Reis*wein in Wasserläufen schwimmen ließ und ein Gedicht verfassen mußte, ehe das kleine Fahrzeug strandete. Immer sollte der ostasiatische Garten als ein vollkommenes Abbild kosmischer Harmonie verstanden werden, das den Menschen im günstigen Sinn beeinflußte.
Ein positives Bild ist der Garten auch in der Traumsymbolik. »Er ist der Ort des Wachstums, der Pflege innerer Lebenserscheinungen«, schreibt E. Aeppli. »In ihm vollzieht sich der Ablauf der Jahreszeiten in besonders geordneten und betonten Formen. In ihm wird das Leben und seine farbige Fülle in schönster Weise sichtbar. Die umschließende Mauer hält die blühenden inneren Kräfte zusammen«, wobei die *Pforte* oft erst nach dem Umschreiten der gesamten Mauer aufgefunden werden kann. »Das ist der symbolische Ausdruck für eine längere seelische Entwicklung, die bei einem wertvollen inneren Reichtum anlangt.« Besonders eindrucksvoll ist dieses Traumbild dann, wenn im Seelengarten, wie im Paradies, ein *Brunnen* oder eine *Quelle* und ein Lebens*baum* aufgefunden werden kann: ein Gleichnis des innersten Wesenskernes, des »Selbst«, der »innersten Mitte der Seele«.

Geier. Die einzelnen Arten (Lämmergeier, Gänsegeier, Mönchsgeier, Schmutzgeier) werden in symbolkundlicher Hinsicht nicht unterschieden. Geier gelten im Vergleich zu Adlern als weniger »königlich«, weil sie nur als Aasfresser bekannt sind; Iberer und Perser überließen ihnen die Leichen (besonders jene Gefallener) zum Fraß, wie es heute noch in Tibet Sitte ist, ebenso im Parsismus, wo Leichen in den Dakhmas (den »Türmen des Schweigens«) den Geiern zum Verzehr bereitgelegt werden. – Nur in Altägypten wurde der Geier stark verehrt, in erster Linie in Gestalt von Nechbet, der Geiergöttin von Elkab in Oberägypten. Vielfach wird der Geier in schützender Schwebehaltung über dem Pharao dargestellt, und die Königin trug die »Geierhaube«. Nechbet galt als Schutzherrin der Geburten bzw. allgemein der *Mutter*schaft; Geier treten auch als »Göttin Mut« (Mw.t) auf, und sie bilden zusammen mit der *Schlange* den Schmuck der Krone des Königs. – In der Antike wurde beobachtet, daß Geier häufig Heereszügen folgten, und man schloß wohl daraus auf ihre prophetische Begabung: Es hieß, sie sammelten sich schon drei Tage vorher an Orten kommender Schlachten. Zeus kann sich auch als Geier manifestieren, und in Homers »Ilias« (7,59) sitzen Apollon und Athene in Geiergestalt auf einem Baum. Der Unterweltdämon Eurynomos wurde auf einem Geierbalg sitzend dargestellt, und Geier fressen die Leber des *Prometheus*. Bei den Römern war der Geier dem Kriegsgott heilig, und seine Tötung galt als Frevel. Seine Bedeutung als Orakeltier im Augurium,

Geier: Aztekisches Kalendersymbol Cozcacuauhtli. Codex Borgia

etwa bei der Gründung Roms, geht wohl auf etruskische Traditionen zurück.
Vielfach herrschte die Vorstellung, daß Geier ohne Zeugungsakt erbrütet werden, da der Ost*wind* die Weibchen befruchtet. Daher galt der Vogel als Symbol der *Jungfrau* Maria. Der frühchristliche »Physiologus«-Text berichtet, daß er nach Indien fliegt, wenn er »schwanger« ist, von wo er den Gebär*stein* holt. Dieser ist hohl und hat im Inneren einen klappernden Steinkern (was sonst vom »Adlerstein«, Aëites, erzählt wird). »Wenn das Weibchen Wehen fühlt, nimmt es den Stein, setzt sich darauf und gebiert (!) ohne Qual.« Die Symboldeutung lautet: »So nimm auch du, o Mensch, der du mit dem Heiligen Geist schwanger bist, den geistlichen Gebärstein – den, welchen die Bauleute verworfen haben und der zum Eckstein geworden ist –, und auf ihm sitzend wirst du ... den Geist des Heiles gebären ... Denn in der Tat ist dieser Gebärstein des Heiligen Geistes der Herr Jesus Christus, ohne menschliche Arbeit behauen, das heißt, ohne menschlichen Samen aus einer Jungfrau geworden. Und, wie der Gebärstein einen anderen, klappernden Stein in sich trägt, so trägt auch des Herrn Leib in sich die klingende Göttlichkeit.« – In Indien ist der Geier das Reittier von Shani oder Manda, des personifizierten Planeten *Saturn*, der als alt, lahm und häßlich gilt. Im alten Mexiko repräsentiert er das 16. der 20 Tageszeichen (Cozcacuauhtli), und es hieß, er könnte ein sehr hohes Alter erreichen, weil der Königsgeier (Sarcorhamphus papa) kahlköpfig ist.

Gelb war in der altchinesischen Symbolik die *Farbe* der Löß*erde* und damit Symbol des Ortes »Mitte«. Vielfach wird die Farbe des *Goldes* »gelb« genannt, Götter wurden oft mit goldgelber Hautfarbe dargestellt. Goethe nannte in seiner Farbenlehre das Gelb »eine heitere, muntere und sanfte Farbe; aber sie gleitet leicht ins Unangenehme, durch die leiseste Beimischung wird sie entwertet, unschön und schmutzig«. Lediglich ein leichter *Rot*stich wird im allgemeinen als »erwärmend« toleriert. Grelles Gelb wird in der volkstümlichen Farbsymbolik mit Neid und Eifersucht verbunden (»gelb vor Neid«), wohl im Zusammenhang mit dem Körpersaft »gelbe Galle« der antiken, bis in die Neuzeit verbreiteten Lehre von den *vier* Körpersäften, die jenem Stoff (griech. cholē den Typ des »Cholerikers« zuordnete. Häufiger wird sonst das Gelb als *Sonnen*farbe aufgefaßt: Es ist in seiner zwiespältigen Natur »die Farbe der so leicht irritierbaren Intuition, des Ahnens, Witterns, in welchem ja eine eigenartige Sonnenkraft steckt, eindringend und erhellend« (Aeppli). Goldgelb mit leichtem Rotstich steht meist für Weisheitsglut, Fahlgelb für hinterlistige Aggression, etwa bei Darstellungen der Kleidung des *Judas.* Danach mußten im Mittelalter die Juden gelbe Kleider tragen. – Im alten Maya-Weltbild war das Gelb mit Himmelsrichtung Süden assoziiert. In der alchemistischen Farbsymbolik weist die Gelbfärbung (Citrinitas) auf einen Schritt der sich wandelnden Materie in Richtung zum »*Stein* der Weisen« hin, der von der Schwärzung zur Rötung überleitet.

Genius (davon unser Begriff »Genie«), im alten Rom eine Art von spezieller übernatürlicher Wesenheit, die dem Menschen als persönlicher Schutzgeist – entsprechend dem christlichen »Schutz*engel*« – beigegeben war und ihn von der Wiege bis zum Grabe begleitete. Die Genii erhielten häufig Weihealtäre und dürften ursprünglich die männliche Zeugungskraft repräsentiert haben. Der Kult der Hausgötter (Lares) hängt mit dem Genius-Bild zusammen und ist mit dem griechischen des persönlichen »Daimon« verwandt. In pompejanischen Hausaltären wird der Genius des Familienoberhauptes (Pater familias) als *Schlange* dargestellt. In der römischen Kaiserzeit entwickelte sich die Vorstellung, daß außer einzelnen Familien auch bestimmte Bauwerke und Städte einen eigenen übernatürlichen Schutzgeist (den »Genius loci«) besaßen. In der Renaissance wurde der Genius zu einer Symbolfigur, die von bestimmten Personen beansprucht wurde, aber auch einzelne Eigenschaften repräsentierte. – In der Epoche der *Hexen*verfolgungen wurde den der Teufelsanbetung verdächtigten Personen ein satanisches Gegenstück zum »guten Genius«, der teuflische »Spiritus familiaris« in Tiergestalt, zugeschrieben, doch in den magischen Ritualen wurden »Familiare« auch unabhängig von einem *Teufels*bündnis beschworen. Der Renaissance-Gelehrte Girolamo Cardano (Cardanus), 1501–1576, rühmte sich der Präsenz eines persönlichen Genius, der ihm das Studium der Fremdsprachen erleichterte und ihm einen übernatürlichen Glanz (vgl. *Nimbus*) vermittelte, von dem er sich lange Zeit hindurch umgeben fühlte.

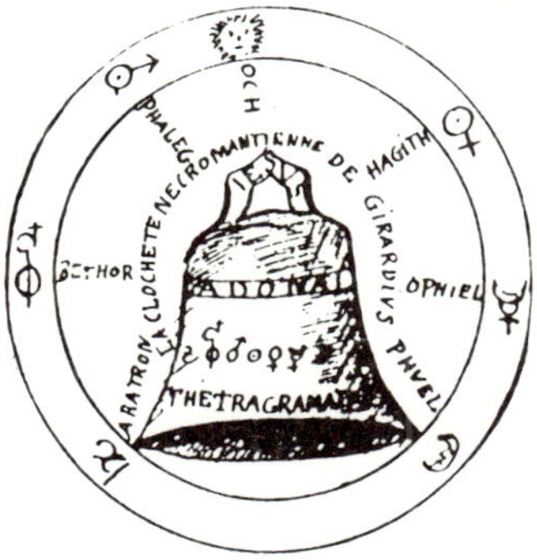

Glocke: Magische Beschwörungsglocke. Französisches Zauberbuchmanuskript, 18. Jh.

Glocken waren in vielen Kulturen der Alten Welt sowohl Musikinstrumente als auch kultische Geräte, deren Klang die Übernatürlichen wie auch die Menschen zusammenrufen sollte. Dadurch nahmen sie vielfach den Charakter von Kultsymbolen an. In Ostasien werden sie von außen mit einem Stab angeschlagen. Altchina kannte viele Sagen von Glocken, die z.B. durch die Luft zu einem bestimmten Ort fliegen konnten (ähnlich wie im katholischen Mitteleuropa die während der Karfreitagsstille schweigenden Glocken »nach Rom fliegen«) und mit ihrem Ton je nach der Höhe Glück oder Unglück anzeigten. An Prunk*wagen* wurden Glöckchen angehängt, ebenso an Ziervögel im *Garten*, um durch den Klang die Menschen zu erfreuen. Das Wort für Glocke (chung) ist gleich jenem für »eine Prüfung bestehen«, weshalb Bilder mit Glockendarstellungen als symbolische Wortspiele im Sinne des Aufsteigens in der Beamtenhierarchie zu verstehen sind. – In Japan sind Bronzeglocken (dotaku) seit etwa 300 n. Chr. bekannt.

Glocke: Handglocke (Ghanta), lamaistisches Kultgerät, Tibet

Glocke, Illustration von Goethes Ballade »Die wandelnde Glocke«. Ludwig Richter (1803-1884)

Solche Glocken hängen vor den Eingängen der Shinto-Heiligtümer und werden mit Hilfe eines Seiles zum Erklingen gebracht; die Gläubigen opfern dabei eine kleine Münze, klatschen zweimal in die Hände und sprechen einen Wunsch aus, der in Erfüllung gehen soll. – In frühchristlicher Zeit wurden in den römischen Katakomben Glocken (häufig aus *Silber*) gebraucht, um zur Versammlung des Meßopfers zu rufen. Größere Glocken wurden zuerst in Klöstern gebraucht und werden vom 6. Jahrhundert an erwähnt, wobei von dem schwierigen Guß sehr großer Glocken erst gegen Ende des Mittelalters die Rede ist. Viele Sagen erzählen, daß Glocken die übernatürlichen Wesen, etwa die *Zwerge,* durch ihren Klang zum Auswandern zwingen oder den *Teufel* daran hindern, ein von ihm gewünschtes Menschenkind zu holen; auch sollen sie die Macht haben, Gewitter zu vertreiben (d.h. Wetter*hexen* zu bannen). Auch in der Ritualmagie (Dämonenbeschwörung) spielen Glocken eine Rolle. Goethes Ballade »Die wandelnde Glocke« und Schillers »Lied von der Glocke« lassen die Bedeutsamkeit der Glocken im Volksglauben wie in der Symbolik erahnen. – Als Heiligenattribut gehört eine an einem T-förmigen Stab (Tau-*Kreuz*) hängende Glocke dem ägyptischen Wüstenheiligen St. *Antonius* zu und diente der Vertreibung der ihn in Versuchung führenden Dämonen.

Glücksgötter (*Sieben* Glücksgötter). Eine symbolkundlich interessante Kombination von sieben Personifikationen des irdischen Glückes ist in der japanischen Volksreligion zu beobachten. An erster Stelle steht Hotei (*Dickbauchbuddha*), Inkarnation der heiteren Lebensfreude. Die übrigen sind Bishamonten, der Wächter; Fukurokuju, Gott des langen Lebens; Jurojin, Gott der Gelehrsamkeit; Daikoku, Gott der Nahrung; Ebisu, Gott des *Fisch*fangs, und Benzaiten, Göttin der Musik. Sie werden als die »Shichi fukujin« entweder als Einzelfiguren oder auf einem Schatz*schiff* aufgestellt und oft auch in Form von Amuletten mitgetragen, etwa als Netsuke-Figürchen aus Holz oder Elfenbein, die in erster Linie als Knöpfe zur Befestigung von Kimonogürteln dienten. Heute kommt den Sieben Glücksgöttern vorwiegend nur noch dekorative Bedeutung zu. – *Fünf* Glücksgötter kennt die altchinesische Ikonographie; sie werden als alte Männer in roter Beamtentracht dargestellt. Einer von diesen »Wu-fu« verkörpert langes Leben und hat als Attribute einen *Kranich* und *Blumen;* die anderen symbolisieren Reichtum, Wohlbefinden (Attribut: Vase), Tugend und Gesundheit. Sie werden manchmal mit je einer *Fledermaus* dargestellt, wobei auch die »Fünf Fledermäuse« allein als Glückssymbol gelten.

Gog und Magog, symbolische Bezeichnung für *antichrist*liche bzw. gottesfeindliche Mächte in der Johannes-Apokalypse, 20,8. Nach dem Tausendjährigen Reich des Friedens auf Erden wird der Teufel aus seinem Gefängnis frei, sammelt »die Völker an den vier Enden der Erde, Gog und Magog, um sie zum Streit zu versammeln . Ihre Zahl ist wie der Sand am Meer.« Doch bald fällt *Feuer* vom Himmel und verzehrt sie, und »der Teufel, der sie verführte, ward geworfen in den Pfuhl von Feuer und Schwefel«. Beim Propheten Hesekiel (38–39) war Gog ein Fürst in einem nördlichen Land Magog, das vielleicht nur nach ihm benannt ist (Gyges?), woraus der Verfasser der Apokalypse zwei Völker machte. – In der islamischen Mythologie bat ein asiatisches Volk *Alexander* d. Gr. um Hilfe gegen die Nachstellungen von »Jadschudsch und Madschudsch«, und der »Zwei*hörnige*« errichtete eine Mauer aus Eisen und Erz, die nicht durchbrochen werden konnte. »Da ward dieses Volk gläubig und pries Allah für seine Gnade . . .« Spätere Legenden erzählen, daß Nacht für Nacht die ausgesperrten Völker versuchten, mit ihren messerscharfen, glühenden *Zungen* den Wall zu durchbrechen, aber stets, wenn der Morgen graute, mußten sie fliehen, denn Allah machte die Mauer wieder so stark, wie sie gewesen war. Aber am Ende der Tage verhieß Allah, »daß sie als Zorngericht den Wall durchbrechen und alle Frevler und Ungläubigen vernichten sollten, bevor Allah sie als Zeichen seines Sieges auch in die Gehenna (*Hölle*) stürzen würde . . .« Hinter den Namen Jadschudsch und Madschudsch haben die Exegeten die aus der biblischen Mythologie bekannten Dämonen Gog und Magog gesehen. »Der Prophet hat sie rechtens nicht nur als Namen für einzelne Personen gedeutet, sondern als Synonyme für die Mächte des Chaos« (Beltz 1980).

Gold. Der Ausdruck »Edelmetall« (auch für *Silber*) bedeutet eigentlich eine »moralische« Bewertung des Materials, das in dieser Art auch von den nach Läuterung strebenden Alchemisten aufgefaßt wurde. Das nicht oxydierende, leuchtende Metall wird in fast allen Kulturen mit der *Sonne* in Verbindung gebracht (bei den Azteken als »Götterkot« bezeichnet: »teocuitlatl«, Ausscheidung des Sonnengottes). Der Leitsatz »aurum nostrum non est aurum vulgi« (unser Gold ist nicht das Gold der Menge) läßt darauf schließen, daß in der Geisteswelt der *Alchemie* mit »Gold« nicht das eigentliche Metall gemeint wurde, sondern die esoterische Erkenntnis gemeint war, ein höchstes Stadium der spirituellen Entwicklung. Freilich ist auch im orthodoxen Christentum das Gold ein Symbol des Himmelslichtes und der Vollkommenheit,

Gold: Emblem-Kupfer der Läuterung im Schmelzofen. W. H. Frh. v. Hohberg, 1675

Gold, im Schmelztiegel geläutert, »bis es rein ist«. J. Boschius, 1702

worauf auch der Goldgrund mittelalterlicher Tafelbilder und der ostkirchlichen Ikonen schließen läßt. In der Antike wurden kostbare Heilkräuter mit Goldwerkzeugen ausgegraben, um ihre Kraft nicht zu mindern, und Goldschmuck stand im Ruf, Schadenzauber abzuwehren (vor allem in Verbindung mit *Edelsteinen*). Nicht überall war das Tragen von Goldschmuck jedoch allgemein erlaubt (vgl. *Ringe*); Gold wurde vielfach als Inbegriff der *Erd*kräfte angesehen und, obwohl es kaum praktischen Wert besaß, immer mit höheren

Gold: Die »kleine Sonne« im Schmelztiegel. »Abraham Eleazar«, 1760

Mächten und der Götterwelt in Verbindung gebracht. – In vielen alten Kulturen war es der Herstellung von sakralen Gegenständen und Herrscherinsignien (*Krone*) vorbehalten. – Das »Goldene Kalb« der Bibel (2. Buch Mosis 32) als Symbol der »Abgötterei« der Nordisraeliten war offenbar nicht ein echtes Kalb, sondern ein *Stier*idol, das durch Moses vernichtet wurde. – In Altchina galt Gold (chin), das Sonnenmetall, als Inbegriff des Uressenz Yang, des dualen Gegenstücks zu *Yin* (Silber).

Goldenes Zeitalter, ein ideengeschichtliches Symbol für eine vergangene Epoche höheren Wissens und größerer Gottnähe vor der historischen Epoche. Der Mythus vom verlorenen *Paradies* oder von der untergegangenen Insel *Atlantis* beruht auf vergleichbarer Grundlage – auf der Gewißheit, daß in früherer Zeit der Mensch unmittelbaren Zugang zu den Quellen jenes Wissens besessen habe, die infolge einer Versündigung der Menschheit (Hybris, Griff nach verbotenen Früchten) verschüttet wurden. In psychologischer Hinsicht mag ausschlaggebend sein, daß das Erleben in der Phase der Kindheit weitaus intensiver und tiefgreifender ist als in späteren Stufen der persönlichen Entwicklung, in welchen der Mensch den mannigfachen Phänomenen der Umwelt rationaler und nüchterner gegenübersteht. Jeder Mensch ist der Meinung, daß die Winter in seiner Kindheit romantischer und schneereicher gewesen seien als »jetzt«, daß die Wunder und Mysterien in früheren Epochen intensiver gewesen sein müßten als in der jeweiligen Gegenwart. Dazu kommt die Überzeugung von einem zyklischen Entwicklungsgang der Menschheitsgeschichte, in der jeweils ein Zeitalter von einem weniger gott-

oder götternahen abgelöst wird, wobei Katastrophen (*Sintflut, Weltuntergang*) die vorhergehenden Epochen beendigen (so nicht nur in der Alten Welt, sondern z.B. auch in Altmexiko). Ein Goldenes Zeitalter wird von Hesiod (um 700 v.Chr.) ebenso beschrieben wie später in poetischer Form von Ovid (Publius Ovidius Naso, 43 v.Chr.–17 n.Chr.) in seinen »Metamorphoses«. Im Vordergrund steht eine pessimistische Weltsicht von einem Altern der Welt, deren sündenlose Jugendzeit vorübergegangen ist und einem »eisernen Zeitalter« weichen mußte, das gekennzeichnet ist von gnadenlosem Existenzkampf. Dazu kommt die Sehnsucht nach einer Wiederkehr des durch Menschenschuld verspielten Zeitalters der urzeitlichen Gottnähe, nach einer Wiederkehr des Paradieses in veredelter Form, etwa eines »himmlischen *Jerusalem*«, in vorchristlicher Form schon von Vergil (Publius Vergilius Maro, 70–19 v.Chr.) angekündigt. Eschatologische Lehren und Doktrinen beeinflussen immer wieder Randgruppen der Kultur mit Verheißungen eines neuen Zeitalters, in dem paradiesische Lebensumstände erreichbar sein sollen. Vgl. *Jungfrau.*

Golem, mythische Symbolgestalt eines roboterartigen Wesens, das künstlich belebte Materie ist und zur Bedrohung seines Schöpfers werden kann. Während Mary Shelleys »Monster des Grafen Frankenstein« aus menschlichen Bestandteilen zusammengefügt worden sein sollte, ist die jüdische Sagengestalt des Golem Produkt eines legendären Wort-Schöpfungsaktes. Der Ausdruck selbst bedeutet etwa »ungeformter Stoff« oder *Adam* vor dem Einhauchen der Seele. Nach kabbalistischer Tradition beherrschten große Meister der Geheimlehre die Kunst, einem aus Lehm (vgl. *Erde*) geformten Menschen durch den rechten Gebrauch des Schöpferwortes eine Art von stumpfsinnigem Leben einzugeben (Rabbi Eleasar von Worms, vor allem aber Rabbi Jehuda Löw ben Bezalel, der in Prag Zeitgenosse des Kaisers Rudolf II. war). Ein Rabbi Elijah von Chelm soll einen Golem erzeugt haben, der ihm diente, jedoch immer größer und bedrohlicher wurde, so daß sein Schöpfer Furcht vor ihm empfand. Das auf seiner Stirn eingeprägte Wort »Emeth« (Wahrheit) verlieh ihm Leben, bis der Rabbi davon das Aleph auslöschte und nur noch »Meth« (Tod) stehenblieb. Der Golem zerfiel zu einem Lehmhaufen, der jedoch dabei seinen Schöpfer erstickte. Dies läßt sich als Warnung vor dem unreflektierten Gebrauch magischer Kräfte deuten, die dem Schöpfer über den Kopf wachsen und unkontrollierbar werden. Auch die Deutung, daß bei bestimmten mystischen Übungen der Meditierende sich selbst als fremde Gestalt erlebt, die ihn fast erdrückt (wie es von dem Kabbalisten Hai ben Scherira, um 1000 n.Chr., berichtet wird), mag zutreffen; ebenso kann man die Sage als jüdische Paraphrasierung christlicher Legenden auffassen, etwa jener von St. Albertus Magnus (1193–1280), der einen künstlichen Diener gebaut haben soll, den später sein Schüler St. Thomas von Aquino (1225–1274) zerstörte.

Gorgonen (griech. Gorgo – die Schreckliche), furchterregende Gestalten der antiken Mythen. Sie verkörpern die Gefahren des für die Bewohner des östlichen Mittelmeerraumes weitgehend unbekannten Westens. Sie hießen Stheno, Euryale und Medusa und werden geflügelt, *schlangen*haarig wie die *Erinnyen* und mit aus den Mündern ragenden Reißzähnen beschrieben. Nur

Gorgonen: Medusa auf einer frühattischen Amphore, Eleusis, 7. Jh. v. Chr.

Gorgonen: Medusenhaupt als Rundschildbemalung. Keramikbild, ca. 570 v. Chr.

Medusa ist sterblich. Ihr Anblick ist so schrecklich, daß jeder, der sie anschaut, zu *Stein* erstarrt. Dem Heros Perseus gelingt es, die Medusa zu köpfen, indem er seinen Schild wie einen *Spiegel* verwendet und den direkten Anblick vermeidet (vgl. *Atlas*). Das »Medusenhaupt« schmückt später als furchterregendes Symbol der Abschreckung den Rundschild der Göttin Athene. – Auch groteske Schwestern der Gorgonen bilden eine *Dreigestalt:* die Graien (griech. Graiai, die Grauen) in Form »schönwangiger« alter Frauen, die zusammen nur ein *Auge* und einen *Zahn* hatten: Enyo, Pemphredo und Deino. Perseus konnte von ihnen Hilfe im

Gorgonen: Etruskisches Medusenhaupt, Terrakotta-Antefix aus Veji, um 580 v. Chr.

Kampf gegen die Medusa erpressen, indem er ihnen beides raubte und erst zurückgab, nachdem ihm Beistand zugesagt worden war.

Gral, in der mittelalterlichen Legendenbildung und mystischen Spekulation berühmter Symbolgegenstand, ein heiliges Gefäß der Erlösung und Heiligung. Aufgrund des apokryphen Nikodemus-Evangeliums handelt es sich um ein Gefäß, das Christus beim Abendmahl diente und in dem bald darauf sein *Blut* aufgefangen wurde. Sein Name kommt vom griech. kratér (lat. cratale), später allg. Bezeichnung einer Tafelschale. Der Sage nach wird der Gral auf einem Burg*berg* der Erlösung aufbewahrt und von *Engeln* mit einer geweihten Hostie gefüllt, die Wunderkräfte vermittelt. Andere Sagen machen ihn zu einem *Stein,* der bei Luzifers Sturz aus dem Himmel aus seiner *Krone* brach, ein himmlisches Kleinod, das auch als letztes Überbleibsel des einstigen Paradieses gilt. Die Suche nach dem Gral ist damit zugleich Symbol der Suche nach den himmlischen Gütern. Im Hinblick auf östliche Weltbilder wird der Gral mit der Vase verglichen, die das Lebenselixier Soma der vedischen Texte enthält, damit zu einem magischen Gefäß der Kräfte des irdischen wie auch geistigen Lebens. Damit verglichen wird auch die Kelchschale oder (keltisch) der Kessel in magischen Ritualen. Die fanatische Suche nach Reliquien durch die Kreuzfahrer mag einst zur Legendenbildung um den Gral beigetragen haben, die von mehreren Autoren aufgegriffen und ausgestaltet wurde (Wolfram von Eschenbach, Chrétien de Troyes, Robert de Boron u.a.) und in den Sagen um Parzifal und Galahad kulminiert. – Als tiefenpsychologisches Symbol ist der Gral ein Element des Weiblichen, Empfangenden, zugleich aber auch Spendenden, eine Art spiritueller Gebär*mutter* für alle, die sich dem Mysterium anheimgeben.

Granatapfel (griech. rhoa, lat. punica). Im Mittelmeerraum und Vorderen Orient schon lange gepflegt, wurde der Granatbaum wohl durch die Phönizier verbreitet und als Fruchtbaum wie auch als Quelle von Heilmitteln in wärmeren Gegenden eingebürgert. Seine in saftiges Fruchtfleisch eingebetteten zahlreichen Samen galten als Repräsentanten der Fruchtbarkeit, der ganze Apfel als Symbol der Göttinnen wie der phönizischen Astarte (Ashtoreth), der Mysteriengöttinnen Demeter und Persephone (lat. Ceres und Proserpina), der Aphrodite (*Venus*) und der Athene. Persephone hätte, dem Kultmythos von Eleusis zufolge, trotz ihrer Entführung in die Unterwelt nicht im Hades bleiben müssen, hätte sie nicht dort einen Granatapfelkern verschluckt. Deshalb konnte sie nicht für immer bei den anderen Göttern bleiben, sondern mußte jeweils für ein Jahresdrittel in den Hades zurückkehren. Die Mutter von Attys, des Geliebten der »großen

Granatapfel. Joachim Camerarius d. J., Hortus medicus, 1588

Mutter« Kybele, soll durch die Berührung eines Granatapfelbaumes schwanger geworden sein. Granatapfelbäume wurden auch auf Heroengräber gepflanzt (um ihnen reiche Nachkommenschaft zu sichern?). Diese *Bäume* wurden als von besonderen Nymphen, den Rhoiai, bewohnt vorgestellt. – In Rom war der Granatapfel in der Hand der Juno ein Symbol der Ehe. Der Baum wurde auch wegen seiner feuerroten, duftenden Blüten als Sinnbild von Liebe und Ehe, gefolgt von Fruchtbarkeit, angesehen. Bräute trugen *Kränze* aus solchen Zweigen. – In christlicher Zeit wurde die Symbolik vergeistigt und mit Hinweisen auf reichen Gottessegen und himmlische Liebe bereichert. Der rote Saft des Granatapfels wurde Symbol des *Blutes* der Märtyrer, die von einer einzigen Schale umschlossenen Kerne galten als Symbol der in einer Kirchengemeinschaft vereinigten Menschen. Da die Schale hart, der Saft im Inneren jedoch süß ist, sollte der Granatapfel auch den äußerlich strengen, aber im Inneren gütigen Priester symbolisieren. In der Barocksymbolik wandelte sich das Bild des aufgesprungenen Granatapfels mit der Fülle seiner Samenkörner zum Bild

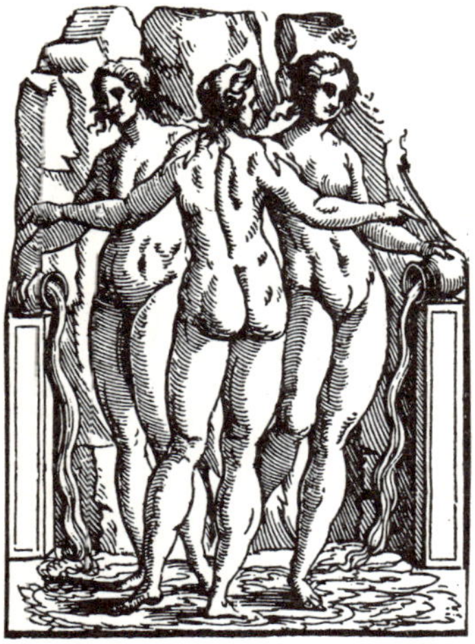

Grazien in der Mythologie des V. Cartari, 1647

der Mildtätigkeit, des reichen Schenkens von Gaben barmherziger Liebe (Caritas, Orden der Barmherzigen Brüder). In der Wappenkunst ziert der Granatapfel u.a. die Wappen von Granada und Kolumbien (einst »Neu-Granada«).

Grazien (lat. gratiae, griech. charites), Symbolfiguren für die jugendliche Anmut und Schönheit des Weibes, in dreifacher Gestalt auftretend wie mehrere andere symbolisch-mythische Frauengestalten (*Dreigestaltigkeit*). Sie gehörten zwar zu dem Kreis der Unsterblichen, hatten aber keinen göttlichen Rang. Meist werden sie dem Gefolge der Aphrodite (*Venus*) oder des Apollon zugewiesen; ihre Namen werden unterschiedlich wiedergegeben, etwa Charis (von griech. chairein, sich freuen), Aglaia (Glanz), Euphrosyne (Frohsinn) und Thalia (die Blühende). Ihre Aufgabe war es, jungen Mädchen Liebreiz und allgemein den Menschen Freude (Festesfreude) zu schenken. Meist gelten sie als Töchter des Zeus und der Eurynome, einer Tochter des Poseidon. Auch werden sie oft in Gesellschaft der *Musen* dargestellt und mit den *Horen* in Verbindung gebracht.

Greif, ein Fabeltier von symbolhafter Bedeutung als Herrscher über zwei Lebensbereiche – die *Erde* (durch seinen *Löwen*leib) und die Luft (durch Kopf und Schwingen des *Adlers*). Typologische Vorstufen sind im alten Orient zu finden, und zwar in assyrischen Mischwesen, k'rub genannt, wovon das hebräische Cherub (*Engels*klasse) abgeleitet ist. Die häufige Darstellung von greifartigen Wesen in der persischen Kunst machte sie für die Juden zu Symboltieren Altpersiens. In Griechenland symbolisierte der Greif wachsame Stärke, wurde als Reittier Apollos bezeichnet und bewachte das *Gold* der Hyperboräer im fernen Norden. Ebenso war er Verkörperung der Rachegöttin *Nemesis* und drehte ihr Schicksals*rad*. In der Legende symbolisiert der Greif die Superbia (den Hochmut), weil *Alexan-*

Greif in altorientalischer Stilisierung. Relief im Palast des Königs Kapara Guzāna, ca. 870 v. Chr.

Greif, Symbol der Kampfesbegierde. J. Boschius, 1702

der d. Gr. versucht haben soll, auf fliegenden Greifen bis zu den Grenzen des Himmels vorzustoßen. Zunächst auch als seelenfangender Satan dargestellt, wurde der Greif später – nach Dante – Symbol der beiden Naturen (der göttlichen und der menschlichen) Jesu Christi, und zwar wegen seiner Beherrschung von Erde und Luft. Auch die *Sonnen*symbolik beider Tiere verstärkte diese positive Sinngebung. Dadurch wurde der Greif auch zum Bekämpfer von *Schlangen* und *Basilisken,* die als Verkörperungen teuflischer Dämonen galten. Selbst die Himmelfahrt Christi wurde symbolisch mit dem Greif verbunden. Im Kunstgewerbe (auf Textilien, in Goldschmiedearbeiten usw.) wurden Greife ebenso häufig dargestellt wie in der *Heraldik.* Dort deutet Böckler (1688) den Greif so: »Die Greiffen werden gebildet mit einem Löwen-Leib, Adlers-Kopff, langen Ohren und Adlers-Klauen, zu bedeuten, daß man die Klugheit und Stärcke vereinbaren müsse.«

Grün hat symbolkundlich, wie die meisten Farben, zwei Aspekte, die vom positiv gewerteten »satten Moosgrün« bis zum »Giftgrün« reichen. In der volkstümlichen Symbolik bedeutet es das Grünen der Hoffnung, und nicht nur in China werden Träume, in welchen die grüne Farbe eine Rolle spielt, als positiv angesehen. »Wo Grünes aufsprießt, da ist einfach Natur, da ist selbstverständliches Wachstum ... Erlebnis des Frühlings. Wenn etwa der Teufel als ›der Grüne‹ erscheint, dann ist er im Kleide eines antiken Vegetationsgottes geblieben.« Hingegen gilt auch der negative Aspekt: »Maßloses Auftreten des Grünen im Traum bedeutet eine Überschwemmung von negativen Naturgewalten« (Aeppli). Die christliche Symbolkunde sieht diese Farbe »im gleichen Abstand von dem Blau des Himmels und dem Rot der Hölle ... eine mittlere und vermittelnde Farbe, beruhigend, erfrischend, menschlich (Jesus Sirach 40,22), Farbe der Beschaulichkeit, der Auferstehungserwartung« (Heinz-Mohr). Christi *Kreuz* wurde als Symbol der Hoffnung auf die Erlösung oft grün dargestellt, der Gral als *smaragd*grün, der *Thron* des Weltenrichters als aus grünem Jaspis bestehend (Johannes-Apokalypse 4,3). Besondere Wertschätzung erfährt die grüne Farbe in den Büchern der hl. Hildegard von Bingen (1098–1179), die immer wieder von der »viriditas« (Grünheit, Keimkraft) schreibt und z. B. den Smaragd wegen seiner *Farbe* schätzt: Er »entsteht in der Morgenfrühe beim Sonnenaufgang. Das Grün der Erde und der Gräser blüht dann am frischesten, weil die Luft noch kalt, die Sonne aber schon warm ist und die Kräuter das Grün so gierig einsaugen wie das Lamm die Milch. Die Hitze des Tages reicht kaum aus, um dieses Grün zu kochen und zu nähren ... Der Smaragd ist deshalb ein starkes Mittel gegen alle Schwächen und Krankheiten des Menschen, weil die Sonne ihn zeugt und sein Stoff dem Grün der Luft entstammt.« – »Grün« kann volkssprachlich auch für »unreif« stehen, etwa wenn vom »Grünschnabel« oder einem »grünen Jungen« die Rede ist. Die »grüne Seite« ist die *Herz*seite, also die des pulsierenden Lebens. Grün im Sinn von »günstig, gewogen« ist in der Verneinung »jemandem nicht grün sein« erhalten geblieben. »Grünes Licht« bedeutet »freie Fahrt«. Als politisches Farbsymbol bezeichnet das Grün die alternativen Strömungen, in welchen naturhaftes Leben und Abkehr von der Übertechnisierung eine zentrale Rolle spielen. Grün ist auch im Islam die *Farbe* des Propheten.

In der traditionellen chinesischen Farbsymbolik bilden Grün und *Weiß* ein Gegensatzpaar im Sinne eines *Dualsystems,* das der polaren Antithese *Rot* und Weiß in der abendländischen *alchemistischen Symbolik* entspricht. Der grüne *Drache* der chinesischen Alchemie symbolisiert das Urprinzip *Yin,* das Quecksilber und das *Wasser,* hingegen der weiße *Tiger* das Prinzip Yang, das Blei und das *Feuer.* In der europäischen Alchemie symbolisiert der grüne Drache oder *Löwe* ein scharfes Lösungsmittel, etwa Königswasser, Aqua regia, und sein Zeichen ist das mit der Spitze nach unten weisende »weibliche« *Dreieck* in Verbindung mit einem R. Infolge der Uneinheitlichkeit der Bildsymbolik kann in manchen Quellen der grüne Drache jedoch, wie in China, das *Element Mercurius* (»Quecksilber«) darstellen.

Gürtel, in der Symbolik mehr als bloß ein Kleidungselement, das auch der Befestigung von Waffen und Gebrauchsgegenständen dient. Das »Gürten der Lenden« ist in der Bibel Sinnbild der Be-

Gürtel: Teil einer fränkischen Gürtelschließe mit Kreuzen, 7. Jh.

reitschaft zur Wanderung und zum Kampf, zugleich der korrekten Kleidung und der Sittlichkeit, da der Gürtel, *ring*förmig geschlossen, die untere Körperhälfte von der oberen trennt (vgl. *oben/unten*). Gürtelschließen sind oft heraldisch verziert und mit Herrschaftszeichen versehen. Die *Milch*straße wird vielfach als »Gürtel des Firmaments« bezeichnet, der »Gürtel der Aphrodite« bei Homer ist wohl Symbol der allgemeinen Herrschaft der Liebe. In Israel wird dem Gürten des Priesters mittels einer Leibbinde aus Wolle und Byssus besonderer Wert beigemessen. Der Gürtel weist auf ein Streben zum Einschließen der Geschlechtlichkeit hin und wurde deshalb schon früh zum Zeichen der Enthaltsamkeit und Keuschheit (etwa in der Mönchstracht oder als Zingulum des Priesters bei der Messe). Beim Eintritt in den Benediktinerorden heißt es: »Gerechtigkeit sei der Gürtel deiner Lenden. Bleibe eingedenk, daß ein anderer dich gürten wird . . .« (Unterwerfung unter ein höheres Gesetz als jenes des eigenen Willens). Vielfach war der »bräutliche Gürtel« neben dem Schleier Symbol der vorehelichen Unberührtheit; käufliche Freudenmädchen (meretrices) durften beides unter Strafandrohung nicht tragen. – In Altchina trugen Beamte einen eigenen Gürtel (tai) mit einer metallenen Schnalle. Das Ablegen des Gürtels der Braut in der Hochzeitsnacht symbolisierte den Vollzug der Ehe. Fächer und Schreibpinsel wurden an einem Band am Gürtel getragen und durch einen figural verzierten Knebel festgehalten; diese »toggles« sind heute Sammelobjekte kunsthistorisch Interessierter. – Symbolkundlich interessant ist der mongolische Brauch des »Gürtelkindes«; der Mann, der mit einer Frau ein Verhältnis hat, übergibt ihr beim Abschied seinen Gürtel, und wenn sie ein Kind bekommt, ist sie »mit diesem verheiratet« und gibt sich und dem Kind den Namen des abwesenden Vaters.

Haar, nach volkstümlicher Vorstellung Träger der Vitalkraft, das auch nach dem Tod des Menschen weiterwächst und z.B. beim biblischen Helden Samson Sitz seiner Stärke ist. Die durch ein Gelübde gebundenen Nasiräer (4. Buch Mosis 6,5) dürfen kein Schermesser an ihr Haar lassen und müssen dem *Wein*stock entsagen, was als Protest gegen die Sitten der seßhaften Kultivierten und als Streben nach der Reinheit der altnomadischen Zeit gedeutet wird. Auch außerhalb der Zivilisation lebende Büßer und Propheten ließen ihr Haar lang wachsen (z.B. Johannes der Täufer und die ägyptischen Wüstenmönche). Lange, den Körper einhüllende Haare sind bei Büßerinnen wie der legendären Maria Aegyptiaca Hinweise auf weltabgewandtes Leben, das auf Kleiderprunk verzichtet, aber den Körper dennoch verhüllt. Andererseits ist im Mittelalter langes Haar Symbol der schwelgerischen Wollust (Luxuria), der männerverführenden Sirenen (*Wasserwesen*) und des Empörers Absolom (2. Buch Samuelis 18), der an seinem langen Haar im Geäst eines Baumes hängenbleibt und getötet wird (Absolom wurde in christlicher Deutung zum Sinnbild der Juden, die sich in den langen Haaren des Irrtums festgehakt haben). Da im germanischen Gebiet das lange Haar Kennzeichen des Freigeborenen war, wurde Sklaven oder Verurteilten das Haar geschoren. Die Tonsur der Mönche wird als Hinweis auf den Verzicht auf bürgerliche Freiheiten gedeutet. Bei Trauerfeiern wurde in vielen Kulturen das Haar geopfert; abgeschnittene Zöpfe sind auch Symbole des Eintritts von Frauen in das Kloster. In exotischen Kulturen sind bestimmte, genau festgelegte Haartrachten oft Kennzeichen für einen bestimmten Lebensstand oder Beruf. Kindern wird oft das Haar beschnitten, wenn sie das Kleinkindstadium hinter sich gelassen haben, oder es wird ihnen bis zur Pubertät eine besondere Haarlocke gelassen (z.B. dem kindlichen Horus-Harpokrates in Altägypten). Übernatürliche Wesen und Dämonen werden oft mit *Schlangen*haaren dargestellt (Furien, der etruskische Unterweltsgott Charun, Medusa), während die *rote*

Haar: Halsschmuck der ritterlichen »Gesellschaft vom Zopf« aus vergoldetem Silber. Österreich, ca. 1380

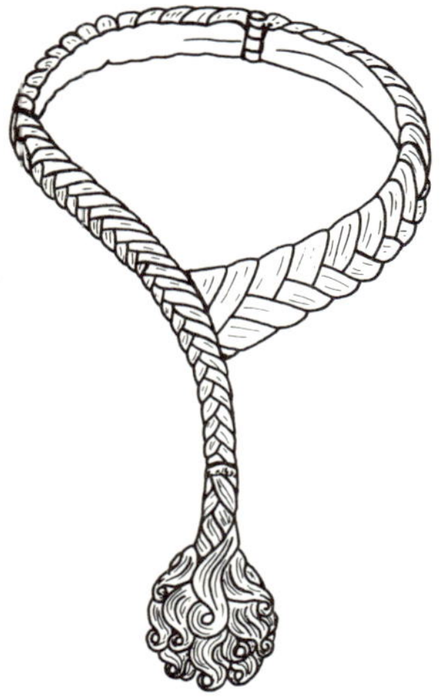

Hahn: Attribut des Merkur (Hermes). V. Cartari, 1647

Hahn: Weckruf des Hahnes, Emblembild von W. H. Frh. v. Hohberg, 1675

Haarfarbe oft als »teuflisch« galt. – Langhaarigkeit bei Angehörigen moderner Alternativ- und Subkulturen ist als Ausdruck des Wunsches nach Unabhängigkeit von bürgerlich-zivilisatorischen Normen oder als Protest gegen sie aufzufassen. – Das erwähnte Motiv, daß *Jungfrauen* ohne Kleider durch ihre langen Haare bekleidet werden, ist auch in Legenden und Märchen oft geschildert worden und wird u. a. von der hl. Agnes und von Magdalena berichtet, wie es auch in altspanischen Romanzen erzählt wird.

Bekannt ist, daß in magischen Riten oft Haarzauber vorkommt, etwa ein Binden von *Knoten* mit dem Haar von Personen, welchen Liebe eingeflößt werden soll. Der Brauch, Haarlocken geliebter Menschen in Medaillonkapseln zu tragen, war im 19. Jahrhundert weit verbreitet. – Sprichwörtliche Redensarten befassen sich oft mit dem Haar in ganz verschiedenem Zusammenhang (Haare stehen zu Berge; sich keine grauen Haare wachsen lassen; an den Haaren herbeigezogen; ein Haar in der Suppe finden; Haare auf den Zähnen haben; um Haaresbreite entkommen; sich in die Haare geraten etc.) und beweisen damit die Aufmerksamkeit, die diesem Körperteil geschenkt wurde, das nur von sehr kleinlichen Menschen »gespalten« werden kann. Vgl. *Kopfbedeckung.*

Hahn (lat. gallus). Die europäische Antike kannte ihn einerseits als *Sonnen*tier, das mit seinem Krähen den Tagesanbruch ankündigt und die Nachtdämonen verscheucht, andererseits (vor allem den schwarzen Hahn) als Zauber- und Opfertier für die unterirdischen Mächte. Die positive Symbolik überwog jedoch, und Hähne – die mit ihrem Krähen selbst *Löwen* und *Basilisken* vertreiben sollten – wurden auf Amulettgemmen, Schilden und Grabmälern dargestellt. Es hieß, daß ein Hahnenkamm vor Alpträumen schütze, der Genuß von Hoden des Hahnes erotisierend wirke und eine Frau zur Geburt von Knaben veranlasse; ebenso, daß der Hahn, der die Gebundenheit des Dunkels vertreibt, in der Nähe einer Gebärenden die Entbindung erleichtere. Auch wegen des feuer*roten* Kammes und der im Licht schillernden *Federn* ist er in vielen Kulturen ein Symbol für *Feuer* und Sonne (der »*rote* Hahn« ist die Flamme) und wird schon in der Romanik als Lichtkünder und Rufer zum Morgengebet auf Kirchtürme gesetzt. Streitlust bei Revierkämpfen und permanente Paarungsbereitschaft machen ihn zu einem deutlich maskulinen Symboltier, im christlichen Verständnis aber auch zu einem Sinnbild Christi, der den neuen Tag des Glaubens anbrechen läßt. St. Gregor macht den Hahn zum Vorbild des guten Predigers, da er mit den *Flügeln* seine Lenden schlägt (Buße tut), ehe er seine Stimme erhebt. Als Warnung vor Überheblichkeit wirkt das dreimalige Krähen des Hahnes bei »Petri Verleugnung«, einer auf frühchristlichen Sarkophagen oft dargestellten Szene. – Die Wächternatur des Hahnes machte ihn schon früh zum Götterattribut (Athene, Demeter), seine Kampfbereitschaft stellt ihn neben den Kriegsgott Ares (*Mars*) und den Krankheitsüberwinder Asklepios, und als Sonnenverkünder gehört er zu Apollon. In der Spätantike ist der Jahresdämon Abraxas ein hahnenköpfiges Wesen mit *Schlangen*füßen. In der nordgermanischen Mythologie bewacht der Hahn »Goldkamm« die zur Götterwohnung führende *Regenbogen*brücke. In Ostasien ist die Symboldeutung ähnlich. Der Hahn, zehntes Zeichen des chinesischen Tierkreises, wird nicht gegessen. Der rötliche Hahn schützt vor Feuer, der *weiße* vertreibt Dämonen. Der Hahn gilt nicht nur als mutig, sondern auch als gutherzig, da er die Hennen zu den Körnern ruft, und als Erwecker zuverlässig (in Japan ruft sein Krähen die Sonnengöttin aus dem Dunkel). Die indische Sage läßt den »Hahnenkönig« auf einem *Baum* des legendären Landes Jambudvipa sitzen, und sein Krähen veranlaßt alle Hähne der Welt, ebenfalls ihre Stimme zu erheben. Von der chinesischen Lautsymbolik her bedeutet der Hahn (kung-chi), der kräht (ming), zugleich »kung-ming«, d.h. Verdienste und Ruhm. Beamten wurde ein Hahn mit großem Kamm (kuan, ebenso: Beamter) geschenkt. Der Hahn mit Küken symbolisierte die väterliche Fürsorge für die Kinder (im engeren Sinn: Söhne). Der Hahnenkampf ist in Südchina trotz offiziellen Verbotes noch immer ein beliebtes, grausames Volksvergnügen, das die Aggressivität des Tieres zum Gegenstand der Wettleidenschaft degradiert, trotz seiner Wertschätzung in der Mythik, in der in manchen Traditionen die Sonne von einem feurigen Hahn besetzt gilt. – Eine negative Symboldeutung erfuhr der Hahn im Mittelalter des Abendlandes (wie der *Bock*) als Verkörperung der Wollust (wenn junge Männer von »Hahnendämonen« bedrängt werden) und der Streitlust. Zugleich wurde er zum Wappentier Galliens (Frankreichs) und des hl. Gallus; auch St. Veit wurde mit einem Hahn (auf einem *Buch* sitzend) dargestellt, und dieser

Hahn: Hahnenkampf-Vorspiel (Wilhelm Busch)

Hain auf einem Hügel mit schutzsuchendem Hasen. Detail eines etruskischen Vasenbildes, Caere, ca. 580 v. Chr.

Hammer: Etruskischer Todesdämon. Wandmalerei in einem Grab von Tarquinia

schmückte wegen seiner »Wecker«-Eigenschaft auch prunkvolle Uhren. Der mit dem mahnenden Hahn dargestellte hl. Petrus wurde zum Schutzpatron der Uhrmacher. Hohberg (1675) dichtete erbaulich: »Sobald der munter Haan sein Zeitgeschrey erhallet / die andern ihr Gesang anstimmen nach der Rey. / Auch also wann du hörst, daß Gotteslob erschallet / schau, daß dein Munde nicht verstummt und sprachlos sey.« Vgl. *Ibis.*

Hain. Während der »finstere *Wald*« als Symbol für die Furcht des Menschen vor der unerforschten, »ungezähmten« Natur steht, ist der räumlich begrenzte Hain, der nur aus wenigen Bäumen zu bestehen braucht, ein Ort der Einkehr und der stillen Begegnung mit übermenschlichen Mächten und Wesen. Der heilige Hain von Dodona in Epiros war ein Ort der Verehrung des Zeus, der im Rauschen der ihm geweihten *Eichen* seinen Willen in Form eines Orakels kundtat. Alt-Rom kannte den heiligen Hain von Aricia am Nemi-See, der *Diana* Aricina geweiht, in dem ein sakraler *König* die geweihten Bäume bewachte. Solche Haine boten Flüchtigen häufig Asylschutz. Auch für Kelten und Germanen sind sie als heilige Orte belegt, in welchen sich die Götter offenbarten. Ein Schritt weiter weg vom ungezähmten Wald hin zur beherrschten, kultivierten Natur bringt uns symbolkundlich zum *Garten.*

Hammer, nicht nur Handwerkszeug, sondern auch Gegenstand von hoher Symbolkraft im Sinne von Stärke und Aktivität, bei einfacher Abbildung oft kaum von der *Doppelaxt* zu unterscheiden. Der Hammer ist zunächst Werkzeug der vielfach mit der Aura von Furcht umgebenen Schmiede, die Eisen in Stahl verwandeln konnten. Der etruskische Todesdämon Charu (vgl. *Teufel*) trug als Symbol seiner Funktion einen großen langstieligen Hammer. Auch Hephaistos (lat. Vulcanus) hält ihn in der Hand, während er bei den Nordgermanen zur Waffe des *Donner*gottes Thor wird; dessen Hammer Mjölnir (Zermalmer) kehrt in die Hand des Gottes wie ein Bumerang zurück, wenn er *Riesen* zerschmettert hat. Zugleich ist der Thorshammer jedoch auch segen-

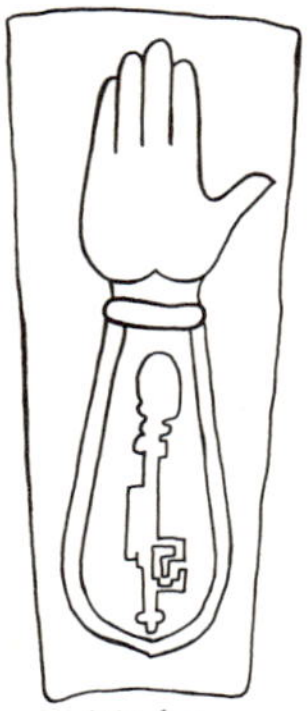

Hand, islamisches Türhüteramulettmotiv der »Fünf Tugenden« mit Schlüssel, am Eingangsweg der Alhambra (Granada)

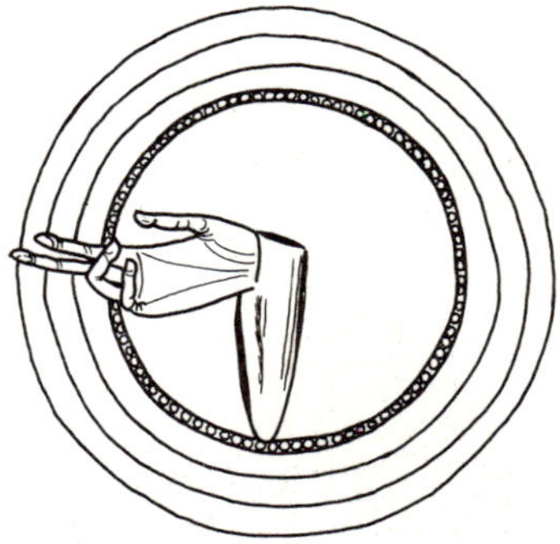

Hand des Weltenschöpfers, romanisches Fresko, St. Climent de Tahull, Katalonien

spendendes Symbol, das etwa Eheschließungen (*Verheiratung*) sanktioniert. Ebenso tritt er als Amulettanhänger oder als Grabbild auf, um böse Kräfte abzuschrecken. Er erinnert formal an das T-förmige »Tau-*Kreuz*« im spätantiken Ägypten. – Schädelbrechende Streithämmer waren ebenfalls bekannt. Der Name von Karl »Martell« bedeutet »Hammer«. – In der *freimaurerischen Symbolik* ist der Hammer Werkzeug des Meisters der Loge und der beiden Aufseher, wobei entweder ein Steinmetzschlegel oder ein zweiköpfiger Hammer verwendet wird. Als Symbol der Bearbeitung des noch »rauhen *Steines*«, des Lehrlings, gilt der Spitzhammer. – Auch im Alltagsleben hat der Schlag mit dem Hammer die Bedeutung eines unwiderruflichen Abschlusses, etwa bei Versteigerungen. Der Hammerschlag wird auch bei Gerichtsverhandlungen als Ordnungsruf gebraucht. – In Bergbauwappen und -symbolen wird nicht von Hämmern, sondern von Schlägeln (bergmännisch für Schlegel) und Eisen gesprochen, die gekreuzt dargestellt werden. Auf Landkarten bezeichnen sie in gestürzter (verkehrter) Form stillgelegte Bergwerke oder Tagbaue.

Hand, in der Symbolik der am häufigsten aufscheinende Teil des menschlichen Körpers. Bereits in altsteinzeitlichen *Höhlen*bildern tauchen Hand-Negativsilhouetten auf (z.B. in den Grotten von Gargas und Pech-Merle, Frankreich), ebenso in der Höhlen- und Felsbildkunst anderer Erdteile wie Südamerika und Australien. In Gargas (Pyrenäenhöhle) wurden vielfach abgebogene oder verstümmelte Fingerglieder abgebildet, vielleicht eine Verewigung von Opferakten. – Die Hand kann mehrere Bedeutungen haben und etwa im Sinne der Geste des Ergreifens oder Wegschiebens positive oder negative Aspekte ausdrücken. Sie tritt daher auch oft als Amulett auf, z.B. als »Hand der Fatima« im islamischen Raum. – In den semitischen Kulturen ist »Hand« und »Macht« (jad) synonym, Ausdruck der Herrschergewalt und damit ein königliches Symbol. Berührung mit der Hand ist Ausdruck von Kontaktmagie; Handauflegung ist Weihe und Übertragung der eigenen Kraft auf den Geweihten; der Handschlag symbolisiert freundliches Akzeptieren, erhobene oder gefaltete Hände das Gebet, bestimmte Fingergesten den Schwur und den Segen.

Hand: Männergestalt mit betonter Hand; Relief auf einem mittelalterlichen Bogumilen-Grabstein, Bosnien

Berühmt sind die »Mudras« im indischen Raum mit ihren mannigfachen Bedeutungen. Im Islam bedeutet die *Fünf*zahl der Finger: Glaubensverkündung, Gebet, Pilgerschaft, Fasten und Mildttätigkeit. In der Symbolik der frühmittelalterlichen Balkansekte der Bogumilen weist die Hand, etwa auf Grabsteinen, auf die »5 Elemente« ihrer Weltordnung hin. – In der christlichen Ikonographie wird Christus als »die rechte Hand Gottes« bezeichnet, wobei rechts (*Rechts und Links*) auch sonst vorwiegend positive Bedeutung hat, so etwa in der Symbolsprache der Magie, wo damit die »*weiße* Magie« angesprochen wird (während der »Pfad zur linken Hand« auf Teufelsmagie hinweist). Bedeckte oder im Ärmel verborgene Hände weisen auf die antike Sitte hin, in Gegenwart von Herrschern die eigenen Hände aus Ehrfurcht zu verhüllen. Auf diese Weise empfängt auf vielen Bildern Moses die Gesetzestafeln auf dem *Berg* Sinai. – Der Hand des *Königs* wurde die Kraft zugeschrieben, durch Berührung Kranke zu heilen. Die erhobene offene Hand der byzantinischen Herrschergebärde führte zur christlichen Segensgeste. Zwei erhobene Hände drücken die Hinwendung zur Himmelsregion und die Aufnahmebereitschaft des Betenden aus (Adoranten- oder *Orans-Geste*). Geweihte Gegenstände durften von ungeweihten Personen nicht mit unverhüllten Händen berührt werden. Die erhobene rechte Hand mit drei ausgestreckten Fingern (Daumen, Zeige- und Mittelfinger) ruft beim Schwur Gott zum Zeugen des Ausgesagten im Schwur auf. Für sich selbst sprechen Redensarten wie »die Hände in Unschuld waschen«, »eine Hand wäscht die andere«, »Hand aufs *Herz*« (eine alte Eidesform), »für jemanden die Hand ins Feuer legen« (stellvertretende Unschuldsprobe bei mittelalterlichen Gottesurteilen) – im Gegensatz dazu: »sich dafür nicht die Hände verbrennen wollen« –, »über jemanden die (schützende) Hand halten«, »um die Hand der Tochter anhalten« u. v. a.

Im *Freimaurertum* wird der Handsymbolik große Bedeutung beigemessen; durch sie wurden bereits in den Bauhütten Erkennungszeichen ausgetauscht (»Handschenk«), und mit ihr wird die Weihe erteilt; verschlungene Hände bilden die

Hand: Astrologisch-chiromantisches Lehrbild in den »Œuvres« des Jean Baptiste Belot, 1640

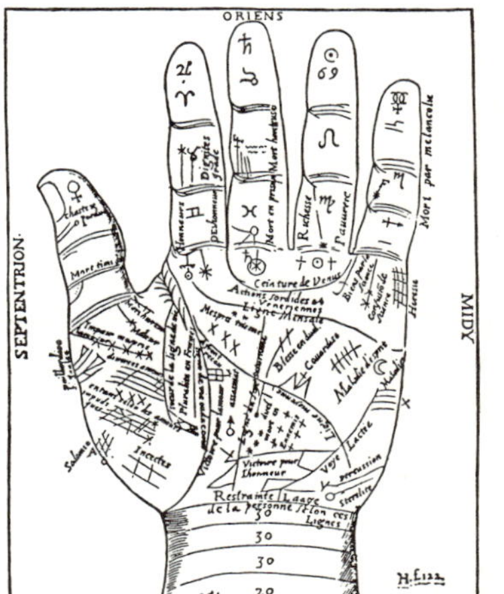

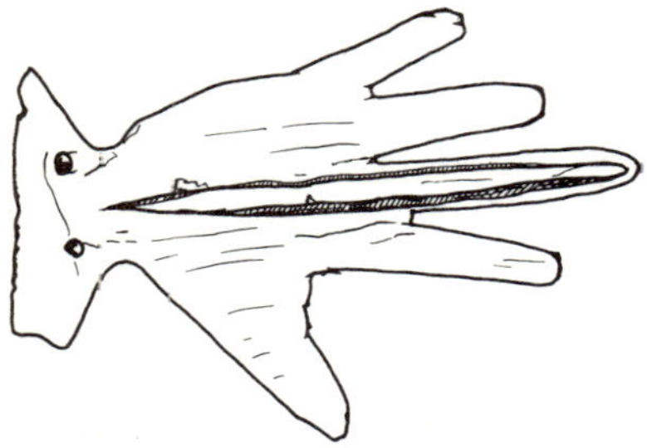

Hand: Eiserne Hand zur Warnung vor Weintraubendiebstahl (»Saltnerpratzn«), Südtirol, 19. Jh.

»Bruder*kette*«, und zwei Hände in der Geste der Handreichung tauchen vielfach als Zeichen der Brüderlichkeit auf Siegeln und Logenwappen auf. – Mit Hilfe einer Handzeichensprache konnten sich die sprachlich zersplitterten Indianerstämme Nordamerikas über die Stammesgrenzen hinweg verständigen. Einfache Gesten dieser Art zählen wohl zum Urbestand der Menschheit und werden (wie das Mienenspiel des Gesichts) meist spontan verstanden; auch die Fingersprache der Taubstummen knüpft an solche Gesten an. Vgl. *Fica-Geste.* – In der Renaissance-Wappenkunst bedeuten (nach Böckler 1688) »die Hände die Stärcke, Treu, Fleiß, Unschuld und Einigkeit, wie vielmals in den Wappen zu sehen. Eine Hand mit ausgestreckten und zertheilten Fingern hat die Deutung der Uneinigkeit, die geschlossene Hand oder Faust – Stärcke und Einigkeit. Die ineinander geschlossenen Hände bemercken Treu und Vereinigung. Die Hände nehren uns, sie kleiden uns, und trösten uns; in aller Menschen Wercken hat man den Händen zu dancken.« – Den Beugefalten der Hand und der verschiedenartigen Ausprägung ihrer einzelnen Teile wendet die Chiromantie (Handdeutung) Aufmerksamkeit zu, von der Lehre ausgehend, daß zwischen der Hand und ihren »Hieroglyphen«, planetarischen Kräften sowie mit Anlagen und Möglichkeiten des betreffenden Menschen eine symbolisch-analogistische Beziehung besteht. Die »Handlesekunst« war vor allem bei Zigeunern eine gepflegte Fertigkeit, wobei behauptet wurde, der Anblick der Hand wäre bei sensitiven Deutern lediglich ein Auslöser für visionäre Erlebnisse im Hinblick auf die Entschleierung des Schicksals des Kunden.

Handschuh. Er steht in der Symbolik vielfach für die Hand selbst, für das Organ der Handlung und Ausführung, ist daher Zeichen für Gewalt und Schutz, ebenso Hinweis auf das vom *König* verliehene Markt- und Münzrecht. Bekannt ist auch der Fehdehandschuh des *Ritters,* der garantierte, daß eine Herausforderung zum Kampf angenommen wurde. In neuerer Zeit war der Schlag ins Gesicht mit dem Handschuh des Kavaliers die Herausforderung zum Duell. Ansonsten sind Handschuhe vielfach Symbol des hohen Standes und der reinen Hände sowie der Abkehr von der Alltagssituation. Auch in der *freimaurerischen* Symbolik spielen Handschuhe eine große Rolle. Ursprünglich waren sie Gaben, die der Lehrling seiner Loge zu übergeben hatte, später bekam er sie überreicht. Heute erhält er ein Paar *weißer* Handschuhe als Hinweis, daß seine Hände stets rein zu bleiben haben, ebenso ein weiteres als Gruß an die von der *Arbeit* ausgeschlossene »Schwester«; gelegentlich wurden drei Paare übergeben – eines für die Logenarbeit, eines zum Andenken an die Aufnahme und ein Paar Frauenhandschuhe mit der Aufforderung »Lassen Sie solche nie unreine oder *Huren*arme bekleiden!« (1760). Goethe übersandte die ihm übergebenen Frauenhandschuhe der Frau von Stein. Entsprechende Bräuche waren schon vor dem formellen Gründungsjahr des Freimaurertums (1717) bekannt und im Jahr 1686 dokumentiert. Ein heute gebrauchter Spruch bei der Überreichung der Handschuhe lautet: »Geben Sie diese weißen Handschuhe derjenigen, für die Sie die größte Achtung hegen, die Sie einst zu Ihrer gesetzmäßigen Maurerin erwählen werden oder schon erwählt haben!«

Harmaged(d)on, symbolischer Ort des endzeitlichen Krieges der satanischen Mächte gegen die Gläubigen (vgl. *Gog und Magog*). In der Realität handelt es sich bei diesem apokalyptischen Topos um die Reste der antiken Stadt Megiddo, arabisch Tell el-Mutesellim, östlich von Haifa gelegen. Hier befand sich seit der frühen Bronzezeit eine zeitweilig stark befestigte Siedlung an der Grenze zwischen dem ägyptischen und dem syrisch-babylonischen Einflußbereich, so daß hier mehrfach große Schlachten stattfanden. Hier vernichtete etwa das Heer von Thutmosis III. im Jahr 1478 v.Chr. eine syrisch-palästinensische Koalition, und 621 v.Chr. versuchte Josias, der König von Juda, die Truppen des gegen *Babylon* ausziehenden Pharao Necho aufzuhalten, wurde jedoch vernichtend geschlagen und fand selbst den Tod. Die Gegner Ägyptens mußten zur Buße »hundert Zentner Silber und einen Zentner Gold« zahlen, was offenbar tiefen Eindruck bei den Autoren der Bibel machte, so daß Megiddo-Harmageddon zum Ort der großen Endschlacht wurde.

Hase und Kaninchen werden in der Symbolik wie im Volksglauben nicht unterschieden. In vielen alten Kulturen ist der Hase ein »*Mond*tier«, weil die dunklen Flecken (»mare«) auf der Scheibe des Vollmondes an einen sprin-

Hase: Fenster des Domes von Paderborn mit drei Hasen, an den Ohren zum Dreieck vereinigt (Dreifaltigkeitssymbol)

genden Hasen erinnern – so etwa bei den Azteken (tochtli, – zugleich das 8. der zwanzig Tagessymbole, ein glückliches Zeichen), wo in den Codices der Hase in einer u-förmigen Mondhieroglyphe dargestellt wird, und in Altchina, wo der Mondhase in einem Mörser Zimtzweige zerstampft und als Symbol langen Lebens gilt. Auch im indobuddhistischen Raum und bei den Kelten, bei Hottentotten und in Altägypten war der Hase mit dem Mond assoziiert. Seinen Symbolwert bilden ansonsten die realen oder legendären Eigenschaften des Hasen, so etwa seine Wachsamkeit: Er soll mit offenen *Augen* schlafen; Hasenfleisch verursacht nach Ansicht mittelalterlicher Ärzte Schlaflosigkeit (in der Antike hieß es, sein Genuß mache für *neun* Tage schön); seine Furchtsamkeit (»Hasenfuß«; in der mittelalterlichen Symbolik stellt ein vor einem Hasen fliehender Bewaffneter die Ignavia, Feigheit, dar, ähnlich bei den »*Sieben* Schwaben«); seine exzessive Fruchtbarkeit und Paarungsbereitschaft machen ihn zum Symbol der Lüsternheit, während ein *weißer* Hase, zu Füßen der *Jungfrau* Maria dargestellt, den Sieg über die »Fleischlichkeit« ausdrücken soll. Der »Osterhase«, mit dem Fruchtbarkeitssymbol *Ei* verbunden, spielt im alten Frühlingsbrauchtum Mitteleuropas eine bedeutende Rolle. Eine weitere Eigentümlichkeit des Hasen wird im frühchristlichen »Physiologus« erwähnt: Wegen seiner kürzeren Vorderbeine ist er am schnellsten, wenn er bergauf läuft, und kann sich dann seinen Verfolgern entziehen. »Suche auch du, Mensch, den Felsen, wenn du verfolgt wirst vom bösen Hunde, dem Dämon ... Wenn er sieht, daß der Mensch bergab läuft und die irdischen und Alltags-Dinge im Herzen trägt, so kommt er ihm eifriger nach mit Hilfe verwirrender Gedanken. Wenn er aber sieht, daß er im Willen Gottes läuft und den wahrhaften Felsen (vgl. *Stein*), unseren Herrn Jesus Christus, sucht und auf den Gipfel der Tugend steigt, so wendet sich der Hund nach dem Worte Davids, Psalm 34: Es müssen umkehren und zuschanden werden, die mir übelwollen.« Vielleicht erklärt diese Textstelle, weshalb der Hase relativ häufig in der christlichen Ikonographie erscheint. Seine Wehrlosigkeit stempelt ihn zum Inbegriff des nur auf Gott vertrauenden Menschen. Hasen, die *Wein*trauben abknabbern, sind wohl Sinnbilder der in das *Paradies* aufgenommenen Seelen,

Hase, dem der Weg bergauf keine Mühe macht. J. Boschius, 1702

die dort ungefährdet die Früchte des ewigen Lebens genießen können. – Gelegentlich treten Darstellungen von drei Hasen in einem *Kreis* auf, deren Ohren sich zu einem *Dreieck* verbinden – vielleicht ein Hinweis auf die *Dreifaltigkeit* Gottes oder auf die Flüchtigkeit der schnell vergehenden Zeit in ihren Kreisläufen.

Antike Vorstellungen schreiben dem Hasen, der auch als Symboltier Iberiens galt, vorwiegend positive Eigenschaften zu. Seine Schnelligkeit und Wachsamkeit hat nach Plutarch (46–120 n. Chr.) »etwas Göttliches«. Das Lieblingstier der Göttin Aphrodite ist nach Plinius (23–79 n. Chr.) für Frauen von großem Nutzen: Hasenfleisch mache sterile Frauen fruchtbar, der Genuß von Hasenhoden begünstige die Empfängnis von Knaben. Der Magier Apollonius von Tyana (1. Jahrhundert n. Chr.) empfahl, um das Lager einer Gebärenden einen Hasen dreimal herumzutragen, um die Entbindung zu erleichtern. – In Altchina ist der Hase das vierte Symboltier des Tierkreises (vgl. *Sterne*). Das Bild von *sechs* Knaben rund um einen Menschen mit einem Hasenkopf symbolisiert den anläßlich des Mondfestes geäußerten Wunsch, daß die Kinder der Familie einen friedlichen Aufstieg zu höheren Ämtern erleben sollen. Wegen seiner Mond-Assoziation ist der Hase ein *»Yin«*-Tier. – Eine besondere Rolle kommt ihm in der buddhistischen Legende zu, derzufolge ein mitleidiger Hase, sein Leben opfernd, ins Feuer sprang, um mit seinem Fleisch den hungernden Buddha zu nähren. Er wurde damit ein Sinnbild der Selbstaufgabe im Vertrauen auf das Erlösungswerk. – In nordamerikanischen Indianermythen repräsentiert der Hase einen Kulturheros, etwa Gluskap oder Manabozho, der als Schöpfer die Welt in ihren gegenwärtigen Zustand transformierte. Als listige »Trickster«-Gestalt überwältigt er durch seine Schlauheit größere und stärkere Tiere wie *Bären* und Büffel. – Für psychologisch orientierte Symbolforscher steht weder Schnelligkeit noch »Furchtsamkeit« des Hasen im Vordergrund, sondern seine rasche Vermehrung; dies macht ihn zum Inbegriff animalischer Fruchtbarkeit und hitziger Sexualität.

Haus: Aschenurne aus Terrakotta als symbolisches Totenhaus. Etruskisch, um 780 v. Chr.

Haus, seit dem Ende des eiszeitlichen Jägernomadismus das Symbol der existentiellen Mitte für die seßhaft werdenden Menschen, meist ausgerichtet nach kosmischen Orientierungsregeln, mit deren Hilfe der Standort bestimmt wird (wie bei der Anlage von Städten). Die ältesten bekannten Häuser im heutigen Sinn, die feste und bleibende Wohnsitze waren, wurden in Jericho (vgl. *Sieben*) und Çatal Hüyük (anatolisches Hochland) ausgegraben und stammen aus der Zeit um 6500 v. Chr., also aus einer Epoche lange vor der Entstehung der eigentlichen Stadtkulturen, ebenso vor der Entwicklung der echten Viehzucht und des eigentlichen Ackerbaus. Das Haus war Kristallisationspunkt für die Herausbildung der verschiedenen zivilisatorischen Errungenschaften, Symbol des Menschen selbst, der seinen dauernden Platz im Kosmos gefunden hat. Bereits vor der Erfindung der Töpferei entstanden in diesem Raum des nahen Orients echte Häuser aus luftgetrockneten Lehmziegeln, in Çatal Hüyük mit Kultplätzen und Begräbnisplätzen (unter dem Fußboden) ausgestattet. – Im Sprachgebrauch steht »Haus« oft für »Mensch« (ein fideles Haus, gelehrtes Haus) und seine Herkunft (»aus gutem Hause«) oder für eine Abstammungsgruppe (Haus Habsburg, Haus Rothschild); die Kirche ist das »Haus Gottes« (vgl. *Turm*), das Grab das »letzte« oder »ewige Haus« (lat. domus aeterna) bis zum Weltgericht (*Weltuntergang*). In fremden Kulturen ist das Haus auch Treffpunkt für gemeinsame Beratungen, Feste und Riten, etwa das Männerhaus bei Ritualbünden und Altersklassen (Tambaran in Neuguinea) oder das Langhaus als Symbol des irokesischen Stammesbundes, wobei die Bauform zum Zentrum des Verbandes (Hodenosyauné, Volk des Langhauses) und zum Merkmal des Bündnisses wurde. – Für den Tiefenpsychologen ist das Haus ein wichtiges Symbol, etwa im Traum: »Wichtige Träume reden vom Hause schlechthin ... Was ›im Hause‹ geschieht, geschieht in uns drin. Wir selbst sind oft das Haus. Man weiß freilich, daß die Freudsche Psychologie das Symbolhaus dem Weibe, der Mutter zugeordnet hat, und zwar in einem sexuellen oder ›geburtlichen‹ Sinn. Es liegt auch im Wesen des Hauses mehr Fraulich-Mütterliches als Männliches. Dennoch kann jeder Träumer selbst das wohlgeordnete, das verlotterte, das alte oder erneute Haus seines Traumes sein« (E. Aeppli).

Henne. Das weibliche Haushuhn hat

Henne als Hüterin der Brut. W. H. Frh. v. Hohberg, 1647

eine andere symbolische Aussage als der *Hahn* und ist ein Urbild des *mütterlichen* Wesens. »Wie die Bruthenne pflegt die Jungen zu beschützen, und nichts annahen läßt, was sie verletzen mag: Also wer kann im Schirm des Höchsten sicher sitzen, denselben rührt nicht Anfechtung, Noth und Plag« (Hohberg 1647). Die Glucke ist der Inbegriff der schützenden Liebe für die Schwachen, auch im Sinne des Jesuswortes: »Jerusa-

Henne, Verkörperung geduldiger Liebe. J. Boschius, 1702

lem, Jerusalem ... wie oft habe ich deine Kinder versammeln wollen, wie eine Henne ihre Küchlein unter ihre Flügeln versammelt!« (Matthäus 23,37). Das geduldige Brüten der Henne bildet in der allegorischen Darstellung der »sieben freien Künste« die Grammatik ab, die ebenfalls große Geduld erfordert. Nach antikem Heilglauben konnte Hühner*blut* den übersteigerten Geschlechtstrieb zügeln. Während in afrikanischen Frauen-Einweihungsfeiern die Henne eine Seelenführerrolle spielt, herrscht im Bewußtsein des Mitteleuropäers die Vorstellung vom »dummen Huhn« vor, wie dies auch die tiefenpsychologische Traumsymbolik zeigt. Hühner bedeuten hier »eine extravertierte, geistarme Kollektivität. Oft geraten sie in eine kleine dumme Panik, so wie die wild durcheinander rennenden Gedanken törichter Leute ... Da wird eine Sache, die der Träumer im Alltag zu wichtig nimmt, gebührend in ihrer Kleinheit und ihrem Lärm aufgezeigt« (Aeppli). Das »blinde, verrückte, arme« Huhn der volkstümlichen Redensarten kann im Märchen freilich auch »goldene *Eier*« legen, und es wäre dumm, es schlachten zu wollen. Das »Hühner*auge*« soll hingegen nichts mit dem Huhn zu tun haben, sondern auf ein »hürnenes Auge« auf den Zehen zurückgehen. In Sagen tritt die auf ihren Eiern sitzende Henne als Verkörperung der durch übernatürliche Mächte behüteten *Schätze* (auch Bodenschätze) auf.

Heraldische Symbole wurden in manchen Geschichtsepochen in ihrer Sinnhaftigkeit stark überschätzt, und es wurde in sie mehr hinein- als herausgelesen: vgl. *Farbsymbolik.* Während »redende Wappen« oft den Namen ihrer Träger – auch in abgewandelter Form – rebusartig illustrieren (Henne-

Herz: Vier Heilige in Verehrung des Wappens einer Herz-Jesu-Bruderschaft. L. Cranach, 1505

berg – *Henne;* Pirna – *Birne*), ohne vielfach auf die echte Herkunft des Namens Rücksicht zu nehmen, darf nicht alles über den Hintersinn der Wappenfiguren ernst genommen werden, was in neuer Zeit darüber spekulativ erzählt wurde. Diese Art der Wappendeutung war im Manierismus und im Barock sehr beliebt. Im vorliegenden Werk werden dafür charakteristische Aussagen aus der »Ars Heraldica« von Georg Andreas Böckler (1688) zur Sprache gebracht, weil sie ideengeschichtlich belangvoll sind und in diesem Zusammenhang bisher zuwenig beachtet wurden. – Klar ist, daß »königliche« Tiere wie *Adler* und *Löwe* oft als imperiale Symbole und auch als Ausdruck des Selbstbewußtseins verwendet werden. Daß hingegen der *Luchs* in der Tat »die Deutung einer geschwinden, schnellen Schlauigkeit, und trefflich-scharff-aussehenden Verstandes« haben soll, daß der *Eber* die Deutung eines »unverzagten und wolgewaffneten Soldatens, welcher sich mit Dapfferkeit in dem Streit den Feinden ritterlich widersetzet« enthält, ist eher manieristische Interpretation als Heraldik im eigentlichen Sinn. Im vorigen Jahrhundert wurden diese Interpretationen ausführlich diskutiert, während die Wappenkunde als historische Hilfswissenschaft sie ablehnt. Vgl. *Totem.*

Herz. »Das Herz ist es, das jede Erkenntnis hervorkommen läßt«, und: »Das Handeln der Arme, das Gehen der Beine, das Bewegen aller Körperteile – es wird getan gemäß dem Befehl, der vom Herzen ersonnen ist.« So drücken altägyptische Texte die dem Herzen zugeschriebenen Funktionen aus, vorwiegend solche, die heute dem Gehirn zugeschrieben werden. Als zentralem Kreislauforgan, das für die Aufrechterhaltung des Lebens unerläßlich ist und besondere Situationen durch auffälliges »Herzklopfen« signalisiert, wurden dem Herzen in vielen alten Kulturen Rollen zugeschrieben, die ihm bei rationaler Betrachtungsweise nicht zukommen. Freilich ist unsicher, was dabei bloß rhetorisches Bild und was wörtlich gemeint war. Für den Ägypter der Pharaonenzeit war es Sitz des Verstandes, des Willens und der Gefühle. Der Schöpfergott Ptah hat den Kosmos zuerst in seinem Herzen geplant, ehe er ihm durch sein Wort Gestalt verlieh. Beim

Herz: Symbol glühender Liebe (Wilhelm Busch)

Totengericht wird das Herz des Verstorbenen gegen eine *Feder* (Symbol von Maat, der Gerechtigkeit) aufgewogen, um darzutun, daß es nicht durch Untaten schwer gemacht wurde; Herz wird hier symbolisch mit »Gewissen« gleichgesetzt. In der Bibel ist das Herz der »innere Mensch«, denn während der Mensch auf die *Augen* schaut, blickt Gott auf das Herz (1. Samuelis 16,7). Von Gott selbst wird gesagt, er »bekam Kummer in seinem Herzen« (Genesis 6,6). Im Neuen Testament wird ausgesagt, daß durch den Glauben Christus im Herzen wohne (Epheser 3,17). In Indien ist das Herz vielfach Sitz des Atman, des Gegenbildes des Absoluten (Brahman) im Menschen. Der Islam sieht das Herz in verschiedene Hüllen gebettet als physischen Sitz von Geistigkeit und Kontemplation. – Im aztekischen Imperium herrschte die Ansicht, die erdnahe *Sonne* hätte auf ihrer nächtlichen Reise durch die Unterwelt ihre Kraft verloren, wäre zum Skelett abgemagert und könnte nur durch *Blut* im Herzen von rituell geopferten Menschen neu gestärkt werden. Das Herz, yollotli, galt als Sitz von Leben und Seele. Verstorbenen wurde vor der Leichenverbrennung ein grüner *Edelstein* in den Mund gesteckt, der das Herz bedeuten sollte. – Vom hohen Mittelalter an wird das Herz in der Liebesdichtung (z. B. »Vom liebentbrannten Herzen« des René d'Anjou) romantisiert, in der Kunst bald naturfern stilisiert mit *busen*förmigem oberem Rand dargestellt und teils mit irdischer, teils mit mystisch-himmlischer Liebe in Verbindung gebracht (in diesem Falle als mystischer Altar, auf dem die durch das *Feuer* des Heiligen Geistes verzehrten fleischlichen Regungen verzehrt werden). Das von *Pfeilen* durchbohrte Herz ist Symbol des die Menschen liebenden, für sie leidenden Erlösers, wobei Visionen (Maria Margarete Alacoque, um 1647) die sich besonders im Barock verbreitete und in ländlichen Gegenden auch heute gepflegte Herz-Jesu-Verehrung bewirkten (Herz-Jesu-Fest, seit 1765 am Freitag oder Sonntag nach Fronleichnam gefeiert). Das Herz Mariae wird entsprechend der Weissagung des greisen Simeon (»Auch deine Seele wird ein *Schwert* durchbohren«, Lukas 2,35) mit einem oder mit *sieben* Schwertern durchbohrt dargestellt (Herz-Mariae-Fest, seit 1805 am Sonntag nach Mariae Himmelfahrt begangen). – »Ein fröhliches Herz macht das Gesicht heiter, Kummer im Herzen bedrückt das Gemüt. Das Herz des Verständigen sucht Erkenntnis . . .« (Sprüche Salomonis 15,13 f.).

Hetären (griech. hetairai – Gefährtinnen, lat. amicae – Freundinnen), noch heute im Sprachgebrauch übliche Bezeichnung für »Damen der Halbwelt«, dabei in der gegenwärtigen Symbolik des Begriffes negativ besetzt. In Griechenland waren die Hetären – im Gegensatz zu den Ehefrauen in Athen, die kaum mehr als kindergebärende Haushälterinnen waren – oft hochgebildet, und der Kontakt mit ihnen galt als absolut gesellschaftsfähig. Sie waren in

Hetäre als Doppelflötenspielerin beim Gelage. Griechische Vasenmalerei, ca. 520 v. Chr.

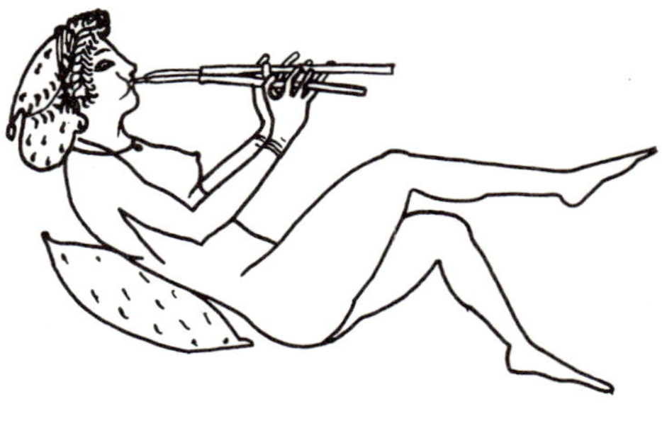

Philosophie, Kunst und Literatur ebenso geübt wie in Musik und Tanz und können etwa mit den japanischen Geishas verglichen werden. Die Bezeichnung »Gefährtinnen« kennzeichnete einen Status, der den Ehefrauen vorenthalten wurde. Berühmte Hetären waren u.a. Aspasia, die Freundin und zweite Ehefrau des Perikles, Phryne, die Geliebte des Praxiteles, oder Thais, die Hetäre *Alexanders* d.Gr., sowie später in Rom Lesbia (Catull) und Cynthia (Properz). Mit Prostituierten (Pornai) waren sie nicht zu vergleichen; sie erhielten oft nach ihrem Tod würdige Grabsteine und sogar göttliche Ehren: so Belistiche, die Hetäre von Ptolemaios II. in Ägypten. Dennoch wurde in späterer Folge ihr Stand bekämpft; die Gemahlin des byzantinischen Kaisers Justinian I., Theodora – selbst eine frühere Hetäre – verabscheute ihren Stand und ließ die Vertreterinnen des Berufes in ein »Reuekloster« einweisen. In Sparta gab es keine Hetären, denn dort war die Position der Ehefrau viel geachteter und freier. Im neueren Sprachgebrauch ist »Hetäre« eine beschönigende Bezeichnung für Prostituierte der gehobenen Klasse von der Art der »Kameliendame«, ohne daß diese den sozialen Standard der antiken »Gefährtinnen« erreichen könnten. Vgl. *Flora, Hure.*

Heuschrecke, ein wegen ihres oft massenweisen Auftretens gefürchtetes Landplagen-Symbol, und bereits in der biblischen *Moses*-Geschichte ist von ihnen ausführlich die Rede: »Sie fielen über ganz Ägypten her und ließen sich in Schwärmen . . . nieder. Niemals zuvor gab es so viele Heuschrecken wie damals, und es wird auch nie wieder so viele geben. Sie bedeckten die Oberfläche des ganzen Landes, und sie fraßen

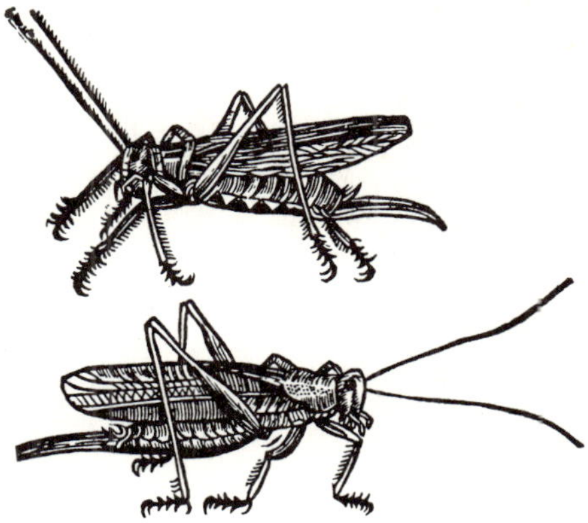

Heuschrecken von E. Topsell, History, 1658

allen Pflanzenwuchs auf . . . und an den Bäumen und Feldpflanzen in ganz Ägypten blieb nichts Grünes« (2. Buch Mosis 10,14–15). Auch für den Propheten Joël ist die Heuschreckenplage Inbegriff der göttlichen Heimsuchung und Anlaß zum Bußaufruf. In der Johannes-Apokalypse (9,3) ist davon die Rede, daß aus dem *Brunnen* des Abgrundes Rauch emporsteigt, aus dem Heuschrecken kommen, »und ihnen ward Macht gegeben, wie die Skorpione auf Erden Macht haben. Und es ward ihnen aufgetragen, daß sie nicht dem Gras auf Erden noch allem Grünen, noch einem Baum Schaden tun sollten, sondern allein den Menschen, die das Siegel Gottes nicht auf der Stirn tragen.« Sie sind offenbar nicht mehr Wanderheuschrecken, sondern dämonische Wesen: »Und die Heuschrecken sind gleich den Pferden, die zum Krieg gerüstet sind, und auf ihrem Haupt ist es wie Kronen, dem Golde gleich, und ihr Antlitz ist gleich dem Menschenantlitz. Und sie hatten Haare wie Weiberhaare, und ihre Zähne waren wie die der Löwen, und sie hatten Panzer wie eiserne Panzer, und das Rasseln ihrer Flügel war wie das Rasseln vieler Rosse, die in den Kampf laufen,

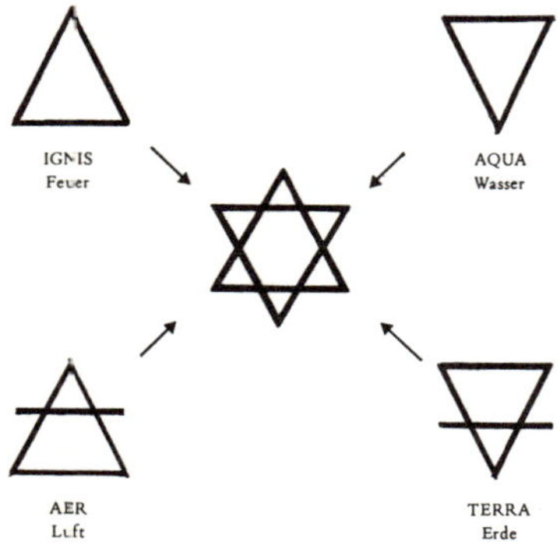

Hexagramm: Konstruktion aus den alchemistischen Symbolen der vier Elemente

Hexagramm: Stern aus zwei ineinandergeschobenen Dreiecken

und hatten Schwänze gleich den Skorpionen und Stacheln; und in ihren Schwänzen war die Macht, Schaden zu tun den Menschen fünf Monate lang. Und sie hatten über sich einen König, den Engel des Abgrunds, dessen Name hebräisch Abaddon heißt, und auf griechisch hat er den Namen Apollyon (Verderber)« (9,7–11). In den »Moralia in Iob« von Gregor d. Gr. (540–604) ist die Heuschrecke Kampfgefährte Christi gegen die Heiden, und wegen ihrer Häutung wird sie zum Symbol des auferstandenen Heilands. Im mittelalterlichen »Bestiarium« wird die Heuschrekke zu den »Würmern« gezählt, die jedoch nicht wie die Raupe an einem Fleck verharrt, sondern umherschwirrt und alles anfrißt. – In Altchina war das Tier einerseits Symbol für »reichen Kindersegen«, andererseits galten Schwärme als Anzeichen für eine Störung der kosmischen Ordnung.

Hexagramm, *sechs*zackiger *Stern,* aus zwei ineinandergeschobenen *Dreiecken* konstruiert; weitverbreitetes Symbolzeichen in den Kulturen der Alten Welt. Die traditionelle Deutung sieht darin ein »wässeriges« (weibliches, auf die Spitze gestelltes) und ein »feuriges« (männliches, nach oben weisendes) Dreieck, die zusammen ein geschlossenes *Dualsystem* in harmonischer Ordnung repräsentieren. Damit soll der berühmte König *Salomo,* Sohn von König *David* und Bathseba, bis zu seinem Tode (ca. 930 v. Chr.) Dämonen beschworen und *Engel* herbeigerufen haben, wobei nach den meisten Traditionen freilich der aus vier Buchstaben bestehende Gottesname JHVH (Tetragrammaton) den Ausschlag gab. Danach heißt der sechszackige Stern auch Salomos Siegel (Sigillum Salomonis) oder *Davids* Schild (Scutum Davidis), während er heute – im Wappen des Staates Israel – meist als Zions- oder Davidsstern angesprochen wird. – Da die neuere kosmologische Spekulation über den Dualismus *Feuer/Wasser* hinausging und *vier »Elemente«* voraussetzte, dachte man sich das Hexagramm nunmehr aus vier Komponenten bestehend, mit einem Zeichen für »Luft« (Dreieck mit der Spitze nach oben mit Querstrich) und einem weiteren für *»Erde«* (auf der Spitze stehendes Dreieck mit Querstrich) gebildet. In der alchemistischen Symbolwelt bezeichnet das Gemenge der vier Elemente meist die Urmaterie, in der alle Bestandteile enthalten sind. In ähnlicher Singgebung wird das He-

Hexagramm: Freimaurerisches Emblem mit dem Gottesnamen im Zentrum. Um 1800

Hexen als tierköpfige Dämonen bei der Ausfahrt. Molitor(is) 1489

xagramm auch im *Freimaurertum* in Logien*siegeln* verwendet, auch als Symbol der Ganzheit angesprochen, wobei der »flammende Stern« (*Pentagramm*) jedoch das weiter verbreitete Sinnbild ist. Ebenso ist der Sechsstern auf Felsritzbildern des Alpenraumes sowie in volkstümlichen Zauber- und Bannungsbüchern als machtvolles magisches Symbol häufig vertreten, ohne prinzipiell etwas mit dem Judentum zu tun zu haben. Tiefenpsychologisch wäre das Hexagramm, vor allem innerhalb eines *Kreises,* als eine Art von Mandala anzusehen, als einfacher graphischer Meditationsbehelf geometrischer Art. Das indische »Shri-*Yantra«-Mandala* kann als komplizierte Verfeinerung dieser Grundstruktur aufgefaßt werden (aus *neun* einander durchdringenden Dreiecken innerhalb einer mehrfachen Umrahmung konstruiert). – Als Hexagramme werden auch die aus je sechs Linien bestehenden 64 Kombinationen der Trigramme aus ganzen und durchbrochenen Linien im *I-Ching* (I-Ging) Altchinas bezeichnet.

Hexen sind in Sagen, Märchen, Mythen und im Hinblick auf ihre Symbolgestalt zunächst nicht mit der schauerlichen Realität der mitteleuropäischen Hexenverfolgungen zu verbinden. Bei zahllosen exotischen Völkern existieren Hexenglaube und die Überzeugung von der Dämonie mancher Frauen, die als Kannibalinnen, Zauberinnen, Mörderinnen und Vernichterinnen männlicher Potenz (z.B. mittels ihrer mit Zähnen versehenen Scheide, lat. vagina dentata) angesehen werden. Hexengestalten dieser Art sind Symbole der negativen Seite des Weiblichen, ihres dunklen Aspektes, den der – neurotische – Mann fürchtet. Er bekämpft sie daher mit wütender Aggression und versucht, sie durch *Feuer* konsequent zu vernichten, wenn das reine Element *Wasser* sie bei der Wasserprobe nicht in sich aufgenommen hat (so in der Neuzeit in Europa). Die Tiefenpsychologie im Sinne von C.G. Jung sieht die Hexengestalt als imaginäre Verkörperung der »dunklen Seite der Anima, des weiblichen Aspekts im Manne«, dargestellt etwa durch die *schwarze* Göttin Kali in der indischen Mythologie oder durch die Hexe Rangda in indonesischen dramatischen Vorführungen. Zu solchen Fehlentwicklungen soll in erster Linie eine gestörte *Mutter*beziehung des heranwachsenden Mannes führen. Zu den charakteristischen Symbolen des gefürchteten Hexenwesens gehören

Hexen: Vom Teufelsbuhlen umarmte und auf dem Bock fliegende Hexen. Hans Schaeufelein, ca. 1480

*Nacht*vögel (*Eulen,* Käuzchen), in die sich Hexen verwandeln können, *Kröten, Schlangen,* schwarze *Katzen,* dann einerseits ihre verführerische Schönheit, aber andererseits abstoßende Häßlichkeit, nicht selten auch ihre *Nacktheit* bei Ritualen, die sie unter Vorsitz des *Teufels* – oft in Gestalt eines dämonischen *Bockes* auftretend – auf einsamen *Bergen* (Blocksberg!) zelebrieren sollen. Dieses Hexenbild, wie es die europäische Volkstradition darstellt, ist lediglich ein Sonderfall einer fast weltweit verbreiteten Furcht vor dem weiblichen Geschlecht, die sich in manchen Kulturen mit anderen äußerlichen Varianten manifestiert (in Altjapan etwa verwandeln sich dämonische Frauengestalten in *Füchse,* bei sibirischen Stämmen in *Wölfe* usw.). Die europäische Hexeninquisition hat diese Vorstellungswelt mit pseudowissenschaftlichem Apparat ausgestattet und in eine mörderische Praxis umgesetzt. – In den letzten Jahren ist die Gestalt der Hexe zum Symbol mancher Strömungen in der Frauenbewegung geworden, ein Zeichen des Protestes gegen die gesellschaftliche Herrschaft der Männerwelt.

Himmel ist in den meisten Sprachen zugleich die Bezeichnung für die Region der *Wolken* und Gestirne wie auch für den Wohnort der Götter oder Gottes und seiner »himmlischen Heerscharen«, damit auch Aufenthaltsort der von ihnen auserwählten verstorbenen Menschen. Der Begriff vermengt daher meteorologische, astronomisch-astrologische und theologische Beobachtungen und Spekulationen mit Gedanken über die Entstehung des Kosmos. Schöpfungsmythen berichten in vielen Altkulturen von einer urzeitlichen Einheit von *Himmel* und *Erde,* entweder in Form einer Vermischung als *Chaos* oder als geschlechtliche Vereinigung von Himmelsfrau oder Himmelsmann mit Erdmann oder Erdfrau, die erst später auseinandergestellt wurden, um für Luft und Menschen Platz zu schaffen. Dem Himmel wurde religiöse Beachtung geschenkt, weil von *oben* Licht und Leben kommen, und er wurde oft symbolischer Ausdruck für die Gottheit selbst. Oft betrachtete man den Himmel als feste Kuppel (Firmament), auf der die Gestirngötter wohnen, ihre Bahnen ziehen und die Menschen von oben beobachten, um ihnen je nach ihrem Verhalten befruchtenden *Regen,* Wolken, Dürre oder den *Blitz* zu senden. In der Bibel ist sie Gottes *Thron,* zu dem auch Christus nach seiner Auferstehung auffährt. Biblischer Vorstellung zufolge ist der Himmel in Etagen gegliedert (hebr. Schamajim, eine Mehrzahlform), in weitere Kugelschalen oder Kuppeln über der sichtbaren, worin die verschiedenen Ordnungen oder Hierarchien der

Engel wohnen, über die Dionysius Areopagita (um 500 n.Chr.) schrieb. Kuppelbauten von Kirchen, oft mit Bildszenen aus der Himmelswelt geschmückt, sind daher symbolische Gegenbilder dessen, was als Gotteswelt betrachtet wurde; die Kirchen*pforte* wird als Himmelstor oder der Gesamtbau als Symbol als *Thron*saal Gottes oder »himmlisches Jerusalem« aufgefaßt. Eine dem Menschen offenbar angeborene *Oben-unten*-Symbolik (er erhebt sein Haupt zu den *Sternen,* während seine Füße im Staub stehen) führte zu einem ethischen *Dualsystem,* das als polaren Gegensatz zum »guten« Himmel eine »böse« *Hölle* postulierte. Im altchinesischen Weltbild ist der Himmel das Symbol der Schicksalsmacht, die alles irdische Geschehen lenkt. Der Himmels*tempel* von Peking (heute Beijing) ist architektonischer Ausdruck des Wunsches, einen harmonischen Einklang zwischen diesen beiden kosmischen Ebenen herzustellen, in welchen auf Erden der *Kaiser* die himmlische Autorität vergegenwärtigt. Im »Buch der Lieder« heißt es: »In den Tempel des Himmels begibt sich der erhabene Kaiser-Vater. Er verneigt sich im unbeweglichen Zentrum des Reiches der Mitte. Er spricht: Die *Dornen* und Wildsträucher auf meinen Besitzungen sind verbrannt worden. Die beackerten Felder bringen reiche Ernte. Unsere Speicher sind voll – ich bringe eine Opfergabe dem mächtigen Himmel ... Die Glocken, die Trommeln und die Flöten werden die Opferhandlung feiern.« Kaiser Tschao sprach um 100 v.Chr. folgendes Gebet: »Sehr erhabener Himmel, Herrscher von oben, der die Erde einhüllt, Leben hervorbringt und den Lauf der Wasser lenkt! Sehr erhabener Himmel, du ewiger! Ich, der erste unter den Menschen, Kaiser Tschao,

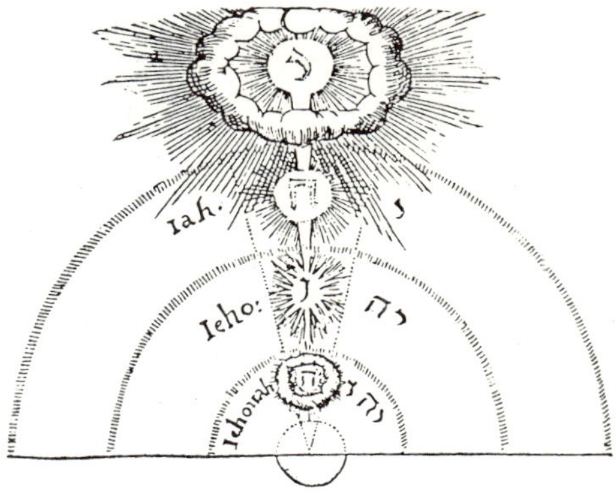

Himmel: Die Sphären des Himmels und die Silben des Gottesnamens. Robert Fludd, 1617

ich danke dir für alle deine Wohltaten. Die sehr fruchtbare Erde, welche der Himmel regiert, die Sonne und der Regen lassen deine Gaben wachsen ...« Es zeigt sich, daß in diesem Weltbild der Himmel keine »außerweltliche« und *Jenseits*-Symbolik darstellt, sondern die zwar über der Menschenwelt stehende, aber durch die vermittelnde Persönlichkeit des Kaisers in das Dasein hereingeholte Sphäre der höchsten Autorität für die irdischen Belange.

Das Begriffsfeld »Himmel« des Abendlandes ist zwar oft mit irdischen Attributen ausgestattet, um vorstellbar zu bleiben, überhöht dabei alles auf *Erden* erfahrbare Schöne bis zur Grenze, ist aber doch eher ein jenseitiges Endziel des Erdenwanderers. Eine mehr in spirituellen Ebenen angesiedelte Himmelsvorstellung ohne die Attribute des Himmelsgewölbes mit *Wolken* und *Sternen* und den irdisch anmutenden Jenseitsfreuden stellte sich nur in Ausnahmefällen ein. Ein Beispiel für eine völlig naive Vorstellung eines gesegneten Himmelslandes ist etwa in der »Legenda aurea« des Jacobus de Voragine (um 1270) enthalten. Ein Träumer sieht »eine schöne Wiese ... darauf standen viele wohlgezierte Blumen; in den Blättern der Bäume war ein sanfter Wind, davon gaben sie gar süßen Klang und gaben süßen Duft. Da waren Früchte, herrlich zu schauen und luftig von Geschmack; da waren Bänke von Gold und Edelsteinen und schimmernde Ruhebetten, mit köstlichen Decken geziert. Dabei flossen klare Brunnen. Danach wird er in die Stadt selber geführt, deren Mauern waren von lauterem Gold, daß sie strahlte in wunderbarer Klarheit. In den Lüften aber sangen himmlische Scharen einen Sang, wie kein menschliches Ohr ihn je vernommen hat; und eine Stimme sprach: Das ist die Stadt der Seligen!« Im Gegensatz zu dieser naiven Symbolik ist die Auffassung, die St. Hildegard von Bingen (1098–1179) in ihrem Werk »De operatione Dei« vertritt, geistigerer Natur. Bei ihr heißen »Himmel, die da Gott schauen, und Himmel, die ihn weissagen; und es war Himmel, als der Sohn Gottes sich in seiner Menschheit zeigte. Himmel werden auch die genannt, die aus dem Leuchten von Gottes Angesicht wie *Funken* von Feuer widerstrahlen und durch die Gott alle Seine Feinde überwunden hat. Als Gott aber den Himmel und die Erde erschuf, da setzte Er mitten in das Weltall den Menschen ... Der Herr hat sich im Himmel seinen Thron bereitet, und sein Reich herrscht über das All (Psalm 102,19). Dieses Wort will so verstanden sein: Der Sohn Gottes ... bereitet sich seinen Thron im Himmel, so wie das Denken des Menschen das Instrument seines Werkes nach seinem Wunsch festigt ... Daher herrscht Sein Reich im All, im Himmel und auf Erden.« Der Begriff Himmel wird hier von »Firmament« (der als Realität erfahrbaren »Himmelskuppel«) deutlich unterschieden, das »mit den Kräften der Gestirne wie mit Schlüsseln gesichert ist, so wie der Mensch sein Haus mit Schlüsseln sichert, damit es nicht verkommt ... Das Firmament ist der Thron aller Schönheit, die Erde nämlich, die ihn hält.« – Auch der Begriff »Himmel« und der des *Paradieses* wird in manchen religiösen Systemen unterschieden, wobei Himmel ein geistiges Reich, das nach dem Weltgericht wiederhergestellte Paradies hingegen ein irdischerer neuer »*Garten* Eden« sein soll.

Als außereuropäischer Raum mit einer dem altweltlichen Bild völlig entsprechenden Symbolwertung des Himmels kann etwa das alte Peru angeführt werden, über dessen Weltenbau – freilich bereits in der Kolonialzeit – der Inka Garcilaso de la Vega (1539–1616) folgendes berichtet: »Den Himmel nannten sie Hanan Pacha, was ›obere Welt‹ bedeutet, in die – wie sie meinten – die Guten eingingen, als Lohn für ihre Tugenden. Hurin Pacha nannten sie die Welt der Zeugung und Verderbnis, was ›untere Welt‹ bedeutet. Uru Pacha

Himmel, Emblem-Kupfer von W. H. Frh. v. Hohberg, 1675

nannten sie den Mittelpunkt der Erde, was ›Welt unter der anderen‹ bedeutet, in die, wie sie sagten, die Bösen eingingen; und – um es deutlicher zu machen – gaben sie ihr noch einen anderen Namen, Zupaya Huacin, was ›*Teufels*haus‹ bedeutet ... Sie meinten, daß der Frieden der oberen Welt ein Leben in Ruhe und frei von Mühsal und Last dieses Lebens bedeutete ... Allen Genuß, Frieden, alle Freude schrieben sie jenen zu, die gut gewesen waren. Die Vergnügungen des Fleisches zählten sie nicht zu den Genüssen des anderen Lebens (nach dem Tode), wohl aber den sorgenfreien Frieden des Geistes und die von körperlicher Mühsal freie Ruhe für den Leib.« Fraglich ist freilich, ob hier nicht bereits missionarischer Einfluß das Gesamtbild des Inka-Nachkommen beeinflußt hat. Immerhin gibt es aber altägyptische Parallelstellen zu dem peruanischen Text, die »unirdische« Jenseitsfreuden verheißen, so im Dialog des ägyptischen Totenbuches: »Du lebst im Herzensfrieden. – Es gibt aber dort kein geschlechtliches Vergnügen! – Ich habe dir Verklärung gegeben anstelle von Wasser, Luft und Geschlechtslust, und Herzensfrieden anstelle von Brot und Bier« (Totenbuch, Dondelinger 1987).

Hinde (Hindin oder *Hirschkuh*), in vielen Mythen Symbol der weiblichen Tiernatur, die dämonischen Charakter haben kann, obwohl uns die Hirschkuh als sanftes Wesen erscheint. Die zweite der Heldentaten des Herakles war der Fang der Hirschkuh von Keryneia (der »kerynitischen Hinde«). Der Wagen der Jagdgöttin Artemis (lat. *Diana*) wurde von Hirschkühen gezogen. Solche spielen auch in den Mythen asiatischer Völker eine bedeutende Rolle. Im uralaltaischen Raum ist die Hirschkuh die übernatürliche Ahnfrau mehrerer Stämme (vgl. *Totem*). Nach der ungarischen Ursprungssage lockt eine flüchtende Hinde ein urzeitliches Jägerpaar in einen Sumpf, in dem sie sich in zwei Königstöchter verwandelt, die sich mit den beiden Jägern verbinden und Ahnen der Hunnen einerseits und der Ungarn andererseits werden. Auch im Stammbaum des Dschingis-Khan ist die Hirschkuh die Urmutter, ein *Wolf* der Urvater. Flüchtenden fränkischen Kriegern soll eine Hirschkuh eine rettende Furt durch das Strombett des Mains gezeigt haben. In vielen alteuropäischen Märchen werden junge Frauen und Mädchen in Hirschkühe verwandelt. Eine altchinesische Sage berichtet von einer Hinde, die ein menschliches Mädchen gebiert, das später von einem Mann aufgezogen wird; bei ihrem Tode jedoch verschwindet ihre Leiche und zeigt dadurch ihre übernatürliche Herkunft. Hirschkühe mögen in prähistorischen Jugendweiheriten Symboltiere weiblicher Initianden

Hinde: Attribut des hl. Ägidius. W. Auers Heiligen-Legende, 1890

gewesen sein. – In den Mythen der Maya von Yucatán erscheint ein Jagdgott Zip, der unter dem Namen A Uuc Yol Zip als geweihtragender Mann in den alten Hieroglyphenschriften in geschlechtlicher Verbindung mit einer Hirschkuh dargestellt wird.

Hiob, auch Job, Ijob, biblische Symbolfigur des durch schwere Prüfungen und Schicksalsschläge in seinem Gottvertrauen nicht zu erschütternden Menschen, den der *Teufel* und Gott wie eine »Versuchsperson« einsetzen, um seine Einstellung zu prüfen. Der Widersacher darf ihm mit Zulassung Gottes alle erdenklichen Peinigungen auferlegen, ohne daß er in seiner Hinneigung zum Schöpfer schwankend wird (»Und ich weiß selbst, daß mein Erlöser lebt«, 19,26). Hiob erkennt, daß er mit Gott nicht rechten darf und seine unbegreifliche Weisheit anerkennen muß, und er wird von Gott daraufhin gesegnet, so daß ihm doppelt soviel wiedergegeben

Hiob wird über die Heimsuchungen benachrichtigt. G. Doré (1832-1883)

wurde, als er verloren hatte; er lebte nachher noch »140 Jahre und sah Kinder und Kindeskinder bis in das vierte Glied«. Im Mittelalter war das Buch Hiob besonders hochgeschätzt, wie das Gebet für Verstorbene zeigt: »Erlöse, o Herr, seine Seele, wie du Hiob von seinen Plagen erlöst hast.« Die typologische Auffassung der Vorwegnahme neutestamentlicher Begebenheiten im Alten Testament macht den leidenden, von seinen früheren Freunden verlachten Hiob zum Vorbild des seine Passion erlebenden und verspotteten Jesus Christus, den später in neuem Glück lebenden Gerechtfertigten zum Modell des endzeitlichen *Paradieses* der Frommen, während die spottenden Freunde die Ketzer symbolisieren. Der zeitweilig mit Aussatz geschlagene, dann geheilte Hiob wurde vielfach als Schutzpatron der Hospitäler, besonders der Leprosien, angesehen. Vgl. *Lazarus.*

Hirsch, ein wichtiges Symboltier in den altweltlichen Kulturen. Er scheint vielfach mit dem *Stier* ein mythisch-kosmologisches *Dualsystem* gebildet zu haben, ähnlich wie Wild*pferd* und Wildrind nach der Hypothese französischer Prähistoriker in der *Höhlen*kunst der Eiszeit. Der Hirsch galt schon wegen seines *baum*ähnlichen, sich periodisch erneuernden Geweihes als Symbol des sich immer wieder verjüngenden Lebens, der Neugeburt und der Zeitläufe. In der altnordischen Mythologie äsen vier Hirsche in der Krone des Weltbaumes Yggdrasil. Dort fressen sie die Knospen (Stunden), Blüten (Tage) und Zweige (Jahreszeiten) ab. Das Hirschgeweih wurde als Symbol der *Sonnen*strahlen gedeutet. – In der Antike galt der Hirsch als Feind der Gift*schlangen,* das Hirschfell als Amulett

Hirsch auf früheisenzeitlichem Tongefäßfragment mit Radmotiv, Zentralanatolien

Hirsch: Gravierung einer Schnupftabakbüchse aus Südtirol, 19. Jh.

gegen Schlangenbiß und Hirschhornpulver als Schutz des Saatgetreides gegen Schadenzauber. – In Altchina galt der Hirsch (lu) wegen der lautlichen Entsprechung des Wortes für Reichtum als Symbol der Wohlhabenheit, außerdem als Sinnbild kindlicher Pietät (der Fabel nach verkleidete sich ein junger Mann in Hirschhaut, um Hirschmilch als Augenheilmittel für seine blinden Eltern zu gewinnen) und als Begleiter des Gottes für langes Leben, Shou-hsing.

Die christliche Ikonographie basiert weitgehend auf dem 42. Psalm Davids: »Wie der Hirsch schreit nach frischem Wasser, so schreit meine Seele, Gott, nach dir.« Im frühchristlichen »Physiologus« heißt es, daß der Hirsch Wasser in jede Erdspalte speit, in welcher sich Giftschlangen verborgen halten; er schwemmt sie damit heraus und zertritt sie. »So schlägt auch unser Herr die Schlange, den Teufel, mit dem Himmelswasser ... Es gleichen dem Hirsch in anderer Weise auch die Asketen. Durch die Tränen der Reue ersticken sie die Brandpfeile des Bösen, und sie treten die große Schlange, das ist der Teufel, nieder und töten ihn.« Auch soll der Hirsch Schlangen aus ihren Löchern saugen können und sich vor ihrem Gift schützen, indem er innerhalb von drei Stunden Quellwasser trinkt: Dann werde er weitere fünfzig Jahre leben. »Wenn du die Schlange im Herzen hast, nämlich die Sünde, so eile zu den Wasserquellen, zu den Adern der Heiligen Schrift, und trinke das lebendige Wasser ... und sterbe nicht durch die Sünde.« – All dies wiederholt auch der Text des mittelalterlichen Tierbuches (Bestiarium) und fügt noch hinzu: Die Hirsche haben die Wunderkraft des Krautes Diptam (Dictamnus) entdeckt, denn wenn sie Jägerpfeile im Leib stecken haben, bringt der Genuß der Pflanze sie zum Ausgetriebenwerden und die Wunde zum Verheilen. Wenn die Hirsche Wasserläufe überqueren, so »legen sie ihre Köpfe auf die Hinterteile der vor ihnen Schwimmenden und erleichtern so ihr Gewicht. Kommen sie an einen schmutzigen Ort, so springen sie in schnellem Lauf darüber hinweg. So sollen auch die Christen ... sich gegenseitig helfen und tragen; einen Ort schmutziger Sünde sollen sie überspringen, und wenn sie sich das teuflische Schlangengift einverleibt haben, sollen sie zu Christus, der wahren Quelle, laufen, um zu beichten und so wieder jung zu werden« (Unterkircher). Hirschhorn, heißt es weiter, ist ein wirk-

Hirsch: Attribut von St. Hubertus und St. Eustachius. W. Auers, Heiligen-Legende, 1890

Hirte: Figur eines Anbeters mit Lämmchen. Mari, Mesopotamien, ca. 1750 v. Chr.

sames Heilmittel, wobei das *rechte* Gestänge kräftiger wirkt als das *linke,* und verbranntes Hirschhorn vertreibt jede Schlange. Hirschfleisch heilt Fieber, und eine Salbe aus dem Knochenmark des Hirsches ist ebenfalls ein wirksames Heilmittel dagegen.
Nicht selten tritt der Hirsch in der Wappenkunst auf, denn er hat »die Bedeutung der Sanftheit und Gelindigkeit, weil er keine Gall haben solle, und dieses solle die Ursach seines langen Lebens seyn, das sich auf hundert Jahre erstrecket« (Böckler 1688). Auch das Geweih allein (Gestäng, Halbgestäng) wird in der *Heraldik* dargestellt und hat, nach Böckler, »die Deutung der Stärcke«. Hier wird auch die Symbolik des »gehörnten« (mit einem Geweih gekrönten) Ehemannes erklärt: »Der griechische Kayser Andronicus hat auf die Häuser der Weiber, die er beschlaffen, Hörner setzen lassen und ihnen Jagt-Gerechtigkeit ertheilet, dahero es noch kömmt, daß man den Hanreyen (»Hahnrei« bedeutet eigentlich »kastrierter *Hahn*, Kapaun«) Hörner aufsetzt. Es haben auch zu Zeiten Galeati Sfortiae (des Galeazzi Sforza), Hertzogens zu Mayland, die Weiber es für keine Schande gehalten, bey den Fürsten zu schlaffen, weil ihre Männer nicht schlechte, sondern güldene Hörner davon getragen, und zu großen Ehren befördert worden.« – In der altkeltischen Mythenwelt gelten die Hirsche als »Rinder der Feen« und als Boten zwischen der Welt der Götter und jener der Menschen. Der keltische Gott Cernunnos wurde mit einem Hirschgeweih auf dem Kopf dargestellt wie die Schamanen altertümlicher Volksstämme. In der Symbolkunst des christlichen Mittelalters (Plastik) wird der Hirsch gelegentlich an *Wein*trauben knabbernd dargestellt, als Symbol des Menschen, der schon auf Erden der himmlischen Gnadengüter teilhaftig werden kann. Sein Streben zu den *Quellen* ist Sinnbild des Wunsches nach dem reinigenden Taufwasser: »Gleich wie der Hirsch die Schlang verschlingt / und drauf zum frischen Wasser springt / und so von Gift wird wieder rein / so steht's auch mit dem Menschen fein / dann er von Sünden wird kuriert / wenn er im Tauf gewaschen wird.« Daher sind Hirsche oft in Taufstein-Reliefs abgebildet.
Die Bilderwelt der *Alchemie* sieht den Hirsch als Symbol im Zusammenhang mit der antiken Mythe des Jägers *Aktäon*, der von der Göttin *Diana* (Artemis) in einen Hirsch verwandelt

Hirte: Der »gute Hirte«, frühchristliches Katakombenrelief. Sousse, Nordafrika

Hirte: Kupferstich von Ludwig Richter, (1803 bis 1884)

wurde, damit als Hinweis auf die mögliche Umwandlung der Metalle im Zusammenhang mit der »lunarischen« (dem *Mond* zugeordneten) weiblichen Welt des *Silbers.* – In symbolisch gemeinten Redensarten bedeutet »den weißen Hirsch jagen« das Verfolgen einer sehr schwierigen, kaum lösbaren Aufgabe. – Die Legenden der Heiligen Eustachius und Hubertus erzählen von der Erscheinung eines *Kreuzes* im Geweih eines verfolgten Hirsches. Auch andere Heilige (Meinulf, Meinhold, Oswald, Prokop von Böhmen) werden mit Hirschen als Attribute dargestellt. – Im vorkolumbischen Mittelamerika sind hirschähnliche Geweihträger Symboltiere des siebenten der 20 Tageszeichen des Kalenders (aztekisch: mazatl, maya: manik). Wie diese Wildtiere sollen die unter diesem Zeichen Geborenen in der Naturwelt umherschweifen, in die Ferne streben und feste Wohnsitze verachten. Vgl. *Hinde.* Im japanischen Shinto-Glauben gilt der Hirsch als Reittier der Götter und wird oft zusammen mit deren Symbolen auf Rollbildern in den Heiligtümern dargestellt.

Hirte, Symbolbild des um seine Herde besorgten Hüters der *Schafe* und *Lämmer,* der sie gegen Feinde verteidigt. Die Herde repräsentiert die Anhängerschaft eines geistlichen Führers, die sich seiner Autorität unterwirft. Das Bild entspricht der Wirtschaftsform tierzüchtender Nomadenvölker, wie es der Lebensweise des jüdischen Volkes in alten Zeiten angemessen war. Der jugendliche *David* verteidigte seine Herde gegen den *Löwen* und den *Bären;* der Gott Israels wurde als Hirte seines Volkes aufgefaßt (Psalm 23,1), die Könige waren seine irdischen Vertreter. Später bezeichnete sich Jesus als der »gute Hirte« (u.a.: Johannes 10,1), ein in der christlichen Kunst weitverbreitetes Bildmotiv, das aber auch außerchristlich bekannt war (z.B. Hermes Kriophoros, vgl. *Widder*): Der Hirte, der auf den Schultern ein ihm anvertrautes Jungtier trägt, ist ein Sinnbild der Fürsorge für die Hilflosen. Als »Völkerhirten« wurden *Moses* (der sein Volk durch die Wüste in das »gelobte Land« führte) und später der Papst verstanden. An Hirten richtete sich nach dem Bericht der Evangelien die Verkündigung der Geburt Christi in Bethlehem. Attribute des Hirten sind in der üblichen Darstellungsweise der Krummstab, der den Bischofsstab (ein oft reich verziertes

Objekt mit Elfenbeinschnitzerei) vorwegnimmt, oft auch ein gerader Stab mit schaufelartigem Ende, mit dem der Hirt Steine aufnehmen und fortschleudern kann. Auch die Insignien des *Königs* von *Ägypten,* Geißel und Krummstab-*Zepter,* sind als Fortbildungen von Fliegenwedel und Hirtenstab zu verstehen. – Sendschreiben der Bischöfe an die Angehörigen ihrer Diözese werden als Hirtenbriefe bezeichnet. Als Hirtin wird die jugendliche hl. Johanna (*Jungfrau von Orléans*) vor ihrer Berufung durch die Stimmen der *Engel* dargestellt. – Die »Schäferromantik« des Barock ist eine sentimentale Verniedlichung des als idyllisch empfundenen Hirtenlebens durch Stadtbewohner, die von seinen Härten nichts ahnten.

Hochzeit, Ehe, Heirat als Symbol. Wir sprechen hier nicht von den symbolischen Bräuchen, die mit der Eheschließung verbunden sind; diese werden separat behandelt (*Verheiratung*). Die Hochzeit selbst ist ein fast weltweit verstandenes Symbol für die Vereinigung verschiedenster Gegensatzpaare oder *Dualsysteme,* die nicht mehr konträr und konkurrierend, sondern komplementär wirken und in ihrer gegenseitigen Ergänzung zu einer höheren Einheit werden, als ein Ganzes, das mehr bedeutet als die Summe der einzelnen Komponenten. In den alten Kulturen symbolisierte die Heilige Hochzeit (griech. hieros gamos) die schöpferische Vereinigung zwischen *Himmel* und *Erde,* männlichem und weiblichem Element, Gott und Göttin, rituell oft ausagiert durch die Kopulation des Königs mit einer Priesterin, die ihrerseits die Göttin bzw. die weiblichen Elemente im Weltganzen verkörperte. Nur dadurch konnte für das kommende Jahr die Fruchtbarkeit und die kosmische Ordnung gesichert werden, so etwa beim Neujahrsfest in den alten Kulturen Mesopotamiens. Vielfach wurde der naheliegende sexuelle Aspekt spirituell umgedeutet und als Bild anderer sich vereinigender Gegenpole aufgefaßt: so etwa als Sinnbild der mystischen Ver-

Hirte: Jesus, der Gute Hirte. Österr. Bauernkalender, 1911

Hochzeit: Bad der vermählten Urprinzipien im Brunnen. Alchemistische Allegorie, Rosarium philosophorum, 1550

schmelzung von Gott und Mensch, die im Augenblick der Erleuchtung stattfindet; als Symbol für die »eheliche« Gemeinschaft von Gott und seinem Volk (von Jahwe mit den Israeliten, von Christus und seiner Kirche), wobei auch das Hochzeitslied im Alten Testament, das »Hohelied Salomonis«, nur im übertragenen Sinn hingenommen wurde: die Kirche ist »die Braut Christi«. Auch Nonnen erhalten in der katholischen Kirche beim Eintritt den Brautschleier und werden damit zu »mystischen Bräuten« des Heilands. – In der *Alchemie* sind die nicht selten bildlichen Darstellungen der Hochzeit sogar der sexuellen Vereinigung von *König* und Königin (Gabricius und Beia) ein Symbol für die Verbindung der hypothetischen Urelemente *Sulphur* und *Mercurius*, die dann auch als *Androgyn* eine höhere Einheit darstellen, worin die ursprüngliche Dualität von »Sol und Luna« (*Sonne* und *Mond*), *Mars* und *Venus* etc. in der »chymischen Hochzeit« aufgelöst wird, ähnlich den antikgnostischen Ideen der Vereinigung von Sophia (Weisheit) mit Dynamis (Kraft), die in der Alchemie in verhüllter Form weiterlebten.

Höhlen, als geheimnisvolle Tore zu einer unterirdischen Welt, vielfach erfüllt von bizarren Tropfsteingebilden, sind Gegenstand vieler symbolkräftiger Kulte, Mythen und Sagen. Als älteste mit Malereien und Ritzbildern ausgestaltete Heiligtümer der Menschheit wurden viele von ihnen schon in der Eiszeit als »andersweltliche« Bereiche erlebt. Sie waren nicht Wohnplätze, sondern Kultstätten. Vielfach sind sie als Sinnbilder des gebärenden *Mutter*schoßes zu deuten, so auch in den Welt- und Menschheitsentstehungsmythen vieler Indianervölker – etwa in den »Chicomoztoc«-Geburtshöhlen der aztekischen Mythik. Häufig galten sie als Geburtsplätze von Göttern und Heroen, als Aufenthaltsorte von weissagenden Sybillen und von Eremiten. Im altägyptischen Weltbild entsprang der Nil aus einer Felsenhöhle. Die kretisch-mykenische Glaubenswelt kannte viele heilige Höhlen. Später wirkte in einer solchen das Orakel des Heros Trophonios, das dem Bittsteller erst nach Absolvierung von Initiations-(Einweihungs-)Riten erteilt wurde.
Es ist naheliegend, Höhlen als Schauplatz der chthonischen (d.h. der *Erde* und der Unterwelt zugewandten) Symbol- und Kultwelt zu empfinden, als Ort der Kontaktnahme mit den Kräften und Mächten der Tiefe, die später zum Licht drängen. So wurde auch der Kultraum des spätrömischen Gottes Mithras als Felsenhöhle gestaltet. Vom Menschen ausgeschachteter Ersatz natürlicher Höhlen sind Grotten und Grottentempel (Ägypten: Abu Simbel; Indien: Ajanta,

Höhle: Darstellung von Wildrindern (Wisenten) in der Eiszeit-Kulthöhle von Niaux (Ariège, Frankreich), ca. 10000 v. Chr.

Ellora). – In der christlichen Ikonographie wird der Stall von Bethlehem als Felsengrotte dargestellt, und in einem Felsengrab wurde Jesus bestattet. Nach ostkirchlicher Tradition empfing der Evangelist Johannes in einer Höhle der Insel Patmos seine gewaltige Vision der Endzeit (die Apokalypse). In der philosophischen Symbolsprache Platons (427–347 v.Chr.) spielt das »Höhlengleichnis« eine bedeutende Rolle, wonach der in einer Höhle gefangene Mensch nur *Schatten* der Ideen erkennen kann, d.h. bloße Abbilder einer höheren und wahren Realität, deren Schau ihm durch seine begrenzten Fähigkeiten ansonsten verwehrt ist.

Im Mayagebiet Mittelamerikas wird den zahlreichen Karsthöhlen des Landes auch von den heutigen Nachkommen der alten Indianernaturvölker viel Aufmerksamkeit zugewendet. Manche wurden schon in alter Zeit zu rituellen Zwecken regelmäßig aufgesucht, und es wurden darin vor allem Opfergefäße für den *Regen*gott gefunden. Einige dieser Höhlen weisen an den Wänden Malereien im typischen Mayastil auf, so in erster Linie die Grotte von Naj-Tunich, deren Wandbilder auf Rituale sexuellen Charakters schließen lassen. Bilder von *zwerg*haften Wesen lassen auf eine Ideenverbindung der Begriffsfelder Fruchtbarkeit, *Regen,* Zwerg und Höhle schließen. Die weiblichen Organe (Vagina, Uterus) wurden, wie alte Chronistenberichte zeigen, mit den Höhlen in Verbindung gebracht, wobei Sexualität mit Fruchtbarkeit im allgemeinen Sinn assoziiert wurde. Auch die zwerghaften Regengötter der Azteken, die einen phallischen Stab trugen, wurden als Höhlenbewohner vorgestellt, während bei den Maya gelegentlich die *Mond*göttin mit Höhlen und dem belebenden *Wasser* sowie mit Sexualität (Verkehr mit dem Gott des Planeten *Venus*) in Verbindung gebracht wurde. Offenbar war im mittelamerikanischen Hochkulturgebiet die »Unterwelt« der Höhlen im Bauch der *Erde* – wie auch anderwärts – »weiblich signiert«, daher auch dem allgemeinen Begriffsbereich der Fruchtbarkeit zugeordnet. Für die Alte Welt sind ähnliche Assoziationen, die auch den Themenbereich »Urzeit« betreffen, sehr wahrscheinlich. Im christlichen Umfeld wurden Symbole der Geschlechtlichkeit freilich weitgehend verdrängt. Wie eine Erinnerung an urgeschichtliche Epochen mutet es an, wenn ein außerkirchlicher Text aus frühchristlicher Zeit, »Die Schatzhöhle« oder »Das christliche Adambuch des Morgenlandes« genannt, seine Erzählung in einer Höhle beginnen läßt, in der nach hartem Lebenskampf (nach der Vertreibung aus dem *Paradies*) der Urvater *Adam* bestattet worden war (5. Jahrhundert n. Chr.). Der greise *Noah,* der Überlebende der *Sintflut,* befiehlt seinem Sohn Sem, die Gebeine des ersten Menschen aus der Höhle zu holen und sie dann erneut zu bestatten – »am Mittelpunkt der Erde« (vgl. *Kreuz*).

In Volkssagen sind Höhlen meist Wohnorte von Gnomen, Berggeistern und schatzhütenden *Drachen,* dem Menschen der Außenwelt nur schwer und unter Gefahr zugänglich. Der Realität entrückte *Könige* früherer Zeiten (Karl d. Gr., Barbarossa) sollen in Höhlen bestimmter *Berge* (Kyffhäuser, Untersberg b. Salzburg) auf ihre Auferstehung im Augenblick der endzeitlichen Schlacht zwischen Gut und Böse (vgl. *Dualsysteme*) warten. – In der mythisch-symbolischen Weltansicht der alt-irischen Tradition (vgl. *Stein*) spielen Sagen von Höhlen (Uatha) eine bedeutende Rolle. Aus der Höhle von Cruachan (auch *Höllen*tor genannt) soll eine unzählbare

Schar von *weißen Vögeln* geflattert sein, die mit ihrem Atem Mensch und Tier verdorren ließen. Die schreckliche Göttin MorrÍgan (*Rabe*) hauste in einer anderen Höhle, und die Helden Conan und Finn verfingen sich im verkehrt aufgewickelten Garn von dort lauernden *Hexen* und wären von ihnen fast in die Unterwelt geschleppt worden. Der berühmteste Eingang zu der unterirdischen, höllenähnlichen Welt ist »St. Patricks *Fegefeuer*« auf einer Insel im Loch Derg. In früherer Zeit ließen sich dort Pilger vier Stunden lang einschließen, um die Qualen des Purgatoriums zu empfinden. Wer dabei einschlief, hieß es, werde vom *Teufel* in die Hölle entführt. Ein *Ritter* Owen des Mittelalters beschrieb Jenseitsvisionen ähnlich jenen von Dante in der »Divina Commedia«. Heutige Pilger, die eine schlaflose Nacht in der Kapelle, die nunmehr das »Fegefeuer« umschließt, verbringen, beschreiben das Erlebnis eines unheimlichen Ortes, »wo sich zwei Welten treffen«.

In der symbolbildenden Baukunst wird oft die Nische zum Ersatz für eine »Welthöhle«, die in einen größeren Kosmos eingeschlossen ist. Dies kann für die Gebetsnische (Mihrab) der islamischen Moschee ebenso gelten wie für die Apsis der christlichen Kirche. Die geborgene Eingeschlossenheit im Kultraum wird dadurch noch verstärkt. – In der tiefenpsychologisch gedeuteten Traumsymbolik ist der gefahrvolle Weg durch dunkle Höhlen in erster Linie als Hinweis auf die Suche nach Lebenssinn in den Tiefen unbewußter, ererbter Schichten des mütterlichen Unbewußten zu deuten, in anderem Zusammenhang auch als Symbol einer Regression (eines Zurückweichens) in die ersehnte bergende Dunkelheit des vorgeburtlichen Lebens. So ist die Faszination, die Höhlensysteme auf viele Amateure der Höhlenkunde (Speläologie) ausüben, nicht allein auf dem Wunsch nach Erweiterung des wissenschaftlichen Forschungsmaterials zu erklären, sondern auch mit dem nur symbolkundlich erklärbaren Streben nach einem erkenntnisbringenden Abstieg in die verborgenen Tiefen der eigenen Persönlichkeit. Dies ergibt sich aus einer tiefenpsychologischen Interpretation des Topos Höhle: »Der Rückzug in die Höhle ist eine Urgegebenheit. Sie ist die Geborgenheit schlechthin. In die Höhle gehen heißt, psychologisch ausgedrückt, die Rückkehr in den Mutterleib, die Verneinung der Geburt, das Hinabtauchen in die Schatten und in die Nachtwelt des Ununterschiedenen. Es ist der Verzicht auf das irdische Leben, zugunsten des ungeborenen höheren Lebens ... (In der Höhle) existiert keine Zeit, es gibt weder das Gestern noch das Morgen, denn auch Tag und Nacht sind in ihr noch ungeschieden. In der Abschließung liegt nach Eliade (1980) eine ›larvenhafte Existenz‹, wie der Tote im Jenseits« (E. Kasper 1988). Auch aus diesem Grund bietet sich dieser Raum für symbolisch-rituelle Formen der Initiation und der Neugeburt auf einer übergeordneten Daseinsebene immer wieder an, die in verschiedenartigem Kontext auf vielen Kulturstufen ausagiert werden.

Hölle, das traditionelle Gegenbild des *Himmels,* ist zwar aus dem einer dunklen Unterwelt (vgl. *Höhle*) hervorgegangen, wurde aber durch das theologisch begründete Bild eines Strafortes für verstorbene Sünder angereichert, in dem diese endlose Qualen erleiden müssen. Wie der Himmel die Wohnstätte und Residenz der Götter oder Gottes ist, stellt die Hölle ein Reich gnadenloser Unterweltsherrscher bzw. des *Teufels* dar. Bereits die freudlose

Hölle: Holzschnitt (Detail) aus der »Warnung von der falschen lieb dieser Werlt«, Nürnberg, 1495

Unterwelt vorchristlicher Religionen (hebräisch Sche'ol, griech. Hades) wird als finster und unerquicklich geschildert und mit der Beschreibung von Strafen für besonders gottlose Menschen bereichert, auch als dem Lebenden zu seinem Glück nicht zugänglich (das Wort »Hölle« ist wurzelverwandt mit dem Namen der germanischen Totengöttin Hel und »ver-hehlen«). – Die Vorstellung einer *Feuer*hölle mit betäubendem Schwefelgestank leitet sich zum Teil von dem alten Opfer- und später Müllverbrennungstal Ge-hinnom bei Jerusalem ab (davon Gehenna, Dschehenna im Islam), zum Teil auch von der Beobachtung von vulkanischen Phänomenen. Schon der Prophet Jesaias (66,24) spricht davon, daß ein unauslöschliches Feuer die Leiber der gegen Gott rebellierenden Menschen verzehre. Bei Tertullian (ca. 150–230 n.Chr.) dienen die Vulkane als Beweis für die Realität einer unterirdischen Hölle, die später von Dante Alighieri (1265–1321) in seiner »Divina Commedia« ausführlich beschrieben wurde. – Symbolbilder einer Rechtfertigung im *Jenseits* wurden offenbar auch in Anlehnung an die Bildersprache der altpersischen Religion formuliert, in welcher Verstorbene die Činvat-Brücke überschreiten müssen. Bei den Bösen wird sie so schmal wie die Schneide eines Messers und läßt sie in den ewigen Abgrund stürzen. – Christliche Höllensymbole sind, außer Feuerflammen, der verschlingende Höllenrachen (ähnlich dem eines *Drachen* dargestellt), die Totenmaske und der aus der antiken Mythologie übernommene dreiköpfige *Hund* Kerberos (lat. Cerberus). Zur Warnung für die Lebenden wurden die Höllenstrafen oft bildlich sehr detailreich dargestellt, wobei etwa die Sünde Wollust zur Folge hat, daß verdammte Seelen an Brust und Geschlecht von *Kröten* benagt und von *Schlangen* gebissen werden. Vgl. *Lazarus.*

Höllenähnlich imaginiert wurde auch die Unterwelt »Mictlán« der altmexikanischen Hochlandvölker. Nur auf dem Schlachtfeld Gefallene, rituell Geopferte, Ertrunkene oder im Kindbett verstorbene Frauen konnten ihr entgehen und andere Jenseits-Schicksale erwarten – ähnlich wie bei den Germanen in das düstere Reich der Totengöttin Hel eingehen mußte, wer im Bett den »Strohtod« gestorben war, und nicht von *Walküren* in das lichte Reich Walhall entrückt wurde. – Pessimistische Jenseitsvorstellungen mit teufelsähnlichen Totengöttern und -dämonen kennzeichnen auch die jüngere Grab-Ikonographie der Etrusker, die ältere Symbole einer friedvollen jenseitigen Welt im Sinne der *Inseln der Seligen* ablösten. Die etruskischen Unterweltsgötter mit *Hörnern,* Spitz*ohren* und *Schlangen* in den Händen dürften das christliche *Teufels*bild nachhaltig beeinflußt haben. – Eine Art von Hölle ist auch dem ostasiatischen Buddhismus geläufig. In japanischen Tempelhallen wird der König der Unterwelt, Emma-o, als Richter über die Sünder mit seinem Richterstab als Symbol der Vollzugsgewalt dargestellt. Lebensgroße Holzfiguren zeigen, wie die Verurteilten von Dämonen weggeschleppt und gepeinigt werden – mit Schwert, Streckbank, Eisenstangen und Prangerblock. In neuerer Zeit werden solche figurale Szenen freilich in erster Linie als Drohmittel für unfolgsame Kinder angesehen. – Die islamische Tradition berichtet von einem Höllenfeuer, das siebzigmal heißer ist als jedes irdische. Ebenso sollen die Körper der Verdammten vergrößert werden, um dadurch ihre Fähigkeit zu steigern, Qualen zu erleiden. Die Grausamkeit all dieser Vorstellungen läßt sich nur als symbolischer Ausdruck der Hoffnung verstehen, daß auf Erden begangenes Unrecht nicht für alle Ewigkeit ungesühnt bleiben könne, auch wenn in unserer Welt kein gerechtes Urteil darüber gesprochen wurde. – Als ketzerisch verdammt wurde in Europa die Apokatástasis-Idee, d.h. die Vorstellung einer endzeitlichen Wiederversöhnung unter Einschluß der Hölle. Sie wird etwa im Parsismus vertreten, in dem »auch das Land der Hölle der Glückseligkeit des Kosmos zurückgegeben wird«. Auch die islamische Sufi-Mystik lehnt die Vorstellung einer ewigen Verdammnis ab, wie etwa die Aussprüche des Abud Yazid Bistami zeigen: »Was ist denn nun mit dieser Hölle? Am Tage des Gerichtes werde ich mich gewißlich zu den Verdammten stellen und werde zu Dir sprechen: Nimm mich als Lösegeld – tust Du es nicht, werde ich ihnen beibringen, daß (auch) Dein Paradies nur ein Kinderspiel ist . . . O Gott, wenn Du in Deinem Vorherwissen vorausgesehen hast, daß Du eines Deiner Geschöpfe in der Hölle pei-

Hölle: Höllenmaul, aus dem der Tod herausreitet. W. Paxton, London, 1507

nigen wirst, dann lasse mein Sein sich dort so breit machen, daß keiner außer mir dort Platz zu finden vermöchte« (Gardet 1956).

Homer (Homeros), in der Antike die ideale Symbolgestalt des epischen Dichters mit göttlicher Schaukraft, *blind* (wie der Seher Teiresias) für die banale Alltagswelt und musisch inspiriert. Schon früh wurde die Frage nach seiner historischen Identität und nach seinem Geburtsort (Smyrna in Kleinasien? Insel Chios?) gestellt. Seine Lebenszeit wird in das 8. Jahrhundert v. Chr. verlegt, doch über sein Leben ist nichts bekannt. Wohl von einem einzigen Autor sind die beiden Hexameter-Epen Ilias (der Kampf um Troja) und Odyssee bzw. große Teile davon, während die »Homerischen Hymnen« und der *Frosch*-Mäuse-Krieg (Batrachomyomachia) sicher nur dem großen Dichter untergeschoben wurden. Die Einteilung in je 24 Gesänge der Epen ließe auf eine Zwölfer-Symbolik schließen (vgl. *Zahlen*), wurde aber wohl erst in hellenistischer Zeit in Alexandrien eingeführt; aber zwölf Tage hindurch übt Achilles Rache an Hektor, Odysseus besteht zwölf Abenteuer und schießt seinen

Pfeil durch zwölf Axtlöcher. Viele symbolische Züge aus alter Tradition sind in den Epen enthalten, so etwa das Motiv der doppelten *Quelle* des *Flusses* Skamandros (»Eine rinnt beständig mit warmer Flut, und um sie her / Wallt aufsteigender Dampf, wie der Rauch des brennenden Feuers. / Aber die andere fließt im Sommer auch kalt wie der Hagel / Oder des Winters Schnee und gefrorene Schollen des Eises«, Ilias 22,147) oder jenes der Zuwägung der Schicksalslose durch Zeus (*Waage*): »Jetzo streckte der Vater empor die goldene Waage / Legt' in die Schalen hinein zwei finstere Todeslose« (Ilias 22,208). – Im Mittelalter wurde zeitweilig Vergil, der mit seiner »Aeneis« den Ruhm Homers fortzusetzen suchte, höher geschätzt als sein Vorbild, doch seit Goethe und Schiller wurde Homer wieder als unerreichte Symbolgestalt des epischen Dichters anerkannt.

Honig ist nicht nur im Zusammenhang mit der *Biene* ein beliebtes Symbol für »Süßigkeit« in jeder Bedeutung des Wortes. Honig von wilden Bienen wurde bereits in der Epoche der nacheiszeitlichen Levantekunst Spaniens gesammelt, wie Felsmalereien beweisen,

Honig-Gewinnung in Altägypten. Grabrelief, Theben, ca. 600 v. Chr.

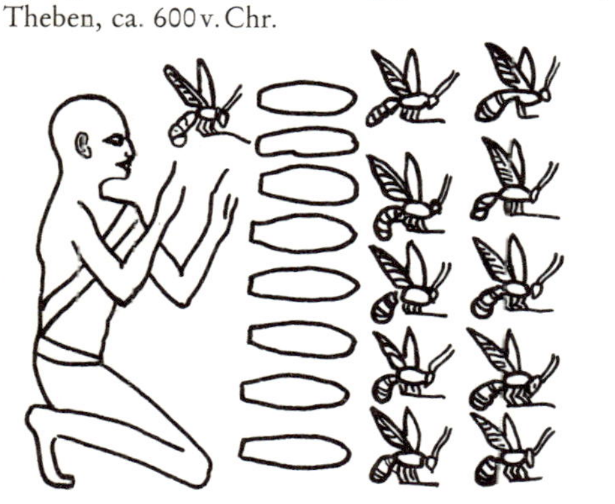

und ebenso von den Vorfahren der Buschmänner in Südafrika. In der Bibel wird das Gelobte Land Kanaan dem *Moses* verheißen als »ein schönes, weites Land, in dem *Milch* und Honig fließen« (2. Buch Mosis 3,8). Das Gotteswort ist »süßer als Honig« (Psalm 119,103), und von Sehern zum Zeichen der Einverleibung verschlungene *Buch*rollen schmecken ebenfalls »süß wie Honig« (Hesekiel 3,3; Johannes-Apokalypse 10,9). Honig und Met sind vielfach Götternahrung, etwa Speise des Zeus als Kleinkind. Im indischen Mythus spenden die Ashvin-*Zwillinge* als Götterboten am Morgenhimmel Honig, und an einer legendären Honig*quelle* erquicken sich die Frommen. Honig diente den Skythen und Spartanern als Balsamierungsmittel für tote *Könige* und im Mithraskult der Spätantike als Sakrament, das von Sünden reinigt, da er von einem sündenlosen Tier »durch bloße Berührung der Blüten und *Blumen*« gewonnen wurde. Altkretische Linearschrift-B-Tafeln berichten von Honigopfern für »die Göttin«. Kurios wirkt die biblische Erzählung vom Helden Samson, der im Kadaver des von ihm mit bloßen Händen zerrissenen *Löwen* einen Bienenschwarm und Honig findet, was ihn zu dem Rätselspruch »Vom Fresser kommt Speise, vom Starken kommt Süße« (Richter 14,14) veranlaßt, Symbol des Hervorkommens von neuem Leben aus dem Tode. In der Zeit der Kirchenväter wird das aus dem Munde Gottes quellende Offenbarungswort als »Honigfluß des neuen *Paradieses*« und der Leib Christi als »honigspendender *Fels*« bezeichnet.
Honig ist in vielen Kulturen Opfer für die Verstorbenen, Speise der Übernatürlichen, Dämonenabwehrmittel und wird mit »himmlischem *Tau*« verglichen. Vie-

le Naturgötter werden mit dem Schutz der Honigbienen in Verbindung gebracht, so etwa Noh-yum-cab (Bienenherrscher) bei den mittelamerikanischen Maya. Dort wurde aus Wasser, Honig der stachellosen Biene und der Rinde des Lonchocarpusbaumes (Balché) ein schwach alkoholisches Zeremonialgetränk hergestellt, wie es noch heute bei den Lacadonen üblich ist. – In Altchina war der Honig mit dem Weltort »Mitte« in Verbindung gebracht und wurde zum Süßen der Speisen des *Kaisers* verwendet; das Wort für Honig (mi) bedeutet zugleich »süß«, was auch zur Bezeichnung geschlechtlicher Freuden dient. Honigträume wurden als glückverheißend aufgefaßt, ähnlich wie in der analytischen Psychologie im Sinne von C.G. Jung, wo Honig als Symbol des Zieles der seelischen Reifung (Individuation) gilt. – Die mittelalterliche Heilkunde betrachtete den Honig als Produkt aus geronnenem *Tau*, den die Bienen sammeln und der nicht nur süß für den Gaumen, sondern auch heilsam für Wunden ist. – Die volkstümliche Redensart »jemandem Honig ums Maul schmieren« wird von L. Röhrich hypothetisch mit der chinesischen Sitte in Verbindung gebracht, dem Bild des Herd- und Küchengottes (der einmal im Jahr dem Himmelsgott über die Hausbewohner Bericht erstattet) Honig auf die Lippen zu streichen, um ihn freundlich zu stimmen, was durch Asienreisende in Europa bekanntgeworden sein kann.

Horen, namengebende mythologische Gestalten der maßgeblichen Literaturzeitschrift der deutschen Klassik. Obwohl ihr Name wörtlich »Stunden« bedeutet (griech. horai), waren sie Personifikationen der Jahreszeiten im Sinne einer alten Dreierteilung des Jahres (Persephone, lat. Proserpina, mußte ein Drittel des Jahres im Hades verweilen, vgl. *Granatapfel*) in Thallo (das Blühen), Auxo (das Wachsen) und Karpo (die Frucht). Sie wurden als Töchter des Zeus und der Themis (Göttin der menschlichen Ordnungen) angesehen, und man betrachtete sie nicht nur als personifizierte Abschnitte der Zeit (Hora), sondern brachte sie auch im Zuge der Ideenverbindung »zeitliche und gesetzliche Ordnung« mit den Abstraktionen Eirene (Frieden), Dike (Recht) und Eunomia (Gesetzlichkeit) in Verbindung. Wie die drei *Grazien* wurden sie oft dem Gefolge der Aphrodite *(Venus)*, aber auch dem der Hera (Juno) zugeordnet. Vgl. *Dreigestaltigkeit.*

Hörner sind ein Charakteristikum von *Stier*gottheiten, und sie werden auch dann dargestellt, wenn diese Übernatürlichen menschengestaltig vorgestellt und abgebildet werden, ebenso isoliert von den eigentlichen Trägern (z.B. in Altkreta die »Kulthörner«, zwischen

Hörner: Votivfigur, Krieger mit Hörnerhelm. Sardinien, ca. 1000 v. Chr.

welchen oft die *Doppelaxt* aufgepflanzt wurde), wodurch sie zu Symbolen im engeren Sinn werden. Hörner sind die Waffe der Rinder, dadurch Ausdruck ihrer Stärke und Aggressivität. Vielfach sollten sie die Macht der mit ihnen ausgestatteten Gottheiten augenfällig darstellen, etwa in Verbindung mit starken Tieren wie dem Wildbüffel in der nacheiszeitlichen Felsbildkunst Nordafrikas, dem eine *Sonnen*scheibe zwischen die Hörner gesetzt wurde. In Altägypten trägt die oft mit einem Kuhkopf dargestellte Himmelsgöttin Hathor ebenfalls die Sonnenscheibe zwischen den Hörnern. In jüngerer Zeit wurde der Gott Ammon (ägypt. Amûn) in der Oase Siwa mit einem *Widder*gehörn dargestellt, wovon die ähnlich geformten fossilen Ammoniten (Ammonshörner) den Namen bekamen. *Alexander* d. Gr. stellte sich nach einem Besuch des Heiligtums als »Sohn des Zeus-Ammon« ebenfalls mit diesem Kopfschmuck dar. – In der Bibel werden Altäre mit metallbeschlagenen Hörnern an den Ecken erwähnt, die mit dem Blut der Opfertiere bestrichen wurden. Angeklagte fanden Asyl, wenn sie den Tempel erreichen und diese Hörner berühren konnten. Wenn (Amos 3,14) Jahwe sie im Zorn abhaut und sie zu Boden fallen läßt, stellt dies ein furchtbares göttliches Strafgericht dar. Umstritten ist die Übersetzung der Bibelstelle Exodus 34,29 f., derzufolge *Moses* beim Abstieg vom *Berg* Sinai »Hörner« (kāran) getragen haben soll. Der Orientalist A. Jirku wies auf Gesichtsmasken aus Rinderschädelteilen mit Hörnern hin, die im alten Palästina nicht unbekannt waren, und die Vulgata-Übersetzung spricht von »facies cornuta«, einem hörnertragenden Gesicht. Demgemäß ist auch auf der Mosesstatue Michelangelos der Erzvater gehörnt dargestellt. Neuere Bibelübersetzungen übertragen hingegen das betreffende Wort mit »Lichtstrahlen«. Zu bedenken ist, daß bei schamanistischen Ritualen der sibirischen Jakuten berichtet wird, daß in früherer Zeit die Trancepriester »wie *Stiere* brüllten, und es wuchsen ihnen reine, durchsichtige Hörner auf dem Kopf« (nach Ksenofontov, was wohl auf eine Halluzination der Zuschauer zurückzuführen ist. – Das Horn als Symbol göttlicher Stärke wird auch bei Lukas (1,69) erwähnt: Gott »hat aufgerichtet ein Horn des Heiles im Hause seines Knechtes David«. In der Johannes-Apokalypse trägt das *»Lamm« sieben Augen* und sieben Hörner, »das sind die sieben Geister Gottes«, der satanische *Drache* (12,13) hingegen zehn Hörner als Symbole seiner höllischen Macht. Auch der *Teufel* wird in der christlichen Ikonographie gehörnt (mit *Bocks*hörnern) dargestellt. – Hörner als Trankopfergefäße und Trinkhörner im kultischen Bereich waren weit verbreitet. Jagdhörner als Attribute tragen St. Hubertus, Oswald und Eustachius, ebenso aufgrund der Wortähnlichkeit mit »cornu« (lat. Horn) der hl. Cornelius. Vgl. *Füllhorn.*

Auch der *Feder*kopfschmuck der Prärieindianer Nordamerikas war häufig mit einem Paar dünngeschabter und polierter Hörner (Büffelhörner) an den Seiten des Kopfes ausgestattet, was ihn als besonders bedeutsam erscheinen ließ. »Dieser Kopfputz mit Hörnern wird nur bei gewissen seltenen Gelegenheiten getragen ... (dies ist) nur demjenigen gestattet, dessen Tapferkeit und Ansehen von dem ganzen Stamm anerkannt und dessen Stimme im Rat ebensogroßes Gewicht hat wie der eines Häuptlings ersten Ranges ... Dieser Kopfschmuck hat eine auffallende Ähnlichkeit mit dem jüdischen Kostüm, nämlich mit den Hörnern, welche die abessinischen Häuptlinge und die Hebräer als ein Zeichen der Macht und der Gewalt bei großen Aufzügen und Siegesfesten trugen« (George Catlin, 1796–1872). Der berühmte Indianermaler bezieht sich dabei auf die Bibelstelle im 1. Buch der Könige (22,11), wo es heißt: »Zedekija, der Sohn Kenaans, hatte sich eiserne Hörner gemacht und rief: So spricht der Herr – Mit diesen wirst du die Aramäer niederstoßen, bis du sie vernichtet hast«, was aber wohl allegorisch gemeint ist.

Hund, das älteste Haustier des Menschen. Symbolkundlich steht er in erster Linie für Treue und Wachsamkeit und wird nicht selten als Hüter der *Jenseits*pforte angesehen (Kerberos, lat. Cerberus, ein dreiköpfiger Hund) oder Verstorbenen geopfert, um ihnen auch in der anderen Welt als Wegsucher dienen zu können. Auch gelten Hunde als »geistersichtig« und damit als Warner vor unsichtbaren Gefahren. Negative Aspekte des Hundes werden seltener ausgedrückt, so etwa bei den Nordgermanen als Höllenhund Garm, der beim *Weltuntergang* Ragnarök den Gott Tyr tötet und zugleich von diesem getötet wird; das alte Griechenland sah die dunkle Göttin Hekate von Kampfhunden begleitet. *Schwarze* Hunde galten auch als dämonische Begleiter von Hexen oder Magiern (z. B. von *Faust* und Agrippa von Nettesheim, 1486–1535). In manchen exotischen Kulturen gilt der Hund wegen seiner Klugheit und Lernfähigkeit als Erfinder vieler Kunstfertigkeiten und menschlicher Zivilisationsgüter. In der Antike wurde einerseits »hündische Schmeichelei und Schamlosigkeit« erwähnt, aber auch die Anhänglichkeit des Haushüters (Phylax) und seine Begabung zum Herdenhüten hervorgehoben. Asklepios (lat. *Aeskulap*) und Hermes (lat. Mercurius) waren von Hunden begleitet, ebenso wie später die Heiligen Hubertus, Eustachius und Rochus. Im islamischen Kulturraum gilt der Hund als »unrein«, wird aber als Wachhund geduldet. – In Altägypten war ein großer schakalähnlicher Wildhund (vgl. *Schakal*) Erscheinungsform des Totengottes Anubis, was wieder auf die Rolle des Hundes als *Jenseits*-Seelenführer hinweist. – Im Mittelalter erscheint der Hund meist als Bild von Vasallen- und Gattentreue, etwa auf Grabsteinen. Er

Hund: Hölzerne Stülpmaske eines ägyptischen Priesters des Totengottes Anubis. Spätzeit

Hund: Hundsköpfige Fabelmenschen, Hereford-Weltkarte, Richard of Haldingham, 13. Jh.

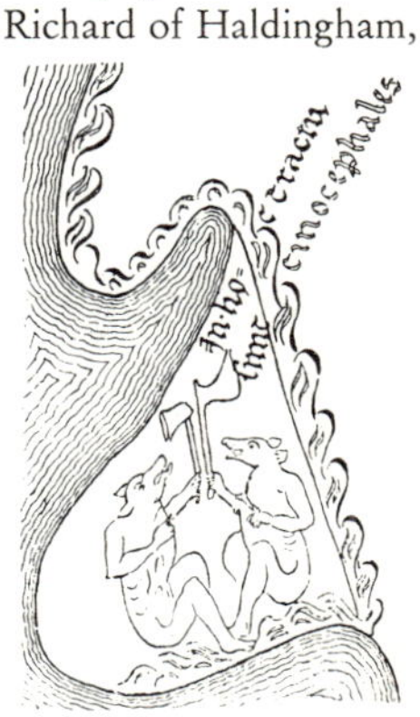

Hund: Holzschnitt im Werk des Pseudo-Albertus Magnus, Frankfurt, 1531

gilt auf Plastiken als Sinnbild der rückhaltlosen Glaubensbereitschaft, im negativen Sinn aber auch als Verkörperung von hemmungslosem Zorn. Höllenhunde begleiten den Seelenjäger Satan. Absonderlich wirken Bilder eines hundeköpfigen »*Christophorus* kynokephalus«, wohl durch das Bild des ägyptischen Anubis geprägt: eine hundeköpfige Heiligengestalt der mittelalterlichen Legende.

Im 20tägigen Kalendarium der Kulturen des alten Mittelamerika ist der Hund (aztekisch: itzcuintli, maya: oc) das Symboltier des 10. Tageszeichens; Hunde wurden in Altmexiko als Totenopfertiere und Jenseitsführer Verstorbenen mit ins Grab gelegt. Unter diesen Tageszeichen Geborene sollten zur Herrschaft und zum Verteilen von reichen Geschenken prädestiniert sein. Der Hund war auch Gestalt des Gottes Xolotl (»Zwilling«), wobei Hunde Tote über den »*neun*fachen Strom« in die Unterwelt bringen sollten. Auch die *Sonne,* die im Westen im Erdrachen versinkt, hat den Xolotl zum Begleiter. Er führt sie durch die Unterwelt zum Aufgangsort zurück, stirbt also zunächst selbst und wird als »Heraufführer« wieder lebendig. Aus dieser zweifachen Rolle ergibt sich sein Name (vgl. *Blitz*). – In Altchina ist der Hund das elfte Zeichen des Tierkreises (vgl. *Sterne*); seine symbolisch-mythische Bedeutung ist hingegen dort verschiedenartig ausgeprägt. Hunde sollten in erster Linie Dämonen vertreiben, wurden aber in manchen Gegenden als Fleischlieferanten betrachtet und verzehrt. In anderen Gebieten (Süd- und Westchina) galt der Hund als Bringer der Nahrungsmittel (*Reis* oder Hirse). Bei dem Restvolk der Yao in Südchina ist der Hund Ahnherr des Volkes, was an *Totem*-Vorstellungen erinnert. Sagen von Hundskopfmenschen sind auch in China weit verbreitet. Japanische Heiligtümer weisen häufig »koreanische Hunde« als Wächterfiguren auf. – Besonders hohe Wertschätzung wurde dem Hund bei slawischen Volksstämmen zuteil; »Hundeverehrung« wurde noch um 1560 von einem Samaiten-Bischof seinen Stammesgenossen vorgeworfen, ohne daß über die symbolisch-mythische Bedeutung dieses Hundes etwas bekannt ist. – Auch bei den Kelten war der Hund mythologisch-symbolisch wichtig, etwa als Begleiter der *Pferde-* und Jagdgöttin Epona und Attribut des Gottes Nodons/Nuadu. Der Held der irischen Ulster-Sagen trägt den Namen Cú-Chulainn, Jagdhund von Ulster.

Hungertuch. Das Hungertuch, an dem arme Menschen nagen müssen wie *Mäuse,* die wenig andere Nahrung finden (»arm wie eine Kirchenmaus«), gehört zur Kirchenausstattung des Alpenraumes früherer Jahrhunderte. Das Hunger- oder Fastentuch, lat. »Velum quadragesimale«, altertümlich auch »Smachtlappen« (von »schmachten«) genannt, ist ein Vorhang, der zur Fastenzeit (lat. Quadragesima, das »vier-

Hund: Er schützt und zeigt die Gefahr an. J. Boschius, 1702

Hure: Holzschnitt zu Luther, »Das Newe Testament Deutzsch«, Wittenberg, 1522

zigtägige Fasten«) in der Apsis des Kirchenraumes aufgehängt wurde, um den Altar zu verhüllen. War um 1000 n.Chr. zuerst ein weißes Leinentuch üblich, so wurden diese »Hungertücher« bald mit *Farben* verziert (*schwarz, violett, braun*), dann auch mit figuralen Szenen aus der Bibel bemalt. Berühmte Beispiele sind das Fastentuch des Domes von Gurk (1458) und das von Millstatt (1593), beide Kärnten.

Hure, Schmähname der Prostituierten, von einem indogermanischen Wort *karo-s (lieb, begehrlich) abgeleitet wie lat. carus (lieb, teuer). Prostitution aus religiösen Gründen, etwa zu Ehren einer Göttin der Fruchtbarkeit und Vitalität, war im Orient weit verbreitet und wurde als Ausdruck aufopfernder Selbsthingabe der Frau an die Gottheit (bzw. an den sie vertretenden Fremden oder Priester) aufgefaßt. Dies erklärt den hebräischen Namen »Kedeschen« (Geweihte) und das griech. Wort »Hierodule« (heilige Magd). Das mosaische Gesetz (5.Buch Mosis 23,19) verbot diesen Brauch: »Unter den Frauen Israels soll es keine Tempelprostitution geben ... Du sollst weder Hurenlohn noch Hundegeld in den Tempel des Herrn, deines Gottes, bringen ... diese beiden Dinge sind dem Herrn, deinem Gott, ein Greuel.« Doch, so fragt der Jakobus-Brief 2,25: »Wurde nicht Rahab, die Hure, durch Werke gerechtfertigt, nachdem sie die Boten gastfreundlich aufgenommen hatte?« Dies bezieht sich auf die Dirne Rahab, die in Jericho die Kundschafter Josuas (2,1–24) versteckt und die Eroberung der Stadt vorbereitet hatte. Die Abscheu vor außerehelicher Sexualität überwog jedoch (*Babel, Sodom und Gomorrha*), wie vor allem in der Johannes-Apokalypse gezeigt wird, wenn von der »großen Hure *Babylon*« (vgl. *Rot*) die Rede ist. Die *Hetären* Griechenlands hatten einen sozial höheren Rang als Prostituierte und dürfen nicht mit diesen verwechselt werden.

Hyazinthe (griech. hyakinthos), eine der *Blumen*, die dem Mythos nach ur-

Hyäne nach E. Topsell, The History of Four-footed Beasts, 1658

sprünglich Menschen gewesen oder durch den Tod eines Menschenwesens entstanden sein sollen (vgl. *Adonis, Narcissus*). Hyakinthos, ein spartanischer Prinz, wurde – der Sage nach in der ersten homoerotischen Männerliebe – von dem Sänger Thamyris verehrt, aber auch vom Gott Apollon, der ihn durch einen Diskuswurf unabsichtlich tötete; der ebenfalls in Hyakinthos verliebte West*wind*, Zephyros, soll die Wurfscheibe aus Eifersucht abgelenkt haben. Aus dem Blut des sterbenden Jünglings entsprang die Hyazinthe (Ovid, »Metamorphosen«), deren Blütenblätter die Klagelaute »ai ai« trugen. Das Grab des Hyakinthos in Amyklai (wo auch jenes der *Kassandra* lag) wurde alljährlich durch die Feier der Hyakinthia geehrt, das größte Fest der Spartaner. Religionsgeschichtlich wird angenommen, daß Hyakinthos ein vorgriechischer Vegetationsgott war, in der göttlichen Rolle jedoch von Apollon verdrängt wurde und zum sagenhaften Heros herabsank.

Hyäne, ein durch Anthropomorphismus verachtetes Tier mit negativem Symbolwert. Ihr Name (griech. hyaina, von hys – *Schwein*) kennzeichnet sie als unsaubere Leichenfresserin, oft als Bastard von *Hund* und *Wolf* angesehen (Plinius) oder zur Kreuzung mit dem Wolf bereit (Aristoteles). In Ovids »Metamorphosen« heißt es, die Hyäne könne ihr Geschlecht wechseln, und auch im frühchristlichen »Physiologus« heißt es: »Bald ist sie männlich, bald weiblich, und ein ganz unreines Tier ist sie, weil sie ihre Natur verändert. Deswegen sagt auch Jeremias (12,9): Nicht ist die Höhle der Hyäne mir zum Erbteil geworden. Gleiche auch du nicht der Hyäne dadurch, daß du bald die männliche, bald die weibliche Natur liebst« (eine Warnung vor homosexuellen Tendenzen). Diese Tierfabel wurde weitererzählt, obwohl sie bereits Aristoteles als unwahr erkannt hatte. Bei Plinius heißt es, die Hyäne könne die Stimme des Menschen nachahmen und Namen rufen sowie durch Berührung mit der Pfote, ja selbst mit ihrem *Schatten* andere Tiere hypnotisieren. Im Volksglauben galt sie als ein von Magie erfülltes Wesen; ihr Fell könne Hagel vertreiben, ihr oberster Halswirbel bewirke Versöhnung, heißt es in antiken Quellen, und der aus ihren schillernden *Augen* gewonnene *Edelstein* »Hyaenia« (Tigerauge?) verleihe prophetische

Hypnos, einen Menschen tragend. Detail eines attischen Vasenbildes, ca. 450 v. Chr.

Träume. Wenn jedoch Menschen von der Hyäne selbst träumten, sollte dies die Geburt von in sexueller Hinsicht abnormen Mißgeburten ankündigen. – In der christlichen Kunst gibt es die Legende des Wüstenheiligen Makarios, der das von einer Hyäne gebrachte *blinde* Junge heilt, Symbol der »Augenöffnung« selbst bei negativen Anlagen. Sonst ist das Tier in der Ikonographie Symbol des Geizes (lat. avaritia). In Bildern des »*sieben*köpfigen Tieres« der Johannes-Apokalypse, das die sieben *Laster* darstellt, ist einer der Tierköpfe jener der Hyäne.

Hypnos (davon unser Begriff Hypnose; lat. *somnus*), die allegorische Personifikation des Traumes, Sohn der *Nacht* (griech. Nyx) und Bruder des Todes (griech. *Thanatos*). In Homers Ilias wird Hypnos als Gottheit behandelt und berichtet, daß er von Hera mit dem Versprechen, eine der *Grazien* zur Braut zu bekommen, dazu überredet wurde, Zeus in tiefen Schlaf zu versenken. Hera und Thanatos konnten nun den Leichnam des im Kampf gegen die Griechen vor Troja gefallenen Helden Sarpedon in seine Heimat Lydien bringen. In der bildenden Kunst wird Hypnos als Jüngling mit Mohnblüten im Haar und einem kleinen Trinkhorn in der Hand dargestellt. Die Definitionen der Symbolgestalt Hypnos schwanken zwischen »Schlaf« und »Traum«.

I

Ibis, für die Altägypter ein Vogel mit großer Symbolbedeutung, »Hibi« genannt, noch heute als »Heiliger Ibis« (zoolog. Threskiornis aethiopica) bezeichnet. Der etwa 75 cm große Vogel stochert mit dem *sichel*förmig gebogenen Schnabel im Sumpfboden und macht den Eindruck des andauernden Suchens. Die Krümmung des Schnabels erinnert an die *Mond*sichel, wie auch die ständige Nähe zum *Wasser* symbolkundlich eine »lunare Signatur« bedeutet. Der Ibis war in Ägypten dem Weisheitsgott Thoth (Tehuti) heilig oder galt als seine irdische Manifestation. Deshalb wurden Ibisse auch einbalsamiert und in Tonkrügen bestattet. In den Gruftgrotten von Sakkara sollen mehrere Millionen solcher Ibismumien liegen. Antiker Volksglaube besagte, daß man nur eine Ibis*feder* auf eine *Schlange* zu werfen brauchte, um sie festzubannen, und daß ein Ibis*ei* alle wilden Tiere verscheuche. – Für die Juden hingegen galt der Ibis als negatives Symbol, vermutlich deshalb, weil im 5. Buch Mosis alle Stelzvögel zu den »unreinen Tieren« gerechnet wurden. Dennoch offenbart sich der Schöpfer im 38. Kapitel des Buches Hiob in den Fragen zum Geheimnis der Schöpfung mit den Worten: »Wer verlieh dem Ibis Weisheit, wer gab Einsicht dem *Hahn*?« – Der frühchristliche Physiologus-Text wie auch das mittelalterliche Tierbuch (Bestiarium) weisen darauf hin, daß der Ibis nicht schwimmen kann und daher an den Ufern des Wassers tote *Fische* frißt. Aus ihnen und aus Schlangen bereitet er die Nahrung seiner Jungen. »Wie der Ibis sind die fleischlich gesinnten Menschen, die todbringende Werke wie Speisen gierig verzehren und auch noch ihre Kinder zu deren Verderben damit füttern« (Unterkircher). »Schlechter als alle ist der Ibis; denn den Sündern entsprossen die Sünden« (Physiologus).

Ibis, ägyptische Bronzeplastik, ca. 500 v. Chr.

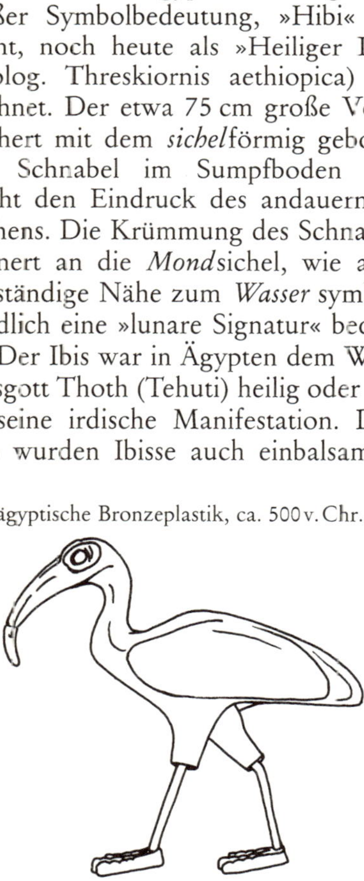

I-Ching, ältere Transkription I-Ging, moderne Schreibung Yijing, das »Buch der Wandlungen«, weist nicht eigentlich auf ein Symbol selbst hin, sondern bedeutet die praktische Anwendung des Gedankens der Polarität von »männlichem« und »weiblichem« Urprinzip im alten China zu Orakelzwecken. Diese divinatorische Praktik kam während der Chou-Dynastie wahrscheinlich schon um 1000 v. Chr. auf und wurde der Tradition nach zuerst mit Schafgarbenstengeln ausgeführt. Später wurde sie durch graphische Übertragung auf einerseits ganz durchgezogene, andererseits in der Mitte unterbrochene Linien vereinfacht. Ganze Linien stellen das männliche Element dar, gebrochene das weibliche. Je drei solcher Linien übereinander bilden ein Trigramm, und die Kombination von ganzen und geteilten Linien weist auf das Vorherrschen oder Zurücktreten des einen oder anderen hin. Die acht möglichen Trigramme stehen für *Himmel, Erde, Wasser, Feuer,* Feuchtigkeit, *Wind, Donner* und *Berge.* Durch Zusammenfügen von je zwei Trigrammen entstehen in allen möglichen Kombinationen die 64 *Hexagramme,* die eine Art von Weltformel bilden sollen. Auf ihr basiert das berühmte Wahrsagebuch des I-Ching. Sechs ungebrochene Linien stehen etwa für »Himmel, *König, Vater,* Geber«, sechs gebrochene »*Erde, Mutter,* Volk, Empfänger«. Erläuternde Kommentare verschiedener Ausführlichkeit geben die Möglichkeit, auf bestimmte Fragestellungen des Ratsuchenden zu antworten. Das dabei zum Ausdruck kommende Streben nach Harmonisierung der polaren Elemente (vgl. *Yin-Yang*) wurde besonders in der Schule des Meisters Kung (Kung-fu-tse, Konfuzius, 551–479 v.Chr.) gepflegt; das I-Ching wurde jedoch auch im Taoismus stark beachtet. Die auf eine spekulativ ausgesponnene Deutung eines *Dualsystems* zurückgehende Symbolik des I-Ching spielt auch in der modernen Esoterik bei Fragen nach persönlichen Stärken und Schwächen, potentiellen Möglichkeiten und Gefahrenquellen eine große Rolle.

I-Ching: Die 64 Hexagramm-Kombinationen von ganzen und unterbrochenen Linien

Idole oder »Götzenbilder« waren immer ein Ärgernis für die Vertreter der Offenbarungsreligionen, die von der Ansicht ausgingen, die »Heiden« beteten nicht übernatürliche Wesen an, die bildlich dargestellt wurden, sondern die Bildwerke selbst. Nach frühchristlicher Legende stürzten 365 Götzenbilder um, als Jesus, Maria und Joseph auf der Flucht nach Ägypten an ihnen vorbeizogen. Götzenverehrung, Idolatrie, wurde als geistige *Blindheit* angesehen: »Ach welcher Unverstand erdichte Götzen ehren, / die weniger als wir von Rath und Kräfften sind, / verlassen Gottes Hülff, und sie daher begehren, / wo

Idole: Götzenanbeter, Emblembuch des W.H. Frh. Hohberg, 1675

man selbst hülfflos steht; wer dieses thut, ist blind . . .« (Hohberg 1675; der Aufbau des holprigen Verses ist unklar). – Nach islamischer Tradition stürzten in Mekka die alten Götterbilder von ihren Sockeln, als Amina, Mohammeds *Mutter,* den Propheten gebar oder – nach anderer Überlieferung – nachdem sie schon im Augenblick der Zeugung Mohammeds erzittert waren, um später zusammenzustürzen. Grundlage ist wohl die Vorhersage bei Jesaja 19,1: »Siehe, Jahwe fährt auf einer leichten Wolke daher, er kommt nach Ägypten. Vor seinem Angesicht erzittern die Götter Ägyptens.« Gestürzte Idole sind u.a. die Attribute der heiligen Justa, Rufina und Susanna sowie, auf ostkirchlichen Ikonen, des hl. Nikolaus. – Den Sagen der Juden (E. bin Gorion 1980) zufolge war Abram (*Abraham*) zur Zeit des Königs *Nimrod* der erste Bilderstürmer, der die Götzen seines *Vaters,* die aus Holz und Stein bestanden, zertrümmerte (»die nicht riechen, nicht hören und nicht sprechen. Einen Mund haben sie und reden nicht, Augen haben sie und sehen nicht, Hände haben sie und greifen nicht, Füße haben sie und gehen nicht. Also soll es auch denen ergehen, die auf sie vertrauen und sie anbeten. – Und Abram holte eine Axt und zerschlug die Götzen seines Vaters . . .«).

Igel, griech. echinos, lat. erinaceus; das »bewaffnet, doch als Friedensheld« erscheinende Tier wurde in seinen Verbreitungsgebieten viel beachtet. In der Antike diente die Stachelhaut zum Aufrauhen des Tuches, und sein Fleisch wurde als Heilmittel verwendet, etwa gegen Haarausfall, da die Stacheln starkes Haar vorzubilden schienen. Eine am Rebstock aufgehängte Igelhaut sollte Hagel abwehren. Die »Klugheit«

Igel: Indem er sich ängstigt, ist er sicher. J. Boschius, 1702

des Igels als Vorratssammler wurde u. a. von Plinius (23–79 n. Chr.) gerühmt. Im *Wein*garten klettert er – so der frühchristliche »Physiologus«-Text – »zu den Trauben auf und wirft die Beeren hinab . . . Dann wälzt er sich, heftet so die Beeren an seine Stacheln und bringt sie seinen Kindern . . . So tritt auch du, Gemeindemitglied, zu dem geistlichen und wahrhaften Weinstock . . . Der heilige Basilius sagt: Ahme nur, o Mensch, den Igel nach! Wenn er auch ein unreines Tier ist, so führt er doch einen liebevollen und kinderfreundlichen Wandel . . . Achte die Trauben aus dem wahren Weinstock, nämlich die Worte unseres Herrn Jesus Christus, und mache sie deinen Kindern zugänglich, damit sie, in gutem Geist aufgezogen, den Vater im Himmel preisen.« Auch die Feindschaft zwischen Igel und *Schlange* wird erwähnt. Das mittelalterliche »Bestiarium« rühmt den »Scharfsinn« des Igels, der sich bei Gefahr zu einer Stachelkugel zusammenrollt und auch mit ihnen Beeren sammelt; ebenso soll er einen Bau mit zwei Ausgängen besitzen, dessen nördlichen Ausgang er

Ikarus: Absturz des Ikarus. G. Whitney, A Choice of Emblemes, Leyden, 1586

VTOPIAE INSVLAE FIGVRA

Inseln der Seligen: Die Insel Utopia des Thomas Morus. Holzschnitt, 1515/16

bei Nord*wind* verstopft und abwartet, bis der Südwind den kalten *Nebel* vertrieben hat. Andererseits wurde dem Tier auch »Geiz« und Zornmütigkeit vorgeworfen, da er bei Kämpfen die Stacheln drohend aufrichtet. Das barocke Emblembuch Hohbergs (1675) enthält den Reim: »Wann der obstreiche Herbst mit Frucht den Baum beschweret, / der Igel fleißig ist, in seine Höhl eintregt: / Wann Gottes Segen dir viel Gaben hat bescheret: / Schau, daß sie seyen klug und weislich angelegt.« Der »Geiz« des Igels machte ihn in Ostasien zum Symbol des Reichtums.

Ikarus (Ikaros), Symbolgestalt für den Wunsch des Menschen, sich wie ein *Vogel* in den Himmel erheben und schwerelos schweben zu können, jedoch auch für die Warnung vor menschlichem Übermut. Daidalos (lat. Daedalus), Vater des Ikaros, hatte der kretischen Königstochter Ariadne geholfen, den in dem von ihm erbauten *Labyrinth* gefangenen *stier*köpfigen Minotaurus durch den Helden Theseus töten zu lassen, indem er der Prinzessin den wegweisenden »Ariadnefaden« gab. Ihr Vater, König Minos, ließ Vater und Sohn gefangensetzen, doch Daidalos fertigte aus Wachs und *Federn Flügel*, mit deren Hilfe beide ihrem Gefängnis entflogen. Ikaros näherte sich trotz der Warnung seines Vaters zu sehr der *Sonne*, worauf das Wachs schmolz und der Sohn in das *Meer* stürzte und starb. Der Schwingenflug aus eigener Muskelkraft ist für den Menschen unerfüllter Wunschtraum geblieben, der nur im Traum gelegentlich Erfüllung findet. Flugträume werden physiologisch meist als Folgen von Gleichgewichtsstörungen im Schlaf oder psychologisch als Ausdruck des Wunsches nach Lösung von bedrückender Erdenschwere (im übertragenen Sinn) gedeutet.

Inseln der Seligen. Inseln wurden vielfach mit üblicherweise unerreichbaren Glücksländern identifiziert und als Symbole für eine Art von *Paradies* im *Jenseits* aufgefaßt, die jedoch auch in der »mythischen Geographie« zu lokalisieren versucht wurden; so etwa im sumerischen Gilgamesch-Epos das Inselland Dilmun, wohin der »Noah« der großen Flut, Ziusudra oder Ut-Napischtim, entrückt worden war. Dilmun wurde mit den Bahrein-Inseln im Persischen Golf in Zusammenhang gebracht, die jedoch keineswegs im heutigen Sinn »paradiesisch« wirken. – Die klassische Antike wußte von den »Glücklichen Inseln« (griech. makáron nesoi, lat. insulae fortunatae, davon arab. al-djaz'ir al-chalidat), im westlichen Okeanos lokalisiert und mit dem mythischen Elysium gleichgesetzt, in das auserwählte Verstorbene nach ihrem Tode eingehen durften. Auch hier wurde eine pseudo-geographische Gleichsetzung versucht, und zwar mit den Kanarischen Inseln, wie Plutarch (ca. 50–125 n. Chr.) schrieb: »Regen fällt dort selten, und wenn er fällt, dann mit Maß. Es gibt meist laue Winde, die dann so reichlich Tau spenden, daß der Boden von selbst die beste Frucht in solchem Überfluß hervorbringt, daß die Bewohner nichts anderes zu tun haben, als sich dem Genuß des Ausruhens hinzugeben. Die Luft ist immer angenehm, so daß es auch unter den Barbaren allgemein angenommen wird, daß dies die elysischen Gefilde und der Aufenthaltsort der Seligen sind, die Homer mit der Zauberkraft seiner Dichtkunst geschildert hat.« Der Historiker Josephus Flavius (37–95 n. Chr.) bringt die Vorstellungen eines *Dualsystems* Geist/Materie im Sinne des gnostischen Polaritätsglaubens der nötigen Befreiung von Licht*funken* mit jenen der insularen Glücksländer in Verbindung. Die Menschenseelen entstammen dem »feinsten Äther«, sind jedoch in der »Sklaverei des Fleisches« bis zum Tode gefangen. Erst dann schweben sie gereinigt über den Ozean zu einem Ort der Wonne auf den Inseln der Seligen, während die von materiellen Verunreinigungen befleckten Seelen in einer »finsteren Höhle« gezüchtigt werden. – Paradiesische Fabelländer im westlichen Meer (Atlantik) erwähnt auch die Mythik der Kelten, vor allem der Iren, in der bereits vor der christlichen Missionierung eine Anzahl von glückseligen Paradiesesinseln und Seereisen dorthin beschrieben wurde. Diese Vorstellung wurde dann in die christliche Ideologie einbezogen, etwa in der Legende vom seefahrenden Abt St. Brandanus (Brendan), der zu *Schiff* dieses »verheißene Land der Seligen« besucht haben soll (was auch als legendäre vorkolumbische Entdeckung Amerikas aufgefaßt wurde). Visionär-mythische Weltbilder lassen sich jedoch kaum mit Erdkunde in unserem Sinn in Zusammenhang bringen.

Auch das traditionelle Weltbild Chinas kannte »Inseln der Seligen«, die mit der realen Erdkunde kaum verbunden werden können; sie sollen im Pazifik vor der Ostküste Chinas liegen und die Namen Fang-chang, P'eng-lai und Ying-chou tragen. Auf ihnen führen die *»Acht Unsterblichen«* ein paradiesisches Leben. In früherer Zeit wurden oft die Kleider Verstorbener mit Bildern der mythischen Inseln verziert, um den Seelen der Toten das Gefühl nahezulegen, sie hätten selbst den Zustand des glücklichen Lebens auf den seligen Inseln bereits erreicht. Im chinesischen *Garten* symbolisieren kleine Felseninseln von bizarrer Gestalt in den Seen diese legendären Eilande. – Jenseitige Glücksinseln anderer Völker, wie etwa das Land Bimini der Indianerstämme des nordamerikanischen Südostens mit seiner »*Quelle* der ewigen Jugend«, müßten eher in mythologischem als in symbolkundlichem Zusammenhang betrachtet werden. Vielfach kommt solchen insularen Fabelländern der Charakter eines ersehnten *Schlaraffenlandes* zu.

J

Jade, hell*grüner* Schmuckstein aus dichten Partien des Minerals Jadeit, dem Nephrit (Grünstein, Nierenstein) verwandt und wie dieser in der Jungsteinzeit oft zu *Äxten* geschliffen. In China galt Jade als edelstes aller Minerale, in erster Linie wegen der Schönheit des geschliffenen Materials, das fein gemasert verschiedene Farbnuancen aufweist, oft von innen her zu strahlen scheint und trotz seiner Härte geschmeidig wirkt. Klar smaragdgrüne Stücke wurden am höchsten geschätzt und galten als Symbole für Reinheit, Weisheit und Mut. Schon um 3000 v. Chr. wurden aus ihnen Ritualgeräte und Schmuckstücke hergestellt, um 1500 v. Chr. auch Plastiken von *Fischen*, *Vögeln* und *Drachen*. Die unvergängliche Schönheit solcher Stücke führte zu dem Glauben, Jade trage die Qualität der Unsterblichkeit in sich. Bestatteten wurden Jadeamulette auf den Mund, das Gesicht und die Brust gelegt. Berühmt ist der Fund von zwei mit »Jadegewändern« bestatteten Menschen bei Manch'eng; zahllose Jadeplättchen waren mit *Gold*draht zusammengefügt worden und umhüllten wie Rüstungen die Körper der Toten (um Chr. Geb.). In neuerer Zeit wurden große Nephritblöcke mit figurenreichen Plastiken (Landschaften, *Gärten*) geformt. Die Jadebearbeitung in China ist noch heute ein lebendiges Kunstgewerbe, das sich der traditionellen Symbol- und Formensprache bedient. Wegen der kühlen Glätte der polierten Oberfläche des Schmucksteins wird dichterisch die Haut einer schönen Frau oft mit Jade (yü) verglichen, und zahlreiche Metaphern für sexuelle Inhalte sind mit der Silbe für Jade kombiniert (z. B. nung-yü, Jadespiel, für Coitus). In der taoistischen Volksreligion ist der »Jadekaiser« (Yü-Huang-ti) der oberste der Himmlischen. – Auf ähnliche Weise hochgeschätzt war Jadeit in Altmexiko schon von der olmekischen Epoche an (um 800 v. Chr.) und diente der Herstellung von Kultplastiken. Das grüne Mineral (aztekisch Chalchihuitl) war u. a. Material zur Herstellung von *Herz*symbolsteinen, die in die steinernen Deckelkisten mit der Asche verstorbener Fürsten gelegt wurden. Chalchihuitlcue, »Die mit dem Jade-Hüfttuch«, war der Name einer *Wasser*göttin. Das hieroglyphische Zeichen für *»Edelstein«* bezieht sich in Altmexiko in erster Linie auf Jade, seltener auf *Türkis*.

Janus, der doppelgesichtige Gott, Symbol des Ein- und Ausganges, Hüter der *Pforten* und *Schwellen* in Alt-Rom, hat im griechischen Pantheon keine Entsprechung. Alle Tore waren ihm heilig nach dem Glauben, daß der Beginn jeder Handlung wie ein Durchschreiten einer Pforte aufzufassen und für die gute Durchführung entscheidend sei. Der Segen des Janus war für den ersten Jahresmonat (Januarius) erforderlich, ebenso für den Beginn jedes anderen

Janus als personales Dualsystem. V. Cartari, 1647

Monats und Tages. Kriegszüge wurden auf dem Forum Romanum am geheiligten Tor*tempel* (Janus geminus) begonnen, dessen Tore in Kriegszeiten offenblieben.
Geschlossene Janustempeltüren symbolisierten daher die seltenen Friedenszeiten. Als Gott der *Pforte* (lat. Janua) war er auch der Hüter des Hauseinganges mit Pförtnerstab und *Schlüssel* als Attribut. Er galt als Vermittler des Wissens um Ackerbau und gesetzmäßiges Leben und hatte auch seinen Platz im Staatskult. Als Hüter an Anfang und Ende (Saat und Ernte) wurde er doppelgesichtig dargestellt, d.h. mit vorwärts und rückwärts gewendetem Antlitz. Der »Januskopf« symbolisiert heute alles Zwiespältige und Doppeldeutige, die positiven und negativen Aspekte einer Handlung oder Sache. – Offenbar unabhängig von dieser römischen Symbolik gibt es in Zentralafrika Stülp*masken* aus Holz mit ähnlichem Doppelgesicht, von welchen eines *schwarz* (negrid) und eines *weiß* dargestellt wird.

Jenseits, ein allgemeines Symbolbild für das Leben nach dem Tode, ohne dessen spezielle Natur näher zu definieren (*Fegefeuer, Hölle, Himmel, Inseln der Seligen* usw.). Das Wort bezeichnet das »andere Ufer« eines Grenzflusses, der bei den Nordgermanen Gjöll, bei den Griechen Acheron, Kokytos oder Styx hieß. Auch andere Kulturen kannten das Symbolbild eines Stromes, der das Reich der Lebenden von jenem der Toten trennt. Die Überfahrt war nur durch ein Toten*schiff* möglich, oft nach Beachtung bestimmter Totenzeremonien und Beigabe einer Münze als Fahrgeld für den Fährmann (griech. Charon). Als Wegweiser wurde vielfach ein *Hund* getötet und mitbestattet, damit der Verstorbene die unbekannten Gefilde nicht führerlos zu durchwandern brauchte. Die Sitte des Erdbegräbnisses und vielleicht auch die Kenntnis großer *Höhlen* führte zu der Ausbildung des Weltsymbols einer unterirdischen Totenwelt (hebr. Sche'ol, griech. Hades, lat. Orcus, aztekisch Mictlán), die als dunkel und freudlos imaginiert wurde und unter bestimmten Umständen höllenähnliche Züge annahm. Selten, etwa bei nordamerikanischen Indianerstämmen, wurde ein Jenseits ohne moralische Wertung in ein Himmelsland verlegt oder aber in ein fernes Gefilde, wo ein dem Erdenleben ähnliches Dasein weitergeführt werden soll. – In Kulturen mit Mehrfachseelenglauben (Ägypten, Altchina) heißt es, daß eine der Teilseelen am oder im Grab bleibt und Opfer braucht, während eine andere ein Jenseitsland aufsuchen muß. Bei entwickeltem Wiedergeburtsglauben ist dieses jedoch nur eine Art von Warteraum bis zur neuen Verkörperung. In Offenbarungsreligionen mit ethischer Grundhaltung, aber auch in manchen anderen Glaubenswelten (*Ägypten*), findet ein jenseitiges Totengericht statt, in dem die Seele des Ver-

storbenen nach ihren Erdentaten gerechtfertigt oder abgeurteilt wird (*Waage*); vgl. *Paradies.*
Der schon in der Antike geläufige Wunsch nach einer jenseitigen Vergeltung irdischer Taten führte zu sprichwörtlich gewordenen Symbolbildern von Strafen berühmter Übeltäter im Hades: »Tantalus-Qualen« (Tantalos, König von Lydien, forderte die Götter heraus, indem er sie mit dem Fleisch seines geschlachteten Sohnes bewirtete. Im Hades steht er bis zum Kinn im Wasser, leidet jedoch einen unstillbaren Durst, weil es sofort verschwindet, wenn er davon trinken will. Herrliche Früchte hängen vor seinem Mund, werden jedoch vom Sturmwind weggeweht, wenn er nach ihnen greift. Seine Jenseitsstrafe ist es, scheinbar Nahes nie erreichen zu können), »Sisyphus-Arbeit« (Sisyphos, Erbauer der Stadt Korinth, wollte den Unterweltsgott Hades überlisten, und zur Strafe muß er nun einen Felsblock bergan rollen, der ihm am Gipfel entgleitet und wieder abwärts rollt: eine ewig fruchtlose Plage) und »Danaiden-Faß« (die Danaiden waren die Töchter des Königs Danaos von Argolis, die ihre Gatten in der Hochzeitsnacht ermordeten. Sie müssen im Hades Wasser in ein Faß ohne Boden schöpfen: sinnlose Arbeit ohne Erfolg).
Ein im katholischen Mitteleuropa sprichwörtlich gewordenes Jenseitsbild ist jenes vom *Fegefeuer* (Purgatorium), einem Ort der Reinigung von kleineren Sünden durch zeitlich begrenztes Leiden der »armen Seelen«, die durch die Fürbitte der Lebenden früher in den *Himmel* eingehen können, ihrerseits aber die Macht haben, den Erdenmenschen Hilfe zu gewähren. Das Fegefeuer wird in der Volkskunst höllenähnlich dargestellt, wobei *Engel* die menschengestaltigen Seelen nach Verbüßung der Strafe in den

Jenseits: Der Totenfährmann Charon. V. Cartari, 1647

Himmel führen. – Ein eindrucksvolles Jenseitsbild ist auch jenes von Jesus Christus, der während seiner Grabesruhe die »Vorhölle« (Sche'ol) aufsucht, um die dort wartenden Seelen der biblischen Frommen zu erlösen, wie es das apokryphe (kirchlich nicht anerkannte) »Nikodemus-Evangelium« schildert: »Es wurden die ehernen Tore zerschlagen und die eisernen Querbalken zerbrochen und die gefesselten Toten alle von ihren Banden gelöst . . . Es zog der König der Herrlichkeit ein wie ein Mensch, und alle dunklen Winkel des Hades wurden licht . . . Nun segnete der Heiland den Adam, indem er das Kreuzzeichen auf seine Stirn machte, und so tat er es auch bei den Patriarchen, Propheten und Märtyrern. Dann stieg er mit ihnen aus der Unterwelt empor.« Diese »Anastasis« wird in der Kunst der Ostkirche häufig im Bild dargestellt.

Jerusalem (hebräisch Jeruschalajim, d. h. Wohnung des Friedens), die Hauptstadt des biblischen Geschichtsverständnisses und ein beherrschender symbolischer Ort in Judentum, Christentum und Islam, war bereits im 4. Jahrtausend v. Chr. besiedelt und wird in ägyptischen Dokumenten des 18. Jahrhunderts v. Chr. als »Auschamen, Ruschalimum«

und um 1400 v. Chr. als »Uruschalim« erwähnt. König *David* eroberte um 1000 v. Chr. die damals jebusitische Stadt und machte sie zu seiner Residenz. Sein Nachfolger *Salomo* baute mit phönizischer Hilfe den Palast und den *Tempel* auf dem Tempel*berg* Sion, dem heiligen Berg Israels, als dem festen Wohnsitz Gottes. Die Stadt wurde 586 v. Chr. durch Nebukadnezar zerstört, ab 538 v. Chr. von den Juden wiederbesiedelt, und der Aufbau des »zweiten Tempels« war 515 v. Chr. beendigt; er wurde durch Herodes d. Gr. (37–4 v. Chr.) monumental ausgebaut, nach Aufständen gegen die römische Besatzungsmacht (70 und 135 n. Chr.) neuerlich zerstört, und auf dem Tempelberg entstand ein *Jupiter*-Heiligtum. Jerusalem war unter Kaiser Konstantin ein Zentrum der Christenheit, doch nach der Einnahme der Stadt durch die Araber (638 n. Chr.) entstand auf der herodianischen Tempelplattform der omajadische »Felsendom«; vgl. *Omphalos*. – Zahllose Bibelstellen bescheinigen die über die reale Rolle einer palästinensischen Stadt weit hinausgehende religiöse Bedeutung des Ortes, der zur Zeit Jesu etwa 25 000 Einwohner hatte. »Der Tempel ist der Palast des ›Königs Jahwe‹, der Platz seines Thrones, die Stätte seiner Fußsohlen (Hesekiel 43,7) ... Wie der Tempel erwählt und zu Gottes Eigentum erkoren ist, so auch die Stadt Jerusalem« (A. Stöger bei J. B. Bauer 1967). Die Visionen der Endzeit und des Gerichts (*Weltuntergang, Posaune*) machen Jerusalem zu einem mythischen Ort, an dem die Trennung der Menschheit in Gerechtfertigte und zur *Hölle* Verdammte stattfindet. Das »himmlische« oder »neue Jerusalem« ist ein Gegenbild der irdischen Stadt auf einer ins Übernatürliche erhobenen, verklärten Ebene (vgl. *Edelsteine, Würfel*); diese Stadt der Johannes-Apokalypse senkt sich vom *Himmel* herab als »*Stadt* Gottes«, in der kein Tempel mehr nötig ist, denn »Gott der Allmächtige ist ihr Tempel und das Lamm. Und die Stadt hat es nicht nötig, daß die Sonne oder der Mond auf sie scheine, denn die Herrlichkeit Gottes erleuchtet sie« (Apokalypse 21,22 f.).

Die für Menschen unserer Zeit nicht leicht verständliche Problematik des Verhältnisses zwischen dem realen (irdischen) und dem »himmlischen Jerusalem« wird von E. Aron (1973) folgendermaßen charakterisiert: Der *Tempel* liegt gewissermaßen am Schnittpunkt zwischen Himmel und Erde, Welt und Überwelt, und er »entspricht irgendwie

Jerusalem, »Stadt des Königs der Könige«. Kreuzfahrermünze von König Balduin I.

Jerusalem, Holzschnitt im Reisebericht von Salomon Schweigger, 1638

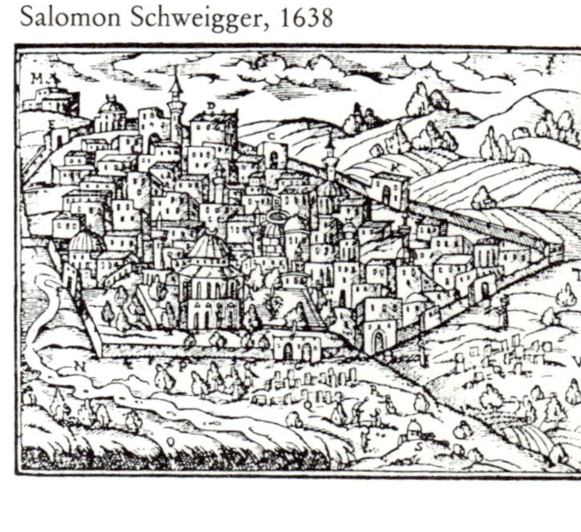

im Irdischen dem unzugänglichen Heiligtum, in dem der Messias vielleicht auf den Augenblick wartet, in die Welt einzutreten. ›Dem irdischen Allerheiligsten entspricht ein himmlisches‹. Nach Rabbi Simeon ben Jochai, der im 1. Jahrhundert n. Chr. lebte, ist der Berg Moria das Gegenstück des Heiligtums im Jenseits. Wenn das Heiligtum unten vollendet ist, entsteht spontan ein neues von der gleichen Art im Himmel. Der Mensch errichtet hier unten ein Bauwerk, das sich in den himmlischen Sphären widerspiegelt.« Diese Denkstrukturen in Entsprechungen von *oben und unten* sind auch für andere Kulturen bezeichnend, die überweltliche Urbilder und irdische Abbilder in einem analogistischen Zusammenhang erleben. – Jerusalem war durch viele Jahrhunderte das Traumziel des in der Römerzeit in die Verbannung und Zerstreuung (Diaspora, hebr. Galuth) getriebenen Judentums (vgl. *Ahasver*), wobei die Vertreibung oft von dem Spottruf »Hep hep« (Anfangsbuchstaben von »Hierosalyma est perdita«, Jerusalem ist verloren) begleitet war. Auch in der *freimaurerischen Symbolik* spielt es als Schauplatz des salomonischen Tempelbaues eine große Rolle (u. a. Name des XVI. Grades des schottischen Ritus »Prinz von Jerusalem«).

Jizo, wörtlich »*Erde*-Eingeweide«, eine japanische Personifikation der *mütterlichen* Erde, jedoch in männlicher Gestalt auftretend. Er wird als *Bettelmönch* in schlichtem Gewand, kahlköpfig und mit der Almosensammelschale in der Hand dargestellt (Jizo bosatsu), oft mit einer roten Kinderschürze und einer Wollmütze bekleidet. Jizo gilt als populärste Volksgottheit Japans, und seine Figuren sind häufig an Wegrändern zu finden. Seine Funktion ist die eines »Schutzengels« für Kinder, der Segen bringen soll. Den Statuen werden gelegentlich *Steine* auf den Kopf gelegt, die dazu dienen sollen, als Trittsteine den *Fluß* zum *Jenseits* zu überqueren, wenn er im Begriff ist, die Seelen frühverstorbener Kinder in die andere Welt zu geleiten. Damit symbolisiert Jizo die liebenden Gedanken der Eltern in ähnlicher Form wie im mitteleuropäischen Raum Frau Berchta (Perchta) oder Frau Holle.

Joch. Das Wort geht auf die indogermanische Wurzel *yug zurück, die »Einordnung« bedeutet (davon auch »Yoga«). Im positiven Sinn weist es auf die Bereitschaft hin, dienend und uneigennützig die Selbstherrlichkeit aufzugeben und sich einem Ziel zu widmen, wozu große Selbstverleugnung gehört. Im negativen Sinn bezeichnet das Wortsymbol die drückende Last eines Frondienstes, der den Menschen dem *Ochsen* gleichmacht. Das Beugen des Nackens unter das Joch wird auch als Symbol der Demütigung gebraucht, so etwa durch die Sieger (Samniten) über das römische Heer im Jahre 321 v. Chr., das unter dem »Caudinischen Joch« (bei der Stadt Caudium an der Via Appia) durchmarschieren mußte. – In der Bibel legt Gott dem ungehorsamen Volk (5. Buch Mosis 28,48) »ein eisernes Joch auf den Nacken«; der Prophet Jeremias (27,2 f) legt sich auf Gottes Befehl symbolisch Stricke und Jochhölzer auf den Nacken, zum Zeichen der Unterwerfung unter die Herrschaft des *Königs* Nebukadnezar von *Babylon*, bis die Zeit von dessen Untergang gekommen ist. – Bildlich wird oft vom Sklavenjoch oder »Ehejoch« gesprochen, vom »im Joch Gehen« oder vom »Abschütteln des Joches der Knechtschaft«. Die Redensart vom »Ehejoch« muß nicht boshaft gemeint sein, sondern kann eine wörtliche Übersetzung von lat. »coniugium« (Zusammenjochung, paarweise Vereinigung) sein.

Joseph, der Nährvater Jesu, aus dem Geschlecht des Königs *David* stammend, zählt zu den volkstümlichen Heiligen des Christentums und wurde in katholischen Gebieten zum beliebten Namenspatron. Nach dem Matthäus-Evangelium ist er der Mann der »Maria, von der Jesus geboren wurde, der Christus genannt wird«. Er wurde von einem *Engel* über die Zeugung des Messias durch den Heiligen Geist informiert, und er ist danach der Ziehvater Jesu bis zu dessen neunzehntem Lebensjahr, wie es legendenhafte Überlieferungen berichten (»Geschichte von Joseph, dem Zimmermann«). »Der gute Nährvater verschwindet mit der Schlichtheit eines Menschen, der weiß, daß seine Aufgabe auf dieser Erde vollendet ist ... Er hatte das Kind beschützt, so wie er es der Mutter ermöglicht hatte, ihre übernatürliche Berufung auf sich zu nehmen

Joseph: Der Nährvater Jesu in W. Auers Heiligen-Legende, 1890

... Die apokryphe Schrift hat gewiß nicht unrecht, wenn sie uns den Engel des Herrn zeigt, der über dem Sterben dieses braven Mannes wacht« (Daniel-Rops). Der Zimmermann (aramäisch naggar – Tischler, Baumeister) Joseph ist zur Symbolgestalt des selbstlosen, verzichtenden Menschen geworden: »Maria, verlobt mit Joseph, wählt nach dem göttlichen Kind, das sie als *Jungfrau* zur Welt bringt, bleibende Jungfräulichkeit« (J.B. Bauer 1967). Die Eheführung unter Verzicht auf fleischliche Gemeinschaft wird im Sinne dieser kirchlichen Lehrmeinung »Josephsehe« genannt.

Judas, der Verräter Jesu an seine Feinde, der seine Missetat so sehr bereute, daß er sich aus Kummer darüber erhängte, wurde zur Symbolfigur für alle Verräter. So wurde etwa der Bauer Raffl, der den Tiroler Freiheitskämpfer Andreas Hofer an die Franzosen verriet und seine Füsilierung verursachte, der »Judas von Tirol« genannt. In Legenden ist dennoch gelegentlich etwas wie Mitleid mit dem Verräter zu erkennen, der durch seine Übeltat erst die Erlösung (den Kreuzestod Christi) ermöglichte. In der »Navigatio Sancti Brandani«, der Seefahrt des irischen Heiligen St. Brendan (ca. 484–577), die diesen zu mythischen *»Inseln der Seligen«* führte, ist auch davon die Rede, daß die Seele des Judas auf einer Insel im nördlichen Meer einmal im Jahr für einen Tag »*Höllen*urlaub« bekommt, um sich von dem ewigen *Feuer* abzukühlen, weil er einmal einem Armen ein Leinentuch geschenkt hatte. Später wird seine Seele jedoch wieder von *Teufeln* ergriffen und in die Hölle zurückgebracht. – In der bildenden Kunst wird Judas oft mit dem Geldbeutel in der Hand dargestellt, der das Blutgeld der

»30 Silberlinge« enthält, oder sein Verrat an Jesus Christus, den er seinen Häschern mit einem Kuß (»Judaskuß«) bezeichnet. Die souveräne wie zugleich naiv-überzeitliche Zeichnung der Gestalt des Judas im österlichen Passionsspiel, die jegliche Zeitenfolge-Logik mißachtete, äußerte sich in den Versen, die der Darsteller dieser Figur zu den Pharisäern zu sprechen hatte: »Ich will euch verraten Jesum Christ, der für uns am Kreuz gestorben ist . . .«

Jungfrau, die keusch und ehelos lebende junge Frau, ist in vielen Kulturen Symbol der asketischen Hinwendung zum überweltlichen Bereich, wobei nicht immer moralische Motive, sondern oft auch magische Enthaltsamkeitsideale eine Rolle spielen. Eine zeitlich begrenzte Jungfräulichkeit wurde etwa von den Vestalinnen und Seherinnen (*Sibyllen*) Alt-Roms gefordert, als Voraussetzung für die ständige Bereitschaft einer Kommunikation mit der Gottheit. Vielen Göttern, Heroen und Herrschern wurde eine nichtsexuelle Empfängnis durch eine Jungfrau nachgesagt, so etwa der griechischen Jugendgöttin Hebe, dem Perseus, *Alexander* dem Großen, Dschingis-Khan, Lao-tse und in Altmexiko dem Gott Quetzalcóatl (vgl. *Schlange*). Auch Kaiser Augustus soll auf wunderbare Weise durch eine *Schlange*, das heilige Tier Apollos, in einem Apollotempel gezeugt worden sein. Die Vestalin Rhea Silvia empfing Romulus und Remus vom Kriegsgott *Mars*. Solche Mythen werden von Theologen als Vorahnungen der Empfängnis Jesu gedeutet, wobei die mittelalterliche Kunst in »Mariae Verkündigung« die zeugende göttliche Kraft als *Taube* inmitten eines *Licht*strahls darstellt, der das Haupt oder das *Ohr* Mariens trifft. *Fenster* und *Kristalle* (vgl. *Edelsteine*), die Lichtstrahlen unversehrt durchdringen lassen, sind Symbole der Jungfrau Maria. Auch im alten Peru gab es eine Art von geheiligten Jungfrauen, wie u.a. Inka Garcilaso de la Vega (1539–1616) berichtet. »Sie lebten bis an ihr Ende in immerwährender Abgeschiedenheit und wahrten dauernde Jungfräulichkeit . . . denn sie sagten, die Frauen der *Sonne* dürften nicht derart gewöhnlich sein, daß sie jedermann sehen könne. Und diese Abgeschiedenheit war so groß, daß nicht einmal der Inka selbst von dem Vorrecht Gebrauch machen mochte . . ., nämlich sie zu sehen und mit ihnen zu sprechen . . . Die Hauptbeschäftigung, der die Sonnenjungfrauen

Judas Ischariot, von einem dreigesichtigen Luzifer verschlungen. Dantes Werke, Venedig, 1512

Jungfrau: Der »Jungfrauenadler« als mittelalterliches Wappenbild

Jungfrau: Sta. Juliana mit angekettetem Teufel. Auers Heiligen-Legende, 1890

Jungfrau von Orléans: Zu Lebzeiten der Jeanne d'Arc entstandene Zeichnung, Clément des Fauquembergues

nachgingen, bestand im Spinnen (vgl. *Spindel*) und Weben ... Alle diese Dinge (Gewebe) fertigten die Nonnen in großer Menge an, mit ihren Händen – für die Sonne, ihren Gatten. Und da die Sonne jene Schmuckstücke weder anlegen noch tragen konnte, sandten sie sie dem Inka als dem natürlichen und rechtmäßigen Nachfolger ... und da jene Gegenstände von den Händen der Coyas, der Sonnenfrauen, und für die Sonne angefertigt wurden und die Frauen wegen ihres Standes vom Blut der Sonne selbst waren, galt ihnen die höchste Verehrung.« Eine in unlauterem Verhältnis zu einem Sterblichen ertappte Sonnenjungfrau wurde zur Strafe lebendig begraben, ihr Liebhaber aber wurde gehenkt und sein Geburtsort vernichtet. – Auch bei den schriftlosen Völkern ist die Einstellung anzutreffen, daß Jungfrauen gegenüber verheirateten Frauen eine überlegene Macht zukommt. Der Märchenforscher F. Karlinger kommentiert eine Mythe der australischen Ureinwohner über das *Stern*bild der Plejaden so: »Die beiden (Sterne der) Plejaden, die Wurunnah heiratete, leuchten nicht so stark wie jene, die Jungfrauen blieben. Der Glaube an die größere Kraft (hier Leuchtkraft) der Jungfrauen gegenüber den verheirateten Frauen herrscht bei den meisten exotischen Stämmen vor.« Vgl. *Mutter.*

Jungfrau (lat. Virgo, griech. Parthenos) ist auch der Name des 6. Zeichens des Tierkreises (vgl. *Sterne*), von der *Sonne* zwischen dem 23. August und dem 22. September regiert. *Bienen,* der *Fuchs* und die Hühnervögel stehen zu diesem Zeichen in magischem Zusammenhang, das mit *Stier* und *Steinbock* zu den »Erdzeichen« gezählt wird. Die traditionelle astrologische Symbolik verbindet mit diesem Sternbild Eigenschaften wie Opferbereitschaft, geistige Kälte und Klarheit, ungenutzte Möglichkeiten, Bereitschaft zur Wandlung der Ursubstanz (»materia prima« im Sinne der *alchemistischen* Ideenwelt, da das Zeichen von *Merkur* – vgl. *Sulphur und Mercurius* – beherrscht wird). Der von Aratos im 3. Jahrhundert v. Chr. in seinem Lehrgedicht »Phainomena« überlieferten Sternsage zufolge ist die astrale Jungfrau die

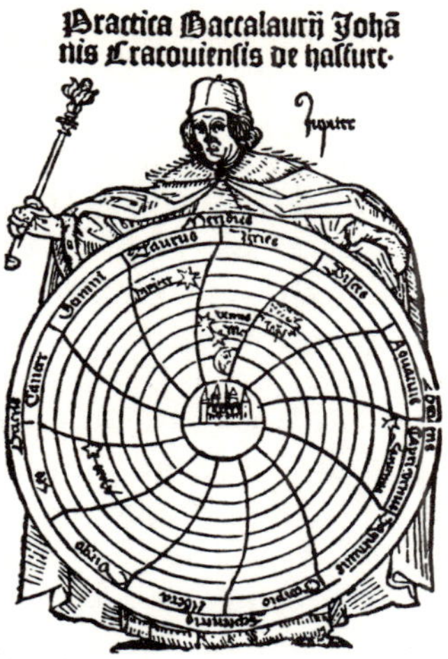

Jupiter als Jahresregent. Joh. Hassfurt, 1491

Jupiter mit dem Blitzbündel. V. Cartari, 1647

personifizierte Gerechtigkeit (griech. Dike), die einst im *Goldenen Zeitalter* unter den Menschen wohnte, sich aber wegen der späteren Verrohung der Sitten auf ihren *Flügeln* in den Himmel emporschwang und nur noch als fernes Sternbild zu sehen ist. Das ihr nächststehende Tierkreiszeichen ist wohl nicht zufällig die *Waage.*

Jungfrau von Orléans, Jeanne (Jehanne) d'Arc, 1412–1431, eine nationale Symbolfigur in Frankreich wie Wilhelm *Tell* in der Schweiz. Das Bauernmädchen aus Domrémy an der Maas war eine Visionärin, die sich der Gespräche mit dem Erz*engel* Michael und der heiligen Katharina und Margaretha und göttlicher Inspiration bei der Wiederherstellung der Größe Frankreichs rühmte. Durch ihr »Charisma« gelang es ihr, Karl VII. zur Krönung nach Reims zu führen und mehrere Siege im Hundertjährigen Krieg zu erringen, ehe sich das Glück zu ihren Ungunsten wendete und sie 1430 von den Burgundern gefangen und den Engländern ausgeliefert wurde. Sie wurde der Blasphemie, des widernatürlichen Tragens von Männerkleidern und auch der Hexerei angeklagt, nach quälenden Verhören zunächst begnadigt, dann aber – in einer Epoche der immer stärker werdenden *Hexen*furcht – zum Tod auf dem Scheiterhaufen verurteilt. Während ihrer Erfolge war u. a. behauptet worden, eine Menge *weißer Schmetterlinge* sei um ihre *Fahne* geflattert. Bei ihrem Feuertod sah ein englischer Soldat eine weiße *Taube* zum Himmel emporsteigen. Johanna war zu diesem Zeitpunkt erst 19 Jahre alt. Die nicht lange danach (1456) erfolgte kirchlich-rechtliche Rehabilitierung und ihr makelloser Ruf trotz aller Verleumdungen trugen dazu bei, daß ihre Rolle immer mehr Faszination breiter Kreise erregte und sie nicht nur in Schillers Drama verherrlicht wurde; auch Shaw und Anouilh befaßten sich mit Johanna, die im Jahr 1920 heiliggesprochen wurde. – Einer ihrer Kampfgefährten war übrigens Gilles de Raiz, 1404–1440, der ebenfalls zu einer – freilich negativen – Symbolfigur wurde. Er widmete sich satanistischen Beschwörungsriten und schlachtete, wie der gegen ihn geführte Prozeß ergab, zahlreiche Kinder im Zuge *schwarz*magischer Rituale. In der Volksphantasie fand er seinen Platz nicht als Kindermörder, sondern als blutdürstiger »Blaubart« (Barbe-bleu), der schließlich seine Verbrechen mit dem Tod büßen mußte.

Jupiter, griech. Zeus, der Herr des *Himmels* auf dem *Berg* Olymp, galt als allmächtiger Herrscher mit dem *Blitz*bündel in der Hand. Sein astrales Gegenbild ist, wie wir heute wissen, der größte *Planet* des Sonnensystems, der die Sonne in etwa 399 Tagen umrundet. Auch die Jupiterbahn bildet, wie die des Mars, von der Erde aus gesehen, Schleifen und S-förmige Kurven, was mit den antiken Mythen von den regellosen Liebesverhältnissen des Göttervaters zusammenhängen könnte. Jupiter gilt astrologisch als der »große Glücksbringer« oder »Wohltäter«, mit dem »Taghaus« im Zeichen des *Schützen* und dem »Nachthaus« in den *Fischen.* Die »Jupiterkinder« gelten als »jovial«, wohlwollend, freundlich, gutherzig, in negativer Ausprägung als hochmütig und selbstgefällig. Jupiter ist ein Planet des Tages; männlich, ernährend, beglückend, Herr des menschlichen Lebensalters 57–68 und regiert Religion und Recht. Seine Farbe ist das Purpur*rot* oder das *Grün,* sein Metall das Zinn, und die ihm zugeordneten *Edelsteine* sind *Smaragd, Amethyst,* Türkis und Jaspis, als Schmuckstein auch der Edelserpentin. – In Altchina ist der gelblich-weiß strahlende Planet der Herr des Ostens, mit der Symbolfarbe *Blau,* dem das »Element Holz« zugeordnet ist.

Kain, biblische Symbolfigur des Brudermörders, der seine Missetat verübte, weil er an der Mißachtung seines Brandopfers durch den Schöpfergott Anstoß nahm und seinen Bruder Abel tötete, dessen Opfer »mit Wohlwollen« angenommen worden war (ohne daß im 1. Buch Mosis die Ursache dieser unterschiedlichen Bewertung der Opfergaben erklärt wird). Der Brudermord unter den Söhnen von *Adam und Eva* wird in der mittelalterlichen Kunst oft zum Vorbild genommen, wobei Kain als Prototyp des jüdischen Volkes angesehen wurde, das den Erlöser tötete (ungeachtet der Tatsache, daß dieser selbst Jude war). Abel hingegen, das unschuldige Opfer, wurde als Prototyp Christi, »des guten Hirten«, angesehen. Kain muß ein »Umherirrender und ein Flüchtling auf der Erde« werden (vgl. *Ahasver*), darf jedoch nicht aus Rache getötet werden, denn das von Gott an ihm angebrachte »Kainszeichen« schützt ihn, und »östlich von Eden« wird er zum Stammvater schöpferischer Menschen, etwa von Tubalkain, dem ersten »Schmied jeder Art von Kupfer- und Eisenwerkzeugen« (1. Mo-

Kain wird von Gott (Hand) nach dem Mord an Abel zur Rede gestellt. Detail des Reliefs vom Bernwardstor, Dom zu Hildesheim (ca. 1015)

Kain, der Mörder seines Bruders Abel. G. Doré (1832-1883)

Kaiser: Shi-Huangti, der erste Kaiser des chinesischen Reiches

Kaiser Heinrich IV., Weltchronik des Ekkehart von Aura, 1113/14

ses 17–23). – Ein für christliches Verständnis befremdlich wirkender Symbolmythos ist in dem gnostischen Text »Geheimschrift des Johannes« (Nag-Hammadi-Fund) enthalten. Danach zeugte Adam zwei Gestalten – Jave, das *Bären*gesicht, und Eloim, das *Katzen*gesicht. »Das sind jene, die bei den Geschlechtern aller Menschen Kain und Abel heißen.« Ihre Namen sind die Gottesnamen des Alten Testaments, wobei Eloim als der Gerechte, Jave als der Ungerechte bezeichnet wird. Sie herrschen über die *vier Elemente* der Materie: Eloim über *Feuer* und *Wind,* Jave über *Wasser* und *Erde.* Lediglich der Adamssohn Seth vertritt in seinen Nachkommen die erlöste Menschheit, weshalb die Gnostiker dieser Richtung auch »Sethianer« genannt wurden. Kain wird als »Bärengesicht Jave«, als Regent der schwereren, mehr von Materie befleckten Elemente angesehen. – In dem mysteriösen Volks-Hexenkult der *»Diana«* soll lt. Leland im vorigen Jahrhundert auch der ruhelose Kain beschworen worden sein: »Ich beschwöre dich, o Kain, der du niemals Ruhe und Frieden finden wirst, bis du befreit sein wirst vom *Mond,* der dein Gefängnis ist, ich flehe dich an, laß mich mein Schicksal wissen.« (Kain scheint hier als »Mann im Mond« vorgestellt worden zu sein).

Kaiser. Seine Gestalt ist im europäischen Symbolverständnis weniger verankert als der *König,* fungiert in Märchen, Sagen, Redensarten etc. seltener, da er durch sein Gottesgnadentum dem Bürger fernsteht, selbst Symbol personaler Art ist und daher kaum als Sinnbild für übergelagerte Begriffe dienen kann. Das Wort »Kaiser« stammt vom Beinamen des römischen Diktators Gaius Julius Caesar ab; dieser Beiname seinerseits wird durch Plinius legendär damit erklärt, daß der erste Träger dieses Namens aus dem Mutterleib geschnitten (lat. caesum) worden sein soll, also durch »Kaiserschnitt« (lat. sectio caesarea) auf die Welt kam. »Kaiser« wird als das erste lateinische Lehnwort im germanischen Sprachraum angesehen (gotisch Keisar). In den romani-

Kaier: Der Kaiser und die Kurfürsten. Schwabenspiegel-Inkunabel, Augsburg, 1472

Kaiser, vom Tod abgeholt. Aus einem Totentanz (Danse macabre), Paris, 1486

schen Sprachen wird es durch Ableitungen aus »Imperator« (z. B. französ. Empereur) ersetzt. – Caesar ließ sich als »*Jupiter* Julius« anreden, Octavianus-Augustus ließ den ihm schon zu Lebzeiten zugedachten Kult im Zusammenhang mit der Verehrung der Stadtschutzgottheit Roma zu. Bei der Einäscherung seiner Leiche wurde er durch den Senat offiziell zum Gott mit eigener Priesterschaft erhoben; ein *Adler* stieg zum *Himmel* auf, der symbolisch die Seele emportrug. Commodus (180–192 n. Chr.) ließ sich schon zu seiner Regierungszeit göttlich verehren, Aurelianus (270–275) nannte sich »Dominus et Deus« (Herr und Gott). Dadurch sollte eine übernatürliche Legitimation für den Zusammenhalt des Imperiums geschaffen werden, die jedoch vom aufstrebenden Christentum als blasphemisch empfunden werden mußte. Ein Abglanz des Gottkaisertums ist die Idee der sakralen Person des Kaisers im Abendland, der vom Papst gekrönt wurde, was den Herrscher zum Schirmherrn der Kirche und zum Vollzugsorgan göttlicher Macht auf Erden machen sollte.

In fremden Kulturen sind ähnliche Ideen bekannt, so etwa schon in Altägypten in der Person des Pharao, des lebenden Gottes (*Alexander* d. Gr. wurde 332 v. Chr. dort als »Sohn des Amûn« begrüßt); der Gründer des babylonischen Reiches, Sargon (Scharrukin, um 2300 v. Chr.), nannte sich »König der vier Weltgegenden« und setzte vor seinen Namen das Göttersymbol. In Altchina war der Kaiser »Sohn des Himmels«, und der japanische Tenno rühmte sich göttlicher Abstammung. Der Herrscher fühlt sich als Organ göttlicher Autorität und identifiziert sich weitgehend mit ihr. Dadurch ist er nicht nur Symbolideenträger, sondern selbst Symbol.

Kalumet, die »heilige Pfeife« der nordamerikanischen Indianer um den Oberlauf des Mississippi; sie wird in Europa meist als »Friedenspfeife« bezeichnet, und »zusammen eine Friedenspfeife rauchen« ist auch im deutschen Sprach-

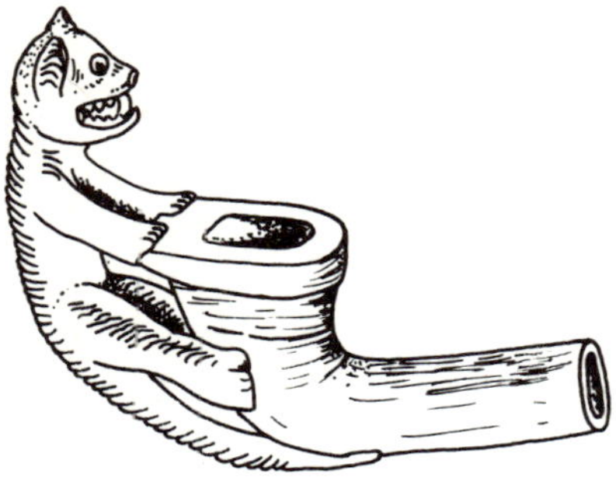

Kalumet: Tonpfeifenkopf mit Bärenfigur, irokesisch, nordöstliches Nordamerika, 17. Jh.

raum eine scherzhafte Bezeichnung für die Einstellung von Feindseligkeiten (schon in der ersten Hälfte des vorigen Jahrhunderts, dann vor allem durch die Bücher von Cooper und Karl May sprichwörtlich geworden). In der Realität war die heilige Pfeife ein Ritual- und Symbolgegenstand, auch Kennzeichen des Boten wie in der Antike Europas der *Caduceus. Weiße Federn* daran bedeuten Frieden, *rote* hingegen Krieg. Übrigens ist, entgegen dem üblichen Sprachgebrauch, nicht jede indianische Tabakpfeife als Kalumet im eigentlichen Sinn zu bezeichnen. In der ersten Bedeutung des Wortes tritt das Kalumet paarweise auf, ein *Dualsystem* (*Himmel*-männlich gegenüber *Erde*-weiblich) darstellend, wobei die beiden einander durchdringenden Prinzipien jedoch auch in Vertauschung vorgestellt werden konnten (z. B. bei den Omaha: Erde-männlich, Himmel-weiblich). Beide Pfeifenrohr-Federstäbe stellten zusammen das Symbolwesen des *Adlers* dar. Sie wurden bei Segenszeremonien über den versammelten Angehörigen der Präriestämme geschwenkt. Beim rituellen Rauchen »steckte man den Tabak in Brand und reichte die Pfeife dem Wortführer, der einige Züge machte und den Rauch sodann gegen den Himmel, die ›Mutter‹ Erde und die vier Himmelsrichtungen blies, wobei er das Mundstück des heiligen Objektes den anvisierten Punkten entgegenstreckte. Anschließend gab er die Pfeife weiter; sie kreiste im Zirkel der Anwesenden wie die Sonne von Ost nach West ... (Diese Zeremonie) schützte den Gast, der partizipiert hatte, vor jeder Feindseligkeit – wenigstens solange er im Lager weilte« (H. Hartmann 1973). Alle heiligen Pfeifen waren dem Alltagsgebrauch entzogene Symbolgegenstände; ihr Kopf bestand meist aus figural geschnittenem Pfeifenstein (Catlinit). Die Präriestämme scheinen diesen Brauch von den seßhaften Maisbauern des Ostens Nordamerikas übernommen zu haben. Der Tabak (Kinni-Kinnik) wurde nach bestimmten Regeln vorbereitet und mit Blättern von Sumach, Bärentraube und der zerkleinerten Rinde bestimmter Bäume vermischt. Auf Häuptlingsporträts des 19. Jahrhunderts halten die Dargestellten oft heilige Pfeifen in den Händen.

Kalumet, der Mandan-Indianer, mit Federn verziert. Nach Catlin, 1839

Kamel. Jenes Tier, das durch seine Anspruchslosigkeit die Steppen und

Wüsten Asiens und Nordafrikas für den Menschen begehbar machte, spielt in der Symbolik eine zwiespältige Rolle. Nicht verwunderlich ist, daß es als Inbegriff von Mäßigkeit und Nüchternheit angesehen wurde und daß St. Augustinus (354–430 n. Chr.) es zum Symbol des demütig seine Last tragenden Christen machte. Wegen seiner für den Menschen hochmütig wirkenden Physiognomie galt es jedoch vielfach auch als Symbol für Überheblichkeit und Eigensinn. Im Mittelalter wurde es wegen seiner Fähigkeit, nur tragbare Lasten zu akzeptieren, zum Sinnbild der Unterscheidungsfähigkeit (discretio); wer mit dem Tier nicht vertraut war, machte es deshalb zum Symbol der Trägheit. Als positiv vermerkt wurde die Fähigkeit des Tieres, sich »gehorsam« niederzuknien. Bei Bildern von den drei Magiern aus dem Morgenland (den »heiligen drei *Königen*«) tritt es als Lasttier auf und verkörpert oft den Erdteil Asia. Als die Heiligen Kosmas und Damian ein gemeinsames Grab erhalten sollten, begann ein Kamel zu sprechen und unterstützte diesen Wunsch; doch auch der *Teufel* verkörperte sich als riesiges Kamel, um den heiligen Makarios zu beunruhigen. – Das Christuswort vom Kamel, das leichter durch ein Nadelöhr geht als ein Reicher durch die Himmelstür, wurde hypothetisch durch den Hinweis auf einen möglichen Übersetzungsfehler (aramäisch gamlá – auch Seil) erklärt, doch handelt es sich eher um eine orientalisch-paradoxe Übertreibung des Bildes der Unmöglichkeit. Im Babylonischen Talmud wird ähnlich das Bild von Menschen gebraucht, die Unmögliches vollbringen: sie lassen »einen Elefanten durch ein Nadelöhr gehen«. – In der asiatischen Symbolik spielt das Kamel keine große Rolle. Es wird u.a. zusammen mit dem Wasserbüffel, *Elefant* und *Tiger* gezeigt, wie es um den sterbenden Gautama Buddha trauert.

Kamel, Holzschnitt im Werk des Pseudo-Albertus Magnus, Frankfurt, 1531

Kassandra, eine tragische Frauengestalt des griechischen Mythos, Tochter des trojanischen *Königs* Priamos und seiner Gemahlin Hekuba. Als Seherin und Priesterin des Apollon verehrte sie den Orakelgott, der ihr die Gabe der Weissagung verlieh und hoffte, sie zu seiner Geliebten zu machen. Sie nahm die Gabe an, blieb jedoch spröde, und Apollon verband aus Enttäuschung ihre prophetische Gabe mit dem Zusatz: Kassandra werde zwar Künftiges richtig vorhersehen, jedoch werde ihr niemand Glauben schenken. Weder ihre Warnung vor dem Kind Paris, er werde Unheil über Troja bringen, noch später die Warnung von seiner Reise nach Sparta und am Ende auch nicht die Vorhersage des Verderbens durch das hölzerne *Pferd* der Griechen wurde ernst genommen: Troja fiel, Kassandra wurde als Sklavin nach Mykenä gebracht und dort bald ermordet. In der Nähe von Amyklai, ihrem Bestattungsort, wurde sie unter dem Namen Alexandra in einem Tempel verehrt. »Kassandra-Rufe« sind der sprichwörtlich geworde-

Katze: Der Kater des Sonnengottes schneidet der Apophisschlange den Kopf ab. Papyrus Hunefer, ca. 1300 v. Chr.

ne Ausdruck, der ungehört verhallte, aber berechtigte Warnungen bezeichnet.

Katze. Das beliebte Haustier unserer Zeit, kaum mehr als Vertilger von *Ratten* und *Mäusen* gebraucht, ist in der Symbolik mit einem vorwiegend negativen Ruf ausgestattet. Domestiziert wurde sie um 2000 v. Chr. in Altägypten aus der nubischen Falbkatze, während die kurzschwänzige Rohrkatze dort schon früher bekannt war und im »Totenbuch« die böse Apophis-*Schlange* zerschneidet. Die Hauskatze ersetzte bald *Löwen*götter; die Katzengöttin Bastet war in älteren Epochen eine Löwin, doch wurden in der Folge Katzen oft mumifiziert und als katzenköpfige Frauengestalten dargestellt. Aus Ägypten kamen Katzen in der Spätzeit nach Griechenland und Rom und wurden als Attribute der Göttin *Diana* angesehen. Besonders *schwarze* Katzen galten als zauberkräftig, und selbst ihre auf Felder gestreute *Asche* sollte Schädlinge fernhalten. Bei den Kelten symbolisierten Katzen böse Mächte und wurden häufig geopfert, während bei den Nordgermanen die Göttin Freya in einem von Katzen gezogenen *Wagen* vorgestellt wurde. Als trügerisch galt das je nach dem Lichteinfall veränderliche Auge der Katze, und ihre Fähigkeit, auch in fast völliger *Dunkelheit* zu jagen, brachte sie in den Ruf, mit den Mächten der Finsternis verbündet zu sein. Sie wurde mit Lüsternheit und Grausamkeit in Verbindung gebracht und galt vor allem als Hilfsgeist (lat. spiritus familiaris) der *Hexen,* die oft auf schwarzen Katern zu ihren Sabbatfeiern geritten sein sollen. Die schwarze Katze ist noch heute im Volksaberglauben ein Unglückssymbol. Interessant ist, daß scherzhaft-satirische Papyri aus Altägypten nicht selten eine »verkehrte Welt« zeigen, in der Mäuse auf Streitwagen gegen in einer Festung verschanzte Katzen Krieg führen, was wie eine jahrtausendealte Vorwegnahme heutiger »Tom-und-Jerry«-Comics wirkt.

Katze, nach E. Topsell, The History of Four-footed Beasts, 1658

Für den Psychologen ist die Katze »das typisch weibliche Tier« (E. Aeppli), ein Tier der *Nacht,* »und die Frau wurzelt bekanntlich tiefer in der dunklen, undeutlichen Seite des Lebens als der einfacher beseelte Mann«; der Schluß liegt nahe, daß die erwähnte negative Wertung der Katze in vielen Kulturen mit einer aggressiven Haltung dem weiblichen Wesen gegenüber in Verbindung steht. Die volkstümliche Wertung der »falschen Katze« steht im Widerspruch zu der Auffassung in der alten Wappenkunst, da das Tier nicht selten als heraldische Figur auftritt. »Die Katzen haben eine Deutung der Freyheit, denn die Katze will nicht gefangen noch eingeschlossen seyn. Die Katz ist unverdrossen und listig, den Raub zu erjagen, welches die Tugenden eines guten Soldaten. Derowegen haben die alten Schwaben, Schweitzer und Burgunder Katzen in ihren Wappen geführet, mit der Deutung der Freyheit« (Böckler 1688).

Kelle, ein Maurerwerkzeug, in der Symbolik der *Freimaurer* ein im Gesellengrad beachtetes Gerät, das den bereits »behauenen *Stein*«, d.h. den Menschen nach Absolvierung des Lehrlingsgrades, auszeichnet und dessen Bedeutung darin liegt, den Mörtel der verbindenden und festigenden Arbeit innerhalb des Bundes aufzutragen. Während die übrigen symbolischen Werkzeuge dieser Symbolwelt eher dem Steinmetzen als dem »Maurer« im modernen Sinn zugehören, ist die Kelle (engl. trowel, französ. truelle) jenes Gerät, das den einzelnen »Baustein« fest mit den anderen zusammenschließt, um so am Bau des *Tempels* mitzuwirken. In manchen Lehrarten dient die Kelle, mit der »zugemauert« werden kann, zur Besiegelung des Schweigegebotes gegenüber dem Außenstehenden (»Profanen«), um die »Arcandisziplin« zu gewährleisten, das heißt »das in einer Truhe (lat. arca) verschlossene Geheimnis« des lebendigen Erlebnisses der innerlich erfahrenen Gültigkeit der Symbole und Rituale.
Bekannt sind auch kleine Kellen aus

Kelle und Setzwaage, Symbole der freimaurerischen Logenarbeit

Gold und Silber als Erinnerungsabzeichen an gesellige Zusammenkünfte. Baurnjöpel (1793) erwähnt, daß Kelle und *Schlüssel* die Logenbeamten »an der Herzseite tragen ... erstere ist von dem reinsten hellglänzendsten Gold, und letzterer aus Elfenbein verfertigt.«

Kentauren (Centauren), Mischwesen aus *Pferde*leib und menschlichem (männlichem) Oberleib anstelle des Halses, sind seit der griechischen Antike zwiespältige Symbolwesen. Ihr Ursprung wird gedeutet als Erinnerungsbild an das erste Auftreten von Reitervölkern aus den südasiatischen Steppen, wodurch die seßhaften Bewohner der Mittelmeerländer in Schrecken versetzt wurden (ähnlich deuteten die Indianer Mittelamerikas die reitenden spanischen Eroberer zunächst als tiermenschliche Mischwesen). Kentauren, auch Hippo-

Kentauren: Kampf der Kentauren und Lapithen. Parthenonfries, Athen, ca. 445 v. Chr.

Kentauren: Das Mischwesen auf einem Fußbodenmosaik des 5. Jh. n. Chr., Palästina

Kette: Verkäufer von Amulettketten. Hortus sanitatis, 1493

kentauren genannt, wurden in Hellas oft als Gegner des menschlichen Lapithen-Volksstammes dargestellt, eines thessalischen Gebirgsvolkes, von dem die Pferdemenschen versucht hatten, in betrunkenem Zustand Menschenfrauen zu entführen (vgl. *Wilde Menschen*). Im Anschluß daran gelten sie symbolkundlich als Verkörperungen von Tierhaftigkeit, roher Naturkraft und Triebbeherrschtheit, da die animalische Natur durch die menschliche Komponente nur unvollkommen gebändigt wird. Im spätantiken »Physiologus« ist der Kentaur

Kentauren: Minotaurus als Kentaur im Kampf mit Theseus. In Plutarchs »Vitae virorum illustrium«, Venedig, 1496

Sinnbild des Ketzers, der zwar die Lehren des Christentums kennt, aber nicht richtig verwendet und dadurch zwiespältig bleibt. In der mittelalterlichen Bilderwelt ist der Kentaur Gegenbild des edlen *Ritters,* da er seine Tiernatur nicht überwunden hat, und oft auch Verkörperung des Lasters Superbia (Hochmut).

Im Gegensatz dazu wurden einzelnen Kentauren in der Antike auch positive Eigenschaften zugeschrieben, in erster Linie wegen ihrer Naturverbundenheit. Heroen wie Jason und Achilles waren in ihrer Jugend Schüler des weisen Kentauren Chiron, der sie mit den Heilkräutern vertraut machte. Das Tausendguldenkraut (Centaurium) hat seinen Namen von diesem wohltätigen Pferdemenschen, der durch ein Versehen des Herakles von dessen vergiftetem *Pfeil* getroffen wurde, zugunsten des Prometheus auf seine Unsterblichkeit verzichtete und schließlich als *Stern*bild des Schützen in den *Himmel* versetzt wurde. Ein griechisches Ärztegeschlecht führte seine Abstammung auf diesen edlen Kentauren zurück. – In der astrologischen Symbolik wird das neunte Tierkreiszeichen »Schütze« als bogenschießender Kentaur dargestellt (vgl. *Sterne*), ein »*Feuer*zeichen«, das den unter seiner Regentschaft Geborenen Eigenschaften wie Zielstrebigkeit, Angriffslust, Lebhaftigkeit und Streben nach Licht, Kraft und Macht verleihen soll.

Kette, zunächst Symbol der Gefangenschaft und Sklaverei, bzw. des Besiegtseins. So wird in der christlichen Ikonographie oft der überwundene *Teufel* nach dem Weltgericht am Ende der Zeiten in Ketten beim Sturz in den Abgrund dargestellt; aber auch die Ketten, die einst St. Petrus gefangengehalten hatten, werden zum Symbol, in diesem Fall der Befreiung des gläubigen Menschen durch göttlichen Eingriff. Gesprengte Ketten sind in vielfachem Kontext Sinnbilder überwundener Knechtschaft. Positiven Sinn hat die *goldene* Kette, lat. catena aurea, die nach antiker Auffassung *Himmel* und *Erde* verbindet, im Neuplatonismus das Urprinzip mit seinen Emanationen darstellend. Macrobius (um 400 n. Chr.) formuliert dies so: »Da Geist aus dem höchsten Gott entspringt und dieser wiederum alle nachfolgenden Dinge erschafft und mit Leben erfüllt ... und da alle Dinge in stetiger Reihe einander folgen und absinken bis zum untersten Boden dieser Reihe, wird der aufmerksame Beobachter eine Verbindung der Teile entdecken, vom höchsten Gott bis zur niedrigsten Hefe, die miteinander bruchlos verbunden sind. Das ist Homers goldene Kette, welcher Gott, so sagt er, geboten hat, vom Himmel auf die Erde herabzuhängen.« Eine goldene Kette ist nach Dionysius Areopagita (um 500 n. Chr.) das Gebet des Christen, die mit ihrem Leuchten den Abgrund zwischen Geschöpf und Schöpfer überspannt.

In der *freimaurerischen Symbolik* ist die »Bruderkette« Ausdruck der Verbundenheit und wird durch *Hand*reichung im *Kreis* am Schluß der Logenarbeit vergegenwärtigt (»Brüder, reicht die Hand zum Bunde ...«: das bekannteste Kettenlied im deutschen Sprachraum). Der Bund selbst versteht sich als Bruderkette, der über die Grenzen hinweg die Erde umspannt. Bereits 1817 wird berichtet,

Kette zwischen Adler und Kröte, alchemistisches Emblem der Spannung zwischen »Fest« und »Flüchtig«. M. Maier, Symbola, 1617

Kette: Sie bedrängt und schmückt zugleich. J. Boschius, 1702

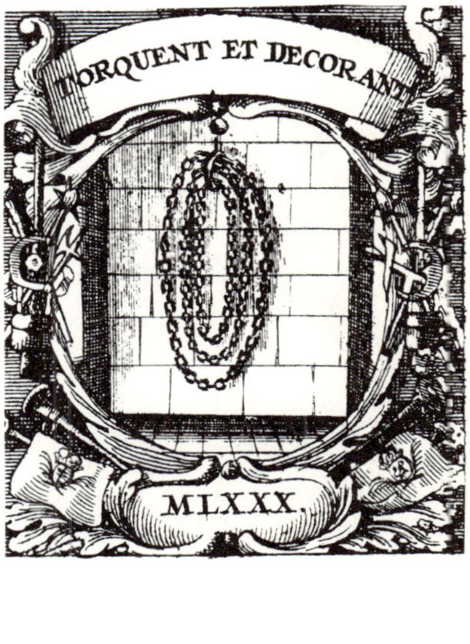

daß das »Schlingen der Kette« schon in älteren Ritualen erwähnt wird und der Neuaufgenommene, wenn er das *»Licht«* erblickt, die Brüder »in der Kette stehen« sieht. In diesem Sinne ist der Symbolbegriff Kette oft in Logennamen enthalten. – Im Hinblick auf die Wappenkunst sieht Böckler (1688) die Kette als eine Vervielfältigung der *Ringe* an: »Die in einander geschlossenen Ketten-Ringe führen die Deutung einer beständigen und starcken Einigkeit, oder daß man im Krieg eine Kette über einen Fluß oder von einer Vestung durchbrochen . . .«

Kiefer, Föhre (botan. Pinus silvestris), in Europa trotz ihrer weiten Verbreitung im Volksglauben wenig verankert, obwohl aus dem Harz Kienöl, Kienruß und Pech gewonnen wurden, ebenso Terpentin. In Ostasien hingegen ist die Kiefer der eigentliche »Lebens*baum*«, der auch bei hohem Alter immer *grün* und frisch wirkt; er wird als Symbol des langen Lebens und des unveränderlichen Eheglücks hoch geschätzt. Besonders in der chinesischen Kunst wird die Kiefer (sung) ein Sinnbild der Unerschütterlichkeit, weil sie auch im kalten Winter ihre Nadeln behält, deren paarweises Auftreten die Zweisamkeit der Ehe bedeutet. »Durch ihr Stillhalten verlängert sie ihr Leben« (Konfuzius, K'ung-tse). Auch auf Gräber wurden Kiefern gepflanzt, und besonders alte Bäume dieser Art wurden verehrt.

Kiefer, Charakterbaum der ostasiatischen Landschaft. Chinesischer Holzschnitt, um 1600

Kirke (lat. Circe, davon »becircen«), Halbgöttin des griechischen Mythus mit *hexen*haften Zügen, Tochter des *Sonnen*gottes Helios. Ihr werden mehrere Verwandlungen von Männern, die sie liebte, in Tiere zugeschrieben; den Sohn des *Saturnus,* Picus, verwandelte sie in einen Specht. Bei dem jungen Meeresgott Glaukos gelang ähnliches nicht, als er um einen Liebestrank bat, doch dafür machte sie dessen Geliebte Skylla zu einem scheußlichen *Meeres*ungeheuer, das die Seefahrer als monströses *Wasserwesen* bedrohte. Besonders bekannt ist Kirkes Abenteuer mit dem Seefahrer Odysseus, dessen Gefährten sie in *Schweine* verwandelte. Nur Odysseus selbst, vom Gott Hermes (*Merkur*) mit dem Zauberkraut Moly beschenkt, konnte nicht bezaubert werden. Er zwang sie, die Tierverwandlung seiner Leute rückgängig zu machen, blieb ein Jahr bei der verliebten Zauberin und wurde schließlich mit guten Ratschlägen entlassen. Kirke ist die Symbolgestalt für verführerische weibliche Wesen, durch deren Zauber ihre Verehrer ihre Würde vergessen.

Kiste, Lehnwort aus dem lat. cista, griech. kistē, kastenförmiger Behälter entsprechend dem lat. arca (vgl. *Arche*). Die mystische Kiste des Dionysos (vgl. *Bacchus*) war ein Behälter von symbolischen Gegenständen, aus dem bei Mysterienfeiern eine *Schlange* schlüpfte, von eigenen Priestern, den Kistophoroi, getragen. Sie war wohl eher ein Korb als ein hölzerner Kasten. Das Kultbild der Demeter (lat. Ceres) der eleusinischen Mysterien wurde auf einer Kiste sitzend überliefert. In der römischen Epoche wurde die »cista« ein allgemeines Symbol der esoterischen Mysterienreligionen. – Überraschenderweise ergab sich in der Umgangssprache der letzten Jahre der Ausdruck »Beziehungskiste«, d.i. ein die Gesamtheit der zwischenmenschlichen Verhältnisse einschließender Verband, der auch die Dimension der Diskretion, des Privaten, einschließt.

Kleeblatt, englisch shamrock, das Symbol des irisch-keltischen Nationalbewußtseins, bereits bei den Druiden der vorchristlichen Epoche als heilige Symbolpflanze verehrt und später als Sinnbild der *Dreifaltigkeit* gedeutet. Dadurch wurde es zum Attribut des hl. Patrick, der mit einem Kleeblatt-*Kreuz*stab eine *Schlange* tötet. Das *vier*blättrige Kleeblatt ist heute ein Glückszeichen, was oberflächlich auf dessen Seltenheit zurückgeführt wird (wer ein solches findet, muß Glück haben, daher bringt das Kleeblatt selbst Glück). Die ursprüngliche Symbolik geht wohl auf den kräftig-vitalen Wuchs der Pflanze zurück, der sie zum Inbegriff des Kräftig-Lebensvollen machte. Der »*grüne* Klee« spielt in der mittelalterlichen Liebeslyrik als Ort der Liebesbegegnung eine große Rolle, und etwas »über den grünen Klee loben« bedeutet, ihm eine noch größere Lebenskraft zuzuschreiben. Da der Klee einst zur Bepflanzung von Gräbern verwendet wurde, wohl als Hinweis auf das neue Leben nach der Auferstehung, konnte er auch zum Symbol des Abschieds werden, oft in Verbindung mit *Rosen* (Symbol der Liebe) und Veilchen (Blumen mit der *violetten* Bußfarbe).

Knochen: Das »Wappen des Todes«. Aus dem »Heiligtumbuch«, Wien, 1502

Knochen sind in vielen alten Kulturen die letzte und im symbolisch-rituellen Sinn ausschlaggebende Erdenspur der Toten, wenn ihr Fleisch längst zu Staub zerfallen ist. Da sie einigermaßen unvergänglich sind und unter günstigen Voraussetzungen sogar Jahrtausende überdauern können, wurden sie vielfach als »Samen des Auferstehungsleibes« angesehen, die sich nach dem Weltgericht, wenn sich die Gräber beim Schall der *Posaune* öffnen, wieder zusammenfügen und neu mit Fleisch bekleidet werden. Knochen von Ahnen (Schädel, Langknochen) wurden vielfach als Insignien oder Ritualgegenstände aufbewahrt. Die steinzeitliche Sitte, großen Ahnen gewaltige *stein*erne Totenhäuser (Megalithen, Dolmen) zu bauen, mag auf den Gedanken zurückgehen, daß das Skelett der Verstorbenen vor Beschädigung durch Erddruck bewahrt werden sollte. Im jüdischen-orientalischen Raum wünschte ein Fluch für Feinde, daß deren »Knochen zu Luft werden« sollten. Bei Jägervölkern herrschte häufig die Sitte, die Knochen erlegter Tiere unzerbrochen und vollständig der *Erde* zurückzugeben, um eine Wiederbelebung des Wildes zu ermöglichen. Auch die Böcke, die den *Wagen* des germanischen *Donner*gottes Thor zogen, konnten aus den Knochen magisch (durch den *Hammer*segen) neu belebt werden, wie die Jüngere Edda berichtet. Menschenknochen sind daher nicht bloß *Todessymbole,* sondern auch Bilder des Glaubens an eine künftige Auferstehung. In anderen Kulturen soll ihr Gebrauch im Ritus auf die Überwindung der Furcht vor dem Tode hinweisen. – Eine völlig andere Auffassung manifestiert sich im Leichenbrand, der eine möglichst vollständige Auflösung des Körpers verstorbener Menschen im *Feuer,* dem reinigenden *Element,* zum Ziel hat.

Knoten in Schnüren und Bändern stehen als Symbole mit dem Komplex des »Lösens und Bindens« in Zusammenhang. Ihre Grundqualität ist jene der Vereinigung, des Festhaltens und damit auch Bannens, während ihre Auflösung Freisetzung von Kräften oder Wesen bewirkt. Das Bild des Zerschneidens eines Knotens bezieht sich ursprünglich auf den zwar irregulären, aber kürzesten und steilsten Pfad zum Ziel, auf die Befreiung gebannt gewesener Kraft. Das berühmteste Symbol dieser Art ist der »Gordische Knoten«; er befand sich auf der Burg der phrygischen Hauptstadt Gordion und verband am Streit*wagen* des legendären namengebenden *Königs* Gordion die Deichsel mit dem *Joch* für die Zugtiere durch einen vielfach verschlungenen Riemen. Dabei mag es sich um eine symbolische Verbindung der *Weltachse* mit der *Erde* oder dem Firmament des *Himmels* gehandelt haben, die durch einen Kultgegenstand symbolisiert wurde. Die Überlieferung versprach dem die Weltherrschaft, dem es gelang, die Verbindung zu lösen. Der Sage nach zerhieb Alexander d. Gr. den Knoten im Winter 334–333 v. Chr. mit seinem *Schwert.* Das sprichwörtliche »Zerhauen des Gordischen Knotens« bedeutet danach, daß jemand eine unerwartete Gewaltlösung für ein schwieriges Problem findet. – Fest geschlungene Knoten konnten nach antikem Volksglauben nicht nur feindliche Dämonen fesseln, sondern dienten auch als Liebeszauber; »Liebesknoten« sind Sinnbilder einer Verlobung, die noch nicht so fest bindet wie der *Ring,* sondern noch gelöst werden kann oder dort gebraucht wird, wo eine Ehe nicht möglich ist. Knoten können dort hinderlich sein, wo eine Ablösung erstrebt wird – so bei der Geburt (»Entbindung«). Den Tempel der römischen Geburtsgöttin Juno Lacinia durfte niemand betreten, der einen Knoten an sich trug. Bei Plinius (23–79 n. Chr.) heißt es, daß der Kindes*vater* seine schwangere Gattin zunächst mit einem *Gürtel* umwinde und diese dann mit dem Spruch, er habe sie gebunden und

Knoten: Altchinesischer Endlosknoten, Symbol für »langes Leben«

Knoten: Textildekor auf dem Grabgewand von Erzherzog Ernst dem Eisernen, ca. 1420

dann wieder gelöst, einer leichten Geburt zugänglich mache. In Altgriechenland wurden mehrere Götterbilder gefesselt, »um sie am Entweichen zu hindern« (eher: um die in ihnen wohnenden höheren Wesen am Verlassen der Statuen zu hindern; vgl. *Omphalos*). – Im christlichen Bereich steht die romanische Flechtbandornamentik mit der Idee des »göttlichen Schürzens von Schicksalsknoten« aus germanischer Tradition in Verbindung. Diese Macht wurde in der angelsächsischen Kunst Christus zugeschrieben, der allein fähig ist, aus der Bindung und Verflechtung im Irdischen zu befreien. – Knoten in Gewändern gelten als unheilabwehrend, und solche werden auch nicht selten in Form von Umsetzung in Schnitz- und Schmiedearbeiten wiedergegeben. Verknotung der Kleider von Braut und Bräutigam ist bei Hochzeitsriten häufig (*Verheiratung*). Im Mönchtum bedeutet die geknotete Hüftschnur die Bindung an das abgelegte Gelübde, wobei drei Knoten auf Armut, Keuschheit und Gehorsam hinweisen. – Den *Hexen* wurde ein menschenfeindlicher Knotenzauber in Form des »Nestelknüpfens« zugeschrieben, womit sie angeblich symbolisch-magisch die Hosenbänder von verheirateten Männern verknoteten und diese impotent zum Zeugen von Nachkommen machten.

In Altägypten sind verschiedene Symbole auf Knoten zurückzuführen, so etwa die »Isisschleife« (Isis*blut*), die *ring*förmig zusammengefügte Schnur *(Kreis)* als Bild der Ewigkeit, vermutlich auch das Henkelkreuz *(Anch-Kreuz)*. Auch die ovale Kartusche, die Pharaonen-Namenshieroglyphen umschließt, ist wie ein geknotetes Seil aufzufassen. »Bannknoten« sind gelegentlich in Felsritzbildern des Alpenraumes erhalten, Endlosknoten in ornamentaler Form,

Knoten: Wer daran zieht, trägt nur zur Festigung bei. J. Boschius, 1702

die vermutlich von Bergwanderern böse Mächte fernhalten sollten. – Im Hinduismus stellen die Knoten heiliger Büßer die Akte der Devotion dar. Im Buddhismus ist der »mystische Knoten« einer der »acht Schätze« und symbolisiert die Dauer des geistigen Lebens, die nie endende Weisheit und Wachheit. – In der *freimaurerischen Symbolik* gehen Knoten – etwa im »Vereinigungsband« (corde d'union, einer verschlungenen Schnur) als Symbole der Verbundenheit und Gebundenheit an die Pflichten – wohl auf die Sinnbildwelt der Bauhütten zurück. Die beiden romanischen Säulen im Würzburger Dom, die mit den biblischen Namen der salomonischen *Tempel*säulen (Jachin und Boas) belegt wurden, wovon die erstere eine sich *acht*mal umschlingende und einmal verknotete Schnur, die zweite eine *vier*mal umschlungene, zweimal geknotete Schnur als Ornament aufweist, hängen mit nicht näher deutbarer *Säulen*- und Knotensymbolik zusammen. – Große Bedeutung hat die Knoten- oder Flechtband-Symbolik in China. Der endlose, in sich zurücklaufende Knoten (p'anchang) ist ein buddhistisches Symbol und wird auch als »Glücksknoten« bezeichnet. Auf indischer Tradition beruht sein Vergleich mit den Gedärmen getöteter Feinde. Der Knoten mit seinen sechs Schleifen über einem zentralen Quadrat wird vielfach ornamental im Kunstgewerbe verwendet. – Allgemein ist in den alten Kulturen der magische Akt des Bindens oder Lösens von Knoten bedeutsamer als der Knoten selbst als Symbol im engeren Sinn.

König: Die »Heiligen Drei Könige« in Bethlehem, eigentlich Sterndeuter. W. Auers Heiligen-Legende, 1890

König, eine erst auf der Hochkulturstufe oder in ihrem Einflußbereich greifbare Symbolfigur einer Herrschaft, die das patriarchalische Prinzip (vgl. *Vater*) der Götterwelt in die menschliche Gesellschaft projiziert, bzw. das Gegenbild maskuliner Souveränität einer solaren Religion auf Erden darstellt (*Königinnen* haben seltener Symbolwert und weisen auf *mutter*rechtliche Züge der betreffenden Kulturen hin. Sie dienen meist der Repräsentation von sakralen Begriffsfeldern). In vielen alten Kulturen muß der König in der Vollkraft der Vitalität stehen und darf keine Alterserscheinungen aufweisen. Treten solche auf, muß er sich der Sitte der Selbstopferung oder der Königstötung unterwerfen. Vielfach muß er im Idealfall als größter der Helden gelten, darf aber dennoch nicht aktiv an Kämpfen teilnehmen. Ihm wurden durch eine Analogie zur Gottheit übernatürliche Kräfte zugeschrieben, etwa jene der Krankenheilung durch bloße Berührung der Leidenden, die ihm beim sakralen Akt der Krönung (vgl. *Krone*) zugeflossen sein sollten. Er verkörpert die göttliche Weltordnung des Kosmos innerhalb seines Reiches, wie die *Sonne* jene des *Himmels* (Beispiele sind u.a. der Pharao als irdisches Abbild des Rê, der Inka als jenes des Sonnengottes Ynti oder der japanische Tennō ebenso wie der barocke »Sonnenkönig« Ludwig XIV.). Der römische Herrscherkult in der Epoche nach der Vergöttlichung des toten Julius Cäsar und das daraus resultierende Kaisertum – später in »Gottesgnadentum« modifiziert – ist die weitere Ausprägung dieser Ideenwelt, im Christentum durch kirchliche Sanktionierung und Beteiligung an der Salbungs- und Krönungszeremonie bereitwillig aufgenommen. Grundlage ist der Wunsch nach Verkörperung einer Autorität, welche die Wohlfahrt des Volkes garantiert.

Die »Heiligen Drei Könige« an der Krippe des Jesuskindes werden im Evangelium (Matth. 2) nur als »Weise« (Magier, *Astrologen* aus dem Orient) bezeichnet, galten aber schon früh als Könige und Repräsentanten der drei bekannten Erdteile Asien, Afrika und Europa; auch überlieferte Namen wie Caspar, Melchior und Balthasar sind nicht biblisch begründet. Sie repräsentieren auch drei Lebensalter (Caspar, Europäer, Greis; Melchior, Asiate, reifer Mann; Balthasar, junger Mann, »Mohr«) und die Huldigung der noch unbekehrten, aber die Erlösung ahnenden heidnischen Welt vor dem neugebo-

König: Einer der »heiligen drei Könige«, koptisches Fresko der Kirche von Faras in Nubien, um 1200 n. Chr.

renen Christus. – In der *alchemistischen Symbolik* ist der König meist nur zusammen mit der Königin als Element des *Dualsystems Sonne-Mond* (Gabricius-Beya, *Venus-Mars* usw.) vertreten, im Sinne der dualen Lehre von *Sulphur und Mercurius,* die zusammen nach dem Läuterungsweg des alchemistischen Prozesses den »*Stein* der Weisen« bilden, meist als gekrönter *Androgyn* dargestellt. Mit der alchemistischen Symbolik hat sich ausführlich die tiefenpsychologische Schule nach C.G. Jung auseinandergesetzt und betrachtet den König weniger als Sinnbild der paternalen Autorität (»Vater-Imago«) und mehr als Archetypus der höheren Einsicht und Weisheit im Fundus der ererbten seelischen Symbole. In den europäischen Volksmärchen ist die Figur des Königs vorwiegend das Ziel aller Abenteuer und Reisen, die der Held im Zuge seiner Reifung und Bildung absolvieren muß, um seiner Aufgabe gerecht zu werden. Geburtsadel spielt dabei keine Rolle, sondern es geht beim »Königwerden« der aus einfachen Schichten stammenden Zentralfigur um die Möglichkeit, sich mit ihr identifizieren zu können und die eigenen Anlagen zu größtmöglicher Entfaltung hinzulenken. – Zu Symbolfiguren wurden in der Sagenwelt u. a. der altenglische König Artus (Arthur) und der im Salzburger Unters*berg* oder im Kyffhäuser schlafende Friedrich Barbarossa.

Königin. Sie nimmt symbolkundlich nicht unbedingt einen dem *König* entsprechenden Platz ein, sondern tritt in *Dualsystemen* eher als ein bloß komplementäres Element ohne große Eigenständigkeit im profanen Bereich auf. Dies ist offenbar auf die soziologischen Verhältnisse im Abendland zurückzuführen, die zwar reale Königinnen kannten, aber dem weiblichen Geschlecht in der Alltagswelt einen nachgeordneten Rang zuwiesen. Hingegen kommen in *Märchen* und Sagen oft königliche Frauenfiguren aus dem übernatürlichen Bereich vor, etwa die Feenkönigin, oder – unter negativen Vorzeichen – eine *Hexen*königin (im Baskenland »la dama« und »la señora« genannt). Diese Symbolfiguren lassen darauf schließen, daß in älteren Zeiten der Frau zumindest im sakralen Bereich ein größerer Einfluß zugebilligt wurde als in der christlichen Epoche, ohne daß es deshalb historisch vertretbar wäre, von einer »gynäkokratischen« oder »matriarchalen« Periode der Menschheitsgeschichte zu sprechen. – In psychologischer Hinsicht werden große Königinnen, wenn sie z. B. in Träumen eine Rolle spielen, als Urbilder des »Großen Weiblichen« oder allgemein der *Mutter* angesehen.

Kopfbedeckungen verschiedener Art haben größeren Symbolwert als die meisten anderen Trachtstücke. Sie vergrößern ihre Träger optisch, befinden sich aber dennoch etwa in *Augen*höhe des Betrachters und werden daher am ehesten auf den ersten Blick beachtet.

Rangabzeichen wie Diademe, *Kränze* und *Kronen* müssen daher sofort Respekt einflößen. Kopfbedeckungen sind vielfach Symbole des sozialen Ranges oder der Zugehörigkeit zu bestimmten Menschengruppen und Religionen, in schriftlosen Gesellschaften auch zu Altersklassen; außerdem haben sie Schmuck- und (bei Kriegszügen) oft Abschreckungseigenschaften.

*Feder*kronen weisen vielfach auf kriegerische Taten hin, und gelegentlich (z. B. bei den Papua) werden als Kriegsschmuck ganze Gestecke aus Federn, *Vogel*schnäbeln und Pflanzenteilen kombiniert, um ihre Träger eindrucksvoll erscheinen zu lassen. Helme hatten in ähnlichem Sinn nicht bloß Schutzfunktion, sondern sie waren meist mit *Hörnern* des Stiers, Kämmen aus *Pferde*mähnen, Zähnen des *Ebers*, Federbüschen oder Spitzen ausgestattet. Der Hut kann den Träger symbolisieren und zu seinem Stellvertreter werden wie in der *Tell*-Sage jener des Landvogtes Geßler. Das Abnehmen des eigenen Hutes macht dessen Träger scheinbar kleiner und ist ein Signal der Ehrerbietung. Vor Fürsten durften nur Adelige bedeckten Hauptes erscheinen. Wer beim Grüßen den Hut nicht abnimmt, hat »*Schwalben* darunter«, um nur eine der zahlreichen sprichwörtlichen Redensarten über Kopfbedeckungen zu erwähnen. Die Haube bezieht sich im neuen Sprachgebrauch, wenn nicht von einer Sturm- oder Pickelhaube die Rede ist, auf das weibliche Geschlecht. Da verheiratete Frauen ihr *Haar* nicht mehr öffentlich zeigen sollten, legten sie (bei den Germanen) ein Kopfgebinde an oder verhüllten es (bei den Römern) mit einem Tuch. Später mußten sie eine Haube tragen, weshalb »jemanden unter die Haube bringen« gleichbedeutend mit »verheiraten« ist. Als Zeichen der männlichen Herrschaft über die Ehefrau trug in manchen schwäbischen Gegenden der Bräutigam den ganzen Tag über (außer in der Kirche) einen hohen Hut; anderenorts erhielt er einen solchen von der Braut überreicht, denn »Hut geht vor Hauben« oder »ist mehr wert als hundert Hauben«. Das gegenwärtige Abrücken vom Tragen einer Kopfbedeckung im städtischen Bereich mag mit einer Distanzierung von Rangstrukturen verbunden sein. Vgl. *Tell.*

Korallen werden in der Symbolik des Volksglaubens trotz ihrer organischen Herkunft wie *Edelsteine* verwendet und als solche angesehen. In Ovids »Metamorphosen« heißt es, sie seien aus dem abgeschlagenen Haupt der *Gorgo* Medusa entstanden, als ihr *Blut* in den Sand tropfte. Dies bezieht sich auf *rote* Korallenäste, die deshalb als Schutzmittel gegen den »bösen Blick« (*Auge*) Amulettverwendung fanden. Der antike Arzt Pedanios Dioskurides schreibt über ihre medizinische Wirkung und nennt sie »Meeresbäume«. Die Koralle symbolisiert die Bildekräfte der *Wasser*welt, in

Korallen: »Meeresbaum«, Enalia drus, Bildherbar des Dioskurides. Byzantinisch, 512 n. Chr.

Koralle in Konrad von Megenbergs »Buch der Natur«, 1350 (1535)

Kraniche, von Pygmäen bekämpft. Olaus Magnus, Historia, 1545

Altchina Langlebigkeit. Die rote Farbe machte Korallenästchen in geschliffenem Zustand zu einem dem *Mars* zugeordneten Schmuckmaterial. Es wurde auch in Form von Händchen mit der *Fica*-Geste gestaltet, um dämonische Kräfte abzuwehren, oder die phallische Form (vgl. *Lingam*) wurde durch Schliff der Äste aus demselben Grund betont. Besonders in Italien sind Amulette aus roten (seltener aus *weißen* oder dunklen) Korallen noch heute beliebt. In der Antike meinte man, die Koralle könne bitteres Wasser in trinkbares verwandeln und gegen Gift immun machen. – In dem alchemistischen Emblembuch »Atalanta fugiens« (1618) ist ein Fischer abgebildet, der aus der Salzflut des *Meeres* die roten und weißen Korallen holt – Symbole der Ursubstanz »Materia prima«, die anlagemäßig bereits vorhanden, aber noch nicht an der Luft gehärtet (fixiert) ist.

Krähe, ein in der Symbolik praktisch nicht vom *Raben* unterschiedener Vogel. Auch von ihm wird erzählt, daß sein Gefieder ursprünglich *weiß* gewesen sei. In der griechischen Sage wird erzählt, daß der *Sonnen*gott Apollon seine Geliebte, die Königstochter Koronis, von einer schneeweißen Krähe bewachen ließ. Diese konnte jedoch nicht verhindern, daß des Gottes bereits schwangere Freundin sich mit einem arkadischen Prinzen einließ. Apollon verfluchte die säumige Wächterin und machte ihre Federn *schwarz*, dann tötete er die ungetreue Geliebte mit seinen *Pfeilen;* ihre Leiche wurde auf den Scheiterhaufen der Einäscherung gelegt, doch aus dem *Feuer* holte Apollon das noch ungeborene Kind, den Heilgott Asklepios (*Äskulap*). Die Krähe wurde sonst als zukunftsweisendes Orakeltier angesehen, und gelegentlich auch als Attribut des Gottes Kronos (*Saturn*, vgl. *Chronos*) und des keltischen Gottes Bran dargestellt.

Kranich, in Schillers »Kranichen des Ibykus« ein Werkzeug des göttlichen Willens; in der Antike wurde er wegen seiner unermüdlichen Flugfähigkeit bewundert, ein Kranich*flügel* galt als Amulett gegen Abgespanntheit; ebenso fand seine Wanderung im Formationsflug von Thrakien nach Ägypten Beachtung, wo er verehrt wurde. Sagenhafte Kämpfe von Pygmäen gegen Kraniche wurden nicht selten dargestellt. Aus ungeklärten Gründen galt der Kranich als der Saatgöttin Demeter heilig. Sein Vogelzug, in dessen Verlauf er den Frühling ankündigte, machte ihn zum Symbol der Erneuerung (in christlicher

Zeit zum Sinnbild des Auferstandenen), sein auffälliger Balzschritt wurde zum Vorbild des Kranichtanzes (Geranikos) und zum Inbegriff der Lebensfreude und Liebe. Wie der *Ibis* gewann auch der Kranich Beachtung, weil er *Schlangen* vertilgte. – Die altchinesische Symbolik deutete Ho, den Kranich, als eines der Bilder für langes Leben (etwa auf einem *Stein* oder einer *Kiefer* stehend) und für die Beziehung zwischen *Vater* und Sohn (das Kranichjunge antwortet auf den Schrei der Eltern). Ebenso war er Symbol der Weisheit, wohl wegen der »kontemplativ« wirkenden Haltung des ruhenden Vogels. Der zur *Sonne* emporsteigende Kranich drückt den Wunsch nach gesellschaftlichem Aufstieg aus. Der Tod taoistischer Priester wird mit den Worten yü-hua umschrieben, d.h., sie haben sich in einen Gefiederten (Kranich) verwandelt (vgl. *Vogel*). In Japan galt der Kranich (tsuru) als geachtetes Symboltier für die Erhabenheit des Inselreiches, während er in indischen Sagen oft als Verkörperung von Falschheit und Tücke auftritt. – Hohbergs barockes Emblembuch (1675) macht ihn zum Symbol der Wachsamkeit: »Der Kränich bey der Nacht ein Steinlein in den Klauen / fürsichtig hält, daß er unachtsam schlafe nicht. / Also, wenn wir der Welt zu viel und leichtlich trauen, / das Creuz uns wiederum ermahnt der rechten Pflicht.« – Bei vielen alten Darstellungen ist es unsicher, ob sie den Kranich oder den *Reiher* abbilden; diesem wird nachgesagt, er halte einen *weißen* Stein im Schnabel (Symbol der Verschwiegenheit).

Kranz (griech. stephanos, lat. corona), ein reifartiges Gewinde von Laub und Blumen, mit der *Krone* verwandt, jedoch vergänglicher und weniger auf Herrschertum als auf eine zeitweilige Auszeichnung hinweisend. Nicht immer werden Kränze als Kopfzier getragen, sondern dienen auch als Gaben mit der Signatur des *Kreises* (Dauerhaftigkeit) bei Ehrungen und Totenfeiern. In der Antike wurde damit das Sinnbild des *Ringes* mit jenem der pflanzlichen Le-

Kranich, chinesischer Holzschnitt, 17. Jahrhundert

Kranich als Symbol der Wachsamkeit. W. H. Frh. v. Hohberg, 1647

benskraft verbunden. Bekränzt wurden Sieger bei Wettspielen, Triumphatoren, aber auch z. B. Opfertiere. In der christlichen Symbolik ist der Kranz oft Symbol des Sieges über Dunkelheit und Sünde, etwa der *Jungfern*kranz oder das von Mädchen bei der katholischen Erstkommunion getragene Kränzlein; ähnlich der Brautkranz, der oft als kleine Krone gestaltet wurde. In der Bibel (Jesaias 28,5) werden die wieder gesammelten Reste des verirrten Volkes mit einem »herrlichen Kranz« verglichen. Blütenkränze gelten vielfach als Symbole diesseitiger Freuden und schwelgerischen Lebenswandels – etwa der Kranz aus *Efeu*laub, der nach antikem Volksglauben vor Trunkenheit schützen sollte. – Heute werden bei Kirchenfesten oft die Gotteshäuser durch kranzartige Gebinde aus Reisig und Blüten geschmückt, Sinnbilder des ewigen Lebens, der Auferstehung und der Freude. – Die *Dornen*krone Jesu ist als Parodie der *Rosen*krone römischer Cäsaren aufzufassen und gilt im Anschluß daran als Attribut Heiliger wie

Kranz: »Er verleiht dem Sieg den Frieden«. J. Boschius, 1702

Maria Magdalena, Veronika und Katharina von Siena, während eine Rosenkrone die hl. Cäcilia und Flavia ziert. Echte Kronen sind nicht selten wie metallene Kränze gestaltet; symbolkundlich sind Übergänge feststellbar (lat. »corona« und engl. »crown« bedeutet Krone und Kranz zugleich), wenn auch beim Kranz die Signatur des Majestätischen nicht im Vordergrund steht. *Lorbeer*kränze waren Symbol des Apoll, Petersilienkränze bei den Nemeischen Spielen des Zeus (sonst Olivenkränze); Kornährenkränze waren der Demeter (lat. Ceres) geweiht, Pinienkränze dem Poseidon, Fenchelkränze dem phrygischen Ackerbaugott Sabazios. *Eichen*laubkränze zierten Retter aus Todesgefahr.

Krebs. Das Gliedertier erschien vielfach wegen seines Rückwärtsganges als Unglücksbringer, wurde aber auch beim *Regen*zauber verwendet. In der christlichen Symbolik dient es wegen seines Häutungs-Panzerwechsels als Hinweis auf das »Abwerfen des alten *Adam*« und auf die Auferstehung aus der Grabeshülle. Als *Wasser*tier ist der Krebs ein Symbol der Urfluten. In der Antike galt er als Feind der *Schlangen*, die schon dann Schmerz empfinden sollten, wenn die *Sonne* im Zeichen des Krebses stand; ebenso wurde geschrieben, daß *Hirsche* als Gegenmittel gegen Schlangenbiß Krebse fressen und daß Wasser, in dem über eine Woche Krebse gelegen hätten, die Saaten vor Schädlingen schützten, wenn sie damit besprengt würden. Krebse und Krabben werden in der traditionellen Symbolik und im alten Volksglauben praktisch nicht unterschieden. – Das *Stern*bild Krebs gehört zum Tierkreis, dessen viertes Zeichen nach ihm benannt ist. Die Sonne passiert es zwischen dem 22. Juni und dem

Krebs, eigentlich Krabbe. Tierkreiszeichenbild im MS »Liber Astrologiae«, ca. 1350

22. Juli (Wasserzeichen mit »weiblicher Natur«). Hier hat der *Mond* sein »Haus«, das entsprechende Metall ist demgemäß das *Silber*, der »Monatsstein« der *Smaragd*. Astrologisch werden mit diesem Zeichen Begriffe wie Schwangerschaft, Gefängnis, Taufe und Wiedergeburt, Erweckung des Bewußtseins und Tendenz zur Abkapselung in Verbindung gebracht. – Hippokrates (ca. 460–370 v. Chr.) bezeichnete aus

Krebs: Mischwesen Mensch-Krabbe, Chimu-Gefäßdekor, Altperu

nicht näher bekannten Gründen Geschwüre (Tumore) mit dem griechischen Wort für Krebs, karkinos (lat. cancer), vielleicht nach einem tiergestaltigen Krankheitsdämon des Volksglaubens. – Der griechischen Sternsage zufolge ist der Krebs ein Tier, das Herakles in seinem Kampf gegen die lernäische Hydra, ein *neun*köpfiges *Schlangen*ungeheuer, zu behindern suchte und ihn in die Ferse kniff; der Heros zertrat den Krebs, der in Anerkennung seines Todesmutes unter die Sterne versetzt wurde.

Kreis, das wohl wichtigste und am weitesten verbreitete geometrische Symbol, dessen Form auch durch das Erscheinungsbild von *Sonne* und *Mond* vorgegeben ist. Der Kreis ist nach den Spekulationen der platonischen und neuplatonischen Philosophen die vollkommenste Form; der legendäre Tempel des Apoll bei den Hyperboreern wird als kreisrund beschrieben (Hinweis auf die prähistorische Kultanlage Stonehenge in Südengland?) und die Königsstadt von Platos »Insel *Atlantis*« als System von konzentrischen Land- und Wasserringen. In mystischen Systemen wird Gott als Kreis mit allgegenwärtigem Zentrum paraphrasiert, um Vollkommenheit und Ungreifbarkeit für menschliche Begriffe (Grenzenlosigkeit, Ewigkeit, das Absolute) anzudeuten. Am Kreis ist weder Anfang noch Ende, weder Richtung noch Orientierung zu sehen, und das »*Himmels*zelt« wird – auch infolge der kreisförmigen Bahnen der *Sterne* um den Himmelspol – als runde Kuppel vorgestellt, weshalb der Kreis auch für den Himmel und alles Spirituelle steht. Durch Einzeichnung von Speichen wird er zum *Rad*symbol, das jedoch zusätzlich die Dynamik – im Gegensatz zur Unveränderlichkeit des

Kreises – zum Ausdruck bringt. – Das ägyptische Symbol für Ewigkeit ist eine zum Kreis*ring* geknotete Schnur, das antike hingegen die sich in den Schwanz beißende *Schlange* (*Uroboros*). – Konzentrische Kreise entstehen auch, wenn ein Gegenstand ins *Wasser* geworfen wird; die auf prähistorischen Großsteingräbern häufigen Ritzbilder dieser Art können als Sinnbilder des Versinkens in den Wassern des Todes (vgl. *Jenseits*) gedeutet werden, vielleicht auch des wundersamen Wiederaufsteigens aus ihnen, im Sinne einer Lehre von Tod und Wiedergeburt, die durch Wellenkreise oder Ringwellen symbolisiert wird. – Ein Kreis mit eingezeichnetem Mittelpunkt ist in der traditionellen Astronomie das Symbolzeichen für die Sonne, in der *Alchemie* jenes für das ihr analoge Metall Gold. In den magischen Lehren hat der Kreis die Funktion eines böse Geister abwehrenden Schutzes, der bei Beschwörungszeremonien um den Magier gezogen wird und nicht überschritten werden darf.

Symbolkundliches Gegenstück zum Kreis ist das *Quadrat*, das im Gegensatz zu ihm die irdische Welt und das Materielle bezeichnet. Der Kreis steht für Gott und Himmel, das Quadrat für Erde und Mensch. Die sprichwörtliche Aufgabe einer »Quadratur des Zirkels«, die Verwandlung eines Quadrates in einen flächengleichen Kreis (mit rein geometrischen Mitteln) bezeichnet daher das Bemühen des Menschen, seine eigene Substanz in jene der Gottheit übergehen zu lassen, sich also zur Göttlichkeit hin zu läutern. Die mit normalen geometrischen Geräten unlösbare Umwandlungsaufgabe ist eine in der Renaissance oft auftauchende Allegorie für das menschliche Streben nach »Vergöttlichung«, die auch in der *alchemistischen Symbolik* eine große Rolle spielt. Ohne

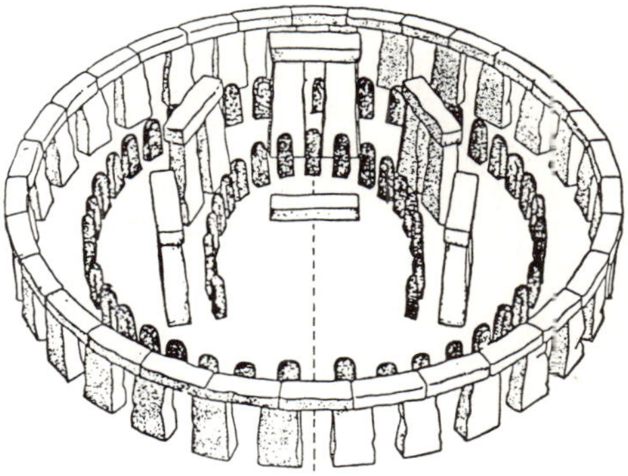

Kreis: Rekonstruktion des megalithischen Heiligtums Stonehenge, Südengland, um 1800 v. Chr.

auf das Problem der Flächengleichheit einzugehen, befaßt sich auch die Kabbala mit Kreis und Quadrat – der Kreis innerhalb eines Quadrates wird als Sinnbild des göttlichen »Funkens« innerhalb der materiellen Hülle verstanden. – In der christlichen Ikonographie wird der Heiligenschein (*Nimbus*) meist kreisförmig dargestellt, und konzentrische

Kreis: »Ringwellen«-Zeichen auf Großstein-Grabbauten, Irland (Sess Killgreen und Bretagne (Gavr' Inis)

Kreis: Kosmogramm mit den Tierkreiszeichen an der Peripherie. Practica compendiosa artis Raymundi Lulli, 1523

Kreis: Kreisförmiges »Pentakel« mit Gottesnamen und dem Hexagramm zur Dämonenbannung. England, um 1860

Kreise stellen auch die ursprüngliche Schöpfung Gottes dar – den »Erdkreis«, in den der Mensch erst später gestellt wird; der Schöpfer zeichnet ihn mit einem *Zirkel* (Bible Moralisée, 13. Jahrhundert), oder er offenbart sich andeutungsweise in Gestalt einer *Hand*, die aus dem Zentrum mehrerer Kreise hervorkommt und sie an der Peripherie »transzendent« (über sie hinausgehend) durchbricht (romanisches Fresko, St. Climent de Tahull, Katalonien, ca. 1123).

Naturgemäß ist der Kreis als Symbol nicht auf die Hochkulturen beschränkt; er »symbolisiert z. B. bei verschiedenen Indianergruppen die kosmische Gebärde des ›Großen Geistes‹; denn Mondbahn und (vom Standpunkt des irdischen Beobachters) ›Sonnenbahn‹ und ›Sternenbewegung‹, aber auch das natürliche Wachstum erzeugen runde Formen. Deshalb werden den Lagern, dem Tipi und Sitzordnungen der Kreis zugrunde gelegt« (Nixdorff bei Sterck 1987). Reigentänze können als »getanzte Kreise« verstanden werden. – Im Zen-Buddhismus bedeutet der Kreis die Erleuchtung, die Vollkommenheit des Menschen in der Einheit mit dem Urprinzip. Im chinesischen *Yin-Yang*-Symbol ist die Dualität im Kreis (T'ai-chi, dem Ur-Einen) eingeschlossen. In Europa beherrscht die Vision der schalenförmig ineinander gelagerten kosmischen Sphären in kreisförmiger Projektion das Weltbild des Mittelalters und wird in Dantes »Göttlicher Komödie« in Form der Kreise von Über- und Unterwelt dichterisch vergegenwärtigt; die Hierarchien der *Engel* beherrschen als Hüter der Sphären diese große Ordnung. Die *Dreifaltigkeit* wird oft durch drei einander durchdringende Kreise symbolisiert. Vgl. *Baldachin, Mandala, Spirale.*

Kreuz, das universellste unter den einfachen Symbolzeichen, keineswegs auf den christlichen Bereich beschränkt. Es bildet zunächst die Orientierung im Raum ab, den Schnittpunkt von *Oben/unten* und *Rechts/links*, die Vereinigung vieler *Dualsysteme* in Form einer Ganzheit, die der Menschengestalt mit ausgestreckten Armen entspricht. Es repräsentiert im Hinblick auf die Eck-

Kreuz: Statuette in Kreuzform aus Stein, 6 cm hoch. Lemba-Lakkous, Zypern. Ca. 2500 v. Chr.

Kreuz: Spottkruzifix eines Nichtchristen, Graffito, 2. Jh. (»Alexemenos verehrt seinen Gott«); gekreuzigter Esel

punkte die *Vier*heit, unter Einbeziehung der Schnittstelle (des eigenen Standpunktes) aber auch die *Fünf*zahl. Neben dem Kreis ist es Strukturelement vieler Mandala-Meditationsbilder und Baupläne von Tempeln und Kirchen. Weltbild-Darstellungen in vielen Kulturen sind häufig kreuzförmig angelegt (z. B. im altmexikanischen »Codex Fejérváry-Mayer«). Auch das biblische *Paradies* mit seinen vier aus ihm entspringenden *Flüssen* wurde in entsprechender Art vorgestellt. Das Kreuz innerhalb eines *Kreises* (*Rad*kreuz) ist neben der kosmologischen Bedeutung auch Sinnbild der Jahresteilung in vier Abschnitte. Hinsichtlich der vertikalen Achse hat das Kreuz, das Zenit und Nadir verbindet, auch symbolkundliche Zusammenhänge mit der *Weltachse* (vgl. *Baum, Berg, Pfahl*). Horizontal teilt es *Quadrate* in gleiche Viertel, etwa die Idealanlage der römischen Stadt mit den in allen Lagern vorhandenen, sich im Zentrum kreuzenden Straßen Decumanus und Cardo. Alte Stadtanlagen sind auch in späterer Zeit in echte »Stadtviertel« unterteilt; auch schematische Weltkarten des Mittelalters sind oft (neben dem T-Schema) kreuzförmig konstruiert, mit *Jerusalem* im Zentrum. Kreuzwege, d. h. Wegkreuzungen, werden oft mit Schnittstellen der Straßen der Lebenden und Toten in Verbindung gebracht, so in der Symbolik afrikanischer Völker. In magischen Beschwörungsvorschriften werden solche Wegkreuze wohl deshalb empfohlen, weil sie Geister festbannen, die unschlüssig sind, welchen Weg sie einschlagen könnten.

Von den Christen wurden Kreuze in fremden Kulturen früher oft irrtümlich als Hinweise auf vergessene christliche Missionare aufgefaßt, so z. B. auch das baumartige Blattkreuz im »Temple of the Foliated Cross« der Maya-Stadt Palenque in Yucatán, das jedoch einen kosmischen *Baum* darstellt. – Die christliche Symbolspekulation verknüpft kreuzförmige Ortungsbilder mit idealem Zentrum mit dem Bild des Kreuzes Christi, so etwa in der außerkirchlich überlieferten Geschichte des »*Adam*buches« (vgl. *Höhle*): Auf Geheiß des Noah werden die Gebeine des *Adam* aus der Bestattungshöhle durch den *Noah*-

Sohn Sem und seinen Enkel Melchisedek unter Führung eines *Engels* an einen neuen Ort überführt, an den »Mittelpunkt der Erde. Und dort hängen vier Enden miteinander zusammen. Denn als Gott die Erde schuf, da lief seine Kraft vor ihr her, und die Erde lief ihr nach von vier Seiten aus wie Wind und leises Wehen. Und dort (im Mittelpunkt) blieb seine Kraft stehen und kam zur Ruhe. Dort wird vollbracht werden die Erlösung ... Als sie nach Golgotha kamen, welches der Mittelpunkt der Erde ist, zeigte der Engel Sem diesen Ort ... Da gingen vier Teile auseinander, und die Erde öffnete sich in Gestalt eines Kreuzes, und Sem und Melchisedek legten den Leichnam Adams hinein ... es bewegten sich die vier Seiten und umschlossen den Leichnam unseres Vaters Adam, und es schloß sich die Tür der äußeren Erde. Und dieser Ort ward ›Schädelstätte‹ genannt, darum daß dort das Haupt aller Menschen hingelegt wurde ...« Demgemäß zeigen mittelalterliche Kreuzigungsbilder oft zu Füßen des Kreuzes Christi auf Golgotha den Schädel des Urvaters Adam (W. Müller, 1961). – Die geläufige christliche Kreuzsymbolik bezieht sich auf ein Hinrichtungswerkzeug Christi, ein Instrument von exzessiver Grausamkeit, das jedoch durch die Auferstehung zu einem Symbol des ewigen Lebens wurde. Im frühen Christentum wurde es wegen der Schimpflichkeit der besonderen Art der Hinrichtung in Europa zunächst nur zögernd akzeptiert (gefühlsmäßig etwa mit dem Galgen späterer Zeit vergleichbar) und erst nach einiger Zeit (in der Romanik) als Symbol des Triumphes über den Tod anerkannt. Das älteste datierte Kreuz in diesem Sinn stammt aus dem Jahr 134 (Palmyra). Den Nichtchristen erschien die Kreuzverehrung grotesk, wie ein Graffito aus der Zeit um 240 n. Chr. vom Palatin in Rom beweist, das einen Gekreuzigten mit *Esels*kopf und der Inschrift »Alexamenos verehrt seinen Gott« zeigt (Spottkruzifix). Als getarntes Kreuz kann die *Anker*form gelten (Kreuz auf U-förmigem Halbmond).

Bei der Kreuzigung Jesu hatte das Kreuz vermutlich eher T-Form, und als »Tau-Kreuz«, auch *Antonius*kreuz genannt, ist es ein altes Symbol göttlicher Erwähltheit, erwähnt etwa im Alten Testament (Hesekiel 9,4). Formal erinnert es auch an das *Hammer*symbol (Thorshammer, als Amulett bei den Germanen beliebt). Von einem Kreis oder Oval bekrönt, wird es zum ägyptischen Lebenskreuz (*Anch*kreuz, Henkelkreuz, Crux ansata), das oft in der Hand von Göttern oder Pharaonen dargestellt wird, z. B. des *Sonnen*gottes Aton im Monotheismus des Echnaton (Amenhotep IV.). Ägyptische Christen (Kopten) akzeptierten das Henkelkreuz als Symbol des ewigen Lebens durch den Opfertod Christi; es kommt auf Grabsteinen des 6.–9. Jahrhunderts vor. Heute ist es vielfach Emblem esoterischer Gruppen, die sich auf »alte Weisheit« berufen. – Unter den zahlreichen Kreuzvarianten mit unterschiedlicher Aussage ist noch das X-förmige Andreaskreuz zu erwähnen, Crux decussata, auf dem der Apostel Andreas hingerichtet worden sein soll und das als Kreuzkerbe sowohl auf prähistorischen Knochenfunden wie auch auf magischen Bannungsgeräten (z. B. auf dem »Drudenmesser«, das Wetter*hexen* abschrecken soll) erscheint; ebenso das Petruskreuz, dessen Querbalken weit unten angebracht sind, weil der Apostel auf einem verkehrten Kreuz hingerichtet worden sein soll. Krückenkreuze sind kreuzförmig vervierfachte T-Kreuze, in der merowingischen Epoche auftauchend und als »liturgische Kreuze« in die sakrale Kunst aufgenommen. Das »russische Kreuz« wird auf ein Kreuz mit Inschrifttafel (Titulus) und schrägen Fußbalken am unteren Ende zurückgeführt. Das Y-förmige Gabel- oder Schächerkreuz wird oft mit Astenden ausgestattet und weist auf alte Lebens*baum*-Sinnbilder hin.

In der *Heraldik* sind zahlreiche Kreuzformen bekannt, die zum Teil eine symbolische Aussage besitzen. Zu erwähnen ist u.a. das Jerusalemkreuz (hierosalymitanisches Kreuz), ein Krückenkreuz mit vier kleinen Kreuzen in den Winkeln, das während der Kreuzzüge Wappen des Königreiches Jerusalem war. Die (zusammen) *fünf* Kreuze weisen auf die fünf Wunden des Gekreuzigten hin. Die Verbindung von Kreuz und *Kreis,* wobei die Kreuzbalken über den Kreis hinausgehen wie beim »irischen Hochkreuz«, wird Questenkreuz oder kurz Queste genannt, wobei »Queste« die Suche nach ritterlichen Abenteuern als Bewährungsprobe bedeutet. Als *Lilien*kreuz wird ein Wappenbild bezeichnet, bei dem die vier Kreuzbalken an den Enden das heraldisch vereinfachte Liliensymbol aufweisen. Es kommt auch in der Variante des Liliensteckkreuzes vor, bei dem der untere Kreuzarm in einer Spitze ausläuft. Das Lilienkreuz ist das Ordenszeichen des im Jahr 1156 gestifteten militärischen Ritterordens von Alcántara in Kastilien. Das *Pfeil*kreuz (Pfeilspitzenkreuz) weist an den Enden der Kreuzbalken Pfeilspitzen auf; es ist ein *politisches Symbol,* in Ungarn Nyilaskereszt genannt, und sollte als Emblem der dortigen faschistischen Partei in den dreißiger Jahren an die Pfeile der magyarischen Eroberer des ungarischen Landes und damit an die einstige Größe erinnern. In Österreich war gleichzeitig das Krücken- oder Kruckenkreuz das politische Symbol der »Vaterländischen Front«, die damit ein Gegenzeichen zum Hakenkreuz (zur *Swastika*) des in Deutschland herrschenden Nationalsozialismus zu setzen hoffte. Letzteres war Abzeichen der 1918 gegründeten »Thule-Gesellschaft« und der »Brigade

Kreuz: Kreuzestod Christi aus einem byzantinischen Psalterium im British Museum, aus dem Jahr 1066

Kreuz: Kreuzförmig strukturiertes Kosmogramm im altmexikanischen »Codex Fejérváry-Mayer«

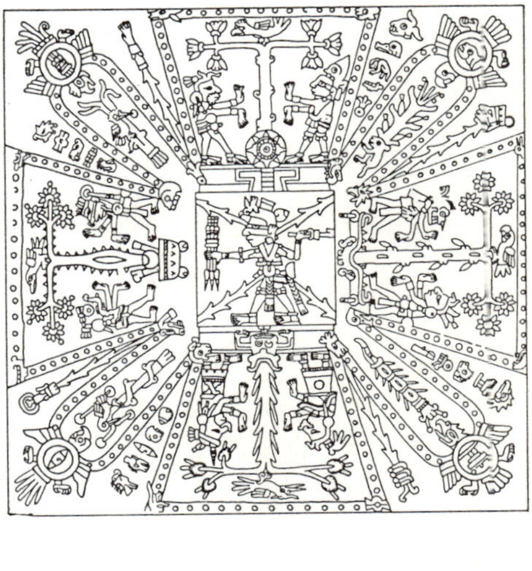

Ehrhardt« und wurde 1920 in die NS-Parteifahne aufgenommen, von Hitler als Zeichen »des Kampfes der arischen Menschen« aufgefaßt. – Andere in der Wappenkunst verwendete Kreuze sind etwa das *Baum-* oder Astkreuz, das *Kleeblatt*kreuz als Symbol des hl. Patrick, das Wiederkreuz oder Weihekreuz als vierfache Wiederholung des Kreuzsymbols, das Johanniter- oder Malteserkreuz mit den gespaltenen Armen, das Kolben- oder *Apfel*kreuz u. a. m.

Ein Hinweis auf die Allgegenwärtigkeit des Kreuz-Symbols ergibt sich aus dem Bericht des Inka-Nachkommen Garcilaso de la Vega, der schreibt: »Die Inka-Könige besaßen in Cuzco ein Kreuz aus rot-weißem Marmor, der ›kristalliner Jaspis‹ genannt wird; man vermag nicht zu sagen, seit wann sie es besaßen ... Das Kreuz war quadratisch, so breit wie hoch; es mochte eine Dreiviertelelle messen, eher weniger als mehr, jeder Arm drei Finger breit und ebenso tief. Es war meisterlich aus einem einzigen Stück gehauen, die Ecken sauber ausgearbeitet, der Stein fein geschliffen und glänzend. Sie bewahrten es in einem ihrer Königshäuser auf, die sie huaca nennen, was ›geheiligter Ort‹ bedeutet. Sie beteten es nicht an, verehrten es aber, vermutlich aufgrund seiner schönen Form oder aus einem anderen Grund, den sie nicht zu nennen vermögen.« Ein ähnliches Steinkreuz auf der Basis eines Quadrat-Konstruktionsschemas wurde auch unter den Resten des minoischen Kreta gefunden, ohne daß diese Parallelität mehr bedeutete als einen Hinweis auf die Präsenz eines Ursymbols in verschiedenen Kulturprovinzen der Erde; es handelt sich offenbar um ein Koordinatenkreuz, das dem Menschen die Chance zur Orientierung in Raum und Zeit ermöglicht.

Kreuz: Herald. Kreuzformen (Kleeblatt-, Pfeil- und Jerusalemkreuz)

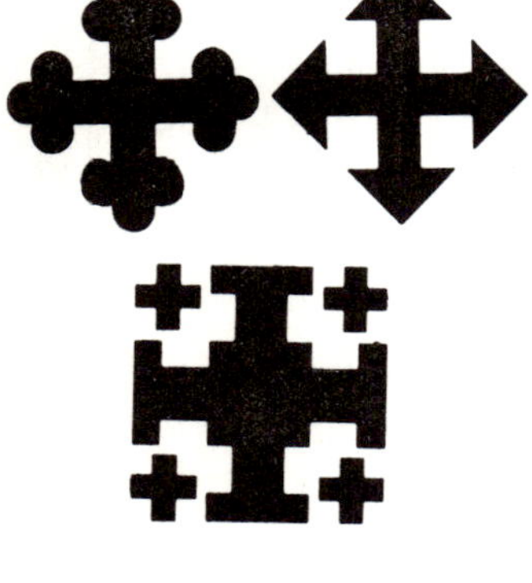

Kriegsbeil: Streitaxt der Indianer des Missouri-Gebietes, 19. Jh.

Kriegsbeil. Im deutschen Sprachgebrauch bedeutet »das Kriegsbeil ausgraben« das Gegenteil von »die Friedenspfeife rauchen« (*Kalumet*). Gemeint ist die Schädelbrecherkeule der Indianerstämme des östlichen und zentralen Nordamerika, in der englischen Literatur »Tomahawk« genannt, eine oft mit *Federn* geschmückte und bemalte Waffe, die auch symbolisch-rituelle Bedeutung hatte. Durch die Lederstrumpf-Erzählungen J. F. Coopers wurde der Brauch in Europa bekannt, bei Friedensschlüssen das Kriegsbeil zu begraben (»to bury the tomahawk«). Im vorigen Jahrhundert wurden von den Weißen an die Indianer Streitäxte verhandelt, die mit Tabakpfeifen kombiniert waren und eine eiserne *Axt*klinge besaßen. Auch sie wurden, wie auch das Kalumet, oft auf Häuptlingsporträts des 19. Jahrhunderts abgebildet.

Kristall, in der Symbolkunde Ausdruck der Bildekräfte in der mineralischen Welt. Kristalle aller Art, besonders *Edelsteine* in geschliffenem Zustand oder natürliche Halbedelsteine, besitzen über den materiellen Wert hinaus eine unleugbare Faszination, ziehen den Blick des Betrachters auf sich und können als Meditations- und Konzentrationshilfen dienen, ähnlich wie gezeichnete oder gemalte *Yantra*-Diagramme. Da in Kristallen vielfache Lichtbrechungs- und *Spiegelungs*phänomene auftreten, regen sie die Phantasie entsprechend eingestimmter Menschen stark an und können visionäre Bildvisionen provozieren, die in der divinatorischen (die Zukunft erhellenden) Magie eine große Rolle spielen (Kristallomantie). Die Kristallkugel von »Hellsehern« ist jedoch heute meist nicht mineralischen Ursprungs, sondern eine möglichst ideale Kugel aus klarem Glas. In der christlichen Symbolik ist der Bergkristall, der nicht aus sich heraus leuchtet, aber das Licht der *Sonne* strahlend wiedergibt, ein Mariensymbol. Da Kristalle zwar greifbar materiell, aber dennoch durchscheinend sind, stellen sie »Unkörperliches in der Körperlichkeit« dar. Vgl. *Diamant.*

Krokodil. Das große Wasserreptil, dessen Gestalt an jene des *Drachen* erinnert, ist vermutlich identisch mit dem in der Bibel erwähnten Ungetüm Leviathan, einem der Geschöpfe des urzeitlichen *Chaos.* In Altägypten wurde es durch den Gott Sobek (griech. Suchos) repräsentiert und vor allem in der Stadt Schedît (griech. Krokodilopolis) verehrt (»Preis dir, der du dich erhoben hast aus dem Urschlamm . . .«). Ansonsten galt es natürlich als gefährliches Wasserraubtier und wurde dem Gefolge des Widersacher-Gottes Seth (Sutech) zugeordnet. Von den Sobek-Anbetern wurde es dennoch verehrt und nach seinem Tode mumifiziert. – In Rom herrschte der Glaube, daß unbehelligt zwischen Krokodilen schwimmen könne, wer mit Krokodilfett eingesalbt sei, und daß eine Krokodilhaut am Hoftor gegen Hagelschäden schütze. – Im Mittelalter ist das Krokodil mit seinem großen Rachen Symbol des Höllenmaules. Zu einem *Dualsystem* mit der Wasserschlange macht es der spätantike »Physiologus«, der berichtet, daß letztere sich vom Krokodil verschlingen lasse, dann aber seine Eingeweide zerreiße und lebendig wieder aus ihm hervorkomme. Dadurch wird die *Schlange,* sonst ein böses Tierbild, zum Symbol des Heilandes, der zwischen Tod und Auferstehung in die »Vor*hölle*« hinabstieg, um die dort wartenden Seelen zu erlösen. – Sonst wird das Krokodil auch als Symbol der Heuchelei angesehen, da es nach dem Volksglauben, wenn es seinen Fraß beendigt hat, Tränen der Rührung (»Krokodilstränen«) vergießt. – Im vorkolumbischen Mittelamerika wurde das erste der 20 Tageszeichen

Krokodil: Der ägyptische Krokodilgott Sobek mit Zepter und Federkrone

nach einem alligatorischen Reptilwesen (aztekisch: cipactli, maya: imix) benannt, ein Fruchtbarkeit und Reichtum verheißendes Zeichen, das nach Ansicht der Omen-Wahrsagepriester Kindersegen, Glück und Macht mit sich brachte. Ein krokodilähnliches Wesen ist in manchen Mythen Altmexikos auch (neben der *Kröte*) Symbol der urzeitlichen *Erde* oder überhaupt mythisches Erdtier.

Für den Tiefenpsychologen (Aeppli) ähnelt das Krokodil dem Drachen, »nur ist es noch mehr uraltes, faules, unbarmherzig nach dem Menschen schnappendes Leben und damit ein negatives Symbol unserer inneren Energien, einer dumpfen, bösen Lebenseinstellung in der Tiefe des kollektiven Unbewußten«. – Ähnlich negativ bewerteten das Krokodil die mittelalterlichen »Bestiarien«. Dort heißt es, daß es nur den Oberkiefer bewegen könne, während die untere Kinnlade unbewegt im Schlamm liege. Aus Krokodilkot werde eine Schminke bereitet, die freilich bald abgewaschen werde; daran schließt die moralisierende Lehre dieses Natursymbolbildes: »Das Krokodil ist ein Abbild der Heuchler, Geizigen und Wollüstigen. Obwohl sie aufgeblasen sind vom Geifer des Stolzes, befleckt von der Seuche der Wollust, besessen von krankhaftem Geiz, schreiten sie doch in der Erfüllung der Gesetze stolz und untadelig vor den Menschen einher. Wie das Krokodil nachts im Wasser lebt, so führen diese Menschen im verborgenen ein ausgelassenes Leben ... Mit dem oberen Teil ihres Mundes halten sie anderen die Beispiele und heilsamen Lehren der heiligen Väter vor Augen, während der untere Teil des Mundes starr bleibt, weil sie das, was sie sagen, in keiner Weise selbst ausüben. Wie aus dem Kot des Krokodils eine Salbe gemacht wird, so stehen die Bösen in der Gunst dieser Welt, die wie eine Salbe ihre Übeltaten zu Heldentaten stempelt. Erst wenn der strenge Richter in seinem Zorn über die begangenen Missetaten zuschlägt, dann schwindet der ganze Glanz der falschen Salbe dahin« (Unterkircher). – In der Tat scheint es dem Menschen nur schwer möglich zu sein, die »saurierhafte«, uralte Physiognomie des Krokodils und seine mechanisch anmutenden Bewegungsabläufe in ihrer Fremdartigkeit für das Säugetierwesen anders als aus einem Gefühl der Distanz und Furcht zu begreifen und in seine Wertungsskalen einzuordnen.

Krone, eine Kopfzier, die das Haupt des Trägers höher erscheinen läßt und diesen auf schmückende Weise über den Kreis der Mitmenschen erhebt. Er wird dadurch als über-menschliches, mit der höheren Welt verbundenes Wesen legitimiert. Kopfaufsätze in Form von *Feder*kronen, *Hörner*masken u.ä. kommen schon bei Völkern mit schriftloser Kultur vor, doch reifartige Kronen sind Symbole des *König*tums. Die ringartige Struktur nimmt den Symbolgehalt des endlosen *Kreises* auf, glänzende *Edelsteine* fügen der Qualität des Erlesen-Kostbaren noch deren speziellen Sinn-

Krone: Königlicher Kopfschmuck, sassanidische Bronze (Persien), 6.-7. Jh. n. Chr.

ausdruck hinzu. Die strahlenförmigen Zacken gemahnen an die Strahlen der *Sonne,* wie die gekrönten Herrscher im allgemeinen meist als Repräsentanten eines patriarchalisch-solaren Weltbildes aufzufassen sind. *Königs*kronen sind daher in der Regel aus dem »Sonnenmetall« *Gold* gefertigt. – In der christlichen Bilderwelt kennzeichnet die Krone nicht nur die »Maiestas Domini«, sondern auch die höchste erreichbare Stufe der Existenz, etwa bei der Krönung Mariae (diese trägt oft eine Krone aus 12 *Sternen* oder mit 12 Edelsteinen) oder bei der Darstellung von Märtyrern, die häufig mit Kronen in verhüllten *Händen* dargestellt wurden. Märtyrer ihres Glaubens sind in der *freimaurerischen Symbolik* die »4 Gekrönten« (Quattuor Coronati) als Schutzpatrone der Forschungsloge gleichen Namens. – In der mittelalterlichen Plastik werden die *Tugenden* Glaube und Hoffnung, die Weisheit (*sophia*) wie auch die Kirche (ecclesia) gekrönt dargestellt, während die Synagoge, Verkörperung des Judentums, oft eine schiefsitzende Krone tragen muß (und auch mit verbundenen *Augen* abgebildet wird). Eine dreifache Krone (Tiara) bezeichnet den Papst, eine *fünf*fache Bilder von Gott*vater.*

Kronen:

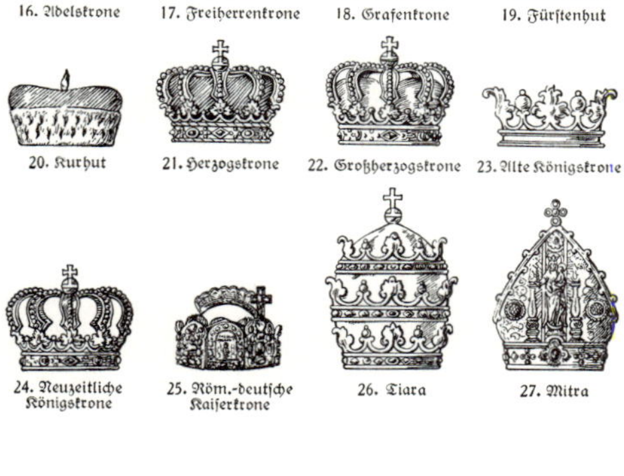

In der ostasiatischen Symbolik gilt eine blütenähnlich geformte Krone als Sinnzeichen der Erlangung einer hohen Entwicklungsstufe, der Erhebung des spirituellen Elements über die Körperlichkeit. – Phantastisch gestaltete Kronen wiesen die Priesterfürsten der Maya in Yucatán auf, während die altägyptische Doppelkrone auf die Vereinigung von Ober- und Unterägypten hinweist. Diademartige Kronen trugen jüdische Hohepriester und die Könige des Aztekenreiches. – Symbolkundlich verwandt sind im Abendland Braut- und Totenkronen, die auf den Übergang in einen neuen Daseinszustand hinweisen, aber schlichter gestaltet und eher als *kranz*artiger Schmuck aufzufassen sind. Vgl. *Geier, Kopfbedeckungen.*

Kröten sind als Symboltiere vorwiegend negativ besetzt; wegen ihres wenig anziehenden Aussehens und ihrer ätzenden Hautsekrete werden sie meist als dämonische Wesen angesehen, etwa dem Haushalt der *Hexen* zugehörig sowie als Speise beim Hexenfest beschrieben oder in der *Hölle* die Verdammten peinigend. – In Altchina war die (dreibeinige) Kröte ein Symbol des *Mondes,* von der man annahm, sie würde diesen bei Mondfinsternissen verschlingen. Sie wird auch sonst wegen ihres verborgenen und Feuchtigkeit liebenden Wesens mit der »lunaren Welt« in Verbindung gebracht, in China mit dem »Yin«-Prinzip. – In Europa war die Kröte seit der Antike einerseits ein verachtetes Tier »voll bösen Zaubers«, andererseits aber auch ein Symbol der Gebär*mutter,* und Krötenplastiken wurden oft bei Frauenleiden als Votivgegenstand in *Wallfahrts*orten dargebracht. In Volkssagen tritt die »Sündenkrot« oft als Verkörperung unerlöster »armer Seelen« auf; sie muß etwa nach dem

Kröten: Alchemistisches Emblembild der »Entmilchung« durch eine Kröte. M. Maier, Atalanta, 1618

Tod eines Menschen, der ein Gelübde nicht eingelöst hat, dieses nun in Gestalt des verachteten Tieres vollziehen und darf erst in den *Himmel* eingehen, wenn sie z.B. den Altar einer Gnadenkirche kriechend erreicht hat. In anderen Volkssagen tritt die Kröte gelegentlich als Verkörperung von mütterlich schützenden Hausgeistern auf, die umsorgt werden müssen, um zum Dank dafür Segen zu bringen. Auch ihre Rolle als Hüterinnen von *Schätzen* ist in Sagen nicht selten belegt.

In der *alchemistischen* Bilderwelt ist die

Kröte: Mythisches Krötenwesen auf altindianischer Keramik aus Nordamerika (Mogollon, um 800 n. Chr.)

Kröte Symbol für den wässerig-erdigen Anteil der für die Läuterung bestimmten Urmaterie, der mit dem flüchtigen verbunden werden soll (»die Kröte der Erde mit dem *Adler* verbinden« wird auch durch Darstellungen geflügelter Kröten abgebildet). Eine sonderbare Symbolik liegt in der alchemistischen Allegorie einer Kröte, die einer Frau auf den *Busen* gesetzt wird, wobei der Text eines Kupferstiches in dem Emblembuch »Atalanta fugiens« (1618) erklärt: »Setz dem Weib die Kröte auff die Brust, daß sie sauge, und das Weib sterbe, so wirt die Kröte von Milch sehr groß.« Diese befremdliche Darstellung hängt mit der Beschreibung eines (pseudo)chemischen Prozesses zusammen, bei dem die auf dem Weg zum *Stein* der Weisen begriffene Urmaterie mit »*Jungfrauen*milch« (philosophischer Milch, Saft des Mondes) durchtränkt werden muß, um sie zu »nähren«. Das »Kind«, das heranreifen soll, wird – wie es im Kommentar heißt – durch seine Mutter gesäugt, die dabei ihr Leben läßt: ein Vorgang, der als »ablactatio« (Abstillen) bezeichnet wird. Die alchemistische Symbolik ist, wie sich auch hier zeigt, mit rationalen Entschlüsselungen kaum zu begreifen.

In Altmexiko wurde die Erde oft durch das bodenbewohnende und sich im Erdreich vergrabende Tier dargestellt. Giftige Krötensekrete dürften als bewußtseinsverändernde Mittel verwendet worden sein. – Nicht selten wurde die Kröte wie auch der *Frosch* wegen ihres auffälligen Gestaltwandels auch mit dem Ideenkomplex von Auferstehung und Wiedergeburt in Verbindung gebracht, wie prähistorische Felsbilder von kaulquappenähnlichen Gestalten wahrscheinlichmachen.

Kuckuck, der »Vogel, der seinen eigenen Namen sagt« (griech. kokkyx,

Garten: Emilia im Rosengarten. Boccaccio, Teseida (Anjou, ca 1460).

Granatapfel: Der Baum als Heilpflanze, Granatapfelbaum (Punica granatum L.)
Tacuinum Sanitatis, Oberitalien, Ende 14. Jahrhundert.

Haar: Absolom, an seinen Haaren hängend.
Mamerot, Histoire et faits . . . Bourges, ca. 1470.

Jerusalem: Das »Neue Jerusalem« mit dem siegreichen Lamm der Apokalypse des Johannes. Trierer Apokalypse. Tours (?), ca. 800.

kukkos, lat. cucullus). Er galt bei vielen Völkern als Seelenvogel, Zukunftskünder oder Frühlingsbote. Das *Zepter* der Göttin Hera trug einen Kuckuck, da sich Zeus vor der *Verheiratung* mit ihr in einen solchen verwandelt hatte. Seine Eigenart, seine *Eier* in fremde Nester zu legen, war bereits in der Antike bekannt. Als »Kuckucksei« gilt noch heute ein Geschenk von zweifelhaftem Wert oder das von einem fremden Vater gezeugte Kind. Im Volksbrauchtum wird die Zahl der gehörten Kuckucksrufe auch als Symbol der noch bevorstehenden Lebensjahre oder jener Jahre, die der Betreffende bis zur Hochzeit zu warten hat, angesehen. Der Kuckuck ist (nachweisbar ab dem 16. Jahrhundert) auch Umschreibung für *»Teufel«*, ähnlich *»Donner«* oder *»Geier«:* »Hol's der Kuckuck; in des Kuckucks Namen, geh zum Kuckuck«. »Ich will nicht der Kuckuck sein, der stets seinen Namen ruft« bedeutet: Ich will mich nicht selber loben. In den alten Texten wird der Kuckuck oft »gouch« (Gauch) genannt, d.h. etwa *Narr,* wohl auch wegen seines monoton wiederholten Rufens. Im Alpenraum ist es üblich, beim Hören dieses Rufes mit Geldstücken zu klimpern, was scherzhaft mit dem Aberglauben erklärt wird, dadurch werde im folgenden Jahr das Geld nie ausgehen. Auch hier steht offenbar die große Zahl der zu erwartenden Rufe in Zusammenhang mit der erhofften großen Zahl der Geldstücke. – Im »Vogelbuch« der Tibeter, das religiöse Gedankenlyrik enthält, ist der Kuckuck eine verhüllte Erscheinungsform des Bodhisattva (Erlösers) Avalokitéshvara oder Tschenresig, der sich sonst im Dalai-Lama verkörpert.

Kuh. Während die symbolische Aussage des *Stier*bildes ambivalent ist,

Kuh: Säugende Kuh, Symbol der Mütterlichkeit. Phönizische Elfenbeinplastik, Arslan Tasch, ca. 900 v. Chr.

gilt die Kuh (in ihrer Rolle als domestiziertes Rind) in jedem Fall als positive Macht. Sie steht für die *mütterlich* nährenden Kräfte der Erde, wegen ihres Gehörns und ihrer Weiblichkeit auch für die lunare Welt (bei den Sumerern wurde die Entsprechung zwischen Kuhmilch und *Mond*licht betont). In der nordgermanischen Schöpfungslehre leckt die Kuh Audhumla den Stammvater der Götter aus den *salzigen* Eisblöcken und gilt als das erste Lebewesen, das aus Ginnungagap (vgl. *Chaos*) in Erscheinung tritt. In Altägypten wurde die

Kuh: Göttin Hathor in Kuhgestalt hütet den Pharao Psammetich I. (26. Dynastie Ägyptens)

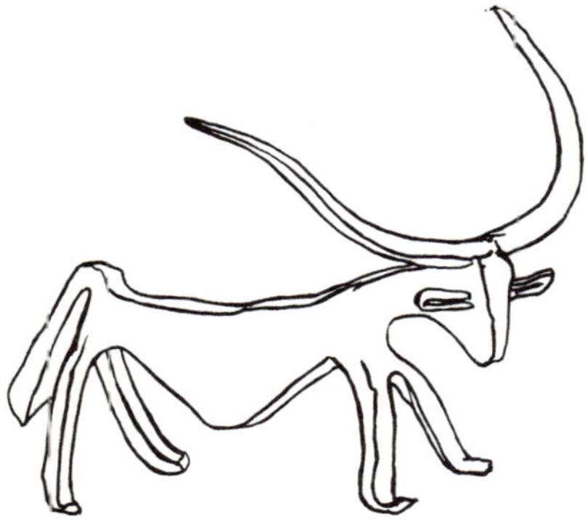

Kuh: Trächtige Kuh, schmiedeeiserne Votivfigur. Steiermark, 19. Jh.

Himmelsgöttin Hathor als kuhköpfige Frau verehrt, und auch das Himmelsgewölbe wurde (außer als in Gestalt der Himmelsfrau Nut) als Kuh symbolisiert, deren Bauch die Sterne trägt. Auch Isis konnte in Kuhgestalt auftreten. – Berühmt ist die »heilige Kuh« Indiens, die heilige Ernährerin der vorgeschichtlichen Epochen, die Fruchtbarkeit und Fülle verheißt (Prithivi, Aditi), als Aditi auch Gegenstück des Bullen Nandi ist und Wünsche erfüllen kann. Im Vordergrund steht die Rolle der Kuh in der Existenzsicherung des rinderzüchtenden Menschen, deshalb ihre passive Rolle, wodurch sie in Mythen und Epen keine große Rolle spielen konnte. – In der psychologischen Symbolik ist sie, so E. Aeppli, ein »gutes Tier von kleiner

Kukri, das Emblem der indischen Gurkha-Regimenter

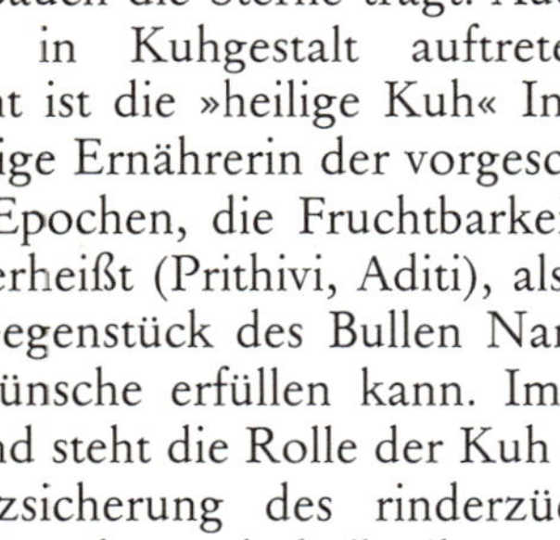

Kupfer: Werbeanzeige für Kupferarmbänder

Dynamik und großer Ausdauer ... mit seiner einfachen Wärme, seiner geduldigen Trächtigkeit, ein schlichtes Symbol für die Mutter Erde selbst, ein Ausdruck des vegetativ Mütterlichen ... Die Kuh steht im großen Rhythmus ihrer demütigen Natur. Natürlich im sichtbarsten Sinn ist ihre grüne Speise. Sie hat ihre besondere primitive Heiligkeit. Diese meint der Kult der ›heiligen Kühe‹ in Indien.«

Kukri, das Dolchmesser der Gurkha-Regimenter aus Nepal, ein Krummdolch mit nach innen gebogener Schneide. Zwei gekreuzte Kukris sind das Wappen dieser durch englische Ausbilder rekrutierten Söldnertruppen, die als gefürchtete Kämpfer in verschiedenen Teilen Asiens stationiert waren. Das Wappenbild entspricht der europäischen Symboldarstellung der zwei gekreuzten *Schwerter,* die »Schlacht« bedeutet.

Kupfer (griech. chalkos, lat. aes cuprum), das heißt »Erz von Zypern« – von der Insel, an deren Ufer Aphrodite (*Venus*) aus dem Meeresschaum entstand. In der alten Metallsymbolik ist Kupfer daher das irdische Analogon des *Planeten* Venus und wird mit demselben *astrologischen* Zeichen in alchemistischen Schriften angedeutet. Abweichend davon war im Mithras-Glauben nicht Kupfer, sondern Zinn das Venus-Metall, also jenes Element, das mit Kupfer zu Bronze legiert wurde. Nach antiker Tradition (Hesiod, Ovid) folgte auf das *Goldene Zeitalter* jenes des *Silbers,* und vor dem jetzigen *eisernen* herrschte ein kupfernes als Bindeglied zwischen den Epochen der Edelmetalle und dem gegenwärtigen Zeitalter. Kupfer wurde als gediegen in der Natur vorkommendes Metall oft kaltgehämmert (etwa im prähistorischen Nordamerika) und war dadurch etwas härter als gegossenes. Auch in Westafrika war es als irdisches Symbol für Wärme und *Licht* sehr geachtet. – Wie in der europäischen Antike wurde in Altchina kaum zwischen reinem Kupfer (t'ung) und den Legierungen Bronze und Messing unterschieden. Es diente zur Herstellung von Münzen mit einem quadratischen Loch in der Mitte, durch das sie aufgefädelt wurden (Cash). Da das Wort t'ung auch »zusammen« bedeutet, wurden Kupfermünzen in Brautbetten gelegt, um dem Paar eine bleibende Gemeinschaft zu sichern. In den *»Höllen«* müssen Sünder flüssiges Kupfer trinken oder, wenn es sich um Wollüstige handelt, mit Partnern tanzen, die sich bei der Umarmung in glühende Kupfersäulen verwandeln. Aus Kupfer wurden auch Trommeln und *Glocken* für den kultischen Gebrauch hergestellt.

Labarum, die römische Königs*fahne,* die dem Heer vorangetragen wurde; im engeren Sinn dann in christlicher Zeit die Siegesfahne mit dem *Chrismon* (Christogramm), das Kaiser Konstantin d. Gr. bei seinem Sieg in der Schlacht an der Milvischen Brücke (312) über Maxentius begleitet haben soll. Das Labarum in dieser Form wird im Mittelalter Insignie des auferstehenden Jesus als Symbol seines Sieges über den Tod. Auch das »*Lamm* Gottes« wird bei Osterprozessionen mit dieser Siegesfahne dargestellt.

Labyrinth, eine bestimmte Art eines verschlungenen Weges, der in der ursprünglichen Form um ein Achsen*kreuz* herum in *spiral*artigen Schlingen oder Mäandern konstruiert wurde. Die fast weltweite Verbreitung von gleichartig konstruierten Labyrinthen läßt vermuten, daß sie eine Bedeutung als Kultsymbole hatten und etwa auf kleinem Raum einen langen und schwierigen Weg (der Einweihung?) manifestierten.

Labyrinth: Fußbodenmosaik in der Kathedrale von Chartres

Labyrinth im Barock-Emblem. Symbolographia des J. Boschius, 1702

In jüngerer Zeit als »Trojaburgen« bezeichnet, scheinen diese Labyrinthe bestimmte Kulttänze graphisch fixiert zu haben. So waren sie in der Antike u.a. als Fußbodenmosaike und in Skandinavien, vor allem auf der Insel Gotland, durch aneinandergereihte Steine ausgelegt worden. In mittelalterlichen Kathedralen wurden sie als »Chemins à Jérusalem« als Ersatz einer Pilgerfahrt in das Heilige Land verstanden, wenn der Gläubige sie im Gebet und auf den Knien durchwanderte; das Fußbodenlabyrinth der Kathedrale von Chartres hat einen Durchmesser von 12 Metern, der zurückzulegende Weg ist etwa 200 Meter lang. In vielen Sagen und Mythen fremder Völker ist von Labyrinthen die Rede, die der Held durchwandern muß, um ein großes Ziel zu erreichen. Auch die Sage vom Heros Theseus, der im kretischen Labyrinth das *Stier*-Mensch-Mischwesen Minotaurus tötete, weist auf den Einweihungs-Charakter des Labyrinthsymbols hin. Vgl. *Ikarus.* In neuerer Zeit, vor allem im Barock und Rokoko, wurden die ursprünglich nach einem klaren Schema konstruierten Labyrinthe in Irrgärten aus gestutzten Hecken umgewandelt, die bloß der Zerstreuung von Parkbesuchern dienten. – Im psychologischen Sinn ist das Labyrinth Ausdruck des »Suchens nach der Mitte« und mit einer unfertigen *Mandala*-Form zu vergleichen.

Lamm, das Jung*schaf,* ist wegen seiner rührenden »Unschuld« Symbol des reinen und arglosen Wesens, das bei den Israeliten als Passahlamm geschlachtet wurde. Das Bild des göttlichen Hirten, der die Herde seines Volkes führt, ebenso vom Knecht Gottes, der wie ein Opferlamm zur Schlachtbank geführt wird (Jesaia 53,7) ergab das neutestamentliche Bild vom »guten *Hirten*« Jesus, der verirrte Lämmer sucht. Bei Johannes 1,29 weist Johannes der Täufer auf Jesus hin, der als »Lamm Gottes« (lat. agnus dei) die Last der Weltsünden auf sich nimmt. In der Johannes-Apokalypse (14,1) ist vom triumphierenden Lamm die Rede: »Siehe, ein Lamm stand oben auf dem Berg Sion.« Das Lamm Gottes als Symbol Christi ist bereits in den römischen Katakomben dargestellt; in der byzantinischen Ikonographie wurde durch das Konzil von Trullo am Ende des 17. Jahrhunderts verboten, Christus als Lamm darzustellen. Im Westen hingegen ist das triumphierende Osterlamm mit der *Fahne* des Sieges über den Tod ein beliebtes Symbol der Auferstehung, und es wurde als Plastik aus geweihtem Wachs als Amulett gebraucht. – Das Opferlamm ist auch Symbol des Märty-

Lamm: Agnus Dei auf einem Schlüssel der Abtei Cluny, 12. Jh.

Lamm mit Kreuzfahne und Rose mit Kreuz, »Copyright-Vermerk« Martin Luthers

Lamm, »Agnus Dei« mit Nimbus und Kreuz, Symbol des Opfertodes Christi

rertums, etwa das Lamm zwischen *Wölfen* in der römischen Praetextatus-Katakombe. – Ein Lamm opferte im Alten Testament der Schäfer Abel, und es ist später Attribut von Heiligen wie Susanna und Agnes (Wortspiel: Agnes – agnus) und von St. Wendelin, dem Schutzpatron der Schäfer. – Die »Schäferspiele« des Barock romantisieren den Beruf des Schafhirten in süßlicher Weise und kokettieren mit der Unschuld der Lämmchen im Sinne erotischer Verwirrungen.

Laster, Untugenden, Hauptsünden werden in der bildenden Kunst oft durch vorwiegend häßliche Menschengestalten symbolisiert und oft im Kampf mit den *Tugenden* dargestellt, wobei Anzahl, Auswahl und Attribute schwanken. Die wichtigsten dieser Personifikationen sind: Hochmut – gekrönte Frau mit *Fledermaus*flügeln, auf einem *Löwen* reitend, mit *Zepter* in der Hand; Neid – Reiterin auf einem *Hund,* der einen Knochen im Maul trägt; Unmäßigkeit – Reiterin auf einem *Fuchs* mit einer Gans im Maul; Habsucht oder Geiz – auf einer Geldtruhe sitzender Mann, oft mit einem Dachs; Trägheit – schlafender Mann auf einem *Esel;* Zorn – ein Mann, der seine Kleider zerreißt, oder ein Menschenpaar im *Schwert*kampf; Wollust – Reiterin auf einem *Schwein* oder *Bock* oder Sirene (*Wasserwesen*), die ihre beiden Fischschwänze in den Händen hält (diese Darstellung ist jedoch auch ein böse Mächte abwehrendes Amulettbild); Unglaube – Menschen vor einem Götzenbild (*Idol*); Verzweiflung – sich erhängender Mann (*Judas*); Torheit – auf *Steine* beißender Mann; Feigheit – vor einem *Hasen* flüchtender Mann. Im Barock wird der Neid (invidia) auch als eine Frau mit

Laster: Die Todsünden als teuflische Dämonenwesen. H. Baldung Grien, »Buch Granatapfel«, 1511

Laster: Neid (invidia), sich selbst würgend. V. Cartari, 1647

Lazarus als aussätziger Bettler. Zeichnung nach der Merian-Bibel, Straßburg

entblößten Brüsten dargestellt, die mit beiden Händen den eigenen Hals zuschnürt, der Tadel oder die Verleumdung als »Momos« mit einem Knüppel, der Betrug (fraus) als *Schlange* mit Menschenkopf und *Skorpion*schwänzen. Spätbarocke Plastikgruppen des Kreuzweges Jesu sind häufig mit figuralen Szenen ausgestattet, in welchen der Heiland durch sein Leiden die einzelnen Laster der Menschheit abbüßt.

Lazarus, der »arme Lazarus« (Eleazar), nach dem Gleichnis Jesu (Lukas 16,19–30) Symbolfigur für den auf Erden an Armut und Krankheit leidenden Menschen, der dafür im *Jenseits* entschädigt wird, während seine Gegengestalt, der »reiche Prasser«, im lodernden *Feuer* der *Hölle* nach dem Tod Pein leidet. Lazarus ruht in *Abrahams Schoß*, während es seinem Gegenspieler verweigert wird, daß der gerechtfertigte Arme »die Spitze seines Fingers in Wasser taucht und seine Zunge kühlt«, denn »es ist zwischen uns und euch eine große Kluft festgelegt, so daß jene, die von hier zu euch hinübergehen wollen, es nicht können, noch können Leute von dort zu uns herüberkommen«. Da der »arme Lazarus« während seines Erdenlebens vom Aussatz befallen gewesen war, wurde er auch zum Schutzpatron der Leprosenheime (wie *Hiob*) und später allgemein der Hospitäler, die davon den Namen »Lazarette« erhielten. – Ein anderer Lazarus, Bruder der Maria und Martha in Bethanien, wurde nach dem Evangelienbericht durch Jesus von den Toten erweckt; er wurde, von Leichenbinden umwickelt, oft als Verkörperung des Auferstehungsglaubens in der bildenden Kunst dargestellt. Karitative Vereinigungen (Lazaristen, St.-Lazarus-Hilfswerk) knüpfen an diese Symbolik der beiden Lazarusfiguren an.

Leiter, im christlichen Bereich Symbol der Verbindung zwischen *Himmel* und *Erde* bzw. der Möglichkeit, zum Himmel emporzusteigen. Besonders bekannt ist die Traumvision Jakobs (1. Buch Mosis 28,11 f.), die von einer Leiter berichtet, auf der himmlische *Engel* auf- und niedersteigen: Ausdruck einer lebendigen Kommunikation zwischen Gott und Mensch. In naiver Weise werden auch andere Himmelswege mit dem Bild der Leiter beschrieben: die Himmelfahrt Christi oder des Propheten Elias (sonst im feurigen *Wagen* abgebildet) oder allgemein der Aufstieg einer reinen Seele zum Himmel. Abstrakt symbolisiert findet sich die Leiter in Allegorien wie jener von der *Tugend*leiter mit *sieben* Sprossen; des Martyriums als Leiter zum Himmel; der Askese, wobei die erste Stufe der *Drache* der Sünde ist, der unter die Füße getreten werden muß. In Byzanz wird Maria als Himmelsleiter angesprochen, auf der Gott zu den Menschen herniederstieg und durch die er sie zum Himmel emporsteigen läßt. Im außerkirchlichen Bereich wird die Personifikation der Philosophie als eine der »freien Künste« mit einer Leiter auf der Brust dargestellt. Ähnlich wie die *Kette* ist auch mit Hilfe dieses Symbols eine Verbindung zur höheren Sphäre (*oben/unten*) dargestellt worden. – In der *freimaurerischen Symbolik* ist im schottischen Ritus die »mystische Leiter« mit zweimal sieben Stufen ein Symbol des XXX. Grades. Ihre Sprossen sind einerseits Gerechtigkeit, Güte, Demut, Treue, Arbeit, Pflichtbewußtsein, Edelmut (mit kluger Einsicht), andererseits die »freien Künste« der mittelalterlichen Gelehrsamkeit: Grammatik, Rhetorik, Logik, Arithmetik, Geometrie, Musik, Astronomie (mit Varianten).

Eine Leitersymbolik mit sieben Sprossen (*Planeten*) war bereits in den Mithras-Mysterien bekannt und dürfte auch im Ritual der orphischen (*Orpheus*) Kulte eine Rolle gespielt haben. Auch schamanistische Trance-Seelenflüge in außereuropäischen Kulturen wurden gelegentlich mit dem Auf- und Abstieg über eine Leiter versinnbildlicht. Der altägyptische Ausdruck »asken pet« für die Leiter des *Sonnen*gottes bezieht sich jedoch eher auf eine Stiege als auf eine Sprossenleiter in unserem Sinn.

Leiter: Der Aufstieg zum Himmel wird von Armut, Krankheit, Wollust und frühem Tod behindert. Cicero, Von den tugentsamen ämptern, 1531

Leuchter: Die siebenarmige Menora; Steinrelief der Synagoge von Priëne, ca. 300 n. Chr. (Thora-Rollen auf dem Dreifußsockel

Leuchter, in der Antike die lebenswichtigen Träger der Lichter (Kerzen) zur Nachtzeit, soweit nicht die – vielfach mit Symbolen geschmückten – Öllämpchen verwendet wurden. Die Leuchter erhielten selbst Symbolwert, so in erster Linie die Menora(h), der siebenarmige Leuchter im Judentum, der auf eine Vorschrift im 2. Buch Mosis 25,31 f. zurückgeht: »Verfertige auch einen Leuchter aus purem Gold! Der Leuchter, sein Gestell, sein Schaft, seine Kelche, Knospen und Blüten sollen aus einem Stück getrieben sein. Von seinen Seiten sollen sechs Arme ausgehen, drei Leuchterarme auf der einen Seite und drei auf der anderen Seite. Der erste Arm soll drei mandelblütenförmige Kelche mit je einer Knospe und einer Blüte aufweisen, und der zweite Arm soll drei mandelblütenförmige Kelche mit je einer Knospe und einer Blüte aufweisen. So alle sechs Arme, die von dem Leuchter ausgehen. Auf dem Schaft des Leuchters sollen vier mandelblütenför-

Leuchter: Das Entzünden des Sabbatleuchters. Jüdischer Holzschnitt, um 1680

mige Kelche, Knospen und Blüten sein, je eine Knospe unten zwischen zwei Armen, entsprechend den sechs Armen, die vom Leuchter ausgehen. Seine Knospen und die Arme sollen ein Ganzes mit dem Schaft bilden. Das Ganze soll aus einem Stück aus getriebenem Gold sein ...« Ursprünglich saßen auf den Leuchterarmen Öllämpchen, später wurden oft Wachskerzen verwendet. Die Menora(h) verweist vermutlich mit ihren pflanzlichen Attributen auf eine Art von Welten*baum* nach babylonischen Prototypen, die *Sieben*zahl der *Planeten* andeutend. Sie stand im *Tempel* zu *Jerusalem* und wurde nach der Eroberung durch die Römer geraubt (Relief auf dem Titusbogen des Forum Romanum). In der mittelalterlichen Kunst ist sie oft Emblem des Judentums. »Der Leuchter ist ein Lichtbaum, der sich in seiner höchsten Blüte entfaltet. Das Licht strahlt bis zu Gott empor, und ihm strahlen alle anderen Lichter entgegen, um in ihm aufzugehen ... Das ist die Menora, die der Überlieferung gemäß zur Zeit der heldenhaften Makkabäer zum Weihfest des Zweiten Tempels insgesamt acht Tage brannte – obwohl sie nur von einem kleinen Krug Öl gespeist wurde, das unversehrt gefunden worden war« (De Vries 1986). – Die Chanukka-Leuchter der Juden weisen *acht* Kerzen auf; der mittlere Ast oder Schaft trägt kein Licht, sondern oft eine Figur (z.B. Judith mit dem Haupt des Holofernes). Ein *neunter* Arm trägt die Kerze »Scham(m)asch« (Diener des Lichtes, auch Name des babylonischen *Sonnen*gottes), mit der die anderen Kerzen entzündet werden. – Im christlichen Bereich wurde der große Leuchter der Osterkerze besonders prunkvoll gestaltet, etwa jener im Hildesheimer Dom (aus dem Jahr 1015).

Licht, weltweit Symbol der Göttlichkeit, des geistigen Elements, das nach dem uranfänglichen *Chaos* der Dunkelheit das All durchströmte und die Finsternis in ihre Schranken wies. Licht und Finsternis sind das wichtigste *Dualsystem* polarer Kräfte, wobei das Licht auch durch den gewaltigsten Lichtspender *Sonne* symbolisiert wird. Sonnenlicht ist unmittelbares Erkennen, *Mond*licht hingegen das reflektierte, durch Spekulationen erworbene. Dunkelheit wird jedoch nicht immer als feindliches, sondern manchmal auch als komplementäres Urprinzip empfunden (*Yin-Yang*). Kulturen mit patriarchaler Prägung empfinden das Licht als »männlich«, die *Dunkelheit* als »weiblich«. Die altpersische Religion stellt den Kampf des Lichtes (Ormuzd) gegen die *Finsternis* (Ahriman) in den Vordergrund, wobei das Lichtreich göttliche, jenes der Dunkelheit hingegen dämonische Eigenschaften besitzt. Die unmittelbar »einleuchtende« Idee des Aufstieges durch die Finsternis zum Licht ist Gegenstand der meisten Einweihungs-

Licht: Die Schöpfung des Lichtes durch den Gottesgeist (Taube) aus dem Urwort »Es werde«. R. Fludd, Utriusque Cosmi Historia, 1617

lehren. In der jüdischen Esoterik der Kabbala ist das Urlicht Inbegriff der Gottheit, wie im Christentum der Erlöser als »Licht der Welt« bezeichnet wird. Deutlich wird die Ideenverbindung Licht-Sonne-Gott und Kampf gegen das Böse in einem neubabylonischen Hymnus an den Sonnengott Schamasch (9. Jahrhundert v. Chr.): »Der das Dunkel erleuchtet, den Himmel erhellt, der droben wie drunten das Böse vernichtet, Gott Schamasch ... Alle Fürsten freuen sich, dich anzuschauen, alle himmlischen Götter jubeln dir zu. Das Verborgene schauen sie in deinem Glanz, ihr Schritt ist deshalb sicher im Scheine deines Lichts ... Weit offen stehen alle Pforten des Himmels, aller Himmelsgötter Opfer nimmst du in Empfang!« Berühmt ist der Sonnenlichthymnus des ägyptischen »Ketzerkönigs« Echnaton (*Sonne*): »Schön erscheinst du im Lichtorte des Himmels, du lebendige Sonne, die zuerst zu leben begann! Du bist aufgeglänzt im östlichen Lichtorte und hast alle Lande mit deiner Schönheit erfüllt ...« Ausgeprägt ist die Licht-Geist-Symbolik in der Ideenwelt des Manichäismus und der Gnosis. Der aus dem Iran stammende Religionsstifter Mani (ca. 215–275 n. Chr.) lehrte die Geschichte dreier Weltzeitalter: das der Schöpfung, das der Vermischung von Licht und Finsternis und das jetzige, in dem die Lichtpartikel in die Himmelsheimat zurückkehren sollen. Sie strömen aus der irdischen Natur und bilden oben *Sonne, Mond* und *Sterne.* Als Säule der Herrlichkeit steigen sie in der ersten Monatshälfte zum Mond empor, bis sich dieser zur vollendeten Scheibe gerundet hat. Von dort werden sie zur Sonne und zum Licht*paradies* emporgehoben. Die geläuterte Seele wird, sobald sie den Menschenleib verlassen hat, von drei *Engeln* in dieses Lichtreich geführt und empfängt dort vom Richter der Wahrheit als Siegespreis das Lichtkleid und die *Kronen* (Kranz und Diadem) des Lichtes.

Auch im jüdisch-christlichen Bereich hat das Licht Eigenqualität und wird nicht als Emanation der Sonne aufgefaßt. Die Trennung von Licht und Finsternis ist im Schöpfungsbericht der Genesis die erste Gottesmanifestation, während Sonne und Mond erst später schlicht als »Leuchten« an das Firmament gehängt werden – offenbar in bewußter Unterscheidung dieser religiösen Ideenwelt von der Verehrung der Sonnengötter bei den umgebenden »heidnischen« Völkern. In den Sagen der Juden (E. bin Gorion) wird diese Eigenart des Schöpfungsberichtes dadurch erklärt, daß der Schöpfer das am ersten Tag erschaffene Licht verbarg, denn er sah voraus, daß ihn die kommenden Erdenvölker erzürnen würden. »Er sprach bei sich: Die Bösewichter verdienen es nicht, daß dieses Licht auf sie strahle; sie müssen an der Sonne und dem Mond Genüge haben, welche Lichter einst verschwinden werden. Das erste Licht aber, das von ewiger Zeitdauer ist, soll der Gerechten, die da kommen werden, Licht sein.« – Die jüngere christliche Ikonographie gebraucht dennoch die Mittel der stilisierten Sonnenstrahlen, um mit den Lichtkränzen der Aureolen und Heiligenscheine (*Nimbus*) die Ideenverbindung Gott-Licht auszudrücken – etwa in Anlehnung an den biblischen Psalm 104: »Herr, mein Gott, überaus groß bist du! Mit Hoheit und Pracht bist du angetan; wie in einen Mantel gehüllt in Licht ...« Klar ist es, daß das Wort Christi »Ich bin das Licht der Welt« auf die christliche Lichtsymbolik größten Einfluß nehmen mußte, so daß ein Lämpchen in katholischen Kirchen als das »ewige Licht« bezeichnet wird, das nach frommer Fürbitte auch den Verstorbenen leuchten soll. Kerzen sind Lichtträger, so etwa die Osterkerze und jene Hauskerze, die zu »Mariae Lichtmeß« (am 2. Februar) in der Kirche geweiht wird. Tauf- und Kommunionskerzen vermitteln dem gläubig Empfindenden nicht nur die abstrakte Symbolik, sondern auch einen tiefen Stimmungswert. Vielfach herrscht der Volksglaube, daß schon das Entzünden geweihter Kerzen, die ihr mildes Licht verbreiten, vor Unwetter und Hagelschlag, Überschwemmung und Krankheit schützt, wenn die Gläubigen bei ihrem Schein die himmlischen Helfer um Schutz anflehen.

Diese Symbolik ist naturgemäß nicht auf den christlichen Bereich allein beschränkt. Auch im Buddhismus bedeutet das Licht bildhaft das Erkennen der Wahrheit und die Überwindung der Materiewelt auf dem Weg zur absoluten Realität, dem farb- und formlosen Nirvana; im Hinduismus ist das Licht Metapher für Weisheit, geistiges Erfassen des göttlichen Anteils der Persönlichkeit (Atman) und Manifestation von Krishna, dem Herrn des Lichtes. Im

Licht: Die Erschaffung des Lichtes durch das Schöpferwort. G. Doré (1832-1883)

Islam trägt das Licht einen heiligen Namen (Nûr), denn »Allah ist das Licht des Himmels und der Erde.« – Eine große Rolle spielt die Lichtidee in der jüdischen Geheimlehre (Kabbala), etwa im Buch Sohar das Urlicht Or (eigentlich Awr), »das aus dem Geheimnis des verborgenen Uräthers, Awir, sich ausbreitet und hervorbricht«, des »Ungrundes En-Sof« Offenbarung. Erst nach dem Licht entsteht in dieser mystischen Kosmologie die Finsternis. Ein vermittelndes Gewölbe »schlichtet den Streit der beiden Kräfte Licht und Finsternis«, was an die Symbolik des Royal Arch (des Königlichen Gewölbes) im *Freimaurer*tum erinnert. Dort nimmt die Lichtsymbolik breiten Raum ein. »Der Freimaurer ist Lichtsucher; dem Kandidaten wird solches erteilt, in eine neugegründete Loge wird das Licht eingebracht, bei rituellen Arbeiten der Tempel erleuchtet, die großen und kleinen Lichter sind von ausschlaggebender Bedeutung ... Die mit dem Lichtkult zusammenhängende

Lilien: Wandfresko in einem Haus der Insel Thera-Santorin. Ca. 1500 v. Chr.

Symbolik kommt auch in der Verehrung des Ostens zum Ausdruck, läßt diesen zum heiligsten Ort des Mysterientempels werden ...« (Lennhoff-Posner). Dabei bedeuten die »Großen Lichter« die symbolischen Gegenstände *Winkelmaß, Zirkel* und heiliges *Buch*, die »Kleinen Lichter« (auf den Säulen Weisheit, Schönheit und Stärke) den »Meister vom Stuhl« und die beiden Aufseher (oder Sonne und Mond). Auch die führenden Logenbeamten werden als Lichter bezeichnet. Vgl. *Blindheit, Dunkelheit, Fenster.*

Lilie. »Die weiße Lilie mit Pracht und Herrlichkeit / viel Blumen übertrifft, doch währt sie kurze Zeit. / Also muß auch der Mensch vergehen und eralten, / wo ihn nicht Gottes Gnad und Auffsicht wird erhalten« (Hohberg 1675).

Lilie: Das Motiv »Fleur-de-Lis« der französischen Heraldik (15. Jh.)

Die Lilie war schon vor der Formulierung ihres Symbolwertes hochgeschätzt und in Ägypten wie im minoischen Kreta sowie in Mykenä beliebtes Dekor-Kunstmotiv. »Lilienhaft« (zart) wird die Stimme der *Zikaden* und der *Musen* in der Dichtkunst genannt. Die Mythe läßt Lilien aus der *Milch* Heras entsprießen, die zur *Erde* tropfte, während auch die Milchstraße entstand. Die Liebesgöttin Aphrodite (*Venus*) haßte das unschuldsvoll-rein wirkende Gewächs und setzte ihr den Stempel ein, der an den Phallus (vgl. *Lingam*) eines *Esels* erinnert. Dennoch wurde die Lilie im Christentum Symbol der reinen, jungfräulichen Liebe. Gabriel, der Verkündigungs*engel,* wird meist mit einer Lilie in der Hand dargestellt, ebenso der Nährvater *Josef* und die Eltern Mariae, Joachim und Anna. Die »Lilien des Feldes«, die keine Arbeit leisten, aber in der Bergpredigt Jesu wegen ihrer Rolle des nie Fragen stellenden Gottvertrauens gepriesen werden, machten die Blume zum Attribut vieler Heiliger (u. a.: Antonius von Padua, Dominikus, Filippus Neri, Vinzenz Ferrer, Katharina von Siena, Philomena). Wichtig ist das »Fleur de Lis«-Motiv in der Wappenkunst, denn die Lilien »seynd Königliche Blumen ..., insonderheit weil die Lilien-Gestalt einen Scepter gleicht, oder weil die Schlangen vor den Lilien fliehen, die einen hertz-erquickenden Geruch von sich geben« (Böckler 1688). Eine Lilie soll dem Frankenkönig Chlodwig I. (481–511) durch einen Engel verliehen worden sein; sie schmückte seit 1179 das Wappen der Könige von Frankreich. Durch Ludwig XI. gelangte sie in das Wappen der Medici und von dort in jene von Florenz und der Toskana. Die Bourbonen-Lilie unterscheidet sich von der Florentiner Lilie dadurch, daß diese

Lilie: Emblem-Kupfer von W. H. Frh. v. Hohberg, 1675

Staubfäden aufweist. – In der Volkssymbolik ist die Lilie nicht nur Symbol der Reinheit – etwa bei kirchlichen Prozessionen –, sondern auch des »bleichen Todes«. In Volkssagen kündigt eine geheimnisvoll erscheinende Lilie den Tod eines Klosterbruders an (Corvey, Hildesheim, Breslau). Auch das Volkslied von den auf das Grab gepflanzten »drei Lilien« spielt auf die *Todessymbolik* an.

Linde. Der in der nördlichen gemäßigten Zone mit etwa 60 Arten vertretene Laubbaum war im deutschen Sprachraum als Dorfbaum und Schattenspender auf dem Versammlungsplatz beliebt, war in germanischer Zeit der Göttin Freya geweiht, galt als *blitz*abwehrend und als Kennzeichen der lokalen Gerichtsbarkeit. Seit Walther von der Vogelweide oft im Lied erwähnt, wurde die Linde geradezu zum Symbol der dörflichen Gemeinschaft; doch auch in den slawischen Ländern war die »Lipa« vielfach ähnlich hochgeschätzt, auch als Spender des von den *Bienen* gesammelten Lindenblütenhonigs. Die im Volksmund so genannten »Lindenblüten« (zur Bereitung von schweißtreibendem Tee verwendet) sind in Wahrheit die ganzen Blütenstände samt dem flügelförmigen Vorblatt, das als Flugorgan wirkt. Hildegard von Bingen (1098–1179) nannte die Linde (Tilia) ein nach der Viersäftelehre »sehr warmes« Gewächs; »all ihre Wärme sitzt in den Wurzeln und steigt von dort auf die Zweige und Blätter. Die Linde ist ein Sinnbild der Gebrechlichkeit (?). Es hilft gegen Herzleiden, häufig ein Pulver aus dem Inneren ihrer Wurzeln zum Brot zu verzehren.« Es mache die *Augen* klar, wenn man sich zum Schlafen die Augenlider und das Gesicht mit frischen Lindenblättern bedecke.
In der Heraldik wird die Linde mit stilisierten herzförmigen Blättern oft abgebildet, etwa im Siegel der Reichsstadt Lindau. Das Lindenblattkreuz als Schildfigur weist an den Balkenenden die herzförmigen Lindenblätter auf, die auch als Schildbilder oder als Helmzier (Landgrafschaften Thüringen und Hessen) oder in Form von gebogenen Lindenzweigen auftauchen.

Linde: Mittelalterliches Siegel der Stadt Lindau im Bodensee

Lingam (Lingā), in der altindischen Ikonographie abstrahiertes Symbolbild des männlichen Zeugungsgliedes (Phallus) als Inbegriff des schöpferischen Urprinzips, wie es der Gott Shiva verkörpert, der Herr alles Lebendigen. Diese Phallusdarstellung geht auf prähistorische Fruchtbarkeitskulte zurück, wird aber in der Plastik fast immer völlig naturfern dargestellt, und zwar als abgerundeter Säulenstumpf, der gelegentlich an mediterrane *Omphalos*-Bilder gemahnt. Auch die Vorstellung der *Weltachse* könnte mit dieser Gestaltung zusammenhängen. – Im Sinne der Konzeption eines *Dualsystems,* das die Polarität der Geschlechter zu einer größeren Einheit zusammenfaßt, wird die Lingam-Darstellung im Shiva-Kult oft mit dem Symbol der *Yoni* verbunden, in Gestalt der abgerundeten Steinsäule, um deren Basis sich ein Steinring schließt – Symbol des Zusammenwirkens von männlichem und weiblichem Urelement, auf dem alles Leben beruht. Die shivaitische Sekte der Lingāyat in Südindien, bereits im 11. Jahrhundert n. Chr. begründet, widmet sich der Verehrung des schöpferischen Lingam, der oft auch als Amulett in einem Behälter getragen wird; sie wird entgegen europäischen Vorstellungen als »moralisch besonders hochstehend« gerühmt. – Lingam-Säulen werden nicht selten von der Kundalini-*Schlange,* dem Symbol der Vitalkraft, umschlungen dargestellt, als Sinnbild der höheren Erkenntnis von der durch spirituelle Disziplin erreichbaren Verbindung von Idee und Materie. Ähnlich wird in der esoterischen Spekulation der von Schlangen umwundene Stab des Hermes (Mercurius) gedeutet, der *Caduceus.* – Noch lebendig ist in Indien die Verehrung des Gottes Shiva Mahalingā, dessen Zeugungsglied in der *Höhle* von Armanath in den Kashmirbergen von zahllosen Pilgern besucht wird. Hier soll Shiva in der Urzeit in einer *Feuer*säule erschienen sein, die sich dann teilte und Shivas Bild freigab. In der Höhle selbst können die Pilger einen Stalagmiten von annähernd phallischer Gestalt sehen. – Historischen Urkunden aus dem mittelalterlichen Reich der Khmer (Kambodscha) zufolge befand sich in der hinduistischen Epoche von Angkor im Zentrum der Stadtanlagen, die das Weltbild in *Quadrat*form widerspiegeln, der heilige Shiva-Lingam.

Lorbeer, dessen Holz dem Blitz widersteht. W. H. Frh. v. Hohberg, 1675

Lorbeer (griech. *daphne,* lat. laurus), Busch oder Baum der Mittelmeerländer, der dem Kult des *Sonnen*gottes Apollon heilig war. Die Mythe von der Verwandlung der von ihm geliebten Daphne in den Strauch sollte die Verbindung zwischen Gott und Gewächs erklären. Apoll gab mit seiner Hilfe Orakel, reinigte sich mit ihm nach der

Tötung der *Drachen*schlange Python und den Orestes nach dem Mord an seiner *Mutter* Klytämnästra. Dem Lorbeerlaub wurde nicht nur medizinische Heilkraft, sondern auch die Kraft der Reinigung nach seelischer Befleckung zugeschrieben. Lorbeerhaine umgaben Apollon-Heiligtümer, und die Orakelpriesterin Pythia zerkaute in Delphi Lorbeerblätter, wenn sie den lorbeerumkränzten Dreifuß bestieg. Der Lorbeer war aber auch dem Ekstasegott Dionysos (neben dem *Efeu*) heilig, in Alt-Rom auch dem *Jupiter.* Sein Symbolwert war der des Friedens nach dem Sieg über Feinde. Siegesbotschaften und siegreiche Waffen wurden mit Lorbeerreisern umwunden und dem Bild des Jupiter in den Schoß gelegt. Sie reinigten auch rituell von vergossenem *Blut,* und der Sage nach wurde der Lorbeerbaum als einziger aller von Menschen gepflanzten Bäume nie vom *Blitz* getroffen. Bei Brandopfern wurden Lorbeerzweige verbrannt, deren Knistern als gutes Omen galt. Lorbeer*kränze* und -zweige wurden auf Münzen und Gemmen als Attribute *Jupiters* und Apolls dargestellt. Auch das Frühchristentum schätzte die Lorbeerblätter wegen ihres immer*grünen* Aussehens, und zwar als Symbol des ewigen Lebens bzw. des neuen Lebens durch die Erlösungstat Christi. Als allegorische Gestalt wurde über die Jahrhunderte hinweg die Siegesgöttin Nike (lat. Victoria) mit dem Lorbeerkranz in der Hand dargestellt, den sie siegreichen Helden aufs Haupt setzt.

Lotos, eine Blume, die im Südosten des Mittelmeerraumes und in Asien ebenso bedeutsam ist wie in Europa die *Rose* und die *Lilie.* Verschiedene Pflanzenarten werden unter diesem Namen zusammengefaßt; in Ägypten ist dies der *weiße* Lotos (Nymphaea lotus) und der *blaue* Lotos (Nymphaea cerulea), in Indien die weiß und rötlich blühende Wasserpflanze (Nelumbium nelumbo und Nelumbium nucifera), und auch die weiße Seerose Zentralamerikas, Nymphea ampla (Maya: naab oder nicté hà) wird in manchen Büchern als Lotos bezeichnet. – In Altägypten wurde die Lotosblüte im Weltschöpfungsmythos genannt (vgl. *Achtheit*); sie entstand aus dem Urschlamm, und der göttliche Weltschöpfer entsprang »als schöner Knabe« aus ihrem Kelch. Die Blüten, die sich beim *Sonnen*aufgang öffnen und abends schließen, wurden mit dem Sonnengott und der Entfaltung des *Lichtes* aus dem Schlamm der mythischen Urzeit in Verbindung gebracht. Viele Wandmalereien in den thebanischen Gräbern zeigen die Lotosteiche, auf welchen der Bestattete im Schilfbündelboot umherfährt, und »Lotosbündelsäulen« gehören zur ägyptischen Großarchitektur; Kränze aus Lotosblüten wurden den Toten ins Grab gelegt. Papyrus und Lotos in Vereinigung symbolisierten die Vereinigung der Reichsteile. Mehr als die weiße wurde die süß duftende blaue Lotosblüte geschätzt. Sie war das Attribut von Nefertêm, dem

Lotos: Aus der Blüte erhebt sich der Wiedererwachte im westlichen Jenseitsland zu neuem Leben. Ägyptisches Totenbuch (Papyrus Ani)

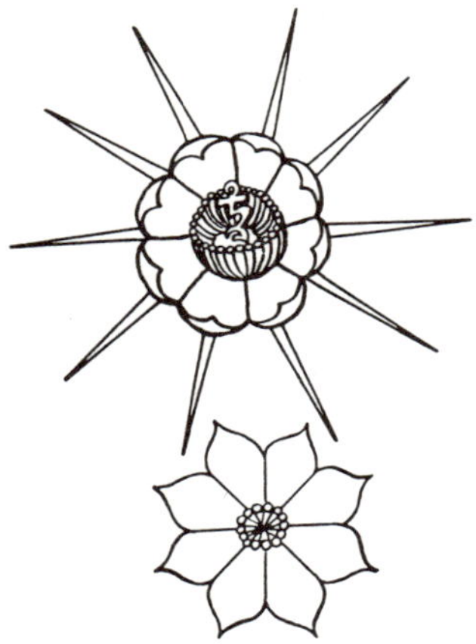

Lotos: Weiße (unten) und blaue Lotosblüte, Meditationsbilder des Tantrismus, Tibet

jungen Gott von Memphis, dem »Herren der Wohlgerüche«, und wurde »die Schöne« genannt (nen-nufer, davon französ. Nénuphar, Seerose).
Die indische Lotosblüte ist das wichtigste Symbol dieses Raumes für Spiritualität und Kunst. Ihre Göttin Padma ist vorarischen Ursprungs und wird mit dem Begriffsfeld des *Wassers* und der Fruchtbarkeit verknüpft; sie wurde in arischer Zeit mit Vishnus Gattin Lakshmī und mit Brahma verbunden: In der hinduistischen Mythologie wurde aus einer Lotosblüte, die aus dem Nabel des auf dem Wasser schlafenden Vishnu wuchs, der Weltschöpfer Brahma geboren. In buddhistischem Rahmen wird dem Lotos noch größere Beachtung geschenkt. Gautama Buddha besitzt »Lotos-Augen, Lotos-Füße und Lotos-Schenkel«. Der Lehrer (Guru), der den Buddhismus nach Tibet brachte (8. Jahrhundert n. Chr.), trägt den Namen Padmasambhava (»Der aus dem Lotos Geborene«). Der Bodhisattva Avalokitéshvara heißt in einer Erscheinungsform Padmapāni: der »den Lotos in Händen Haltende«, wobei die Blüte das Symbol für das Mitleid ist. In einer anderen Erscheinungsform heißt er Padmanartéshvara, »Herr des Tanzes mit dem Lotos«, und trägt eine *rote* Lotosblüte. Sie ist auch das große Symbol der Erkenntnis, die aus dem Kreislauf der Wiedergeburten zum Nirvāna führt. Die tibetische Gebetsformel »Om mani padme hum« wird mit »Om, Kleinod im Lotos, Amen« übersetzt, wobei die Deutung des Tantrismus »psychoanalytisch« wirkt und eine spirituell gesehene sexuelle Vereinigung der weiblichen Blüte mit der maskulinen Energie nahelegt. In den Yoga-Systemen wird die höchste Geisteserkenntnis der im Körper aufsteigenden Energieströme mit dem Erblühen einer Lotosblüte am Scheitel verglichen, ebenso im Taoismus mit der »*goldenen* Blüte« als oberstem Lotos. – Auch in China wird die Lotos-Symbolik mit dem Buddhismus verbunden. Der Lotos, der im Schlamm wurzelt, aber rein aus ihm entsteigt, zweiglos duftet, eine leere Blüte entfaltet und emporblickt, ist ein Bild des reinen Strebens, daneben eines der Kleinodien oder Kostbarkeiten sowohl im Buddhismus als auch im Taoismus, ebenso das Attribut der »Unsterblichen« Ho-hsien-ku (vgl. *Acht Unsterbliche*). Die Silbe »ho« (Lotos) in männlichen Namen drückte früher eine Bindung an die buddhistische Lehre aus. Die blaue Lotosblüte (ch'ing) wird mit dem gleichnamigen Begriff »Sauberkeit« in Zusammenhang gebracht. Ein anderer Name des Lotos, lien, klingt gleich wie »verbinden« und »Bescheidenheit«, was wieder Anlaß zu rebusartigen Verschlüsselungen für Glückwünsche bot. So stellt etwa ein Knabe mit einer Lotosblüte den Wunsch »Mögest du immer wieder Überfluß genießen« dar. Die durch Zusammenbinden verkrüppelten Füße vornehmer Chinesinnen hießen »gebogener

Löwe: Der Löwe als König der Tiere. »Buch der Weisheit«, Ulm, 1483

Löwe: Motiv der Bibelszene »Daniel in der Löwengrube«, Blassus-Grab, Friedhofskirche Bordjel-Youni, Tunesien

Lotos« und sollten zierliches Gehen und Tanzen ermöglichen. Dieser grausame Brauch wurde erst Ende des 19. Jahrhunderts offiziell verboten. Die Tradition setzte den 8. Tag des vierten Monats als Geburtstag des Fo (Buddha) an, »an dem der Lotos erblüht«. – Bei den yukatekischen Maya war die lotosähnliche weiße Seerose die »Blume des Wassers« und wurde oft auf Tongefäßen und als Relief dargestellt. Möglicherweise wurde sie narkotischen Getränken, so dem mit Lonchocarpusrinde versetzten »Balché«-Met, als Zusatz beigemischt, um Jaguarpriester in Ekstase zu versetzen. Vgl. *Honig.*

Löwe, wie der *Adler* ein tierisches Herrschaftssymbol, oft in der Heraldik vertreten und in der Fabel als »König der Tiere« bezeichnet. *Astrologisch* als *Stern*bild mit dem *»Planeten« Sonne* verbunden, sind auch seine Symbolzüge solarer Art. Grundlage dafür sind wohl die Stärke des Tieres wie auch seine goldbraune Farbe und die strahlenartige Mähne des Männchens. Wie dem Adler wird auch dem Löwen nachgesagt, er könne in die Sonne schauen, ohne zu blinzeln. Die maskuline Signatur des Löwen läßt ihn auch als komplementäres Gegenstück zu großen Göttinnen erscheinen (Kybele, Artemis, *Fortuna* – jedoch auch weiblich als Löwin). In Ägypten war die Löwin Erscheinungsform der Kriegsgöttin Sechmet, während der Löwe mit der Sonnenscheibe auf dem Kopf den Gott Rê repräsentierte. Auch der *Himmel* scheint in der Frühzeit, ehe sich dessen Symbolisierung durch die Himmelsfrau Nut oder eine *Kuh* durchsetzte, durch einen Löwen verkörpert worden zu sein, der allabendlich die Sonne verschlingt. – In der Antike wurden Götter und Heroen der mythischen Zeit, etwa Herakles, nicht selten als Löwenüberwinder dargestellt, um den Sieg des Menschengeistes über die animalische Natur zu vergegenwärtigen. – In der christlichen Symbolik ist die Gestalt des Löwen zwiespältig besetzt, einerseits als Symbol der Stärke des Stammes Juda, dann aber auch als Bild des verschlingenden Widersachers, vor dem nur Gott selbst Schutz gewähren kann (»Daniel in der Löwengrube«). Der frühchristliche »Physiologus«-Text enthält sinnbildhafte Fabeln über den Löwen, so etwa, daß er beim Wandern seine Spuren mit dem Schwanz verwischt (»So hat auch Christus, mein Heiland, der Sieger aus dem Stamme Juda ... vom unsichtbaren Vater gesandt, seine geistlichen Spuren verwischt, d.h. seine Göttlichkeit«); daß er in seiner *Höhle* mit offenen Augen schlafe (»So schläft der Körper meines Herrn am Kreuz, seine Göttlichkeit aber wacht zur rechten Hand Gottes, des Vaters«). Schließlich erzählt er über die wundersamen Umstände seiner Geburt: »Wenn die Löwin das Junge zur Welt bringt, so gebiert sie es tot und wacht bei der Leiche, bis am dritten Tag der Vater kommt und ihm ins Gesicht bläst ... (die Löwin) setzt sich ihm gegenüber drei volle Tage hindurch und blickt es (das Junge) an. Blickt sie aber weg, so wird es nicht lebendig.« Der männliche Löwe erweckt es, indem er ihm den Lebensatem in die Nasenlöcher bläst. »So haben auch die ungläubigen Heiden während der dreitägigen Grabesruhe und der Auferstehung unseres Herrn Jesus Christus (zu ihm) aufgeschaut und sind (geistig) lebendig gemacht worden ... Als der männliche Löwe kam, d.h. das lebendige Wort, hauchte er (der Heilige Geist) auf sie und machte sie lebendig.« Die negative Deutung folgt: Der Mensch möge im Sinne Gottes verbleiben, damit er nicht in die Versuchung des Löwen falle, »das ist: des Teufels. Denn dieser, wenn er sich den Menschen auch nicht zeigt, sucht durch die Versuchungen, welchen er verschlinge, wie der Löwe ...«

Löwe: Holzschnitt im Werk des Pseudo-Albertus Magnus, 1531

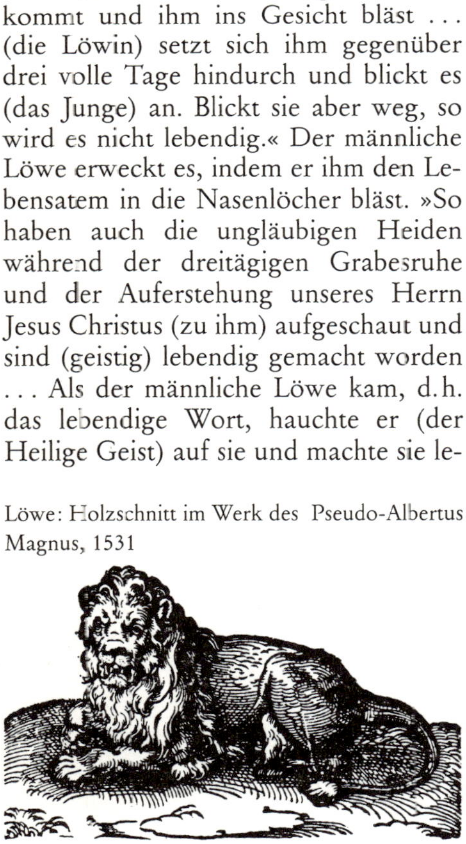

In der Bilderwelt der *Alchemie* ist der Löwe teils ein Symbol des Urstoffes *Sulphur*, zum anderen aber als »*roter* Löwe« des fertigen »Steins der Weisen«. Ein *grüner* Löwe stellt ein Lösungsmittel mit großer Zersetzungskraft dar. – Meist stellt der Löwe Extreme dar, entweder im positiven Sinne als Vorbild des heroischen Menschen oder im negativen als Symbol der teuflischen Welt (1. Petr. 5,8). Christus wird oft als Sieger über tierische Personifikationen wie den Löwen, den *Drachen* oder *Basilisken* vorgestellt. Sein typologisches Vorbild im Alten Testament ist Samson (Simson), der einen Löwen zerreißt. – In Ostasien waren Löwen nur aus der fernen Überlieferung bekannt, und der Name des Löwen (shih) ist vom persischen »sir« abgeleitet. Die auf Bildern und als Skulpturen dargestellten Löwen haben mit dem Naturvorbild daher wenig gemeinsam. Als Torwächterfiguren werden zwei stilisierte Löwen dargestellt, die den Eingang zu heiligen Bezirken schützen. Der rechte ist männlich aufgefaßt und hält unter der Pranke einen *Ball* oder eine *Perle*, der linke (weibliche) ein Junges. Beim Löwentanz, der am 15. Tag des 1. Mondmonats zelebriert wird, findet eine Löwenmaske mit goldenen Augen und *silbernen* Zähnen Verwendung, wobei der »Löwe« nur durch kleine Geldopfer besänftigt werden kann. Auf Löwen reitende Männer sind Symbole göttlicher Kraft. – In Japan hat der Löwe (*Löwenhund*) sein natürliches Aussehen noch mehr eingebüßt; er heißt

»Buddha-Hund« und bewacht als »Karashishi« auch hier den Eingang von Tempelbezirken.
In der europäischen *Heraldik* ist er neben dem *Adler* das am häufigsten vorkommende Wappentier, meist aufrecht stehend (steigend) oder »zum Grimmen geschickt« (mit offenem Rachen, gesträubter Mähne, herausgestreckter Zunge und erhobenen Vorderpranken), mit sehr schlankem Körper und zottigem Leib, meist in *roter* oder *goldener* Farbe, Krallen und *Zunge* andersartig gefärbt. Da der Löwe als »*König* der Tiere« Kriegstugend und Macht verkörperte, wurde er bereits im Mittelalter oft in Wappen aufgenommen, wobei das immer häufigere Auftreten den Symbolgehalt verminderte und eine besondere Hervorhebung oder Verpflichtung des Wappeninhabers nicht mehr angenommen werden kann. – In der astrologischen Symbolik ist das »Feuerzeichen« des Löwen der *Sonne* und dem *Gold* zugeordnet, als »*königliches*« Zeichen prägendes Sinnbild für die zwischen dem 23. Juli und 23. August Geborenen. Ihnen werden Eigenschaften wie Liebe zu Prunk und Reichtum, Eitelkeit, Neigung zu Herrschaft und Tyrannei, aber auch natürliche Autorität und Geistesgröße zugeschrieben, wobei die Ausdruckswirkung im Sinne einer Populär-Astrologie offensichtlich von der Symbolik des namengebenden fünften Zeichens des Tierkreises abhängig ist. – Die tiefenpsychologische Symbolkunde bestätigt die anderweitig gewonnenen Aussagen und sieht den Löwen als ein Wesen von großer, aber souverän beherrschter Energie, beherrschend ohne Kraftanstrengung in der Ruhe, unaufhaltsam im Angriff und konsequent vernichtend im Kampf. Wenn er, so Ernst Aeppli, im *Traum* »sein männlich-gewaltiges Tierhaupt erhebt, da ist der Träumer von dem Symbol des Triebbewußtseins so eindrücklich angerührt, von einer großen und gefährlichen Kraft so in den Bann gezogen, daß auch der Deutungsunkundige ahnt, daß eine große, wilde Energie in ihm den Durchbruch zu neuer, triebsicherer Persönlichkeit fordert«.

Löwenhunde (Karashishi), in japanischen Heiligtümern die neben dem *Torii* stehenden Figuren von Wächtertieren, die auch »Buddhahunde« (fochi) genannt werden. Obwohl damit buddhistische Tempel beschützt werden, stammen diese »chinesischen Löwen« aus dem Shinto-Glauben. Da in China der Löwe unbekannt war, erinnert die Gestalt eher an einen Pekinesen als an das im Abendland bekannte Raubtier. Der rechte der beiden Torwächter wird mit offenem Maul als männlich vorgestellt, der linke mit geschlossenem Maul als weiblich. Trotz ihres oft eher drolligen als furchterregenden Aussehens sind die Karashishi Symbole für Lebenskraft und Ausdauer,

Löwenhunde: Japanischer »Karashishi« als Wächter vor dem Eingang zu einem Heiligtum

im Sinne der Auffassung, daß die *Mutter*tiere ihre Jungen über steile Felsen werfen, um nur die stärksten von ihnen überleben zu lassen. Sie sollen nach dem Volksglauben auch imstande sein, hohle *Ball*kugeln, die ihnen zugerollt werden, mit köstlicher *Milch* zu füllen.

Luchs, das wegen seiner besonders scharfen *Augen* (»Augen wie ein Luchs«) bekannte Raubtier ist in der christlichen Ikonographie ein dem Reich des *Teufels* zugeordnetes Wesen, außerdem Symboltier des Gesichtssinnes; er soll selbst durch Mauern sehen können. In der Wappenkunst hat der Luchs oder »Tigerwolf« nach Böckler 1688 »die Deutung einer geschwinden, schnellen Schlauigkeit und trefflich-scharff-aussehenden Verstandes; dergleichen führen die Luchsen in der Marck Brandenburg in ihren Wappen mit dem Namen.«

Mammon (nach dem aramäischen Wort ma'mon, das Vermögen und Besitz bedeutet) ist in den magischen Büchern der Neuzeit und später in der Literatur – z.B. in Hofmannsthals »Jedermann« – die Personifikation des Geldes, vor allem des zu Unrecht erworbenen. Bei Agrippa von Nettesheim (1486–1535) tritt Mammon als Dämon im Gefolge des *Teufels* auf (im Anschluß an das Lukas-Evangelium 16,13: »Ihr könnt nicht Diener Gottes und des Mammons sein«). Mammon wird meist als *Gold-Idol* dargestellt, etwa als *Teufels*figur, die Geldstücke um sich streut. Damit verlockt er die Menschen zur Diesseitsfreude, läßt sie aber nach ihrem Tod im Stich. In der Renaissance wurden geldgierige Menschen als Mammonsknechte bezeichnet.

Mammon: Tod und Mammonsknecht (Holzschnitt von Hans Holbein d. J., 1547). Geldteufel (satirisches Flugblatt gegen Wucherzinsen, Frankreich, ca. 1660)

M

Mandala (Sanskrit) bedeutet zunächst *Kreis,* im weiteren Sinne jedoch aus Kreisen und daraus entwickelten Formen konstruierte Konzentrations- und Meditationshilfe im indobuddhistischen Raum, ebenso im lamaistischen Tibet. Solche Strukturen sind meist gezeichnet und gemalt, aber auch architektonisch ausgeformt und zeichnen sich dann in den Bauplänen von *Tempel*anlagen deutlich ab. Sie sind im eigentlichen Sinn spirituelle Abbilder der Weltordnung (Kosmogramme), vielfach mit *Elementen* der vierfachen Orientierung (vgl. *Quadrat*) kombiniert. Wie bei Zielscheiben ist dabei die Hinführung auf ein Zentrum, die »Einengung des psychischen Blickfeldes« (C.G.Jung) im Hinblick auf Kontemplation und Konzentration angestrebt, um die Aufmerksamkeit auf geistige Inhalte und Erkenntnisse intuitiver Art zu lenken, die dadurch in verinnerlichter Form in der Psyche eingewurzelt werden sollen. Im Zentrum stehen je

Mandala: Indo-tibetisches Kosmogramm in Mandala-Form

Mandorla: Himmelskönigin Maria. Österr. Bauernkalender, 1913

nach der Lehrart und dem Grad der Einweihung verschiedene Symbole, im indischen Tantra-System etwa der *diamantene* »*Donner*keil« als Sinnbild der endgültigen Vereinigung des männlichen und weiblichen Urprinzips als Auflösung eines *Dualsystems* (»Shiva-Shakti« im Kundalini-Yoga). Auch *alchemistische* Symbolbilder haben nicht selten Mandala-Charakter, ohne daß ein historischer Zusammenhang mit asiatischen Vorbildern denkbar wäre. In diesem Sinne faßt auch die komplexe Psychologie im Sinne von C. G. Jung die Mandala-Symbolik als der Menschheit angeborene »Archetypen« (Urprägeformen) auf, die auch bei kulturgeschichtlich nicht vorgebildeten Personen im Verlaufe eines seelischen Reifungsprozesses spontan auftreten können (z. B. in *Träumen*, Visionen oder beim freien malerischen Gestalten) – als Symbole der Versenkung und Verinnerlichung nach chaotischen Phasen, um eine Idee des seelischen Wesenskernes und der inneren Versöhnung und Ganzheit zum Ausdruck zu bringen. Als Meditationshilfen im eigentlichen Sinn werden Mandala-Bilder mit dem indischen Ausdruck *Yantra* bezeichnet.

Mandorla. Der aus zwei unvollständigen Halbkreisen zusammengesetzte »mandelförmige« *Nimbus* oder Heiligenschein ist ein Symbol der »Maiestas Domini« – des verklärten Christus – oder der Himmels*königin* Maria, das in der mittelalterlichen Kunst oft vorkommt. Die Mandel, griech. amygdale, ist ein altes Symbol des Verschließens wertvollen Inhaltes in einer sehr harten, fast undurchdringlichen Schale. Bei Jeremias 1,11–12 ist der Mandelzweig hingegen wegen des ähnlichen Klanges von schaked (Mandelbaum) mit schakad (wachen) Sinnbild der Wachsamkeit. – Die strahlende, dabei jedoch prägnant umschließende Mandorla ist ein Mysterienbild der Konzentration auf das von innen hervorstrahlende *Licht*, im Hinblick auf die Verborgenheit der wahren Natur Christi in seiner Leiblichkeit. Die Mandel wurde im Mittelalter auch als Symbol des im Uterus eingeschlossenen Menschenkeimes gedeutet. Auch die an eine stilisierte Vulvaform (vgl. *Yoni*) gemahnende Gestalt mag bei dieser Art der Deutung mitgewirkt haben.

Mandragora, botanisch Mandragora

Mandorla: Auferstehung Christi. Österr. Bauernkalender, 1913

Mandragora als Alraunenfrau. »Gart der gesundheit«, P. Schöffer, 1485

officinarum, eine Pflanze von hohem Symbolwert. Ihre verzweigte Wurzel erinnert (besonders nach einiger Bearbeitung) an eine Menschengestalt und wurde bis in die Neuzeit als Alraune in hohem Ansehen gehalten. Sie trägt nach der traditionellen Lehre von den Signaturen (derzufolge äußere Merkmale auf die Heilkraft hinweisen) die göttliche Signatur – gewissermaßen eine natürliche Gebrauchsanweisung – des »ganzen Menschen« und wurde daher als eine Art Universalheilmittel angesehen. In der Tat enthält die Pflanze als Nachtschattengewächs mehrere Giftstoffe (Hyoscyamin, Atropin, Scopolamin u. a.), die Halluzinationen hervorrufen können. Sie spielte deshalb in den *Hexen*salben eine große Rolle und wurde zum Symbol geheimer Künste aller Art. Der Sage nach wuchs sie unter Galgen aus dem Sperma Gehenkter und konnte nur unter Beachtung besonderer Vorsichtsmaßnahmen aus dem Boden gezogen werden. Es hieß, sie stieße dabei einen tödlich-markerschütternden Schrei aus, weshalb man sie nur durch *Hunde* aus der Erde reißen lassen könne, die dabei sterben müßten. Derartige Fabeln sollten wohl den Wert der Alraunwurzeln erhöhen, und dadurch wuchs auch der Glaube an ihre magische Wirksamkeit. Sie war hochgeschätzt und gefürchtet zugleich, wie zahlreiche Sagen beweisen. In der Antike war sie das Symbol der Zauberin *Kirke,* bei den Juden ein Hilfsmittel zur Erzielung der Schwangerschaft (vgl. *Elefant*); allgemein wurde sie als Hinweis auf Kräfte aufgefaßt, mit welchen der Mensch nur mit größter Vorsicht umgehen sollte.

Mantel. Das den Körper umhüllende Kleidungsstück faßt die Menschengestalt optisch zusammen und läßt sie machtvoll erscheinen. Prunkvolle Kleidungsstücke dieser Art gehören daher zum imperialen Ornat (Krönungsmäntel) und sind oft reich geschmückt. Die Vorstellung, daß etwas von der »Aura« des Mantelträgers auf das Kleidungsstück übergeht, läßt es zum geschätzten Erbstück von Propheten werden. Der Mantel des Propheten Elias (Elija) teilt das *Wasser* des Jordan, und nach der Entrückung des Sehers im feurigen *Wagen* nimmt ihn sein Schüler Elisha an sich, um damit das Wunder zu wiederholen (2. Buch der Könige, 8–14).

Mantel: St. Martin, Fresko in der Liebfrauenkirche zu Oberwesel, ca. 1520

Mantel: »Schutzmantelmadonna«, Vorzeichnung für ein bäuerliches Hinterglasbild. Süddeutsch, um 1830

Mehrere christliche Heilige sollen mit Hilfe ihres Mantels das Wasser überquert haben, so z.B. Franziskus von Paula, während St. Martin und Franziskus von Assisi die ihren mit *Bettlern* teilten. Andere Heilige hatten die Macht, ihre Mäntel an *Sonnen*strahlen aufzuhängen (u.a. Brigitta, St. Goar, St. Gotthard). – Der Mantel hat auch die symbolisch bedeutsame Eigenschaft des schützenden Umhüllens, wie es in dem bekannten Symbolbild der »Schutzmantelmadonna« gezeigt wird. Auch Ordensgründerinnen werden auf diese Weise dargestellt. – Als Rechtssymbol bedeutet die Umhüllung eines Menschen mit dem eigenen Mantel, daß dieser an Kindes Statt angenommen wird. – In der *Traum*psychologie wird dem Bild des Mantels die Eigenschaft des wärmenden Verhüllens und Sichbergens zugeschrieben. Wenn ein Träumer den Mantel seiner *Mutter* trägt, »war offenbar die zweite Geburt aus der Mutterwärme in die kühlere Welt seelisch noch nicht geschehen« (Aeppli). Vgl. *Blau.*

Märchen (traditionelle Volksmärchen) sind nicht nur im abendländischen Bereich Fundgruben für den Symbolforscher. Auch die Dokumentation des Märchengutes exotischer schriftloser Völker hat auf diesem Gebiet reiche Schätze an Motiven mit symbolischem Hintergrund zutage gefördert. Die hier herrschende Weltordnung ist die einer »anderen Wirklichkeit; wir befinden uns in der Welt der Symbole, der kennzeichnenden Bilder, welche ihre Bedeutung in sich tragen (L. Schmidt) ... Die Erforschung der Märchenmotive muß bei der genaueren Untersuchung der Varianten über die Gattung hinaus einsetzen. Die Frage nach der Herkunft ist zu stellen: z.B. antike und christliche Motive im deutschen Märchen ... Eine Interpretation darf nur mit Hilfe aller Möglichkeiten – von der speziellen Erzählforschung über Volkskunde, Religionsgeschichte, Rechtsgeschichte etc. bis zur speziellen Symbolforschung – erfolgen« (E. Hörandner bei Lurker, 1979). Die Ansatzmöglichkeiten verschiedener, zum Teil konkurrierender Disziplinen führten im Laufe der letzten Jahrzehnte zu verschiedenartigen Auffassungen. Die psychologischen, vor

Mantel: Auf ihren Mänteln fuhren nach der Legende St. Raimund von Pennafort und St. Sebaldus über das Wasser. W. Auers Heiligen-Legende, 1890

allem die tiefenpsychologischen Deutungsmöglichkeiten im Sinne von C. G. Jung (1875–1961) wurden anhand zahlloser Einzeluntersuchungen einer breiteren Leserschicht dargeboten. Ausgangspunkt ist die Lehre von der Existenz der Archetypen, d. h. der Menschheit angeborenen Urprägeformen, in welche die Inhalte der Erfahrungen eingegossen werden und immer wieder – ohne historisch erfaßbaren Zusammenhang – zu gleichartigen Bildgestaltungen und Motivketten führen. Dies gilt im Sinne dieser Auffassung nicht nur für Märchen und Mythen, sondern auch für *Träume*, Visionen und Riten, die als »Exegese der Symbole« aufzufassen sind. Sie stammen im Sinn der analytischen Psychologie nicht aus den Einzelerfahrungen des Menschen, sondern aus dem »allgemeinen (kollektiven) Unbewußten«, also aus einem Fundus, der die Erfahrungsmöglichkeiten des Individuums übersteigt. – Die historisch-ethnologische Art der Auseinandersetzung mit dem Märchensymbolgut geht völlig anders vor und stellt die speziellen Besonderheiten von Erzähler, seinem inneren und äußeren Umraum, weiters der Art der Überlieferung, der Umbildung durch den Dokumentierenden und ähnliche Kriterien in den Vordergrund, wobei auch kulturhistorische Details erfaßt werden, die für den Psychologen unbedeutend sind. Nach Lutz Röhrich »nützt die Parallelschaltung von Märchen und Traum mehr dem Psychiater als dem Märchen«, was freilich kein Negativum sein muß, da jede Art der Auseinandersetzung mit einem Thema ihre Berechtigung hat.

Auch anthroposophisch-psychologische Deutungsversuche wurden in den letzten Jahrzehnten wiederholt veröffentlicht. Dabei steht die Beobachtung von innerseelischen Reifungsstufen im Zusammenhang mit den Handlungsabläufen der Märchen und ihren Symbolmotiven im Vordergrund, um typolo-

Märchen: Stiche zu »Rotkäppchen« von Ludwig Richter (1803-1884)

gisch Grade der Vergeistigung zu dokumentieren. – Allgemein ist bei jeder Art der Märchenforschung die Erkenntnis festzuhalten, daß die traditionelle Volkserzählung nicht willkürlich beliebige Bilder aneinanderreiht, sondern daß ein begrenzter Grundbestand von Motiven in einen konsequenten Handlungsablauf eingebunden ist, der mit der Gesetzmäßigkeit einer inneren Struktur zu einem vorgegebenen Ziel hinführt. Dies gilt freilich in erster Linie für die komplett überlieferten Märchen, während bei exotischen Völkern die Überlieferungsketten bereits vielfach abgerissen sind und der dokumentierende Forscher nur noch mit Fragmenten des – oft nicht mehr ganz verstandenen – Erzählgutes konfrontiert ist. – Viele der im vorliegenden Buch angesprochenen Symbolthemen spielen auch in Märchen eine Rolle, so z.B. *Adler, Ameise, Apfel, Auge, Bad* (Verjüngungsbad), *Ball* (goldener Ball), *Bär, Baum* (Wunderbaum), *Berg* (Glasberg), *Bettler* (verkleideter Übernatürlicher), *Biene* (wegweisendes Tier), *Blitz, Blume* (betäubende oder Wunderblume), *Blut, Brot, Brücke, Brunnen* (als Tor zur Unterwelt), *Burg, Donner, Drachen* (das Un-Tier), *Dreigestalt, Dunkelheit, Eber* (Symbol der wilden Natur), *Edelsteine, Ei, Eidechse, Einhorn, Elster, Engel* (hilfreiche Geister), *Esel, Eule, Fackel, Falke, Feder, Felsen, Feuer, Fische, Flügel, Fluß* (Grenze zur unbekannten Welt), *Frosch, Fuchs, Gans, Garten, Gold, Greif, Hahn, Hain, Hammer, Hase, Herz, Hexen* (negative Frauengestalten), *Hirsch, Hund, Inseln, Jungfrau, Katze, König* und *Königin, Leiter, Lilie, Löwe, Mond, Mühle, Nachtigall, Ofen, Perle, Pforte, Rabe, Räuber, Riesen, Ring, Rose, Salz, Schatten, Schwalbe, Schwein, Schwert, Silber, Sonne, Spinne, Sterne, Stier, Storch, Taube, Teufel, Turm, Vogel, Wagen, Wald, Wasser* und *Wasserwesen, Wein, Wolf, Zwerge.*

Mars, griech. Ares, in der Antike Gott des Krieges und Hüter der Felder, dem in Alt-Rom der Monat März (Martius) geweiht war. Mars war der Vater der von einer vestalischen *Jungfrau* geborenen *Zwillinge* Romulus und Remus. Seine Symbole waren Schild und Speer, seine heiligen Tiere *Wolf, Stier* und Specht. In der bildenden Kunst wurde der Kriegsgott relativ selten dargestellt. Die Römer setzten ihm den germanischen Schwertgott Ziu (nordisch Tyr) gleich, daher heißt der Dienstag (Zius

Mars mit den ihm zugeordneten Tierkreiszeichen Widder und Krebs. »Hausbuchmeister«, 1475

Masken: Schauspieler mit Satyrmaske. Griechisches Vasenbild, 4. Jh. v. Chr.

Tag, engl. Tuesday) lateinisch Dies Martis. – Die Assoziation des Kriegsgottes mit dem *röt*lich schimmernden, meist gut sichtbaren *Planeten* mit (rostigem) *Eisen* und dem Krieg ist naheliegend. Astrologisch gilt er als der »kleine Unglücksbringer«, mit seinem »Taghaus« im Zeichen des *Widders* und dem »Nachthaus« im *Skorpion.* Der Planet ist »heiß, trocken, scharf, grausam ... Er bezieht sich auf Tyrannen, Krieg, unvermutete Unglücksfälle« (J.W. Pfaff 1816) und regiert Eigenschaften wie Aktivität, Wille, Tatkraft, aggressive Sexualität, wobei *Venus* und Mars in der Astro-Symbolik wie in der antiken Mythologie als zusammengehöriges Gegensatzpaar gesehen werden, ähnlich wie *Yin/Yang* ein *Dualsystem* verkörpernd. Die dem Mars zugeordnete Farbe ist das Blutrot, sein Metall das *Eisen,* seine *Edelsteine* der *Rubin,* Granat und Karneol. Agrippa von Nettesheim (1486–1535) beschrieb die vom Ritualmagier zu beschwörenden Geister des Mars »jähzornig und von häßlichem Aussehen, von bräunlichroter Farbe, mit Hörnern, die dem Hirschgeweih ähneln, mit Greifenkrallen. Sie brüllen wie wütende Stiere und bewegen sich in der Art der verzehrenden Flamme; ihr Zeichen ist der Blitz und der Donner.« Das Gesamtbild erinnert damit stark an jenes des *Teufels.* Wer vom Planeten Mars beherrscht wird, gilt als »martialisch«. – In der Himmelssymbolik Altchinas wird der Mars mit der Farbe Rot, dem *Feuer* und der Himmelsrichtung Süden in Verbindung gebracht. – Die Bahn des *Planeten* bildet, von der Erde aus gesehen, Schleifen mit rückläufiger Bewegung, was mit der ihm zugeschriebenen Symbolik (Verwirrung, Impulsivität, unvermutete Katastrophen, Gesetzlosigkeit) zusammenhängen mag.

Masken sind nicht nur im Hochkulturbereich, sondern auch in vielen schriftlosen Kulturen Ausdruck der Gegenwart übernatürlicher Wesenheiten. Wer eine Maske anlegt, fühlt sich innerlich verwandelt und nimmt in dieser Zeit Eigenschaften des sie darstellenden Wesens (Gottes, Dämons) an. Dies führte dazu, daß Masken nicht immer als Gesichtsverkleidung aufgefaßt, sondern vielfach »verabsolutiert« und als eigenständige Kult- und Kunstobjekte aufgefaßt wurden – so etwa die geschliffenen Grünsteinmasken der Teotihuacán-Kultur in Altmexiko. Hölzerne Ritualmasken spielen in vielen Teilen

Masken: Große Maske der Inuit (Eskimo) an der Beringstraße

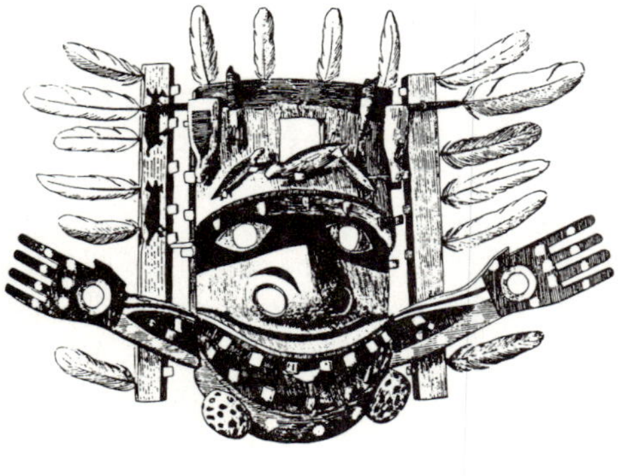

Masken: Altindianische Zedernholzmaske mit geschnitztem Hirschgeweih, 29 cm hoch. Spiro, Oklahoma

Schwarzafrikas und in Melanesien eine bedeutende Rolle im Ritual, u.a. auch in dem der Geheimbünde. – In der Antike waren auch im Mittelmeerraum Masken Mittel zur Identifikation mit einem »Übernatürlichen«. Die Theatermasken lassen sich aus den Kultmasken des Rauschgottes Dionysos ableiten. Schreckmasken (vgl. *Gorgonen*) als dekorative Elemente sollten ungünstige Einflüsse abwehren. Verstorbenen wurden in mykenischer Zeit *Gold*blechmasken auf das Gesicht gelegt (bekannt ist etwa die »Maske Agamemnons«), wohl um das Verfallen der Gesichtszüge zu verbergen; dieser Brauch ist sporadisch auch in der Hallstattzeit Mitteleuropas nachweisbar (z.B. in den Hügelgräbern von Groß-Klein, Steiermark). Helmmasken der Römerzeit hatten vermutlich nicht nur Schutzfunktion, sondern sollten ihre Träger auch heroisch erscheinen lassen. – In Ostasien sind vor allem die kunstvollen Holzmasken bemerkenswert, die im No-Theater verwendet werden (Mädchen-, Männer-, Greis-, Greisinnen- und Dämonenmasken). Sie sollen Charaktere in konzentrierter Form wiedergeben und die Gestik der Schauspieler akzentuieren. Vgl. *Janus.*

Maus. Trotz (oder gerade wegen) ihrer Kleinheit spielt sie im traditionellen Volksglauben und der damit verbundenen Symbolik eine beträchtliche Rolle. Vielfach gilt sie als Seelentier, das flüchtig und kaum sichtbar forthuscht wie der Lebensgeist des Menschen, wenn dieser stirbt. Die antike Zoologie erwähnte ihre abschreckende Wirkung auf *Elefanten,* ihr angebliches Zeugen durch gegenseitiges Belecken und die Auffassung, daß Mäuse in Ägypten aus dem Nilschlamm entstünden und ihre Leber je nach den *Mond*phasen wach-

Maus, Kleinplastik aus Bronze, Spätzeit Altägyptens

sen und wieder dahinschwinden würde. Als scheue Tiere dunkler Räume sagte man ihnen dämonische und prophetische Kräfte nach. Ihr Pfeifen und Tanzen sollte *Sturm*wetter ankünden, ihr Benagen kultischer Gegenstände böse Schicksalsschläge. Die angebliche Lüsternheit der Mäuse trug dazu bei, daß sie auf Münzbildern zusammen mit der Liebesgöttin Aphrodite (*Venus*) dargestellt wurden. Eine antike Parodie auf die heroische Ependichtung ist die Satire des »*Frosch*-Mäuse-Krieges« (Batrachomyomachia) eines unbekannten Autors, unter dem Namen *Homers* überliefert. – Auch im *Traum* sollte das Seelentier Maus den Körper des Schläfers verlassen und wieder in ihn zurückkehren können. Nach islamischem Glauben wohnen in manchen von ihnen die Seelen Angehöriger eines israelitischen Stammes. Jene Mäuse, die den hartherzigen Bischof Hatto in seinem »Mäuseturm« von Bingen am Rhein auffraßen, werden als Seelen der Menschen gedeutet, die er aus Geiz dem Hungertod preisgegeben hatte. Der negativste Aspekt des Mäuse-Bildes beruht auf der Beobachtung, daß sie nicht nur Vorräte vernichten (Apollon Smintheus in der Antike und St. Gertrudis im Christentum sollten davor schützen), sondern

Maus: Mäuse in der Speisekammer. Aesops Fabeln, Ulm, 1475

Maus (Wilhelm Busch)

daß sie – zusammen mit *Ratten* – auch Seuchen übertragen können. Dadurch wurden sie zu Symbolträgern menschenfeindlicher Mächte und teuflischer Dämonen. »Mausen« hat schon im Mittelhochdeutschen die Bedeutung von »stehlen«, »Mäuse riechen« heißt »etwas Bedrohliches ahnen«. Volltrunkene sehen im Delirium weiße Mäuse (bei den Azteken hingegen »400 Kaninchen«). Die scherzhafte Verwünschung »Daß dich das Mäusle beiß'« hat ursprünglich echt drohenden Charakter, da nicht die Maus, sondern die »Miselsucht« (der Aussatz, die Lepra) gemeint war. Von dem erwähnten Mäuse-Apollon hieß es auch, er versende die *Pfeile* der Pest. »Deshalb erfüllt der Anblick dieser gefräßigen Tiere den Menschen mit Ekel und Abscheu«, schreibt E. Aeppli im Hinblick auf die Symbolik von Mäuseträumen. »Hie und da hat im Traum das einzelne Mäuschen den Sinn von etwas Feinem, wenn auch nicht Ungefährlichem, so wie das Wort zu einem Kosewort der unbewußten Liebessprache geworden ist ... Auf der Stufe des körperlichen Organgleichnisses ist dieses Tier hie und da das weibliche Geschlechtsorgan in den Träumen junger Männer. Der andere Aspekt des heimlich Nagenden ist viel verbreiteter ...« Die Vielheit von Mäusescharen kann deutlich machen, »daß Seelisches in uns, in zerstreute, gefräßige Teile dissoziiert, in den dunklen Speichern unseres Lebens umherhuscht«. Vgl. *Ratte.* In den modernen Comics und Zeichentrickfilmen spielt die Maus hingegen die Rolle des schlauen Kleinen, der sich durch List der überlegenen Feindin *Katze* erwehrt, ähnlich wie der jugendliche *David,* der den *Riesen* Goliath überwand. Auch in altägyptischen Papyri ist der Katzen-Mäuse-Krieg bereits dargestellt.

Medizin, in Indianerbüchern Sammelbezeichnung für alles aus der Alltagssphäre Enthobene, Heilige und mit dem religiösen Brauchtum in Verbindung Stehende (z. B. Medizinbündel – umwickelte Symbolgegenstände und Amulette wie *Pfeil*spitzen, Steine, *Federn, Knochen,* Blütenstaub; »Medizin machen« – meditieren, Visionen suchen). Der »Medizinmann« ist der schamanistische Heiler. Da Heilkunst und Religion bei den Indianern in untrennbarer Verbindung standen, wurden Schamanenpriester in voller Ritualtracht, die in der Praxis nicht allein Heiligungsriten durchführten, allgemein Medizinmänner genannt, auch wenn sie

Medizin: Medizinmann im Bärenfellmantel der nordamerikanischen Prärieindianer. Georg Catlin

Menhir von Filitosa, Korsika, mit Andeutung des Kopfes und von Schwert und Dolch, Bronzezeit

lediglich Zeremonialtänze leiteten. Allgemein wurden ihnen religiös-magische Sonderbegabungen zugeschrieben. Gelegentlich trugen sie auch Frauenkleider, wie dies dem schamanistischen Motiv des Geschlechtswechsels zur Erlangung des Kontakts mit der kosmischen Ganzheit (vgl. *Androgyn*) entspricht, so etwa bei den Cheyenne. – Als »Medizinräder« werden in der Völkerkunde *kreis*förmige Steinsetzungen in der Prärie Nordamerikas bezeichnet, die offenbar mit Zeremonien der Plains-Stämme zu tun hatten. Es handelt sich meist um radartig ausgelegte Steine mit einem äußeren Kreisumfang von fast 30 Metern, um einen Innenkreis (»Nabe«) mit etwa 3 Metern Durchmesser gruppiert, von dem 28 (Tage des Mondmonats!) »Speichen« ausgehen. Steinhaufen an der Peripherie markieren am sommerlichen Morgenhimmel die Aufgangspunkte der *Sterne* Aldebaran, Rigel und Sirius. Der Ethnologe K.H. Schlesier (1985) bringt diese Anlagen mit Cheyenne-Riten in Verbindung und nennt sie »Geisterräder« im Zusammenhang mit der »Erdschenkungs-Zeremonie«: »Da sie sich auf Berggipfeln befinden und von unten nicht gesehen werden können, richten sie sich zum Himmel, zu den Geistern der Oberen Welt«.

Menhir, der »Langstein« (bretonisch: men – *Stein,* hir – lang), ein in die Erde gepflanzter steinerner Kultpfeiler in Form eines nicht behauenen *Obelisken.* Die vor allem in Nordwesteuropa von der Jungsteinzeit an herrschende Sitte, steinerne Bauwerke aller Art aus roh zusammengefügten, oft monumentalen Steinblöcken zu errichten, hat sicherlich mit dem Charakteristikum der Dauerhaftigkeit zu tun, das dem Stein (vgl. *Fels*) allgemein zukommt. Die offenbar religiös fundierte Sitte des »megalithischen« (d.h. Großstein-) Bauens konzentrierte sich in erster Linie auf Grabbauten (in der Bretagne Dolmen, in Norddeutschland Hünengräber genannt), die vermutlich die dauernde segensreiche Präsenz verstorbener Priester oder Heroen im Land sichern sollten. In der unmittelbaren Nachbarschaft der Dolmen stehen häufig Menhire, deren Symbolik oder Zweckbestimmung umstritten ist. Einerseits als phallische (vgl. *Lingam*) Monumente gedeutet (im Sinne des Bewirkens dauernder Fruchtbarkeit), halten Ethnologen sie eher für »Seelensitze«, in oder auf welchen die Seelen der im Großsteingrab Bestatteten das Land behüten sollten. Andere Erklärungsmöglichkeiten sind die des auffälligen Markierens eines »heiligen Ortes« oder der Gedanke der *Weltachsen*säule, der sich auch im Kultpfahl (vgl. *Pfahl*) in vergänglicherer Form äußerte. – Vielfach werden große Steinsäulen, die etwa als Grabmonumente errichtet wurden, einfach als Menhire bezeichnet, ohne daß ein Zusammenhang mit megalithischen Vorstellungen nachzuweisen wäre. – In der Nähe von Carnac (Morbihan, Bretagne) gibt es ganze Felder aus Steinblock-Alleen in mehreren Reihen, weniger regelmäßig geformt als echte Menhire, von welchen eine astronomische Peilung im Sinne des Festlegens jahreszeitlich bedingter Fixpunkte am Horizont angenommen wurde, was jedoch nicht eindeutig nachweisbar ist. Es kann sich auch um Verewigungen von Prozessionen (vgl. *Wallfahrt*) zu heiligen Orten (Großsteingräbern bedeutender Personen) handeln oder um eine religiöse Symbolik, die uns nicht mehr zugänglich ist.

Merkur, griech. Hermes, antiker Gott des Handels und Gewerbes, zugleich Symbolgestalt des Wohlstandes und des Kaufmannsstandes. Als Götterbote hält er den Heroldsstab *Caduceus* in der Hand, wobei er als Inbegriff des Gewinnes auch als Gott der Diebe galt. Flügelschuhe und mit *Flügeln* versehener Reisehut weisen auf seine Schnelligkeit hin. Als Hermes Psychopompos (Seelengeleiter) ist er Symbolfigur für die gute Reise Verstorbener in das *Jenseits*, als Träger eines *Widders* Inbegriff des

Merkur: Hermes/Mercurius mit dem Caduceus. V. Cartari, 1647

»guten *Hirten*« (Hermes Kriophoros). Überdies gilt er als Erfinder der Lyra. Seine römische Parallelgestalt erhielt seinen Namen vermutlich durch den Ausdruck für »Handel treiben« (mercari). – Als Himmelskörper ist Merkur der am schwierigsten beobachtbare der *Planeten*. In Mitteleuropa ist er alljährlich mit freiem Auge nur 12 bis 18 Stunden sichtbar und bleibt immer in unmittelbarer Nähe der *Sonne*, so daß er nur in der Dämmerung oder bei leicht dunstigem Himmel zu sehen ist, vor allem im Herbst und im Frühling. Seine »Flüchtigkeit« für die Beobachtung ist offenbar die Ursache für seine Symboldeutung: Er ist »zweydeutigen und wegen seiner Beweglichkeit unsichern Wesens« (J. W. Pfaff, 1816).

Die Astrologie ordnet ihm Eigenschaften wie Beredsamkeit, Wankelmut, Geschicklichkeit, Ausdrucksfähigkeit, Kunstfertigkeit und unzuverlässige Freundschaft zu. Er gilt als *androgyner* Planet, mit dem Quecksilber in Verbindung gebracht (vgl. *Sulphur und Mercurius*), der sein »Taghaus« in den *Zwillingen*, sein »*Nacht*haus« im Zeichen der *Jungfrau* hat. Als Farbe wird ihm das

Azur*blau* zugeordnet, unter den *Edelsteinen* der Achat, Jaspis, Topas, Opal und das fossile Harz *Bernstein.*

Milch, die erste kraftspendende Nahrung des Menschen und der Säugetiere, hat wegen ihrer *weißen* Farbe und ihres milden Geschmackes oft den Symbolcharakter der Götterspeise und des »reinen Opfers«. Sie wurde vielfach mit den lunaren Kräften (*Mond*) in Verbindung gebracht, und es wurde ihr gelegentlich die Kraft zugeschrieben, das »maskulin signierte« *Feuer* des *Blitzes* zu löschen. In der altindischen Weltschöpfungslehre wurde der Kosmos als Ur-Milch*meer* von den Göttern mit Hilfe einer *Schlange,* die um den Welten*berg* geschlungen war, zu fester Butter gequirlt. Der Opfertrank Soma wurde mit Milch verglichen und die beim vedischen Opfer erhitzte Milch als Symbol des göttlichen Lebensstromes aufgefaßt. In Altägypten finden sich Darstellungen, auf welchen die Göttin Isis den Pharao an ihrem *Busen* säugt, was in manchen Kulturen (bei den Etruskern – Hercle/Herakles wird durch Uni/Juno an die Brust genommen – und bei berberischen Stämmen) als Adoptionsritus aufgefaßt wird. In den Ritualen des Attys- und des Mithras-Kultes hatte der Genuß von Milch und *Honig* sakramentalen Charakter. Das »gelobte Land« Kanaan symbolisierte Überfluß dadurch, daß es »von Milch und Honig fließt« (2.Buch Mosis 2,8). Biblische Anspielungen auf den Symbolcharakter des reinen, milden Nahrungsstromes für den Erwählten sind sehr zahlreich, wobei sie daneben auch oft als Speise des noch Unentwickelten, des kindlichen Menschen gilt, dem erst bei größerer Reife feste Nahrung gegeben werden kann (Brief an die Hebräer 5,12 ff.). Milchopfer (Libationen) waren in vielen Hirtenkulturen üblich. – In Altchina wurde Milch nie getrunken, doch wurden aus ihr Speisen zubereitet. Frauenmilch sollte Potenz und langes Leben verleihen. – In der christlichen Kunst des Mittelalters ist oft die säugende »Maria lactans« mit dem Jesuskind dargestellt, als Gegenbild der »bösen Mutter«, die »Schlangen an ihrem Busen nährt«. Ammen wandten sich besonders dem Bild der nährenden Gottesmutter zu und kauften *Erd*kuchen aus Bethlehem, wo der Legende nach die Muttermilch Mariens auf die Erde getropft war. Sie verehrten auch die im Jahr 307 n. Chr. enthauptete Katharina von Alexandrien, bei deren Märtyrertod Milch statt *Blut* vergossen worden sein soll. In der Zeit der Minnesänger symbolisierte der Genuß der reinen »Milch der frommen Denkungsart« (so in Schillers »Don Carlos«) die Achtung der Grundsätze höfischer Moralität. Milchopfer wurden in alten Kulten oft als Reinigungszeremonien aufgefaßt.

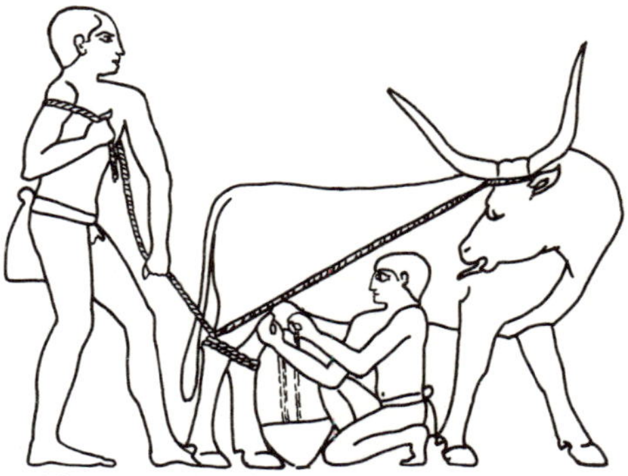

Milch: Altägyptische Melktechnik. Grabrelief, Sakkara, ca. 2400 v. Chr.

In der Bilderwelt der *Alchemie* ist Milch eines der Symbole für die beiden Urprinzipien *Sulphur und Mercurius,* zusammen mit Blut; so etwa im »Chymischen Lustgärtlein« des Stoltzius (1624): »Zween edler Bäch mit sonder Zier / Von weißer

Milch: Entstehung der Milchstraße und der Lilien aus Heras Muttermilch. V. Cartari, 1647

Milch und rothem Blut / Die du erkennen kannst für gut / ... Welch zwey Stück, wenn sie gekocht ebn / Dir viel schweres *Gold* werden gebn.« Milch dürfte hier eine allegorische Umschreibung für Sperma sein, denn nach antiker Zeugungstheorie erfolgte die Entstehung des Lebens durch die Vereinigung von weißem Sperma mit *rotem* Menstruationsblut. – In volkstümlichen Redensarten spielt Milch eine bedeutende Rolle. Wichtige Eigenheiten aus ererbtem Wissen »wurden mit der Muttermilch eingesogen«, und wer »wie Milch und Blut aussieht«, verkörpert Gesundheit und Schönheit; freilich soll man »über verschüttete Milch nicht weinen«, weil man sie nicht mehr aufsammeln kann (Geschehenes ist nicht mehr rückgängig zu machen). – Die Milchstraße (griech. galaxis) entstand nach antiken Mythen, als Hera (Juno) den heftig saugenden kleinen Herakles von der Brust nahm, wodurch die Göttermilch vergossen wurde und über das Himmelsgewölbe rann (vgl. *Lilie*).

Mistel (botan. Viscum album), eine in neuerer Zeit als Symbol der Weihnachtsfestzeit beliebte Pflanze, die in der Antike in manchen Kulturen als heilig galt. Die Halbschmarotzerpflanze, die ihren Wirtspflanzen Wasser und Mineralstoffe entzieht, galt als Gewächs des Zwischenreiches (weder Baum noch Strauch) und entstand der Sage nach dort, wo der *Blitz* einen *Baum* (vorzugsweise eine *Eiche*) getroffen hatte. Die auf Eichen wachsenden Misteln wurden besonders geschätzt, etwa im alten Rom und bei den keltischen Druiden. Plinius zufolge wurden sie von ihnen mit *goldenen Sicheln* geschnitten, in einem *weißen* Tuch aufgefangen und dann, in Verbindung mit einem *Stier*opfer, den Göttern dargebracht. Die Mistel galt als »Allheilerin« und wegen ihrer immergrünen Natur als Symbol der Unsterblichkeit. Nach R.v. Ranke-Graves soll die Mistel als Geschlechtsorgan der Eiche aufgefaßt worden sein, und wenn »die Druiden sie aus rituellen Gründen mit einer goldenen Sichel abschnitten, führten sie eine symbolische Entmannung durch. Der zähe Saft der Beeren wurde als Eichensperma angesehen und galt als Flüssigkeit mit großen verjüngenden Kräften (Chylos).« Die Heilwirkung wird in neuerer Zeit ernsthaft geprüft, wobei schwach blutdrucksenkende und harntreibende Wirkungen bewiesen sind, während die von seiten der anthroposophischen Medizin betonte krebshemmende Wirkung (Medikament »Iscador«) in klinischer Prüfung erwiesen werden soll. Der englische Brauch, in der Weihnachtszeit Mistelzweige aufzuhängen (unter ihnen herrscht »Kußfreiheit«), dürfte auf die keltische Hochschätzung der Pflanze zurückgehen. – In der germanischen Mythologie wurde die Mistel durch das Komplott des übelwollenden Loki in der Hand des *blinden* Gottes Hödr zu einem todbringenden Speer, der dem Licht- und Vegetationsgott Baldr das Ende brachte; erst nach Ragnarök (*Weltuntergang*) dürfen Baldr und sein

Töter im neuen *Paradies*reich Gimle ein neues Leben beginnen. Die Mistel ist in diesem Mythus Symbol des an sich unschuldigen, aber durch feindlichen Zauber zum Verhängnis werdenden Werkzeuges, ebenso wie ihr Schleuderer, der blinde Bruder des Baldr (*Blindheit*).

Mond, neben der *Sonne* das auch in der Symbolik bedeutendste der *Gestirne;* wird meist als »weiblich« gedeutet, in erster Linie wegen seiner im altchinesischen Sinne »*Yin*«-Signatur als passiv Licht empfangender Himmelskörper, ebenso wegen der Ähnlichkeit des Mondmonats mit der weiblichen Periode. Das Werden und Vergehen sowie das immer wiederkehrende Entstehen der neuen Gestalt ist ein eindringliches Sinnbild jeglicher »Stirb-und-werde«-Gedanken. Selten wird der Mond männlich gesehen wie im deutschen Sprachgebrauch (germanisch Mani, Bruder der Sól, südgermanisch Sunna – Sonne), wesentlich häufiger weiblich interpretiert (lat. Luna, griech. Selene oder Artemis, ostasiatisch Kuan-yin, Kwannon; Maya: Ixchel). In der *alchemistischen* Bilderwelt stellt Luna das *Silber* dar, zugleich die »*Königin*«, die sich mit dem »*König*« vermählt und zum *Androgyn* wird. – Alter Volksglaube weiß von der Beeinflussung irdischer Vorgänge durch die Mondphasen, die nicht nur Ebbe und Flut bewirken, sondern auch das Steigen und Fallen des Saftstromes in den Pflanzen; auch Haarschnitt und Aderlaß sollten sich danach richten. Mondkräuter (nächtlich blühende Pflanzen) wurden für Frauenleiden verordnet. – In der christlichen Ikonographie wird die *Jungfrau* und Gottes*mutter* Maria oft mit dem Mond verglichen oder auf einer Mondsichel stehend oder thronend abgebildet, was im österreichischen Raum gern mit dem Sieg über die Türken (deren Feldzeichen der Halbmond war) in Verbindung gebracht wird, aber eher auf die Johannes-Apokalypse (12,1: Ein Weib, mit der Sonne umkleidet, das den Mond zu seinen Füßen hat – Symbol des Sieges über feindliche Gewalten) zurückgeht. – Als lunares Symbol wird vielfach auch die *Doppelaxt* mit zwei mondförmig gekrümmten Schneiden bezeichnet und daher auch den legendären Frauenheeren der Antike, den *Amazonen,* als Waffe zugeschrieben, ebenso der sichelförmige Bogen. Auch die dunkle Göttin Hekate Trioditis, die Dreigesichtige, wird mit den auffallenden Mondphasen (junger Mond, Vollmond, Dunkel- oder Neumond) und drei Lebensphasen der Frau (Jungfrau, Mutter, Greisin) in Verbindung gebracht, wie auch in der modernen Frauenliteratur der »lunaren Seite« des Menschen große Beachtung geschenkt wird. Vgl. *Dualsysteme, oben/unten, Spindel.*

Ein eindrucksvoller Symbolmythus ist in den Sagen der Juden (E. bin Gorion) enthalten, auf dem *Dualsystem* Sonne/Mond beruhend und zur Erklärung der Tatsache ausersehen, weshalb der

Mond: Mithras-Altar mit von der Rückseite beleuchtbarer Mondsichel. Römerzeit, Bonn

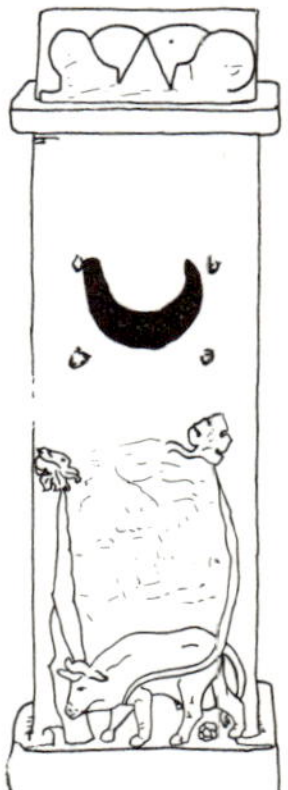

Mond als eine der beiden »Leuchten« schwächeres Licht verstrahlt. Der Schöpfer erklärt dem Mond, daß es zwei Bereiche gebe, das Diesseits und das *Jenseits,* und daß die Existenz der beiden Lichter auf diese Polarität hinweise. Der Mond ist, da ihm der größere Bereich des Jenseits zugewiesen ist, nicht damit zufrieden, daß er die Sonne nicht überstrahlt. »Da sprach der Herr: Offen und klar ist es vor mir; du denkst, ich werde dich groß machen und die Sonne verkleinern. Weil du aber mit der Sonne Übles im Sinn hattest, sollst du der kleinere werden, und es soll dein Schein sechzigmal minder sein als der ihrige. Da sprach der Mond vor dem Herrn: O Herr der Welt! Es war nur ein einziges Wort, das ich gesagt habe, und hierfür soll ich so schwer bestraft werden? Da sprach der Herr: Dereinst (d.h. wohl: nach dem Weltgericht) wirst du wieder wie die Sonne groß sein, ›und des Mondes Schein wird sein wie der Sonne Schein‹ «. Vorzeichen des Endgerichtes (vgl. *Weltuntergang*) ist jedoch eine Verfinsterung des Mondes (Joël 4,15). Daß der Mond nicht nur mit der jenseitig-nächtlichen Seite der Welt, sondern – wie so häufig – auch in Israel mit der Weiblichkeit assoziiert wurde, wie dies die zeitliche Ähnlichkeit des Menstruationszyklus mit dem Mondwechsel nahelegt, ergibt sich auch aus seiner Verbindung mit dem Begriffsfeld »Fruchtbarkeit«. Frauen und Haustiere (*Kamele*) trugen als Schmuck kleine Monde am Hals. – Der griechische Apologet Theophilus von Antiochien (2. Jahrhundert n. Chr.) sah Sonne und Mond ebenfalls als dualistische Symbole, als »Träger und Bilder eines großen Mysteriums. Die Sonne nämlich ist das Bild Gottes, der Mond das Bild des Menschen« (der von der Sonne das Licht erhält). In ähnlichem Symbolsinn deutete Origenes (184–254 n. Chr.) den lichtempfangenden Mond als Bild der Kirche, die dann die Helligkeit an alle Gläubigen weitergibt. Naheliegend ist die symbolische Gleichsetzung der immer neu beobachtbaren »Neugeburt« des Mondes mit der Auferstehung.

Mond als Gefäß mit Hasen im Inneren. Codex Borgia, Altmexiko

Im alten Peru war die Verehrung des Mondes jener der dominierenden Sonne untergeordnet. Inka Garcilaso de la Vega (1539–1616) nennt den Mond »das Weib der Sonne« und schreibt, daß der Tempelraum mit *Silber*platten verkleidet gewesen sei, »damit man am Weiß erkannte, daß es das Gemach des Mondes war. So wie bei der Sonne befand sich darin ein Konterfei, als Frauenantlitz auf einem großen Silberbarren geformt und gezeichnet. Dieses Gemach betrat man, um den Mond aufzusuchen und sich seinem Schutz zu empfehlen, denn man hielt ihn für Schwester und Weib der Sonne sowie für die Mutter der Inka und ihres ganzen Geschlechtes; und daher nannten sie ihn Mamaquilla, was ›Mutter Mond‹ bedeutet. Ihm wurde nicht wie der Sonne geopfert. Zu beiden Seiten der Mondfigur standen die Körper der toten Königinnen, nach Thronfolge und Alter aufgestellt . . .«

In der Astrologie gilt der Erdtrabant noch immer, wie im geozentrischen System der Antike, als »Planet«, und zwar zusammen mit der *Sonne* als eines der beiden »Hauptlichter«. Er ist der erdnächste Himmelskörper und zeigt der Erde immer das gleiche »Gesicht«, das zu vielen Sagen Anlaß gegeben hat (s.o.). Aufgrund seines Phasenwechsels gilt er auch in der Astrologie als »wechselvoll, mit vorübergehender Wirkung«, aber doch als »Wohltäter« (benefactor), der als »weiblicher Planet« das Gemüt, das weibliche Geschlecht, Mütter und das Volksganze beeinflußt. Seine Erhöhung findet er im Tierkreiszeichen *Stier* (wegen der Stierhörner, die an die Hörner der Mondsichel erinnern, oder wegen mythischer Zusammenhänge zwischen Mondgöttinnen und einem virilen Partner in Stiergestalt?). Die neuere Astrologie schreibt dem Mond die Eigenschaft zu, bei der Frau die äußere Persönlichkeit, beim Mann die Tiefenperson (Anima) zu regieren. Die Antike sprach von Luna mendax, dem lügnerischen Mond, u.a. deshalb, weil der Phasenwechsel eine Ähnlichkeit mit dem Buchstaben C (crescere, wachsen) und D (decrescere, dahinschwinden) aufweist, was jedoch das Gegenteil dessen ist, was der Wechsel der Gestalt in der Tat nach der *Sichel*form bedeutet. Als »Mondsteine« werden aufgrund der symbolischen Zuordnung die *Perlen*, der Opal, der Selenit und Schmuck aus Perlmutt beschrieben, als entsprechendes Metall das *Silber*. – Daß der Mond nicht nur ein »symbolischer Ort« der Himmelsregion mit all seinen poetischen Werten ist, sondern vom Menschen betreten wurde, hat für die Astrologie offenbar keine tiefere Bedeutung bei der Schaffung eines auf den Erdenmenschen hin orientierten Weltbildes, für das die traditionellen »Planeten« ihre symbolisch-bestimmende Bedeutung behalten haben. – Ikonographisch wird der Mond meist als Mondsichel dargestellt, vorwiegend mit einem nach links blickenden Profil. Reine Mondsicheln treten in den Staatswappen vieler islamischer Länder auf. Heraldische Mondbilder deutete Böckler (1688) mit dem Hinweis, daß die hundert Ratsherren des Romulus einen Halbmond in C-Form auf ihren Schuhen trugen, »zu bedeuten, daß sie alles, was unter dem Mond sey, als irdisch und eitel mit Füßen tretten, oder aber, daß man sie dadurch als Ratsherrn vor andern erkennen sollte. Diejenigen Adels-Personen, so den Mond in ihren Wappen führen, der das Zunehmen bedeutet, haben solchen vermuthlich vor Alters den Türcken abgenommen.«

Moses, große Integrationsfigur des Judentums und des Alten Testaments der Christen, der auf dem *Berg* Sinai die Zehn Gebote Gottes (Dekalog) empfing. Die *fünf* Bücher Mosis (Genesis, Exodus, Leviticus, Numeri, Deuteronomium), der »Pentateuch«, werden bei den Juden unter dem Namen Thora (Gesetz) verehrt. Sie stammen nicht aus einer Hand, sondern aus vier bis fünf

Moses: Kupfer nach Schnorr von Carolsfeld

Hauptquellen, die von der Bibelkritik »erster und zweiter Jahwist«, »Elohist« sowie die Autoren von Deuteronomium und Priesterkodex genannt werden; durch fortlaufende Redaktionstätigkeit zur heutigen Einheit geführt, stellen diese fünf Bücher den ersten Teil des alttestamentlichen Kanons dar. – Moses ist zweifellos eine historische Gestalt, deren Name ägyptisch ist und »Sohn« oder »Kind« bedeutet (vgl. Thot-Mosis, Ra-Mosis oder Ramses, d.h. Sohn des Thot, Sohn des Ra oder Rê). Die hebräische Deutung »Der aus dem Wasser Gezogene« ist unwahrscheinlich. Moses lebte nach dem wahrscheinlichsten chronologischen Ansatz um 1450 v.Chr.; die »ägyptische Finsternis« vor dem Auszug der Juden aus Ägypten (vgl. *Frosch, Heuschrecke*) wird mit dem Ausbruch des Thera-(Santorin-)Vulkans in Verbindung gebracht, dessen Staubmassen die Sonne verdunkelten. Moses verknüpfte das Volk der aus dem Ägypterreich ausbrechenden Juden durch einen Bundesschluß mit einem Eingott Jahwe (»Du sollst keine anderen Götter neben mir haben«, Exodus 20,2) und zugleich mit der Religion das Recht und Sittengesetz. Er war jedoch (so O.Schilling bei J.B.Bauer 1967) »weder Glied einer Priesterkaste noch Offizier, er gehörte weder einem Kreis von Ekstatikern an, noch konnte er sich auf den alten Adel stützen . . . (er war) Prophet und Gottesmann«, der durch seinen Zorn am »Streitwasser von Meriba« (Numeri 20,10) seinen Einzug in das »Gelobte Land« verscherzte und am Berg Nebo starb; »aber niemand kennt sein Grab bis auf den heutigen Tag« (Numeri 34,6). »Es ist charakteristisch für die israelitische Religionsauffassung, daß sich an seine Person kein Kult anschließen konnte. Aber früh schon hat sich ihrer die Legende be-

Moses mit den Gesetzestafeln, mit Strahlen gekrönt. G. Doré (1832-1883)

mächtigt und auf ihn die altorientalischen Märchen- und Sagenzüge übertragen, die schon in den nach ihm benannten Büchern die Darstellung seines Lebens überwuchern« (Bertholet 1985). »Ohne das religiöse Grunderlebnis am *Dorn*busch von überwältigender Kraft (Exodus 3, am Berg Horeb) ist sein die Umwelt überragendes und Menschenmaß übersteigendes Werk nicht zu denken« (O.Schilling, a.a.O.). Vgl. *Hörner.*

Mühle, Mühlstein. Als große Mühle wird in manchen Weltbildern der frühen Hochkulturen das Umkreisen der Fix*sterne* um den Himmelsnordpol empfunden, der imaginär mit dem Mittelpunkt der Erde (*Mundus, Omphalos*) mittels einer kristallenen *Weltachse* verbunden ist. Die zyklischen Weltzeitalter stehen dann mit dem Begriff der Drehungen der großen Weltmühle in Symbolzusammenhang. Sie repräsentiert in diesem Fall auch die ausgleichende

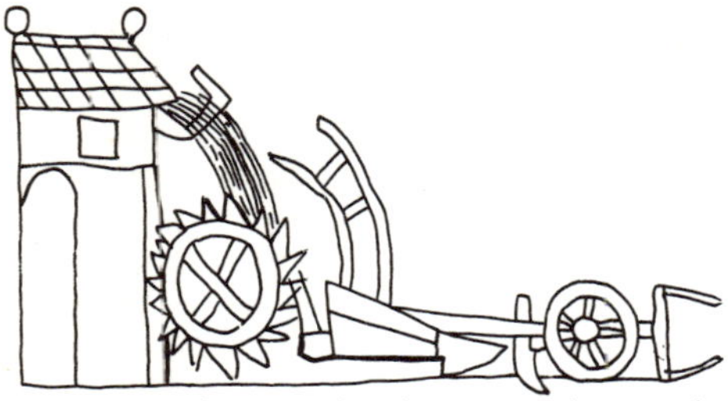

Mühle und Pflug. Randzeichnung aus dem »Sachsenspiegel« des Eike von Repgow, ca. 1230

Wirkung der Gerechtigkeit des Schicksals, das alle Körner zerreibt. Daß damit der Begriff des *Brotes* verbunden wird, das durch die veredelte Behandlung aus dem Rohmaterial des Kornes gewonnen wird, ist evident. In Alt-Rom bekränzten die vestalischen *Jungfrauen* am Festtag der Herdgöttin Vesta die Mühlen. – Die christliche Symbolik des Mittelalters kannte das Bild der »mystischen Mühle«, bei welcher der Prophet Jesaias die Weizenkörner des Alten Testaments in den Mahltrichter schüttet, während der Apostel Paulus das dabei gewonnene Mehl auffängt. In manchen bildlichen Gestaltungen schütten die vier *Evangelisten* die Körner ein, während die Apostel die *Flüsse* zuleiten, die das Mühlrad in Bewegung setzen. Die Kirchenväter empfangen das Mehl, und Jesus teilt die aus ihm gebackenen Hostien unter das gläubige Volk aus; Christus ist das Lebensbrot selbst. – Ein Mühlstein, der vom *Himmel* zur *Erde* herabgeworfen wird, ist in mehreren Bibelstellen Signal des göttlichen Strafgerichts, besonders in der Johannes-Apokalypse (18,21): »Und ein starker Engel hob einen Stein auf gleich einem großen Mühlstein, und er schleuderte ihn ins Meer, indem er sprach: So wird *Babylon*, die große Stadt, hinabgeschleudert werden ...« – Das als »Mühlespiel« bezeichnete *quadrat*ische Spielbrett, das auch in Form von Felsritzungen weit verbreitet ist, geht wohl auf ein sehr altes Weltbild-Schema (Kosmogramm) zurück.

Mühle, Sichel und Pflug. Aus dem Frühdruck des Boccaccio, Ulm, 1473

Münchhausen, die Symbolfigur des launigen Aufschneiders und Erzählers unglaublicher Abenteuergeschichten (»Münchhausiaden«), ist eine historisch greifbare Persönlichkeit. Carl Friedrich Hieronymus Frh. von Münchhausen (1720–1797) aus einem ab 1183 bezeugten Adelsgeschlecht Niedersachsens führte tatsächlich ein abenteuerliches Leben, nahm an zwei Türkenkriegen teil und war ein leidenschaftlicher Jäger. Auf seinem Gut Bodenwerder (Weser) erzählte er zur Unterhaltung seiner Gäste häufig die erstaunlichsten Abenteuergeschichten aus seinem bewegten Leben, die ihn als »Lügenbaron« unsterblich machten. Mehrere davon wurden 1781–1783 abgedruckt, weitere veröffentlichte der in England lebende Bibliothekar R.E. Raspe in englischer Sprache 1785 in Oxford. G.A. Bürger übersetzte und vermehrte sie in der deutschen Edition (»Wunderbare Reisen zu Wasser und zu Lande, Feldzüge und lustige Abenteuer des Freyherrn von Münchhausen«, 1786, 1788) um Motive nach Lukianos von Samosata, Rabelais, Jonathan Swift und anderen

Münchhausen, von den erlegten Wildenten durch die Luft getragen. Gustave Doré

Autoren zu einem beliebten Volksbuch, das auch in neuerer Zeit oft Stoff zu Bearbeitungen, Dramatisierungen und Paraphrasen (auch im Film) bot. – Als »Münchhausen-Syndrom« wird in der Psychiatrie die »Pseudologia phantastica« bezeichnet, wobei Kranke ihre Geschichte mit unglaublich übersteigerten Details ausschmücken.

Mund, im symbolischen Verständnis nicht nur das Organ der Nahrungsaufnahme und der Sprache, sondern auch Ort des Lebenshauches. Die Mundöffnungszeremonie bei der altägyptischen Mumienbestattung (in Form einer Berührung des Gesichtes mit einer Feuersteingabel und einem gebogenen Querbeil) ist ein Zauber, der dem Verstorbenen die Lebenskraft zurückgeben sollte. Aus dem Mund des Gottes Atum geht in der Mythik von Heliopolis (On) das Götterpaar Schu (Atem) und Tefnut (etwa: Speichel) hervor (vgl. *Neun*), während im altindischen Schöpfungsmythos aus dem Mund des Urwesens Prajapati die Götter, aus seinem Zeugungsglied (*Lingam*) hingegen die Menschen entspringen (die Dämonen aus dem After). Mund und gebärender *Mutter*schoß sind in vieler Hinsicht symbolisch verbunden (vgl. den Ausdruck »Muttermund« für die Öffnung des Uterus), wobei in der Sexualsymbolik die Vulva oft verhüllend mit dem Begriffsfeld »Mund« umschrieben wird. Der Mund der Feuerpriester des Parsismus war mit einem Tuch verhüllt, um Verunreinigung des heiligen *Feuers* durch den Hauch zu verhindern, während im Jainismus die Mundbinde das unfreiwillige Verschlucken von Insekten verhüten sollte. Für die hl. Hildegard von Bingen (1098–1179) unterliegt der Mund des Menschen der höchsten sittlichen Verbindlichkeit, denn durch ihn »wird der ganze Mensch erhalten. Wie durch den Glanz der Sonne die Welt erleuchtet wird, so wird durch diesen (seinen) Hauch jeder höhere Hauch gemäßigt und erregt.« – In vielen Redewendungen wird der Mund erwähnt (jemandem nach dem Mund reden; nicht auf den Mund gefallen sein; sich etwas vom Mund absparen usw.), während »mundtot machen« nicht von Mund, sondern von dem althochdeutschen Wort »munt« (Schutzgewalt, vgl. Vormund) abzuleiten ist. – In Darstellung des Endgerichtes (*Weltuntergang*) geht aus dem Mund des Weltenrichters ein *Schwert* hervor, »daß er damit die Nationen schlage« (Johannes-Apokalypse 19,15). In mittelalterlichen Bildern vom Exorzismus, der Austreibung von Dämonen der Besessenheit, fahren *schwarze Teufels*gestalten aus dem Mund der Geheilten, während *goldene* Fäden aus dem Mund von Betern diese mit dem *Himmel* verbinden. Ein Mundtuch auf Grabsteinen des Barock verhüllt oft einen Teil des Gesichtes kniender Frauen, was bloß bedeutet, daß damit Ehefrauen dargestellt werden, die zur Zeit der Stiftung des Epitaphs bereits verstorben waren.

Mundus, lat. für »Welt«, Name einer Opfergrube, die in der altrömischen Weltsymbolik das Zentrum der geordneten Welt bedeutete. Romulus, der Gründer Roms, soll sie am Kreuzungspunkt der die »Roma *Quadrata*« teilenden Straßen auf dem späteren Palatin ausgehoben haben. In ihr wurden Erdschollen aus der legendären Urheimat sowie die Erstlinge aller Feldfrüchte im Verlauf eines Opferritus abgelegt. Sie ist der Nabel (*Omphalos*) der Stadt Rom wie auch des menschengemäßen Kosmos, zugleich ein Opferplatz für die unterirdischen Gottheiten (inferi). Jede mit einem zentralen Mundus ausgestattete Stadt konnte sich als Zentrum des Erdkreises sehen. Der römischen Sitte ging eine entsprechende etruskische voraus (Pfiffig, 1975).

Muscheln werden volkstümlich oft nicht von Schneckenhäusern unterschieden; so wird oft von der Kaurimuschel gesprochen, obwohl es sich um das (als Zahlungsmittel verwendete) Gehäuse der Kaurischnecke handelt. Symbolkundlich steht bei der Muschel die Ideenverbindung zu Geburtsorganen (vgl. *Perle*) und der Vulva im Vordergrund (lat. concha bedeutet beides); freilich waren in der Antike einzelne Muschelarten wohlbekannt (Ostrea, Auster; Pecten, Pilgermuschel; Teredo, Pfahlbohrmuschel u.a.). Muscheln waren nach dem Ende der Eiszeit ein Hauptnahrungsmittel von Küstenbewohnern, wie mehrere Meter hohe Muschelabfallhaufen (dänisch Kjökkenmöddinger, spanisch concheros) aus dieser Epoche beweisen. In der altindischen Bilderwelt trägt Gott Vishnu eine Muschel, Symbol des Ozeans wie auch des ersten Lebenshauches und Urlautes. Die Geburt der *Venus* (Aphrodite) aus dem *Meeres*schaum wird bereits in pompejanischen Fresken, später von Botticelli in der Form dargestellt, daß die Göttin auf der Muschelschale steht, ebenso bei Tizian. Die Muschel als *Wasserwesen* verbindet die Sexualsymbolik mit dem Begriff von Zeugung und Fruchtbarkeit, was sie zum Attribut der Liebesgöttin macht. Die christliche Symbolik wollte davon nichts wissen, sondern betrachtete die Muschelschale als Bild des Grabes, das den Menschen nach dem Tod umschließt, ehe er auferstehen darf. Die Vorstellung der Befruchtung der als zweigeschlechtlich angesehenen Muscheln durch den *Tau* vom Himmel machte sie auch zum Mariensymbol (vgl. *Perle*). Die Pilgermuschel (Pecten pilgrimea) war das Abzeichen von *Wallfahrern* und Attribut von Heiligen wie Jakobus d.Ä., span. Santiago, zu dessen Heiligtum in Santiago de Compostela

Muschel in Vermählung von Meer und Himmel. J. Boschius, 1702

viele Pilger zogen; ebenso von St. Sebaldus, Rochus, Koloman, aber auch des Erz*engels* Raphael als Begleiter des Tobias. Das mittelalterliche Tierbuch (Bestiarium) erwähnt, daß »die Natur nach göttlichem Gebot die Weichheit des Muschelfleisches mit festen Mauern gesichert hat, so daß es im Innern der Schalen wie in einem Schoß geborgen ist« (Unterkircher). *Krebse*, Symbole von verführerischen und ruchlosen Menschen, überwinden jedoch den Schutzwall, indem sie Steinchen zwischen die Schalen klemmen und die Muscheln auffressen.

Musen sind die sprichwörtlich gewordenen Symbolgestalten für die künstlerische Inspiration: »Glücklich der, den die Musen lieben; süß fließet die Sprache von seinen Lippen« (Hesiod). Den griechischen Mythen zufolge wurden sie von Göttervater Zeus mit der Nymphe Mnemosyne (»Erinnerung«) gezeugt, um die Heldentaten des Kampfes gegen die urzeitlichen Titanen durch Gesang zu verherrlichen. Ursprünglich wohl als Berg- und Bachnymphen vorgestellt, wurden sie zu genau nach »Ressort« definierten Symbolgestalten, deren heilige *Berge* der Parnassos und der Helikon und deren heilige *Quellen* die kastalische bei Delphi (»der Trunk ihres Wassers reißt die Dichter zu Gesängen hin«) und die »Roßquelle« Hippokrene waren; diese hatte das *Flügel*pferd *Pegasus* mit seinen Hufen aus dem *Fels* geschlagen. Die »Eselsbrücke« für das Merken der Musennamen in Gymnasien war der Spruch »Klio-Me-Ter-Thal / Eu-Er-Ur-Po-Kall« und besteht aus den Anfangssilben der Namen Klio (Heldenlied, Geschichte), Melpomene (Tragödie), Terpsichore (Tanz, Chorlieder), Thalia (Komödie), Euterpe (Flötenspiel), Urania (Lehrdichtung, Astronomie), Polyhymnia (hymnische Dichtung) und Kalliope (heroische Dichtung). – Ursprünglich soll es nur drei Musen gegeben haben (vgl. *Dreigestalt*), die *Neun*zahl wird als Potenzierung der Triade aufgefaßt. In der bildenden Kunst werden sie als jugendliche Frauen in Gesellschaft des *Sonnen*gottes Apollon dargestellt (»Denn durch die Musen geschieht's, durch den ferntreffenden Apoll, daß es Sänger gibt und Harfenspieler auf Erden«, Hesiod). Als »Apollon Musagetes« mit der Kithara im Arm führt der Sonnengott, mit dem *Kranz* aus *Lorbeer*zweigen geschmückt, den Chor der Musen an.

Mutter, das große Symbol des Urgrundes und der Geborgenheit, ist in jedem Bereich das Sinnbild der Weitergabe des Lebens an die Eigenpersönlichkeit, und zwar unabhängig von der Gesellschaftsordnung – also auch bei eindeutig patriarchalischer Struktur. »Das Erleben unserer persönlichen Mutter steht groß und weithin dauernd am Aufgange

Mutter: Eine der »Muttergöttin-Statuetten« der El-Obeid-Kultur (Irak, um 4000 v. Chr.), eine echsenköpfige Figur mit Kind

Mutter mit Sohn, an jüngere Pietà-Motive erinnernd. Votivbronze, Sardinien, ca. 1000 v. Chr.

unseres Lebens, es erfüllt unsere Kindheit. Die Gestalt dieser Frau, der wir mehr zugehören als jeder anderen Frau, begleitet uns durch unsere Lebenstage. Leiblich von ihr abgelöst, blieb der Mensch jahrelang genährt von ihrer Mühe und Hingabe« (Aeppli). Wenn diese Gestalt jedoch keine »Abnabelung« gestattet, die eigenständige Entwicklung nicht zuläßt, »wird ihr vom Gefahr witternden Unbewußten viel Ehrerbietung entzogen, ihr Bild erscheint dann in negativer Deutung« (nach Erich Neumann als »schreckliche Mutter«). Aeppli empfiehlt dann, die Elternbeziehung sorgfältig zu überdenken. C. G. Jung faßt den »Mutter-Archetypus« sehr umfassend auf und sieht ihn in der Gestalt der persönlichen Mutter oder Großmutter sowie auch der Amme oder Kinderfrau. Sie ist »in höherem, übertragenen Sinne die Göttin, speziell die Mutter Gottes, die *Jungfrau, Sophia* ... im weiteren Sinne die Kirche, die Universität, die *Stadt,* das Land, der *Himmel,* das *Meer* und das stehende Gewässer; die Materie, die Unterwelt; im engeren Sinne, als Geburts- und Zeugungsstätte, der *Acker,* der *Garten,* der *Fels,* die *Höhle,* der *Baum,* die *Quelle;* im engsten Sinne die Gebärmutter, jede Hohlform; der Back*ofen,* der Kochtopf; als Tier die *Kuh* und das hilfreiche Tier überhaupt.« Die negative Qualität des Mutter-Archetypus prägt sich als *Hexe* aus, als weiblicher Nachtmahr, *Schlange,* Grab, Abgrund. Im Vordergrund steht jedoch »die Weisheit jenseits des Verstandes, das Gütige, Hegende, Tragende; Wachstums-, Fruchtbarkeits- und Nahrungsspende; die Stätte der magischen Verwandlung, der Wiedergeburt; das Geheime, Verborgene«. Negative Mutterbilder äußern sich u. a. in Traumerlebnissen, worin die Mutter als »primitive, egoistische Kraft« auftritt: »Sie läßt nicht los, ist stets das Fordernde und enthält das, was bis in ein spätes Leben den Sohn im Manne ängstigt, die Tochter der Mutter entfremdet« (Aeppli). Aufgabe des Einzelmenschen ist es, den Mutter-Archetypus als gesammelten Ur-Seelengehalt der Menschheitserfahrung, des Ur-Mütterlichen, vom persönlichen Bild der eigenen Mutter abzulösen. »Jede Traumbewegung mit dieser größeren Mutter befreit uns von den Bindungen an die leibliche Mutter, die im Grunde nicht ihr gehören. So löst sich, wenn wir unterscheiden lernen, der Mutterkomplex, und wir gewinnen ein natürliches Verhältnis zur persönlichen Mutter« (Aeppli). – In der Symbolik wird mit dem Bild der Mutter oft der *Mond* oder die *Erde* verbunden, auch die Gottesmutter Maria, deren (rein rational paradox wirkende) *Jungfräulichkeit* die kindliche Sicht »geschlechtsloser Eltern« widerspiegelt, da Sexualität auf dieser Erkenntnisstufe noch nicht als existentielle Größe erfahren wird. Die Anerkennung des Wunders ist jedoch für den Gläubigen die Signatur des Übernatürlichen, das mit der menschlichen Erfahrung nicht auslotbar ist. Vgl. *Schwarz, Vater.*

Nacht, nicht immer nur als Abwesenheit des *Sonnen*lichtes gedacht, sondern auch symbolhaft mit dem geheimnisvollen *Dunkel* und dem bergenden *Mutter*schoß in Verbindung gebracht. Die griechische Mythik betrachtete die Nacht zwiespältig, und zwar einerseits als große Göttin Nyx in *schwarzem, sternen*besetztem Gewand, die tagsüber in einer *Höhle* im fernen Westen wohnt, aus der sie allabendlich in einem mit schwarzen *Pferden* bespannten *Wagen* über den Himmel gefahren kommt. Sie wird auch mit schwarzen *Flügeln* dargestellt. Im dichterischen Bild (bei Aischylos) heißt es, der *Mond* ist das *Auge* der schwarzen Nacht. Als Spenderin des Schlafes und Sorgenlöserin trug sie den Namen Euphrosyne oder Euphrone. Ihr Sohn ist *Hypnos*, der Traum. So ist Nyx die *Mutter* des Schlafes, der Träume und des Liebesgenusses, doch auch des Todes. Ihr unheimlicher Aspekt macht sie dazu noch zur Mutter verderblicher Brut wie Moros (Verderben), der Rachegöttin *Nemesis* und der Schicksalsspinnerinnen (der Moiren, lat. Parcae, *Parzen*). Die von den Römern Nox genannte Göttin wird im Mythos als Geschöpf des *Chaos* bezeichnet, zusammen mit Erebos (Dunkelheit), Gē (*Erde*), Eros und Tartaros geboren. Ihr Bruder Erebos zeugte mit ihr auch Aither (Äther, obere Luft) und Hemera (den Tag). Wenn der Tag in sein Nachthaus zurückkehrt, tritt Nyx ihre Reise über die Welt an. Ein Kult wurde ihr nicht gewidmet, doch selbst Zeus (*Jupiter*) soll vor ihr heilige Furcht empfunden haben. – Erd- und Totenkulte (»chthonische« Riten) wurden in vielen Kulturen zur Nachtzeit zelebriert, im frühen Christentum in erster Linie wegen der nötigen Geheimhaltung der Zusammenkünfte. Später wurden den *Hexen* nächtliche Orgien (Walpurgisnacht!) zugeschrieben. Im Christentum ist die Osternachtfeier der Angelpunkt des Kirchenjahres, mit der Weihe des *Feuers*, der Kerzen und des Tauf*wassers*, die früher gern sofort zur Spendung des Taufsakramentes verwendet wurden. Im Vordergrund steht hier jedoch die Vorfreude auf den heraufdämmernden Tag der Auferstehung. – In Sagen des Alpenraumes ist von einem gespenstischen Nachtvolk die Rede, das »um-

Nacht (Nyx) mit den Brüdern Schlaf (Hypnos) und Tod (Thanatos). V. Cartari, 1647

geht« und die Menschen schreckt, die nicht in ihren Häusern bleiben.

Nachtigall, poetisch »Philomele«, galt in der Antike als klagende Mutter, die mit dem Ruf »Itys« ihr Kind beweint (Ovid, Metamorphosen); vgl. *Wiedehopf.* Sie war zugleich Symbol des von Menschen angestrebten Könnens, süßen Wohlklang der Sprache zu erreichen, und Dichter bezeichneten sie als ihre Schüler. Ihr Name ist gelegentlich Synonym für »Lied« und »Poesie«. Auch wurde beobachtet, daß Eltern ihre Nestjungen im Singen unterweisen, was zu einer allegorischen Gleichsetzung mit pädagogischen Fähigkeiten führte. In der Volksmedizin wurde das Fleisch der nächtlichen Sängerin als Mittel empfohlen, übermäßiges Schlafbedürfnis einzudämmen. Nachtigallen*herzen* sollten eine schöne Stimme und rednerisches Geschick verleihen. Als gefühlloser Luxus wurde jedoch bereits in der Antike die Sitte der Reichen aufgefaßt, Nachtigallen (besonders ihre *Zungen*) als Kuriosität zu essen. – Auch im Orient war die Nachtigall wegen ihres süßen Gesanges sehr geschätzt, und ihr Gesang galt, wie in Europa, als glückverheißendes Omen. Der Volksglaube deutete den Nachtigallenschlag hingegen vielfach als Hilferuf einer »armen Seele im *Fegefeuer*« oder als klagende Ankündigung des nahen Todes eines Menschen, während im christlichen Sinn sich darin die Sehnsucht nach dem *Paradies* und *Himmel* äußern sollte. In »Des Knaben Wunderhorn« heißt es: »Nachtigall, ich hör dich singen, das *Herz* möcht mir im Leib zerspringen«, was in der Berliner Volkssprache zu »Nachtigall, ick hör dir trapsen« (d.h.: ich weiß, was gemeint ist) umgedeutet wurde. Die Redensart »Die Nachtigall singen lehren« weist auf überflüssige Anstrengungen hin. Vgl. *Eule.* – Eine gleichnishafte Legende über die Nachtigall ist in der »Legenda aurea« des Jacobus de Voragine (um 1270) enthalten, und zwar im Abschnitt »Von Sanct Barlaam und Josaphat«. Es heißt, ein Jäger habe eine Nachtigall wieder freigelassen, die er gefangen hatte; sie rief ihm aus der Luft zu: Ein großer Schatz ist dir entgangen; in meinen Eingeweiden ist eine *Perle,* größer als ein *Straußen*ei. Der Jäger wollte sie zurücklokken, doch sie schalt nur seine Narrheit: »Du hast in Wahrheit geglaubt, ich hätte eine Perle in meinem Leib, größer als ein Straußenei – ich bin doch selbst nicht so groß wie solch ein Ei! Ähnliche Toren sind jene, die in Götzenbilder ihren Glauben setzen. Sie beten an, was sie gemacht haben, und nennen ihre Hüter, was sie selbst behüten müssen.« – Auch in der mittelalterlichen Novellensammlung »Gesta Romanorum« ist von der Nachtigall in Verbindung mit einem Juwel die Rede; Nr. 510 der um 1300 entstandenen Sammlung berichtet von einem Ritter, der wegen einer Missetat in das Gefängnis geworfen worden war.

Nachtigall: »Aus meiner Liebe entspringt mein Lied«. J. Boschius, 1702

Er wurde durch eine Nachtigall, die ihn im Verlies besuchte, durch süßen Gesang getröstet und fütterte sie mit Brotkrumen. Sie flog davon und brachte ihm einen kleinen *Edelstein* im Schnabel, und »als der Ritter den Stein erblickte, verwunderte er sich. Sogleich nahm er den Stein, und er berührte damit seine eisernen Ketten, und sie fielen von ihm ab.« Er konnte auch die Gefängnistüren damit öffnen und entkommen. Die geistlich-symbolische Nutzanwendung wird hier nicht gegeben, sondern bleibt dem Ausleger überlassen. Sie liegt wohl im Hinweis auf die Dankbarkeit des Vogels, im Sinne von »Wohltun trägt Zinsen«.

Nacktheit im symbolkundlichen Sinn soll den Menschen im »Urzustand« darstellen, ohne soziale und hierarchische Unterscheidungsmerkmale der Kleidung. Dies ist vor allem im Verlauf von Initiations- und Einweihungsritualen oft der Fall, etwa im spätantiken Mithras-Kult, wenn der Kandidat sich wie ein Neugeborener darbietet. Andere Erfordernisse im Kult sind im Sichausliefern an höhere Mächte und Kräfte zu suchen, wobei der Mensch alle Bindungen und *Knoten* seiner Bedeckung gelöst hat und auch die sonst vor allen Angriffen (z.B. »böser Blick«) geschützten Genitalien unverhüllt läßt. Der Gedanke an eine legendäre »Ur-Unschuld« im *Paradies* vor dem Sündenfall der Stammeltern war bei mehreren »Adamiten«-Sekten älterer und neuerer Zeit dafür ausschlaggebend, daß bei Versammlungen die Bekleidung abgelegt wurde, wie dies noch heute bei der aus Rußland stammenden Sekte der Duchoborzen in Kanada (British Columbia, Saskatchewan) üblich ist. Asketische Gedanken, d.h. der Verzicht auf Kleider, sind bei den »Digambara« (mit Luft Bekleideten) im indischen Jainismus für die Nacktheit ausschlaggebend. Erotische Motive sind bei einfachen, schriftlosen Völkern in tropischen Gegenden nicht für Nacktheit verantwortlich, da die Genitalbereiche »ignoriert« werden und das sexuelle Verhalten von einer ausgesprochen dezenten Grundeinstellung geprägt ist. Diese darf nur bei speziellen Anlässen im Ritus außer acht gelassen werden. – In der christlich-europäischen Kunst werden *Adam und Eva* nackt dargestellt (jedoch meist mit Genitalbedeckung durch Pflanzen und das Haar), ebenso die *Hexen* (Hans Baldung Grien), in diesem Fall mit dem Hintergedanken, ihre Zügellosigkeit darzustellen. Erst in der Renaissance wurde der menschliche Körper in Anlehnung an antike Vorbilder wieder als »Akt« abgebildet, wobei das klassische Thema die Darstellung rehabilitierte. So durften symbolische Urbilder und mythologische Gestalten trotz sonstiger Prüderie, die sich u.a. durch die Übermalungen von Michelangelos Jüngstem Gericht manifestierte, unverhüllt und unmittelbar repräsentiert werden.

Nagel, in vielen archaischen Weltbildern nördlicher Völker mit dem *Polarstern* als *Weltachse* verbunden, um die sich die Himmelskuppel dreht. In Zentralafrika wurden zahlreiche menschengestaltige Holzfiguren gefunden, die mit Nägeln besteckt sind (»Nagelfetische«). Meist wird der Nagel von den Zaubernden unter Ritualen eingeschlagen, um das in der Figur imaginierte Wesen an eine Aufsichtspflicht zu erinnern und Schutz zu gewähren. Auch bösartige Absichten sollen mit der Benagelung verbunden sein; der Nagel ist das Zeichen dafür, daß das Wesen im *Idol* den Menschen, der ein Anliegen hat, wirklich beachtet. In Mitteleuropa ist das Einschlagen von Nägeln in markante Bäume (z.B. Stock im Eisen, Wien) oder Holzfiguren oft traditionelles Zeichen der Anwesenheit oder eines Besuches durch Ortsfremde. Im christlichen Symbolgut erinnert der Nagel an die Kreuzigung Jesu Christi. Im hohen Mittelalter wurden *vier* Kreuzesnägel dargestellt, später (bei übereinandergelegten Füßen des Gekreuzigten) nur drei. Drei Nägel gehören auch zu der *»Arma Christi«*. Nägel gehören zu den Attributen von Märtyrern, die damit getötet wurden (St.Cyrus oder Quirinus, Pantaleon, Severus, Sta.Ingratia). – Die *Nelke* (»Nägelein«) wurde vielfach als pflanzliches Symbol der Kreuzigungsnägel betrachtet, besonders wegen der Form der Trockenfrüchte, die als Gewürz dienen (auch im Volkslied »Guten Abend, gute Nacht, mit *Rosen* bedacht, mit Näglein besteckt ...«). »Der Nägelblum Geruch den Menschen ganz erquickt, / und ihre Wirckung wird nie ohne Krafft erblickt. / Wer Gott gehorsam ist, und thut, was Er befohlen, / dem gehet Glück und Heil stets nach auff der Fußsohlen« (Hohberg, 1675). – Eine Art von Nagel erhielt im 15. und 16.Jahrhundert eine abstrakte Bedeutung: der hölzerne »Zweck« (heute weiblich »die Zwecke«) in der Mitte der Zielscheibe, der Zielpunkt des Schützen. Sein Anvisieren führte zu einer Sinngebung von »Absicht, Sinn und Handlung«, die uns heute geläufig ist.

Narcissus, griech. Narkissos (modernisierte Form »Narziß«), im griechischen Mythos Sohn eines *Fluß*gottes (Kephissos) und einer Nymphe, dem im Säuglingsalter der Seher Teiresias langes Leben vorhersagte, falls er sich »nie selbst erkennen würde«. Die von der Göttin Hera ihrer eigenen Sprache und Meinung (zur Strafe für ihre Geschwätzigkeit) beraubte Nymphe Echo liebte ihn maßlos, konnte sich aber nicht bemerkbar machen, sie schwand zur körperlosen Stimme dahin, die nur fremde Worte wiederholen kann. Die Lieblosigkeit des schönen Jünglings Narkissos rief die Rachegöttin *Nemesis* herbei, die dafür sorgte, daß er aus einer *Quelle* am *Musenberg* Helikon trank, dabei sein eigenes *Spiegel*bild erblickte und sich maßlos in dieses verliebte. Unfähig, sich davon loszureißen, konnte er sich als Sklave seiner eigensüchtigen Verzauberung nur dahinschwinden sehen und wurde (Ovid, »Metamorphosen«) in eine *Blume* verwandelt, in die Narzisse. – Diese wird vielfach als Frühlingssymbol betrachtet und auch mit Schlaf, Tod und Auferstehung in Verbindung gebracht, weil sie sich den Sommer über scheinbar zurückzieht, im Frühjahr aber als auffällige Blume die Wiesen bedeckt. Wegen ihrer an *Lilien* erinnernden Gestalt taucht sie auch oft auf Marienbildern auf. Der »Narziß« jedoch ist die Symbolgestalt des nur in sich selbst verliebten, die Umwelt vergessenden Menschen (»Narzißmus«, krankhafte Eitelkeit). – In China heißt die Narzisse shui-hsien, »die Wasser-Unsterbliche« und ist ein Neujahrs-Glückssymbol. Sie war nicht immer in China heimisch, sondern wurde durch arabische Händler eingeführt und spielt seit dem Mittelalter eine Rolle in Blumenmärchen. Wegen eines Laut-Wortspieles bedeuten Bilder mit Narzisse, *Stein* und *Bambus:* »Die *acht Unsterblichen* wünschen langes Leben.«

Narr, in vielen Märchen und Sagen erscheinende Gestalt, die mit den Hofspaßmachern (englisch »jokers«) alter Herrscherhöfe in Verbindung steht. Diese hatten »Narrenfreiheit« und durf-

Narr: Hofnarr vor dem Königspaar. Historie von Tristan und Isolde, 1484

ten straflos die Wahrheit sagen, wenn sie in die Maske von Scherz, Satire und Schabernack gekleidet vorgetragen wurde. Hofnarren trugen groteske Kleider mit bunten *Farben* wie der junge Parsifal, ein Narren*zepter* und auf dem Kopf eine mit Schellen besetzte Narrenkappe, was in den Karnevalskostümen der Neuzeit nachgeahmt wird. Der Schalksnarr der Volksbücher (*Eulenspiegel,* Ulenspiegel) ist seit dem 16. Jahrhundert populär, und seine Possen (Eulenspiegeleien) sind z.T. sprichwörtlich geworden. »Narr« heißt auch die »Karte O« der Großen Arcana des *Tarot*-Spiels, dargestellt als Wanderer in zerlumpten Kleidern, den ein kleiner *Hund* anspringt. Die Deutung des Symbols lautet: Unerfahrenheit, der »reine Tor« auf der Wanderschaft zur Weisheit; Unbefangenheit und Spontaneität. – Einer von E. bin Gorion mitgeteilten jüdischen Legende zufolge war ein weiser Mann in Not geraten, weil er sich nur mit seinen *Büchern* befaßte und das Alltagsleben vernachlässigte. Er verlor den Verstand, benahm sich närrisch und wurde von einem *König* als Spaßmacher angestellt. Als jedoch die Narrheit aus seinem Kopf schwand, hielt er seinem Herrn dessen Beschränktheit vor, wurde verprügelt und fortgejagt. Nun verstand er den Bibelspruch »Schwerer als Wissen und Ehre wiegt ein wenig Torheit« (Kohelet oder Prediger, 10,1). – Im Mittelalter wurden Geisteskranke als »Narren« bezeichnet und mußten eine kennzeichnende Tracht tragen, den Narrenkittel und die Narrenkappe, mit Glöckchen versehen. Damit genossen auch sie Narrenfreiheit und konnten für angerichteten Schaden nicht verantwortlich gemacht werden, wie die Redensart »Der Narr muß ein Abzeichen haben« überliefert. Die Redewendung »jemanden am Narrenseil führen« (zum besten halten) geht auf die Gepflogenheit zurück, zu Tobsuchtsanfällen neigende Geisteskranke auf diese Weise zu fesseln. Die barbarische Ideenverbindung »Spaßmacher – Geisteskranker« konnte erst sehr spät überwunden werden und wirkt bis in die Gegenwart hinein fort. – Der Ausdruck »Possenreißer« für Spaßmacher erklärt sich aus der Ableitung von »bosse« oder »posse« (Schnörkel, Beiwerk an Kunstdenkmälern, groteske Begleitfigur) und »reißen« (zeichnen, vgl. *Reißbrett*). Davon ist auch »possierlich« (16. Jahrhundert, für »drollig, spaßig«) abgeleitet.

Narr: Sebastian Brants Narrenschiff, 1494

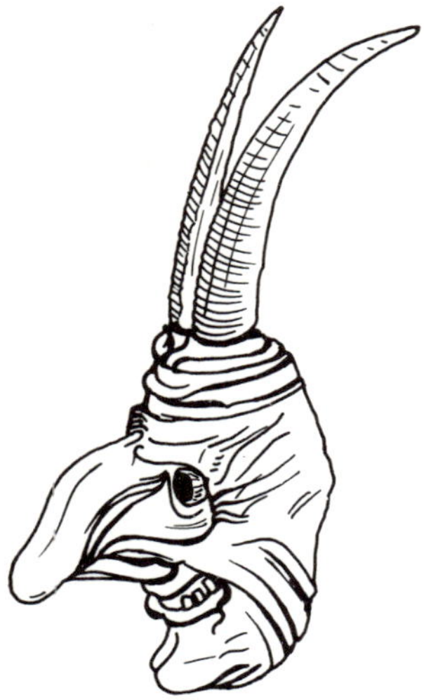

Nase: Salzburger Teufelsmaske für das Volksschauspiel, mit betonter Nase und echten Ziegenhörnern, um 1820

Nase: »Sich bei der eigenen Nase nehmen«, nach einem Exlibris von A. Kubin

Nase. »Die Nase des Menschen bezeichnet die Luft, welche die Wasser bewegt«, schreibt Hildegard von Bingen (1098–1179), und sie spielt damit auf den seelenartigen *Wind*hauch an, der bei der Schöpfung als »ruach« Gottes über dem Ur*wasser* schwebte. Im Antlitz des Menschen ist die Nase das wohl charakteristischste physiognomische Element; *Teufel* werden meist mit mißgestalteten Nasen dargestellt. – Im Volksglauben steht die männliche Nase in einem Analogieverhältnis zum Penis; melanesische Ahnenfiguren bilden häufig Gestalten ab, bei welchen eine schnabelartige Nase mit der Genitalregion verbunden ist. – Viele volkstümliche Redensarten befassen sich mit der Nase (die Nase voll haben; die Nase hochtragen; jemandem eine Nase drehen, eine lange Nase machen; jemandem auf der Nase herumtanzen; sich an die eigene Nase fassen, d.h. sich in Selbsterkenntnis üben, u.v.a.). Die »Teufelsphysiognomie« wird scherzhaft als Spottvers auf hagere Menschen charakterisiert: »Lange Nasen und spitzes Kinn – da sitzt der Satan leibhaftig drin.« – Das Anfassen der eigenen Nase soll mit einem alten Rechtsbrauch zu erklären sein, demzufolge bei Eingeständnissen von Verleumdungen der Sünder seine Nasenspitze mit den Fingern festzuhalten und seine falsche Anschuldigung zu wiederholen hatte (eine ab dem 17. Jahrhundert häufig als »Vogel Selbsterkenntnis« paraphrasierte Geste). – Eine rüsselartig gebogene Nase wird in der Ikonographie der mittelamerikanischen Maya dem *Regen*gott Chac zugeschrieben und in vielen Maskenfriesen alter Tempelanlagen dargestellt; vgl. *Zepter.*

Nebel, allgemein als Symbol des Ungewissen einer »Grauzone« zwischen Realität und Irrealität. In der altkeltischen Mythik bedeckt er den Nordwesten der Erde an der Grenze zwischen der Menschenwelt und den Inselländern des *Jenseits,* bei den Nordgermanen die von Todesdunkel und Kälte erfüllten

Nelke im »Hortus Eystettensis«, B. Besler, 1613

Gebiete der Polarregion. Niflheimr (Nebelheim) ist das mythisch-geographische Sinnbild der dem Menschen unzugänglichen Bereiche jener Welt, in der die Unterweltsgöttin Hel (vgl. *Hölle*) jene Toten beherrscht, die nicht von den *Walküren* zu Odins Mitkämpfern beim Endkampf Ragnarök (*Weltuntergang*) auserwählt wurden. – In der ostasiatischen Lyrik ist der Nebel meist ein Symbol des Herbstes oder auch unheimlicher Stimmungen, in welcher sich u.a. auch *Fuchs*geister manifestieren können. – In den mitteleuropäischen Märchen wird Nebel oft durch Sieden, Brauen, Spinnen oder andere Tätigkeiten von dämonischen Wesen (*Zwergen, Hexen*) erklärt und symbolisiert die Ungewißheit der Menschen gegenüber dem Kommenden und Jenseitigen, die nur durch *Licht* (Erleuchtung) durchbrochen werden kann.

Nelke (Dianthus), in etwa 300 Arten bekannte Blume mit vielen Zuchtformen, früher »Nägelein« genannt, offenbar wegen der Form der Früchte. Deshalb war die Nelke eine Symbolpflanze des Leidens Christi. Die karmin*rote* Stein- oder Kartäusernelke wird häufig auf Bildern der Madonna mit dem Kinde dargestellt. Als Liebespfand wird sie auf Verlobungsbildern der Renaissance dargestellt. In der Neuzeit war sie in Frankreich als rote Nelke das Blumensymbol der Royalisten, später jenes der Sozialdemokratie im deutschen Sprachraum (vor allem am »Tag der Arbeit«, dem 1. Mai). Christlich-soziale Parteigänger trugen dagegen eine *weiße* Nelke. – Auf türkischen und kaukasischen Teppichen erscheint die Nelke als Glückssymbol. Vgl. *Nagel.*

Nemesis, Personifikation der Auflehnung gegen Unrecht (der griech. Name bedeutet »Zorn«), zugleich Rächerin begangenen Frevels und unparteiische Richterin bei Wettspielen, mit *Waage, Schwert* und Maßstab ausgestattet. Als Göttin hat sie die Schicksalsmacht, jene Menschen auf den Boden der Realität zurückzuholen, die unverdientes Glück erfahren haben. Die griechischen Mythen bezeichnen sie als Tochter der *Nacht* (Nyx). Es wird auch erzählt, Zeus habe sich in sie verliebt; sie habe sich durch Verwandlung in verschiedene Gestalten den Nachstellungen des Gottes zu entziehen versucht, der sie jedoch als *Schwan* schwängerte, während sie als *Gans* auftrat. Nach anderer Version floh Zeus als Schwan zum Schein vor einem *Adler* und suchte im Schoß der Nemesis Zuflucht, was zur Folge hatte, daß diese bald ein *Ei* gebar, das von der spartanischen Königin Leda ausgebrütet wurde. Es entstieg ihm später die »schöne Helena«, deren Entführung den Trojanischen Krieg zur Folge hatte. Schwan und Adler wurden zur Erinnerung von Zeus zu *Stern*bildern gemacht. – Kleine Nemesis-Altäre standen oft in den Arenazugängen der römischen Amphitheater, wo ihnen die Gladiatoren Opfergaben darbrachten. Auf manchen antiken Darstellungen hat Nemesis auch *Flügel.* Vgl. *Apfel.*

Netz. Ein netzartiges Geflecht in plastischer Nachbildung überzog manche *Omphalos-Steine,* wobei die Funktion dieses »Agrenon« unsicher ist (Sollten dadurch übernatürliche Wesen festgehalten werden, die den Omphalos als potentiellen Sitz gewählt hatten?). Im griechischen Mythos umfängt der Schmiedegott Hephaistos (lat. Vulcanus) seine untreue Gattin Aphrodite (*Venus*) und ihren Liebhaber Ares (*Mars*) während des Liebesaktes mit einem Netz aus unzerreißbarem Bronzedraht, um beide dem Spott der Götter preiszugeben. Dieses Netz der Liebesgöttin kann als Requisit ihrer ursprünglichen Rolle als Göttin des *Meeres* und des Fischfanges aufgefaßt werden (Ranke-Graves). Ein Netz ist allgemein ein Symbol des Fanges, wie es auch seiner normalen Funktion entspricht. Die nordische Meeresgöttin Ran, Tochter des Ägir, fischt damit die Ertrunkenen auf und führt sie in ihr Totenreich. Der »Trickster«-Heros Maui der polynesischen Mythen fing in einem Netz die *Sonne* und raubte das *Feuer,* um es den Menschen zu schenken. In Altpersien ist das Netz Symbol des Mystikers, der damit die Erleuchtung »fangen« will. Im Lukas-Evangelium ist vom reichen *Fisch*fang mit Netzen auf dem See Genezareth die Rede (5,1–11), ein Vorbild des späteren »Menschenfanges« durch den Apostel. – Das Netz der *Spinne* ist in Indien Symbol der kosmischen Ordnung, wegen der strahlenartig angelegten Struktur auch Symbol der göttlichen Geistesstrahlen. Ähnlich gebaut sind im Himalaja-Gebiet die aus Stäben und Fäden bestehenden »Dämonenfangnetze«, die bösen Geistern als Fallen das Verderben bringen sollen. In Indien ist das Spinnennetz auch Symbol der trügerischen Sinnenwelt (Maya), das schwache Menschen umfangen hält, von Weisen aber zerrissen werden kann. – In Hugo vom Trimbergs (1230–1330) Dichtung »Des Teufels Netz« (um 1290) wird der *Teufel* durch einen frommen Einsiedler veranlaßt, seine Strategie zu verraten. Er berichtet, daß seine Diener (Hoffart, Neid, Haß, Geiz, Völlerei, Unkeuschheit und Zorn) mit einem großen Netz unterwegs sind, um Menschen aller Stände und Berufe einzufangen – ein Gegenbild zum »reichen Fischfang« der Apostel.

Netz: Emblem-Kupfer im Werk des W. H. Frh.-v. Hohberg, 1675

Neun, unter den symbolischen *Zahlen* eine Potenzierung der *Drei.* Bedeutsam war sie in erster Linie in der Religion und Kosmologie Altägyptens, wo von

Göttersystemen unter dem Namen »pesedjet« (Gruppen der Neun, Neunheiten) die Rede war. Die priesterliche Mythik der Stadt On (Heliopolis) postulierte als Spitze den Schöpfergott Atum und von ihm abgeleitet seine Nachkommen Schu (Luft) und Tefênut (Feuchtigkeit), dann Geb (*Erde*) und Nut (*Himmel*) sowie deren Kinder Eset (Isis) und Usirê (Osiris), Sutech (Seth) und Nebthut (Nephthys). Andere Göttergruppen wurden ebenfalls unter dem Begriff der Neunheiten zusammengefaßt, obwohl manche (die »große Neunheit von Abydos«) aus sieben, die aus Theben aus 15 Göttern bestand. – In Altchina spielt die Neunzahl im *»I-Ching«* eine wichtige Rolle, ebenso im »Buch der Riten« (»Li-chi«), wo von neun Zeremonien (Jugendweihe der Männer, *Verheiratung,* Audienz, Gesandtschaft, Begräbnis, Opfer, Gastlichkeit, Trinkgelage und militärische Riten) die Rede ist. Während der Han-Dynastie (vgl. *Sechs*) war zeitweilig eine Kosmologie auf der Neunerbasis besonders beliebt (Totenreich – »neun Quellen«; der neunte Tag des neunten Monats war das Männerfest des »potenzierten Yang«, vgl. *Yin-Yang;* neun Provinzen der Erde, neun Gebirge, neun Himmelsfelder usw.). Das Zentrum von Peking (heute Beijing) wies *acht* Zufahrtswege und ein Zentrum auf, also ebenfalls eine Neunerstruktur. – Das Abendland kannte neun *Engel*chöre, neun kosmische Sphären des mittelalterlichen Weltbildes, und in »neunmalklug« ist eine Potenzierung der Dreizahl angesprochen.

Nilpferd, der massige Pflanzenfresser im Sumpfland, soll mit dem biblischen Urzeitmonster Behemoth identisch sein (Hiob 40,15), das auch in der Endzeit als feindliches Ungetüm erwartet wird,

Nilpferd-Figürchen aus blauer Fayence, mit Wasserpflanzen bemalt. Ägypten, um 1500 v. Chr.

als satanische Tiergestalt. In Altägypten wurde es als Verwüster der Felder gern gejagt (harpuniert) und dem Gefolge des Widersachers Seth – des Osirismörders – zugeordnet. Die Massigkeit des Nilpferdbauches erinnerte jedoch auch an den Leib schwangerer Frauen, und deshalb wurde das Nilpferd auch zu einem positiven Symbol, ja sogar zu einer göttlichen Gestalt. Als Ta-uret (griech. Thoëris), »die Große«, wurde ein aufrecht stehendes Nilpferd mit weiblichen Brüsten dargestellt, das sich auf die »Sa-Schleife« (Amulett und Symbol des Schutzes) stützt. In dieser Form wurden Figuren der Nilpferdgöttin zum Segen entbindender Frauen an Betten aufgestellt, und es wurde ihr besonders die Geburt künftiger *Thron*erben als Kompetenzbereich anheimgestellt. – In der christlichen Bilderwelt erscheint das Nilpferd nicht selten auf Darstellungen der Schöpfung der Tierwelt.

Nimbus oder Heiligenschein, eigentlich (lat.) *Wolke,* Symbol für eine übermenschliche Persönlichkeiten auszeichnende strahlende Aura, die in erster Linie ihr Haupt umgibt (während die *Mandorla* die ganze Gestalt einhüllt). Die leuchtende Scheibe um den Kopf ist nicht eine Einführung der christlichen Ikonographie, sondern bereits in der

Nimbus: Kreuznimbus des Weltenherrschers (Pantokrators) in der byzantinischen Kirche von Daphni, ca. 1100 n. Chr.

asiatischen Kunst sowie in der spätantiken des Hellenismus ein beliebtes Mittel, um Göttlichkeit der Dargestellten auszudrücken. Zeus (*Jupiter*), Apollon als *Sonnen*gott und Dionysos (*Bacchus*) wurden auf diese Weise dargestellt, ebenso Groß*könige* und vergöttlichte römische *Kaiser* auf Münzbildern.

In der römischen Calixtus-Katakombe taucht der Nimbus ab dem 2. Jahrhundert als Hauptkrönung Christi auf, später werden auch Maria und die *Engel* auf diese Weise ausgezeichnet. Christus wird häufig mit einem *Kreuz*nimbus dargestellt, bei welchem der *Kreis* durch die Kreuzbalken (nur drei sind sichtbar) geteilt wird. Den Symbolen der vier *Evangelisten* wird bereits im 4. Jahrhundert ein Heiligenschein zugestanden. Er dient in der Folge zur Hervorhebung von Heiligen in Figurengruppen und wird meist in *Gold*farbe ausgeführt.

Nimrod, ein scherzhaft-symbolischer Ausdruck für einen Jäger; dieser Name geht auf die »Völkertafel« im 1. Buch *Mosis* (10,9) zurück, in der Städte und Länder wie Personen nach ihren mythischen Stammvätern genannt werden: Nimrod war danach »der erste Held auf Erden. Er war ein gewaltiger Jäger vor dem Herrn; deshalb pflegt man zu sagen: ein gewaltiger Jäger vor dem Herrn, so wie Nimrod. Kerngebiet seines Reiches war *Babel*, Erech, Akkad und Kalne im Land Schinaar. Von diesem Land aus zog er nach Assur und erbaute Niniveh, Rehoboth-Ir, Kalach . . .« Nimrod ist die Personifikation des Assyrerreiches, und der Name »Nimrud« bezeichnete ursprünglich wohl einen assyrischen Gott des Krieges und der Jagd. Die Stadt Kalach, um 1270 v. Chr. südlich des heutigen Mossul am Tigris gegründet, trägt auch den Namen Nimrud, der nach biblischer Auffassung wohl ein Stammvater der dortigen Bevölkerung war. – In der islamischen Tradition spielt Nimrod die Rolle des Königs Herodes im christlichen Neuen Testament. Einer Prophezeiung zufolge vernahm Nimrod, daß ein den Göttern und *Königen* überlegenes Kind namens *Abraham* geboren werden würde, worauf der um seine Macht besorgte gewaltige König alle Kinder männlichen Geschlechts töten ließ. Abraham aber entging dieser Nachstellung durch die Vorsorge Allahs. Ganz entsprechend wird die Geburtslegende des Abraham, der als Kind in einer *Höhle* versteckt wird, bis er zur Erkenntnis Gottes gelangt, auch in den Sagen der Juden erzählt (E. bin Gorion 1980), vgl. *Sterne*.

Noah, in der *Sintflut*-Erzählung der Bibel der zweite Stammvater der Menschheit nach *Adam*, entsprechend dem Ziusudra oder Utnapischtim der

Keilschrifttexte des sumerisch-babylonischen Mythus, die König Gilgamesch auf der Insel Dilmun (vgl. *Inseln der Seligen*) antraf. Der biblische Erbauer der *Arche* gilt (neben dem Nährvater *Josef*) als Schutzpatron der Zimmerleute, wegen seiner Entdeckung der berauschenden Wirkung des *Weines* auch als erster Winzer. Zu seinen Attributen gehören die *Taube* mit dem Zweig des *Ölbaumes* im Schnabel und der *Regenbogen* als göttliches Zeichen der Versöhnung nach der Verwüstung der Erde durch das *Wasser.* Die Verspottung Noahs, der sich im Rausch in Unkenntnis der Wirkung des Weingenusses entblößt hatte, wurde als typologische Vor-Ahmung der Entblößung des leidenden Heilands (»Jesus wird seiner Kleider beraubt«) gedeutet. Im volkstümlichen Sprachgebrauch heißt »zu Noahs Zeiten« etwa »vorsintflutlich« oder uralt. – In der älteren *Freimaurer*literatur (1738) werden die Bundesbrüder als »Söhne Noahs« oder »Noachiden« bezeichnet, im Sinne ihrer Bindung an ein ethisch-religiöses Grundgesetz, das bereits vor den Zehn Geboten erkannt worden sein soll: eine Urreligion, älter als das Judentum, mit der Anerkennung der Gottesverehrung ohne Anbetung der Götzen (*Idole*), Ablehnung von Mord, Ehebruch und Diebstahl, gerechtes Leben und Verbot, »von einem in seinem Blut erstickten Tier zu essen«. Gemeint sind die im Buch Genesis 9,1–7 ausgesprochenen Sittengesetze.

Nornen, in der nordgermanischen Mythik personifizierte Symbole des Geschickes, entsprechend den *Parzen* (lat.) und Moiren (griech.), die Geburt, Leben und Tod der Menschen in der Art von spinnenden Frauen (vgl. *Spindel*) bestimmen. In der Nähe eines *Brunnens* (des Urd-Brunnens) am Weltenbaum Yggdrasil (*Baum*) bestimmen sie das Schicksal der eben geborenen Menschen gleich den Feen im »Aschenbrödel«-Märchen, wobei die erste (Urd, Geschick) den Faden spinnt, die zweite (Werdandi, das Werden) ihn zusammendreht und die dritte (Skuld, etwa »Schuld«, entsprechend dem indischen Karma-Begriff) ihn abschneidet. Die Vorstellung charakterisiert eine fatalistische Einstellung, zugleich aber Akzeptieren des zugeteilten Loses; vgl. *Walküren.* Vorstellbar ist, daß die Symbolik von Triaden weiblicher Schicksalsmächte mit jener antiker Dreiheiten aus dem Mittelmeerraum (*Dreigestalt*) zusammenhängt.

Nuß. Der Schatten des Nuß*baumes* sei schwer und für Menschen und Pflanzen schädlich, heißt es in der »Historia naturalis« des Plinius (23–79 n. Chr.). Die Nuß selbst, in vielen Märchen und Sagen Behältnis geheimnisvoller Güter, spielt in der Symbolik eine bedeutende Rolle, da sie wertvollen Inhalt mit einer harten Schale umschließt. In der Bibelauslegung der jüdischen Tradition (Midrasch ha-Na'elam) werden die heiligen Schriften mit der Nuß verglichen. Die Schale entspricht den darin erwähnten historischen Tatsachen, die Sinnbilder und Mysterien enthalten. Bei St. Augustinus (354–430 n. Chr.) bildet die Nuß drei Substanzen ab, und zwar das lederige Fleisch der Hülle, die »Knochen« der Schale und den Kern der Seele. Die Hülle ist auch das Fleisch Christi mit der Bitterkeit des Leidens, die Schale das Holz des *Kreuzes,* der Kern das süße Innere der göttlichen Offenbarung, die nährt und durch ihr Öl auch *Licht* spendet. – In volkstümlichen Redensarten ist »eine harte Nuß« eine schwer zu lösende Aufgabe, eine »taube Nuß« ein unfähiger Mensch. Symbolik im Sinne eines sexuellen Hintersinnes (Geheimes, Fruchtbarkeit) ergibt sich aus der Sitte, als Hochzeitsgeschenk Nüsse zu reichen und aus dem von Sextus Pompeius Festus (2. Jahrhundert n. Chr.) erwähnten Brauch, Neuvermählte mit Nüssen zu bewerfen (heute vielfach mit *Reis*körnern). In Frankreich heißt es, daß ein Jahr mit viel Nüssen auch reichen Kindersegen verheiße. In ganz ähnlichem Sinne argumentiert offenbar auch die psychologische Symboldeutung. Danach »kann der Traum von Nüssen sich wirklich auf ein schwer zu lösendes Problem mit wertvollem Kern beziehen. Viel häufiger aber ist diese Frucht, vergleichbar den derben Zeichnungen an allerlei Wänden, ein Bild des weiblichen Geschlechtsorgans« (Aeppli).

Obelisk, von griech. obeliskos (bratspießähnlich), auch Obelos genannt, ein skulptierter *Stein*pfeiler, der in Altägypten große symbolische Bedeutung hatte. Der erste dieser heiligen Steinpfeiler soll in der Stadt On (griech. Heliopolis) gestanden haben, auf den zuerst die *Sonnen*strahlen bei der Weltschöpfung fielen. Obelisken waren mit dem Sonnenkult verbunden. Als sich nach oben verjüngende, monolithische Quadersteine besaßen sie an der Spitze einen pyramidenförmigen Abschluß (Pyramidion), oft mit Metall (Gold) verkleidet, um im Sonnenlicht deutlich zu glänzen und zu strahlen. Nicht selten wurden sie paarweise an den Eingangspylonen der Tempel aufgestellt, jedoch auch einzeln in der Zentralregion des Tempelvorplatzes. – Heute stehen in Ägypten nur noch wenige Obelisken am originalen Standort – die meisten wurden als exotische Kuriositäten in fremde Länder abtransportiert (in den Hauptstädten Europas und Amerikas stehen auf großen Plätzen etwa 15 dieser großen Monolithen). Der größte, der über 1000 Tonnen wiegt, wurde nie vollendet und liegt noch in den Steinbrüchen von Assuan (Aswân). Ob der Ur-Obelisk anfänglich ein phallisches Fruchtbarkeitsidol oder eine Art von steinerner *Weltachse* darstellte, ist nicht mehr zu klären.

Obelisk, auf einem Elefanten stehend, als Symbol uralter Kultur. »Poliphili Hypnerotomachia«, 1499

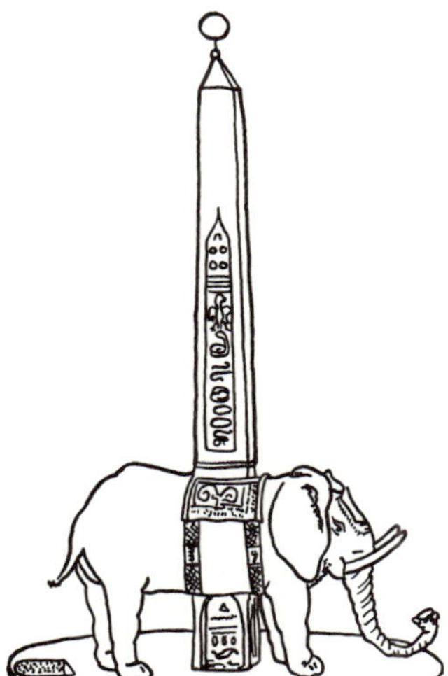

Oben/unten ist als polares Gegensatzpaar wohl das wichtigste und am weitesten verbreitete aller symbolwirksamen *Dualsysteme.* Es mag sich in der menschlichen Psyche bereits eingewurzelt haben, als seine ältesten Vorfahren den aufrechten Gang lernten. Der Mensch, dessen *Füße* im »Erdenstaub« stecken, »erhebt sein Haupt zu den *Sternen*« und empfindet den Schmutz des Bodens, von dem er sich nicht freimachen kann, als einen »Erdenrest, zu tragen peinlich«, von dem er sich losringen möchte. Die obere Region des *Himmels* und der *Gestirne,* von der das *Licht* und der befruchtende *Regen* kommen, wird konsequenterweise den »höheren Mächten«, den Göttern oder Gott und den *Engeln,* zugewiesen, während die Erde Bereich der sterblichen Menschheit bleibt, unter welcher in Potenzierung der Oben-unten-Polarität das Reich der *Hölle* angesiedelt wird. Die vertikale Ordnung des menschlichen Kosmos erfordert vielfach eine zentrale *Weltachse* oder einen diese Etagen verbindenden *Weltenbaum,* wobei der kundige Schamane mit den außermenschlichen Kräften und Wesen aller Daseinsebenen im Dienste seiner Mitmenschen kommunizieren und dort wirken kann. Da »alles Gute von oben kommt« (vgl. Wortbildungen wie »die Oberhand gewinnen, obenauf sein« usw.), wird bei Gesellschaften mit männlicher Dominanz der *Himmel* als männlich, die *Erde* und der chthonische (unterweltliche) Bereich als weiblich angesehen (anders z.B. in Altägypten – Himmelsfrau Nut, Erdmann Geb). Der obere Bereich repräsentiert meist den Bereich des Geistes, der untere jenen der Materie, und der Mensch sieht sich als »Wesen zweier Welten«, zwischen welchen er seinen Weg finden muß, da die Himmelserfahrung mit dem Gottesbegriff und den ethischen Forderungen dieser Region verbunden wird. Auch in einer religionslosen Ideologie ist das Urbild der Oben-unten-Polarität nicht zu verdrängen und wird u.a. durch eine unkritisch betriebene Astrologie oder durch ein Suchen nach außerirdischen UFOnauten aus der Himmelsregion ersetzt, die der in ihren Problemen verstrickten Menschheit aufgrund ihrer »höheren« Kultur und Geistigkeit Hilfe bringen sollen. Vgl. *Mond, Sonne.*

Ochse, symbolkundlich und kulturhistorisch das gezähmte (kastrierte) Gegenstück des wilden *Stieres,* Sinnbild des geduldigen Dienens und der friedlichen Stärke, deswegen auch als Opfertier verwendet, aber auch respektiert. In Altchina galt es als unmoralisch, das Fleisch des Helfers beim Pflügen zu verzehren.– In der christlichen Bilderwelt tritt der Ochse zusammen mit dem *Esel* im Stall von Bethlehem auf, aufgrund einer Textstelle in einem apokryphen (nicht als echt anerkannten) Matthäusevangelium, ebenso als Attribut des St. Cornély (des hl. Cornelius, der auf einem von Ochsen gezogenen *Wagen* in die Bretagne gekommen und seine Verfolger in Reihen von Steinblöcken verwandelt haben soll, vgl. *Menhir*) und des Viehpatrons St. Leonhard (auch Silvester und Wendelin). Ochsen, die einen Wagen mit einem Heiligtum oder der Leiche eines Heiligen nur bis zu einer bestimmten Stelle ziehen – zu einem späteren *Wallfahrts*ort – und damit Ausführende einer göttlichen Absicht sind, spielen in vielen Legenden eine Rolle. – Auf romanischen Säulenkapitellen gelten Bilder von Ochsen aus unbekannten Gründen als Symbole der Nacht. »Wo keine Ochsen sind, bleibt die Krippe leer« (Sprüche Salomonis 14,4). Böckler (1688) geht ebenfalls von prosaischen Nutzbarkeitserwägungen aus und lobt die Stärke und Dienstbarkeit des Ochsen, »weil er ein wohltätiges Thier ist, und man denselbigen nicht allein zur Feld-Arbeit und anderen Sachen gebrauchen, sondern auch zum Verspeisen genießen kann; in Summa, es ist nichts an dem Ochsen, das man nicht nutzen könnte.«

Octopus, das achtarmige Meeres-Weichtier, wird oft auf Goldplättchen der spätminoisch-mykenischen Epoche dargestellt und besaß offenbar eine nicht näher bekannte mythisch-symbolische Bedeutung. Die *spiralig* aufgerollten Arme ergeben eine eindrucksvolle Symmetrie um den mit zwei *Augen* versehenen Körper, der wie ein von *Schlangen*haaren umgebener Kopf wirkt. Möglicherweise stammt die Vorstellung des Medusenhauptes, des von Perseus abgeschlagenen Kopfes der *Gorgo-*

Octopus auf einer kleinen Goldscheibe, Mykenä, um 1300 v. Chr.

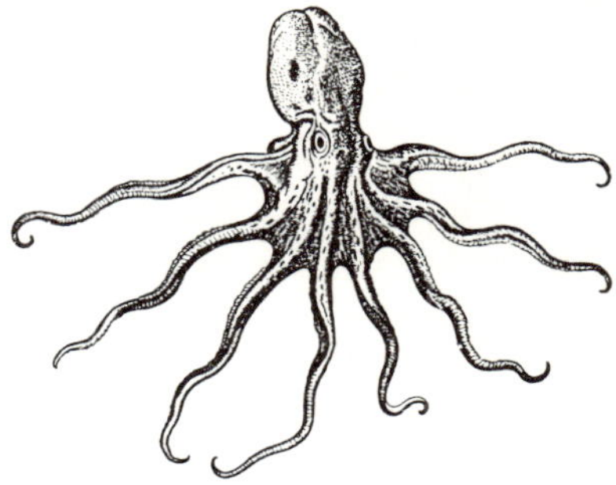

Octopus, nach C. Gesner, Nomenclator, Zürich, 1650

*nen*schwester, von in jüngeren Epochen fehlgedeuteten Darstellungen dieser Art. Das für die Binnenländer bizarr wirkende Meerestier mit seinen hochentwickelten Augen und den biegsamen Greifarmen kann auch die Vorlage für das mythische Ungeheuer Skylla gewesen sein, das den Seefahrer Odysseus und seine Gefährten bedrohte. Ansonsten war der Kopffüßer in der Antike bereits als Nahrungsmittel in Küstengebieten hochgeschätzt, vor allem der Kalmar. Die dunkle Körperflüssigkeit des Tintenfisches (Sepia) wurde als Schreibtinte verwendet, sein Biß galt als giftig. Die dunkle Tintenwolke konnte als Symbol der Verbundenheit des Tieres mit verborgenen Mächten dienen. Es wurde später in Verbindung mit der Krabbe gelegentlich dem Tierkreiszeichen *Krebs* zugeordnet.

Ödipus, griech. Oidipus, Oidipodes, d. h. Schwell*fuß*, ist der Hauptheld eines Sagenkreises aus dem griechischen Theben. Der wiederholt dichterisch gestaltete Mythos macht ihn zum Überwinder einer Rätselfragen stellenden *Sphinx*, der dann später unwissentlich seinen *Vater* Laios tötet und seine ihm unbekannte *Mutter* Jokaste heiratet. Zur Strafe für die unfreiwillig begangenen Freveltaten senden die Götter eine Seuche, die erst erlöschen soll, wenn die Frevler bestraft sind. Jokaste erhängt sich, Ödipus sticht sich die *Augen* aus. Später machen die Götter den unschuldig zum Schuldigen gewordenen Menschen zum geläuterten Heros. Die Züge des Mythos haben Parallelen in zahlreichen Märchen mit dem Motiv der Vorhersage der Geburt eines unheilbringenden Kindes, das ausgesetzt wird, später Rätselaufgaben löst und ohne sein Wissen den einstigen Orakelspruch erfüllt; Ranke-Graves sieht in Ödipus die Gestalt eines »neuen *Königs*«, der den symbolisch als Vater betrachteten »alten König« tötet und seine Stelle einnimmt, da jedem Herrscher nur eine bestimmte Regierungsfrist zugestanden worden war – »eine Sitte, welche die patriarchalischen Sieger (über eine ältere Gesellschaftsordnung) als Vatermord und Inzucht mißverstanden. Die Theorie Freuds, daß der ›Ödipus-Komplex‹ ein allen Menschen eigener Instinkt ist, gründet sich auf diese mißverstandene Erzählung.« Tatsache ist, daß der Sagenheld nie seine bekannte Mutter begehrte, sondern bloß im mutterrechtlichen Sinn in eine fremde Herrschaft »einheiratete«, wie dies auch in Märchen beschrieben wird, wo fahrende Handwerksburschen mit der *Hand* der Königstochter auch das Königreich selbst erringen. Erst die dichterische Gestaltung des Stoffes verlieh ihm die Tiefe durch seine Auseinandersetzung mit dem ethischen Problem der Schuld, die vor allem in den Dramen des Sophokles (496–406 v.Chr.: »König Ödipus«, »Ödipus auf Kolonos«) und in den »Phönizierinnen« des Euripides (480 bis 406 v.Chr.) eine bedeutende Rolle spielt.

Ofen, meist in Gestalt von Schmelz- oder Backöfen mit symbolischer Sinngebung. So ist im Alten Testament der Bibel der Schmelzofen, dem nicht einmal *Eisen* standhalten kann, ein Sinnbild der Prüfung und des Elends. In nördlicheren Breiten hat er einen anderen Sinngehalt, da er der wärmende Mittelpunkt des Wohnraumes ist, um den sich in der kalten Jahreszeit das häusliche Leben gruppiert und auf dem früher auch die Speisen zubereitet wurden. Einmal ist er Platz des *Feuers,* also der Lebensenergie, das hier in gezähmter Form dem Menschen hilfreich dient, andererseits kann er als Hohlform im kalten Zustand auch als *Mutter*symbol im Sinne von C.G. Jung wirken; in Märchen (z.B. »Die Gänsemagd« bei den Brüdern Grimm) wird dem Ofen gebeichtet, was sonst niemand hätte hören dürfen. – Der Backofen, in dem Hänsel und Gretel die *Hexe* verbrennen, ist wohl in erster Linie als Umschreibung des Scheiterhaufens zu verstehen, auf dem Hexen – und die *Jungfrau von Orléans* – in der Tat ihr Leben lassen mußten, damit von ihrer Leiblichkeit keine Spur übrigblieb (die *Asche* wurde meist in *Flüsse* gestreut). Dem Feuer können nur Gottgefällige widerstehen, etwa im »Buch Daniel« die drei Jünglinge Schadrach, Meschach und Abed-Nego, die *König* Nebukadnezar wegen ihrer Weigerung, ein »sechzig Ellen hohes Götzenbild« anzubeten (*Idol*), in den Feuerofen werfen ließ; doch ein *Engel* »trieb die Flammen des Feuers aus dem Ofen hinaus und machte das Innere so, als wehte ein taufrischer Wind. Das Feuer berührte sie gar nicht, es tat ihnen nichts zuleide und belästigte sie nicht« (3,49 f.).

Ohr, ein symbolkundlich erstaunlich bedeutsamer Körperteil. »Durch das

Ofen: Alchemistischer Ofen, Werkzeug der Läuterung. Geber, »De Alchimia«, Straßburg, 1531

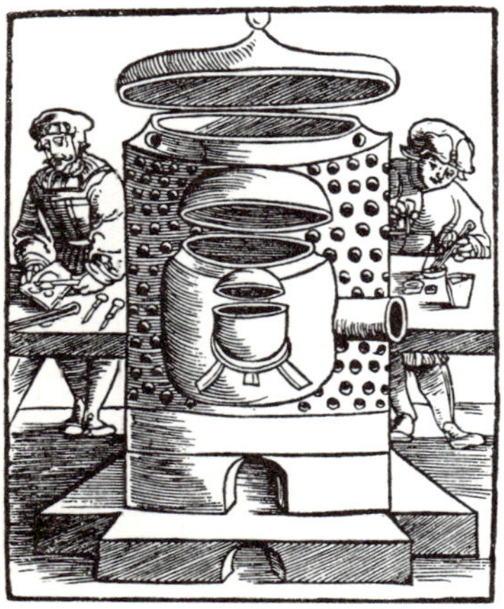

Ohr: Die Göttin Häresie (Ketzerei) mit Eselsohren. Antireformatorisches Flugblatt, A. Eisenhoit, um 1580

Hören des Ohres wird das Innere des Menschen erschüttert« (Hildegard von Bingen); das Ohr galt seit der Antike als Sitz des Gedächtnisses, und die Empfängnis Jesu wurde in der frühmittelalterlichen Kunst gelegentlich naiv durch das Eindringen der *Taube* des Heiligen Geistes in das Ohr der Gottesgebärerin dargestellt. Die Ähnlichkeit der Ohrmuschel mit Schneckenwindungen (anatomisch ist von »Helix« und »Anthelix« die Rede) stellt eine Symbolverbindung Ohr-Schnecke-Geburt (Austritt des Schneckenleibes aus dem Gehäuse) her, und von Göttern und Heroen wird gelegentlich erzählt, sie seien aus dem Ohr ihrer Mutter hervorgegangen. Ohrläppchen werden in vielen Kulturen durchstochen oder durchbohrt, um Holzscheiben, *Jade*pflöcke, *Gold*gehänge und andere Schmuckstücke aufzunehmen, weshalb stark verlängerte Ohrläppchen vielfach als Symbol für Adel und Verdienste angesehen wurden: Die Vornehmen des Inkareiches in Altperu wurden von den erobernden Spaniern als »Orejones« (Großohrige) bezeichnet. Hingegen sind in Europa die »*Esels*ohren« des Königs Midas und lernunwilliger Schüler Gegenstand des Spottes. Die volkstümliche Redensart »sich etwas hinter die Ohren schreiben« geht auf den alten Rechtsbrauch zurück, daß bei Abschluß von Verträgen (z.B. über Feldgrenzen) ein als Zeuge dienender Knabe an den Ohren gezogen oder geohrfeigt und dann mit Geld beschenkt wurde, um den strittigen Punkt positiv oder negativ im Gedächtnis zu behalten. Andere Redensarten sind »bis über beide Ohren« (in Schulden stecken oder verliebt sein), »jemanden übers Ohr hauen« (aus der Fechtersprache), »es faustdick hinter den Ohren haben« (pfiffig sein, weil in dieser Schädelgegend die Schlauheit sitzen sollte), »die Ohren spitzen« (wie etwa *Hund* und *Katze*). Unmäßig lange Ohren wurden in alten Weltbeschreibungen exotischen *wilden Menschen* zugeschrieben, die außerhalb des Kulturlandes wohnen und sich in ihre Ohren hüllen sollten wie in einen *Mantel*. – Das Klingen der Ohren wurde bei den antiken Pythagoreern als Signal einer göttlichen Eingebung verstanden, sonst – wie noch in der Gegenwart – als Anzeichen, daß der dies Erlebende in seiner Abwesenheit »durchgehechelt« wird.

Ölbaum, aus Libyen stammende wichtige Nutzpflanze des Mittelmeerraumes, in der Antike mit der Göttin Athene in Verbindung gebracht, die ihn auf der Akropolis im Wettstreit mit dem Meeresgott Poseidon um die Herrschaft in Attika schuf. Aus dem Holz des Ölbaumes wurden Götterbilder geschnitzt; der heilige *Hain* in Olympia bestand aus Ölbäumen, und Zweige aus ihm wurden den Siegern der Wettspiele überreicht. Auch *Kränze* – neben solchen aus

Ölbaum: Olivenbaum als Friedenssymbol. Emblem-Kupfer, W.H.Frh.v.Hohberg, 1675

*Lorbeer*reisern – schmückten bei verschiedenen Gelegenheiten Sieger und Triumphatoren. War der Ölzweig in Alt-Rom auch in erster Linie Symbol der Friedensgöttin (Pax), so trugen im Triumphzug auch Soldaten Kränze aus Ölzweigen, da die Göttin Athene (lat. Minerva) auch als kriegerische Gottheit galt. Um Frieden und Schutz flehende Gesandte trugen oft Ölzweige mit Wollbinden in den Händen. – In der Bibel trägt die *Taube*, die Noah aus der *Arche* aussendet, zum Zeichen des wiederhergestellten Friedens mit Gott nach der *Sintflut* einen Ölzweig im Schnabel, denn Öl »glättet die Wogen«, besänftigt, reinigt, nährt und liefert Brennstoff für Lampen und *Leuchter*. Es dient auch zur Salbungszeremonie der *Könige*, der Priester und der Kranken. Jakob salbte den Stein von Beth-El nach seiner Traumvision von der Himmels*leiter* mit Öl. Der Erlöser, Messias, heißt hebräisch Maschiach, »der Gesalbte«. Öl dient auch zur Wundbehandlung, wie das Gleichnis vom barmherzigen *Samariter* zeigt. Im Christentum wird reines Olivenöl mit Balsam vermengt, mit Gewürzstoffen aromatisiert und als »Chrisam« bezeichnet. Es dient der Salbung bei der Taufe, Firmung, Priesterweihe und Krankenölung (in diesem Fall »Wegzehrung«, viaticum, genannt). Auch bei Krönungszeremonien wurde vom 7. Jahrhundert an eine Ölsalbungszeremonie vorgenommen. – »Ob schon der Ölbaum offt auff dürren Bergen stehet,/dort theilet er uns mit den nützlich-edlen Safft:/Also wann Gotteswort schon langsam offt fortgehet,/doch laßt es immerdar den Frommen seine Krafft« und »Wann der Olivenbaum mit Fleiß wird recht gewartet,/er hochgewünschte Frucht des Frieds Anzeigung bringt./So wann in einem Reich die Pflanzung sich wol artet,/durch Fried es überall den Ständen wolgelingt« (Hohberg 1675). – Nach islamischer Legende waren die beiden tabuisierten Bäume des *Paradieses* der Ölbaum und der *Feigenbaum.*

Omphalos, griech. für »Nabel«, ein in der Alten Welt weitverbreitetes Symbol für den Ort der Geburt des Kosmos bzw. der Schöpfung. Der bekannteste »Weltnabel« ist jener des Apollotempels von Delphi, heute im dortigen Museum zu sehen – ein bienenkorbförmiger skulptierter *Fels* mit Andeutung eines geflochtenen *Netzes*, der als Symbol des idealen Mittelpunktes der Welt galt, als Verbindungsstelle zwischen Unterwelt, *Erde* und Überwelt. Daher konnte er auch offenbarende Orakel bewirken. In Rom stand ein ähnlicher Weltnabel*stein* (umbilicus urbis Romae) auf dem Forum. Ähnliche Heiligtümer wies auch die phrygische Hauptstadt Gordion auf, ebenso Bagdad. Auch ein *Fels* im Allerheiligsten des Tempels von *Jerusalem* wurde als Ort der Weltschöpfung und auch als ideales Zentrum des Erdkreises aufgefaßt. Sein Name »Schetija« ist von hebr. schata (gründen, setzen) abzuleiten; er galt als Grundstein der Weltschöpfung, zugleich aber auch als ein

Omphalos: Steinplastik des delphischen Omphalos, mit Netzflechtwerk überzogen

Verschlußstein, der die unterirdischen *Wasser* des »Tehom« zurückhielt. Sie würden der talmudischen Überlieferung zufolge emporströmen, wenn jemand den Stein entfernte. Durch die von ihm verstöpselte Öffnung soll einst das Wasser der ersten Flut in die Tiefe abgeströmt sein. Er befand sich im Fundamentraum des Tempels unter dem Brandopferaltar (W. Müller 1961). An dieser Stelle befindet sich heute der Felsendom von Jerusalem, der für die Moslime als Opferstätte des Erzvaters *Abraham* gilt, neben der Al-Aksa-Moschee gelegen. – Als »Nabel des Himmels« galt vielfach der Polarstern, um den die anderen Fix*sterne* zu kreisen scheinen. Irdisches Gegenbild waren vielfach heilige *Berge* (der Berg Meru in Indien). – Im allgemeinen Sinne bedeutet Omphalos einen steinernen Verschluß eines Kanals, der die Weltebenen verbindet, und vereinigt damit Elemente von Schamanismus, Steinkult und Glauben an eine »*Mutter* Erde«. Der Omphalos von Delphi soll ursprünglich der Erdgöttin Gaia und erst später dem Apollon geweiht gewesen sein. Auch für das Mysterienheiligtum von Eleusis, der Erdmutter Demeter heilig, wird die Anwesenheit eines solchen Steinobjektes behauptet. Vgl. *Weltachse, Netz, Mundus.*

Orans-Geste, Gebetshaltung, bei welcher die *Hände* nicht gefaltet, sondern mit der Handfläche nach vorn bis zur Höhe der Schulter oder des Kopfes gehoben werden; gelegentlich werden die Handflächen nach oben gerichtet, wie um vom *Himmel* Gaben zu empfangen. Diese Geste wird als die älteste und natürlichste Gebetshaltung bezeichnet und wird gegenwärtig noch vom Priester während der Meßfeier praktiziert. Diese im Mittelmeerraum übliche Art des Betens wurde von der frühchristlichen Kirche übernommen und als Haltung des Flehens um Segen und Hilfe gedeutet. Viele Grabbilder stellen Bestattete in der Orans-Haltung dar. Auf Marienbildern der Ostkirche wird die Gottesmutter nicht selten in der Orans-Haltung abgebildet, während diese Geste im Okzident an Bedeutung verlor.

Orpheus, rätselhafte Gestalt der griechischen Mythen und Symbol für den Musiker, der durch die überwältigende Macht der Klänge Tiere und Pflanzen, ja selbst *Steine* bewegen konnte und die

Orans-Geste in vorchristlicher Zeit. Kretisches Terrakotta-Idol, ca. 1150 v. Chr.

Orans-Geste, die alte Gebetshaltung. Relief von einem Sarkophag aus Tarragona, 5. Jh. n. Chr.

Orpheus, Detail eines Fußbodenmosaiks aus Palästina, 5. Jh. n. Chr.

Gottheiten der Unterwelt (*Jenseits*) zu Mitleidshandlungen veranlaßte. Als Sohn einer *Muse* und eines *Fluß*gottes in Thrakien wurde er ein Meister des Gesanges und des Spieles auf der Kithara. Als seine Frau durch den Biß einer *Schlange* starb, stieg er in den Hades hinab, wo er deren *König* und dessen Gemahlin Persephone durch seinen Gesang ebenso bezauberte wie die *Schatten* der Toten. Es wurde ihm gestattet, seine Frau Eurydike mit in die Menschenwelt zu nehmen, doch nur unter der Bedingung, sich erst nach seiner Ankunft dort ihr zuzuwenden. Aus Sehnsucht vergaß er dieses Gebot, worauf Eurydike für immer entschwand. Später soll der Rauschgott Dionysos seine Mänaden (ekstatisch rasende Frauen) auf ihn gehetzt haben, weil der Sänger den Apollon mehr verehrte als ihn. Orpheus wurde nach dem Mythos (wie im orphischen Mythos der Gott Dionysos-Zagreus vor seiner Wiedergeburt selbst) in Stücke gerissen, seine verstreuten Gliedmaßen von den Musen gesammelt und bestattet, während sein Haupt auf die Dichterinneninsel Lesbos schwamm. Die nur bruchstückweise rekonstruierbaren Lehren des Mysterienkultbundes der »Orphik« haben mit ihren Läuterungsdoktrinen und Reinheitsvorschriften Ähnlichkeit mit jenen der Pythagoreer (*Pythagoras*). In der »orphischen« Weltschöpfungslehre schuf *Chronos* ein Welten-*Ei,* aus dem der *androgyne* Urgott Phanes hervorging. Dieser gebar Nyx (die *Nacht*); Uranos (der *Himmel*), Gaia (die *Erde*) und Kronos sind die Kinder von Phanes und Nyx. Zeus, Sohn des Kronos oder *Saturnus,* erlangte die Herrschaft und zeugte mit seiner Tochter Demeter den Zagreus, der jedoch von den Titanen zerrissen und verschlungen wurde, weshalb Zeus sie mit seinem *Blitz* verbrannte. Aus der *Asche* wurden Menschen gebildet, in deren Leibern nun titanische (böse) und gute, d. h. aus dem Leib des (später als Dionysos wiederbelebten) Zagreus stammende, Elemente vorhanden sind. Diese »Götter*funken*« sollen durch die orphischen Läuterungslehren aus ihrem materiellen Gefängnis erlöst werden, was wie eine Vorwegnahme gnostischer und später alchemistischer Doktrinen anmutet. – Das Thema von Orpheus und Eurydike wurde oft künstlerisch gestaltet (u. a. in Opern von Gluck, Monteverdi und Haydn, in Gemälden von Tintoretto, Breughel d. Ä., Rubens, Tiepolo, Feuerbach und L. Corinth). – Ein Fußbodenmosaik in der alten Synagoge von Gaza zeigt den harfespielenden Orpheus, umgeben von wilden Tieren, die seiner Musik lauschen. Die hebräische Beschriftung der typischen Szene zeigt, daß der altgriechische Sänger mit dem biblischen Harfnerkönig *David* gleichgesetzt worden war.

P

Pan, griechischer Hirtengott aus dem Bergland Arkadiens, von dessen Namen sich der Begriff »Panik« (panischer Schrecken) ableitet. Er wurde zottig und ziegenbeinig und mit *Bocks*hörnern dargestellt, eine Verkörperung des Lebens in Berg*höhlen* und Weiden. Nach der Vorstellung der Hirten liebte er die Mittagsruhe während der Zeit der größten Hitze so sehr, daß niemand ihn zu stören wagte. Wer es doch tat, setzte sich seinem plötzlichen lärmenden Erscheinen aus, das lähmendes Entsetzen bewirkte. Solches soll auch die Perser in der Schlacht von Marathon befallen haben, weshalb ihm die Griechen zum Dank für sein Erscheinen auf der Akropolis einen Tempel errichteten. Pans Blasinstrument, die Panflöte, heißt auch Syrinx – nach einer Nymphe, die sich seinen lüsternen Nachstellungen entzog. Um ihre süße Stimme nicht vermissen zu müssen, obwohl sie sich in Schilfrohr verwandelt hatte, band er die hohlen Halme aneinander und machte daraus sein einfaches Musikinstrument. – Da »Pan« auch »alles« bedeutet, wandelte sich die Gestalt des Hirtengottes zum Inbegriff der allumfassenden Natur. Plutarch (46–120 n.Chr.) erzählt, daß in der Regierungszeit des Kaisers Tiberius ein Schiff an der Insel Paxos vorüberfuhr und dort den Ruf vom Ufer her vernahm: »Wenn ihr nach Epirus kommt, verkündet dort: der große Pan ist tot!« Als die Seefahrer dies getan hatten, erklang ringsum ein großes Wehklagen der Tiere, Bäume und *Felsen.* Dies wurde so gedeutet, als hätte mit dem Sterben der alten, einfachen Naturgötterverehrung ein neues Zeitalter (jenes des Christentums, in dem die Orakel verstummen und die *Idole,* »Götzenbilder«, fallen) begonnen. Viele Volkssagen wiederholen mit anderen Namen das Motiv der Todesbotschaft durch eine Stimme aus dem *Wald* an im Dienst des Menschen arbeitende »Wildleute« (*wilde Menschen*). Vorbild mag ein jahreszeitlich bedingtes Kultfest für einen der »sterbenden und auferstehenden Götter« (vgl. *Adonis*) gewesen sein. – Der lateinische Name für Pan lautet Faunus (vgl. *Flora, Satyrn*).

Pan mit Syrinx und Hirtenstab. V. Cartari, 1647

Pandora, mythische Symbolfigur für die Herkunft allen Übels vom weibli-

Päonie im »Hortus Eystettensis«, B. Besler, 1613

chen Geschlecht, nach der dichterischen Aussage des Hesiod (um 700 v. Chr.) in der »Theogonie« und in den »Werken und Tagen«. Nachdem Prometheus der frühen Menschheit das Los u.a. durch die Gabe des *Feuers* (vgl. auch *Thyrsos*) erleichtert hatte, sollte dieses auf Götterbeschluß nicht gar zu idyllisch werden. Der Schmied und Handwerker Hephaistos formte eine weibliche Gestalt, der die vier *Winde* den Atem einhauchten. Götter und Göttinnen verliehen ihr Schönheit. Dann wurde die verführerische Gestalt zu den Menschen gesandt. Obwohl sie Zeus zugleich faul, bösartig und dumm gemacht hatte, nahm sie der naive Epimetheus, Bruder des Prometheus, gern zur Frau. Sie trug einen Krug oder eine Büchse (vgl. *Buchsbaum*) bei sich, aus dem sogleich alle Plagen herauskamen, welche die Menschheit bedrängen: Alter, Schmerzen, Krankheiten, Irrsinn. Bloß die Hoffnung, die ebenfalls in dem Gefäß gesteckt hatte, konnte die geplagten Menschen hindern, ihrem Dasein sogleich ein Ende zu setzen. »So kam das verderbliche Geschlecht der Weiber in die Welt, ein großes Übel für die Männer ... Von ihr (Pandora) stammt des Verderbens Geschlecht, die Scharen der Weiber, die zu gewaltigem Leid für sterbliche Männer geworden« (Hesiod). Pandora dürfte ein alter Beiname der *Erdmutter* Gaia gewesen sein (All-Gebende, All-Schenkende), doch dieses Bild wurde offenbar später zu einem extrem weiberfeindlichen Mythus umgestaltet. Vgl. *Prometheus.* – Als Tochter der Pandora wird Pyrrha bezeichnet, »die als erste Sterbliche gezeugt wurde« (Hyginus), also nicht von Hephaistos geformt ins Dasein trat. Sie ist in der griechischen *Sintflut*-Sage zusammen mit ihrem Gemahl Deukalion die Überlebende der großen *Wasser*katastrophe.

Päonie, Pfingstrose – in Europa vielfach als die in Liedern besungene »Rose ohne Dornen« (Maria) aufgefaßt. In der alten Volksmedizin wurden der Gartenpäonie (Paeonia officinalis) mannigfache Sympathiewirkungen zugeschrieben; so galten die erbsengroßen Samen der Giftpflanze, als *Kette* Säuglingen um den Hals gehängt, als Amulett gegen die Beschwerden des Zahnens. Die Blütenblätter und die Wurzel sollten gegen Asthma, Epilepsie (den Leidenden wurden Pfingstrosensträuße um den Hals gebunden) und Gicht (»Gichtrose«) wirksam sein. Seefahrern wurden Päonien als Abwehrmittel der Gefahren durch Stürme empfohlen. – In Ostasien waren besonders die Arten Paeonia suffructicosa und P. lactiflora (weißblühend und nach Rosen duftend) hochgeschätzt, deren Blüten auch ornamental als Dekormotive von kostbaren Stoffen dargestellt wurden. Sie gelten als Symbole von Würde und Ehre.

Palme (in der Regel beziehen sich Texte und Bilder auf die Dattelpalme). Die jüdisch-christliche Symbolik der Palme basiert in erster Linie auf dem Psalm 92,12: »Der Gerechte wird grünen wie ein Palmbaum.« Im Jahr 1675 dichtete W.H. Freiherr von Hohberg: »Der Palmbaum nichts an sich, was nicht ist nützlich, zeuget;/Milch, Öl, Holz, Rindern, gibts Laub, Früchte, Safft und Woll./ Also ein Frommer auch zu dienen ist geneiget,/dieweil man Gottes Brauch durch Wohlthun folgen soll.« – In den Trockengebieten des südlichen Mittelmeerraumes wurde die Dattelpalme aus naheliegenden Gründen hochgeschätzt. Sie galt als heilig, der *Sonnen*gott Assurs wurde oft über der Palmenkrone dargestellt. Die Ägypter legten Palmwedel auf Särge und Mumien, und solche wurden auch Jesus beim Einzug in Jerusalem entgegengetragen (bei der christlichen Palmsonntagfeier nehmen »Palmkätzchen« ihre Stelle ein). »Siegespalme« des Märtyrers und *grünende* Palme des erhofften *Paradieses* der Endzeit werden von frühchristlicher Zeit an häufig dargestellt, auch in stilistischer Verbindung mit den Motiven von *Lilie* und *Wein*rebe. Der griechische Name »Phoinix« deutet die Assoziation mit der *Sonne* und Helios-Apollon an, vgl. *Phönix.* Auch die Siegesgöttin Nike (lat. Victoria) wurde oft mit dem Palmzweig dargestellt; in Ägypten war die *Himmels*göttin Hathor die »Herrin der Dattelpalme«. Allgemein gilt diese wegen ihres schlanken, geraden Stammes und der üppigen Krone als Hinweis auf Aufstieg, Sieg und Neugeburt. Sie diente auch als Emblem der barocken Dichtervereinigung der »Fruchtbringenden Gesellschaft«, welcher der obenzitierte Frh. von Hohberg angehörte, mit dem Motto »Alles zu Nutzen«. Der Sage, nach der die Palme unter einer ihr auferlegten Last emporwächst, entstammt

Palme von W.H.Frh.v.Hohberg, 1675

der Wahlspruch »Palma sub pondere crescit« des Fürstentums Waldeck-Pyrmont, mit der Aussage, daß Beschwernisse nur noch stärker machen: »Der auffgelegten Lasst ein Palmbaum weichet nicht./Der Sieg verbleibt ihm und bringt süße Frücht./Auch also wer sich Gott vertraut und recht kann beten,/dem steht der Engel Schar zu Dienst in allen Nöthen« (Hohberg).

Panther, einst in ganz Vorderasien und in Teilen Nordafrikas verbreitetes Raubtier (Pardalis, Panthera, Leopardalis), dessen Wildheit und List ebenso wie der überlegene Kampfesmut des Weibchens in den antiken Zeugnissen oft erwähnt werden. Zu den fabelhaften Elementen der Berichte gehört, daß der Panther nach *Wein* lechzt und Menschenkot braucht, um sich vor Vergiftung mit Aconitum (Eisenhut) zu schützen. Viele Heroen trugen Pantherfelle (*Orpheus,* Jason, Antenor), und das Tier gehört zum Gefolge des Rauschgottes Dionysos, der Liebesgöttin Aphrodite, der Zauberin *Kirke* und der kleinasiatischen Kybele. In Rom wurden Panther seit 186 v. Chr. aus Afrika für Tierkämpfe eingeführt. Im frühchristlichen »Physiologus«-Text heißt es eigenartigerweise, der Panther sei »von allen Tieren das freundlichste, lediglich ein Feind der *Schlange* ... Von seiner Stimme geht ein sehr starker Wohlgeruch aus, und die Tiere folgen dem Wohlgeruche der Pantherstimme und kommen ihm ganz nahe.« Ähnlich, heißt es, habe Jesus Christus mit lauter Stimme nach der Grabesruhe das Heil der Welt ausgerufen, »und er ist uns zu einem vollkommenen Wohlgeruch geworden, jenen in der Nähe und den Fernen.« Sein Kleid ist »bunt wie das des Panthers,« geschmückt mit Jungfräulichkeit, Reinheit, Erbarmen, Glaube, *Tugend*, Eintracht, Friede, Großmut, und ein Feind ist er der abgefallenen Schlange. Auch die Fabel, daß der Panther immer drei Tage schlafe, wenn er gesättigt in seine Höhle zurückgekehrt sei, und erst dann seine wohlriechende Stimme erschallen lasse, machte ihn zum Symboltier Christi. In den verschiedenen Textversionen des »Bestiarium«, des mittelalterlichen Tierbuches, heißt es zusätzlich: Allein der *Drache* werde beim Anhören der Stimme des Panthers von Furcht erfüllt und verberge sich in Erdhöhlen, und »dort erstarrt er, weil er den Geruch des Panthers nicht ertragen kann. So ist auch Christus, der wahre Panther, vom Himmel herabgestiegen, um uns von der Gewalt des teuflischen Drachen zu erretten ... Er steigt nach dem Tode in die Unterwelt hinab, wo er den großen Drachen fesselt ...« (Unterkircher). Ansonsten wiederholt das Tierbuch weitgehend die Symbolik des wesentlich älteren »Physiologus«-Textes.

Ambivalent ist die Beurteilung des Panthers in Altchina. Dort gilt er in erster Linie als ein überaus gefährliches, grausam-wildes Tier, und sein Schwanz wurde auf Kriegswagen als Feldzeichen aufgepflanzt. Für eine schöne junge Frau kann der Spitzname »bunter Panther« angemessen sein, wenn sie aggressiv ist. Panther und Elster zusammen auf einem Bild bedeuten wegen eines Gleichklang-Wortspieles die Ankündigung von Freude (pao: Panther, auch verkünden; hsi: Elster, auch Freude). Der schwarze Panther gilt als besonders gefährlich. – In der *Heraldik* Europas wurde der in der Natur nicht näher bekannte Panther (auch Pardel, Parder) zu einem kuriosen Mischwesen mit den Zügen von Löwe, Drache und Stier(gehörn), dessen im »Physiologus« beschriebener süßer Atem durch *Feuer*flammen angedeutet wird. Vom 14. Jahrhundert an trägt er an den Vorderfüßen *Adler*krallen, und im 16. Jahrhundert wird er mit Flammen aus allen Öffnungen des Körpers dargestellt. In dieser Form ist er das Wappentier der Steiermark. In der Bodenseegegend trägt er an den Hinterfüßen Spalthufe, in Italien hat er einen *hasen*ähnlichen Kopf und heißt mit Bezug auf den »Phy-

Panther als exotisches Reittier des Dionysos (Bacchus). Makedonisches Mosaik, Pella, ca. 300 v. Chr.

siologus« auch »la dolce«, die Süße. – In der Neuen Welt entspricht ihm der ganz ähnliche Jaguar, der z. B. in Altmexiko Symboltier eines der aztekischen Kriegerorden war (Ocelotl), ebenso Symbol des 14. der 20 Tageszeichen des Kalenders. Bei den Maya heißt er Balam (auch Beiname eines Wahrsagepriesters) und wird auf Tongefäßen oft mit Seerosenranken dargestellt oder von einem Wurfpfeil des *Venus*gottes durchbohrt. In den Mythen der südamerikanischen Stämme ist er oft Schutzgeist von Schamanen; auch Jaguar-*Zwillinge* spielen in den Urzeit-Erzählungen dieses Raumes eine große Rolle.

Pantoffel, sprichwörtliches Symbol der Frauenherrschaft in der Ehe über ihren Gemahl, der ironisch »Pantoffelheld« heißt. Die *Fuß*bekleidung der Frau, vielleicht mit erotischem Hintersinn, ist vielfach ihr »Wappen« in maskulinen Schwänken und Warnungsgeschichten vor zu großem weiblichem Einfluß; die Sandale soll bereits Signum der lydischen *Königin* Omphale gewesen sein, bei der Herakles in Frauenkleidern Sklavendienste leisten mußte, und mit einer Sandale in der Hand bedroht auf einer hellenistischen Plastik Aphrodite einen lüsternen Faun. Für das Pantoffel-Symbol im engeren Sinn wurden mehrere Erklärungen angeboten, so etwa: In manchen Gegenden Österreichs herrschte die Volkssitte, daß während der Eheschließung jeder Partner versuchte, dem anderen auf den Fuß zu treten; der dabei »unterlegene« Teil stand dann lebenslänglich »unter dem Pantoffel« (Innviertel). Auch der Kuß der Fußspitze als Zeichen der demütigen Unterwerfung, etwa unter den mit dem *Kreuz* bestickten Pantoffel des Papstes, gehört in diesen Zusammenhang. Der unter der Herrschaft seiner Ehefrau stehende Gatte wurde in Niederösterreich auch als »Simandl« bezeichnet (von Sie-Mann?), und ihn verewigt in Krems der »Simandl-Brunnen«. Dieser Ausdruck ist bereits im 16. Jahrhundert bezeugt. Mythische Erzählungen von *Amazonen* und matriarchalischen Reichen des Altertums scheinen

Panther: »Der Schmuck kommt von den Flecken«. J. Boschius, 1702

Panther in heraldischer Stilisierung, Wappentier der Steiermark

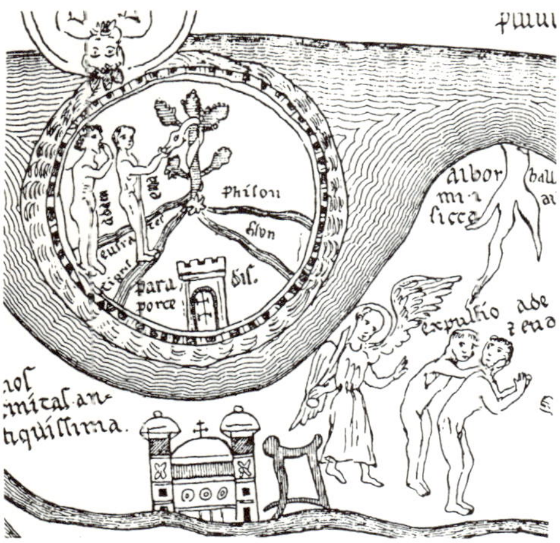

Paradies auf der Hereford-Weltkarte des Richard of Haldingham, 13. Jh.

in ähnlichem Sinn maskuline Warnungsmotive vor der gefürchteten »Weiberherrschaft«, dem »Pantoffel-Regiment«, zu manifestieren.

Papagei (griech. psittakos). Er war als Importtier aus Indien schon in der Antike bekannt und als Sprachnachahmer geschützt. Kallimachos (300–240 v. Chr.) betrachtete ihn als Symbol des geistlos plappernden Redners; eine Fabel Äsops stellt den *Vogel* als Rivalen des Wiesels dar. Nach dem frühchristlichen »Physiologus« spricht er wie ein Mensch, woran die Lehre des hl. Basilius geknüpft wird: »Ahme auch du, Mensch, die Stimme der Apostel nach, die Gott priesen, und preise auch selbst. Ahme den Wandel der Gerechten nach, damit du gewürdiget werdest, ihre lichtglänzenden Throne zu erreichen.« Der Papageienschnabel galt als Amulett gegen Fieber und Dämonen. – Im mittelalterlichen Bestiarium gilt der Papagei als widerspenstig: Sein Kopf ist so hart, daß man den Vogel mit einer eisernen Rute züchtigen muß, um ihn zum Lernen anzutreiben. Konrad von Würzburg meinte, sein Gefieder werde vom *Regen* nicht naß, und er sei daher ein Symbol Mariae, die von der Erbsünde unberührt blieb. Wenn der Vogel auf Paradiesbildern dargestellt ist, dann in der Annahme, er habe den Namen der Eva sprechen gelernt. Dessen Umkehrung, Ave, ist der Gruß des Verkündigungs*engels* Gabriel an Maria, das entsündigende Gegenbild der Urmutter Eva. – In China war der südliche Papagei (ying-wu) Symbol des liebenswürdig plappernden Freudenmädchens, doch auch Attribut der milden Göttin Kuan-yin (japanisch Kwannon), mit einer *Perle* im Schnabel.

Paradies, das in die Urzeit rückversetzte Bild eines gefahrfreien *Gartens*, der dem sündenlosen Urmenschen gewidmet war. Der Ausdruck bezeichnet ein Gehege, altpersisch einen Wildpark zur Ergötzung der *Könige*. Das biblische Paradies weist zwei von Gott tabuisierte *Bäume* auf, die der Urmensch nicht hätte entweihen dürfen. Es war in mythischer Vorzeit das Zentrum des Kosmos, gekennzeichnet durch die *vier* ihm entströmenden *Flüsse* und vor allem durch die Gegenwart des Schöpfers selbst. Das »verlorene Paradies« wurde zum Ziel des gottgefälligen Menschen, der es im *Himmel* wiederzuerlangen hoffte. Paradiesbilder des Islam unterscheiden sich davon nur durch den Einschluß sexueller Freuden für den darin aufgenommenen Mann, die »großäugigen Schönen, die zuvor noch kein Mensch oder Dschinn berührt hatte« (Beltz 1980). Unter *Palmen* und *Granatapfelbäumen*, duftenden Sträuchern und in schattigen Hainen ergötzen sich die Gerechtfertigten des nach dem Weltgericht wiederhergestellten Urzeitgartens an dessen vier *Flüssen*, wovon der eine klares Lebens*wasser*, der zweite nicht

trunken machenden *Wein,* der dritte unverderbliche *Milch* und der letzte *Honig* führt – ungetrübt, duftend und stärkend: »keine blasse Traumwelt, sondern eine sehr realistische Genußwelt . . . Abbild des Lebens in Ruhe und Muße, wie es typisch für die Erholungsoasen der orientalischen Männerwelt war. Die Gärten der arabischen Kalifen waren vorweggenommene Paradiesvorstellungen« (Beltz 1980). Entsprechend den vier Flüssen wurden vier verschiedene Paradiesesgärten imaginiert.
In der abendländischen Antike wurde die Vorstellung der elysischen *Inseln der Seligen* im Untergangsbereich der *Sonne* weitgehend von der Vorstellung einer düsteren Unterwelt (Hades, Orcus) verdrängt. Jenseitsvorstellungen der Kelten Nordwesteuropas verbinden die Idee von »glücklichen Inseln« im West*meer* nicht selten mit der Vorstellung eines dem Lebenden unzugänglichen Glückslandes unter den Wellen, das an Sinnenfreuden den islamischen Vorstellungen vergleichbar ist. Seefahrermärchen aus diesem Bereich erwähnen etwa dreimal fünfzig Inseln, auf welchen Tausende schöner Frauen warten, süße Musik erklingt und wo Falschheit, Sorge, Krankheit und Tod unbekannt sind. Zu diesen mythischen Glücksinseln gehören etwa Mag Mell, die vielblumige Ebene der Freuden, Mag Mon, die Ebene der Spiele, Ciuín, das milde Land, und Imchiuín, das sehr milde Land. Die Insel Emain heißt auch Tir na'm Bán, das Frauenland, wo zahllose liebeglühende Frauen und Mädchen warten. Mythen dieser Art waren offenbar dazu ausersehen, den Menschen durch Glücksverheißungen eines Paradieses, das an das ins Groteske überhöhte Bild des *Schlaraffenlandes* erinnert, die Furcht vor dem Tode zu nehmen und sie auf die Wunder

Paradies: Adam und Eva am Baum der Erkenntnis. H. Schedels Weltchronik, Nürnberg, 1493

der erhofften künftigen Jenseitswelt vorzubereiten, wo der gerechte Verstorbene – wie in den Jaru-Feldern des altägyptischen Jenseitsbildes – ohne Mühe und Plage seinen Wünschen entsprechend weiterlebt. – Altmexiko kannte in ähnlichem Sinne das Bild eines Paradieses des *Regen*gottes Tlaloc, das in erster Linie den Ertrunkenen offenstand. – Sehr häufig kehrt das Bild eines nach dem

Paradies der Tiere. M. Merian, 1633

Weltuntergang und dem endzeitlichen Gericht für die Auserwählten wiederhergestellten *Goldenen Zeitalters* der sündenlosen Urzeit wieder, das einem prächtigen Garten entspricht. Kulturhistorisch ist zu beachten, daß dieses Symbolbild nicht der Realität des Jägers und Sammlers der prähistorischen Urzeit der Menschheit entspricht; es weist vielmehr auf die Epoche der Kultivierung der Pflanzenwelt (Fruchtbaumkultur) hin. Das in unserem Raum geläufige Bild vom »Garten Eden« ist in einem geographisch nicht genau fixierbaren, großen Umraum der altorientalischen Kulturen beheimatet, wobei im Mittelalter die Vorstellung herrschte, das irdische Paradies könne nicht weit vom Zentrum des Erdkreises in *Jerusalem* (vgl. *Berg, Omphalos, Fels*) entfernt gewesen sein. Es werde, so heißt es, von *Engeln* mit flammenden *Schwertern* bewacht oder sei dem menschlichen Fassungsvermögen entrückt worden – ein nur schattenhaft dem irdischen Topos vergleichbares Glücksreich, ähnlich der Insel Dilmun der sumerischen Mythologie, oberflächlich mit den Bahrein-Inseln im Persischen Golf identifiziert, jedoch auf einer anderen Ebene angesiedelt. Auch das »himmlische *Jerusalem*« der Johannes-Apokalypse entspricht der irdischen Stadt jenes Namens nur in diesem Sinne als greifbarer Archetypus. – In der Gotik wurden die großen Dome auch als Abbilder des Paradieses aufgefaßt, weswegen das Hauptportal oft mit dem Relief des Weltgerichts ausgestattet wurde. – Esoterische Sinnbilder rücken von irdischen Vorstellungen ab und fassen den Idealzustand als Gottnähe in vergeistigter Form auf, bis hin zu der buddhistischen Vorstellung des »Nirvana«, dem Aufgehen der Persönlichkeit in der Überpersönlichkeit des absoluten Seins (im Okzident oft fälschlich vereinfachend als »das Nichts« bezeichnet). Vgl. *Himmel.*

Der Wunsch, ein Paradies der gerechtfertigten Heiligen nicht als letztes und einziges Ziel einer absoluten Existenz sehen zu müssen, offenbart sich auch in einer Legende, die der Sufi-Meisterin Rabi'a, gest. 810 n. Chr., zugeschrieben wird. Ihre Mitbrüder hätten sie befragt, weshalb sie in einer Hand eine Schale voll *Wasser,* in der anderen eine mit *Feuer* trüge. Ihre Antwort habe gelautet: »Ich eile, Feuer an das Paradies zu legen und die Hölle mit Wasser zu überschwemmen, damit diese Schleier vor den Augen derer, die zu Gott pilgern, verschwinden und sie das Ziel erkennen; damit die Gottesdiener Ihn sehen können, Ihn, ohne irgendeinen Gegenstand der Hoffnung noch Anlaß zur Furcht ...« Der etwas später lebende Sufi Abud Yazid Bistami äußerte dazu: »Das Paradies ist der allerletzte Schleier, denn die zum Paradies Erwählten bleiben im Paradies; und wer dort verweilt, wohnt nicht bei Gott. Er ist Er, der Verschleierte.«

Paradiesvogel, in barocken Emblembüchern als Symbol von Leichtigkeit, Gottnähe und Weltferne, zugleich als Mariensymbol aufgefaßt, verdankt seinen Ruf und seinen alten Namen »Paradisea apoda« (fußloser Paradiesvogel) der Gepflogenheit der Eingeborenen von Neuguinea und indonesischer Inseln, den erlegten Vögeln Bälge samt *Federn* unversehrt abzustreifen und sie so zu räuchern, daß sie ohne Knochen und Füße ihre Form behielten. Auf diese Weise wurden sie verkauft und fanden den Weg nach Europa, wo sie als »Sylphen« (Luftgeister) Aufsehen erregten. Es wurde erzählt, sie ernährten sich nur vom *Tau* des *Himmels* (vgl. *Phönix*), blieben zeitlebens in der Schwebe, seien »rein von Geburt an«

Paradiesvogel: »Schwerelos empor«, J. Boschius, 1702

Pegasus: »Vom Parnaß zu den Sternen«. J. Boschius, 1702

und wüßten nichts von den Händeln der Erdenwelt: »Der von dem Paradies benamte Vogel schwebet/dem Himmel nahe stets, die Erde nie berührt« (Hohberg 1675). Auch in naturkundlichen Werken des 18. Jahrhunderts (Buffon 1775) blieb die Fabel von dem ätherischen Göttervogel erhalten, bis im 19. Jahrhundert die zoologische Forschung das geheimnisvoll-absurde Symbol entschleierte.

Parzen, lat. Parcae (Gebärende), griech. Moirai (Zuteilerinnen) genannt, auch Fatae (Schicksalsgöttinnen), den nordgermanischen *Nornen* entsprechend. Sie werden entweder als Töchter der *Nacht* (griech. Nyx) oder wie ihre Schwestern, die *Horen,* als Töchter von Zeus und Themis bezeichnet; auch hier steht die abstrahierende Symbolik vor der religiösen Dimension im Vordergrund. In der bildenden Kunst werden sie als Spinnerinnen (vgl. *Spindel*) des Lebensfadens dargestellt. Die erste, Klotho, spinnt den Lebensfaden, die zweite, Lachesis, erhält ihn, während die dritte, Atropos, die Unabwendbare, ihn durchschneidet und damit das Lebensende des Menschen bestimmt. Gelegentlich werden sie auch mit Spindel, Schriftrolle und *Waage* dargestellt. – Die römischen Parzen waren ursprünglich Geburtsgöttinnen mit den Namen Decuma und Nona (nach dem *neunten* Monat nach der Empfängnis), doch unter griechischem Einfluß wurde die Dreizahl (vgl. *Dreigestalt*) mit den entsprechenden Funktionen bei der Schicksalszumessung auch im römischen Bereich hergestellt.

Pegasus (griech. Pegasos), das geläufige Symboltier der inspirierten Dichtkunst, ist als solches erst in der Neuzeit bekannt, und zwar im Anschluß an die antike Sage, derzufolge das Wunderroß mit seinem Hufschlag die *Quelle* Hippokrene auf dem *Musen*berg Helikon aufschloß. Geflügelte Zauber*pferde* kommen in vielen Märchen der Alten Welt vor. Pegasus soll dem Rumpf der von Perseus geköpften *Gorgo* Medusa entsprungen sein. Der Held Bellerophon zähmte das ungebärdige Wesen mit Hilfe eines Zaumes, den ihm die

Göttin Athene schenkte, und bezwang auf ihm reitend die schreckliche *Chimäre.* Die Mythologen sehen das *Flügel*wesen als *Wasser*pferd aus dem Gefolge des Poseidon an oder aber als himmlisches *Blitz*pferd. Symbolkundlich vereinigt es die Vitalität und Kraft des Rosses mit der *vogel*artigen Losgelöstheit von der Erdenschwere, weshalb die Ideenverknüpfung mit dem unbändigen, irdische Hindernisse überwindenden Geist des Dichters naheliegend ist. Die Gestalt des Pegasus illustriert den positiven Aspekt des *Pferdes,* dessen Bild andererseits auch unheimliche Züge annehmen konnte (vgl. *Kentauren*).

Pegasus, der mit seinen Hufen die Quelle öffnet. J. Boschius, 1702

Pelikan, eine wichtige *Vogel*symbolgestalt. Die Tatsache, daß nistende Alttiere den Schnabel zur Brust biegen und die Nestlinge mit im Kehlsack mitgeführten Fischen nähren, führte zu der Fehlbeobachtung, die Eltern würden sich die Brust aufreißen, um die Jungen mit ihrem *Blut* zu füttern. Damit wurde der Pelikan zum Symbol des Opfertodes Christi sowie der aufopfernden Elternliebe. Im spätantiken »Physiologus« tötet der Vogel seine unfolgsamen Kinder (oder: sie werden durch *Schlangen* getötet), kann sie aber nach drei Tagen durch sein *Herz*blut wieder zum Leben erwecken, wodurch er selber sein Leben verliert. – Auch in der Bilderwelt der Alchemie taucht dieses Symbol auf, einerseits als das einer bestimmten Art der Retorte, deren »Schnabel« gegen die bauchige Wölbung hin gebogen ist, andererseits als Bild des in flüssiges *Blei* gestreuten »*Steines* der Weisen«, der zerfließt und sich auflöst, um die Verwandlung des Bleies in *Gold* zu bewirken. Damit ist der Pelikan Symbol von uneigennützigem Streben nach Läuterung. In diesem Sinne illustriert er auch den »Rosenkreuzer«-Grad des Schottischen Systems des *Freimaurertums.* Die ihm angehörenden »Ritter vom *Rosen*kreuz« werden in alten Systemen auch als »Ritter vom Pelikan« bezeichnet. – Das mittelalterliche »Bestiarium« zitiert ein vergessenes Kirchenlied mit dem Text »Pie pelicane, Jesu domine« (o Pelikan voll Güte, Herr Jesus) und erwähnt die Eigenschaft des Wasservogels, nur soviel Speise zu sich zu nehmen, als zur Erhaltung des Lebens

Pelikan im Blockbuch »Defensorium inviolatae virginitatis b. Mariae« von J. Eysenhut, Regensburg, 1471

wirklich nötig ist. »In gleicher Weise lebt der Einsiedler, der sich nur mit Brot ernährt, der nicht lebt, um zu essen, sondern nur ißt, um zu leben« (Unterkircher).

Pentagramm, der in einem Zug durchgezeichnete *fünf*zackige *Stern;* er trägt auch Namen wie Mahrfuß (von Nachtmahr), Drudenfuß, Drudenstapfe, lat. pentangulum, pentaculum (auch Ausdruck für andere Bannungszeichen der Ritualmagie), signum *Pythagoricum* (Zeichen für Pythagoreer), signum Hygeae (Zeichen der Hygieia, der Göttin der Gesundheit) und signum salutatis (Zeichen der Gesundheit), je nach der damit verbundenen Symbolbedeutung. Bei Pythagoras und seinen Jüngern war das Pentagramm ein heiliges Symbol der leiblich-seelischen Harmonie und wurde, davon ausgehend, zum Zeichen der Gesundheit. In den gnostisch-manichäischen Glaubensgruppen, deren heilige Zahl die Fünf war, da sie fünf Elemente kannten (*Licht,* Luft, *Wind, Feuer, Wasser*), bildete es ein zentrales Sinnzeichen, das dann auch jüngere Sekten übernahmen – so etwa die Bogumilen des Balkans. Auf ihren Grabsteinen wird es nicht selten dargestellt, ebenso (in verhüllter Form) als fünffingrige *Hand.* Auf den »Abraxas«-Amuletten der Spätantike tritt dieser Fünfstern ebenso häufig auf wie später in der magischen Literatur des Abendlandes. Möglich ist es, daß sich darin eine geheime »Unterströmung« gnostischer Natur manifestiert, die sich vor dem offiziellen Kirchenglauben verbarg, wie vermutlich auch in der Ideologie der *Alchemie.* Häufig trifft man das Pentagramm als Beschwörungsbehelf bei magischen Ritualen, wie es die Beschwörungsszene in Goethes »Faust I« zeigt. Die Figur muß ganz geschlossen sein und darf keine Lücke aufweisen. Traditionell wird die mit einer Spitze nach oben weisende Form als »*weiß*magisch«, die umgekehrte als »*schwarz*magisch« bezeichnet. Die weißmagische Zeichnungsweise beginnt an der linken Zacke, führt nach rechts, von dort nach links unten usw., bis die Figur von rechts unten wieder den Ausgangspunkt erreicht. In die »schwarzmagische« Variante wurde oft ein satanischer *Bocks*kopf eingezeichnet, in die andere eine Menschengestalt.

Auch die christliche Ikonographie ver-

Pentagramm: Die ästhetisch ansprechende Konstruktion konzentrischer Pentagramme im Kreis

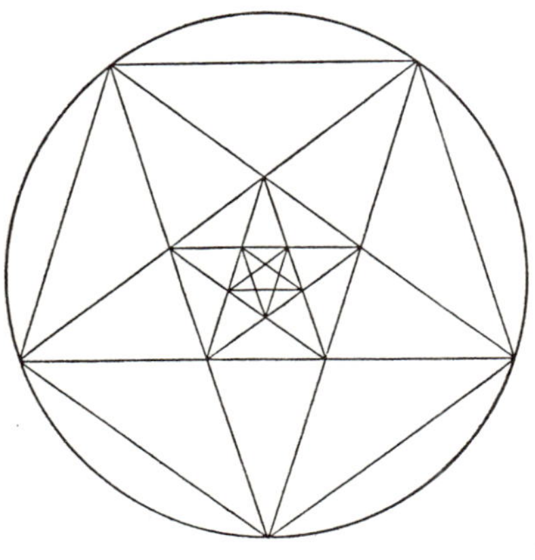

Pentagramm: Amulettring mit den Buchstaben von »Salus« und »Hygieia« (Heil, Gesundheit). V. Cartari, 1647

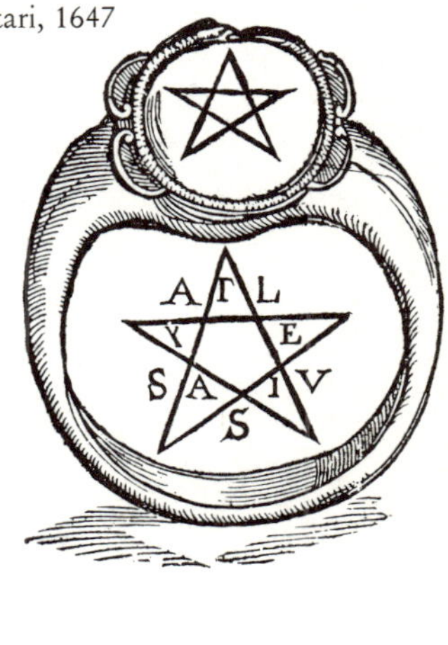

wendet den Fünfstern, und zwar als Hinweis auf die fünf Wunden des Gekreuzigten und als dem *Kreis* (wegen seiner geschlossenen Form) entsprechendes Zeichen als Symbol der Verknüpfung von Anfang und Ende in Christus. Es ist jedoch im Abendland viel älter und tritt u.a. auch auf etruskischer Keramik auf. Auch in ägyptischen Gräbern ist der *Sternen*himmel durch fünfzackige Sterne (ohne Binnenzeichnung) angedeutet. Naturvorbilder könnten in der fünfstrahligen Symmetrie mancher Stachelhäuter (z.B. Seesterne) zu suchen sein; freilich läßt sich das Zeichnen von Pentagrammen auch als rein spielerisches Streben nach graphischer Geschicklichkeit auffassen. Auf Felsritzbildern des Alpenraumes, meist aus dem späten Mittelalter und der frühen Neuzeit stammend, hat der »Drudenfuß« sicherlich eine apotropäische (Unheil abwehrende) Bedeutung, wie sein gemeinsames Auftreten mit christlichen und Genitalsymbolen – die

Pentagramm auf dem Taufstein der Kathedrale von Šibenik, Dalmatien. Mittelalterliches Marmorrelief

ebenfalls wie Amulette aufgefaßt wurden – nahelegt. – Eine sehr bedeutende Rolle spielt das Pentagramm als »Flammender Stern« in der *freimaurerischen* Symbolwelt, mit Strahlen- oder Flammenbündeln in den Winkeln und einem G in der Mitte ausgestattet. Dieser Stern »erinnert uns an die Sonne, welche die Erde mit ihren Strahlen erleuchtet und der Menschheit ihre Segnungen zuteil werden läßt, indem sie allen auf Erden Licht und Leben gibt« (Lennhoff-Posner). Im Freimaurertum ist dieser »Blazing Star« bereits 1735 als Symbol nachweisbar, wobei das G unterschiedlich mit Gnosis, Geometrie, Gott, Gloire und anderen Begriffen erklärt wird. Die Alchemisten hatten die Fünfzahl, ähnlich wie die Gnostiker, mit der Zahl der Elemente erklärt, jedoch als Hinweis auf die geistige *Quintessenz* (quinta essentia) der üblichen *vier* Elemente gedeutet. Als dämonenbannendes Zeichen tritt das Pentagramm oft in Holz geschnitzt auf alten Türbalken, Türschwellen und Almtüren auf. – Mehrstrahlige Sternzeichnungen treten selten auf, etwa der *acht*strahlige Stern als Symbol der verdoppelten »Vierer-Orientierung« (vgl. *Kreuz*), ein Sinnbild von Gesetz und Recht.

Perle, ein in der Symbolik wie ein *Edelstein* behandeltes Kleinod, das wegen seines zart schimmernden Glanzes als *»mondhaft«* und weiblich betrachtet wird, wobei die kugelrunde Form als Hinweis auf Vollkommenheit gilt (vgl. *Kreis*). Die Seltenheit perfekter Perlen und ihre Verschlossenheit in der bergenden *Muschel* machte sie in der spätantiken Gnosis zum Symbol der verborgenen Erkenntnis und esoterischen Weisheit, im Christentum als Lehre Christi gedeutet, die den Heiden nicht zugänglich ist. Der frühchristliche Physiologus-Text erzählt Kurioses: »Es gibt eine Muschel im Meer, die heißt Purpurmuschel. Sie steigt vom Meeresgrunde auf . . ., öffnet ihren Mund und trinkt den himmlischen Tau und den Strahl der Sonne, des Mondes und der Sterne und bringt so die Perle zustande aus den oberen Lichtern . . . Die beiden Schalen der Muscheln werden verglichen mit dem Alten und dem Neuen Testament, die Perle mit unserem Heiland Jesus Christus.« Andere Muscheln im Roten Meer »stehen nahe am Ufer, alle mit offenem Munde, damit etwas Eßbares hineingehe . . . Wenn es, wie es dort häufig ist, ein Gewitter gibt, dringt die Gewalt des Blitzes in das Innere der Muschel hinein, die erschrickt und die Schalen zuklappt . . . Sie hat den Blitz in sich. Dieser dreht sich um die Augäpfel der Muschel herum und macht durch diese Drehung die Augen zu Perlen. Die Muschel geht kummervoll zugrunde, die Perlen aber leuchten im Roten Meer . . . Der göttliche Blitz aus dem Himmel ist in die ganz reine Muschel, die Gottesgebärerin Maria, eingegangen, und eine überaus kostbare Perle ist aus ihr entstanden, wie geschrieben steht: Sie hat die Perle, Christus, aus dem göttlichen Blitz geboren« (Zitat nach Johannes Damascenus, geb. 675 n.Chr.). Die klar schimmernde, weiße Perle ist auch, wie in Altpersien, ein Symbol der *Jungfrau.* Der Johannes-Apokalypse zufolge bestehen die Tore des »himmlischen *Jerusalem*« aus Perlen (im englischen Sprachraum sind die »pearly gates« Synonym der Pforten des Himmels), Perlenkränze symbolisieren die Vielfalt göttlicher Kräfte in einer Grundform Eindrucksvoll in seiner Symbolkraft ist ein gnostischer »Hymnus von der Seele«, dem Bardesanes (Bardaisan) zugeschrieben und aus frühchristlicher Zeit stammend. Darin wird ein Kind (der Mensch) ausgesandt, im fernen *Ägypten,* das er auf der Lebenspilgerfahrt auf-

Perle als Symbol einer der »Acht Kostbarkeiten« Chinas

Perle: Perlmuscheln von W.H. Frh. v. Hohberg (1647) und J. Boschius (1702)

Die purpurmüschel früh in dem der himmel tauet
ihr häubtlein aüss dem meer erhebt, und sein geniesst:
Also wan in dem Creüz ein herz sich Gott vertrauet
es auch zu rechter zeit getröstet frölich ist.

sucht, eine Perle aus dem tiefen *Brunnen* zu holen, den ein *Drache* bewacht. Er ißt jedoch von der landesüblichen Speise und vergißt seinen Auftrag, bis ihn ein Brief (die Heilslehre) an seinen Auftrag erinnert, von einem *Adler* überbracht. Nunmehr kann das Werk begonnen werden, die Perle (Erleuchtung, Gnosis) aus dem Brunnen zu holen: »Den Drachen, der als Hüter/zischend den Born umschlang/begann ich einzuwiegen/indem ich Lieder sang/und zauberstarke Namen,/den trauten Vater rief/die Mutter, meinen Bruder/bis daß der Drache schlief./Da raubte ich die Perle/und floh das fremde Land./Auch ließ ich den Ägyptern/mein unreines Gewand« (den Leib). Der Pilger wird daraufhin in seiner himmlischen Heimat aufgenommen und mit königlichem *Mantel* umhüllt (W. Schultz 1910). In der mittelalterlichen Novellensammlung »Gesta Romanorum« (um 1300) wird von einem Mädchen erzählt, das eine kostbare Perle besaß (die freie Willensentscheidung). *Fünf* Brüder (die Sinne) möchten dem Mädchen die Perle abschwatzen, doch sie weigert sich, ihr Kleinod gegen Sinnesfreuden einzutauschen. Erst als »der *König*« kommt, gibt sie ihm die Perle und wird dafür seine Gemahlin.

In der griechischen Antike galt die Perle als Symbol der aus dem *Meeres*schaum geborenen Aphrodite (*Venus*). In der altchinesischen Symbolsprache galt sie als eines der »*acht* Kleinodien« und bedeutete Kostbarkeit und Reinheit; Tränen wurden – ähnlich wie im europäischen Sprichwort »Perlen bedeuten Tränen« – als Perlchen bezeichnet. Verstorbenen wurde in alter Zeit eine Perle in den Mund gelegt. Die sagenhaften Verjüngungs- oder Verführungsperlen der ostasiatischen Sagen und Märchen, die zu größter Liebesfreude verhelfen sollen, sind eigentlich nicht Perlen in unserem Sinne, sondern werden als *weiße* Liebespillen beschrieben, die auf »alchemistischem« Wege hergestellt wurden. Die echte Perle hingegen steht auch in China für »Kostbarkeit und Reinheit«. Auch hier herrschte der Glaube, daß *Muscheln* durch Gewitter (den *Donner*) geschwängert würden und in ihnen dann im Schein des *Mondes* Perlen wüchsen. Ungeachtet dieser poetischen Fabel sollen hier schon lange, ehe dies in Japan üblich wurde, Zuchtperlen hergestellt worden sein. Toten aus begüterter Familie wurden Perlen in den *Mund* gelegt, was an die antike Sitte des »Obolos« für den Fährmann Charon (*Jenseits*) gemahnt. – Auch in der japanischen Tradition spielen »Perlen« eine bedeutende Rolle. Sie gehören zu den drei Reichsinsignien (Shinki sanshu), zusammen mit einem *Schwert* und einem *Spiegel*, sollen von dem Gott Tama no-oya verfertigt worden sein und die Form von *Augen* besitzen. – Allgemein gelten Perlen trotz ihrer Assoziation mit Tränen als Tugendsymbole, die (so der mittelalterliche Gelehrte Lonicerus) »die lebendigen Geister, die vom Herzen kommen, stärken«. S. Golowin (1986) zitiert einen Spruch osteuropäischer Juweliere, der besagt: »Die Perlen, an die wir glauben, bringen uns mondsilberne Tränen, aber Tränen der Freude.«

Pfahl, Pfeiler – meist ein in die Erde gepflanzter Baumstamm, in vielen Altkulturen Symbol der *Weltachse*, die sonst auch als zentraler *Berg* oder als *Baum* inmitten des Erdkreises vorgestellt wird. Oberflächlich betrachtet, werden heilige Kultpfähle oft als phallische Symbole gedeutet, was jedoch nur selten nachweisbar ist. In erster Linie sind solche Holzsäulen Zeichen für die Verbindung von *Himmel* und *Erde*, so

Pfahl mit der »Ehernen Schlange«, von Moses aufgerichtet. Bibel des 11. Jh., Reims (vgl. Aeskulapstab)

etwa die Irminsul, das Stammesheiligtum der Sachsen, das Karl d. Gr. im Jahr 722 zerstörte. Auch der in Mitteleuropa bekannte Maibaum, ein Hinweis auf die sich im Frühling deutlich manifestierenden Kräfte der erwachenden Natur, darf nicht einfach als »Phallussymbol« betrachtet werden, sondern eher im Zusammenhang mit der Weltpfeiler-Vorstellung, und sein Erklettern weist auf das Streben nach »höherem Lohn« hin (*oben/unten*). – Umsetzung des Kultpfahles in *Stein* ist der *Menhir* in den Kulturen der Großsteinbauer und der *Obelisk* in Altägypten; vgl. *Weltachse.* – Pfeilerartige Säulen waren Aufenthaltsort heiliger »Säulensteher«, die sich in einer theatralisch wirkenden Geste verpflichteten, ihren Standplatz zu Ehren Gottes nicht zu verlassen. St. Simeon Stylites (ca. 396–459 n. Chr.) soll seinen Platz auf einer fünfzehn Meter hohen Säule in der Nähe von Antiochia vierzig Jahre lang innegehabt und nie verlassen haben, obwohl ihn der *Teufel,* der sich in Gestalt einer gewaltigen *Schlange* zeigte und die Säule umschlang, beunruhigen wollte. Die Symbolverbindung Schlange - stabartiger Pfeiler ist demnach auch hier gegeben, wie bei *Caduceus* und *Äskulapstab.*

Pfau. Der Ziervogel mit dem sein Geschrei nachahmenden deutschen Namen (griech. taós, lat. pavus) stammt aus Indien, wo er wegen des prunkvollen Rades seiner Schwanz*federn* als *Sonnen*symbol galt, gelangte über Babylonien, Persien und Kleinasien nach Samos und wurde dort zum heiligen Vogel im Hera-Heiligtum. Im 5. Jahrhundert v. Chr. wurden Pfauen als exotische Rarität in Athen gegen Eintrittsgeld zur Besichtigung freigegeben, und im 2. Jahrhundert v. Chr. sind sie in Rom heilige Tiere der Juno. In Indien wurden manche Götter auf Pfauen reitend dargestellt; im Abendland galt der Pfau als *Schlangen*töter, und die schillernden *Farben* der Schwanzfedern wurden seiner Fähigkeit zugeschrieben, das Schlangengift in sonnenhafte Substanz umzuwandeln. Im Orient wurde der Pfau von der kurdischen Sekte der Jezidi (»*Teufels*anbeter«) als Melek Taus (König Pfau) wie ein Gottesbote aufgefaßt, im Islam gilt er als Symbol des Kosmos oder der großen Himmelskörper *Sonne* und *Mond.* Auch im frühen Christentum wurden positive Deutungen bevorzugt. Sein Fleisch galt als unverweslich (Symbol Christi im Grabe), das Verlieren der Federn und ihr neues Wachstum im Frühling wurde ebenfalls als Sinnbild der Erneuerung und Auferstehung betrachtet. Auch der antike Volksglaube, demzufolge Pfauen*blut* Dämonen vertreibe, wirkte fort. So wurde der Pfau nicht selten auf Bildern der Geburtsgrotte Christi in Bethlehem dargestellt; zwei Pfauen, die aus einem Kelch trinken, weisen auf die geistige Neugeburt hin, und Cherubim

Pfau, stark stilisiert. Säulenrelief. Rusucurru (Prov. Mauretania, Nordafrika). Frühchristlich

(*Engel*) weisen oft vier *Flügel* aus Pfauenfedern auf. Ihre *»Augen«* wurden als Hinweis auf die göttliche Allwissenheit verstanden, Pfauenfleisch galt bis in die Neuzeit als stärkende Krankennahrung. Negative Züge kommen mit dem Text des frühchristlichen »Physiologus« hinzu, wo es heißt: Der Pfau »geht umher, sieht sich selber mit Freude und schüttelt sein Gefieder, spreizt sich und blickt sich hochmütig um. Wenn er aber auf seine Füße schaut, wird er zornig aufkreischen, denn diese entsprechen seinem sonstigen Aussehen nicht.« Wenn der Christ, so die symbolische Auslegung, seine Vorzüge sieht, mag er

Pfau, Symbol der Eitelkeit. J. Boschius, 1702

jauchzen; »Wenn du aber deine Füße siehst, nämlich deine Fehler, dann rufe klagend Gott an und hasse die Ungerechtigkeit, wie der Pfau seine Füße haßt, damit du vor dem (himmlischen) Bräutigam gerechtfertigt erscheinst.« Damit kommt die heute übliche Symboldeutung ins Gespräch, die vom Mittelalter an in den Tierbüchern (Bestiarien) den Pfau zum Symboltier für Eitelkeit, Luxus und Hochmut (Superbia) macht. Damit ist auch der geistliche Prediger gemeint. »Wenn man den Pfau lobt, so richtet er seinen Schwanz auf, so wie mancher Prediger beim Lob der Schmeichler in eitler Herrlichkeit seinen Geist erhebt. Richtet er seinen Schwanz empor, so wird sein Hinterteil entblößt, und er wird zum Gelächter, wenn er sich eitel brüstet. Der Pfau soll also seinen Schwanz nach unten tragen, damit alles, was ein Lehrer tut, in Demut ausgeführt werde« (Unterkircher). Auf barocken Kreuzweg-Gruppen büßt Jesus, der seiner Kleider beraubt wird, für die Menschen die Sünde der Eitelkeit ab, die durch einen daneben abgebildeten Pfau dargestellt wird. Für die Minnesänger galt der Vogel als Inbegriff und Verkörperung der Superbia, des überheblichen Stolzes (»Er ging stolzierend hin und her, recht als er ein Pfaue wär«, Hugo von Trimberg).

In China wurde die positive Deutung aus dem indischen Raum (die Göttin Sarasvati reitet auf einem Pfau, Indra sitzt auf dem Pfauen*thron*) übernommen; der Pfau (k'ung-ch'iao) verkörpert Schönheit und Würde, vertreibt böse Mächte und tanzt beim Anblick schöner Frauen. Pfauenfedern waren Rangabzeichen der Mandschu-Kaiser und wurden in Vasen ausgestellt. Auch im chinesischen *Garten* wurden Pfauen gehalten. – In der Bilderwelt der *Alchemie* gilt der schillernde

Pfauenschweif (cauda pavonis) in manchen Texten und Bildern als Anzeichen für eine sich abzeichnende Umwandlung niederer in höhere Substanzen, in anderen als Symbol eines mißglückten Prozesses, der nur Schlacke (caput mortuum, Totenkopf) mit sich bringt. – In der Wappenkunst spielt der Pfau nur selten eine Rolle (u. a. Wappenfigur der Grafen von Wied; Helmkleinod der Grafen von Ortenburg; Pfauenstoß als Helmkleinod der Erzherzöge von Österreich, Pfauenwedel als Verzierung der Wappenhelme der Fürsten von Schwarzenberg, der Grafen von Henneberg u. a.), wobei naturgemäß nicht »Superbia«, sondern die positive Deutung (Auferstehung, Glanz) gedanklich im Vordergrund stand.

Pfeil, die Fernwaffe, die durchbohrt – für die Psychoanalyse Ausdruck eines »phallischen Sadismus«; der vom Bogen abgeschossene Pfeil war erstaunlicherweise nicht in allen alten Kulturen üblich, sondern wurde als Kriegswaffe im vorkolumbischen Mittelamerika durch den vom Wurfholz (Atlatl) geschleuderten Speer ersetzt. Vielfach wurden Pfeile mit den *Sonnen*strahlen in Verbindung gebracht, ebenso mit der Jagd. Mit ihnen töteten die griechischen Gottheiten Apollon und Artemis (*Diana*); der indische *Sturm*gott Rudra versandte in seinem dunklen Aspekt Krankheitspfeile, in der wohltätigen Erscheinungsform Shankara hingegen wärmende Strahlen. Die *löwen*köpfige Göttin Sechmet Altägyptens, mit den heißen Wüsten*winden* assoziiert, versendet »Pfeile, mit welchen sie Herzen durchschießt«. Auch die Göttin Neith besaß als Attribut gekreuzte Pfeile. Die lustvolle »Verwundung durch Liebe« wird durch die Pfeile der Liebesgötter (griech. Eros, lat. *Amor*, indisch Kama)

Pfeil: Der Tod als Bogenschütze. Holzschnitt (Detail) aus dem »Ackermann aus Böhmen«, 1463

verursacht, doch auch die Pfeile der ekstatischen Gottesliebe durchbohren das Menschenherz (Theresa von Avila, St. Augustinus). In der Hand von *Skeletten* werden Pfeil und Bogen zu *Todessymbolen*, ebenso in der Johannes-Apokalypse (6,8), wo sie der Reiter auf dem fahlen *Pferd* trägt. Der schwergeprüfte *Hiob* fühlt sich von Gott getroffen: »Die Pfeile des Allmächtigen stecken in mir, mein Geist hat ihr Gift getrunken« (6,4). Seuchen, etwa die Pest, wurden oft als pfeilschießende Rache*engel* personifiziert. In der mittelalterlichen Bauplastik sind Bogenschützen oft mit Symboltieren der Wollust (*Bock, Hahn*) vereint dargestellt, offenbar im Zusammenhang mit dem Gedanken an »Amors Pfeil«.
Die Sage vom einzelnen Pfeil, der leicht gebrochen werden kann, während ein Bündel von Pfeilen unbeschädigt bleibt, symbolisiert nicht nur im Abendland, sondern auch in China die Stärke durch Einigkeit. Beim Bündnisabschluß werden oft, in China wie bei nordamerikanischen Indianern, Pfeile zerbrochen, als Ausdruck des Verzichts auf den Krieg. Pfeilbündel sind das heraldische Symbol der Königin Isabella von Kastilien (1474–1504) sowie später, in Verbindung mit dem Joch, des Wappens Spa-

Pfeil und Zielscheibe: Nicht alle Pfeile werden das Ziel verfehlen. J. Boschius, 1702

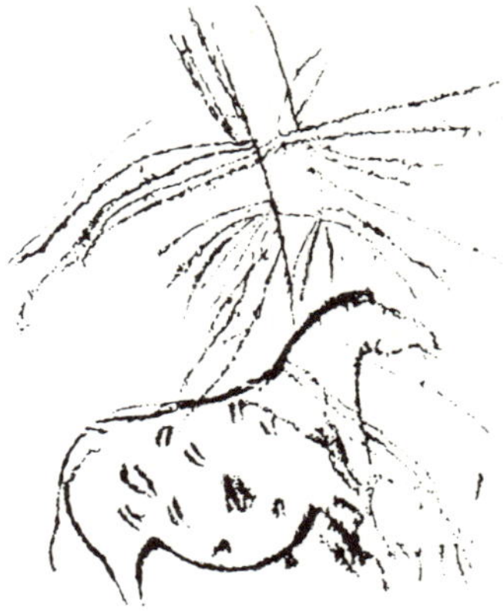

Pferd: Trächtiges Wildpferd unter Fangnetz (?). Höhlenmalerei, Höhle La Pileta, Andalusien. Eiszeitlich

niens bzw. der spanischen »Falange«. Ein Kreuz mit Pfeilspitzen an den Enden war das *politische Symbol* der ungarischen »Pfeilkreuzler« vor dem Zweiten Weltkrieg, während drei Pfeile die Sozialdemokratie Österreichs als Emblem signierten. In der modernen Bildzeichensprache hat der Pfeil lediglich die Bedeutung eines Richtungsweisers, ohne daß jemand dabei an eine Fernwaffe denken würde. Das von einem Pfeil durchbohrte *Herz* ist auf Baumrinden und Hauswänden konventionell das Symbolzeichen eines Liebesbundes. – Die Befiederung von Jagd- und Kriegspfeilen soll der Stabilisierung der Flugrichtung, vielleicht ursprünglich auch magischen Zwecken im Sinne einer Vermittlung von Eigenschaften des *Vogels* (Schnelligkeit, Leichtigkeit) durch die *Feder* dienen. In volkstümlichen Redewendungen (pfeilschnell, noch einige Pfeile im Köcher tragen, alle Pfeile verschossen haben) spielt der Pfeil auch in der Neuzeit ebenso seine Rolle wie in Bezeichnungen schneller Fahrzeuge (Mercedes-Rennwagen »Silberpfeil«, schwedischer Schnellzug »Nordpfeil«). Die Aggressivität des Pfeilsymbols mit noch größerer Drohwirkung wird heute durch die Silhouette von Fernraketen mit scharfer Spitze und Stabilisierungsflächen am Heck reaktiviert. – Unter den Heiligen, deren Attribut der Pfeil ist, nimmt St. Sebastian – der von seinen heidnischen Legionskameraden mit Pfeilen durchbohrt wurde – den höchsten Rang ein. – Allgemein kann der Pfeil mit Symbolinhalten wie Impuls, Schnelligkeit, Drohung und Zielstrebigkeit in Verbindung gebracht werden.

Pferd, symbolkundlich Verkörperung von Kraft und Vitalität auf höherer Ebene als das Rind (der *Stier*). Bereits in der Höhlenkunst der Eiszeit bilden Wildpferde und Wildrinder die wichtigsten Motive der Malerei, und es wurde angenommen, daß diese beiden Tierarten auf ein dualistisches Programm der prähistorischen Maler schließen lassen (u.a. durch A. Leroi-Gourhan). Die Zähmung des Pferdes erfolgte erst Jahrtausende später in Osteuropa oder Zentralasien, wobei nomadische Reitervölker die seßhaften Siedler am Mittelmeer beunruhigten (vgl. *Kentauren*). Als ursprünglich unheimliches Tier wurde es vielfach mit dem Totenreich (*Wildes Heer*) in Verbindung gebracht und Ver-

Kain: Der Brudermord Kains.
Bild auf dem »Millstätter Fastentuch«, Kärnten 1593

Palme: Palmsonntagsbild; Jesus zieht, auf einer Eselin reitend, in Jerusalem ein.
Liutold-Evangeliar, Mondsee (Oberösterreich), ca. 1170.

Paradies: Der blühende Paradiesesgarten mit dem Schöpfer und Adam.
Schwabenspiegel. Wiener Neustadt, 1423.

Regen: Der altmexikanische Regengott Tlaloc. Codex Land, Oxford.

Pferd, eiszeitliche Umrißmalerei, Höhle »Las Monedas«, Spanien (Prof. Santander)

Pferd: Gallo-römisches Relief der keltischen Pferdegöttin Epona, Bregenz (Vorarlberg)

storbenen geopfert, stieg aber später wegen seiner Schnelligkeit und Sprungkraft auch zum *Sonnen*symbol oder zum Zugtier des Himmels*wagens* (des Apoll, Mithras, des feurigen Wagens des Elias) auf. Vielfach blieb der Symbolgehalt zwiespältig, wie einerseits das strahlend weiße Pferd des »Christus triumphator«, andererseits die Reittiere der »Apokalyptischen Reiter« (Johannes-Offenbarung) zeigen. Die Kirchenväter schreiben dem Pferd Hochmut und Wollust zu (es soll begierig wiehern, wenn es eine Frau sieht); zugleich aber tritt es als Sinnbild des Sieges (etwa der Märtyrer über die Welt) in Erscheinung. Der positive Aspekt ist in der Antike bereits durch das *Flügel*pferd *Pegasus* vorweggenommen. In *Märchen* treten Pferde vielfach als wahrsagende, zauberkundige Wesen auf, die mit Menschenstimmen sprechen und ihnen anvertraute Menschen mit guten Ratschlägen versorgen. Als heilige Reiter der christlichen Legende treten u.a. der *Drachen*töter St. Georg, der seinen *Mantel* teilende St. Martin, St. Hubertus und St. Eustachius auf. Bei Kreuzigungsbildern weisen Pferde als Reittiere von Römern mit von Christus abgewendetem Kopf auf den Unglauben ihrer Reiter hin. – Pferdeschädel auf Hausgiebeln hatten apotropäische (Unglück abwehrende) Funktion. Germanische Pferdeopfer mit anschließendem Genuß des Opferfleisches führten dazu, daß dieser nach der Christianisierung verpönt war und noch heute als »nicht gesellschaftsfähig« gilt. – Die psychologisch orientierte Symbolkunde erblickt im Pferd ein »edles« und intelligentes, aber bei Verstörung auch zum Angsttier werdendes, scheuendes Wesen; wie Pferd und Reiter werden das »Es« (die Triebsphäre) und das Ich aufgefaßt; bei gestörter Wechselbeziehung treten Träume von blind ausschlagenden Pferden auf, die damit eine zur Integration mahnende Funktion haben können.

Pferd: Iberisches Steinrelief, Heiligtum »El Cigarralejo« (Prov. Murcia). Um 380 v. Chr.

Pfirsich (botan. Malum persicum, »persischer *Apfel*«), in der Antike eine sehr geschätzte, im 1. Jahrhundert n. Chr. aus dem Orient eingeführte Frucht, nicht selten mit der Aprikose verwechselt. Als im Garten des Kaisers Alexander Severus ein *Lorbeer*baum über einen Pfirsichbaum hinwegwuchs, wurde dies als Vorzeichen eines Sieges über die Perser betrachtet. – In Altchina galt der Pfirsich (t'ao) als ein Symbol der Unsterblichkeit oder der Langlebigkeit, die Pfirsichblüte als Symbol frischer junger Mädchen, aber auch leichtfertiger Frauen und »Pfirsichblüten-Irrsinn« als Umschreibung der Verwirrtheit der Gefühle in der Pubertät. Der Sage nach besitzt die Feengöttin Hsi-wang-mu im Kuenlun-Gebirge einen Garten, in dem alle 1000 Jahre die Pfirsiche der Unsterblichkeit reifen. Bei dieser Gelegenheit findet dort ein großes Fest der Genien und »Unsterblichen« statt. Das Holz des Pfirsichbaumes galt als dämonenbannend, Pfirsichzweige an der Haustür sollten beim Neujahrsfest Dämonen abhalten, und Statuetten der Torhüter wurden aus Pfirsichbaumholz geschnitzt. »Pfirsichquellen *höhlen*« sind in Volkssagen *Jenseits*pforten, während »Pfirsich*quelle*« die poetische Umschreibung des weiblichen Genitals ist.

Pflaume, in Ostasien ein beliebtes Symbol der frühen Jugend des Mädchens, da die Pflaumenblüte (chinesisch mei-hua) schon erscheint, ehe sich der Baum mit Blättern bedeckt hat. Der erotische Nebensinn ergibt sich auch aus der Bezeichnung »Pflaumenblütendekke« für die Bedeckung des Brautbettes. Die *fünf*blättrige Pflaumenblüte symbolisierte die fünf *Glücksgötter* Altchinas sowie ein bestimmtes Orakel; die Zusammenstellung von Pflaume, *Kiefer* und *Bambus* die »drei Freunde der kalten Jahreszeit«. – Für den Tiefenpsychologen (E. Aeppli) verheißt die Pflaume »in manchem Männertraum sehr realistisches Geschlechtsglück. Diese Frucht ist bekanntlich auch ein Schimpfname geworden, von Frauen abschätzig entwerteten Geschlechtsgenossinnen zugeworfen« (vgl. »anpflau-

Pflaume: Blühende Pflaumenzweige, China, 19. Jh.

Pflug von W. H. Frh. v. Hohberg, 1675

men«). Die norddeutsche Redensart »zu Pflaumenpfingsten«, d.h. an einem Pfingstfesttag, an dem die Pflaumen reif werden, bedeutet etwa »am St. Nimmerleinstag«. – Die altgriechische Bezeichnung der Pflaume lautet kokkýmelon d.h. *Kuckucks*apfel.

Pflug, ein friedliches Symbol der Akkerbaukulturen, ersetzte den älteren Grab- oder Pflanzstock, vgl. das Umschmieden der *Schwerter* zu Pflugscharen bei Jesaias 2,4. In altertümlichen Ackerbaukulturen wurde das Pflügen der »Mutter Erde« mit einem Geschlechtsakt phallischen Charakters verglichen. Dabei ist der Hakenpflug, der die Erdkruste aufreißt, ohne die Schollen umzuwenden (im Alpenland »Arl« genannt), typologisch älter als die asymmetrische Pflugschar von heute. Die Kulturen des vorkolumbischen Amerika, die keine Zugtiere kannten, besaßen den Pflug nicht und betrieben Pflanzstockbau. In der *Heraldik* tritt der Pflug selten auf (Stadtwappen von Straubing in Bayern, »redendes« Wappen der Familie v. Pflugk, neues Staatswappen von Äthiopien). – In Legenden führen Engel den Pflug des Landmannes St. Isidor, der sich scheute, während des Gottesdienstes für seinen Dienstherren selbst zu pflügen; andere Heilige konnten zum Zeichen ihrer Herrschaft über die Natur kuriose Gespanne einsetzen (St. Gentius: *Ochse* und *Wolf;* St. Kentigern: Wolf und *Hirsch;* St. Jakob von Tarentaise: Bären). – Das Gottesurteil (Ordal), in dessen Verlauf Unschuldige unverletzt über glühend gemachte Pflugscharen schreiten konnten, reinigte die hl. Kaiserin Kunigunde von dem Verdacht des Ehebruches an ihrem Gemahl Kaiser Heinrich II., wie u.a. durch ein Relief von Tilman Riemenschneider im Dom zu Bamberg gezeigt wird. Vgl. auch *Ameise.*

Pforte, vielfach nicht nur den Eingang selbst symbolisierend, sondern auch den verborgenen Raum dahinter, die geheimnisvolle Macht (vgl. »Hohe Pforte« als Sinnbild der türkischen Sultansmacht, die »Pforten der *Hölle*«, die

Pflug: Totentanz-Szene von H. Holbein d. J., 1547

Pforte: Verschlossenes Tor zum Rosengarten. Alchemistische Allegorie; M. Maier, Atalanta, 1618

Pforte, Kupferstich von Ludwig Richter (1803 bis 1884)

Pforte: Der Eingang zum Heiligtum des salomonischen Tempels in Jerusalem (vgl. Säulen) als freimaurerisches Symbol

»*Himmels*pforte« Maria). Tor, Tür und Pforte kennzeichnen – wie die *Brücke* den Übergang – einen Eintritt in eine wesentliche Räumlichkeit im übertragenen Sinn. In *Tempeln* sind die Eingänge zu den geheimen Gemächern des »Allerheiligsten« oft durch prunkvolle Pforten gekennzeichnet, die nur der geweihte Hohepriester durchschreiten darf. Riten im Sinne des Überganges von einer Lebensstufe in die nächste (»rites de passage«) werden in vielen Kulturen durch einen Pfortendurchgang symbolisiert; die Öffnung einer »heiligen Pforte« kennzeichnet religiöse Feierzeiten. Die Pforte des *salomon*ischen Tempels in *Jerusalem* war von zwei großen Bronzesäulen am Eingang zur Vorhalle flankiert. Der altrömische Gott *Janus* bewachte Eintritt und Ausgang. – Die christliche Pfortensymbolik orientierte sich an der Selbstbezeugung Jesu im Johannes-Evangelium (10,9): »Ich bin die Tür. Jeder, der durch mich eintritt, wird gerettet werden . . .«; Kirchenpforten illustrieren oft mit figuraler Plastik die dabei zu lösenden Aufgaben durch Darstellung der christlichen *Tugenden* wie auch der durch sie bekämpften *Laster.* Als himmlische Pfortenhüter fungieren der Erz*engel* Michael oder der Apostel Petrus, der die *Schlüssel* trägt. Die Erzählung vom Helden Samson, der die Pforten des Philistertempels von Gaza aushebt (Richter 16,3), wird als typologisches Vorbild der Erlösungstat Christi gedeutet, der die in der »Vorhölle« (dem »Reich des Todes«) wartenden Frommen der Vorzeit erlöst, indem er die Riegel des Sche'ol zerbricht (Anastasis, vgl. *Jenseits*). – In vielen Kulturen werden Heiligtümer an den Pforten durch Wächterfiguren beschützt (z.B. durch *Löwenhunde*); vgl. *Torii.* »Eine Tür ist gewiß der bedeutungsvollste Bestandteil eines Hauses. Man öffnet sie, schließt sie, klopft an sie, sperrt sie ab. Sie ist eine Schwelle, eine Grenze. Durchschreitet man sie beim Hineinoder Hinausgehen, tritt man in andere Lebensbedingungen, in einen anderen Bewußtseinszustand ein, denn sie führt zu anderen Menschen, in eine andere

Phönix: Der altägyptische Ben(n)u mit der Osiriskrone. Grabfresko, Theben, ca. 1150 v. Chr.

Atmosphäre« (Algernon Blackwood, 1869–1951).

Phönix (griech. phoinix), ein in der Symbolik wichtiger Vogel von Reihergestalt, als Inbegriff des Vorstellungskomplexes Unsterblichkeit und Auferstehung weit verbreitet. Sein Name geht auf das griech. Wort für die *rote* (*Feuer-*) Farbe zurück, im Zusammenhang mit der Sage von seiner Auferstehung aus der reinigenden Flamme. Ursprung ist der heilige *Vogel* Benu (Bennu, Benhu) der Ägypter, ein Fischreiher, der sich als erstes Wesen auf dem aus dem Schlamm entstandenen Urhügel niedergelassen hatte und den *Sonnen*gott verkörperte. Er wurde in Heliopolis verehrt, und es hieß, er würde nur alle 500 Jahre erscheinen. Antike Mythographen vermehrten die Erzählung um weitere Motive. Der Phönix, so wurde berichtet, esse nur *Tau* (vgl. *Paradiesvogel*), fliege dann in fremde Länder und sammle wohlriechende Kräuter, die er auf dem Altar von Heliopolis aufhäufe, in Brand setze und sich darin selbst zu *Asche* verbrenne. Nach drei Tagen aber entstehe er daraus zu neuem Leben. Antike Mythen schilderten den Vogel später mit goldigem oder vierfarbigem Gefieder. Im alten Rom wurde der Phönix zum Symbol der sich immer wieder erneuernden Lebenskraft des Imperiums, und in diesem Sinne wurde er auf kaiserzeitlichen Münzen und Mosaiken dargestellt. Die Kirchenväter betrachteten ihn folgerichtig als Symboltypus der unsterblichen Seele und der Auferstehung Christi nach dreitägiger Grabesruhe. Im »Physiologus« aus dem 2. Jahrhundert n. Chr. heißt es: »Wenn dem unvernünftigen Tier, das den Schöpfer aller Dinge ja nicht kennt, die Auferstehung von den Toten gegeben wird, wird dann nicht auch uns, die wir Gott preisen und seine Gebote halten, die Auferstehung zuteil werden?« Oft zeigt die christliche Ikonographie den Phönix als Gegenstück des *Pelikans.* In der *Alchemie*-Symbolik stellt der Phönix die Vernichtung und Neubildung der sich wandelnden Materia prima auf dem Weg zum *Stein* der Weisen dar. – In der Bilderwelt des alten China entspricht ihm der Fabelvogel Feng-huang, in dem sich (wie im *Einhorn* Ky-lin) die beiden Urqualitäten Yin und Yang als Ganzheit trotz Dualität vereinigen. Damit ist er auch wirkkräftiges Symbol der ehelichen Gemein-

Phönix: Chinesischer Phönix, Flachrelief um 100 n. Chr.

Phönix, Emblem von W. H. Frh. v. Hohberg, 1675

schaft. Problematisch ist der Vergleich des Phönix mit der Rolle des Quetzal in der Symbolwelt der altmexikanischen Kulturen.

In den Sagen der Juden heißt der Phönix »Milcham« (E. bin Gorion 1980), und seine Unsterblichkeit wird folgendermaßen erklärt: Als die Urmutter Eva sich durch das Essen vom tabuisierten *Baum* schuldig gemacht hatte, ergriff sie der Neid auf die Sündenlosigkeit der anderen Geschöpfe, und sie verlockte die Tiere, ebenfalls von der »verbotenen Frucht« zu essen. Einzig der Vogel Milcham hörte nicht auf sie, und zum Lohn dafür bekam der Todes*engel* den göttlichen Befehl, daß der Gehorsame den Tod nicht erfahren dürfe. Milcham erhielt eine feste Stadt, in der er jeweils tausend Jahre ungestört wohnte. »Tausend Jahre sind seines Lebens Jahre, und wenn die tausend Jahre um sind, geht ein Feuer von seinem Nest aus und verbrennt die Vögel. Nur ein Ei bleibt übrig, dieses aber wandelt sich zum Küchlein, und der Vogel lebt weiter. Andere aber sagen, daß – wenn er tausend Jahre alt wird, der Körper einschrumpft und die Flügel die Federn verlieren, so daß er wieder wie ein Küchlein aussieht. Danach erneuert sich sein Gefieder, und er fliegt empor wie ein Adler, und nimmer kommt über ihn der Tod.«

Pilze sind vielfach Glückssymbole, in erster Linie auffallenderweise die giftigen Fliegenpilze, die bei sibirischen Völkern häufig als halluzinogene Rauschmittel verwendet wurden. In Mitteleuropa ist ein Zusammenhang damit kaum anzunehmen, sondern es ist eher an die auffallende Gestalt des roten, weißgetupften Pilzhutes zu denken, der »fröhlich« aussieht. Manche Pilze (Morcheln) mögen wegen ihrer phallischen Form im Sinne der alten »Signaturenlehre« mit dem Begriff der Potenz und Fruchtbarkeit in Zusammenhang gebracht worden sein; im *Kreis* wuchernde Pilze (»Schwammerln« im bayerisch-österreichischen Raum) wurden als »*Hexen*ringe« bezeichnet, offenbar im Sinne des Gedankens, es handle sich um die pflanzlichen Spuren nächtlicher Reigentänze von Hexen oder Elfen. In Altchina war der Pilz, ku oder chih, ein Symbol langen Lebens, auch als Wunderpilz, Götterpilz oder Unsterblichkeitsgewächs be-

Pilze: »in nur einer Nacht entstanden«. J. Boschius, 1702

zeichnet. Auf den chinesischen *»Inseln der Seligen«* soll ein aus *Gold* und *Silber* bestehender »Pilzwuchs-Palast« stehen. – Im deutschen Sprachraum wird eher das rasche Wachstum der Pilze beobachtet (Häuser »schießen wie Pilze aus dem Boden«) oder die Möglichkeit, sich bei der Pilzsuche im Wald zu verirren (»in die Pilze gehen« – in Verlust geraten, verschwinden), neben dem sprichwörtlichen »Glückspilz«. – In Altmexiko wurde der halluzinogene Pilz Psilocybe (Teonanácatl) gelegentlich in Bilderhandschriften als Götterattribut dargestellt und war sicherlich bei der Suche nach visionären Erlebnissen in religiösem Gebrauch.

Planeten, »umherirrende« *Sterne,* die nicht dem Gang der Fixsterne um den Himmelspol folgen, sondern scheinbar eigene Wege gehen und von der *Sonne* ihr Licht empfangen. Alle Völker, die sich mit der Symbolik der Himmelskörper befaßten, haben den Planeten eine große Bedeutung beigemessen und ihnen meist göttliche Rollen zugeschrieben. Die Bahnen wirken oft wie willkürlich und bizarr (vom irdischen Standpunkt aus betrachtet), ihre Position im Augenblick der Geburt des Menschen wird als bedeutsam für das Horoskop betrachtet. Die beobachtete Art von *Farbe* und Bewegung der Planeten war für ihre symbolische Identifikation mit Gottheiten ausschlaggebend. Die traditionelle Astrologie kannte die heilige *Sieben*zahl der Planeten, den Tagen der Woche entsprechend, wobei auch *Sonne* und *Mond* als die Erde umkreisende Planeten angesehen wurden: Sonne, Mond, *Mars, Merkur, Jupiter, Venus, Saturn.* Die später entdeckten Planeten mit langer Umlaufzeit (Uranus, Neptun, Pluto) spielen astrologisch eine eher untergeordnete Rolle; die Planetoiden mit ihren Bahnen zwischen Mars und Jupiter werden nicht beachtet. – Altchina kannte nur *fünf* Planeten, den Himmelsrichtungen entsprechend. Saturn gehörte zum Topos Mitte, mit dem *Element Erde* und der Farbe *Gelb* verbunden; Merkur – *Wasser,* Norden, *Schwarz; Jupiter* – Holz, Osten, *Blau; Mars* – *Feuer,* Süden *Rot; Venus* – Metall, Westen, *Weiß.* Die Analogiereihen mit symbolischen Zuordnungen von Planeten zu Göttern, Farben, Elementen Eigenschaften und ähnlichen Begriffsfeldern wurden in allen spekulativ ausgerichteten Systemen sehr ausführlich ausgearbeitet. Erwähnt werden sollen hier bloß die von Pausanias (2. Jahrhundert n. Chr.) genannten übernatürlichen Hüter der Planeten im griechischen Weltbild: *Sonne* – Theia, Hyperion; *Mond – Atlas,* Phoibe; Mars – Dione, Krios; Merkur – Metis, Koios; Jupiter – Themis, Eurymedon; Saturn – Rhea, Kronos. Kabbala und Ritualmagie kannten in späteren Jahrhunderten andere Namen für die polaren Kräfte »Intelligentia« und »Daemonium« der einzelnen Planeten, dazu die zugeordneten Zahlen*quadrate,* Zeichen, Räucherwerkarten, Farben usw.

Als »Planetenkinder« wurden in der Astrologie jene Menschen bezeichnet, in deren Horoskop und Persönlichkeitsbild einer der sieben traditionellen Planeten eine dominierende Rolle spielte und die daher Eigenschaften aufwiesen, die jenen der antiken Götter entsprachen. So wurden etwa Menschen mit dem Mars an beherrschender Stelle im Horoskop als »martialisch«, jene mit Dominanz des Jupiter als »jovial« bezeichnet. Eine berühmte Serie von Planetenkinderbildern stammt von Hans Sebaldus Beham, 1530–1540. Jeder der Himmelskörper symbolisierte eine charakteristische Eigenschaft, die er seinen

»Kindern« zuteilte und die deren Charakter bestimmen sollten. Die Sonne entsprach dem Begriffsfeld *Licht*, der Mond dem von Zauber und Mystik, der Mars jenem der Vitalität und der Aggression, der Merkur dem der Erleuchtung und Mobilität. Venus vermittelte Liebe, Jupiter das Gesetz, Saturn Abgeklärtheit und Frieden. Bekanntlich ist die Reihe der Planeten(götter) in den Namen der romanischen sieben Wochentage erhalten geblieben, die zum Teil auch mit ihren germanischen Entsprechungen in der englischen und deutschen Sprache auftauchen (z.B. Mars – Dies martis, englisch Tuesday, nach dem Kriegsgott Tyr, Ziu, davon Dienstag).

Politische Symbolzeichen. Einfach strukturierte Bildzeichen mit hohem Signalwert wurden in der Neuzeit oft zu Symbolen politischer Bewegungen, wobei ihre Ausdruckswirkung auf die Tiefenschichten der Persönlichkeit ein noch nicht genügend analysiertes Gebiet der Psychologie darstellt, aber dennoch unleugbar vorhanden ist. Zeichen mit horizontal-vertikaler Struktur wirken statisch, defensiv, konservativ, während solche mit Betonung der Diagonalen dynamisch-aggressive Bewegungen nahelegen. Diese Ausdruckswirkung wurde sicherlich nicht bewußt angestrebt, sondern stellte sich im Absichtsbereich der einzelnen Massenbewegungen quasi automatisch ein. Als Beispiel kann das Haken*kreuz* (*Swastika*) als Symbol der NS-Partei dienen, das durch die Diagonalstellung Mobilität, Drehung, Kreislauf und Angriffsgeist nahelegt; das Krückenkreuz, das ihm der österreichische Ständestaat von 1933 bis 1938 erfolglos entgegenstellen wollte, wirkte dagegen statisch und »stumpf«. Politische Bewegungen mit aggressivem Charakter zeigen fast immer Zacken und Spitzen, ob es sich nun um »faschistische« Zeichen (die verdoppelte Sig-Rune der SS –, um die *Pfeile* der Falange oder den »Donnerkeil« in England und den Niederlanden) oder um ältere Symbolzeichen der »Linken« handelt (die drei Pfeile der Sozialdemokraten, *Sichel* im Sichel-Hammer-Emblem des kommunistischen Arbeiter-Bauern-Staates oder die Zacken des Sowjet*sterns*). In neuerer Zeit ist ein Abrücken von der als banal empfundenen Ausdruckswirkung der einfachen »Markenzeichen« feststellbar. – Tierfiguren werden nur selten als politische Symbole verstanden und haben dann eher scherzhaften Charakter, so etwa der *Esel* als Symboltier der Demokraten und der *Elefant* als jenes der Republikaner in den USA. *Blumen* sollen allgemein Lebensfreude symbolisieren. Vgl. *Nelke*.

Posaune: Lurenbläser mit Hörnerhelmen; skandinavische Felsbilder der Bronzezeit (Tanum, Bohuslän)

Posaune: Schofar aus gedrehtem Widderhorn zur Feier des jüdischen Neujahrstages

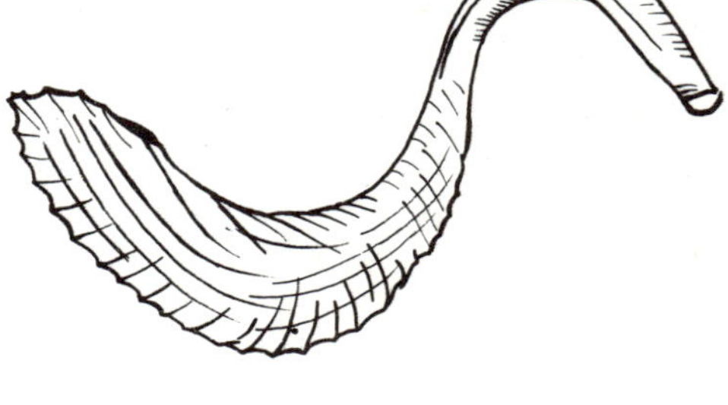

Posaune: Untergang der Stadt Jericho. Detail aus der Luther-Bibel, Wittenberg 1682

Prometheus und der Adler. Detail aus einer schwarzfigurigen Trinkschale, ca. 540 v. Chr., Hellas

Posaune, eine eintönige Signaltrompete, aus dem altjüdischen Schofar – einem *Widder*horn – entstanden, das beim Marsch durch die Wüste, beim Nahen von Feinden oder bei der Gottesoffenbarung am *Berg* Sinai ertönte und beim Jobel- oder Erlaßjahr den Sklaven die Freiheit verkündete. Nach der Überlieferung erinnert das Horn auch an jenen Widder, den Erzvater *Abraham* auf Geheiß Gottes anstelle seines Sohnes Isaak opferte. Der Legende zufolge sollen nur gläubige Juden dem Horn Töne entlocken können. Der Schofar bringt »anhaltende, rufende, gebrochene, schmetternde, schallende oder klagende Töne in einer bestimmten Reihenfolge« hervor (de Vries 1986) und wurde in jüngerer Zeit in Metall (*Silber*) ausgeführt. – Eine große Posaune soll einst die Wiedervereinigung der Verlorenen und Verstoßenen verkünden. In christlichen Bildern des Weltgerichtes künden *Engel* im Sinne des Textes der Johannes-Apokalypse die Endzeit an (*Weltuntergang*); davon und aus dem Gebrauch von Signalhörnern kommt die Redensart »etwas ausposaunen« (öffentlich verkünden). – In der nordischen Bronzezeit hatten gebogene große Hörner (Luren) offensichtlich ihren Platz im Kult und wurden auch auf den prähistorischen Felsbildern dieser Zeit dargestellt.

Prometheus, Titanengestalt des griechischen Mythos, der »Vorherdenker«, Symbolgestalt des Glaubens an die Menschheit selbst gegen den Ratschluß der Götter. Prometheus schuf, der antiken Tradition zufolge, die Menschen aus Lehm, und er überlistete Zeus zu ihren Gunsten beim Opfer, worauf Zeus ihnen die Gabe des *Feuers* vorenthielt. Prometheus stahl es aus der Region des *Himmels* und brachte es den Menschen, wodurch er die Schaffung der Zivilisation ermöglichte; Zeus sandte der Menschheit zur Strafe die *Pandora.* Prometheus wurde an einen *Felsen* des Kaukasus angeschmiedet, wo ihm ein *Adler* die täglich nachwachsende Leber aus dem Leib riß, bis Herakles den Vogel mit einem *Pfeil*schuß tötete. Prometheus repräsentiert in vielen Dichtungen (Voltaire, Schlegel, Herder, Lord Byron), Werken der bildenden Kunst (Tizian, Rubens, Böcklin) und Kompositionen (Beethoven: Die Geschöpfe des Prometheus, Liszt, Orff) die Symbolgestalt der trotzigen Auflehnung des kreativen Denkers gegen ein ungünstiges Geschick.

Pygmalion, *König* von Zypern und Symbolfigur des in sein Werk verliebten Künstlers wie auch des Mannes, der seine Frau nach seinen eigenen Vorstellungen bildet. Der Sage nach war er ein begnadeter Bildhauer und schuf aus Elfenbein eine Mädchenstatue von so vollkommener Schönheit, daß er sich keine menschliche Frau als Gattin vorstellen konnte und die Liebesgöttin Aphrodite (*Venus*) anflehte, sein Werk lebendig werden zu lassen. So geschah es, und der Künstler konnte sich mit seiner eigenen Schöpfung vermählen. Dieses Thema war die Inspirationsquelle für zahlreiche künstlerische Gestaltungen (Bach-Kantate; Opern von Cherubini und Rameau; Operette von Suppé »Die schöne Galathee«; G.B. Shaw, danach das Musical »My Fair Lady«; Drama von Rousseau, Gemälde von E. Burne-Jones u.a.).

Pythagoras von Samos (ca. 540–500 v.Chr.), griechischer Philosoph, zur Symbolgestalt des Vertreters hoher Weisheit und esoterischer Wissenschaft geworden. Er soll *Ägypten* und *Babylon* bereist haben und gründete schließlich im süditalienischen Kroton eine religiös-ethische Schule, die verschiedene mystische Lehren (Seelenwanderung, Läuterung, Harmoniestreben) vertrat und sich zu einer Art von Mysterienschule entwickelte. Ihre *Zahlensymbolik* übte über die Zeiten hinweg Einfluß auf verschiedene Geheimlehren aus, und der »pythagoreische Lehrsatz« gehört zum Symbolgut des *Freimaurer*tums (vgl. *Dreieck*); es war in ähnlicher Formulierung bereits vor Pythagoras bei den Ägyptern und Babyloniern bekannt. Die symbolhaft ausgestaltete »heilige Mathesis« der Pythagoreer betrachtet die Zahlen nicht als bloße Meßwerte, sondern als Wesenskern der realen Dinge, und die »Geometria« wird mit dem G im »flammenden *Stern*« (vgl. *Pentagramm*) der freimaurerischen Symbolik in Verbindung gebracht. Bereits in rosenkreuzerisch-alchemistischen Werken der Renaissance (Michael Maier: »Atalanta fugiens«, 1618) heißt es als Empfehlung für Wahrheitssucher: »Die Geometrisch Lehr zu verstehen sey geflissen.« Das »pythagoreische Dreieck« mit den Kathetenlängen 3 und 4 und der Hypotenuse 5 in harmonikal-spekulativer Ausdeutung ist freimaurerisches Symbol des »Meisters vom Stuhl« und bildet das Abzeichen

Pythagoras, Erforscher der Harmonie. Italienischer Holzschnitt, 1492

des Altmeisters, im Sinne des Strebens nach Maß und Harmonie. Aus ihm läßt sich der Würfel (kubischer *Stein*), das *Winkelmaß* mit den Seitenlängen 3 und 4 und – aus dem Würfelnetz – ein *Kreuz* konstruieren. So wurde diese »mystische Mathematik« zum Symbolweg der Annäherung an die Schöpfungsgeheimnisse Gottes, des »allmächtigen Baumeisters aller Welten«.

Quadrat, meist nur als »*Vier*eck« (griech. tetragon) bezeichnet, ein geometrisches Symbol, das die Orientierung des Menschen im Raum ausdrückt, die Ausrichtung des Lebensbereiches nach den Weltgegenden und ihren übernatürlichen Hütern im Sinne einer »Vierfach-Ortung«. Wie beim *Kreuz* steht auch beim Quadrat der Wunsch im Vordergrund, sich in einer chaotisch erscheinenden Welt durch Einführung von Richtungen und Koordinaten zurechtzufinden. Die Quadratur bringt ein Ordnungsprinzip mit sich, das dem Menschen angeboren zu sein scheint und im Sinne eines *Dualsystems* dem *Kreis* gegenübersteht, der für himmlische Mächte steht. Die legendäre »Quadratur des Zirkels« (eigentlich: Verwandlung eines Kreises in ein flächengleiches Quadrat mit geometrischen Werkzeugen) symbolisiert den Wunsch, die beiden Elemente »Himmlisches« und »Irdisches« zu einer idealen Übereinstimmung hinzuführen (lat. coincidentia oppositorum). – Nach quadratischen Bauplänen sind viele *Tempel* angelegt, die mit ihrem Stufenbau dem kosmischen *Berg* entsprechen sollen, so z.B. in den Tempelanlagen von Angkor in Kambodscha. In Verbindung mit dem Kreis kommt das Quadrat im Bauplan des *Himmels*tempels von Peking (Beijing) oder im javanischen Borobudur zum Ausdruck. Auch imaginäre Städte wie das »himmlische *Jerusalem*« der Johannes-Apokalypse oder J.V Andreäs »Christianopolis« (17.Jahrh.) bilden diesen Typus der idealen Stadt ab, nach dem auch der altrömische Städtebau mit seinen gleichartigen Stadtvierteln ausgerichtet war. Er gilt als Abbild des menschengemäßen Kosmos, in dessen Zentrum der Himmelspfeiler (die *Weltachse*) vorgestellt wird. In Altchina, Persien und Mesopotamien ist das Erdbild quadratisch dargestellt worden, im alten Indien wurde es »chaturanta« (vierendig) genannt. Nach altchinesischer Tradition kam einst ein in neun Felder unterteiltes Quadrat aus dem Hoangho, der »Plan des *Flusses*« (ho-t'u), ein kosmologisches »magisches Quadrat«. Solche wurden in der Alten Welt in verschiedenem Zusammenhang mit Buchstaben und Zahlen konstruiert, wobei die Harmonie der Endsummen oder die vertauschbare Lesbarkeit der Buchstaben den Einklang mit Gesetzen des Weltenbauplanes symbolisierte.

Auch in *Spielen* kommt die vierfache Orientierung des Weltbildes zum Ausdruck, etwa im altmexikanischen Patolli oder im altweltlichen Schachspiel. Noch deutlicher wird dies beim *Mühle*spiel, das aus drei konzentrisch gezeichneten Quadraten mit Verbindungsstegen (z.T. auch an den Eckpunkten, sonst nur in der Mitte der einzelnen Seiten) besteht und als Felsritzbild im Alpenraum (Österreich, Italien), Frankreich, England (Insel Man), auf dem Balkan, in Afghanistan (Pamir-Gebiet), ebenso auf

Quadrat: Gotisches Fenstermaßwerk, in ein Quadrat eingepaßt

Quellen, nach W. H. Frh. v. Hohberg, 1675

prähistorischer Keramik (Villanova- und Este-Kultur, Italien) sowie auf böotischen Idolfiguren auftritt. Als Felsbild ist es nicht nur auf horizontalen Flächen, sondern auch auf steilen Wänden zu finden und daher nicht immer wirklich »bespielbar«. Ein Symbolwert über die Bedeutung als Spielbrett hinaus ist daher unabweisbar und läßt sich nur im Zusammenhang mit alten Kosmogrammbildern erkennen. – Indobuddhistische *Mandala*-Meditationszeichen vereinigen meist den Kreis als Sinnbild der Erleuchtung (bodhi) mit Blickrichtung auf die Gemeinde (sangha) mit dem Quadrat zu einer harmonischen Ganzheitsfigur (*Yantra*). Vgl. *Erde, Würfel.*

Quellen als heilige Orte sind in vielen alten Kulturen bekannt, zum Teil im Zusammenhang mit der Vorstellung, daß das fruchtbarmachende *Wasser* nicht nur als *Regen* vom *Himmel* fallen, sondern auch aus der Erde als »Tiefenwasser« von unterirdischen Gottheiten gespendet werden kann. Dies ist vor allem dann der Fall, wenn es sich um heiße oder warme Quellen handelt, deren Thermalwasser durch den Mineralgehalt Heilwirkung hat. An solchen Orten wurden immer wieder Quellnymphen und andere Übernatürliche verehrt, oft im Zusammenhang mit dem Kult von Gottheiten der Heilung und Reinigung. Im Vordergrund stehen dabei weibliche Gestalten, oft in dreifacher Form, die auch mit Fruchtbarkeit, Nachkommenschaft und Ehe in Verbindung gebracht werden: so bei den Griechen, Römern (hier gab es das Quellenfest der Fontinalia), Kelten und Germanen. In China und Japan standen an Quellen häufig kleine Heiligtümer. Das chinesische Wort für Quelle, ch'üan, kann aus den Komponenten der Bedeutung »rein« und »Wasser« kombiniert werden und ist stammverwandt mit dem Begriff »Ursprung«. – Die Bibel erwähnt die *vier* Ströme des *Paradieses* (*Flüsse*) aus einer segenbringenden Quelle. Sie wird zum Symbol des ewigen Lebens und der Neugeburt. In der Apokalypse des Johannes ist als endzeitliches Gegenbild das »himmlische *Jerusalem*« der Quell des Lebens im wiederhergestellten *Paradies.* In der Ty-

Quellen in der »Symbolographia« des J. Boschius, 1702

pologie, die alttestamentarisches Geschehen als Vorbild des Lebens Jesu auffaßt, wird das Erschließen der Quelle durch *Moses* in der Wüste zum Symbol der Seitenwunde des Gekreuzigten, dessen *Blut* die Erlösung der Menschheit bringt, ebenso des Wassers der Taufe. Der »Genter Altar« (van Eyck) zeigt den Himmelsquell, der sich in *sieben* Flüsse teilt, entsprechend den sieben Gaben des Heiligen Geistes. Vgl. *Brunnen.*

Mannigfache Symboldeutungen von »wunderbaren Quellen« enthält die mittelalterliche Novellensammlung »Gesta Romanorum« (um 1300); da ist etwa von einer Quelle in Sizilien die Rede, die sterile Frauen fruchtbar macht, und von einer anderen, die bei fruchtbaren Sterilität bewirkt. »Auslegung: Bei der ersten Quelle sollen wir an Christus denken, der einen unfruchtbaren Menschen – einen Sünder – fruchtbar macht, die Werke der Barmherzigkeit zu vollbringen. Die andere Quelle ist der Teufel, der dagegenarbeitet und öfter einen guten Menschen zu einem bösen Ende bringt ... In Epirus gibt es eine Quelle, die brennende *Fackeln* auslöscht und erloschene entzündet. Auslegung: So löscht Christus die brennenden Fackeln, das heißt die Weisen dieser Welt, aus, und die erloschenen, das heißt die Armen, die von der Welt ausgelöscht sind, entzündet er.« In der Traumsymbolik wird die Quelle, oft in der Nähe eines *Baumes,* als eindeutig positives Sinnbild des »Lebenswassers« interpretiert. »Wo Baum und Quelle im Traume rauschen, da ist der Träumer in der Nähe sicheren Lebens, da ist ein Jungbrunnen« (E. Aeppli).

Quintessenz, in den Sprachgebrauch übergegangenes Symbol einer *alchemistischen* Auffassung, derzufolge die *vier* Elemente der antiken Vorstellungswelt (*Wasser, Feuer, Erde*, Luft) durch eine *fünfte* Ur-Essenz ergänzt werden müßten: durch das rein spirituelle Element des »äther«-artigen Weltgeistes. Sein Anteil an der gesamten Welt sollte durch geistige Betätigung, die zum Wesentlichen hinführt, erhöht werden. Dieses »fünfte Element« als Krone des jeweiligen Elementarbereiches wird u. a. im *Wasser* als der *Delphin,* in der Luft als der *Adler,* im *Feuer* als der *Phönix* und auf der Erde als der *Mensch* angesehen, sollte aber zugleich jedes einzelne Element umgeben und darüber hinausgehen. Graphische Ausformung des Quintessenz-Gedankens ist das *Pentagramm.*

Rabe, in Mythik und Symbolik Sammelbezeichnung für den Kolkraben, die Raben*krähe* und die Saat- und Nebelkrähe; sie wird vorwiegend negativ gedeutet, seltener wegen ihrer Gelehrigkeit geschätzt. In der Bibel wird der Rabe von *Noah* aus der *Arche* gesandt, um Land zu suchen, und er bringt dem Propheten Elias *Brot* und Fleisch in die Wüste (später ebenso den Einsiedlern *Antonius* und Paulus). Negativ ist seine Bedeutung im babylonischen Kalender, wo er den 13. (Schalt-)Monat regiert. In der antiken Mythik ist er negativ gedeutet, entweder als indiskreter Schwätzer, der wegen dieser Eigenschaft nicht Gefährte der Göttin Athene bleiben konnte, weshalb sie an seine Stelle die *Eule* wählte. Auch wird erzählt, daß sein Gefieder anfangs *weiß* war, jedoch von Apollon zur Strafe für seine Schwatzhaftigkeit geschwärzt wurde, oder daß er von Apollon um Wasser geschickt wurde, dabei jedoch einen Baum mit unreifen Feigen sah und unter ihm wartete, bis die Früchte reiften, ehe er den Auftrag ausführte. Der Gott versetzte ihn als Sternbild Corvus (griech. Korax) unter die *Sterne,* wo ihn die Hydra (Sternbild Wasserschlange) vom Trinken aus der Schale (Krater, Sternbild) abhält. Dennoch galt der Rabe als Begleiter des *Sonnen*gottes Apollon (ähnlich wie in China, wo ein – dreibeiniger – Rabe in der *Sonne* imaginiert wurde). Kurios ist der antike Volksglaube, demzufolge Raben ihre *Eier* aus dem Schnabel legen, weshalb sie von Gebärenden ferngehalten wurden, damit diese nicht unter schweren Wehen leiden sollten. Plinius erwähnt die wie »gewürgt« wirkende Stimme des Unglücksboten und meint, er allein unter allen Vögeln scheine seine Vorbedeutung zu verstehen. Positiv tritt er auf, wenn in seiner Gestalt die Einwohner von Thera (Santorin) von Apollon nach Kyrene geleitet werden, wenn ein weißer Rabe die auswandernden Böoter führt und zwei Raben *Alexander* d. Gr. den Weg zum Ammon-Heiligtum (vgl. *Horn*) zeigen. Auch auf Plastiken des Mithras-Kults sind oft Raben dargestellt. Im frühen Christentum wurde dem Raben vorgeworfen, daß er den Noah nicht über das Ende der *Sintflut* informierte, und er wurde zum Symbol des in der Weltlust Verhafteten, der seine Bekehrung aufschiebt – wie der Rabe »cras, cras« (morgen, morgen) ruft. Auch daß er von Aas (»Rabenaas«) lebt und angeblich seine Jungen vernachlässigt (»Rabeneltern«), macht ihn

Rabe: Holzschnitt im Buch des Pseudo-Albertus Magnus, Frankfurt, 1531

Rabe: Der Kulturheros Rabe (Yehl, Yelch) in der Ikonographie der Indianer der nordamerikanischen Nordwestküste

Rabe: Das Sternbild »Rabe« in der Sternkarte des Abderahmanas-Sufi (Kopie des 15. Jh., Gotha)

zum »Unglücksraben«, der Krankheit, Krieg und Tod ankündigt und sich von »Galgenfleisch« nährt. Bei den Nordgermanen hingegen sind zwei Raben, Hugin und Munin (»Gedanke« und »Erinnerung«), Begleiter des Gottes Odin, den sie über alles auf Erden Vorgefallene informieren. In zahlreichen Märchen spielen Raben die Rolle von verwünschten Menschen, in nordamerikanischen Indianermythen der Nordwestküstenstämme sogar die eines schöpferischen Übernatürlichen. Einige christliche Heilige werden mit Raben zusammen dargestellt (Benedikt, Bonifatius, Oswald und vor allem Meinrad – seine beiden zahmen Raben halfen, seine Leiche aufzufinden, und Raben verteidigten auch jene des hl. Vinzenz gegen Raubtiere).

In der *alchemistischen Symbolik* stellt der

Rabe: Junge Raben (Wilhelm Busch)

Rabe die geschwärzte »Materia prima« auf dem Weg zum *Stein* der Weisen dar, wobei er oft mit einem weißen Kopf dargestellt wird – Anzeichen der erwarteten Aufhellung im Zuge der Umwandlung. – Altchina sah, wie erwähnt, den dreibeinigen Raben als Sonnentier, und es wird erzählt, daß einst zehn solcher Vögel unerträgliche Hitze verbreiteten, bis ein Bogenschütze *neun* von ihnen erlegte. Ein *roter* Rabe symbolisierte die Könige der Chou-Dynastie (bis 256 v. Chr.), die sich mit der Sonne gleichsetzten. Raben sind Boten der Feengöttin Hsi-wang-mu und bringen ihr Speise, und bei himmlischen Turnieren fürchten sie nur die *Einhörner.* – In der Wappenkunst ist der Rabe seit dem Mittelalter vertreten, etwa im Wappen der Familie Corbet, des Gutes Ravenstein, der sächsischen Stadt Rabenau, der Familie Biron (Kurland) und des Klosters Einsiedeln (Schwyz, dort als Attribut von St. Meinrad). – Im Volksmund gilt der Rabe wie die Elster als »diebisch« (»stehlen wie die Raben«), und in Island heißt es, daß Kinder keinen Rabenfederkiel als Trinkhalm benützen dürfen, weil sie sonst ebenfalls Diebe würden. – Poetisch-symbolhaft wirkt eine von S. Golowin mitgeteilte ukrainische Legende. Danach besaßen die

Raben im *Paradies* vielfarbige Federn, doch nach dem Sündenfall von *Adam und Eva* begannen sie Aas zu fressen und wurden *schwarz.* Erst am Ende der Zeiten im neuen Paradies wird ihre einstige Schönheit wiederhergestellt, und ihr Gekrächz wird zur wohltönenden Musik, die den Schöpfer preist. – Evident ist nach alldem die große Bedeutung des Raben als Symbol im Sinne der Tiefenpsychologie. Er ist der dunklen Seite der Psyche nahe, kann aber auch positiv wirksam werden, wenn der Mensch die Fähigkeit hat, sich mit ihr bewußt und zielführend auseinanderzusetzen.

Rad, ein wichtiges Element der Kulturgeschichte, in der vorkolumbischen Neuen Welt auch in den Hochkulturen nicht in Gebrauch, vielleicht tabuisiert (obwohl sein Prinzip bekannt war, wie tönerne Spielzeugfiguren in der Region des Golfs von Mexiko beweisen, die auf Scheibenrädern fahren konnten). In der Alten Welt ermöglicht das Rad den Bau von *Wagen,* die vielfach außer im praktischen auch im kultischen Gebrauch standen. Prähistorische Darstellungen statten sie oft mit kreuzförmigen Speichen aus (»Rad*kreuze*«, die dann auch ohne Wagen selbständig dargestellt wurden). Die symbolkundliche Deutung verbindet sie mit dem Element des *Kreises* und der *Vierer*teilung, was auf Jahreszyklen hinweist. Während der Kreis statisch wirkt, verleihen ihm Radspeichen den Symbolwert des Drehens und der Dynamik, damit auch von Kreislauf, Werden und Vergehen, Freiheit von örtlicher Bindung. Räder und auch Radkreuze sind vielfach Symbole der *Sonne,* die über den *Himmel* »rollt«, wie etwa der Brauch zu Sonnenwende zeigt, brennende Räder über Hänge hinabzurollen. Im weiteren Sinn wird

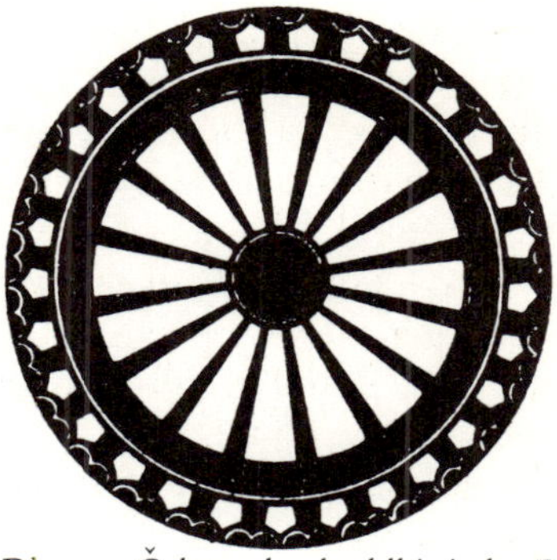

Rad: Dharma-Čakra, das buddhistische Symbol des »Rades der Lehre«

das Rad dann zum Symbol des gesamten Kosmos und seiner zyklischen Entwicklung, gelegentlich auch der Schöpfergottheit selbst, die wie ein »Perpetuum mobile« empfunden wird. In den asiatischen Kulturen weist das Rad auf den Kreislauf der Wiedergeburt hin, im Buddhismus auf das »Rad der Lehre«, das aus dem Leidensweg durch die Daseinsformen befreit. Daneben hat es Bedeutung im Sinne eines kosmischen Ordnungssymbols, aus dem auch die Stadtarchitektur ihre Strukturen bezieht. »Der Iran ist das klassische Land der Radstadt mit mathematisch genauem Kreisumriß ... konform mit dem iranischen Weltbild von der ausgedehnten, runden, festbegrenzten Erde, die in sechs Karschvars (Sektoren) zerfällt, rings um ein mittleres siebentes Karschvar geordnet als ›strahlendes, tönendes Rad‹. Nabe, Speichen und Reifen besitzen auch die iranischen Metropolen«, schreibt W. Müller, der die altiranischen »Zirkelstädte« schildert (1961). Auch im alten Ceylon (Sri Lanka) gibt es Spuren eines »Radkaisertums«, ebenso im brahmanistischen, jainistischen und buddhistischen Schrifttum. »Nur jener Herrscher steigt zum Radkaiser empor, der den heiligen Wandel wandelt und dem das himmlische Radjuwel erscheint. Dieser Chakravartin bewohnt – ein erstes Anzeichen für die hier verborgenen kosmologischen Strukturen – eine siebenfach gegürtete Burg, deren Mauern mit sieben Sorten von *Edelsteinen* ausgelegt sind und deren vier Tore von Gold, Silber, Beryll und Kristall strahlen ... Als der neue König den heiligen Wandel wandelte und die Sittengebote befolgte, da stieg das Rad mit seinen tausend Speichen, mit Felge und Nabe (nachdem es beim Tod des Vorgängers verschwunden war) wieder empor und rollte nach Osten.« Der König folgte seinem Lauf und unterwarf in der Folge die Gebiete in allen Himmelsrichtungen. »So hatte nun dieses Radjuwel die vom Ozean umflossene Erde im Siegeslauf überwältigt und war dann wieder nach der Königsburg zurückgekehrt« (W. Müller 1961). Müller vergleicht dieses Staatskleinod mit der »Radbrosche der irischen Könige (ein verwandtes und ähnliches Schmuckstück, ebenfalls von einem *Kronen*träger zum anderen vererbt)«.

Im Alten Testament der Bibel erscheinen flammende Räder um das Haupt Gottes im Buch Daniel, und in der Vision des Hesekiel ist von mit *Augen* besetzten Rädern die Rede (1,4 ff.), die zugleich stillstehen und laufen (Allwissenheit, dynamische Kraft). In der Kunst des Mittelalters wird oft das »Lebensrad« dargestellt, das Menschen emporhebt und wieder versinken läßt, oder das »Rad des Glückes«, das nie stehenbleibt, sondern immer dem Wechsel unterworfen ist. Die Glücksgöttin *Fortuna* wird meist auf einer Kugel, gelegentlich auch auf einem Rad stehend dargestellt. Radförmig sind dann auch Bilder des Tierkreises und des Jahreskreislaufes dargestellt. Schon in der Antike sagte Anakreon (580–495 v. Chr.) über die Unbeständigkeit des Geschickes: »Des Menschen Leben rollt unbeständig wie die Speiche eines Wagenrades«, wobei aber durch das Rad auch gleichmachende Gerechtigkeit erreicht wird. – Da die Engelklasse der Cherubim (nach anderen alten Texten jene der »Throni«) in Form feuriger Flügelräder vorgestellt wurde, steht vor Bildern des verschlossenen Paradieses an Stelle des Wächterengels oft das Rad. – Das Radkreuz im christlichen Sinne stellt die Herrschaft Christi im Erdkreis dar. Solche Zeichen, etwa auf Felsritzungen, müssen daher nicht vorgeschichtlich sein, sondern können auch im Sinne der christlichen Symbolsprache gedeutet werden. In den Rota (Rad) genannten *Fenster*rosen mittelalterlicher Kathedralen ist oft das Bild Christi im Zentrum zu sehen als Sinnbild der beherrschenden Rolle des Erlösers im Mittelpunkt des göttlichen Zeitenplanes. Solche Fensterrosen erinnern an die Struktur des indischen Meditationsbildes *Mandala*, das die Zentrierung der Persönlichkeit um den unbewußten göttlichen Wesenskern der Seele erleichtern soll.

Alte irische Grabkreuze (»Hochkreuze«) verbinden das Element des Kreuzes mit jenem das Rades oder Kreises im Sinne der traditionellen Radkreuz-Form, wobei jedoch die Kreuzbalken den Kreis durchbrechen und damit gewissermaßen den Sinn des Kreuzes über den Erdkreis hinaustragen. – Das Symbol des Glücksrades stellt die zehnte Karte der »Großen Arcana« (Trümpfe) des *Tarot*spiels dar, mit dem Symbolsinn »Auf und Ab des Lebens, Schicksal, Unausweichlichkeit« in Verbindung gebracht. – Redensarten wie »Das Rad wird sich wenden« (das Geschick wird einen anderen Lauf nehmen) oder »Das Rad der Geschichte anhalten wollen« weisen auf die allgemein einsichtige

Ratte: Rattenfänger. Englischer Holzschnitt, ca. 1650

Ratte: Der Rattenschwanz als Bild der Verwirrung. Kinderbuchillustration von F. Pocci, 1846

Symbolik des Bildes vom rollenden Schicksal hin. – Anderen Ursprungs ist das Radsymbol auf Fahnen der Aufständischen in den Bauernkriegen, wo der lautliche Zusammenhang mit »Rädlein« (Rotte, vgl. Rädelsführer) und der Zusammenschluß zu einem starken *Ring* im Vordergrund stehen. – Als Heiligenattribut tritt das Rad besonders auf Darstellungen der hl. Katharina auf, dann auch auf solchen des St. Willegis von Mainz, der damit auf seine bescheidene Herkunft aus dem Handwerkerstand hinweisen wollte.

Ratte, ähnlich wie die *Maus* ein vorwiegend negativ besetztes Symboltier, das jedoch (ebenfalls wie die Maus) auch Seelentier sein kann. Der »Rattenfänger von Hameln« wird vielfach als Symbol des Seelenfängers und trügerischen Verlockers angesehen. Durch ihre Rolle als Vernichterin von Vorräten und bei der Übertragung von Seuchen kam die Ratte in Ruf, mit dem *Teufel* und seinen dämonischen Helfern verbunden zu sein und den *Hexen* zu dienen, um arglose Menschen zu Schaden zu bringen. Von den Mäusen wurden sie nur selten unterschieden, in erster Linie wegen des massenhaften Auftretens der Wanderratte. – Völlig anders wird die Rolle der Ratte in den Kulturen Süd- und Ostasiens gesehen; in Indien wird sie stellenweise in eigenen Tempeln gehegt, wobei freilich der Gedanke der Beschwichtigung von Krankheitsdämonen im Vordergrund gestanden haben dürfte. Die Ratte wird auch als Reittier des *elefanten*köpfigen Ganesha, des Gottes der Gelehrsamkeit, dargestellt, in Japan als Begleiterin des Glücksgottes. Hier wie in China galt das Fehlen von Ratten in Haus und Hof als ein beunruhigendes Zeichen (ähnlich wie in der deutschen Redensart, derzufolge Ratten ein sinkendes *Schiff* verlassen). Wenn die Ratte knabbert, so »zählt sie Geld«, und der Geizhals wird in China »Geldratte« genannt. In Südchina wird ihr die Rolle eines Kulturheros zugeschrieben, die den Menschen den *Reis* brachte. Andererseits wurden auch in China die Ratten (ta shu oder lao shu) teilweise als dämonisch betrachtet, etwa als männliche Gegenstücke zu den weiblichen *Fuchs*geistern. Im chinesischen Tierkreis ist die Ratte das erste Tiersymbol, wie der *Widder* im europäischen. Jahre der Ratte sind danach 1972, 1984, 1996 usw. – Die alte Redensart vom »Rattenkönig« (Anhäufung von Unglücksfällen und Skandalen) geht auf die Beobachtung zurück, daß kranke Jungratten in Nestern mit den Schwänzen zusammenkleben können und verknäuelt erscheinen; in neuerer Zeit wird statt dessen häufiger von »einem ganzen Rattenschwanz« gesprochen. »Schlafen wie ein Ratz« (oder »ratzen«) bezieht sich ursprünglich nicht auf die Ratte, sondern auf ähnliche Tiere (Siebenschläfer, Murmeltiere), die einen Winterschlaf halten, was bei der Ratte nicht der Fall ist.

Räuber als edle Vorkämpfer des sozialen Ausgleichs, die Reichen plündernd und ihr unrecht erworbenes Gut an die Armen verteilend, sind romantische Symbolgestalten des Protestes gegen ungleich verteilten Besitz, im psychologischen Sinn wohl auch Verkörperungen des Rebellierens heranwachsender junger Menschen gegen Autorität und die elterliche (*väterliche*) Gewalt (Robin Hood). Literarisch, vor allem in der Trivialliteratur, aber auch in Schillers »Räubern«, wird dieses Schema oft nachgezeichnet, wobei die Reihe über den Schinderhannes, Rinaldo Rinaldini, Fra Diavolo, Jesse James und Gasparone bis zu dem Sizilianer Salvatore Giuliano reicht. Vgl. *Wald.*

Räuber: Porträt und Freipaß des Schinderhannes. Nach Avé-Lallement

Rechts und links. Die beiden Seiten bilden ein *Dualsystem,* das meist (aber nicht immer) die rechte Seite bevorzugt und als die positive anspricht. Die Tatsache, daß der Mensch offenbar schon immer vorwiegend Rechtshänder war, ergibt sich u.a. aus den Negativsilhouetten der *Hand* in eiszeitlichen Kultgrotten. Wohl deshalb wird die rechte Seite mehrheitlich als die bessere und glückbringende aufgefaßt. Bedeutsam mag dabei auch sein, daß traditionell der linke Arm als Schildarm passiv blieb, während der rechte die Waffe führte. Im Abendland ist der Platz an der Rechten des Hausherrn beim Mahl der Ehrenplatz. Beim Jüngsten Gericht wird den Guten der Platz zur Rechten, den Verdammten jener zur Linken zugewiesen, und der auferstandene Christus »sitzet zur rechten Hand Gottes«. Kreuzigungsbilder zeigen den reuigen »Schächer« an der rechten Seite Christi, den unbußfertigen an der linken. – In der Tradition der Kabbala wird die Dualität der Hände Gottes, die ja keinen negativen Aspekt besitzen können, dadurch ausgedrückt, daß seine Rechte (die Segenshand) Barmherzigkeit, die Linke (Königshand) Gerechtigkeit symbolisierte. In vielen Kulturen wird die rechte Seite als die männliche, die linke als die weibliche aufgefaßt, was mit einer negativen Bewertung des Weiblichen verbunden ist, aber auch ausdrücken kann, daß die rechte Hand den Alltagsaktivitäten, die linke der Magie zugeordnet ist. Afrikanische Magier vollführen sakrale Handlungen mit der Rechten und bereiten Gifte mit der Linken. – Altchina mit seiner komplementären Auffassung von *Yin und Yang* kennt keine ausgesprochene Bevorzugung einer Seite; im Haus sitzt der Hausherr links, die Gattin rechts, doch nachts werden die Seiten vertauscht. Götterbildergruppen zeigen männliche Gottheiten rechts, weibliche links, während die tibetische Ikonographie eine umgekehrte Ordnung verlangt. – In der abendländischen Magie wird der »Pfad zur rechten Hand« als »Weiße«, der »zur linken Hand« als »*Schwarze* Magie« angesprochen. – Ungeklärt ist, woher die Bezeichnung der politischen Parteien (rechts: konservativ, links: progressiv) stammt, nach der die Sitzordnung in den Parlamenten eingenommen wird. Vermutlich haben die einflußreicheren »Tory«-(Adels-)Parteien ursprünglich die »bessere« (rechte) Seite für sich beansprucht und der Opposition die weniger geachtete überlassen.

Regen. Die heilige Äbtissin Hildegard von Bingen (1098–1179) verglich ihn mit der Lebenskraft der Seele, die den Körper zum Erblühen bringt, »daß er nicht austrockne, so wie der Regen in die Erde strömt. Wenn nämlich die Feuchtigkeit im Regen recht geordnet und nicht im Übermaß herabfällt, läßt sie die Erde aufkeimen. Wenn sie aber ungeordnet überfließt, zerstört sie die Erde durch das Ersticken ihrer Keime. Von der Seele gehen ja gewisse Kräfte aus, um den Leib zu beleben, wie vom Wasser die Feuchtigkeit belebt wird ...« Auch die Tränen werden von Hildegard mit dem Regen verglichen. »Beim geistlichen Menschen, der von der Furcht des Herrn erschüttert in Tränen ausbricht, ähnlich wie bei den *Wolken*, die aus der oberen Schicht ihr Wasser ziehen und als Regen ausschütten«, wirkt die Gabe der Reue als *grünmachende* Lebenskraft, »die ihn dabei von den Sünden reinigt.« – In den alten Ackerbaukulturen wurde der fruchtbar machende Regen weltweit durch den »Kammstrich« symbolisiert, wobei der obere Querstrich die Wolke bedeutet, die von ihm ausgehenden vertikalen Linien die Regenstreifen. Der altmexikanische Regengott Tlaloc wurde durch kammstrichartige aus dem Oberkiefer ragende Zähne gekennzeichnet. Vielfach galt die vom Himmel kommende, die Erde zum Fruchttragen veranlassende Feuchte als Spermaflut eines *Himmels*gottes, der »*Mutter* Erde« zugesandt. – In den Psalmen Salomonis (72,6) heißt es von der Regierung des gerechten Friedens*königs*: »Er ströme wie Regen herab auf die Felder, wie Regenschauer, die die Erde benetzen.« – In Altchina war die nicht selten auftreten-

Regen: Altmexikanischer Regengott Tlaloc. Skulptiertes Jadegefäß, zapotekisch

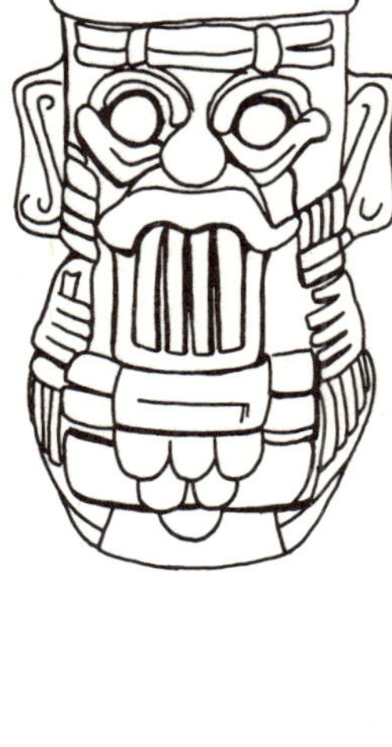

de Dürre eine göttliche Heimsuchung, und die Frage nach dem Regen tritt schon in den frühgeschichtlichen Knochenorakeln auf. Das weibliche Prinzip *Yin* mußte für sein Zustandekommen in rechter Weise mit dem männlichen Yang vereinigt sein (vgl. *Regenbogen*). – In südostafrikanischen Kulturen wurde der Regen, wie alte Felsmalereien zeigen, durch eine vom Himmel kommende *Schlange* (vielleicht ein *Blitztier*?) symbolisiert. Auch eine gehörnte Riesenschlange scheint ein mythisches Regenwasserwesen dargestellt zu haben. *Wolken* sind in vielen alten Weltbildern Heimstätten des Regenwassers, das durch *Donner*keile aus ihnen befreit werden muß.

Regenbogen: Die himmlische Botin Iris. V. Cartari, 1647

Regenbogen. Die eindrucksvolle Himmelserscheinung ist in vielen Kulturen ein Symbol für göttliche Manifestationen wohlwollenden Charakters, so etwa in der Bibel (1.Buch Mosis, 9,11) das Zeichen Gottes, daß es von dieser Zeit an keine *Sintflut* mehr geben werde. Auch der Weltenrichter am Ende der Zeit wird oft auf einem Regenbogen thronend dargestellt. – In Altgriechenland ist Iris die jungfräuliche Regenbogengöttin, die vom Olymp herabeilt, um die Befehle von Zeus und Hera der Erde zu übermitteln; sie wird mit *Flügeln* und dem *Caduceus* dargestellt. Ihr Gewand sind die »irisierend« glitzernden *Tau*tropfen. Die Regenbogenhaut des *Auges* trägt nach dem schillernden Glanz den Namen »Iris«. – Unsicher ist, ob die *Brücke* Bifröst des germanischen Weltbildes als *Milch*straße oder als Regenbogen zu deuten ist. In der christlichen Symbolik des Mittelalters werden die drei Hauptfarben des Regenbogens als Bilder von Sintflut (*Blau*), Weltenbrand (*Rot*) und neue Erde (*Grün*) aufgefaßt, so bei Gottfried von Viterbo (ca. 1125–1192), oder die *sieben* Farben als Bilder der sieben Sakramente und sieben Gaben des Heiligen Geistes oder auch als *Himmel* und *Erde* versöhnendes Mariensymbol. – Altchina betrachtete den Regenbogen als Zeichen der Vereinigung von *Yin und Yang*, gelegentlich auch als Zeichen für »außereheliche Unzucht« und stellt ihn oft als beidendköpfige *Schlange* dar. Es galt als unehrerbietig, auf ihn mit dem Finger zu zeigen. Altperu (das Inkareich) brachte den Regenbogen mit der heiligen *Sonne* in Verbindung, und »die Inka-Könige trugen ihn in ihrem Wappen und Abzeichen« (Garcilaso de la Vega, 1539–1616). – Im europäischen Volksglauben wird der Regenbogen oft als Ankündigung von künftigem Reichtum oder dem Finden eines *Schatzes* (dort, wo der Regenbogen die Erde berührt) in Verbindung gebracht. Frühgeschichtliche keltische Goldmünzen wurden als »Regenbogenschüsselchen« bezeichnet. – Eine beidendköpfige Schlange ist der Regenbogen auch in den Mythen des alten Java; der eine Kopf saugt im Meer des Nordens

Wasser ein, der andere speit es im Südmeer wieder aus.

Reiher, griech. Herodiós, lat. Ardea, großer *Wasser*vogel mit scharfem Schnabel, in der Antike der Sage nach ein Feind des *Adlers* und der Lerche, jedoch Freund der *Krähe,* dem *Meeres*gott Poseidon (Neptun) heilig; sein Erscheinen wurde als vorteilhaftes Zeichen (augurium) empfunden. In der Fabel Äsops soll er dem *Wolf* einen Knochen aus dem Schlund ziehen, riskiert aber dabei seinen Kopf. Im frühchristlichen »Physiologus«-Text ist der Reiher der genügsamste aller Vögel, denn »sein Bett und seine Speise sind an ein und demselben Ort«, nicht »fliegt er hierhin und dorthin«. Daher ist er ein Symbol für den Christen, der nicht die vielen Plätze der Ketzer aufsuchen soll und sich vor den »Speisen aus ketzerischen und Irrlehren« hüten muß. Im mittelalterlichen Tierbuch (Bestiarium) heißt es: Der Reiher verabscheut den *Regen* und fliegt hoch über den *Wolken,* und dabei kündigt er Gewitter an. »Dieser Vogel ist ein Sinnbild für die Seelen der Auserwählten, die aus Angst vor den Stürmen dieser Welt ihr ganzes Streben über das Zeitliche hinaus auf die Höhen der himmlischen Heimat richten. Von den Reihern sind manche weiß, andere aschgrau; weiß ist die Farbe der Unschuld, aschgrau die der Buße ...« (Unterkircher). In diesem Sinn reimt auch Hohberg (1675) in seinem Emblembuch: »Ein Raiger, wann er merkt, daß Ungewitter prausen,/das drohende Gewölk er weislich übersteigt./Also ein frommes Herz, wann will ein Unglück sausen,/zu Gottes Güt' allein die Zuflucht hält geneigt.« Da der Reiher der Sage nach Tränen zu vergießen vermag, ist er auch Sinnbild Christi am Ölberg; auch ist er ein Vertilger der »teuflischen« *Schlangen* und zählt nach dem Propheten Jeremias (8,7) zu jenen Vögeln, die ihre rechte Zeit wissen (was sich aber auch auf den *Storch* beziehen kann). Der lange Schnabel des Reihers gilt einerseits als Kennzeichen der Neugier, die »ihre *Nase* überall hineinsteckt«; andererseits wird der Reiher auch mit einem weißen *Stein* im Schnabel dargestellt, was ihm den Symbolgehalt der Schweigsamkeit verleiht. – In der chinesischen Kunst wird der Reiher (lu) oft zusammen mit der *Lotos*blüte (lien) dargestellt, wegen des Gleichlautes der betreffenden Silben mit »Weg« und »Aufstieg«, woraus sich der Wunsch »Steige auf deinem Weg immer empor« ergibt.

Reiher, Emblem-Kupfer von W.H.Frh.v.Hohberg, 1675

Reis, in Ostasien in der materiellen und symbolischen Bedeutung dem Korn bzw. *Brot* im Abendland entsprechendes Grundnahrungsmittel. In Altchina wurde seine Einführung dem mythischen Urzeitkaiser Shennung zugeschrieben, der auch erstmalig das alljährliche Ritual des Reispflanzens eingeführt haben soll. In einigen Provinzen galten der *Hund* oder die *Ratte* als Bringer der Nutzpflanze. Den Toten wurde Reis in den *Mund* gelegt, und den Ahnen wurde Reis bei Opfern in den Schalen hoch aufgetürmt, was ansonsten als unschicklich galt. Verpönt war es auch, Reisreste wegzuwerfen. Wer dies tat, konnte vom *Donner*gott erschlagen werden. – In Japan wurde die Einführung des Reisanbaues der *Sonnen*göttin Amaterasu zugeschrieben. Als der *Sturm*gott Susano-o ihre Felder verwüstete, verbarg sie sich erzürnt in einer *Höhle* und konnte erst spät veranlaßt werden, ihr Exil zu verlassen und die Welt wieder zu erleuchten (vgl. *Baubo*). Sonst ist der Gott Inari der »Reistragende«. Er soll in der Zeit um 800 v.Chr. als alter Mann mit zwei Reisbündeln erschienen sein und sich als Reis-Schutzherr geoffenbart haben. Heiligtümer des Inari sind sehr häufig, es soll in Japan etwa 40000 davon geben. Sie sind an vielen hintereinander errichteten *Torii* zu erkennen. Zeremonielles Reisessen in Gegenwart buddhistischer Priester soll Wohlhabenheit und Glück im privaten und öffentlichen Leben sichern.

Reißbrett, ein in der Symbolik der *Freimaurer* gebrauchtes Zeichen des Meistergrades, das zu den »unbeweglichen Kleinodien« gehört (vgl. *Winkelmaß*).

Reißbrett: Doppelkreuz und Andreaskreuz als Hilfsmittel zur Geheimschrift-Konstruktion (1745)

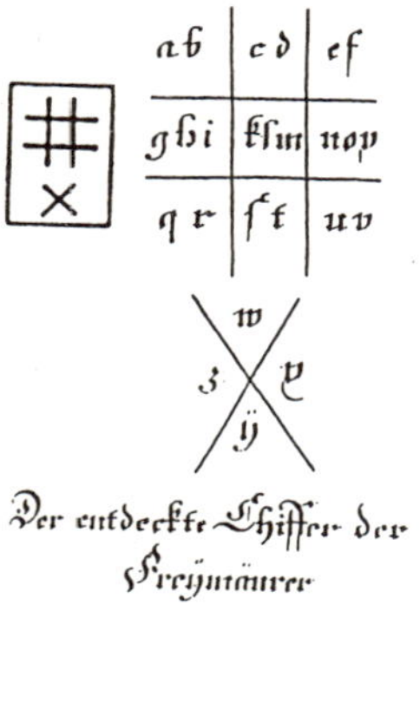

Es ermöglicht dem Meister, gemäß der Symbolik der gotischen Bauhütten, das Bauwerk im Grundriß vorzuzeichnen. Auf den meisten Lehrtafeln ist es mit einem Doppelkreuz und einem darunterliegenden Andreaskreuz bedeckt, was meist nur mit dem Hinweis auf »geometrische Figuren« erläutert wird. Es handelt sich jedoch eindeutig um ein Rasterschema, mit dessen Hilfe eine besonders im 18. Jahrhundert gern gebrauchte Geheimschrift aus Quadraten, Winkeln und Punkten konstruiert werden konnte (nach Biedermann, »Das verlorene Meisterwort«, 1986 u.ö.). Im Schwedischen System der Freimaurerei gehört das Reißbrett bereits zum Lehrinhalt des Lehrlingsgrades. – Baurnjöpel (1793) schrieb, daß jeder Meister »sich dadurch in seinen Arbeiten bekräftigen, und auf seinem Reißbrett die Grundlinien ziehen soll; welche sowohl für ihn selbst, als für alle, die unter seiner Führung arbeiten, unauslöschlich stehen zu bleiben haben«.

Riesen symbolisieren in vielen alten Geisteswelten die noch ungeformte Urnatur vor der Landnahme durch den Kulturmenschen, damit ein Stadium der Urwildheit, ähnlich wie *Wilde Menschen.* Die Grundspekulation ist offenbar, daß vor dem Besitz der Kulturgüter nur menschenartige Wesen mit gewaltigen Körperkräften mit den Unbilden der Umwelt fertig werden konnten. Auch mögen Funde von großen Knochen fossiler Tiere die Erklärungssage beeinflußt haben, sie stammten von vorgeschichtlichen Riesen (so die Theorie des Wiener Paläontologen O. Abel, 1875–1946), vielleicht auch die Existenz prähistorischer Groß*stein*bauwerke, deren Erbauung man Riesen zuschrieb. In der griechischen Mythologie ist von Giganten und Titanen die Rede,

Riesen: Fossiler Mammutknochen, als »Riesenknochen« 1443 im Wiener Stephansdom aufgehängt

die von den Göttern überwunden werden mußten, während in der nordgermanischen Sagenwelt von Thursen und Jöten die Rede ist, die Feinde der Götter (Asen) und Menschen sind. Ältere mythologische Schulen sehen in den Riesen Verkörperungen der zerstörenden Naturgewalten, etwa als Verursacher von Lawinen, Steinschlägen oder Erdbeben, damit den Kampf von Göttern und Heroen gegen diese Ungetüme als Ausdruck der Behauptung des Menschen gegen die Elemente deutend. Auch in vorkolumbisch-altamerikanischen Schöpfungsmythen ist von Riesengeschlechtern die Rede, die mißlungene Entwürfe göttlicher Urheber darstellen und durch Katastrophen vernichtet wurden. Vielfach wurden zweigeschlechtliche Urriesen (*Androgyn*) von Götterwesen getötet, zerstückelt

Riesen: Wolfdietrich tötet einen Riesen. Heldenbuch, 1480

und zum Baumaterial des Weltalls gemacht, etwa Ymir bei den Nordgermanen. In den Sagen treten Riesen meist als tölpelhafte, böswillige Gestalten auf, die von Helden durch Mut und List überwunden werden (z.B. der Kyklop Polyphemos durch Odysseus), wobei diese Überlistung in der schwankhaften Volkstradition oft heitere Züge annimmt. In brauchtumsmäßigen Maskenumzügen werden Riesen (z.B. »Samson« im Salzburger Lungau) oft mit *Zwergen* konfrontiert. – Die Theorie von Edgar Dacqué (1878–1945) besagt, daß Sagen von Riesen und *Drachen* auf eine Urerinnerung aus vormenschlichen Epochen zurückgehen, die Eindrücke großer reptilischer Lebewesen aus früheren erdgeschichtlichen Epochen in der Erbmasse der Menschenvorfahren verankert haben soll.

Ring, ein traditionelles Symbol der Unbegrenztheit (Ewigkeit), die Umsetzung des *Kreis*-Symbols in die greifbare Realität eines wirkkräftigen Gegenstandes. In der griechischen und besonders in der römischen Antike stellt das Recht, *eiserne* Ringe zu tragen, eine Ehrung für verdienstvolle Bürger dar. Priester des Jupiter durften *Gold*ringe tragen (Ursprung des Bischofsringes), ebenso in späterer Zeit *Ritter* und Senatoren. Auch magische Vorstellungen waren mit Ringen verbunden, so etwa mit dem legendären Siegelring des *Salomo* (*Hexagramm*). Aristoteles (384–322 v.Chr.) erwähnt ein Orakel, bei dem das Zusammenklingen zweier an Fäden aufgehängter Ringe Handlungsbereitschaft ankündigen sollte. Ringe, über einer Alphabetplatte aufgehängt, sollten auch die Namen von Verschwörern gegen den Kaiser Valens (328–378 n.Chr.) offenbaren, indem sie bestimmte Buchsta-

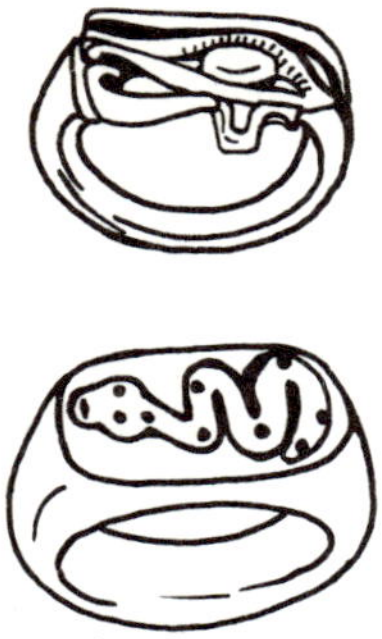

Ringe mit Amulettfunktion. Blauer altägyptischer Ring mit dem Udschat-Auge und Knochenring mit siebenpunktiger Schlange (Oberbayern, um 1800)

ben berührten. In frühchristlicher Zeit berichtet Macrobius (um 400 n. Chr.) über Ring-Schmuckformen, bereichert durch die Symbole *Fisch, Taube* und Anker (vgl. *Kreuz*). Der »Fischerring« des Papstes, der immer nach dem Tod eines Nachfolgers Petri zerbrochen wird, zeigt das Bild des Apostels Petrus als *Netz*fischer (Lukas 5,4 f.). Im Mittelalter ist der Ring Symbol der Verlobung (vgl. *Knoten*) und der *Verheiratung.* Ringe wurden auch, mit *Edelsteinen* versehen, als Amulette gegen Krankheiten getragen, z.B. mit Karneol gegen Blutungen. »Krampfringe« dienten der Abwehr von Lähmungen, Amulettringe sollten gegen Anfechtung aller Art schützen. In der magischen Literatur gibt es seit Agrippa von Nettesheim (1486–1535) immer wieder Anweisungen für die Herstellung aller Arten von Ringen mit geheimen Kräften. Zerbrochene Ringe symbolisieren gebrochene Gelöbnisse, der Verlust von Ringen bedeutet nach dem Volksglauben Unheil. Der *Siegel*ring mit (meist ererbten) Symbolen *heraldischer* Art hat die Kraft, Urkunden zu beglaubigen und Besitzansprüche zu rechtfertigen. Sterbenden wurde der Ring zur Erleichterung des Sichlösens von der *Erde* abgezogen; schon in der Antike durften bei manchen Kulthandlungen keine Ringe getragen werden, da sie den Kontakt zur Überwelt hemmten. Große Bedeutung wurde Ring-Kleinodien im germanischen Frühmittelalter beigemessen (»Ring des Nibelungen«), da an sie Segen oder Fluch unlösbar geknüpft sein konnten. Volkssage und *Märchen* haben die Erinnerung an Wunschringe und ähnliche magische Schmuckstücke bewahrt.

Im Hinblick auf das Vorkommen von Ringen in der Wappenkunst schreibt G.A. Böckler 1688: »Es werden offtermals Ringe in den Wappen gesehen, die haben eine Deutung der Ehre, Treu, und unendlicher Beständigkeit. Wann ein Unterthan einen Ring von einem Fürsten empfängt, so ist es ein Zeichen einer sonderbaren hohen Begnädigung; dergleichen erzehlet Aristoteles, daß die Carthagineser so viel Ringe ihren Obristen verehret, so viel Sieg sie wider ihre Feinde erhalten, daß also vor Alters der Ring ein Kennzeichen des Adels – und noch – seyn solle.« Die neuere Heraldik bringt Ringe als Wappenbilder mit dem Zeichen für bischöfliche Würde in Verbindung, jedoch treten goldene und silberne Ringe mit *Edelsteinen* auch in Stadt- und Geschlechterwappen auf.

Eine noch nicht im Geist »grenzüberschreitender« Humanität formulierte Vorstufe von Lessings Ring-Parabel (»Nathan der Weise«) ist in der mittelalterlichen Novellensammlung »Gesta Romanorum« (um 1300) erhalten. Darin ist von einem König mit drei Söhnen die Rede, von welcher einer vom Vater besonders geliebt wurde. Diesem sollte ein Ring mit einem kostbaren Edelstein vererbt werden, jedoch ließ der Vater von ihm zwei Duplikate anfertigen, die er den beiden anderen Söhnen vererbte. »Nach dem Hinscheiden des Vaters glaubte jeder, er besäße den besseren

Ring mit dem Edelstein. Das hörte einer, und er sprach: Wir wollen prüfen, welcher Ring die Krankheiten zu vertreiben vermag, und dieser ist der kostbarere.« Es zeigte sich, daß zwei davon wirkungslos blieben, während jener des Lieblingssohnes Heilkräfte besaß. Die daraus abgeleitete Symbolik wird so interpretiert: »Die drei Brüder sind die drei Geschlechter der Menschheit. Die ersten nämlich [dem Lieblingssohn entsprechend] sind die Söhne Gottes durch die Fleischwerdung Christi, die anderen beiden sind die Juden und die Sarazenen [Moslim]. Nun ist aber offenbar, daß Gott das Christenvolk mehr liebt; deshalb hat er ihm den Ring hinterlassen, der die Blinden sehend macht, die Krankheiten heilt, die Teufel austreibt und alle weiteren Wunder wirkt. Dieser Ring ist der rechtmäßige Glaube . . .« – In der jüdischen Legendensammlung »Born Judas« von E. bin Gorion ist hingegen die Parabel von zwei *Edelsteinen* (Religionen) enthalten, die gleich aussehen; nur der »Vater im Himmel« soll entscheiden können, welcher davon der bessere ist. Dieser Stoff wird als Prototyp der Ringparabel Lessings bezeichnet.

Ritter als Drachenkämpfer. Historie von Tristan und Isolde, 1484

Ritter, Angehöriger eines Kriegerstandes, Ordens oder einer Adelsstufe mit einem bestimmten Ehrenkodex und einer konventionell festgelegten Verhaltensweise, heute durch den Begriff »Ritterlichkeit« zum Symbol erhoben. Der altrömische Ritterstand unterschied »equites equo publico«, Reiter mit vom Staat gestelltem *Pferd,* und »equites equo privato«, die Pferd und Ausrüstung stellen konnten. Der »eques romanus« wurde in der Zeit der Blüte des Imperiums immer mehr zu einem privilegierten Stand, dem neben Offizieren auch Grundbesitzer, Redner und Grammatiker angehörten. In der Kaiserzeit verstärkte sich die Bedeutung der mit dem *Kaiser* verbundenen *equites romani* aus dem Patriziertum und der Nobilität, die zu Präfekten, Prokuratoren und anderen hohen Staatsbeamten aufrückten und im 2. Jahrhundert n. Chr. die Stützen der kaiserlichen Bürokratie wurden. – Im Mittelalter wurde unter »Ritter« zunächst der Angehörige des Berufskriegerstandes verstanden, der sich den einzelnen *Königen* anschloß, aus dem sich um 1000 die heute geläufigen Formen des Rittertums herausbildeten. Rittertum war zunächst nicht erblich, sondern mußte durch eigene Taten und daraus resultierende Auszeichnungen erworben werden. Erst ab 1186 begann der erbliche Ritterstand, wobei eine reichsunmittelbare

Ritter: Panzerreiter aus Wallhausens »Kriegskunst zu Pferdt«, 1616

(nur dem Kaiser unterstehende) und eine mittelbare (landsässige) Ritterschaft unterschieden wurde. Die Erziehung begann mit dem 7. Lebensjahr als Edelknabe, der mit 14 Jahren zum Knappen erhoben und in der Regel mit 21 Jahren »zum Ritter geschlagen« wurde. Dabei wurde ihm zeremoniell die flache *Schwert*klinge auf die Schulter oder den Nacken gelegt. Eine Episode aus dem Hundertjährigen Krieg (vgl. *Jungfrau von Orléans*) illustriert die Bedeutung dieses Rituals: Ein kleiner Landedelmann war im Begriff, den Earl of Suffolk gefangenzunehmen. Dieser fragte, ob er ein echter Ritter sei, gab ihm dann den Ritterschlag und ließ sich erst nachher ergreifen – es widerstrebte ihm, von einem Mann niedrigen Ranges gefangengenommen zu werden. – Im bayerisch-österreichischen Raum war »Ritter« die Bezeichnung einer Adelsstufe zwischen »Freiherr« und dem untitulierten Adel. Der Titel »Knight« in England wird vom *König* (der *Königin*) auf Lebenszeit verliehen, meist zusammen mit einem höheren Orden (Anrede »Sir«). Auch Inhaber von Haus- und Hoforden oder verschiedenen Verdienstorden (Ritterkreuze) werden oft als Ritter bezeichnet.

Roland. Hinter der volkstümlichen Heldengestalt steckt eine historische Persönlichkeit. Der Befehlshaber der bretonischen Mark des Frankenreiches, Hruodlandus, kam im Verlauf eines erfolglosen Feldzuges Karls d. Gr. gegen den Kalifen Abd er-Rahman im Pyrenäental Roncevaux (»Roncevalle«) bei einem baskischen Angriff im Jahr 778 ums Leben, als er die Nachhut zurückführen wollte. Im Volksbuch nach Turpins »Historia Karoli Magni et Rotholandi« wurde die Ursache der Niederlage auf eine Intrige des Verräters Ganelo(n) zurückgeführt, weshalb Roland (wie *Siegfried*) durch Verrat zugrunde gehen mußte. Tödlich verwundet, suchte der Held sein *Schwert* durch drei Hiebe auf einen *Stein*block zu zerschlagen, um es nicht in Feindeshand

Ritter, Symbole der »eitlen Macht«. W. H. Frh. v. Hohberg, 1647

Ritter: Der hl. Georg als ritterlicher Drachentöter. W. Auers Heiligen-Legende, 1890

Roland: Rolandssäule in Wedel, Holstein (1558, 1651)

Rose im Buch des Pseudo-Albertus Magnus, Frankfurt, 1531

fallen zu lassen, doch wurde der Marmorblock zerspalten und das Schwert blieb heil. Roland blies in sein Horn (vgl. *Posaune*), das dabei zersprang, und starb in den Armen eines treuen Dieners. In vielen deutschen Städten stehen vor dem Rathaus »Rolandssäulen«, die den riesenhaften Recken mit Schwert und Schild als Symbol der Gerichtsbarkeit darstellen.

Rose. In der Antike stand bei der Beachtung ihrer Symbolik der Mythus vom Tod des Adonis im Vordergrund, des Geliebten der Aphrodite (Venus), aus dessen *Blut* die ersten *roten* Rosen entsprossen sein sollen. Sie wurden dadurch zum Symbol der über den Tod hinaus reichenden Liebe und der Wiedergeburt. Das Rosenfest der »Rosalia« ist im altrömischen Totenkult seit dem 1. Jahrhundert n. Chr. bezeugt und wurde je nach der Gegend zwischen dem 11. Mai und dem 15. Juli gefeiert. Diese Sitte lebt am Pfingstsonntag in Italien fort (domenica rosata). Ferner wurden die Teilnehmer an Festen des Rauschgottes Dionysos mit Rosen bekränzt, weil die Ansicht vorherrschte, die Wirkung der Rose kühle die Hitze des *Weines* und hindere die Betrunkenen, Geheimnisse auszuplaudern. Dadurch wurde die Rose auch zum Symbol der Verschwiegenheit, und *fünf*blättrige Rosen wurden gern in die Verzierung von Beichtstühlen geschnitzt. »Sub rosa«, d.h. unter dem Siegel der Verschwiegenheit, bedeutet eigentlich »unter der Rose«. In der christlichen Symbolik war die rote Rose Sinnbild des *Blutes*, das der Gekreuzigte vergossen hatte, und damit der himmlischen Liebe, in der »Divina Commedia« Dantes als »Rosa candida« erwähnt. Die Troubadourdichtung sah hingegen in der Rose ein greifbares Symbol der irdischen Liebe, und als Liebessymbol lebt die Rose bis in die Gegenwart fort (vgl. *Blumensprache*). Die *weiße* Rose ist hingegen in vielen Sagen und Legenden ein Todessymbol. Die kirchliche Ikonographie machte die Rose als »*Königin* der Blumen« zum Symbol der Himmelskönigin Maria und der Jungfräulichkeit; nur *Jungfrauen* war im Mittelalter das Tragen von Rosenkränzlein gestattet, die Madonna wurde gern »im Rosenhag« dargestellt.

In der *Alchemie* sind rote und weiße Rosen das Symbol des *Dualsystems* Rot/Weiß, der beiden Urprinzipien *Sulphur und Mercurius,* und eine Rose mit *sieben* Ringen von Blütenblättern weist auf die sieben Metalle und ihre Entsprechungen in Form der *Planeten* hin. Die Verbindung von *Kreuz* und Rose führt zum Symbol des Rosenkreuzes, eines evangelisch-christlichen Esoterikerbundes der Renaissance, der sich als »Collegium der Weisen« verstand. Das Symbol des Rosenkreuzes ist eine fünfblättrige Rose in einem *Kreuz,* ähnlich dem persönlichen Siegel Martin Luthers, das ein aus einem Herzen wachsendes Kreuz innerhalb einer fünfblättrigen Rosenblüte darstellt. Das Wappen von Johann Valentin Andreae (1586–1654), dessen Schriften die Idee des legendären Bundes in die Welt setzten, war ein Andreaskreuz mit vier Rosen in den Winkeln. – Die *freimaurerische Symbolik* widmet der Rose große Beachtung. Bei der Beerdigung eines Bundesbruders werden ihm drei Rosen ins Grab gelegt. Die »drei Johannisrosen« werden als »*Licht,* Liebe, Leben« gedeutet; am Johannistag wird die Loge mit Rosen in drei Farbtönungen geschmückt (24. Juni), und manche Logennamen weisen darauf hin (»Zu den drei Rosen« in Hamburg – eine Loge, in die G. E. Lessing aufgenommen wurde). Rosenkreuzerische und freimaurerische Symbolik offenbart sich in der Dichtung »Die Geheimnisse« von J. W. Goethe, die von einem mit Rosen umwundenen Kreuz erzählt: »Wer hat dem Kreuz die Rosen zugesellt?/Es schwillt der Kranz, um recht von allen Seiten/das schroffe Holz mit Weichheit zu begleiten; und leichte Silber-Himmelswolken schweben/mit Kreuz und Rosen sich emporzuschwingen/und aus der Mitte quillt ein heilig Leben/dreifacher Strahlen, die aus einem Punkte dringen . . .« – Der Barockdichter W. H. von Hohberg wies 1675 darauf hin, daß es »keine Rose ohne Dornen« (botanisch richtig: Stacheln!) gibt: »Gleich wie die Rose nie ohn Dörner wird gesehn,/so pflegts

Rose, die auf kreuzförmigem Stamm wächst und den Bienen Honig spendet. Rosenkreuzer-Symbol, R. Fludd, Summum bonum, 1629

Rose: Mit Rosen geschmückter Tod. Lyrik-Illustration von E. Fitzgerald, 1859

auch in der Welt gemeiniglich zu gehen./Mit Bösen sind vermischt die Frommen; diese kennen/der Herr wird als sein Volck, wann jene müssen brennen.« In der traditionellen chinesischen Symbolik spielt die Rose eine wesentlich geringere Rolle als im Abendland. Sie bedeutet »Jugend«, ist aber kein Sinnbild der Liebe.

Böckler (1688) schreibt über die Bedeutung der Rose: »Die Blumen insgeheim bedeuten einen grünenden guten Zustand voller Freuden und Hoffnung, welchen die Nachkommen als adeliche Tugend-Erben fortpflantzen und mit rühmlichen Thaten erhalten sollen. Unter solchen Blumen sind die Rosen ... und wird diesen unter den Blumen die Königliche Würde beygeleget, denn sie bedeuten absonderlich eine Erquickung, eine Freygiebigkeit und Verschwiegenheit. Rothe Rosen bringen in allen Historien mit sich das rothe Blut, das ein jeder für die Freyheit, für das Vatterland oder Kirchen lassen solle; dann, gleichwie eine rothe Rose allgemach durch Gottes Segen aufkommet, zunimmt und fortwächst, also muß auch ein Kriegs-Obrister alle Stunden erwarten, daß sein Blut vergossen werde; und ist die Rose dazumal eine sondere Ehre und Kriegszeichen gewesen, nachdeme die Römer dafür gehalten, Mars sey aus einer Rose gebohren.« – Die *heraldische Symbolik* kennt die Rose in stark stilisierter Form (wie die *Lilie*) meist als von oben gesehene Blüte mit eingebogenen Blättern, und zwar nicht nur *fünf*blättrig, sondern auch mit sechs oder acht Blättern in roter oder (selten) silberner oder goldener Farbe. Bekannteste Beispiele von Rosenwappen sind die der englischen Heraldik, und zwar jene der hochadeligen Häuser von York (weiße Rose) und Lancaster (rote Rose). In der »Tudor-Rose« werden beide Rosen kombiniert. Das Stadtwappen von Southampton zeigt zwei weiße und eine rote Rose. In Deutschland führten die Fürsten zu Lippe und die Burggrafen von Altenburg Rosen im Wappen, später die Städte Lemgo und Lippstadt.

Rot ist unter allen *Farben* die am häufigsten genannte, wenn Versuchspersonen aufgefordert werden, ihre Lieblingsfarbe zu nennen. Sie begleitete in Form von Eisenoxid (Rötel) den Weg des Menschen seit der Vorzeit und wurde auch in der *Höhlen*kunst der Eiszeit immer wieder verwendet. Schon der Neandertaler hatte früher die Leiber Bestatteter mit diesem Farbstoff bestreut, wohl um ihnen die »warme« Farbe des *Blutes* und des Lebens zurückzugeben. Allgemein gilt das Rot als aggressiv, vital und kraftgeladen, mit dem *Feuer* verwandt und sowohl Liebe wie auch Kampf auf Leben und Tod andeutend. Für introvertiert-melancholische Gemüter wirkt es aufdringlich und abstoßend. In der eigentlichen Symbolik hat es daher auch verschiedenartige Deutungen erfahren. In Altägypten hatte es nur in der »roten *Krone*« des unterägyptischen Deltas positive Bedeutung, aber ansonsten wurde es mit dem Widersachergott Sutech (»Seth«) und der feindlichen Apep-(»Apophis«)Schlange in Verbindung gebracht. In den Papyri wurden diese Namen mit roter Tinte geschrieben; rötlich gefärbte Tiere, etwa *Hunde*, wurden verabscheut, da diese Farbe immer mit Gewalttätigkeit assoziiert war. – In der altmexikanischen Kunst wird das Rot selten verwendet, so etwa zur Darstellung von Blut, von *Sonne* und Feuer, in gebrochener Form zur Wiedergabe von Leder. Bei den Maya stellte es den Osten dar, bei den Hochlandvölkern Altmexikos den Süden; ebenso in Altchina, wo das Rot (hung)

die heilige, belebende Farbe in der Chou-Dynastie (1050–256 v. Chr.) war. Die roten Fahnen des kommunistischen Chinas wirken dadurch wie vorweggenommen. Rot war die Farbe des Reichtum verleihenden Glücksgottes. Die in Europa als hart und aggressiv empfundene Kombination Rot-*Grün* besaß in China den Ausdruckswert der Lebendigkeit, etwa im Zusammenhang mit den »grünen Strümpfen und dem roten Rock« junger Mädchen oder den roten Lampen und dem grünen *Wein* im Gasthaus. »Rotgesichtig« wurden hingegen in der ehelichen Liebe überanstrengte Männer genannt, welchen früher Tod bevorstehen sollte.
In der traditionellen christlichen Kunst war das Rot die Farbe des Opferblutes Christi und der Märtyrer, der inbrünstigen Liebe (etwa im Gewand von Johannes, dem Lieblingsjünger Jesu) und der pfingstlichen Flammen des Heiligen Geistes. Das »Kardinalsrot« sollte andeuten, daß seine Träger zum Opfertod für die Kirche bereit waren. Doch auch lasterhafte Frauen waren in Rot gekleidet, *Idole* heidnischer Völker wurden oft rot gefärbt und geschminkt. In der Johannes-Apokalypse ist die »große *Hure Babylon*«, die Mutter der Buhlerinnen und der Greuel der Erde, »gekleidet in Purpur und Scharlach«, und sie reitet auf einem *sieben*köpfigen Ungeheuer, einem »scharlachroten Tier voll von Lästerungen«. Daher wurde Rot auch zur Farbe der *Hölle* und des *Teufels*, ebenso der diesen Bereich zugeordneten »verdächtigen« Tiere wie *Fuchs* und *Eichhörnchen.* Positiv wirkt die Farbe als Ausdruck sieghafter Liebe in Bildern des Schöpfers und des auferstandenen Christus. In der Farbe der Meßgewänder kommt es an Festtagen der Märtyrer, des Heiligen Geistes und bei der Passionsfeier zur Geltung. – In der Volkssymbolik ist das Rot die Farbe der Liebe (etwa in Verbindung mit *Blumen,* vor allem der *Rose*), aber auch des Lebens (»heute rot, morgen tot«) und der Wut (»rot sehen«). Rotlicht bedeutet bei Laternen an nächtlichen Lokalitäten einen Hinweis auf Intimität und Prostitution, bei den Verkehrszeichen den zwingenden Hinweis auf das »Halt« und die sonst drohende Lebensgefahr. Beim *Stier*kampf soll die rote Farbe das todgeweihte Tier reizen und seine Aggressivität erregen, obwohl es unsicher ist, ob das Rind die Farbe ähnlich zu sehen vermag wie der Mensch (es wird eher durch die Bewegung der »Muleta« als durch ihre Farbe irritiert).
In der *Alchemie* wird das Rot mit dem Weiß zu einem *Dualsystem* verbunden und symbolisiert das materielle Prinzip *Sulphur,* das Brennende. Diese Polarität dürfte mit der antiken Zeugungslehre zusammenhängen, derzufolge neues Leben dort entsteht, wo Blut (Menstruationsblut) mit weißem Sperma verbunden wird, so daß diese beiden Farben allgemein zur Symbolik der Schöpfung verbunden wurden. – Im *Freimaurer*tum bezeichnet das Rot das Hochgradsystem des »Schottischen Ritus«, im Gegensatz zur *»Blauen«* oder Johannismaurerei mit den drei Graden (Lehrling, Geselle, Meister). – In der Tiefenpsychologie sagt das Rot (nach E. Aeppli), etwa in Träumen, etwas über die Gefühlsfunktion aus. »Wo Rot aufleuchtet, ist die Seele aktionsbereit, setzt Eroberung und setzen Leiden ein, ist Hingabe, aber auch Bedrängnis, ist vor allem Gefühlsbeziehung.«

Rubin, einer der geachtetsten unter den *Edelsteinen,* wurde wegen seiner *roten* Farbe symbolisch mit dem Planeten *Mars* in Verbindung gebracht. Es ist der »Karfunkelstein« der Sagen und *Märchen.* Da er nach dem Volksglauben in der Dunkelheit leuchtete wie glühende Kohle, wurde ihm der Name »Carbunculus« (Verkleinerungsform von carbo, Kohle) gegeben. Albertus Magnus (1193–1280) schreibt ihm »die Kraft aller anderen Steine« zu und ist der Meinung, er vertreibe Gift in Luft- und Dampfform. Hildegard von Bingen (1098–1179) hatte schon früher geschrieben: »Überall, wo sich ein Karfunkel befindet, können die Luftdämonen ihr Teufelswerk nicht vollführen ... so hält dieser Stein im Menschen alle Krankheiten nieder.« Infolge seiner roten Lebensfarbe galt er vielfach als Gegenmittel gegen Melancholie und Trübsinn, auch gegen böse Träume. Antike »Steinbücher« schrieben ihm die Kraft zu, vor Schiffbruch zu schützen. Er galt als Symbol der königlichen Würde, der leidenschaftlichen Liebe und der Lebenskraft. In der Johannes-Apokalypse wird die Herrlichkeit Gottes mit »*Diamant* und Rubin« verglichen. Leonhard Thurneysser schrieb 1583: »Rubin macht frölich und sterckt das Hertz.«

Runen, buchstabenartige Zeichen mit Symbolbedeutung. Sie entwickelten sich, vermutlich unter freier Nachbildung von Vorbildern aus dem Mittelmeerraum, vor allem im Wohnraum germanischer Volksstämme. Die Eigenständigkeit der Entwicklung wird durch die Reihenfolge bewiesen, die nicht dem Alphabet (Abc), sondern der »futhark«-Reihe folgt und Einzelsymbolen eine magische Symbolbedeutung zuweist, die mit Gottheiten der germanischen Ideenwelt zusammenhängt. Erst im frühen Mittelalter wurden Runen in Skandinavien und Jütland in größerem Umfang schriftartig gebraucht, während ihre Anwendung als Hilfsmittel bei Orakeln vermutlich in die Epoche um Christi Geburt zurückreicht. Mit der Ausbreitung des Christentums wurden die mit der altheidnischen Religion in Verbindung gebrachten Runen immer mehr verdrängt, verpönt und schließlich verboten. Romantisch-nationalistische Epochen schrieben den Runen in der Neuzeit eine fast religiöse Sinngebung zu, die aus den historischen Quellen nur in spärlichem Ausmaß zu entnehmen ist. Die »Sigrune« der NS-Ära (Lautwert S) hatte z. B. die Bedeutung eines Zeichens der Abwehr dämonischer Wesen, der *Sonne* und Fruchtbarkeit; die »Lebensrune« (Lautwert R am Wortende) ist teils Glücks-, teils Unglückssymbol, das in Verbindung mit dem nach unten weisenden Dreisproß als Sinnbild eines göttlichen *Zwillings*paares ambivalent gebraucht wurde. Bei Verwünschung wurde ein »Thurs« geritzt (Lautwert dem englischen TH entsprechend), während die Feh-Rune Vieh, Besitz und Reichtum versprach; sie war dem Fruchtbarkeitsgott Freyr zugeordnet. – In der Zeit nach 1945 fanden einzelne Runen als Symbole neofaschistischer Verbindungen Verwendung, etwa als Graffiti (Wandkritzeleien), wodurch sie *politischen Symbolen* gleichgesetzt wurden (vgl. *Swastika*), was ihrer ursprünglichen Bestimmung völlig widerspricht.

Runen: Holzschnitt aus dem runenkundlichen Werk von Olaus Worm, Kopenhagen, 1636

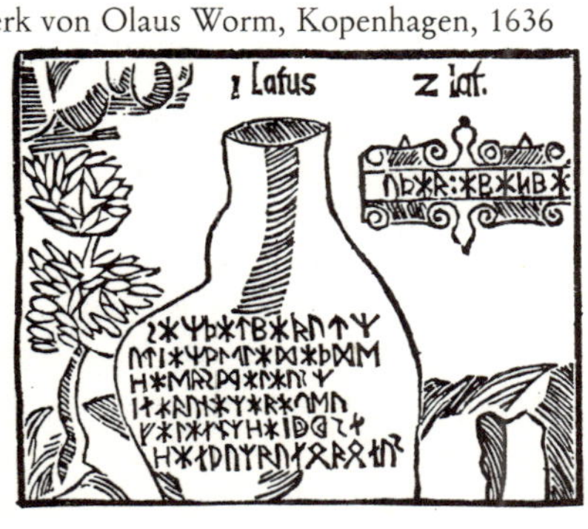

Salamander, in Symbolik und Volksglauben nicht das Amphibium der Zoologie, sondern ein Elementarwesen, das im *Element Feuer* wohnt, damit dieses nicht unbelebt und unbehütet sei. Paracelsus (1493–1541) meint, daß diese Flammengeschöpfe ihrer Natur nach mit den Menschen nicht umgehen könnten, im Gegensatz etwa zu den *Wasserwesen* (Undinen, Melusinen), die ihnen sehr zugetan seien. Sie sind dem Volksglauben zufolge nicht Dämonen, sondern von Gott bestellte Hüter des Elements. In spekulativen Büchern der Renaissance werden die Salamander auch Vulcanales genannt, und es heißt,

Salamander, in C. Gesner, Historia animalium, 1585

Salamander – er lebt vom Feuer und bringt es zum Erlöschen. J. Boschius, 1702

daß von ihnen auch weniger reine Mischwesen abstammen, die »Zundel« genannt werden. Im frühchristlichen »Physiologus«-Text wird der Salamander eine »Echse« genannt, die jedoch noch nicht im Feuer wohnt, sondern es aus natürlicher Anlage zum Verlöschen bringen kann. »Sogar, wenn er (der Salamander) in den Heizofen des Bades kommt, so löscht dieser Heizofen aus.« Die christliche Nutzanwendung dieses mythischen Tiersymboles ist der Hinweis, daß die im Buch Daniel der Bibel erzählte Geschichte von den »drei Jünglingen im Feuerofen« auf Wahrheit beruhen müsse, da die Obhut Gottes nicht weniger machtvoll sei als die natürliche Anlage eines Tieres, entsprechend dem Vers aus dem Buch Jesaias »Wenn du durch Feuer gehst, wirst du nicht versengt, keine Flamme wird dich verbrennen« (43,2). Im »Physiologus«-Text kommt noch eine kuriose Überlieferung ohne Nutzanwendung vor, derzufolge der Salamander ein kalter Vogel sei, »kälter als alle Vögel«, und im Vulkan Ätna hause, ohne zu verbrennen – vielleicht eine mißverstandene Anspielung auf die Legende vom mythischen Symboltier *Phönix*. – Heute werden bei Erdgasbohrungen jene hochqualifizierten Fachleute als »Salamander« bezeichnet, die den eruptiv entzündeten Gas-Erdölstrom in Asbestkleidung durch Sprengungen zum Verlöschen bringen.

Salomo(n), hebräisch Shelomo, der weise *König* der Israeliten (961–931 v. Chr.), ist heute besonders durch sein »salomonisches Urteil« bei der Zuschreibung eines Kindes an seine echte *Mutter* zur Symbolfigur geworden. Er war der Sohn von König *David* und Bathseba und ordnete die politischen Verhältnisse zwischen *Ägypten* und Phönizien friedlich, beteiligte sich an Handelsfahrten, organisierte das Heer neu, vereinfachte die Verwaltung und führte in seinem Reich Wohlstand herbei. Ideengeschichtlich wichtig ist sein *Tempel*bau in Jerusalem, der in der Kunstlegende des *Freimaurer*tums eine große Rolle spielt (der Baumeister Hiram Abif, von drei Gesellen ermordet, gilt als Märtyrer der Meisterwürde und ihres geheimen Losungswortes). »Durch den Tempelbau unter Salomon entschied sich Gott für einen festen Wohnsitz in Jerusalem. Der heilige Ort, der bisher mit oder in Jerusalem unterwegs war, ist zur Ruhe gekommen; mit ihm soll auch das erwählte Volk zu seiner Ruhe im verheißenen Land kommen. Die Herrlichkeit Gottes zieht in den Tempel ein, und seine Gegenwart erfüllt ihn. Jahwe läßt dort seinen Namen wohnen« (A. Stöger bei J. B. Bauer 1967). In der Bibel gilt Salomo als Verfasser der Sprichwörter, zum Teil der »Weisheit« und vor allem des Hohenliedes, einer Sammlung von Hochzeitsgesängen voll von erotischer Glut, oft als Text einer Kultfeier der »heiligen *Hochzeit*« oder als Verherrlichung der ehelichen Liebe aufgefaßt, wobei in kirchlicher Deutung jedoch eine Allegorie im Vordergrund steht – die Liebe Gottes zu seinem Volk im Bild der Liebe zwischen Eheleuten. Die christliche Auffassung sieht darin einerseits die liebende Verbindung Christi mit seiner Kirche oder die mystische Vereinigung der Seele mit dem göttlichen Urgrund. – Das *Hexagramm* (der sechszackige *Stern*) wird entweder als »Scutum Davidis« oder als Salomos *Siegel* (Sigillum Salomonis) bezeichnet.

Salomo: Das »salomonische Urteil« im Buch der Könige. G. Doré (1832-1883)

Salz, ein in Form des Kochsalzes als unerläßlich betrachtetes Mineral, griech. hals, lat. sal, in Platons »Symposion« erwähnt, auch zum Konservieren verderblicher Speisen verwendet. Das lat. »sal« bedeutet auch Witz, »salsus« (gesalzen) ironisch. Homer nennt das Salz »göttlich«; es wurde auch bei Sühneopfern und Mysterien zur symbolischen Reinigung gebraucht. Schon in Alt-Rom wurde Säuglingen Salz auf die Lippen gelegt, um sie vor Gefahren zu schützen. Syrische Mythen berichten, daß die Menschen den Gebrauch des Salzes von den Göttern lernten; eine altlitauische Göttin Gabija war Herrin des heiligen *Feuers,* der zu Ehren Salz in die Flammen gestreut wurde. Dämonen sollten das Salz verabscheuen, und noch in relativ jungen Sagen vom »*Hexensabbat*« heißt es, daß beim dort gebotenen Gastmahl alle Speisen salzlos sind. – In der Bibel ist »Salz« ein symbolisches Mittel der Bindung zwischen Gott und seinem Volk (»Du darfst das Salz des Bundes mit deinem Gott bei deinem Speiseopfer nicht fehlen lassen«, Leviticus 2,13 u.a.); Elisha reinigt eine *Quelle,* indem er Salz hineinwirft (2. Buch der Könige 2,19f.). Jesus nennt in der Bergpredigt seine Jünger »Salz der Erde«, und der Kirchenlehrer Hieronymus (348–420 n.Chr.) nennt Christus selbst das erlösende Salz, das *Himmel* und *Erde* durchdringt. – Auch eine zerstörende Wirkung des Salzes ist bekannt; die Römer bestreuten nach der Zerstörung Karthagos das Umland mit Salz, um es für immer unfruchtbar zu machen, wie es in der Bibel Abimelech mit der eroberten Stadt Sichem tat (Richter 9,45). – In Indien galt der Salzgenuß als Reizmittel, das Asketen und jungen Ehepaaren wie auch Brahmanen bei bestimmten Opferhandlungen untersagt war. – Im Sprachgebrauch der *Alchemie* ist mit Salz nicht Natriumchlorid gemeint, sondern das dritte Urprinzip neben *Sulphur und Mercurius,* das (vermutlich zuerst bei Paracelsus) die Qualität der »Greiflichkeit« darstellt. »Sal« wird jedoch dort auch in anderen Symbolzusammenhängen erwähnt, etwa als »sal sapientiae«, Salz der Weisheit. – Die Redensart »mit einem Körnchen Salz« (lat. cum grano salis) bedeutet, daß etwas nur mit Vorsicht zu genießen ist. Dies geht auf eine bei Plinius d.Ä. erwähnte Rezeptur für Gegengifte zurück, die nur mit einem Körnchen Salz genossen werden dürfen. »Zur Salzsäule erstarren« bezieht sich auf die Frau des Lot bei der Zerstörung von *Sodom und Gomorrha.*

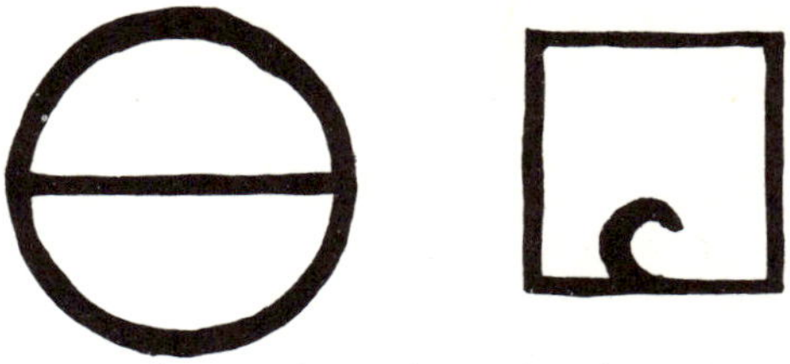

Salz: Alchemistische Symbolzeichen für »Sal« als Urprinzip des Festen wie auch für Salz im chemischen Sinn

Samariter, der (barmherzige), Symbolgestalt für den selbstlosen Helfer der Verletzten, nach dem Lukas-Evangelium (10,29–37): »Es war ein Mann, der ging von Jerusalem hinab gen Jericho und fiel unter die Räuber«, die ihn halbtot liegen ließen. Ein Priester und ein Levit beachteten ihn nicht, und erst ein Samariter verband seine Wunden, wusch sie mit Öl und *Wein* und brachte

Samariter: Der barmherzige Samariter. Österr. Bauernkalender, 1911

ihn zu einer Herberge. Die Stadt Samaria, hebräisch Schomron, war Sitz einer von den orthodox-jüdischen Priestern Jerusalems als häretisch betrachteten Religionsgemeinschaft am *Berg* Garizim, die noch heute in Nablus existiert. Der Berg Garizim wurde von den Anhängern der samaritanischen Tradition anstelle des Berges Zion als »Hügel der Ewigkeit«, als »gesegneter Berg« mit dem *Paradies* auf dem Scheitel angesehen, den einst die *Sintflut* nicht überflutet habe. »Das Wasser der Samariter, sagten die Rabbinen, ist unreiner als selbst das Blut der Schweine ... Auf halbem Weg zwischen Jericho und Jerusalem, an einer Biegung der Schlucht, trägt ein alter ›khan‹, der heute ganz verfallen ist, noch immer den Namen ›Herberge zum Guten Samariter‹, und in Syrien kennt man noch heute das Mittel, Öl und Wein zum Verbinden der Wunden zu gebrauchen« (H. Daniel-Rops). Das Gleichnis Jesu will sagen, daß selbst Angehörige verachteter Menschengruppen human handeln können. Der Ausdruck »Samariter« hat dadurch einen Bedeutungswandel erfahren und bezeichnet heute Menschen mit vorbildlich selbstlosem Verhalten in der Pflege von Kranken und Verletzten.

Sanduhr oder Stundenglas, nicht in erster Linie ein Symbol des Todes, sondern der Vergänglichkeit und des Verrinnens der Zeit, was naturgemäß auch ein »memento mori« (gedenke des Todes, bzw. der unaufhaltsam näherrückenden Todesstunde) mit einschließt. Das Stundenglas gehört in erster Linie zu den Attributen des Zeitgottes *Chronos* oder Aion. Da das Zeitmeßgerät immer wieder umgedreht werden muß, um funktionieren zu können, läßt es sich auch mit einem

Sanduhr, Symbol der verrinnenden Zeit. Wilhelm Busch

Weltbild zyklischer Zeitabläufe in Einklang bringen, also mit der »ewigen Wiederkehr« kosmischer Situationen. Als Aufforderung zur Tugend soll das Sanduhr-Symbol an die Mäßigkeit erinnern, damit die dem Menschen zugemessene Zeit nicht durch Ausschweifungen willkürlich abgekürzt werde. Die heiligen Asketen Ambrosius und Magdalena werden mit der Sanduhr dargestellt. Sie gehört in der »dunklen Kammer« des *freimaurerischen* Rituals (fr. »Chambre des reflexions«) zu jenen Symbolgegenständen, die der Aufzunehmende meditierend zu betrachten hat (vgl. *Dunkelheit*).

Saphir, wegen seiner *bläu*lichen Farbe ein *Edelstein*, der mit dem *Himmel* und dem »Element Luft« in symbolischen Zusammenhang gebracht wurde. Alte »Steinbücher« verwechseln ihn oft mit Lapislazuli (Lasurstein) und verbinden ihn mit dem Planeten *Venus*, während er sonst in der Regel dem *Saturn* zugeordnet wird: indisch wird er »saniprijam« (von Saturn geliebt) und »saurinata« (dem Saturn geweiht) genannt. Der mittelalterliche Naturkundige Lonitzer (Lonicerus) schrieb, der Saphir mache »freudig, frisch und andächtig« und stärke das Gemüt zum Frieden. Die traditionelle Symbolkunde verbindet ihn mit himmlischen Tugenden, Keuschheit und Wahrheitsliebe. Auch Albertus Magnus (1193–1280) war der Meinung, der Saphir schaffe »Frieden und Eintracht« und mache den Menschen »gegenüber Gott andächtig und rein«. Ein indischer Saphir ziert die vorderste Platte der deutschen Kaiser*krone.* Der Alchemist Thurneysser schrieb 1583: »Saphir ist gut für Spinnen- und Schlangenstich, und sterckt das gesichte, wenn man den Ort, da der Mensch vergifftet, damit streichet.«

Saturn und Venus, Planetenfiguren aus der astrologischen »Practica Teütsch«, 1521

Sappho (in antiken Texten auch Psappho. Die im Theater übliche Aussprache »Saffo« ist unmotiviert – richtig »Sapfo«), ca. 612–ca. 540 v. Chr., heute Symbolfigur für homoerotische Frauenliebe. Diese wird auch »lesbisch« genannt, nach der Insel Lesbos, auf der die berühmte Dichterin wirkte. Nach heutigem Urteil könnte Sappho eher »bisexuell gewesen sein, denn wenn sie sich in ihren erotischen Gedichten auch nicht an Männer wandte, war sie doch verheiratet und hatte eine Tochter« (Pomeroy 1982). Platon bezeichnete sie wegen der Unmittelbarkeit ihrer poetischen Aussage und des Wohlklanges ihrer Sprache als »zehnte *Muse*«. Neben ihrer Dichtung sind auch politische und gesellschaftskritische Aussagen der Aristokratin bekannt, die u.a. ihren Bruder tadelte, weil dieser eine *Hetäre* kaufte und sie dann freiließ. Im Hinblick auf ihre Lebensführung ist der kulturelle Einfluß der nahen Kultur Lydiens zu berücksichtigen, weshalb auch auf Lesbos heranwachsende Mädchen der Obhut und Führung hervorragender Frauen anvertraut wurden. Daß sich dabei auch eine erotische Komponente einstellte, ist leicht vorstellbar, und sie wurde gesellschaftlich ebenso toleriert wie männliche Homoerotik. Auf Lesbos wie in Sparta genossen Frauen weit höheres Ansehen als in Athen, erhielten eine den Männern ebenbürtige Ausbildung und wurden allgemein verehrt. – Schon in der Antike wurde Sappho zu einer legendären Gestalt, deren Mädchenliebe in Unkenntnis der sozialen Voraussetzungen als Perversion verstanden wurde und der man auch die Liebe zu einem mythischen Phaon (welcher der Sage nach durch ein von der Liebesgöttin erhaltenes Salböl zum schönsten Mann geworden war) andichtete; Sappho soll sich – so auch in Grillparzers Drama – aus enttäuschter Liebe vom leukadischen Felsen ins Meer gestürzt haben.

Saturn, griech. Kronos, ist in der antiken Mythologie der Vater des *Jupiter*, der von diesem entthront wurde. Seine in die Frühzeit verwiesene Regierungszeit war das *»Goldene Zeitalter«.*

Saturn begießt Gold- und Silberbäume. Alchemistisches Symbolbild; M. Maier, 1617

Satyr: Begleitfigur das Orpheus, Fußbodenmosaik des 5. Jh., Palästina

Dennoch gilt der *Planet* dieses Namens in der Astro-Symbolik als »großer Unglücksbringer«, dargestellt durch einen Greis mit Stelzfuß und Sense, beheimatet in seinen Häusern Wassermann und *Steinbock.* Er gilt als Beherrscher des Lebensalters von 69 Jahren an, als melancholischer Planet mit Eigenschaften wie kalt, trocken, unfreundlich (das Gegenbild zum *Jupiter*). Mit Saturn in symbolische Verbindung gesetzt werden »Greise, *Väter,* Vorfahren, Waisen, Erbschaften, tiefe Nachforschung und treffliches Gedächtnis«, aber auch »Kerker, lange Einsamkeit, Maß und Gewicht«. Unter den ihm zugeschriebenen positiven Eigenschaften werden die Neigung zu sorgfältiger Kleinarbeit, andauernde Untersuchung und Geduldsübungen genannt. Dies mag mit der langen und (von der Erde aus gesehen) oft in Schleifen und Schlingen versehenen Bahn des Planeten auf der Himmelskuppel zusammenhängen. Das Saturn-Metall ist das *Blei,* seine *Farben* das Schwarz*braun* und Dunkel*blau,* seine Edelsteine sind der Onyx, der violette *Saphir,* die dunkle *Koralle* und der dunkle *Amethyst.* – In der altchinesischen Gestirnssymbolik wird dem Saturn die Himmelsrichtung Mitte und als Element die (*gelbe*) *Erde* zugeordnet. In der *alchemistischen Symbolik* spielen bildliche Darstellungen des Saturn-Greises mit der Sense wegen dessen angenommener Nähe zum *Gold* eine bedeutende Rolle, und viele legendäre Berichte aus der Renaissance erzählen von der Verwandlung des grau-erdhaften Saturn-Metalles Blei in geschmolzenem Zustand in das sonnenhafte *Gold,* nachdem ein Stäubchen der »*Stein der Weisen*« genannten Substanz in der Schmelze versenkt worden wäre. – In der indischen astrologischen Symbolik gilt der Planet Saturn als von einem alten, lahmen (wohl wegen der langsamen Bewegung des Himmelskörpers) und häßlichen Regenten Shani oder Manda verkörpert, der auf einem *schwarzen* Vogel (*Geier* oder *Raben*) reitet.

Satyrn, halbtierische Naturdämonen mit *Bocks*hörnern und Ziegenfüßen, geschwänzt und stumpfnasig, wirken wie

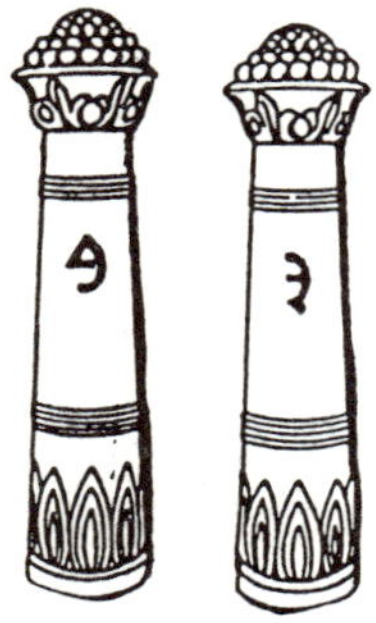

Säulen: Die Eingangssäulen Jachin und Boas des Tempels Salomos in Jerusalem als freimaurerische Symbole

vervielfältigte Gestaltungen des Hirtengottes *Pan* und zugleich wie antike Varianten der Volkssagen von *Wildmenschen.* Gleich dem Yeti der zentralasiatischen Sagen sollen sie menschenfeindlich, aber überaus begehrlich nach sexueller Lust gewesen sein. Ihre lüsternen Nachstellungen galten den Nymphen und Najaden (*Baum*geistern), die in der Spätantike oft als nekkisch zum Schein Flüchtende dargestellt wurden. Satyrn wurden dem Gefolge des Rauschgottes Dionysos (*Bacchus*)

Säulen, auch im Feuer »immer fest« J. Boschius, 1702

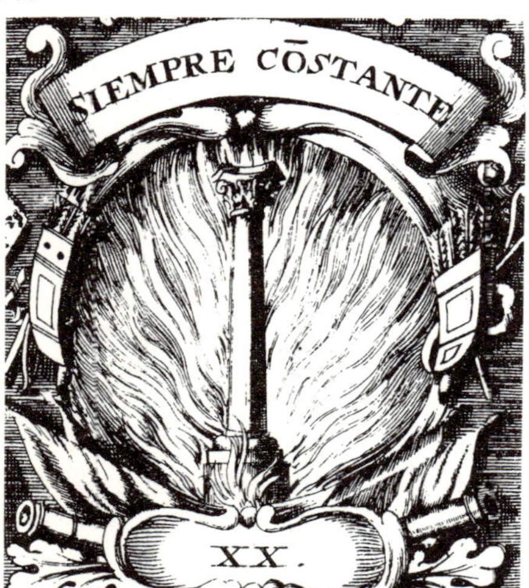

zugesellt; bei den Dionysos-Festspielen wurde den Dramen das derb-possenhafte Satyrspiel (davon »Satire«) angeschlossen. Als »Satyriasis« bezeichnet die heutige Medizin den krankhaft übersteigerten Geschlechtstrieb des Mannes. – Ähnliche Naturwesen der griechischen Mythen sind die Silene mit *Pferde*hufen, Pferdeschwanz und Spitzohren. Silenos hieß der meist volltrunkene Lehrer und Erzieher des Dionysos, der in der bildenden Kunst häufig auf einem *Esel* reitend und als dicker alter Mann (der »trunkene Silen«) dargestellt wird.

Säulen sind nicht nur architektonische Bauteile mit Tragefunktion, sondern haben eine reiche symbolische Bedeutung. Oft flankieren sie den Eingang zu einem Heiligtum oder in ihm jenen zum Allerheiligsten und sind gedanklich mit Weltpfeilern (*Weltachse*) verbunden; bekannt ist die antike Vorstellung von den »Säulen des Herakles« am Rande der dem Menschen zugemessenen Ökumene, an der Grenze zum umgürtenden Okeanos. In der Bibel (*Hiob* 9,6) hat Gott allein die Macht, die Weltträger-Säulen am »Jüngsten Tag« des Weltgerichts einzureißen, wie der Held Samson dies an der Festhalle der Philister tat (Richter 16, 25–30). Paarweise aufgestellte Säulen erinnern an die ägyptische Sitte, *Obelisken* in dieser Form als Tempeltor aufzurichten. Berühmt sind – vor allem durch die *freimaurerische Symbolik* – die beiden bronzenen Säulen »Jachin« (Gott macht fest) und »Boas« (In Ihm ist Stärke) des *Tempel*baues König *Salomos,* die etwa neun Meter hoch gewesen sein sollen (auch der bündelartig gestufte *»Djed«*-Kultpfeiler Altägyptens stellte symbolisch Dauer und Beständigkeit dar). In der *Freimaurer*-Bildsprache drücken sie

»Gerechtigkeit und Wohlwollen, die Grundpfeiler der Humanität« aus. Zusammenhänge mit einem esoterischen *Dualsystem,* etwa mit den Urstoffen *Sulphur und Mercurius* der Alchemie, sind denkbar. Das Bild der beiden Säulen wurde später zu dem der drei tragenden Pfeiler ergänzt (Weisheit, Stärke, Schönheit – entsprechend den drei leitenden Beamten der Loge –, französ. Sagesse, Force, Beauté). Vgl *Knoten.* Einer koptischen Legende zufolge sollen auf einer Säule, die König Salomo durch einen »*Flügel*-geist« herbeiholen ließ, alle Weisheitsgüter der Welt eingegraben gewesen sein, die von dieser Zeit an dem zauberkundigen Herrscher verfügbar waren. Anzumerken ist die in der Bibel erwähnte *Feuer*- und *Wolken*säule, die den Zug der Israeliten durch die Sinai-Wüste begleitete und wohl auch mit den salomonischen Tempelsäulen gedanklich zusammenhängt. Die »*Sieben* Säulen der Weisheit« (Sprüche Salomonis 9,1) werden im Christentum auf die »Sieben Gaben des Heiligen Geistes« bezogen; die Apostel Christi sind in der Johannes-Apokalypse die Säulen des »Himmlischen *Jerusalem*«. – Säulen haben nicht immer kultischen Charakter, sondern können auch Triumph-Gedenkmale sein (z. B. die Trajanssäule in Rom). Häufig stehen sie mit *Baum*symbolik in Verbindung, während die Psychoanalyse ihnen phallischen Grundcharakter zuweist.

Schaf und *Widder* bilden in der Symbolik ähnliche Gegensätze wie *Ziege* und

Säulen des Herakles (= Felsen von Gibraltar): »Plus ultra«. Darüber hinaus Devise von Kaiser Karl V., J. Boschius, 1702

Säulen: Samson bringt die Tempelsäulen zum Einsturz. G. Doré (1832-1883)

Bock, Kuh und *Stier.* Während das Schaf meist als harmlos-dummes Wesen gilt, das für den *Wolf* die am leichtesten erringbare Beute abgibt, gilt der Widder als Symbol der Kraft, Vitalität und unbeeinflußbaren Zielstrebigkeit. Das Schaf, eines der ältesten Haustiere der Menschheit, mußte von Schäfern gehütet werden und wurde zum Inbegriff der Hilflosigkeit gegenüber allen Feinden. Seine Arglosigkeit machte es zum Objekt jeglicher Verführung, und W.H. von Hohberg läßt es als andächtiges Publikum vor dem predigenden *Wolf* stehen: »Die Einfalt leichtlich wird durch Listigkeit betrogen,/die Schäfflein hören offt der Wölffe Predigt an./Gleich einem *Engel* kommt der Sathan auffgezogen,/mit disem er der Kirch am maisten schaden kann« (1675). Das *Lamm* (Jungschaf) verkörperte die potenzierte Arglosigkeit des Schafes; es wurde als ergreifendes Symbol der Unschuld, die am Ende über den *Teufel* triumphiert, häufig dargestellt. – Der Widder hingegen wurde bereits in Altägypten als Erscheinungsform des (widderköpfigen) Gottes Chnum aufgefaßt, aus dem sich in der spätantiken Mischreligion der widdergehörnte »*Jupiter* Ammon« (unter dem Einfluß des Reichsgottes Amun) entwickelte. Der Widder war ebenso Attribut des Indra und in Griechenland des Hermes (*Merkur*). Die christliche Bilderwelt stellt häufig die Opferung eines *Widders* durch Abraham (anstelle von dessen Sohn Isaak) dar. – Auch astrologisch ist die Gestalt des Widders bedeutsam, da diesem »Feuerzeichen« der Beginn des Tierkreises (Widder, Stier, Zwillinge, Krebs usw.) beigemessen wird. Der sprichwörtliche »Leithammel« als Anführer einer Schafherde ist eigentlich ein Leitwidder; der Hammel oder Schöps ist ein kastrierter Schafbock.

Schaf: Sta. Saturnila, die sich vor einem Freier in einer Schafherde verbarg. Auers Heiligen-Legende, 1890

Schakal, ein Tier, das um Begräbnisstätten streicht, daher meist als Omen des Todes gedeutet. Meist wird der Totengott Anubis der Altägypter als schakalköpfig bezeichnet, doch ist er vermutlich eher als Mischwesen mit dem Wild*hund* und Wolfsschakal und der Menschengestalt anzusehen. In der Ikonographie wurde dieser göttliche Hüter des Weges in das Totenreich *schwarz* dargestellt, d.h. in der Farbe des heiligen Harzes der Balsamierer, das auf den Glauben an ein Fortleben in der jenseitigen Welt hinwies. – In der indischen Tierfabel nimmt der Schakal oft jene Rolle ein, die im Abendland dem *Fuchs* zukommt.

Schalensteine, mit Näpfchen oder Grübchen überzogene *Stein*blöcke oder natürliche *Felsen,* spielen in vielen alten Kulten eine bedeutende Rolle. Die

Näpfchen können den *Mutter*schoß symbolisieren und etwa, wie in Altchina, bei Kinderwunsch mit Steinchen beworfen werden. Wenn diese darin liegenblieben, war die Wunscherfüllung gewährleistet. In anderen Kulturen galten die Gruben in den Steinen, oft irreführend als »Löcher« bezeichnet, als Symbole von *Brunnen* oder *Quellen*, aus welchen das fruchtbarmachende *Wasser* strömen sollte, oder als Mundlöcher des *Windes* (ein bretonischer Volksbrauch verlangte, daß Frauen mit *Hämmern* in die Vertiefungen prähistorischer Schalensteine schlugen, wenn Windstille die Ausfahrt der Fischerboote hemmte). Auch zur Aufnahme von Flüssigkeitsopfern (Libationen) konnten Schalen in Felsblöcken dienen, oder es wurde aus ihnen Steinmehl geschabt, das – wegen der Dauerhaftigkeit des Steins – als Heilmittel galt. Eine allgemeingültige Deutung ist daher nicht möglich. – Da schalenförmige Vertiefungen in Steinblöcken auch natürlichen Ursprungs sein können, hervorgerufen etwa durch die ätzende Wirkung von Baumwurzeln in verhüllendem Erdreich, sind nicht alle im Volksmund so bezeichneten Opfer- oder Schalensteine wirklich Zeugen vorchristlicher Kulte. Die Volkssage verbindet sie jedoch häufig mit der Vorstellung von »heidnischen Menschenopfern« und spricht von *Blut*wannen und Blutopfersteinen. Dies beweist lediglich, daß der Glaube an die magische Wirksamkeit des Blutes wie auch an den Stein als Ort von uralten Ritualen tief verwurzelt ist. Wo Schalensteine zur Aufnahme von Flüssigkeiten dienten, waren diese eher *Milch* oder Wasser als Blut. – Auch die Wiedergabe von *Stern*bildern auf Steinblöcken durch die Anfertigung von Näpfchen wurde als Erklärung angeboten, was jedoch kaum jemals überzeugend nachgewiesen werden konnte. Einfache Denkmäler symbolisch-magischer Kulte können auch ohne historische Zusammenhänge an vielen verschiedenen Orten entstanden sein.

Schatten sind symbolkundlich nicht bloß Anzeichen von abgeschirmtem *Licht*, sondern dunkle Wesenheiten eigener Art. Sie sind geheimnisvolle Doppelgänger des Menschen, werden oft als Abbilder seiner Seele verstanden (manche Sprachen bezeichnen Bild, Seele und Schatten mit demselben Wort). Die silhouettenartige Darstellung von Menschen in der nacheiszeitlichen Felsbildkunst, häufig stark in die Länge gezogen, wird hypothetisch als bildliche Wiedergabe von Schatten (bei tiefem *Sonnen*stand) gedeutet (H. Kolmer) – etwa aus der Überlegung heraus, daß die Abbildung des Menschen selbst »tabu« gewesen sei. Als Schatten werden in vielen Kosmologien die Seelen der Toten im *Jenseits* aufgefaßt, um sinnbildlich ihre körperlose Ungreifbarkeit vor Augen zu führen. Das Fehlen des Schattens, etwa infolge von dessen Verkauf an den *Teufel*, bedeutet den Verlust der Seele. Wer in der Sage seinen Schatten nicht sehen kann, ist dem Tod geweiht, ebenso wie jemand, der auf seinen eigenen Schatten tritt. Das »Springen über den eigenen Schatten« ist ein Sprachsymbol für »etwas Unmögliches leisten«. Vielfach wurde vermieden, vom Schatten gefürchteter Menschen (etwa *Hexen*) getroffen zu werden, um nicht in deren Gewalt zu gelangen. Im philosophischen Gleichnis wird die materielle Erscheinungswelt oft als bloßer Schatten der wahren Ideenwelt aufgefaßt, so etwa im *Höhlen*gleichnis Platons. – Für die Tiefenpsychologie ist der Schatten ein Symbol der unbewußten Schichten der

Persönlichkeit, die erst durch den Prozeß der Selbstwerdung (Individuation) in die komplexe Struktur des Erlebten eingebaut und verwandelt werden können.
Im Sprachgebrauch sind noch folgende Redewendungen zu beachten, die keiner Erklärung bedürfen: Jemanden in den Schatten stellen; in jemandes Schatten stehen; den Schatten für den Körper nehmen; vor seinem eigenen Schatten fliehen; mit seinem Schatten fechten; etwas wirft seinen Schatten voraus; ein Schattendasein führen u.a. – Die Verkündigung von Jesu Christi Geburt durch den *Engel* lautet »Die Kraft des Höchsten wird dich überschatten« (Lukas 1,35). »Im Schatten der Flügel Gottes« ist in Anlehnung an Psalm 17,8 der Wahlspruch frommer Männer, etwa des geistigen Vaters der Rosenkreuzer, J.V. Andreae (1586–1654): »Sub umbra alarum tuarum Jehova.« – Wichtig für die Symbolkunde ist die im neutestamentlichen Brief an die Hebräer (8,5 und 10,1) vertretene Ansicht, die Riten und priesterlichen Handlungen seien in christlicher Zeit als »Vorbilder und Schatten« des neuen Heilgeschehens aufzufassen. Die Frühchristen sahen in den Begebenheiten des Alten Testaments symbolische Vorwegnahmen und Ankündigungen der im Evangelium vorkommenden Ereignisse, der kirchlichen Institutionen und Riten, in einer neuen Phase der Heilsgeschichte, auf welche die alte ihre »Schatten vorausgeworfen« habe.
Die »Typologie« mittelalterlicher illuminierter Handschriften, etwa der »Bible moralisée«, spinnt diese symbolhaft-allegoristische Betrachtungsweise des Alten Testaments breit aus und findet in fast allen Szenen eine neutestamentliche Entsprechung, die im christlichen Sinn ihre Bedeutung bloßlegt.

Schiff: Sonnenbarke mit dem falkenköpfigen Horus, der das Anchkreuz hält. Ägypten

Schätze, die in der alten Zauber- und Beschwörungsliteratur eine große Rolle spielen, sind oberflächlich als »Verwahrfunde« oder »Horte« aus älteren Epochen zu deuten, die einst im Augenblick der Gefahr vergraben, aber dann nicht mehr geborgen wurden. Wer ohne besondere Mühe, wenn auch unter magischen Gefahren für Leib und Seele, reich werden wollte, versuchte sich mit Hilfe von Beschwörungsformeln als Schatzgräber. Viele Sagen befassen sich mit solchen Schätzen, die fast errungen wurden, dann aber wieder in der *Erde* versanken. Die Grundlage der rational wenig aussichtsreichen Suche nach vergrabenem *Gold* dürfte in der spätantiken Symbolik liegen, derzufolge »Schätze« bestimmte seelische Fähigkeiten darstellen, die der Weisheits- und Erkenntnissucher sich Schritt für Schritt aneignet, wie dies in gnostischen Mysterienlehren angedeutet wird. In solchen Texten wird beschrieben, daß die Wächter dieser innerlichen Erkenntnisschätze durch geheime Machtworte und geometrische Zeichen bezwungen werden müssen, die vielleicht mit autosuggestiv wirkenden Meditationssilben und *Yantra*-Diagrammen verglichen werden können. Eine die Symbolik verkennende buchstäbliche Auffassung derartiger Geheimlehren mag die Grundlage der jüngeren Schatzsuchermagie bilden, in der Beschwörungsformeln und Zauber-

»Pentakel« ebenfalls eine große Rolle spielen.

Schiff, als Symbol das Fahrzeug, das Himmelskörper wie vor allem die *Sonne* (oft anstelle eines *Wagens*) über den *Himmel* oder auch Tote in ein *Jenseits*-and befördert. An den Wandsteinen jungsteinzeitliche Megalith- (Großstein-)Gräber finden sich oft Ritzbilder von Schiffen, die offenbar nur als Symbol für die Überfahrt zu *Inseln der Seligen* aufgefaßt werden können. Auch die skandinavischen Felsritzbilder der nordischen Bronzezeit stellen kaum reale Schiffe (mit an Schlitten erinnerndem Doppelsteven) dar, sondern repräsentieren kosmische Vorgänge. Die nahe der Pyramide von Gizeh freigelegten Sonnenboote sind als Abbilder jener Barke zu deuten, die täglich die Sonne über den *Himmel* trägt, während sie nächtlich das Totenreich erhellt und dabei zum Aufgangspunkt im Osten zurückkehrt. Allgemein kann das Schiff (das Boot, die Barke) als Symbol für Reise und auch Lebensfahrt gelten, auch in der christlichen Bilderwelt. »Das Leben in dieser Welt ist wie ein stürmisches Meer, durch das hindurch wir unser Schiff in den Hafen führen müssen. Wenn es uns gelingt, den Verlockungen der Sirenen (Odyssee!) zu widerstehen, wird es uns zum ewigen Leben führen« (St. Augustinus). Oft wird die Kirche als Schiff, etwa als *»Arche Noah«* symbolisiert, die zum himmlischen Ziel trägt – ein »Kirchenschiff«, dessen Turm vom Mast und dessen Ruder von den Strebepfeilern dargestellt wird. Das *Kreuz* wird ebenfalls bald als Mast, bald als *Anker* der Hoffnung gedeutet. Neutestamentliche Szenen um den See Genezareth und im Zusammenhang mit den Missionsfahrten des Apostels Paulus bieten weitere Anknüpfungspunkte.

Reale Schiffe werden in vielen Kulturen wie magisch belebte Wesen empfunden, worauf auch die häufigen Tierkopfsteven (später die Galionsfiguren) hinweisen. – Barken mit stark gekrümmtem Bug wurden in Altägypten für die Nilfahrt aus technischer Notwendigkeit gebaut (Schilfbündelbauweise), doch können Darstellungen von solchen halbmondförmigen Schiffen auch auf lunare Vorstellungen hinweisen: In Äquatornähe steht die *Mond*sichel oft flacher am Himmel als in höheren Breiten. – Manche christliche Heilige haben Schiffe als Attribut: St. Brandanus der Seefahrer, Athanasius, Nikolaus (Schutzpatron der Schiffer), Petrus, Vincentius, Ursula, wie schon in der Spätantike die in vielen römischen Pro-

Schiff: Schiffe mit verzierten Steven, Felsbilder der nordischen Bronzezeit, Südschweden

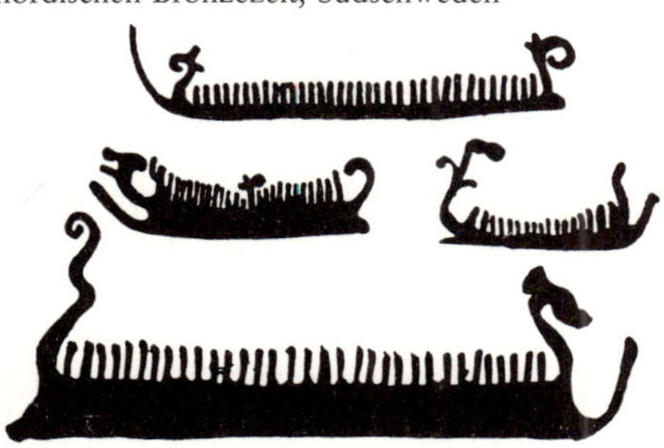

Schiff: Jenseitsfahrt. Koptischer Grabstein, Terenuthis, Ägypten, ca. 450 n. Chr.

Schiff: St. Nikolaus, Patron der Schiffer. W. Auers Heiligen-Legende, 1890

vinzen verehrte Göttin Isis. – Symbolische Bedeutung wird dem Wasserfahrzeug auch in Altchina zugewiesen, wenn z. B. Hsün-tsu im 3. Jahrhundert v. Chr. den Vergleich formulierte: »Der Herrscher ist das Boot, das Volk ist das Wasser. Das Wasser trägt das Boot, aber das Wasser kann das Boot auch zum Kentern bringen.«

Schildbürger, Symbolfiguren gemeinschaftlicher Dummheit bei der Lösung anstehender Probleme. Es handelt sich um die kollektive Verspottung größerer Menschengruppen, die meist in der Nachbarschaft des jeweiligen Erzählers beheimatet sind. In der Antike waren die Abderiten, Bewohner der thrakischen Stadt Abdera, Ziel des Spottes wie in der Gegenwart die Ostfriesen, in Österreich die Burgenländer u. a.; in der Renaissance wurden die Bewohner der Stadt Schilda(u) im Kreis Torgau zu den Antihelden ähnlicher »Schildbürgerstreiche« gemacht, zuerst in der Ausgabe des »Lale(n)buches« von 1598. Der Name machte die Bewohner der sächsischen Kleinstadt zu den Akteuren närrischer Taten, die in früheren Volksbüchern den »Laleburgern« zugeschrieben worden waren. Im »lustigen und recht lächerlichen Lalen-Buch« waren Motive aus den *Eulenspiegel*-Streichen und der Schwänke von Hans Sachs paraphrasiert worden. – In der ostjüdischen Folklore spielten die Bewohner des »Shtetls« Chelm eine ähnliche Rolle wie die Schildbürger, in Westeuropa besonders die Judengemeinde von Worms.

Schildkröte, in der psychologischen Symboldeutung ein Tierbild, das stille Kraft und die Möglichkeit des Schutzsuchens vor jedem Angriff von außen repräsentiert. »Sie hat etwas von der uralten Lautlosigkeit des Lebens, das in der Gefahr stets in sich zurückzukriechen vermag« (Aeppli). Eine Rolle dieser Art spielt sie etwa auch in dem symbolkräftigen Buch »Momo« von M. Ende. Im altchinesischen Weltbild wird das Urzeittier Ao erwähnt, eine *Meeres*schildkröte mit kosmischen Ausmaßen, auf deren Rücken die *Erde* ruht. Steinerne Schildkrötenfiguren mit Platten auf dem Rücken sollten auf magische Weise dazu dienen, die Stabilität des Kosmos zu gewährleisten. Ein Aoshan (Ao-Berg) sollte auf den *Inseln der Seligen* liegen. Das Tier selbst wurde als *Feuer*fresser vorgestellt, und seine Figuren auf Dachfirsten galten als Abwehrzauber gegen Brände. Im chinesischen System der symbolischen Analogien verkörperte es als eines der *fünf* heiligen Tiere den Norden, das *Wasser* und den Winter. In den ältesten Zeiten der chinesischen Kultur dienten Schildpattstücke zu Orakelzwecken, wohl wegen der Zahl (24) der Randplatten, die der Anzahl der Abschnitte des Agrarkalenders entsprach. Infolge seiner Langlebigkeit galt das Tier als Symbol für »langes Leben«, wegen seiner Unverwundbarkeit als Sinnbild der unverrückbaren Ordnung. Negative Bedeutung hat das Tier wegen des Volksglaubens, demzufolge die Schildkröte (kui) nur in Form weiblicher Tiere auftrete, sich mit *Schlangen* paaren müsse und kein Schamgefühl besitze (kui – auch Penis). Die kosmisch-regulativen Assoziationen stehen jedoch im Vordergrund. – In der europäischen Antike galt die Schildkröte wegen ihrer zahlreichen *Eier* als Symbol der Fruchtbarkeit, wegen ihrer »stillen Zurückhaltung« als Sinnbild der sittsamen Liebe, wegen ihres langen Lebens als Inbegriff der unbeugsamen Vitalität. In der Patristik wurde das »im Schlamm lebende« Tier zum Symbol der *Erd*verhaftetheit, doch wies St. Ambrosius (ca. 340–397) darauf hin, daß aus ihrer Schale ein Musikinstrument mit sieben Saiten angefertigt werden könne, das dann herzerfreuende Kunst biete. Die Schutzfunktion der Schildkrötenschale war schon in der Antike zu magischen Riten (Hagel- und Zauberabwehr) eingesetzt worden, und in *Gold* gefaßte Schildkröten*augen* galten als Amulett gegen den bösen Blick. – Auch in Kunst und Mythologie Altmexikos spielen Schildkröten (etwa Seeschildkröten als Reittiere mythischer Ahnen) eine gewisse Rolle. – In Indien galt die Schildkröte als zweite Verkörperung (Avatara) des Gottes Vishnu.

Schlange, ein Symboltier von größter Zwiespältigkeit in der Wertung. In vielen archaischen Kulturen wird sie als Symbol der Unterwelt und des Totenreiches aufgefaßt, wohl wegen ihrer Lebensweise im Verborgenen und in *Erd*löchern, zugleich aber auch wegen

Schildkröte: Meeresschildkröte. C. Gesner, Nomenclator, Zürich, 1650

ihrer Fähigkeit, sich durch Häutung scheinbar zu verjüngen. Sie bewegt sich fußlos fort, schlüpft aus *Eiern* wie der *Vogel* und kann vielfach durch ihren giftigen Biß töten. Tod und Leben sind in dieser Tiergestalt auf so einzigartige Weise symbolisch angedeutet, daß es kaum Kulturen gibt, die der Schlange keine Beachtung geschenkt hätten. In der Bibel ist die Verkörperung des Widersachers im *Paradies,* zugleich als »eherne Schlange«, die *Moses* in der Wüste aufrichtet, Vorbild des gekreuzigten Heilands. Auch der Stab Aarons verwandelt sich zum Schaden ägyptischer Magier in eine Schlange. Die erdumgürtende Schlange (Jörmungandr, Midgardschlange) ist nordgermanisches Symbol des Ringmeeres um die Erde, ähnlich wie ihr altägyptisches Gegenstück, die riesige Apophis, welche die Barke des *Sonnen*gottes bedroht. – Kuriose Symboldeutungen enthält der spätantik-frühchristliche »Physiologus«, der zuerst auf die »Verjüngung« der Schlange bei der Häutung eingeht (auch der Mensch soll das »Greisenalter der Welt« abstreifen und verjüngt zum ewigen Leben streben), dann erzählt, daß die Schlange beim Trinken an der Quelle ihr Gift in ihrer *Höhle* zurückläßt, um das Wasser rein zu erhalten (so

Schlange: Naga-Mischwesen der hinduistischen Ikonographie, Türhütergestalt an der Tempelpforte

soll der Mensch, der zur ewigen Erquickung geht, sein Sündengift zurücklassen). Weiters heißt es, daß die Schlange nur bekleidete Menschen beiße, vor *Nackten* aber zurückweiche; daher solle der Mensch das »Feigenblatt der Lust« als Gewand des alten Menschen ablegen und »nackt von der Sünde sein«, damit ihn der Böse nicht angreifen kann. Schließlich schütze eine bedrohte Schlange allein ihr Haupt und gebe ihren übrigen Körper preis. Der Mensch solle sein Haupt, das ist Christus, allein schützen und nicht verleugnen, seinen Leib aber opfern wie die Märtyrer.

Symbolkundlich besonders bedeutsam ist die sich in den Schwanz beißende Schlange, griech. *Uroboros*, als Sinnbild der ewigen Wiederkehr in zyklischer Form oder der Ewigkeit im allgemeinen. Sie spielt in der *alchemistischen* Bilderwelt eine Rolle als Sinnbild von zyklisch verlaufenden Prozessen (Verdunstung, Kondensation, Verdunstung – in vielfacher Wiederholung), wobei das Stadium der »Sublimation« oft durch *Flügel* angedeutet wurde. Symbolkundlich steht die negative Rolle der Schlange im Vordergrund, etwa ihre Gefährlichkeit durch den giftigen Biß, weshalb schlangentötenden Tieren (*Adler, Storch, Falke*) die Rolle von positiven Symbolträgern zufiel. Ältere Mythensysteme kennen aber auch einen geheimnisvoll-positiven Aspekt der Schlange, die mit Erde und Unterwelt in Verbindung steht und etwa als Hausschlange den Segen von Ahnenseelen repräsentieren kann (gekrönte Schlangen, die mit *Milch* ernährt werden, spielen in vielen Volkssagen eine Rolle) und die auch im Heilungs- und Wiedergeburtsglauben eine Rolle spielt (*Äskulap*natter, dem Heilgott Asklepios geweiht); vgl. *Caduceus.* Die Uräus-Schlange, die kampfbereite Kobra, war in Altägypten die Personifikation der *Krone* des Pharao und spie Gift gegen dessen Feinde, und sie umgürtete auch die Sonnenscheibe solarer Gottheiten.

In den vorkolumbischen Kulturen Mittelamerikas spielt die Schlange (aztekisch cóatl) eine Rolle als das fünfte Tageszeichen des Kalenders. Ihr Omen-Wert für alle unter diesem Symbol Geborenen ist vorwiegend negativ, da die Schlange als unbehaust und arm gilt. So sind auch die diesem Zeichen unterworfenen Menschen Reisehändler und Krieger, die ohne dauernden Wohnsitz umherziehen müssen. Die mit den *grünen* Federn des Quetzalvogels bekleidete Göttergestalt Quetzalcóatl hingegen hat hohe religiöse Bedeutung, wobei sie offenbar in sich die Symbolqualitäten von Vogel und Schlange als *Dualsystem* vereinigt, *Himmel* und Erde verbindend. Der Maya-Name dieser Gestalt lautet Kukulcan. Die Polarität

Vogel/Schlange ist u.a. auch im Wappen von México City (aztekisch Tenochtitlān) repräsentiert, das einen auf einem Kaktus sitzenden Adler mit einer Schlange in den Fängen zeigt. Diese Kombination ist weltweit als Symbol der Gegensätze und ihrer Verbindung von großer Bedeutung (vgl. M. Lurker, »Adler und Schlange«, 1983). – In Goethes Prosadichtung mit dem Titel »Märchen« ist die Schlange Symbol der Verbreitung reiner Humanität. Traditionell herrscht jedoch die Schlangenfurcht vor, von der Psychoanalyse als Scheu vor einem »Phallussymbol« interpretiert und in den alten Vorstellungen von *Basilisk* und *Drache* noch auf mythische Weise übersteigert. – In esoterischen Systemen asiatischer Herkunft ist die am unteren Ende der Wirbelsäule zusammengerollte »Kundalini«-Schlange Symbol der Lebensenergie, die meditativ erweckt und erhoben werden soll. Vgl. *Krokodil.*

Eine wichtige Rolle spielen Schlangenwesen als »Wächter über die *Schätze* der Erde« in der altindischen Symbolik, die halbgöttlichen Nāgas. Diese guten und glückbringenden Dämonen werden oft in Gestalt von Menschen mit Schlangenleibern als Türhüter von Tempeln plastisch dargestellt. Giftschlangen hingegen wurden dem Mythos zufolge von dem an einen *Greif* erinnernden »goldbefiederten *Sonnen*vogel Garuda« mit dem Schnabel ergriffen und vernichtet. Dennoch war die Schlange neben *Kuh* und *Affe* das am meisten verehrte Tier, und zwar vor allem wegen ihrer Häutung (Symbol des sich erneuernden Lebens) und wegen ihrer Nähe zum Lebenselement *Wasser* (Fruchtbarkeit). Auf einer Weltenschlange ruht der Gott Vishnu; um den Welten*berg* Meru rollten Götter und Titanen den Leib der Schlange Vasuki, als sie das urzeitliche

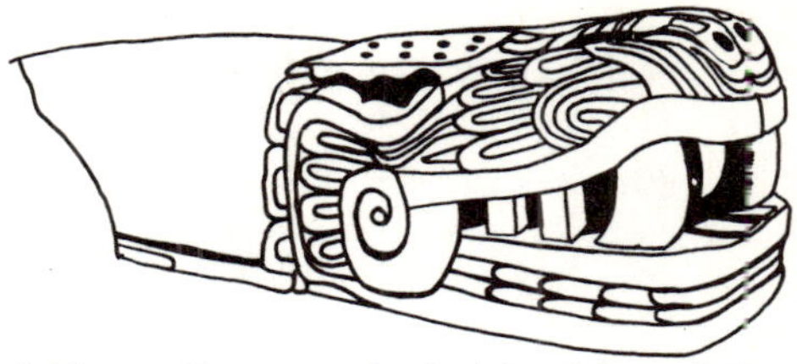

Schlange: Monumentaler Steinkopf der gefiederten Schlange, Haupttempel von Tenochtitlān (México City)

*Milch*meer zu Butter quirlten. Die Kobragöttin Manasâ herrschte auf der Erde während der Schlafperioden Vishnus. Schlangenwesen werden auch zu symbolischen Verkörperungen der Kräfte der Gottheiten und ihrer Aspekte. In China ist die Schlange (shê) das fünfte Tiersymbol des Tierkreises und gilt als sehr listig, jedoch auch als gefährlich. Mit einem *Schlangenherzen* stattete der Volksmund »doppelzüngige« Menschen aus. Jedoch wurden auch *Flüsse* mit ihrem gewundenen Lauf als Schlangen vorgestellt, und in Sagen und Märchen spenden dankbare Schlangen *Perlen.* Der Besitz einer Schlangenhaut verheißt Reichtum; Schlangenträume werden auch in China vorwiegend sexuell gedeutet – der Schlangenkörper wird mit dem Penis, der dreieckige Kopf mit dem weiblichen Schamdreieck verglichen. »Jahresregent« ist die Schlange nach der chinesischen Astrologie 1989, 2001 und in jedem weiteren zwölften Jahr. – In südostafrikanischen Kulturen verkörperten Riesenschlangen, wie alte Felsmalereien zeigen, *Regen* und Wasser im allgemeinen, wobei sie – auch in Mythen – oft als gehörnte Fabelwesen auftreten. Ostafrikanische Felsbilder scheinen auch die Vorstellung einer Inkarnation der von Hügeln und Felsbuckeln übersäten Erdoberfläche (Erdschlange mit vertikalen Windungen) nahezulegen (H. Kolmer). – Ein Schlangenkopfmythos, an die griechische Sage vom Kampf des Herakles mit der neunköpfigen Hydra erinnernd, spielt im japanischen Shintoglauben eine Rolle. Der *Sturm*gott Susano-o erlegte danach die *acht*köpfige Riesenschlange Yamata-no-orochi nach hartem Kampf, entdeckte in ihrem Schwanz ein heiliges *Schwert* und befreite die von dem Ungeheuer gefangengehaltene Prinzessin Inada-hime, die er heiratete, einem ostasiatischen Perseus oder St. Georg vergleichbar. Der Sturmwind gilt zwar auch in Japan in erster Linie als zerstörend (er verwüstete die von der Sonnengöttin Amaterasu angelegten heiligen *Reis*felder), aber auch als reinigend, weshalb Susano-o die Rolle des Schlangentöters annehmen konnte.

Die Schlange am *Paradies*baum, welche die Urmutter Eva zum Ungehorsam verleitet, heißt in der mittelalterlich-jüdischen Legende Samael (entsprechend dem *Höllen*fürsten Luzifer). Ihr werden folgende Gedanken zugeschrieben: »Wenn ich mit dem Mann spreche, so wird er nicht auf mich hören, denn schwer ist es, eines Mannes Sinn zu beugen. Ich spreche daher zuerst lieber mit der Frau, die leichteren Sinnes ist. Ich weiß, daß sie auf mich hören wird, denn die Frau schenkt jedem Gehör!« – Die tiefenpsychologische Symbolkunde sieht in der Schlange wie in jedem Reptilwesen ein Tiersymbol, das in erd- und stammesgeschichtliche Vorzeit zurückreicht und, wie Ernst Aeppli dies formuliert, in einem »unbegreifbaren Bezirk der Natur wohnt . . . ein Bild besonderer, urtümlicher Kräfte. Sie stellt auch nach aller psychologischer Erfahrung ein großes Symbol psychischer Energie dar. Wer im Traum der Schlange begegnet, der trifft auf Kräfte aus ich-fremder Seelentiefe, so alt, möchte man sagen, wie dieses Tier der Vorzeit selbst ist.« – In Redensarten des deutschen Sprachraumes spielt die Schlange in erster Linie eine negative Rolle (listig, falsch wie eine Schlange; eine wahre Schlange; sich winden wie eine Schlange etc.). In mittelalterlichen Plastiken wird eine nackte Frau mit zwei Schlangen an den Brüsten als Nährerin der *Laster* Luxuria und Voluptas dargestellt, während das schon in der Antike bekannte Wort von »am Busen genährten Schlangen« auf unfreiwillige Förderung hinterlistiger Menschen hinweist.

Schlange, sich durch Häutung verjüngend. W. H. Frh. v. Hohberg, 1647

Schlaraffenland, märchenhaft-symbolischer Ort für Müßiggänger und genußsüchtige Faulpelze. Der heute nicht mehr verständliche Name leitet sich von »Schlur« (fauler Mensch; schluren – schlampig und nachlässig arbeiten) und *»Affe«* ab, daher die ältere Art der Schreibung »Schluraffenland« im »*Narren*schiff« von Sebastian Brant. Schlur-Affen sind danach gedankenlose Leute, die glauben, dennoch ein gutes Leben zu verdienen. Die Fabel teilt ihnen gewissermaßen mit, daß solches in der realen Welt nicht möglich ist, sondern nur im fernen »Schlauraffen-Land«, so bei Hans Sachs, Grimmelshausen (»Simplicissimus«) und den Brüdern Grimm. Gelegentlich wird das Schlaraffenland (so in neueren Texten) unabhängig von der satirischen Grundbedeutung einfach als »verkehrte Welt« geschildert, manchen *Jenseits*-Vorstellungen entsprechend. – Der spielerisch-kindliche Grundton solcher Loslösungen von der harten Realität herrscht auch im Künstlerbund der »Schlaraffia« vor, der 1859 in Prag gegründet wurde (»Weltbund Allschlaraffia«). – Schlaraffenlandähnlich wird in der altmexikanischen Tradition der Azteken das ältere Kernland der Tolteken, Tollan, geschildert: Maiskolben waren dort so schwer, daß sie über die Erde gerollt werden mußten, Baumwolle wuchs bereits in gefärbtem Zustand, die Gemüsepflanzen waren groß wie Palmen usw., offenbar eine der häufigen Idealisierungen der »guten alten Zeit« vor der desillusionierten Gegenwart (vgl. *Goldenes Zeitalter*).

Schleier, eine teilweise transparente Verhüllung des Gesichts; er ist allgemein ein Symbol des Sichabwendens von der Außenwelt und der Bescheidenheit und Tugend. In früheren Zeiten gingen Frauen und Mädchen verschleiert zum Gottesdienst, um dadurch ihre Abkehr von irdischer Eitelkeit zu dokumentieren. Nonnen gingen verschleiert, wovon sich die Redewendung »den Schleier nehmen« für den Eintritt in das Klosterleben ableitet. Auch in der höfischen Tracht des Mittelalters war der Schleier verbreitet, und er erhielt sich im Braut- und im Witwen-(Trauer-)Schleier. Im Orient ist es Pflicht der Frauen, nur verschleiert in die Öffentlichkeit zu gehen, um nicht die Begehrlichkeit fremder Männer zu erregen, was zu einer Diskriminierung der Frauen im öffentlichen Leben führte. Hingegen ist es bei den Tuareg der Zentralsahara Sitte, daß Männer einen Gesichtsschleier tragen. Dieser Brauch hat vermutlich seinen Ursprung in dem Schutz vor Sandstürmen. – Als Schleier wird oft der Nebel oder die *Wolken*decke des *Himmels*gewölbes angesehen, und »etwas verschleiern« weist auf ein Verbergen der Wahrheit hin, und »schleierhaft« bedeutet »geheimnisvoll, unklar«. Als Attribut tritt der Schleier u.a. bei der heiligen Ludmilla auf, die damit erdrosselt wurde, und bei der Babenberger-Markgräfin Agnes von Österreich, deren vom Wind fortgewehter Schleier später aufgefunden wurde, was infolge eines Gelöbnisses zur Gründung des Stiftes Klosterneuburg an diesem Ort (durch Leopold den Heiligen) führte.

Schlüssel, mit dem aufgeschlossen oder versperrt werden kann, ein Symbolgerät, das auch die »Löse- und Bindegewalt« seines Trägers kennzeichnet (vgl. *Knoten*). Die »Schlüsselgewalt« im kirchlichen Bereich wird dem Apostel Petrus zugeschrieben, unter Berufung auf das Matthäus-Evangelium 16,19.

Schleier: Verschleierte Braut. Türkische Miniatur des 17. Jh.

Schlüssel: »Er schließt und öffnet«. J. Boschius, 1702

Wegen der häufigen Darstellung Petri mit den großen Schlüsseln wird er volkstümlich oft als »Himmelspförtner« aufgefaßt. In Darstellungen des Weltgerichtes am Ende der Zeiten dient ein großer Schlüssel dazu, den *Teufel* für tausend Jahre im *Brunnen* des Abgrundes einzuschließen (Johannes-Apokalypse 20,1). Auch andere Heilige werden mit Schlüsseln dargestellt, etwa der spanische König Fernando, der die Maurenstadt Córdoba eroberte (»aufsperrte«), oder Hippolyt, der von St. Laurentius bekehrte Kerkermeister; einen Schlüsselbund tragen u. a. die hl. Martha und Notburga, Schutzpatroninnen der Haushälterinnen und Dienstmägde. – In manchen *freimaurerischen* Systemen ist der Schlüssel Symbol und Abzeichen der Meisterwürde oder des Schatzmeisters (»Beamtenkleinod«). Er wird auch in T-Form dargestellt, an ein Tau-*Kreuz* oder einen *Hammer* erinnernd. Auch die *Zunge* wird gelegentlich als Schlüssel angesprochen, die z. B. von Abwesenden nur Gutes sagen oder aber schweigen soll, Negatives gewissermaßen einsperrend. – Die Übergabe des Schlüssels einer belagerten Stadt war sinnbildlicher Ausdruck der Kapitulation vor dem Eroberer, und noch heute werden symbolisch die Stadtschlüssel an geehrte Gäste übergeben oder aber auch während des Karnevals an das Prinzenpaar der Gilde, das für drei »tolle Tage« die Macht über eine Stadt übernimmt. Im Volksmund ist vom »Schlüssel zum *Herzen*« der Geliebten die Rede, so etwa in dem Liebeslied des Wernher von Tegernsee »Du bist beschlossen in meinem Herzen – verloren ist das Schlüsselein, du mußt immer drinnen sein« (12. Jahrhundert). »Schlüssel« ist auch die Bezeichnung für das Lösungsverfahren einer Geheimschrift oder das Deuten von Symbolen, im Sinne des Lukas-Evangeliums (11,52): »Wehe euch, ihr Schriftgelehrten – ihr habt den Schlüssel der Erkenntnis weggenommen!«, d. h. durch falsche Auslegung der Bibel den Weg zur Gotteserkenntnis unmöglich gemacht. – Im bürgerlich-rechtlichen Bereich war die Schlüsselgewalt der Ehefrau wichtig, die als Symbol ihrer Würde den Schlüsselbund am *Gürtel* trug; sie hatte ihn normalerweise von der *Mutter* des Bräutigams beim Einzug in das neue Heim erhalten und hatte damit allein Zugang zu allen Truhen und Schränken. Hinsichtlich der Bedeutung von Schlüsseln in Wappenbildern schreibt Böckler (1688): »Die Schlüssel

Schmetterling, Felsrelief von Acalpixan, Mexiko

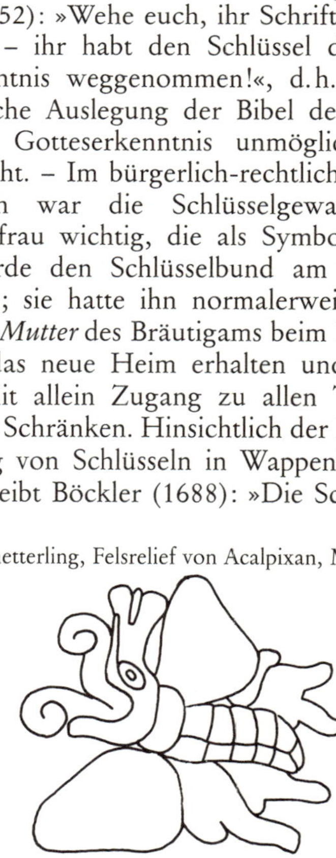

bedeuten die Herrschaft und Vollmacht, auff- und zu zuschließen, welcher Meinung sie auch dem zweystirnigen Jano (*Janus*) zugeeignet worden, als dem, der Macht habe, das alte Jahr zu- und das neue aufzuschließen; und ist annoch der Gebrauch, daß man die Schlüssel der Stadt den Oberherren derselbigen entgegen bringet, anzuzeigen, daß ihnen alle Gewalt und Macht damit übergeben und abgetretten werde. Es deuten auch die Schlüssel in den Wappen auf das Vertrauen und die probierte Treu, welche man seinem Herrn und Obern geleistet.« Schlüssel zeigen u.a. die Stadtwappen von Regensburg, Bremen, Soest, Stade und das Wappen des Benediktinerstiftes Melk (Niederösterreich); das Schlüsselpaar auf päpstlichen Wappen wird in Anspielung auf die »Löse- und Bindegewalt« ursprünglich in *Gold* und *Silber* wiedergegeben, wobei der goldene Schlüssel als »Bindeschlüssel«, der silberne als »Löseschlüssel« bezeichnet wird. Die zeitweilig päpstliche Stadt Avignon (1348–1797) führte dazu einen dritten Schlüssel im Wappen, als Symbol der Unterwerfung der Stadt unter die kirchliche Macht.

Schlußsteine sind in der Architektur jene Steinquadern, die das obere Ende eines Gewölbes oder einer Kuppel zieren und festigen. Auf solchen Gewölbe-Abschlußsteinen sind in mittelalterlichen Kathedralen oft die Steinmetzzeichen der Baumeister angebracht, die am Kirchenbau beteiligt waren. In der Baukunst der mittelamerikanischen Maya, die kein echtes (»vitruvisches«) Gewölbe kennt, sondern das »falsche« oder Überkragungsgewölbe benützte, waren solche die Wände verbindenden Deckplatten oft mit Bemalungen verziert, die figurale Darstellungen von Göttern oder Fürsten und Hieroglyphentexte aufweisen. Symbolisch erfuhr dadurch der »krönende Abschluß« eines Bauwerkes seine Würdigung.

Schmetterling, ein Symboltier in vielen Kulturen, das einerseits Wandlungsfähigkeit und Schönheit, andererseits auch die Vergänglichkeit der Freude andeutet. »Das Wunder der ineinander übergehenden Erscheinungszustände, dieses Wunder der Verwandlung von träger Raupe, dumpfer Larve, in den zartschönen Schmetterling hat den Menschen tief angerührt, ist ihm zum Gleichnis eigener seelischer Wandlung geworden, hat ihm die Hoffnung geschenkt, einst aus der Erdverhaftetheit ins Licht ewiger Lüfte zu steigen« (E. Aeppli). Aus diesem Grund wird der Schmetterling auch auf alten Grabsteinen dargestellt (vgl. *Todessymbole*). Wie sein griechischer Name Psyché andeu-

Schmetterling in der Stilisierung der altmexikanischen Teotihuacān-Kultur, Keramikdekor

Schmetterlinge in stilisierter Gestaltung. Japanisches Wappen der Adelsfamilie Taira, um 1150

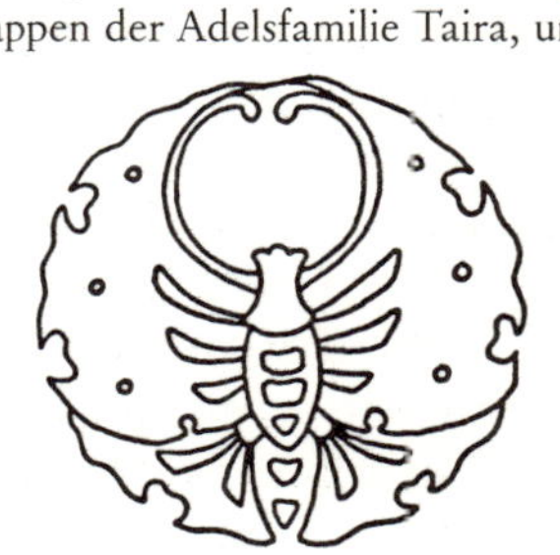

Schmetterling: Schwalbenschwanz, T. Moffet, The Theater of Insects, 1658

tet, ist er – wie der *Vogel* – ein »Seelentier«. Die Eigenschaft des gefällig »Flatterhaften« läßt ihn auch in die Nähe der Elfen, Genien und Eroten (kleiner Liebesgötter) rücken. Elfenartige Wesen, ebenso Traumgestalten und Phantasiefiguren, werden oft mit Schmetterlingsflügeln dargestellt, auch der Traumgott Hypnos (*Somnus*). Auf *Paradies*bildern ist gelegentlich die Seele, die der Schöpfer in den Leib *Adams* senkt, mit solchen Flügeln dargestellt. – In Japan ist der Schmetterling ein Symbol der jungen Frau, und zwei einander umtanzende Schmetterlinge deuten eheliches Glück an. In China ist das Flügelwesen Symbol des verliebten jungen Mannes, der an den (weiblichen) *Blumen* und Blüten saugt, doch auch die tote Geliebte kann als Schmetterling aus dem Grab kommen. Zusammen mit der *Pflaume* symbolisiert er Langlebigkeit und Schönheit, doch das Wortspiel (tieh – siebzig, hu-tieh – Schmetterling) weist auf den Wunsch hin, 70 Jahre lang zu leben (oft zusammen mit der Katze, mao – zugleich achtzig, abgebildet). In Altmexiko gehört der Schmetterling zu den Attributen des Vegetationsgottes Xochipilli, doch ist er auch Symbol des flackernden *Feuers* und steht mit der *Sonne* in Verbindung (Schmetterling, aztekisch papalotl, was ähnlich wie lat. »papilio« klingt). Ein mit *Stein* messern (itzli) gesäumter Schmetterling ist die Göttin Itzpapalotl, ein Nachtgeist der flammenden *Sterne* und zugleich Seelensymbol der im Kindbett verstorbenen Frauen. – Poetisch stellt ein japanischer Vers Wehmut über verlorene Freuden dar, als Antwort auf das Sprichwort »Die abgefallene Blüte kehrt nie mehr zum Ast zurück«: »Ich meinte, die Blüte sei zum Ast zurückgekehrt – doch ach, es war nur ein Schmetterling.« Vgl. *Jungfrau von Orleáns.*

Schnecke. Das im Volksmund vor allem wegen seiner langsamen Fortbewegung (»Schneckentempo«) bekannte Weichtier wurde symbolisch auch wegen seines in schöner Harmonie spiralig gestalteten Hauses beachtet. Die Beobachtung, daß sich Weinbergschnecken in ihrem Haus mit einem Kalkdeckel einschließen, diesen aber nach Winterkälte oder Trockenheit sprengen und wieder hervorkommen, machte die Tiere zu Symbolwesen der Auferstehung Christi. Überdies wurde das Tragen des eigenen Hauses auch als Allegorie der Genügsamkeit betrachtet – die Schnecke ist das Tier, das all seine Habe mit sich trägt. Hildegard von Bingen setzte sich mit der Heilwirkung von Schneckenpräparaten auseinander (pulverisierte Schneckenschalen befreien von Würmern; Präparate aus Nacktschnekken wirken ähnlich wie jene aus Regenwürmern gegen Geschwüre). Sie bezeichnete die Schnecken mit dem Namen der *Schildkröten* (Testudines). – Die wohl aus dem Militärjargon stammende Redensart »jemanden zur Schnecke machen« spielt entweder auf den Fluchtreflex des Betroffenen an, der die »Fühler einzieht« und sich verkriecht, oder auf dessen Erschöpfung, wodurch er sich nur noch wie eine Schnecke kriechend fortzubewegen imstande sein soll.

Schnecke, die »ihre Habe mit sich trägt«. J. Boschius, 1702

Schwalbe. In der antiken Symbolik werden Haus-, Rauch- und Uferschwalben sowie Mauersegler nicht unterschieden, sondern griech. chelidon, lat. hirundo genannt. Der Sage nach fliegen sie immer pünktlich nach dem Süden, wo sie *feder*los in Felsen überwintern (Aristoteles, Plinius). Als Frühlingsbotin werden sie in altgriechischen Liedern gefeiert, ihr Zwitschern mit Barbarensprachen verglichen. Der im Magen der jungen Schwalben gefundene rötliche *Stein* Chelidonius sollte magische Kräfte besitzen. Das Nisten von Schwalben auf Häusern wird nicht immer, wie im heutigen Volksglauben, positiv beurteilt, sondern kann auch ungünstige Vorbedeutung haben. Plutarch (46–120 n. Chr.) erwähnt die ägyptische Mythe von der Verwandlung der Göttin Isis in eine Schwalbe. Das Sprichwort »Eine Schwalbe macht noch keinen Sommer« kommt bereits bei Aristoteles und Aristophanes vor. Vielfach galt die Schwalbe (wie die *Taube*) als Attribut der Liebesgöttin Aphrodite. Wer die *Asche* einer brütenden Schwalbe zu sich nahm, sollte für jede Frau unwiderstehlich werden, und Schwalben*blut*, sogar Schwalbenkot, sollte schönen *Haar*wuchs bewirken. Im Mittelalter galt die Schwalbe wegen ihrer alljährlichen Wiederkehr wie der *Kranich* als Symbol der Auferstehung und des Frühlings. Die Tierfabel berichtet, daß Schwalben ihren Jungen mit dem Saft von zerdrücktem Schöllkraut (Chelidonium, Schwalbenkraut) das *Augen*licht geben, was als Symbol der Augenöffnung der Verstorbenen beim Jüngsten Gericht gedeutet wurde. – In China galt die Schwalbe (yen) wie in Europa als Frühlingssymbol, und es hieß, sie habe im Inneren einer *Muschel* im *Meer* überwintert. Ihr Nisten am Haus deutet Kindersegen, Glück, Erfolg und glückliches Eheleben an. Auch galt die Schwalbe als Sinnbild des Verhältnisses zwischen älterem und jüngerem Bruder. Die aus Meeresalgen gebauten Nester indischer Seeschwalben werden noch heute als potenzsteigernde Kraftnahrung geschätzt. – Eine Fülle von positiven Bewertungen der Schwalbe in der Tiersymbolik ist in mittelalterlichen Tierbüchern enthalten. Ihr Ruf gleiche jener der reuigen Seele, die ihre Reue und Bußfertigkeit offenbare. »Die

Schwalbe: Wandmalerei auf der Insel Thera-Santorin, ca. 1600 v. Chr.

Schwalbe nimmt ihre Speise nicht im Sitzen zu sich, sondern im Flug – so soll der Mensch weit entfernt vom Irdischen das Himmlische suchen ... Die Schwalbe fliegt über die Meere, wenn Winter und Kälte drohen – so soll der Mensch den Bitternissen und der Kälte der Welt entfliehen und in der Wärme der Liebe darauf warten, daß sich der Frost der Versuchung aus seinem Geiste entfernt« (Unterkircher).

Schwan, (griech. kyknos, lat. cygnus oder olor), ein in der Antike (trotz seiner Seltenheit im Mittelmeerraum) wichtiges Symboltier, dessen biegsamer Hals und rein *weißes* Gefieder ihn zum Inbegriff edler Reinheit machten. Deshalb wählte Zeus diese Gestalt, um sich der arglosen Leda zu nähern. Interessant ist, daß bereits Homer (Hymnos 21) die Stimme des Singschwans rühmt, der – im Gegensatz zum stummen Höckerschwan – nur im Norden vorkommt. Er steht mit Apollon in Verbindung, der auch von dem nördlichen Mythenvolk der Hyperboreer besonders verehrt worden sein soll. Der Schwan war bei der Geburt des Gottes anwesend, er trägt den Gott durch die Luft und kann durch seine Kraft weissagen. Gelegentlich wird der Schwan als Gegenspieler und Feind des *Adlers* und (wie dieser) auch der *Schlange* bezeichnet, welchen er nicht selten überlegen sein sollte. Der berühmte »Schwanengesang« – Bezeichnung der bedeutsamen letzten Äußerung großer Menschen – geht auf die schon bei Aischylos (525–456 v. Chr.) erwähnte prophetische Gabe des Apollo-Vogels zurück, der von seinem nahen Tod weiß und bewundernswerte Klagelaute hören läßt. In der Tat kann der nordische Singschwan (Cygnus musicus) einen starken hohen und schwächeren tiefen Trompetenton erzeugen, selbst bei naher Erstarrung in extremer Kälte. Wenn mehrere Singschwäne zugleich Laute äußern, erweckt dies den Eindruck des Gesanges. Germanischem Glauben zufolge konnten sich *Jungfrauen* in weissagende Schwanenmädchen (Nibelungenlied) verwandeln. In christlicher Zeit wurde der Singschwan zum Sinnbild des in Todesnot rufenden Heilandes am *Kreuz*. *Märchen* von Schwanenjungfrauen aus dem übernatürlichen Bereich, die ihr *Feder*kleid ablegen können, sind weit verbreitet. – Vielfach repräsentiert der Schwan weibliche Grazie; Aphrodite und Artemis (lat. *Diana*) werden oft von Schwänen begleitet dargestellt. – In der Bilderwelt der *Alchemie* symbolisiert der Schwan den Urstoff Mercurius (*Sulphur und Mercurius*), das flüchtige Prinzip. – Auch in der *Heraldik* tritt der Schwan oft als Wappentier auf (u. a. von Boulogne-sur-Mer und Zwickau, lat. Cygnea, in Sachsen). Ein »Schwanenorden« wurde 1440 als Ritterorden gestiftet, dann im Jahr 1843 als karitativer weltlicher Orden durch den deutschen König Friedrich Wilhelm II. erneuert, trat aber praktisch nie in Erscheinung.

Eine eigenartige negative Symbolwertung des Schwanes kommt in mittelalterlichen Tierbüchern (Bestiarien) zur Sprache. Es wird darauf hingewiesen,

Schwan: Der Singschwan, der sein eigenes Grablied singt. J. Boschius, 1702

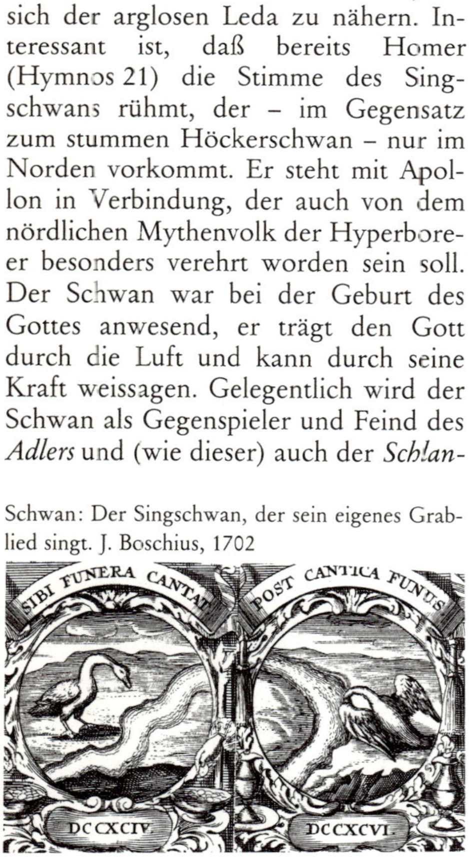

Schwan: »Ungetrübter Glanz«. J. Boschius, 1702

Schwarz: Die furchterregende »Schwarze Kali« der hinduistischen Götterwelt. Indien, 19. Jh.

daß er im Gegensatz zu seinem schneeweißen Gefieder »ganz *schwarzes* Fleisch« habe: »Damit ist er ein Abbild der Heuchler, deren schwarzes Fleisch der Sünde durch weiße Gewänder verhüllt wird. Ist der Schwan seines weißen Gefieders entkleidet, wird sein schwarzes Fleisch im Feuer geröstet. So wird der Heuchler beim Tode aller weltlicher Pracht entkleidet und steigt hinab in das Feuer der Hölle« (Unterkircher). Hingegen heißt es bei Böckler (1688), daß Schwäne selbst gegen *Adler* streiten, wenn sie angegriffen werden. Sie »seynd unter den Wasservögeln die Könige, führen die Deutung des weißen Friedens«. Diese poetische Formulierung läßt an den Schwanenritter Lohengrin denken.

Schwarz, als eine der *Farben* mit dem Symbolwert des Absoluten, damit seinem Gegenstück *Weiß* vergleichbar, ist für den Tiefenpsychologen die Farbe der »völligen Unbewußtheit, des Versinkens im Dunkel, in der Trauer, der Finsternis. In Europa ist das Schwarz eine negative Farbe ... Der schwarze Mann, das finstere Haus, die dunkle Schlange – alles düstere Dinge von wenig Hoffnung« (etwa im Traum; E. Aeppli).Den chthonischen (unterweltlichen) Gottheiten wurden kohlschwarze Tiere geopfert, und ähnlich wird in neuerer Zeit dem *Teufel* oder Dämonen das Opfer eines schwarzen *Hahnes* oder *Bockes* dargebracht. Auf schwarzen Rossen zieht das »Wilde Heer« dahin, und der Teufel selbst wird, häufiger als *rot,* oft schwarz dargestellt. Die satanischen Riten der Verhöhnung Gottes werden als »schwarze Messen« bezeichnet. Der Schornsteinfeger (Rauchfangkehrer) wirkt zunächst ebenfalls suspekt und teuflisch, wird jedoch in Umkehrung der Gegensätze zum Glückssymbol gemacht. Im Mittelalter wurden schwarze Menschen, Neger, zunächst mit viel Argwohn betrachtet, weshalb zur Milderung des Vorurteils gegen den Erdteil Afrika und seine Bewohner einer der »heiligen drei *Könige*« (eigentlich Magier, Astrologen) in dieser Form dargestellt wurde. Schwarz ist ebenso die Negation der irdischen Eitelkeit und des Prunks, daher die Farbe der Priester-

Schwarz: Schornsteinfeger. Kinderbuchillustration, F. Pocci, 1846

kutten und, davon ausgehend, Symbolfarbe konservativer (kirchenorientierter) Parteien. Das Schwarz der Trauer und der Buße ist zugleich ein Versprechen der künftigen Auferstehung, in deren Verlauf es sich über das Grau zum Weiß aufhellt. In der *Alchemie* ist die Schwärzung (Nigredo) der sich auf den *Stein* der Weisen hin wandelnden Urmaterie die Voraussetzung für den künftigen Aufstieg. – Sonst ist das Schwarz oft die Farbe furchterregender Gottheiten (Mahakala, der »Große Schwarze«, in der indischen Mythologie). Im altchinesischen Weltbild ist es mit dem *Element Wasser* und dem Norden assoziiert. Der große *Kaiser* Shi Huang-ti, der die Chou-Dynastie (durch das *Rot* symbolisiert) ablöste, wählte das Schwarz (die Farbe der Ehre, des Todes) zur Symbolfarbe, denn »Wasser löscht das Feuer«. Rätselhaft wirkt die Symbolik der in Europas Wallfahrtsorten weitverbreiteten »schwarzen Madonnen« (Tschenstochau, Chartres, Tarragona, Einsiedeln, Montserrat, Guadelupe etc.); ihr Kult scheint ursprünglich aus dem Orient zu stammen und mit einem dunklen Aspekt einer vorchristlichen *Mutter*gottheit zusammenzuhängen, vielleicht einer Erscheinungsform der Dunkel*mond*-Hekate. Die Gestalt erinnert an die schwarze Göttin Kali des Hindu-Pantheons, wird aber nicht als furchterregend empfunden, sondern scheint mit dem Bereich der Fruchtbarkeit verbunden worden zu sein. Eine dunkle Frauengestalt im Kultus ist auch die schwarze Sarah (Sarah-la-Kali), die Schutzpatronin der Zigeuner im südfranzösischen Wallfahrtsort Les Saintes Maries de la Mer, wo eine Triade (*Dreigestalt*) von Marien verehrt wird (Maria Jacobaea, Schwester der Mutter Christi; Maria Salome und Maria Magdalena), die nach ihrer Flucht aus dem »Heiligen Land« in der Provence gelandet sein soll. Auch hinter der »schwarzen Sarah«, deren Fest am 24. Mai gefeiert wird, scheint sich eine der archaisch wirkenden »schwarzen Madonnen« zu verbergen.

Schwein. Bei uns in erster Linie als Symbol der Unreinlichkeit aufgefaßt, war dieses Tier in alten Kulturen vielfach ein Sinnbild der Fruchtbarkeit und des Wohlstandes. Im jungsteinzeitlichen Malta ist eine säugende Muttersau mit dreizehn Ferkeln dargestellt worden, die nordgermanische Göttin Freya trug den Beinamen Sýr (Sau); bei den Kelten war die »Alte Weiße« Ceridwen eine Schweinegöttin, und der Heros Manannan hatte ein Schwein als Attribut. In den griechischen Mysterien von Eleusis war das Schwein geheiligtes Opfertier der Göttin Demeter. Auf der Kanaren-Insel Hierro diente bei den vorspanischen Ureinwohnern ein Schwein als Vermittler zur Gottheit, die um *Regen* angefleht wurde. In Altchina war das Schwein das letzte der 12 Tierkreiszeichen und symbolisierte »männliche

Stärke«. In Altägypten war die Sau, die ihre Ferkel frißt, ein Symbol der Himmelsgöttin Nut, deren Kinder – die *Sterne* – morgens verschwinden, aber abends wiedergeboren werden. Daher gab es Amulette in Schweinegestalt, obwohl das Schwein sonst dem Gefolge des Osirismörders Seth (Sutech) zugeordnet wird. Obgleich man es verzehrte und als Haustier hielt, wurde es als unrein betrachtet – offenbar nicht so konsequent wie bei den Juden oder im Islam. Als Ursache dafür wird dort meist die Trichinose angegeben, doch wahrscheinlich geht es auch um eine bewußte Unterscheidung von »heidnischen« Völkern, bei welchen das Schwein Fruchtbarkeit und Reichtum symbolisierte und gern geopfert und verzehrt wurde. – In der christlichen Bilderwelt wird oft der Exorzismus Jesu dargestellt, der die Dämonen aus Besessenen in eine Herde von 2000 Schweinen trieb, die sich daraufhin ins Meer stürzten. Das Schwein ist Symbol von Gefräßigkeit und Unwissenheit sowie Spottbild des Judentums (die »Synagoge« wird oft auf einem Schwein reitend dargestellt). Im positiven Sinn war die Sau ein Attribut des Einsiedlers St. Antonius von Koma, weil ihr Speck als Heilmittel gegen die Blatterrose (»Antoniusfeuer«) galt.

Das Schwein als modernes Glückssymbol (z.B. zu Neujahr) geht vermutlich auf die alte Sitte zurück, bei Wettbewerben – etwa Schützenfesten – dem Letztplazierten ein Schwein als Spott- oder Trostpreis zu überreichen: »Wer schießen will und fällt doch rein, der trägt die Sau im Ärmel heim« (um sie zu verbergen). Einen andersartigen Symbolgehalt hat die Gestalt des *Ebers*. – Der Tiefenpsychologe Aeppli weist darauf hin, daß nicht nur die Anatomie des Schweines jener des Menschen mehr ähnelt als die der meisten anderen Säugetiere und »das

Schwein als Symbol des Glücks im Spiel. Holzschnitt auf einer Spielkartenpackung, 1660

menschliche Unbewußte das Schwein deutlich bejaht« (»Schwein gehabt . . .«). Als Traumsymbol wird es als glückliches Zeichen aufgefaßt. »Das Schwein ist, wie jeder Blick in einen Saustall mit Ferkeln beweist, eine glückliche und eifrige All*mutter* auf der Schlammstufe, vielzitzig und schwer, umgeben von einer lauten Schar . . . Ein Lichtschein ihres ruhig glänzenden Muttertums liegt noch heute im *Traum* auf diesem Tier . . .« Die vorchristliche hohe Bewertung dieses Haustieres, die im Gegensatz zu den meisten Aspekten der christlichen Ikonographie steht, wird angesichts dieser auf reicher psychotherapeutischer Erfahrung basierenden Aussage ohne Schwierigkeit verständlich.

Schwelle. Sie erheischt ebenso wie die ganze *Pforte* als Symbol des Überganges zwischen Binnen- und Außenwelt bestimmte Riten und besondere Aufmerksamkeit. Die Schwelle wird in vielen Kulturen als von einem eigenen Schutzgeist, dem »Hüter der Schwelle«, bewohnt angesehen, der nicht beleidigt werden darf. Die Braut wird beim ersten Betreten des ehelichen Heimes über die Schwelle getragen – wohl um dem Hüter vorzutäuschen, sie habe schon früher zu der Wohnstätte gehört. Er hat die Kraft, unerwünschte Eindringlinge fernzuhalten, etwa dämonische Wesen oder *Hexen.* In Japan streut man für ihn *Salz* auf die Schwelle, damit er Totengeister abwehrt, in Europa wurde vielfach (häufiger jedoch auf den Balken ober der Tür) ein Drudenfuß (*Pentagramm*) in die Türschwelle eingeschnitzt. Der israelitische Priester hatte am Rocksaum goldene Glöckchen zu tragen, und deren »Ton soll zu hören sein, wenn er in das Heiligtum vor den Herrn hintritt und wenn er wieder herauskommt; sonst muß er sterben« (Exodus 28,34 u. 35). Eintritt und Ausgang waren demnach deutlich anzukündigen, um übernatürliche Mächte nicht zu überraschen. Die von den Philistern verehrte Getreidegottheit Dagon besaß in Aschdod einen *Tempel,* dessen Schwelle nicht betreten, sondern überstiegen werden mußte (1. Buch Samuel 5,5; vgl. Zephanias 1,9 – Warnung vor dem Überspringen der Schwelle nach heidnischem Brauch). – In volkstümlichen Redensarten wird der Schwelle im symbolischen Sinn große Bedeutung beigemessen (»an der Schwelle des Mannesalters; den Fuß nicht mehr über jemandes Schwelle setzen; an der Schwelle des Bewußtseins« u. a.), offenbar im Zusammenhang mit dem erwähnten Glauben an Schwellenhüter wie auch im Hinblick auf archaische Übergangsriten (»rites de passage«). Hüterfiguren in Form von Schutzgöttern oder übernatürlichen Tiergestalten (z. B. *Löwenhunde*) flankieren oft die Schwellen von Heiligtümern. Vgl. *Janus.*

Schwert. Weder als Waffe noch als Symbol ist es uralt, da es naturgemäß erst seit der Bronzezeit hergestellt werden konnte (»Schwertkeulen« aus Holz, von südamerikanischen Waldlandindianern hergestellt, sind eher Schlagwaffen als Schwerter in unserem Sinne). Wenn ein Cherub (*Engel*) mit feurigem oder flammendem Schwert nach dem Sündenfall der Ureltern und ihrer Vertreibung den Eingang des *Paradieses* bewacht, so zeigt dies, daß der biblische Bericht nicht in die wirkliche Vorzeit hinabreichen kann. Bronzezeitliche Schwerter waren oft reich verziert, was auf eine nicht rein »profane« Funktion hinweist. Im germanischen Raum wurden mit Schwertern Waffentänze zelebriert, und Namen, die Schwertern von Heroen der Sage gegeben wurden (Balmung, Nagelring u. a.), lassen auf eine magisch-symbolische Wertschätzung schließen. Auch der *Ritter*schlag des Mittelalters wurde mit der Schwertspitze erteilt. Ein in das Bett zwischen Mann und Frau gelegtes Schwert galt als Symbol der Keuschheit (signum castitatis). – Auf ägyptischen Pylonenreliefs der Ramessidenzeit wird dargestellt, daß der Pharao in ritueller Pose eine Hand erhebt, um ein Schwert zu ergreifen, das ihm ein Gott überreicht: das *Sichel*schwert »chopesch«, das auf asiatische Einflüsse schließen läßt. Langschwerter führten hingegen die fremdländischen »Schirdana«-Söldner aus dem Norden.

Schwert garantiert die Keuschheit im Bett. Historie von Tristan und Isolde, 1484

Altchina kannte dämonenvertreibende Schwerter in der Hand von Magiern, ebenso die Tradition von einem »männlichen« und einem »weiblichen«

Schwert in der Hand des Erzengels Michael. Ausschnitt aus einem Holzschnitt von L. Cranach, 1506

Schwert, aus Leber und Nieren eines metallfressenden mythischen *Hasen* im Kuenlun-Gebirge gegossen. Wenn eine Frau träumt, daß sie ein Schwert zieht, so wird sie einen Sohn gebären (das Schwert hat auch in der tiefenpsychologischen Symboldeutung maskulin-phallischen Charakter); Schwertbesitz in Frauenträumen bedeutet Glück, während in Männerträumen ein in *Wasser* fallendes Schwert den Tod von Frauen ankündigt. – In Japan war das richtige Führen des Schwertes die Kunst des Samurai, der zwei Schwerter besaß: das Langschwert Katana für den Kampf und das Kurzschwert Wakizashi für den Nahkampf und den rituellen Selbstmord (Sepukku, in Europa als »Harakiri« bekannt). Schwertschmiede mußten sich verschiedenen Abstinenzgeboten unterwerfen, ihre Arbeit hatte sakralen Charakter. Die Stichblätter zwischen Griff und Klinge (tsuba) waren mit reicher Ornamentik verziert. Heute wird ein Schwertkampf (iai-do) mit Trainingspartnern nur andeutungsweise als Übung vollzogen; Übungen mit *Bambus*schwertern (Kendo) leiten sich von dem rituellen Samurai-Schwertkampf ab. Ein im shintoistischen Mythos verankertes Schwert soll der *Sturm*gott Susano-o (vgl. *Höhle, Reis*) aus dem Schwanz einer *acht*köpfigen *Schlange* gezogen haben, die er tötete. Es trägt den Namen Ame no murakomo no tsuguri und gehört, zusammen mit *Perlen* und einem *Spiegel,* zum japanischen Reichsschatz. Im Abendland wird das Schwert auch als Waffe des Erz*engels* Michael dargestellt, ebenso in der Hand von König *David* und der Judith, die damit den Holofernes köpfte. In der Johannes-Apokalypse geht ein Schwert aus dem *Mund* Christi hervor (1,16), als Symbol der unbezwinglichen Kraft und himmlischen Wahrheit, die wie ein *Blitz* vom Himmel niederfährt. Als Insignium der Souveränität tragen St. Stephan von Ungarn und Karl d. Gr. das Schwert, als Symbol des Märtyrertodes u. a. der hl. Paulus, Jakobus der Ältere, Thomas Beckett und die hl. Katharina und Lucia. Nach dem Lukas-Evangelium (2,35) durchbohrt ein Schwert das *Herz* Mariens als Weissagung kommenden großen Schmerzes. *Sieben* Schwerter dieser Art, gelegentlich in der barocken Ikonographie dargestellt, weisen auf die »sieben Schmerzen Mariae« hin. – Allgemein ist das Schwert ein Symbol der vitalen Kraft und er-

Schwert: Japanisches Schwertstichblatt (Tsuba), ca. 1750

scheint meist als Attribut von Kriegsgöttern (*Mars*), als Blitzsymbol auch von *Donner*göttern, im Abendland dann auch als Symbol der »Gewalt«, wobei die »Zwei-Schwerter-Lehre« geistliche und weltliche Herrschaft symbolisiert. Nach päpstlicher Doktrin (Innozenz III. u. a.) hatte das Oberhaupt der Kirche das »weltliche Schwert« dem rechtmäßigen Herrscher als Lehen zu übergeben. – Nur in Ausnahmefällen wird das dezidiert maskuline Symbol des Schwertes in weiblicher Hand sichtbar. Jeanne d'Arc (die *»Jungfrau von Orléans«*), 1431 auf dem Scheiterhaufen hingerichtet, rühmte sich, von der (obenerwähnten) hl. Katharina auf ein unter einer Dorfkirche vergrabenes Schwert hingewiesen worden zu sein: »Das Schwert war unter der Erde, ganz rostig, *fünf Kreuze* waren darauf. Durch meine Stimmen habe ich gewußt, daß es dort war ... Ich ließ der Geistlichkeit des Ortes schreiben und bat sie, es mir zu überlassen. Sie haben es mir geschickt« (Zitat nach A. Holl aus den Gerichtsakten). Nach großen Siegen mußte die inspirierte Kämpferin (1920 heiliggesprochen) freilich durch das Schwert, das sie ergriff, umkommen (vgl. Matthäus 26,52).

Sechs, eine der weniger bedeutenden symbolischen *Zahlen.* Als »Hexaëmeron« (Sechstagewerk) wird die Weltschöpfung bezeichnet, denn »am siebenten Tag ruhte Gott, nachdem er das ganze Werk der Schöpfung vollendet hatte« (1. Buch Mosis 2,3). St. Augustinus hielt die Sechs für bedeutungsvoll, weil sie die Summe der ersten drei Zahlen darstellt (1 + 2 + 3). Die sechs im Matthäus-Evangelium (25,35–37) beschriebenen Werke der leiblichen Barmherzigkeit gehören zu den relativ wenigen Symbolreihen in Europa, die auf dieser Zahl basieren. Ein wichtiges Symbol, das auf der Sechs basiert, ist das *Hexagramm,* der aus zwei *Dreiecken* bestehende Stern des »Siegels *Salomonis*«. – In Altchina bevorzugte der berühmte erste *Kaiser,* Shih Huang-ti (221–210 v. Chr.), Gründer des Großreiches der Mitte, eine Sechserordnung und gliederte das Reich in 36 Militärprovinzen mit je einem militärischen und einem zivilen Gouverneur an der Spitze; die folgende Han-Dynastie führte eine *Neuner*ordnung ein. Neben der im alten China vorherrschenden Ordnung auf der Basis der *Fünf* gibt es auch eine solche mit sechs Komponenten: sechs Körperteile (Kopf, Rumpf, je zwei Arme und Beine); sechs Gefühle (Zorn, Schmerz, Haß, Freude, Lust, Liebe), sechs *Flüsse,* sechs große *Könige.* Den »fünf Himmelsrichtungen« wurde gelegentlich noch die vertikale Achse (*oben/unten*) als sechste hinzugerechnet.

Seelenloch, Bezeichnung einer runden Öffnung in den Türverschlußsteinen von vorgeschichtlichen Steinkammergräbern und »Steinkisten«, die vermutlich symbolisch deutbar ist. Zur Erklärung wurde angeboten, entweder an ein Aus- und Eingehen nebelartig vorgestellter Totenseelen zu denken, die ihre Behausung verlassen und über die Le-

Seelenloch im Türstein eines jungsteinzeitlichen Steinkistengrabes, Pariser Becken

benden wachen sollten, oder auch an echte Eingänge für Ausübende des Ahnenkultes, die in der Grabkammer Opfergaben deponierten (doch dafür sind die meisten »Seelenlöcher« zu klein). Eine von D. Evers, Wiesbaden, formulierte Theorie besagt, daß für die Bestatteten ein symbolischer Zugang zu der Welt der Lebenden geschaffen werden sollte, der dem Himmelsnordpol – dem Drehpunkt der *Weltachse* – entspricht. Das »Seelenloch« ist damit auch als Zugangsmöglichkeit zur Überwelt des Himmels zu betrachten und stellt für den in das *Jenseits* eingegangenen Toten die Möglichkeit dar, Unterwelt, Menschenwelt und Überwelt zu verbinden. Die steinerne Grabkammer ist im Sinne dieser Anschauung als ein symbolisches Entsprechungsbild der Unterwelt aufzufassen.

Senkblei, ein Symbolgerät aus der Welt der Bauhütten, das noch heute in der Bildersprache der *Freimaurer* eine bedeutende Rolle spielt. Das Lot ermöglicht »Geradheit und Wahrhaftigkeit« und gehört zu den »beweglichen Kleinodien«, zusammen mit Setzwaage und Winkel. Das Senkblei wird »in das Gewissen gesenkt und prüft die gerade Linie des geistigen Bauwerks« und ist Abzeichen des Zweiten Aufsehers. Symbole mit Hinweis auf Vertikalität sind ursprünglich Hinweise auf den kosmischen Bau, der die *Erde* und *Himmel* verbindende *Weltachse* zum Zentrum hat.

Sibyllen. Sibyllinisch werden im neueren Sprachgebrauch dunkel-orakelhafte Andeutungen genannt, nach den gottbesessenen Seherinnen der Antike, deren Zahl und Wohnort von verschiedenen Autoren mit vielen Varianten angegeben wurde. Meist werden zehn Sibyllen genannt: die chaldäische, hebräische oder persische; die delphische, eine Tochter Apollons; die italische oder cimmerische; die erythräische, die nach Cumae ausgewandert sein soll; die kymerische Sibylle namens Amaltheia oder Herophile; die hellespontische aus Marpessos; die phrygische und die tiburtinische Sibylle namens Albunea oder Aniena. – Die Sibylle von Cumae wird am häufigsten erwähnt; sie soll Aeneas in die Unterwelt geleitet und tausend Jahre lang gelebt haben, nachdem sie aus dem kleinasiatischen Erythrai nach Italien ausgewandert war. Ihre Sprüche sollen wie jene der Pythia von Delphi vom Gott Apollon inspiriert worden sein. Die letzten drei ihrer »Bücher« wurden im kapitolinischen Tempel Roms aufbewahrt, verbrannten aber im Jahr 83 v. Chr.; sie sollen sich mit der Deutung von Vorzeichen, Katastrophen, Monstren, Prozessionen und Opfern befaßt haben. Die Sibyllen sind in den Fresken der Sixtinischen Kapelle verewigt. – Die »Oracula Sibyllina« sind hingegen Hexametersprüche aus dem 5. Jahrhundert n. Chr., christlich redi-

Sichel: Der Fruchtbarkeitsgott Priapus mit Sichel, Esel und Bock. V.Cartari, 1647

Sichel: Das Sichelschwert als Insignie des Mangbettukönigs Munsa. Afrika, 19. Jh.

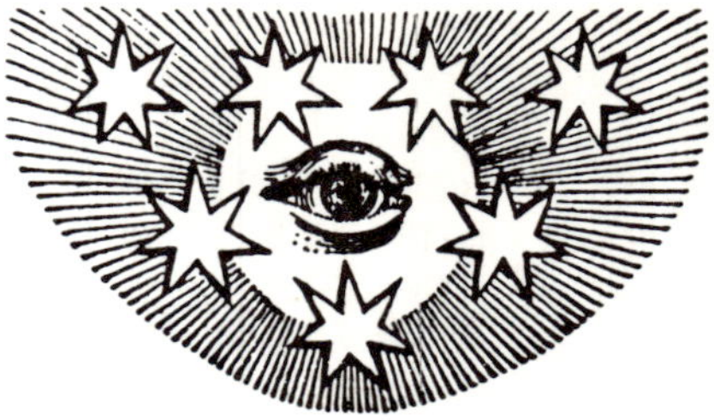

Sieben Sterne und das Auge Gottes. Emblem von Jakob Böhme

gierte Ankündigungen künftigen Unheils.

Sichel, als uraltes Erntewerkzeug der prähistorischen Ackerbaukulturen der Jungsteinzeit zunächst aus Feuerstein hergestellt, später ein Kultsymbol, das mit der *Mond*sichel in Verbindung gebracht wurde. Krumm*schwerter* wurden vielfach als Sicheln bezeichnet, so etwa die Waffe des Gottes Marduk, des Stadtschutzherren von *Babylon.* Mit einer Sichel entmannte (in der Theogonie des Hesiod) der Gott Kronos den Urgott Uranus, ehe er selbst von seinem

Sichel: Die schwebende Sichel, Attribut der hl. Notburga. W. Auers Heiligen-Legende

Sohn Zeus (*Jupiter*) mit dem *Blitz* niedergeschlagen, entthront und verbannt wurde. Die Sichel blieb Attribut des Kronos (lat. *Saturnus*), der als vorhellenischer Fruchtbarkeitsgott angesehen werden muß. Sein Name wurde später mit dem der personifizierten Zeit (*Chronos*) vermengt, die nunmehr die Sichel oder auch die (jüngere) Sense als Hinweis auf die unerbittlich verrinnenden Abläufe der Lebensperioden trägt. Sichel und Sense wurden aus ebendiesem Grund auch *Todessymbole.*

Sieben, die neben der Drei bedeutendste der heiligen *Zahlen* nach der Tradition der altorientalischen Kulturen. Im sumerisch-akkadischen Schrifttum werden sieben Dämonen genannt, die durch sieben Punkte dargestellt werden und im *Stern*bild der Plejaden erscheinen. Bei den Juden wird die orientalische Siebener-Reihe im siebenarmigen *Leuchter* (der Menorah) manifestiert, die wohl auf die Viererteilung des 28tägigen *Mond*umlaufes zurückgeht, ebenso auf die sieben *»Planeten«.* In der Johannes-Apokalypse spielt die Sieben eine große Rolle (sieben Gemeinden, sieben Hörner des *Drachen*ungeheuers, sieben Schalen des Zornes im »Buch mit sieben Siegeln«). Mit der Zerstörung durch göttlichen Zorn hat auch eine berühmte »Siebener-Szene« aus dem Alten Testament zu tun: Sieben Priester mit

Sieben: Die »Sieben freien Künste« unter den Fittichen der Philosophia. G. Reisch, Margarita philosophica, Straßburg, 1508

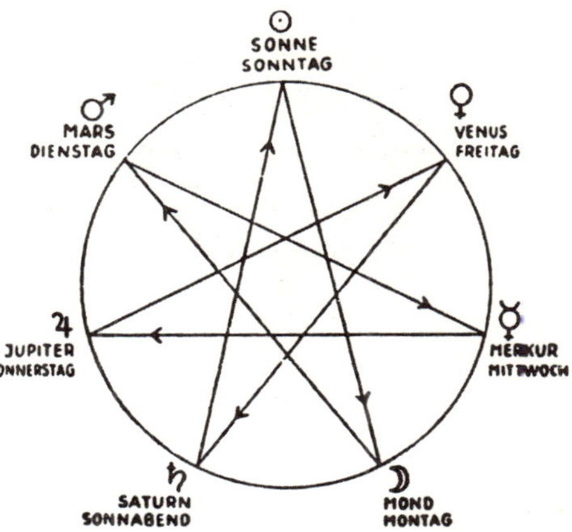

Sieben: Die 7 Planeten der Wochentagsreihe zum siebenzackigen Stern gestellt

sieben *Widder*hörnern (Schofar, vgl. *Posaune*) umkreisten an sieben Tagen die Mauern von Jericho. Am siebenten Tag »zogen sie siebenmal um die Stadt«, und im Kriegsgeschrei der Israeliten stürzten die Mauern ein (Josua 6,6–20). – Im altpersischen Parsismus wurden sieben »unsterbliche Heilige« verehrt, oberste Geister (Amesha Spentas): gute Gesinnung, beste Gerechtigkeit, erwünschtes Gottesreich, fromme Demut, vollkommene Gesundheit, verjüngte Unsterblichkeit, wachsamer Gehorsam. – Im Mittelalter Europas wurden Siebenerreihen geschätzt: Es gab sieben Gaben des Heiligen Geistes, in der Gotik in Gestalt von *Tauben* dargestellt; sieben *Tugenden,* sieben Künste und Wissenschaften, Sakramente, Lebensalter des Menschen, Hauptsünden, Bitten im Vaterunser. – Altchina müßte die Sieben als ungerade Zahl zwar dem männlichen Prinzip Yang (*Yin und Yang*) zugeordnet haben, doch stellte sie die Lebensjahr-Ordnung der Frau dar; nach zweimal sieben Jahren beginnt die »Yin-Straße« (erste Menstruation), nach siebenmal sieben Jahren endet sie (Klimakterium). Siebenmal sieben Tage spielten auch eine Rolle im Totenkult, da an jedem siebenten Tag nach dem Todesfall (bis zum 49. Tag) Totengedenk-Opferfeiern begangen wurden. Am siebenten Tag des siebenten Monats fand ein großes Fest für junge Frauen und Mädchen statt. Die Siebener-Planetenreihe hat in China weniger Tradition als die ältere mit nur *fünf* Wandelsternen und dürfte auf indische Einflüsse zurückzuführen sein. Vgl. *Glücksgötter.* – Die sprichwörtliche »böse Sieben« in der Bedeutung einer zänkischen Ehefrau (*Xanthippe*) kann auf das »siebente Haus« des Horoskops (Ehe) zurückgehen, worin eine ungünstige Aspektierung Streit verheißt, oder im allgemeineren Sinn auf die Sieben eines alten Kartenspiels mit dem Bild des *Teufels,* die alle andern Karten stechen konnte. Auch die im Lukas-Evangelium (8,2) erwähnte Maria Magdalena, aus der »sieben Dämonen ausgefahren waren«, wird in diesem Zusammenhang erwähnt.

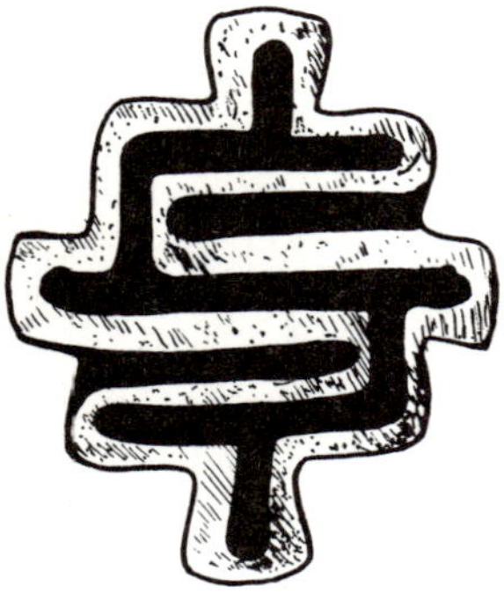

Siegel: Steinerner Prägestempel, Larissa (Griechenland), ca. 4500 v. Chr.

Siegel mit Ritter (Henry de Percy) 1301

Siegel (griech. sphragis, davon Sphragistik, Siegelkunde; lat. sigillum oder signum, Zeichen), zuerst in Mesopotamien als Rollsiegel geläufig, das mit Keilschriftzeichen und figuralen Darstellungen verziert war. Im griechisch-römischen Raum wurden Siegel*ringe* und später Petschaftstempel verwendet, um die Authentizität eines Schriftstückes zu dokumentieren. Dadurch wurden die Siegel zum Inbegriff der Rechtlichkeit und Persönlichkeit. In der Bibel (Jesaias 8,16) heißt es etwa: »Ich will diese Warnung sorgfältig bewahren und die Lehre in meinen Jüngern wie mit einem Siegel verschließen.« Berühmt ist das »Buch mit sieben Siegeln«, die Johannes-Apokalypse, in der das *Lamm* diese Siegel löst. Der Symbolbegriff äußert sich auch in Redewendungen wie »einer Sache sein Siegel aufdrücken, unter dem Siegel der Verschwiegenheit, mit Brief und Siegel, verbrieft und versiegelt; etwas ist nun besiegelt (eine beschlossene Sache)«.

Siegfried, Sagengestalt aus dem Motivschatz des Nibelungenliedes, die zum Idealtypus des blonden germanischen Heldenjünglings stilisiert wurde, was besonders auf die Nationalromantik des 19. Jahrhunderts und auf Wagners »Ring«-Zyklus zurückzuführen ist. Auch in nichtdeutschen Ländern wurde die Figur in dieser Form populär; so wurde in England das Bunkersystem an der Westgrenze Hitlerdeutschlands, der »Westwall«, als »Siegfried-Linie« bezeichnet. – In der altnordischen Prosa-Edda heißt der Held Sigurd, Sohn des Sigmund und der Hjördis, der Fafnirstöter (*Drachen*töter, Fáfnisbani). Nach der Tötung des Drachens ißt er dessen *Herz* und versteht die *Vogel*sprache; später lernt er die *Walküre* Brynhild kennen, wirbt um sie für König Gunnar und heiratet dessen Schwester Gudrun, wird aber noch in jungen Jahren von Gunnars Halbbruder Gutthorm im Schlaf ermordet. – In der dänischen Überlieferung heißt der Held Sivard, der die stolze Bryniel erlöst, die auf dem Glasberg gefangen ist (verbannt wie in der »Waberlohe«); in deutschen Volksbüchern ist vom »gehürnten Seyfried« die Rede, der durch sein Bad im Drachen*blut* eine Panzerhaut erwirbt und unverwundbar wird. Alte Heldenballaden schildern ihn als Überwinder von *Riesen* und Lindwürmern. – Die Faszination des Erzählstoffes vom jungen Helden, der »solare« Züge trägt und durch eine ruchlose »Meintat« sein Leben lassen muß, aber in der Folge

Siegel: Mittelalterliches Stadtsiegel von Meersburg am Bodensee

durch die Ränke seiner Witwe (in der geläufigen Fassung Kriemhild) gerächt wird, wobei zahllose Menschen den Tod finden, muß sehr stark gewesen sein. »Erschlagen ward Sigurd südlich vom Rhein / vom Baume rief der *Rabe* laut: / An euch wird Atli (*Attila*) Eisen röten / der Meineid muß den Mörder fällen!« (»Das alte Sigurdlied«, 5).

Silber, ein »Edel«-Metall wie das *Gold*, wurde allgemein mit dem *Mond* oder Mondgottheiten in Verbindung gebracht und etwas geringer geachtet als Gold (»Reden ist Silber, Schweigen ist Gold«). In Altmexiko wurde es »*weißer* Götterkot« genannt und galt als Ausscheidung oder irdische Entsprechung des Mondgottes. In den alchemistischen Texten wird Silber meist mit dem Namen der Mondgöttin Luna umschrieben. Als Schmuckmetall war es wegen seines im Vergleich zum Gold etwas geringeren Preises das Symbol bürgerlichen Wohlstandes und wurde häufig auch zu Votivgegenständen verarbeitet. Im Volksglauben gilt es als dämonenabwehrendes Metall. Römische Priester sollen zur Abwehr von als unheimlich angesehenen Barbarenvölkern an der Reichsgrenze Silberstatuen vergraben haben. Als sie entfernt worden waren, brachen Goten, Hunnen und Thraker über das Imperium herein. Silbernen Kugeln in Gewehren wurde die Macht zugeschrieben, Wetter*hexen* zu verwunden oder zu töten, wenn in Gewitter*wolken* geschossen wurde.

Sintflut, d.h. große Flut (christlich umstilisiert in »Sündflut«), eine fast die ganze Menschheit austilgende Überschwemmungskatastrophe. Das symbolkräftige Mythenmotiv, aus der Bibel bekannt, ist bereits im sumerisch-babylonischen Gilgamesch-Epos beschrieben, worin der Held auf der Insel Dilmun (*Inseln der Seligen*) den Überlebenden antrifft (Ziusudra oder Ut-napischtim), der von dem einstigen Geschehen berichtet. Ähnliche Motive der Bestrafung menschlicher Unzulänglichkeit durch eine Art begrenzten *Weltuntergang*, der jedoch rückgängig gemacht wird, kommen in vielen Kulturen vor. – In Indien rettet die erste Verkörperung des Gottes Vishnu in *Fisch*gestalt den

Sintflut nach dem biblischen Bericht. G. Doré (1832-1883)

Urvater der Menschheit, Manu, vor der großen Flut auf die *Berge* des Himalaja. In der griechischen Mythologie sind die Überlebenden der Flut Deukalion und sein Weib Pyrrha, die aus *Steinen* ein neues Menschengeschlecht entstehen lassen. In vielen Flutsagen sind *Schiffe* die Rettung der bedrohten Menschheit, so etwa die *Arche* (lat. arca – Kasten) des biblischen *Noah* und seiner Familie, die im Mittelalter vielfach mit dem »Kirchenschiff« verglichen wurde, durch welches die Menschen vor dem Untergang in Sünde und Verderbnis bewahrt werden. Im Talmud gilt der Durchzug der Juden durch das Tote Meer als eine Art von »Gegen-Sintflut«, denn dabei »entfernt sich das Wasser von der Erde und läßt das trockene Land hervortreten. Diese Umkehrung ist ein Zeichen, mit dem Gott der Menschheit zu verstehen gibt, daß er eine andere Haltung ihr gegenüber eingenommen hat ... (damit handelt es sich um) eine feierliche Erklärung Gottes an Israel, daß er dieses Volk unter allen Umständen zum Heile führen und es nicht mehr vernichten wird« (R. Aron 1973). – Flutsagen und andere Traditionen von Katastrophen, mythische Symbole der allgemeinen Bedrohtheit des Menschen durch Naturereignisse und des Eingeständnisses der eigenen Schuldhaftigkeit, sind fast weltweit verbreitet und hängen auch mit dem archaischen Bild einer in Zyklen verlaufenden Schöpfung zusammen, die von Zeit zu Zeit durch die Götter zunichte gemacht und neu begonnen wird: ein Bild, das auch in den Kulturen des alten Mexiko in Form der aufeinanderfolgenden »Sonnen« geläufig war. Das Zeitalter »Wassersonne« etwa wurde durch eine große Flut beendigt, in deren Verlauf sich die damaligen Menschen in *Affen* verwandelten. Vgl. *Fisch, Omphalos.*

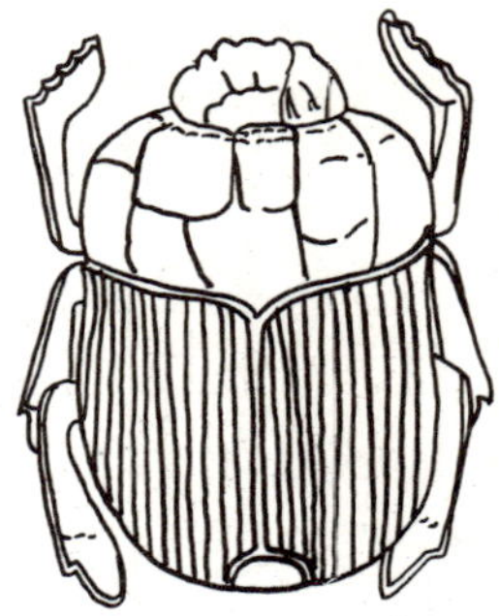

Skarabäus aus dem Halsschmuck des Tutanchamon, 14. Jh. v. Chr.

Skarabäus, der Mistkäfer oder Pillendreher, war in Altägypten und später im ganzen Ostmittelmeer ein wichtiges Symboltier. Dies ist zunächst auf die Lautähnlichkeit seiner Bezeichnung »chepre« mit dem Zeitwort »cheper« (etwa: in einer bestimmten Form entstehen) zurückzuführen, überdies auf die von Plutarch formulierte Vorstellung: »Man nimmt an, daß diese Art von Käfern nur aus männlichen Tieren besteht, die ihren Samen in das Material ablegen, das sie zur Kugel formen. Diese rollen sie dann mit den Hinterfüßen weiter. Indem sie auf diese Weise den Lauf der Sonne nachahmen, die sich von Ost nach West bewegt, scheinen sie einer dem Himmelslauf entgegengesetzten Richtung zu folgen.« Dies führte zu der Ideenverbindung Kugel, Sonne, Selbstzeugung und Erneuerung, und der Gott Chepri war das Symbolbild der aufgehenden Sonne, »aus der Erde entstanden«. Mumien tragen einen »*Herz*skarabäus« als Amulett auf der Brust, und Skarabäen dienten sowohl als *Siegel*steine wie auch als magische Schutzmittel. Sie wurden von Phönikiern und Karthagern nachgeahmt und in harten Halb*edelsteinen* wie Jaspis und Karneol ausgeführt, im 5. Jahrhundert v. Chr. auch von Griechen und Etrus-

Skelett als »Tod« holt den Narren. Sebastian Brants »Narrenschiff«, 1494

kern. Etruskische Skarabäen waren auf allen Märkten des Mittelmeerraumes zu finden und wurden bis zur Halbinsel Krim gehandelt. – Auch in der frühchristlichen Symbolik tritt der Skarabäus als Auferstehungssinnbild auf.

Skelette. Gerippe von Menschen oder Menschengestalten mit deutlich hervortretendem Knochengerüst sind in Kulturen mit schamanistischem Ritual Symbole für ein psychisches Zerfallserlebnis der Personen, die eine Initiation (Einweihung) zum Tranceerlebnis durchmachen. Ähnliche Darstellungen können auch entsagungsvolle Askese symbolisieren. Meist jedoch werden Skelette als *Todessymbole* aufgefaßt, da die Gebeine den Zerfall des Fleisches überdauern und unter günstigen Bedingungen jahrtausendelang erhalten bleiben können. Darstellungen des Weltgerichtes (vgl. *Weltuntergang*) bilden oft die aus ihren Gräbern steigenden Gerippe ab, die auch in der *alchemistischen* Bilderwelt die Auferstehung und Neugeburt des sich wandelnden Grundstoffes (Materia prima) nach der »Schwärzung« (Nigredo) und »Verfaulung« (Putrefactio) versprechen. Üblicherweise ist ein Skelett jedoch die Bildmetapher für den personifizierten Tod mit *Sanduhr* und Sense (oder *Sichel*), die etwa in den *Totentanz*bildern den Gedanken »Media vita in morte sumus« (Mitten im Leben sind wir vom Tod umgeben) symbolisieren, wie dies vor allem in den Epochen mit grassierenden Epidemien (Pest) oft dargestellt wurde.

Skorpion. Das wegen seines Giftstachels gefährliche Spinnentier erhielt naturgemäß schon früh die Symboldeutung der tödlichen Bedrohung, doch auch zum Ausgleich jene der Wahrhaftigkeit. Ein vordynastischer König Altägyptens, vor dem Reichseiniger Menes regierend, hieß Skorpion (Selek), und die weibliche Form, Selket, war Herrin der Zauberärzte. Alte Beschwörungsformeln gegen »stacheltragende Kriechtiere« tragen der erhofften Tatsache Rechnung, daß die göttliche Magie stärker sein möge als jedes Gift. Die Göttin Isis (Eset) ließ sich auf der Flucht vor Seth (Sutech), dem Mörder des Osiris (Usirê), von sieben Skorpionen begleiten. – Die griechische Sternsage erzählt, daß die Jagdgöttin Artemis den

Skelette: Gerippe als Symbol des »Begräbnisses« der sich wandelnden Grundmaterie. Alchemistische Allegorie, Musaeum Hermeticum, 1678

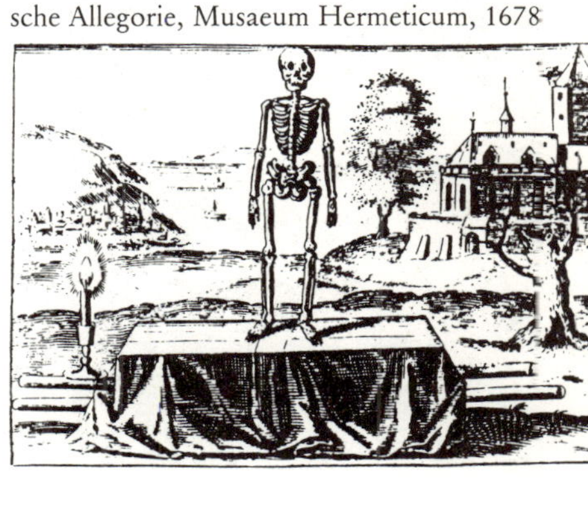

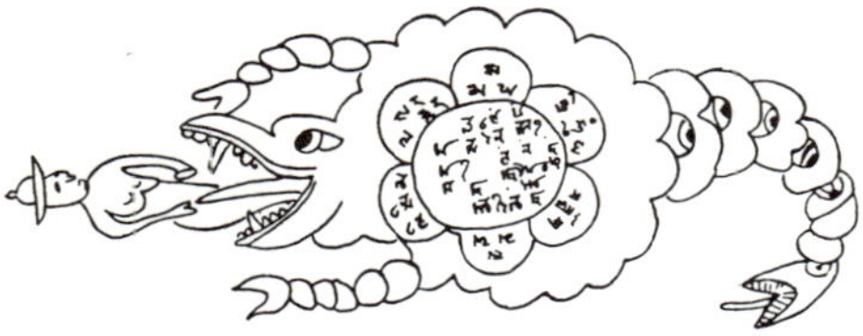

Skorpion: Tibetisches Amulett zur Abwehr von »Gyalpo-Dämonen«

Skorpion ausgesandt hatte, um den gewaltigen Jäger Orion zu töten, worauf beide in den Sternhimmel versetzt wurden. Immer dann, wenn sich im Osten der Skorpion zeigt, flieht der sonst unerschrockene Orion im Westen unter den Horizont. – In der Bibel ist der Skorpion Symbol dämonischer Mächte – ähnlich wie die *Schlange* – und wird in dieser Funktion auch als Teil von *Höllen*tieren in der Johannes-Apokalypse genannt. Auch gefährliche Sekten werden mit Skorpionen verglichen, doch treten sie auch als Emblemtiere der Logik und Dialektik unter den »sieben freien Künsten« (vgl. *Leiter*) auf. Auch der Erdteil Afrika trägt in der mittelalterlichen Symbolkunst den Skorpion als Emblemtier. – In der

Skorpion, immer zum Stich bereit. J. Boschius, 1702

Mayagötterwelt in Yucatán wurde der »schwarze Gott Ek-Chuah«, ein Kriegsgott, mit einem Skorpionschwanz dargestellt. – Für die Astrologie ist der Skorpion das achte Tierkreiszeichen (*Sterne*), die Sonne durchwandert es vom 23. Oktober bis zum 21. November. Der Hauptstern ist der rötliche Antares (»Gegen-*Mars*«), und das Zeichen wird vom Mars regiert (Farbe: *Rot,* Metall: *Eisen*). Die traditionelle Symbolik der Astrologie assoziiert mit dem Skorpion Begriffe wie männlich signierte Sexualität, Zerstörung, Okkultes und Mystisches und Erleuchtung; als Gegengewicht gegen das Gift wird – wie in Altägypten – Heilung und Auferstehung vom Tode genannt. Damit ist selbst ein gefährlich wirkendes Zeichen als ambivalent verstanden – als Veränderer und Symbol der Todesüberwindung. – Vgl. *Heuschrecke.*

Smaragd. »Schmaragd gibt vernunfft, weißheit und geschickligkeit«, schreibt L. Thurneysser (1583). Er war dem Tierkreiszeichen Virgo (*Jungfrau*) und dem Planeten *Jupiter* zugeordnet, und die antiken »Steinbücher« schrieben ihm die Kraft zu, *Stürme* und Unwetter zu verjagen sowie Sklaven zur Freiheit zu verhelfen. Die *grüne* Farbe machte ihn zu einem wirkkräftigen Symbol von *Wasser* und befruchtendem *Regen* (bläuliche Smaragde waren der Venus geweiht). Vielfach wird ihm im Frühling eine besondere Wirksamkeit zugeschrieben. Mittelalterliche Legenden berichten, daß der Smaragd eigentlich aus dem *Höllen*bereich stammt, etwa aus der *Krone* des Luzifer, daß er aber eben deshalb dämonische Mächte besonders gut bewältigen hilft. Bei ritualmagischen Beschwörungen wurde oft ein Smaragd unter die *Zunge* des Magiers gelegt. In neueren Edelsteinbüchern wird er vor allem Kindern empfohlen, die an bösen Träumen leiden, und in der christlichen Symbolik verkörpert er »Glaube und Hoffnung«. – In Altmexiko ist oft von grünen Edelsteinen die Rede, wobei es sich sowohl um Smaragde (aztekisch »chalchihuitl«) oder auch um Abarten der *Jade* gehandelt haben mag. Die grüne Farbe wurde auch dort mit dem fruchtbarmachenden Regen in symbolische Verbindung gebracht.

Sodom (Sodoma) und Gomorrha, im Alten Testament Namen zweier Städte der Kanaanäer im Jordangraben, die infolge eines göttlichen Strafgerichtes untergegangen sein sollen; sie werden auch von Strabon (63 v.–19 n. Chr.) und Tacitus (55 v.–16 n. Chr.) erwähnt. Ein archäologischer Beweis für die Tradition über die gottlosen Städte am Toten Meer (in der rabbinischen Literatur »Meer von Sodom« genannt) wurde bisher nicht gefunden. Im Buch Genesis ist von der Sittenverderbnis der Bürger von Sodom die Rede, die Fremde homosexuell zu schänden begehrten; deshalb »ließ der Herr auf Sodom und Gomorrha Schwefel und Feuer regnen, vom Herren, vom Himmel herab. Er vernichtete von Grund auf jene Städte und die ganze Gegend, auch alle Bewohner der Städte und alles, was auf den Feldern wuchs. Als Lots Frau zurückblickte, wurde sie zu einer Salzsäule ... Qualm stieg von der Erde auf wie Qualm von einem Schmelzofen« (1. Buch Mosis 19,24 u. 28). Sodom ist damit zum Symbol für eine sittenlose Stadt wie *Babylon* geworden; die heute übliche Bedeutung des Wortes Sodomie (Unzucht mit Tieren) läßt sich aus dem biblischen Text nicht ableiten. Im 5. Buch Mosis (Deuteronomium) heißt es: »Der Fels unserer Feinde ist nicht wie unser Fels, das beweisen unsere Feinde. Ihr Weinstock stammt von dem Weinstock Sodoms, vom Todesacker Gomorrhas ...« (32,31–32). – Eigenartig ist die Erklärung für die Sittenverderbnis in der Stadt Sodom in der mittelalterlichen Novellensammlung »Gesta Romanorum« (um 1300), wo es heißt, übermäßige Eßlust, also Völlerei, »verlockte die Sodomiter zur Sünde ... Die Gottlosigkeit der Sodomiter kam daher, daß sie allzuviel Brot hatten und dessen satt waren ... Wir wollen also den Herrn bitten, daß wir auf Erden so die Nüchternheit bewahren, daß wir im Himmel zu seinem Mahle geladen werden.« – Als sich Adit, Lots Weib, umgedreht hatte, wurde sie in der jüdischen Sage zur Salzsäule, die noch heute an diesem Platz steht. »Die *Ochsen,* die in dieser Gegend sind, lecken an ihr täglich, bis nur die Zehen ihrer *Füße* von ihr übrigbleiben, aber des Morgens wächst wieder von neuem, was sie weggeleckt haben« (E. bin Gorion, 1980).

Somnus, lat. für »Traum« (griech. Morpheus, davon »Morphium«), der

Sodom und Gomorrha: Zeichnung nach der Merian-Bibel, Straßburg, 1625

Sonne: Sonnengott (?) auf Stier, sibirische Felszeichnung, Alma Ata, späte Bronzezeit

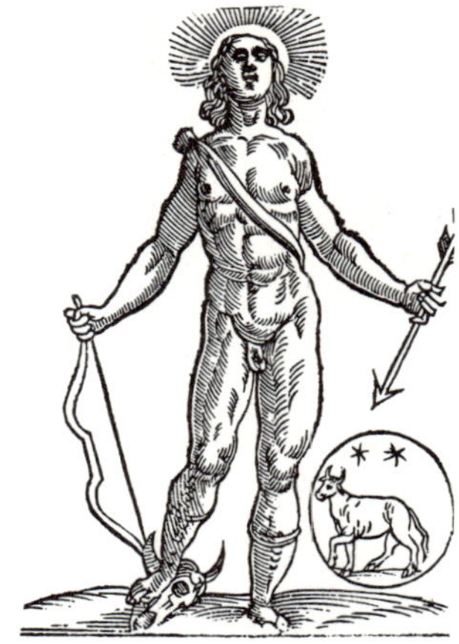

Sonne: Apollo als Sonnengott und Bogenschütze. V. Cartari, 1647

Gott der Träume. Die Gleichsetzung des lateinischen und des griechischen Namens ist angesichts der Tatsache, daß es sich eher um eine poetische Symbolgestalt als um eine Figur der Mythologie handelt, umstritten. In Ovids »Metamorphosen« hat der Traumgott tausend Söhne, was die Vielfalt der Traumgesichte charakterisiert. In der Dichtung wird Morpheus selbst als Personifikation menschengestaltlicher Visionen genannt, dann Icelos oder Phobetor, der Tierträume beschert, und schließlich Phantasus, der als beliebiger unbelebter Gegenstand im Traumleben auftaucht. »In Morpheus' Armen« als Redensart bezeichnet einen Schläfer oder Träumer. Vgl. *Hypnos.*

Sonne, das Taggestirn, hat unter allen Himmelserscheinungen natürlicherweise den ersten Rang. Zahllose Religionen verbinden den Begriff des Gottes im *Himmel* mit jenem der Sonne; der Sonnengott wird unter zahllosen Namen als Vernichter der Finsternis (*Dunkelheit*) angerufen (babylonisch: »Der das Dunkel erleuchtet, den Himmel erhellt, der drunten wie droben das Böse vernichtet . . . Alle Fürsten freuen sich, dich anzuschauen, alle Götter jubeln dir zu . . .«). Der Sonnenkult des ägyptischen Amun-Rê wurde durch den Pharao Amenhotep IV. (Echnaton, 1365–1348 v. Chr.) zu einem monotheistischen System umgeformt (»So schön erscheinst du am Lichtort des Himmels, lebendige Sonne, die zuerst zu leben begann . . .«). Nur im Alten Testament der Bibel wird – im deutlichen Gegensatz zum Sonnenkult der »Heiden« – die Sonne lediglich als eine der beiden »Leuchten«, die Gott an das Firmament setzte, betrachtet. In der christlichen Bilderwelt ist die immer wieder im Osten aufgehende Sonne Symbol der Unsterblichkeit und Auferstehung, und Christus wird auf einem Mosaik des 4. Jahrhunderts mit Helios im Strahlenkranz auf dem Sonnen*wagen* gleichgesetzt oder der Weltenrichter mit einem sonnenartigen *Nimbus* umgeben. Da Christus auch Chronokrator (Beherrscher der Zeit) ist, wird er mit der die Tageslänge markierenden Sonne besonders in der romanischen Kunst gern in Verbindung gebracht. – Graphische Symbole der Sonne sind neben dem uns bekannten mit Strahlen

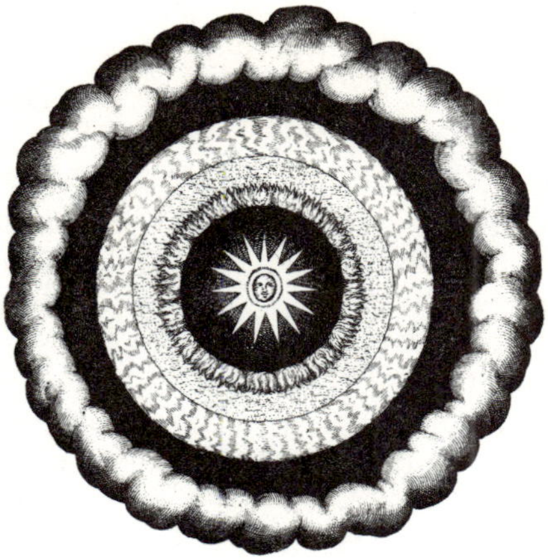

Sonne: Die Erschaffung der Zentralsonne. R. Fludd, Utriusque Cosmi Historia, 1617

Sonne: Sonnenmotiv auf einem Bisonmantel der Prärieindianer (Blackfeet)

umgebenen Kreis in den traditionellen Grundzeichen der *Kreis* mit dem Zentralpunkt und das durch ein Achsen*kreuz* geteilte »Sonnen*rad*«. In der *Alchemie* entspricht der Sonne das glänzende *Gold* (»Sonne der Erde, *König* der Metalle«), astrologisch wird ihr der *Löwe* zugeordnet. Aufgrund einer maskulin dominierten Gesellschaftsordnung ist (im Gegensatz zum deutschen Sprachgebrauch) die Sonne meist »männlich«, wie nach naiver Auffassung die Gottheit selbst (eine Ausnahme bildet etwa die japanische Sonnengöttin Amaterasu Omikami, die jedoch Geschöpf des Himmelsgottes Isanagi ist). – In Gebieten mit drohender Dürre kann die Sonne mit ihrer Glut auch ambivalente oder sogar negative Aspekte annehmen, oder sie muß durch das *Blut* geopferter Menschen für ihren Weg über den Himmel gestärkt werden, um auf diese Weise neue Lebenskraft zu erhalten (Altmexiko). Vgl. *Wagen, Ball, König.*

Der wichtigste alte Kulturraum, in dem die Sonne verehrt wurde, ist zweifellos das alte Peru, das die Sonne als göttlichen Ahnherren des Inkageschlechts ansah. Inka Garcilaso de la Vega (1539–1616) beschreibt den Sonnentempel der Hauptstadt Cuzco so: »Alle vier Wände waren von oben bis unten mit goldenen Platten und Riegeln verkleidet. Im Vorderteil (befand sich) was wir Hauptaltar nennen, (und hier) stand die Sonnenfigur, bestehend aus einer Goldplatte, doppelt so dick wie die anderen Platten, welche die Wände bedeckten. Die Figur mit ihrem runden Gesicht und ihren Feuerstrahlen und -flammen war aus einem einzigen Stück gefertigt, genauso, wie sie die Maler darstellen. Sie war so groß, daß sie den ganzen Vorderteil des Tempels von einer Wand zur anderen einnahm ... Zu beiden Seiten des Sonnenbildnisses befanden sich als Söhne dieser Sonne die Körper der toten Könige, einbalsamiert – man weiß nicht auf welche Weise –, daß sie wie lebendig aussahen. Sie saßen auf ihren auf goldenen Balken stehenden goldenen Stühlen, in welchen sie zu sitzen pflegten ... (Die Tempeltore) waren in der Art von Portalen mit Gold verkleidet. An den Außenseiten des Tempels befand sich ein goldener Sims, bestehend aus über einer Elle breiten Bohlen, der den ganzen

Sophia: St. Sophia als heilige Mutter von Fides (Glaube), Caritas (Liebe) und Spes (Hoffnung). W. Auers Heiligen-Legende, 1890

Tempel wie eine Krone umfaßte.« Die Gleichsetzung Sonne-Gold wurde im andinen Südamerika offenbar so konsequent in die Realität umgesetzt wie sonst nirgends, und die symbolhafte Ideenverbindung von der Unveränderlichkeit des »Edelmetalles« mit der Mumifizierung ist ebenso auffallend wie im Falle des altperuanischen Tempels des *Mondes,* wo die Ahnfrauen des Herrschergeschlechtes in »konservierter Form« inmitten von *Silber* aufbewahrt und verehrt wurden.
In der Astrologie gilt die Sonne wie in der Antike als einer der *»Planeten«* wegen des scheinbaren Umlaufes um die Erde, welche die Jahreslänge bestimmt. Wie der Mond wird auch die Sonne als »Haupt*licht*« bezeichnet, mit Eigenschaften wie »männlich, heiß, dominant«. Der Stand der Sonne in einem Tierkreiszeichen (vgl. *Sterne*) gibt an, unter welchem »Zeichen« ein Mensch geboren ist. Die Sonne hat im Zeichen des *Löwen* ihr »Taghaus« und ist in jenem des *Widders* »erhöht«, erniedrigt hingegen in jenem des *Wassermannes.* Als Sonnenfarbe gilt das Orangegelb, als zugeordnete *Edelsteine* werden *Diamant, Rubin,* Topas, Chrysolith und Hyazinth genannt. Nach traditioneller Symbolik ist die Sonne für *Könige,* väterliche Autorität, für die Stellung des Menschen in der Welt, für Ruhm und Sieg und das *Herz* verantwortlich, für Willenskraft und Vitalität. – Sonne und Mond sind in der *freimaurerischen* Bilderwelt »die zwey physischen Weltlichter, das Vorbild des ersten und zweiten Vorstehers oder Aufsehers, (und) bedeuten, daß jeder gerechte Freye Maurer und Bruder sowohl bey Tag als Nacht das wahre Licht suchen und sich niemal in der Finsterniß der Laster und Untugenden verweilen solle« (Baurnjöpel 1793). – Ikonographisch wird die Sonne meist entweder als Sonnengott mit Strahlenkranz um das Haupt oder als strahlenumkränzte Scheibe mit menschlichem Gesicht dargestellt. Prähistorische Felsbilder aus dem asiatischen Bereich zeigen nicht selten Menschengestalten mit einem »Sonnenrad« als Kopf, von Zacken umgeben und *kreuz*förmig geteilt, wobei die einzelnen Sektoren Punkte enthalten (Hinweis auf eine kalendarische Jahresteilung?). In der prähistorischen Felsbildkunst Nordafrikas treten Bilder von *Stieren* und *Widdern* auf, die – ähnlich wie vergleichbare, aber jüngere Kultbilder aus Ägypten – eine Scheibe auf dem Kopf tragen und als »Sonnenwidder« und »Sonnenrinder« bezeichnet werden. – Als Wappenbild trägt die entweder ein Gesicht tragende oder nur als Scheibe dargestellte (»ungebildete«) Sonne meist abwechselnd gerade und geflammte Strahlenzacken.

Sophia, griech. Weisheit, Wertbegriff der Philosophie im Sinne von Wissenschaft, Kundigsein, Beherrschen von Fertigkeiten, in vollem Umfang nur den Göttern zugänglich, während der Mensch bloß nach ihr streben und dann »Freund der Sophia« (griech. philósophos) genannt werden kann – ein vermutlich auf *Pythagoras* zurückgehender Ansatz. In den jüngeren Lehren der Gnosis wurde die »Pistis Sophia« als Person und Gottheit symbolischen Ursprungs verehrt, im Christentum als heilige Gottesweisheit (Hagia Sophia), wobei menschliche Weisheit die göttliche nur symbolhaft widerspiegeln, aber ihr nie gleichkommen kann. Die christliche Heiligenlegende verehrt die hl. Sophia (lat. Sapientia) als Mutter der drei Töchter Fides (Glaube), Caritas (Liebe, d.h. Nächstenliebe) und Spes (Hoffnung), die unter Kaiser Hadrian (117–138 n.Chr.) den Märtyrertod erlitten haben sollen. Glaube, Liebe und Hoffnung, Töchter der Weisheit, sind die drei »theologischen *Tugenden*«.

Sphinx, griechische Bezeichnung des *Löwe*-Mensch-Mischwesens, das besonders durch die große (57 Meter lange) Felsplastik von Gizeh berühmt geworden ist. Phantastischen Hypothesen zum Trotz stammt diese nicht aus Urzeiten, sondern stellt den Pharao Chephren (um 2600 v.Chr.) mit Löwenkörper dar, um seine Unbesiegbarkeit zu symbolisieren. Auch andere altägyptische *Könige* sind in dieser Form abgebildet worden, etwa Sesostris III. und Amenemhet III., um durch die Symbolkraft des königlichen Tieres den Herrscher von der übrigen Menschheit abzuheben. Selten wurden auch Königinnen in dieser Form dargestellt. – Die Sphinx der griechischen Tradition in weiblicher Form hat ihre Wurzeln eher in einem Märchenmotiv. Sie wurde oft *geflügelt* und immer weiblich als eine Todesdämonin dargestellt, die am Wegrand lauert, den Vorübergehenden Rätsel aufgibt und alle verschlingt, die ihre Fragen nicht lösen können, ehe Ödipus sie durch sein Wissen überwindet. Dadurch wird sie zum Symbol der Menschheitsfrage, die beantwortet werden muß, wenn der Befragte durch Sinnfindung existentiell herausgefordert wird. In dieser Bedeutung der »rätsel-

Sphinx: Kopf einer Sphinx der Königin Hatschepsut, ca. 1490 v.Chr.

Sphinx: Antike Flügelsphinx, 5 cm hoher Elfenbein-Möbeldekor. Kleinasiatische Arbeit, gefunden bei Asperg, Kr. Ludwigsburg, um 500 v.Chr.

Sphinx: Das Mischwesen der griechischen Mythik. V. Cartari, 1647

Spiegel: Des Teufels Hinterteil im Spiegel der eitlen Frau. »Der Ritter vom Thurn«, 1493

vollen Sphinx« wurde sie in den Epochen des Manierismus und Barock gesehen und meist als vollbusige Löwenfrau mit geheimnisvollem Lächeln malerisch und plastisch abgebildet.

Spiegel leiten ihre über die reine Funktion hinausgehende Bedeutung von dem alten Glauben ab, daß das Abbild und sein Vorbild in einer magischen Korrespondenz verbunden sind. Spiegel können in diesem Sinn die Seele oder Lebenskraft des gespiegelten Menschen festhalten; in Volksbräuchen ist es daher geboten, beim Tod eines Menschen Spiegel zu verhängen, um seine Seele nicht im Totenzimmer festzuketten und ihr den Übergang in das *Jenseits* zu ermöglichen. Dämonen und übernatürliche Wesen verraten sich dadurch, daß sie kein Spiegelbild haben, während teuflische Inkarnationen ihr eigenes Bild nicht ertragen können und bei ihrem eigenen Anblick sterben müssen (*Basilisk*). Spiegel sind daher auch Amulette, die vor satanischen Wesen und Kräften schützen. Ursprünglich traf dies offenbar nur auf spiegelnde *Wasser*flächen zu, die auch als Wahrsagebehelfe dienten, da sie etwas wie eine »Gegenwelt« sichtbar zu machen schienen. – In der Antike waren Spiegel aus polierter Bronze und aus *Silber* üblich. Etruskische scheibenförmige Spiegel sind wegen ihres Ritzbilderschmuckes und der Rückseite berühmt, die religiöse Themen (z.B. die Taten des Hercle/Herakles) illustrieren und damit eine über den Alltagsbereich hinausgehende Rolle wahrscheinlich machen. – In Altmexiko gab es Spiegel aus dem polierten vulkanischen Glas Obsidian; der Name des aztekischen Gottes Tezcatlipoca bedeutet übersetzt »rauchender Spiegel«. Auch hier ist eine divinatorische Bedeutung des Spiegels, etwa bei der Provokation von Visionen, sehr wahrscheinlich. – Eine besondere Bedeutung hat der Spiegel in der japanischen Shinto-Tradition. Er ist Attribut der *Sonnen*göttin Amaterasu. Ein heiliger Spiegel gehört zum tabuisierten Reichsschatz (zusammen mit *Perlen* und einem *Schwert*), trägt den Namen Yatano-kagami und wird im Heiligtum von Ise aufbewahrt, vor gewöhnlichen

Spiegel: »Er gibt jedem das Seine zurück«. J. Boschius, 1702

Sterblichen geschützt. Er soll aus Bronze bestehen, 25 cm im Durchmesser aufweisen und die Form einer achtblättrigen Lotosblüte besitzen. Als Throninsignie wird er jedem neuen *Kaiser* in die Hand gegeben. Einer nicht überprüfbaren Tradition zufolge trägt er die Inschrift der hebräischen Gottesoffenbarung »Ich bin, der Ich bin«.
In der Ikonographie des Abendlandes ist seine Bedeutung zwiespältig. Einerseits wird er in der Hand der menschenverderbenden Sirenen dargestellt, ist auch Attribut der personalisierten Luxuria (Wollust, Eitelkeit), andererseits aber auch der Selbstkenntnis-Tugenden Veritas (Wahrheit) und Prudentia (Klugheit). Überdies ist der Spiegel ein Mariensymbol, da sich in der *Jungfrau* Maria Gott durch sein Ebenbild Jesus spiegelte und abbildete, ohne den Spiegel selbst zu verletzen und zu verändern. Auch der *Mond* wird in ähnlicher Sinndeutung marianisches Symbol, da er das Licht der *Sonne* zurückwirft. Die ganze Schöpfung wird als Spiegelbild des göttlichen Wesens angesehen; für Jakob Böhme (1575–1624) ist sie ein *Auge,* das zugleich Spiegel ist und sich selbst sieht. Im Volksmund werden die Augen als »Spiegel der Seele« bezeichnet; ein heller Spiegel symbolisiert Eheglück, ein zerbrochener Scheidung oder *sieben*jähriges Unglück. Auch dunkle Spiegel, die das eigene Bild nicht zeigen (etwa im Traum), sind Unglücks- oder Todesvorzeichen. Der islamische Mystiker Dschelaleddin Rumi (1207–1273) sah den Spiegel als ein Symbol des *Herzens,* das blank und rein sein muß, um die *Licht*strahlen der Göttlichkeit unvermindert reflektieren zu können. Auch ist der Spiegel häufig ein Symbol der nicht-agierenden, passiv sich der übermenschlichen Weisheit anheimgebenden Natur. Der Blick in eine scheinbare Gegenwelt wurde bis in die Gegenwart oft dichterisch verarbeitet (z.B. L. Carroll, »Alice Behind the Mirrors«; J. Cocteau, »Orphée«). – Vgl. *Elster.*
Die tiefenpsychologische Symboldeutung knüpft an die Rolle des Spiegels im traditionellen Volksglauben an. Spiegelträume, so z.B. Ernst Aeppli, haben ernste Bedeutung, und die alte Deutung eines Todesomens erklärt er damit, daß »etwas von uns außen ist, weil wir selbst im Spiegel außer uns sind. Das erzeugt das Primitivgefühl des Seelenraubes. Menschen, die sich lange im Spiegel ansehen, spüren fasziniert etwas Lähmendes ... Den Anblick ihrer selbst halten nicht alle aus. Einige wenige, wie der Narziß des Mythos, kommen sich an ihr im Wasser geschautes Spiegelbild ›abhanden‹. Andere kommen nach erschöpfender Wanderung erst wieder zu sich selber, wenn sie in den Spiegel geschaut, sich ihre tatsächliche Existenz sichtbar belegt haben.« Die Ambivalenz des Spiegel-Symbols hängt in diesem Sinne also wesentlich von der persönlichen Haltung und Reife des »Selbstsehrers« ab.

Spiele sind zweckfreie, lustbetonte, freiwillige Tätigkeiten, die nach bestimmten Regeln ablaufen und z.T. vergessene Symbolbedeutungen in sich bergen. Es kommen dabei Nachahmungen von Riten und Kultspielen vor, die in der Gemeinschaft der Kinder in abgeschwächter Form erhalten geblieben, in der Erwachsenenwelt aber längst vergessen sind. Das »*Himmel-Hölle*-Spiel«, bei dem Kinder einen *spiraligen* Schneckengang auf den Boden zeichnen und auf einem Fuß hüpfend ein Steinchen durch zwölf Felder zum Zentrum schieben, wird als mimische Nachahmung des Sonnenlaufes angesprochen. Davon abgeleitet ist das »Tempelhüpfen«, das einen Prüfungsweg zwischen »Himmel« und »Hölle« simuliert. Unter den Brettspielen scheint das *Mühle*spiel die Spiegelung eines alten *Quadrat*-Weltbildschemas darzustellen, da es oft als Felsritzbild nicht nur »bespielbar« auf ebenen Steinplatten, sondern auch auf vertikalen Felswänden angebracht ist und so mehr als ein bloßes Spielbrett darstellen muß. – Das Schachspiel hatte im alten Indien als Chaturanga *vier* Parteien, und die Züge der Figuren wurden durch den Würfel bestimmt. Es hatte Bedeutung als Meditationsritus beim buddhistischen Vollmondfest. Als Loslösung von dem einst in den Boden geritzten Quadrat können die Spielkarten (mit vier Farben) gelten. Nach Europa kam das Schachspiel als Zweischach. – *Ball*spiele mit ursprünglich ritueller Bedeutung waren nicht nur in Altmexiko üblich (Tlachtli), sondern auch im europäischen Mittelalter, wo oft ein vergoldeter Lederball mit bis zu einem Meter Durchmesser vom Ost- zum Westtor einer Siedlung gespielt wurde, dem *Sonnen*lauf entsprechend. Solche Ballspiele, auch von Klerikern durchgeführt, wurden meist im Frühling (zu Ostern oder am 1. Mai) durchgeführt, etwa von Verheirateten gegen Junggesellen. Offenbar hat demnach auch das Fußballspiel einen symbolischen Hintergrund. – *Pferde*rennen und andere Wettkämpfe begleiteten in vor- oder frühgeschichtlichen Epochen Leichenfeiern, um höheren Mächten Einsatzbereitschaft und Mut zu demonstrieren, während Glücksspiele vielfach aus Orakeltechniken entstanden. Viele Glücksspiele stehen auch für den einstigen Kampf Mann gegen Mann als Schicksalsentscheid, weshalb Spielschulden konsequenterweise als »Ehrenschulden« bezeichnet werden. – Die *alchemistische* Bilderwelt bezeichnet leicht vollziehbare Operationen als »Kinderspiel« (ludus puerorum).

Spiele: Tonfigürchen eines Schlagballspielers in Schutzkleidung. Jalisco, Mexiko

Spindel. Die Tätigkeit des Spinnens wird häufig mit weiblichen Triaden (*Dreigestalt*) übernatürlicher Wesen verbunden (*Parzen,* Moiren, *Nornen*), die den Schicksalsfaden zusammendrehen, aufwickeln und abschneiden. Die weibliche Tätigkeit des Spinnens wird

ihrerseits häufig mit dem *Mond* in Zusammenhang gebracht, dessen drei Hauptphasen (Vollmond, *Sichel*mond, Neumond oder Dunkelmond) auf die dreigestaltige Hekate (Hekate triformis) hinzuweisen scheinen (Ranke-Graves). Auch das Weben von Schicksalsfäden wird weiblichen Gestalten der Überwelt zugewiesen. Daß die Spindel in der *Märchensymbolik* eine wichtige Rolle spielt und mit Tod und Schicksal zusammenhängt, so im Dornröschenmärchen, ebenso mit Triaden (»Von dem bösen Flachsspinnen«, Grimms Märchen I/Nr. 14), ist bekannt. Der scheinbar sterbende und auferstehende Mond weist weibliche Schicksalsmächte dem Begriffsfeld »Unterwelt und Neugeburt« zu. In der christlichen Bilderwelt wird Maria (etwa bei der Verkündigung durch den Erz*engel* Gabriel) gern mit der Spindel in der Hand dargestellt, mit dem Rückverweis auf die Urmutter Eva, die ebenfalls oft spinnend abgebildet wurde (»Als *Adam* grub und Eva spann ...«). Die Assoziation von Maria und der Mondsichel ist allgemein geläufig. – Das Spinnen als Domäne weiblicher Gottheiten und Priesterinnen ist eine weitverbreitete Vorstellung und u. a. bei Ixchel (Isch-tschél) der yukatekischen Maya bekannt, und zwar unter dem Aspekt der Göttin Chac-chel (Rätsch). Ixchel ist eine Mondgöttin und wird mit dem Webstuhl dargestellt, als Ixcanleom auch mit der *Spinne* verbunden. – Im europäischen Mittelalter ist die Spindel Symbol des beschaulichen Lebens und Attribut einiger weiblicher Heiligengestalten (Jeanne d'Arc, der *Jungfrau von Orléans,* als Hirtin; Margarete, Genoveva). – Auch sprichwörtliche Redensarten des deutschen Sprachraumes verbinden die Tätigkeit des Spinnens mit der Spinne, so etwa im übertragenen Sinn von »flunkern, halluzinieren« als »sein Garn spinnen«, ein »Hirngespinst« produzieren, wie die Spinne ihre langen Fäden aus dem Leib hervorgehen läßt; auch schlimme Ränke können gesponnen werden. Vgl. Eidechse.

Spinne. In den Mythen vieler Völker ein Symboltier mit negativer Sinndeutung, gelegentlich ein listiges »Trick-

Spindel: Die Parzen mit dem Lebensfaden V. Cartari, 1647

Spindel: Märchenillustration von Ludwig Richter (1803-1884)

ster«-Wesen wie in den westafrikanischen »Anansi«-Fabeln, die oft schwankhaften Charakter annehmen. Im Vordergrund steht allgemein ein Gefühl der Distanz gegenüber einem Wesen, das ein *Netz* zu spinnen imstande ist und geduldig wartet, bis es dort *Fliegen* und Mücken mit giftigem Biß lähmen und aussaugen kann. Im christlichen Symboldenken ist sie das »böse« Gegenbild der »guten« *Biene* und steht meist stellvertretend für die sündhaften Triebe, die dem Menschen das *Blut* aussaugen. Im Volksglauben gilt sie jedoch auch als Seelentier, in der Annahme, die Seele eines Träumers könne in Gestalt einer Spinne den offenen Mund des Schläfers verlassen und dann dorthin zurückkehren (was auch von der *Eidechse* erzählt wurde). Das Sprichwort »Spinne am Morgen – Kummer und Sorgen; Spinne am Abend – erquickend und labend« soll sich nicht auf das Tier, sondern auf die Tätigkeit des Spinnens beziehen: Das Drehen des Spinnrades am Abend ist erholsame Freizeitarbeit, doch wer bereits am Morgen damit beginnen muß, ist gezwungen, Garn zur Aufbesserung der Kasse zu verkaufen, statt das eigene Haus zu besorgen. – »Giftig wie eine Spinne (jähzornig), spinnefeind, pfui Spinne« und ähnliche Ausdrücke beweisen Abscheu vor dem Tier (vgl. Jeremias Gotthelfs »Schwarze Spinne«), doch wird in manchen Alpengegenden die *Kreuz*spinne wegen ihrer Rückenzeichnung als gesegnetes Wesen und als Glückssymbol betrachtet, das nicht getötet werden durfte. Auch in Altchina bedeutete sie nahes Glück, etwa die Heimkehr eines »verlorenen Sohnes«. Die Spinne, die sich an einem Faden abseilt, wird mit der Erwartung vom *Himmel* herabkommender Freude in Zusammenhang gebracht. – In Ovids »Metamorphosen« wird die sonst so gerechte Göttin Athene als zornige Eifersüchtige beschrieben, die Arachne (griech.: Spinne), eine lydische Prinzessin und hervorragende Weberin, um deren Kunstfertigkeit beneidete. Als Athene sah, daß Arachne auf einem Bildteppich amouröse Abenteuer der Olympier in völlig einwandfreiem Gewebe dargestellt hatte, das selbst die Göttin nicht hätte übertreffen können, zerriß sie das Tuch und verwandelte die stolze Prinzessin in das von ihr am meisten gehaßte Tier, in eine Spinne, die sich ängstlich in ihr Gewebe verkroch. Vgl. *Spindel.*

Spinne, ein mythisches Wesen der Indianer Nordamerikas. Muschelschalen-Gravierung, Mississippi-Moundkultur

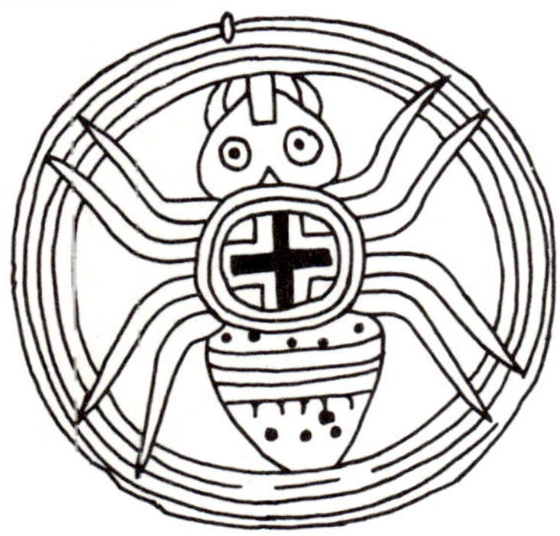

Spirale, ein sehr altes und weitverbreitetes graphisches Symbol, verwandt mit dem *Kreis,* bzw. mit dem System der konzentrischen Kreise, die auf den ersten Blick nicht immer von Spiralen zu unterscheiden sind. Während theoretisch beide Arten von Symbolzeichen sehr verschiedenartig aufzufassen sind, ist es möglich, daß vom Zentrum nach außen gezeichnete »Ringwellen« (konzentrische Kreise) durch rasche und flüchtige Durchführung in Spiralen übergehen und gleichartig zu interpretieren sind. Prinzipiell ist die Spirale ein dynamisches System, das sich – je nach der Betrachtungsweise – entweder zusammenballt oder »ent-wickelt«, wobei die Bewegung entweder zum Zentrum hin- oder aus diesem herausführt. Die Spirale, wie sie sich makrokosmisch, jedoch dem unbewaffneten Auge unsichtbar, in den Spiralnebeln des Kosmos manifestiert, kann z.B. durch die Beobachtung von Turbulenzen (Wirbelströmungen) im fließenden *Wasser* inspiriert worden sein, ebenso aber durch die Betrachtung von ganz ähnlichen Strudeln, die dann entstehen, wenn Wasser oder eine andere Flüssigkeit durch eine Öffnung nach unten ausfließt. In jedem Fall mag dadurch ein Versinken in den »Wassern des Todes« (vgl. *Jenseits*) angedeutet worden sein, ähnlich wie bei den »Wellenkreisen« (Ringwellen, konzentrischen *Kreisen*), was erklären würde, weshalb solche Symbolzeichen häufig als Ritzbilder an den Steinblöcken vorgeschichtlicher Megalith-Grabbauten angebracht wurden. Denkbar ist jedoch auch, daß dadurch ein Bezug zu den Bewegungen der Gestirne am nächtlichen *Himmel* hergestellt werden sollte. Nicht selten ist zu beobachten, daß derartige Petroglyphen (Ritzbilder auf Steinen) durch Spalten in den Bauwerken von *Sonnen*strahlen berührt und durchschnitten werden, und zwar an Sonnwendtagen. Da auch die Sonne allabendlich »im westlichen *Meer* versinkt«, um am nächsten Morgen im Osten wiederzuerscheinen, mag das Anbringen solcher Zeichen auch mit dem Gedankenkomplex »Sterben und Auferstehen« zusammenhängen.

Bei Kulturen, die mit dem Gebrauch der Töpferscheibe vertraut sind, können Spiralen auch durch die einfache Beobachtung begründet worden sein, daß derartige Systeme entstehen, wenn ein Gegenstand (oder Finger) durch den feuchten, kreisenden Ton von innen nach außen geführt wird. Auch zweckfrei-spielerische graphische Betätigung kann jederzeit zu einfachen Zeichen dieser Art geführt haben, ohne daß unbedingt ein tieferer Sinn symbolischer Art vorausgesetzt werden müßte. – Interessant ist das Zeichen der Doppelspirale, die beide Elemente, das Sich-Entfalten und das Sich-Zusammenrollen (»Evolution und Involution«), zu einer Einheit verbindet. Hier kann sich »Werden und Vergehen« ebenso ablesen lassen wie die Umkehrbarkeit dieses Vorganges. In diesem Sinne ließe sich eine Doppelspirale im Schoß*dreieck* ei-

Spirale: Spiralig gerollte Schlange als Spielbrett. Kalksteintafel, vordynastisches Ägypten, ca. 3500 v. Chr.

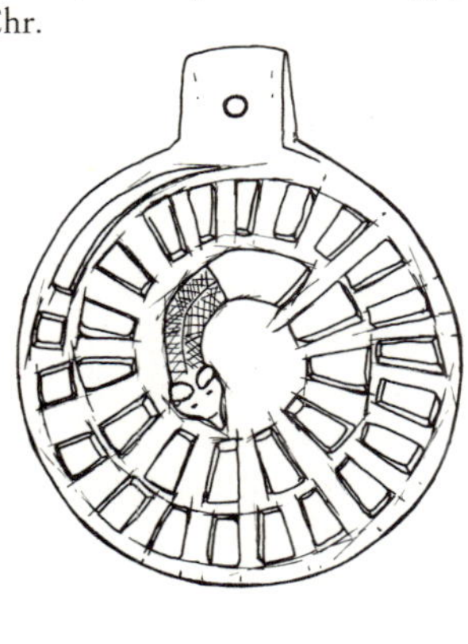

Spirale: Kunstvoll gestaltete Dreifach-Spirale, Symboldekor des Großsteingrabes »New Grange«, Irland, Bronzezeit

Stadt: Assyrische Darstellung einer phönizischen Stadt. Niniveh, 8. Jh. v. Chr.

ner jungsteinzeitlichen »Muttergöttin«-Statuette aus Thrakien deuten. In der romanischen Plastik wurden Doppelspiralen gelegentlich in den Gewandfalten von Christusfiguren wiedergegeben. – In prähistorischen Großstein-Grabbauten treten auch Dreipaß-Spiralen auf, deren Deutung über das dekorative Element hinaus nicht mehr zu rekonstruieren ist. Hypothetisch bleibt auch der symbolkundliche Zusammenhang von Spirale und *Labyrinth,* obwohl der Vorstellungskomplex »schwieriger Weg hinein und wieder heraus« einen Zusammenhang mit der »Stirb-und-Werde«-Symbolik nahelegt.

Stadt, ein Kriterium für den Kulturhistoriker, ob eine Kultur als Hochkultur (Stadt- und Schriftkultur) angesprochen werden kann. Die Stadt ist nicht bloß eine Ansammlung fester Häuser, sondern wird auch durch ein religiöses und ziviles Ordnungszentrum definiert, vielfach auch durch Schutzmauern (in der Neuen Welt nur sehr selten vorhanden). Symbolkundlich ist die Stadt ein mikrokosmisches Abbild der kosmischen Strukturen, nicht planlos gewachsen, sondern gezielt nach den Koordinaten angelegt, mit dem irdischen Gegenstück des Himmelsdrehpunktes im Zentrum (*Omphalos, Mundus, Weltachse*). Hier befindet sich vielfach das Heiligtum des Stadtschutzgottes (in China: ch'eng huang-shen) oder eines göttergleichen Heros, einer Lokalgottheit im Rang eines *Königs.* Diese Entwicklung ist nicht nur in der griechischen Polis feststellbar, sondern auch im alten Mesopotamien und Ägypten. Bei expansiven Staatsgründungen wächst der Schutzgott der zentralen Polis häufig zum Staatsgott, der die Hüter anderer Städte in sein Pantheon einordnet und auf Erden vom *Kaiser* repräsentiert wird. Im christlichen Bereich nimmt oft der Schutzpatron einer Stadt in sehr abgeschwächter Form die Rolle früherer Schutzgötter ein. – Im Abendland ist *Jerusalem* die Idealstadt, mit dem alten Gegenbild *Babylon,* das später auf das heidnische Rom bezogen wird. Die »Stadt Gottes« ist auch Symbol der »*Mutter* Maria«, und Tabernakel und Reliquienschreine werden im Mittelalter nicht selten stadtartig mit Mauern und Türmchen verziert. – Als psychisches Symbol steht die Stadt für das reguläre Lebenszentrum, das oft erst nach langer Wanderung erreicht werden kann, wenn ein hohes Stadium der seelischen Reifung erreicht wurde, wenn die *Pforte* zur spirituellen Lebensmitte bewußt durchschritten werden kann.

Stein, mit der Signatur des Dauerhaft-Unvergänglichen, ist in vielen Kulturen Symbol göttlicher Macht. Dazu kommt oft die Beobachtung, daß manchen Steinen *Funken* entlockt werden können, daß andere vom *Himmel* gefallen sind (Meteoriten) oder auffallende Formen besitzen. In der ersten Phase der Kultur waren Steine Grundstoff der Werkzeug- und Waffenherstellung, wofür offenbar qualitätsbezogene Materialkenntnisse nötig waren. Die Sitte, aus großen Steinblöcken Sakralbauten zu errichten (Megalithbauten wie Dolmen, Stein*kreise,* Steinblockalleen) ist weit verbreitet und geht auf die Epoche um 6000 v.Chr. zurück; vgl. *Menhir.* In mehreren Mythen sind übernatürliche Wesen oder auch Menschen aus Steinen entstanden (*Sintflut*). Im alten Orient war der Stein Zeichen der göttlichen Gegenwart und wurde mit Flüssigkeitsopfern bedacht oder mit Öl und *Blut* gesalbt. Dadurch wurde er zum Altar (Beth-El, Haus Gottes). Auch einfache Steinhaufen (Kerkur in Nordafrika, Obo in Zentralasien) haben religiös-symbolische Bedeutung. Die Wertschätzung des naturgeformten, nicht vom Menschen bearbeiteten Steinblockes kommt im 2.Buch Mosis 20,25 zum Ausdruck, wo es heißt: »Wenn du mir aber einen Altar aus Steinen errichten willst, so darfst du ihn nicht aus behauenen Steinen bauen. Denn wenn du sie mit einem Meißel bearbeitest, entweihst du sie.« Für besonders strenggläubige Juden war daher die Pracht des *Tempels* in *Jerusalem* ein Ärgernis (R.Aron, 1973). – Im altgriechischen Mythos nimmt ein Stein die Stelle des obersten Gottes ein; der Urgott Kronos (*Saturn*) fürchtete, von einem Sohn entthront zu werden, wie er selbst seinen Vater Uranos entmannt und verdrängt hatte, und verschlang daher seine Kinder. Seine Gemahlin Rhea wickelte jedoch einen Stein in Windeln; Kronos (vgl. auch *Chronos*) verschluckte ihn, während der Knabe Zeus in der Verborgenheit aufwachsen konnte und später seinen Vater überwand. Den Stein, den Kronos ausgespien hatte, stellte Zeus

Stein: Jungsteinzeitlicher Dolmengroßsteinbau Keryaval bei Carnac, Bretagne

später in Delphi auf, wo er mit Öl gesalbt und mit einem Woll*netz* umgeben als *Omphalos* (Nabel) verehrt wurde. – In der griechischen *Sintflut*-Sage schafft das überlebende Menschenpaar, Deukalion und Pyrrha, aus Steinen, den »Gebeinen der Mutter *Erde*«, die über die Schulter geworfen werden, ein neues Menschengeschlecht als Ersatz für das in den Fluten ertrunkene des vorhergehenden Weltzeitalters.

Durch *Farbe*, Glanz und Härte ausgezeichnete *Edelsteine* spielen symbolkundlich eine besondere Rolle, doch auch der Steinblock als Baumaterial (»der verworfene Stein, der zum Eckstein wird«) verdient Beachtung. – In der *freimaurerischen Symbolik* stellt der noch ungeformte »rauhe Stein« den Lehrlingsgrad dar; Zielvorstellung ist der »behauene Stein«, der sich in den großen Bau des Tempels der Humanität einfügen läßt. Diese Symbolik geht auf die Dombauhütten des Mittelalters zurück, in welchen die Steinbearbeitung von zentraler Bedeutung war. Gewölbe-*Schlußsteine* wurden oft mit den Steinmetz-Meisterzeichen versehen, die an *Runen* erinnern. – In der christlichen Symbolik wird der Stein oft im Zusammenhang mit der altjüdischen Todesstrafe der Steinigung, an Gotteslästerern vollzogen, in Verbindung gebracht, und zwar bei der Darstellung von St. Stephanus, dem ersten Märtyrer (Protomartyr), seltener auf Bildern des Büßers St. Hieronymus, der sich zum Zeichen der Reue einen Stein an die Brust schlägt. »Steine« im menschlichen Körper (Galle, Niere, Blase) sollte Liborius von Paderborn heilen helfen, der mit drei auf einem *Buch* liegenden Steinen dargestellt wird. – In der Bilderwelt der *Alchemie* ist der »Stein der Weisen« (Lapis philosophorum) Symbol des Endzieles des Strebens, mit dessen Hilfe »unedle« Metalle in *Gold* verwandelt werden können.

Häufig spielen Steine (auch Stein*throne*) in alten Krönungszeremonien eine Rolle; es heißt etwa, daß ein solcher laut schreiend die Stimme erhebt, wenn der wahre *König* ihn berührt (Alt-Irland). Dieser »Stein des Wissens« steht auf einem Hügel der Stadt Tara und wurde traditionell als »Fál« bezeichnet, ebenso als Glied (vgl. *Lingam*) des Helden Fergus. Zwei weitere Steine in Tara standen der Überlieferung nach so nahe beisammen, daß man die Hand nicht durchstecken konnte (Blocc und Bluigne). Wenn die Steine aber einen Mann als künftigen König akzeptierten, so traten sie vor ihm auseinander und ließen seinen Wagen passieren. Wenn jener nun fahrend den »Fál« erreicht hatte, so rieb sich der Stein an der *Wagen*achse, daß alle Anwesenden den kreischenden Laut hören konnten (A. und B. Rees, 1975). Steine, die Spalten und Zwischenräume freilassen, wurden als »Durchkriechsteine« benützt, wobei der sich durchzwängende Mensch symbolisch-magisch Krankheiten und andere Beschwerden abstreifte. Rutschsteine mit eingeschliffenen Gleitbahnen dienten im Volksglauben der Kontaktmagie, indem vor allem Frauen, die mit nacktem Gesäß über sie rutschten, die Kräfte der Fruchtbarkeit aus den »Gebeinen der Mutter Erde« in sich aufzunehmen bestrebt waren und meinten, von Sterilität befreit zu werden. In ähnlichem Sinn galten manche prähistorische Dolmen (Steintischgräber) in der Bretagne als »heiße Steine«, die den Unterleib auf ihnen sitzender unfruchtbarer Frauen mit Kraft aufladen sollten. Ihre »Hitze« symbolisierte die Vitalenergie der Fähigkeit, Nachkommen in die Welt zu setzen. Dem Stein wurde die Kraft zugeschrieben, die Erdkräfte in sich zu speichern und sie bei Berührung an Menschen weiterzugeben. – Vgl. *Geier.*

Dem Grabbau aus Steinen oft gewaltiger Größe, schreibt der Prähistoriker K. J. Narr (1979), »wohnt sicherlich ein Zug zum Monumentalen einerseits, zur Dauerhaftigkeit andererseits inne, bei dem es nicht verwundern darf, wenn er sich auf die Verbindung mit vergangenen und zukünftigen Generationen richtet. Archäologische Megalithdenkmäler lassen denn auch im Befund vielfach eine lebendige Verbindung mit den Verstorbenen erkennen, einen Ahnenkult großen Stils, und damit manchmal verknüpft die Einrichtung von sakralen Bezirken, Versammlungsplätzen und

Steinbock als Flügelwesen von einem Gefäßdeckel. Persien, ca. 350 v. Chr.

Steinbock, nach E. Topsell, The History of Four-footed Beasts, 1658

Sterne: Kreisen der Fixsterne um den Himmelsnordpol. Langzeitfoto, 1898

gelegentlich megalithischen Kultbauten.«

Steinbock, das Gebirgstier mit dem großen gebogenen Gehörn, wird gelegentlich mit dem *Mond*(gott) in Verbindung gebracht, so etwa unter dem Namen Ta'lab von den südarabischen Sabäern. Als Zeichen des Tierkreises hieß er im alten Orient zunächst »*Ziegen*fisch«, ein *fisch*geschwänztes *Wasser*tier mit *Hörnern.* Erst später erhielt das zehnte Tierkreiszeichen seinen heutigen Namen (griech. aigokeros, lat. capricornus). Kaiser Augustus ließ Münzen mit diesem seinem Geburtszeichen prägen. Es gilt als »*saturn*isches« Zeichen, dem das Metall *Blei* und die *Farbe Schwarz* zugeordnet wird. Die Sonne durchläuft es zwischen dem 21. Dezember und 19. Januar, weshalb ihm wegen der Wintersonnenwende und des Längerwerdens der Tage ein positiver Aspekt zugebilligt wurde. Dennoch galt dem »*Bock*« wegen dessen Assoziation mit der Teufelsgestalt in christlicher Ära auch mißtrauische Aufmerksamkeit, und es wurden ihm astrologische Eigenschaften wie Irrtum, Täuschung, Geiz und Einengung zugeschrieben, andererseits freilich Begriffe wie Reichtum, Zurückhaltung, Konzentration und Kraft durch Standhaftigkeit. Als »*Erd*zeichen«, in dem Saturnus sein »Haus« hat, regiert er die Urqualitäten »trokken« und »kalt«, entsprechend den Wintertagen, in welchen sein *Stern*zeichen regiert.

Sterne (Fixsterne), die den Nacht*himmel* erleuchten, gelten als Symbole der kosmischen Ordnung wegen ihres Weges um den Polarstern (*Weltachse*), ebenso als Sinnbilder des nicht immer erkennbaren »*Lichtes* von oben«. In vielen Mythologien werden sie als in den Himmel aufgenommene Verstorbene aufgefaßt. Die jüdische kosmo-

Sterne: Tibetisches Kosmogramm mit Tierkreisbildern im Rahmen des Zentralfeldes

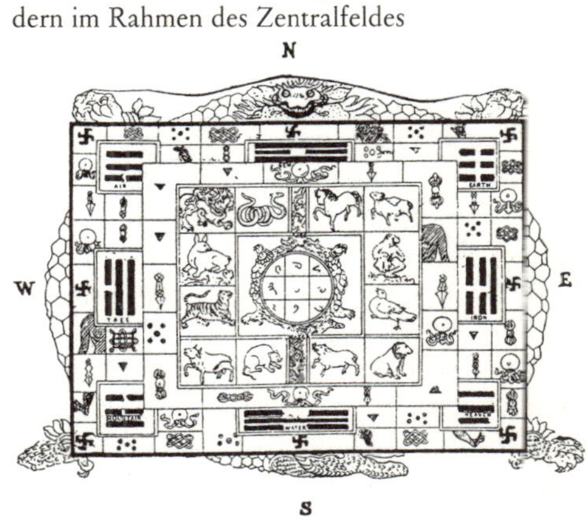

Sterne: Ziselierte arabische Messingplatte mit dem Tierkreis, mittelalterlich

logische Spekulation sah jeden Stern von einem *Engel* behütet, Sternbilder waren harmonisch zusammenarbeitende Gruppen himmlischer Geister. In der christlichen Ikonographie deuteten Darstellungen von Sternen auf himmlisches Geschehen hin (Sternhimmelornamente schmückten bereits die Decken altägyptischer Grabkammern). Die Gottesmutter Maria wurde oft nicht nur auf der *Mond*sichel stehend, sondern auch von einem Heiligenschein (*Nimbus*) in Form einer Sternen*krone* umgeben dargestellt. Die Vielzahl der Sterne galt als Symbol der unzählbaren Nachkommenschaft *Abrahams.* Sinnbild Christi ist »der helle Morgenstern« (Apokalypse 22,16). Bedeutsam ist der »Stern von Bethlehem«, meist *acht*strahlig dargestellt, der die drei Magier (»*Könige*«) aus dem Orient zur Krippe

Sterne: Tierkreisbilder und ihre Symbole

♈	Widder	♎	Waag
♉	Stier	♏	Skorpion
♊	Zwillinge	♐	Schütze
♋	Krebs	♑	Steinbock
♌	Löwe	♒	Wassermann
♍	Jungfrau	♓	Fische

führte. Der *sechs*zackige Stern, aus zwei ineinandergeschobenen *Dreiecken* gebildet, galt als magisches Siegel des Königs *Salomo* (Sigillum Salomonis) und *Davids*schild (Scutum Davidis) – das *Hexagramm.* Der fünfzackige Stern, das *Pentagramm* – auch »Drudenfuß« genannt –, spielt in den magischen Traditionen eine große Rolle und gilt als segensreich, wenn eine Spitze nach oben zeigt, im umgekehrten Fall jedoch als *schwarz*magische Signatur.

In Altchina wurden die Sterne genau beobachtet (Zählung des 2. Jahrhunderts n. Chr.: 11520), und sie spielen in Brauchtum und Sagen eine große Rolle; jeder Mensch opferte zu Neujahr »seinem Stern«. – In der *freimaurerischen* Symbolik ist der »Flammende Stern« bedeutsam (meist fünfzackig, mit Strahlenkranz und einem G in der Mitte, das Geometrie, Gott oder Gnosis bedeuten soll), als Symbol des alle Welt erhellenden *Lichtes* des Geistes, wobei die Deutung jedoch nicht einheitlich ist. – Von den Fixsternen sind die *Planeten,* die »ihre eigenen Wege gehen«, auch symbolkundlich zu unterscheiden. Vgl. *Kreis.* – Die Indianer des peruanischen Inkareiches hielten die Sterne (nach Garcilaso de la Vega, 1539–1616) »für Dienerinnen des Mondes, und daher hatten sie ihnen (im Tempel von Cuzco) den Raum neben ihrer Herrin gegeben, auf daß sie zu derer Bedienung möglichst nahe wären; denn sie meinten, die Sterne wandelten am Himmel mit dem Mond als dessen Dienerinnen und nicht mit der Sonne, weil man sie ja des Nachts und nicht am Tag sähe.« Im mexikanischen Aztekenreich galten die Sterne als Erscheinungen der ersten gefallenen oder geopferten Krieger am Himmelsgewölbe und wurden daher in der bildenden Kunst auch durch Totenköpfe wiedergegeben. – Sternschnuppen wer-

Sterne: Korrespondenzen der Tierkreiszeichen und Körperteile. E. Ratdolt, Flores Albumasaris, 1488

Sterne: Jupiter als Herr des Tierkreises. V.Cartari, 1647

den in den alten Kulturen verschiedenartig gedeutet – etwa als Anzeichen des Todes bedeutender Männer (Altchina) oder als Ankündigung der Geburt eines Kindes, dessen Seele vom Himmel zur Erde herabfällt, um hier zum Leben zu erwachen. – Volkstümliche Redensarten wie »unter einem guten Stern (Glücksstern) geboren sein« oder »etwas steht unter keinem guten Stern« gehen auf populär-astrologische Vorstellungen zurück. »Nach den Sternen greifen« bedeutet, scheinbar Unmögliches in die Tat umsetzen zu wollen, ähnlich »die Sterne vom Himmel holen wollen«. »Sternhagelvoll« (betrunken) bedeutet ein Augenflimmern im Zustand der Benommenheit, das an die Illusion vom Himmel hagelnder Sternschnuppen erinnert.

Problematisch ist eine Erklärung der Symbolik der Sternbilder. Nur wenige von ihnen lassen sich zwanglos als zu verbindende Endpunkte von Figuren auffassen, die ihren Namen entsprechen. Es bedarf großer Phantasie, in verstreuten Lichtpunkten Gestalten wie *Schwan*, Leier, *Jungfrau, Löwe* usw. zu erkennen, und nur wenige wirken so, als würden sie etwas wie eine Einheit bilden (etwa Orion, Kassiopeia). Die alten Sternkarten überzeichnen daher die einzelnen Punkte der Konstellationen mit Bildern, die mit diesen Punkten kaum etwas zu tun haben. In der Tat tragen die Sternbilder bei fremden Kulturen auch ganz andere Namen als die uns geläufigen, oder sie werden zu anderen Bildern kombiniert. Sternbilder waren in der Frühzeit in erster Linie Orientierungshilfen für Seefahrer und wurden mit Sagen und Mythen verknüpft. Besonders wichtig waren jene, die bei der Kreisbewegung des Fixsternhimmels abends nach der Reihe in den Strahlen der untergehenden Sonne verschwinden, um nach einiger Zeit am Morgenhimmel wieder aufzutauchen. Sie wurden nach einer Zwölferordnung (Duodezimalsystem) gegliedert, als Tierkreis (Zodiakus) bezeichnet und teilen so die scheinbare Sonnenbahn in zwölf Felder (*Widder, Stier, Zwillinge, Krebs, Löwe, Jungfrau, Waage, Skorpion,* Schütze, *Steinbock, Wassermann, Fische*). Ein Teil dieser Namen war schon in den alten Kulturen Mesopotamiens geläufig und wurde von Ägyptern und

Griechen in teilweise abgeänderter Form übernommen. In jedem »Bild« verharrt die Sonne ungefähr so lange, bis auch ein Mondphasenwechsel durchlaufen ist (Monat). Die populäre Astrologie schreibt dem »Zeichen« ungefähr jene Wirkung zu, die der Symbolik des Bildes zukommt und dann auch den Charakter des in diesem Zeitabschnitt Geborenen in entsprechendem Sinn bestimmen oder wenigstens beeinflussen soll. Der altchinesische Tierkreis kennt völlig andere Zeichen, und zwar *Ratte,* Rind, *Tiger, Hase, Drache, Schlange, Pferd, Schaf, Affe, Hahn, Hund* und *Schwein.* Gezählt wurden die Jahre nach diesen »Jahresregentenzeichen«, und man sah den Charakter des darunter Geborenen durch die speziellen Eigenschaften dieses Symboltieres bestimmt. – Das Himmelsfeld eines »Zeichens« ist übrigens mit dem eigentlichen Sternbild nicht identisch, sondern ihm gegenüber verschoben (sie deckten sich annähernd vor etwa 2500 Jahren, und in diese Zeit wird daher die erste Festlegung der Tierkreiszeichen verlegt). Ein babylonischer Text aus dem Jahr 420 v.Chr. benannte sie: Lohnarbeiter (Widder), Plejaden (Stier), Zwillinge, Krebs, Löwe, Ähre (Jungfrau mit Getreideähre in der Hand), Waage, Skorpion, bogenschießender *Kentaur* (Schütze), Ziegenfisch (Steinbock), Gula (Wassermann) und zwei Schwänze (Fische).

Die im Abendland traditionellen Tierkreiszeichen werden auf verschiedene Art gegliedert, z.B. nach 3 »Kreuzen«, zu welchen jeweils vier Zeichen gehören: das »kardinale Kreuz« – Widder, Krebs, Waage, Steinbock, mit den vier Erzengeln Gabriel, Raphael, Michael und Uriel in Verbindung gebracht; das »feste Kreuz« – Stier, Löwe, Skorpion, Wassermann, mit den archaischen »Hütern der 4 Weltecken« und im Anschluß daran mit den vier *Evangelisten* assoziiert: Lukas, Stier; Markus, Löwe; Johannes, *Adler;* Matthäus, Mensch oder *Engel.* Als »bewegliches Kreuz« bleiben Zwillinge, Jungfrau, Schütze und Fische. Nach den »vier *Elementen*« wurden vier Trigone zu je drei Zeichen definiert (Feuer: Widder, Löwe, Schütze; Erde: Stier, Jungfrau, Steinbock; Luft: Zwillinge, Waage,

Sterne: »Zähl' sie, wenn du kannst«. J. Boschius, 1702

Sterne: Der »Große Bär« geht niemals unter. J. Boschius, 1702

Wassermann; Wasser: Krebs, Skorpion, Fische). Bereits in der Antike wurde den einzelnen Zeichen eine Symbolkraft zugewiesen, die der heute üblichen Charakteristik in der Populär-Astrologie entspricht, wie der Text »Cena Trimalchionis« (Gastmahl des Trimalchio) von Petronius arbiter (gest. 66 n. Chr.) zeigt, wobei etwa der Grundsatz »Nomina sunt omina« (Namen sind Vorbedeutungen) im Sinne eines Namens-Bedeutungs-Mythos beachtet wurde und noch immer wird. Die Grundlage dieser symbolischen Entsprechungslehre dürften vor allem im hellenistischen Alexandria im 2. Jahrhundert n. Chr. formuliert und verbreitet worden sein.

Die Ablehnung des traditionellen Gestirnkultes, wie ihn noch in historischer Zeit die Sabier in Harrān pflegten, wird in der islamischen Tradition durch die Legende des Erzvaters *Abraham* begründet. Danach lebte dieser die ersten fünfzehn Jahre seiner Existenz hindurch in einer *Höhle* verborgen, um den Nachstellungen des um seine Königsmacht besorgten Königs *Nimrod* zu entgehen, von der Hand Allahs versorgt. Danach führte ihn seine Mutter unter dem Geleit des *Engels* Dschibril (Gabriel) ins Freie. »Als Abraham da den Abendstern als einsames Licht am Nachthimmel erblickte, vermeinte er, dies sei das höchste Wesen und wollte es anbeten; da verblich der Stern, und Abraham schwor sich, nichts anzubeten, was untergehen würde. Und so erging es ihm mit dem aufgehenden Mond wie mit der Sonne am frühen Morgen. Jedesmal war Abraham versucht, in ihnen das Höchste zu sehen und anzubeten. Aber wenn sie versunken waren, ward er betrübt und kam so zu der Erkenntnis, nur den anzubeten und niemanden neben ihm anzuerkennen, der diese Lichter geschaffen und auf die Umlaufbahn gesetzt hatte« (Beltz 1980).

Sterne: Der »flammende Stern« mit dem G als freimaurerisches Symbol

Die Himmelslichter sind nach der streng monotheistischen Lehre nur Symbole des Schöpfers selbst. Das Suchen nach dem letzten Urheber der Macht ist in der christlichen Legende von *Christophorus* in anderer Form manifestiert.

In christlicher Zeit wurden die Tierkreiszeichen mit ihrer Zwölfzahl (vgl. *Edelsteine*) gern mit den Aposteln Jesu Christi in einen symbolischen Zusammenhang gebracht: Widder – Petrus; Stier – Andreas; Zwillinge – Jakobus der Ältere; Krebs – Johannes; Löwe – Thomas; Jungfrau – Jakobus der Jüngere; Waage – Philippus; Skorpion – Bartholomäus; Schütze – Matthäus; Steinbock – Simon; Wassermann – Judas Thaddäus; Fische – Matthias. Die *Sieben*zahl der Planeten wird in der Johannes-Apokalypse durch »sieben Sterne« in Symbolbeziehung gebracht, denn diese Sterne sind die Engel jener sieben Gemeinden, an die sich seine Botschaft speziell richtet. Die Zwölfzahl der Tierkreiszeichen erscheint in Gestalt von zwölf Sternen, die als *Kranz* das Haupt der himmlischen Frau umgeben (Apokalypse 12,1). Vom Himmel fallende Sterne sind Boten des *Weltunterganges.* Der Weihnachtsstern, dem die drei astrologisch versierten Magier nach Bethlehem folgten, wird in der Kunst oft als Komet dargestellt.

Sterne als Wappenbilder treten nicht selten auf, und zwar in der deutschen *Heraldik* vorwiegend in Form von Hexagramm-Sternen, in der romanischen und englischen *fünf*strahlig (seltener

Stier: Urrind, Höhlenmalerei in der Grotte von Lascaux, Frankreich. Eiszeitlich

*acht*strahlig). Goethe wählte als Wappen in Erinnerung an den Anblick des Morgensterns (*Venus*) am klaren Himmel einen *sechs* strahligen Stern auf *blauem* Feld (1775), das ihm 1782 als Adelswappen bestätigt wurde. Ein Sternbild (das »Kreuz des Südens«) ziert seit 1889 das Wappen Brasiliens. *Rote* Sterne sind auf fast allen Staatswappen marxistischer Staaten zu finden, *weiße* u.a. auf dem Sternenbanner der USA, wo sie die Zahl der Bundesstaaten symbolisieren (seit 1960 fünfzig). Fünf Sterne im Wappen von Singapur symbolisieren Demokratie, Frieden, Fortschritt, Recht und Gleichheit.

Stiefmutter. Während die Schwiegermutter nur in abgeschmackten Witzeleien eine negative *Mutter*rolle spielt, ist die Stiefmutter im Sprichwort wie im Märchen der Inbegriff der bösen Anti-Mutter, egoistisch und kinderhassend, selbst zum Kindermord bereit und nicht weit von der konsequenten weiblichen Negativgestalt, der *Hexe*, entfernt. Die Ursache für die Abwertung einer Frauenrolle, die in der Realität von dem Inhalt gehässiger Verleumdungen meist weit entfernt ist, mag in einer unaufgearbeiteten Beziehung zu der realen Mutter liegen, die jedoch aus Konvention vor negativer Besetzung gefeit ist. Das Bestimmungswort Stief- wird von einer Wurzel abgeleitet, die mit »abgestutzt, beraubt, verwaist« erklärt wird und mit dem niederdeutschen »Stubben« (Baumstumpf) verwandt ist. Die Redensart »etwas seiner Stiefmutter klagen« bedeutet »Mühe verschwenden«, und »an der Stiefmutter Grab weinen« steht für »Trauer heucheln«. In Grimms Märchen geht die Gestalt der Stiefmutter oft nahtlos in die der Hexe über (Schneewittchen); »Seit die Mutter tot ist, haben wir keine gute Stunde mehr. Die Stiefmutter schlägt uns alle Tage, und wenn wir zu ihr kommen, stößt sie uns mit den Füßen fort ...« (Brüderchen und Schwesterchen). »Etwas stiefmütterlich behandeln« steht im Sprachgebrauch für »vernachlässigen«, und ein »Stiefkind« kann daher auch eine Pensionsreform oder eine Gesetzgebung sein. – Ungeklärt ist, wie das Stiefmütterchen (Viola tricolor) zu seinem schon im 16. Jahrhundert nachgewiesenen Namen kam. Als geschätzter Heilpflanze der Volksmedizin wurde ihm in der sentimentalen *Blumensprache* des 19. Jahrhunderts eine erbauliche Aussage beigelegt: »Es blickt so mild, so lieb und gut und gleichet dem frommen

Stier, Kupferfigur aus El-Obeid bei Ur, südliches Babylonien, sumerisch

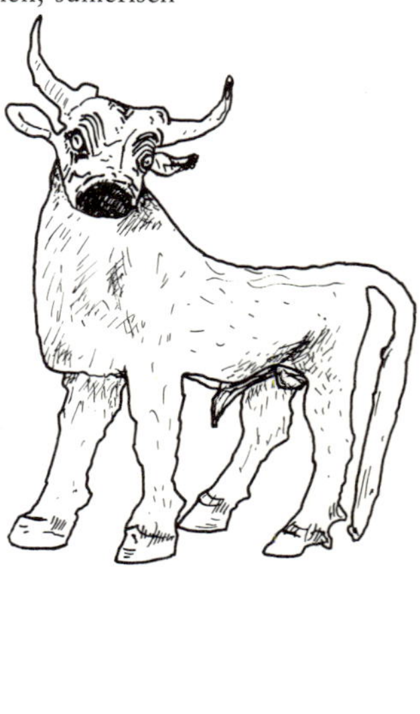

Mutterherzen, das dem fremden Kinde Glaube, Liebe und Hoffnung weihet.«

Stier, in vielen alten Kulturen ein Symbol von großer Eindringlichkeit. In den *Höhlen*bildern altsteinzeitlicher Kultgrotten stellten Darstellungen großer Wildrinder neben solchen von *Pferden* das wichtigste Motiv dar (Wisent und Ur). Der Urstier mußte als Inbegriff vitaler Stärke und maskuliner Macht Eindruck machen, doch bleibt symbolkundlich seine Deutung zwiespältig. Während Kraft und Wildheit imponieren, flößt die dumpfe Brutalität seiner Attacken, wie der Mensch sie erlebt, Furcht ein. Religionsgeschichtlich ist die Rolle des Stieres überaus bedeutsam, was sich in Stierkulten äußert, die vor allem die Zeugungskraft des Tieres betreffen; ebenso bedeutungsvoll ist auch sein Gehörn, das an *Mond*sicheln erinnert (in diesem Zusammenhang wird aber auch die *Kuh* betrachtet). Andererseits gibt es zahllose symbolhafte Riten, die sich mit der Überwindung des Stieres und mit dem Stieropfer befassen. Altkretische Kulte, die vermutlich auch in anderen Kulturen in ähnlicher Form bekannt waren,

Stier: Kretisches Münzbild mit Minotaurus, griechisch

Stier als Inkarnation des Zeus entführt Europa über das Meer (Delphin). Etruskisches Vasenbild, Caere, ca. 580 v. Chr.

machen den Stier zum Objekt athletisch-artistischer Übersprung-Tänze, wodurch der Mensch seine Überlegenheit zu beweisen sucht und die so empfundene dumpf-animalische Natur des Tieres überwindet. Damit verbunden ist das Bestreben, das Rind zu zähmen und in den Dienst des Menschen zu stellen. Während zur Arbeit *Ochsen* eingestellt werden, bleiben unkastrierte Stiere oft im sakralen Rahmen (z.B. der ägyptische Apis, der auch mumifiziert wird) und werden als Abbilder der zeugenden Naturkräfte verehrt. Fruchtbarkeit, Tod und Auferstehung werden vielfach, etwa im spätantiken Mithraskult, mit dem Stier verbunden. Der altkretische Minotaurus, ein Mischwesen zwischen Mensch und Stier, wird zunächst im *Labyrinth* verborgen, dann aber durch den Heros Theseus getötet. Der südwesteuropäische Stierkampf darf nicht in erster Linie als sportliche Darbietung gesehen werden, sondern als ritualisierte Form altmittelmeerischer Stierspiele, die mit einer Opferung des ebenso respektierten wie gefürchteten Repräsentanten der ungebändigten Naturkraft enden. Vgl. Rot.

In der astrologischen Tierkreis-Symbolik (vgl. *Sterne*) ist der Stier das zweite Zeichen des Zodiakus, ein »*Erdzeichen*«, und den unter seiner Regentschaft Geborenen werden Eigenschaften wie Schwerfälligkeit, Bindung an Grund und Boden, Festigkeit und Vitalität zugeordnet. Das Sternzeichen beherrscht den Zeitraum zwischen dem 21. April und dem 21. Mai, und *Venus* hat in ihm ihr »Nachthaus«, was an mythologische Zusammenhänge des Stiergottes mit der Liebesgöttin denken läßt. Die Sternsagen der Griechen sehen in dem Himmelsstier den Minotaurus, aber auch jenes wilde Rind, das einst die Felder um Marathon verwüstete und vom Heros Theseus erlegt wurde. Auf dem Rücken des Himmelsstieres liegt die nebelhafte Sterngruppe der Plejaden, der *sieben* Töchter des *Atlas,* die von dem Jäger Orion (vgl. *Skorpion*) verfolgt wurden, bis sie zuerst in *Tauben* und dann in Sterne verwandelt wurden. Das helle Auge des Himmelsstieres ist der Fixstern Aldebaran. – Vgl. *Hörner.*

Storch. Obwohl die Bibel alle Stelzvögel zu den »unreinen Tieren« zählt (vgl. *Ibis*), wird der Storch ansonsten als Glückssymbol angesehen, hauptsächlich deshalb, weil er auch *Schlangen* vertilgt. Damit ist er Hinweis auf Christus und seine Jünger, die satanische Geschöpfe vernichten. In den nördlichen Ländern wird sein regelmäßiges Wiederkehren im Frühling als Parallele zum Auferstehungsfest gedeutet. Damit im Zusammenhang steht vermutlich seine Rolle als Kinderbringer, wofür aber auch andere Komponenten verantwortlich sind (z. B. Vorstellung vom »Seelenvogel«; Kontakt zu den »*Wassern* der Schöpfung«, aus denen alle Fruchtbarkeit stammt). Eine antike Legende erzählt, daß der Storch seinen greisen Vater ernähre, was ihn zum Symbol der Kindesliebe machte. Auch wurde ihm vielfach hohes Alter nachgesagt, daher war er – vor allem in China – Symbol der Langlebigkeit. Sein ruhiges Stehen auf einem Bein wirkt würdig, nachdenklich und wachsam, was ihn auch zum Vorbild der Meditation und Kontemplation machte. Der alte Name »Adebar« wird vom Zeitwort »bern, bero« (tragen, bringen) und »Od« (Besitz) oder »Atem« abgeleitet, wodurch der Storch entweder als Gaben- oder Besitzbringer oder aber als Bringer des Atems – des Lebens, der Kinder – bezeichnet wurde. Die psychoanalytische Symboldeutung sieht den Storchenschnabel als Bild des Phallus, den »Kinderbrunnen« als Symbol des *Mutter*schoßes.

Storch als Schlangenfresser. C. Gesner, Icones Avium, 1560

Strauß (zoolog. Struthio camelus), der einzige Vogel, dem im üblichen Sprachgebrauch seine *Vogel*natur eigens bestätigt wird (»Vogel Strauß«), wohl um Verwechslungen mit dem Blumenstrauß und menschlichen Trägern dieses Namens zu vermeiden. Ähnliche Unklarheiten herrschten auch in Griechenland, wo er ursprünglich denselben Namen wie der Sperling trug (Struthos); sie wurden durch die Beifügung »megas« (groß) oder später durch die

Strauß in adlerähnlicher Darstellung. Bestiarium. 12. Jh., Bibl. de l'Arsenal, Paris

Namensform »Struthokámelos« (Kamelstrauß) beseitigt, wofür die Größe des Laufvogels, die Form seiner Beine und die »Paarhufigkeit« den Ausschlag gaben. Das Tier ist seit dem 5. Jahrhundert v. Chr. im Mittelmeerraum bekannt und kam damals noch in Nordafrika vor, was durch vor- und frühgeschichtliche Felsbilder bestätigt wird. Aristoteles schrieb ihm eine aus Vogel und Landsäugetier gemischte Natur zu. Die *Feder* als Symbol der ägyptischen Göttin Maat ist offenbar eine Straußenfeder. Der frühchristliche »Physiologus«-Text (2. Jahrhundert) rühmt die »schönen, bunten, glänzenden« *Federn* und meint,

Strauß als Hufeisenfresser. J. Boschius, 1702

der Strauß »fliegt dicht über die Erde hinweg ... Alles was er findet, dient ihm als Speise. Auch geht er zu den Schmieden, frißt das glühende Eisen und gibt es sogleich durch den Darm wieder heraus, glühend wie zuvor. Dieses Eisen wird aber durch die Verdauung leichter und geläutert, wie ich es in Chios mit eigenen Augen gesehen habe (!). Er legt *Eier* und brütet sie nicht wie sonst üblich aus, sondern er setzt sich ihnen gegenüber nieder und schaut sie mit den *Augen* scharf an; sie werden warm und lassen durch die Hitze seiner Augen die Jungen ausschlüpfen ... Deswegen werden in der Kirche die Eier als Vorbild für uns aufgehängt: Wenn wir gemeinsam zum Gebet dort stehen, sollen wir das Auge auf Gott gerichtet haben, weil er uns die Sünden hinweggenommen hat.« – Die andere Vorstellung, derzufolge die Wärme der *Sonne* die Straußeneier ausbrütet, diente als Gleichnis der Auferweckung Jesu aus dem Grab und das Ausschlüpfen ohne Zutun der Eltern (zoologisch natürlich falsch) als Sinnbild der *jungfräulichen Mutter*schaft Marias. Die Fabel, derzufolge der Strauß in kritischen Situationen den Kopf in den Sand steckt und meint, dann nicht gesehen zu werden (»Vogel-Strauß-Politik«), anstatt zu fliehen, machte den Strauß zum Symboltier der »Synagoge« (*Blindheit*) wie auch Trägheit (vgl. *Fasan*). Sprichwörtlich geworden ist auch der »Straußenmagen«, der selbst Eisen und – im übertragenen Sinn – auch schwere Beleidigungen verdauen kann.

Die Flugunfähigkeit des Laufvogels läßt ihn in mittelalterlichen Tierbüchern (Bestiarien) wie den *Schwan* zum Symboltier des Heuchlers und Scheinheiligen werden. Er breitet zwar oft seine Flügel aus, um damit zu fliegen, kann sich aber nicht vom Erdboden erheben – »genau

Stufen des Aufstiegs zum Stein der Weisen. Alchemistische Allegorie, St. Michelspacher, 1616

wie die Heuchler, die sich zwar den Anschein der Heiligkeit geben, in ihren Handlungen aber nie heilig sind ... So ist der Heuchler durch das schwere Gewicht seiner irdischen Güter und Sorgen daran gehindert, sich zu den himmlischen Dingen zu erheben« (Unterkircher), im Gegensatz zu *Falken* und *Reihern*, deren Körper leichter und nicht so erdgebunden sind. – Auch in der Wappenkunst spielt der Strauß eine Rolle, so etwa im Wappen des durch eine Knittelverssammlung berühmten »Doktor Eisenbart« (J.A. Eisenbart, 1666–1727) und – infolge der Sage von seiner Fähigkeit, Eisen zu verdauen – zusammen mit Hufeisen, im Wappen der Stadt Leoben (Steiermark), die Sitz von Eisenindustrie ist.

Stufen, Stiege, Treppe – ein Symbol des Aufstieges in eine höhere, dem *Himmel* nähere Ebene. *Tempel* sind in den alten Kulturen oft in Form von Stufentürmen angelegt (Zikkurat in Mesopotamien; Stupa im indobuddhistischen Raum, etwa der berühmte Terrassentempel Borubudur in Java; Teocalli in Altmexiko; Stufenpyramiden im peruanischen Küstenland). Auch die altgriechischen Tempel sind auf gestuften Fundamenten angelegt worden. Das Höhersteigen entspricht offensichtlich einer »archetypischen« Anlage der Psyche, die eine Annäherung an die dem Himmel zugeordnete Sphäre der kosmischen Ordnung verlangt und die auch der Vorstellung von heiligen *Bergen* zugrunde liegt. Wer sich aus der Alltagssphäre erhebt und eine darübergelagerte Ebene ersteigt, ist der Gottheit näher. Stufentempel sind jedoch nicht nur in ebenen Gegenden wie Mesopotamien als »Ersatzberge« gebaut worden, sondern auch im Umkreis von Gebirgen – so etwa im mexikanischen Hochland (Teotihuacán). Dafür mag das Verdienst des eigenen Bauens von Treppen zu einer götternäheren Ebene des Kosmos verantwortlich sein. – In der Symbolik des *Freimaurer*tums sind die Stufen auf Lehrteppichen (Tapis) mit Graden der Einweihung gleichgesetzt, so etwa drei Stufen mit den Tugenden der Mäßigkeit, Gerechtigkeit und der wohlwollenden Menschenliebe. *Sieben* Stufen im Hochgradsystem, auch im Bild der *Leiter* vorgegeben, symbolisieren die sieben freien Künste und Wissenschaften des mittelalterlichen Lehrschemas, die sieben Menschenalter, ebenso die geforderten »sieben Kardinaltugenden«, die zu Selbsterkenntnis, Selbstbeherrschung und Selbstveredelung führen sollen. Grundgedanke ist immer die Erkenntnis, daß ein symbolisch erlebter Inhalt nicht auf einmal, sondern nach und nach vermittelt werden kann, um den Kandidaten nicht zu überfordern und ihm Schritt für Schritt zu vermitteln, was seine Würde ausmachen soll.

Sturm und Unwetter, astrologische Unheilsprophezeiung. »Practica Teütsch«, 1521

Sturm wird in der Mythik und Symbolik meist deutlich vom Wehen der *Winde* unterschieden und gilt als gewalttätige Äußerung der göttlichen Sphäre, auch als Vermittler des göttlichen Willens. Die zerstörende Wirkung des Sturmwindes, etwa des Gottes Susano-o in Japan oder des Hurakán bei den Hochland-Maya (davon »Hurrikan«), führt zu Beschwichtigungsriten, doch bringt der Sturm oft den nötigen *Regen,* so daß seine Personifikationen ambivalent wirken (z.B. der babylonische Gott des Sturmwetters, Adad, syrisch Hadad, der auch »Herr des Überflusses« heißt, weil er auch für die Fruchtbarkeit des Landes sorgt). Sturmgötter sind vielfach mit Gottheiten des *Blitzes* und *Donners* identisch. Die altindischen Maruts, Gewitter- und Sturmwindgeister, Begleiter des Gottes Indra, zerschlagen mit ihren Streit*äxten* die *Wolken*burgen, damit der Regen daraus herabströmen kann. Im germanischen Raum wurde der Sturmwind oft mit dem Wilden oder Wütenden Heer (Wodans Heer) in Verbindung gebracht, mit einem Geisterheereszug, später als die »Wilde Jagd« eines gottlosen Sonntagsfrevlers erklärt. Im Alpenraum war es oft üblich, Mehl und Brotkrümel in den Sturmwind zu streuen, um ihn zu beschwichtigen (»Windfüttern«, von den *Hexen*jägern als Teufelsdienst verdammt). Die barocke Emblematik vergleicht den Sturm mit den Schicksalsschlägen und weltlichem Unheil: »Wann des Gewitters Sturm und Ungestüm herknallet, / in einen hohlen Fels ein Täublein sich versteckt. / Also, wann diese Welt die Frommen überfallet, / in Christi Wunden sind sie sicher und bedeckt« (Hohberg 1675).

Sturm, durch Hexenwetterzauber erzeugt. Olaus Magnus, Historia, 1555

Sulphur und Mercurius, wörtlich »Schwefel und Quecksilber«, bedeuten in der Symbolsprache der *Alchemie* zwei Uressenzen oder *»Elemente«* im Sinne eines *Dualsystems,* das jegliche Materie aus diesen beiden Bestandteilen zusammengesetzt sieht: aus dem »Brennenden« und dem »Flüchtigen« in verschiedenem Reinheitsgrad und Mischungsverhältnis. Soweit *Gold*synthese wörtlich angenommen und als Ziel angesehen wurde, sollten die beiden Grundessenzen gereinigt und der Gehalt an dem geistähnlichen Mercurius erhöht werden. Durch Paracelsus

Sulphur und Mercurius, alchemistische Symbolzeichen für »Brennendes« und »Flüchtiges« als Urprinzipien

Swastika: Labyrinthisches Mäander-Swastika-Bodenmosaik, in einer römischen Villa in Sparta

(1493–1541) oder einen historisch nicht faßbaren Alchemisten Basilius Valentinus wurde als drittes der »philosophischen« Elemente »Sal« (wörtlich *Salz*) hinzugefügt, das die »Greiflichkeit« bilden sollte: Wenn Holz verbrennt, so stammt die Flamme vom Sulphur, Mercurius steigt im Rauch auf, Sal bleibt als *Asche* zurück. Dieser Pseudo-Elementbegriff erinnert an jenen der Atomphysik, wonach die Materie zum Großteil aus Protonen, Elektronen und Neutronen besteht. Er wurde erst in der Neuzeit aufgegeben, als sich herausstellte, daß das echte Element Schwefel in wirklich reinen Metallen nicht vorhanden ist. Vgl. *Caduceus.*

Swastika (Haken*kreuz*), eine besondere Art des *Kreuzes,* in erster Linie als *politisches Symbol* bekanntgeworden und für ein ur-indogermanisches oder speziell germanisches Sinnzeichen gehalten. In der Tat taucht die Swastika in vielen Kulturen der Alten und der Neuen Welt auf und ist als Variation des Achsenkreuzes im *Kreis* zu verstehen. Die nach einer Richtung umgebrochenen Enden des Kreuzes deuten eine Bewegungsrichtung im Sinne des Kreisens an (»Dynamisierung«). Damit legt das Zeichen z.B. die Vorstellung der Wiederkehr von Jahreszeiten des Sonnenjahres nahe. Es kann in links- und rechtsgedrehter Form auftreten, ist bereits um 2000 vor Christus in der vorarischen Mohenjo-Daro-Kultur (Induskultur) zu beobachten und ist in Altchina als »wan-tsu« ein Symbol der vierfachen Orientierung nach den Himmelrichtungen. Seit ca. 700 n.Chr. nimmt es dort auch die Bedeutung der *Zahl* Zehntausend an (»Unendlichkeit«). Im indobuddhistischen Raum gilt es als »*Siegel* auf Buddhas *Herz*« und wird auch in Tibet als Glückszeichen und talismanartiges Symbol dargestellt. In der indischen Religion des Jainismus bedeuten die vier Arme die Daseinsebenen der Götterwelt, Menschenwelt, Tierwelt und Unterwelt. Im Mittelmeerraum wurden die Haken an den Kreuzenden gelegentlich eingerollt oder mäanderartig gebrochen. Als Vervierfachung des griechischen Buchstabens Gamma (Γ) wurde es auch als »crux gammata« bezeichnet. Hakenkreuzartig wird im nordgermanischen Raum auch das

Amulettsymbol »Thors*hammer*« dargestellt. Seltener ist die Swastika in den Kulturen des vorkolumbischen Amerika zu finden. – Seine Rolle als *politisches Symbol* des NS-Regimes ist auf die romantische Überbewertung des »Germanentums« um die Jahrhundertwende zurückzuführen. Von 1935 bis 1945 war das Hakenkreuz unter dem Reichs*adler* (*schwarz* auf *weißem* Grund) Symbol des »Dritten Reiches«. – Gnostische Sekten der Spätantike führten eine Art Swastika aus an den Knien gebeugten Beinen als geheimes Symbol, damit dem dreiachsigen *Triskelis*-Kreuz vergleichbar.

Tarot, die im deutschen Sprachraum übliche Bezeichnung für die esoterisch-symbolische Verwendung des traditionsreichen Tarockspiels. Phantastische Theorien schreiben seinen Ursprung altägyptischer Mysterienweisheit zu, während Historiker es auf eine altitalienische Bilderenzyklopädie für den Jugendunterricht zurückführen, die im 14. Jahrhundert mit den spanischen Zahlen-Spielkarten in Venedig kombiniert worden sei. Die Namen der 22 Trumpfkarten, der »Großen Arcana«, scheinen mit der mittelalterlichen Bilderwelt zusammenzuhängen und regen die symboldeutende Phantasie stark an, und daraus erklärt sich der Reiz des Tarot für Anhänger geheimer Lehren. »Die enge Verzahnung von Geheimwissenschaft und Tarotspiel ist mittlerweile sogar derart fortgeschritten, daß der Tarot oft nur noch die Funktion zu haben scheint, okkulte Theorien und Spekulationen als Symbolträger zu transportieren« (Tegtmeier 1986).

Die Namen der »Großen Arcana« lauten: 0 – Der Narr (französ. Le Mat, engl. The Fool, wird mit dem *Element* Luft in Verbindung gebracht). I – Der Magier oder Gaukler (Le Bateleur, The Magician, *Merkur*). II – Die Hohepriesterin oder die Päpstin (La Papesse, The High Priestess, *Mond*). III – Die Herrscherin oder die Kaiserin (L'Impératrice, The Empress, *Venus*). IV – Der Herrscher oder Der *Kaiser* (L'Empereur, The Emperor, Wassermann). V – Der Hohepriester oder Der Papst (Le Pape, The Pope oder The Hierophant, *Stier*). VI – Die Liebenden oder Die Entscheidung (L'Amoureux, The Lovers, *Zwillinge*). VII – Der *Wagen* oder Der Triumphwagen (Le Chariot, The Chariot, *Krebs*). VIII – Gerechtigkeit oder Iustitia (La Justice, Justice, *Waage*). IX – Der Einsiedler oder Der Eremit (L'Ermite, The Hermit, *Jungfrau*). X – Das Glücksrad oder Das Schicksalsrad (La Roue de Fortune, The Wheel of Fortune, *Jupiter*). XI – Die Kraft (La Force, Strength, *Löwe*). XII – Der Gehenkte oder Der Erhängte, Die Prüfung (Le Pendu, The Hanged Man, *Wasser*). XIII – Der Tod (La Mort, Death, *Skorpion*). XIV – Die Mäßigung oder Die Mäßigkeit, Der Ausgleich (La Tempérance,

Tarot: Zwei Karten aus dem »Großen Arcana«; »Das Jüngste Gericht« und »Der Teufel«. Frankreich um 1840

Temperance, Schütze). XV – Der *Teufel* (Le Diable, The Devil, *Steinbock*). XVI – Der (vom *Blitz* getroffene) *Turm* (La Maison-Dieu, The Lightening Struck – Tower, *Mars*). XVII – Der *Stern* (L'Etoile, The Star, *Widder*). XVIII – Der *Mond* (La Lune, The Moon, *Fische*). XIX – Die *Sonne* (Le Soleil, The Sun, Sonne). XX – Das (Jüngste) Gericht, Die Auferstehung (La Trompète oder Le Jugement, Judgement, *Feuer*). XXI – Die Welt (Le Monde, The World oder The Universe, *Saturn*).
Die esoterische Spekulation bringt diese Trümpfe auch mit den »Kanälen« (Stegen) zusammen, die in der Geheimlehre der Kabbala die 10 Sephirot oder Grundkräfte miteinander verbinden und den Buchstaben des hebräischen Alphabets entsprechen. So verbindet im »sephirotischen Baum« der Kanal des Buchstabens Beth mit der zugeordneten Trumpfkarte I (Der Magier) die Sephirot Kether (Die *Krone*) mit Binah (Verstehen), der Kanal des Buchstabens Aleph Kether mit Chochmah (Weisheit), und ihm entspricht 0, Der *Narr.* Vgl. aus der umfangreichen Literatur S. Golowin (1985), S. Nichols (1984), R. Tegtmeier (1986). – Die vier Farben der »Kleinen Arcana« heißen *Schwerter,* Stäbe, Kelche und Münzen und werden (in dieser Reihenfolge) mit den vier *Elementen* Luft, *Feuer, Wasser* und *Erde* in analogistische Verbindung gebracht.

Tau, nach alter Auffassung die milde, vom *Himmel* fallende Feuchtigkeit, die belebend und verjüngend wirkt: »Der Tau, den Du sendest, ist ein Tau des Lichts, die Erde gibt ihre Toten heraus« (Jesaias 16,19). Die Antike deutete den Tau symbolisch als Spur der Götterbotin Iris (vgl. *Regenbogen*) oder der Morgenrötegöttin *Eos.* Im Mittelalter wurde der Vers 9 (Jesaias 15) als Prophezeiung

Tau: Emblemkupfer von W. H. Frh. v. Hohberg, 1675

des Erlösers aufgefaßt (»Tauet, ihr Himmel, von oben, ihr Wolken, laßt Gerechtigkeit regnen«). Tau und *Regen* wurden fast immer gleichsinnig mit den Himmelsgaben des Segens in Verbindung gebracht. Himmelstau, lat. ros coelestis, ist auch in der *alchemistischen* Bilderwelt ein Symbol des Keimens zum »*Stein* der Weisen« hin: »Also ist unsere Materie unser Thauwasser, fett, lüftig und schwer, auch über der Erde zu finden ... ein ander thauigtes allgemeines Subjectum, das unmittelbar aus einem himmlischen Erzgewächs kommt, und mittelbar aus den Thieren und Pflanzen ... es ist himmlisch und irdisch, flüssig und fest (vgl. *Koralle*), weiß und röthlich, leicht und schwer, süß und bitter ...« (Hermetisches ABC vom Stein der Weisen, 1779). Damit wird die Ursubstanz »Materia prima« in ihrem wässerigen Aggregatzustand angesprochen, um nach der Fixierung »greifbar« zu werden. Im alchemistischen »stummen Buch« (»Mutus liber«, 1677) wird das Einsammeln der Taufeuchte mit Hilfe von Tüchern allegorisch dargestellt. – In der kirchlichen Symbolik werden die Gnadengaben des Heiligen Geistes durch Himmelstau symbolisiert, der die verdorrten Seelen erquickt und belebt.

Taube mit Ölzweig. Frühchristliche Katakombenmalerei, Sousse, Nordafrika

Taube, in der Symbolik von den alten Kulturen bis in die Gegenwart bedeutsames Symboltier. Der (im Gegensatz zu ihrem realen Verhalten) friedlich-gewaltlose und zärtliche Charakter, der dem Vogel nachgesagt wird, machte ihn zum Inbegriff von Sanftmut und Liebe, nebenbei auch zur Verkörperung von Ängstlichkeit und Geschwätzigkeit. Die heute als Stadtverschmutzerin und Plagegeist eher negativ beurteilte Taube ist Symboltier der Friedensbewegung geworden, was dieser bestimmt eher schadet als nützt (Antagonismus zum *Falken*). In der Antike wurde sie in ähnlicher Symbolik dem *Adler* und dem *Raben* gegenübergestellt (Horaz, Martial, Iuvenal). »Täubchen« war bereits in dieser Zeit erotischer Kosename für die Geliebte wie auch Spitzname käuflicher Mädchen. Dafür war in erster Linie die von den semitischen Völkern des Orients stammende Assoziation mit der Liebesgöttin Astarte (Ashtoreth) verantwortlich, die im 4. Jahrhundert v. Chr. von den Griechen übernommen wurde. Tauben als heilige Vögel der Aphrodite wurden in ihren Heiligtümern (Kythera, Paphos) gehalten und auch mit ihrem Geliebten *Adonis* und mit Eros in Zusammenhang gebracht. Außerdem spielten sie eine Rolle im Orakelwesen: Die weissagenden Priesterinnen im heiligen *Hain* von Dodona, die Peleiaden, wurden Peleiai (Tauben) genannt, seit eine *schwarze* Taube sich dort auf einer *Eiche* niedergelassen und die Gründung eines Heiligtums veranlaßt haben soll. Die Gründungssage des *Jupiter*-Ammon-Heiligtums in der Oase Siwah stellt ebenfalls eine Taube in den Vordergrund. Bei den Juden war die Taube das bevorzugte Opfertier der ärmeren Bevölkerung. Der Instinkt der Nistplatzfindung wurde schon in Altägypten wie im alten China für ihren Einsatz als Brieftaube ausgenützt. Als Spenderin natürlicher Vorzeichen galt die Taube als zwiespältiges Wesen. Taubenfleisch wurde im alten Rom gern genossen, obwohl der Vogel der *Venus* heilig war und Tauben*eier* zur Liebe geneigt machen sollten. In der Heilkunst wurde behauptet, daß Tauben keine Galle hätten und daher besonders friedfertig seien, daß sie selbst Heilpflanzen wie die Ackerwinde und das Eisenkraut zu sich nehmen würden und ihr Fleisch, die Innereien und das Blut besondere therapeutische Wirkung hätten. Selbst Taubenmist wurde zur Bereitung von Verbänden benützt.

In der Bibel ist die Taube Symbol des Endes der *Sintflut* und bringt dem *Noah* einen Ölzweig in die *Arche*. Bei der

Taube: Taubenpärchen, Symbol der Verliebtheit. Kinderbuchillustration, F. Pocci, 1846

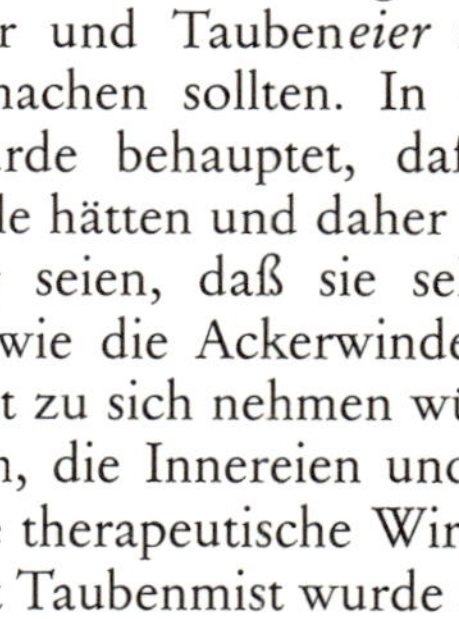

Taufe Jesu im *Fluß* Jordan schwebt eine Taube über seinem Haupt (Matthäus 3,16). Der Heilige Geist wird fast immer in Gestalt einer Taube dargestellt, etwa bei Mariae Verkündigung, in Bildern der Dreifaltigkeit und Szenen der göttlichen Inspiration. Die *»sieben* Gaben des Heiligen Geistes« (Weisheit, Vernunft, guter Rat, Stärke, Wissen, Frömmigkeit und Gottesfurcht) werden durch sieben Tauben verkörpert, und auch Neugetaufte wurden durch Tauben symbolisiert. In der Grabsymbolik ist die Taube der »Seelenvogel«, der zum *Paradies* emporschwebt und dort auf dem *Baum* des Lebens sitzt oder *Wasser* des ewigen Lebens trinkt, aus dem Mund sterbender Märtyrer fliegt oder die Märtyrer*krone* im Schnabel trägt. Der »Physiologus«-Text sagt von der Turteltaube, daß sie von Natur aus geschwätzig ist, aber »wenn sie verwitwet ist, so stirbt sie in der Erinnerung an den verstorbenen Gatten zugleich mit ihm und verbindet sich mit keinem anderen mehr«. Christus ist »unsere überaus beredte geistliche Taube, unser in Wahrheit wohltönendes Vögelchen, das mit seiner Frohbotschaft alles hat tönen lassen, was unter dem Himmel ist ... Der hl. Basilius spricht: Ahmt ihr nun, o Frauen, die Turteltaube nach und bewahrt die Ehe wie sie.« Die Taube verkörpert die Tugend der Mäßigkeit und ist Attribut vieler Heiliger, so der Evangelisten, der hl. Teresa von Avila, von Gregor und Basilius d. Gr., Thomas von Aquin und Katharina von Alexandria, des Columbanus (lat. columba: Taube) und der hl. Scholastica. – In der *alchemistischen* Bildsymbolik ist die *weiße* Taube Sinnbild der Weißfärbung (albedo) der sich zum *Stein* der Weisen wandelnden »Materia prima«: Der »schwarze *Rabe* wird zur weißen Taube«.

Tauben im Aschenbrödelmärchen. Kupferstich von Ludwig Richter (1803-1884)

Als Seelenvogel galt die Taube auch in Indien; in China verkörperte sie Gattentreue und langes Leben, weil die Taube (ko) meist paarweise auftritt und die Brutpflege zwischen Männchen und Weibchen geteilt wird. Auch tritt sie im Kopfputz der »kinderspendenden Göttin« auf und ist, wie es ihre starke Vermehrung nahelegt, auch Symbol der Fruchtbarkeit. – In den deutschen volkstümlichen Redensarten sind die »gebratenen Tauben« zu erwähnen, die im *Schlaraffenland* dem Faulpelz in den Mund fliegen; Goethe schränkte poetisch ein: »Wer aber recht bequem ist und faul – flög dem eine gebratene Taube ins Maul, er würde höchlich sich's verbitten, wär' sie nicht auch geschickt zerschnitten.«

Tee ist in Ostasien nicht bloß ein Erfrischungsgetränk, sondern auch ein Symbol der Kultiviertheit wie auch der Meditation. »Sado«, Weg des Teetrinkens, gehört zur Lebenshaltung des japanischen Zen-Weges. Die buddhistische Legende erzählt, daß die ersten Teeblätter aus den *Augen*lidern des meditierenden Bodhidharma (japanisch

Daruma) entstanden seien. Der »Heilige« habe sie sich abgeschnitten, um nicht einzuschlafen, und die Blätter, die daraus wuchsen, haben daher eine muntermachende Wirkung. Chinesische Überlieferungen schreiben die Entdekkung des Tees einem aus einem *Ei* ausgeschlüpften Lu-Yü (um 800 n.Chr.) zu. Die japanische Teezeremonie geht auf das Jahr 1286 zurück und wird dem Mönch Shomei zugeschrieben, der den Teegenuß samt allen Utensilien aus China einführte. Das zeremonielle Teetrinken findet im *Garten* (Roji) statt, in dem das Teehaus (Chahitsu) steht, und darf nie hastig, sondern muß im Zustand innerer Sammlung und Konzentration auf die innere und äußere Harmonie durchgeführt werden, wobei die meisten Handgriffe von der Etikette genau vorgeschrieben sind. Das dabei erfahrene Gefühl der Ruhe und Vollkommenheit soll nach der Zen-Philosophie auch auf das Alltagsleben der Teilnehmer fortwirken. Die Teeschalen (japanisch chawan) sollen daher von einfacher Schönheit (wabi) von Form und Farbe sein. Als für Sammler besonders wertvoll gelten Teeschalen aus Kyoto, in *schwarzer* und *roter* Farbe bemalt.

Tell (auch Tall, Thäll), Wilhelm, legendäre Symbolfigur der Schweizer Unabhängigkeits- und Freiheitsliebe. Der Tradition zufolge war Tell ein Jäger aus dem Dorf Bürglen (Uri), der von dem tyrannischen Landvogt Geßler der Habsburger dazu gezwungen wurde, vom Haupt seines kleinen Sohnes mit dem Armbrustbolzen einen *Apfel* herunterzuschießen. Dies gelingt, doch bald tötet Tell in der »Hohlen Gasse« bei Küs(s)nacht auch den Landvogt selbst; er gibt damit das Signal zur Erhebung gegen die habsburgische Herrschaft und zur Gründung der Eidgenossenschaft. – In neuerer Zeit wurde die Symbolwirkung der Sage als Ausdruck der bodenständigen Selbsteinschätzung des Schweizers ebenso betont, wie auch darauf hingewiesen wurde, daß das Motiv des durch Zwang auf sein Kind schießenden Jägers viel älter ist als der Zeitraum, in dem sich die Episode in der Schweiz abgespielt haben soll. Saxo Grammaticus (um 1200) schreibt diesen Schuß in der Pálnatoki-Sage einem Toko zu, die altnordische Thidreks-Saga einem Egill. In der schottischen Sagenwelt heißt der Schütze William Cloudesly. Erst im 14. Jahrhundert behandelt ein »Tellenlied« den Stoff im heutigen Kontext, der bald durch Volksballaden erweitert und um 1470 mit dem »Rütli-Schwur« verknüpft wurde. Berühmt wurde die Geschichtssage über die Schweiz hinaus durch Schillers »Wilhelm Tell« (1804), ebenso durch Rossinis »Guglielmo Tell«, im Geist des italienischen Risorgimento erfaßt (1829). Tell wurde zur Symbolgestalt eines biederen, aber unerschrokkenen Freiheitshelden und Rebellen

Tell: Der Apfelschuß, Holzschnitt von Meister D.S., 1707

Tempel: Münze aus Ephesos mit Roma-Augustus-Tempel. 19. Jh. v. Chr.

gegen eine unerwünschte Obrigkeit. – Der auf der Stange aufgepflanzte Hut des Landvogts ist übrigens ein altes Rechtssymbol der Gewalt des Kriegs- oder Gerichtsherren, also nicht ein Hinweis auf tyrannische Willkür.

Tempel, nicht nur Bezeichnung für Bauwerke sakraler Natur, sondern ebenso Symbol für »Heiligtum« in jedem nur denkbaren Sinn, auch für höheres Streben, das in der Alltagswelt einen spirituellen Raum errichten will. In der christlichen Symbolik wird der Mensch als »Tempel Gottes« aufgefaßt, oder es heißt: »Christus, der wahre Tempel, darein wir gehen müssen ... Der Tempel Gottes ist das geformte Wort Gottes; im Tempel des Heiligen Geistes wird Gottes Wort gelehrt ... Wir müssen in den Tempel Jesu Christi eingehen, wider aller Teufel Wehren« (Jakob Böhme, 1575–1624). Wortwurzel ist das griechische témenos, abgetrennter Bereich, für den Kultraum, der von der profanen Welt durch Mauern abgeschieden ist. Im symbolischen Sinn sollen jedoch diese Trennwände, obzwar zum Schutz des Heiligtums vor Schändung wie auch zur Bewahrung der Außenstehenden vor der darin wohnenden Macht notwendig, auch wieder aufgehoben werden, um das Heilige so weit als nur möglich auszubreiten. Der Tempel ist vielfach nach dem kosmologischen Modellbild des Weltalls ausgerichtet und gibt sinnbildhaft die Weltordnung wieder (vgl. *Weltachse, Omphalos, Kreuz, Quadrat*). Die Zikkurat-*Stufen*pyramidentempel des alten Mesopotamien (vgl. *Babel, Turm*) tragen häufig Namen, die in der Übersetzung ihre Natur als Götterberge, Weltzentren und Verbindungsplätze der Götter- mit der Menschenwelt offenbaren: »Haus der Fundamente des Himmels und der Erde« (Babylon); »Tempel der sieben Wächter des Himmels und der Erde« (Birs Nimrud); »Haus des Berges des Universums«. Der Name des großen Altars des salomonischen Tempels, 'ar'el, wird vom akkadischen »arallû« abgeleitet, das doppeldeutig sowohl »Unterwelt« als auch »Götterberg« bezeichnen soll. Der Altar wie auch der unter ihm liegende *Stein* Schetija wurden also vermutlich als symbolischer Berg und als Weltnabelzentrum aufgefaßt. – Wichtig ist diese Tempelsymbolik mit ihrem idealen Zentrum auch in der Ideenwelt des *Freimaurer*tums. Der Tempel des Königs

Tempel: Altmexikanisches Heiligtum des Höhlengottes mit Drachenmaulportal. Codex Borgia

Salomo, dessen Baubeginn in das Jahr 966 v.Chr. fällt, galt in der jüdischen Weltsymbolik als idealisiertes Abbild der Erde. Die Vorhalle (Ulam) entsprach dem *Meer,* das Heiligtum (Hekal) dem Festland, das dunkle Allerheiligste (Debir) dem *Himmel.* Dieser Tempel der Stadt *Jerusalem* wurde in der Bauhüttentradition des Mittelalters zum Prototyp eines Lehrbildes, aus dem sich das Ideal des Baues eines geistigen »Tempels der Humanität« (oder »der allumfassenden Menschenliebe«) ableiten läßt; er soll eine befriedete Menschheit aufnehmen, »jene Menschheit, die ihn bauen soll und die mit ihm identisch ist. Denn der Gedankengang des Tempelbaues wird erst faßlich, wenn Tempelbau und Menschheit einander gleichgesetzt werden« (Lennhoff-Posner). Die Werkzeuge (*Winkelmaß, Zirkel, Dreieck, Hammer* usw.) sind symbolisch der Errichtung eines solchen idealen Tempels zu Ehren »des allmächtigen Baumeisters aller Welten« zugeordnet, wobei die einzelne Persönlichkeit als »kubischer *Stein*« in den Bauverband eingepaßt werden soll. Auch der Versammlungsraum der Logen wird als »Tempel« bezeichnet. – Vgl. *Berg.*

Teufel (griech. diabolos), der Widersacher und Verwirrer (Satan), ist das Gegenbild des Gottes im *Himmel* als Regent der *Hölle.* Seine Attribute stammen wohl in erster Linie von dem etruskischen Unterweltsdämon Charu: geierschnabelartige *Nase,* spitze Tier*ohren, Flügel,* hauerartige Zähne (ähnlich dem Dämon Tuchulcha), der als Symbol des Todes einen *Hammer* trägt. Dazu kommen körperliche Eigenschaften des *Bockes* wie *Hörner* und Bocksbeine, Bocksschwanz, wodurch das symbolhafte Bild an den griechischen Naturgott *Pan* erinnert. Seltener werden ihm *Pferde*hufe (oder, als Zeichen der Zerrissenheit, ein Menschen- und ein Pferdefuß) zugeschrieben. Um seine Flügel von jenen der *Engel* zu unterscheiden, wird er oft mit den Flügeln der nächtlich umherflatternden *Fledermaus* ausgestattet. Auf Bildern des Hexensabbats auf verrufe-

Tempel: Kolonialzeitliche Darstellung einer mexikanischen Stufenpyramide mit Doppelheiligtum. Codex Jxtlilxóchitl

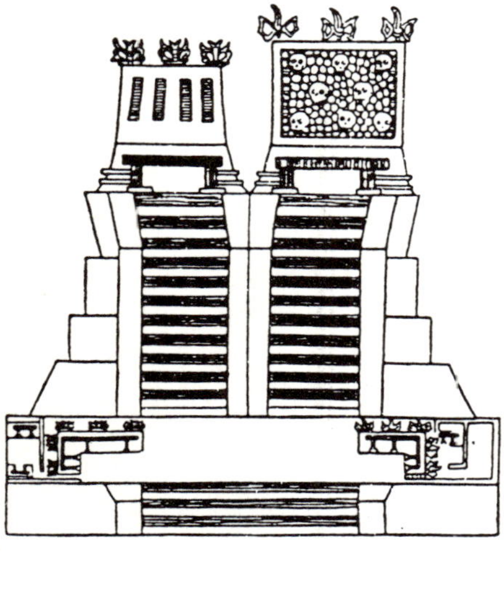

Teufel: Dämonengestalten aus der polemischen Schrift »Wider das Bapstum zu Rom vom Teuffel gestiftft« (L. Cranach, 1545)

Teufel: Sigillen und Symbolbilder der Höllenfürsten. Aus dem Zauberbuch »Le Véritable Dragon Rouge«, 1822

nen *Bergen* trägt er häufig am Gesäß ein zweites Gesicht, das seine Untertanen küssen müssen (Schandkuß, osculum infame). Legendäre Ausschmückungen der Bibelstelle Jesaias 14 führen die Existenz des Teufels (Luzifer, Phosphoros = Lichtträger) auf seine Empörung gegen Gott und seinen Sturz in die Unterwelt (vgl. *Gral*) zurück. Nicht immer ist er jedoch als Schreckgestalt vergegenwärtigt. In Volkssagen tritt er als Jäger in *grünem* oder *rotem* Gewand auf, auf mittelalterlichen Plastiken auch als schöner und verführerischer »Fürst dieser Welt«, dessen Rücken jedoch von *Kröten, Schlangen* und Würmern zerfressen ist. Schlangen und *Drachen* sind auch sonst seine Symbole, gegen die Heilige kämpfen. Wegen seiner Macht und seines Königtums im widergöttlichen Reich gehört auch der sonst positiv gesehene *Löwe* zu seinen Symboltieren, im Sinne von 1. Petr. 5,8: »Der Teufel geht umher wie ein brüllender Löwe und sucht, wen er verschlinge.« Der mit Hinterlist und Bosheit assoziierte *Fuchs* ist ebenfalls Teufelssymbol. – Als Gegenbild zur himmlischen *Dreifaltigkeit* wird auch der Höllenfürst nicht selten dreigesichtig dargestellt, so etwa in Holzschnitten zu Dantes »Göttlicher Komödie«. Symbolgeschöpfe des Teufels sind oft auch ein roter *Vogel,* das rötliche *Eichhörnchen,* der *Basilisk* und der *Kuckuck.* – Die XV. Karte der »Großen Arcana« des *Tarot,* Der Teufel, zeigt einen gehörnten Höllenfürsten mit Fledermausflügeln auf einem Podest, an dem zwei zu Teufeln umgewandelte Menschen angekettet sind. Deutung: Bestrafung, Schuld, Triebgebundenheit.

Thanatos, Symbolgestalt des Todes im antiken Griechenland, als Zwillingsbruder von *Hypnos* (*Somnus*), dem Traum, und als Sohn der *Nacht* (Nyx) bezeichnet. In der europäischen Kunst und Literatur wird er als ernster, ge*flügel*ter Jüngling mit einer verlöschenden oder verlöschten *Fackel* in der Hand dargestellt. In der Antike war sein Bild sehr negativ gestaltet, und es hieß, daß selbst die Götter ihn haßten. Es wurde ihm die Funktion zugeschrieben, Seelen der Toten in die Unterwelt (*Jenseits*) zu bringen, soweit dies nicht die *Erinnyen* taten. In einem Drama des Euripides (ca. 480–406 v. Chr.) soll Thanatos die Seele der Alkestis, die ihr Leben für das ihres Gatten Admetos geopfert hat, aus ihrem Grab holen und in den Hades bringen, doch Herakles ringt ihn nieder und bringt Alkestis in die Welt der Le-

Thanatos legt einen Toten ins Grab. Detail aus einem attischen Vasenbild, ca. 450 v. Chr.

Thron: Isis mit Thron als Kopfdevise. 15. Jahrhundert. v. Chr.

benden zurück (Opern von Lully und Gluck, Oratorium von Händel).

Thron (von griech. thronos). Jede hierarchisch gegliederte Gesellschaft brauchte erhöhte und sakral gewertete Sitzplätze für den Häuptling, *König* oder *Kaiser*, damit dieser bei offiziellen Anlässen auch im Sitzen eine höhere Stufe einnehmen konnte als »gewöhnliche Sterbliche«. Damit wurden die Throne selbst symbolisch verabsolutiert und stehen in vielen Redewendungen für »imperiale Macht«. Berühmt ist der sog. »Thron des Minos« im kretischen Knossos. Bei Homer sitzen Götter, Könige und Adelige auf Thronen; für Götter konnten auch leere Throne als »potentielle Sitze« unsichtbar anwesender Übernatürlicher aufgestellt werden. Griechische Throne wurden seit dem 7. Jahrhundert v. Chr. durch orientalische Einflüsse besonders prunkvoll ausgestaltet. Berühmte Götterthrone waren der des Apollon in Amyklai und jener des Zeus im Bildwerk des Phidias in Olympia. Rom kannte Throne für den Kaiser und die Göttin Roma, und ihnen wurden – mit *Krone* und *Zepter* geschmückt – göttliche Ehren erwiesen, wie auch bei den Hethitern Kleinasiens Throne selbst wie göttliche Wesenheiten angesehen wurden. – In der Bibel gibt es viele Stellen, die sich auf den Thron Gottes beziehen. König *Salomo* ließ sich als sein irdischer Stellvertreter »einen großen Thron aus Elfenbein errichten und mit gediegenem *Gold* überziehen« (1. Buch der Könige 10,18). Jesus verspricht seinen Aposteln, daß sie auf zwölf Thronen sitzen und über die zwölf Stämme Israels richten werden, »wenn der Menschensohn auf dem Thron seiner Herrlichkeit sitzen wird« (Matthäus 19,28). In der Johannes-Apokalypse heißt es: »Und ich sah einen großen weißen Thron, und jenen, der darauf saß. Vor ihm entflohen die Erde und der Himmel.« – Im Mittelalter galt der Thron Salomonis als Mariensymbol (Elfenbein – Reinheit; Gold – die einhüllende Gottheit, die hinführenden *Stufen* – *Tugenden*). Der Thron Petri (Cathedra Sancti Petri) ist das Symbol des Papsttums; auch Bischöfen und Äbten wurden Thronsitze zugestanden. Die Bilderwelt der Ostkirche befaßte sich gern mit dem Motiv der Thronbe-

Thron: Steinrelief des Königs Ahiran von Byblos auf dem Sphinxthron. Phönizisch, ca. 1100 v. Chr.

reitung (Etimasie) für die Wiederkunft Christi beim Weltgericht. – In den außereuropäischen Kulturen wurde besonders der »*Pfauen*thron« des Schahs von Persien bekannt, in Westafrika der »goldene Thron« der Ashanti.

Thyrsos, ein Attribut des Rausch- und Ekstasegottes Dionysos (lat. *Bacchus*), der als Schöpfer des *Wein*stockes durch die Länder zog. Der Thyrsosstab wurde von ihm und seinem Gefolge wie ein *Zepter* getragen – ein Stock, der mit Ranken von Wein und *Efeu* umkränzt und von einem großen Pinienzapfen gekrönt war. Angesichts der vitalen Natur des Gottes ist die Deutung, der Thyrsos sei ein phallisches Symbol, recht wahrscheinlich. Der Stab war ursprünglich der Stengel des Steckenkrautes (Narthex, lat. Ferula), der in der Natur die Höhe von mehreren Metern erreichen kann. In diesem markigen Stengel soll einst Prometheus das *Feuer* aus dem Olymp als glimmenden *Funken* entwendet und den Menschen gebracht haben, und in den Schulen nahm er die Rolle des »Rohrstockes« ein.

Tiara, die päpstliche *Krone.* In der altgriechischen Literatur bezeichnet der Ausdruck zunächst die persische *Kopfbedeckung* in Form eines Kegelstumpfes aus Filz, in erster Linie aber jene der persischen Könige, die mit Zinnen und Sternen geschmückt war. Eine andere Form der Tiara ist die Mitra mit Mundverhüllung, die Dareios III. auf dem pompejanischen *Alexander*schlacht-Mosaik trägt. Auch die phrygische Mütze, Symbol der Volksherrschaft in der Französischen Revolution, kann als Tiara bezeichnet werden. Im Mittelalter setzte sich die Bezeichnung für die dreifache Krone des Papstes durch, Symbol des »Triregnum«, der Regierung über die Regionen von *Himmel, Erde* und Unterwelt oder über die drei klassischen Erdteile Asia, Europa und Africa (besiedelt von den Nachkommen von *Noahs* Söhnen: Sem, Japhet und Ham); nach anderer Deutung beziehen sich die drei Reifen der Tiara auf die leidende, streitende und triumphierende Kirche. In dieser Form wurde sie seit Papst Urban V. (gest. 1370) dargestellt, dabei auch als Attribut älterer Heiliger abgebildet, so etwa des hl. Petrus, Gregors I. oder der heiligen *Sophia.* Päpste, die während ihrer Lebenszeit abdankten, oder Heilige, welche die Würde ablehnten, werden mit einer auf dem Boden liegenden Tiara dargestellt, mit einer *fünf*fachen Tiara hingegen auf *Dreifaltigkeits*bildern nur Gott*vater.*

Tiger, in der Antike des Abendlandes erst durch den Indienzug Alexanders d. Gr. bekanntgewordenes Raubtier, dessen Name »Tigris« sich von einem iranischen Wort »thigra« (scharf, spitz) ableitet. Er erscheint neben *Panther* und *Luchs* als Attribut des Rauschgottes Dionysos; zum Windgott Zephyros und zur kleinasiatischen Muttergöttin Kybele dürften ebenfalls Symbolbezüge bestehen. In Rom taucht der Tiger erstmals als Geschenk indischer Gesandter an Augustus im Jahr 19 auf. In der alten Symbolik ist der Tiger naturgemäß nur in Asien heimisch, wo seine Kraft bewundert und gefürchtet wird. Götter und Heroen tragen Tigerfelle, so vor allem grimmige Schutzgötter der Religion. In Altchina war er das Symboltier des 3. Tierkreiszeichens, das etwa jenem der *Zwillinge* entspricht. Aus Respekt wurde es oft vermieden, seinen Namen (hu) auszusprechen, der mit »König der *Berge*« oder »großes Kriechtier« umschrieben wurde. Seine positive Bedeutung leitet sich daraus ab, daß er die felderverwüstenden Wildschweine vertrieb und fraß. Seine Vitalität und Energie machte ihn zum »Yang«-Tier, während weiße Albino-Tiger mit *»Yin«* (sowie mit dem Herbst und dem Westen) assoziiert wurden. »Weißer Tiger« ist ein Schimpfwort für streitlustige Frauen. Selbst Dämonen sollten vor Tigern Furcht empfinden, weshalb auf Gräbern nicht selten steinerne Tigerplastiken aufgestellt wurden. Auch Tigerbilder an den Türpfosten sollten Dämonen vertreiben. Schutzgötter wurden auf Tigern reitend dargestellt. In Südchina herrschten »Wer-Tiger«-Vorstellungen, d. h. solche über die mögliche Verwandlung von Menschen in Tiger. – Mittelalterliche Tierbücher (Bestiarien) rühmen die »Mutterliebe« der Tigerin und berichten, daß ihre Jäger sie auszunützen wissen. Sie werfen einen runden *Spiegel* auf den Boden, und wenn diese hineinschaut, vermeint sie, darin ein Junges erblicken zu können, das sie zu säugen versucht. Auch Menschen, die von einer Tigerin verfolgt werden, können sich durch diese List retten. – Unklar ist, ob sich der antike Name »Mantichóras« für ein exotisches Mischwesen auf den Tiger bezieht (u. a. bei Pausanias).

Titanic, das 45 000-Tonnen-*Schiff* mit 270 Metern Länge und 2201 Menschen an Bord, ein »schwimmender Palast«, sank am 14. April 1912 nach einer Kollision mit einem Eisberg im Nordatlantik und nahm 1502 Menschen mit in den Untergang. Diese berühmteste Schiffskatastrophe der Neuzeit wurde als »Strafe« für Rücksichtslosigkeit aus Rekordsucht und überhebliche Fortschrittsgläubigkeit aufgefaßt, und sie wurde damit zum Symbol und zum Gegenstück des Stoffes antiker Dramen, in welchen die »Hybris« des Menschen die Rache der Götter provoziert. Der Name des Schiffes, der Gigantismus verrät, trug dazu bei, das unglückliche Riesenschiff zur Legende zu machen, die auch Jahrzehnte später in Büchern und Filmen dramatisiert wurde und nichts von ihrer makabren Faszination verloren hat.

Tiger: Tigerfrau als Sirene, badenden Männern auflauernd. Moghul-Malerei, Bombay, um 1750

Tiger nach E. Topsell, The History of Four-footed Beasts, 1658

Todessymbole sind in prähistorischer Zeit vermutlich die konzentrischen *Kreis*ringe (Wellenkreise), die auf Wandsteinen jungsteinzeitlicher Großsteingräber ein Versinken im *Wasser* des Todes andeuten mögen. Mit der Vorstellung eines *Jenseits* über einem Ring*meer* oder einem die Welt der Lebenden begrenzenden *Fluß* hängen sicherlich viele in ähnlicher Situation als Ritzbilder dargestellte *Schiffe* (Totenschiffe) zusammen, die Verstorbene in eine andere Welt tragen sollen. In der etruskischen Grabkunst nehmen zunächst *Delphine* und Wasser*pferde* ihre Stelle ein, die die Seelen zu elysischen *Inseln der Seligen* bringen, während sich später schreckhafte Todesdämonen (Charun mit dem *doppelaxt*ähnlichen *Hammer,* Tuchulcha mit *Schlangen* in den Händen) von fast an *Teufel* erinnerndem Äußeren in den Vordergrund zu drängen scheinen. Auf antiken Grabsteinen sind neben Darstellungen der Verstorbenen selbst meist Klagefrauen mit verhülltem Haupt zu sehen, seltener ein Genius mit gesenkter *Fackel,* Mohnkapseln als Symbole des Schlafes (vgl. *Somnus, Thanatos*). Ein naheliegendes Todessymbol sind *Skelette* und Totenschädel (diese auch als 6. Tageszeichen

Todessymbole: Totengräber und bandagierte Leiche. Graffito in der römischen Commodilla-Katakombe. Frühchristlich

Todessymbole: Urne und Trauerweide (A. Anderson, 1775-1870)

des aztekischen Kalenders, Miquiztli), wobei Gebeine wieder Symbole der künftigen Auferstehung werden können: »Ihr ausgetrockneten Gebeine, hört das Wort des Herrn: Ich selbst bringe Geist in euch, dann werdet ihr lebendig ... Die Gebeine rückten zusammen, Bein an Bein ... Sie wurden lebendig, und es kam Geist in sie. Sie wurden lebendig und standen auf, ein großes, gewaltiges Heer« (Hesekiel 35,4–10). Andererseits sind sie als »lebendige« Gerippe Figuren der vom späten Mittelalter an häufig dargestellten *Totentanz*-Szenen, die den gerechten Ausgleich der Schicksale im Tod symbolisieren. Das alte Symbol des Totenschiffes wird in der griechischen Kunst ein »Kirchenschiff« mit *Anker* und *Kreuz* (als Mast), mit der wie aus Noahs *Arche* schwebenden *Taube* (die zum *Paradies* geleiten soll). Auch der Ölzweig als Friedenssymbol tritt auf, und die Auferstehung andeutende Tiersymbole sind die *Schnecke* (die im »Grab«-Haus schläft) und der *Schmetterling;* ein *Kranz* symbolisiert den Lohn des frommen Lebens im Himmel. Das »Abschneiden des Lebens« stellt die Sense (*Sichel*) des Todes dar; gelegentlich trägt er auch *Pfeil* und Bogen als tödliche Waffen oder eine *Sanduhr* (vgl. *Chronos*), den Hinweis auf die Begrenztheit des irdischen Lebens. Besonders in der Romantik wird auch die Trauer*weide* darge-

Todessymbole: Freimaurerisches Emblem mit Zirkel und Winkelmaß

Torii: Japanisches Jochtor am Eingang der Shinto-Heiligtümer

stellt. In Europa ist das *Schwarz* die Symbolfarbe des Todes, in Ostasien das *Weiß* (vgl. *Lilie*).

In der islamischen Mythologie wird der Tod des Menschen durch den Todes*engel* Israfil symbolisiert, der neben dem *Thron* Allahs steht und vom Welten*baum* jene mit dem Namen der Menschen beschriebenen Blätter aufhebt, die Allah zum Sterben bestimmt hat (weshalb die betreffenden Blätter abgefallen sind). Danach besucht der Todesengel jene Menschen und kündigt ihr Hinscheiden an, und zwar in verschiedenen Gestalten: »Adam erschien er in Gestalt eines Bockes, dem Abraham in Gestalt eines siechen Greises, dem Moses in Gestalt eines rüstigen Mannes« (Beltz 1980). Der Todesengel Israfil, im Koran nicht namentlich erwähnt, ist jener, der bei der Erschaffung des Menschen die dafür nötige *sieben*farbige *Erde* herbeischaffte, worauf diese das Versprechen Allahs erhielt, nach dem Tod des Menschen ihren materiellen Anteil wieder zurückzubekommen. – Die Bilder der XIII. Karte der »Großen Arcana« im *Tarot*spiel zeigen den Tod als Skelett mit der Sense oder mit Pfeil und Bogen, oft in schwarzer Kapuzenkleidung oder als »apokalyptischer Reiter«. Die divinatorische Deutung dieser Karte wird mit »Tod, Verlust, Wandel, Beseitigung des Alten durch Neues« und ähnlichen Begriffen umschrieben.

Torii, in Japan die *Pforte* zu Heiligtümern, eine in charakteristischer Form gebaute Kennzeichnung des heiligen Bezirkes, meist aus *rot*gefärbtem Holz oder seltener aus *Stein* (neuerdings auch aus Beton) hergestellt. Häufig hängen daran Seile aus gedrehtem Reisstroh, die reinigend wirken sollen, um nichts Unheiliges in den Tempelbezirk einzulassen (Shimenawa), mit *weißen* Papierstreifen behängt, die ebenfalls Symbole der Reinheit sind. Als flankierende Figuren stehen meist die *»Löwenhunde«* (Karashishi) daneben.

Torques, Bezeichnung eines Halsreifens, der in der keltischen Kultur als Abzeichen des reifen Mannes bzw. Kriegers üblich war. Römische Plastiken, die keltische (gallische) Krieger in verschiedener Rolle zeigen, weisen praktisch immer den charakteristischen Halsreifen auf, an dessen symbolischer Bedeutung nicht gezweifelt werden kann. Es handelt sich nicht um einen geschlossenen Hals*ring*, sondern um einen an der Brustseite offenen Halsschmuck, dessen Enden häufig mit Tierköpfen geschmückt sind, gelegentlich auch mit stilisierten Menschengesichtern. Grabfunde weisen, im Gegensatz zu den Aussagen der antiken Quellen und Kunstwerke, den Torques nicht immer als Beigabe auf. Auch Götter oder Heroen, nicht nur Angehörige der menschlichen Kriegerkaste, wurden mit dem Torques dargestellt, so z.B. auf den Reliefs des Silberkessels von Gundestrup (u.a. Esus-Cernunnos, der Gott mit dem *Hirsch*geweih).

Totem, in der Völkerkunde üblicher Ausdruck für einen meist in Tiergestalt vorgestellten übernatürlichen Schutzgeist oder Ahnherren einer Gruppe (Totem-Clan). Das Wort wurde in der breiteren Öffentlichkeit in erster Linie durch die aus einem Baumstamm geschnitzten Totem*pfähle* der Indianer des nordwestlichen Nordamerika an der Pazifikküste (Tlingit, Haida, Tsimshian, Kwakiutl) bekannt. Die meisten davon weisen nahe der Basis eine ovale Öffnung auf, ursprünglich die Türe zu einem Zeremonialhaus, das jedoch nur selten erhalten geblieben ist. Die Schnitzereien sind Darstellungen der »Wappentiere« der betreffenden Gruppe, also symbolische Plastiken der verschiedenen Tiergeister, die in den Mythen eine Rolle spielen: *Bär, Rabe, Adler,* Mord*wal,* Biber u.a., mit welchen sich die Menschengruppe innerlich besonders verbunden fühlte. Die Schnitzkunst und Bemalung dieser Plastiken erreichen vielfach hohen künstlerischen Wert. Waren die nordwestamerikanischen Kultplastiken lange Jahrzehnte hindurch nur noch museale Objekte, so sind sie in letzter Zeit durch Bestrebungen zur Neubelebung der traditionellen Kultur teilweise wieder in das Geistesleben heutiger Indianer eingegliedert. – Auch die einzelnen Volksstämme Altägyptens, später in Gauen oder Verwaltungsbezirken zusammengefaßt, führten Plastiken übernatürlicher Tierwesen auf standartenartigen Stangen mit Querbalken, die als »Totem-Wappentiere« bezeichnet werden (*Stier, Kuh,* Oryx-Antilope usw.), ohne daß jedoch

Totem: Ein 14 m hoher Totempfahl der Haida, NW-Küste Nordamerikas, mit dem mythischen Raben auf der Spitze

die Mythen bekannt wären, die zur Wahl der einzelnen Symbolwesen führten.

Aus der Antike sind ähnliche »Wappentiere« einzelner Volksgruppen bekannt, »ein Überrest der ursprünglichen Tierfetische« (E. Stemplinger), wobei die Sage meist berichtet, heilige Tiere hätten den Weg zu späteren Wohnorten oder Heiligtümern gewiesen. Apollon soll in Gestalt des ihm geheiligten *Raben* die Bewohner der Insel Thera (Santorin) um 630 v. Chr. nach Kyrene geführt haben. Zwei Raben wiesen *Alexander* d. Gr. den Weg zum Heiligtum des Zeus-Ammon. Den auswandernden Picentern setzte sich im 4. Jahrhundert v. Chr. ein Specht auf die *Fahne* des Anführers. Aeneas und die Koloniegründer von Kyme ließen sich von *Tauben* führen. Die Gründer von Epidauros folgten einer *Schlange,* die Samniten einem *Stier,* die Hirpiner einem *Wolf*, während ein *Hase* die Stelle anzeigte, wo die Stadt Boiai gegründet werden sollte; ein *Bienen*schwarm zeigte dem Entdecker der Orakel*höhle* des böotischen Heros Trophonios den Weg. Hier wie auch bei Tiernamen in Personennamen ist es jedoch fraglich, ob im Sinne einer Totem-Idee von einer gefühlsmäßigen Verbundenheit einzelner Menschen oder Menschengruppen gesprochen werden kann, eine Frage, die letztlich auch die in der *Heraldik* vorkommenden Tiere und Fabelwesen betrifft. Sie können auch ohne ausgesprochenes Zusammengehörigkeitsgefühl Symbole für die hervorstechenden, als positiv gewerteten Eigenschaften der betreffenden Wesen sein, mit welchen sich ihre Träger schmücken wollten (Mut, Kraft, Kampfgeist), weshalb »königliche« Tiergestalten (*Adler, Löwe*) bevorzugt wurden.

Totentanz, eine symbolische Gestaltung des Gedankens, daß im Tod alle Menschen gleichgemacht werden und Unterschiede des Standes nicht mehr gelten. Vermutlich aus spanischem Kirchenbrauchtum ging die Bilderserie (u. a. von H. Holbein d. J.) hervor, in der Menschen jedes Alters und jeder Gesellschaftsschicht von Skeletten zu einem hektischen Tanz (französ. danse macabre) gezwungen oder im Tanzschritt weggeführt werden, wobei sich Vornehme meist verzweifelt zu wehren versuchen, während Arme sich demütig in ihr Schicksal ergeben. Das spätmittelalterliche Tanzmotiv wird später zugunsten einer ruhigeren Darstellungsweise des Gedankens »media vita in morte sumus« (mitten im Leben sind wir vom Tod umgeben) in den Hintergrund gerückt. Totentanzbilder stammen hauptsächlich aus Zeiten, in welchen in Europa große Epidemien (Pest, Cholera) grassierten. – Bilder von tanzenden *Skeletten* mit Musikinstrumenten (Flöten, Rasselstäben) sind jedoch auch aus dem Chimú-Reich des nordperuanischen Küstengebietes bekannt, wo sie offenbar Szenen aus einem Totenreich darstellten.

Totentanz: Tod und Kaufmann. Blockdruck, 1465

Traumsymbole können bei verständiger Beschäftigung mit ihnen auch der kulturgeschichtlichen Symbolforschung helfen, den Gehalt bestimmter Symbole zu erklären. Wenn wir annehmen, daß die Symbole der Mythen, *Märchen*, Sagen, Visionen, Religionen und der mannigfachen Kunstwerke ebenso wie die der Träume in der nur zum Teil bewußten Persönlichkeit des Menschen wurzeln, also nicht beliebig konstruiert werden, sondern eher aus »Tiefenschichten emporsteigen«, so kann auch die tiefenpsychologische Traumdeutung durch ihren Erfahrungsschatz dazu beitragen, die »andere Wirklichkeit« des Symboldenkens zu dechiffrieren. Dabei ist zu bedenken, daß die ethnologische Symbolforschung die historischen Gegebenheiten berücksichtigt, während

Traumsymbole: Der geflügelte Genius des Traumes. V. Cartari, 1647

die Tiefenpsychologie »ahistorisch« von einer allgemein und permanent gegebenen »Anderswelt« mit gleichbleibendem Fundus ausgeht. Antike Zeugnisse für die Versuche, die Traumwelten menschenbezogen zu deuten, sind in erster Linie die fünf Bücher des »Oneirokritikon« des Artemidoros von Daldis (2. Jahrhundert n. Chr.). Darin werden »thereomantische« (d.h. unmittelbar die Zukunft vorhersagende) und »allegorische« (der Ausdeutung bedürftige) Träume (so etwa: *Perlen* = Tränen; *Äpfel* = Liebesfreuden) unterschieden. Die Mehrdeutigkeit

Traumsymbole: Der Traum des Pharao. H. Holbein d. J.

verschiedener Traumsymbole wird darin berücksichtigt, was das antike Werk hoch über zahllose moderne Kolportage-Traumbücher hinaushebt.

Die moderne Traumpsychologie befaßt sich u.a. mit Dauer und Auftreten der Träume in den REM-Phasen (Phasen mit Rapid Eye Movement, schneller Augenbewegung unter geschlossenen Lidern der Träumer) und ihrer spannungsabbauenden Wirkung. Die Traumsymbolik wird in erster Linie durch den verschiedenartigen Ausgangspunkt des Forschers verschiedenartig erklärt, wobei der Psychoanalyse Sigmund Freuds die Bedeutung zukommt, diese Symbolwelt als »via regia« (*Königs*weg) erkannt zu haben, um durch ihre Deutung »eine lebendige und flexible Beziehung zu den verschiedenen Symbolen des Lebens zu ermöglichen« (I. Caruso bei Lurker 1979). Da Freud seine Lehre von der Entwicklung der Libido (des Lustbedürfnisses) in einer Epoche sexueller Repression ausarbeitete, hielt er Verdrängungen frühkindlicher sexueller Erfahrungen und Phantasien und andere verschleierte Inhalte mit geschlechtlicher Bedeutung für maßgeblich, was die Deutung der Traumsymbole betrifft. In freizügigeren Epochen muß diese Interpretationsweise sicherlich modifiziert werden. Nach populärer Deutung in diesem Sinne stellen längliche und spitze Gegenstände wie *Obelisk, Lanze, Turm, Menhir, Pfeil, Schwert* etc. männliche (phallische) Symbole dar, während weibliche Symbole in Dingen wie Korb, *Kelch, Höhle* etc. zu sehen sind. Traumgeschehnisse wie das Ersteigen von *Stufen,* Reiten, Schwimmen oder Kämpfen werden als verhüllte Bilder des Sexualaktes interpretiert. In der Individualpsychologie Alfred Adlers haben die Traumbilder Bezug zu Auseinandersetzungen des Träumers um

Traumsymbole: Frontispiz eines englischen Traumbuches, 1821

Selbstbehauptung und Macht, während die Richtung von Carl Gustav Jung (1875–1961) von Gegnern ironisch als »Psychomythologie« bezeichnet wird (vgl. *Märchen*). Für die Symbolkunde sind die Interpretationen im Sinne von Jungs analytischer Psychologie überaus belangvoll, da sie die traditionell überlieferten Deutungsweisen durch die Erfahrungen klinisch arbeitender Tiefenpsychologen bereichern. Diese werden im vorliegenden Werk in erster Linie durch die Formulierungen des Psychologen Ernst Aeppli (1892–1954) wiedergegeben.

Die Deutung der Traumsymbole war bereits im alten Ägypten eine priesterliche Tätigkeit und basierte auf der Auffassung, daß im Traum künftiges Geschehen durch entsprechende Traumgeschichte in abgeschwächter Form vorweggenommen werde (künftige Freude z.B. durch Sitzen in einem schattigen *Garten*). Die altchinesische Traumdeutung sieht hingegen im Traum (meng) gegenteilige Inhalte angedeutet (z.B. Tod bedeutet Langlebigkeit). In der Bibel wird die Traumdeutung im Sinne der altorientalischen Vorstellung von göttlichen Eingebungen (»den Seinen gibt's der Herr im Schlafe«) sehr ernst genommen, wie etwa die Träume des »ägyptischen Joseph« (1. Buch Mosis 41) zeigen, doch werden davon banale Wunscherfüllungen und blasse Trugbilder (Psalm 73,20: »ein Traum, der beim Erwachen verblaßt, dessen Bild man vergißt, wenn man aufsteht«) unterschieden. Nach Ernst Jünger erblickt der Mensch im Traum »für einen Augenblick den wunderbaren Teppich der Welt mit seinen magischen Figuren«.

Triskelis, Triquetra – Dreierteilung eines *Kreises*, in ähnlicher Form, wie sie die *Swastika* durch Viererteilung bei umgebogenen Balken zeigt. Triskelen sind z.B. auf prähistorischen Tongefäßen der Urnenfelderzeit dargestellt, und Dreierkombinationen von *Spiralen* zieren die Wände von bronzezeitlichen Großsteinbauten Irlands (sicherlich mit Symbolbedeutung und nicht als reines Dekormotiv zu verstehen). Triskelen werden auch durch drei an den Knien gebeugte Menschenbeine dargestellt, so etwa auf pamphylischen Münzen oder im Wappen der Stadt Agrigent (Sizilien). Geharnischte Beine in dieser Kombination bilden das Wappen der

Triskelis: Dreierstruktur, Triskelis als Dekormotiv in der altkeltischen Kunst

Insel Man, mit der Devise »Stabit quocunque ieceris« (es wird aufrechtstehen, wohin man es auch wirft). Auch das Stadtwappen von Füssen (Bayern) weist ein Dreibein auf. Wie bei der Swastika ist auch bei diesem Symbol die Assoziation des Drehens und Kreisens durch die »Dynamisierung« der Richtung sehr stark. Dreipaßformen bei gotischen Kirchen*fenstern* werden mit der *Dreifaltigkeits*symbolik in Verbindung gebracht. Mittelalterliche Bleiglasfenster weisen gelegentlich drei einander nachlaufende *Hasen* auf, deren Ohren in der Mitte ein *Dreieck* bilden.

Tugenden, in der christlichen Kunst personifizierte Symbolgestalten der »drei theologischen Tugenden« Glaube, Hoffnung und Liebe und der »*vier* Kardinaltugenden« Tapferkeit, Gerechtigkeit, Klugheit und Mäßigkeit, die zusammen eine *Sieben*heit bilden. Die »theologischen Tugenden« Fides, Spes und Caritas werden als Töchter einer hl. *Sophia* (Weisheit) bezeichnet, und ihre wichtigsten Attribute sind: Glaube – brennendes *Herz, Kreuz,* Kerze und *Buch* (Bibel); Hoffnung – *Anker, Taube, Schiff, Labarum, Füllhorn;* Liebe (Nächstenliebe) – *Chrismon, Lamm,* Kinder, *Pelikan, Brot.* Attribute der vier Kardinaltugenden sind u.a.: Tapferkeit (Fortitudo) – *Ritter*rüstung, *Löwen*fell, *Schwert* und Schild, Samsons *Säule, Fahne;* Gerechtigkeit (Iustitia) – *Waage, Winkelmaß,* Weltkugel, Gesetzbuch; Klugheit (Prudentia) – *Schlange* (»Seid klug wie die Schlangen«), *Spiegel, Fackel,* Sarg (Gedenke des Todes); Mäßigkeit (Temperantia) – zwei Gefäße zur Mischung von *Wasser* mit *Wein, Kamel* und *Elefant* als Reittier, Sanduhr, Windmühle. – Auch andere Tugenden werden personifiziert: Geduld (Patientia) mit dem *Ochsen;* Sanftmut (Mansuetudo) mit dem *Lamm;* Demut (Humilitas) mit der *Taube;* Gehorsam (Oboedientia) mit dem *Kamel;* Ausdauer (Perseverantia) mit der brütenden *Henne;* Keuschheit (Castitas) mit der *Lilie* oder dem *Einhorn;* Frieden (Pax) oder Eintracht (Concordia) mit dem Ölzweig oder einem *Tauben*paar. Alle diese Gestalten werden meist als junge Frauen in langen Gewändern dargestellt, die gelegentlich gegen die *Laster* kämpfen (Seelenkämpfe, Psychomachien). Symbolpflanzen einzelner Tugenden sind u.a. die Zeder (Demut), die *Palme* (Sophia, Weisheit), die *Zypresse* (Frömmigkeit, Pietas), die *Wein*ranke (Mäßigkeit), der *Rosen*strauch mit *Dornen* (Tapferkeit). Die Zusammenstellungen und Attribute werden nicht einheitlich wiedergegeben, sondern variieren sowohl in der gotischen Bauplastik wie auch in der Malerei.

Türkis, ein *blauer* bis *grüner* Schmuckstein, symbolisiert im Abendland je nach der Färbung entweder den Planeten *Jupiter* (grün) oder die *Venus* (blau) und gilt als »Monatsstein« des Tierkreiszeichens *Schütze* (Sagittarius). Der Name »Türkis« deutet auf die Vorstellung seiner Herkunft aus dem großen orientalisch-türkischen Bereich hin. Er sollte vor allem Herrscher vor bösen Einflüssen schützen. – Auch in Altmexiko gehörte der Türkis (aztekisch Xihuitl) zu den beliebtesten Schmucksteinen und wurde in seiner Wertschätzung nur von *Jade* übertroffen. Türkismosaike schmückten das Diadem der *Könige* und ihre Prunkschilde.

Der *Feuer*gott trug den Namen »Herr des Türkises« (Xiuhtecutli), wobei der himmelblaue Türkis die Einheit von himmlischem (*Sonne*) und irdischem *Feuer* symbolisierte. Sein Schmuck war die »Türkis*schlange*« (Xiuhcoatl), die

Turm, in Ewigkeit unerschütterlich. J. Boschius, 1702

Turm: Symbol des Leuchtturmes von J. Boschius, 1702

auch sein »zweites Ich« bildet, und der aztekische *König* galt als sein irdisches Gegenbild.

Turm, ein Bauwerk mit ausgeprägter Vertikalstruktur, im symbolkundlichen Sinn eine Andeutung des *Weltachsen*-Gedankens mit dem Sinn einer »Verbindung von *Himmel* und *Erde*«. Der biblische »Turm von *Babel*« (*Babylon*) ist im Mythos Symbol der himmelstürmenden Hybris der Menschen der Frühzeit. Positive Bedeutung hat hingegen der in der christlichen Kunst häufig dargestellte Leuchtturm, der dem *Schiff* des Lebens mit seinem *Licht* die Richtung weist, oder der Festungsturm, der den Gläubigen vor dem Ansturm der Hölle schützt (im Kirchenlied: »Ein Haus voll Glorie schauet weit über alle Land ... Gar herrlich ist's bekränzet mit starker Türme Wehr«). Maria wird in Litaneien als »Turm Davids« oder »elfenbeinerner Turm« angesprochen, der wie die gesamte Kirche zum Himmel zeigt. In dem um 140 n. Chr. entstandenen frühchristlichen Text »Pastor Hermae« (»Hirte des Hermas«) wird die Kirche mit »einem großen Turm über dem Wasser aus prächtigen Quadersteinen« verglichen. Echte Kirchtürme in Verbindung mit dem Kirchenraum wurden erst im Mittelalter gebaut, um den Klang der *Glocken* weit über das Land schallen zu lassen. Zunächst standen sie isoliert von den Hallen als reine Glokkentürme. – Die *Tarot*-Karte »Der Turm« (französ. »La Maison-Dieu«) der Großen Arcana wird als vom *Blitz* getroffenes Bauwerk mit herabstürzenden Menschen als Hinweis auf die menschliche Vermessenheit – im Sinne des babylonischen Turmes – gedeutet. – In der Wappenkunst werden Türme mit Zinnen, Tor und Schutzgatter häufig in Stadtwappen dargestellt, vor allem dann, wenn der Städtenamen auf -burg endet. Nach Böckler (1688) sind sie spekulativ so zu deuten, als wären sie Hinweise auf Kastelle und Festungen, die der Wappeninhaber »entweder am ersten bestiegen, oder ihren Feldherren ritterlich vertheidigt haben ... Aus besagtem ist leichtlich zu schließen, daß der Thurn in einem Schilde Personen von hohem Verdienste bedeuten muß.« – Als Heiligenattribut gehört der Turm zu St. Bernhard von Aosta, Leocadia von Toledo und Barbara (die von ihrem Vater in einem Turm eingekerkert wurde). Türme als Gefängnisse (Schuldturm, Hungerturm) kommen oft in Redensarten und Sagen (*Mäuse*turm) und *Märchen* (z. B. »Rapunzel«) vor.

U

UFO, Abkürzung für »Unidentified Flying Object« (unidentifiziertes Flugobjekt); nach Ansicht vieler Autoren vor allem des Jahrzehnts von 1960 bis 1970 handelt es sich dabei um die Erde besuchende Raumschiffe außerirdischer Intelligenzen aus dem Kosmos, die als übergeordnete Wesen mit Besorgnis die Erde beobachten, um gegebenenfalls als Entwicklungshelfer eingreifen zu können. Hingegen vertraten zeitkritische Psychologen die Theorie, bei den angeblichen Sichtungen und den an sie geknüpften Folgerungen handle es sich um Visionen, die nichts anderes als eine technisierte Vergegenwärtigung der traditionellen Schutz*engel*-Vorstellung darstellten – Symbol der Hoffnung auf helfende Wesen aus dem *»Himmel«,* die die existentiellen Nöte der Menschen beseitigen oder wenigstens lindern könnten. »In schwierigen Zeiten, wie auch unsere Zeit eine ist, verspüren die Menschen ein überaus starkes Bedürfnis, ihre Hoffnungen und Wünsche verwirklicht zu sehen. Der altertümliche Begriff ›Himmelsengel‹ hat sich erneuert. Der *Engel* ist heute zu einem unbekannten fliegenden Objekt geworden« (F. Fornari, Milano). Zu beachten ist, daß sich in der letzten Zeit, seit sich durch Raumflüge und die mannigfachen Möglichkeiten der Weltraumforschung die Hoffnung auf eine Spur außerirdischen Lebens praktisch verflüchtigt hat, die Zahl der UFO-Visionen fast auf Null reduzierte, in gleichem Maß, wie allgemein das Interesse an den kosmischen Phänomenen im breiten Publikum dahinschwand. Wurden früher in Kometen himmlische *Schwerter* und Feuerräder als für den Menschen bedeutsame »Zeichen am Himmel« angesehen, so waren bald nach der Mitte

Uroboros: Die zum Ring geschlossene Schlange um den kindlichen Sonnengot, altägyptisches Bild des Kreislaufs der Zeit

Uroboros: Ritzbild auf einem Bronzegefäß der chinesischen Chou-Dynastie, ca. 1200 v. Chr.

Uroboros-Schlange mit griechischem Text »Das Eine ist das All«. Codex Marcianus, Venedig, 11. Jh.

Uroboros als zweiköpfiger Flügeldrache. Drolerie eines Codex des 12. Jh., British Museum

des 20. Jahrhunderts die UFOs Symbole der Hoffnung auf einen Eingriff von oben (vgl. *oben/unten*), die sich auch in Form von Büchern und Filmen manifestierte und ein bemerkenswertes Zeitsymptom darstellt.

Uroboros, die sich in den Schwanz beißende oder »ihren Schwanz verschlingende« *Schlange.* Dieses weit verbreitete Symbolbild stellt den *Kreis* in seiner Verkörperung der »ewigen Wiederkehr« tiergestaltig dar und deutet an, daß dem Ende ein neuer Anfang in ständiger Wiederholung entspricht, daß der Abschluß eines Weges oder Prozesses einen Neubeginn bedeutet. Zusammen mit der Symbolik, die dem Bild der sich »ständig verjüngenden« Schlange ohnehin zukommt, stellt der »Zirkelschluß« des Tieres eine aussagekräftige Metapher einer zyklischen Wiederholung dar – etwa des »Kreislaufes der Zeiten«, der *Weltuntergänge* und Neuschöpfungen, des Sterbens und der Neugeburt, im abgeleiteten Sinn auch der Ewigkeit (wie der einfache Kreis). In der *alchemistischen Symbolik* ist der

Uroboros: Der Gott der Zeit, Demogorgon, von der zum Kreis geschlossenen Schlange umgeben. V. Cartari, 1647

Uroboros: Holzschnitt aus »Abraham Eleazar«, 1760

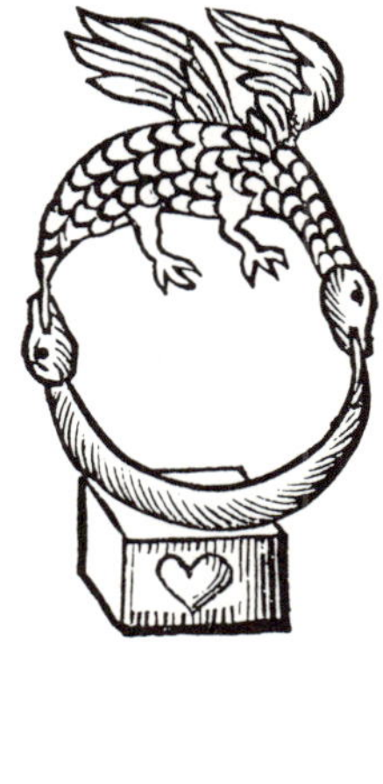

Uroboros das Bildsymbol eines in sich geschlossenen und wiederholt ablaufenden Prozesses, der im Erhitzen, Verdampfen, Abkühlen und Kondensieren einer Flüssigkeit zur Verfeinerung von Substanzen dienen soll. Dabei wird die zum Zirkel geschlossene Schlange oft durch zwei Wesen ersetzt, die Maul und Schwanzende verbinden, wobei das obere als Zeichen der Flüchtigkeit (Volatilität) wie ein geflügelter *Drache* wiedergegeben ist.

Vandalen (Wandalen), ein Volksname aus der Völkerwanderungszeit, der im neueren Sprachgebrauch seinen Angehörigen und heutigen Nachahmern sinnlose Zerstörungswut zuschreibt (Vandalismus). Der historische Volksstamm siedelte zunächst an Oder und Weichsel, in die zwei Fraktionen der Asdingen und Silingen (davon »Schlesien«) geteilt. Als die Völker in Bewegung gerieten, wohnten nach langer Unstetigkeit im Jahr 411 die Silingen in Südspanien (Andalusien kommt von »Vandalusia«), wurden dort mit der Seefahrt vertraut und bald von ihrem König Geiserich nach Nordafrika geführt (429), wo sie 439 Karthago eroberten und ein Reich gründeten. Von dort aus unternahmen sie »Wikingerfahrten« im Mittelmeerraum, und 455 gelang ihnen in einem unerwarteten Handstreich die Eroberung der völlig unvorbereiteten Stadt Rom. »Vierzehn Tage währte die Plünderung. Doch wurde nichts mutwillig zerstört und auch das Leben der Bevölkerung geschont... Verglichen mit dem furchtbaren Untergang Karthagos im Jahr 146 v. Chr. war dieser Überfall auf Rom noch milde zu nennen und mit den Kriegsregeln des Altertums vereinbar. Das in Beziehung auf diese Heimsuchung Roms geprägte und zuerst von dem französischen Bischof Grégoire von Blois im Jahr 1794 zur Kennzeichnung des blinden Wütens zur Zeit der Französischen Revolution angewandte Wort ›Wandalismus‹ hat den Wandalen ein unverdientes Brandmal aufgedrückt. Das Fortschaffen der Kriegsbeute, vorwiegend aus öffentlichem Besitz, war

Vandalen: Nordafrikanische Vandalenmünze des Königs Gunthamund (gest. 496 n. Chr.)

Vandalen: Presseberichte 1988

aktuell

● Vandalen trieben ihr Unwesen in Graz: Am Jaritzweg zerkratzten sie bei einem Porsche Lack und Stoßstange. In der ...

● Ein Vandale überflutete in einer Schule in der Grazer Panoramagasse das Bad. Vermutlich derselbe ... auch den ...

● Unfaßbarer Vandalenakt in Rohrbach bei Hitzendorf: Dort schnitten in der Nacht auf Montag unbekannte Täter im Reitstall des Landwirtes Josef Kofler (38) drei Pferden, einer Stute und zwei Wallachen, den Schweif ab

Vater: Heimkehr des verlorenen Sohnes. Bibelillustration, Ludwig Richter

bei allen Völkern, besonders bei den Römern selbst, herkömmlicher Kriegsbrauch« (E. Nack). Unter Geiserichs Urenkel Gelimer ging das nordafrikanische Vandalenreich 534 unter, Nordafrika wurde wieder römische Provinz. Die gefangenen Vandalen wurden nicht ausgerottet, sondern in das römische Heer eingegliedert und zerstreuten sich über die Provinzen des in Auflösung begriffenen Imperiums.

Veilchen: Emblem-Kupfer nach W. H Frh. v. Hohberg, 1675

Vater als Symbolgestalt steht – vorwiegend wohl aufgrund einer patriarchalischen Gesellschaftordnung – für höchste Autorität und selbst Göttlichkeit (Gottvater, Göttervater, Hausvater, väterliche Fürsorge, Vaterland etc.), in der tiefenpsychologischen Symbolik für die Ordnungsinstanz des Super-Ego (Über-Ich). *König* oder *Kaiser* vertreten vielfach den »himmlischen Vater« und werden als »Landesväter« bezeichnet. Die biblische Religion trägt eindeutig patriarchalische Züge, die vom Christentum übernommen wurden (»Vater unser«). Der Theologe und Religionsforscher Friedrich Heiler (1892–1967) hat das Verhältnis des betenden Menschen zu Gott als Kindesverhältnis zum Vater als »religiöses Urphänomen« betrachtet, während für die neuere Frauenliteratur diese Anschauung ein Stein des Anstoßes ist. – In der alchemistischen Bilderwelt wird die *Sonne* als Vater angesehen (»Die Sonne ist sein – d. h. des *Steins* der Weisen – Vater, der Mond ist seine Mutter«; Tabula Smaragdina), während grammatikalisch in der deutschen Sprache die Sonne »weiblich« ist.

Veilchen, lat. Viola odorata, griech. Ionia, eine kleine und stark duftende *Blume,* die dem Volksmund nach »Bescheidenheit lehrt«, weil sie trotz ihrer geringen Größe ein beliebtes Frühlingssymbol ist. Dem griechischen Mythus zufolge wuchsen auf der Wiese, von der Hades, der Unterweltsgott, die Persephone entführte, Krokusse, *Rosen, Hyazinthen* und Veilchen. An einem römischen Totengedenktag, dem Veilchentag (Dies violaris), wurden Gräber mit diesen Blumen geschmückt. Bei Gastmählern wurden gern Veilchenkränze getragen, da diese Blüten »kühlend« wirken sollten. Auch wurde ihnen die Wirkung zugeschrieben, den Katzenjammer-Kopfschmerz zu lindern. – Der alte Volksglaube empfahl, die ersten drei am Waldrand gefundenen Veilchen als Vorbeugungsmittel gegen alle Krankheiten zu verschlukken. Hohberg (1675) dichtete allegorisierend: »Der Märzenveyel wird vom Gras offt gantz bedecket, / sein lieblicher Geruch ihn dennoch offenbart. / Der Fromme manchesmal im Winckel liegt verstecket, / wird doch zu seiner Zeit zum Ehrenbrauch gespart.« Die *blaue* Farbe der Blüte, die mit Treue und Beständigkeit verbunden wurde, machte sie zur geschätzten Liebesgabe. Im Mittelalter war der Fund des ersten Veilchens der Anlaß zu ausgelassenen Frühlingsfesten und Tänzen im Freien. Vgl. *Violett.*

Venus, griech. Aphrodite, im Abendland auch Phosphoros oder Luzifer (*Licht*träger) genannt. Das Gestirn kann sowohl als Abend- wie auch als Morgenstern auftreten, ist hingegen nie um Mitternacht über dem Horizont. Im alten Rom bedeutete Venus etwa soviel wie Liebreiz und sinnliche Begierde, und die Göttin regierte den Frühling (Fest der Veneralia am 1. April). Im altgriechischen Mythus wurde sie an den Küsten der Insel Zypern aus dem *Meer*schaum geboren (ihr Name Aphrodite ist von »aphros«, Schaum, abgeleitet), und das Metall *Kupfer* (das »kyprische«) war ihr zugeordnet. Ihr Beiname Anadyomene bedeutet »die aus dem Meer Aufsteigende«. Der Kult der Liebesgöttin mit erotischen Sitten ist vorgriechischen Ursprungs, wobei nach Platon zwischen einer volkstümlichen (Aphrodite Pandemos) und einer himmlischen (Aphrodite Urania) Symbolfigur der Liebe unterschieden wurde. Sie war auch Hüterin der Fruchtbarkeit (Venus Genetrix in Rom). – Astrologisch gilt sie als eindeutig weiblicher *Planet,* mit den zugeordneten Zeichen *Waage* (Taghaus) und *Stier* (Nachthaus), als »milde, sinnlich, mütterlich, der Freude und der Musik zugeneigt, Harmonie und Mitgefühl liebend«, im Horoskop ein »kleiner Wohltäter« (benefactor), der die Phantasie beflügelt, auch »zur Liebe zwingt«. Die zugeordneten Farben sind

Venus mit den Tierkreiszeichen Stier und Waage. Astrologische »Praktik«, 1499

Venus: Der Morgenstern geht der Sonne voran, der Abendstern folgt ihr. J. Boschius, 1702

Verheiratung von Gabricius und Beia, alchemistisches Emblembild. M. Maier, Symbola, 1618

Rosa und Hell*blau,* die Venus-Edelsteine der Aquamarin, der helle *Saphir,* die hellrote *Koralle,* der Lapislazuli und der himmelblaue *Türkis.*
In Altchina wurde dem Planeten Venus die Farbe *Weiß* (die Farbe des Todes!), die Jahreszeit Herbst (in der er als Abendstern gut sichtbar ist) und das männliche Geschlecht zugeordnet, ebenso das *»Element«* Metall, was also eine völlig andersartige Astro-Symbolik ergibt. – Besondere Aufmerksamkeit schenkten dem Planeten die Maya in Yucatán, und seiner Bahnberechnung als Morgen- und Abendstern wird in der Handschrift »Codex Dresdensis« breiter Raum gewidmet. Fünf Venusjahre mit zusammen 2920 Tagen entsprechen acht Sonnenjahren, wie bekannt war, und während dieses Zeitraumes erscheint der Planet fünfmal als Morgenstern, dem fünf verschiedene Götter zugeordnet waren. Dabei galt das erstmalige Erscheinen der Venus als Morgenstern als Unglückszeichen, da der Stern »mit Speeren auf verschiedene Lebewesen schießt«. Ähnliche Vorstellungen herrschten im Hochland Mexikos, wo der Planet mit der Gottheit Quetzalcóatl (Gefiederte *Schlange*) assoziiert wurde. In Altperu hieß der Planet Venus »Chasca«, was nach Inka Garcilaso de la Vega »langhaarig, kraus« bedeutet. Er wurde verehrt, weil er für einen Pagen der göttlichen *Sonne* gehalten wurde, der bald vor ihr hergeht, bald wieder ihr hinterdreinläuft. – In der älteren Literatur über prähistorische Kunst wurden auch Bildwerke (Statuetten und Felsreliefs) der Altsteinzeit als »Venus«-Darstellungen bezeichnet, offenbar aus scherzhaft gemeintem Spott über die »Schönheitsideale« des frühen Menschen. Diese Plastiken sind jedoch zweifellos nicht als Verkörperungen erotischer Wünsche und ästhetischer Vorstellungen geformt worden, sondern stellen Sippenahn*mütter* dar, deren Fettleibigkeit symbolhaft aufzufassen ist, als stilisierte Akzentuierung von Begriffen wie Fülle, Fähigkeit zum Gebären und Nähren (vgl. *Füllhorn*).

Verheiratung. Die Zeremonie der Eheschließung ist weltweit von symbolischen Handlungen begleitet und wird vielfach als Gegenbild idealer Verbindungen von kosmischen Einzelelementen aufgefaßt (vgl. *Hochzeit*). Es handelt sich dabei meist um eine der ganzen Gesellschaftsgruppe deutlich mitgeteilte Verkündung des neuen Standes, der jenen der Jungmänner und *Jungfrauen* ablöst und zur öffentlich-rechtlich anerkannten Annahme von neuen Pflichten und Rechten führt. Besonders bei monogamen Gesellschaften (mit Einehe) wird die Ehe festlich als unauflöslicher Bund mit Gesetzeskraft angesehen, wobei sehr häufig die Braut als Hauptperson betrachtet wird (vgl. das Wort Brautpaar) und im symbolischen Brauchtum besondere Beachtung findet. Dies hat in den prunkvollen Kleidern,

Schmuckstücken, Schleiern, *Kränzen* und *Kronen* seinen Ausdruck gefunden, neben welchen der Schmuck des Bräutigams meist wesentlich bescheidener aussieht. Das Wort »Vermählung« geht auf das gemeinsam eingenommene feierliche Hochzeitsmahl zurück. Der Austausch der *Ringe* weist auf das Symbol des *Kreises* hin, der ohne Anfang und Ende ist und damit auch auf den Spruch hindeutet, demzufolge Ehen »im *Himmel* geschlossen« (schon von Geburt an vorbestimmt) werden. Dies entspricht nicht allein europäischer Auffassung, sondern wurde auch im alten China so verstanden. Dort war es der »Alte *Mond*mann«, der die Beine neugeborener Knaben und Mädchen nächtlich mit einem unsichtbaren *roten* Zauberfaden zusammenband, was zur Folge hatte, daß beide Menschen beim Heranwachsen wie durch ein starkes Band zueinander hingezogen wurden und schließlich heirateten. – Moderne Bräuche bei der Eheschließung wie etwa das Bewerfen des Paares mit *Reis*körnern (ein Symbol der Fruchtbarkeit) sind wie die Körnerfrucht selbst asiatischen Ursprungs und im Abendland ohne Tradition. – In polygamen Gesellschaften werden Eheschließungen meist weniger auffallend und prunkvoll gefeiert. Wo voreheliche Enthaltsamkeit gefordert wurde, mußte vielfach die Unberührtheit der Braut nach der »Nacht des ersten Beilagers« und dem »Vollzug der Ehe« durch öffentliches Ausstellen des *blut*befleckten Bettuches dokumentiert werden. – Vgl. *Pantoffel, Kopfbedeckung.*

Vier. Die Vier hat unter den symbolischen *Zahlen* ein größeres Potential an Assoziationen, als auf den ersten Blick anzunehmen wäre, da die Dreizahl wesentlich besser im Bewußtsein verankert

Vier Jahreszeiten als Amoretten. W. H. Frh. v. Hohberg, 1675

ist. Die Vier steht mit dem *Kreuz* und dem *Quadrat* in Zusammenhang (vier Jahreszeiten, *Flüsse* des *Paradieses,* Temperamente, Körpersäfte, *Himmels*richtungen, *Evangelisten,* große Propheten – Jesaias, Jeremias, Hesekiel, Daniel – und Kirchenlehrer – Augustinus, Ambrosius, Hieronymus, Gregor d. Gr.); vor allem aber sind die vier Buchstaben des Gottesnamens, des Tetragrammaton, zu nennen: JHVH, Jahwe(h), die oft mit »Jehovah« vokalisiert werden, während der gläubige Jude sie aus Ehrfurcht nur buchstabiert. – Altchina kannte die vier *Pforten* der kaiserlichen Residenz, die im Topos »Mitte« gedacht war, vier legendäre *Meere* um sein Reich, vier *Berge* (auch Name der Lehensherren), und es teilte die vier Jahreszeiten so, daß an ihrem Beginn jeweils vier fünfzehntägige Abschnitte standen. Vier sagenhafte Großkönige beschützten den *Jade*kaiser, die höchste Gottheit der Volksreligion, Yü-huang-ti; vier Amulette wehren dämonische

Einflüsse ab; die vier Künste werden durch das *Buch,* das Gemälde, die Gitarre und das Schachbrett symbolisiert. Die vier Schätze der Gelehrten sind der Tuschreibstein, die Tusche, der Pinsel und das Papier. Als die »vier Seile« der Moral wurden Unbestechlichkeit, Schamgefühl, Pflichtbewußtsein und rechtes Zeremonialverhalten gerühmt. »Vier edle Wahrheiten« sind die Grundlage des Buddhismus, während der Maoismus die »vier veralteten Lebensweisen« kritisierte: alte Feudalkultur, Gewohnheit, altes Brauchtum und Gedankengut.

Auch in der Neuen Welt gehört die Vierzahl mit den Kardinalpunkten zu den wichtigsten kosmologischen Ideen. Ihnen sind Farben und kalendarische »Jahresträger« bei den Maya zugeordnet. Vier Welten*bäume* tragen im aztekischen Weltbild den Himmel, mit den farbigen Ceiba-Bäumen der Maya-Kosmologie vergleichbar. »Die vier Haupthimmelsrichtungen sollen der Ursprungsort der Winde sein, und dort mögen die vier großen Wasserkrüge stehen, aus denen der *Regen* kommt« (Anders 1963), ähnlich den vier Bacab, den Göttern der Himmelsrichtungen, die auch die »Zerstörung der Welt durch Wasserfluten« (vgl. *Sintflut*) überdauert hatten. Die Vierer-Orientierung dürfte ein Symbolcharakteristikum aller Kulturen sein, die einen regulären Standort im bekannten Kosmos festzulegen suchten.

Violett, die Veilchenfarbe, ist aus *Blau* und *Rot* gemischt und symbolisiert traditionsgemäß Spiritualität, verbunden mit dem Blut des Opfers. Im liturgischen Gebrauch ist sie mit dem Begriffsfeld Buße verknüpft, mit Sühne und Einkehr. Die zu gleichen Teilen verbundenen Grund*farben* vereinigen Weisheit und Liebe; auf alten Passionsbildern trägt der Erlöser einen violetten *Mantel.* Ebenso ist das Violett die Kirchenfarbe während der Besinnungszeit des Advents, die zum Weihnachtsfest hinleitet. – Ein ähnlicher, aber mehr zum Rot tendierender Farbton ist das Purpur der antiken *Kaiser*mäntel und der Prunkkleider der Reichen, aus dem Körpersekret zweier Meeresschneckenarten gewonnen und überaus kostspielig; daher wurden Purpurstoffe ein geschätztes Statussymbol. Im Altertum und Mittelalter wurde der Saft der Färberflechte (Rocella tinctoria, spanisch Orchilla) zur Gewinnung eines »Ersatzpurpurs« herangezogen, die in erster Linie an den Küsten der Kanarischen Inseln (*Inseln der Seligen*) geerntet wurden. Vgl. *Amethyst.*

Vitriol, in der heutigen Zeit Sammelbezeichnung für wasserlösliche Sulfate der Schwermetalle (wie Kupfer, Eisen, Zink u.a.), in der *alchemistischen Symbolik* hingegen ein Symbolname für die Verbindung von *oben und unten,* gebildet aus den Anfangsbuchstaben des lateinischen Satzes: »Visita inferiora terrae, rectificando invenies occultum lapidem«, d.h.: Suche das Untere der Erde auf, und wenn du es vervollkommnest, wirst du den verborgenen *Stein* (den »*Stein* der Weisen«) finden. Auch Varianten des erwähnten Satzes sind im alchemistischen Schrifttum zu finden, etwa mit dem Schluß »invenietis occultum lapidem, veram medicinam« (ihr werdet den verborgenen Stein finden, die wahre Medizin), damit »Vitriolum« entsteht. Dies klingt wie ein normaler technischer Prozeß der Veredelung des Roherzes, doch ist der Satz allegorisch gemeint und deutet den menschenläuternden Prozeß an, in dessen Verlauf das Untere zum Aufstieg in spirituelle Bereiche veranlaßt werden soll.

Vogel mit Menschenkopf, ein altägyptisches Seelensymbol (»Ba«) im Totenbuch

Vogel. St. Hildegard von Bingen (1098–1179) schrieb in ihrer Naturkunde (»Liber de subtilitatum«) über den Vogel im allgemeinen folgende Sätze: »Die Vögel sind kälter als Tiere, die auf der Erde leben, weil sie nicht durch eine so große Hitze der Begierde gezeugt werden. Ihr Fleisch ist reiner als das der Landtiere, weil sie nicht nackt aus der Mutter auskriechen, sondern bedeckt mit einer Schale. Manche leben von feuriger Luft und strecken sich deshalb wie ein Feuer immer nach oben. Die gern hochfliegen, enthalten mehr feurige Luft als jene, die dicht über der Erde fliegen« (vgl. *Paradiesvogel*). »Die Vögel symbolisieren die Kraft, die dem Menschen zu bedachter Rede verhilft und ihn vieles bei sich vorausbedenken läßt, ehe es zu strahlender Tat wird. So wie die Vögel durch ihre *Federn* in die Luft erhoben werden und sich überall in der Luft aufhalten, wird die Seele im Körper durch das Denken erhoben und breitet sich überall aus.«

Vogel: Zwei Vögel in symmetrischer Stilisierung neben Baum. Turkmenisches Teppichdekor

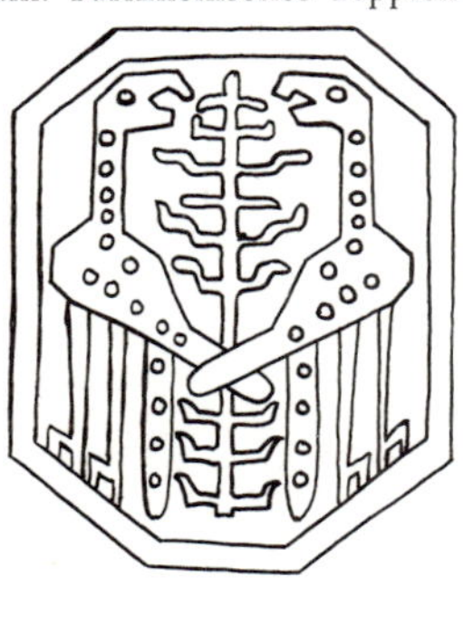

Vögel sind symbolkundlich-mythologisch vorwiegend positiv besetzt. Ausnahmen sind in der antiken Sagenwelt u. a. die stymphalischen Vögel, in einem Sumpfgebiet als Personifikationen von Fieberdämonen vorgestellt, die Herakles mit einer Bronzeklapper verscheuchte, sowie die vogelgestaltigen Harpyien, die Verbrecher fangen und sie den *Erinnyen* zur Bestrafung übergeben, womit sie eigentlich auch im Sinne des Sittengesetzes wirken, aber als Schreckgestalten gedacht werden. Ansonsten sind die mit Hilfe ihrer *Flügel* dem *Himmel* nahekommenden Wesen vielfach Verkörperungen des menschlichen Wunsches, sich von der Erdenschwere loszuringen und wie *Engel* höhere Sphären zu erreichen. Die Sage von *Ikaros*, der auf Flügeln der *Sonne* zu nahe kam und ins *Meer* stürzte, symbolisiert jedoch die Warnung vor der Hybris, der Mißachtung der dem Menschen gesetzten Grenzen. Vogelgestaltig wird vielfach die entkörperte Menschenseele dargestellt, ebenso als Vogel mit Menschenkopf (die Teilseele Ba der altägyptischen Ideenwelt) oder – häufig in prähistorischen Felsbildern – als vogelköpfiger Mensch (was z. T. auch mit der sinnbildhaften Darstellung von Flughalluzinationen bei veränderten Bewußtseinszuständen erklärt wird). Vögel als Vermittler göttlicher Willensäußerungen spielen im Augurium des alten Rom, der Deutung des Vogelfluges durch Priester, eine bedeutende Rolle. Der Vogel, der mit der *Schlange* kämpft (z. B.

Vogel: Vogelköpfiges Mischwesen »Makemake« mit dem Ei. Felsrelief im Südwesten der Osterinsel

Vogel: Der sagenhafte Vogel Roch, einen Elefanten schleppend. Kupferstich von J. Stradanus, 1522

Garuda in Indien), gilt als Verkörperung der Überwindung niederer Instinkte durch die Spiritualität. In den altindischen Upanishaden ist davon die Rede, daß auf dem Welten*baum* zwei Vögel sitzen; einer frißt die Früchte (Symbol des aktiven Lebens), der andere schaut (Symbol des meditativen Erkenntnisstrebens).

In *Märchen* ist oft davon die Rede, daß dem, der die Vogelsprache versteht, wichtige Erkenntnisse zuteil werden; ebenso, daß Menschen in Vögel verwandelt werden können und daß Vögel guten (heiligen) Menschen Nahrung bringen. – Mundartlich wird dem Vogel in vielen Sprachen und Redensarten manchmal eine sexuelle Nebenbedeutung beigelegt (z. B. chines. niao – auch Penis) oder Verrücktheit mit »einen Vogel haben« umschrieben, im Gegensatz zu der sonstigen symbolischen Wertschätzung, die vor allem in der Gestalt des *Phönix* oder *Adlers* zum Ausdruck kommt. Vgl. auch *Elster, Eule, Falke, Fasan, Geier, Hahn, Ibis, Krähe, Kranich, Kuckuck, Nachtigall, Paradiesvogel, Pelikan, Pfau, Rabe, Reiher, Schwalbe, Schwan, Storch, Strauß, Taube, Wiedehopf; Feder.*

Riesen: Zwei Riesen unter Granatapfelzweigen. Ambraser Heldenbuch, ca. 1510.

Ritter: Zweikampf der Ritter Arcitas und Palemon. Boccaccio, Teseida (Anjou, ca. 1460).

Vogel: Der Wunderbaum Perindens, der die Vögel vor Drachen schützt. Oxford-Bestiarium, ca. 1220.

Wal: Das Meeresungeheuer Wal, ein Schiff emporhebend. Oxford-Bestiarium, ca. 1220.

Waage, nicht nur Tierkreiszeichensymbol, sondern allgemein Sinnbild der Gerechtigkeit und des richtigen Verhältnisses; in vielen Kulturen Sinnbild der Jurisdiktion, der irdischen Gerechtigkeit, der Justitia mit verbundenen Augen, die sich beim Abwägen der Schuld nicht beeinflussen lassen darf. Auch im *Jenseits* findet nach der ethischen Vergeltungslehre vieler Religionen ein Gericht statt, das über das Gewicht der guten und bösen Erdentaten entscheidet: so etwa das Totengericht der Altägypter, bei dem der Gott Osiris in Anwesenheit von Maat, der Göttin der Gerechtigkeit, das *Herz* des Toten abwägt und über das jenseitige Schicksal des Verstorbenen entscheidet. Das Abwägen der Erdentaten kommt auch bei altpersischen und tibetischen Jenseitsgerichten vor. In Griechenland mißt Zeus den Menschen mit der Waage ihr Geschick zu. – Im Christentum ist die Waage in erster Linie Symbol und Attribut des Weltenrichters am Ende der Zeiten, der mit ihr in der Hand entscheidet, ob ein vor dem göttlichen Richterstuhl Stehender dem Paradies des *Himmels* oder den ewigen Qualen der *Hölle* überantwortet werden soll. – Mehr als ein Symbol war die *Hexen*waage in der holländischen Stadt Oudewater, die feststellen sollte, ob eine angeklagte Person vom *Teufel* levitiert (leichtgemacht) wurde oder normalmenschliches Körpergewicht aufwies. – Die astrologische Bedeutung der Ekliptik-*Sterne* bezeichnet die Waage als das siebente der zwölf Tierkreiszeichen und weist den in diesem Zeichen Geborenen Eigenschaften wie Mäßi-

Waage und Fasces, Attribute der Gerechtigkeit (Justitia) V. Cartari, 1647

Waage: Hier heruntergedrückt, dort emporgehoben. J. Boschius, 1702

gung, »Abwägen«, Gerechtigkeit, Harmonie, friedliches Temperament und Neigung zum Zögern zu, wobei ein Namens-Bedeutungs-Denken (»Nomina sunt omina«, Namen sind Vorbedeutungen) zum Ausdruck kommt. »Falsche Waage ist dem Herrn ein Greuel, volles Gewicht findet sein Gefallen« (Sprüche Salomonis 11,1). – Eine *Wasser*waage ist in der freimaurerischen Symbolik das Abzeichen des zweiten Aufsehers der Loge, damit er darauf achte, »in denen Logen die Gleichheit ohne Unterschied des Standes aufrecht (zu) erhalten« (Baurnjöpl 1793).

Wagen sind seit der Erfindung des *Rades* in den frühesten Hochkulturen oft Attribut königlich auftretender Gottheiten, in erster Linie von *Sonnen*göttern (Helios/Apollon, Zeus, aber auch von Göttinnen wie Kybele und Freya) und Donnergöttern (Thor/Donar – das Getöse eines über unebenen Boden rollenden Wagens erinnert an *Donner*grollen). Der Weg der *Sonne* über das *Himmels*gewölbe wird häufig mit Rad und Wagen in Verbindung gebracht, wie etwa der germanische »Sonnenwagen von Trundholm« zeigt. Ein »feuriger Wagen« entrückt den Propheten Elias in den *Himmel*, in Hesekiels Vision spielen Räder, die sich drehen, eine wichtige Rolle. Kultwagen weisen auf symbolisch-mythische Reisen und Triumphfahrten von Gottheiten durch die Länder hin, so etwa der bronzezeitliche »Kultwagen von Strettweg« mit einer großen, schalentragenden Frauengestalt im Zentrum. Auf solchen Wagen konnten z. B. Vegetations- und Fruchtbarkeitsgötter die Fluren besuchen und segnen, etwa die von Tacitus erwähnte Göttin Nerthus, eine *Erd*mutter nördlicher Germanen, die in einem von *Kühen* gezogenen heiligen Wagen thront. Ein *Schiffs*karren (carrus navalis) spielte im spätantiken Isiskult eine Rolle. Die Zugtiere von Götterwagen verdeutlichen deren Charakter; der des Zeus wird von *Adlern* gezogen, jener der Aphrodite von *Tauben* oder *Schwänen*, der des Donar von wilden *Böcken*. Ganz ähnlich wird auf einem Gemälde Tizians der Triumphwagen Christi von den vier Symbolwesen der *Evangelisten* gezogen (*Adler, Stier,*

Waage: Setzwaage, Hilfe beim Aufwärtsstreben. J. Boschius, 1702

Wagen: Felsbild der nordischen Bronzezeit (Frännarp, Schweden

Wagen: Die Göttin Ceres auf dem Schlangenwagen. V. Cartari, 1647

Löwe, Mensch). – Das Rad als Sonnensymbol wird häufig durch ein Radkreuz wiedergegeben, durch einen *Kreis* mit einem *Kreuz* im Inneren. – Der Wagenlenker galt schon in der Antike als Symbolfigur für beherrschte, von Vernunft geleitete Lebensführung. Der byzantinische Autor Dionysios Areopagita deutet die Wagen der biblischen Hesekiel-Vision so: »Sie bedeuten die harmonische Gleichheit, welche die Wesen der gleichen Ordnung eint.« – Daß unter den nördlichen *Stern*bildern die Konstellation »Ursa maior« als »Großer Wagen« bekannt ist, hängt sicherlich mit dem Symbol der kosmischen Reise der Gestirne und Götter in Kultfahrzeugen zusammen.

Wagen des Sonnengottes in barocker Stilisierung. J. Boschius, 1702

Wal (Wal-»*Fisch*«). Als solcher wird traditionell das *Meeres*ungeheuer Ketos (lat. cetus) aufgefaßt, das der Held Perseus tötete, um die Königstochter Andromeda zu befreien; ähnlich in der Bibel der »große Fisch« des Buches Jonas, der diesen verschlang. »Jonas war drei Tage und drei Nächte im Bauch des Fisches, und er betete zum Herrn ... Da befahl der Herr dem Fisch, Jonas ans Land zu speien« (Buch Jonas, 2). Im Sinne der »Vor-Ahnung« von Evangelien-Szenen im Alten Testament steht bei Matthäus 12,40 die Vorhersage Jesu, seine Auferstehung betreffend: »Gleichwie Jonas drei Tage im Bauch des Meeresfisches war, also wird der Menschensohn drei Tage und drei Nächte mitten in der Erde sein.« Immer wieder wurde diese Textstelle als allgemeines Symbol der Auferstehung von den Toten aufgefaßt und künstlerisch dargestellt. – In der Seefahrerlegende vom hl. Brandan (»Navigatio Sancti Brandani«) ist in Sindbad-Manier das Motiv enthalten, daß die navigierenden Mönche auf dem Rücken eines schlafenden Wales landen. Allgemein heißt es im mittelalterlichen »Bestiarium« darüber: Auf dem Rücken des Meeresmonsters wächst sogar Gestrüpp, und »daher glauben die Seeleute, es sei eine Insel, legen dort ihre Schiffe an und errichten Feuerstellen. Sobald aber das Tier die Hitze spürt, taucht es plötzlich ins Wasser und zieht das Schiff in die Tiefe« (was St. Brandanus und seinen Brüdern erspart blieb). »So geht es auch jenen Menschen, die nichts wissen von der Verschlagenheit des Teufels ... Sie werden dann zugleich mit ihm in die Tiefe des höllischen Feuers versenkt.«

Wal, steinzeitliche Felsgravierung. Skogerveien bei Drammen, Norwegen

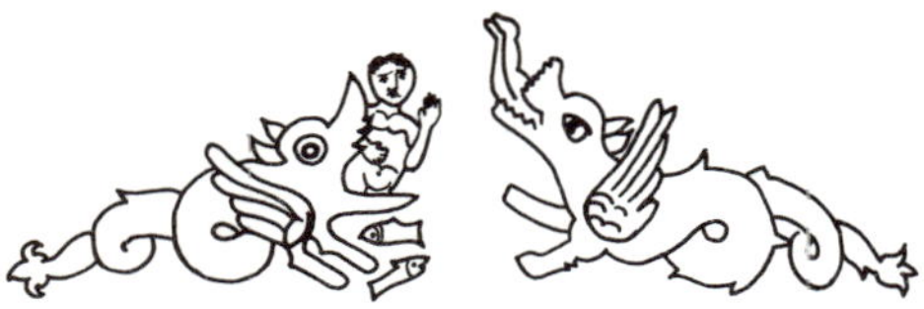

Wal: Der Prophet Jonas, vom Wal verschlungen und ausgespieen. Kathedrale von Rovello, 12. Jh.

Wald: Illyrisch-römischer Waldgott (Silvanus?). Duvno, Bosnien (Landesmuseum Sarajevo)

Auch wird erzählt, das offene Maul des Wales verströme Duft (vgl. *Panther*) und er locke damit *Fische* an, um sie zu verschlingen. »Ganz gleich geht es auch jenen, die keinen festen Glauben haben, sich allen Lüsten hingeben, allen Verlockungen folgen und dann plötzlich vom Teufel verschlungen werden« (Unterkircher).

Wald, anders als der einzelne *Baum* ein weitverbreitetes Symbol einer Welt, die als Außenwelt dem kleinen Kosmos des gerodeten Landes gegenübersteht. Er wird in Sagen und *Märchen* von rätselhaften, meist drohenden Wesen (*Hexen, Drachen, Riesen, Zwergen, Löwen, Bären* usw.) bewohnt, die alle jene Gefahren verkörpern, mit welchen sich der junge Mensch auseinandersetzen muß, wenn er im Zuge seiner Initiation (»Reifeprüfung«) zum vollverantwortlichen Menschen werden will: ein Bild, das in jene Zeiten zurückreicht, in welcher Wälder weite Landstriche bedeckten und zur Gewinnung von Ackerland gerodet werden mußten. In Träumen zeigt der »dunkle Wald« eine Phase der Desorientiertheit an, den unbewußten Bereich, den der bewußte Mensch nur zögernd betritt. Das in Märchen oft vorkommende *Licht,* das durch die Stämme schimmert, kennzeichnet die Hoffnung auf den Ort der Bewährung. Der Wald selbst als ungeordnete Wildnatur wird als unheimlich und bedrohend empfunden, und die Phantasie besiedelt ihn oft mit *Wilden Menschen,* Moos- und Holzweiblein, aber auch mit Feen, die sich als hilfreich erweisen können. Andererseits kann er für den vergeistigten Menschen zum bergenden Ort der Abgeschiedenheit vom Weltgetriebe werden. Eremiten fürchten seine Gefahren nicht, sondern sind von höheren Mächten beschützt. – Anders als der Wald ist der *Hain* ein sich nicht endlos weit erstreckender, sondern überschaubarer Ort der numinosen Natur. – Tiefenpsychologisch wird der Wald oft als Symbol für das dem jungen Mann unheimlich erscheinende Weibliche aufgefaßt, das er erst für sich erforschen muß. Ganz allgemein herrscht in diesem Sinn in ihm »die grüne, bald aufgelichtete, bald finstere Dämmerung des unbewußten, von außen nicht sichtbaren Lebens«; der Wald als *Traumsym-*

bol enthält »vielfältige – harmlose oder gefährliche – Wesen, und in ihm kann sich sammeln, was vielleicht einmal in die taghellen Bezirke unserer seelischen Kulturlandschaft treten kann« (Aeppli). *Räuber* sind in dieser Erlebensweise Personifikationen eines »primitiven und doch gefährlichen Teils unseres Wesens, das ja nicht nur gut ist«.

Walküren, eigentlich Valkyrijar, in der nordgermanischen Mythik personifizierte Symbole des ehrenhaften Kriegertodes: die Schildmägde des Gottes Odin, der aus tapferen Kämpfern in irdischen Schlachten, die den Tod nicht fürchten, Verbündete für den Ragnarök-Endkampf (vgl. *Weltuntergang*) sammelt und sie durch seine Gehilfinnen, die auf schnellen Rossen durch das Gewölk jagen, in sein kriegerisches *Jenseits*gehöft Walhall holen läßt. Namen von Walküren in der »Edda« sind u.a. Skuld (die letzte der *Nornen,* die den Tod bringt), Brünhild (Brynhild), Göll (Ruferin), Gondul (Wölfin), Hrist (Sturm), Mist (Nebel) und Thrud (Gewalt). Die in Walhall versammelten Gefallenen heißen Einherjar (Einzelkämpfer) und führen täglich Übungskämpfe durch, um allabendlich unverletzt Gelage feiern zu können. Diese Auffassung symbolisiert einerseits die Hochschätzung des Todes im Kampf (ähnlich wie jene des Todes im Krieg oder auf dem Opferstein bei den Azteken Mexikos), andererseits auch Unverzagtheit im Angesicht des prophezeiten Ausganges der Endzeitschlacht, in der alle Götter und ihre Helfer fallen müssen, ehe nach »Ragnarök« ein neues Zeitalter nach Art eines *Paradieses* (»Gimle« am südlichen *Himmel*) anbrechen darf. – Sprichwörtliche Gestalt angenommen hat in neuerer Zeit vor allem die Walküre Brünhilde, die im Nibelungenlied eine tragische Rolle spielt und das Verderben des Helden *Siegfried* herbeiführt, der für König Gunther unsichtbar ihre Hand erkämpft hatte. Kräftigen Frauen wird eine »brünhildenhafte Gestalt« zugeschrieben.

Wald: Rotkäppchen, Märchenillustration von Ludwig Richter (1803-1884)

Wallfahrt, die religiös fundierte Sitte, in feierlichem Zug zu einer heiligen Stätte zu pilgern, wobei eine meditative Grundstimmung der Teilnehmer vorausgesetzt wird. Diese nähern sich symbolisch immer mehr dem Ziel, dessen Erreichen in einer Hochstimmung von besonderer Ergriffenheit kulminieren soll. Voraussetzung ist die Weihe oder Heiligkeit bestimmter Orte (Gedenkstätten, Gräber heiliger Personen, Mysterienheiligtümer, Kirchen). In altgriechischer Zeit wurde z.B. das Demeter-Heiligtum von Eleusis von den Kultteilnehmern in einer feierlichen Wanderung von Athen aus, die den

Hl. Gerold, Pilger und Martyrer.

Wallfahrt: Der hl. Pilger St. Gerold. W. Auers Heiligen-Legende, 1890

Charakter eines Herangehens an das Mysterium hatte, erreicht. Im christlichen Bereich hatten Wallfahrten zu berühmten Stätten wie Santiago de Compostela, Rom oder *Jerusalem* (in neuerer Zeit Lourdes, in Österreich Mariazell) eine fast ebenso große Bedeutung wie die Moslem-Pilgerfahrt nach Mekka. Möglicherweise sollten auch die *Stein*blockalleen der Bretagne (*Menhir*) solche »heiligen Reisen« steinzeitlicher Pilger verewigen. Im katholischen Bereich zählen *Berg*wallfahrten zu den beliebtesten Kultakten dieser Art (Montserrat, Monte Gargano, Odilienberg im Elsaß; Andechs in Bayern; Sonntagsberg, Niederösterreich; »Vierbergewallfahrt« in Kärnten; Maria Plain bei Salzburg u.a.). – Wanderungen und Reisen werden jedoch auch von heiligen Gegenständen und Symbolen selbst durchgeführt, wenn es darum geht, dem umgebenden Land den speziellen Segen (etwa den Feldern Fruchtbarkeit) zu vermitteln. Die räumliche Nähe des segenspendenden Objektes (Götterbildes, Repräsentanten der Gottheit, Sakramentes) soll eine besonders wirksame Vermittlung der positiven Wirkung gewährleisten, so etwa bei den von Tacitus (Germania) erwähnten Umzügen der Göttin Nerthus auf einem von *Kühen* gezogenen *Wagen.* Bei kirchlichen Prozessionen und Flurumgängen kommt dazu der Wunsch nach öffentlichem, nicht auf den Kirchenraum beschränkten Bekenntnis zur Religion und ein gewisses Repräsentationsbedürfnis, das zu besonderer Prunkentfaltung führt – im katholischen Bereich etwa bei der Auferstehungsprozession zu Ostern oder zu Fronleichnam (d.h. »Leib des Herrn«), dem 1264 durch Papst Urban IV. eingeführten Fest des feierlichen »Umgangs«, das die Gegenwart Christi im Allerheiligsten, der geweihten Hostie in der Monstranz, zum Thema hat.

Wampum: Gürtel mit figuralem Symbol des Friedensschlusses zwischen William Penn und den Delawaren

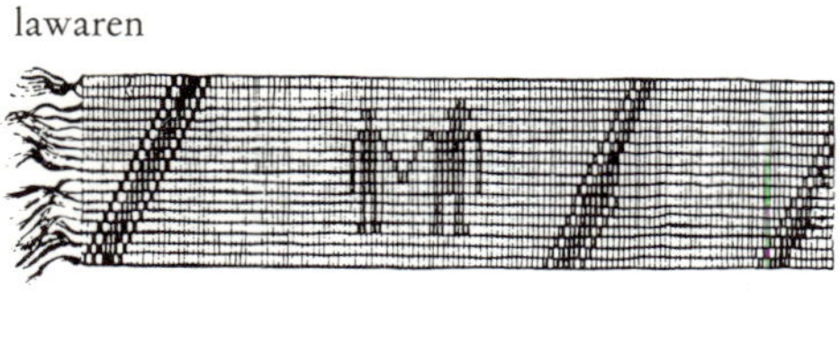

Wampum, ein symbolischer Gegenstand der nordamerikanischen Indianer des Ostens, in Europa freilich weniger geläufig als *Kalumet* (»Friedenspfeife«) und Tomahawk (»*Kriegsbeil*«). Bei den irokesischen Stämmen waren Wampumgürtel aus mosaikartig aufgefädelten Stachelschweinborsten-Scheibchen üblich, die zum Teil auch mit Flußmuschelperlen verziert waren (dies ist die ursprüngliche Bedeutung von »Wampum«). Sie wurden von Botschaftern als Erkennungszeichen getragen und hatten eine ähnliche Funktion wie der *Caduceus* in der Antike Europas. »Gürtel oder Streifen verschiedener Länge nach den verschiedensten Mustern dienten als einfache Dokumente, Ketten von verschiedener Länge und verschiedener Anordnung heller und dunkler Perlen dienten dazu, sich an Sagen, geschichtliche Ereignisse und an Verträge zu erinnern. Fachleute wurden ausgebildet, die sich die Bedeutung einer bestimmten Zahl von Ketten und Gürteln merken mußten, damit sie, wenn man sie ihnen reichte, sagen konnten, was durch den Wampum ›aufgezeichnet‹ worden war. Diese Männer waren lebende Bibliotheken, die eine lange Geschichte erzählen konnten, während sich ihre Finger über die Perlen bewegten« (La Farge 1960). In den Kolonialzeiten wurden von den Weißen Wampumgürtel aus europäischen Porzellanperlen als Zahlungsmittel verwendet.

Wasser ist als die Urzeitflut in vielen Weltschöpfungsmythen die Quelle allen Lebens, das aus ihm emporsteigt, zugleich aber auch *Element* der Auflösung und des Ertrinkens. Vielfach lösen *Sintfluten* frühere Schöpfungszyklen ab und vernichten Lebensformen, die den Göttern nicht genehm waren. Psychologisch ist das Wasser Symbol der unbewußten Tiefenschichten der Persönlichkeit, die von geheimnisvollen Wesen bewohnt wird (vgl. *Fische*). Als eines der elementaren Symbole ist es ambivalent (zwiespältig), da es einerseits belebt und fruchtbar macht, andererseits auch ein Hinweis auf Versinken und Untergang ist. Im Wasser des Westmeeres versinkt allabendlich die *Sonne*, um während der Nacht das Totenreich zu erwärmen; dadurch hat das Wasser auch Verbindung mit dem *Jenseits*. Vielfach werden die »Wasser unter der *Erde*« mit dem urzeitlichen *Chaos*, das vom Himmel fallende *Regen*wasser hingegen mit segensreicher Belebung assoziiert. Wasserwirbel (vgl. *Spirale*) stellen bildhaft Schwierigkeiten und Umwälzungen dar, ruhig dahinströmende *Flüsse* jedoch das planmäßig verlaufende Leben. Teiche und Tümpel, besonders aber *Quell*seen wurden in vielen Kulturen als Wohnorte von Naturgeistern angesehen, von Nixen, Wassermännern oder weissagenden – oft auch gefährlichen – aquatischen Dämonen verschiedener Art. Auch hierin äußert sich die zwiespältige Sinngebung des Wassers in der Symbolik. Eine Art von *Dualsystem* ist im christlichen Sakrament das mit *Wein* vermischte Wasser, wodurch dem passiven Element das *»Feuer«* des Weines beigemengt wird, was auf die

Wasser: Gottheit mit überquellendem Gefäß. Siegel des Sumererkönigs Gudea, 3. Jahrtausend v. Chr.

Wasser: Regen- oder Wassergott. Iran, ca. 2500 v. Chr.

Wasser: Taufe durch Untertauchen (Immersionstaufe). Legenda aurea, Esslingen, 1481

Wasser: Meeresgott Neptun mit dem Dreizack und seiner Gemahlin Amphitrite. V. Cartari, 1647

zwei Naturen (Gott und Mensch) in der Person Jesu hinweist. Auch das Bildsymbol der Temperantia (Mäßigung), etwa auf den *Tarot*-Karten, stellt das Mischen von Wasser und Wein dar. Wasser spielt in der christlichen Ikonographie sonst vorwiegend die Rolle des reinigenden Elements, das in der Taufe die Makel der Sünde abwäscht. Als reines Element wurde es bei Hexenproben verwendet, in dem Glauben, daß es gefesselte *Hexen* nicht in sich aufnehmen würde. Bei dieser Wasserprobe galt nur als schuldlos, wer versank (und an einem Strick herausgezogen wurde), während »Teufelshexen« wie Korken auf der Wasseroberfläche schwimmen sollten. Bekannt ist der ganze Bereich des Weihwassers im katholischen Bereich. Für das religiöse Brauchtum ist das noch nicht mit dem Salb*öl* (Chrisam) vermischte Weihwasser sowie das an bestimmten Festtagen gesegnete »aqua benedicta« wichtig, das die Gläubigen in ihre Wohnungen mitnehmen, um dort die kleinen Weihbrunnkessel an der Tür*schwelle* zu füllen. Es dient der Anbringung des *Kreuz*zeichens mit befeuchteten Fingern, wobei es Sitte war, einige Tropfen des geweihten Wassers in den Raum zu verspritzen. Auf die Erde gespritzte Weihwassertropfen sollen nach weit verbreiteter Meinung der Volksfrömmigkeit auch den »armen Seelen im *Fegefeuer*« helfen und die Glut der sie läuternden Flammen lindern.

Fremd ist dem europäischen Weltbild die Vision des *Jenseits* als aquatisches Reich, wie sie nach Darstellungen auf bemalten Tongefäßen vermutlich bei den Maya in Yucatán (Mittelamerika) üblich war. Bei den Azteken hieß das Paradies des Regengottes Tlaloc »Tlalócan« und war eine wesentlich erfreulichere Region als die Unterwelt Mictlán, die den Aufenthaltsort für gewöhnliche Sterbliche nach dem Tode darstellte (vgl. *Hölle*). Im zwanzigtägigen Kalendarium Mittelamerikas gilt jedoch das neunte Tageszeichen Wasser (aztekisch: atl, maya: muluc) als Symbol des Regens im Übermaß. Ihm wird die Omen-Bedeutung »Krankheit, Fieber« zugeschrieben,

Wasser, durch Gottes Allmacht aus dem Felsen geschlagen. Emblem-Kupfer, W. H. Frh. v. Hohberg, 1675

und das Zeichen gilt als ein unglückliches. Dieses Tageszeichen wird als bläulicher, sich verzweigender Wasserstrom mit Wellensaum gezeichnet. Es gehört auch zu der mexikanischen Hieroglyphe für »Krieg«, atl-tlachinolli, übersetzt mit »Wasser/Feuer«, wobei der Kampf der beiden Elemente die Spannung dieses Dualsystems deutlich wiedergibt. – Weit verbreitet ist die Verehrung jenes Wassers, das direkt aus der Erdtiefe emporströmt und wie ein Geschenk der unterirdischen Götter wirkt – besonders dann, wenn es heiß ist (Thermalwasser) oder infolge seines Mineralgehaltes Heilwirkung besitzt. Mehrere Kultgrotten des Eiszeitmenschen in den Pyrenäen befinden sich in der Nachbarschaft solcher Quellen, und ihre Verehrung wurde auch in der Antike fortgesetzt, wie Votivgaben beweisen. Vor allem im keltischen Raum war die Verehrung heiliger *Quellen* geläufig, da ihr Wasser mit der gabenspendenden Erd*mutter* in Verbindung gebracht wurde (z.B. Göttin Sulis bei der Thermalquelle von Bath, England). Die Sitte, Münzen in Brunnen zu werfen, ist offenbar ein Nachklang symbolischer Opfer an Wassergottheiten, welchen die Fähigkeit der Wunscherfüllung zugeschrieben wurde, im Sinne einer Vorstellungskette Wasser-Erde-Fruchtbarkeit-Glück und Reichtum. An kultisch verehrten Quellen wurden Nymphen verehrt, Verkörperungen der erstrebten segensreichen Wirkungen (vgl. *Wasserwesen*).

Die Vorstellung, daß rituell geweihtes Wasser Segen vermitteln kann, wobei die zugleich reinigende wie auch befruchtende Wirkung des Wassers in einen religiösen Ritus integriert wird, ist nicht auf den katholischen Kult beschränkt, sondern kommt auch in außereuropäischen Kulten vor, etwa im Parsismus. In Indonesien werden Trancetänzer mit geweihtem Wasser benetzt, um sie in die Realität zurückzuholen. Reinigende Wirkung im symbolischen Sinn hatte das Wasser u.a. im spätantiken Isis-Kult. Das Wasser der Taufe im christlichen Bereich soll als Sakrament alle von den Voreltern ererbten Makel abwaschen und eine »Neugeburt aus dem Wasser« bewirken. Auch in Altmexiko war eine sinngemäß entsprechende Handlung mit der Waschung von Neugeborenen verbunden; die Hebamme betete, das Wasser möge alle Übel entfernen, die dem Kind von den Eltern her anhafteten. Rituelle *Bäder* sind auch sonst in vielen alten Kulturen bekannt, die also nicht nur hygienischen Gründen, sondern auch der symbolischen Reinigung dienten. Zu erwähnen sind die künstlichen Badeteiche in den vorarischen Ruinenstätten der Mohenjo-Daro-Kultur, das hinduistische Bad im Ganges, die »Lustrationsbecken« im kretischen Knossos, Reinigungsbäder vor Beginn der eleusischen Mysterien, schließlich ähnliche Symbolhandlungen in den spätgriechischen Kulten (»Für den Frommen genügt ein Tropfen, doch den Bösen kann auch der Ozean mit seinen Strömen nicht reinwaschen«). Auch Altmexiko kannte symbolische Reinigungsbäder; der Priesterkönig der heiligen Stadt Tollan pflegte um Mitternacht rituelle Waschungen vorzunehmen, und die Stadt Tenochtitlán wies drei sakrale Badeplätze auf. Beim Xochiquetzal-Fest (vgl. *Blume*) mußte das ganze Volk frühmorgens baden, und wer es unterließ, wurde durch Haut- und Geschlechtskrankheiten bestraft. Die rituellen Waschungen im Islam gehören zu den religiösen Regeln; nur dort, wo Wasser fehlt (in der Wüste), darf reiner Sand dessen Stelle einnehmen.

Obwohl eine ausführlichere Darlegung der einschlägigen Riten vom Bereich der Symbolik zu weit in jenen des (freilich auch symbolbestimmten) Kultus führen würde, sollen doch einige europäisch-antike Vorstellungen erwähnt werden: Demnach schwemmt fließendes Wasser, vor allem bewegtes *Meer*wasser, allen bösen Zauber hinweg. Beschwört man chthonische (unterirdische) Götter und Dämonen, verwendet man Quellwasser; zitiert man hingegen himmlische Wesen, nimmt man dazu Regenwasser. Das *Tau*wasser, das sich auf Halmen kondensiert, ist nach Plinius (23–79 n.Chr.) »eine wahre Arznei, eine Himmelsgabe für die Augen, Geschwüre und Eingeweide«. Es entsteht nach antiker Vorstellung aus *Mond*strahlen oder den Tränen der Morgenröte-Göttin *Eos.* Im christlichen Symbolbild gleicht es den vom Himmel niederströmenden Gnadengaben Gottes. Auch für alchemistische Operation wurde »ros coelestis«, der Himmelstau, mit Tüchern gesammelt, wie im »Mutus liber« aus dem Jahr 1677 dargestellt wird. Es scheint sich hier jedoch um eine Tarnbezeichnung für das flüchtige Element Mercurius (vgl. *Sulphur und Mercurius*) zu handeln; besonders »Mayenthau« wurde als von den »*Salzen* der Natur geschwängertes« Lösungsmittel oft erwähnt, wobei sich Volksglaube und Allegorie kaum unterscheiden lassen. – Auch im Bereich der tiefenpsychologischen Symbolkunde wird dem *Element* Wasser, das zwar lebensnotwendig ist, aber nicht nährt, größte Bedeutung beigemessen, als Lebensspender (Kinder kommen aus Teichen oder *Brunnen* in die Menschenwelt) und Lebenserhalter. Es ist das Grundsymbol aller unbewußten Energie, dadurch auch gefährlich, wenn es (etwa in Träumen) durch Überflutungen die ihm gemäßen Grenzen übersteigt. Hingegen ist das Symbolbild günstig und förderlich, wenn das Wasser (als Teich, Fluß, aber auch als sein Gestade nicht überschreitendes Meer) an seinem Ort bleibt und dadurch, wie in vielen *Märchen,* echtes »Lebenswasser« darstellt.

Wasserwesen: Melusine, in ihrem Gemach badend. Volksbuch-Illustration, Antwerpen, 1491

Wasserwesen übernatürlicher Art symbolisieren, in noch stärkerem Ausmaß als *Fische* (die ihrerseits oft phantastisch ausgestaltet wurden), die Belebtheit des feuchten Elements, das vorwiegend mit der »*Yin*«-Hälfte, d.h. mit der »weiblichen Seite« des Kosmos, in Verbindung gebracht wurde. Für den Tiefenpsychologen handelt es sich um Verkörperungen bestimmter Inhalte unbewußter Tiefenschichten der Persönlichkeit, die relativ selten in männlicher Gestalt, häufiger weiblich auftreten. In der altindischen Mythologie sind die »Apsaras« zunächst himmlische Tänzerinnen im Gefolge des Gottes Indra, die jedoch in Gewässern (meist in *Lotos*teichen) wohnen, wenn sie auf die Erde herabsteigen. Dort suchen sie mit ihren Verführungskünsten Asketen von ihrer Vergeistigung abzuhalten. Die Liebe zwischen der Wassernymphe Urvashi und König Purūravas ist Thema einer ergreifenden Dichtung des Kalidasa (um 500 v.Chr.). Ähnliche Motive gibt es auch in europäischen Sagen, wobei die Ehe des Menschen mit Wasserfrauen (den Undinen oder Melusinen) meist keine wahre, dauernde Erfüllung finden kann. Nymphen, Nixen und andere Wasserfrauen werden meist mit menschlichem Oberkörper, aber fischartigem Unterleib (Fischschwanz) dargestellt, sind also bloß fragmentarische Verkörperungen des weiblichen Wesens. Verführerisch wirken sie durch ihren wohlklingenden Gesang und durch ihre langen hellen *Haare,* die sie mit *goldenem* Kamm strählen (so etwa die Lorelei am Rhein), meist zum Verderben der sie bewundernden Männer. Manche Sagen berichten von der Sehnsucht der Wasserfrauen, mit einem irdischen Mann den Ehebund einzugehen, um dadurch eine Seele zu bekommen (die ihnen als Elementarwesen von Natur aus fehlt). Antike Vorbilder der mittelalterlich-europäischen Wasserfrauen sind die Najaden, Nereiden und Sirenen der antiken Mythologie, die einerseits als scheue *Quell*nymphen, andererseits aber als für den Menschen ge-

Wasserwesen: Die Nymphe Galathea. V. Cartari, 1647

Wasserwesen: Das die Seefahrer bedrohende Ungeheuer Skylla. V. Cartari, 1647

Wasserwesen: Fabelgestalten aus dem chinesischen Werk Shan-hai-jing

fährlich-verlockende Gestalten geschildert wurden.
In der alchemistischen Bilderwelt stellt eine Nixe mit zwei Fischschwänzen das *Dualsystem* der beiden Urprinzipien *Sulphur und Mercurius* in gelöstem Zustand dar. – In der Wappenkunst werden Nixen oft dann dargestellt, wenn der Ahnherr eines Geschlechtes aus der Ehe zwischen einer Undine und einem Erdenmann hervorgegangen sein soll, die nach dem üblichen Schema der Sage freilich keinen dauerhaften Bestand haben konnte. – Der Wassermann (Aquarius) ist auch das elfte der zwölf Tierkreiszeichen (vgl. *Sterne*), und seiner Herrschaft wird ein »Weltzeitalter« zugewiesen, das bereits begonnen hat oder in absehbarer Zeit beginnen soll und jenes der *Fische* ablöst. Dem Zeichen Aquarius werden für die in seiner Monatsregentschaft (21. Januar–19. Februar) Geborenen Eigenschaften wie mystische Neigungen, Vereinigung von Bewußtem und Unbewußtem, Streben nach dem Brükkenschlag zum Übernatürlichen und nach Beweglichkeit zugewiesen.

Weidenbaum. Während bei manchen Symbolen in der europäischen Antike und in Ostasien ähnliche Auffassungen herrschen, geht diese Bedeutung in beiden Räumen bei der Weide stark auseinander. Im Mittelmeerraum herrschte die Ansicht, sie werfe ihre Samen ab, bevor sie reif würden, sei daher geschlechtlich unfruchtbar, somit ein Sinnbild der Keuschheit und stelle einen idealen Ausgangsstoff für Mittel dar, welche die Enthaltsamkeit förderten. Da man ihr immer wieder wie aus nie versiegender Quelle grüne Zweige abschneiden kann, verglich man sie mit der Bibel, der Quelle der Weisheit. Origenes (185–254 n. Chr.) versprach all jenen das »Erntefest der Ewigkeit«, welche die »Weidenzweige ihrer Keuschheit« unversehrt bewahrt hatten. Im Mittelalter und später galt die Weide als einer der Bäume, in welche Krankheitsstoffe (Speichel Kranker) verkeilt oder »verspündelt« werden konnten, um Kranke dadurch zu heilen. Weidenkätzchen (Palmkätzchen) werden am Palmsonntag geweiht, im Haus aufbewahrt und sollen alles Böse (besonders den *Blitz*) abwehren. Die Trauerweide galt wegen ihrer »wehmütig« herabhängenden Zweige als *Todessymbol* und Friedhofsbaum. Widersprüchlich wirken die antiken Nachrichten über die Rolle der Weide im Kult des Heilgottes Asklepios (*Äskulap*). In Athen war es Brauch, beim Fruchtbarkeitsfest der Thesmophorien Frauen Weidenzweige in das Bett zu legen, um angeblich *Schlangen* fernzuhalten (oder um vielmehr schlangengestaltige Fruchtbarkeitsdämonen anzulocken?). Die Priester des Asklepios sollen sich oft mit der Heilung von Sterilität befaßt haben. Jedenfalls galt Weidenrinden-Absud als wichtiges Rheumatismus-Heilmittel. – In Altchina hingegen war die Weide eindeutig ein erotisches Frühlingssymbol, »Blumen und Weiden« wurden *Hetären* (Kurtisanen) genannt. Die weibliche Taille hieß »Weidenbaum«, die Augenbrauen schöner Frauen wurden mit dem Schwung der Weidenblätter verglichen, das Schamhaar mit dem »tiefen Weidenschatten«. Ein junges Mädchen wurde »zarte Weide, frische Blume« genannt. Außerdem galten Weidenzweige als dämonenabwehrend. Weidenzweige wurden auch beim Abschied in die Provinz versetzten Beamten von Freunden und Freundinnen als Geschenk überreicht.

Weihrauch, Symbol des überirdischen »Wohlgeruches der Heiligkeit« (hebräisch lebonah, griech. libanos, lat. tus). Es handelt sich um das Harz des Strauches Boswellia carteri, das in der Antike aus Südarabien importiert wurde, jedoch auch in Indien und Ostafrika gewonnen werden kann. Im Orient wurde Weihrauch bei Riten des Opfers und der Dämonenabwehr verwendet, in *Ägypten* beim Totenkult, ebenso in Babylonien, Persien und Kreta. In Griechenland wurden seit dem 7. Jahrhundert v. Chr. Weihrauchopfer besonders in Mysterienkulten gebraucht und auch von *Pythagoras* empfohlen. In Rom spielte er bei Totenfeiern und im Kaiserkult eine Rolle, wurde daher von den Christen zunächst abgelehnt, später aber in den Kultgebrauch eingegliedert. Auch im profanen Leben war wohlriechendes Räucherwerk beliebt. Der zum *Himmel* emporsteigende Rauch galt als Symbol des Weges der Seele nach oben oder der aus der Schar der Gläubigen aufsteigenden Gebete. – Bei den Juden war das Gott allein zustehende Weihrauchopfer das Symbol der Anbetung, das auch der Versöhnung des zürnenden Gottes diente. Die drei »heiligen *Könige*« brachten dem neugeborenen Jesus Weihrauch aus dem Morgenland; in der Johannes-Apokalypse (5,8) halten 24 Älteste »goldene Schalen, die voll Räucherwerk waren, und dieses bedeutet die Gebete der Heiligen«. »Durch die dem Weihrauch vor der Räucherung erteilte Segnung wird er zum Sakramentale, das auch lustrative (reinigende) Wirkung hat. Das kreuzförmige Schwingen des Thuribulum (Rauchfasses) ist Hinweis auf das Kreuzesopfer, ringförmiges Schwingen soll die heiligen Gaben als Gott gehörend absondern« (Lurker 1987). Die Räucherfässer waren oft mit Reliefs des *Phönix* oder der »drei Jünglinge im Feuerofen« geschmückt, deren Preislieder inmitten des *Feuers* mit den Weihrauchwolken verglichen wurden. Weihrauchfässer als Attribute werden in den Händen großer Priestergestalten des Alten Testaments (Melchisedech, Aaron, Samuel) und der Heiligen Stephanus, Laurentius und Vincentius sowie der hl. Büßerin Pelagia dargestellt.

Weihrauch »vergeht, während er Vergnügen bringt«. J. Boschius, 1702

Allgemein können Beräucherungen von Leichen bei Bestattungen zunächst als Mittel zum Übertönen des Verwesungsgeruches gedeutet werden, damit auch später als Seelensymbol (die emporsteigenden Rauch*wolken*). – Im Maya-Kulturraum Mittelamerikas gab es Opfer von verbranntem Duftharz des Kopalbaumes (Pom; Protium copal). Harzkugeln ließen ihren Duft »in das Zentrum des Himmels steigen«, und Weihrauch wurde auch als »Gehirn des Himmels« bezeichnet. Die Räuchergefäße waren nach einem Gott Yum Kak (Herr des *Feuers*) benannt. – Ostasien kennt Weihrauch (chinesisch hsiang) aus dem duftenden Sandelholz, das früher in Räucherbecken verbrannt wurde, während in neuerer Zeit die jetzt auch in Europa bekannten Räucherstäbchen (meist indischer Herkunft) verwendet werden. Die herabfallende *Asche* wurde gelegentlich gesammelt und als Vorbeugungsmittel gegen Krankheiten verschluckt. Dieses Räucherwerk wurde vermutlich mit der Ausbreitung des Buddhismus in Ostasien bekannt, gehört aber seit dieser Zeit zum normalen Erscheinungsbild aller Tempel und Kapellen sowie der Kultschreine in den Privathäusern. – In der europäischen Ritualmagie, in deren Riten kosmische Geister beschworen wurden, etwa *Planeten*geister, spielten Räucherungen aller Art eine große Rolle, wohl im Anschluß an die Kulte spätantiker Mysteriensekten. Dabei wurden teilweise auch narkotische Stoffe in Rauch verwandelt, um visionäre Erlebnisse herbeizuführen. Leonhard Thurneysser (1530–1596) erwähnt »vielerley Spetzerey, als *Aloë*, Weyrauch, Myrrha, Paradeisholtz, Sandel, Mastix«. – Auch in der Heilkunst wurden Räucherungen (Fumigationen) vorgenommen, um schädliche Miasmen (krankmachende Dünste) zu vertreiben.

Wein: Trauben als Symbol geduldigen Wartens. W. H. Frh. v. Hohberg, 1647

Wein hat in der traditionellen Symbolik nur selten etwas mit Berauschung zu tun, sondern repräsentiert – da er normalerweise mit *Wasser* verdünnt genossen wurde – ein im echten Sinne »geistiges Getränk«, eine von vitalem *Feuer* erfüllte Flüssigkeit. Die in manchen Kulturen (Dionysos-Bacchus) übliche Sitte des übermäßigen Weingenusses war kultisch verankert und sollte die Vereinigung mit der Gottheit der Ekstase herbeiführen. Wein sollte jeden Zauber brechen, Lügen entlarven (»in vino veritas«) und auch von den Verstorbenen genossen werden können, wenn man ihn als Trankopfer (Libation) auf die *Erde* goß und versickern ließ. Als »*Blut* der Trauben« wurde Wein oft in einem engen Symbolzusammenhang mit Blut gesehen, und zwar nicht nur im christlichen Sakrament. Er konnte auch Blutopfer für die Toten im beschriebenen Sinn ersetzen. – Die Kultur des Weinstockes ist im Orient und Ägypten sehr alt (dort schon um 3000 v. Chr. nachgewiesen und »erpi« genannt; dunkle Trauben wurden als »*Augen* des Horus« bezeichnet). Bei Festen durfte in diesem Raum Wein niemals fehlen (vgl. das erste Wunder Jesu bei der »Hochzeit zu Kana«, die Verwandlung von Wasser in Wein). Die mittelalterliche Symbolik illustriert oft das Gleichnis, nach dem Christus der Weinstock ist, während seine Jünger die Reben darstellen. Kreuz und Lebens*baum* werden nicht selten als Weinstöcke dargestellt, die Weinernte ist ein Symbol des Weltgerichtes am Ende der Zeiten. Als negativ wird der Weingenuß im Übermaß nur im Zusammenhang mit *Noahs* Berauschung geschildert, wobei die Respektlosigkeit seines Sohnes Ham als Vorwegnahme der gleichen Haltung der Soldaten galt, die Jesus am Ölberg gefangennahmen. In der mittelalterlichen Novellensammlung »Gesta Romanorum« (um 1300) heißt es, »daß Noah den wilden Weinstock fand, den man Labrusca – nach den Rainen (Labra) an Ackern und Wegen – nannte. Da nun dieser Wein sauer war, nahm er das *Blut* von vier Tieren, nämlich eines *Löwen*, eines *Lammes*, eines *Schweines* und eines *Affen*, vermengte es mit Erde und machte einen Dünger daraus, den er an die Wurzeln des wilden Weinstockes legte. So wurde der Wein durch dieses Blut versüßt ... Durch den Wein sind viele Menschen zu Löwen geworden, ihres Zornes wegen, und haben dann keine Besinnung mehr. Einige werden vor Scham zu Lämmern, andere werden zu Affen infolge der Neugier und unschicklichen Lustigkeit, die sie annehmen.« Von den »schweinischen« Folgen der Berauschung sagt der Text nichts, da diese Art der Wirkung offenbar also ohnehin bekannt vorausgesetzt wurde. – Für Hildegard von Bingen (1098–1179) hat der Wein große Bedeutung als Heilmittel, aber auch als Symbol. Sie knüpft ebenfalls an die biblische Erzählung von Noah an und schreibt: »Nun brachte die Erde, welche durch das Blut Abels (vgl. *Kain*) vorher versehrt worden war, den neuen Saft des Weines hervor, und die Weisheit begann ihre Tätigkeit von neuem.« Der Mißbrauch des Weines verzerrt zwar seine Macht ins Negative, doch ist die in ihm steckende Kraft ein großes Ge-

Wein: Der trunkene Silen auf dem Esel. V. Cartari, 1675

heimnis. »Korn und Wein wachsen durch eine geheime Keimkraft (viriditas, ›*Grün*heit‹ – davon stammt wohl der in der esoterischen Literatur seit E. Bulwer-Lytton, 1871, gebrauchte Ausdruck ›Vril‹), die der Mensch nicht sehen kann.« Diese Kraft ist auch am Werk, wenn Brot und Wein im Sakrament in das Fleisch und Blut Jesu Christ verwandelt werden. »So ist der Wein der neue Saft der Erde, ein Saft, in dem Tod und Leben ist« (Schipperges 1957). Im Islam herrscht dem Wein gegenüber eine zwiespältige Einstellung. Legenden erzählen, daß der Erz*engel* Dschibril (Gabriel), der *Adam* und seine – namentlich nicht genannte – Frau aus dem *Garten* des *Paradieses* herausführte, Mitleid mit den Verstoßenen hatte und ihnen eine Rebe aus dem nunmehr verschlossenen Garten reichte. Nach anderer Version soll sein Stab durch die Mitleidstränen befeuchtet worden sein und ausgetrieben haben; seine Früchte seien wie Engelstränen gewesen, rund und süß. Doch Iblis, der *Teufel*, habe diesem Gewächs Unheil angewünscht, und daher sei der Wein zwar ursprünglich eine Engelsgabe, aber nicht segensreich. Sein Genuß ist auch heute noch allen Gläubigen streng untersagt, doch im *Paradies* trinken die Auserwählten

»den Wein, der mit Moschus versiegelt ist und der das Begehren aller weckt, so daß sie nach ihm rufen. Und der Wein wird gemischt sein mit dem Wasser der Quelle Tasmin, aus der die Allah Nahestehenden, seine Freunde, trinken.« Auch in einem Paradiesbach fließt »Wein, der den Trinkenden köstlich mundet, aber nicht trunken macht«.

In der tiefenpsychologischen Traumsymbolik sagt, nach Aeppli, ein Auftauchen von Wein etwas über die Begegnung mit einem geistig-seelischen Inhalt der Persönlichkeit aus, hingegen nicht über »Alkohol« im realen Sinn. »Das religiöse Erlebnis hat den Wein zum Gleichnis göttlichen Blutes erhoben. Im Wein ist das Erregende, ist die Kraft des Geistes, welche die Erdschwere überwindet, die Phantasie beflügelt ... Wo goldener oder dunkelroter Wein im Kelchglase des Traumes leuchtet, da ist positives und bedeutendes Leben. Das Weinwunder ist, von der Seele aus gesehen, ein göttliches Lebenswunder der Wandlung von erdhaft-vegetativem Sein zu beflügelndem Geist.« – In Ostasien (Japan) entspricht dem abendländischen Wein der »*Reis*wein« Sake, eigentlich eher eine Art von Bier mit hohem Alkoholgehalt (12–16%). Er dient als Ritualgetränk bei Hochzeitsfeiern und zu Neujahr und wird auch als Symbol der Besiegelung von Verträgen aus kleinen rotlackierten Holzschälchen getrunken.

Weiß läßt sich entweder als »noch keine Farbe« oder als vollkommene Vereinigung aller *Farben* des Spektrums des Lichtes verstehen, als Symbol der noch unbeeinflußten und ungetrübten Unschuld des urzeitlichen *Paradieses* oder als Endziel des geläuterten Menschen, in dem dieser Zustand wiederhergestellt ist. Weiße oder allgemein ungefärbte Gewänder sind in vielen Kulturen priesterliche Tracht mit dem Symbolwert der Reinheit und Wahrheit. Neugetaufte Christen trugen weiße Kleider, und in solchen werden auch die Seelen der Gerechtfertigten nach dem Weltgericht dargestellt. Verklärung, Herrlichkeit und Himmelsweg sind die Symbolwerte für die weiße Kleidung des Papstes; schon *Pythagoras* hatte den Sängern heiliger Hymnen empfohlen, weiße Gewänder zu tragen. Weiße Opfertiere waren den Himmlischen zugedacht wie *schwarze* jenen der Unterwelt. Der Heilige Geist wird als weiße *Taube* dargestellt. Doch hat das Weiß symbolkundlich auch negative Aspekte, in erster Linie wegen des »Erblassens im Tode«. In Träumen ist das »weiße *Pferd* oft mit dem Erlebnis, der Ahnung des Todes verbunden. Der ›Schimmelreiter‹ taucht auf, wo Tödliches geschehen kann« (Aeppli). Gespenster werden in vielen Kulturen als weiße Gestalten gesehen (»Weiße Frau«), gewissermaßen als reziproke *Schatten.* – In der traditionellen Symbolik Chinas ist Weiß die Farbe des Alters, des Herbstes, des Westens und des Unglücks, jedoch auch der Jungfräulichkeit und der Reinheit (»Weißer Lotos« nannte sich eine Geheimgesellschaft, die reinere Sitten herbeiführen wollte). Allgemein gilt das Weiß in China als Farbe der Totentrauer, doch ist damit eigentlich die »Nichtfarbe« der ungefärbten Trauerkleider gemeint. – In der *Alchemie* ist die Aufhellung oder Weißung (Albedo) das Anzeichen dafür, daß sich nach der Schwärze (Nigredo) die Urmaterie auf dem Weg zum *Stein* der Weisen befindet. Vgl. *Lilie.*

Weltachse (lat. axis mundi), ein weitverbreitetes Bild der kosmischen Architektur bei altertümlichen Kulturen.

Dabei wird der eigene Lebensbereich als »Reich der Mitte« aufgefaßt, als Zentrum der *Erde,* während der Zenitpunkt im Polarstern angesiedelt wird, um den sich der Sternenhimmel scheinbar dreht. Der imaginäre Stützpfeiler der *Himmels*kuppel wird als eine sich *spindel*artig drehende Achse aus kristalliner Substanz gedacht oder statisch als stützender Weltenberg (*Berg*) oder kosmischer *Baum.* Die Weltachse wird bei Völkern mit schamanistischen Trance-Kulten auch als der Verbindungsweg angesehen, auf dem der Schamane die anderen Ebenen des Weltenbaues erreichen kann, um dort mit über- und unterirdischen Wesen (Göttern, Dämonen) im Dienste seiner Gemeinschaft zu kommunizieren. Bildliche Darstellungen der Weltachse symbolisieren damit auch den Gedanken an die Schöpfungsordnung und das Beheimatetsein in einem festgefügten Universum. Auch der heilige *Pfahl,* der *Menhir* und der *Obelisk* sind ursprünglich Ausdrucksformen dieses archaischen Weltbildes. Vgl. *Omphalos, Quadrat, Säule, Tempel.*

Weltuntergang, weitverbreitetes Mythensymbol der Vergänglichkeit alles Bestehenden, das – wie das Menschenleben – einmal ein Ende finden muß. Wie der Mensch jeder Epoche seinen eigenen Tod herannahen fühlte, verlegte er auch immer wieder das Weltenende in die nahe Zukunft. Alte Kulturen prägten das Bild einer sich zyklisch wiederholenden Zerstörung und Neuschöpfung der Welt, während das Abendland die Zeit als linear fortschreitenden Weg von der Schöpfung am Anfang zum Weltuntergang am Ende betrachtete (daher lineare Jahreszählung, im Gegensatz z.B. zu den Kalenderzyklen der altmexikanischen Kulturen). Das Christentum sieht den »Jüngsten Tag« als Zeitpunkt des Weltgerichtes, zu dem Gott als Richter die Guten von den Bösen trennt und jene in den *Himmel* eingehen läßt, die anderen in die *Hölle* verdammt. Der selige Zustand nach der Ausmerzung alles Bösen wird mit der Wiederherstellung des uranfänglichen *Paradieses* ausgedrückt. – Visionen des nahenden Weltunterganges in Form von bevorstehenden Katastrophen wurden vor allem in Zeiten des Umbruches und der Neuordnung bestehender Lebensumstände oft mit kalendarischen (Jahrtausendwende) oder astrologischen Mitteln (Konjunktion der Planeten *Jupiter* und *Saturn,* z.B. 1524, und nach je 5 Umläufen des Jupiter und dreien des Saturn wiederkehrend) oder durch Prophezeiungen und Gesichte glaubhaft gemacht. – Die berühmte Prophezeiung der »Edda« vom Göttergeschick (Ragnarök, meist irrtümlich übersetzt mit »Götterdämmerung«) behandelt die drohenden Vorzeichen wie die Vermehrung feindlicher Dämonen, Verfinsterung der *Sonne,* härtere Winter, *Chaos* im Bereich menschlicher Bindungen, Erzittern des Welten*baumes* und kündigt für den nordgermanischen Bereich den Kampf der Götter gegen Unwesen (Fenris-*Wolf,* Höllen*hund* Garm, Midgard-*Schlange*) und *Riesen* an, in dem der Kosmos vernichtet wird, die *Sonne* versinkt, die *Sterne* vom Himmel fallen, wobei jedoch ein neues Zeitalter heraufzieht und ein neues Menschenpaar (Lif und Lifthrasir) einen späteren Zyklus menschlichen Lebens begründet. Diese Vision vom Weltuntergang (Eschatologie) ist sicherlich bereits von christlichen Ideen geprägt und stellt die germanische Reaktion auf Endzeiterwartungen im Zusammenhang mit der ersten Jahrtausendwende n.Chr. dar.

Die im christlichen Raum bekannteste Beschreibung des Unterganges der alten Erde und der Menschheit im heutigen Sinne ist die Apokalypse (Geheime Offenbarung) des Johannes, von dem nicht feststeht, ob er mit dem Verfasser des Johannes-Evangeliums identisch ist. Dieser »rätselhafteste Text der Heiligen Schrift« wurde oft kommentiert und als Prophezeiung des nahenden Endgerichtes aufgefaßt, nach dem auf Erden das neue Paradies um das »himmlische *Jerusalem*« aufgerichtet werden soll (vgl. *Gog und Magog*). – Nach islamischer Lehre werden alle jene Menschen gerichtet, die sich der Religion des Propheten nicht anschlossen, also alle Ungläubigen, Irrlehrer, Götzenanbeter und Gewalttäter, ebenso die abtrünnigen Geister, *Teufel* und Dämonen. Das Gericht findet auf dem Tempelberg von *Jerusalem* statt, und Allah sitzt auf dem *Thron* der Kaaba, die von Mekka dorthin versetzt worden ist. Der Todes*engel* Israfil bläst in die *Posaune,* damit sich alle Toten im Tal Josaphat versammeln. Eine Schnur überspannt das Tal als *Brücke,* über die alle Gerechten gehen können, während die Bösen hinabstürzen in den Rachen der *Hölle.* Auf dem Tempelplatz steht die große *Waage,* auf der die Taten der Menschen gewogen werden. – Das Thema des Weltgerichtes beherrscht auch die XX. Karte der »Großen Arcana« des *Tarot*spiels, die den auf der *Posaune* blasenden Engel über geöffneten Gräbern zeigt, aus denen nackte Menschen steigen. Deutung: Erneuerung, Verjüngung, Urteil, Wunsch nach Unsterblichkeit.

Widder, das männliche *Schaf,* markiert in der astrologischen Himmelssymbolik den Beginn des Tierkreises (vgl. *Sterne*). In der mesopotamischen Ordnung der Zodiakalzeichen hatte dieses Himmels-

Widder: »Sonnenwidder« und Mensch in Gebetshaltung. Felsbild aus dem Fezzan, Nordafrika

feld den Namen »Lohnarbeiter«. Die griechische Sternsage beschreibt den Widder als jenes Tier, das einst das »goldene Vlies« trug und die Königskinder Phrixos und Helle über das Meer in das Land Kolchis brachte. Es wurde zum Lohn unter die Sterne versetzt, doch sein goldenes Fell blieb im Land der Kolchier, weshalb das Sternbild am Himmel nur schwach leuchtet. – Die Astrologen reihen den Widder zusammen mit *Schütze* und *Löwe* unter die *Feuer*zeichen ein; *Mars* hat in ihm sein »Taghaus«, seine entsprechende Farbe ist daher das *Rot,* sein zugeordnetes Metall der Stahl. Als sein Monatsstein wird der *Amethyst* bezeichnet. Die unter seinem Zeichen zwischen dem 21. März und dem 20. April Geborenen sollen sich der Tradition nach durch Eigenschaften auszeichnen, die mit Begriffen wie Neigung zum Kampf, Widerspruchsgeist, Vergeudung von Liebe und Energie und Drang zum Fortschritt in Zusammenhang stehen. – Bei dem westafrikanischen Volk der Joruba ist der Widder Symbol und Attribut des Donnergottes Schango, des *Axt*trägers, und der *Donner* wird als ohrenbetäubendes Widdergeblöke gedeutet. Auch der germanische Gewittergott Thor (südgermanisch Donar), der *Hammer*schwinger, wird mit dem Widder in

Widder: Frühchristliches Mosaik aus Nordafrika (Rusguniae)

Zusammenhang gebracht, ebenso der ägyptische Gott Chnum und in der Spätzeit »*Jupiter* Ammon« mit dem Widdergehörn, und der griechische Hermes wird gelegentlich als Widderträger (Kriophoros) und Hirtengott dargestellt. – Im Hinblick auf die tiefenpsychologische Symbolik ist der Widder nach E.Aeppli – verglichen mit dem *Stier* – »ein wildes Symbol der schöpferischen Naturkräfte, aber verbundener mit Problemen des Geistes«, und er trägt daher weniger die Signatur der destruktiven, elementaren Vitalität.

In der Bibel ist der Widder auch der Ersatz für ein Menschenopfer, das der Urvater *Abraham* an seinem Sohn Isaak durchzuführen bereit war. »Rabbi Hanina ben Dosa erzählt, daß von dem Tier nicht ein Rest unnütz umgekommen sei. Die Asche [Glut?] war Grundbestand des Feuers, das auf dem inneren Altar des Tempels loderte. Der Widder hatte zehn Sehnen, weshalb auch die Harfe, auf der *David* spielte, zehn Sehnen hatte. Aus dem Fell wurde der Gürtel des Elias. Dann die zwei Hörner des Widders: In das linke blies der Herr auf dem Berg Sinai, wie es heißt: Der *Posaune* Ton wird immer stärker [Posaune steht für das Blasinstrument Schofar, aus dem Widderhorn gefertigt]. Das rechte aber wurde größer als das linke, und in dieses wird der Herr einst blasen, wenn er die Zerstreuten aus der Verbannung sammeln wird, wovon geschrieben steht: In der Zeit wird man mit einer großen Posaune blasen.« Vgl. *Bock.*

Wiedehopf (griech. epops, lat. upupa), Zug*vogel* der Mittelmeerländer, der als unreinlich galt, weil er aus dem Dung Larven herauspickt, ebenso als Feind der *Bienen.* Nach Ovids »Metamorphosen« war er ein thrakischer König (Tereus), der in einen Vogel verwandelt wurde, weil er Untaten begangen hatte (seine Gattin Philomele, die er mit dem gezogenen Schwert verfolgte, wurde zur *Nachtigall*). Ihm wurde in der Antike die auch in der mitteleuropäischen Sagenwelt bekannte »Springwurzel« zugeschrieben, die alle Schlösser öffnen kann, und man brachte ihn mit dem Wachstum der *Wein*reben in Verbindung. Im frühchristlichen »Physiologus« heißt es, daß Jungvögel ihren greisen Eltern die alten *Federn* ausreißen und ihnen die trüben *Augen* belecken, bis die alten Vögel wieder jung werden. Sie sagen zu ihren Eltern: »Wie ihr uns als Junge aufgezogen und euch bis zur Erschöpfung gemüht und uns gefüttert habt, so tun wir euch dasselbe. Wie können Menschen so verständnislos sein, nicht ihre eigenen Eltern zu lieben, die sie versorgen und in der Herzenserkenntnis erziehen?« Diese Geschichte ist auch im mittelalterlichen Tierbuch (»Bestiarium«) enthalten, wo es jedoch auch heißt, der Wiedehopf sei ein schmutziger Vogel, der im Kot herumwühle, und damit ein Symbol der Sünder, die sich hartnäckig am Schmutz der Sünde ergötzen.

Außerdem soll er die Traurigkeit lieben, und diese bewirke »den Tod des Geistes«.

Wilde Menschen (Wildleute) spielen in der traditionellen Symbolik und Heraldik eine bedeutende Rolle. Sie gelten als Verkörperungen der ungebändigten Natur vor der Landnahme des Kulturmenschen und sind damit vielfach mit den *Riesen* zu vergleichen. Auch ihnen wird häufig übermenschliche Größe zugeschrieben. Klassische Vorbilder der Wildleute sind die *Satyrn,* Silene und Faune der antiken Sagen, ebenso der Naturgott *Pan.* In der Bibel werden die Sa'irim, die »Zottigen«, als Feld*teufel* bezeichnet. Ähnliche menschenartig-halbtierische Gestalten treten auch in den Indianersagen sowie in der Folklore zentralasiatischer Völker auf. In der letzten Zeit wurde oft die Frage diskutiert, ob es sich um bloße Projektionen unbewußter Vorstellungsinhalte handelt (Verkörperungen des ungebändigten Trieblebens), die auf ihre Art »Sehnsucht nach freiem Ausleben der Wünsche« symbolisieren, oder ob eine Art von Urtradition mitspielt, die Erinnerungen an prähistorische Lebensweisen festhält. Überdies wurde die Hypothese geäußert, es könnte in entlegenen Gebieten noch nicht ausgestorbene Vor- und Frühmenschenformen geben, etwa Nachkommen des Homo erectus oder des Neandertalers, die Anlaß zu den immer wieder auftauchenden Gerüchten vom Yeti, Dremo, Mihgö, Almas oder Almasti (Asien) und Sasquatch und Bigfoot (Nordamerika) gegeben hätten. Auch in Zentralamerika ist ein Waldmensch bekannt, der Yum K'ax der Lacandonen-Mythologie. Gelegentlich auftauchende Fußspuren scheinen den sonst offenbar ungreifbaren Gestalten einen Anflug von Realität zu verleihen. Hypothesen von esoterischer Seite schreiben diesen Naturwesen eine Existenz zwischen okkulter Bilderwelt und »harter Realität« zu, während Religionsforscher der Ansicht sind, es handle sich um sehr lebhafte und noch nicht aus dem Menschheitsgedächtnis verschwundene Vorstellungen von naturhütenden Wald- und Buschgeistern, die bei Vorhandensein geeigneter innerlicher »Auslösersituationen« wie Streß, Erregung, Einsamkeit in

Wilde Menschen: Pferde-Silen in Tanzpose. Griechische Vasenmalerei, ca. 450 v. Chr.

Wilde Menschen: Wildmann und sein Kind. Holzschnitt von H. Schäuffelen, um 1520

Waldgegenden usw. zu visionären oder halluzinatorischen Erlebnissen von behaarten, *affen*ähnlichen Wildmenschen führen können. Vgl. *Pferd, Bock.*
In der Wappenkunst wurde der »Wilde Mann« vor allem als Schildhalter dargestellt, so etwa im preußischen Gesamtwappen. Ebenso wurde er auf Münzen der Herzöge von Braunschweig-Lüneburg abgebildet. – In der mittelalterlichen Novellensammlung »Gesta Romanorum« (um 1300) werden die Wildleute in ihren monströsen Gestaltungen, auch »Monstra et Portenta« genannt, symbolhaft aufgefaßt und zu Vorbildern des Menschen stilisiert, der in seiner vollkommenen Form nur zu leicht selbstgefällig wird. Die *Hunds*kopfmenschen oder Kynokephalen etwa, die »mit Gebell reden und in Tierfelle gekleidet sind«, gelten als Symbole jener Büßer, die »mit Tierfellen bekleidet sein sollen, das heißt mit strenger Buße angetan, um anderen ein gutes Beispiel zu geben«. Negative Beispiele bilden hingegen »Leute mit *Hörnern*, Stumpfnasen und Bocksbeinen. Das sind die Hochmütigen, die überall die Hörner des Hochmutes zeigen, für ihr persönliches Heil eine sehr kleine Spürnase der Besonnenheit und im Rennen nach der Üppigkeit die Beine eines Bockes haben. Denn die *Ziege* ist sehr schnell im Laufen und geschickt im Klettern: Dies wende auf die Hoffärtigen an!« Vorbildhaft zu deuten sind hingegen im fernen Indien »Frauen mit *Bärten*, die bis auf die Brust reichen, deren Kopf aber völlig kahl ist. Das sind die gerechten Menschen, die die gerechte Straße der kirchlichen Lehren beobachten und sich weder durch Liebe noch durch Haß davon abbringen lassen« (vermutlich deshalb, weil sie wegen ihrer Absonderlichkeit erst gar nicht in Versuchung kommen, fleischliche Gelüste auszuleben, wie dies von der legendären heiligen Kummernus, auch Wilgefortis oder Liborada, erzählt wird). Die Doppeldeutigkeit der Wildleute im Hinblick auf ihre moralische Vorbildwirkung führte auch dazu, daß sie sich vom Prototyp der lüsternen Naturwesen Satyr, Faunus, Pan, Silenos etc. oder den Trollen der skandinavischen Sagen weit

Wilde Menschen: Silen (Wilhelm Busch)

Wilde Menschen: Zivilisierter Satyr nach Aubrey Beardsley (1872-1898)

entfernten und im Gegenteil zu Symbolen unverbildeten Lebens, weitab von jener Völlerei, die *Sodom* verdarb, werden konnten. Ein Holzschnitt von Hans Schäuffelein (Nürnberg, Ende des 16. Jahrhunderts) wurde von Hans Sachs mit einer »Klag der Wilden-holtzleut, über die untrewe welt« betextet, worin es u.a. heißt: »Wie ungezogen ist die Jugendt, wie gar das Alter ohne Tugent, wie unverschampt ist weiblich Bild, wie ist Mannlich person so Wild«, daß im Gegensatz dazu selbst jene Wildleute sich kultiviert vorkommen, die im unzivilisierten Bereich außerhalb der Menschenwelt mit ihrer Sittenverderbnis hausen.

In tiefenpsychologischer Hinsicht sind solche Wesen dem Dickicht des »*Waldes*« zuzuordnen, dem »ungerodeten« Teil der Persönlichkeit. E. Aeppli bemerkt dazu, daß die Traumsymbolik diesen elementaren Bereich als vorwiegend gefährlich kennzeichnet, »denn wir sollen nicht Waldmenschen sein noch wieder zu solchen werden, auch nicht zu Zwergen und Kobolden. Selbst der frömmste Klausner, verläßt er seine grüne Schlucht und arme Hütte nie und wird er nicht in seiner Einsamkeit aufgesucht, verliert sein Menschentum, wird selber Baum und altes Tier, wird zum Walde selbst, und damit Nur-Natur.« Eine entsprechende Grundbedeutung hat »Wildnis« (yeh) in der chinesischen Tradition; die Außenwelt ist das unkultivierte Gebiet, und der »wilde Mensch« (yeh-jen) ist der Barbar, der in den einst weitverbreiteten Wäldern lebend vorgestellt wurde. *Räuber* wurden als »Leute der grünen Wälder« bezeichnet.

Winde sind symbolkundlich nicht bloße Luftbewegungen, sondern übernatürliche Manifestationen, die Absichten der Götter darstellen. Einerseits wird die Unverläßlichkeit des Windes berücksichtigt, andererseits ihre fühlbare Wirkung trotz ihrer Unsichtbarkeit. In Gegenden, wo Winde mit einer bestimmten Richtung auftreten (Bora, Schirokko), ist die Personifikation leicht vorstellbar, so etwa im antiken Griechenland; der rauhe Nordwind Boreas raubt die athenische Königstochter Oreithyia und entführt sie in seine Heimat Thrakien; Zephyros, der milde Westwind, holt dem Liebesgott Eros die junge Psyche. Weniger beachtet wurden der Südwind (Notos) und der Ostwind (Euros). Sie wurden meist geflügelt dargestellt, Boreas mit Füßen aus *Schlangen*leibern. – In Altchina wurde der Wind (feng) in der Frühzeit als *Vogel*gott verehrt, möglicherweise als eine Urform des *Phönix*. Auch hier wurden die Winde nach den Himmelsrichtungen unterschieden und benannt. »Feng-shui« ist die Wissenschaft von »Wind und *Wasser*«, der geomantischen Ortswahl nach den natürlichen Gegebenheiten bei der Anlage von Gebäuden. Feng hat auch eine übertragene Bedeutung im Sinne von Liebkosen, ebenso von Gerücht. Der Wahrsager wird als »Wind*spiegel*« bezeichnet. – Im alten Iran wie im Islam hat der Wind die Funktion eines kosmischen Ordnungsprinzips im Weltgebäude. In Altägypten kommt der kühlende Nordwind aus der Kehle des Gottes Amun, und der Name des sumerischen Gottes Enlil bedeutet übersetzt »Herr Windhauch«. In den auf altsyrische Vorstellungen zurückgehenden Texten des Philo von Byblos (ca. 60–140 n. Chr.) schwebt in der Urzeit der »dunkle Wind, der sich selbst begattet«, über dem Chaos. Altmexiko verbindet den Wind (Ehecatl) mit dem Gott Quetzalcóatl, der in dieser Eigenschaft eine schnabelförmige Maske vor dem Gesicht trägt.

Winde: Allegorie der aus den Weltwinkeln blasenden Winde. Basler Ausgabe der Ptolemäus-Geographie, 1545

Am eindrucksvollsten ist die Windsymbolik in der Bibel, wo das Wort Ruach (grammatikalisch weiblich!) auch Geist, Hauch und Atem bedeutet. Gottes »Ruach« schwebt am Anfang der Welt über dem Wasser der Urflut. Von poetischer Größe ist die Schilderung der Gottesoffenbarung im 1. Buch der Könige, die der Prophet Elias erlebte: »Da zog der Herr vorüber: Ein starker, heftiger *Sturm*, der die Berge zerriß und die Felsen zerbrach, ging dem Herrn voraus. Doch der Herr war nicht im Sturm. Nach dem Sturm kam ein Erdbeben. Doch der Herr war nicht im Erdbeben. Nach dem Beben kam ein *Feuer*. Doch der Herr war nicht im Feuer. Nach dem Feuer kam ein sanftes, leises Säuseln. Als Elias es hörte, hüllte er sein Gesicht in den Mantel, trat hinaus und stellte sich an den Eingang der Höhle. Da vernahm er eine Stimme, die ihn anrief: Was willst du hier, Elias?« (19,11–13). Die starken und furchterregenden Manifestationen der Naturgewalten sind nur die Vorboten Gottes am heiligen *Berg* Horeb, sein Wesen äußert sich erst im sanften Hauch. Die Bibel enthält zahlreiche Textstellen ähnlicher Art, wobei »*Sturm*« meist deutlich vom Gotteshauch unterschieden wird. Im Neuen Testament heißt es ähnlich, daß »der Wind weht, wo er will. Du hörst sein Sausen, du weißt jedoch nicht, woher er kommt und wohin er geht. So ist es mit jedem, der geboren ist aus dem Geist.« (Joh. 3,7 f.). Ähnlich heißt es in den Sagen der Juden (E. bin Gorion 1980): »Zwei Dinge sind da, welche nicht geschaffen worden sind, der Wind und das Wasser. Die waren von Anfang da, wie es auch heißt: ›Der Wind des Herrn schwebte über den Gewässern‹. Gott ist einig, und es ist kein zweites neben ihm, und so ist auch der Wind ... Du kannst ihn nicht fassen, kannst ihn nicht schlagen, noch verbrennen, noch wegwerfen ... Die ganze Welt ist des Windes voll, der Wind allein trägt die Welt; er ist das Höchste, er war am Anfang aller Dinge.« Das griechische Wort »Pneuma« bedeutet ebenso den Windhauch wie auch den göttlichen Geist; das Anhauchen des Täuflings im Taufritus symbolisiert die Übermittlung des Lebensodems an *Adam*. Die nach den Himmelsrichtungen benannten »*vier* Winde« der Antike werden in der Johannes-Apokalypse (7,1–3) durch vier *Engel* festgehalten. In Dürers Holzschnitt-Apokalypse werden sie durch geflügelte, blasende Engelsköpfe symbolisiert.

Allgemein stellt der Wind die aus ihren Folgen heraus erkennbare, jedoch »unsichtbare Wirkung« dar, den Atem der Gottheit. »Ist Wind nicht Geisterwehen?« (Bertholet). – In volkstümlichen Redensarten des deutschen Sprachraumes steht hingegen die Unbeständigkeit und das rasche Umschlagen des Windes im Vordergrund (den Mantel nach dem Wind hängen; der Wind hat sich gedreht; hier weht ein anderer Wind; sich nach dem Wind drehen); außerdem gibt es Redewendungen aus der Seefahrersymbolik (jemandem den Wind aus den Segeln nehmen; vor dem Wind segeln).

Winkelmaß: Deutscher Baumeister mit Lehrbuch, Winkelmaß und Zirkel. Holzschnitt, 1536

Winkelmaß, in ähnlichem Sinne wie der *Zirkel* ein architektonisch wie auch, davon abgeleitet, symbolisch bedeutsames Instrument, das u.a. auf Dürers Kupferstich »Melancholie« wie auch als Attribut des Apostels Thomas (des Schutzpatrons der Baumeister) dargestellt wird. Noch heute kommt ihm in der Symbolik der *Freimaurer* besondere Würde zu, und zwar zusammen mit der Wortassoziation Rechtwinkeligkeit, Rechtlichkeit, Gerechtigkeit. Der »Meister vom Stuhl« trägt es als Abzeichen seiner Amtsgewalt und der ihm auferlegten Pflichten auf der Brust. Ansonsten wird der rechte Winkel oft in Verbindung mit dem Senkblei oder Lot als Emblem gebraucht, ebenso zusammen mit der Setzwaage (»die drei beweglichen Kleinodien« als Abzeichen des Meisters und der beiden Aufseher bei der Logenarbeit; unbewegliche Kleinodien sind rauher Stein, d.h. Lehrling, behauener Stein, d.h. Geselle, und Reißbrett, d.h. Meister). Ein Winkelmaß mit zwei ungleich langen Schenkeln im Verhältnis 3:4 weist auf den pythagoreischen Lehrsatz hin, da es die Konstruktion des *Dreiecks* mit den Seitenlängen 3, 4 und 5 zu zeichnen erlaubt. Nach J. Baurnjöpl (1793) stellt das Winkelmaß »die Liebe Gottes und des Nächsten vor, mit welcher er (der Meister) vorzüglich ausgeschmückt seyn muß, und zeiget auch jedem Bruder gleich bey seinem ersten Eintritt in den Tempel an, daß die Erinnerung dieses alle Gesetze in sich fassenden Schmucks ihn zur Ausübung aller menschenmöglichen Tugenden aneifern solle«. – Auch in Altchina war das Winkelmaß ein wichtiges Symbol, und zwar in der Hand des mythischen Gelehrten Fu-hsi (neue Schreibung »Fuxi«), der das *I-Ching* erfunden haben soll. Er wird mit *schlangen*gestaltigem Unterleib mit dem Winkelmaß in der Hand dargestellt, das sowohl als Symbol des Erbauens wie auch der heiligenden Zauberkräfte verstanden wird.

Winkelmaß: Der rechte Winkel, von J. Boschius, 1702

Wolf, ein bis in die Neuzeit in Mitteleuropa immer wieder sehr gefährlich werdendes Raubtier; daß er in *Märchen* als Gefahr für den Menschen eine große Rolle spielt und immer als Feindbild in

Tiergestalt auftritt, daß in Wölfe verwandelte blutdürstige Menschen (Werwolf = Mann-Wolf) auftauchen, ist nicht verwunderlich. In der altnordischen Mythologie muß der gewaltige Fenriswolf gefesselt werden, bricht jedoch im Endkampf (*Weltuntergang*) seine Bande, verschlingt die *Sonne*, bis er im Zweikampf mit All*vater* Odin getötet wird, wobei dieser selbst den Tod findet. – In der Antike galt der Wolf als »Gespenstertier«, dessen bloßer Anblick sprachlos machte. Herodot und Plinius berichten, daß die Angehörigen des skythischen Volksstammes der Neuroi sich einmal im Jahr in Wölfe verwandelten, nachher aber wieder menschliche Gestalt annähmen. Darin könnte sich die Erinnerung an ein Wolfs-*Totem* des Stammes verbergen; auch Dschingis-Khan rühmte sich, von einem blaugrauen, vom hohen *Himmel* (Tenggri) gezeugten »erkorenen Wolf« abzustammen. – Bei den Römern konnte das Erscheinen eines Wolfes vor der Schlacht als Symbol künftigen Sieges gelten, da er dem Kriegsgott *Mars* zugeordnet war. Hingegen fürchteten die Spartaner vor der Schlacht bei Leuktra (371 v. Chr.) die Niederlage, als Wölfe in ihre Herden einbrachen. Obwohl der Wolf, weil er »in der Nacht« sieht, als Symbol der Morgen*sonne* aufgefaßt werden kann (Apollon Lykios), überwiegt seine negative Wertung als Inbegriff der wilden und satanischen Mächte. Auch in Altchina verkörperte er Gier und Grausamkeit; »Wolfsblick« bezeichnet Mißtrauen und Furchtsamkeit vor dem im Rudel auftretenden Raubtier. Nur bei den Turkvölkern der Steppe wird der Wolf, wie erwähnt, als Stammestotem aufgefaßt; sie führten Banner und Standarten mit dem Wolfskopf.

Im Gegensatz dazu stehen Sagen, in welchen Wölfinnen Kinder säugen und aufziehen (so u. a. nach einer Mythe im nordchinesischen Ordos-Gebiet). Das gefürchtete Raubtier kann also unter Umständen auch zum mächtigen Schützer der hilflosen Kreatur werden, wenn auch in seiner Doppeldeutigkeit (Ambivalenz) meist die Furcht vor dem »bösen Wolf« überwiegt. In der christlichen Bilderwelt tritt der Wolf in erster Linie als Sinnbild des teuflischen Feindes auf, der die Herde der Gläubigen (*Lamm*) bedroht. Nur Heiligen ist die Macht gegeben, durch ihre liebende Überzeugungskraft die Wildheit des reißenden Tieres in »Frömmigkeit« umzuwandeln – so etwa Franziskus von Assisi, Wilhelmus von Vercelli (der einen Wolf sattelte), St. Hervé und Philibert von Jumièges. St. Simpert von Augsburg soll ein Kind aus dem Rachen eines Wolfes gerettet und das Tier gezwungen haben, es

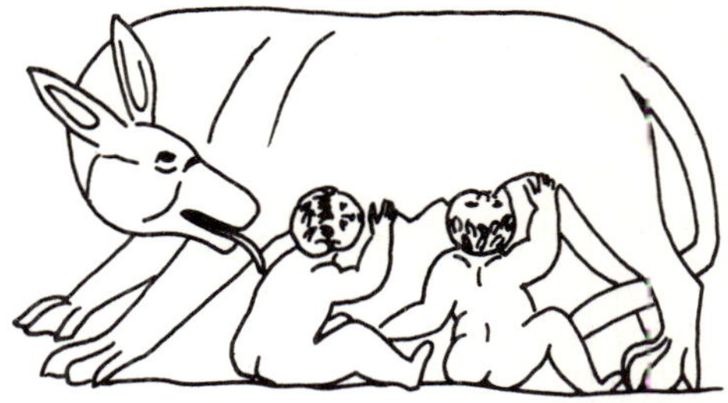

Wolf: Die »kapitolinische Wölfin« mit Romulus und Remus. Relief aus Aventicum (Avenches, Schweiz), 2. Jh. n. Chr.

Wolf: Pseudo-Albertus Magnus, Frankfurt, 1531

Lupus

seiner *Mutter* zurückzubringen. Der »*Höllen*rachen« selbst wird teils als Maul eines *Drachen,* teils als jenes eines gewaltigen Wolfes dargestellt. – Im spätantik-frühchristlichen »Physiologus« ist der Wolf »ein listiges und bösartiges Tier«, das sich bei der Begegnung mit dem Menschen lahm stellt, um ihn dann zu überfallen. »Der heilige Basilius sagte: So sind die listigen und tückischen Menschen. Treffen sie auf gute Leute, so stellen sie sich, als lebten sie ganz unschuldig und hätten nichts Böses im Sinn, aber ihr Herz ist voll von Bitterkeit und List.« Der »Wolf im *Schafs*pelz« ist das Symbol der verführerischen falschen Propheten, deren Ziel es ist, »die Einfältigen zu verderben«. – Bekannte Sprachsymbolbilder lauten etwa: »Den Wolf zum Schafhirten machen; mit den Wölfen heulen (d.h. sich den Mächtigen anpassen); eine Gegend, wo sich die Wölfe ›gute Nacht‹ sagen (der Spessart, bei Grimmelshausen)«, schließlich »den Wolf sehen« oder »vom Wolf angesehen werden« für »namenloses, lähmendes Erschrecken«. – Daß Heilige wie St. Wolfgang und St. Lupus mit Wölfen zusammen dargestellt werden, ist nur auf Anspielungen auf ihre Namen zurückzuführen.

In der Bilderwelt der *Alchemie* ist vom »Lupus metallorum« (dem Wolf der Metalle) die Rede, der den *Löwen* (das *Gold*) verschlingt, um ihn zu »erlösen«. Es soll sich um einen Reinigungsprozeß für verunreinigtes Gold mit Hilfe von Antimon handeln; Antimon ist der »graue Wolf« des alchemistischen Laboratoriums. – Daß *Hexen* oft auf Wölfen reitend oder teilweise in Wölfe verwandelt dargestellt wurden, ist auf die Ideenverbindung Wolf-*Teufel* zurückzuführen. – Der Wolf als Symbol der Hinterlist und Heimtücke ist in den Fabeln vom Wolf, der den Schafen predigt, und von »Wolf und Kranich« enthalten (der Kranich zieht dem Wolf einen verkeilten Knochen aus dem Schlund, doch sein Lohn ist bloß, daß ihm nicht der Kopf abgebissen wurde: »So sind die undankbaren Reichen, die von der Arbeit der Armen leben«). – In der psychologischen Symbolkunde herrscht die Ansicht vor, daß die gefährlichen Rudeltiere als »Steppenwölfe« über das Kulturland der

Wolf (Werwolf) fällt einen Wanderer an. Holzschnitt von H. Weiditz, 1517

Wolf, den Schafen predigend. Emblem-Kupferstich von W. H. Frh. v. Hohberg, 1647

Seele hereinbrechen könnten und der Mensch, der sie im *Traum* erlebt, große Fremdenergien zu kanalisieren aufgerufen ist, was nicht ohne Lösung großer Spannungen geschehen kann. Während die Psychoanalyse Freuds den lange Zeit hindurch therapierten »Wolfsmann« davon nicht restlos befreien konnte, sieht die Schule von C.G. Jung Wolfsbilder allgemein als Hinweise auf Gefährdung durch ungebändigte Kräfte an, die ebenso »intelligent« wie kompromißlos auftreten. Sie weist aber zugleich darauf hin, daß im Märchen dieses »reißende Unbewußte« vom lebensklugen Kind oder Geißlein überlistet und vom großen Jäger sicher überwunden werden kann. – Übrigens hat die moderne Verhaltensforschung längst gezeigt, daß der Wolf seinen schlechten Ruf keineswegs restlos verdient, sondern bei gezieltem Eingehen auf seine Reaktionsweisen zu einer »Koexistenz« mit dem Menschen veranlaßt werden kann, der wie ein Rudelanführer agiert.

Positives über den Wolf wußte bereits Böckler (1688) zu erwähnen: »Der Wolff hat die Bedeutung der Wachsamkeit und Vorsichtigkeit, derowegen ihrer viel dieses Thieres Namen und Gestalt in den Wappen genommen; der Wolff weiß seine Beuten mit solcher Klugheit zu machen, daß er selten vom Jäger erdappt wird.« Im mittelalterlichen »Bestiarium« hingegen ist er bloß ein Teufelstier; die *Augen* der Wölfin leuchten nachts wie Laternen, die einem Menschen die Sinne rauben. Auch der *Teufel* raubt dem Menschen die Kraft zum Schreien (Beten), und seine Augen strahlen hell, »weil manche Werke des Teufels blenden und törichten Menschen schön und heilsam erscheinen« (Unterkircher). – Sagenhaft wirkende Berichte über »Wolfskinder«, d.h. von Wölfen aufgezogene Findelkinder, sind nicht nur in Indien (vgl. Kiplings »Dschungelbuch«), sondern auch in der Folklore Europas bekannt, vielleicht inspiriert durch die römische Sage von der kapitolinischen Wölfin, die Romulus und Remus gesäugt haben soll.

Wolf, Emblem von W.H.Frh .v. Hohberg, 1675

Wolken sind im Abendland Symbole der Verhüllung, etwa der Gipfel jener *Berge*, auf welchen die Götter wohnen. Als Wolken*säule* zieht Gott im 2. Buch Mosis vor den Israeliten her, die aus Ägypten auswandern (13,21), und Wolken verhüllen den auferstandenen Christus (Apostelgeschichte 1,9), doch am Ende der Tage wird ihn die Menschheit »in einer Wolke mit Macht und großer Herrlichkeit kommen sehen« (Lukas 21,27). Wolken bilden auf Bildern des *Himmels* den *Thron* Gottes, etwa beim »jüngsten Gericht« (*Weltuntergang*). Im Islam ist die Wolke das Symbol der Unerforschlichkeit Allahs. – In den Naturreligionen werden die Wolken allgemein als Bringer des *Regens* und damit der Fruchtbarkeit angesehen, die z.B. durch *Donner*keile getroffen werden müssen, um das in ihnen gespeicherte Wasser freilassen zu

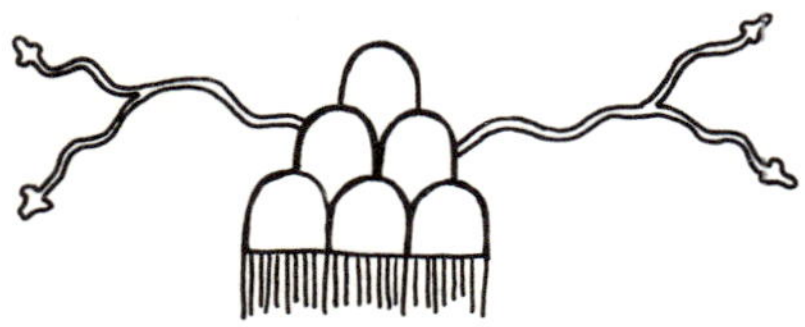

Wolken: Aufgetürmte Wolkenberge mit Regen-Kammstrich und Blitzschlangen. Symbol eines Hopi-Gebetes um Regen (Walpi, Arizona)

können. Eine altmexikanische Gottheit trägt den Namen »Wolken*schlange*« (Mixcóatl). – Altchina schenkte den Wolken (yün) große Aufmerksamkeit, besonders den »fünffarbigen«, die als »Glückswolken« bezeichnet und als Friedenssymbol aufgefaßt wurden. Es hieß, sie entstünden aus der Vereinigung der Urprinzipien *Yin und Yang* im fernen Westen. In der bildenden Kunst werden sie entweder in *Spiral*form oder eher realistisch als Kumuluswolken dargestellt. Fruchtbarkeitssymbolik und die Anklänge an den (maskulinen) *Berg*, an dem sich Wolken sammeln, um als *Regen*wasser herniederzufallen, führten zu der poetischen Umschreibung »Wolke-Regen-Spiel« in erotischen Romanen, womit die geschlechtliche Vereinigung bezeichnet wurde (yün-yü). Lockiges Frauen*haar* wurde als »duftende Wolke« umschrieben.

Würfel: »Immer steht er richtig«. J. Boschius, 1702

Würfel oder Kubus, symbolkundlich die dreidimensionale Ausprägung des *Quadrats,* ein Sinnbild des Festen und Dauerhaften; der in der Natur vorkommende Steinsalzkristall hat Würfelform und gilt als ein naheliegendes Belegstück für die harmonischen »Bildekräfte der Natur«. Die alchemistische *»Element«*-Bezeichnung Sal (wörtlich *Salz*) als Prinzip des Greifbaren hängt sicherlich damit zusammen. Unter den »Regelkörpern« Platons wird dem Würfel das Element Erde zugewiesen. In der *freimaurerischen Symbolik* stellt der Würfel den »behauenen *Stein*« dar, durch formgebende *Arbeit* aus dem »rauhen Stein« des Lehrlings hervorgegangen und den Gesellen symbolisierend. Nunmehr kann er in das Fundament des *Tempels* der Humanität eingefügt werden. Dabei wird die Formung als sittliche Selbsterziehung und die harmonische Form als Hinweis auf die nötige Berücksichtigung sittlicher Maßstäbe gedeutet, wodurch der Steinwürfel zum sozialen Symbol des Freimaurertums wird. – Als Glücksspiel-Würfel wird der Körper so mit Punkten versehen, daß jeweils zwei gegenüberliegende Seitenflächen die Punktzahl 7 ergeben. Etruskische Würfel waren nicht mit Punkten (Augen), sondern mit Zahlwörtern beschriftet. Die Redensart »Die Würfel sind gefallen« geht auf den Ausspruch Julius Caesars bei der Überschreitung des Rubicon im Jahr 49 v. Chr. zurück – ein Zitat nach Menandros (342–291 v. Chr.) und von Sueton frei mit »iacta alea est« latinisiert (griech. »anerrhiphto kýbos«, »der Würfel falle«). Mit dem Humanismus ging dieser Ausspruch in den symbolischen Zitatenschatz der Gebildeten über. – In zahlreichen Sagen und Märchen spielen Würfel die Rolle des schicksalsentscheidenden Gerätes, das die übermenschliche Entscheidung manifestiert. – Wenig beachtet wird meist, daß die Idealstadt des »himmlischen *Jerusalem*« in der Johannes-Apokalypse (21,16–17) würfelförmig beschrieben wird: »Die Länge und die Breite und die Höhe der Stadt sind gleich« – ein Kubus mit der Kantenlänge von 12 000 Stadien (2220 km), ein vollkommener Körper auf der Basis der Zwölfzahl. Würfelförmig gestaltet ist auch der Bau der Kaaba im Heiligtum von Mekka, das jeder gläubige Moslem umschreiten soll.

X

Xanthippe »war ein böses Weib, der Zank war ihr ein Zeitvertreib«, behauptet ein Vers aus alten Alphabetfibeln. Es handelt sich um die Gemahlin des Philosophen Sokrates (470–399 v.Chr.), mit der er sich in reiferem Alter verheiratet hatte, da er bei seinem Tode durch den Schierlingstrank im Alter von siebzig Jahren drei noch unmündige Kinder hinterließ. Bei den kynischen Philosophen, z.B. bei Xenophon in seinem »Symposion«, wird Xanthippe als besonders zanksüchtig geschildert, wobei neuere Schriften darauf hinweisen, daß die Lebensweise des Philosophen wohl berechtigten Anlaß zu häuslichem Unfrieden gegeben haben muß. Daran knüpft sich der volkstümliche Spruch: »Xanthippen werden nicht geboren« (sondern werden durch die Umstände streitsüchtig gemacht). Dennoch ist die sicherlich des humanen Mitgefühls werte Gemahlin des großen Sokrates zur Symbolgestalt des »Haus*drachens*« geworden, und zänkische Frauen werden »wahre Xanthippen« genannt. Der fremdartige Klang des Namens (wörtlich *»gelbes Pferd«*), der an »Zank« erinnert, bildete ihn scherzhaft zu »Zanktippe« um.

Yantra, in der altindischen Symbolik bekannte und auch in der Neuzeit geschätzte graphische Meditationshilfe in Form von geometrisch ausgewogenen Zeichen, die in ihrer Zentriertheit an *Mandala*-Symbole erinnern. Ein Yantra besteht in der Regel aus ineinandergeschachtelten *Dreiecken, Quadraten* und *Kreisen,* die einerseits Inhalte vermitteln, wenn ihre Bedeutung bekannt ist, andererseits auch unbewußte archetypische Strukturen der Psyche unmittelbar ansprechen. Bekannt ist vor allem das »Shri-Yantra« aus mit der Spitze aufwärts und abwärts weisenden Dreiecken in kunstvoller Verschachtelung als Hinweis auf ein philosophisches *Dualsystem,* von einer Lotosblätter-Umrahmung umgeben und in Kreislinien innerhalb einer ausgeweiteten Quadratstruktur eingeschlossen. Es dient der Meditation über Einheit in der Polarität der Gegensätze und soll bei geeigneter Einstimmung zu einem machtvollen Gefühl der Erhabenheit über vergängliche Probleme führen.

Yin-Yang ist die altchinesische Darstellung des kosmischen *Dualsystems.* Yin symbolisiert Weiblichkeit, den Norden, Kälte, *Schatten, Erde,* Passivität, Feuchtigkeit, während Yang Männlichkeit, *Himmel,* Süden, Helligkeit, Aktivität, Trockenheit, ebenso den *Kaiser* darstellt. Während im Alltagsleben der altchinesischen Kultur eine männliche Dominanz zu verzeichnen ist, kommt sprachlich nie die Reihenfolge »Yang-Yin« vor, die für unsere Begriffe die praktizierte Vorherrschaft des Mannes eigentlich erfordern würde. Diese geht freilich aus den vorwiegend negativen Assoziationen des Yin-Elementes hervor. In der Theorie sollen beide Prinzipien gleichrangig aufgefaßt werden. Ihre bildlich-symbolische Darstellung basiert auf dem *Kreis,* dem Bild des Ur-

Yantra: Das »Shri-Yantra« aus Dreiecken, Kreisen und Umrahmung

Yin-Yang: Das chinesische Symbol der Polarität, umgeben von acht Trigrammen (vgl. I-Ching) als Bild kosmischer Ganzheit

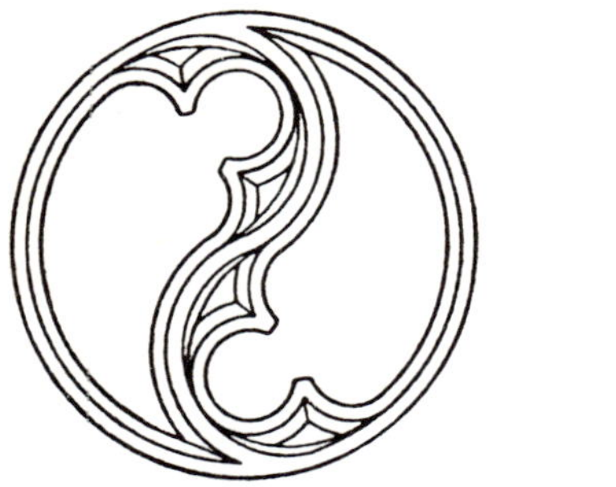

Yin-Yang: An das asiatische Motiv erinnernde Fensterteilung (»Fischblase«) in der Gotik

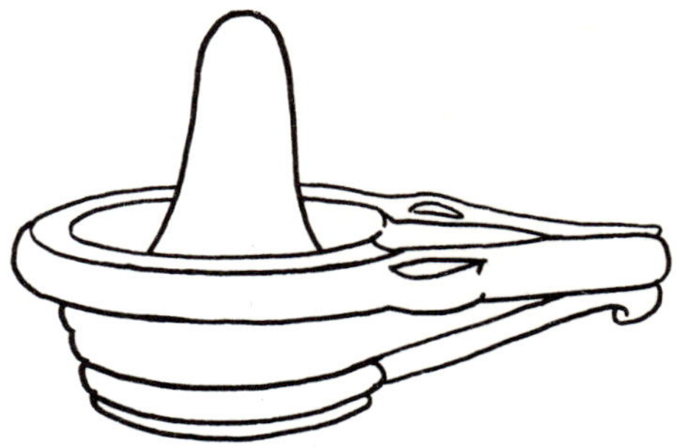

Yoni: Indisches Ritualobjekt, Vulva und Lingam in stilisierter Form

Einen (tai-chi), aus dem erst die Polarität Yin-Yang hervorgegangen ist – ein philosophisches Konzept, das auf Chu-Hsi (1130–1200 n. Chr.) zurückgeführt wird. Die Trennung in die beiden Pole wird durch eine S-förmige Halbierung der Kreisfläche hervorgerufen, wobei der Yin-Hälfte der dunkle, der Yang-Hälfte der helle Teil zugeschrieben wird. Erst aus dieser Polarität geht die Schöpfung der fünf Elemente und aus deren Zusammenwirken die Vielfalt der Welt (die »zehntausend Dinge«) hervor. Wichtig ist, daß als Ausdruck der beiderseitigen Abhängigkeit im Yang-Teil des geteilten Kreises ein dunkles, im Yin-Teil ein helles Zentrum (wieder kreisförmig dargestellt) vorhanden sein muß. Damit soll gezeigt werden, daß es sich nicht um einen Widerstreit zwischen *Licht* und Dunkelheit mit angestrebter Vorherrschaft eines der beiden Prinzipien handelt, sondern eher um den Ausdruck des Strebens nach komplementärer Ergänzung des einen durch das andere. In den Diagrammen des *I-Ching* wird Yin durch die unterbrochene, Yang durch die ganz durchgezogene Linie symbolisiert. – In alten *Höhlen*heiligtümern werden »Yang« und »Yin«-*Steine* gezeigt, wobei der erstere trocken, der andere feucht sein muß. Bei zu starken Regenfällen werden die Kräfte des Yang-Steines durch Peitschen erweckt, bei Dürre und Hitze die des Yin-Steines, um den harmonischen Ausgleich herbeizuführen. Ungerade Zahlen gelten als Yang-bestimmt, die geraden sind dem Yin zugeordnet. – Im japanischen Sprachgebrauch entspricht dem Polarsystem Yin/Yang das Begriffspaar »In/Yo«.

Yoni, indische Bezeichnung des weiblichen Geschlechtsorgans (des *Mutterschoßes*). Eine isolierte Darstellung in Form eines mit der Spitze nach unten zeigenden Dreiecks (Schamdreieck) ist selten nachweisbar, hingegen tritt im Shiva-Kult als Ausdruck der Ergänzung zum Symbol des Phallus (*Lingam*) oft ein den Säulenstumpf umschließender Ring als Hinweis auf das *Dualsystem* der beiden Urprinzipien auf, da erst durch das Zusammenwirken beider Elemente die Entfaltung der Weltschöpfung gedacht werden konnte. Solche Lingam-Yoni-Plastiken aus *Stein* bestehen meist aus einem oben abgerundeten Säulenstumpf auf der Basis von ringförmigen Wülsten auf quadratischer Basis. Das Sinnbild der Kundalini-*Schlange*, der Vitalenergie, in Verbindung mit Yoni-Darstellungen bedeutet die sich aus der Materie erhebende Erkenntnis größerer Zusammenhänge.

Zahlen sind nach der Auffassung der *Pythagoreer* (6. Jahrhundert v. Chr.) der Schlüssel zu den harmonischen Gesetzen des Kosmos, daher Symbole einer göttlichen Weltordnung. Die Entdekkung, daß schwingende Saiten, deren Längen durch einfache Zahlenverhältnisse ausdrückbar sind, wohltönende Akkorde ergeben, führte zur Postulierung des Begriffes »Harmonie« in unserem Sinn und war zugleich der erste Schritt auf dem Weg, die Welterfahrung mathematisch zu formulieren. Danach kann jede Form durch Zahlen ausgedrückt werden (»Alles ist Zahl«), die wie »göttliche Archetypen« in der Welt verborgen sind und bei scharfsichtiger Durchleuchtung des Universums offenbar werden. Dies zeigt etwa der »pythagoreische Lehrsatz« mit der wunderbar anmutenden Gesetzmäßigkeit der Quadrate über den Seiten des rechtwinkeligen *Dreiecks.* »Zahlen waren nicht blindlings in die Welt geworfen worden; sie fügten sich zu ausgewogenen Ordnungen, wie Kristallbildungen und Konsonanzen der Tonleiter, gemäß den alles umfassenden Gesetzen der Harmonie« (A. Koestler). Zahlen wurden nicht als Meßeinheiten betrachtet, sondern als »Archē« aller Dinge, damit »als das herrschende und unerschaffene Band des ewigen Beharrens der innerweltlichen Dinge« (Philolaos, 5. Jahrhundert v. Chr.). Ebenso muß die auf zählbaren Einheiten beruhende Periodizität der kosmischen Zyklen den Gedanken nahegelegt haben, daß Zahlen nicht bloß von Menschen eingeführte Ordnungsbehelfe sind, sondern Urqualitäten des Weltalls, »absolute« (losgelöste) Spuren übermenschlicher Gewalten und daher heilige Symbole der Gottheit. Novalis erlebte diese Gewalt der Zahlenmagie durch eine Ausweitung in den Bereich der Mystik: »Es ist sehr wahrscheinlich, daß in der Natur eine wunderbare Zahlenmystik stattfinde; auch in der Geschichte. Ist nicht alles von Bedeutung, Symmetrie und seltsamem Zusammenhang? Kann sich Gott nicht auch in der Mathematik offenbaren, wie in jeder anderen Wissenschaft?« In dieser Schau sind die Zahlen nicht vom Menschen erfundene Mittel zur sinnvollen Ordnung der Umwelt, sondern Symbole des Absoluten, die auch den ästhetischen Sinn des dafür begabten Menschen ansprechen und ihm eine Art außermenschlicher »Harmonie der Sphären« erleben lassen. »Heilige Zahlen« haben unter dieser Voraussetzung wirklich sakrale Qualität – zunächst der Schöpfergott als der »Ur-Eine«, der sich entäußert und offenbart, indem er sich in die Zweiheit begibt (vgl. *Dualsysteme, Yin-Yang*). Aus These und Antithese ergibt sich die Synthese der Dreiheit (vgl. *Dreieck, Dreifaltigkeit, Dreigestalt*): »omne trium perfectum« (alle Dreiheit ist vollkommen); »aller guten Dinge sind drei«; drei Aufgaben des *Märchen*helden; Integration der Dualität in der Triadenbildung, »Vater-Mutter-Kind«.

Die *Vier*zahl hat archetypische Qualität, indem sie das Dualsystem nicht bloß verdoppelt, sondern »gerade macht«. C.G. Jung sah in dem für viele Zeitgenossen befremdlich wirkenden Dogma der »leiblichen Himmelfahrt Mariae« den Ausdruck des Strebens, die »maskulin signierte« Dreiheit durch Aufnahme des weiblichen Elements in die Struktur der Dreifaltigkeit harmonisch abzurunden, zur Ganzheit und zur Gesetzmäßigkeit des *Quadrats* zu führen. Die Vierheit bildet das »Faden*kreuz* unseres Verstandes«. In der Ordnungszahl der *Elemente* ist aber nicht nur die Vierheit, sondern mit Einschluß des Topos »Mitte« auch die *Fünf*zahl enthalten, die im *Pentagramm* ihren Ausdruck findet. Sie ist auch das Kreuz mit dem Schnittpunkt und der »Quintessenz«. Die Zahl *Sechs* findet ihren symbolischen Ausdruck im *Hexagramm,* dem »*Siegel* des *Salomo* «. Die Zahl *Sieben* ist in ihrer weitgespannten Symbolik allgemein bekannt, während die Acht oft weniger berücksichtigt wird, aber in der Auslegung des Neuen Testaments Bedeutung hat. Als »achter Schöpfungstag« wird die Auferstehung Jesu Christi und der Beginn des neuen Weltalters aufgefaßt, weshalb Taufbecken oft achteckig gestaltet sind. Achtstrahlige Sterne in der romanischen Kunst, achtarmige *Fenster*rosen, die acht Spitzen des Malteserkreuzes weisen in diese Richtung. Der Buddhismus beruht auf dem »achtfachen Pfad« (vgl. *Achtheit, Acht Glücksgötter*). Die Zahl *Neun* basiert auf der Dreizahl und bezeichnet die *Engel*chöre und die neun kosmischen Sphären des mittelalterlichen Weltbildes.

Die Zehn ist das Symbol der Vollendung und Vollkommenheit (Zehn Gebote Gottes; 1+2+3+4=10, Ziffernsumme 1+0=1), in praktisch allen Kulturen der Erde verankert, da mit den Fingern zu zählen begonnen wurde. Die 10 Sephirot (göttlichen Emanationen) der Kabbala werden auch als *Baum,* der im *Himmel* wurzelt und seine Krone zur Erde hin richtet, aufgefaßt, entsprechend den zehn geheimen Gottesnamen Eheie, Jah, El, Elohim, Eloi gibor, Eloah, JHVH Sabaoth, Elohim Sabaoth, Schadai und Adonai.

Symbolzahlen über der Zehn sind die meist als unglücklich aufgefaßte Elf (»des Teufels Dutzend«), vor allem aber die stark beachtete Zwölf (Zahl der *Stern*bilder des Tierkreises, Grundlage des babylonischen Sechzigersystems, Zahl der Stämme Israels und der Apostel usw.); vgl. auch *Homer.* Zwölf Götter bildeten seit dem 5. Jahrhundert v. Chr. das Pantheon (die Götterfamilie) Griechenlands, u. zw. Zeus, Hera Poseidon, Demeter, Apollon, Artemis, Ares, Aphrodite, Hermes, Athene, Hephaistos und Hestia. Hestia wurde oft durch Dionysos (Bacchus) verdrängt. »Den Zwölfen« war in Athen ein Altar geweiht. Die Dreizehn ist fast immer eine Unglückszahl; schon Hesiod warnte die Bauern, am 13. des Monats mit der Aussaat zu beginnen. Im babylonischen Schaltjahr gab es einen 13. Schaltmonat im Zeichen des »Unglücks-*Raben*«. Dem »Coven« der 12 *Hexen* sollte der *Teufel* als Dreizehn-

Zahlen: Gotische Maßwerkfüllung von Rundfenstern auf der Basis von 3 und 6

ter beigewohnt haben. Die 24 ist die Zahl der Stunden eines Tages und jene der Greise in der Johannes-Apokalypse (4,4), die 26 in der Kabbala die Quersumme des Tetragrammaton (des Vier-Buchstaben-Gottesnamens JHVH, und zwar 10, 5, 6, 5 = 26). Die 33 ist die Zahl der Lebensjahre Jesu, jene der Gesänge in Dantes »Göttlicher Komödie« sowie der Sprossen in der »mystischen *Leiter*« der byzantinischen Mystik. Die 40 ist die Zahl der Erprobung, des Fastens und der Abgeschiedenheit: 40 Tage bleibt die Wöchnerin nach biblischer Vorschrift in der Isolation; die Totenmahlzeit der Griechen wurde am 40. Tag nach dem Todesfall abgehalten; die Sintflut währte 40 Tage und Nächte, und so lange wartete *Moses* auf dem *Berg* Sinai auf die Verkündung der Gottesgebote. Die Wanderung der Israeliten durch die Wüste dauerte 40 Jahre, 40 Tage die Fastenzeit Jesu nach der Taufe, ebenso lange die Fastenzeit des Kirchenjahres usw. St. Augustinus faßte die 40 als Zahl der Wanderschaft im Diesseits und der Erwartung auf.

Die 50 war im Alten Testament die Zahl des Sabbat- oder Jobeljahres (7 × 7 kleine Sabbatjahre + 1), in welchen Schulden erlassen, Sklaven freigelassen und verpfändete Grundstücke an den Erstbesitzer zurückfallen mußten. Im Kirchenjahr war das Pfingstfest auf den 50. Tag nach Ostern (Pentekoste) festgelegt. – Die 70 ist in Begriffen wie Septuaginta, Septuagesima und in der Zahl der Jünger Jesu verborgen (Verzehnfachung der heiligen Sieben). – Andere Symbolzahlen lassen sich aus astronomischen Gegebenheiten ableiten, ebenso aus kalendarischen Periodizitäten (260 Tage dauerte das Kultjahr der Azteken, Tonalpohualli, und der Maya, Tzolkin; gleiche Daten mit der 365-Tage-Zählung des Sonnenjahres trafen alle 52 Jahre ein, nach dem Xuihmolpilli genannten Zeitraum, d.h. nach 73 260er- und 52 356er-Zyklen). – Andere Kulturen betrachteten ebenfalls Zahlen wie symbolische Prinzipien, so etwa die altchinesische die Zahl 10 000 für »unzählbar«: Der *Kaiser* wurde in höflicher Erwartung langer Lebenszeit mit »10 000 Jahre« angesprochen; auch die *Swastika* wurde ab ca. 700 n. Chr. als Zahlensymbol für diese »Unendlichkeit« verwendet – ähnlich wie im Abendland die liegende 8 (Lemniskate), die wohl auf ein *Knoten*symbol zurückgeht. Vgl. auch *I-Ching*. – Die in der Apokalypse vorkommende Zahl 666 (13,18) wurde von E. Staufer plausibel nach den griechischen Zahlenwerten der Inschrift auf einer Münze des Kaisers Domitian gedeutet.

Zahlen: Dreierstruktur. Triskelen-Trompetendekor in der frühmittelalterlichen Kunst Irlands (Zierscheibe)

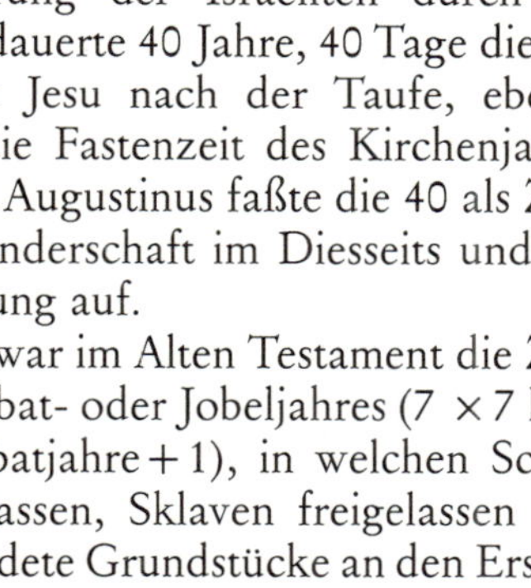

Die neuplatonische Philosophie in der Spätantike und die jüdische Geheimlehre im Mittelalter befaßten sich stark mit Zahlensymbolik, da sowohl die griechischen wie auch die hebräischen Buchstaben Zahlenwert besitzen. Der Grundsatz der »Isopsephie« (Gleichzahligkeit) führte zu der Auffassung, daß Namen mit gleichen Buchstaben-Zahlenwerten einander zugeordnet seien: z. B. Abraxas – Meithras = jeweils gleich 365, Zahl der Tage des *Sonnen*jahres; ähnlich in der Bibel: 1. Buch Mosis 18,2: Vehenna shalisha (d. h. »und siehe drei Männer«,

Zahlwert 701, gleich wie bei Elo Mikael Gabriel ve-Raphael (d.h. diese sind Michael, Gabriel und Raphael, gleicher Zahlwert). Die kabbalistische Kunst dieser Zahlen-Buchstaben-Spekulation heißt Gematrie. Auch in den Klosterschulen des Mittelalters wurde ähnlich operiert. Hrabanus Maurus (776–869 n.Chr.) schrieb: »So enthält die Heilige Schrift unter den vielen und verschiedenen Zahlen andeutungsweise viele Geheimnisse, die jenen verborgen bleiben müssen, die nicht die Bedeutung der Zahlen kennen. Deshalb ist es notwendig, daß alle eifrig Arithmetik studieren, die ein höheres Verständnis der Heiligen Schrift zu erlangen wünschen.« »Heilige Zahlen« sind in diesem Weltbild den strukturellen Aufbau der Schöpfung klarlegende Ordnungsgrößen, die von den frühesten Zeiten an zum esoterischen Wissen der Priesterschulen gehörten.

Zahn. Aus nicht recht erklärlichen Gründen haben Zähne häufig den Symbolsinn der Vitalität, Zeugung, Potenz und des Spermas. In antiken Sagen können aus ausgesäten *Drachen*zähnen bewaffnete Männer aus der Erde wachsen; Zähne hatten »okkulte Bedeutung« (Stemplinger 1948). Wenn man sie einem *Spiegel* gegenüber fletscht, so wird dieser trübe. Nordafrikanische Christen verhöhnten oder bekämpften Götzenbilder (*Idole*) durch das Fletschen der Zähne, und »der erste Kindszahn, der beim Ausfallen die Erde nicht berührte, verhindert Genitalschmerzen; der Zahn eines siebenjährigen Knaben, in Gold oder Silber gefaßt, vereitelt Empfängnis«. In der *Traumsymbolik* haben Zähne, so Aeppli, sexuelle Bedeutung; kräftige Zähne, die Nahrung packen und zerbeißen, wirken vital, und »bezeichnend sind Beißgelüste in der erotischen Liebe. Man möchte den andern ›vor Liebe auffressen‹. Träume vom Ausfallen der Zähne ... haben, wie das Zahnweh selbst, mit dem Problem der Potenz und der Impotenz zu tun. Vor allem erzeugt Onanie Träume des Zahnverlustes, als Ausdruck der Energieschwächung.« – In China herrschte die Ansicht, daß der Traum vom Verlust eines Vorderzahnes den baldigen Verlust von *Vater* oder *Mutter* vorhersagte. Zähneknirschen sollte Gespenster verscheuchen. – In der Teenagersprache der 60er Jahre bedeutete »Zahn« Mädchen, Freundin, Braut, während Redensarten wie »einen Zahn zulegen« sich auf ein Zahnrad-Getriebe beziehen. – In der christlichen Ikonographie wird die hl. Apollonia mit Zähnen und einer Zange dargestellt, weil sie während ihres Martyriums der Zähne beraubt wurde. Sie gilt daher als Schutzpatronin der Zahnärzte.

Zeder (griech. kedros, lat. cedrus), ein wegen seiner Haltbarkeit ähnlich wie die *Zypresse* geschätzter Nadel*baum* der Mittelmeerländer, der schon in den

Zeder nach W.H.Frh.v.Hohberg, 1675

ersten Epochen der ägyptischen Geschichte aus dem Libanon in das holzarme Land am Nil exportiert wurde. Das Holz wurde auch wegen seines aromatischen Harzduftes geschätzt und in Ägypten zum Bau von Schiffen, Möbeln, Mumiensärgen und Geräten gebraucht. König *Salomo* verwendete es beim Bau des *Tempels* in *Jerusalem.* »Der Gerechte wird wachsen wie eine Zeder im Libanon« heißt es im Psalm 92,13 (vorher: »Er gedeiht wie eine *Palme*«). Der Kirchenvater Origenes von Alexandrien (185–254 n. Chr.) formulierte die moralisch-symbolische Nutzanwendung des Begriffes der Dauerhaftigkeit: »Die Zeder fault nicht. Die Pfosten unseres Hauses aus Zedernholz zu machen, heißt die Seele vor der Verderbnis zu bewahren.« Der Patriarch Kyrillos von Alexandrien (412–444) verglich das Zedernholz mit dem Fleisch Christi, das unverweslich blieb. Nur der göttliche Zorn ist stärker als die Zeder: »Die Stimme des Herrn zerbricht die Zedern, er zerschmettert die Zedern des Libanon« (Psalm 29,2). W. H. Frh. von Hohberg (1675) hob jedoch die Eigenschaft der Dauerhaftigkeit hervor: »Der Tempel Salomons aus Cedern war gebaut, / weil dieser Baum viel Jahr ohn Bruch und Würmer schaut. / Wann Gott sein Aigenthum mit Frieden kommt zu segnen, / so kann ihm kein Verlust noch Widerglück begegnen.« – Der Wappenbaum der unglücklichen Republik Libanon ist dort in der Natur leider fast ausgerottet.

Zepter, früher (nach dem lat. sceptrum, griech. skeptron – Stab, Stütze) auch Szepter geschrieben, ein Hoheitszeichen der Macht des *Königs* oder *Kaisers,* das der Herrscher bei Zeremonien in der Hand hält, ähnlich wie den Reichs*apfel.* Typologische Vorstufen sind entweder Hirtenstäbe oder Würdestäbe, Zweige oder Ritualkeulen. In Europa trägt das Zepter einen kugelförmigen Knauf, die Sphaira, als Symbol der umfassenden Macht. Im Lamaismus wird der »*Donner*keil« (Sanskrit: vajra, tibet: dorje) auch als *Diamant*zepter und als »Symbol der unzerstörbaren Weisheit« bezeichnet. Eine eigenartige Form des Zepters war im südlichen Maya-Gebiet

Zepter mit Bocksköpfen. Bronze, Nahal Mischmar am Toten Meer, ca. 3200 v. Chr.

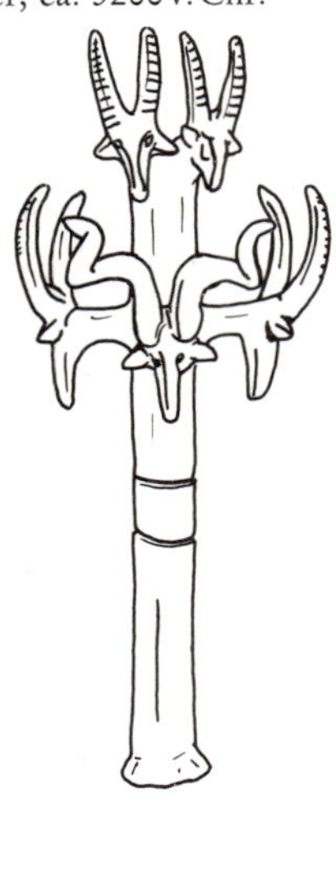

Zepter mit Ring, Kranz und Diamant. W. H. Frh. v. Hohberg, 1675

Mittelamerikas als Zeremonialinsignium bekannt, das »Männchenzepter«, das am oberen Ende eine groteske Götterfigur mit langer, rüsselartiger Nase zeigt, vermutlich eine Statuette des *Regen*gottes Chac. Das untere Ende dieses Mayazepters läuft nicht selten in Körper und Kopf einer Schlange aus. – In der christlichen Ikonographie tragen heiliggesprochene Herrscher das Zepter als Attribut (z.B. Karl d.Gr., Stefan von Ungarn, Heinrich II., Ludwig d. Heilige, Sigismund). Bei der Passion Christi wurde dem Heiland ein Schilfrohr als Spottzepter (zur *Dornen*krone) in die Hand gegeben, wie es auf den »Ecce-homo«-Bildern dargestellt ist. – In China war das Zepter (ju-i) nicht Herrscherinsignium, sondern ein Würdenstab mit der Wortbedeutung »wie es gewünscht wird«; es wurde aus *Jade* geschnitzt und geehrten alten Männern geschenkt oder bei traditionellen Hochzeitsfeiern auch der Familie der Braut. Auf Bildkompositionen drückt es den Wunsch nach Erfolg aus.

Ziege (griech. chímaira – vgl. *Chimäre*, lat. capra); ähnlich wie z.B. bei *Stier* und *Kuh* ist auch hier der Symbolwert des männlichen und des weiblichen Tieres verschieden. Während der *Bock* (griech. tragos) vielfach als Verkörperung der Lüsternheit und Vitalität gilt und oft negativ gesehen wird, steht die genügsame Ziege als Nährerin – die Ziege Amaltheia säugte den jungen Zeus – in den antiken Mythen in hoher Achtung. Zur typischen Göttertracht der Pallas Athene gehört die Aigis, ein Ziegenfell, das nach Herodot (IV. Buch 189) ein Kleidungsstück libyscher Frauen ist und (wie der *Ölbaum*, welcher der Athene heilig war und in seiner Zuchtform ebenfalls aus Libyen stammt) auf die nordafrikanische Herkunft der Göttin vom Tritonsee – den heutigen Schotts – hinweist (Athene Tritogeneia). Ein Ziegenhorn ist auch Symbol der fruchtbaren Natur (*Füllhorn*, cornu copiae). – In der christlichen Symbolwelt spielt die Ziege keine große Rolle und tritt gelegentlich auf Bildern der Geburt Christi neben dem *Schaf* als fromm lauschende »stumme Kreatur« in Erscheinung. Im mittelalterlichen »Bestiarium« heißt es, daß die Ziege es liebt, auf hohe *Berge* hinaufzusteigen, was allegorisch gedeutet wird: denn »wie die Ziege liebt auch Christus die hohen Berge, das sind die Propheten und Apostel. Im Hohelied heißt es: ›Siehe, mein Vetter kommt wie eine Ziege, die über die Berge springt, über die Hügel läuft und in den Tälern weidet.‹ Die scharfen Augen der Ziege weisen ebenfalls auf den Herrn hin, der alles voraussieht und von weitem erkennt« (Unterkircher).

Zikade (griech. tettix, lat. cicada), die »Baumgrille« der Mittelmeerländer. Der Sage nach war der Bruder des trojanischen Königs Priamos, Tithonos, der Geliebte der Morgenrötegöttin *Eos*. Sie bat Zeus, Tithonos unsterblich zu

Ziege: Vier Ziegen beim Beknabbern eines Baumes. Ägyptisches Wandfresko, Altes Reich

machen, vergaß jedoch, dazu auch ewige Jugend zu wünschen. So lebte ihr Geliebter zwar ewig, wurde aber immer hinfälliger und plapperte sinnlos vor sich hin, bis er ganz zusammenschrumpfte und sich in die andauernd zirpende Zikade verwandelte. Das schrille Zirpen wird in der antiken Literatur teils als angenehm, teils als lästig empfunden. Kallimachos (ca. 300–240 v. Chr.) erklärte es zum Sinnbild der »feinen« Dichtkunst, und die Zikade war gelegentlich Symbol des unermüdlichen Dichters, seine Helferin oder Attribut der *Musen.* – In China symbolisierte die Zikade (shan) in alten Zeiten Unsterblichkeit oder das Fortleben nach dem Tod, und Verstorbenen wurde ein Zikadenamulett aus *Jade* in den Mund gelegt. Eine Königin des Vasallenstaates Ch'i im Osten soll sich nach ihrem Tode in eine Zikade verwandelt haben, weshalb das Insekt auch »Mädchen von Ch'i« genannt wurde. Das stilisierte Zikadenornament wurde auch als Metapher für »Prinzipientreue« verstanden.

Zirkel, das Instrument zum Zeichnen eines makellosen *Kreises,* im Abendland besonders seit dem Mittelalter ein Symbol für Geometrie, kosmische Ordnung und planendes Wirken. In dieser Hinsicht hat vor allem die geheime Tradition der Dombauhütten dem Zeichengerät eine besondere symbolische Würde verliehen. Mittelalterliche Buchmalereien zeigen den Weltenschöpfer als Geometer, der mit dem Zirkel den Erdkreis konstruiert. Als Attribut erscheint das Instrument bei Personifikationen von »freien Künsten« wie Astronomie, Architektur und Erdkunde. – Noch heute ist der Zirkel in der *freimaurerischen* Symbolwelt (zusammen mit dem heiligen *Buch* und dem *Winkelmaß*) eines der drei »Großen *Lichter*«, und zwar im Sinne des Hinweises auf den idealen Kreis der »allumfassenden Menschenliebe«. Damit soll er die geregelte Haltung gegenüber den Bundesbrüdern und der gesamten Menschheit zum Ausdruck bringen. Bei Weiheriten wird gelehrt, daß eine Zirkelspitze im eigenen *Herzen* verankert ist, während die andere den Eingeweihten mit allen Brüdern verbindet. Häufig wird als Emblem die Kombination von Zirkel und Winkelmaß dargestellt, wo-

Zikade: Altchinesischess Zikadenornament, Symbol für Unsterblichkeit, ca. 1200 v. Chr.

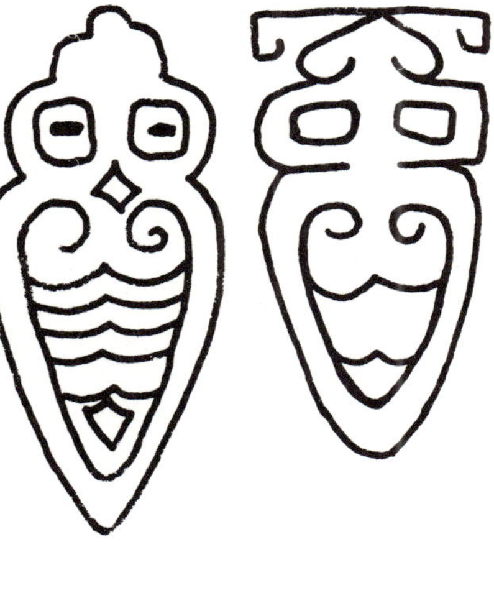

Zikade, durch Sommerhitze zum Singen veranlaßt. J. Boschius, 1702

bei der Zirkel den kosmischen Kreis, das Winkelmaß das Quadrat zu zeichnen befähigt. Beides zusammen stellt im Sinne weitverbreiteter kosmologischer Spekulationen die Verbindung von *Himmel* und *Erde* dar, z. B. in der Architektur des Himmelstempels von Peking (heute Beijing). In der freimaurerischen Symbolik wird auch die Öffnung der Zirkelschenkel beachtet (rechtwinkelige Öffnung weist auf das ideale Gleichgewicht von Körper und Geist hin), ebenso darauf, welches der beiden erwähnten Instrumente das andere überlagert. Der Winkel über dem Zirkel drückt ein materielles Übergewicht aus, eine Durchdringung oder Überkreuzung das Gleichgewicht der beiden Elemente, der Zirkel über dem Winkel hingegen die meisterhafte Beherrschung der Materie durch den Geist. J. Baurnjöpl (1793) betont, daß auf dem Lehrbild (Tapis) der Aufnahmloge der Zirkel mit beiden Spitzen offen »gegen Aufgang« (nach »Osten«) weist, weil der »Bruder Freymaurer« sich angesichts der ganzen Welt offen, »als ein Ruhe und Glückseligkeit bearbeitender, redlicher und rechtschaffener Mann« erweisen soll.

Zirkel: Das Zentrum bleibt unverändert. Barockemblem des J. Boschius, 1702

Zunge, als menschliches Organ vielfach mit »Sprache« symbolisch gleichgesetzt, da sie an der Artikulation der meisten Konsonanten maßgeblich beteiligt ist: »in fremden Zungen reden« heißt daher Fremdsprachen beherrschen, darüber hinaus auch »Xenoglossie« (die paranormale Kenntnis fremder Sprachen, ohne sie erlernt zu haben). »*Herz* und Zunge« sind im altägyptischen Mythos die Werkzeuge, mit welchen der Gott Ptah die Schöpfung hervorbrachte, d. h. mit Vernunft und Sprache (dem Schöpferwort). Weisheitssprüche warnen davor, daß der Mensch sich von der Zunge allein leiten lasse. – Zahlreiche biblische Sprüche setzen »Zunge« mit »Sprache, Wortgebrauch« gleich, etwa: »Geläutertes *Silber* ist die Zunge des Gerechten« (Sprüche Salomonis 10,20) oder »Viele sind gefallen durch ein scharfes Schwert, noch viel mehr sind gefallen durch die Zunge« (Jesus Sirach 28,18). In der Apostelgeschichte (2,3 ff.) offenbart sich der Heilige Geist beim Pfingstwunder in Gestalt von *feurigen* Zungen, worauf sich das Wunder der Xenoglossie (s. o.) ereignete. In der christlichen Ikonographie ist die Zunge Attribut von Märtyrern, deren Zunge abgeschnitten wurde, so etwa von St. Johannes von Nepomuk, dem »*Brückenheiligen*« und Schutzpatron des Beichtgeheimnisses, und von St. Emmeram von Regensburg, der noch ohne Zunge gepredigt haben soll. Für die hl. Hildegard von Bingen (1098–1179) hat die Zunge mit dem *Element Wasser* zu tun: Sie weist hin »auf die Erhebung der Gewässer, wenn sie zur Überschwemmung aufwallen. Wie durch die Zunge die

Zunge: St. Johannes von Nepomuk mit Zunge in der Hand. Auers Heiligen-Legende, 1890

Worte geformt werden, so werden durch die Erhebung diese Wasser zu Wogen geformt. Dadurch wird angezeigt, daß die Seele in ihrem Verlangen nach dem Himmel ihre Hülle antreibt, das Lob seines Schöpfers zu singen.« – »Zungenreden« heißt auch das ekstatische Stammeln unverständlicher Lautgruppen, griech. Glossolalie, in manchen Freikirchen (Camisarden, Irvingianern, Pfingstbewegungen) üblich und schon im Alten Testament durch Jesaias dem visionären Propheten zugeschrieben: »Was soll sein Gestammel, sein Papperlapapp (zaw lazaw, zaw lazaw, qaw laqaw, qaw laqaw), sein Geschwätz bald hier, sein Geschwätz bald dort?« (28,10). Anhänger von »Pfingstlergemeinden« schätzen derartige Manifestationen der Ergriffenheit als überirdische Inspirationen, etwa als »*Engels*zungen«. – »Doppelzüngig« ist dem Sprachgebrauch zufolge der Lügner, oder »er spricht mit gespaltener Zunge« wie mit jener der *Schlange* (die sie nach altem Aberglauben auch dazu benützt, um Giftbisse auszuteilen). – In Altmexiko war eine grausige Art der Selbstpeinigung üblich, bei der man eine mit *Dornen* gespickte Schnur durch die Zunge hindurchzog.

Zwerge gelten meist als Symbole geheimer Kräfte, der Kunstfertigkeit und der Kenntnis verborgener *Schätze,* die im Volksglauben eine zwiespältige Rolle spielen. Einerseits sind sie Wesen einer älteren Schöpfungsordnung und ähnlich wie die *Riesen* Verkörperung einer vorhumanen Welt, die den Menschen scheuen und ihre Schätze im Erdinneren (*Höhlen*) eifersüchtig hüten, wobei Helden wie Dietrich von Bern als ihre Feinde und Überwinder auftreten. Auch verfügen sie oft trotz ihrer kleinen Gestalt über gewaltige Kräfte; so sollen die zwerghaften Corrigans der bretonischen Sagen Erbauer der Großsteinbauten gewesen sein. In der nordgermanischen Mythologie spielen Zwerge und Alben, besonders die Schwarzalben, oft die Rolle sehr kunstreicher, den Menschen und Göttern aber vorwiegend unfreundlich gesinnter Wesen, die auch über Zauberkräfte verfügen und nur durch List überwunden werden können – etwa indem sie in Rätselspiele verwikkelt und am Verschwinden gehindert werden, bis ein Sonnenstrahl sie trifft, worauf sie in *Stein* verwandelt werden. Sie haben durch ihren Wohnort im Erdinneren Verbindung zur Welt der Toten und sind oft als »kleines Volk« etwas wie Jenseitswesen. Die Volkssagen deuten die Zwerge als schwer durchschaubare, eigenwillige und mißtrauische Naturwesen, meist als alte Männchen (gelegentlich *vogel*füßig) vorgestellt, die manchmal auch als dankbare und hilfreiche Wesen auftreten können. In diesem Sinne ist auch der »Gartenzwerg« Symbol der als freundlich emp-

Zwiebel aus dem »Hortus Sanitatis«, J. Meydenbach, 1491

Zwillinge: Sternbild in mittelalterlich-arabischer Darstellung des el-Sufi, 1009 n. Chr.

fundenen, geheimnisvollen Naturkräfte, die den Gewächsen der Erde Segen bringen. Diese Auffassung dürfte auf vorchristliche Vorstellungen von geheimnisvollen Schützern des *Erd*reiches zurückgehen, die zu Beginn der Neuzeit durch Paracelsus (1493–1541) formuliert wurde (Gnomen – Hüter des Elementes Erde). In Bergmannssagen treten solche Wesen oft als Hüter von Edelmetalladern auf, die pöbelhaft auftretende Knappen bestrafen, rücksichtsvolle Bergleute jedoch auch aus verstürzten Minen befreien. In der Symbolik steht jedoch das neckend-boshafte Wesen der Zwerge und ihr Mutwille sowie ihre Unkontrollierbarkeit (Kobolde; Leprechauns der irischen Sagen) meist im Vordergrund. – Auch in der Neuen Welt (Mittelamerika) sind Zwergenvorstellungen verbreitet, wobei diese kleinen Naturwesen mit *Höhlen,* dem Wild, dem Regen und der Fruchtbarkeit bzw. Sexualität in Verbindung gebracht werden (»Chanekes« in Veracruz, Tlaloques bei den Azteken). Vgl. *Bes.* In der hinduistischen Mythologie ist die 5. Inkarnation (Avatara) des Gottes Vishnu der Zwerg Vamana, der jedoch die Welt mit drei Schritten durchmessen und den Dämon Bali überwinden konnte.

Zwiebel. Das pflanzliche Speicherorgan aus schalenförmig ineinandergeschachtelten, fleischigen Blattscheiden wird volkstümlich nur mit der Küchenzwiebel in Verbindung gebracht (Allium cepa). Schon in Altägypten zählte die Zwiebel zu den Volksnahrungsmitteln, und sie wird auch im antiken Griechenland (Homer, Aristophanes) oft erwähnt. In späterer Zeit galten die Lauchgewächse wegen ihres aufdringlichen Geruches vielfach als typisch für die niederen Volksschichten, während der Adel sich von dem vulgären Duft indigniert abwandte (in neuerer Zeit galt gerade er als wirksames Abwehrmittel gegen Vampire). Die Volksmedizin machte von der Zwiebel als Hausmittel gegen Impotenz, Wassersucht, Verdauungsstörungen, Verschleimung, Katarrhe, Skorbut, Haarausfall und ähnliche Beschwerden mannigfachen Gebrauch. In Volksredensarten und Versen wird vorwiegend auf den zu Tränen reizenden Geruch angespielt (»Die Ehe ... gleicht fürwahr der Zwiebel: Man weint und frißt sie doch«). Wer weint, »hat zu viele Zwiebeln geschält«, und wer sich heuchlerische Tränen abpreßt, »sucht Zwiebeln«. Wer »gezwiebelt« wird, erleidet Plagen, die ihn zum Weinen bringen. Allgemein gilt jedoch die Zwiebel als Symbol eines oberflächlich verachteten, auf die Beschwernisse des Lebens hindeutenden, aber doch sehr nützlichen Wesens.

Zwillinge werden in manchen exotischen Kulturen als bedenkliche Naturspiele betrachtet, und häufig wird einer von ihnen nach der Geburt getötet, etwa wegen der Vorstellung, daß sie im Mutterleib Unzucht getrieben hätten (so etwa in Teilen Westafrikas). In Indianermythen bilden sie gelegentlich ein *Dualsystem* als Verkörperungen von Gut und Böse. In anderen Mythensystemen werden Zwillinge besonders verehrt, so etwa Kastor und Pollux bei den Griechen und Römern. Zwillingspaare sind nach dem von Platon überlieferten Sagenstoff auch die Könige des Inselreiches *Atlantis,* zunächst *Atlas* und Gadiros (namengebender Heros der Stadt Gades, heute Cádiz), dann Ampheres und Eudaimon, Mneseus und Autochthon, Elasippos und Mestor, schließlich Azaës und Diaprepes. Dies muß nicht unbedingt auf »echte« Zwillinge hinweisen, sondern kann sich auch auf die archaische Sitte des Doppelkönigtums beziehen, die u.a. auch bei den Ureinwohnern der Kanarischen Inseln (vgl. *Inseln der Seligen*) üblich war. Im mykenischen Zeitalter Griechenlands war diese Einrichtung (nach Ranke-Graves) auch im Ostmittelmeer bekannt. In Sparta regierten die bereits erwähnten Zwillinge Kastor und Polydeukes (Pollux), in Messina Idas und Lynkeus, in Argos Proitos und Akrisios, in Tiryns Herakles und Iphikles, in Theben Eteokles und Polyneikes. – Häufig sind Zwillingspaare so geschildert, daß sie etwas wie ein Dualsystem der Temperamente symbolisieren: Einer ist sterblich, der andere unsterblich; einer ist sanft, passiv und introvertiert, der andere dynamisch, kriegerisch, extravertiert. Manchmal werden sie als in ihrer Komplementarität unüberwindliches Paar beschrieben, das die kosmische Ordnung gefährdet und deshalb aus der Menschenwelt entfernt werden muß. – Astrologisch sind die Zwillinge (lat. gemini, griech. didymoi) das dritte Zeichen des Tierkreises (vgl. *Sterne*), und die *Sonne* regiert es vom 21. Mai bis zum 22. Juni. Die Zwillinge gelten als »Luftzeichen« mit der Bedeutung Dualität, Trennung, Widersprüchlichkeit, Ähnlichkeit und Vervielfältigung, Wiederholung von Handlungen usw. Das Sternbild ist nach den zwei fast gleich hellen Sternen »Kastor und Pollux« so benannt. – Im alten China wurden verschiedengeschlechtliche Zwillinge als »geisterhaftes Ehepaar« bezeichnet; sie wurden als Unglücksomen angesehen und meist nicht aufgezogen. Männliche Zwillinge hingegen wurden gelegentlich als Ausdruck göttlicher Anerkennung für besondere Frömmigkeit betrachtet.

Zypresse, heute ein typischer »Friedhofs*baum*«, im antiken Mittelmeerraum hingegen ein Symbol und Attribut des Kronos (*Saturn*), aber auch des Asklepios (*Äskulap*) und – wohl wegen der Flammenform der Krone – des Apollon, zugleich auch vieler weiblicher Gottheiten (Kybele, Persephone, Aphrodite, Artemis, Eurynome, Hera, Athene). Auch die Töchter des Königs Eteokles von Orchomenos sollen in Zypressen verwandelt worden sein, nach anderer Überlieferung ein Jüngling namens Kyparissos, der einen heiligen *Hirsch* erlegt hatte. Vieles weist darauf hin, daß die Zypresse bereits in vorgriechischer Zeit ein Kultsymbolbaum war, der später mit Unterweltskulten in Verbindung gebracht wurde; aus diesem Grund wurde

Zypresse, nach W. H. Frh. v. Hohberg, 1675

er oft an Gräbern angepflanzt, überdies wegen seiner Kraft, Schadenzauber abzuwehren, auch in Umzäunungen. Zypressenzweiglein unter dem Saatgut sollten dieses vor Schädlingen bewahren. Der immer*grüne* und langlebige Baum mit seinem dauerhaften Holz war auch ein Symbol der Langlebigkeit. Da er auch auf Bildern des *Paradieses* dargestellt wird, konnte er als christliches Symbol der Jenseitshoffnung bei christlichen Gräbern angepflanzt und auf Sarkophagen dargestellt werden, obwohl früher viele Götter*idole* aus dem Holz des Baumes geschnitzt worden waren. »Cypressenholz ausdaurt und währet lange Zeit. / Es scheint, als ob es trotzt dem Lauf der Sterbligkeit. / Wer sich durch Gottes Geist zum Tode vorbereitet, / zum rechten Leben fort sein Schifflein weislich leitet« (Hohberg 1675).

Anhang

LITERATURVERZEICHNIS NACH SACHGRUPPEN

Aus Raumgründen können hier vorwiegend nur Publikationen in Buchform genannt werden, nicht jedoch Einzelstudien in Form von Aufsätzen. Auf die Erwähnung von Werken aus früheren Jahrhunderten wurde verzichtet, soweit sie nicht in Form von Nachdrucken (Reprints) vorliegen und daher in Bibliotheken leicht greifbar sind. Außer den im Text selbst zitierten Arbeiten wurden auch allgemein orientierende kulturhistorische Bücher genannt, die – wenn auch nicht ausschließlich – über symbolkundliche Themenkreise Auskunft geben können. Werke mit umfangreicher Bibliographie wurden mit dem Vermerk (Bibl.) gekennzeichnet.

Verzeichnis der Sachgruppen

1. Symbolkunde, allgemein 510
2. Symbolik in tiefenpsychologischer Sicht 511
3. Graphisch-geometrische Symbolzeichen 511
4. Symbole im volkskundlichen Bereich 512
5. Märchensymbolik 512
6. Farb- und Zahlensymbolik 513
7. Alchemistische Symbole 514
8. Astrologische Symbole 514
9. Freimaurerische Symbolik 515
10. Heraldische Symbole 515
11. Symbolhafte Orte und Länder 516
12. Magische Symbole 516
13. Symbolhafte Gestalten 517
14. Symboltiere und Fabelwesen 518
15. Pflanzliche und mineralische Symbole 519
16. Symbolhaftes im Sprachgebrauch 519
17. Prähistorische Symbolik 520
18. Altägyptische und altmesopotamische Symbole 521
19. Symbole in den Mittelmeerkulturen der Antike 522
20. Symbole der altweltlichen Kulturen außerhalb der klassischen Antike . . 523
21. Christliche Symbole 523
22. Symbolik im Mittelalter 524
23. Symbolik und Emblematik der Neuzeit Europas 525
24. Jüdische und islamische Symbolik, Gnostizismus 526
25. Symbole in den Kulturen Süd- und Ostasiens 527
26. Afrikanische Symbolik (Schwarzafrika) 529

1. Symbolkunde, allgemein

Bailey, H.: The Lost Language of Symbolism. London 1968
Becker, G.: Die Ursymbole in den Religionen. Graz - Wien - Köln 1987 (Bibl.)
Bühler-Oppenheim, K.: Zeichen, Marken, Zinken. Teufen 1971
Cassirer, E.: Wesen und Wirkung des Symbolbegriffs. Darmstadt 1977
Chevalier, J., u. A. Gheerbrant: Dictionnaire des symboles. Paris 1969
Cirlot, J. E.: A Dictionary of Symbols. New York 1962
Cooper, J. C.: An illustrated Encyclopaedia of traditional Symbols. London 1978 (Bibl.)
Diethelm, W.: Signet, Signal, Symbol. Zürich 1970
Eco, U.: Zeichen. Einführung in einen Begriff und seine Geschichte. Frankfurt/M. 1977
Eliade, M.: Ewige Bilder und Sinnbilder. Über die magisch-religiöse Symbolik. Frankfurt/M. 1986
Forstner, D.: Die Welt der Symbole. 1961
Frutiger, A. (H. Heiderhoff): Zeichen, Symbole, Signete, Signale. Echzell o. J.
Herder-Lexikon Symbole (A. Oesterreicher-Mollwo). Freiburg i. Br. 1978
Hirschberg, W. (Hrsg.): Neues Wörterbuch der Völkerkunde, red. v. M. Fries. Berlin 1988
Kessler, H.: Das offenbare Geheimnis. Das Symbol als Wegweiser etc. Freiburg i. Br. 1977
Kirchgässner, A.: Die Welt als Symbol. 1968
Lehner, E.: Symbols, Signs, and Signets. New York 1950
Lewis, J.: Symbols and Sentiments. Cross-Cultural Studies in Symbolism. New York 1977
Lurker, M.: Symbol, Mythos und Legende in der Kunst. Studien zur deutschen Kunstgeschichte, 314. Berlin 1958
Lurker, M. (Hrsg.): Bibliographie zur Symbolik, Ikonographie und Mythologie. Int. Referateorgan (Jahrbuch), ab 1967 (Bibl.)
Lurker, M. (Hrsg.): Wörterbuch der Symbolik. Kröners Taschenausg. 464, Stuttgart 1979
Lurker, M. (Hrsg.): Beiträge zu Symbol, Symbolbegriff und Symbolforschung. Baden-Baden 1982
Lurker, M.: Lexikon der Götter und Dämonen. Namen, Funktionen, Symbole/Attribute. Stuttgart 1984 (Bibl.)
Schlesinger, M.: Grundlagen und Geschichte des Symbols. Berlin 1930
Schwarz-Winklhofer, I., u. H. Biedermann: Das Buch der Zeichen und Symbole. Graz 1972 u. ö. (Bibl.)
Symbolon, Jahrbuch für Symbolforschung. Basel 1960-1967 (I-VII), NF Köln 1969ff.

Wills, F. H.: Schrift und Zeichen der Völker. Düsseldorf - Wien 1977
Wittlich, B.: Symbole und Zeichen. Bonn 1965

2. Symbolik in tiefenpsychologischer Sicht

Aeppli, E.: Der Traum und seine Deutung. Zürich 1943, Neuausg. Knaur-Esoterik, München 1980
Jacoby, J.: Der Weg zur Individuation. Zürich 1965
Jung, C. G.: Die Wirklichkeit der Seele. Zürich 1934
Jung, C. G.: Mysterium Coniunctionis. Zürich 1955–1956
Jung, C. G. (Hrsg. M. L. v. Franz u. J. Freeman): Der Mensch und seine Symbole. Olten/Freiburg i. Br. 1981
MacKenzie, N.: Dreams and Dreaming. London 1965. Dt.: Träume. Genf 1969
Neumann, E.: Ursprungsgeschichte des Bewußtseins. Zürich 1949
Neumann, E.: Die Große Mutter. Eine Phänomenologie der weiblichen Gestaltungen des Unbewußten. Olten/Freiburg i. Br. 1974 (Bibl.)
Wehr, G.: C. G. Jung und Rudolf Steiner. Konfrontation und Synopse. Stuttgart 1972
Weiler, G.: Der enteignete Mythos. München 1985

3. Graphisch-geometrische Symbolzeichen

Biedermann, H.: Bildsymbole der Vorzeit. Wege zur Sinndeutung der schriftlosen Kulturen. Graz 1977 (Bibl.)
Biedermann, H.: Wellenkreise. Tod und Wiedergeburt in den Ritzbildern des Megalithikums. Hallein 1977 u. ö.
Blachetta, W.: Das Sinnzeichen-Buch. Frankfurt/M. 1956
Bonito Oliva, A.: Labirinto. Milano 1979
Bord, J.: Mazes and Labyrinths of the World. London 1976
Doblhofer, E.: Zeichen und Wunder. Wien 1957
Eilmann, R.: Labyrinthos. Ein Beitrag zur Geschichte einer Vorstellung etc. Athen 1931
Kern, H.: Labirinti. Forme e interpretazioni, 5000 anni di presenza di un achetipo. Milano 1981. Dt.: Labyrinthe, München 1982 (Bibl.)
Kühn, H.: Wenn Steine reden. Die Sprache der Felsbilder. Wiesbaden 1966
Lehner, E.: Symbols, Signs, and Signets. New York 1969
Lurker, M.: Der Kreis als Symbol im Denken, Glauben und künstlerischen Gestalten. Tübingen 1981
Mandl, F.: Felsritzbilder des östlichen Dachsteinplateaus. Kl. Schriften, Abtlg. Schloß Trautenfels i. d. Stmk. Landesmus. Joanneum, Heft 14. Trautenfels 1988
Müller, W.: Die heilige Stadt. Roma quadrata, himmlisches Jerusalem und die Mythe vom Weltnabel. Stuttgart 1961
Péquart, M. u. S., u. Z. Le Rouzic: Corpus des signes gravées des monuments mégalithiques du Morbihan. Paris 1927
Schmied-Kowarzik, W.: Frühe Sinnbilder des Kosmos. Düsseldorf 1974

Schwarz-Winklhofer, I., u. H. Biedermann: Das Buch der Zeichen und Symbole. Graz 1980 u. ö.
Stöber, O.: Drudenfuß-Monographie. Neydharting 1981
Stuhlfauth, G.: Das Dreieck. Die Geschichte eines religiösen Symbols. Stuttgart 1937
Wittlich, B.: Symbole und Zeichen. Bonn 1965

4. Symbole im volkskundlichen Bereich

Bächtold-Stäubli, H., u. E. Hoffmann-Krayer: Handwörterbuch des deutschen Aberglaubens. Berlin u. Leipzig 1927–1942
Beitl, K.: Volksglaube. Zeugnisse religiöser Volkskunst. Salzburg 1978, Neuausg. München 1983
Brauneck, M.: Religiöse Volkskunst. Köln 1978 (Bibl.)
Dundes, A.: The evil eye. A folklore casebook. New York 1981
Hansmann, L., u. L. Kriss-Rettenbeck: Amulett und Talisman. Erscheinungsform und Geschichte. München 1977 (Bibl.)
Knuf, A. u. J.: Amulette und Talismane. Symbole des magischen Alltags. Köln 1984
Kriss, R.: Die Volkskunde der altbayrischen Gnadenstätten. München 1953
Kriss-Rettenbeck, L.: Bilder und Zeichen religiösen Volksglaubens. München 1963 (Bibl.)
Leland, Chr. G.: Aradia. Die Lehre der Hexen (bearb. v. R. Tegtmeier). München 1988
Lukan, K.: Alpenwanderungen in die Vorzeit. Wien 1965
Lukan, K.: Herrgottsitz und Teufelsbett. Wanderungen in die Vorzeit. Wien und München 1979
Mandl, F.: Felsritzbilder des östlichen Dachsteinplateaus. Kl. Schriften, Abtlg. Schloß Trautenfels i. d. Stmk. Landesmus. Joanneum, Heft 14. Trautenfels 1988
Münsterer, H. O.: Amulettkreuze und Kreuzamulette. Studien zur religiösen Volkskunde. Regensburg 1983
Nemec, H.: Alpenländische Bauernkunst. Wien 1966
Nemec, H.: Zauberzeichen. Magie im volkstümlichen Bereich. Wien - München 1976
Pfarl, P.: Frühe Kultstätten in Österreich. Graz 1980
Seligmann, S.: Der böse Blick und Verwandtes. Ein Beitrag zur Geschichte des Aberglaubens etc. Berlin 1910
Stöber, O.: Drudenfuß-Monographie. Neydharting 1981
Valentinitsch, H. (Hrsg.): Hexen und Zauberer. Die große Verfolgung, ein europäisches Phänomen in der Stmk. (Katalogband). Graz 1987
Wollenik, F.: Abwehrhand und Drudenfuß. Felsbilder in Bayern. Hallein 1982
Wuttke, A.: Der deutsche Volksaberglaube der Gegenwart. Berlin 1900

5. Märchensymbolik

Biedermann, H.: Märchen von Hexen. Von der Phantasie der Märchen. Wien und München 1987

Bolte, J., u. G. Polivka: Anmerkungen zu den Kinder- und Hausmärchen der Brüder Grimm. Reprint Hildesheim 1963
Das Gesicht der Völker. Dokumentation des Märchens, Reihe des Erich-Röth-Verlages, Kassel
Die Märchen der Weltliteratur (Buchreihe des Diederichs-Verlages). Düsseldorf und Köln
Eliade, M.: Myth and Reality. New York 1963
Frazer, J. G.: Der goldene Zweig. Eine Studie über Magie und Religion. Frankfurt/M. 1977
Frobenius, L.: Atlantis. Volksdichtung und Volksmärchen Afrikas. 12 Bde., Jena 1921–1928
Gazak, V. (Hrsg.): Das Buch aus reinem Silber. Düsseldorf 1984
Gehrts, H., und G. Lademann-Priemer (Hrsg.): Schamanentum und Zaubermärchen. Kassel 1986
Geiger, R: Märchenkunde, Mensch und Schicksal im Spiegel der Grimmschen Märchen. Stuttgart 1982
Grimm. J. u. W.: Kinder- und Hausmärchen. Hrsg. v. H. Panzer. Wiesbaden o. J.
Karlinger, F.: Der abenteuerliche Glückstopf. Märchen des Barock. München 1965
Karlinger, F. (Hrsg.): Märchen der Welt 5, Afrika und Ozeanien. München 1980
Löpelmann, M.: Erinn. Keltische Sagen aus Irland. Düsseldorf 1977
Märchen der Antike. Hrsg. v. E. Ackermann. Frankfurt/M. 1981
Nitschke, A.: Soziale Ordnungen im Spiegel der Märchen. Stuttgart-Bad Cannstatt 1976–77
Nitschke, A.: Symbolforschung und Märchenforschung, in: *Lurker, M. (Hrsg.)*, Beiträge zu Symbol, Symbolforschung und Symbolbegriff. Baden-Baden 1982
Paetow, K.: Volkssagen und Märchen um Frau Holle. Hannover 1962
Riedel, I.: Tabu im Märchen. Die Rache der eingesperrten Kultur. Olten/Freiburg i. Br. 1985
Rinne, O. (Hrsg.): Wie Aua den Geistern geweiht wurde. Geschichten, Märchen und Mythen der Schamanen. Darmstadt 1983
Spieß, K. v., u. E. Mudrak (anonym erschienen): Hundert Volksmärchen. Wien 1947
Stamer, B. (Hrsg.): Dornröschen und Rosenbey. Motivgleiche Märchen. Frankfurt/M. 1985
Wippel, I.: Schabbock, Trud und Wilde Jagd. Sagen aus dem weststeirischen Grenzland. Graz 1986
Wolff, K. F.: Dolomitensagen. Sagen und Überlieferungen, Märchen und Erzählungen. Innsbruck 1981

6. Farb- und Zahlensymbolik

Bischoff, E.: Die Mystik und Magie der Zahlen. Berlin 1920
Bosman, L.: The Meaning and Philosophy of Numbers. London 1932

Dornseiff, E.: Das Alphabet in Mystik und Magie. Leipzig - Berlin 1925. Reprint Leipzig 1980
Endres, C.: Mystik und Magie der Zahlen. Zürich 1951
Filmer, W. E.: God Counts. A Study in Bible Numbers. Croydon 1947
Friesenhahn, P.: Hellenistische Wortzahlenmystik im Neuen Testament. Leipzig 1935
Heller, A.: Biblische Zahlensymbolik. Reutlingen 1936
Ifrah, G.: Universalgeschichte der Zahlen. Frankfurt/M. 1986
Koestler, A.: Die Nachtwandler. Das Bild des Universums im Wandel der Zeit. Wiesbaden 1963
Lauffer, O.: Farbsymbolik. Hamburg 1949
Menninger, K.: Zahlwort und Ziffer. Göttingen 1957
Portal, P. P. F.: Des couleurs symboliques. Paris 1837
Riemschneider, M.: Von Null bis Tausendeins. Das Geheimnis der numinosen Zahl. München 1966
Roscher, W. H.: Die Sieben- und Neunzahl im Kultus und Mythus der Griechen. Leipzig 1904
Schneider, E.: Von der Null zur Unendlichkeit. Dreieich 1987
Tegtmeier, R.: Der heilende Regenbogen. Sinnvolle Spiele, Experimente und Meditationen, etc. Haldenwang 1985
Weinreb, F.: Zahl, Zeichen, Wort. Das symbolische Universum der Bibelsprache. Reinbek 1978

7. Alchemistische Symbole

Biedermann, H.: Materia Prima. Eine Bildersammlung zur Ideengeschichte der Alchemie. Graz 1973 (Bibl.)
Burckhardt, T.: Alchemie – Sinn und Weltbild. Olten 1960
Canseliet, E.: Alchimie. Paris 1967
Cockren, A.: Alchemy rediscovered and restored. London 1956
Eliade, M.: Schmiede und Alchemisten. Stuttgart 1960
Gessmann, C. W.: Die Geheimsymbole der Alchymie. Graz 1899, Wien 1922 Reprint Ulm 1960
Hartlaub, G. F.: Der Stein der Weisen. Wesen und Bilderwelt der Alchemie. München 1959 (Bibl.)
Jung, C. G.: Psychologie und Alchemie. Zürich 1943
Jung, C. G.: Studien über alchemistische Vorstellungen (= Ges. Werke, Bd. 13). Olten u. Freiburg i. Br. 1978
Ploss, E. E., H. Rosen-Runge, H. Schipperges, H. Buntz: Alchimia. Ideologie und Technologie. München 1970 (Bibl.)
Schneider, W.: Lexikon alchemistisch-pharmazeutischer Symbole. Weinheim 1962
Schwarz-Winklhofer, I., u. H. Biedermann: Das Buch der Zeichen und Symbole. Graz 1972 u. ö.
Van Lennep, J.: Art et Alchimie. Etude de l'Iconographie Hermétique etc. Paris - Bruxelles 1966, (Bibl.)

8. Astrologische Symbole

Becker, U.: Lexikon der Astrologie. Astrologie, Astronomie, Kosmologie. Freiburg i. Br. 1981 (Bibl.)
Blecker, C., u. M. Loewe: Weltformeln der Frühzeit. Düsseldorf - Köln 1977
Boll, F., C. Bezold u. W. Gundel: Sternglaube und Sterndeutung. Stuttgart 1977
Gressmann, H.: Die hellenistische Gestirnreligion. Leipzig 1925
Gundel, H. G.: Sternglaube, Sternreligion und Sternorakel. Leipzig 1933
Henseling, R.: Werden und Wesen der Astrologie. Stuttgart 1924
Knappich, W.: Geschichte der Astrologie. Frankfurt 1967
Peuckert, W. E.: Astrologie. Stuttgart 1960 (Bibl.)
Rosenberg, A.: Zeichen am Himmel. Zürich 1949
Schavernoch, H.: Die Harmonie der Sphären. Die Geschichte der Idee des Welteinklangs, Freiburg i. Br. 1981
Schwabe, J.: Archetyp und Tierkreis. Basel 1951
Strauß, H. A.: Der astrologische Gedanke in der deutschen Vergangenheit. Berlin und München 1926
Zinner, E.: Sternglaube und Sternforschung. Freiburg - München 1953. Neuauflage: Die Sterne und der Mensch. München 1959

9. Freimaurerische Symbolik

Biedermann, H.: Das verlorene Meisterwort. Bausteine zu einer Kultur- und Geistesgeschichte des Freimaurertums. Wien 1986, München 1987 (Bibl.)
Bolle, F. (Hrsg.): Der Signatstern. Stuttgart 1866, Neuausg. Freiburg i. Br. 1979
Frick, K. R. H.: Die Erleuchteten. Graz 1973
Frick, K. R. H.: Licht und Finsternis I, II. Graz 1975, 1978 (Bibl.)
Horneffer, A.: Symbolik der Mysterienbünde. Reprint Schwarzenburg 1979
Kessler, H.: Das offenbare Geheimnis. Das Symbol als Wegweiser. Freiburg i. Br. 1977
Lennhoff, E., u. O. Posner: Internationales Freimaurer-Lexikon. Wien 1932. Reprint München o. J.
Lindner, E. J.: Die Königliche Kunst im Bild. Ikonographie der Freimaurerei. Graz 1976
Naudon, P.: Geschichte der Freimaurerei. Dt. Ausg. (H. H. Solf). Fribourg 1982
Oberheide, J.: Logengläser. Graz 1983
Reinalter, H. (Hrsg.): Freimaurer und Geheimbünde im 18. Jahrhundert. Frankfurt/M. 1983
Wolfstieg, A.: Freimaurerische Arbeit und Symbolik. Berlin 1922

10. Heraldische Symbole

Biehn, H.: Alle Kronen dieser Welt. München 1974
Böckler, G. A.: Ars Heraldica. Das ist: Hoch-edle Teutsche Adels-Kunst. Nürnberg 1688. Reprint Graz 1971

Hefner, O. T. v.: Handbuch der theoretischen und praktischen Heraldik. München 1861
Hußmann, H.: Deutsche Wappenkunst. Leipzig o. J.
Leonhard, W.: Das große Buch der Wappenkunst. München 1976
Neubecker, O.: Wappenkunde. München 1980
Oswald, G.: Lexikon der Heraldik. Mannheim 1984 (Leipzig 1985)

11. Symbolhafte Orte und Länder

Biedermann, H.: Wunderwesen – Wunderwelten. Die Erlebbarkeit des Irrealen. Graz 1980
Biedermann, H.: St. Brandanus, der irische Odysseus. Graz 1980
Biedermann, H.: Die versunkenen Länder. Die Atlantis-Frage etc., Graz 1978
Dahl, J. (Hrsg.): Reisen nach Nirgendwo. Ein geographisches Lügengarn. Düsseldorf 1965
Graf, A.: Miti, leggende e superstizioni del medio evo. Torino 1925
Hennig, R.: Von rätselhaften Ländern. Versunkene Stätten der Geschichte. München 1925
Hennig, R.: Terrae Incognitae. Eine Zusammenstellung und krit. Bewertung der wichtigsten vorcolumbischen Entdeckungsreisen. Neuaufl., Leiden 1944 ff.
Hennig, R.: Wo lag das Paradies? Berlin 1950
Huber, P.: Die Kunstschätze der heiligen Berge. Sinai-Athos-Golgotha. Zürich 1982
Lesky, A.: Thalatta – der Griechen Weg zum Meer. Wien 1947
Müller, W.: Die heilige Stadt. Roma quadrata, himmlisches Jerusalem und die Mythe vom Weltnabel. Stuttgart 1961 (Bibl.)
Nansen, F.: Nebelheim. Entdeckung und Erforschung der nördlichen Länder und Meere. Leipzig 1911
Radermacher, L.: Das Jenseits im Mythus der Hellenen. Berlin 1903
Schmidt, K. L.: Jerusalem als Urbild und Abbild. Eranos-JB. 18, 1950
Stange, A.: Basiliken, Kuppelkirchen, Kathedralen. Das himmlische Jerusalem etc. Regensburg 1964
Thevenin, R.: Les pays légendaires. Paris 1966
Wipf, K. A.: Wanderer in der Nacht. Religionsgeschichtliche Interpretationen zu altamerikanischen Chroniken. Hallein 1980
Wuttke, H.: Über Erdkunde und Karten des Mittelalters. Leipzig 1853

12. Magische Symbole

Bächtold-Stäubli, H.: Handwörterbuch des deutschen Aberglaubens. Berlin 1927–1942 (Bibl.)
Biedermann, H.: Handlexikon der magischen Künste von der Spätantike bis ins 19. Jahrhundert. 2 Bde., Graz 1986 (Bibl.)

Blau, L.: Das altjüdische Zauberwesen. Budapest 1898. Reprint Graz 1974
Burland, C.A.: The Magical Arts. A Short History. London 1966
Cavendish, R.: The Black Arts, London 1967. Dt.: Die schwarze Magie. Frankfurt 1969
Cavendish, R. (Hrsg.): Man, Myth and Magic. An illustrated Encyclopaedia of Supernatural. London 1970–71
Danzel, Th. W.: Magie und Geheimwissenschaft in ihrer Bedeutung für Kultur und Kulturgeschichte. Stuttgart 1924
Drury, N.: Lexikon esoterischen Wissens. Übers. v. E. Ifang, bearb. v. L. Eschenbach. München 1988
Golowin, S.: Die Welt des Tarot. Geheimnis und Lehre etc. Basel 1985
Golowin, S.: Edelsteine, Kristallpforten der Seele. Freiburg i. Br. 1986
Hansmann, L., u. L. Kriss-Rettenbeck: Amulett und Talisman. Erscheinungsform und Geschichte. München 1966 (Bibl.)
Kiesewetter, K.: Die Geheimwissenschaften. Leipzig 1895. Reprint Schwarzenburg 1977
Miers, H.E.: Lexikon des Geheimwissens. München 1986
Nemec, R.: Zauberzeichen. Magie im volkstümlichen Bereich. Wien - München 1976
Nichols, S.: Die Psychologie des Tarot. Interlaken 1984
Petzoldt, L. (Hrsg.): Magie und Religion. Beiträge zu einer Theorie der Magie. Wege der Forschung 337. Darmstadt 1978
Peuckert, W.E.: Pansophie. Ein Versuch zur Geschichte der schwarzen und weißen Magie. Berlin 1956
Scholem, G.: Die Kabbala und ihre Symbolik. Zürich 1960

13. Symbolhafte Gestalten

Ashe, G.: König Arthur. Die Entdeckung von Avalon. Übers. v. H. Stadler. München 1987
Avé-Lallemant, F. Ch. B.: Das deutsche Gaunertum in seiner sozialpolitischen, literarischen und linguistischen Ausbildung etc. Leipzig 1862, Reprint Wiesbaden o. J.
Bässler, F.: Sagen aus der Geschichte des deutschen Volkes. Berlin 1855
Bauer, W., u. I. Dümotz: Symbolhafte Persönlichkeiten der Geschichte. In: *Bauer, Dümotz, Golowin, Röttgen:* Bildlexikon der Symbole. München 1980 u. ö.
Frenken, G.: Wunder und Taten der Heiligen. München 1925
Lucie-Smith, E.: Johanna von Orléans. Übers. v. H. Werner. München 1987
Petzoldt, L. (Hrsg.): Historische Sagen I (Fahrten, Abenteuer und merkwürdige Begebenheiten). München 1976
Petzoldt, L. (Hrsg.): Historische Sagen II (Ritter, Räuber und geistliche Herren). München 1977
Röhrich, L.: Erzählungen des späten Mittelalters und ihr Weiterleben. Bern und München 1962–1967
Rosenfeld, H.F.: Der hl. Christophorus. Seine Verehrung und seine Legende. Leipzig 1937

Zehnder, L.: Volkskundliches in der älteren schweizerischen Chronistik. Basel - Bonn 1976

14. Symboltiere und Fabelwesen

Abel, O.: Vorzeitliche Tierreste im deutschen Mythus, Brauchtum und Volksglauben. Jena 1939
Bauer, W. (Hrsg.): Rabengeschrei. Von Raben, Rillen, Runen und Recken. Berlin 1987
Beer, R.R.: Einhorn, Fabelwelt und Wirklichkeit. 1972
Beiderbeck, R., u. B. Knoop: Buchers Bestiarium. Luzern 1978
Bernheimer, R.: Wild Men in the Middle Ages. Cambridge/Mass. 1952
Blankenburg, W. v.: Heilige und symbolische Tiere. Die Symbolsprache der deutschen Ornamentik im frühen Mittelalter. Köln 1975
Bölsche, W.: Drachen. Sage und Naturwissenschaft. Stuttgart 1929
Borges, L.: Einhorn, Sphinx und Salamander. Ein Handbuch der phantastischen Zoologie. München 1964
Clair, C.: Unnatürliche Geschichten. Ein Bestiarium. Zürich 1969
Dacqué, E.: Urwelt, Sage und Menschheit. München - Berlin 1938
Danzel, Th. W.: Symbole, Dämonen und heilige Tiere. Hamburg 1930
Egli, H.: Das Schlangensymbol. Geschichte, Märchen, Mythos. Freiburg i.Br. 1982
Findeisen, H.: Das Tier als Gott, Dämon und Ahne. Stuttgart 1956
Gesner, K., u. E. Topsell: Curious Woodcuts of Fanciful and Real Beasts. Dover, New York 1971
Girkon, P.: Das Bild des Tieres im Mittelalter. Studium generale 4, 1967
Heichelheim, F.M., u. Th. Elliot: Das Tier in der Vorstellungswelt der Griechen. Studium generale 20, 1967
Ley, W.: Drachen, Riesen, Rätseltiere. Stuttgart 1956
Lurker, M.: Adler und Schlange. Tiersymbolik im Glauben und Weltbild der Völker. Tübingen 1983 (Bibl.)
Marzell, H.: Die Tiere in deutschen Pflanzennamen. Heidelberg 1913
Mode, H.: Fabeltiere und Dämonen. Die phantastische Welt der Mischwesen. Leipzig 1977 (Bibl.)
Mundkur, B.: The Cult of the Serpent. Albany/N.Y. 1983 (Bibl.)
Robinson, M. W.: Fictitious Beasts. London 1961
Röhl, A.: Geflügelte über uns. Der Vogel in Mythos und Geschichte. Stuttgart 1975
Schade, H.: Das Tier in der mittelalterlichen Kunst. Studium generale 4, 1967
Seel, O.: Der Physiologus, übertragen und erläutert. Lebendige Antike. Zürich-Stuttgart 1960
v. d. Steinen, W.: Altchristlich-mittelalterliche Tiersymbolik, in: Symbolon Bd. 4, Basel 1964
Stemplinger, E.: Antiker Volksglaube. Stuttgart 1948
Treu, U.: Physiologus. Naturkunde in frühchristlicher Deutung. Hanau 1981

Unterkircher, F.: Tiere, Glaube, Aberglaube. Die schönsten Miniaturen aus dem Bestiarium. Graz 1986
Wendt, H.: Auf Noahs Spuren. Die Entdeckung der Tiere. 1956
White, T.H.: The Book of Beasts. A Translation from a Latin Bestiary of the 12th Century. New York 1954

15. Pflanzliche und mineralische Symbole

Biedermann, H.: Medicina magica. Metaphysische Heilmethoden in spätantiken und mittelalterlichen Handschriften. Graz 1978 u.ö.
Engel, F.M.: Zauberpflanzen – Pflanzenzauber. Hannover 1978
Gessmann, G. W.: Die Pflanzen im Zauberglauben. Ein Katechismus der Zauberbotanik. Berlin 1899. Reprint Den Haag o.J.
Golowin, S.: Edelsteine, Kristallpforten zur Seele. Freiburg i.Br. 1986
Hildegard von Bingen: Heilkunde (Causae et Curae), übersetzt und erläutert von H. Schipperges. Salzburg 1957
Hildegard von Bingen: Naturkunde (Physica). Übersetzt und erläutert von P. Riethe. Salzburg 1974
Hovorka, O. v., u. A. Kronfeld: Vergleichende Volksmedizin. Stuttgart 1908–1909
Lehane, B.: The Power of Plants. Maidenhead 1977
Marzell, H.: Die heimische Pflanzenwelt in Volksbrauch und Volksglauben. Leipzig 1922
Marzell, H.: Wörterbuch der deutschen Pflanzennamen (zus. m. W. Wissmann). Leipzig 1937 ff.
Marzell, H.: Geschichte und Volkskunde der deutschen Heilpflanzen. Stuttgart 1938
Mazal, O.: Pflanzen, Wurzeln, Säfte, Samen. Graz 1981
Mazal, O.: Der Baum. Ein Symbol des Lebens in der Buchmalerei. Graz 1988
Rätsch, Ch.: Lexikon der Zauberpflanzen aus ethnologischer Sicht. Graz 1988 (Bibl.)
Rivolier, C., et al.: Geheimnisse und Heilkräfte der Pflanzen. Zürich-Stuttgart-Wien 1980
Schmidt, Ph.: Edelsteine, ihr Wesen und Wert. Bonn 1948
Schöpf, H.: Zauberkräuter. Graz 1986
Schultes, R.E., u. A. Hofmann: Pflanzen der Götter. Die magischen Kräfte der Rausch- und Giftgewächse. Bern 1980
Thomson, W.A.R. (Hrsg.): Heilpflanzen und ihre Kräfte. Beiträge von H. Schadewaldt, R.E. Schultes, W.F. Daems u.a., Bern 1980

16. Symbolhaftes im Sprachgebrauch

Bischoff, E.: Wörterbuch der wichtigsten Geheim- und Berufssprachen. Leipzig 1916

Borchardt, W., G. Wustmann u. G. Schoppe: Die sprichwörtlichen Redensarten im deutschen Volksmund. Leipzig 1925

Dornseiff, F.: Der deutsche Wortschatz nach Sachgruppen. Berlin 1959

Duden-Etymologie. Herkunftswörterbuch der deutschen Sprache, bearb. v. G. Drosdowski, P. Grebe u. a. Mannheim 1963

Göhring, L.: Volkstümliche Redensarten und Ausdrücke. München 1937

Krack, K. E.: Redensarten unter die Lupe genommen. Berlin 1961

Röhrich, L.: Lexikon der sprichwörtlichen Redensarten. Freiburg i. Br. 1973

17. Prähistorische Symbolik

Biedermann, H.: Das europäische Megalithikum. In: Ullstein-Kunstgeschichte IV. Frankfurt/M. 1963

Biedermann, H.: Bildsymbole der Vorzeit. Wege zur Sinndeutung der schriftlosen Kulturen. Graz 1977

Biedermann, H.: Lexikon der Felsbildkunst. Graz 1976 (Bibl.)

Biedermann, H.: Die Spur der Alt-Kanarier. Eine Einführung in die Altvölkerkunde der Kanarischen Inseln. Hallein 1983

Biedermann, H.: Höhlenkunst der Eiszeit. Köln 1984 (Bibl.)

Biedermann, H.: Wellenkreise. Tod und Wiedergeburt in den Ritzbildern des Megalithikums. Hallein 1977 u. ö.

Biedermann, H.: Die großen Mütter. Die schöpferische Rolle der Frau in der Menschheitsgeschichte. Bern 1987 u. ö.

Casteret, N.: Secrets et merveilles des mondes souterrains. Paris 1966

Gimbutas, M.: The Gods and Goddesses of Old Europe. London 1974

Jelínek, J.: Das große Bilderlexikon des Menschen der Vorzeit. Prag 1972

Kühn, H.: Die Felsbilder Europas. Stuttgart - Berlin - Köln 1971 (Bibl.)

Kšica, M.: Vypravy za pravekym umenim. Expeditionen zur Kunst der Vorzeit. Bratislava 1984

Leroi-Gourhan, A.: Höhlenkunst in Frankreich. Berg.-Gladbach 1981

Müller-Karpe, H.: Geschichte der Steinzeit. München 1976

Narr, K. J.: Urgeschichte der Kultur. Stuttgart 1961

Narr, K. J.: Handbuch der Urgeschichte, Bd. 1 (mit Beiträgen zahlreicher Fachgelehrter). Bern - München 1966

Narr, K. J.: Zum Sinngehalt eiszeitlicher Höhlenbilder. In: Symbolon NF 2, Köln 1974

O'Kelly, M.: Newgrange. Archaeology, art and legend. London 1982

Pauli, L.: Die Alpen in Frühzeit und Mittelalter. München 1980

Sieveking, A.: The Cave Artists. London 1979

Twohig, F. Shee: The Megalithic Art of Western Europe. Oxford 1981

18. Altägyptische und altmesopotamische Symbole

Aldred, C.: Ägypten. Köln 1962
Beltz, W.: Die Mythen der Ägypter. München 1982
Beltz, W.: Die Schiffe der Götter. Ägyptische Mythologie. Berlin 1987
Brunner-Traut, E.: Altägyptische Literatur. In: Altorientalische Literaturen. Hrsg. W. Röllig
Casson, L.: The Pharaos. Treasures of the World. Chicago 1982
Champdor, A.: Das ägyptische Totenbuch und seine Deutung. Bearb. u. hrsg. v. M. Lurker. Bern 1977
Clarus, I.: Du stirbst, damit du lebst. Die Mythologie der alten Ägypter in tiefenpsychologischer Sicht. Fellbach 1979
Dondelinger, E.: Der Jenseitsweg der Nofretari. Bilder aus dem Grab einer ägyptischen Königin. Graz 1973
Dondelinger, E.: Das Totenbuch des Schreibers Ani. Graz 1987
Frankfort, H.: Frühlicht des Geistes. Stuttgart 1954
Goyon, G.: Die Cheops-Pyramide. Geschichte und Geheimnis. Herrsching 1979
Haas, V.: Hethitische Berggötter und hurritische Steindämonen. Mainz 1982
Hornung, E.: Der Eine und die Vielen. Ägyptische Gottesvorstellungen. Darmstadt 1971
Jenkins, N.: Das Schiff in der Wüste. Ägypten zur Zeit König Cheops. Frankfurt/M. 1980
Jirku, A.: Von Jerusalem nach Ugarit. Gesammelte Schriften. Graz 1966
Keel, O.: Die Welt der altorientalischen Bildsymbolik und das Alte Testament. Zürich - Einsiedeln - Köln 1972 (Bibl.)
Kees, H.: Der Götterglaube im Alten Ägypten. Berlin 1977, Darmstadt 1980
Lurker, M.: Götter und Symbole der alten Ägypter. 4. Aufl. Bern 1987
Moortgat, A.: Vorderasien im Altertum. München 1962
Moortgat, A.: Die Kunst des alten Mesopotamien. Köln 1967
Moscati, S.: Die altsemitischen Kulturen. Stuttgart 1961
Naville, E.: Das ägyptische Totenbuch der XVIII. bis XX. Dynastie, Einleitung. Berlin 1886, Reprint Graz 1971
Parrot, A.: Sumer. München 1962
Posener, G., et al.: Lexikon der ägyptischen Kultur. Wiesbaden o. J.
Roeder, G.: Zauberei und Jenseitsglaube im alten Ägypten. Zürich-Stuttgart 1961
Samson, J.: Amarna, City of Akhenaten and Nefertiti. London 1972
Schmökel, H.: Das Land Sumer. Stuttgart 1962
Schüssler, K.: Die ägyptischen Pyramiden. Erforschung, Baugeschichte und Bedeutung. Köln 1983 (Bibl.)
Sethe, K.: Urgeschichte und älteste Religion der Ägypter. Leipzig 1930
Wildung, D., u. G. Grimm: Götter – Pharaonen. Ausstellungskat. Haus der Kunst, München 1978
Woolley, L.: Excavations at Ur. London 1954
Woolley, L.: Mesopotamien und Vorderasien. Baden-Baden 1962

19. Symbole in den Mittelmeerkulturen der Antike

Bachofen, J.J.: Mutterrecht und Urreligion. Hrsg. v. R. Marx. Leipzig o.J.

Bloch, R.: Die Etrusker (übers. v. W. Zschietzschmann). München 1977

Bradford, E.: Reisen mit Homer. Küsten, Inseln und Meere der Odyssee. Berg.-Gladbach 1978

Brown, P.: Welten im Aufbruch. Die Zeit der Spätantike etc. Berg.-Gladbach 1980

Daniel, G. (Hrsg.) u. J. Rehork (Hrsg.): Lübbes Enzyklopädie der Archäologie. Berg.-Gladbach 1980

Der kleine Pauly. Lexikon der Antike in 5 Bänden. München 1979

Erzählungen der Antike. Hrsg. v. H. Gasse u. J. Werner, Brisfelden - Basel o.J.

Finley, M.I.: Die Welt des Odysseus. Übers. v. A. E. Berve-Glauning. München 1979

Flacelière, R.: Griechenland. Leben und Kultur in klassischer Zeit. Übers. v. E. Pack. Stuttgart 1977 (Bibl.)

Flashar, H. (Hrsg.): Antike Medizin. Wege der Forschung CCXXI. Darmstadt 1971

Griechische Sagen. Apollodoros, Parthenios, Antonius Liberalis, Hyginus. Übers. v. L. Mader. Zürich - Stuttgart 1973

Herodot: Historien. Übers. v. A. Horneffer, hrsg. v. H. W. Haussig, Vorwort W. F. Otto. Kröners Taschenausg. Bd. 224. Stuttgart 1971

Heurgon, J.: Die Etrusker. Übers. v. I. Rauthe-Welsch. Stuttgart 1981

Hunger, H.: Lexikon der griechischen und römischen Mythologie. Reinbek 1974

Irmscher, J. (Hrsg.): Lexikon der Antike. Leipzig 1985, Neuausg. Bindlach 1986

Kerényi, K.: Die Mythologie der Griechen, 2 Bde. München 1977

Kerényi, K.: Humanistische Seelenforschung (Ges. Studien). Dießen 1978

Melas, E.: Tempel und Stätten der Götter Griechenlands. Köln 1977

Murray, O.: Das frühe Griechenland. Übers. v. K. Brodersen. München 1982

Ogilvie, R.M.: Das frühe Rom und die Etrusker. Übers. v. I. Götz. München 1983

Peterich, E., u. P. Grimal: Götter und Helden. Die klassischen Mythen und Sagen der Griechen, Römer und Germanen. München 1978

Pfiffig, A.J.: Religio Etrusca. Graz 1975

Picard, G.: Rom (übers. v. W. Zschietzschmann). München 1978

Platon, N.: Kreta (übers. v. W. Zschietzschmann). München 1977

Plutarch: Über Gott und Vorsehung, Dämonen und Weissagung. Übers. v. K. Ziegler. Zürich - Stuttgart 1952

Pomeroy, S.B.: Frauenleben im klassischen Altertum. Kröners Taschenausg. 461, Stuttgart 1985

Ranke-Graves, R. v.: Griechische Mythologie, Quellen und Deutung. Reinbek 1965

Reden, S. v.: Die Etrusker. Berg.-Gladbach 1987

Robertson, M.: Griechische Malerei. Übers. v. S. Haynes. Genf 1959

Rohde, E.: Psyche. Seelenkult und Unsterblichkeitsglaube der Griechen. Hrsg. v. H. Eckstein. Leipzig o.J.

Schadewaldt, W.: Griechische Sternsagen. München 1970

Scheffer, Th. v.: Hellenische Mysterien und Orakel. Stuttgart 1948

Stumpfe, O.: Die Heroen Griechenlands. Einübung des Denkens von Theseus bis Odysseus. Münster 1978

Tripp, E.: Reclams Lexikon der antiken Mythologie (übers. v. R. Rauthe). Stuttgart 1975
Tusculum-Lexikon griechischer und lateinischer Autoren. Bearb. v. W. Buchwald, A. Hohlweg u. O. Prinz. Reinbek 1974
Walbank, F. K.: Die hellenistische Welt. Übers. v. Ch. M. Barth. München 1983

20. Symbole der altweltlichen Kulturen außerhalb der klassischen Antike

Baramki, D.: Die Phönizier. Stuttgart 1965
Biedermann, H.: Die versunkenen Länder. Die Atlantis-Frage etc. Graz 1978
Biedermann, H.: Die Spur der Alt-Kanarier. Eine Einführung in die Altvölkerkunde der Kanarischen Inseln. Hallein 1983
Charrière, G.: Die Kunst der Skythen. Köln 1974
Courtois, Ch.: Les Vandales et l'Afrique. Paris 1955
Cunliffe, B.: Die Kelten und ihre Geschichte. Übers. v. I. Lebe. Berg.-Gladbach 1980
Derolez, R.: Götter und Mythen der Germanen. Wiesbaden 1974
Diederichs, U. (Hrsg.): Germanische Götterlehre (Edda). Köln 1984
Fischer-Fabian, S.: Die ersten Deutschen. Der Bericht über das rätselhafte Volk der Germanen. München 1975
Glob, P. V.: Die Schläfer im Moor. München 1966
Hachmann, R.: Die Germanen. München 1978
Hammes, M.: Die Amazonen. Frankfurt/M. 1981
Hatt, J. J.: Kelten und Gallo-Romanen. Übers. v. G. Schecher. München 1979
McMann, J.: Rätsel der Steinzeit (Riddles of the Stone Age). Berg.-Gladbach 1981
Minns, E. H.: Scythians and Greeks. Cambridge 1913
Nack, E.: Germanien. Länder und Völker der Germanen. Wien 1977
Pauli, L. (Red.): Die Kelten in Mitteleuropa, Salzburger Landesausstellung 1980. Salzburg 1980
Powell, T. G. E.: The Celts. London 1958
Rees, A., und B. Rees: Celtic Heritage. Ancient Tradition in Ireland and Wales. London 1975
Spindler, K.: Die frühen Kelten. Stuttgart 1983
Talbot Rice, T.: Die Skythen. Köln 1957
Trost, F.: Die Felsbilder des zentralen Ahaggar (Reihe: Die afrikanischen Felsbilder). Graz 1981 (Bibl.)
Werner, J.: Beiträge zur Archäologie des Attila-Reiches. München 1956
Wipf, K. A.: Poetische Sprachschätze aus althochdeutscher Zeit. Bonn 1985
Wölfel, D. J.: Die Religionen des vorindogermanischen Europa. Wien 1951, Reprint Hallein 1980

21. Christliche Symbole

Aurenhammer, H.: Lexikon der christlichen Ikonographie. Wien 1959–1967
Bauer, J. B. (Hrsg.): Bibeltheologisches Wörterbuch. Graz - Wien - Köln 1967

Becker, G.: Die Ursymbole in den Religionen. Graz 1987
Braun, J.: Tracht und Attribut der Heiligen in der deutschen Kunst. Stuttgart 1943
Daniel-Rops, H.: Jesus. Der Heiland in seiner Zeit. Freiburg - München - Innsbruck 1951
Ferguson, G.: Signs and Symbols in Christian Art. London 1955
Forstner, D.: Die Welt der Symbole. Innsbruck 1967
Gillis, R.: Le symbolisme dans l'art religieux. Paris 1943
Goldammer, K.: Kultsymbolik des Protestantismus. In: Symbolik der Religionen (VII). Stuttgart 1960
Heinen, W.: Bild – Wort – Symbol in der Theologie. Würzburg 1969
Heinz-Mohr, G.: Lexikon der Symbole. Bilder und Zeichen der christlichen Kunst. Düsseldorf - Köln 1981
Holl, A.: Religionen. Stuttgart 1982
Jungmann, J.A.: Symbolik der katholischen Kirche. In: Symbolik der Religionen (VI). Stuttgart 1960
Kirschbaum, E.: Lexikon der christlichen Ikonographie. Rom - Freiburg - Basel - Wien 1968–1976
Kriss-Rettenbeck, L.: Bilder und Zeichen religiösen Volksglaubens. München 1963
Künstle, C.: Ikonographie der christlichen Kunst. Freiburg i. Br. 1926–28
Laag, H.: Wörterbuch der altchristlichen Kunst. Kassel 1959
Lipffert, K.: Symbol-Fibel. Kassel 1956 u. ö.
Schiller, G.: Ikonographie der christlichen Kunst, Gütersloh 1969–1976
Schneider, C.: Geistesgeschichte der christlichen Antike. München 1978
Sudbrack, J.: Das Mysterium und die Mystik. Würzburg 1974
Weitnauer, A.: Himmel voller Helfer, Welt voller Wunder. Kempten 1967
Wimmer, O.: Die Attribute der Heiligen. Innsbruck 1964
Wimmer, O., u. H.Melzer: Lexikon der Namen und Heiligen. Innsbruck 1982

22. Symbolik im Mittelalter

Bloomfield, M. W.: The Seven Deadly Sins. Michigan 1952
Borst, A.: Lebensformen im Mittelalter. Frankfurt/M. - Berlin 1973 (Bibl.)
Borst, O.: Alltagsleben im Mittelalter. Frankfurt/M. 1983
Bosl, K.: Europa im Mittelalter. Weltgeschichte eines Jahrtausends. Bayreuth 1978
Bühler, J.: Fürsten, Ritterschaft und Bürgertum von 1100 bis 1500. Berlin 1935
Delort, R.: Le Moyen Age. Histoire illustrée de la vie quotidienne. Lausanne 1972
Eberbach, O.: Die deutsche Ritterschaft von den Anfängen bis zum Jahre 1495. Leipzig 1913
Ennen, E.: Die europäische Stadt des Mittelalters. Göttingen 1972
Gesta Romanorum. Geschichten von den Römern, ein Erzählbuch des Mittelalters, übers. u. hrsg. v. W. Trillitzsch. Frankfurt/M. 1973
Gründel, J.: Die Lehre von den Umständen der menschlichen Handlungen im Mittelalter. München 1963
Grundmann, H.: Religiöse Bewegungen im Mittelalter. Darmstadt 1961
Gurjewitsch, A.J.: Das Weltbild des mittelalterlichen Menschen. München 1986

Hani, J.: Le Symbolisme du Temple Chrétien. Paris 1978
Hildegard von Bingen: Welt und Mensch (De operatione Dei), übers. und hrsg. v. H. Schipperges. Salzburg 1965
Humpert, Th.: Klösterliches Leben und volkstümliche Frömmigkeit im Mittelalter. Konstanz 1955
Huizinga, J.: Herbst des Mittelalters. Stuttgart 1969
Jacobus de Voragine: Die Legenda Aurea, übersetzt und hrsg. v. R. Benz. Berlin 1963
Kaiser, G.: Der tanzende Tod. Mittelalterliche Totentänze. Frankfurt/M. 1983
Koch, J. (Hrsg.): Artes liberales. Von der antiken Bildung zur Wissenschaft des Mittelalters. Leiden-Köln 1959
Kühnel, H.: Alltag im Spätmittelalter. Beiträge von H. Hundsbichler, G. Jaritz und E. Vavra. Graz 1986 (Bibl.)
Mezger, W.: Hofnarren im Mittelalter. Konstanz 1981
Mollat, M.: Die Armen im Mittelalter. München 1984
Neuß, W.: Die Kirche des Mittelalters. Bonn 1950
Pleticha, H.: Bürger, Bauer, Bettelmann. Stadt und Land im Spätmittelalter. Würzburg 1971
Reitzenstein, A. v.: Rittertum und Ritterschaft. München 1972
Rosenfeld, H. F., u. H. Rosenfeld: Deutsche Kultur im Spätmittelalter, 1250–1500 (Handbuch der Kulturgeschichte). Wiesbaden 1978 (Bibl.)
Schauerte, H.: Die volkstümliche Heiligenverehrung. Münster 1948
Schipperges, H.: Der Garten der Gesundheit. Medizin im Mittelalter. München und Zürich 1985
Schnürer, G.: Kirche und Kultur im Mittelalter. Paderborn 1926
Schreiber, G.: Wallfahrt und Volkstum in Geschichte und Leben. Düsseldorf 1934
Shahar, S.: Die Frau im Mittelalter. Königstein 1981
Stadelmann, R.: Vom Geist des ausgehenden Mittelalters. Halle 1929
Völker, P. G.: Heilwesen im Mittelalter. München 1927

23. Symbolik und Emblematik der Neuzeit Europas

Albertus Magnus (Pseudo-): Heimligkeiten deß Weiblichen Geschlechts. Frankfurt/M. 1631, Reprint 1977
Boschius, J.: Symbolographia, sive de arte symbolica sermones septem, Augsburg und Dillingen 1701. Reprint Graz 1972 (Instrumentaria Artium)
Cartari, V.: Imagini delli Dei degl'Antichi. Reprint d. Ausg. Venedig 1647. Graz 1963 (Instrumentaria Artium I)
Curtius, E. R.: Europäische Literatur und lateinisches Mittelalter. Bern 1954
Faber du Faur, C. v.: German Baroque Literature. A Catalog of the Collection in the Yale Univ. Library. Yale 1958
Harnischfeger, E.: Mystik im Barock. Das Weltbild der Teinacher Lehrtafel. Stuttgart 1980
Henckel, A., u. A. Schöne: Emblemata. Handbuch der Sinnbildkunst des XVI. und XVII. Jahrhunderts. Stuttgart 1967 (Bibl.)

Hohberg, W. H. Frh. v.: Lust- und Arzneygarten deß Königlichen Propheten Davids, 1675. Reprint, Vorwort G. Lesky. Graz 1969 (Instrumentaria Artium)
Huber, A.: Das Millstätter Fastentuch. Klagenfurt 1987
McIntosh, Ch.: The Rosy Cross Unveiled. The History and Rituals of an Occult Order. Wellingborough 1980
Praz, M.: Studies in 17th Century Imagery. Roma 1964
Richter, G., u. G. Ulrich: Lexikon der Kunstmotive. Antike und christliche Welt. Gütersloh 1978
Schauf, H.: Der brennende Dornbusch. Paderborn 1940
Schöne, A.: Emblematik und Drama im Zeitalter des Barock. München 1964
Schwarz-Winklhofer, I., u. H. Biedermann: Das Buch der Zeichen und Symbole. Graz 1972 u. ö.
Yates, F.: Aufklärung im Zeichen des Rosenkreuzes. Stuttgart 1975

24. Jüdische und islamische Symbolik, Gnostizismus

Andrae, T.: Islamische Mystiker. Stuttgart 1960
Aron, R.: Die verborgenen Jahre Jesu. Übers. v. K. Mahr. München 1973
Beltz, W.: Gott und die Götter. Biblische Mythologie. Düsseldorf 1977
Beltz, W.: Die Mythen des Koran. Der Schlüssel zum Islam. Düsseldorf 1980
Bezold, C.: Die Schatzhöhle. Aus dem syrischen Text dreier unedierter Handschriften etc. Leipzig 1883
Bin Gorion, J.: Sagen der Juden zur Bibel. Frankfurt/M. 1980
Bin Gorion, J.: Born Judas. Altjüdische Legenden und Volkserzählungen. Frankfurt/M. 1981
Blau, L.: Das altjüdische Zauberwesen. Budapest 1897–98, Reprint Graz 1974
Buber, M.: Gog und Magog. Eine Chronik. Heidelberg 1945
Buber, M.: Die Erzählungen der Chassidim. Zürich 1945
Burckardt, T.: Art of Islam, London 1976
De Vries, S. Ph.: Jüdische Riten und Symbole. 4. Aufl. Wiesbaden 1986
Dubnow, S.: Geschichte des Chassidismus. Berlin 1931
DuRy, C.: Die Welt des Islam. München 1980
Gardet, L.: Mystische Erfahrungen in nicht-christlichen Ländern. Übers. v. H. u. W. Kühne. Colmar 1957
Goldziher, I.: Die Richtungen der islamischen Koranauslegung. Leiden 1920
Heller, A.: Biblische Zahlensymbolik. Reutlingen 1936
Hunke, S.: Kamele auf dem Kaisermantel. Deutsch-arabische Begegnungen etc. Stuttgart 1976
Keel, O.: Die Welt der altorientalischen Bildsymbolik und das Alte Testament. Zürich - Einsiedeln - Köln 1972
Kühnel, E.: Die Kunst des Islam. Kröners Taschenausg. 326. Stuttgart 1962
Langer, G.: Neun Tore. Das Geheimnis der Chassidim. München-Planegg 1959. Neuausg. Bern 1983 (Der Rabbi, über den der Himmel lachte)
Leisegang, H.: Die Gnosis. Kröners Taschenausg. 32. Stuttgart 1985
Lewis, B. (Hrsg.): The World of Islam. London 1976

Lurker, M.: Wörterbuch biblischer Bilder und Symbole. 3. Aufl. München 1987 (Bibl.)
Mandel, G., u. P. Eisele: König Salomo. Das bewegte Leben des Königs der Könige. München - Zürich 1978
Mazar, B., et al.: Archäologie auf den Spuren des Christentums – neue Ausgrabungen in Jerusalem. Berg.-Gladbach 1979
Pagels, E.: Versuchung durch Erkenntnis. Die gnostischen Evangelien. Übers. v. A. Schweikhart. Frankfurt a. M. 1981
Paret, R.: Mohammed und der Koran. Stuttgart 1957
Paret, R.: Der Koran. Kommentar und Konkordanz. Stuttgart - Berlin - Köln - Mainz 1971 (Bibl.)
Rießler, P.: Altjüdisches Schrifttum außerhalb der Bibel. Augsburg 1928
Rudolph, K.: Die Gnosis. Wesen und Geschichte einer spätantiken Religion. Göttingen 1980
Schoeps, H. J.: Jüdische Geisteswelt. Hanau 1986
Scholem, G.: Major Trends in Jewish Mysticism. New York 1946
Scholem, G.: Über einige Grundbegriffe des Judentums. Frankfurt/M. 1970
Scholem, G.: Von der mystischen Gestalt der Gottheit. Frankfurt/M. 1977
Schubert, U. und K.: Jüdische Buchkunst. Graz 1983
Schultz, W.: Dokumente der Gnosis. Jena 1910
Shah, Idries: Die Sufis. Düsseldorf - Köln 1976
Simon, M.: Die jüdischen Sekten zur Zeit Christi. Übers. v. E. Wilhelm. Einsiedeln 1964
Strohmaier, G.: Denker im Reich der Kalifen. Leipzig 1978
Southern, R. W.: Das Islambild des Mittelalters. Übers. v. S. Höfer. Stuttgart 1981
Talbot Rice, T.: Islamische Kunst. Den Haag 1966
Tresmontant, C.: Sittliche Existenz bei den Propheten Israels. Übers. v. H. P. M. Schaad. Freiburg i. Br. 1962
Vardiman, E. E.: Nomaden. Schöpfer einer neuen Kultur im Vorderen Orient. München 1979
Weinreb, F.: Zahl, Zeichen, Wort. Das symbolische Universum der Bibelsprache. Reinbek 1978
Wellhausen, J.: Reste arabischen Heidentums. Berlin 1897
Wünsche: Die Bildersprache des Alten Testaments. Berlin 1906

25. Symbole in den Kulturen Süd- und Ostasiens

Alvarez, O.: The Celestial Brides. A Study in Mythology and Archaeology. Stockbridge 1978
Argüelles, J. und M.: Das große Mandala-Buch. Freiburg i. Br. 1974
Binder-Nakajima, K., u. D. Josef: Japan. Luzern 1984 (Bibl.)
Blofeld, J.: Der Weg zur Macht. Prakt. Einführung in Mystik und Meditation des tantrischen Buddhismus. Frankfurt/M. 1981
Blofeld, J.: Das Geheime und das Erhabene. Mysterien und Magie des Taoismus. München 1985

Brauen, M.: Feste in Ladakh. Graz 1980
Bredon, J., u. I. Mitrophanow: Das Mondjahr. Wien 1953
Döbereiner, P.: Die chinesische und die abendländische Astrologie. München 1980
Douglas, N.: Tantra Yoga. New Delhi 1971
Eberhard, W.: Lexikon chinesischer Symbole. Köln 1983 (Bibl.)
Elliot, R.: Die chinesische Astrologie. München 1979
Evans-Wentz, W. Y., et al. (Hrsg.): Das tibetanische Totenbuch, oder Die Nachtod-Erfahrungen auf der Bardo-Stufe. Olten u. Freiburg i. Br. 1977
Freydank, H., W. F. Reineke, M. Schetelich, Th. Tilo: Erklärendes Wörterbuch zur Kunst und Kultur des alten Orients. Leipzig - Hanau o. J.
Fux, H.: 4000 Jahre ostasiatische Kunst. Wien 1978 (Bibl.)
Gail, A. J.: Tempel in Nepal. Ikonographie hinduistischer Pagoden in Patan. Graz 1984
Govinda, Lama A.: Der Weg der weißen Wolken. The Way of the White Clouds. Bern 1973. Neuausg. Knaur-Esoterik, München 1988
Granet, M.: Die chinesische Zivilisation. Familie, Gesellschaft, Herrschaft. München-Zürich 1926
Granet, M.: Das chinesische Denken. Inhalt, Form, Charakter. Hrsg. v. M. Porkert. München 1963
Henss, M.: Tibet – Die Kulturdenkmäler. Zürich 1981
Hentze, C.: Tod, Auferstehung, Weltordnung. Das mythische Bild im ältesten China etc. Zürich 1955
Kirfel, W.: Die Kosmographie der Inder nach den Quellen dargestellt. Bonn - Leipzig 1920
Ladstätter, O., u. S. Linhart: China und Japan. Die Kulturen Ostasiens. Wien 1983 (Bibl.)
LeCoq, A. v.: Bilderatlas zur Kunst und Kulturgeschichte Mittelasiens. Reprint Graz 1977
Lexikon der östlichen Weisheitslehren. Bern, München, Wien 1986 (Bibl.)
Martin, H. E. R.: Die Kunst Tibets. München 1977
Nebesky-Wojkowitz, R.: Oracles and Demons of Tibet. Graz 1975
Rainer, R.: Die Welt als Garten – China. Graz 1976
Sanders, T. T. L., u. J. Pau: Geister und Drachen der Chinesen. Hamburg 1981
Schaarschmidt-Richter, I.: Japanische Gärten. Baden-Baden 1977
Scheck, F. R. (Hrsg.): Volksrepublik China. Kunstreisen durch das Reich der Mitte. Köln 1978
Schlingloff, D.: Die Religion des Buddhismus. 2 Bde., Berlin 1963
Taddei, M.: Indien. Archaeologia Mundi 4, München 1978
Tucci, G.: Tibet. Archaeologia Mundi 17. München 1979
Waldschmidt, E.: Die Legende vom Leben des Buddha, in Auszügen aus den heiligen Texten. Graz 1982
Wanke, L.: Zentralindische Felsbilder. Beiträge von V. S. Wakankar et al. Graz 1977
Wilhelm, R.: I Ging. Das Buch der Wandlungen. Düsseldorf - Köln 1972
Wilhelm, R.: Die Seele Chinas. Neuausg. Frankfurt 1980

26. Afrikanische Symbolik (Schwarzafrika)

Baumann, H.: Schöpfung und Urzeit des Menschen im Mythus der afrikanischen Völker. Berlin 1936

Bonin, W.F.: Die Götter Schwarzafrikas. Graz 1979 (Bibl.)

Carroll, K.: Yoruba religious carving. London 1967

Evans-Pritchard, E.E.: Über primitive Religion. Frankfurt/M. 1968

Frobenius, L.: Erythräa. Länder und Zeiten des heiligen Königsmordes. Berlin und Zürich 1931

Frobenius, L.: Kulturgeschichte Afrikas. Wien 1933 u.ö.

Frobenius, L.: Schwarze Sonne Afrika. Mythen, Märchen und Magie. (Hrsg. U. Diederichs). Düsseldorf-Köln 1980

Griaule, M.: Dieu d'eau. Paris 1948

Himmelheber, H.: Negerkunst und Negerkünstler. Braunschweig 1960

Hirschberg, W.: Völkerkunde Afrikas. Mannheim 1965

Kasper, E.A.: Afrobrasilianische Religion. Frankfurt/M. 1988

Loth, H. (Hrsg.): Altafrikanische Heilkunst. Europäische Reiseberichte des 15.–19. Jahrhunderts. Leipzig 1984

Mair, L.: Magie im schwarzen Erdteil. München 1969 (Bibl.)

Maquet, J., u. H. Ganslmayr: Afrika. Die schwarzen Zivilisationen. Essen 1975 (Bibl.)

Mbiti, J.S.: Afrikanische Religion und Weltanschauung. Berlin 1974

Pager, H.: Stone Age Myth and Magic as documented in the rock paintings of South Africa. Graz 1975

Parrinder, G.: African traditional religion. London 1962

Rattray, R.S.: Religion and Art in Ashanti. London 1927

Raunig, W. (Hrsg.): Schwarze Afrikaner. Lebensraum und Weltbild. Innsbruck und Frankfurt/M. 1980

Schätze aus Alt-Nigeria (Katalog Berlin/DDR). Berlin 1985

Schweeger-Hefel, A.: Plastik aus Afrika, Mus. f. Völkerkunde. Wien 1969

Verger, P.: Dieux d'Afrique. Paris 1954

27. Symbole der vorkolumbischen Neuen Welt

Adams, R.E.W.: Prehistoric Mesoamerica. Boston-Toronto 1977

Alcina, J.: Die Kunst des alten Amerika (L'art précolombien). Freiburg i.Br. 1979

Alden Mason, J.: Das alte Peru, eine indianische Hochkultur. Essen 1975

Anders, F.: Das Pantheon der Maya. Graz 1963 (Bibl.)

Anders, F., u. M. Jansen: Schrift und Buch im alten Mexiko. Graz 1988

Bancroft-Hunt, N., u. W. Forman: Totempfahl und Maskentanz. Die Indianer der pazifischen Nordwestküste. Luzern-Herrsching 1988

Biedermann, H.: Altmexikos heilige Bücher. Graz 1971

Burland, C.A.: North American Indian Mythology. London 1965

Burland, C.A.: Peoples of the Sun. The Civilizations of Pre-Columbian America. London 1976

Cordan, W.: Götter und Göttertiere der Maya. Bern-München 1963

Disselhoff, H.D.: Das Imperium der Inka. Berlin 1972
Garcilaso de la Vega: Wahrhaftige Kommentare zum Reich der Inka. Dt. v. W. Plackmeyer. Berlin 1986
Gerber, P. R. und M. Bruggmann: Indianer der Nordwestküste. Zürich 1987
Haberland, W.: Nordamerika. Indianer, Eskimo, Westindien. Baden-Baden 1965
Helferich, K.: Menschenopfer und Tötungsrituale im Kult der Maya. Berlin 1973
Hellmuth, N.M.: Monster und Menschen in der Maya-Kunst. Eine Ikonographie der alten Religionen Mexikos und Guatemalas. Graz 1987 (Bibl.)
Holm, B.: Northwest Coast Indian Art: An Analysis of Form. Seattle - London 1965
Koch-Grünberg, Th.: Zwei Jahre unter den Indianern. Reisen in Nordwest-Brasilien 1903–1905. Berlin 1909, Reprint Graz 1967
Krickeberg, W.: Altmexikanische Kulturen. Berlin 1966 (Bibl.)
La Farge, O.: Die Welt der Indianer. Kultur, Geschichte und Kampf eines großen Volkes. Ravensburg 1961
Lindig, W.: Vorgeschichte Nordamerikas. Zürich 1973
López Portillo, J., et al.: Quetzalcóatl. Stuttgart 1982
Miranda-Luizaga, J.: Das Sonnentor. Vom Überleben der archaischen Andenkultur. München 1985 (Bibl.)
Müller, W.: Die Religionen der Waldlandindianer Nordamerikas. Berlin 1956
Nowotny, K.A.: Tlacuilolli. Die mexikanischen Bildhandschriften, Stil und Inhalt. Berlin 1961
Pörtner, R., u. N. Davies: Alte Kulturen der Neuen Welt. Düsseldorf 1980 (Bibl.)
Rätsch, Ch. (Hrsg.): Chactún. Die Götter der Maya. Köln 1986
Seler, E.: Gesammelte Abhandlungen zur amerikanischen Sprach- und Altertumskunde. Berlin. Reprint Graz 1960–66
Snow, D.: Die ersten Indianer. Archäologische Entdeckungen in Nordamerika. Berg.-Gladbach 1976 (Bibl.)
Soustelle, J.: Die Kunst des alten Mexiko. Osnabrück 1966
Soustelle, J.: Die Olmeken. Ursprünge der mexikanischen Hochkulturen. Zürich 1980
Stingl, M.: Die indianischen Kulturen Mexikos. Hanau 1979
Stuart, G.S.: The mighty Aztecs. National Geographic Society, Washington/DC 1981
Waters, F.: Das Buch der Hopi (aufgezeichnet von Kacha Hónaw). Düsseldorf - Köln 1980
Wellmann, K.F.: Muzzinabikon. Indianische Felsbilder Nordamerikas aus fünf Jahrtausenden. Graz 1976

Register

Eine Seitenzahl in **fetter** Schrift weist auf die ausführliche Behandlung dieses Stichworts hin.

A
Aaron 37, 68, 383, 477
Abaddon 188
Abdera 382
Abel 227, 262, 479
Abendstern 425
Abif, Hiram 22, 371
ablactatio 256
Abraham **11**, 56, 86, 214, 308, 317, 345, 378, 422, 425, 446, 483
Abrahams Schoß **12**, 263
Abraxas 176, 329, 499
Absolom 174
Achat **12**, 107, 288
Acheron 150, 218
Achilles 27, 123, 203, 234
Achsenkreuz 260
acht 265, 307, 330, 332, 386, 397, 422, 498
Acht Kostbarkeiten Chinas 79
– Unsterbliche **13**, 120, 216, 272, 302
Achtheit **12**, 153
Adad 431
Adam 17, 31, 34, 56, 78, 124, 167, 200, 245, 249f, 308, 353, 446, 479, 487
– und Eva **13**, 117, 137, 227, 301, 325, 353, 415
Adamiten 301
Adebar 428
Adel 17
Adler **15**, 25, 39, 101, 104, 128, 132, 161, 170, 185, 229, 235, 256, 273, 305, 322, 332, 345, 350, 359, 384f, 392f, 433, 436, 447f, 464, 466
Adlerstein 162
Adonis **18**, 106, 319, 436
Adular 108
Aemilianus, St. 107
Aeneas 447
Affe **18**, 39, 385f, 404, 424, 479, 485
Afrika 27, 35, 45, 95, 98, 145, 184, 204, 206, 218, 231, 240, 249, 259, 284, 301, 322, 357f, 393, 400, 406, 410, 443, 457, 477, 482, 502, 507
Agamemnon 284
Agathe, Hl. 81
Agave 26, 69, 96
Agnes, Hl. 175, 262, 387
Agni 73, 103
Agnus Dei 261f
Agrigent 450
Ägypten 18, **20**, 37, 42, 52, 55, 59, 61, 63, 73ff, 92, 98, 104, 122ff, 132, 136, 144, 147f, 153, 159, 161, 174, 178, 181, 185, 187, 193, 198f, 204, 206f, 213, 218, 229, 232, 239, 243, 247, 253, 255, 264, 271, 273, 284, 288, 293, 295, 306f, 311f, 321, 325, 330f, 333, 335, 346, 371, 378, 381, 396, 404f, 417f, 422, 434, 447, 450, 454, 463, 465, 477, 486, 491, 501f, 504, 506
Ahasver(us) **21**, 147, 221, 227
Ahorn **21**
Ähre 424
Ährenkleid Mariae **21**
Ahriman 104, 147, 265
Ahura Mazda 148
Ainu 52
Aión 87
Aischylos 123, 392
Ajanta 199
Akazie **22**, 69
Akelei **23**
Akrostichon 143
Aktäon **23**, 91, 196
Alacoque, Maria M. 186
Alant **23**
Albedo 437, 480
Alben 505
Alchemie 21, 30, 44, 64, 83f, 88, 90, 100, 103, 107, 110, 114, 119, 133, 144, 160, 162, 188, 196, 199, 241, 243, 247, 256, 274, 278, 288, 290, 318, 328f, 334, 339, 366, 368, 372, 375, 384, 392, 394, 403, 405, 409, 414, 420, 430f, 435, 455, 458, 462, 474, 480, 490
Alchemist 13
alchemistische Symbole **24**, s. Alchemie
Aldebaran 428
Alexander d. Gr. **25**, 165, 170, 187, 206, 223, 229, 238, 443, 447
Alexandria 25, 203, 425
– Katharina von 78, 437
Alexios 60
Alkestis 441
Allah 124, 165, 267, 425, 446, 480, 482, 491
Aloe **26**, 478
Alpha und Omega **26**, 78, 86
Alphabet 361
Alptraum 175
Alraune 279; s. Mandragora
Amûn 13, 63
Amalthea 156, 502
Amaterasu 54, 360, 386, 409, 412
Amazonen **27**, 95, 290, 323
Ambrosius 62, 129, 137, 373, 383, 461
Ameise **28**, 146

Amesha Spentas 401
Amethyst **29**, 107, 375, 482
Amme 298
Ammon 206, 351, 436, 447, 483
Ammoniten 206
Amor **29**, 65, 70, 88, 122, 159, 335
Amphitrite 472
Amulett 42, 93, 111, 115, 142, 164, 175, 178, 194, 234, 243, 261 f, 285, 324, 406, 461
Amun 378, 486
Anadyomene 459
Anakreon 354
Anansi 416
Anastasis 219, 340
Anch 26, **30**, 239, 250, 380
Anchkreuz 250
Andalusien 457
Andreae, J. V. 366, 380
Andreas 425
Andreaskreuz 250
Androgyn 13, 24, **30**, 121, 199, 241, 286 f, 290, 318, 361
Andromeda 467
Andronicus 196
Angeli 121
Angelologie 120
Angkor 270, 348
Anima 189
Anker **31**, 250, 362, 381, 445, 451
Antares 406
Antenor 321
Antichrist **32**, 165
Antilope 447
Antimon 490
Antlaßei 110
Antonius d. Gr. **33**, 114, 250
Antonius von Padua 144, 268
Antoniusfeuer 395
Antoniuskreuz 250
Anubis 86, 207 f, 378
Ao 382
Aosta, Bernhard von 453
Apfel 14, **34**, 69, 86, 117, 160, 169, 438, 449
Apfelkreuz 252
Aphrodite 18, 29, 34, 63, 89 f, 122, 159, 169 f, 172, 182, 205, 258, 268, 284, 296, 306, 321, 323, 332, 346, 391 f, 459, 466, 507; s. Venus
Apis 427
Apokalypse 27, 33, 48, 77 f, 96, 104, 107, 128, 130, 148, 153, 165, 171, 187, 200, 204, 206, 209, 211, 220, 261, 290, 294 f, 326, 331, 345, 348 f, 368 f, 388, 397, 400, 402, 406, 422, 442, 477, 482, 487, 493, 499
apokalyptischer Reiter 446
Apokatástasis 203
Apollon 80, 88 f, 112, 161, 170, 210, 223, 231, 243, 245, 270 f, 297, 308, 318, 335, 351, 392, 399, 408, 442, 447, 466, 489
Apollonia, Hl. 500
Apollyon 188
Apophis 367, 383
Apostel 78, 143, 306, 324, 425, 442, 502
Aprikose 71, 338
Apsaras 475
Aqua regia 172
Aquamarin 460
Aquarius 29, 476
Aquin, Thomas von 78, 148, 167
Arachne 416
Aradia 91
Aratos 224
Arbeit **35**, 180
Arcana, Große 434, 446
Arcandisziplin 36, 233
Archangeli 121
Arche **35**, 309, 316, 381, 404, 436, 445
Archetypen 278, 281, 298
Areopagita, Dionysius 235, 467
Ares 18, 115, 176, 282; s. Mars
Ariadne 215
Aricia 177
Arion 89
Aristophanes 391, 506
Aristoteles 41, 145, 210, 391, 429
Arithmetik 500
Arma Christi **36**, 302
Armbrust 438
Ärmel 179
Armillus 33
Armut 264
Aronstab **36**, 69
Artemidoros 112, 449
Artemis 23, 51, 91, 193, 196, 273, 290, 335, 405, 507; s. Diana
Artus 241
Asche **37**, 155, 232, 318, 391, 432, 478
Aschenbrödel 309, 437
Asen 361
Ashanti 443
Askese 263, 475
Asklepios 37, 176, 207, 243, 384, 476, 507
Äskulap 243, 384, 476, 507
Äskulapstab **37**, 83, 333
Aspasia 187
Asphódelos **38**, 69
Assisi, Franz von 280, 489
Astarte 169, 436
Astkreuz 252
astrologische Symbole **39**, 108, 273, 275, 292, 385, 406, 482, 507
Asyl 177

Atalante 106
Athen 28
Athene 44, 125, 161, 168f, 176, 315f, 328, 351, 416, 502
Äther 43, 216, 299, 350
Atlantis 20, **40**, 166, 246, 507
Atlas **41**, 168, 343, 428, 507
Atman 186, 267
Ätna 371
Aton 250
Attila **42**, 403
Attys 106, 169
Atum 295, 307
Audhumla 257
Auferstehung 261, 263, 274, 341, 417, 427f, 435, 467, 498
Auge 18, **42**, 72, 74, 77, 99, 101, 112, 142, 148, 168, 181, 206, 210f, 232, 241f, 255, 269, 272, 274, 276, 299, 312f, 331, 334, 354, 358, 383, 413, 429, 437, 465, 483, 491
Augurium 161, 359, 463
Augustinus 47, 53, 99, 129, 137, 230, 309, 335, 381, 398, 461
Augustus 35, 223, 229, 421, 444
Aura 307
Aurora 122
Ausdauer 451
Aussatz 194, 263; s. Lepra
Auxo 205
Avalon 35
Avignon 389
Avila, Theresa von 437
Axt 21, 27, **44**, 65, 135, 204, 217, 252, 431, 482
Azteken 72, 94, 103, 127, 131, 135, 161, 165, 181, 186, 197, 199f, 208, 254f, 285, 384, 387, 422, 445, 472, 499, 506; s. Mexiko

B
Babel, Turm von **46**, 308, 452
Babylon 26, 46, 96, 181, 209, 221, 294, 346, 368, 400, 407, 418, 439, 452
Bacab 462
Bacchus **48**, 236, 308, 322, 376, 443, 478, 498; s. Dionysos
Bad **48**, 77, 91, 143
Balché 205
Baldachin **49**, 123
Baldr 289f
Ball **50**, 98, 274, 276, 414
Balor, König 42
Balsamierung 26, 204
Bambus 13, **50**, 120, 156, 160, 302, 338, 397
Bannknoten 239
Baphomet 73
Bär **50**, 183, 197, 228, 286, 339, 424, 447, 468
Barbar 486
Barbara 453
Barbarossa, Kaiser Friedrich 241
Bardesanes 331
Barnabas 45
Bart 31, **52**, 101, 485
Bartholomäus 425
Basilisk **53**, 171, 175, 274, 385, 412, 441
Basilius 214, 324, 437, 490
Basken 241
Bastet 232
Batrachomyomachia 203
Baubo **54**, 59
Baum 14, 24f, 36, **54**, 68, 93, 110ff, 123, 160, 169, 176, 194, 249, 289, 298, 309, 324, 332, 342, 350, 376f, 437, 462ff, 468, 481, 498, 500, 502
Baumeister 440, 488
Baurnjöpel, J. 22, 36, 47, 233, 360, 410, 466, 488, 504
Beckett, Th. 45, 397
Beelzebub 146
Beham 343
Belial 32
Belistiche 187
Bellerophon 27, 64, 85, 327
Belot, J. B. 179
Belsazar 48
benefactor 459
Benu 341
Benzaiten 164
Berchta, Frau 221
Berg 23, 25, **57**, 139, 149, 160, 168, 213, 220, 226, 288, 297, 317, 332, 348, 373, 404, 430, 439, 441, 461, 481, 487, 491f, 502
Bergmannssagen 506
Bergpredigt 268
Bern, Dietrich von 505
Bernstein **58**, 107, 288
Berserker 51
Beryll 74, 107, 354
Bes **59**, 136
Bestiarium 15, 17, 56, 73, 113, 146, 155, 159, 188, 195, 212, 214, 254, 297, 321, 328, 359, 429, 444, 467, 483, 491, 502
Bestrafung 441
Beth-El 419
Bethen, drei 102
Bethlehem 312
Betrug 263
Bettler 13, **60**, 263, 280
Biber 447
Bible Moralisée 248
Biblia 80
Biene **61**, 112, 204, 224, 269, 416, 448, 483
Bier 193
Bileam 125

Bimini 77, 216
Bingen, Hildegard von 43, 53, 90, 108, 123, 146, 171, 192, 269, 295, 304, 315, 357, 369, 390, 463, 479, 504
Bipolarität s. Dualität
Birne **63**
Bishamonten 164
blau **63**, 68f, 119, 133, 140, 226, 271, 287, 343, 358, 373, 375, 426, 451, 459, 462
Blaubart 226
Blei 13, 39, **64**, 88, 118, 134, 328, 375, 421
Blindheit 43, **65**, 203, 211, 213, 289, 429
Blitz 45, 48, **65**, 93, 95, 110f, 140, 190, 208, 226, 283, 288f, 318, 328, 331, 397, 431, 452
Blocksberg 58, 190
Blume 13, 39, 62, **67**, 74, 147, 156, 160, 164, 192, 204, 209, 244, 302, 344, 368, 390, 426, 458
Blumensprache **69**
Blut 18, 49, 56, 68, **71**, 76f, 87, 90, 98, 114f, 118, 124, 145, 154, 168f, 184, 186, 206, 271, 288, 309, 328, 333, 350, 365, 367f, 379, 391, 402, 409, 416, 419, 461, 478
Blutopfer 45
Bluttaufe 49
Bock 48, 67, **73**, 90, 125, 157, 176, 190, 206, 237, 262, 319, 329, 335, 375, 378, 393, 399, 421, 440, 446, 466, 501f
Böckler, A. G. 17, 35, 83, 106, 126, 134, 149f, 155, 171, 180, 185, 196, 236, 268, 276, 292, 362, 367, 388, 393, 452, 491
Bodhi 102
Bogen 27, 29, 91, 408, 445
Bogumilen 179, 329
Böhme, Jakob 400, 413, 439
Bohne **73**
Bonifatius, St. 45, 155, 352
Boot 381
Boreas 486
Borobudur 348
Boron, R. de 169
Boschius, J. 36, 46, 67, 80, 96, 101, 106, 160, 166, 182, 184, 209, 214, 239, 260, 296, 300, 323, 327f, 331, 334, 336, 342, 370, 377, 388, 391ff, 424, 429, 452, 459, 465, 477, 488, 492, 503f
Böser Blick 42, 59, 63, 142, 147, 242
Bourbonen-Lilie 268
Brahma 102, 150, 186, 272
Bran 243
Brandanus, St. 216, 381, 467
Brant, S. 303, 386
braun 52, **74**, 133, 209, 273, 375
Braut 48, 460
Brautkranz 245
Bretagne 139, 247, 286
Brille **74**
Bronze 120, 128, 259, 376, 463
Brot 72, **75**, 143ff, 156, 193, 294, 351, 451
Brücke **76**, 340, 358, 482, 504
Bruderkette 180
Brudermord 227
Brunfels 63
Brünhilde 469
Brunnen 43, **77**, 98, 161, 187, 192, 309, 332, 379, 388, 428, 473f
Buch **77**, 129, 136, 176, 204, 268, 303, 402, 420, 451, 462, 503
Buch Rasiel 78
– Sohar 99
Bücherverbrennung 79
Büchse 80, 320
Buchsbaum **80**
Buchstabe 361, 435
Buddha 49, 55, 92, 103, 115f, 138, 182, 231, 272, 275, 432
Buddhismus 90, 94, 138, 239, 248, 267, 462, 478, 498
Büffel 183, 206
Bukranion 95
Bundeslade 36
Burg 58, **80**, 139
Burgkmair, H. 96
Buri 115
Buschgeister 484
Busen **81**, 186, 256, 288
Butter 385
Byblos 80
Byssus 172

C
Cäcilie, Hl. 245
Caduceus 38, **83**, 230, 270, 287, 333, 358, 384, 471
Caesar 228, 240, 492
Cardano, G. 163
Caritas **83**, 170, 411, 451
Carnac 287
Cartari 29, 38, 48, 83, 85, 88, 90f, 102, 150f, 170, 175, 218f, 262, 287, 289, 299, 329, 358, 399, 408, 412, 415, 423, 455, 465, 472, 475
Casanova **84**
Çatal Hüyük 183
Catena aurea 235
Cathedra Sancti Petri 442
Catlin, G. 207
Catlinit 230
Caudinisches Joch 221
Centaur s. Kentaur
Cerberus 85, 202, 207
Ceres 22, 125, 154, 169, 236, 245, 467
Cernunnos 196, 447
Ceylon (Sri Lanka) 353
Chanukka-Leuchter 265

Chaos 13, **84**, 97, 104, 190, 253, 257, 265, 299, 471, 481, 486
Charis 170
Charon 218f, 332
Chartres 260f, 394
Charu 177, 440
Charun 95, 174, 445
Chasca 460
Chelidonium 391
Chelidonius 391
Chelm 382
- Elijah von 167
Chemins à Jérusalem 261
Cherub 170, 396
Cherubim 43, 121, 128, 148, 333, 354
Chibcha 116
Chilam Balam 323
Chimú-Reich 448
Chimäre 64, **84**, 328, 502
China 16, 19, 21, 34, 39f, 48, 50, 52, 57, 59, 61, 63, 72, 75ff, 87, 92, 98, 100, 103, 107, 114ff, 119f, 122f, 127, 131, 133f, 138, 144f, 151, 153f, 156f, 163f, 166, 171, 173, 176, 181f, 188, 193, 205, 208, 212, 217f, 226, 228, 236, 238f, 243f, 248, 255, 259, 272, 275, 283, 288, 302, 307, 321f, 334f, 338, 341ff, 351f, 355, 357ff, 367, 375, 379, 382, 385, 390f, 394, 396, 398, 401, 416, 418, 422ff, 428, 432, 436, 444, 450, 454, 460f, 476, 480, 486, 488f, 492, 500, 502f, 507
Chiromantie 179f
Chiron 23, 234
Chlodwig I. 268
Chloris 147
Chnum 14, 123f, 378, 483
Choleriker 118
Chrisam 316, 472
Chrismon **85**, 260, 451
Christentum 219
Christogramm 260
Christophoros **86**, 208, 425
Christus s. Jesus
Chromotherapie 133
Chronokrator 408
Chronos **86**, 148, 243, 318, 373, 400, 419, 445
Chrysantheme 50, **87**
Chrysolith 410
Chrysostomus 62, 80
chthonische Riten 299
chymische Hochzeit 199
Cingulum 172
Circe 236
Citrinitas 162
Clairvaux, Bernhard von 62, 78, 81
Clemens, Hl. 32
Codex Borgia 161, 291, 439
Codex Dresdensis 460
Coincidentia oppositorum 31, 348
Columbanus 51, 107, 437
Commodus 229
Conan 201
Coniunctio aurea 143
Cornelius, Hl. 206, 312
Cornu copiae 155, 502
Corrigans 505
Cranach d. Ä., L. 61, 185, 397, 440
Creuzer, G. F. 151
Crollius, O. 111
Cruachan 200
Crux gammata 432
Cruz, Juan de la 57, 105
Cu-Chulainn 208
cum grano salis 372
Cupido 29, 65
Cuzco 409, 422
Cynthia 187

D
Dachs **88**, 262
Daemonium 343
Dagon 396
Daidalos (Daedalus) 215
Daikoku 164
Daimon 163
Dalai-Lama 257
Damian 231
Danaidenfaß **88**, 219
Danaos 88
Daniel 273, 354, 461
Danse macabre 448
Dante 171, 201f, 223, 248, 365, 441, 499
Daphne **88**, 270
Daphnis **88**
Dauphin 90
David 52, **89**, 139, 182, 188, 195, 197, 206, 220, 222, 285, 318, 397, 422, 452, 483
Defixionstafeln 64
Delphi 89, 297, 316, 419
Delphin 32, **89**, 350, 445
Demeter 22, 39, 54, 106, 123, 141, 169, 176, 237, 243, 245, 317, 394, 469
Demogorgon 455
Demophoon 141
Demut 451
Deukalion 404, 419
Dharma-Cakra 353
Diabolos 440
Diadem 242, 255, 266
Diamant 63, 73, 90, 94, 107, 278, 369, 410, 501
Diana 23, 51, 81, **91**, 177, 193, 196, 228, 232, 335, 392; s. Artemis
Diaspora 221

Dickbauchbuddha **91**, 151, 164
Digambara 301
Dike 205, 225
Dilmun 216, 403
Dinosaurier 97
Diodorus Siculus 27
Dionysos 34, 48, 67, 74, 90, 109, 125, 236, 271, 284, 308, 318, 321, 365, 443, 478, 498
Dioskurides 242
Diptam 195
discretio 231
Distel 69, **92**
Djed-Pfeiler **92**, 376
Dodekaeder 119
Dodona 111, 177, 436
Dolmen 237, 286, 419f
Dombauhütte 419
Dominationes 121
Dominikus 78, 130, 268
Don Quixote **94**
Donar 45, 111, 466, 482
Donner 45, 55, 66, 73, **93**, 98, 111, 177, 213, 237, 257, 283, 360, 398, 431, 466, 482
Donnerkeil 93ff, 278, 344, 358, 491
Doppelaxt 27, 45, **95**, 135, 177, 206, 290, 445
Doppelkönigtum 507
Doppelspirale 417
Dornbusch **96**, 293
Dornen 56, 63, 191, 366, 451, 505
Dornenkrone 36, 245, 502
Drache 15, 53, 72, 85, **96**, 104, 116, 121, 131, 149, 172, 200, 202, 206, 217, 253f, 263, 271, 274, 322f, 337, 361, 363, 385, 400, 402, 424, 439, 441, 455f, 468, 500
Dracula 72, **98**
drei 20, 140, 302, 306, 349, 351, 461, 467, 498
Dreieck 24, 43, **98**, 101, 120, 172, 181, 188, 346, 398, 417, 422, 451, 488, 495ff
Dreifaltigkeit 43, 86, 99, **100**, 143, 181, 237, 248, 437, 441, 443, 451, 497
Dreifuß 271
dreigesichtig 441
Dreigestalt 85, **101**, 124, 168, 170, 297, 309, 327, 394, 414, 497
Dreiheit 497
Dreipaß 418; s. Triskelis
Dreizack **103**, 472
Drudenfuß 156, 329, 396, 422; s. Pentagramm
Drudenmesser 250
Druiden 55, 111, 237, 289
Dryaden 111
Dschingis-Khan 131, 193, 223, 489
Dualität 507
Dualsystem 13, 16, 83, 94, 99, **103**, 119, 133, 156, 172, 188, 191, 194, 198, 200, 213, 216, 218, 230, 241, 248, 253, 265, 270, 278, 290, 311, 348, 356, 365, 368, 377, 384, 471, 476, 495f, 507
Duchoborzen 301
Duell 180
Dumuzi 18
Dunkelheit 87, **104**, 130, 232, 245, 265, 299, 408
Dunkelmond 415
Dunkle Kammer 105
Durchkriechsteine 420
Dürer, A. 488
Durga 99, 127
Dynamis 199

E
Eber 18, **106**, 185, 242, 395
Ebisu 164
Ecce-homo 502
ecclesia 255
Echidna 85
Echnaton 30, 250, 266, 408
Echo 302
Eckstein 419
Edda 238, 481
Edelmetall 165
Edelstein 74, 90, 103, **107**, 166, 186, 192, 210, 226, 242, 253f, 283, 288, 301, 330, 354, 362, 368, 373, 410, 419
Eden 192, 326
Efeu **109**, 245, 271, 443
Ehe 460
Ei 53, 87, **109**, 120, 122, 153, 181, 184, 212, 257, 305, 318, 342, 351, 383, 429, 436, 438, 464
Eibe 80, **110**
Eiche 45, 55, 69, **111**, 177, 245, 289, 436
Eichhörnchen **111**, 154, 368, 441
Eidechse 39, **112**
Einhorn **112**, 117, 341, 352, 451
Einsiedler 33, 53, **114**, 329, 351, 434, 468
Eintracht 451
Einweihung 260; s. Initiation
Eirene 205
Eis **115**, 257
Eisen 39, 73, **115**, 134, 165, 167, 227, 259, 283, 314, 406, 462
Eisenbart 430
Eisenhut 321
Ekstase 478
Elch 117
Eldorado **116**
Elefant 114, **116**, 147, 231, 279, 284, 311, 344, 451, 464
Elektron 58
Element 24, 40, 64, **118**, 123, 133, 140, 156, 179, 188f, 228, 238, 277, 350, 370, 394, 424, 431ff, 471, 474, 492, 498, 504
Eleusis 168f, 237, 317, 394, 469, 473

Elfen 389
Elfenbein 233, 452
Elias 15, 142, 263, 279, 337, 351, 466, 483, 487
Elisabeth von Thüringen 60, 143
Elisha 52, 279
Ellora 200
Elster **120**, 322, 352
Elysium 216
Emeth 167
Emma-o 203
Emmeram, St. 504
Empfänger 213
Empfängnis 500
En-Sof 267
Engel 12, 29, 43, 53, 72, 75, 78, 87, 97, **120**, 124, 128, 131, 137, 145, 148, 168, 170, 188, 191, 219, 222, 225, 248, 250, 263, 266, 268, 294, 307f, 311, 314, 321, 326, 334f, 342, 345, 354, 380, 397, 422, 424, 440, 446, 463, 482, 487
Engelchor 498
Engelszungen 505
Enlil 486
Ente **122**, 295
Entscheidung 434
Eos **122**, 435, 474
Epidauros 38, 447
Epona 208, 337
Erdbeben 39, 361
Erde 14, 39, 41, 46, 54, 65f, 74, 103, 118f, **123**, 133, 157, 167, 170f, 188, 190, 198ff, 213, 221, 228, 230, 235, 237f, 254, 257, 263, 268, 288, 294, 298, 307, 312, 316, 318, 332, 339, 357, 362, 375, 380, 382, 419f, 421, 435, 443, 446, 452, 492, 495, 504, 506
Erdkreis 248
Erdmutter 466
Eremit s. Einsiedler
Erinnyen 87, 102, **124**, 167, 441, 463
Eris 34
Eros 29, 88, 110, 122, 159, 299, 335, 486
eschatologische Lehren 167, 481
Eschenbach, W. von 169
Esel 34, 76, 92, 115, **125**, 249f, 262, 268, 312, 314, 344, 399
Eskimo 283
Esperanto 47
Essener 156
Etana 15
Etrusker 90, 135, 162, 174, 176, 183, 202, 288, 296, 492
Eule **125**, 190, 351
Eulenspiegel **127**, 303, 382
Eumeniden 102, 125
Eunomia 205
Euphrat 149
Euphrosyne 170, 299
Euripides 441
Europa 427
Euros 486
Euryale 167
Eurynome 170, 507
Eustachius, St. 196f, 206f, 337
Eva 13f, 31, 34, 63, 117, 137, 324, 342, 385
Evangelien 78
Evangelisten **128**, 284, 308, 424, 437, 461, 466
Ewiges Licht 267
Exorzismus 295

F
Fächer 13
Fackel 124, **130**, 142, 154, 350, 441, 445, 451
Faden 327, 461
Fahne 60, 85, 121, **131**, 225, 260f, 368, 451
Fal 420
Falange 336, 344
Falke 43, **132**, 380, 384, 430, 436
Fama **133**
Farbe 63, 68, 71, 74, 107, 118, 123f, **133**, 140, 156, 209, 333, 375, 393, 419, 462, 480
Farbpyramide 133
Farbtest n. Lüscher 133
Fasan **134**
Fasces 45, **135**, 465
Fastentuch 208
Fastenzeit 144, 499
Fatima 178
Faun(us) 73, 147, 319, 323, 484f
Fauna 147
Faust 180
– Dr. 54, **135**, 207, 329
Feder 13, 16, **136**, 148, 176, 186, 206, 230, 242, 252, 254, 285, 326, 333, 336, 342, 391, 429, 463, 483
Fee 148, 196, 241, 309
Fegefeuer 81, 122, **137**, 140, 219, 300, 472
Fehdehandschuh 180
Feige 34, **137**, 316, 351, 384
Feigheit 262
Feldteufel 484
Fels 90, 123, **138**, 160, 182, 276, 298, 316, 345, 378, 473, 487
Fels(ritz)bilder 55, 142, 189, 204, 206, 239, 256, 330, 345, 349, 381, 385, 410, 414, 429, 466, 482
Fenchel 245
Feng-shui 486
Fenriswolf 489
Fenster **139**, 223, 349, 354, 451
Fergus 420
Ferse 246
Feuchte 213, 307, 495
Feuer 33, 37, 43, 53, 65, 67, 73f, 77, 81, 84, 97,

99, 103, 117ff, 124, 128, 130, 137, **140**, 154, 165, 172, 176, 179, 186, 188f, 202, 213, 222, 228, 234, 238, 270, 283, 288, 295, 299, 314, 320, 322, 326, 329, 343, 345, 350, 367, 370, 377, 382, 390, 407, 435, 443, 451, 471, 478, 483, 487
Feuerlauf 141
Fica-Geste 137, **142**, 243
Fides 411, 451
Fieberdämonen 463
Finn 201
Finsternis 13, 265, 293, 408
Firmament 190, 192
Fisch 32, 34, 75, 101, 103, 108, 115, **142**, 164, 217, 226, 306, 362, 403, 421, 424, 468, 471, 475f
Fischblase 496
Fischerring 145
Fixstern 421
Flaschenkürbis 13
Flavia, Hl. 245
Flavius, J. 216
Flechtband 239
Fledermaus 13, **145**, 149, 164, 262, 440
Fliege **146**, 416
Fliegender Holländer **147**
Flora **147**, 155
Florentiner Lilie 268
Flöte 13, 448
Fluchtafeln 64
Fludd, R. 84, 191, 266, 366, 409
Flügel 30, 43, 83, 85, 87, 121, 128, 133, 145, **148**, 151, 167, 176, 187, 215, 225, 243, 287, 306, 334, 337, 358, 384, 411, 440, 463
Fluß 12, 23, 77, 86, 116, 129, **149**, 155, 160, 204, 218, 221, 249, 294, 302, 314, 318, 324, 348f, 385, 437, 445, 461, 471, 474
Flußgötter 150, 156
Fortuna 43, 65, 148, **151**, 155, 273, 354
Franck, S. 75
Frau Holle 77, 137, 221
freie Künste 263f
Freimaurer 16, 22, 25, 35, 43, 47, 64f, 79, 84, 99, 105, 139f, **151**, 178ff, 189, 221, 233, 235, 239, 255, 264, 267, 309, 328, 330, 346, 360, 366, 368, 373, 376, 388, 399, 410, 419, 422, 430, 439, 446, 466, 488, 492, 503
freimaurerische Symbole **151**, s. Freimaurer
Freud, S. 449
Freya 106, 232, 269, 466
Frieden 451
Friedenspfeife 470; s. Kalumet
Frömmigkeit 451
Fronleichnam 470
Frosch 13, **153**, 203, 256, 284
Frosch-Mäuse-Krieg 203, 284
Froschkönig 154
Fruchtbarkeit 200, 296, 310f, 385, 394
Frühling 458
Fu-hsi 488
Fuchs **154**, 190, 224, 262, 305, 355, 368, 378, 441
Fujiyama 57
Fukurokuju 164
Füllhorn 124, 147, 151, **155**, 451, 502
Fumigation 478
fünf 40, 119, 123, 145, **156**, 160, 164, 178f, 249, 251, 255, 329, 332, 338, 343, 365, 367, 382, 398, 401, 422, 425, 496, 498
Funken 67, 141, **156**, 192, 216, 247, 318, 418, 443
Furien 87, 124, 174
Fuß 74, **157**, 220, 272, 311, 323, 334, 407
Fußballspiel 414
Fußwaschung 157
futhark 369

G
Gabelkreuz 101
Gabricius-Beya 241
Gabriel, Engel 12, 113, 122, 268, 324, 424f, 479, 500
Gadiros 507
Gaia (Gäa) 34, 88, 123, 318, 320
Galahad 169
Galathea 475
Galgen 250, 279
Galle 118, 123, 162, 420, 436
Gallien 122, 159, 176
Gallus, St. 51, 176
Galuth 221
Ganesha 116, 355
Ganges 149f, 473
Gans 122, 155, **159**, 262, 305
Gargas (Pyrenäen) 178
Garizim 57f, 373
Garm 207, 481
Garn 415
Garten 68, 113, **160**, 163, 192, 216, 298, 324, 334, 338f, 438, 450, 479
Gartenzwerg 505
Garuda 16, 385, 464
Gauch 257
Gebärmutter 169, 255; s. Uterus
Geber 213
Geburt 16, 238, 298, 309
Geduld 451
Geheimschrift 360
Gehenkter 434
Gehenna 165, 202
Gehirn 118, 185
Gehorsam 451
Geier 39, **161**, 257, 375

Geißel 93, 198
Geiz 211, 254, 262
gelb 68, 70, 74, 118 f, 123, 131, 133, **162**, 343, 375
Geld 257, 262, 277
Gelimer 458
Gemälde 462
Gematrie 500
Genetrix 459
Genezareth 306
Genien 148
Genius **162**, 449
Geometria 346
Geometrie 503
Georg, St. 85, 337, 364, 386
Geranikos 244
Gerechtigkeit 451
Gerippe 35, 405, 445; s. Skelett
Germanen 111, 132, 154, 174, 176, 202, 207, 218, 242, 250, 257, 304, 309, 432, 466, 469
Gerold, St. 470
Gertrudis, St. 284
Geschlechtswechsel 286
Gesetzbuch 451
Gesner, C. 114, 370, 383, 428
Gespenster 58, 64, 90, 155, 480, 500
Gesta Romanorum 26, 30, 114, 300, 332, 350, 362, 407, 479, 485
Gewitter 45, 65
Gibraltar 377
Gift 113, 243, 279
Giganten 360
Gilgamesch 25, 124, 215, 309, 403
Gimle 469
Ginnungagap 84, 257
Gitarre 462
Gizeh 411
Gjöll 218
Glaube 451
Glaukos 236
Glocke **163**, 191, 259, 303, 396, 452
Glossolalie 505
Glück 74, 145, 148, 254, 305, 355
Glucke 184
Glücksgötter 92, 151, 156, **164**, 338, 401
Glücksknoten 240
Glücksrad 434
Gluskap 182
Gnom 200, 506
Gnosis 25, 27, 120, 157, 228, 266, 330, 332, 422
Goethe, J. W. von 54, 65, 135, 162, 164, 180, 204, 329, 366, 385, 426, 437
Gog und Magog 32, **165**
Gold 16, 24 f, 39, 64, 68, 88, 110, 116, 119, 128, 133 f, **165**, 170, 187, 192, 217, 233, 247, 255, 264, 272, 275, 277, 284, 289, 295, 308, 311 f, 315, 328, 354, 358, 361, 375, 380, 383, 389, 403, 409, 420, 431, 442, 475, 490, 500
Goldene Blüte 272
Goldenes Kalb 166
– Vlies 482
– Zeitalter 20, 41, 115, 147, **166**, 225, 259, 326, 374, 387
Golem **167**
Goliath 89, 285
Gordischer Knoten 25, 238
Gorgonen 41 f, 102, **167**, 242, 312
Gorion, E. bin 363
Gotland 261
Gott 246 f, 260, 266, 283, 356, 443, 458, 502
Gottesnamen 498
Götzenbild 213, 262, 319
Grab 183, 247, 298, 417, 426, 429, 437, 444, 469, 482, 507
Graien 102, 168
Gral 58, 72, **168**, 171, 441
Grammaticus, Saxo 438
Grammatik 184
Granat 108, 283
Granatapfel 34, **169**, 324
Gras 39
grau 304, 359, 394
Grazien 102, 125, **170**, 205, 211
Gregor d. Gr. 129, 188, 437, 443, 461
Greif **170**, 283, 385
Grien, H. B. 262, 301
Grimm, Gebrüder 314, 387, 415
Grimmelshausen 155, 386, 490
Grimms Märchen 44
Großer Wagen 467
Grotte 200, 427, 473
grün 55, 63 f, 80, 86, 109 f, 133, 136, 147, **171**, 226, 236, 237, 271, 274, 321, 357 f, 368, 384, 406, 441, 451, 468, 479, 508
Gudea 38
Gula 424
Gullinbursti 106
Gurkha 258
Gürtel **172**, 238, 388, 471, 483
Guru 272

H
Haar 76, 117, 124, 145, 150, **173**, 187, 242, 391, 475, 492
Habsucht 262
Hades 18, 39, 90, 169, 202, 218 f, 318, 325, 458
Hagel 210, 214, 267, 383, 423
Hagia Sophia 411
Hahn 53, **175**, 184, 212, 335, 393, 424
Hahnrei 196
Hain 54, 111, 160, **177**, 315, 324, 436, 468
Hakenkreuz 251, 344, 432; s. Swastika

Halbmond 290
Ham 443, 479
Hammel 378
Hammer 36, 45, 65, 80, 93, 95, **177**, 238, 250, 344, 379, 388, 433, 440, 445, 482
Hanan Pacha 192
Hand 99, **178**, 227, 235, 248, 255, 313, 317, 329, 356
Handschuh **180**
Hanuman 19
Häresie 314
Harfe 89, 483
Harlekin 127
Harmaged(d)on **181**
Harmonie 346f, 497
Harpokrates 174
Harpyien 463
Hase 101, **181**, 262, 291, 322, 397, 424, 448, 451
Hathor 30, 55, 206, 257, 321
Hatto 284
Haube 242
Haus 36, 39, **183**
Hausschlange 384
Häutung 383, 385
Hebe 223
Hefe 235
Heiligenschein 121, 247, 267, 422; s. Nimbus
Heiliger Geist 100, 186, 222, 274, 315, 350, 436f, 480, 504
Hekate 102, 207, 290, 394
Heket 153
Hektor 203
Hel 202, 305
Helena 23, 34, 305
Helikon 297, 302
Heliopolis 144, 295, 307, 311, 341
Helios 59, 122, 236, 408, 466
Helm 106, 242
Helmont, J. B. van 84
Hemera 122
Henne **183**, 451
Hephaistos 44, 177, 306, 320
Hera 34, 63, 67, 205, 211, 257, 268, 302, 333, 507
Herakles 27, 34f, 81, 86, 106, 156, 193, 234, 246, 273, 288, 323, 345, 376, 386, 412, 441, 463, 507
Heraldik 15, 77, 81, 114, 133, **184**, 196, 233, 251, 268f, 275, 292, 322, 339, 362, 367, 392, 425, 448, 452, 476, 484
heraldische Symbolde **184**, s.a. Heraldik
Herd 142
Hermaphrodit 30; s. Androgyn
Hermes 38, 83, 175, 197, 207, 236, 270, 287, 378, 483; s. Merkur
Herodes 220, 308
Herodot 20, 73, 489, 502
Hervé 154
Herz 99, 112, 115, 118, 136, 142, 153, 179, **185**, 217, 233, 269, 336, 388, 402, 404, 410, 413, 432, 451, 465, 503f
Hesekiel 128f, 148, 165, 204, 220, 250, 354, 445, 461, 466
Hesiod 87, 167, 259, 297, 320, 400
Hesoid 133, 498
Hespera 122
Hesperiden 35, 160
Hettiter 139
Hetären 147, **186**, 209, 374, 476
Heuchelei 253
Heuschrecke 146, **187**
Hexaemeron 398
Hexagramm 24, 99f, **188**, 213, 248, 361, 371, 398, 422, 425, 498
Hexe 37, 58, 60, 73f, 91, 140, 145, 155, 158, 163f, **189**, 201, 225, 232, 236, 239, 241, 250, 255, 279, 299, 301, 305, 314, 342, 355, 372, 379, 396, 403, 426, 431, 440, 465, 468, 472, 490, 498
Hierodule 209
Hieronymus 74, 128f, 372, 420, 461
Hieros gamos 198
Himmel 15, 39, 41, 46f, 49, 54, 57, 63, 68f, 75f, 93f, 103, 120, 123, 137, 148ff, 153, **190**, 198, 201, 215, 219, 226, 230, 234f, 238, 246f, 256, 263, 273, 294f, 300, 307, 311f, 317f, 321, 324, 326, 332, 345, 348, 373, 381, 384, 387, 408, 414, 416f, 421, 435, 440, 443, 452, 454, 461, 463, 465f, 477, 481, 489, 491, 495, 498, 504
– Sphären 191, 307
Himmelfahrt, Christi 171, 263
Himmelskuppel 481
Hinde **193**
Hiob **194**, 212, 263, 335
Hippokrates 246
Hippolyt 388
Hirngespinst 415
Hirsch 23, 39, 91, 112, **194**, 245, 283, 339, 507
Hirschgeweih 447
Hirschkuh s. Hinde
Hirte **197**, 198, 261, 287, 415, 452
Hochkreuz 251, 354
Hochkultur 418, 466
Hochmut 262, 337
Hochzeit 123, 173, **198**, 310, 371, 460, 502
– zu Kanaa 478
Hoden 109, 175, 182
Hoffnung 451
Hohberg, W. H. von 15, 22f, 26, 32, 38, 43, 53, 62, 66, 92, 97, 109, 117, 122, 126, 130, 134, 138f, 165, 175, 177, 184, 192, 213, 215, 244, 268, 270, 306, 315f, 321, 327, 331, 338, 342,

359, 364, 386, 431, 435, 458 f, 461, 473, 478, 491, 501, 508
Höhle 12, 33, 54, 114, **199**, 218, 270, 274, 298 f, 308, 319, 336, 338, 360, 367, 379, 383, 425, 427, 439, 487, 496, 505 f
Höhlenkunst 367
Höhlenmalerei 103, 178, 194
Holbein d. J., H. 58, 142, 277, 339, 448 f
Hölle 14, 76, 85, 97, 136 f, 140, 150, 165, 200, **201**, 222, 253, 255, 259, 263, 311, 339, 368, 386, 406, 414, 465, 481 f, 490
Höllenhund 481
Holunder 71
Holz 22, 55, 64, 111, 119, 214, 226, 309, 315, 321, 332, 343, 432, 501, 508
Homer 50, 65, 84, 122, 172, **203**, 211, 216, 371, 392, 498, 506
Honig 61 f, **204**, 269, 288, 324
Horaz 53, 436
Horeb 487
Horen 102, 170, **205**, 327
Horn 25, 58, 112, 165, 202, **205**, 242, 254, 283, 344, 365, 421, 440, 483 f
Hort 380; s. Schätze
Horus 43, 132, 380, 478
Hotei 91, 164
huaca 139, 252
Hubertus, St. 132, 196 f, 206 f, 337
Humilitas 74
Hund 23, 33, 39, 66, 85 f, 113, 130, 147, 182, 202, **207**, 210, 218, 262, 279, 303, 315, 359, 367, 378, 424
Hundskopfmenschen 485; s. Kynokephalen
Hünengrab 286
Hungertuch **208**
Hunnen 16, 42, 193
Hure 47, 96, 180, **209**, 368
Hurin Pacha 192
Hut 439
Hyäne **210**
Hyazinth 107, 410
Hyazinthe **209**, 458
Hybris 25, 46, 48, 444, 452, 463
Hydra 246, 351, 386
Hyperboräer 170, 246, 392
Hypnos **211**, 299, 390, 441

I

Iberien 182, 337
Ibis 19, **212**, 244
Ibykus 124, 243
I-Ching 79, 120, 156, 189, **212**, 307, 488, 495 f
Ichthys 143
Idafe 139
Idol 32, **213**, 262, 277, 301, 309, 314, 319, 368, 500, 508
Iduna 34
Igel **214**
Ignavia 181
ignis 141
Ikarus **215**, 261, 463
Ikebana 160
Ikosaeder 119
Ilbis 479
Ilias 203, 211
Inanna 18
Inari 360
Indianer 66, 76, 93, 126, 137, 154, 180, 182, 199, 206, 216, 218, 230, 233, 248, 252, 256, 283, 285 f, 335, 352, 409, 416, 422, 447, 484, 507
Indien 19, 28, 76, 94, 103, 144, 176, 186, 199, 295 f, 306, 324, 333, 348, 372, 375, 383, 393, 414, 464, 491, 495
Indigo 64
Indivia 262
Indra 94, 334, 378, 431, 475
Indus 149
Induskultur 116, 432
Initiation 468
Initiationsriten 199
Inka 66, 104, 139, 192, 223, 240, 252, 314, 358, 409, 422, 460
Insel 160, 467
Inseln der Seligen 13, 34, 41, 90, 160, 202, **215**, 222, 309, 325, 381 f, 403, 445, 462, 507
Intelligentia 343
Inuit 283
Invidia 145
In/Yo 496
Ira 158
Iran s. Persien
Irenäus von Lyon 32, 129
Iris 69, 83, 358, 435
Irland 420
Irminsul 333
Irokesen 183, 470
Irrgarten 261; s. Labyrinth
Isaak 11 f, 345, 483
Isidor, St. 339
Isidorus von Sevilla 65
Isis 258, 288, 307, 382, 405, 442, 466, 473
Isisblut 239
Islam 11, 48, 56, 137, 165, 172, 178, 186, 202 f, 214, 219, 267, 324, 333, 425, 446, 474, 479, 482, 486, 491
Isopsephie 499
Israel 188
Israfil 57, 446, 482
Itzpapalotl 390
Iustitia 434, 451, 465
Ixchel 415

J
Jachin und Boas 239, 376
Jade 107, **217**, 315, 407, 451, 461, 502f
Jäger 441
Jaguar 16, 39, 273
Jahreszeiten 461
Jahwe 293
Jainismus 103, 295, 301, 432
Jakob 316
Jakobus d. J. 425
- d. Ä. 397, 425
Jambudvipa 176
Januarius 217
Janus **217**, 340, 389, 396
Japan 20, 54, 57, 74, 94, 111, 144, 151, 155, 160, 163, 176, 190, 203, 208, 221, 229, 244, 274f, 332, 360, 389f, 396f, 412, 431, 438, 446, 480
Japhet 443
Jason 234, 321
Jaspis 107, 171, 226, 288, 404
Jeanne d'Arc 79, 131, 225, 398
Jehova 461
Jenseits 18, 76, 86, 104, 107, 137, 149, 160, 191, 215, **218**, 221, 263, 271, 287, 291, 304, 317, 325, 332, 379, 381, 387, 399, 412, 417, 441, 445, 465, 469, 471
Jeremias 129, 221, 278, 461
Jericho 183, 209, 345, 372, 401
Jerusalem 32, 48, 58, 81, 107, 138, 140, 167, 184, 191, 202, **219**, 249, 251, 265, 316, 326, 331, 349, 376, 418f, 440, 482, 501
Jerusalemkreuz 251
Jesaia 47, 129, 147, 202, 245, 261, 370, 435, 461, 505
Jesus 12, 21, 34f, 36, 43, 49, 52f, 55, 61, 63, 65, 72, 77f, 89f, 92, 100, 104, 106, 108f, 112f, 117, 126, 131, 138, 143, 157, 162, 168, 171, 176, 179, 182, 185, 194, 197, 213f, 219, 222, 227, 239f, 245, 250, 261, 263, 268, 271, 274, 278, 288, 302, 305, 308f, 315, 321f, 328, 331, 333, 337, 340, 354, 373, 380, 390, 395, 408, 413, 428f, 437, 439, 442, 472, 477f, 491, 498, 501f
Jizo **221**
Joch **221**, 238
Johann vom Kreuz 57, 105
Johann von Nepomuk 32, 504
Johannes der Täufer 11, 49, 120, 129, 148, 174, 261
- Evangelist 12, 15, 17, 128, 200, 340, 368, 424f
Johannisrosen 366
Johanniter-, Malteserkreuz 252
Jonas 144, 467
Joruba 482
Joseph 68, 213, **222**, 309
Josias 181
Juda 273
Judas 162, **222**, 262, 425
Judaskuß 223
Jude, Ewiger 21; s. Ahasver
Judentum 43, 219
Judith 397
Jungbrunnen 49, 77, 350
Jungfernkranz 245
Jungfrau 53, 76, 88, 96, 108, 113, 140f, 160, 175, 222, **223**, 282, 287, 294, 322, 331, 365, 392, 406, 413, 424, 460
- von Orléans 198, **225**, 314, 364, 390, 415
Jungfrauenmilch 256
Juno 148, 169, 205, 288
Jupiter 16, 25, 39, 44, 66, 95, 108, 111, 121, 134, 143, 148, 220, **226**, 229, 271, 299, 308, 343f, 361, 375, 400, 406, 423, 436, 451, 481, 483
Jurojin 164
Justitia 43, 65

K
Kaaba 482, 493
Kabbala 27, 247, 267, 343, 356, 435, 498f
Kain **227**, 479
Kaiser 17, 35, 60, 98, 131, 134, 153, 191, 205, **228**, 240, 308, 363, 394, 398, 413, 418, 434, 442, 458, 462f, 495, 499, 501
Kaiserin 434
Kaktus 385
Kali 189, 393f
Kalidasa 475
Kallimachos 324, 503
Kallisto 51
Kälte 115, 304, 495
Kalumet **229**, 252, 470
Kama 335
Kamel **230**, 291, 451
Kameliendame 187
Kammstrich 357, 492
Kanaan 204, 288
Kanada 21
Kanaren 139, 216, 394, 462, 507
Kaninchen 39
Karashishi 275, 446; s. Löwenhunde
Karfreitag 163
Karfunkelstein 368
Karl d. Gr. 200, 333, 364, 397, 502
- Martell 178
Karma 150, 309
Karmel 57
Karneol 107, 283, 362, 404
Karneval 388
Karpo 205
Karthago 371, 404, 457
Kasperl 127
Kassandra 210, **231**

Kassiopeia 423
Kastagnetten 13
Kastor und Pollux 110, 507
Katharina, Hl. 268, 355, 397
Katze 190, 228, **232**, 285, 315, 390
Kaulquappe 256
Kedeschen 209
Kelle **233**
Kelten 51, 55, 88, 107, 110, 169, 177, 196, 208, 216, 232, 237, 243, 289, 304, 325, 337, 394, 446, 473, 498
Kentaur 23, 150, **233**, 424
Kerberos 202, 207
Kerze 35, 61, 142, 264f, 267, 299, 451
Kessel 169
Ketos 467
Kette **235**, 263, 301, 320
Ketzer 359
Keuschheit 117, 451, 476
Khmer 270
Kiefer 16, 50, 59, 87, 156, 160, **236**, 244, 338
Kinder 451
Kirchenschiff 445
Kirke **236**, 279, 321
Kirsche 69
Kiste **236**
Kithara 297, 318
Klagefrauen 445
Klee(blatt) 69, 99, **237**
Kleeblattkreuz 252
Klosterleben 387
Klugheit 451
Klytemnästra 271
Knoblauch 69
Knochen **237**, 262, 285, 360
Knoten 175, **238**, 301, 377, 499
Knüppel 263
Kobold 506
Koinobori 144
Koki-Teno 155
Kokytos 150, 218
Kolbenkreuz 252
Kolchis 482
Koloman 297
Komet 425, 454
Konfuzius 79, 213
König 11, 21, 26, 35, 40f, 49, 53, 60, 62, 65, 86, 89, 93, 104, 111, 114, 132, 161, 177, 179f, 198f, 231, **240**, 254f, 275, 290, 303, 308, 313, 316, 324, 332, 346, 352, 362, 393, 398, 410f, 418, 420, 422, 442f, 451f, 458, 477, 501
Königin 27, 49, 62, 199, 240, **241**, 290, 411
Konstantin d. Gr. 52, 85, 220, 260
Kopalbaum 477
Kopfbedeckung **241**, 443
Kopten 250
Koralle 107, 142, **242**, 375, 435, 460
Koran 78, 446
Korb 449
Korn 22, 69, 75, 245, 479
Koronis 243
Kosmas 231
Kosmogramm 248, 294, 421
Krabbe 245, 313
Kraft 434
Krähe **243**, 351, 359
Krampfring 362
Kranich 13, 164, **243**, 391, 490
Krankenheilung 240
Krankheit 264, 320, 352
Kranz 68, 85, 88, 109, 111, 169, 242, **244**, 255, 266, 271, 315, 425, 445, 458, 461, 501
Krebs 108, **245**, 297, 313
Kreis 24, 40, 85, 99, 101, 115, 123, 182, 189, 235, 244, **246**, 254, 277, 308, 330, 348, 353, 361, 423, 432, 450, 461, 467, 495, 503
Kreta 52, 81, 95, 156, 204f, 252, 268, 427, 442, 477
Kreuz 14, 21, 26, 30, 32, 35ff, 41, 55, 108, 111, 113, 133, 139, 156, 171, 197, 219, 239, **248**, 308f, 347f, 381, 392, 398, 410, 416, 432, 445, 451, 461, 467
Kreuzstab 237
Krieg 103, 275, 352, 473
Kriegsbeil 45, **252**, 470
Kriemhild 403
Kriophoros 483
Krishna 267
Kristall 63, 90, 107, 223, **253**, 354, 492
Kristallomantie 253
Krokodil 39, **253**, 385
Krokus 458
Krone 96, 132, 136, 166, 168, 187, 240, 242, 244, 253, **254**, 266, 322, 367, 374, 384, 406, 422, 435, 437, 442f, 461
Kronos 41, 86, 243, 318, 343, 400, 419, 507
Kröte 53, 154, 190, 202, 235, 254, **255**, 44[illegible]
Krückenkreuz 250f, 344
Krummstab 93, 197
Ktesias 112
Kuan-yin 114
Kuckuck **256**, 339, 441
Kugel 35, 151, 276, 330
Kuh 115, **257**, 378, 385, 447, 466, 470, 50[illegible]
Ku-Klux-Klan 130
Kukri **258**
Kukulcan 384; s. Quetzalcóatl
Kulttanz 261
Kumarbi 139
Kummernus, Hl. 53, 485
Kundalini-Schlange 270, 385, 496
Kupfer 39, 134, 139, 227, **258**, 426, 459, 462

Kuppel 246, 481
Kwannon 290, 324
Kybele 72, 80, 169, 273, 321, 443, 466, 507
Kyffhäuser 200, 241
Kynokephalen 86, 485
Kyparissos 507
Kyrillos 501

L
Labarum 131, **260**, 451
Labrys 45, 95
Labyrinth 50, 215, **260**, 418, 427, 432
Lacadonen 205
Lachs 67
Lacinia, Juno 238
Lakshmi 272
Lalen-Buch 382
Lamaismus 501
Lamm 12, 131, 197, 206, 220, 260, **261**, 378, 402, 451, 479, 489
Landplage 187
Lanze 449
Lao-tse 223
Lapis philosophorum 25, 420
Lapislazuli 107, 373, 460
Lapithen 233f
Lares 163
Laster 88, **262**, 340, 386, 451
Laterne 368
Lauch 506
Läuterung 137, 256, 314, 346
Lavendel 71
Lazarett 263
Lazaristen 263
Lazarus **263**
Lebensbaum 161, 236, 251, 478
Leber 118, 161
Leda 110, 305
Legenda aurea 14, 33, 86, 137, 191, 300, 472
Lehm 14, 124, 167, 345
Leibbinde 172
Leiche 445
Leichenbinde 263
Leiter 122, **263**, 430
Lemniskate 499
Leonhard, St. 312
Leopold, Hl. 387
Lepenski Vir 99
Lepra 72, 194, 285
Lerche 359
Lesbia 187
Lesbos 318, 374
Leuchter **264**, 316, 400
Leuchtturm 452
Leviathan 253
Libanon 501
Libation 156, 288, 478
Liborada 485
Licht 15, 24, 35, 42, 65, 91, 104, 107, 112, 126, 130, 139, 140, 147, 156, 223, 236, 257, 259, **265**, 271, 278, 299, 305, 309, 311, 329, 343, 379, 421f, 452, 459, 468
Lichter, Große 503
Liebeszauber 238
Lif und Lifthrasir 481
Liktoren 135
Lilie 62f, 69, 121, **268**, 302, 321, 367, 451
Lilienkreuz 251
Lilith 126
Limus 124
Linde **269**
Lindwurm 402
Lingam 102, 142, 243, 268, **270**, 295, 420, 496; s. Phallus
Lithika 108
Lohengrin 393
Lohnarbeiter 424, 482
Loki 112, 132, 141, 154, 289
Lonicerus 12, 90, 332, 374
Lorbeer 69, 88, **270**, 297, 316, 338
Lorber, Jakob 154
Lorelei 475
Lot 372, 399, 407, 488
Lotos 13, 67, **271**, 359, 413, 475, 480, 495
Löw, Jehuda 167
Löwe 16, 21, 24, 53, 79, 85, 101, 108, 111, 128f, 131, 170, 172, 175, 185, 187, 197, 204, 232, 262, 273, 409f, 411, 441, 448, 451, 479, 482, 490
Löwenhunde 274, **275**, 340, 396, 446
Luchs 154, 185, **276**, 443
Ludmilla, Hl. 387
Luft 118f, 170f, 188, 190, 237, 307, 329, 373, 435, 507
Lukas, Evangelist 128, 206, 263, 424, 491
Lukian 147, 294
Luna 199, 290, 403; s. Mond
Luna-Diana 23
Lupus metallorum 490
Lupus, St. 490
Luren 344f
Luther, M. 32, 80, 209, 261, 366
Luxuria 53, 174, 386, 413
Luzifer 122, 131, 168, 223, 386, 406, 441, 459
Lyra 287
Lysias 28

M
Mäander 432
Maat (Ma'at) 136, 186, 429, 465
Macrobius 235, 362
Mag Mell 325

Magdalena 373
Magie 179, 357, 434
Magier 434
Magnet 116
Magnus, Albertus 167, 369, 374
Mahakala 394
Maiestas Domini 255
Mais 75
Maitreya 92
Makarios, Hl. 147, 211, 231
Makemake 464
Makkabäer 265
Malta 394
Malteserkreuz 498
Mamaquilla 291
Mammon **277**
Mammut 116, 361
Manabozho 182
Mänaden 48, 318
Manch'eng 217
Mandala 189, 249, 261, **277**, 349, 354, 495
Mandel 264, 278
Mandeville, Jean de 12
Mandorla **278**, 307
Mandragora 117, **278**; s. Alraune
Mani 266, 290
Manichäer 99
Manichäismus 266
Manna 75
Männchenzepter 502
Mantel 60, 63, 136, **279**, 315, 332, 462, 487
Mantichóras 444
Manu 404
Maoismus 462
Marathon 428
Marduk 400
Märchen **280**, 305, 313, 337, 362, 368, 415, 453, 464, 474, 488
Märchenheld 497
Maria 21 ff, 26, 37, 55, 61 ff, 77 f, 81, 92, 96, 101, 107, 113, 122, 140, 160, 162, 181, 186, 213, 222 f, 253, 255, 263, 278, 288, 290, 298, 308, 317, 324, 331, 340, 358, 365, 397, 413, 415, 418, 422, 452
– Aegyptiaca 174
– Himmelfahrt 498
– Magdalena 245, 401
Markus 128 f, 424
Mars 18, 29, 39, 106, 108, 115, 121, 134, 148, 159, 176, 199, 223, 226, 243, **282**, 306, 343 f, 368, 398, 482, 489
Martha, Hl. 60, 388
Martin, St. 60, 159, 280, 337
Märtyrer 169
Martyrium 263
Maruts 431
Maske 207, 218, 274, **283**, 304
Mäßigkeit 434, 451, 472
Materia prima 25, 84, 243, 341, 352, 405, 435, 437
Mathematik 347
Matriarchat 241
Matthias, Apostel 45, 425
Matthäus, Evangelist 424 f, 442, 467
Maui 306
Maurus, Hrabanus 500
Maus 208, 232, **284**, 355, 453
Maya 52, 54, 67, 77, 79, 123, 127, 133, 145 f, 162, 194, 197, 200, 205, 208, 249, 254 f, 271 f, 290, 304, 306, 323, 367, 384, 389, 406, 415, 431, 460, 462, 472, 477, 499, 501
Maßstab 305
Medicina antiqua 124
Medizin **285**, 462
Medizinräder 286
Medusa 41 f, 167, 174, 242, 312, 327
Meer 12, 25, 31, 41, 67, 89, 147, 160, 215, 236, 288, 296, 306, 312, 325, 332, 374, 391, 417, 440, 445, 459, 461, 474
Meeresbäume 242
Megalithbauten 138, 237, 247, 286, 417, 419 f, 445, 450, 505
Megenberg, Conrad von 29, 243
Megiddo 181
Meinrad 352
Meithras 499
Mekka 214, 470, 482, 493
Melancholiker 118
Melanesien 284
Melchisedek 250
Melusine 474 f
Memphis 272
Mendes 73
Menhir 138, **286**, 312, 333, 419, 449, 470, 481
Mennige 71
Menora(h) 264
Mephistopheles 135
Mercator 41
Mercurius 31, 38, 49, 83, 103, 114, 119, 133, 144, 172, 199, 207, 224, 241, 270, 287 f, 366, 372, 377, 392, **431**, 474, 476
meretrix 147
Merian-Bibel 407
Merkur 12, 24, 39, 59, 83, 108, 117, 121, 134, 175, 224, 236, **287**, 343 f, 378
Merkurstab s. Caduceus
Meru 160, 317, 385
Messer 39, 125
Messing 259
Met 204
Metall 119, 142, 343, 375, 460
Meteorit 418

Mexiko 15f, 19, 39f, 48, 50, 57, 60, 64, 66f, 72, 79, 96f, 98, 100, 127, 131, 136, 140f, 162, 167, 202, 208, 217, 223, 251, 254, 256, 283, 291, 323, 325, 343, 353, 357, 367, 383, 388, 390, 403f, 407, 409, 412, 414, 422, 430, 440, 451, 460, 473f, 481, 486, 492, 505
Mi-lo fo 92
Miasmen 478
Michael, Engel 85, 97, 121, 131, 225, 340, 397, 424, 500
Michelangelo 206
Mictlán 202, 218, 472
Midas 315
Midgardschlange 383, 481
Mihrab 201
Milch 12, 81, 195, 204, 256f, 268, 276, **288**, 321, 324, 379, 384f
Milcham 342
Milchstraße 172, 268, 289, 358
Milet, Thales von 58
Milz 118, 123
Mimose 69
Minerva 126, 316; s. Athene
Minos 215, 442
Minotaurus 215, 234, 261, 427
Mistel 111, **289**
Mithras 72, 130, 138f, 199, 204, 259, 288, 290, 301, 337, 351, 427
Mixcóatl 492
Mjölnir 177
Mnemosyne 297
Mohammed 26, 53, 214
Mohenjo-Daro 48
Mohn 69, 71, 211, 445
Moiren 26, 299, 309, 327, 414
Moly 236
Momo 382
Momos 263
Monatssteine 108
Mönch 114, 157, 172, 174, 221, 239
Mond 12, 15, 25, 39, 91, 95, 103f, 108, 110, 115, 120f, 134, 153, 156, 181, 197, 199f, 212, 220, 228, 246, 255, 257, 265f, 284, 288, **290**, 298f, 330, 332f, 343f, 381, 394, 400, 403, 413, 415, 421f, 425, 427, 435, 458, 474
Mondstationen 40
Monstra 485
Month 132
Montserrat 394, 470
Moria, Berg 221
Mörike, Eduard 29
Morpheus 408
Morrigan 201
Moschus 480
Moses 58, 138, 150, 156, 187, 197, 204, 206, **292**, 333, 350, 383, 446, 499
Moslem 470
Mudras 179
Mühle 94, **293**, 348, 414
Mumie 20, 232, 253, 295, 404, 410, 501
Mumifizieren 61
Münchhausen **294**
Mund 44, 112, **295**
Mundus **296**, 418
Musaeum Hermeticum 24
Muschel **296**, 330, 391
Musen 61, 102, 109, 170, 268, **297**, 302, 318, 327, 374, 503
Mut 161
Mutter 12, 31, 36, 62f, 81, 95f, 102, 123, 143, 161, 184, 189, 193, 199, 213f, 221, 240f, 255, 257f, 271, 276, 280, 295, **297**, 299, 313, 317, 357, 379, 388, 394, 418ff, 426, 428, 444, 458, 460, 473, 497, 500
Mutterrecht 27
Mutus liber 435, 474
Myrmidonen 28
Mysterien 156, 236f, 317, 371, 380, 394, 473, 477

N
Nabel 272, 316, 419
Nächstenliebe 451
Nacht 22, 103, 105, 109, 190, 211, 232, 287, **299**, 305, 318, 327, 421, 441
Nachtigall **300**, 483
Nacktheit 190, **301**
Nadir 249
Nag-Hammadi 228
Naga 384f
Nagel 36, **301**
Najaden 475
Nandi 258
Narcissus **302**
Narr 127, 257, **302**, 434
Narzisse 70, 302
Narziß 413
Nase **304**, 359, 440, 502
Nashorn 113f
Nasiräer 174
Natura 74, 82
Neandertaler 50, 484
Nebel 215, **304**, 387
Nebo 46
Nebukadnezar 47, 220f, 314
Nechbet 161
Necho, Pharao 181
Nefertêm 271
Neger 393
Neid 262
Neidfeige 142
Neith 144, 335

Nelke 70f, 302, **305**
Nemesis 35, 170, 299, 302, **305**
Nemi-See 111
Nephrit 107, 217
Nephthys 307
Neptun 103, 472
Nerthus 466, 470
Nessos 150
Nestelknüpfen 239
Netsuke 164
Nettesheim, Agrippa von 207, 277, 283, 362
Netz **306**, 316, 336, 416
Neumond 415
neun 12, 87, 98, 102, 155, 181, 208, 246, 265, **306**, 352, 398, 498
Neuplatonismus 235
Nibelungen 362, 392, 402
Nidhöggr 112
Nigredo 394, 405, 480
Nike 35, 148, 271, 321
Nikolaus 32, 214, 381f
Nilpferd **307**
Nimbus 121, 163, 247, 267, 278, **307**, 422
Nimrod 11, 214, **308**, 425
Nirvana 267, 272, 326
Nische 201
Nixe 471, 475
No-Theater 284
Noah 35, 200, 216, 249, **308**, 316, 381, 404, 443, 479
Nonne 199, 224
Nornen 102, **309**, 327, 414
Notburga, Hl. 388, 400
Notos 486
Novalis 497
Nuß **309**
Nut 258, 273, 312, 395
Nymphen 89, 156, 169, 349, 376, 473, 475
Nyx 211, 299, 305, 318, 327, 441

O
Obelisk 286, **311**, 333, 376, 449, 481
oben/unten 54, 156, 190f, 221, 248, 264, **311**, 462
Obsidian 412
Ocelotl 323
Ochse 125, 221, **312**, 339, 407, 427, 451
ocker 71, 74
Octopus **312**
Odin 51, 63, 132, 305, 352
Ödipus **313**, 411
Odyssee 146, 203
Odysseus 236, 313, 361
Ofen 76, **314**
Ohr 181f, 202, 223, **314**, 440
Okeanos 149, 216
Oktaeder 119
Öl 265, 309, 321, 372, 419
Ölbaum 138, 309, **315**, 502
Olive 245
Olmeken 217
Olymp 226, 443
Ölzweig 35, 85, 436, 445, 451
Omen 16, 271, 472, 507
Omphalos 270, 293, 296, 306, **316**, 418f
Onuris 136
Onyx 108, 375
Or 267
Oracula Sibyllina 399
Orakel 66, 151, 161, 177, 199, 212, 231, 243, 270f, 313, 316, 319, 361, 382, 414, 448
orange 133f
Orans-Geste 179, **317**
Orcus 218, 325
Ordal 339
Orestes 271
Origenes 14, 291, 476, 501
Orion 123, 406, 423, 428
Orléans, Johanna von s. Jeanne d'Arc
Orpheus 89, 264, **317**, 321, 375
Osiris 93, 109, 125, 144, 307, 340, 395, 405, 465
Osterei 110
Osterhase 181
Ostern 50, 265
Oswald, St. 206, 352
Oudewater 465
Oval 250
Ovid 31, 120, 133, 147, 167, 210, 242, 259, 300, 302, 408, 416, 483

P
Paderborn, Liborius von 420
Padma 272
Padmapani 272
021ode 160
Palenque 249
Palme 121, **320**, 324, 451, 501
Palmkätzchen 80, 321, 476
Palmyra 250
Pan 73, 89, 147, **319**, 376, 440, 484f
Pandora **319**, 345
Pantaleon 302
Pantheon 498
Panther **321**, 443
Pantoffel **323**
Pantokrator 27, 78, 308
Päonie **320**
Papagei **324**
Papier 462
Papst 434
Päpstin 434
Papsttum 33

Papua 242
Papyrus 271, 285
Paracelsus 80, 119, 136, 372, 431, 506
Paradies 14, 34, 40, 55f, 58, 68, 77f, 107, 118, 129, 137, 149, 160, 166, 168, 182, 192, 194, 204, 215, 249, 266, 300, 316, 321, **324**, 349, 353, 373, 383, 386, 396, 437, 445, 461, 465, 479ff, 508
Paradiesvogel **326**, 341, 463
Parilia 141
Paris 231
Parnassos 297
Parsismus 76, 140, 161, 203, 295
Parteien, politische 357
Parzen 26, 102, 299, 309, **327**, 414
Parzifal 169, 303
Passahlamm 261
Passionsspiel 223
Patolli 348
Patriarchat 458
Patrick, Hl. 237, 252
Paulus, Apostel 284, 381, 397
Pausanias 63, 444
Pavian 19
Pax 316
Pazuzu 148
Pegasus 64, 85, 149, 297, **327**, 337
Peking 191, 307, 348, 504
Pelikan 24, **328**, 341, 451
Penis 122, 144, 304, 464
Pentagramm 142, 156, 189, **329**, 350, 396, 422, 498
Pentakel 248
Pentateuch 156
Peridexion 56
Perikles 187
Perle 12, 70, 98, 131, 274, 292, 300, 324, **330**, 385, 397, 412, 449, 471
Persephone 39, 54, 169, 205, 458, 507
Perseus 41, 168, 223, 386, 467
Persien 104, 147, 161, 254, 265f, 353, 443, 465, 471, 477, 486
Peru 66, 104, 139, 192, 223, 246, 291, 315, 358, 409, 422, 460; s. Inka
Perun 66, 94
Pest 285, 405, 448
Petersilie 245
Petronilla, Hl. 60
Petrus, Apostel 138, 143, 145, 177, 235, 340, 381, 387, 425, 443
Petruskreuz 250
Pfaff, J. W. 283, 287
Pfahl 68, 86, 92, 111, 287, **332**, 447, 481
Pfau 137, **333**, 443
Pfeil 27, 29, 58, 64, 88, 91, 186, 195, 204, 234, 243, 285, **335**, 346, 445, 449
Pfeilkreuz 251
Pferd 27, 50, 85, 90, 114f, 150, 157, 187, 194, 231, 242, 299, 327f, 335, **336**, 363, 376, 414, 424, 427, 440, 480
Pfingstbewegungen 505
Pfingsten 140
Pfirsich 13, 19, 55, 161, **338**
Pflaume 50, 87, 120, 156, **338**, 390
Pflug 294, **339**
Pforte 47, 160f, 191, 217f, **339**, 395, 418, 461
Phallus 54, 83, 113, 118, 138, 144, 200, 268, 270, 287, 311, 333, 339, 385, 428, 443, 449, 496
Phanes 110, 318
Phantasus 408
Phaon 374
Philippus 425
Philolaos 497
Philomele 300, 483
Philomena 268
Phlegeton 150
Phlegmatiker 118
Phönix 13, 15, 37, 127, 134, 141, 321, **341**, 350, 371, 464, 477, 486
Phosphoros 459
Phylax 207
Phyrne 187
Physiologus 19, 28, 56, 90, 112f, 117, 125, 162, 182, 195, 210, 212, 214, 234, 253, 274, 322, 328, 330, 341, 359, 370, 383, 429, 437, 483, 490
Picus 236
Pilgermuschel 296
Pillendreher 404
Pilze **342**
Pinie 245, 443
Pinsel 462
Pistis Sophia 411
Placidus 32
Planet 24, 39, 55, 59, 108, 120, 134, 226, 258, 264f, 283, 287, 292, **343**, 366, 375, 400f, 410, 422, 459
Planetengeister 478
Platon 40, 90, 118, 137, 149, 200, 246, 371, 379, 492, 507
Plejaden 224, 400, 424, 428
Plinius 119, 153, 182, 210, 214, 228, 238, 289, 309, 351, 372, 391, 474, 489
Plutarch 23, 182, 216, 234, 319, 391, 404
Pneuma 129, 487
Polarität (s.a. Dualsystem) 104, 496
Polarstern 301, 317, 421, 481
politische Symbole 135, 251, **344**, 369, 432f
Polynesien 140
Polyphemos 44, 361
Pomona 63
Posaune 121, 133, 237, 344, **345**, 365, 482f

Poseidon 90, 103, 170, 245, 315, 328, 359
Possenreißer 303
Potenz 500
Potestates 121
Priamos 231, 502
Priapos 54, 125, 137, 159, 399
Primum mobile 121
Principatus 121
Prometheus 41, 161, 234, 320, **345**, 443
Propheten 461, 502
Proserpina 169, 205
Prudentia 413
Psyché 389, 486
Ptah 185, 504
Ptolemäus 487
Purgatorium 81, 122, 201, 219; s. Fegefeuer
Purpur 48, 134, 226, 368, 462
Putrefacio 24, 405
Putten 121
Pygmalion **346**
Pyramiden 152, 381, 439f
Pyrobasia 141
Pyrrha 320, 419
Pythagoras 59, 74, 92, 98f, 318, **346**, 411, 477, 480
Pythagoräer 156, 315, 346, 497
Pythia 271, 399

Q
Quadrat 49, 77, 101, 120, 123, 133, 247, 249, 270, 294, 343, 348, 414, 461, 492, 495, 498
Quadratur des Zirkels 247
Quaternität 101
Quatuor Coronati 255
Quecksilber 13, 31, 39, 134, 172, 431
Quelle 58, 107, 161, 195f, 204, 297f, 302, 327, 338, **349**, 372, 379, 473, 480
Quellnymphe 475
Quellsee 471
Questenkreuz 251
Quetzalcóatl 136, 223, 460, 486
Quintessenz 330, **350**, 498
Quitte 34
Qumran 32

R
Rabe 120, 137, 201, 243, **351**, 375, 403, 436f, 447, 498
Rad 86, 170, 195, 246, **353**, 466
Radkreuz 249, 353, 467
Ragnarök 207, 289, 305, 469, 481
Rahab 209
Raimund, St. 281
Rainfarn 87
Raiz, Gilles de 225
Ramayana 19
Rangda 189
Raphael, Erzengel 297, 424, 500
Rasiel 78
Rasse 72
Ratatöskr 112
Ratte 232, 285, **355**, 359, 424
Räuber **356**, 469, 486
Rauch 187, 477
Raupe 389
Rausch 309
Rê 132, 240, 273
rechts/links 179, 196, 248, **356**
Regen 39, 57, 59, 65, 94, 98, 138, 190f, 200, 245, 304, 311, 324f, 349, **357**, 359, 385, 394, 406, 431, 435, 462, 471, 474, 491f, 501
Regenbogen 76, 101, 176, 309, **358**, 435
Reichenau, Pirmin von 154
Reichsapfel 501
Reiher 244, 341, **359**, 430
Reineke 155
Reis 155, 208, 310, 355, **359**, 386, 461
Reiswein 161
Reißbrett **360**
Rhea 95, 343, 419
Riese 86, 89, 97, 115, 158, 177, 285, **360**, 402, 468, 481
Rigel 286
Ring 70, 115, 172, 238, 244, 355, **361**, 402, 446, 454, 461
Ringwellen 247, 445
Ringwellen 416f
Rinn, Andreas von 71
Rippe 14f
Rites de passage 37, 76, 340, 396
Ritter 60, 94, 131, 134, 180, 201, 234, 328, **363**, 396, 402, 451
Roch, Vogel 464
Rochus 207, 297
Rohrstock 443
Roland **364**
Rom 48, 463
Roma 442
Roma Quadrata 296
Romulus (und Remus) 223, 282
Rose 67, 70f, 96, 113, 122, 133, 160, 237, **365**, 368, 451, 458
Rosenkranz 36
Rosenkreuz 366
Rosenkreuzer 25, 37, 74, 328
Rosenkrone 245
Rosette 140
Rost 115f
rot 63, 68ff, 94, 119, 133, 145, 169, 172, 174, 176, 230, 243, 272, 274f, 283, 289, 341, 343, 358, 365f, **367**, 394, 406, 426f, 438, 441, 446, 461f, 482

Rotkäppchen 281
Royal Arch 267
Royal Ark 36
Rubin 107f, 283, **368**, 410
Ruder 151
Runen 71, 344, **369**
russisches Kreuz 251
Rütli-Schwur 438

S
Sabäer 421
Sabazios 245
Sabbat 265, 440
Sachs, Hans 382, 386, 486
Sado 437
Sahara 64, 387
Saint-Genou 155
Sa'irim 484
Sake 480
Sakkara 212
Sal 103, 119, 432, 492
Salamander **370**
Salböl 472
Salomo(n) 28, 99, 140, 186, 188, 199, 220, 239, 357, 361, **371**, 376, 398, 422, 440, 442, 498, 501, 504
Salus 112
Salz 119, 257, **371**, 396, 492
Salzsäule 407
Samael 386
Samaria 373
Samariter 58, 77, 316, **372**
Samniten 221
Samson 204, 274, 340, 361, 376, 451
Samurai 397
Sandelholz 478
Sanduhr 87, 105, **373**, 405, 445, 451
Sanftmut 451
Sanguiniker 72, 118
Santiago 296
– de Compostella 470
Saphir 107, **373**, 375, 460
Sappho **374**
Sarah, schwarze 394
Sarasvati 334
Sardinien 205, 298
Sarg 451
Sarpedon 211
Sa-Schleife 307
Sasquatch 484
Satan 17, 47, 171, 304, 378, 440; s. Teufel
Satire 376
Saturn 13, 29, 39, 41, 64, 86, 108, 121, 134, 143, 162, 236, 243, 318, 343f, 373, **374**, 400, 419, 421, 481, 507
Satyr 48, 73, 109, **375**, 484f
Säule 35, 92, 239, 266, 268, 270, 287, **376**, 451, 491
Schach 414, 462
Schächer 356
Schächerkreuz 251
Schaf 150, 197, 261, **377**, 424, 482, 502
Schäferspiele 262
Schafgarbe 212
Schakal 207, **378**
Schalensteine 138, **378**
Scham(m)asch 265f
Schamajim 190
Schamane 312
Schamanismus 317, 481
Schamdreieck 496
Schandkuß 441
Schango 482
Scharlatan 136
Schatten 56, 59, 200, 210, **379**, 480, 495
Schätze 184, 256, 358, **380**, 385, 505
Sche'ol 202, 218f
Schetija 316
Schicksalsknoten 239
Schiff 35, 55, 147, 164, 216, 218, 355, **381**, 404, 444f, 451f
Schild 451
Schildbürger **382**
Schildkröte **382**, 390
Schilfrohr 502
Schiller, F. 164, 204, 225, 288, 356
Schimmelreiter 480
Schinderhannes 356
Schlacke 157
Schlaf 445
Schlägel 178
Schlamm 13, 153, 157, 253f, 271f, 284, 341, 383
Schlange 13ff, 24, 34, 37, 39, 52f, 56, 67, 83, 85, 91, 96, 98, 104, 111, 117, 124, 134, 137, 144, 161, 163, 167, 171, 174, 176, 190, 194f, 202, 212, 214, 232, 236f, 244f, 253, 263, 268, 270, 288, 298, 312, 318, 322, 328, 333, 358f, 362, **383**, 392, 397, 406, 417, 424, 428, 441, 445, 447, 451, 455, 460, 463, 476, 486, 505
Schlaraffenland 216, 325, **386**, 437
Schlaraffia 387
Schleier 199, 326, **387**, 461
Schleim 118
Schlüssel 30, 69, 155, 192, 218, 233, 340, **387**
Schlußsteine **389**, 419
Schmetterling 149, 225, **389**, 445
Schmied 227
Schminke 254
Schnecke 315, **390**, 414, 445, 462
Schneeglöckchen 70
Schneewittchen 426
Schofar 58, 345, 401, 483

Scholastica, Hl. 437
Schönheit 268
Schornsteinfeger 393
Schoß 417, 428, 496
Schütze 108, 226, 234, 408, 451, 482
Schutzengel 122, 162, 454
Schutzmantel-Madonna 280
Schwalbe 242, **391**
Schwan 110, 305, **392**, 429, 466
schwarz 118, 123, 133, 175, 189, 207, 209, 218, 232, 243, 295, 299, 329, 343, 357, 378, **393**, 416, 421 f, 433, 436, 438, 446, 480
Schwefel 31, 77, 165, 202, 407, 431
Schwein 106, 236, 262, 373, **394**, 424, 479
Schwelle **395**, 472
Schwert 13, 16, 76, 114, 121, 186, 238, 258, 295, 305, 326, 339, 364, 386, **396**, 400, 412, 435, 449, 451, 454
Schwertkampf 262
Schwertlilie 70
Schwester 180
Sebaldus, St. 281, 297
Sebastian, St. 336
Sechmet 273, 335
sechs 99, 148, 182, 188, 213, **398**, 422, 425, 498
Seele 379, 441
Seelenloch **398**
Seelensitz 287
Seelenvogel 428, 437
Seestern 154, 330
Segel 151, 487
Seil 446, 462
Selene 290
Selket 405
Sem 200, 250, 443
Semele 67
Senkblei **399**, 488
Sense 64, 87, 375, 400, 405, 445
Septuaginta 499
Sequana 122
Seraphim 43, 121
Sergius 51
Serpentin 226
Servius Tullius 141
Seth 74, 125, 144, 228, 253, 307, 367, 395, 405
Setzwaage 233, 399, 466, 488
Seuchen 355
Sexualakt 449
Sforza, G. 196
Shango 95
Shelley, M. 167
Shi-Huangti 228
Shinto 164, 197, 275, 386, 446
Shiva 102 f, 116, 150, 270, 278, 496
Shiva-Shakti 31
Shri-Yantra 189, 495
Siam 118
Sibyllen 78, 199, 223, **399**
Sichel 64, 87, 120, 139, 212, 289, 292, 344, 396, **400**, 405, 415, 422, 445
Siderites 116
sieben 78, 92, 96, 124, 130, 140, 164, 181, 186, 206, 211, 263 ff, 343, 358, 362, 366, 377, 397, **400**, 413, 425, 430, 439, 446, 451, 498
Sieben Schwaben 181
Siegel 57, 187 ff, 269, 362, **402**, 404, 432, 498
Siegfried 364, **402**, 469
Siena, Katharina von 268
Signa 131
Signaturenlehre 342
Sigurd 402
Silber 13, 25, 39, 79, 110, 120, 134, 164 f, 197, 233, 246, 259, 274, 290 ff, 345, 354, 375, 389, **403**, 410, 412, 500, 504
Silenen 48, 109, 376, 484 f
Silvanus 468
Simandl 323
Simeon 186
Simon 425
Sinai 57 f, 66, 179, 292, 345, 483, 499
Singschwan 392
Sintflut 35, 143, 167, 200, 308, 316, 320, 351, 358, 373, **403**, 419, 436, 462, 471, 499
Sion, Berg 261
Sirenen 174, 262, 381, 413, 444
Sirius 286
Sisyphus 219
Skarabäus **404**
Skelett 186, 237, 335, **405**, 445, 448; s. Gerippe
Sklave 174, 221, 231, 235, 499
Skorpion 108, 187, 263, 283, **405**
Skylla 236, 313, 475
Smaragd 107, 171, 226, 246, **406**
Sobek 253
Sodom und Gomorrha 74, 372, **407**, 486
Sohar 99, 267
Sokar 132
Sokrates 494
Sol 199
Solon 37, 41
Soma 169, 288
Somnus 211, 390, **407**, 441, 445
Sonne 13, 15 f, 24 f, 30, 39, 42 f, 50, 54, 59, 65 ff, 70, 72, 83, 86, 90, 101, 103 f, 108, 110, 112, 119, 121 f, 132, 134, 141, 162, 165 f, 172, 175 f, 186, 194, 199, 206, 208, 220, 223, 232, 236, 240, 243 f, 246 f, 250, 253, 255, 264 ff, 270 f, 273, 275, 280, 287, 290 f, 297, 308, 311, 321, 333, 335, 341, 343, 353, 367, 379 ff, 385, 390, 404, **408**, 412 ff, 417, 425, 429, 435, 451, 454, 458, 460, 466, 471, 481, 489, 507

Sonnenwende 353
Sonnenwidder 410
Sonnwendfeuer 142
Sophia 199, 255, 298, **410**, 443, 451
Sparta 28
Specht 282, 447
Speck 88
Speer 289
Speläologie 201
Sperma 72, 279, 289, 357, 368
Spes 411, 451
Sphaira 501
Sphinx 20, 313, **411**, 443
Sphragistik 402
Spiegel 19, 42, 53, 77, 120, 127, 168, 253, 302, 397, **412**, 444, 451, 500
Spiel 50, 348, **414**
Spielkarten 414, 434
Spindel 112, 309, 327, **414**, 481
Spinne 306, **415**
Spirale 260, 312, 390, 414, **416**, 450, 471, 492
Spiritus familiaris 163, 232
Sporer, J. 107
Spottkruzifix 250
S.P.Q.R. 131
Sprache 504
Springwurzel 483
Stadt 298, **418**
Stadtschutzgott 418
Stadtviertel 249
Stahl 482
Standarte 131
Stärke 268
Stein 13, 25, 41, 46, 123, 138, 157, 160, 168, 200, 214, 221, 233, 244, 262, 285, 302, 311, 317, 333, 359, 364, 378, 391, 404, **418**, 439, 446, 462, 492, 505
– behauener 419
– rauher 419
Stein der Weisen 13, 25, 31, 65, 107, 274, 328, 352, 375, 420, 435, 437, 462
Steinbock 108, 224, 375, **421**
Steinkisten 398
Steinmetz 419
Stephan, St. 397, 420, 477
Stern 16, 20, 38f, 43, 57, 67, 99, 108, 121f, 128, 147f, 182, 188, 191, 224, 246, 255, 266, 273, 286, 299, 305, 311, 317, 329f, 343f, 351, 370, **421**, 427, 435, 443, 465, 467, 481, 498, 507
– flammender 422, 425
Sternschnuppe 155
Stheno 167
Stiefmutter **426**
Stiefmütterchen 426
Stier 48, 50, 72, 82, 95, 108, 112, 114, 128, 130, 150, 166, 194, 205f, 215, 224, 242, 257, 261, 282f, 289, 292, 312, 322, 336, 368, 378, 408, 410, **427**, 447, 459, 466, 502
Stierkampf 427
Stirb-und-Werde-Symbolik 418
Stirnauge 44
Stoltzius 288
Stonehenge 246f
Storch 359, 384, **428**
Strabon 407
Strauß 135f, 300, **428**
Straußenmagen 429
Streitaxt 252
Strettweg 466
Stufen 348, **430**, 439, 442, 449
Stupa 430
Sturm 19, 54, 66, 128, 284, 320, 360, 386, 397, 406, **431**, 487
Stylites 333
Styx 150, 218
Sub rosa 365
Sublimation 384
Suchos 253
Südkreuz 147
Sueton 492
Sufi 203, 326
Sulphur 31, 49, 83, 103, 119, 133, 144, 199, 224, 241, 274, 287f, 366, 368, 372, 377, 392, **431**, 474, 476
Sumerer 257, 471, 486
Sumpf 193, 212
Sündenkot 255
Superbia 170, 234, 334
Susanna, Hl. 262
Susano-o 360
Swastika 251, 344, 369, **432**, 450, 499
Sylphen 326
Synagoge 43, 65, 125, 138, 255, 264, 429
Syphilis 53
Syrinx 89, 319

T
Tabak 19, 71, 230, 252
Tabu 14, 324
Tabula Smaragdina 458
Tacitus 407, 466, 470
Tag 103
T'ai-chi 248
Talmud 231, 404
Tambaran 183
Tammuz 18, 55
Tantalus 219
Tantra 120, 278
Tantrismus 272
Tanz 459
Taoismus 68, 213, 244, 272
Tapferkeit 451

Tapis 140, 430, 504
Tarot 303, 354, **434**, 441, 446, 452, 472, 482
Tarsis 107
Tattwa 120
Tau 123, 153, 204f, 216, 296, 326, 341, 358, **435**, 474
Tau-Kreuz 30, 101, 178, 250, 388
Taube 32, 35, 56, 85, 101, 133, 223, 225, 266, 309, 315f, 391, 401, 428, **436**, 445, 447, 451, 466, 480
Taufbecken 498
Taufe 15, 49, 143, 150, 196, 246, 299, 437, 472
Tausendguldenkraut 234
Tee **437**
Tehom 317
Teiresias 65, 203, 302
Tell, W. 127, 242, **438**
Tellus 123f
Tempel 20, 22, 32, 35, 48, 57, 75, 123, 191, 218, 220, 233, 239, 265, 291, 340, 348, 370, 376, 396, 419, 430, **439**, 488, 492, 501
Temperantia 74
Tenggri 489
Tenno 229, 240
Tenochtitlan 474
Tertullian 137, 143, 202
Tetraeder 119
Tetragrammaton 188, 461, 499
Tetrapteryx 148
Teufel 19, 32f, 52f, 56, 58, 72f, 75, 77, 86, 90, 97, 104, 108, 112, 117, 121, 135, 145, 147f, 153f, 157, 163ff, 190, 193f, 201f, 206, 235, 257, 274, 276f, 283, 295, 304, 306, 333, 350, 355, 368, 379, 388, 393, 434f, **440**, 445, 465, 467, 479, 482, 490f, 498
Teufelsanbeter 333
Tezcatlipoca 412
Thaddäus 425
Thais 187
Thalia 109, 170
Thallo 205
Thamyris 210
Thanatos 211, **441**, 445
Themis 205
Theodora 187
Theophilos 291
Thera 447
Thermalwasser 473
Theseus 27, 215, 234, 261, 427f
Thesmophorien 476
Thing 111
Thoëris 307
Thomas, Apostel 125, 425, 488
Thor 73, 93, 111, 177, 237, 250, 433, 466, 482
Thora 156, 264, 292
Thoth 19, 212
Thron 49, 90, 122, 128, 148, 171, 190f, 307, 334, 420, **442**, 446, 482, 491
Throni 121, 354
Thule-Gesellschaft 251
Thuribulum 477
Thurneysser, L. 369, 374, 478
Thurs 369
Thyrsos 38, 48, 109, **443**
Tiara 255, **443**
Tiber 150
Tiberius 319
Tibet 43, 81, 94, 100, 132, 141, 161, 163, 257, 272, 277f, 357, 406, 421, 432, 465
Tierkreis 108, 128, 144, 224, 234, 245, 248, 275, 421ff, 444, 451, 459, 465, 476, 482, 498, 507
Tiger 59, 231, 424, **443**
Tigerwolf 276
Tigris 149
Tipi 248
Titanen 66, 297, 318, 345
Titanic **444**
Tithonos 123, 502
Tlachtli 414
Tlaloc 57, 325, 357
Tod 22, 35, 37, 39, 44, 56, 61, 86, 112, 117, 124, 130, 133, 211, 218, 229, 237f, 264, 269, 271, 277, 304, 335, 352, 373, 389, 400, 405, 412, 415, 427, 441, **445**, 450, 476
Tolteken 387
Tomahawk 252, 470
Topas 108, 288, 410
Torheit 262
Torii 155, 275, 360, **446**
Torques **446**
Totem 20, 52, **447**, 489
Totenbuch 193, 232, 271
Totengericht 218, 465
Totenkopf 105, 335
Totenreich 471
Totenschiff 445
Totentanz 405, 445, **448**
Totenvogel 126
Trägheit 262
Trance, schamanistische 264
Träne 123, 253, 332, 357, 359, 474, 479, 506
Transmutationen 65
Trauer 39, 74, 174
Trauerweide 70, 445, 476
Traum 21, 112, 171, 215, 263, 275, 278, 280f, 284, 350, 441, **448**, 468, 491, 500
Treppe 430
Triade 101, 414, 497; s. Dreigestalt
Trickster 141, 154, 183, 306, 415
Trigramm 189, 213, 495
Trikaya 102
Trimalchio 425

Trimberg, Hugo von 63, 96, 306, 334
Trimurti 102; s. Dreiheit
Trinakria 143
Triratna 103
Triregnum 443
Triskelis **450**, 499
Tristan und Isolde 303, 363, 396
Tritheismus 100
Tritogeneia 502
Triumphwagen 434
Troja 231
Troll 485
Trommel 94, 191, 259
Trophonios 199, 448
Troyes, Ch. de 169
Trunkenheit 245
Tuareg 387
Tubalkain 227
Tuchulcha 440, 445
Tugend 83, 113, 151, 255, 262f, 275, 322, 340, 401, 430, **451**
Tulpe 70
Tumor 246
Tür 340
Türkis 64, 107, 217, 226, **451**, 460
Turm 183, 435, 449, **452**
Tusche 462
Tyana, Apollonius 182
Typhon 85
Typologie 380
Tyr 207, 282

U
Uatha 200
Udjat-Auge 42
Udschat-Auge 132, 362
UFO 312, **454**
Undinen 370, 475
Unglaube 262
Unglück 245
Unglücksrabe 352
Unmäßigkeit 262
Untersberg 200, 241
Unterwelt 38, 72, 146, 201, 208, 298, 312, 316, 322, 383, 415, 439, 441, 443, 472
Upanishaden 464
Upelluri 139
Ur 427
Uranos 124, 318, 419
Uräus-Schlange 384
Uriel, Erzengel 122, 424
Urmutter s. Mutter
Urne 445
Uroboros 143, 247, 384, **455**
Urqualitäten (Stoichea) 118, 497
Urschlamm s. Schlamm
Ursinus 51
Uru Pacha 192
Urvashi 475
Urvater s. Vater
Uterus 200, 278; s. Gebärmutter
Ut-Napischtim 216

V
Vagina 200
- dentata 189
Vajra 94
Valentinus, Basilius 432
Vampir 98, 506
Vandalen **457**
Vase 164, 168
Vater 12, 17, 31, 56, 78, 100, 191, 193, 213, 240, 244, 255, 313, 375, 443, **458**, 489, 497, 500
Vater-Imago 241
Vega, G. de la 66, 139, 192, 223, 252, 291, 358, 409, 422, 460
Veilchen 70, 237, **458**, 462
Veit, St. 176
Veneralia 459
Venus 18, 29, 39, 63, 89f, 108, 121f, 134, 159, 169f, 199f, 205, 258, 268, 284, 296, 306, 323, 332, 343f, 346, 365, 373f, 406, 426ff, 436, 451, **459**, 460; s. Aphrodite
Vercelli, W. von 489
Vereinigungsband 239
Vergil 133, 167, 204
Vergißmeinnicht 70f
Verheiratung 40, 257, 307, 362, **460**
Veritas 413
Vermählung 461
Veronika 245
Verschwiegenheit 244
Verzweiflung 262
Vesta 284
Vestalinnen 223
Vexillologie 132
Via regia 449
Victoria 35, 148, 271, 321
vier 54, 69, 77, 82, 101, 119, 123, 128, 140, 185, 188f, 228, 249, 277, 308, 324, 330, 348, 350, 353, 414, **461**, 487, 498
Viertel 249
violett 29, 120, 134, 209, 237, **462**
Virgo 224
Viriditas 171, 479
Virtutes 121
Vishnu 63, 102, 144, 272, 296, 383, 403, 506
Viterbo, Gottfried von 358
Vitrailles 140
Vitriol **462**
Vogel 132, 148, 201, 215, 217, 242, 244, 304, 324, 328, 336, 428, 441, **463**, 483, 486, 505

Vogel-Strauß-Politik 429
Vogelweide, Walter von der 269
Volatilität 456
Volk 213
Vollmond 415
Voluptas 386
Voragine, Jacobus de 86, 137, 191, 300
Vorhölle 253
Vril 479
Vulcanales 370
Vulcanus 44, 177, 306
Vulkanausbruch (Santorin) 293
Vulva 34, 54, 278, 295f, 496

W
Waage 65, 101, 108, 204, 219, 225, 305, 327, 451, 459, **465**, 482
Wachs 215, 265
Wachsamkeit 244
Wachtel 87
Wagen 49, 94, 123, 163, 232, 237, 263, 337, 353, 408, 420, **466**
Wal **467**
Wald 21, 76, 107, 114, 177, **468**, 486
Walhall 202
Walküren 202, 305, 309, **469**
Wallfahrt 55, 77, 287, 296, 312, **469**
Walpurgisnacht 147, 299
Wampum **470**
Wappen 184f
Wappenkunst s. Heraldik
Wasser 12f, 15, 39, 63f, 76f, 88f, 99, 103, 109, 116, 118f, 138, 141f, 149, 156f, 160, 172, 188f, 195, 212f, 217, 228, 242, 245, 247, 272, 279, 293, 299, 304, 309, 317, 320, 324, 326, 328f, 343, 349f, 379, 382f, 385, 394, 397, 406, 412, 417, 428, 435, 451, 465, **471**, 478, 487, 491, 504
Wasser des Todes 417
Wassermann 29, 108, 375, 410, 476
Wasserpferd 445
Wasserprobe 189
Wasserwaage 466
Wasserwesen 262, 296, 370, **475**
Webstuhl 415
Wegkreuzung 249
Weide(nbaum) 70, **476**
Weihekreuz 252
Weihrauch **477**
Weihwasser 472
Wein 70f, 72, 75, 101, 109, 137f, 145, 154, 174, 182, 214, 309, 321, 325, 365, 368, 371, 407, 443, 451, 471, **478**, 482
Weintraube 196
Weisheit 268
weiß 43, 60, 63, 68ff, 92, 98, 110, 112, 116, 118f, 131, 133, 155, 172, 176, 179ff, 201, 209, 218, 225, 230, 243f, 268, 288f, 320, 329, 343, 351, 357, 359, 365, 392ff, 426, 444, 446, 480
Wellenkreise 247, 417, 445
Welt 435
Weltachse 41, 46, 54, 90, 123, 238, 249, 270, 287, 301, 311, 312, 332, 348, 376, 399, 421, 452, **480**
Weltecken 424
Weltenbaum 265, 312, 446, 481
Weltgericht 81, 345, 479, 481
Weltkugel 451
Weltuntergang 19, 33, 104, 167, 183, 207, 220, 289, 295, 305, 326, 345, 403, 405, 425, 455, 469, **481**, 489, 491
Weltzeitalter 144
Wendelin, St. 262, 312
Werwolf 51, 489f
Wetterhexe 403
Widder 14, 25, 71, 73, 103, 108, 124, 206, 283, 287, 344f, 377, 401, 410, **482**
Wiedehopf 300, **483**
Wiedergeburt 247, 256, 298, 455
Wiederkreuz 252
Wiesel 324
Wilde Jagd 159, 431
Wilde Menschen 25, 51, 73, 315, 360, 376, 468, **484**
Wildes Heer 336, 393
Wildmann 113
Wilgefortis 485
Wind 19, 39, 109, 122, 147, 162, 210, 213, 215, 228, 304, 320, 329, 335, 379, **486**
Windfüttern 431
Windmühle 451
Winkelmaß 268, 347, 399, 446, 451, **488**, 503
Wisent 427
Wochentage 344
Wodan 431
Wohlgeruch 477
Wolf 33, 190, 193, 210, 262, 282, 339, 359, 378, 448, 481, **488**
– im Schafspelz 490
Wolfdietrich 361
Wolfgang, Hl. 45, 490
Wolfsmilch 70
Wolke 33, 57, 105, 128, 190f, 307, 357ff, 377, 387, **491**
Wollust 174, 176, 254, 262, 264, 335, 337
Wu-fu 164
Würfel 119, 347, **492**
Wurm 390
Würzburg, Konrad von 324
Wurzel Jesse 55
Wüste 33, 73, 114, 231, 474, 499

X

Xanthippe 401, **494**
Xenoglossie 504
Xenokrates 99
Xenophon 494
Xihuitl 451
Xochipilli 390
Xochiquetzal 68, 474
Xolotl 66, 208

Y

Yantra 253, 278, 349, 380, **495**
Yeti 376, 484
Yggdrasil 54, 112, 194, 309
Yijing 212
Yin-Yang 57, 97, 103, 115, 118ff, 134, 138, 160, 166, 172, 182, 213, 248, 255, 283, 290, 357f, 401, 444, 475, 492, **495**
Ymir 361
Ynti 240
Yoga 120, 221, 272
Yollotli 186
Yoni 142, 270, **496**
Yoruba s. Joruba

Z

Zacharias 129
Zagreus 48, 318
Zahl 27, 99, 140, 203, 306, 346, 398, 432, 461, **497**
Zahn 167f, 187, 189, 242, 274, 440, **500**
Zarathustra 140
Zauber 71, 115
Zauberlehrling 59
Zeder 451, **500**
zehn 206, 498
Zehn Gebote Gottes 292
Zeit 87, 182
Zelt 49
Zen 437
Zenit 249, 481
Zephyrus 147, 210, 443, 486
Zepter 35, 94, 198, 253, 257, 262, 303, 442f, **501**
Zeus 25, 31, 34, 41, 44, 51, 55, 63, 66f, 94, 110f, 146, 161, 177, 204ff, 226, 257, 297, 299, 305, 308, 320, 345, 392, 400, 419, 427, 442, 447, 465f, 501
Ziege 73, 85, 141, 156, 304, 375, 377, 485, **502**
Ziegenfisch 421, 424
Zigeuner 180
Zikade 268, **502**
Zikkurat-Tempel 46, 57, 430, 439
Zimt 181
Zinn 39, 134, 226, 259
Zion 58
Zirkel 79, 247f, 268, 446, 488, **503**
Ziu 282, 344
Zodiakalzeichen 128
Zodiakus 427; s. Tierkreis
Zopf 174
Zorn 262, 305
Z'otz 145
Zunge 47, 133, 140, 153, 165, 275, 300, 388, 406, **504**
Zupaya Huacin 192
Zwecke 302
Zwerg 59, 157, 164, 200, 305, 361, 468, 486, **505**
Zwiebel 71, **506**
Zwillinge 108, 204, 208, 282, 323, 444, **507**
Zwitter 145
zwölf 20, 75, 108, 120, 203, 414, 423, 425, 442, 498
Zypern 249, 258, 459
Zypresse 80, 451, 500, **507**

Abraham, S. 11

Abraham, S. 11

Acht Unsterbliche, S. 13

Adam und Eva, S. 14

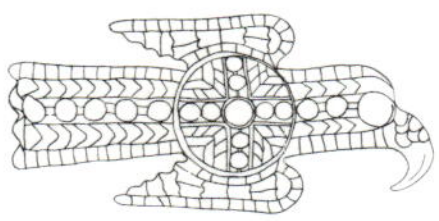
Adler, S. 15

Adler, S. 15

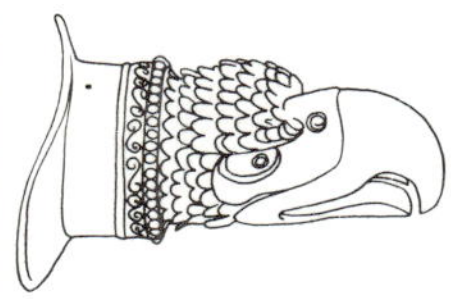
Adler, S. 16

Adler, S. 16

Adler, S. 17

Adonis, S. 18

Affe, S. 18

Affe, S. 19

Ahasver, S. 21

Ährenkleid Mariae, S. 22

Akelei, S. 22

Aktäon, S. 23

Alant, S.. 23

Alchemistische Symbole, S. 24

Alchemistische Symbole, S. 24

Alchemistische Symbole, S. 24

Alchemistische Symbole, S. 24

Alexander d. Große, S. 25

Alöe, S. 26

Alpha und Omega, S. 26

Alpha und Omega, S. 27

Amazonen, S. 27

Amor, S. 29

Amor, S. 29

Anch, S. 30

Androgyn, S. 30

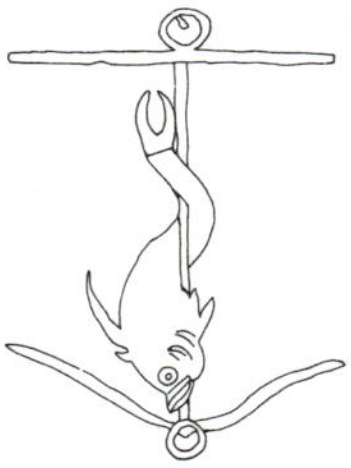

Anker, S. 31

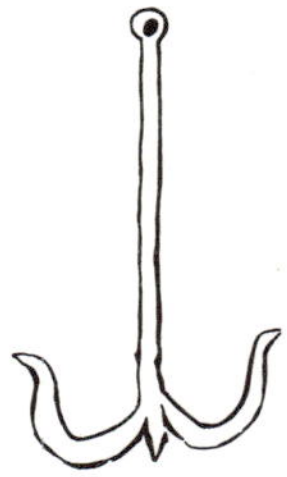

Anker, S. 31

Anker, S. 32

Antichrist, S. 32

Antonius d. Große, S. 33

Apfel, S. 34

Arche, S. 36

Arma Christ, S. 36

Aronstab, S. 37

Äskulapstab, S. 38

Äskulapstab, S. 38

Astrologische Symbole, S. 39

Atlantis, S. 40

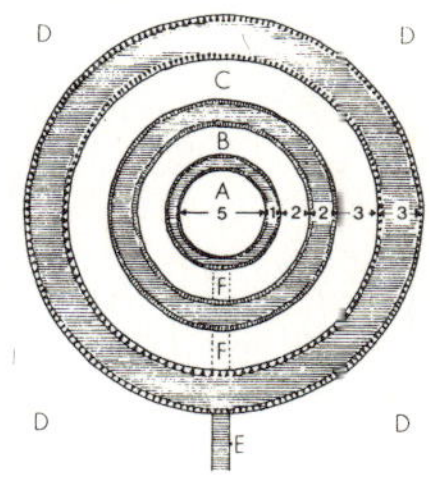

Atlantis, S. 4C

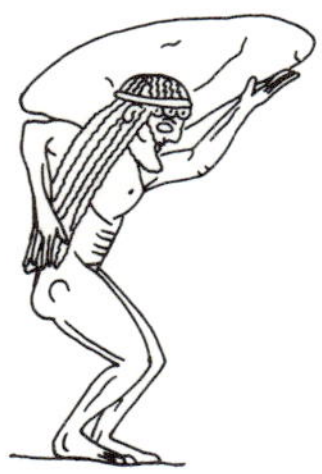

Atlas, S. 41

Auge, S. 42

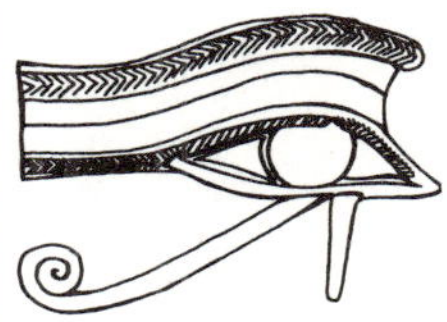

Auge, S. 42

Auge, S. 43

Auge, S. 43

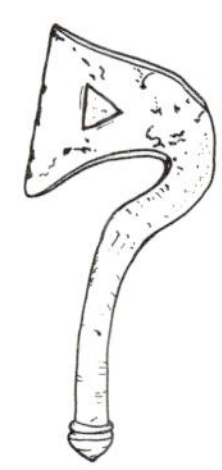

Axt, S. 44

Axt, S. 44

Axt, S. 45

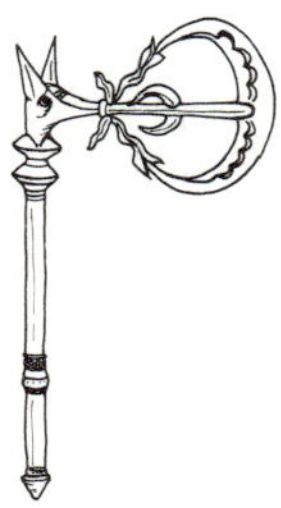

Axt, S. 45

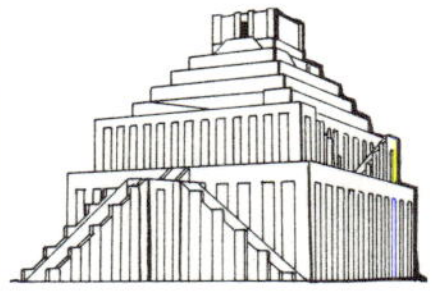

Babel, Turm von, S. 46

Babel, Turm von, S. 46

Babel, Turm von, S. 47

Babylon, S. 47

Bacchus, S. 48

Bad, S. 49

Baldachin, S. 49

Ball, S. 50

Bambus, S. 50

Bär, S. 51

Bär, S. 51

Bart, S. 52

Basilisk, S. 53

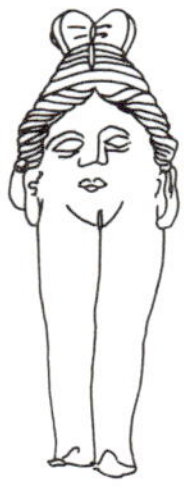
Baubo, S. 54

Baum, S. 55

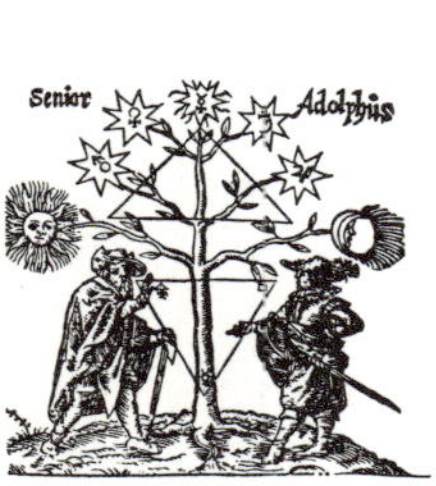

Baum, S. 55

Baum, S. 56

Berg, S. 57

Berg, S. 58

Bes, S. 59

Besen, S. 60

Bettler, S. 60

Bettler, S. 61

Bettler, S. 61

Biene, S. 62

Biene, S. 62

Birne, S. 63

Blei, S.64

Blindheit, S.65

Blitz, S.66

Blitz, S.66

Blitz, S.67

Blume, S.67

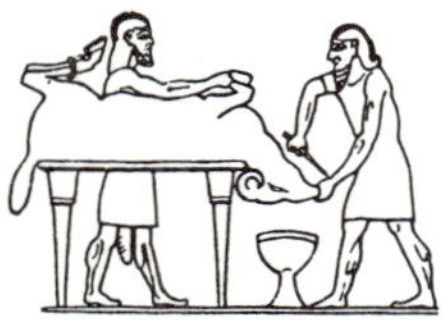

Blut, S.71

Blut, S.71

Bock, S.73

Brot, S.75

Brunnen, S.77

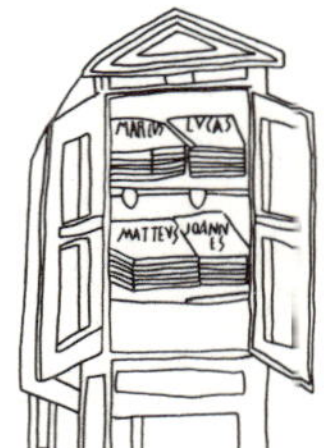

Buch, S.78

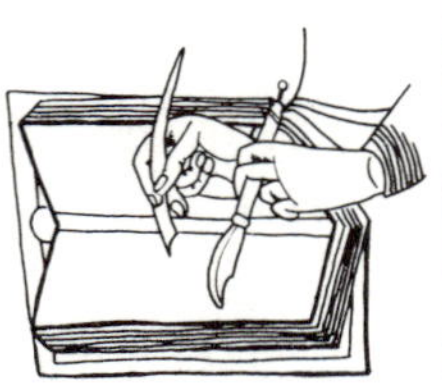

Buch, S.78

Buch, S.79

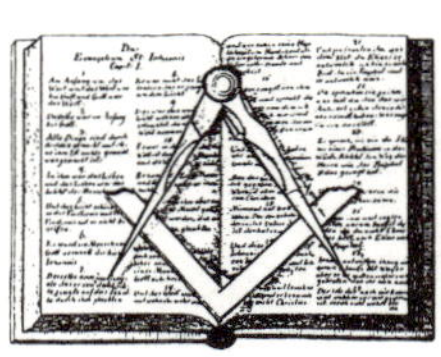

Buch, S.79

Burg, S.80

Burg, S.80

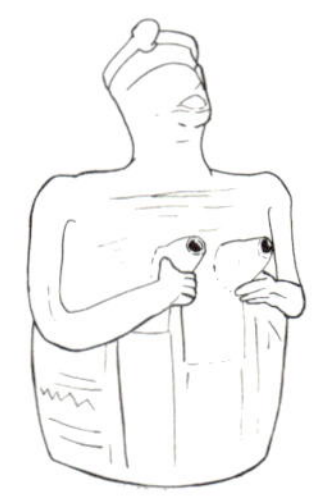

Busen, S.81

Busen, S.81

Caduceus, S.83

Chaos, S. 84

Chimäre, S. 85

Chimäre, S. 85

Chrismon, S. 85

Chrismon, S. 85

Christophorus, S. 86

Chronos, S. 87

Daphne, S. 88

David, S. 89

Delphin, S. 89

Delphin, S. 90

Diana, S. 91

Dickbauchbuddha, S. 91

Distel, S. 92

Djed-Pfeiler, S. 93

Donner, S. 93

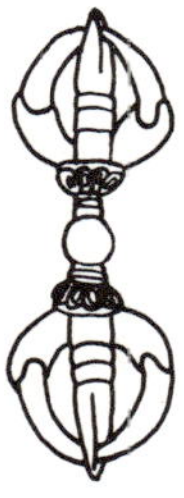
Donner, S. 93

Don Quixote, S. 94

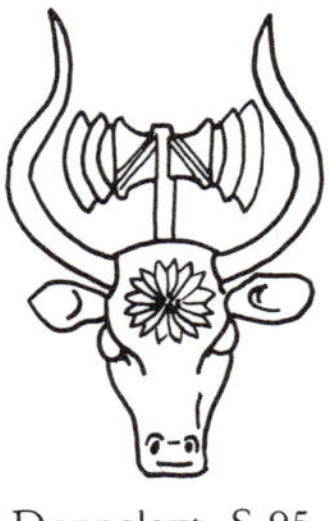
Doppelaxt, S. 95

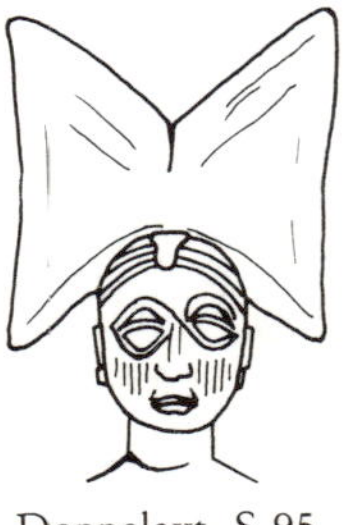
Doppelaxt, S. 95

Dornbusch, S. 96

Drachen, S. 96

Drachen, S. 97

Drachen, S. 97

Drachen, S. 97

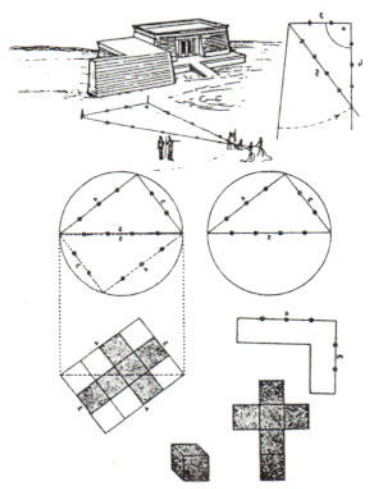
Dreieck, S. 98

Dreieck, S. 99

Dreifaltigkeit, S. 100

Dreifaltigkeit, S. 100

Dreifaltigkeit, S. 101

Dreigestalt, S. 102

Dreigestalt, S. 102

Dreigestalt, S. 102

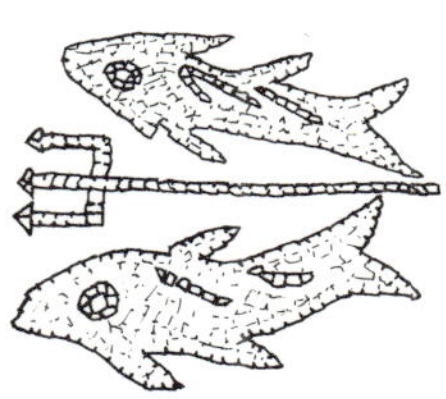
Dreizack, S. 103

Dualsysteme, S. 103

Dualsysteme, S. 104

Dualsysteme, S. 104

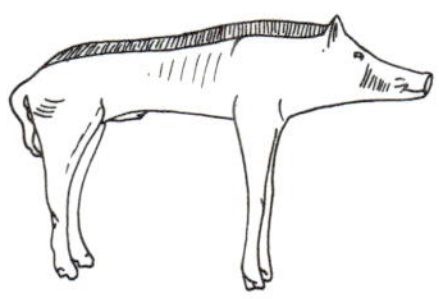
Eber, S. 106

Eber, S. 106

Edelsteine, S. 107

Edelsteine, S. 108

Efeu, S. 109

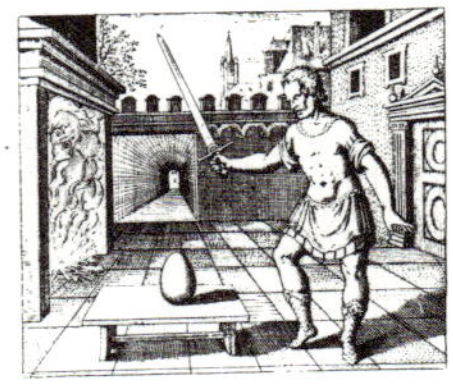
Ei, S. 110

Eiche, S. 111

Eichhörnchen, S. 111

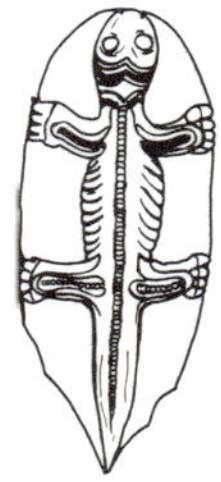
Eidechse, S. 112

Einhorn, S. 113

Einhorn, S. 113

Einhorn, S. 114

Einsiedler, S. 115

Elefant, S. 116

Elefant, S. 116

Elefant, S. 117

Elefant, S. 117

Elemente, S. 118

Elemente, S. 119

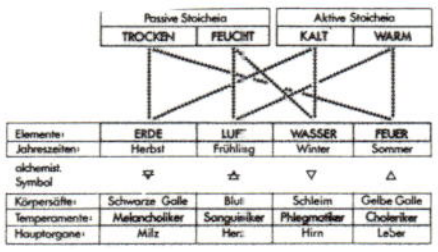

Elemente, S. 119

Engel, S. 120

Engel, S. 121

Engel, S. 121

Ente, S. 122

Erde, S. 123

Erinnyen, S. 124

Esel, S. 125

Eule, S. 126

Eule, S. 126

Eule, S. 126

Eulenspiegel, S. 127

Evangelisten-Symbole, S. 128

Evangelisten-Symbole, S. 128

Evangelisten-Symbole, S. 129

Fackel, S. 130

Fahnen, S. 131

Fahnen, S. 131

Fahnen, S. 132

Falke, S. 132

Fasan, S. 134

Fasces, S. 135

Faust, S. 135

Feder, S. 136

Fegefeuer, S. 136

Feige, S. 137

Feige, S. 138

Felsen, S. 139

Felsen, S. 139

Fenster, S. 140

Feuer, S. 141

Feuer, S. 141

Feuer, S. 142

Fica-Geste, S. 142

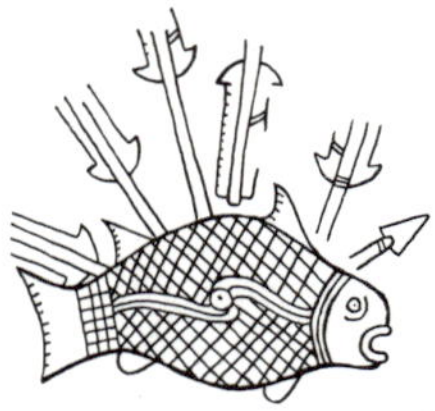
Fische, S. 143

Fische, S. 143

Fledermaus, S. 145

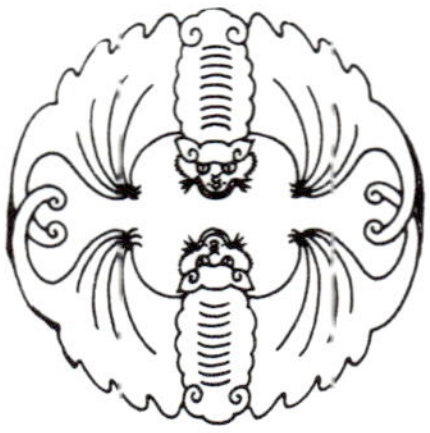
Fledermaus, S. 145

Fledermaus, S. 146

Fledermaus, S. 146

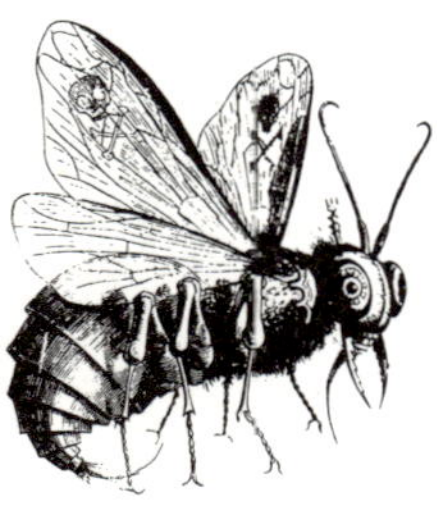
Fliege, S. 147

Flügel, S. 148

Flügel, S. 148

Flügel, S. 148

Flügel, S. 149

Fluß, S. 149

Fluß, S. 150

Fluß, S. 150

Fortuna, S. 151

Freimaurerische Symbole, S. 152

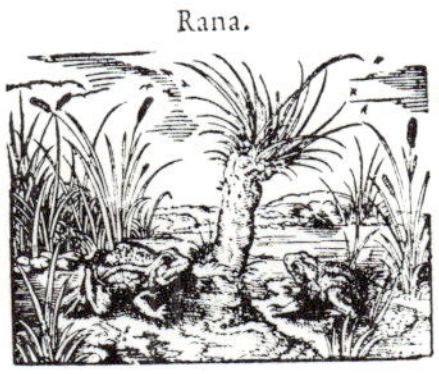

Frosch, S. 153

Fuchs, S. 154

Fuchs, S. 155

Fünf, S. 156

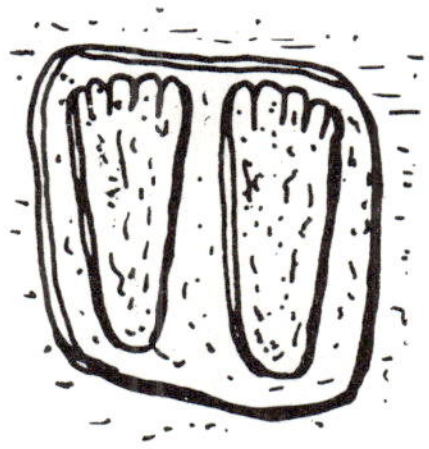
Fuß, S. 157

Gans, S. 159

Garten, S. 160

Geier, S. 161

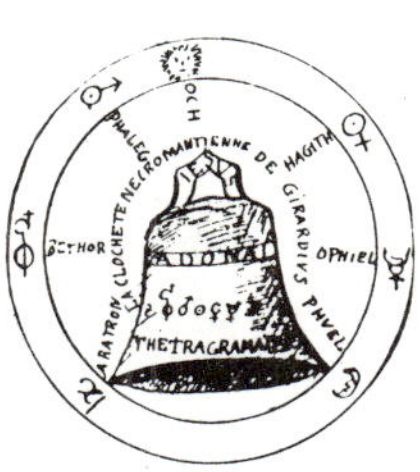

Glocken, S. 163

Glocken, S. 163

Glocken, S. 164

Gold, S. 165

Gold, S. 166

Gold, S. 166

Gorgonen, S. 168

Gorgonen, S. 168

Gorgonen, S. 168

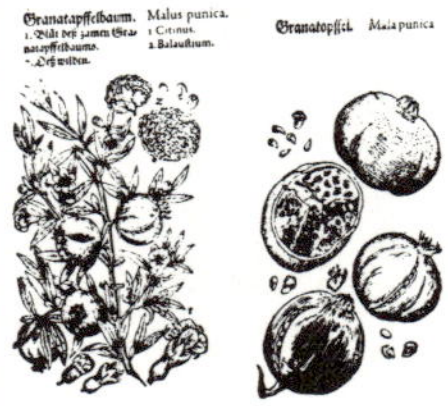
Granatapfel, S. 169

Grazien, S. 170

Greif, S. 170

Greif, S. 171

Gürtel, S. 172

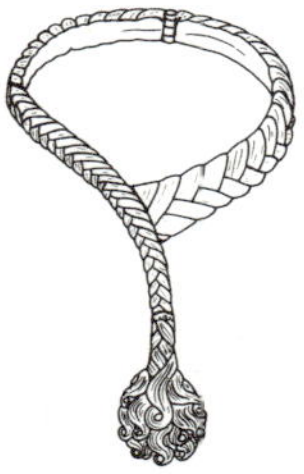
Haar, S. 174

Hahn, S. 175

Hahn, S. 175

Hahn, S. 176

Hain, S. 177

Hammer, S. 177

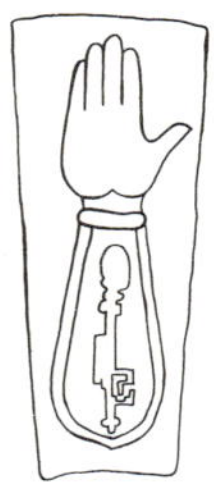
Hand, S. 178

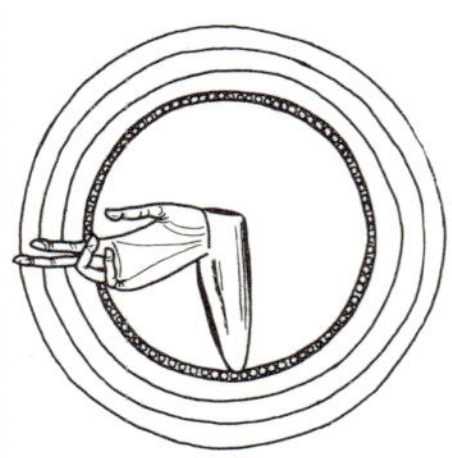
Hand, S. 178

Hand, S. 179

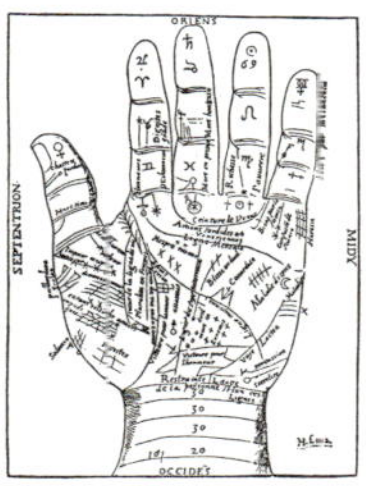

Hand, S. 179

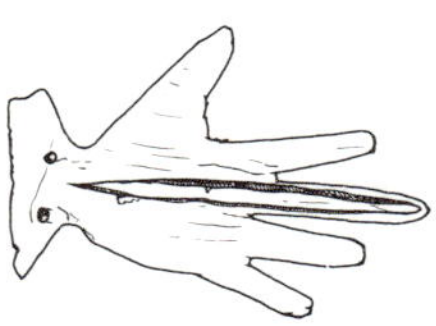
Hand, S. 180

Hase, S. 181

Hase, S. 182

Haus, S. 183

Henne, S. 184

Henne, S. 184

Herz, S. 185

Herz, S. 185

Hetäre, S. 186

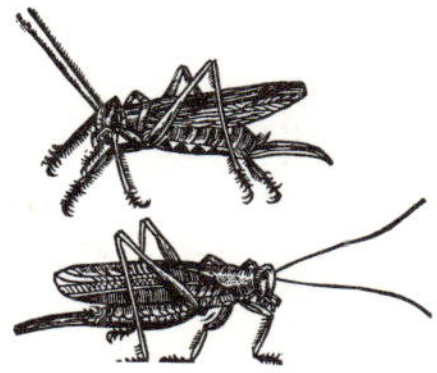
Heuschrecke, S. 187

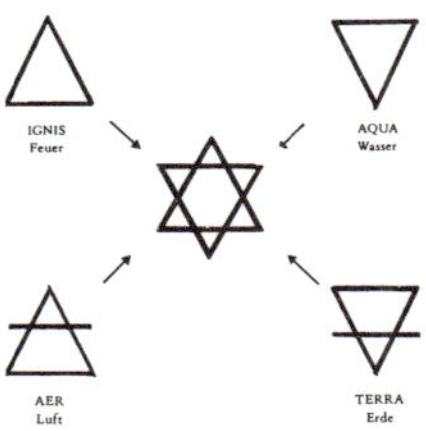

Hexagramm, S. 188

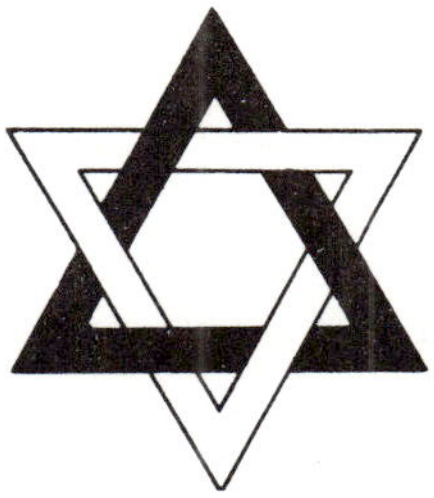
Hexagramm, S. 188

Hexagramm, S. 189

Hexen, S. 189

Hexen, S. 190

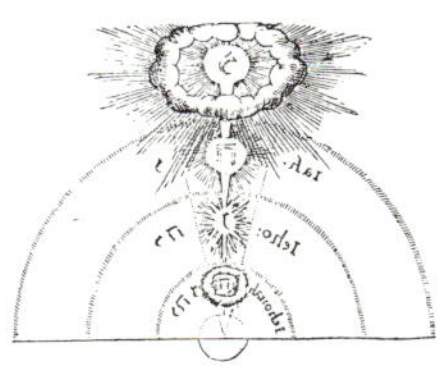
Himmel, S. 191

Himmel, S. 192

Hinde, S. 193

Hiob, S. 194

Hirsch, S. 195

Hirsch, S. 195

Hirsch, S. 196

Hirte, S. 196

Hirte, S. 197

Hirte, S. 197

Hirte, S. 198

Hochzeit, S. 198

Höhlen, S. 199

Hölle, S. 202

Hölle, S. 203

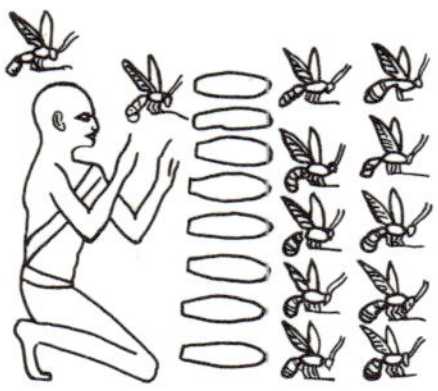
Honig, S. 204

Hörner, S. 205

Hund, S. 207

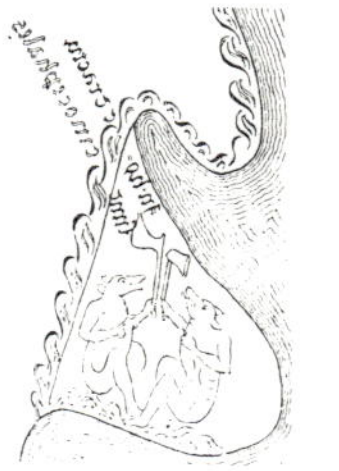
Hund, S. 207

Hund, S. 208

Hund, S. 209

Hure, S. 209

Hyäne, S. 210

Hypnos, S. 210

Ibis, S. 212

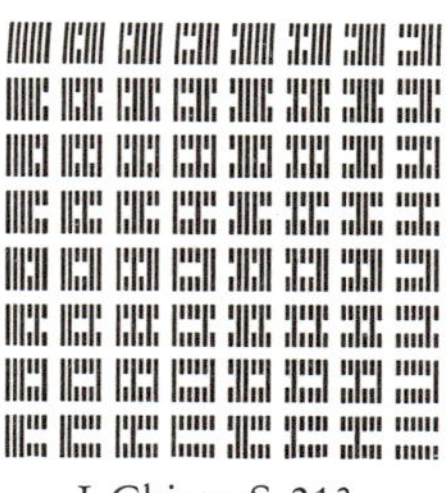
I-Ching, S. 213

Idole, S. 213

Igel, S. 214

Ikarus, S. 215

Insel der Seligen, S. 215

Janus, S. 218

Jenseits, S. 219

Jerusalem, S. 220

Jerusalem, S. 220

Joseph, S. 222

Judas, S. 223

Jungfrau, S. 223

Jungfrau, S. 224

Jungfrau, S. 224

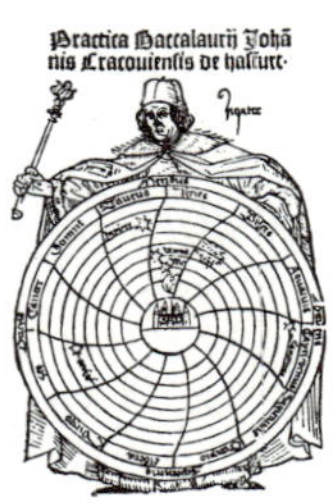
Jupiter, S. 225

Jupiter, S. 225

Kain, S. 227

Kain, S. 227

Kaiser, S. 228

Kaiser, S. 228

Kaiser, S. 229

Kaiser, S. 229

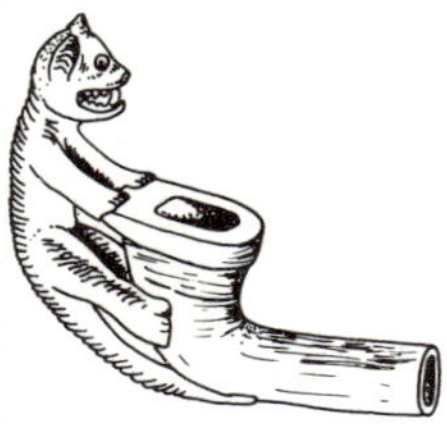
Kalumet, S. 230

Kalumet, S. 230

Kamel, S. 231

Katze, S. 232

Katze, S. 232

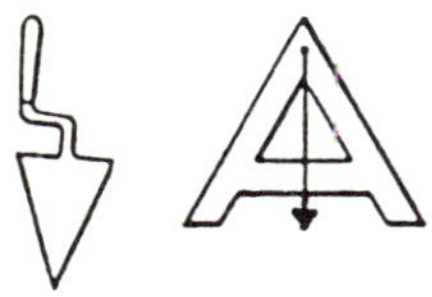
Kelle, S. 233

Kentauren, S. 233

Kentauren, S. 234

Kentauren, S. 234

Kette, S. 234

Kette, S. 235

Kette, S. 235

Kiefer, S. 236

Knochen, S. 237

Knoten, S. 238

Knoten, S. 238

Knoten, S. 239

König, S. 240

König, S. 241

Korallen, S. 242

Korallen, S. 243

Kranich, S. 243

Kranich, S. 244

Kranich, S. 244

Kranz, S. 245

Krebs, S. 246

Krebs, S. 246

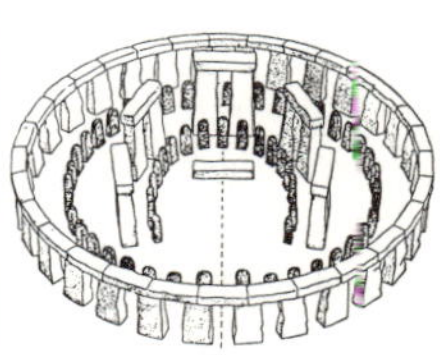

Kreis, S. 247

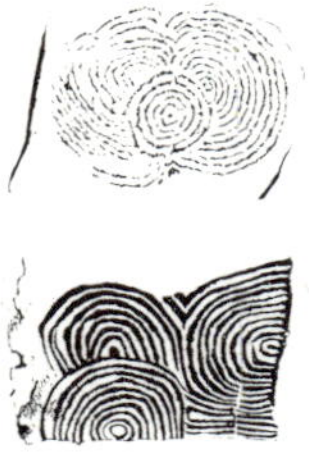

Kreis, S. 247

Kreis, S. 248

Kreis, S. 248

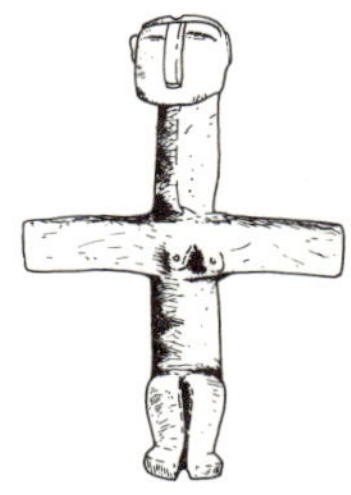

Kreuz, S. 249

Kreuz, S. 249

Kreuz, S. 251

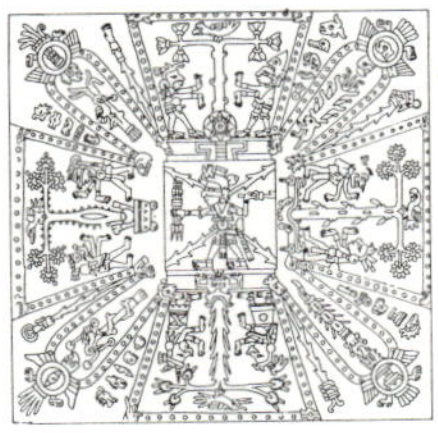

Kreuz, S. 251

Kreuz, S. 252

Kriegsbeil, S. 252

Krokodil, S. 253

Krone, S. 254

Krone, S. 255

Kröten, S. 256

Kröten, S. 256

Kuh, S. 257

Kuh, S. 257

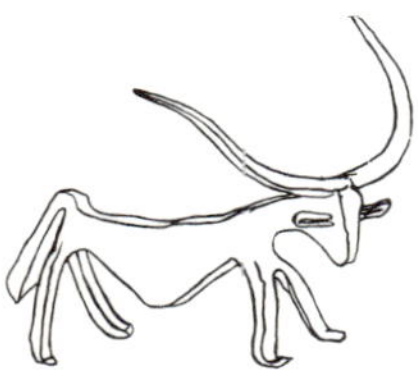
Kuh, S. 258

Kukri, S. 258

Kupfer, S. 258

Labyrinth, S. 260

Labyrinth, S. 260

Labyrinth, S. 260

Lamm, S. 261

Lamm, S. 261

Lamm, S. 262

Laster, S. 262

Laster, S. 262

Lazarus, S. 263

Leiter, S. 264

Leuchter, S. 264

Leuchter, S. 265

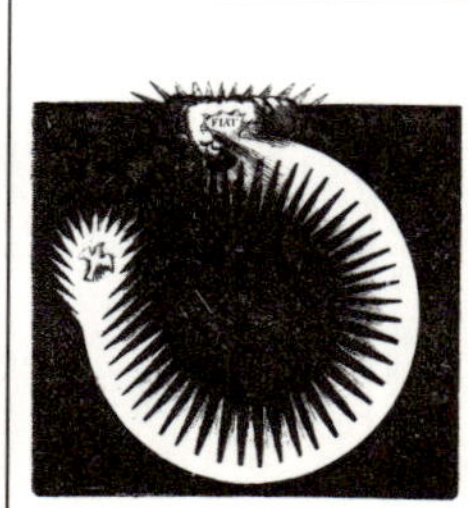
Licht, S. 266

Märchen, S.281

Mars, S.282

Masken, S.282

Masken, S.283

Masken, S.283

Maus, S.284

Maus, S.285

Maus, S.285

Medizin, S.286

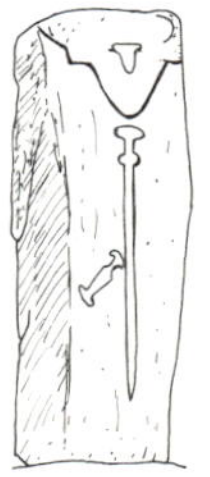
Menhir, S.286

Merkur, S.287

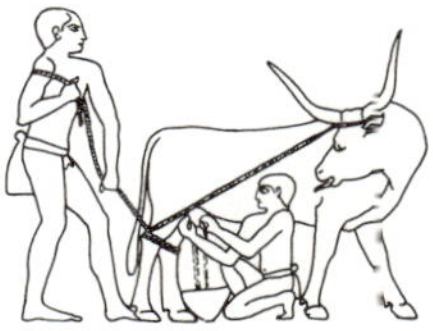
Milch, S.288

Milch, S.289

Mond, S.290

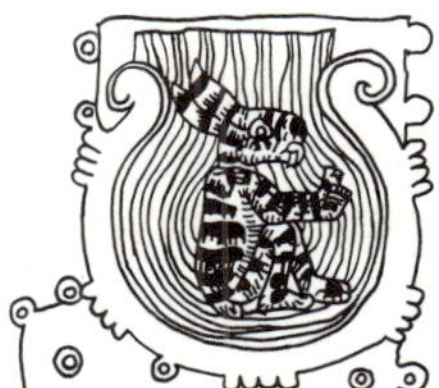
Mond, S.291

Moses, S.292

Moses, S.293

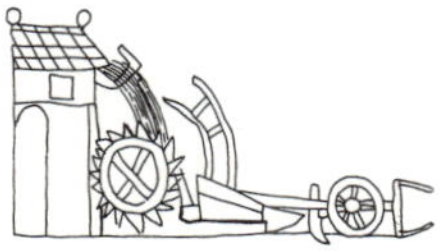
Mühle, S.294

Mühle, S.294

Münchhausen, S.295

Licht, S. 267

Lilie, S. 268

Lilie, S. 268

Lilie, S. 269

Linde, S. 269

Lorbeer, S. 270

Lotos, S. 271

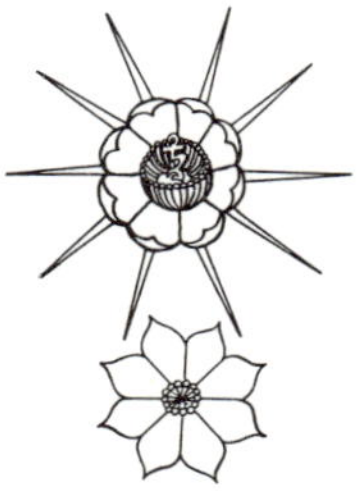
Lotos, S. 272

Löwe, S. 273

Löwe, S. 273

Löwe, S. 274

Löwenhunde, S. 275

Mammon, S. 277

Mandala, S. 278

Mandorla, S. 278

Mandorla, S. 279

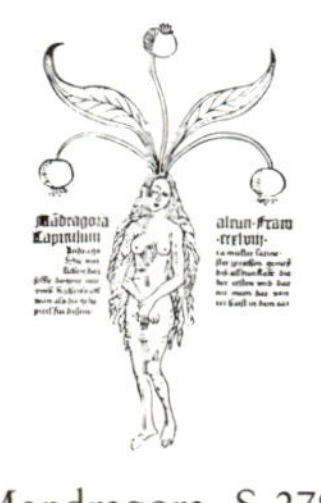
Mandragora, S. 279

Mantel, S. 280

Mantel, S. 280

Mantel, S. 281

Muscheln, S. 296

Mutter, S. 297

Mutter, S. 298

Nacht, S. 299

Nachtigall, S. 300

Narr, S. 303

Narr, S. 303

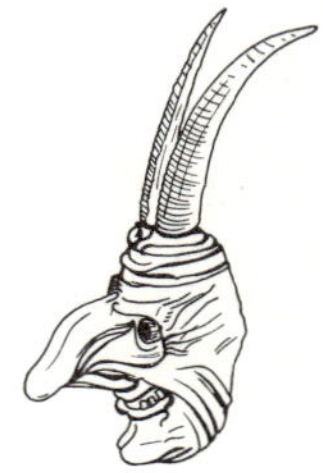
Nase, S. 304

Nase, S. 304

Nelke, S. 305

Netz, S. 306

Nilpferd, S. 307

Nimbus, S. 308

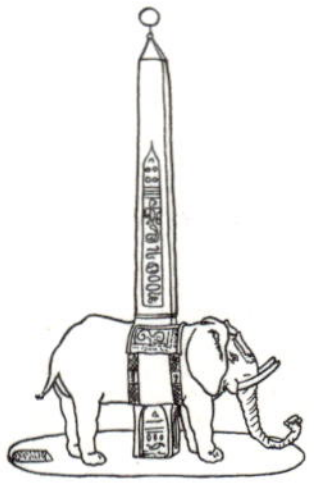
Obelisk, S. 311

Octopus, S. 313

Octopus, S. 313

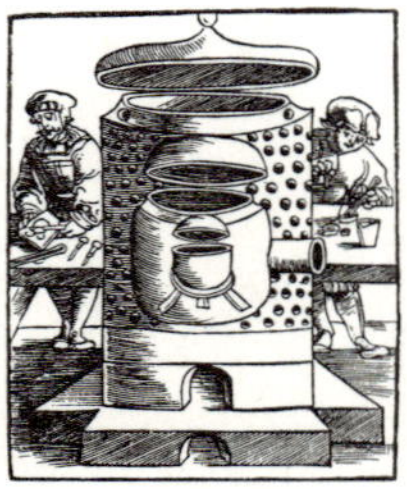
Ofen, S. 314

Ohr, S. 314

Ölbaum, S. 315

Omphalos, S. 316

Orans-Geste, S. 317

Orans-Geste, S. 317

Orpheus, S. 318

Pan, S. 319

Päonie, S. 320

Palme, S. 321

Panther, S. 322

Panther, S. 323

Panther, S. 324

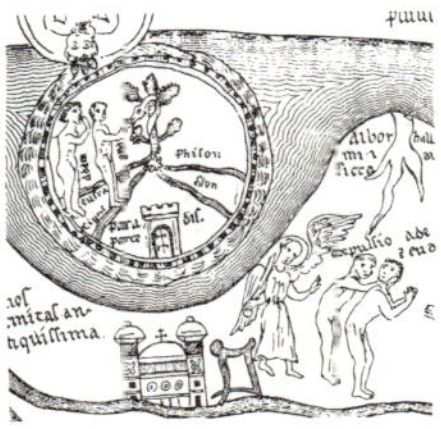

Paradies, S. 324

Paradies, S. 325

Paradies, S. 325

Paradiesvogel, S. 327

Pegasus, S. 327

Pegasus, S. 328

Pelikan, S. 328

Pentagramm, S. 329

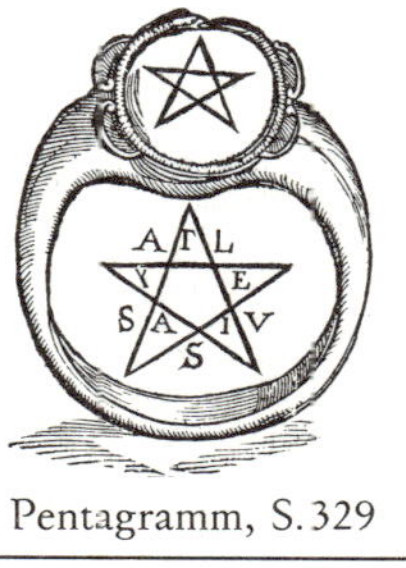

Pentagramm, S. 329

Pentagramm, S. 330

Perle, S. 331

Perle, S.331

Pfahl, S.333

Pfau, S.334

Pfau, S.334

Pfeil, S.335

Pfeil, S.336

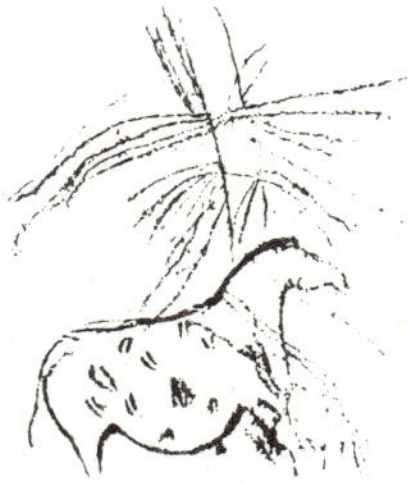
Pferd, S.336

Pferd, S.337

Pferd, S.337

Pferd, S.337

Pflaume, S.338

Pflug, S.338

Pflug, S.339

Pforte, S.339

Pforte, S.340

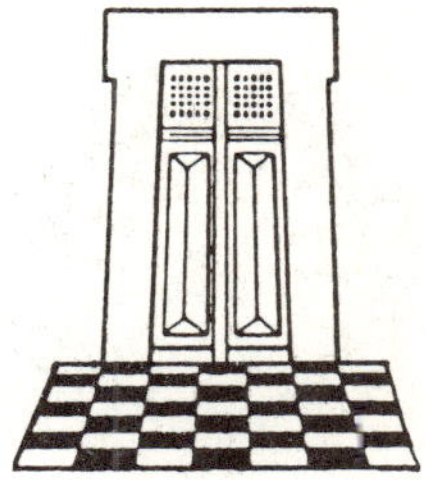
Pforte, S.340

Phönix, S.341

Phönix, S.341

Phönix, S.342

Pilze, S.342

Posaune, S. 344

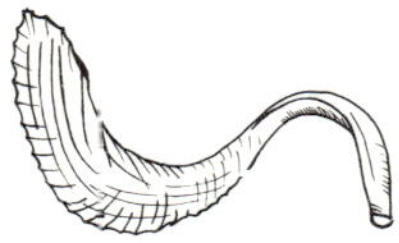
Posaune, S. 344

Posaune, S. 345

Prometheus, S. 345

Pythagoras, S. 346

Quadrat, S. 349

Quellen, S. 349

Quellen, S. 350

Rabe, S. 351

Rabe, S. 352

Rabe, S. 352

Rabe, S. 352

Rad, S. 353

Ratte, S. 355

Ratte, S. 355

Räuber, S. 356

Regen, S. 357

Regenbogen, S. 358

Reiher, S. 359

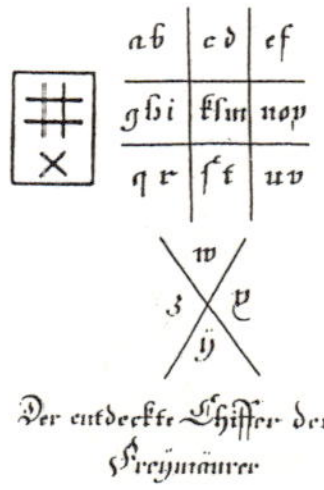
Reißbrett, S. 360

Riesen, S. 361

Riesen, S. 361

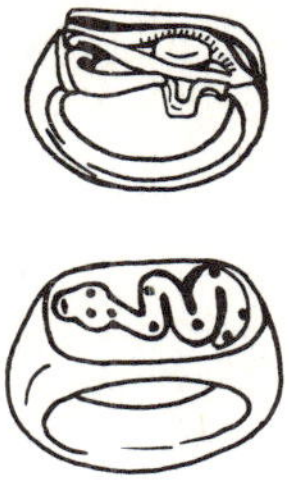
Ring, S. 362

Ritter, S. 363

Ritter, S. 363

Ritter, S. 364

Ritter, S. 364

Roland, S. 365

Rose, S. 365

Rose, S. 366

Rose, S. 366

Runen, S. 369

Salamander, S. 370

Salamander, S. 370

Salomo(n), S. 371

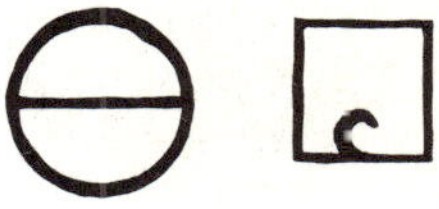
Salz, S. 372

Samariter, S. 372

Sanduhr, S. 373

Saturn, S. 374

Saturn, S. 375

Satyrn, S. 375

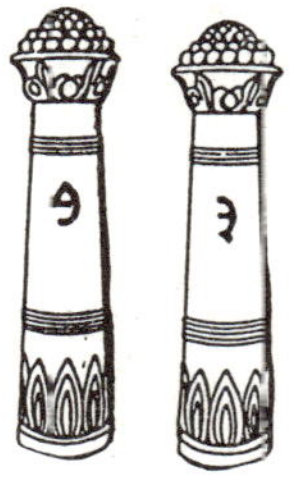
Säulen, S. 376

Säulen, S. 376

Säulen, S. 377

Säulen, S. 377

Schaf, S. 378

Schiff, S. 380

Schiff, S. 381

Schiff, S. 381

Schiff, S. 382

Schildkröte, S. 383

Schlange, S. 384

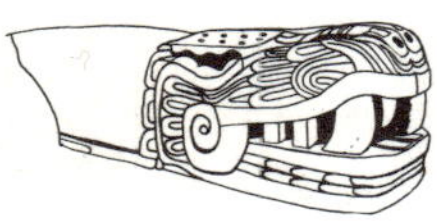
Schlange, S. 385

Schlange, S. 386

Schleier, S. 387

Schlüssel, S. 388

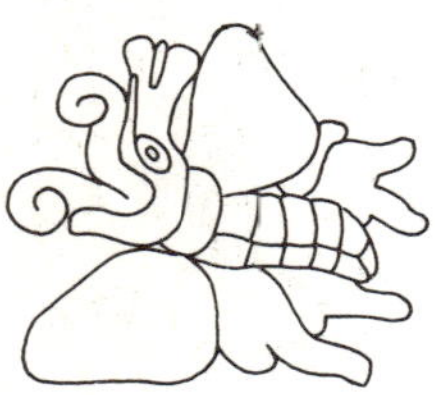
Schmetterling, S. 388

Schmetterling, S. 389

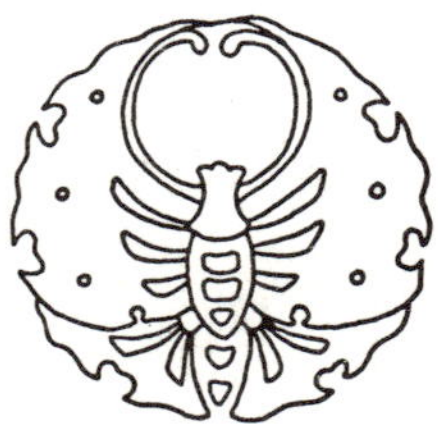
Schmetterling, S. 389

Schmetterling, S. 390

Schnecke, S. 391

Schwalbe, S. 391

Schwan, S. 392

Schwan, S. 393

Schwarz, S. 393

Schwarz, S. 394

Schwein, S. 395

Schwert, S. 396

Schwert, S. 397

Schwert, S. 397

Seelenloch, S. 398

Sichel, S. 399

Sichel, S. 400

Sichel, S. 400

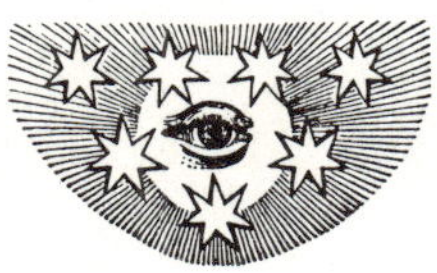
Sieben, S. 400

Sieben, S. 401

Sieben, S. 401

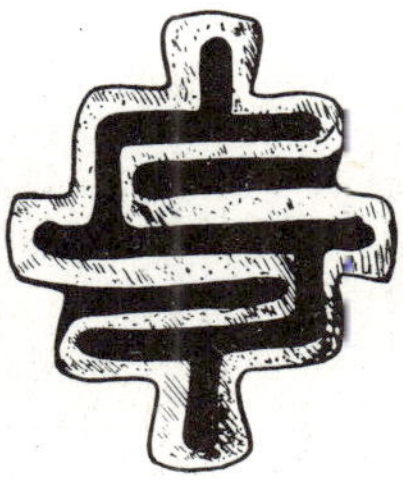
Siegel, S. 402

Siegel, S. 402

Siegel, S. 403

Sintflut, S. 403

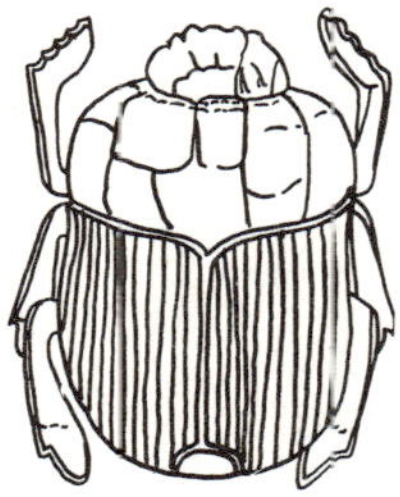
Skarabäus, S. 404

Skelette, S. 405

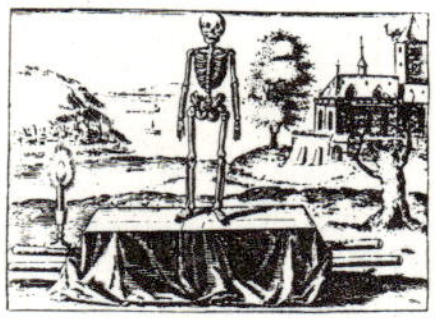
Skelette, S. 405

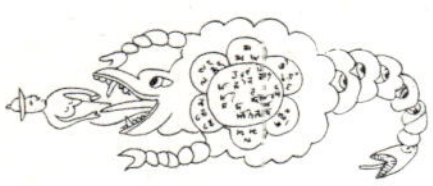
Skorpion, S. 406

Skorpion, S. 406

Sodom, S. 407

Sonne, S. 408

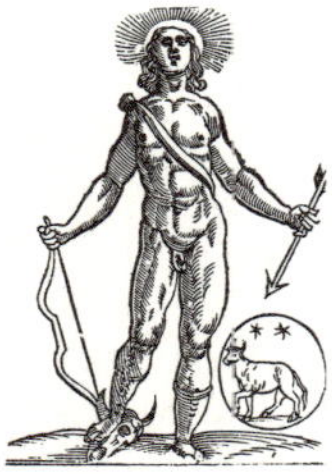
Sonne, S. 408

Sonne, S. 409

Sonne, S. 409

Sophia, S. 410

Sphinx, S. 411

Sphinx, S. 411

Sphinx, S. 412

Spiegel, S. 412

Spiegel, S. 413

Spiele, S. 414

Spindel, S. 415

Spindel, S. 415

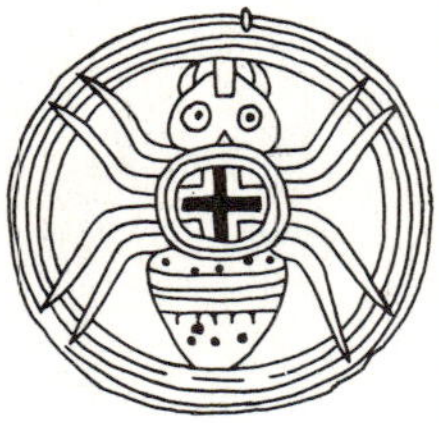
Spinne, S. 416

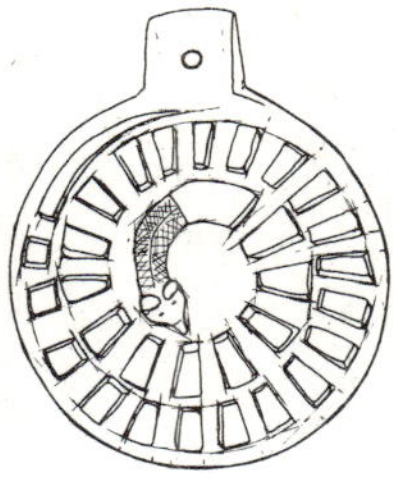
Spirale, S. 417

Spirale, S. 417

Stadt, S. 418

Stein, S. 419

Steinbock, S. 420

Steinbock, S. 421

Sterne, S. 421

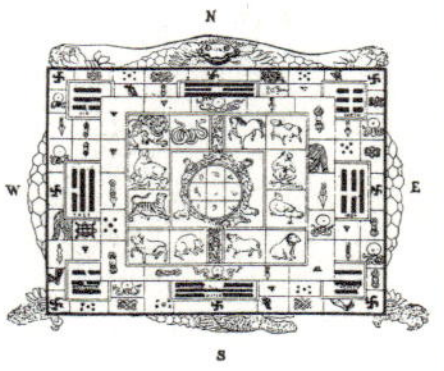

Sterne, S. 421

Sterne, S. 422

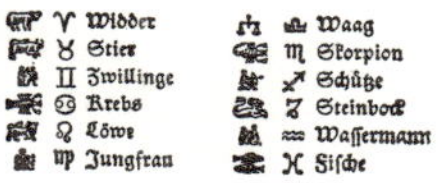

Sterne, S. 422

Sterne, S. 423

Sterne, S. 423

Sterne, S. 424

Sterne, S. 424

Sterne, S. 425

Stier, S. 426

Stier, S. 426

Stier, S. 427

Stier, S. 427

Storch, S. 428

Strauß, S. 429

Strauß, S. 429

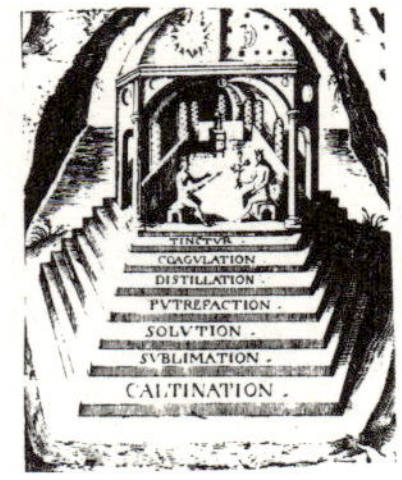

Stufen, S. 430

Sturm, S. 431

Sturm, S. 431

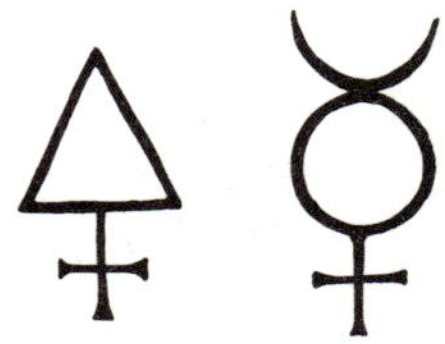
Sulphur und Mercurius, S. 432

Swastika, S. 432

Tarot, S. 434

Tau, S. 435

Taube, S. 436

Taube, S. 436

Taube, S. 437

Tell, S. 438

Tempel, S. 439

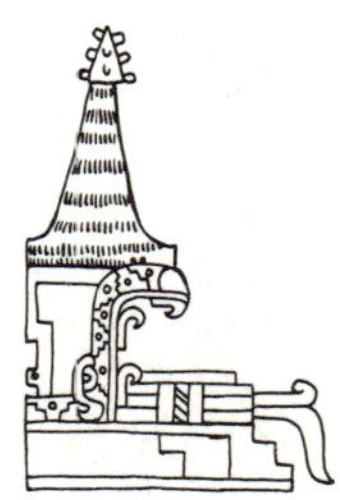
Tempel, S. 439

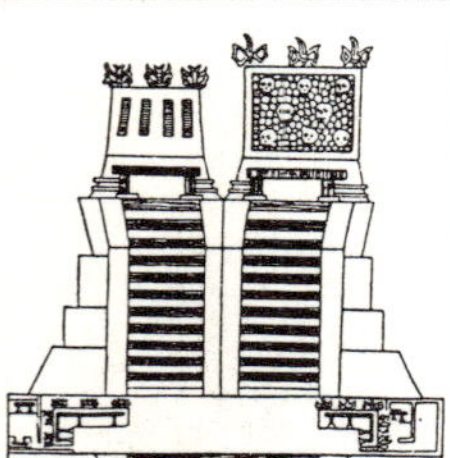
Tempel, S. 440

Teufel, S. 440

Teufel, S. 441

Thanatos, S. 442

Thron, S. 442

Thron, S. 443

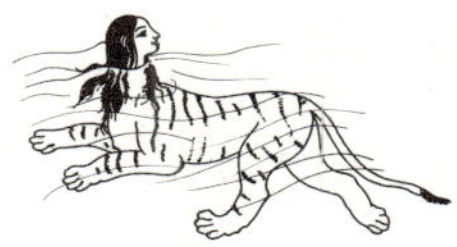
Tiger, S. 444

Tiger, S. 444

Todessymbole, S. 445

Todessymbole, S. 445

Todessymbole, S. 446

Torii, S. 446

Totem, S. 447

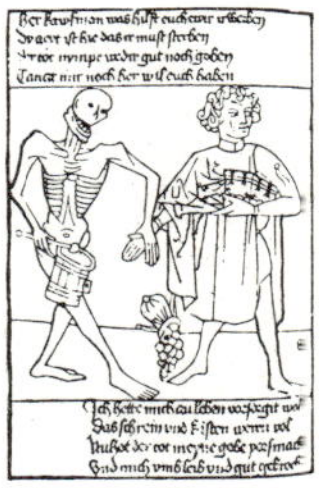
Totentanz, S. 448

Traumsymbole, S. 449

Traumsymbole, S. 449

Traumsymbole, S. 450

Triskelis (Zahlen), S. 450

Turm, S. 452

Turm, S. 452

Uroboros, S. 454

Uroboros, S. 454

Uroboros, S. 455

Uroboros, S. 455

Uroboros, S. 455

Uroboros, S. 455

Vandalen, S. 457

● Vandalen
trieben ihr Unwesen in Graz: Am Jaritzweg zerkratzten sie bei einem Porsche Lack und Stoßstange ... Schaden. In der

● Ein Vandale
überflutete in einer Schule in der Grazer Panoramagasse das Bad. Vermutlich derselbe ... auch den

● Unfaßbarer
Vandalenakt in Rohrbach bei Hitzendorf: Dort schnitten in der Nacht auf Montag unbekannte Täter im Reitstall des Landwirtes Josef Kofler (38) drei Pferden, einer Stute und zwei Wallachen, den Schweif ab

Vandalen, S. 457

Vater, S. 458

Veilchen, S. 458

Venus, S. 459

Venus, S. 459

Verheiratung, S. 460

Vier, S. 461

Vogel, S. 463

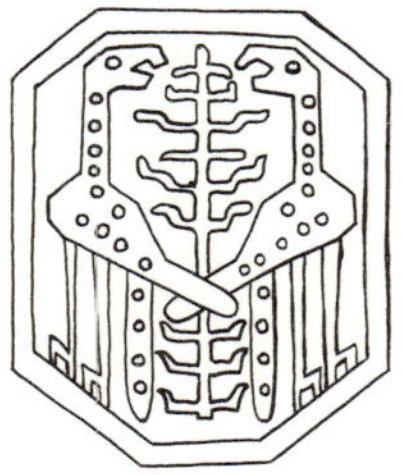
Vogel, S. 463

Vogel, S. 464

Vogel, S. 464

Waage, S. 465

Waage, S. 465

Waage, S. 466

Wagen, S. 466

Wagen, S. 467

Wagen, S. 467

Wal, S.468

Wal, S.468

Wald, S.468

Wald, S.469

Wallfahrt, S.470

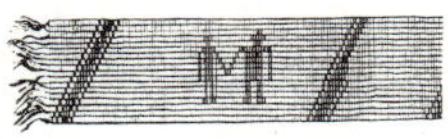

Wampum, S.470

Wasser, S.471

Wasser, S.471

Wasser, S.472

Wasser, S.472

Wasser, S.473

Wasserwesen, S 474

Wasserwesen, S.475

Wasserwesen, S.475

Wasserwesen, S.476

Weihrauch, S.477

Wein, S.478

Wein, S.479

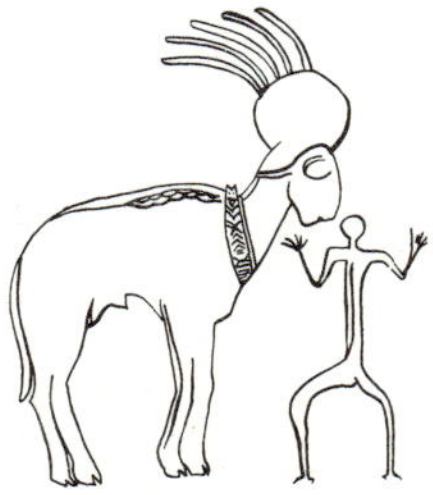

Widder, S.482

Widder, S.483

Wilde Menschen, S. 484

Wilde Menschen, S. 484

Wilde Menschen, S. 485

Wilde Menschen, S. 485

Winde, S. 487

Winkelmaß, S. 488

Winkelmaß, S. 488

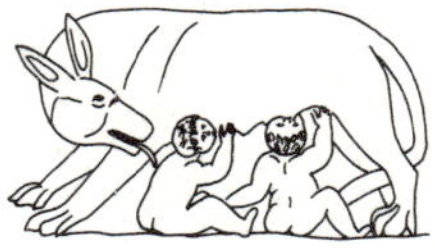
Wolf, S. 489

Wolf, S. 489

Wolf, S. 490

Wolf, S. 490

Wolf, S. 491

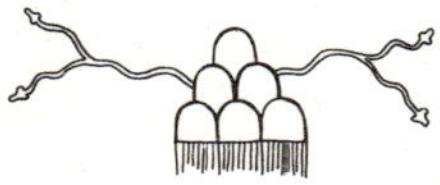
Wolken, S. 492

Würfel, S. 492

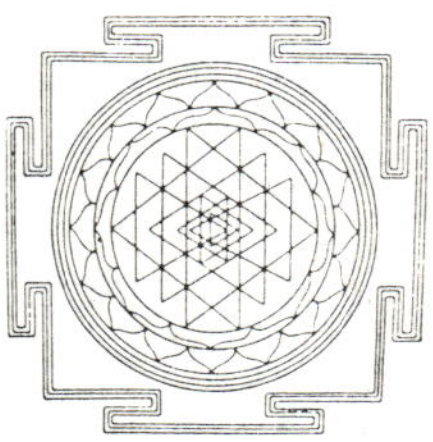
Yantra, S. 495

Yin-Yang, S. 495

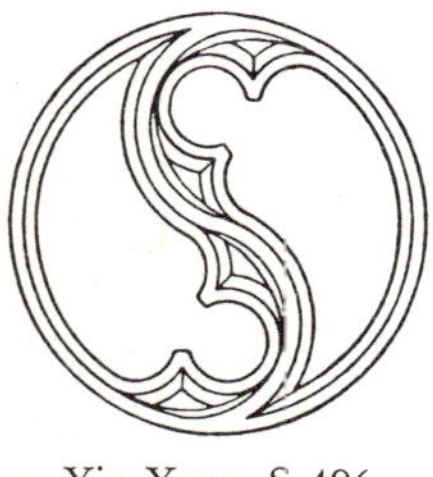
Yin-Yang, S. 496

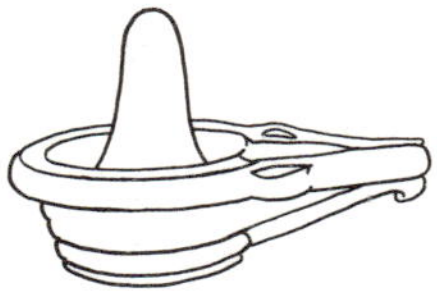
Yoni, S. 496

Zahlen, S. 498

Zahlen, S. 499

Zeder, S. 500

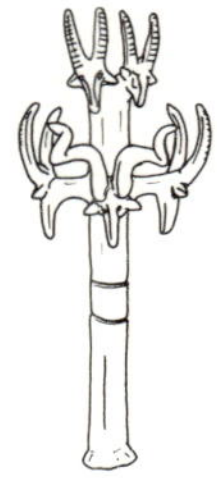
Zepter, S. 501

Zepter, S. 501

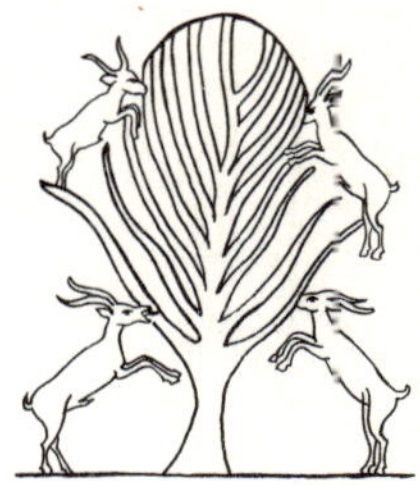
Ziege, S. 502

Zikade, S. 503

Zikade, S. 503

Zirkel, S. 504

Zunge, S. 505

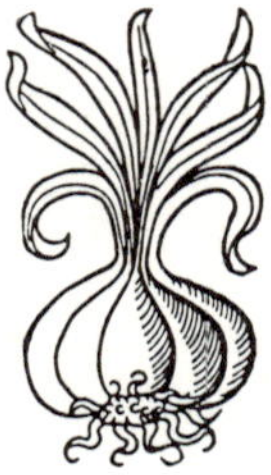
Zwiebel, S. 506

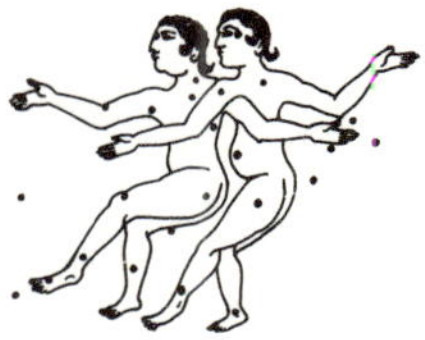
Zwillinge, S. 506

Zypresse, S. 508